Dr. Jean-Claude Zerey [Hrsg.]

Finanzderivate

Rechtshandbuch

3. Auflage

Dirk Auerbach, Wirtschaftsprüfer und Steuerberater, Frankfurt am Main | **Okko Hendrik Behrends**, Rechtsanwalt, Frankfurt am Main | **Dr. Ana de Corbavia-Perisic**, lic oec. HSG, MSc Math., London | **Thilo Danz**, Rechtsanwalt, Frankfurt am Main | **Dr. Andrea Diefenhardt**, Rechtsanwältin, Frankfurt am Main | **Oliver Dreher**, Rechtsanwalt, Frankfurt am Main | **Mag. Martin Ebner**, Rechtsanwalt, Wien | **Christian Eck**, Frankfurt am Main | **Dr. Jan Endler**, Rechtsanwalt, Berlin | **Dr. Jörg Fried**, Rechtsanwalt, Berlin | **MMag. Walter Gapp**, Rechtsanwalt, Wien | **Daniel Haeberli**, Rechtsanwalt, Zürich | **Dr. Marion Hanten**, Rechtsanwältin, Frankfurt am Main | **Dr. Uwe Jahn**, Rechtsanwalt, Frankfurt am Main | **Nicki Kayser**, Rechtsanwalt, Luxemburg | **Brigitta Kieninger**, Diplom-Kauffrau, Frankfurt am Main | **Daniela Klotzbach**, Diplom-Kauffrau, Frankfurt am Main | **Dr. Jasmin Kölbl-Vogt**, Rechtsanwältin, Frankfurt am Main | **Prof. em. Dr. Friedrich Kübler**, Rechtsanwalt, Frankfurt am Main | **Dr. Johanna Kübler**, Rechtsanwältin, Frankfurt am Main | **Antje-Irina Kurz**, Rechtsanwältin, Frankfurt am Main | **Dr. Volker Läger**, Frankfurt am Main | **Petra Lomp**, Rechtsanwältin, Hamburg | **Sven-Patrick Maier**, Diplom-Kaufmann, MBA, MSc, CPA, London | **Andreas Patzner**, Rechtsanwalt und Steuerberater, Frankfurt am Main | **Stefan Paulmayer**, Wien | **Frank Martin Roth**, Rechtsanwalt, Frankfurt am Main | **Henning von Sachsen-Altenburg**, Rechtsanwalt, London | **Kai Andreas Schaffelhuber**, Rechtsanwalt, Frankfurt am Main | **Dr. Ulrich Schüwer**, Diplom-Kaufmann, MSc, Frankfurt am Main | **Dr. Gunnar Schuster**, Rechtsanwalt, Frankfurt am Main | **Andreas Steck**, Rechtsanwalt, Frankfurt am Main | **Prof. Dr. Sascha Steffen**, European School of Management and Technology, Berlin | **Dr. Christian Storck**, Rechtsanwalt, Frankfurt am Main | **Dragisa Torlakovic**, Diplom-Kaufmann und Steuerberater, Frankfurt am Main | **Patricia Vornhagen**, Rechtsanwältin, Frankfurt am Main | **Dr. Jean-Claude Zerey**, Rechtsanwalt, Frankfurt am Main

Zitiervorschlag:
Bearbeiter, in: Zerey, Handbuch Finanzderivate, S. ..., Rn. ...

Die Deutsche Nationalbibliothek verzeichnet diese Publikation in der Deutschen Nationalbibliografie; detaillierte bibliografische Daten sind im Internet über http://dnb.d-nb.de abrufbar.

ISBN 978-3-8329-6617-1 (Nomos Verlagsgesellschaft, Baden-Baden)

ISBN 978-3-7089-0845-8 (facultas.wuv Verlag, Wien)

ISBN 978-3-7255-6638-9 (Schulthess Juristische Medien AG, Zürich • Basel • Genf)

3. Auflage 2013
© Nomos Verlagsgesellschaft, Baden-Baden 2013. Printed in Germany. Alle Rechte, auch die des Nachdrucks von Auszügen, der photomechanischen Wiedergabe und der Übersetzung, vorbehalten.

„...πάντα γαρ ωφέλιμα ταυτ᾽ εστί τοις τιμωσι τήν χρηματιστηριακήν, οιον καί τό Θαλέω του Μιλησίου τούτο γαρ εστί κατανόημα τι χρηματιστικόν, αλλ᾽ εκείνω μεν διά τήν σοφία προσάπτουσι, τυγχάνει δε καθόλου τι ον.
ονειδιζόντων γαρ αυτω διά τήν πενίαν ως ανωφέλου της φιλοσοφίας ούσης, κατανοήσαντα φάσιν αυτόν ελαιών φοράν εσομένην εκ τη αστρολογία, έτι χειμώνος όντος ευπορήσαντα χρημάτων ολίγων αρραβώνα διαδούναι των ελαιουργίων των τ᾽ εν Μιλήτω και Χίω πάντων, ολίγου μισθωσάμενον ατ ουθενός επιβάλλοντος επειδή δ᾽ ο καιρός
ήκε, πολλών ζητουμένων άμα και εξαίφνης εκμισθούντα όν τρόπο ηβούλετο, πολλά χρήματα
συλλέξαντα επιδείξαι ότι ράδιον εστί πλουτείν τοις φιλοσόφοις."

Αριστοτέλη, Πολιτικών Α, 1259α, 5–17

„...denn alles dies ist von Nutzen für die Verehrer der Erwerbskunst. Hierher gehört z.B. auch jene Geschichte von Thales dem Milesier. Sie enthält nämlich einen Kunstgriff, wie man Reichtum erwirbt. Ihm freilich wird derselbe wohl nur beigelegt um seiner Weisheit willen, aber dies Verfahren schließt eine allgemeine Regel in sich. Als man ihm nämlich, so wird erzählt, wegen seiner Armut vorhielt, dass noch die Philosophie zu nichts nütze sei, da habe er, in dem er vermöge seiner astronomischen Kenntnisse eine reichliche Olivenernte voraussah, noch im Winter, da er sich gerade im Besitz einiges Geldes befand, auf alle Ölpressen in Milet und Chios Handgeld gegeben und sie für eine geringe Summe gemietet, indem niemand ihn überbot. Als dann aber die Erntezeit kam und jetzt viele Pressen zugleich und schleunig gesucht wurden, habe er sie wieder vermietet, so hoch er wollte, und damit viel Geld zusammengebracht und so gezeigt, dass es den Philosophen leicht ist, reich zu werden..."

Aristoteles, Politik, A, 1259, 5–17

Vorwort

Der zitierte Text von Aristoteles zeigt, dass das Derivatgeschäfte keineswegs neu ist. Gewiss, von dem einfachen Forward Geschäft von Thales im 6. Jahrhundert v. Chr. bis zu den heutigen Cash Managed CDOs liegt ein langer Weg. Im Jahr 4 n.L. (nach Lehman, d.h. nach der Insolvenz von Lehman Brothers) ist der Handel mit Finanzderivaten weiterhin noch sehr aktiv zu sein. Er unterliegt jedoch durchgreifenden Änderungen hinsichtlich der Vertragsdokumentation sowie der Aufsichts- und Bilanzierungsregeln.

Bei der ersten Auflage war mein Anliegen, die verstreute vorhandene Expertise im Rechtsbereich zu bündeln und eine systematische Darstellung der rechtlichen Aspekte der Derivatgeschäfte in Deutschland aus der Sicht der Praxis zu ermöglichen. Die zweite Auflage hatte ein doppeltes Ziel: Zum einen, eine erforderliche Aktualisierung aller Rechtsbereiche vorzunehmen und zum anderen, eine Erweiterung um die Themenbereiche Zertifikate, Rohstoffderivate und Energiederivate anzubieten. Ergänzend werden ausgewählte Rechtsfragen zu Finanzderivaten nach österreichischem, Schweizer und Luxemburger Recht dargestellt. Ähnlich wie in der zweiten Auflage, werden in der zwischenzeitlich dritten Auflage alle behandelten Rechtsbereiche aktualisiert und um die Behandlung der aktuellen Themenbereiche Wertpapierleihe, Pensionsgeschäfte, kartellrechtliche Aspekte der Kreditderivate sowie um das Luxemburger Recht zu Derivaten erweitert.

Über dreißig führende Derivate-Experten aus Rechtsanwaltskanzleien, Wirtschaftsprüfungsgesellschaften, Banken und Rating Agenturen haben dabei mitgewirkt und die Derivatgeschäfte aus aufsichts-, bilanz-, insolvenz-, kartell-, öffentlich-, steuer- sowie vertragsrechtlicher Sicht beleuchtet.

Frankfurt am Main, August 2012

Inhaltsverzeichnis

Vorwort	7
Abkürzungsverzeichnis	27
Autorenverzeichnis	35
1. Teil: Wirtschaftlicher Hintergrund	41
§ 1 Funktionen und Einsatz von Finanzderivaten	43
A. Derivate im Überblick	43
I. Einführung	43
II. Grundformen von Derivaten	44
III. Der Markt für Derivate	47
IV. Motive für den Einsatz von Derivaten	48
B. Zinsderivate	50
I. Risiken bei Zinspositionen	50
II. Merkmale bestimmter Zinsderivate	53
C. Währungsderivate	55
I. Risiken bei Währungspositionen	55
II. Merkmale bestimmter Währungsderivate	56
D. Kreditderivate	57
I. Kreditrisko und Kreditderivate	57
II. Entwicklung des Marktes für Kreditderivate	58
III. Merkmale bestimmter Kreditderivate für Einzelrisiken	59
IV. Merkmale bestimmter Kreditderivate für Portfoliorisiken	61
E. Die Finanzkrise 2007–2009	63
I. Ursprung der Finanzkrise	63
II. Rolle von Verbriefung und Finanzderivaten	64
F. Historische Krisenfälle	65
§ 2 Praxisbeispiele zu Finanzderivaten	68
A. Unbedingte Derivate	68
I. Zinsswap	68
II. Zins-Forward (Forward Rate Agreement, FRA)	69
III. Währungs-Forward	69
IV. Total (Rate of) Return Swap (TRS)	70

Inhaltsverzeichnis

B.	Bedingte Derivate	70
	I. Zins-Option	70
	II. Währungs-Option	71
	III. Credit Default Swap (CDS)	71
	IV. Credit Linked Note (CLN)	72

§ 3 Komplexe Derivate – ausgewählte Beispiele ... 73
A. Ausgewählte komplexe FX-Derivate ... 73
    I. Barrier-Optionen ... 73
    II. Knock-out und Knock-in Optionen ... 74
    III. Reverse Knock-out und Reverse Knock-in ... 75
    IV. Double Knockout ... 75
    V. Preisvorteile der Barrier-Optionen gegenüber Vanilla Optionen ... 75
    VI. Erweiterungsmöglichkeiten bei Barrier-Optionen ... 76
B. Lookback-Optionen ... 76
C. Ausgewählte komplexe Zinsderivate ... 77
    I. Constant Maturity Swap (CMS) ... 78
    II. Bermudan Swaption ... 79
D. Ausgewählte Komplexe Kreditderivate ... 79
    I. Basket (N-th to) Default Swap ... 79
    II. Synthetischer CDO (SCDO) ... 81
    III. Synthetischer CDO2 (SCDOS) ... 82
    IV. Credit Default Swaption ... 83

§ 4 Inflationsderivate ... 84
A. Inflationsgrundlagen, Marktakteure und Break-Even-Inflation ... 84
B. Inflation Swaps und Futures ... 85
C. Volatilitätsprodukte auf Inflation ... 87
    I. Inflation Cap, Floor, Collar ... 87
    II. Inflation Spread Optionen ... 89
    III. Limited Price Index (LPI) Swaps ... 89
D. Beispiele von strukturierten Inflationsprodukten ... 90
E. Ausblick ... 90

§ 5 Wirtschaftlicher Hintergrund und Formen von Zertifikaten ... 92
A. Einleitung ... 92
    I. Begriffserklärung und Marktüberblick ... 92
    II. Zertifikate aus Sicht der beteiligten Parteien ... 93

	III. Besondere Merkmale von Zertifikaten	94
B.	**Ausgewählte Zertifikate-Typen**	96
	I. Hebelprodukte	96
	II. Anlageprodukte	97
C.	**Zertifikate – Kreditrisiko und Rating**	99
	I. CDS und Spreads	99
	II. Besicherte Zertifikate	101
	III. Zertifikateratings	102
D.	**Ausblick**	103

2. Teil: Vertragsrecht ... 105

§ 6	**Der Deutsche Rahmenvertrag und das European Master Agreement**	107
A.	Dokumentation von OTC-Derivategeschäften auf der Grundlage von Rahmenverträgen	108
	I. Gebräuchliche Muster-Rahmenverträge	108
	II. Sinn der Verwendung von Rahmenverträgen	109
B.	**Der Deutsche Rahmenvertrag**	110
	I. Grundkonzeption und Funktionsweise	110
	II. Rubrum	112
	III. Zweck und Gegenstand des Vertrags	113
	IV. Einzelabschlüsse	114
	V. Leistungspflichten aufgrund der Einzelabschlüsse	115
	VI. Zahlungsnetting	115
	VII. Beendigung des Vertrags	117
	VIII. Beendigung durch Kündigung	117
	IX. Beendigung im Insolvenzfall	117
	X. Übersicht über das Liquidationsnetting	118
	XI. Auslegungsprobleme im Zusammenhang mit der vertraglichen Regelung des Liquidationsnetting	120
	XII. Eingeschränkt zweiseitige Natur des Liquidationsnetting	122
	XIII. Der DRV als Rahmenvertrag im Sinne des § 104 Abs. 2 S. 3 InsO	124
	XIV. Aufrechnung mit Gegenansprüchen durch die ersatzberechtigte Partei	124
	XV. Zustimmungsvorbehalt im Hinblick auf die Übertragung von Rechten und Pflichten	125
	XVI. Nebenbestimmungen	126
	XVII. Besondere Vereinbarungen	126
C.	**Besicherungsanhang**	126
	I. Uneingeschränkte Vollrechtsübertragung	127

II.	Laufende Bestellung von Sicherheiten	129
III.	Keine „Verwertung" der Sicherheiten	129
D.	**European Master Agreement (EMA)**	**130**
I.	Entstehung	130
II.	Konzeption	131
III.	Struktur	132
IV.	Produktübergreifender Ansatz	133
V.	Eignung für sämtliche EU Mitgliedsstaaten	133
VI.	Einbeziehung von Marktstandarddokumentationen	134
VII.	Künftige Bedeutung des EMA	135
E.	**Anhänge des Rahmenvertrages für Finanztermingeschäfte**	**135**
I.	Anhang über die vorzeitige Erfüllung durch Ausgleichszahlung	136
II.	Anhang für Devisengeschäfte und Optionen auf Devisengeschäfte	138
III.	Anhang für Optionsgeschäfte auf Börsenindizes oder Wertpapiere	140
IV.	Anhang für Deckungsgeschäfte	143
V.	Anhang für Kapitalanlagegesellschaften und Mantelvereinbarung für Finanzgeschäfte mit Kapitalanlagegesellschaften	145

§ 7		**ISDA Master Dokumentation**	**155**
A.		**Einleitung und historischer Überblick**	**155**
	I.	Die Entwicklung des Derivatemarktes	155
	II.	Die Evolution der Standard Dokumentation im Derivatemarkt	157
	III.	Der generelle Aufbau der ISDA Dokumentation	160
	IV.	Netting	161
B.		**Der Aufbau des ISDA Master Agreement**	**163**
	I.	Allgemeine Bemerkungen	163
	II.	Einzelne Bestimmungen	166
C.		**ISDA Credit Support Dokumentation**	**189**
	I.	Allgemeine Bemerkungen	189
	II.	Credit Support Anhang	189
	III.	Credit Support Deed	190
	IV.	2001 ISDA Margin Bestimmungen	191

D.	Kreditderivate	191
E.	Die ISDA Protokolle	192

§ 8 Credit Default Swaps/Vertragsgestaltung ... 194

A.	Einleitung: Funktion, Historie und Überblick	196
	I. Wirtschaftlicher Hintergrund, Funktion, Abgrenzung von ähnlichen Geschäften, Markt und Entwicklung der Dokumentation	196
	II. Banken, Versicherungen und andere Marktteilnehmer	198
	III. Bankenkrise von 2007, Staatsschuldenkrise von 2009 und Credit Default Swaps: Zusammenhänge, Auswirkungen, rechtliche und andere Konsequenzen	200
B.	Der Anhang für Kreditderivate zum deutschen Rahmenvertrag für Finanztermingeschäfte	202
	I. Aufbau und Systematik des Anhangs für Kreditderivate und der Begriffsbestimmungen zum Anhang	202
	II. Die Vertragspartner (Käufer und Verkäufer) und ihr Verhältnis zum Referenzschuldner	202
	III. Umfang und Eingrenzung der Risikoübertragung	203
	IV. Erfüllung bei Eintritt der Leistungsbedingungen	220
	V. Administrative Regelungen und Sonstiges	227
	VI. Marktpraxis der Verwendung der Definitions und des Anhangs	228
C.	Die sogenannte Bridge-Lösung	229
	I. Motivation	229
	II. Der Mechanismus und die einzelnen Regelungen der Bridge-Lösung	229
D.	Ausländische Rechtsprechung zu Credit Default Swaps	230
	I. Deutsche Bank AG v. ANZ BAnking Group Ltd.; Commercial Division, High Court 28 May 1999	230
	II. Eternity Global Master Fund Limited v. Morgan Guaranty Trust Company of New York and JP Morgan Chase Bank	231
	III. Ursa Minor Ltd. v. AON Financial Products	232
	IV. Nomura International Plc. v. Credit Suisse First Boston International	233
	V. UBS v. Deutsche Bank (Armstrong Industries, Inc.)	233
	VI. Merrill Lynch Int'l v. XL Capital Assurance Inc. 564 F. Supp.2 d 298 (S.D.N.Y. 2008)	234
	VII. VVG Special Opportunities Master Fund („VVG") v. Citibank, N.A.; VVG v. Wachovia Bank, N.A.	234

Inhaltsverzeichnis

§ 9	Dokumentation von strukturierten Derivatgeschäften bei synthetischen ABS und CDOs	236
A.	Einleitung	236
B.	Strukturen und Dokumentation	237
	I. Synthetische ABS (im engeren Sinne), MBS (RMBS/CMBS) und CDOs (CBO, CLO)	237
	II. Strukturierte Derivatgeschäfte	239
C.	Gründe für den Einsatz strukturierter Derivate/synthetischer ABS und CDO Strukturen	241
§ 10	Rohwaren- und Energiegeschäfte	243
A.	Überblick	243
B.	Vertragsgestaltung	244
	I. Vertragstypen	244
	II. Energie- und Rohwarengeschäfte unter dem DRV	248
	III. Architektur der EFET-Verträge	251
	IV. Auswahlkriterien für die Bestimmung der Dokumentation	255
	V. Methoden der Risikominimierung	258
	VI. Besonderheiten bei der Verhandlung mit Kreditinstituten	258
C.	Energiehandel und Bankaufsicht	259
D.	Einzelne Produkte	262
	I. Emissionsrechtehandel	262
	II. Edelmetalle (Bullion)	278
	III. Metalle	282
	IV. Wetterderivate	282
	V. Katastrophenderivate	285
	VI. Kohle	285
	VII. Strom und Gas	286
§ 11	Eingebettete Derivate – Rechtliche Aspekte	288
A.	Optionsscheine und Zertifikate	289
	I. Prospektrecht	289
	II. MiFID	294
	III. Schuldverschreibungsgesetz	295
	IV. AGB-Kontrolle	295
	V. Börsenregularien	296
	VI. Derivate Kodex	297
	VII. Produktinformationsblatt	297
	VIII. Ausblick	298

B. Namensschuldverschreibungen und Schuldscheindarlehen	298
I. Namensschuldverschreibungen	298
II. Schuldscheindarlehen	305
§ 12 Wertpapierdarlehen	311
A. Einleitung	311
I. Marktüberblick Wertpapierdarlehen	311
II. Grundstruktur	312
III. Motivation der Marktteilnehmer	313
B. Vertragsdokumentation	314
I. Deutscher Rahmenvertrag für Wertpapierdarlehen	314
II. GMSLA	316
III. European Master Agreement	318
C. Ausgewählte Rechtsthemen	319
§ 13 Wertpapierpensionsgeschäfte	320
A. Einleitung	321
I. Marktüberblick Wertpapierpensionsgeschäfte	321
II. Grundstruktur	321
III. Unterscheidung Wertpapierdarlehen/Wertpapierpensionsgeschäfte	322
IV. Motivation der Marktteilnehmer	323
B. Vertragsdokumentation	323
I. Deutscher Rahmenvertrag für Wertpapierpensionsgeschäfte	323
II. GMRA	326
C. Ausgewählte Rechtsthemen bei Wertpapierdarlehen und Wertpapierpensionsgeschäften	327
I. Stimmrechte	327
II. WpHG Melde- und Mitteilungspflichten	328
III. Leerverkäufe	331
IV. Risiko der Umdeutung	335
V. Wertpapierleihesystem/Tri-Party-Repo	336
3. Teil: Insolvenzrecht	337
§ 14 Finanzderivate in der Insolvenz – Grundlagen	341
A. Zielsetzung insolvenzanknüpfender Lösungs- und Netting-Klauseln	341
I. Grundlagen, wirtschaftliche Bedeutung und Fallbeispiel	341
II. Begriff und Abgrenzung	343

B. Funktionsweise und wesentliche Elemente rahmenvertraglicher Netting-Vereinbarungen 344
    I. Single-Agreement-Klausel 344
    II. Beendigungsklausel 345
    III. Positionenbewertung 346
    IV. Netting und Abschlusszahlung 347
    V. Alternativen zu klassischen Netting-Mechanismen 347
C. Aufsichtsrechtliche Vorgaben für Netting-Vereinbarungen (GroMiKV/SolvV) 348

§ 15 Finanzderivate vor der Insolvenz – Besonderheiten bei Instituten in der Krise 351
A. Sanierungs- und Reorganisationsverfahren 352
    I. Gesetzliches Beendigungsverbot mit Einleitung eines Reorganisationsverfahrens 352
    II. Reorganisationsverfahren als vertraglicher Kündigungsgrund 353
    III. Wirkung des Beendigungsverbotes auf Close-out Netting 354
    IV. Privilegierte Tatbestände 355
B. Übertragungsanordnung nach §§ 48a bis 48s KWG 357
C. Moratorium und Insolvenzantrag 358
    I. Moratorium 358
    II. Insolvenzantrag durch die BaFin 366
    III. Sonstige Besonderheiten 367

§ 16 Netting und Clearing von OTC-Derivaten 368
A. Regulatorische Vorgaben für das Clearing von OTC-Derivaten und Funktionsweise 368
B. Insolvenzrechtliche Privilegierung von Clearingsystemen (Verhältnis CM zu CCP) 373
C. Insolvenzrechtliche Behandlung von geclearten OTC-Derivaten (Verhältnis Kunde zu CM) 375

§ 17 Netting und Finanzsicherheiten 376
A. Finanzsicherheiten im Derivate- und Structured-Finance-Bereich 376
    I. Funktionsweise typischer Besicherungsanhänge 378
    II. Funktionsweise typischer Rahmenverträge für Wertpapierdarlehens- und Repo-Geschäfte 381
B. Insolvenzrechtliche Privilegierung von Finanzsicherheiten 382
    I. EU-Vorgaben in der Richtlinie 2002/47/EG über Finanzsicherheiten (Finanzsicherheitenrichtlinie) 382
    II. Umfang von § 1 Abs. 17 KWG 383

III.	Anfechtbarkeit der Stellung von Finanzsicherheiten in der Krise? Privilegierung von Margensicherheiten (§ 130 S. 2 InsO)	385
IV.	Insolvenzfestigkeit der Aufrechnung von Close-out Betrag und Finanzsicherheit	387
C.	Vorschläge zur Ausweitung des Anwendungsbereichs der Finanzsicherheitenrichtlinie	387

§ 18 Insolvenzrechtliche Grenzen für Netting-Vereinbarungen – Überblick 389

A. Vertragliches Netting als zeitliche Vorwegnahme des gesetzlichen Nettings 389
B. Argumentationsansätze zur Vereinbarkeit von Netting-Vereinbarungen mit § 119 InsO 389
C. Argumentationsansätze zur Anfechtbarkeit von Netting-Vereinbarungen 391
D. Prüfungsreihenfolge und Argumentationslinien – Graphische Übersicht 391

§ 19 Vereinbarkeit von Netting-Vereinbarungen mit § 119 InsO und §§ 103 ff InsO 393

A. Kein genereller Verstoß von Netting-Vereinbarungen gegen § 119 InsO 393
  I. Gesetzgebungsgeschichte und Rechtsprechung 393
  II. Zwischenergebnis und Zweck der Prüfung von §§ 104 Abs. 2, 104 Abs. 1 und 103 InsO 394
B. Vereinbarkeit mit § 104 Abs. 2 InsO? 395
  I. Anwendungsbereich des § 104 Abs. 2 InsO 395
  II. Vereinbarkeit von Netting-Vereinbarungen mit § 104 Abs. 2 InsO 400
  III. Sonderkonstellationen 401
C. Vereinbarkeit mit § 104 Abs. 1 InsO? 403
D. Vereinbarkeit mit § 103 InsO? 405

§ 20 Netting-Vereinbarungen und Insolvenzanfechtung 406

A. Anfechtbarkeit von Netting-Vereinbarungen 406
B. Anfechtungsvoraussetzungen und -tatbestände 406
C. Effektive Gläubigerbenachteiligung als Anfechtungsvoraussetzung 409
D. Vermeidung zusätzlicher Anfechtungsrisiken – Gestaltungsmöglichkeiten und riskante Klauseln 411

§ 21 Netting-Vereinbarungen bei internationalen Sachverhalten 412

A. Deutsches Internationales Insolvenzrecht 412
B. Räumlicher Anknüpfungspunkt 412
  I. Sachverhalte innerhalb der Europäischen Union 412
  II. Sachverhalte außerhalb der Europäischen Union 414
  III. Umfang der „Lex Contractus"-Anknüpfung 414
  IV. Konkurrenzverhältnis von § 340 Abs. 2 und § 104 Abs. 2 InsO 415

V. Anwendbares Statut bei Sachverhalten mit Auslandsbezug – Graphische Übersicht 416
C. Anknüpfung bei Insolvenzanfechtung 417
    I. Anwendungsbereich des Art. 13 EuInsVO 417
    II. Anwendungsbereich des § 339 InsO 417
D. Multi-Branch-Netting 418

§ 22 Master-Netting-Agreements 420

§ 23 Verwendung und Analyse von Netting Opinions 422
A. Bedeutung von Netting Opinions in der Praxis 422
B. Zielrichtung und Aufbau von Netting Opinions 422
C. Checkliste für die Verwendung von Netting Opinions 423

§ 24 Ausblick und Zusammenfassung 428

4. Teil: Aufsichtsrecht und Öffentliches Recht 431

§ 25 Zum Einsatz von Derivaten bei Pfandbriefbanken 433
A. Einleitung 433
    I. Restriktive Tradition 433
    II. Vordringen von Derivaten als Hilfsgeschäfte 434
    III. Zulassung von Fremdwährungsgeschäften 435
    IV. Anerkennung von Derivaten als Nebengeschäfte und Indeckungnahme 437
    V. Aufgabe des Spezialbankprinzips 438
B. Indeckungnahme von Derivaten 438
    I. Für die Deckung geeignete Derivate 439
    II. Geeignete Kontrahenten 448
    III. Deckungsgrenzen 450
    IV. Rechtsstellung der Kontrahenten in der Insolvenz und Restrukturierung 452
    V. Absicherung der Kontrahenten 454
    VI. Besicherung von Deckungsderivaten 456

§ 26 Versicherungsaufsichtsrecht – Einsatz von derivativen Finanzinstrumenten durch Versicherungsunternehmen 459
A. Grundsätzliche Zulässigkeit des Einsatzes derivativer Finanzinstrumente 460
    I. Einleitung 460
    II. Definition derivativer Finanzinstrumente 461
    III. Arten zulässiger Geschäfte 462
    IV. Sonderfälle: Receiver Forward Swaps und Long Receiver Swaptions 463

	V. Kombinierte Strategien	464
	VI. Indexgeschäfte	465
	VII. Glattstellung offener Positionen	465
B.	Strukturierte Produkte	465
	I. Definition und Anwendbarkeit des Rundschreibens 3/99	465
	II. Erwerbbarkeit von „einfach strukturierten Produkten"	466
	III. Voraussetzungen für den Erwerb „komplex strukturierter Produkte"	467
	IV. Besondere Regelungen für die Zuordnung strukturierter Produkte zum gebundenen Vermögen	468
	V. Indexzertifikate	471
	VI. Grenzen	471
C.	Kreditderivate	471
	I. Allgemeines	471
	II. Verhältnis des Rundschreibens 1/2002 zu den Rundschreiben 3/99 und 3/2000	472
	III. Anwendungsbereich des Rundschreibens 1/2002	472
	IV. Voraussetzungen für die Erwerbbarkeit von Kreditderivaten	474
	V. Investmentprozess und Abwicklung bei unverbrieften oder verbrieften Kreditderivaten	476
D.	Investmentprozess und Abwicklung bei Derivatetransaktionen von Versicherungsunternehmen	477
	I. Grundsätze der Abwicklung von derivativen Geschäften	477
	II. Voraussetzungen an das Anlagemanagement und interne Kontrollverfahren	479
E.	Erwartete Auswirkungen von Solvency II	483
	I. Einführung	483
	II. Überblick	483
	III. Anwendbarkeit von Risikominderungstechniken im Hinblick auf die Berechnung des Eigenkapitals	484
	IV. Einsatz von Finanzderivaten im Rahmen der Kapitalanlage	484
§ 27	Kapitalanlagegesellschaften – Einsatz von derivativen Finanzinstrumenten in Investmentvermögen	486
A.	Investmentrechtliche Rahmenbedingungen des Einsatzes von derivativen Finanzinstrumenten	486
B.	Zivilrechtliche Konsequenzen einer Verletzung der investmentrechtlichen Vorgaben	489
	I. OTC-Derivate	489
	II. Strukturierte Produkte	491
C.	Voraussetzungen des Einsatzes von Derivaten	491
	I. Generelle Zulässigkeit eines Derivatgeschäfts	491

II.	Angemessene Bewertung der Derivate	502
III.	Abbildung der Derivate im Risikomanagement- und Risikomesssystem	504

D. Strukturierte Produkte mit derivativer Komponente 504
    I. Wertpapiere 505
    II. Wertpapiercharakter der Anteile an geschlossenen Fonds und von Referenzprodukten 507
    III. Derivative Komponente 509

§ 28 Öffentliche Hand 513

A. Einleitung 515

B. Bund und Länder 517
    I. Rechtsgrundlagen für den Abschluss von Derivatgeschäften 517
    II. Zulässigkeitsvoraussetzungen 519
    III. Vergaberecht 528
    IV. Folgen von Verstößen gegen die Haushaltsprinzipien auf abgeschlossene Geschäfte 530
    V. Haftung von Banken aufgrund Verletzung von Beratungspflichten 533
    VI. Regressansprüche gegen Amtsträger 538

C. Einsatz von Derivaten in den Kommunen 538
    I. Rechtliche Rahmenbedingungen 539
    II. Zulässigkeitsvoraussetzungen 540
    III. Folgen von Rechtsverstößen auf abgeschlossene Geschäfte 547
    IV. Anwendung der haushaltsrechtlichen Vorgaben der Gemeindeordnungen auf kommunale Gesellschaften 550

§ 29 Kreditderivate und Kartellrecht: Aktuelle Untersuchungen der EU-Kommission 552

A. Einleitung 552

B. Grundlagen 554
    I. Der Markt für Credit Default Swaps 554
    II. Effizienz- und Transparenzprobleme im CDS-Markt 555
    III. Kartellrechtliche Grundlagen 557

C. Verfahren der EU-Kommission 559
    I. Verfahren gegen Banken und Markit 559
    II. Verfahren gegen Banken und ICE Clear 560

D. Kartellrechtliche Einschätzung 560
    I. Markit-Verfahren 560
    II. ICE-Verfahren 564

E.	Ausblick	564

5. Teil: Ausgewählte Rechtsfragen zu Finanzderivaten nach luxemburgischen, österreichischem und Schweizer Recht ... 567

§ 30 Finanzderivate nach luxemburgischem Recht ... 569

- A. Vertragsrecht ... 569
  - I. Rechtswahl und Benutzung von Rahmenverträgen ... 569
  - II. Sicherheiten ... 570
  - III. Rückkaufvereinbarungen ... 571
  - IV. Besonderheiten bei Umbrella-Fonds und Verbriefungsorganismen mit Teilvermögen ... 572
  - V. Finanzderivate: Spieleinwand ... 574
- B. Insolvenzrecht ... 576
  - I. Allgemeine Regeln ... 576
  - II. Anfechtbare Handlungen und Zahlungen ... 576
  - III. Einfluss der EU-Regelungen ... 577
  - IV. Finanzsicherheiten ... 578
  - V. Rückkaufvereinbarungen ... 579
  - VI. Aufrechnung ... 579
- C. Aufsichtsrecht ... 580
  - I. Allgemeine Regeln ... 580
  - II. Derivate und Pfandbriefbanken ... 581
  - III. Finanzderivate, Rückkaufvereinbarungen und Wertpapierverleihgeschäfte für Verbriefungsorganismen ... 584
  - IV. Finanzderivate: Versicherungsvertrag? ... 585

§ 31 Ausgewählte Fragen zu Finanzderivaten in Österreich ... 588

- A. Close-out Netting-Vereinbarungen und ihre Durchsetzbarkeit im Insolvenzfall ... 589
  - I. Definition und Elemente einer „Close-out Netting-Vereinbarung" ... 589
  - II. Allgemeines zur Durchsetzbarkeit/Zulässigkeit von Close-out Netting-Vereinbarungen ... 591
  - III. Durchsetzbarkeit von Close-out Netting-Vereinbarungen in Binnen-Sachverhalten ... 592
  - IV. Durchsetzbarkeit von Close-out Netting-Vereinbarungen in grenzüberschreitenden Sachverhalten ... 594
  - V. Standardverträge und ihre Qualifikation als Netting-Vereinbarung iSd österreichischen Insolvenzrechts ... 598
- B. Close-out Netting im Zusammenhang mit „Sondermassen" ... 600
  - I. Allgemeines ... 600

	II. Covered bonds	600
	III. Deckungsstöcke von Versicherungen	603
	IV. Investmentfonds	603
C.	Derivatgeschäfte als Sicherungsinstrumente bei synthetischen ABS und CDOs – aufsichtsrechtlicher Rahmen	604
	I. Rückblick	604
	II. Bankaufsichtliche Überlegungen	605
	III. Dokumentation	606
	IV. Zusammenfassung	609
D.	Solvabilitätsvorschriften – Behandlung von Finanzderivaten	610
	I. Überblick	610
	II. Kreditrisiko	611
	III. Marktrisiko	614
E.	(OTC-)Derivate als (unklagbare/s) Spiel/Wette	618
	I. Differenzgeschäfte	618
	II. Legislative Entwicklungen	619
	III. Entwicklungen in der Rspr des OGH	619

§ 32 Finanzderivate in der Schweiz 621

A.	Netting-Vereinbarungen	622
	I. Das Netting	622
	II. Payment Netting und Close-out Netting	622
	III. Elemente des Close-out Netting-Systems	623
	IV. Arten von Close-out Bestimmungen	623
	V. Zulässigkeit des Close-out Netting	623
	VI. Multibranche Netting	628
	VII. Anerkennung des Netting im Bankenrecht	628
	VIII. Mögliche Maßnahmen zur Reduktion des Kreditrisikos innerhalb einer Unternehmensgruppe	631
B.	Kreditderivate im Bankenaufsichtsrecht	631
	I. Einleitung	631
	II. Eigenmittelunterlegung von Kreditrisiken und Marktrisiken	632
	III. Kreditderivate als kreditrisikomindernde Maßnahmen	632
	IV. Eigenmittelunterlegung der Marktrisiken von Kreditderivaten im Handelsbuch	633
	V. Einsatz von Kreditderivaten bei der Kreditrisikoverteilung	634
C.	Einsatz von derivativen Finanzinstrumenten bei Versicherungen	635
	I. Einleitung	635

II.	Einsatz von derivativen Finanzinstrumenten ohne Hebewirkung	636
III.	Zulässige Derivate zur Absicherung von Zahlungsströmen aus versicherungstechnischen Verpflichtungen	637
IV.	Zulässige Derivate zur Erwerbsvorbereitung oder Replikation eines Basiswertes	638
V.	Zulässige Derivate zur Ertragsvermehrung	638

D. Schweizer Rahmenvertrag für OTC-Derivate (2003) ... 638

I.	Einleitung	638
II.	Anwendungsbereich	639
III.	Aufbau	639
IV.	Rahmenvertrag und Bestätigungen als „Einheitsvertrag"	640
V.	Form	641
VI.	Bestätigung bzw Zusicherung für spezifische Parteien	641
VII.	Erfüllung	642
VIII.	Erfüllungsstörung und Auflösungsgründe	642
IX.	Verrechung	644
X.	Anwendbares Recht	644

6. Teil: Bilanz- und Steuerrecht ... 645

§ 33 Rechnungslegung von Derivaten ... 647

A. Einleitung ... 648

B. Rechnungslegung nach den Vorschriften des HGB ... 649

I.	Einordnung der Rechnungslegung von Derivaten in die allgemeinen Regelungen des HGB	649
II.	Ansatz und Ausweis von Derivaten	651
III.	Bewertung	656
IV.	Offenlegung	665
V.	Sonderfall: Strukturierte Produkte am Beispiel einer kapitalgarantierten Schuldverschreibung, deren Verzinsung von möglichen Kreditausfällen in einem Referenzportfolio abhängt	666

C. Rechnungslegung nach den Vorschriften der International Financial Reporting Standards (IFRS) ... 669

I.	Vorbemerkungen	669
II.	Ansatz und Ausbuchung	670
III.	Bewertung	672
IV.	Ausweis und Offenlegung	676
V.	Sonderfall strukturierte Produkte am Beispiel einer kapitalgarantierten Schuldverschreibung, deren Verzinsung von möglichen Kreditausfällen in einem Referenzportfolio abhängt	678

VI. Ausblick auf das Projekt „IAS 39 Replacement (IFRS 9)" und die Neuerungen durch IFRS 13 680
D. Zusammenfassung 684

§ 34 Bilanzierung von Wertpapierpensionsgeschäften/Wertpapierleihgeschäften nach HGB, IAS 39 und IFRS 9 685
A. Einleitung 685
B. Wertpapierpensionsgeschäfte 688
    I. Bilanzierung nach HGB 688
    II. Bilanzierung nach IFRS 691
C. Wertpapierleihe 697
    I. Bilanzierung nach HGB 697
    II. Bilanzierung nach IFRS 698
D. Ausblick 698

§ 35 Steuerrecht 700
A. Derivate im Steuerrecht 702
    I. Einführung 702
    II. Abgeltungsteuer 703
B. Termingeschäfte 706
    I. Begriff und Abgrenzung 706
    II. Besteuerung im Betriebsvermögen 707
    III. Besteuerung im Privatvermögen 714
C. Zertifikate 716
    I. Begriff und Abgrenzung 716
    II. Besteuerung im Betriebsvermögen 717
    III. Besteuerung im Privatvermögen 718
    IV. Keine Anwendung des InvStG auf Zertifikate 719
D. Strukturierte Produkte 719
    I. Begriff und Abgrenzung 719
    II. Besteuerung im Betriebsvermögen 720
    III. Besteuerung im Privatvermögen 720
E. Produktkombinationen 724
    I. Begriff und Abgrenzung 724
    II. Besteuerung im Betriebsvermögen 724
    III. Besteuerung im Privatvermögen 725
F. Wertpapierleihe und Wertpapierpensionsgeschäfte 727
    I. Wertpapierpensionsgeschäfte (Repos) 727

II. Wertpapierdarlehen/Wertpapierleihe	730
G. Einsatz von Derivaten bei Investmentfonds	733
I. Hintergrund	733
II. Rechtslage bis 31.12.2008	734
III. Rechtslage seit 1.1.2009	735
IV. Verlustverrechnungsbeschränkung gem. § 8 Abs. 7 InvStG	743
V. Gestaltungsmöglichkeiten und Ausblick	747
Stichwortverzeichnis	749

Abkürzungsverzeichnis

aA	anderer Ansicht
aaO	am angegebenen Ort
ABGB	Allgemeines Bürgerliches Gesetzbuch
abgedr.	abgedruckt
ABl.	Amtsblatt
ABS	Asset Backed Securities
Abs.	Absatz
abw.	abweichend
aF	alte Fassung
AG	Aktiengesellschaft
AJP	Aktuelle Juristische Praxis
AktG	Aktiengesetz
Anh.	Anhang
AnlV	Anlageverordnung
Anm.	Anmerkung
AO	Abgabenordnung
Art.	Artikel
ATM	At-The-Money
Aufl.	Auflage
AuslInvestmG	Gesetz über den Vertrieb ausländischer Investmentanteile und über die Besteuerung der Erträge aus ausländischen Investmentanteilen
AVO	Verordnung vom 9. November 2005 über die Beaufsichtigung von privaten Versicherungsunternehmen; Aufsichtsverordnung
AVO-FINMA	Verordnung der Eidgenössischen Finanzmarktaufsicht vom 9. November 2005 über die Beaufsichtigung von privaten Versicherungsunternehmen; Versicherungsaufsichtsverordnung-FINMA
BAFin	Bundesanstalt für Finanzdienstleistungsaufsicht
BAKred	Bundesaufsichtsamt für das Kreditwesen
BankG	Bundesgesetz über die Banken und Sparkassen vom 8. November 1934; Bankengesetz (Schweiz)
BankV	Verordnung vom 17. Mai 1972 über die Banken und Sparkassen; Bankenverordnung
BAnz.	Bundesanzeiger
BAV	Bundesaufsichtsamt für das Versicherungswesen
BB	Der Betriebs-Berater (Zeitschrift)
BCDS	Basket Credit Default Swap
Bd.	Band
BdB	Bundesverband deutscher Banken e.V.

Abkürzungsverzeichnis

Beil.	Beilage
BFH	Bundesfinanzhof
BGB	Bürgerliches Gesetzbuch
BGBl.	Bundesgesetzblatt
BGH	Bundesgerichtshof
BGHZ	Entscheidungen des Bundesgerichtshofes in Zivilsachen
BHO	Bundeshaltsordnung
BilMoG	Bilanzrechtsmodernisierungsgesetz
BiRiLiG	Bilanzrichtliniegesetz
BIS	Bank for International Settlement (Bank für Internationalen Zahlungsausgleich)
BKR	Zeitschrift für Bank- und Kapitalmarktrecht (Zeitschrift)
BörseG	Börsegesetz
BStBl.	Bundessteuerblatt
BT-Drucks.	Drucksache des Deutschen Bundestags
BVerfG	Bundesverfassungsgericht
BVerwG	Bundesverwaltungsgericht
BVerwGE	Entscheidungen des Bundesverwaltungsgerichts
BWG	Bankwesengesetz
bzw	beziehungsweise
CAD	Capital Adequacy Directive
CDD	Cooling Degree Days
CDO	Collateralised Debt Obligations
CDS	Credit Default Swaps
CER	Certified Emissions Reduction
CERSPA	Certified Emissions Reductions Sale and Purchase Agreement
CESR	Committee of European Securities Regulators
CISG	United Nations Convention on the International Sale of Goods
CITL	Community Independent Transaction Log
CLN	Credit Linked Notes
CLO	Collateralised Loan Obligations
CMBS	Commercial Mortgage Backed Securities
CMS	Constant Maturity Swap
CMT	Constant Maturity Treasury Swap
CRD	Capital Requirements Directive
CRDTG	Capital Requirements Directive Transposition
CRM	Credit Risk Management
CSA	Credit Support Annex
CTA	Coal Trading Association
d.h.	das heißt

DB	Der Betrieb (Zeitschrift)
DEHSt	Deutsche Emissionshandelsstelle
DerivateV	Derivateverordnung
ders.	derselbe
Diss.	Dissertation
DKO	Double Knock-Out
DRV	Deutscher Rahmenvertrag für Finanztermingeschäfte
DVV	Deutscher Derivate Verband
EBK-RS	Rundschreiben der Eidgenössischen Bankenkommission
EEI	Edison Electric Institute
EFET	European Federation of Energy Traders
EG	Europäische Gemeinschaft
EGBGB	Einführungsgesetz zum BGB
EMA	European Master Agreement
ERU	Emissions Reduction Unit
ERV	Verordnung vom 29. September 2006 über die Eigenmittel und Risikoverteilung für Banken und Effektenhändler; Eigenmittelverordnung
ESMA	European Securities and Markets Authority
EStG	Einkommensteuergesetz
ET	Energiewirtschaftliche Tagesfragen (Zeitschrift)
etc.	et cetera
ETMA	Emissions Trading Master Agreement for the EU Scheme
EU-RegisterVO	EU Registerverordnung
EZG	Emissionszertifikategesetz (Österreich)
f	folgend
ff	folgende
FINMA	Eidgenössische Finanzmarktaufsicht
FINMA-RS	Rundschreiben der Eidgenössischen Finanzmarktaufsicht FINMA
FMA	Finanzmarktaufsicht
Fn	Fußnote
FS	Festschrift
FSA	Financial Services Authority
FX	Foreign Exchange
GAAP	Generally Accepted Accounting Principles
gem.	gemäß
GewO	Gewerbeordnung
GewStG	Gewerbesteuergesetz
ggf	gegebenenfalls
GmbH	Gesellschaft mit beschränkter Haftung

Abkürzungsverzeichnis

GmbHG	Gesetz betreffend Gesellschaft mit beschränkter Haftung
grds.	grundsätzlich
GuV	Gewinn- und Verlustrechnung
h.A.	herrschende Ansicht
h.L.	herrschende Lehre
h.M.	herrschende Meinung
HBG	Hypothekenbankgesetz
HDD	Heating Degree Days
HGB	Handelsgesetzbuch
Hrsg.	Herausgeber
hrsg.	herausgegeben
HypBankG	Hypothekenbankgesetz
IAS	International Accounting Standards
IBMA Terms	International Bullion Master Agreement Terms
idF	in der Fassung
idR	in der Regel
IDW	Institut der Wirtschaftsprüfer in Deutschland e.V.
IDW PS	IDW Prüfungsstandards
ie	im einzelnen
ieS	im engeren Sinne
IETA	International Emissions Trading Association
IFEMA	International Foreign Exchange Master Agreement
IFLR	International Financial Law Review
IFRS	International Financial Reporting Standards
insbes.	insbesondere
InsO	Insolvenzordnung
InvG	Investmentgesetz
IRB	Internal Ratings Based Approach
IRBA	Auf internen Ratings basierender Ansatz
iS	im Sinne
ISDA	International Swap Dealers Association Inc.
ISLA	International Securities Lending Association
iSv	im Sinne von
ITL	International Transaction Log
ITM	In-The-Money
iVm	in Verbindung mit
IWF	Internationaler Währungsfonds
iwS	im weiteren Sinne
iZm	im Zusammenhang mit

JIBLR	Journal of International Banking Law and Regulation (Zeitschrift)
JZ	JuristenZeitung (Zeitschrift)
KAG	Kapitalanlagegesellschaft
KAGG	Gesetz über Kapitalanlagegesellschaften
KG	Kommanditgesellschaft
KGaA	Kommanditgesellschaft auf Aktien
KO	Knock-Out
KO	Konkursordnung
KSA	Kreditirisikostandardansatz
KSt	Körperschaftssteuer
KStG	Körperschaftssteuergesetz
KVSt	Kapitalverkehrssteuer
KVStG	Kapitalverkehrssteuergesetz
KWG	Gesetz über das Kreditwesen
LBMA	London Bullion Market Association
LC	Letter of credit
Lit	Litera, Buchstabe
LPPM	London Platinum and Palladium Market
m.a.W.	mit anderen Worten
MBS	Mortgage Backed Securities
MiFiD	Directive on Markets in Financial Instruments
Mio.	Millionen
Mrd.	Milliarden
mwN	mit weiteren Nachweisen
N	Note
NJW	Neue Juristische Wochenschrift (Zeitschrift)
Nr.	Nummer
NZG	Neue Zeitschrift für Gesellschaftsrecht
o.g.	oben genannt
ÖBA	Österreichisches Bankarchiv (Zeitschrift)
OeNB	Österreichische Nationalbank
OffV	Offenlegungsverordnung
OGAW	Organismen für gemeinsame Anlage in Wertpapieren
OGH	Oberster Gerichtshof
OHG	Offene Handelsgesellschaft
OLG	Oberlandesgericht
OR	Bundesgesetz vom 30. März 1911 betreffend die Ergänzung des Schweizerischen Zivilgesetzbuches (Fünfter Teil: Obligationenrecht)

Abkürzungsverzeichnis

OTC	Over-The-Counter
OTM	Out-Of-The-Money
OVG	Oberverwaltungsgericht
PfandBG	Pfandbriefgesetz
RFH	Reichsfinanzhof
RL	Richtlinie (EU)
RMBS	Residential Mortgage Backed Securities
Rn	Randnummer
Rom I-VO	Verordnung (EG) Nr. 593/2008 des Europäischen Parlaments und des Rates über das auf vertragliche Schuldverhältnisse anzuwendende Recht
RS	Rundschreiben
Rspr	Rechtssprechung
S.	Satz/Seite
s.	siehe
SCDO	Synthetischer CDO
SchKG	Bundesgesetz vom 11. April 1889 über Schuldbetreibung und Konkurs
SCoTA	Standard Coal Trading Agreement
SEC	Securities and Exchange Commission
SME	small and medium-sized enterprises
sog.	sogenannt
SolvaV	(österreichische) Solvabilitätsverordnung
SolvRL	Solvabilitätsrichtlinie
SolvV	Solvabilitätsverordnung
SPV	Special Purpose Vehicle
sublit.	sublitera, Unterbuchstabe
SZW	Schweizerische Zeitschrift für Wirtschafts- und Finanzmarktrecht
Tab.	Tabelle
TEHG	Treibhausgas-Emissionshandelsgesetz
TRS	Total Return Swaps
TV	Theoretischer Wert (einer Option)
u.a.	unter anderem
UCITS	Undertakings for Collective Investment in Transferable Securities
usw.	und so weiter
uU	unter Umständen
v.a.	vor allem
VAG	Versicherungsaufsichtsgesetz
vgl	vergleiche
WAG	Wertpapieraufsichtsgesetz

WM	Wertpapiermitteilungen (Zeitschrift)
WpHG	Wertpapierhandelsgesetz
WuB	Entscheidungssammlung zum Wirtschafts- und Bankrecht
Z.	Ziffer
z.T.	zum Teil
zB	zum Beispiel
ZBB	Zeitschrift für Bankrecht und Bankwirtschaft
ZHR	Zeitschrift für das gesamte Handels- und Wirtschaftsrecht
ZinsO	Zeitschrift für das gesamte Insolvenzrecht
ZIP	Zeitschrift für Wirtschaftsrecht
zit.	zitiert
ZPO	Zivilprozessordnung
ZuG	Zuteilungsgesetz

Autorenverzeichnis

Dirk Auerbach ist Wirtschaftsprüfer und Steuerberater im Bereich Audit Financial Services der KPMG AG Wirtschaftsprüfungsgesellschaft, Frankfurt am Main. Er leitet den Bereich Regulatory Services und ist für Fragen im Zusammenhang mit dem Bankaufsichtsrecht und bei strukturierten Transaktionen zuständig. Dirk Auerbach ist Verfasser verschiedener Publikationen zu rechnungslegungsbezogenen und aufsichtsrechtlichen Themen, u.a. Herausgeber des KWG-Kommentars Schwennicke/Auerbach. Darüber hinaus ist er an der Frankfurt School of Finance & Management Lehrbeauftragter für das Fach Finanzdienstleistungsaufsicht.

Okko Hendrik Behrends ist Rechtsanwalt und Partner der internationalen Anwaltssozietät Allen & Overy LLP. Er leitet im Frankfurter Büro von Allen & Overy LLP die Abteilung Internationales Kapitalmarktrecht. Hierzu gehört insbesondere die Beratung zu börslichen und außerbörslichen Derivaten, zu derivaten Schuldverschreibungen und zum Einsatz von Derivaten bei Verbriefungen und anderen strukturierten Finanzierungen. Vor seiner Tätigkeit bei Allen & Overy LLP war Herr Behrends bei einer führenden deutschen Anwaltssozietät ebenfalls im Bereich Kapitalmarktrecht tätig. Er ist außerdem Lehrbeauftragter am Institute for Law and Finance der Johann Wolfgang Goethe-Universität Frankfurt und an der Bucerius Law School in Hamburg.

Dr. Ana de Corbavia-Perisic arbeitet als Vice President bei Aybrook Financial Partners, wo sie von Dresdner Kleinwort Investment Bank in London (Investor Solutions Group) hinwechselte. Zuvor hat sie an der Universität St. Gallen (HSG), Schweiz, ein quantitatives Forschungsteam am Kompetenzzentrum für Systemisches Projektmanagement geführt sowie als Übungsleiterin und als Wissenschaftliche Assistentin am Institut für Mathematik und Statistik gearbeitet. Sie hat ihr Universitätsstudium der Wirtschaftswissenschaften an der Universität St. Gallen abgeschlossen (lic.oec.HSG). Ihr Promotionsstudium im Bereich Bankwirtschaft und Corporate Finance hat sie als Stipendiatin des Schweizerischen Nationalfonds (SNF) an der Universität St. Gallen (HSG), Schweiz, und an der Harvard University, USA, abgeschlossen. Sie hält außerdem einen MSc Abschluss in Angewandter Mathematik von der London School of Economics and Political Science (LSE).

Thilo Danz, LL.M., ist Rechtsanwalt und seit 2011 Of Counsel bei Norton Rose LLP im Bereich Debt Capital Markets/Asset Management. Zuvor war er in der Steuerabteilung der Citigroup Global Markets Deutschland AG sowie im Bereich Steuerrecht bei Linklaters in Frankfurt am Main tätig. Der Schwerpunkt seiner Tätigkeiten liegt in der steuer- und aufsichtsrechtlichen Beratung von strukturierten Finanzprodukten.

Dr. Andrea Diefenhardt ist als Bereichsleiterin für den Bereich Unternehmensentwicklung und Zentralsekretariat der BHF-BANK u.a. für Recht zuständig. Davor war sie als Syndikus im Kapitalmarkt- und Gesellschaftsrecht tätig. Sie ist Vorstandsmitglied der Frankfurter Juristischen Gesellschaft und Prüferin für das erste Staatsexamen. Als Stipendiatin der Friedrich-Naumann-Stiftung studierte sie Rechtswissenschaften und Politologie in Frankfurt, London, Bologna und Gainesville, USA und promovierte in Rechtswissenschaften. Sie absolvierte Praktika in Washington D.C. und Hongkong.

Oliver Dreher, LL.M. (King's College, London), ist Rechtsanwalt und Partner der internationalen Anwaltssozietät Linklaters LLP. Er ist derzeit im Frankfurter Büro der Sozietät tätig und betreut Mandanten insbesondere in den Bereichen Debt Capital Markets und Strukturierte Finanzierungen. Hierzu gehört insbesondere auch die Beratung zu Aspekten von – in

Autorenverzeichnis

börsliche und außerbörsliche Finanzinstrumente eingebetteten – Derivaten sowie deren Einsatz in strukturierten Finanzierungen. Einen weiteren Schwerpunkt der Beratungstätigkeit von Oliver Dreher bildet zudem die Gestaltung und Weiterentwicklung von Angeboten im Bereich der Finanzinfrastruktur. In diesem Zusammenhang beriet und berät er unter anderem bei maßgeblichen Weiterentwicklungen von Angeboten zum Clearing von Finanzinstrumenten (einschließlich OTC-Derivate) über sogenannte central counterparties (Zentrale Gegenparteien). Vor seiner Tätigkeit bei Linklaters LLP absolvierte Oliver Dreher unter anderem eine Ausbildung zum Bankkaufmann bei der Dresdner Bank AG (heute: Commerzbank AG) und war in der Rechtsabteilung von JPMorgan Frankfurt am Main tätig. Oliver Dreher ist Lehrbeauftragter an der Frankfurt School of Finance & Management.

Mag. Martin Ebner, LL.M. (Pallas) ist Partner von Schönherr Rechtsanwälte GmbH und im *Banking, Finance & Capital Markets* Team ua auf strukturierte Finanzierungen und Derivate spezialisiert. Martin Ebner berät regelmäßig zu bankbilanziell oder sonst aufsichtsrechtlich motivierten Transaktionen. Martin Ebner ist Anwalt der International Swaps and Derivatives Association zu verschiedenen Fragen österreichischen Rechts (ua Netting und Covered Bonds) und berät regelmäßig in Zusammenhang mit Derivattransaktionen mit österreichischen und zentraleuropäischen Vertragsparteien (inklusive zu Fragen der Besicherung).

Christian Eck, Executive Director, ist bei der UBS zuständig für das Institutional Structured Products Sales Geschäft Deutschland/Österreich. Zu den Produktlösungen zählen Rohstoffe, Aktienderivate und Alternative Investments für Investoren wie Asset Manager, Versicherungen und Pensionsfonds. Zuvor war er acht Jahre bei Citigroup in den Bereichen Equity Derivatives und Cross-Asset Structured Products tätig. Zuletzt leitete er dort den Special Solutions Bereich. Christian Eck absolvierte einen Masters in Finance an der London Business School und studierte im European Business Programme an der FH Münster und an der University of Portsmouth. Herr Eck ist Autor zahlreicher Fachbeiträge über Derivate und Strukturierte Produkte sowie Co-Autor des Buches „Professionelles Eurex Trading".

Dr. Jan Endler, Rechtsanwalt und Diplom-Volkswirt, ist Partner im Berliner Büro von Linklaters LLP. Er leitet dort als Fachanwalt für Verwaltungsrecht den Bereich öffentliches Wirtschaftsrecht und Vergaberecht. Im Mittelpunkt seiner Tätigkeit steht die Beratung von Unternehmen, Banken und der öffentlichen Hand bei Privatisierungen, ÖPP-Projekten und anderen Infrastrukturprojekten. Er hat zahlreiche Finanztransaktionen sowohl auf Seiten der öffentlichen Hand als auch von Finanzinstituten hinsichtlich ihrer öffentlich-rechtlichen und gemeinschaftsrechtlichen Anforderungen beraten.

Dr. Jörg Fried ist Rechtsanwalt und Solicitor (England & Wales). Er arbeitet bei der Anwaltssozietät Linklaters LLP als Counsel im Bereich Structured Finance. Während seiner über zehnjährigen anwaltlichen Tätigkeit im In- und Ausland betreute Jörg Fried Finanzinstitute, Versicherungen, Handelshäuser und Industrieunternehmen zu allen rechtlichen Fragestellungen in diesem Bereich. Schwerpunkte seiner Beratungspraxis sind hierbei OTC-Finanzderivate, Wertpapierdarlehens- und Repo-Geschäfte, Energiehandelsgeschäfte und Energiederivate.

MMag. Walter Gapp, LL.M. (Lausanne) ist Rechtsanwalt und Partner bei Schönherr Rechtsanwälte GmbH, Wien. Er war von 2002 bis 2005 in der österreichischen Finanzmarktaufsicht für sämtliche Rechtsauslegungen zum Bankwesengesetz zuständig und war stellvertretendes Mitglied der FMA in der Groupe de Contact als ständiger Arbeitsgruppe von CEBS. Walter Gapp ist auf die Bereiche Regulatory/Banking, Debt Capital Markets und Securitization spezialisiert.

Autorenverzeichnis

Daniel Haeberli, LL.M. (New York University School of Law) ist Rechtsanwalt und Partner bei Homburger AG im Praxisteam Banken- und Finanzmarktrecht. Er befasst sich speziell mit Finanzdienstleistungs- und Kollektivanlagerecht, mit der Emission und dem Vertrieb von Derivaten und strukturierten Produkten sowie der Finanzierung mittels syndizierter Kredite.

Dr. Marion Hanten, CEFA, ist Rechtsanwältin in Frankfurt/M. Sie hat langjährige Berufserfahrung im Bereich des Banken-, Kapitalmarkt- und Investmentrechts und war bereits für PwC Frankfurt und London im Tax und Legal Service, für die Bundesanstalt für Finanzdienstleistungsaufsicht als Referentin im Grundsatzreferat Asset Management und als Compliance Officer der Citigroup Global Markets Deutschland AG & Co. KGaA, Frankfurt/M., tätig. Nach ihrer wissenschaftlichen Mitarbeit am Lehrstuhl für Zivilrecht, Insolvenzrecht, europäisches und internationales Wirtschaftsrecht der Goethe-Universität, Frankfurt/M., erhielt sie 2011 eine Professur für Wirtschaftsrecht an der Hochschule Heilbronn, Campus Schwäbisch Hall.

Dr. Uwe Jahn ist Rechtsanwalt in Rödermark. Er war bis Anfang 2000 Leiter des Fachbereichs Investment Banking II der Zentralen Rechtsabteilung der Commerzbank AG, danach bis Mitte 2007 Senior Counsel der US-Rechtsanwaltssozietät Morgan, Lewis & Bockius LLP, seither Consultant. Dr. Jahn gehörte dem Rechtsausschuss des Bundesverbandes deutscher Banken 10 Jahre lang an und wirkte in Arbeitsgruppen der ICC Paris, der ISDA und des BdB mit.

Nicki Kayser, LL.M. (Cantab.), ist Rechtsanwalt in Luxemburg und Partner bei Linklaters LLP. Er ist im Bereich Bankrecht (Finanzierungen und Sicherheiten) und im Kapitalmarktrecht tätig, insbesondere im Bereich Debt Capital Markets. Er hat besondere Erfahrung im Bereich Verbriefungen, fiduciary Strukturen sowie generell allen Arten von Schuldverschreibungen.

Diplom-Kauffrau **Brigitta Kieninger** ist Assistant Manager im Bereich Financial Services Tax bei KPMG in Frankfurt. Sie betreut in- und ausländische Kreditinstitute in steuerlicher Hinsicht und befasst sich darüber hinaus mit der Besteuerung von Finanzprodukten und -strukturen.

Daniela Klotzbach ist Senior Managerin im Bereich Audit Financial Services der KPMG AG Wirtschaftsprüfungsgesellschaft, Frankfurt/M. In der Regulatory Services Group ist sie für die Beurteilung komplexer Fragestellungen bei strukturierten Transaktionen, Eigenkapitalinstrumenten und der Abgrenzung des Konsolidierungskreises in der Rechnungslegung sowie für sich daraus ergebende Implikationen im Aufsichtsrecht (aufsichtlicher Konsolidierungskreis, Eigenmittelqualifikation und aufsichtliches Meldewesen) zuständig. Sie ist Autorin diverser Aufsätze zu Fragen der Rechnungslegung und des Aufsichtsrechts (z.B. Konsolidierung von Zweckgesellschaften nach § 10a KWG, Kommentar zu §§ 26 und 29 KWG).

Dr. Jasmin Kölbl-Vogt ist Leiterin der Rechtsabteilung der Citigroup Global Markets Deutschland AG, verantwortlich für Deutschland, Österreich und Skandinavien und seit 2011 Mitglied des Vorstandes. Zuvor war sie Rechtsanwältin bei Linklaters und Clifford Chance. Sie ist seit über zehn Jahren im Bereich Bank- und Kapitalmarktrecht, mit Schwerpunkten im Bereich Securitisation und strukturierter Finanzierung, beratend tätig.

Prof. Dr. Friedrich Kübler ist emeritierter Professor für Wirtschafts- und Bürgerliches Recht an der Johann Wolfgang Goethe-Universität Frankfurt/M. und *professor ol law emeritus* der University of Pennsylvania. Zwischen 1998 und 2008 war er als Rechtsanwalt (*of counsel*)

Autorenverzeichnis

im Frankfurter Büro der Anwaltskanzlei Clifford Chance im Bereich Gesellschaftsrecht tätig. Er ist Mitglied des *European Shadow Financial Regulatory Committee* und war bis Ende 2011 Mitherausgeber der ZHR. Seine Veröffentlichungen befassen sich unter anderem mit Vertrags-, Sachen-, Delikts- und Bankrecht, den Grundfragen der Mitbestimmung, des Kapitalmarkts, der Verbände und der Massenmedien sowie mit Problemen der Justiz und der Privatrechtstheorie.

Dr. Johanna Kübler ist Rechtsanwältin und Gründungspartnerin der auf Kartellrecht spezialisierten Anwaltskanzlei Commeo LLP in Frankfurt/M. Zuvor war sie Partnerin der Anwaltskanzlei Baker & McKenzie in Frankfurt/M. und hat als Associate Secondments in den Baker & McKenzie Büros in London und Brüssel absolviert. Sie ist Mitglied der Studienvereinigung Kartellrecht und des Kartellrechtsforums Frankfurt.

Antje-Irina Kurz ist Rechtsanwältin und Counsel bei Linklaters LLP. Nach einer zweijährigen Tätigkeit im Luxemburger Büro von Linklaters LLP ist sie seit 2001 im Bereich Bank- und Kapitalmarktrecht tätig und spezialisiert auf die Bereiche Bankaufsichtsrecht, Investmentrecht und Versicherungsaufsichtsrecht.

Dr. Volker Läger ist Senior Director und Analytical Manager Structured Finance Ratings bei Standard & Poor's in Frankfurt. Er studierte Betriebswirtschaftslehre an der Otto-Friedrich Universität Bamberg und promovierte dort in Finanzwirtschaft über die Bewertung von Kreditderivaten. Vor seinem Wechsel zu S&P arbeitete Volker Läger von 2002 bis 2005 im Bereich Fixed Income Sales bei Merrill Lynch in Frankfurt.

Petra Lomp ist Rechtsanwältin in Hamburg mit der Spezialisierung Bank- und Versicherungsaufsichtsrecht, Investmentrecht und Equity Derivatives. Von 1999 bis 2004 war sie im Bereich Bankaufsichtsrecht/Investmentfondsrecht bei Linklaters LLP in Frankfurt/M. und in London beschäftigt. Von 2004 bis 2009 war sie bei Citigroup in Frankfurt/M. in der Rechtsabteilung für die rechtliche Beratung der Citigroup KAG und der Equity Derivatives Abteilung zuständig.

Sven-Patrick Maier ist Partner bei Aybrook Financial Partners in London und zuständig für die Bereiche Strukturierung und Transaktions-Management. Er begann seine Berufslaufbahn bei Deloitte & Touche LLP, New York, in der Prüfung von Investment Banken und Broker-Dealern. Nach der Zulassung als US-Wirtschaftsprüfer ("Certified Public Accountant") wechselte er nach London in die European Securitisation Gruppe der Deutschen Bank. Dort verantwortete er für mehrere Jahre das Verbriefungsgeschäft der Deutschen Bank in Deutschland sowie die Verbriefungs-Transaktionen von DB-eigenen Assets mit besonderem Augenmerk auf das Mittelstandsgeschäft und den CDO und CLO Sektor. Außerdem arbeitete er als Kredithändler mit dem Schwerpunkt auf illiquiden strukturierten Assets im Principal Finance Team der Bank. Zwischenzeitlich war er bei Merrill Lynch und der Citigroup in den Bereichen Structured Finance, Structured Illiquid Credit Trading und Kreditderivate tätig. Er verfügt über ein abgeschlossenes BWL-Studium der Uni München, einen US MBA sowie einen M.Sc. Abschluss in Accounting and Finance der London School of Economics and Political Science (LSE).

Andreas Patzner ist Rechtsanwalt und Steuerberater, Partner im Bereich Financial Services Tax bei KPMG in Frankfurt am Main. Mit seiner über neunjährigen Beratungserfahrung betreut er in- und ausländische Kreditinstitute und Investmentfonds in steuerlicher Hinsicht und befasst sich darüber hinaus mit der Besteuerung von Finanzprodukten und -strukturen.

Stefan Paulmayer ist Rechtsanwaltsanwärter bei Schönherr Rechtsanwälte GmbH und im *Banking, Finance & Capital Markets*-Team tätig. Er ist ua spezialisiert auf Derivate und bankaufsichtsrechtliche Fragen. Außerdem zählen Finanzierungen, Restrukturierungen sowie Themen des Kapitalmarkt-, Wertpapier-, Versicherungs- und Investmentfondsrechts zu seinen Schwerpunkten.

Frank Martin Roth ist Rechtsanwalt und seit 2005 Senior Legal Counsel für Deutschland und Österreich bei der Citigroup Global Markets Deutschland AG in Frankfurt am Main. Zuvor war er bei der Landesbank Hessen-Thüringen im Bereich Liquiditätsmanagement und Funding tätig. Seine Schwerpunkte liegen im Bank- und Kapitalmarktrecht, insbesondere im Bereich Fixed Income und Equity Derivate.

Henning von Sachsen-Altenburg leitet als Direktor die Rechtsabteilung der Barclays Bank PLC, Filiale Frankfurt und ist unter anderem für die regionalen Bereiche Deutschland, Österreich und die Schweiz verantwortlich. Er studierte Rechtswissenschaften an der Ruprecht-Karls Universität Heidelberg und war nach seinem zweiten Staatsexamen (Baden-Württemberg) für mehrere Anwaltskanzleien in London und Frankfurt a.M. in den Bereichen Kapitalmarktrecht und Derivate tätig (unter anderem die Kanzleien Linklaters und Lovells). Von September 2004 bis September 2009 war er in der Rechtsabteilung von Merrill Lynch in London tätig, wo er mit seinem Team für die Bereiche Principal Investments, Asset Backed Finance and Lending in Europe, Middle East and Africa (EMEA) sowie den regionalen Bereich Deutschland und Österreich betreute.

Kai Schaffelhuber, Rechtsanwalt, ist Partner bei Allen & Overy LLP. Er hat umfassende Erfahrung in der Beratung internationaler und nationaler Kapitalmarkttransaktionen. Der Schwerpunkt seiner Beratungstätigkeit liegt im Bank-, Wertpapier- und Versicherungsaufsichtsrecht, bei strukturierten Produkten und Derivaten (sowohl im institutionellen als auch im Geschäftskunden- und Retailbereich), Restrukturierungen und Insolvenzen sowie M&A-Transaktionen in der Kreditwirtschaft. In diesen Bereichen verfügt er auch über umfangreiche Erfahrung in der Streitbeilegung und Prozessführung.

Dr. Gunnar Schuster, LL.M. (Univ. of Chicago), ist Rechtsanwalt und Partner der internationalen Anwaltssozietät Freshfields Bruckhaus Deringer und Co-Head ihrer Financial Institutions Group. Schwerpunkte seiner Tätigkeit bilden das Bank- und Versicherungsrecht, besonders das Aufsichtsrecht, sowie das Investmentrecht und das Kapitalmarktrecht.

Dr. Ulrich Schüwer ist wissenschaftlicher Assistent am Lehrstuhl für Internationales Bank- und Finanzwesen an der Goethe-Universität Frankfurt. Von 2001 bis 2002 arbeitete er im Bereich Corporate Finance und von 2002 bis 2006 im Bereich Fixed Income Capital Markets bei Citigroup Global Markets in Frankfurt am Main. Ulrich Schüwer hat Betriebswirtschaftslehre mit dem Abschluss Diplom-Kaufmann sowie Operations Research mit dem Abschluss Master of Science (USA) studiert und 2010 an der Goethe-Universität Frankfurt promoviert.

Andreas Steck ist Rechtsanwalt und Partner bei Linklaters LLP im Bereich Bank- und Kapitalmarktrecht. Er ist in diesem Bereich verantwortlich für die bankaufsichtsrechtliche und investmentrechtliche Beratung. Insbesondere ist er auf die instituts- und produktbezogene aufsichtsrechtliche Beratung von Kreditinstituten, KAGs und Finanzdienstleistungsinstituten sowie auf die produktbezogene aufsichtsrechtliche Beratung von Versicherungen spezialisiert. Vor seinem Eintritt bei Linklaters war Andreas Steck von 1997 bis Anfang 2000 für

Autorenverzeichnis

KPMG Deutsche Treuhand Gesellschaft in Frankfurt im Bereich Financial Services Tax & Legal tätig.

Prof. Dr. Sascha Steffen ist Professor für Finanzierung an der ESMT European School of Management and Technology in Berlin. Seine Forschungsschwerpunkte liegen in dem Bereich Corporate Finance und Financial Intermediation. Sascha Steffen hat Betriebswirtschaftslehre an der Johann Wolfgang Goethe Universität und der University of Pennsylvania (Wharton School) studiert und anschließend in Frankfurt promoviert. 2008/2009 war er als Post-Doc an der New York University (NYU) tätig und 2009–2011 als Habilitand an der Universität Mannheim.

Dr. Christian Storck, LL.M. (London School of Economics) ist Rechtsanwalt und Solicitor (England & Wales). Er arbeitet bei der Anwaltssozietät Linklaters LLP als Managing Associate im Bereich Kapitalmarktrecht. Schwerpunkt seiner Arbeit sind Wertpapierdarlehen- und Wertpapierpensionsgeschäfte sowie strukturierte Finanzierungen und Derivate-Transaktionen. Der Fokus liegt dabei insbesondere auf internationalen, grenzüberschreitenden Transaktionen. Zu seinen Mandanten zählen Investmentbanken, Finanzinstitute, Versicherungen und Fonds-Häuser.

Dragisa Torlakovic, Diplom-Kaufmann und Steuerberater, ist Mitarbeiter im Bereich Audit Financial Services bei der KPMG AG Wirtschaftsprüfungsgesellschaft, Frankfurt/M. Schwerpunkt seiner Arbeit innerhalb der Regulatory Services Group ist die Würdigung spezifischer Fragestellungen der nationalen und internationalen Rechnungslegung (insb. Finanzinstrumente, Bewertungseinheiten und Konsolidierung) sowie die Beurteilung des regulatorischen Kapitals auf Basis des IFRS-Abschlusses.

Patricia Vornhagen, LL.M. (Kyushu Universität, Fukuoka, Japan), ist Syndikusanwältin in der Rechtsabteilung einer deutschen Großbank in Frankfurt am Main. Ihr Aufgabengebiet umfasst unter anderem die Entwicklung und Verhandlung von Handelsverträgen, einschließlich solcher für den Energie- und Rohwarenhandel. Frau Vornhagen ist eine der Vertreter der Bank im Legal Committee der European Federation of Energy Traders (EFET).

Dr. Jean-Claude Zerey, LL.M. (Columbia Univ., N.Y.), Rechtsanwalt Frankfurt am Main, attorney-at-law New York, solicitor of England and Wales ist seit 2010 Managing Director im Bereich Cross Assets Solutions bei Société Générale, Frankfurt. Bis 2009 war er als Managing Director und Global Head Regulatory Solutions im Bereich Capital Markets bei Dresdner Kleinwort, Frankfurt tätig. Von 2004 bis 2007 war er Chefsyndikus der Citigroup Global Markets Deutschland AG & Co. KGaA, verantwortlich für Deutschland, Zentral- und Osteuropa und seit 2005 Mitglied des Vorstandes. Nach Absolvierung seiner Berufsexamina und Promotion arbeitete er als Rechtsanwalt bei einer bekannten New Yorker Anwaltskanzlei. Von 1993 bis 1997 als Prokurist/Syndikus in der Rechtsabteilung der Deutschen Bank AG in Frankfurt. Von 1997 bis 2001 als Direktor/Justiziar in der Rechtsabteilung der Commerzbank AG in Frankfurt. Von 2001 bis 2004 als Direktor/Justiziar bei Merrill Lynch Capital Markets Bank Limited, Frankfurt. Der Schwerpunkt seiner Tätigkeit bei den unterschiedlichen Kreditinstituten lag insbesondere im Bereich der Derivate und strukturierten Kreditprodukte

1. Teil: Wirtschaftlicher Hintergrund

§ 1 Funktionen und Einsatz von Finanzderivaten

Literatur: *Acharya/Schnabl*, How Banks Played the Leverage Game, in: Acharya/Richardson (Hrsg.), Restoring Financial Stability: How to Repair a Failed System, 2008; *Acharya/Schnabl*, Do Global Banks Spread Global Imbalances? Asset-Backed Commercial Paper during the Financial Crisis of 2007–2009, IMF Economic Review, 2010, 58(1), 37–73; *Acharya/Schnabl/Suarez*, Securitization Without Risk Transfer, Journal of Financial Economics, im Erscheinen; *Albrecht/Maurer*, Investment und Risikomanagement, 3. Aufl., 2008; *Bank für Internationalen Zahlungsausgleich*, Triennial Central Bank Survey of Foreign Exchange and Derivatives Market Activity in 2010, 2010 (Download www.bis.org/triennial.htm); *Bank für Internationalen Zahlungsausgleich*, Semiannual OTC Derivatives Statistics at End-June 2011, 2011 (Download www.bis.org/statistics/derstats.htm); *Brunnermeier*, Deciphering the Liquidity and Credit Crunch 2007–2008, Journal of Economic Perspectives, 2009, 77–100; *Buffet*, Brief an die Aktionäre von Berkshire Hathaway Inc. vom Februar 2003 (Download http://www.berkshirehathaway.com/letters/2002.html); *Chacko/Sjöman/Motohashi/Dessain*, Credit Derivatives – A Primer on Credit Risk, Modelling, and Instruments, 2006; *Chance*, A Chronology of Derivatives, Derivatives Quarterly, Winter 1995, 53–60; *Deutsche Bundesbank*, Zinsstrukturkurve für börsennotierte Bundeswertpapiere (Download http://www.bundesbank.de/statistik/statistik_zinsen.php), 2012; *Eurex*, Eurex Clearing – Risk Based Margining (Download http://www.eurexchange.com/documents/publications/publications_en.html), 2007; *Eurex*, Zinsderivate. Fixed Income-Handelsstrategien – Fragen und Fallstudien (Download www.eurexchange.com/documents/publications/int_de.html), 2008; *Gallati*, Risk Management and Capital Adequacy, 2003; *Hull*, Optionen, Futures und andere Derivate, 7. Aufl., 2009; *International Monetary Fund*, Global Financial Stabilty Report, 2008; *Keys/Mukherjee/Seru/Vig*, Did Securitization Lead to Lax Screening? Evidence from Subprime Loans, Quarterly Journal of Economics, 2010, 307–362; *Krishnaburthy*, The Financial Meltdown: Data and Diagnoses, Working Paper, 2008; *Oehler/Unser*, Finanzwirtschaftliches Risikomanagement, 2. Aufl., 2002; *Shapiro*, Multinational Financial Management, 2006; *Siems*, 10 Myths About Financial Derivatives, Cato Policy Analysis No. 283, 1997.

A. Derivate im Überblick	1	I. Kreditrisiko und Kreditderivate	31
I. Einführung	1	II. Entwicklung des Marktes für Kreditderivate	36
II. Grundformen von Derivaten	4	III. Merkmale bestimmter Kreditderivate für Einzelrisiken	37
III. Der Markt für Derivate	9	IV. Merkmale bestimmter Kreditderivate für Portfoliorisiken	41
IV. Motive für den Einsatz von Derivaten	12	E. Die Finanzkrise 2007–2009	47
B. Zinsderivate	16	I. Ursprung der Finanzkrise	48
I. Risiken bei Zinspositionen	16	II. Rolle von Verbriefung und Finanzderivaten	50
II. Merkmale bestimmter Zinsderivate	21	F. Historische Krisenfälle	51
C. Währungsderivate	25		
I. Risiken bei Währungspositionen	25		
II. Merkmale bestimmter Währungsderivate	26		
D. Kreditderivate	31		

A. Derivate im Überblick

I. Einführung

Derivate sind Finanzinstrumente, deren Werte von anderen Werten, den Basiswerten, abgeleitet werden. Sie unterscheiden sich grundsätzlich von Geschäften im Kassamarkt, auf dem die Erfüllung eines Geschäfts – also Lieferung, Abnahme und Bezahlung – unmittelbar nach Abschluss des Geschäfts stattfindet. Für Derivategeschäfte gilt, dass die Erfüllung des Geschäftes zu einem vereinbarten Zeitpunkt in der Zukunft stattfindet, sie sind gekennzeichnet durch das Auseinanderfallen von Verpflichtungs- und Erfüllungsgeschäft. Bei Vertragsabschluss muss weder der Käufer die liquiden Mittel noch der Verkäufer die gehandelten Güter besitzen. Derivategeschäfte werden auch als Termingeschäfte bezeichnet.

Derivate werden von Unternehmen, Banken und Investoren für das Absichern oder die Übernahme von Risiken eingesetzt. Seit den 80er Jahren hat der Markt für Derivate ein ständiges Wachstum erlebt, er gehört inzwischen mit einem Nominalvolumen von über 700.000 Mrd. USD zu den wichtigsten Finanzmärkten. Trotz ihrer relativ neuen allgemeinen Bekanntheit sind Derivate keine neuen Finanzinstrumente. Derivate wurden schon seit vielen Jahrhunderten im Wirtschaftsleben eingesetzt, wie die folgenden Beispiele zeigen.[1]

Beispiel 1: Tulpenmanie in Holland um 1637

Seit Anfang des 17. Jahrhunderts erlangten Tulpen in Holland eine große Beliebtheit, und es entwickelte sich ein Markt für Tulpenzwiebeln, an dem in erster Linie Sammler und Liebhaber teilnahmen. Im Jahr 1634 begann ein starkes Ansteigen der Preise, was viele Spekulanten anzog. Zunächst wurden die geernteten Zwiebeln gehandelt, später jedoch auch Zwiebeln, die noch in der Erde waren. Es wurde ein Preis vereinbart und ein Zeitpunkt in der Zukunft festgelegt, zu dem die Zwiebeln geliefert und bezahlt werden mussten. Zwischen 1634 und 1637 stiegen die Preise rasant an, teilweise für einzelne Zwiebeln auf das Mehrfache eines normalen Jahreseinkommens. Im Februar 1637 schließlich brach die Spekulationsblase zusammen und hinterließ zahlreiche Spekulanten, die aufgrund der eingegangenen Zahlungsverpflichtungen verarmt waren.

Beispiel 2: *to arrive*-Verträge in Chicago um 1848

Begünstigt durch die Lage am Michigansee entwickelte sich Chicago im 19. Jahrhundert zum Zentrum für die Lagerhaltung von Getreide und für Getreidehandel. Das große Angebot an Getreide in der Erntezeit führte jedoch regelmäßig zu Lagerengpässen und damit verbunden zu einem Preisverfall. Die sogenannten to arrive-Verträge ermöglichten ab 1848 feste Preisabsprachen mit einer zukünftigen Lieferverpflichtung. Somit konnte das Getreide zunächst bei den Bauern gelagert werden und führte zu keinen Engpässen in Chicago. Um 1865 wurden diese Verträge an der Börse Chicago Board of Trade standardisiert.

Der Einsatz von Derivaten wird mit zahlreichen spektakulären Krisen in Verbindung gebracht und ist nicht unumstritten. So lautet ein bekanntes Zitat von Warren Buffett aus dem Jahr 2003: „... *derivatives are financial weapons of mass destruction, carrying dangers that, while now latent, are potentially lethal*". Dem gegenüber steht die Sicht, dass nicht verborgenes Risiko, sondern die Möglichkeit eines gezielten Risikomanagements die Haupteigenschaft von Derivategeschäften darstellt.[2] Durch das Ausmaß der Subprime-Krise, die für die große Mehrheit der Marktteilnehmer völlig überraschend war, wurden die Gefahren des Einsatzes von Finanzderivaten deutlich.

Die folgenden Abschnitte behandeln die wesentlichen Funktionen und ausgewählte Einsatzmöglichkeiten von Derivaten. Sie sollen es ermöglichen einzuschätzen, mit welchen wirtschaftlichen Chancen und Risiken der Einsatz von Derivaten verbunden ist. Zunächst wird ein allgemeiner Überblick über Derivate gegeben. Anschließend werden Zinsderivate, Währungsderivate und Kreditderivate diskutiert. Ein Abschnitt über die aktuelle Finanzkrise und ein Abschnitt über bekannte historische Krisenfälle schließen die Ausführungen ab.[3]

II. Grundformen von Derivaten

Innerhalb der Derivategeschäfte lassen sich zwei Grundformen unterscheiden. Zur Gruppe der „unbedingten Termingeschäfte" bzw Festgeschäfte gehören Forwards, Futures und Swaps. Zur Gruppe der „bedingten Termingeschäfte" gehören Optionen. Diese Unterteilung

---

1 Für einen historischen Überblick siehe zB *Chance* (1995).
2 In diesem Sinne zB *Siems* (1997) in dem Artikel „10 Myths about Financial Derivatives".
3 Die folgenden Ausführungen fußen im Wesentlichen auf der zu Beginn dieses Artikels angeführten Literatur.

sowie die übergelagerte Unterteilung in Kassamärkte und Terminmärkte werden in Abbildung 1 dargestellt.[4]

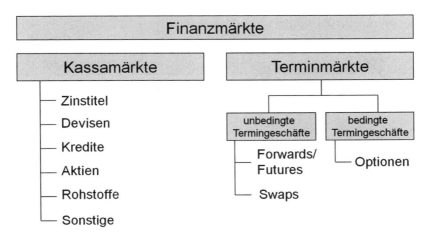

Abbildung 1: *Übersicht über Grundformen von Derivaten*

Bei „unbedingten Termingeschäften" sind beide Vertragspartner verpflichtet, den Vertrag zu erfüllen. Die Erfüllung des Geschäftes ist an keine Bedingung geknüpft. Dies erlaubt den Bezug eines Wertes in der Zukunft zu einem Preis, der bei Vertragsabschluss festgelegt wird. Der Kauf eines Terminkontrakts (also Recht auf Lieferung des Wertes, Pflicht auf Abnahme und Zahlung) wird auch als *long position*, der Verkauf als *short position* bezeichnet.

Ein **Forward** ist ein Vertrag zwischen zwei Parteien, zu einem bestimmten Zeitpunkt in der Zukunft (Fälligkeit) zu einem bestimmten Preis (Terminpreis oder Forwardpreis) ein bestimmtes Gut (Basiswert oder *underlying*) vom Vertragspartner zu kaufen bzw dem Vertragspartner zu verkaufen. Forwards werden außerbörslich gehandelt und erlauben den Vertragspartnern individuelle Absprachen. Am Abrechnungstag hat der Forward einen Wert, der sich aus der Differenz zwischen dem vereinbarten Abrechnungspreis und dem aktuellen Preis des Gutes im Kassamarkt ergibt. Die *long position* profitiert also von steigenden Preisen im Kassamarkt, während die *short position* von sinkenden Preisen profitiert. Abbildung 2 zeigt aus Sicht eines Käufers und eines Verkäufers den Wert eines Forwards mit einem Terminpreis von X und einem Marktpreis des Basiswertes von S_T zum Zeitpunkt der Fälligkeit.

---

4 Als weiterführende Literatur zu Grundformen von Derivaten empfehlen wir Hull (2009) und Albrecht/Maurer (2008).

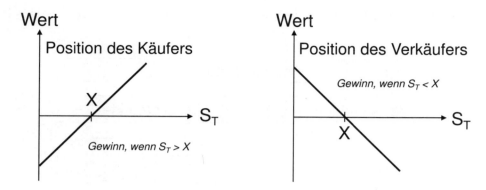

Abbildung 2: Wert eines Forwards für Käufer und Verkäufer

6 Ein **Future** ist ein spezieller an einer Börse gehandelter Forward-Kontrakt, der von der Börse festgelegte standardisierte Merkmale besitzt. Die Clearingstelle der Börse garantiert die Erfüllung der Kontrakte und übernimmt damit das Ausfallrisiko. Das Risiko wird dadurch begrenzt, dass Käufer und Verkäufer bei Abschluss eines Terminkontraktes bei der Clearingstelle eine Sicherheitseinlage (*additional margin* oder *initial margin*) hinterlegen müssen, die sich nach der Laufzeit und der Volatilität des Terminkontraktes richtet. Jede abgeschlossene Future-Position wird täglich bewertet (*marking to market*), und es wird der bisherige Gewinn oder Verlust (*variation margin*) gegenüber dem Kauf- bzw Verkaufpreis des Futures berechnet. Wenn Verluste dazu führen, dass die hinterlegten Sicherheiten aufgezehrt werden, müssen diese erhöht werden.[5]

7 Ein **Swap** ist eine Vereinbarung zwischen zwei Vertragsparteien, bestimmte Zahlungen an mehreren zukünftigen Terminen auszutauschen. Dabei wird insbesondere die Art und Weise festgelegt, wie die Höhe der Zahlungen jeweils berechnet wird. Besonders verbreitete Swaps sind Zinsswaps und Währungsswaps. Bei Standard-Zinsswaps besitzt eine Partei eine in der Höhe feste und die andere Partei eine in der Höhe variable, vom aktuellen Marktzins abhängende, Zahlungsverpflichtung. Bei Währungsswaps vereinbaren beide Parteien Zahlungen in unterschiedlichen Währungen über einen festgelegten Zeitraum.

8 Kontrakte, deren Erfüllung an eine bestimmte Bedingung geknüpft ist, werden als „bedingte Termingeschäfte" bzw Optionsgeschäfte bezeichnet. Der Käufer eines solchen Kontrakts kann entscheiden, ob das Geschäft erfüllt werden soll oder nicht. Dies wird er davon abhängig machen, ob die Erfüllung des Vertrages für ihn einen positiven Wert hat. Grundsätzlich wird zwischen einer **Kaufoption** (*call option*) und einer **Verkaufoption** (*put option*) unterschieden. Eine „europäische Kaufoption" gibt dem Käufer das Recht, den Basiswert am Verfallstag der Option zu einem bestimmten Kurs zu kaufen. „Amerikanische Kaufoptionen" beinhalten das Kaufrecht (also das Ausüben der Kaufoption) jederzeit bis einschließlich zum Verfallstag der Option. Dementsprechend gibt eine Verkaufoption dem Käufer das Recht, den Basiswert an oder bis zu einem bestimmten Zeitpunkt zu einem bestimmten Kurs zu verkaufen. Im Unterschied zu Forwards, Futures und Swaps können Optionen nur für eine Vertragspartei einen positiven Wert haben, nämlich für den Besitzer des Kauf- oder Verkaufrechtes. Aus diesem Grund bekommt der Verkäufer einer Option (auch Stillhalter genannt) eine Prämie bei Vertragsabschluß. Der Wert einer Kaufoption für den Käufer (*long position*) und den Verkäufer (*short position*) zum Zeitpunkt der Fälligkeit einer Option ist in Abbil-

---

5 Die Berechnung von Sicherheitsleistungen und die Terminologie können an verschiedenen Börsen im Detail unterschiedlich sein. Zum Clearing an der Eurex siehe Eurex (2007) und Eurex (2008).

dung 3 dargestellt. X ist der vereinbarte Ausübungspreis und S_T der Preis des Basiswertes zum Zeitpunkt der Fälligkeit der Option. Die Zahlungen für die Optionsprämien P sind in den Auszahlungsprofilen enthalten. Die entsprechenden Auszahlungsprofile für Verkaufoptionen sind in Abbildung 4 dargestellt.

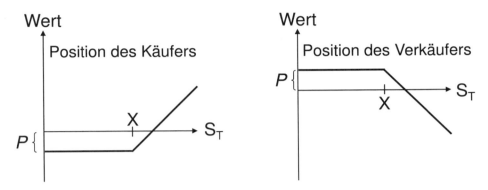

Abbildung 3: Wert einer Kaufoption für Käufer und Verkäufer

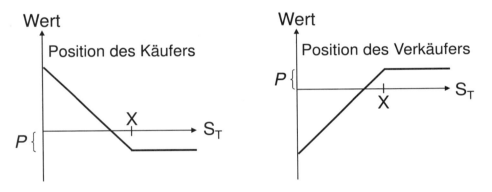

Abbildung 4: Wert einer Verkaufoption für Käufer und Verkäufer

III. Der Markt für Derivate

Standardisierte Kontrakte wie der Bund-Future oder Aktienoptionen werden in der Regel an **Terminbörsen** gehandelt, die der staatlichen Aufsicht unterliegen. Die größten Terminbörsen in Europa sind die deutsch-schweizerische EUREX und die NYSE Liffe, die Teil von NYSE Euronext ist. In den USA ist die größte Terminbörse die CME Group, ein Zusammenschluß der Chicago Board of Trade (CBoT), der Chicago Mercantile Exchange (CME) und der New York Mercantile Exchange (NYMEX) aus den Jahren 2007 und 2008.

Eine wichtige Ergänzung zum Börsenhandel – und bezüglich des Volumens auch wesentlich bedeutender – ist der **außerbörsliche Handel** (*over the counter* oder **OTC**), bei dem individuelle Kontrakte direkt zwischen zwei Marktteilnehmern via Telefon oder Computer gehandelt werden. Im Unterschied zum börslichen Handel müssen die Vertragspartner bei außerbörslichem Handel das **Kreditrisiko des Vertragspartners** (**counterparty risk**) berücksichtigen, da niemand die Erfüllung des Kontraktes garantiert. Dieses Risiko ist insbesondere dann schwer einzuschätzen, wenn der Vertragspartner mit verschiedenen Parteien große Kontraktvolumen abschließt und mögliche Zahlungsverpflichtungen nicht aus seinen Finanzberichten hervorgehen.

11 Abbildung 5 zeigt die Entwicklung des Derivatemarktes für das Nominalvolumen offener Derivatekontrakte (OTC) seit 2000. Neben dem allgemein starken Wachstum bis zum Beginn der Finanzkrise von 2007–2009 ist hervorzuheben, dass das Nominalvolumen der OTC-Derivate im Zuge der Finanzkrise im zweiten Halbjahr 2008 erstmalig gegenüber dem Volumen im vorausgegangenen Halbjahr abnahm (gegenüber dem dargestellten Volumen Ende 2007 ist noch ein geringer Anstieg zu verzeichnen). Der jüngste Anstieg im ersten Halbjahr 2011 gegenüber den Vorjahren basiert auf dem zuletzt starken Wachstum des Marktes für Zinsderivate. Bis zum Beginn der Finanzkrise war der am schnellsten wachsende Teilmarkt der Markt für Kreditderivate (*single-name* und *multi-name credit default swaps*).

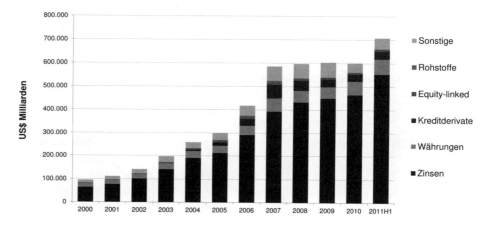

Abbildung 5: Entwicklung des außerbörslichen Derivatemarktes[6]

Für die Einschätzung der Bedeutung des Derivatemarktes ist neben dem Nominalvolumen der Kontrakte auch ihr Marktwert von Interesse, der als Indikator für das tatsächlich transferierte Risiko interpretiert werden kann. Der Brutto-Marktwert betrug für Zinsderivate 13.244 Mrd. USD (2,4 % des Nominalvolumens) Ende Juni 2011 gegenüber 17.533 Mrd. USD (3,8 %) Ende Juni 2010, für Währungsderivate 2.336 Mrd. USD (3,6 %) gegenüber 2.544 Mrd. USD (4,8 %) und für Kreditderivate 1.345 Mrd. USD (4,2 %) gegenüber 1.666 Mrd. USD (5,5 %).

IV. Motive für den Einsatz von Derivaten

12 Die Beispiele für Derivategeschäfte zu Beginn dieses Kapitels, nämlich Forward- bzw Future-Kontrakte zum Terminhandel mit Getreide um 1848 in Chicago und Forward-Kontrakte zum Terminhandel mit Blumenzwiebeln um 1637 in Holland, veranschaulichen bereits zwei wesentliche Motive für den Einsatz von Derivaten: Absicherung und Spekulation.

---

6 Nominalvolumen offener Derivatekontrakte (Over-The-Counter). Für die Jahre 2000 bis 2010 sind jeweils die Volumen zum Ende des Jahres angegeben. Für das Jahr 2011 ist der Stand zum Ende des Halbjahres angegeben. Quelle: Bank für Internationalen Zahlungsausgleich (2011).

A. Derivate im Überblick

Absicherer möchten sich vor einer möglichen ungünstigen Wertentwicklung ihrer Vermögensgegenstände schützen. Wenn eine ungünstige Entwicklung von einer Marktvariablen wie zB Marktzinsen, Wechselkursen oder Aktienkursen abhängt, kann ein Absicherer ein Derivat benutzen, um das Risiko abzufedern oder auszuschließen (zu *hedgen*). Dafür baut er mithilfe von Forwards, Futures, Swaps oder Optionen eine Position auf, deren Preisentwicklung die Preisentwicklung der bestehenden Position kompensiert. Abbildung 6 zeigt die Wertentwicklung einer Anleihe (als Beispiel für einen Vermögensgegenstand) und eines Derivates in Abhängigkeit von den Marktzinsen. Da der Wert der Anleihe bei steigenden Marktzinsen abnimmt, kann es vorteilhaft sein, den Wert gegen Zinsänderungen abzusichern. Dafür kann der Absicherer einen Zinsfuture *short* gehen: Er muss in der Zukunft einen Zinstitel zu einem festgelegten Kurs liefern und wird davon profitieren, wenn der Wert dieses Zinstitels aufgrund von steigenden Zinsen fällt. Der Absicherer kann somit eine sichere Gesamtposition, bestehend aus Anleihe und Derivat, erreichen.

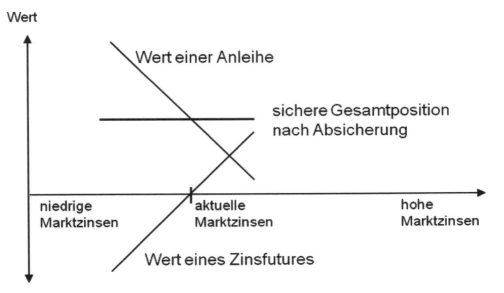

Abbildung 6: Absicherung einer Zinsposition mit einem Future

Im Idealfall bezieht sich das Derivat direkt auf die abzusichernde Position, zB einen Aktienkurs, so dass sich die Preise beider Positionen (zB Aktie und Derivat) 1 zu 1 entwickeln. Wenn dies nicht möglich ist, ist es notwendig, die Preissensitivität des Derivats bezüglich des abzusichernden Wertes zu kennen und das *hedge ratio* zu bestimmen, das das zur Absicherung notwendige Volumen an Derivatekontrakten pro abzusichernder Position ausdrückt.

Spekulanten schließen Derivategeschäfte ab, um auf die Entwicklung eines Wertes zu wetten. Dabei kann es sich um eine Kurssteigerung eines Wertes, einen Kursverlust oder auch die Entwicklung einer abgeleiteten Variablen wie der Volatilität des Kurses handeln. In bestimmten Fällen, zB bei einer Wette auf einen bestimmten steigenden Aktienkurs, könnte der Spekulant alternativ die Aktie im Kassamarkt direkt kaufen. Allerdings müsste er dann auch sofort für den gesamten Kaufpreis der Aktien aufkommen. Im Terminmarkt dagegen kann der Spekulant mit geringem Kapitaleinsatz die gleiche Wette eingehen. Dies ist für Spekulanten, die relativ wenig Kapital risikoreich einsetzen wollen, ein entscheidender Vorteil.

1 § 1 Funktionen und Einsatz von Finanzderivaten

14 Ein weiteres Motiv für den Einsatz von Derivaten ist Arbitrage. **Arbitrageure** beabsichtigen, Ineffizienzen der Märkte auszunutzen und so einen risikolosen Gewinn zu realisieren. Dabei nutzen Sie die Kassamärkte und Terminmärkte um exakt gegenläufige Positionen einzugehen. Beispiel 3 zeigt die Möglichkeit eines Arbitragewinns, wenn Renditen von Staatsanleihen im Kassamarkt und Terminzinssätze *(forward rates)* nicht im Einklang stehen.

15 **Beispiel 3: Arbitragegewinn**

Wir nehmen an, dass eine einjährige Staatsanleihe eine Rendite von 4 % und eine zweijährige Staatsanleihe eine Rendite von 5 % hat. Der Future für Zinsen von ein auf zwei Jahre hat einen Zins von 5 %. Ein Arbitrageur würde die zweijährige Anleihe kaufen und die einjährige Anleihe sowie den Zinsfuture verkaufen. Dies impliziert folgende Zahlungen:

	t_0	t_1	t_2
Kauf zweijährige Anleihe	– 100	+ 5	+ 105
Verkauf einjährige Anleihe	+ 100	– 104	
Verkauf Future		+ 100	– 105
Gesamtzahlungen	0	+ 1	0

Es kann also ohne Risiko ein Arbitragegewinn von +1 in Periode t_1 realisiert werden. Bei einem fairen Future-Zins von 6,06 % (also Zahlungen durch den Verkauf des Futures von +99 in t_1 und -105 in t_2) wäre kein Arbitragegewinn möglich.

B. Zinsderivate

I. Risiken bei Zinspositionen

16 In diesem Abschnitt wird auf die Bedeutung des Marktzinses für die erwarteten Erträge aus einem Finanztitel eingegangen. **Verzinsliche Finanztitel** sind charakterisiert durch Zinszahlungen und eine Tilgungszahlung zum Ende der Laufzeit, die zwischen Schuldner und Gläubiger vereinbart werden. Die Finanztitel können sich durch zahlreiche Eigenschaften unterscheiden, unter anderem durch die Bonität des Gläubigers, die Kreditbedingungen, die Währung oder die Laufzeit. Beispiele für verzinsliche Finanztitel sind Bundesanleihen, Unternehmensanleihen oder Unternehmenskredite.

17 Bezüglich der aktuellen und erwarteten Marktzinsen ist zum einen die Höhe der Zinssätze für die einzelnen Laufzeiten von Interesse sowie die damit verbundene **Zinsstruktur**. Unterschiedliche Zinskurven werden in Abbildung 7 veranschaulicht. Für die Struktur einer Zinskurve existieren verschiedene Erklärungsansätze, insbesondere die Erwartungshypothese, die Liquiditätspräferenzhypothese und die Marktsegmentierungshypothese.[7]

---

7 Interessierten Lesern empfehlen wir Albrecht/Maurer (2008).

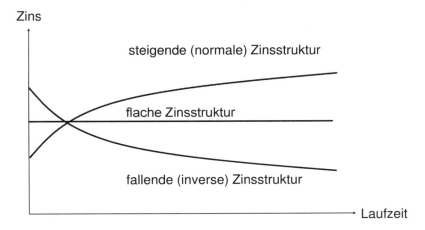

Abbildung 7: Typische Zinsstrukturkurven

Abbildung 8 zeigt Zinskurven für Bundesanleihen für ausgewählte Jahre seit 1990. Diese Abbildung verdeutlicht zum einen die hohe Variabilität der Zinssätze im Zeitablauf (zB für eine fünfjährige Restlaufzeit 9 % Ende 1990 gegenüber 0,9 % Ende 2011) und zum anderen die Variabilität der Zinsstruktur (zB flach im Jahr 1990, fallend im Jahr 1991 und steigend im Jahr 2008).

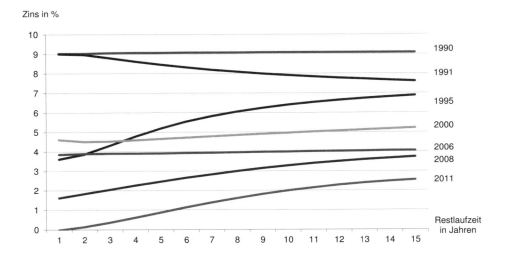

Abbildung 8: Historische Entwicklung der Zinskurve[8]

---

8 Daten jeweils für Dezember für ausgewählte Jahre. Eigene Darstellung. Quelle: Statistik der Deutschen Bundesbank (2012).

18 Die erwarteten Erträge aus einem verzinslichen Finanztitel setzen sich zusammen aus Zinszahlungen, Wiederanlage der Zinsen und Tilgungszahlung bzw Verkaufserlös bei vorzeitigem Verkauf. Das **Zinsänderungsrisiko** besteht darin, dass durch eine Veränderung des Marktzinses in einer Planungsperiode nicht der erwartete Ertrag realisiert werden kann. Das folgende Beispiel veranschaulicht Zinsänderungsrisiken für eine Investition in eine Anleihe mit festen Zinskupons.

19 **Beispiel 4: Zinsrisiken einer festverzinslichen Anleihe**

Gegeben sei eine zweijährige Anleihe mit einem jährlichen Kupon von 5 %. Das Vermögen zum jetzigen Zeitpunkt t_0 entspricht dem Barwert der Zahlungen in t_1 von 5 (Zinsen) und in t_2 von 105 (Tilgung und Zinsen). Das Vermögen in t_2 entspricht den aufgezinsten Zahlungen. Abhängig vom Marktzins ergeben sich folgende Vermögen in t_0 oder t_2:

Marktzinsen	Vermögen in t_0	Vermögen in t_2:
4 %	5/1,04+105/1,04²=101,89	5*1,04+105=110,20
5 %	5/1,05+105/1,05²=100,00	5*1,05+105=110,25
6 %	5/1,06+105/1,06²=98,17	5*1,06+105=110,30

Das Beispiel veranschaulicht, dass Zinsänderungen auf den Barwert (Vermögen in t_0) und den Endwert (Zeitpunkt der Fälligkeit) der Anleihe einen entgegengesetzten Effekt haben. In t_0 spiegelt sich ausschließlich das **Marktwertrisiko** wider. Umso höher die Zinsen steigen, umso niedriger fällt der Marktwert und damit das Vermögen. Zum Zeitpunkt der Fälligkeit einer Anleihe (im Beispiel t_2) besteht dagegen kein Marktwertrisiko, da die Anleihe mit einem festen Betrag, dem Nominalbetrag plus Zinsen, zurückgezahlt wird. Zu diesem Zeitpunkt hat aber das **Wiederanlagerisiko**, das die Verzinsung der angefallenen Kupons reflektiert, Auswirkungen auf das Vermögen.

20 Abbildung 9 zeigt den Vermögenswert einer festverzinslichen Anleihe für unterschiedliche Marktzinssätze in Abhängigkeit von der Planungsperiode t. Da der Marktwerteffekt und der Wiederanlageeffekt entgegengesetzt wirken, gibt es einen Zeitpunkt t_D, an dem sich beide Effekte ausgleichen. Dieser Zeitpunkt wird auch als „Macaulay Duration" bezeichnet. Rechnerisch ist die Macaulay Duration der mit den Barwerten der Zahlungen gewichtete durchschnittliche Zeitpunkt aller Zahlungen, sie kann deshalb als durchschnittliche Kapitalbindungsdauer interpretiert werden. Zum Zeitpunkt der Duration ist eine Zinsposition gegen Zinsänderungen immun.[9] Die „modifizierte Duration" ist eine Kennzahl für die prozentuale Wertänderung einer Zinsposition aufgrund einer Änderung des Marktzinssatzes um einen Prozentpunkt.

---

[9] Dieser Zusammenhang gilt exakt allerdings nur, wenn vereinfachende Annahmen gemacht werden, wie unter anderem die Annahme einer flachen Zinsstrukturkurve. Da die geforderten Annahmen in der Realität nicht zutreffen, ist die Duration nur eine Approximation für den Zeitpunkt der Immunisierung gegen Zinsänderungen.

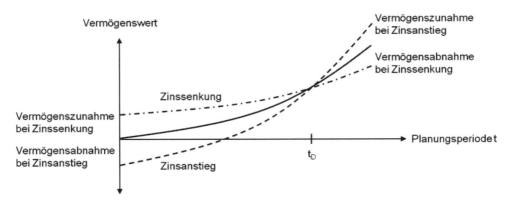

Abbildung 9: Vermögenswert einer festverzinslichen Anleihe[10]

Für variable Anleihen besteht, verglichen mit festverzinslichen Anleihen, nur ein geringes Marktwertrisiko. Allerdings besteht zusätzlich ein Risiko bezüglich der Höhe der Zinszahlungen.

Im folgenden Abschnitt wird die allgemeine Funktionsweise verschiedener Zinsderivate erläutert. Des Weiteren wird die Frage behandelt, wie Zinsrisiken mit Derivaten abgesichert oder eingegangen werden können.

II. Merkmale bestimmter Zinsderivate

Zinsterminkontrakte sind individuelle, außerbörsliche Vereinbarungen zwischen zwei Parteien über einen Zinssatz, der in der Zukunft für einen bestimmten Zeitraum und ein bestimmtes Nominalvolumen zu zahlen bzw zu empfangen ist. Der Zinssatz wird basierend auf einem Referenzzinssatz wie dem EURIBOR festgelegt. Der Kauf eines Zinsterminkontraktes entspricht der Zinssicherung für eine Kreditaufnahme auf Termin; der Verkauf entsprechend der Zinssicherung für eine Zinsanlage auf Termin. Allerdings wird durch den Zinsterminkontrakt nicht die Mittelaufnahme bzw Mittelanlage ersetzt, sondern ausschließlich der Zinssatz fixiert. Der Wert des Zinsterminkontraktes zum Zeitpunkt des Kaufes bzw Verkaufes ist null, wenn der festgesetzte Zinssatz der *forward rate* entspricht.

Forward rates sind erwartete Zinssätze für zukünftige Zeiträume, die aus der aktuellen Zinsstrukturkurve abgeleitet werden können und somit die Markterwartung für Zinsentwicklungen widerspiegeln. Die Ableitung der *forward rates* basiert auf dem Gedanken der Arbitragefreiheit. Dies veranschaulicht folgende exemplarische Überlegung: Die Gesamtverzinsung für einen Betrag über drei Perioden muss unabhängig davon sein, ob die Anlage für die gesamte Dauer zum dreijährigen Zinssatz getätigt wird oder zunächst für zwei Jahre zum zweijährigen Zinssatz und anschließend zur *forward rate* von Periode 2 auf Periode 3. Formal muss für eine dreijährige Anlage gelten: $(1+r_3)^3 = (1+r_2)^2 * (1+f_{2,3})$, wobei r_3 und r_2 Kassazinssätze (*spot rates*) für drei und zwei Jahre sind und $f_{2,3}$ die *forward rate* von Periode 2 auf Periode 3 ist.

Zinsfutures sind Zinsterminkontrakte mit standardisierten Merkmalen. Der am Kapitalmarkt am meisten beachtete Zinsfuture ist der Bund-Future. Der vereinbarte Zinssatz bezieht sich nicht auf einen Referenzzinssatz wie den EURIBOR, sondern wird vom Kurs einer synthetischen (fiktiven) Bundesanleihe abgeleitet.

---

10 Eigene Darstellung in Anlehnung an Oehler/Unser (2002).

§ 1 Funktionen und Einsatz von Finanzderivaten

Merkmale des **Bund-Futures**:

- Basiswert: synthetische Bundesanleihe mit 8,5- bis 10,5-jähriger Laufzeit und einem Kupon von 6 %
- Kontraktwert: Euro 100.000
- Erfüllungstermine: jeweils der 10. Kalendertag der Monate März, Juni, September und Dezember
- Kurs: in Prozent des Nominalwertes der zugrunde liegenden Anleihe

Der Käufer des Bund-Futures verpflichtet sich, zum Erfüllungstermin deutsche Staatsanleihen mit einer Restlaufzeit von 8,5 bis 10,5 Jahren und dem vereinbarten Nominalvolumen zu kaufen. Der Verkäufer des Bund-Futures ist zur Lieferung von Anleihen verpflichtet, die diesen Kriterien entsprechen. Da dem Verkäufer in der Regel mehrere lieferbare Anleihen zur Verfügung stehen, wird er die für ihn günstigste, die sogenannte *cheapest to deliver*-Anleihe, für die Lieferung wählen. Anhand des Kurses der *cheapest to deliver*-Anleihe wird deshalb der Kurs des Bund-Futures bestimmt. Gewinne oder Verluste durch Kursbewegungen des Bund-Futures nach Vertragsabschluss, die sogenannte *variation margin*, werden für Käufer und Verkäufer täglich ausgeglichen. Das Clearinghaus verlangt deshalb als Sicherheit von allen Marktteilnehmern das Hinterlegen von Barmitteln oder Wertpapieren. Der Abrechnungsbetrag für Käufer und Verkäufer bei Lieferung ergibt sich aus dem Schlusskurs des Futures am letzten Handelstag (zwei Handelstage vor Lieferung) und einem Konversionsfaktor, der die gelieferte Anleihe nach einer finanzmathematischen Formel der synthetischen 6 % Bundesanleihe gleichwertig macht.

24 Der **Zinsswap** in seiner einfachsten Form (*plain vanilla interest rate swap*) ist eine Vereinbarung zwischen zwei Parteien, Zinszahlungen auf einen bestimmten Nominalbetrag über einen bestimmten Zeitraum auszutauschen. Dabei empfängt eine Partei (Verkäufer des Swap, *fixed receiver*) einen vorher bestimmten festen Zinssatz und zahlt einen variablen Zinssatz, der sich vor jeder Zahlungsperiode von einem dann aktuellen Referenzzinssatz des Geldmarktes ableitet. Die andere Partei (Käufer des Swap, *floating receiver*) empfängt den variablen und zahlt den festen Zinssatz.

Als Referenzzinssatz für die variablen Zahlungen wird häufig die *Euro Interbank Offered Rate* (EURIBOR) mit 1-Monats-, 3-Monats-, 6-Monats- oder 12-Monats-Laufzeiten gewählt. Der EURIBOR ist der Zinssatz für Termingelder in Euro im Interbankengeschäft mit Valuta $t+2$. Er wird seit der Einführung des Euro 1991 täglich durch Befragung größerer Banken im Euroraum ermittelt und um 11 Uhr (CET) veröffentlicht. Alternative Referenzzinssätze im Geldmarkt sind unter anderem die *Euro London Interbank Offered Rate* (Euro LIBOR), die für gleiche Laufzeiten wie der EURIBOR vom Britischen Bankenverband ermittelt und um 11 Uhr Londoner Zeit veröffentlicht wird, oder der *Euro Overnight Index Average* (EONIA), ein Zinssatz für Übernachtkontrakte auf dem Interbankenmarkt, der zwischen 18.45 Uhr und 19 Uhr (CET) veröffentlicht wird.

Der feste Zinssatz pro Zeitraum, bei dem der Wert der festen Zinszahlungen dem Wert der erwarteten variablen Zinszahlungen entspricht, der Zinsswap also einen Wert von null hat, wird *swap rate* genannt. Swap Händler quotieren *swap rates* für verschiedene Laufzeit und variable Zahlungen, zB 2,81 % für 5 Jahre bei variablen Zahlungen des 6-Monats-Euribor. In der Regel werden *swap rates* für eine *fixed receiver* oder *floating receiver* Position mit einer Zinsdifferenz von 0,03 % quotiert, dem *bid-offer-spread*.

Typischer Einsatz eines Zinsswap für Unternehmen ist die Wandlung von festen in variable Zahlungsverpflichtungen. Dies ist in Abbildung 10 dargestellt. Das Unternehmen A hat aus einem Kreditvertrag feste Zahlungsverpflichtungen. Es schließt mit einem Swap-Händler einen Zinsswap ab, bei dem es für die gleiche Laufzeit des Kreditvertrages feste Zahlungen empfängt und variable Zahlung leistet. Das Unternehmen A hat nun insgesamt statt einer festen eine variable Zahlungsverpflichtung, die abhängig vom vereinbarten variablen Referenzinssatz ist. Zusätzlich zum Referenzinssatz zahlt das Unternehmen einen festen Aufschlag, wenn die festen Zinszahlungen aus dem Kreditvertrag höher als die *swap rate* sind.

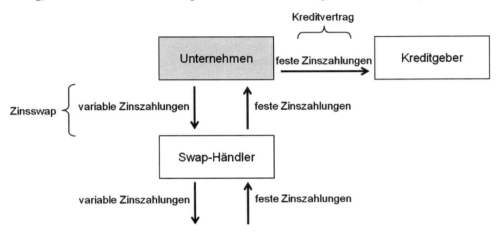

Abbildung 10: Zinsswap

Neben den vorgestellten Zinsderivaten gibt es spezielle Zinsderivate, auf die hier nicht weiter eingegangen wird, nämlich Zinsoptionen, *asset swaps*, *constant maturity swaps* oder Zinsswaps mit eingebetteten Optionen.[11]

C. Währungsderivate

I. Risiken bei Währungspositionen

Währungsrisiken entstehen durch die Unsicherheit über zukünftige Wechselkursentwicklungen. Jedes Unternehmen, das Zahlungen in Fremdwährungen in der Zukunft empfängt bzw. leisten muss, ist diesem Risiko ausgesetzt. Man unterscheidet grundsätzlich zwischen drei Arten von Risiken:

- Umrechnungskursrisiko (*translation exposure*): Bilanzzahlen werden aus der Fremdwährung in die Berichtswährung umgerechnet. Ändert sich der Wechselkurs zwischen den Berichtsperioden, resultiert aus der Umrechnung ein Währungsgewinn oder -verlust.
- Transaktionsrisiko (*transaction exposure*): Ein Geschäft in einer fremden Währung wird in der Zukunft vertraglich erfüllt, wobei die Umrechnung in die Heimatwährung erst bei Vertragserfüllung erfolgt.
- Operatives Risiko (*operating exposure*): Währungsschwankungen beeinflussen zukünftige Zahlungen durch Auswirkungen auf Umsätze, Kosten, Nachfrage, Wettbewerb usw. Der wesentliche Unterschied zum *transaction exposure* ist, dass die zukünftigen Geschäfte nicht vertraglich fixiert sind.

Ein Unternehmen, das Währungsrisiken ausgesetzt ist, hat zwei Fragen zu beantworten: Erstens, soll das Währungsrisiko gemanagt werden, und zweitens, wie kann es gemanagt werden? Die erste Frage ist nicht Fokus dieses Artikels.[12] Bezüglich der zweiten Frage, wie Un-

---

11 Interessierten Lesern empfehlen wir Albrecht/Maurer (2008).
12 Interessierten Lesern empfehlen wir Shapiro (2006).

ternehmen mit Währungsrisiken umgehen können, werden im Folgenden die wichtigsten Währungsderivate vorgestellt.

II. Merkmale bestimmter Währungsderivate

26 Ein **Forward** (oder *outright forward*) verlangt die Lieferung eines festgelegten Betrages einer Währung im Austausch für einen bestimmten Betrag in einer anderen Währung an einem Fälligkeitstermin in der Zukunft.[13] Der Umrechnungskurs wird bei Vertragsabschluss festgelegt, die Zahlung erfolgt bei Fälligkeit.

27 Ein **Devisenswap** (*foreign exchange swap*) ist ein simultaner Kauf und Verkauf einer Währung zu zwei verschiedenen Terminen mit derselben Gegenpartei. Transaktionspartner sind Unternehmen, Banken oder auch Regierungen, die für einen bestimmten Zeitraum eine Währung tauschen möchten, ohne ein Währungsrisiko einzugehen. Ein gewöhnlicher Swap ist „*spot* gegen *forward*". Ein Unternehmen kauft einen Betrag in einer Fremdwährung und verkauft denselben Betrag in der Zukunft an dieselbe Gegenpartei. Dies wird in Abbildung 11 veranschaulicht. Kauf und Verkauf bilden eine gemeinsame Transaktion, und das Unternehmen übernimmt daher während der Laufzeit kein Währungsrisiko. Ökonomisch entspricht der Swap der Kreditaufnahme in einer Fremdwährung unter vollständiger Besicherung. Der Swap wird jedoch in der Rechnungslegung nicht als Kredit angesehen und wird dementsprechend auch nicht bilanziert.

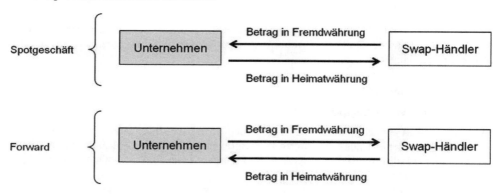

Abbildung 11: Devisenswap

28 Bei einem **Währungsswap** (*currency swap*) sind die Parteien zusätzlich zu dem Austausch der Nominalvolumen der Währungen am Anfang und bei Fälligkeit des Geschäftes auch zum zwischenzeitlichen Austausch von Zinszahlungen in den unterschiedlichen Währungen verpflichtet.

29 Eine **Währungsoption** (*currency option*) berechtigt den Optionskäufer, eine Währung mit einer anderen Währung zu kaufen oder zu verkaufen zu einem festgelegten Umrechnungskurs über einen bestimmten Zeitraum.

30 Abbildung 12 zeigt die Bedeutung der einzelnen Währungen und Produkte gemessen am Nominalvolumen in USD. Nach diesem Kriterium sind Forwards und Devisenswaps in allen Währungen das wichtigste Währungsderivat (in JPY ist das Nominalvolumen von Forwards und Devisionswaps sowie Währungsswaps in etwa gleich). Der Dollar, der Euro und der japanische Yen sind die zentralen Währungen, wobei der Dollar das Nominalvolumen des Eu-

---

13 Der Fälligkeitstermin muss mehr als 2 Geschäftstage in der Zukunft liegen. Beträgt die Laufzeit bis zu 2 Geschäftstage, so spricht man von einem Spotgeschäft.

ros um mehr als das Doppelte übersteigt. Die durchschnittlichen täglichen Umsätze für Währungsderivate beliefen sich bei der letzten statistischen Erfassung im April 2010 auf 2.491 Mrd. USD. Dies entspricht einem relativ geringen Anstieg um 7 % seit der vorherigen Veröffentlichung der Bank für Internationalen Zahlungsausgleich aus dem Jahre 2007.[14] Gegenüber 2001 hat sich der Umsatz des Jahres 2010 mehr als verdreifacht. Ein Grund für den Anstieg ist die Abwertung des Dollars seit 2001 und die damit verbundene zunehmende Verwendung der Währungsprodukte als alternative Anlageinstrumente. Die gestiegene Volatilität führte darüber hinaus zur größeren Verwendung der Derivate als *hedging*-Instrument. Zinsunterschiede zwischen Ländern mit verschiedenen Währungen führten zur Zunahme der *carry trades*. Dabei investiert der Anleger in die Währung mit dem höheren Zinssatz und finanziert dieses mit einer *short position* in der Währung mit dem niedrigeren Zinssatz.

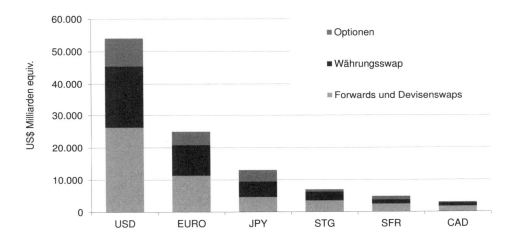

Abbildung 12: Markt für Währungsderivate[15]

D. Kreditderivate

I. Kreditrisiko und Kreditderivate

Der **Kredit** in seiner Grundform ist eine Geldleihe von einem Gläubiger an einen Schuldner mit der Verpflichtung des Schuldners, den geliehenen Betrag zuzüglich vereinbarter Verzinsung an den Gläubiger zurückzuzahlen. Die Verzinsung ist dabei ein wesentliches Element des Kredites, da diese nicht nur eine Gebühr für die Geldleihe, sondern vielmehr auch eine Entschädigung für die Entwertung des Geldes über den Vertragszeitraum (zB durch Inflation) darstellt. Man spricht in diesem Zusammenhang von dem sogenannten „Zeitwert des Geldes". Als **Kreditrisiko** wird das Risiko des Gläubigers bezeichnet, einen Ausfall der Zahlungen von Zinsen oder der Rückzahlung des Nominalwertes zu erleiden.

Der bilaterale **Bankkredit** zwischen einer Bank und einem Unternehmen ist die klassische Form des Kredites. Ein Kreditvertrag kann aber auch ohne Finanzintermediär direkt zwischen zwei Individuen oder Unternehmen geschlossen werden. Verbreitete Formen des Kre-

---

14 Quelle: Bank für Internationalen Zahlungsausgleich (2010).
15 Nominalvolumen offener Währungsderivate (Over-The-Counter) Ende Juni 2011. Quelle: Bank für Internationalen Zahlungsausgleich (2011).

dits neben dem bilateralen Bankkredit sind **syndizierte Kredite** und **Anleihen**. Welche Form der Kreditvertrag auch annimmt, es gibt charakterisierende Elemente in jedem Vertrag, die wesentlich das Risiko determinieren: Wer nimmt den Kredit auf, wie lang ist die Laufzeit des Vertrages, welche Form der Verzinsung wurde vereinbart (zB fixer oder variabler Zinssatz), gibt es Sondervereinbarungen (zB vorzeitige Rückzahlungen)?

33 Eine wichtige Entwicklung im Kreditmarkt der letzten Jahre ist der **Transfer von Kreditrisiken**, der ein sprunghaftes Wachstum erlebt hat. Der Transfer von Kreditrisiken erfolgt dabei häufig nicht durch den direkten Weiterverkauf des Kredites, sondern über Kreditderivate. Kreditderivate sind bilaterale, außerbörsliche Finanzkontrakte, die das Kreditrisiko von einer Partei auf die Gegenpartei übertragen und es dabei von anderen Risiken wie zB allgemeinen Zinsrisiken isolieren. Die eine Partei verkauft das Kreditrisiko und kauft damit eine Versicherung gegen den Ausfall des Kredites. Die Gegenpartei kauft das Kreditrisiko und verkauft damit eine Versicherung, sie trägt bei Ausfall des Kredites die Verluste. Der Käufer des Kreditrisikos bekommt für die Übernahme des Risikos eine Prämie (*credit spread*). Die Prämie des Kreditderivates bemisst sich anhand der Eigenschaften des Grundgeschäftes, des sogenannten *underlyings*. Übliche Grundgeschäfte von Kreditderivaten sind zB Bankkredite und Portfolios von Anleihen.[16]

34 Der Vorteil der **Kreditderivate** gegenüber direkten Krediten liegt in der großen Flexibilität der Kontrakte. So können Risiken maßgeschneidert gemäß den Wünschen der Vertragsparteien übertragen werden.

35 Für Banken stellen Kreditderivate eine Möglichkeit der (synthetischen) Diversifizierung und der Verbesserung des **Managements der Kreditportfolien** dar. Investoren können an Risiken partizipieren, zu denen sie ohne Derivate keinen Zugang hätten. Kreditderivate sind *unfunded*, was sie für bestimmte Klassen von Investoren, insbesondere Hedge Fonds, besonders attraktiv macht. Die Relevanz von Kreditrisikotransfer wird unter anderem anhand der Vielzahl der milliardenschweren Insolvenzen Anfang des 21. Jahrhunderts in den USA deutlich. Durch die Insolvenz von Enron und WorldCom sind alleine Bankkredite im Wert von über 34 Mrd. USD ausgefallen. In den Gewinn- und Verlustrechnungen der großen Banken, die den Großteil der Kredite zur Verfügung gestellt haben, ist jedoch nur ein kleiner Teil dieser Verluste erkennbar, da die Banken Kreditderivate nutzten, um sich gegen Kreditausfälle abzusichern. Im Fall der Subprime-Krise wurden Kreditderivate von Banken in vielen Fällen allerdings nicht benutzt, um (als Käufer der Versicherung) Risiken abzusichern, sondern, um (als Verkäufer der Versicherung) zusätzliche Risiken einzugehen.

II. Entwicklung des Marktes für Kreditderivate

36 Die ersten Kreditderivate entstanden in den 80er Jahren als direkte Folge zunehmender Insolvenzen in den USA. Der Handel mit Kreditderivaten begann Anfang der 90er Jahre in New York und Chicago sowie in London. Diese Orte sind nach wie vor die bedeutendsten Märkte.

Im Jahr 2008 fiel erstmalig das Gesamtvolumen des Marktes für außerbörsliche Kreditderivate (*single-name* und *multi-name credit default swaps*). Die Jahre zuvor waren durch ein rasantes Wachstum des Marktes gekennzeichnet. Ende 2004, zum Zeitpunkt der ersten statistischen Erfassung durch die Bank für Internationalen Zahlungsausgleich, betrug das Volumen 6.393 Mrd. USD, Ende 2005 13.908 Mrd. USD, Ende 2006 28.650 Mrd. USD, Ende 2007 58.244 Mrd. USD sowie Ende 2008 41.883 Mrd. USD. Bis Ende Juni 2011 reduzierte sich das Nominalvolumen des Marktes für Kreditderivate auf 32.409 Mrd. USD, was in et-

---

16 Als weiterführende Literatur zu Kreditderivaten empfehlen wir Chacko et al. (2006).

wa einer Halbierung des Marktes für Kreditderivate gegenüber 2007 entspricht.[17] Bis zur Finanzkrise hatte aber nicht nur die Größe des Marktes zugenommen, sondern auch die Vielfalt der Produkte. Ein Produkt, das zu Beginn des Jahrzehnts noch unbekannt war, sind zB *full index trades*. Die bedeutendsten Kreditderivate (gemessen am Volumen) sind: *credit default swaps*, *full index trades* und *synthetic collateralized debt obligations*. Die Qualität der Basiswerte bzw der Kredite, auf die sich die Derivate beziehen, wird durch das jeweilige Rating angegeben. Die zunehmend geringe Qualität der Basiswerte während der Wachstumsjahre wurde durch die Subprime-Krise deutlich. Während beispielsweise 2004 noch ca. 85 % der Basiswerte (*underlyings*) ein Rating zwischen AAA und BBB (Investment-Grade) hatten, entstanden zunehmend Derivate auf Kredite mit schlechteren Ratings. Ende 2006 besaßen noch ca. 70 % der Basiswerte ein Investment-Grade Rating.

Die Teilnehmer in diesem Markt sind insbesondere Banken, *hedge funds*, Versicherungen, Investmentfonds oder Pensionsfonds. Versicherungen, Investmentfonds und Pensionsfonds sind hauptsächlich als Verkäufer von Kreditversicherungen aktiv, übernehmen also Kreditrisiken. Banken und *hedge funds* sind sowohl als Käufer wie als Verkäufer aktiv, wobei Banken die bedeutendsten Marktteilnehmer sind, aber Marktanteile zunehmend zugunsten der *hedge funds* abgeben. Die weiter steigende Liquidität des Marktes verstärkt die Attraktivität und wird in den kommenden Jahren – trotz der Subprime-Krise – zu einem weiteren Wachstum des Marktes beitragen.

III. Merkmale bestimmter Kreditderivate für Einzelrisiken

Kreditderivate für Einzelrisiken erfüllen unterschiedliche Funktionen und unterscheiden sich in ihren Funktionsweisen. Dies wird im Folgenden für *credit default swaps* (CDS), *credit linked notes* (CLN) und *total rate of return swaps* (TRORS oder TRS) beschrieben.

Credit default swaps (CDS) sind so strukturiert, dass das Ausfallrisiko eines Referenzunternehmens vom Käufer des CDS auf den Verkäufer des CDS übertragen wird. Der Ausfall wird allgemein als Kreditereignis (*credit event*) bezeichnet. Der Sicherungsgeber (Verkäufer des CDS, Investor, *protection seller*) verkauft eine Ausfallversicherung an den Sicherungsnehmer (Käufer des CDS, Absicherer, *protection buyer*) und erhält im Gegenzug eine Prämie, den *CDS spread*, die üblicherweise über den Zeitraum des Vertrages verteilt periodisch gezahlt wird. Wenn die Prämie vorab bezahlt wird, spricht man von einem *upfront CDS*. Der Sicherungsnehmer erwirbt das Recht, sich im Fall des Eintretens eines Kreditereignisses beim Sicherungsgeber schadlos zu halten. Wenn eine Lieferung (*physical settlement*) vereinbart wurde, kann der Sicherungsnehmer dem Sicherungsgeber im Fall des Kreditereignisses vertraglich bestimmte Schuldverschreibungen des Referenzunternehmens zum Nominalwert verkaufen. Alternativ kann der Vertrag auch eine Ausgleichszahlung (*cash settlement*) vorsehen. Der Sicherungsgeber leistet dann eine Zahlung an den Sicherungsnehmer, die sich als Differenz aus dem Nominalwert und dem Wiedergewinnungswert (*recovery value*) der Schuldverschreibung nach dem Kreditereignis ermittelt. Abbildung 13 veranschaulicht diese Vertragsbeziehung zwischen Käufer und Verkäufer eines *credit default swaps*.

---

17 Quelle: Bank für Internationalen Zahlungsausgleich (2011).

Abbildung 13: Credit default swap

Mit Kauf eines CDS beabsichtigt der Sicherungsnehmer, sich gegen Kreditrisiken des Basiswertes abzusichern oder auf eine Verschlechterung der Kreditqualität des Basiswertes zu spekulieren. In der Praxis kann dies jedoch aufgrund der vertraglichen Bestimmung des Kreditereignisses, der Bestimmung oder Verfügbarkeit der vereinbarten lieferbaren Schuldverschreibungen oder der Bestimmung des Wiedergewinnungswertes zu Problemen führen. So gab es in der Vergangenheit für die Sicherungsnehmer nach einem Kreditereignis Probleme, die lieferbaren Schuldverschreibungen zu einem fairen Preis im Markt zu erwerben. Da solche Fälle im Markt viel Aufsehen erregt haben, hat sich die Ausgestaltung der CDS-Verträge für die Sicherungsnehmer bereits in wesentlichen Punkten verbessert. Nach wie vor besteht aber für Sicherungsnehmer die Unsicherheit, dass sie durch CDS nicht vollständig abgesichert sind.

Eine wichtige Fragestellung ist ebenfalls, wer der Verkäufer der Ausfallversicherung ist. Abgesehen davon, dass ein Ausfallrisiko des Referenzunternehmens besteht, kann auch der Verkäufer der Versicherung ausfallen. Das Motiv des Käufers eines CDS ist der Ausgleich des Verlustes bei Eintritt des Kreditereignisses durch die Ausfallversicherung bzw ein entsprechender Spekulationsgewinn. Dieses erfordert, dass der Verkäufer der Versicherung solvent ist. Das Ausfallrisiko des Verkäufers der Versicherung und das Ausfallrisiko des Referenzunternehmens sollten demnach so gering wie möglich korreliert sein.

38 Der Hauptnutzen von CDS für Banken liegt darin, das **Kreditrisiko** aus ihrem Geschäft als Finanzintermediäre zu managen. So werden CDS dazu verwendet, Konzentrationsrisiken durch die Diversifikation von Risiken zu reduzieren, interne Beschränkungen bzgl der Kreditvergabe an bestimmte Risikoklassen einzuhalten und bilanzneutrale Risikopositionen und synthetische Risikopositionen zu schaffen, die ansonsten nicht im Markt verfügbar wären. Ziel der Banken ist es dabei, die Rendite aus dem Kreditgeschäft zu verbessern, ohne durch Finanzierungsbeschränkungen limitiert zu sein.

39 Die **credit linked note** (CLN) ist eine synthetische Unternehmensanleihe und verbindet den CDS mit einer regulären Anleihe. Wesentlicher Unterschied zum CDS ist, dass für den Käufer der Kreditversicherung (also den Emittenten der CLN) die Korrelation zwischen dem Investor (dem Verkäufer der Versicherung) und dem Referenzunternehmen irrelevant ist. Der Investor zahlt bei Kauf der CLN den Nominalwert an den Emittenten. Tritt das Kreditereignis nicht ein, so bekommt er eine Verzinsung auf die Anlage. Im Falle des Eintritts des Kreditereignisses wird der Verlust aus dem Nominalbetrag der CLN beglichen.

40 **Total rate of return swaps** (TRORS oder TRS) sind Finanzierungsgeschäfte, vergleichbar mit einem Leasingvertrag. Der Investor in den TRORS erhält alle Zahlungen aus dem zugrunde liegenden Grundgeschäft (im Folgenden als *underlying* bezeichnet), trägt aber auch alle Risiken, wird jedoch nicht Eigentümer des *underlyings*. Beispiele hierfür sind Unternehmens- oder Staatsanleihen, Bankkredite oder auch Rohstoffe. Der Verkäufer des TRORS leitet alle Zahlungen aus dem *underlying* an den Investor weiter. Im Gegenzug zahlt der Investor einen Referenzzins (zB LIBOR) plus einen Aufschlag (*spread*) an den Verkäufer. Referenzzins plus

spread können als Finanzierungskosten des *underlyings* interpretiert werden. Die Zahlungen zwischen Verkäufer und Käufer bzw Investor werden in Abbildung 14 dargestellt.

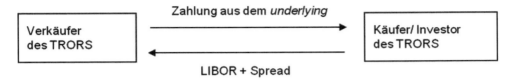

Abbildung 14: Total Rate of Return Swap

Da der Investor synthetisch das Risiko des *underlyings* übernommen hat, muss er am Ende der Laufzeit für einen Preisverfall der Anlage aufkommen, zahlt also einen Ausgleich an den Verkäufer des TRORS. Steigt der Wert des *underlyings*, so erhält er einen Ausgleich für die Wertsteigerung. Die Zahlungen orientieren sich am Marktpreis des *underlyings* im Zeitpunkt der Fälligkeit des TRORS. Am ökonomischen Ergebnis gemessen entspricht der TRORS demnach einem Verkauf des *underlyings* mit Rückkaufvereinbarung (*repurchase agreement*).

Die Vorteile des TRORS sind wie folgt begründet: Sie sind bilanzneutral, sie können Vorteile bezüglich der Finanzierungskosten bedeuten, sie trennen die Laufzeit des Risikos für den Investor von der Laufzeit des *underlyings* und sie ermöglichen die Übertragung des Risikos ohne eine Übertragung des *underlyings*, was unter Umständen ein Einverständnis der Parteien des Grundgeschäftes erfordert hätte. Der für den Investor bedeutendste Vorteil ist aber die Hebelwirkung des TRORS: Ohne dass der Investor eine Anfangszahlung entrichten muss, können die Zahlungen aus dem Swap-Geschäft einen signifikanten Beitrag zu seiner Eigenkapitalrendite leisten.

IV. Merkmale bestimmter Kreditderivate für Portfoliorisiken

Das Konzept des **first-to-default-basket** (FTDB) basiert auf dem gleichen Konzept wie der CDS, beinhaltet jedoch eine Vielzahl von Referenzkrediten unterschiedlicher Unternehmen. Eine Ausgleichszahlung wird genau dann ausgelöst, wenn der erste Kredit ausfällt. Durch die Kombination verschiedener Kreditrisiken in einem Portfolio beinhaltet die Struktur einen starken Hebel. Der Investor verkauft eine Kreditversicherung, die eintritt, sofern ein Kredit aus dem Portfolio ausfällt. Der maximale Verlust der Investoren ist dabei auf das Nominalvolumen der Transaktion beschränkt. Die Korrelation zwischen den Referenzkrediten bestimmt den Spread des FTDB. Je niedriger die Korrelation, desto höher der Spread. Bei einer Korrelation von Null entspricht der Spread der Summe der CDS-Spreads über alle Referenzkredite. Je größer die Korrelation, desto geringer der Spread. Bei perfekter positiver Korrelation entspräche der Spread dem höchsten einzelnen CDS-Spread in dem Portfolio.

Besonders häufig werden für Portfolios von Kreditrisiken **collateralized debt obligations** (CDO) verwendet. Wesentliche Merkmale von CDOs sind die Bündelung von Kreditrisiken in einem Portfolio und die Tranchierung der Risiken in Form von Anleihen mit unterschiedlichen Risikoprofilen. Diesen Prozess nennt man Verbriefung. Besteht das Portfolio ausschließlich aus Bankkrediten, spricht man von einem CLO (*collateralized loan obligation*), besteht es ausschließlich aus Anleihen, wird das Produkt als CBO (*collateralized bond obligation*) bezeichnet. Der CDO entstand Ende der 80er Jahre. In den Anfangsjahren wurden hauptsächlich Hochzinsanleihen (*high yield bonds*) verbrieft.

43 Ziel einer CDO-Transaktion ist der Transfer von Kreditrisiken. Zu diesem Zweck wird eine Zweckgesellschaft (*special purpose vehicle* oder SPV) gegründet, die durch zwei wichtige Eigenschaften gekennzeichnet ist: Zum einen ist die Zweckgesellschaft eine eigenständige Rechtseinheit, zum anderen existieren keine Rückgriffsmöglichkeiten der Gläubiger der Bank auf die Zweckgesellschaft. Sollte die Bank insolvent werden, bleiben die Vermögenswerte im SPV unangetastet. Die Bank verkauft das Portfolio an das SPV. Da in diesem Fall Zahlungen zwischen Bank und SPV fließen, wird diese Form des CDO als *cash*-CDO bezeichnet. Alle Zahlungen aus den Referenzwerten in dem Portfolio fließen an das SPV. Neben den *cash*-CDOs existieren auch **synthetische CDOs**. Der wesentliche Unterschied besteht darin, dass bei synthetischen CDOs nicht Kredite an das SPV verkauft werden, sondern die Risiken über einen CDS in das Portfolio des SPVs übertragen werden. Die Tranchierung ist vergleichbar mit derjenigen bei *cash*-CDOs.

44 Das SPV fasst alle Kredite, die es erwirbt, in einem Pool zusammen und **tranchiert** diesen Pool in heterogene Anleihen mit unterschiedlichen Risikoprofilen sowie eine Eigenkapitaltranche. Die Anleihen unterscheiden sich hinsichtlich ihrer Nachrangigkeit, die ihre Struktur aufgrund des Wasserfallprinzips bekommt. Zuerst wird die Tranche mit der höchsten Seniorität (in unserem Beispiel die AAA-Tranche) durch die Zahlungen aus dem Referenzportfolio bedient und anschließend werden die im Rang folgenden berücksichtigt. Verstärkt wird diese Struktur durch die Verlustzuweisung nach dem umgekehrten Wasserfallprinzip in dem Fall, dass Referenzkredite in dem Portfolio ausfallen. Die *equity*-Tranche besitzt den niedrigsten Rang, besitzt in der Regel kein Rating und trägt die ersten Verluste. Damit ist das erwartete Ausfallrisiko in der *equity*-Tranche konzentriert. Abbildung 15 verdeutlicht den Prozess der Verbriefung exemplarisch.

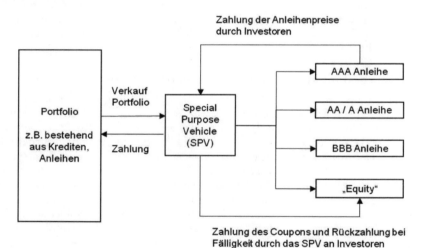

Abbildung 15: Collateralized Debt Obligations

45 Die unterschiedlichen Risikoprofile werden in den verschiedenen Ratings der Tranchen deutlich. Dementsprechend unterscheiden sich die Tranchen in den erwarteten Renditen, mit denen sie an die Investoren verkauft werden. Die Bank kauft in der Regel die *equity*–Tranche, um dem Markt zu signalisieren, dass nicht „schlechte Risiken" verbrieft worden sind. Die *mezzanine*-Tranchen (in diesem Beispiel die AA/A- und BBB- Tranchen) dienen Investoren, insbesondere Investmentfonds, zur Diversifikation ihres Portfolios. Große institutionelle Investoren, insbesondere Versicherungen, kaufen typischerweise die risikoärmeren AAA-Tranchen.

Für Banken kann die Emission von CDOs durch das Ziel motiviert sein, Klumpenrisiken aus der Bilanz zu eliminieren. Illiquide Referenzwerte werden durch das Pooling und die anschließende Tranchierung in liquide Anleihen umgewandelt und verkauft. Ein anderer Grund für die Emission eines CDO ist Arbitrage. Obwohl die Marktwerte des Referenzportfolios und der emittierten Tranchen theoretisch identisch sein sollten, ist dies in der Praxis häufig nicht der Fall, so dass ein Arbitragegewinn als Differenz aus den Finanzierungskosten und den Zahlungen für das Portfolio zustande kommt. Der Emittent wird daher versuchen, die Finanzierung des CDO so weit wie möglich durch Tranchen mit hohem Rating durchzuführen.

E. Die Finanzkrise 2007–2009

Die Weltwirtschaft befand sich durch die Finanzkrise von 2007 bis 2009 in der schwersten Krise seit der „Großen Depression". Die Krise begann im Sommer 2007 als US-Immobilienkrise und hat sich daraufhin sukzessiv weltweit auf die Realwirtschaft ausgeweitet. Im Folgenden gehen wir insbesondere darauf ein, welche Gründe maßgeblich für die Finanzkrise verantwortlich sind und welche Rolle Finanzderivate dabei gespielt haben.

I. Ursprung der Finanzkrise

Der Ursprung der Subprime-Krise liegt primär im zuvor rapide anwachsenden Markt für sog. **Subprime Kredite**, Hypothekenkredite an Schuldner schlechter Bonität. Bis zum Jahr 2005 befand sich die USA in einer Niedrigzinsphase, hervorgerufen durch Kapitalzuflüsse aus dem Ausland, allen voran aus asiatischen Ländern, und die gleichzeitig lockere Zinspolitik der Federal Reserve Bank als Reaktion auf das Platzen der Internet-Blase im Jahr 2001. Die daraus resultierende „Housing Bubble" war gezeichnet von immer höher steigenden Hauspreisen. Zusätzlich unterlag das Bankensystem einigen tiefgreifenden strukturellen Veränderungen, in denen u.a. das traditionelle Bankenmodel durch ein **Originate and Distribute-Modell** abgelöst wurde (siehe zB Brunnermeier, 2009). Das neue Geschäftsmodell zeichnete sich dadurch aus, dass Banken ihre Forderungen aus Krediten nun nicht mehr bis zur Endfälligkeit im Portfolio hielten, sondern verbrieften und somit die Kreditrisiken auf Außenstehende transferierten. Während der „Housing Bubble" verbrieften Institute einen großen Teil ihrer Zahlungsansprüche aus Subprime Krediten in strukturierten Produkten wie Collateralized Debt Obligations (CDOs) bzw Collateralized Loan Obligations (CLOs). Dieser Trend wurde über viele Jahre hinweg gefördert. Es wurde angenommen, dass die Immobilienkredite stets aufgrund von steigenden Hauspreisen refinanziert werden könnten. Die Anleger erwarben in der Regel Tranchen mit guten Ratings von AAA oder AA.[18] In vielen Fällen wurden die Investments *off balance sheet* bilanziert und erschienen nicht in den Bilanzen der Anleger.

Die Verbriefung von Kreditrisiken führte dazu, dass Banken zunehmend **riskantere Kredite** vergaben und **weniger Anreize** hatten, Kreditnehmer und Rückzahlung des Kredites im Anschluss zu überwachen (siehe zB Keys et al., 2010). Steigende Zinsen, Kreditvergabe an finanziell überforderte Kreditnehmer (zB sogenannte NINJA-*loans* an Kreditnehmer mit *no income, no job, no assets*) und Lockangebote bei Zinskonditionen (sogenannte *teaser rates*)

---

18 Käufer einzelner Tranchen dieser CDOs kauften zusätzlich noch Kreditversicherungen (CDS) und betrachteten ihre Investition als „sicher", zumal die Insolvenz der Gegenpartei (*counterparty risk*) als unwahrscheinlich erschien. Die größte Gegenpartei dieser CDS Kontrakte war die amerikanische Versicherungsgesellschaft AIG.

führten zu erheblichen Zahlungsausfällen und damit zu erheblichen Wertminderungen und Rating-Herabstufungen der erworbenen CDO/CLO-Tranchen, die sich bei Banken und sonstigen Anlegern als Verluste niederschlugen. Zeitweise herrschte im Markt vollständige Unsicherheit darüber, welche Banken in welchem Maße von der Krise betroffen waren. Anleger waren nur noch bereit, in absolut sichere Anlagen zu investieren, so dass dem Kreditmarkt (einschließlich dem Geldmarkt und dem Interbankenmarkt) in großem Ausmaß Liquidität entzogen wurde. Die Notenbanken reagierten kurzfristig mit der Bereitstellung von Liquidität in dreistelliger Milliardenhöhe.

II. Rolle von Verbriefung und Finanzderivaten

50 Die Verbriefung der Kreditrisiken hätte in der Theorie zu einer **Diversifikation der Risiken** in einer Vielzahl von Anlegerportfolios führen sollen, die nur jeweils einen kleinen Teil der Ausfälle hätten tragen müssen. Da dies nicht der Fall war, stellen sich aus der Retrospektive folgende Fragen: Wieso war das Bankensystem durch das hohe Kreditrisiko bzw durch die späteren Ausfälle der Kredite betroffen? Wie konnten die Banken einen so hohen Verschuldungsgrad aufbauen, dass dieses beinahe zu einem Zusammenbruch des Finanzsektors geführt hat?

Banken nutzten den Transfer von Kreditrisiken, um **Eigenkapitalrichtlinien** zu umgehen. Anlagen in CDOs wurden in vielen Fällen *off balance sheet* bilanziert und sind somit nicht in den Bilanzen der Anleger verbucht. Viele Banken unterhielten sogenannte *conduits* oder *structured investment vehicles* (SIV), rechtlich unabhängige Gesellschaften, die in CDOs/CLOs investierten. Diese *conduits* investierten hauptsächlich in Anlagen mit einem AAA Rating oder ähnlich hoher Qualität. Sie haben in der Regel keine Mitarbeiter, keinen Hauptsitz und das Management der Gesellschaft obliegt gewöhnlich der Bank, die das *conduit* aufgesetzt hat. Das Management verwaltet das Anlageportfolio und emittiert Asset Backed Commercial Paper (ABCP) zur Refinanzierung dieser Anlagen. Banken garantierten die Liquidität der *conduits* durch (faktische und reputationsgetriebene) Kreditlinien an die Gesellschaft.[19] Der große Vorteil für die Banken ist die regulatorische Behandlung dieser Anlagen. Unter **Basel I** sind Banken verpflichtet, Kapital für Anlagen zu halten, die sie auf ihren Bilanzen halten. Sie sind dagegen nicht verpflichtet, Kapital für die Anlagen der *conduits* zu halten, sondern nur für die Kreditlinien, die sie den *conduits* zur Verfügung stellen, was 0,8 % des Anlagevolumens entspricht und damit maximal 10 % des Kapitals, das sie für vergleichbare Anlagen auf der eigenen Bilanz hätten halten müssen.[20] Acharya/Schnabl (2010) und Acharya/Schnabl/Suarez (im Erscheinen) zeigen, dass viele Banken in den USA und in Europa die *conduits* nicht bilanziert hatten. Banken hatten darüber hinaus Anreize, Volumen vom Kreditgeschäft zu Investitionen in CDO Tranchen mit AAA Rating zu allokieren. Auch diese Anlagen waren mit weniger Eigenkapitalunterlegung verbunden.

Die Eigenkapitalrichtlinien verbunden mit den **Bilanzierungsrichtlinien** der International Financial Reporting Standards (IFRS) führten dazu, dass der effektive Verschuldungsgrad der Banken wesentlich höher war als der bilanzielle Verschuldungsgrad (Acharya und Schnabl, 2008). Banken haben nach den IFRS Richtlinien die Möglichkeit, (Teile ihrer) Anlagen der *conduits* in der Bankbilanz zu konsolidieren. Die Bilanzsumme der 10 größten börsennotierten Banken verdreifachte sich zwischen 2004 und dem zweiten Quartal 2007 (International Monetary Fund, 2008). Die risikogewichteten Aktiva wuchsen wesentlich langsamer. Obwohl Banken die Anlagen der *conduits* zum Teil konsolidierten, haben sie dennoch die risi-

---

19 Die Finanzierung der in der Regel langlaufenden Investments mit kurzfristiger Verschuldung durch ABCP führte schließlich nach Wegbrechen des ABCP Marktes zu Finanzierungsproblemen der Banken, die die Liquidität der *conduits* durch Kreditlinien garantierten.
20 In Europa gilt seit 2007 Basel II, in den USA noch Basel I.

kogewichteten Aktiva berechnet, als wenn die Anlagen immer noch in der Gesellschaft wären. Daher waren die meisten Banken gemessen an ihrer „Tier 1 Ratio" gut kapitalisiert mit Durchschnittswerten zwischen 7 % und 9 % (International Monetary Fund, 2008). Nach Schätzungen blieben, ohne Berücksichtigung der OTC Derivate, mehr als 50 % der Hypothekenkredite in den USA innerhalb des Finanzsektors (Krishnamurthy, 2008). Es zeigt sich also, dass die Idee der Verbriefung bezüglich der Streuung der Kreditrisiken von den Banken nicht umgesetzt und die Offenlegung der tatsächlichen Risiken mithilfe von Kreditderivaten umgangen wurde.

Die Akteure des Subprime-Marktes stehen unter erheblicher Kritik: Kreditvermittler und Banken wegen der laxen Kreditvergabe; Ratingagenturen wegen der vergebenen hohen Ratings; Investmentbanken wegen undurchsichtiger Strukturierungen der CDOs/CLOs und der Vertriebsweisen; Banken und andere Anleger wegen ihres unbedenklichen Anlageverhaltens, wegen unangemessener Risikobereitschaft und Intransparenz; die Finanzaufsicht wegen ihrer Passivität und nicht zuletzt die US-Notenbank wegen der in den Jahren vor der Krise expansiven Geldmarktpolitik, die möglicherweise eine US-Immobilienblase begünstigt hat.

F. Historische Krisenfälle

In der Vergangenheit haben Unternehmen aus verschiedensten Gründen erhebliche Verluste aus Derivatepositionen erlitten. Im Folgenden werden vier viel diskutierte vergangene Krisenfälle kurz dargestellt: Metallgesellschaft, Barings, Long Term Capital Management (LTCM) sowie Societe Generale.

Metallgesellschaft war seit 1991 im Rahmen ihres Kerngeschäftes Verpflichtungen eingegangen, Öl zu festgesetzten Konditionen über einen Zeitraum von bis zu 10 Jahren zu liefern. Die Risikomanagement-Strategie von Metallgesellschaft sah vor, dass keine spekulativen Handelspositionen eingegangen werden durften, so dass die Verpflichtungen, die im Wesentlichen Forward-Kontrakte mit langen Laufzeiten waren, durch entsprechende Kaufpositionen abgesichert werden mussten. Da der Markt keine hinreichenden Positionen langfristiger Anlagen zur Absicherung anbot, wählte Metallgesellschaft kurzfristige Futures-Kontrakte, die kontinuierlich prolongiert wurden, als Risikomanagement-Instrument. Die Krise der Metallgesellschaft begann 1993, als ein Preisverfall beim Öl zu steigenden Marginforderungen aus den Futures führte, was wiederum Liquiditätsengpässe beim Unternehmen auslöste. Da Banken und Investoren der Metallgesellschaft nicht überzeugt waren, dass die Marginzahlungen durch die langlaufenden Forwards ausgeglichen würden, war Metallgesellschaft gezwungen, die *long*-Futures-Positionen aufzulösen. Dies führte zu einem Verlust von 1,33 Mrd. USD und dem Konkurs des Unternehmens. Der „Fall Metallgesellschaft" und die Ursachen für die Verluste werden in der Literatur kontrovers diskutiert: War ein 1:1 Hedge von langlaufenden Verkaufpositionen mit kurzfristigen Kaufpositionen angemessen? Hätte Metallgesellschaft unter US-GAAP bilanziert und nicht unter HGB, hätte das Unternehmen nicht einen Verlust, sondern Gewinne ausgewiesen. Welchen Effekt haben Rechnungslegungsstandards auf das operationelle Risiko eines Unternehmens und den Einsatz von Derivaten?

Im Februar 1995 meldete **Barings PLC** Konkurs an, nachdem die Bank Verluste aus Future-Kontrakten im Wert von 1,39 Mrd. USD nicht begleichen konnte. Während der Jahre 1992 bis 1995 schloss der Händler Nick Leeson im Barings Büro in Singapur nicht autorisierte Transaktionen mit Future-Kontrakten auf den Nikkei 225 Index ab, die seit 1992 kontinuierlich zu Verlusten führten. Leeson führte zwei Konten: ein offizielles Konto, das von London aus beobachtet wurde, und ein zweites, inoffizielles Konto, auf dem er Verluste akkumulierte. Ohne besondere Angaben der Gründe war es Leeson möglich, aus London Gelder anzufordern, die er benötigte, um Margin-Anforderungen seiner Geschäfte zu erfüllen. Neben den Marktrisiken aus den Derivate-Positionen war Barings damit einem fundamentalen operationellen Risiko ausgesetzt. Die riskante Strategie von Leeson wurde nicht erkannt und führte schließlich zum Kollaps von Barings. Barings ist ein Beispiel für mangelnde interne Kontrollmechanismen: Dass eine Person sowohl für den Handel als auch für die Abwicklung einer Transaktion (im sogenannten *back-office*) verantwortlich ist, führt zu einem Interessenskonflikt und kann, wie im Fall von Barings, schließlich zur Insolvenz führen.

53 **Long Term Capital Management** (LTCM) führte einen *hedge fund* seit 1994, der anfangs auf *relative value* Strategien spezialisiert war, dh auf das Ausnutzen von Arbitragemöglichkeiten durch den Kauf und Verkauf von hoch korrelierten Anleihen. Die Strategie führte in den Jahren 1995 und 1996 zu Eigenkapitalrenditen von über 40 % pro Jahr. Seit 1997 investierte LTCM zunehmend spekulativ in Anleihen aus Entwicklungsländern. Die größte Position war der Kauf von russischen Anleihen mit einem Nominalwert, der 9 % des gesamten Kapitals ausmachte. Der Nominalbetrag an Swap-Kontrakten betrug 1.250 Mrd. USD und machte einen Anteil von über 1 % aller Kontrakte im Markt aus. Problematisch war insbesondere die hohe Verschuldung des Fonds. Bei einem Eigenkapital von 4,7 Mrd. USD betrug der (bilanzielle) Verschuldungsgrad 28:1 (oder 125 Mrd. USD). Zu den Swap-Positionen wurden weitere Risiken im Portfolio von LTCM akkumuliert, zB spekulative Eigenkapitalpositionen in 77 unterschiedlichen Firmen (ca. 550 Mio. USD durch direkte Beteiligungen und Optionen) und insbesondere Investitionen in Russland (Russland machte zwischenzeitlich 8 Prozent des Handelsbuches von LTCM aus, ca. 10 Mrd. USD). Hintergrund der Handelsgeschäfte in Russland war die Erwartung sinkender Spreads. Im August 1998 konnte Russland seine Schulden nicht mehr zurückzahlen. Anleger flüchteten in US-Staatsanleihen und Anleihen der G-10-Staaten. Die Spreads weiteten sich daraufhin erheblich aus. Die Verluste aus den Derivategeschäften (sowohl die Eigenkapitalpositionen als auch die Swaps) halbierte das Eigenkapital von LTCM. Im September 1998 sank das Eigenkapital auf 2,9 Mrd. USD ohne die Chance, die Verschuldung zu reduzieren. Die Notenbank der USA warnte vor der Gefahr systemischer Risiken durch die Insolvenz von LTCM, und im September 1998 investierten 14 Banken insgesamt 3,65 Mrd. USD und kauften damit 90 % des Kapitals von LTCM in einer konzertierten Aktion.

54 Im Januar 2008 ereignete sich ein weiterer Betrugsfall in einer europäischen Großbank, der die Verluste durch (unautorisierte) Derivatetransaktionen in neue Dimensionen rückt. Jerome Kerviel hatte als Händler bei **Societe Generale** über Monate hinweg offene Positionen mit Futures-Kontrakten auf Aktien aufgebaut, deren Nominalwert um die 50 Mrd. EUR lag (zum Vergleich: das Eigenkapital von Societe Generale hatte per September 2007 einen Wert von 31 Mrd. EUR). Der Händler verschleierte die offenen Futures-Positionen mit Scheingeschäften, so dass sie innerhalb der Bank unentdeckt blieben. Bevor er Händler wurde, hatte Kerviel bei Societe Generale im *middle-office* gearbeitet und dabei hinreichend Erfahrungen gewonnen, wie er die Transaktionen verheimlichen konnte. Obwohl es bereits zwischen März und Juni 2007 verschiedene Warnsignale gab, blieben die Transaktionen unentdeckt. Bei Bekanntwerden hat Societe Generale innerhalb eines Tages alle offenen Positionen glattgestellt.[21] Dieses führte zu einem Verlust auf Seiten der Bank von EUR 4,9 Milliarden. Als Reaktion und um den regulatorischen Eigenkapitalanforderungen zu genügen, hat die Bank im Februar 2008 eine Kapitalerhöhung um 5,5 Mrd. EUR durchgeführt. Das Risiko bei Betrugsfällen dieser Art bezeichnet man als operationelles Risiko. Es stellt sich die Frage, inwieweit die teilweise Intransparenz von Derivategeschäften dieses Risiko erhöht und wie das bankinterne Risikomanagement und die Bankenaufsicht darauf reagieren können.

---

21 Die Glattstellung erfolgte in einem schwierigen Aktienmarktumfeld und hat möglicherweise den Aktienkursverfall noch verstärkt. Einzelne Marktbeobachter vertreten die Meinung, dass damit auch die Entscheidung der Federal Reserve Bank beeinflusste wurde, die Leitzinsen am 22. Januar 2008 außerplanmäßig um 75 Basispunkte zu senken.

Die hier dargestellten Krisen verdeutlichen die Risiken, die mit dem Einsatz von Finanzderivaten verbunden sein können. Es ist jedoch unbestritten, dass auf Derivate wegen ihrer vielfältigen Funktionen und Einsatzmöglichkeiten im heutigen Wirtschaftsleben nicht verzichtet werden kann. Das starke Wachstum des Derivatemarktes in den letzten Jahren lässt erwarten, dass die Bedeutung von Derivaten weiter zunehmen wird.

§ 2 Praxisbeispiele zu Finanzderivaten

Literatur: *Läger*, Bewertung von Kreditrisiken und Kreditderivaten, 2002.

A. Unbedingte Derivate 1	B. Bedingte Derivate 5
I. Zinsswap 1	I. Zins-Option 5
II. Zins-Forward (Forward Rate Agreement, FRA) 2	II. Währungs-Option 6
III. Währungs-Forward 3	III. Credit Default Swap (CDS) 7
IV. Total (Rate of) Return Swap (TRS) 4	IV. Credit Linked Note (CLN) 8

A. Unbedingte Derivate[1]

I. Zinsswap

1   Zinsswaps sind ursprünglich aus der Idee entstanden, dass zwei Parteien komparative Kostenvorteile in der Refinanzierung zum gemeinsamen Nutzen heben. Alternativ kann ein Zinsswap auch genutzt werden, um eine bestehende Zinsposition in eine Position mit einem anderen Risikoprofil zu drehen, ohne das zugrundeliegende Geschäft ändern zu müssen.

Als Beispiel sei Gesellschaft A angenommen, welche eine langfristige Verbindlichkeit mit 5 % Verzinsung aufgenommen hat, bei der aber gleichzeitig die Erträge stark von kurzfristigen Zinsen wie dem EURIBOR abhängen (bspw weil ihre Forderungen mehrheitlich variabel verzinst sind). A trägt damit das Risiko, dass die kurzfristigen EURIBOR Zinsen fallen, während die Refinanzierungskosten konstant bei 5 % bleiben. Auf der anderen Seite sei Unternehmen B angenommen, welches eine Anleihe mit 6 % erworben hat, sich aber kurzfristig refinanziert. Auch B trägt ein Zinsänderungsrisiko, hier allerdings das Risiko steigender Zinsen, und damit Refinanzierungskosten, während der Ertrag aus der Anleihe konstant bleibt.

Für beide wäre es daher von Interesse, statt der jeweiligen Festzinsposition (Verbindlichkeit bei A, Anleihe bei B) eine variabel verzinsliche Position auf EURIBOR-Basis zu haben. Um dies zu erreichen, und damit das Zinsrisiko zu eliminieren, schließen A und B einen Fixed-Floating Zinsswap ab: A verpflichtet sich, regelmässig EURIBOR an B zu zahlen (die Zahlung wird gedeckt durch die Zinsen der Forderungen), B wiederum zahlt im Gegenzug 5 % an A (gedeckt durch den Ertrag aus der Anleihe). Die Zahlungsverpflichtungen beider Parteien unter dem Swap sind also durch die Erträge aus den Vermögenswerten gedeckt, während die empfangenen Zahlungen zur Deckung der jeweiligen Verbindlichkeiten herangezogen werden können. Unter der Annahme, dass die Nominalvolumina aller genannten Geschäfte gleich hoch sind, eliminieren damit sowohl A als auch B durch den Swap ihr Zinsrisiko vollständig. Allerdings geben beide damit auch positive Ertragschancen auf: A würde ohne Swap von steigenden Zinsen profitieren, B von fallenden. Mit Swap sind diese Ertragschancen eliminiert.

Zinsswaps sind im OTC Bereich das Produkt mit dem größten Volumen,[2] sie sind unverzichtbares Element im (Zins-)Risikomanagement. Verwendung finden sie auch regelmäßig bei Verbriefungstransaktionen:[3] Angenommen obige Gesellschaft A sei ein SPV, welches ein Portfolio mit festverzinslichen Vermögenswerten erwirbt (bspw Konsumentenkredite) und diesen Kauf mit der Emission von Anleihen mit variabler Verzinsung refinanziert. In solchen

---

1   Zur Unterscheidung unbedingter und bedingter Derivate siehe auch § 1 Rn 4 ff.
2   Siehe auch § 1 Rn 10 f.
3   Zu Verbriefungen siehe auch § 9.

Fällen tritt das SPV typischerweise in einen Zinsswap[4] ein, um das Zinsänderungsrisiko zwischen den beiden Positionen zu eliminieren.

II. Zins-Forward (Forward Rate Agreement, FRA)

In obigem Beispiel war es das Ziel von A bzw B, die Diskrepanzen zwischen der Ertrags- und der Refinanzierungsseite auszugleichen. Es sei nun ein Unternehmen betrachtet, welches sich gegen Änderungen des absoluten Zinsniveaus absichern will.

Angenommen das Unternehmen U muss in 3 Monaten einen kurzfristigen Kredit mit einer Laufzeit von 6 Monaten aufnehmen. Der Zinssatz für diese Kreditaufnahme soll heute schon gesichert werden, gegenwärtig liegt der 6 Montas-EURIBOR bei 3 %. U schliesst nun ein Forward Rate Agreement mit einem Start in 3 Monaten für eine Laufzeit von 6 Monaten und einem Zinssatz von 3,05 % mit seiner Bank B ab. Unter diesem Forward Rate Agreement verpflichtet sich U, in drei Monaten einen Zins von 3,05 % für 6 Monate an die Kontrahentin B des Forward Rate Agreements zu zahlen. Im Gegenzug erhält U eine Zahlung in Höhe des dann gültigen 6 Monats-EURIBOR. In 3 Monaten nimmt U den Kredit nicht mit einer festen Verzinsung auf, sondern variabel verzinst mit 6 Monats-EURIBOR.

Da die Zahlungen auf den Kredit durch den Zahlungsstrom aus dem Forward Rate Agreement gedeckt sind (wieder angenommen die Nominalvolumina entsprechen sich), entsteht für U eine Netto-Zinsbelastung von 3,05 % für den Kredit. U ist somit für einen Preis (Zinsaufschlag) von 5 Basispunkten gegen eine Änderung des Zinsniveaus in den nächsten 3 Monaten geschützt.

III. Währungs-Forward

Für eine Absicherung gegen zukünftige Währungsschwankungen bietet sich ähnlich wie im vorherigen Beispiel der Einsatz eines Forwardgeschäftes an, diesmal bezogen auf einen Wechselkurs.

Unternehmen U benötigt in 6 Monaten 100 000 USD. U präferiert eine verlässliche Kalkulationsgrundlage und möchte sich daher gegen Kursschwankungen des US-Dollar absichern. Aktueller Stand des USD sei 0,80 EUR. U schließt ein Forwardgeschäft mit seiner Bank B ab, bei dem sich U verpflichtet, in 6 Monaten 100 000 USD zum Preis von 0,85 EUR von B zu kaufen.

Nach 6 Monaten ist der USD auf 0,95 EUR gestiegen. Die Abrechnung des Forwardkontraktes erfolgt mittels Differenzausgleich: U bekommt bei Fälligkeit des Forwards von B 100 000 USD × (0,95 − 0,85) = 10 000 EUR. Im Kassamarkt erwirbt U die benötigten 100 000 EUR, die Nettokosten für den Erwerb belaufen sich auf 95 000 EUR − 10 000 EUR = 85 000 EUR. Unter dem Forwardkontrakt partizipiert U von der Steigerung des USD und kann durch den entstandenen Gewinn den gestiegenen Kaufpreis für die 100 000 USD ausgleichen. Ist nach 6 Monaten der USD hingegen gefallen, so muss U die Differenz an B zahlen, gleichzeitig sind aber die tatsächlichen Beschaffungskosten für die 100 000 USD geringer und gleichen die Zahlungspflicht unter dem Forwardkontrakt aus. Netto ist damit sein Kaufniveau, unabhängig vom dann aktuellen Stand des USD, immer bei 85 000 EUR festgeschrieben.

---

[4] Handelt es sich bei den Vermögenswerten um amortisierende Assets und wurden die Anleihen entsprechend ausgestaltet, so muß für einen perfekten Hedge das Nominalvolumen des Swap der Amortisation folgen und unterscheidet sich damit von dem oben genannten Beispiel.

IV. Total (Rate of) Return Swap (TRS)

4   Ziel eines Total Return Swaps (TRS) ist es, den Käufer ökonomisch in die Position des Inhabers eines Vermögenswertes zu bringen, ohne den Vermögenswert tatsächlich zu übertragen. Aus Sicht des Verkäufers bedeutet ein TRS das Ausschalten sämtlicher Risiken aus dem Vermögenswert – egal ob Marktpreis- oder Bonitätsänderungs-/Kreditausfallrisiken – dh ökonomische Gleichstellung mit dem Verkauf des Vermögenswertes.[5]

Es sei angenommen, Hedgefonds H hat Interesse an einer bestimmten Anleihe der ABC Corp., könnte den Kauf jedoch nur zu hohen Kosten refinanzieren. Als Alternative zum direkten Erwerb tritt H in einen TRS mit Bank B ein, die den Bond hält und an einem Verkauf interessiert wäre.

Unter dem TRS verpflichtet sich B, einmal pro Jahr sämtliche Erträge (Zinsen + eventuelle Kursgewinne) aus der Anleihe an H zu zahlen. Im Gegenzug zahlt H den vereinbarten variablen Zins von EURIBOR plus Marge sowie eventuelle Kursverluste. Der TRS hat die gleiche Laufzeit wie die zugrundeliegende Anleihe. Die Anleihe hat eine Verzinsung von 5 % und notiert bei Eintritt in den TRS bei 100 % Kurswert.

Am Ende des ersten Jahres ist der Kurswert der Anleihe bei stabilem Zinsniveau aufgrund einer Bonitätsverschlechterung der ABC Corp. auf 98 % gefallen. Unter dem TRS zahlt B an H 5 % Zinsen, H zahlt an B EURIBOR plus Marge sowie zusätzlich 2 % zum Ausgleich des Kursverlustes. Am Ende des zweiten Jahres stehen nach einem deutlichen Rückgang des Zinsniveaus und einer Erholung der Bonität der ABC Corp. bei nunmehr 103 %. Jetzt ist B verpflichtet, neben den 5 % Zinsen auch 3 % Kursgewinn an H zu zahlen und bekommt im Gegenzug den vereinbarten variablen Zins von EURIBOR plus Marge.

Im Falle des Ausfalls der ABC Corp mit einer Recovery Rate von angenommen 30 % wird der TRS fälliggestellt und letztmalig abgerechnet. In diesem Fall muss H der Bank B den Verlust von 70 % ausgleichen. Der TRS schützt B also auch gegen den Ausfall des Anleiheschuldners, H stellt sich mit dem TRS einer Direktinvestition in die Anleihe gleich, ohne diese refinanzieren zu müssen.[6]

B. Bedingte Derivate

I. Zins-Option

5   In obigem Beispiel eines Zins-Forward sichert sich U heute den Zins für einen Kredit, den es in der Zukunft aufnehmen wird. U schützt sich damit gegen steigende Zinsen, profitiert allerdings auch nicht von fallendem Zinsniveau. Würde sich U nur gegen das Risiko steigender Zinsen sichern, aber die Chance auf fallende Zinsen erhalten wollen, so könnte U eine Zinsoption erwerben.

In diesem Fall würde U von der Bank B eine Call Option auf den 6 Monats-EURIBOR mit einem Ausübungspreis von 3 % und einer Laufzeit von drei Monaten kaufen. Der Preis der Option – die von U zu zahlende Prämie – betrage annualisiert 10 Basispunkte. Wenn nach drei Monaten, zum Zeitpunkt der Kreditaufnahme, das Zinsniveau auf bspw 3,5 % gestiegen ist, so wird U seine Option ausüben und eine Ausgleichzahlung in Höhe von annualisiert 0,5 % von B erhalten. Unter Berücksichtigung der Optionsprämie ergeben sich somit Nettokosten in Höhe von 3,1 % für die Kreditaufnahme: 3,5 % (EURIBOR) minus 0,5 % (Aus-

---

5   Wie bei allen OTC Geschäften ist das inhärente Gegenparteirisiko nicht zu vernachlässigen, so dass ein TRS in der Realität kein vollständiges Äquivalent für den tatsächlichen Übertrag darstellt.

6   Alternativ kann man in dieser Konstellation das Verhältnis von B und H auch mit einem besicherten Kredit vergleichen: B stellt sich ökonomisch kaum anders, als wenn es H einen Kredit zum Kauf der Anleihe geben würde (bei einem Zins des Krediltes von EURIBOR + Marge) und gleichzeitig Sicherheit an der Anleihe übertragen bekäme.

gleichszahlung) plus 0,1 % (Prämie). Bei fallendem Zinsniveau hingegen würde U die Option nicht ausüben und wertlos verfallen lassen. Die Nettokosten für den Kredit würden dabei um die eingesetzte Prämie über dem dann gültigen EURIBOR liegen, U würde also von fallenden Zinsen profitieren können.

II. Währungs-Option

Risiken die sich aus fallenden Wechselkursen ergeben, lassen sich zum einen über die oben beschriebenen Währungs-Forwards ausschalten. Ebenso wie die zuvor beschriebenen Zins-Optionen bieten Währungs-Optionen aufgrund ihres asymmetrischen Auszahlungsprofils alternativ zu Forwards die Möglichkeit, sich einerseits vor negativen Preisentwicklungen zu schützen, ohne gleichzeitig die Chancen auf positive Entwicklungen aufzugeben.

Es sei wieder Unternehmen U betrachtet, diesmal allerdings in der Situation dass es in einem halben Jahr 250 000 USD aus dem Verkauf eines Produktes erwartet. Die Kalkulation des Preises basiert auf dem heutigen Dollarkurs, ein Kursverfall wäre negativ. Daher kauft U von B eine Put-Option (Verkaufsoption) über 250 000 USD zu einem Ausübungspreis von 0,80 EUR und einer Laufzeit von sechs Monaten. Gegen Zahlung der Optionsprämie von 7 ct erwirbt U damit das Recht, B bei Fälligkeit der Option 250 000 USD zum Preis von 200 000 EUR zu verkaufen. Wenn bis zur Fälligkeit der Dollarkurs auf bpsw 0,65 EUR fällt, so wird U seine Option ausüben und die erhaltenen Dollar nicht am Markt sondern an B verkaufen. Bei steigendem Dollarkurs würde U hingegen die Option verfallen lassen und die Dollar am Markt verkaufen und somit vom steigenden Dollarkurs – abzüglich der Optionsprämie – profitieren.

III. Credit Default Swap[7] (CDS)

Kreditderivate dienen der Absicherung von Kreditrisiken, sie werden auch als bedingte Terminkontrakte vom Versicherungstyp bezeichnet. Im Unterschied zu den oben beschriebenen Optionen hängt die Auszahlung bei solchen Terminkontrakten nicht von der Ausübung durch den Käufer ab, sondern wird durch den Eintritt eines zuvor festgelegten Ereignisses ausgelöst. Bei CDS ist dies üblicherweise der Ausfall oder die Insolvenz des referenzierten Schuldners.

Angenommen Bank B hat eine aktive Geschäftsverbindung mit ABC Corp. und stößt mittlerweile an interne Kreditlimite. Eine Erhöhung der Limite ist nicht durchsetzbar, gleichzeitig will B im Interesse der Geschäftsbeziehung sich auch weiterhin bei ABC Corp. mit Krediten engagieren. Investmentbank I ist zwar grundsätzlich an einem Exposure gegenüber ABC Corp. interessiert, die Liquiditätslage lässt jedoch nur ein limitiertes Kreditengagement zu, so dass bisher keine Geschäftsbeziehung zur ABC Corp. zustande kam. Die nächste Kreditanfrage der ABC Corp. über 100 Mio. EUR/10 Jahre wird von B bewilligt, gleichzeitig tritt B aber als Risikoverkäufer in einen CDS mit I ein: B kauft von I für 10 Jahre protection auf 100 Mio. EUR ABC Corp. und gibt damit das Ausfallrisiko an I weiter. Der Preis des CDS – die Prämie – betrage jährlich 30 Basispunkte. Fällt die ABC Corp. während der Laufzeit des neuen Krediten aus, so erhält B eine Ausgleichzahlung in Höhe des dabei erlittenen Verlustes. Bei einer recovery rate (Wiedereinbringungsquote) von 15 % würde I and B in diesem Fall 85 Mio. EUR zahlen. Gleichzeitig wäre der CDS beendet und B würde keine weiteren Prämienzahlungen mehr leisten müssen. Alternativ können B und I bei Eintritt in den CDS auch vereinbaren, dass B bei Ausfall von ABC Corp. nicht direkt den Verlust erstattet bekommt, sondern eine festgelegte Anleihe der ABC Corp. mit einem Nominalvolumen von

---

[7] Zur weiterführenden Darstellung verschiedener Varianten von CDS siehe auch *Läger*, Bewertung von Kreditrisiken und Kreditderivaten, 2002, Kap. 2.3.

100 Mio. EUR liefert. I würde dafür 100 Mio. EUR zahlen und seinerseits versuchen, eine möglichst hohe recovery rate zu erzielen oder die Anleihe zu einem möglichst hohen Preis am Markt zu verkaufen.

IV. Credit Linked Note (CLN)

8   In obigem CDS Beispiel erfolgt ausschließlich ein (synthetischer) Risikoübertrag des Kreditrisikos. Würde B nicht nur das Risiko übertragen, sondern zugleich auch die Refinanzierung des neuen Krediten sicherstellen wollen, so könnte B alternativ eine Credit Linked Note begeben, was einer Kombination aus Anleihe und CDS entspricht.

Bei einer CLN begibt B eine Anleihe über 100 Mio. EUR im eigenen Namen, deren Rückzahlung allerdings davon abhängt, ob während der Laufzeit das Referenzunternehmen ABC Corp. ausfällt. Der Coupon der Anleihe betrage EURIBOR + 35 Basispunkte. Bei Insolvenz der ABC Corp. wird die Anleihe fällig und die Investoren erhalten eine Rückzahlung in Höhe der recovery rate der ABC Corp., hier also 15 Mio. EUR. Mit der einbehaltenen Differenz von 85 Mio. EUR deckt B seine Verluste aus dem Kreditengagement mit ABC Corp. Neben dem Refinanzierungseffekt hat eine CLN einen weiteren Vorteil für B: im Gegensatz zu einem CDS trägt B bei einer CLN kein Kontrahentenausfallrisiko mehr, da die Investoren die maximale Ausgleichszahlung schon in Form des Emissionsvolumens gezahlt haben. Dafür tragen die Investoren neben dem Kreditrisiko der ABC Corp. zusätzlich das Kreditrisiko von B.

§ 3 Komplexe Derivate – ausgewählte Beispiele

A. Ausgewählte komplexe FX-Derivate 1
    I. Barrier-Optionen 1
    II. Knock-out und Knock-in Optionen 4
    III. Reverse Knock-out und Reverse Knock-in 7
    IV. Double Knockout 8
    V. Preisvorteile der Barrier-Optionen gegenüber Vanilla Optionen 10
    VI. Erweiterungsmöglichkeiten bei Barrier-Optionen 16

B. Lookback-Optionen 17
C. Ausgewählte komplexe Zinsderivate 20
    I. Constant Maturity Swap (CMS) 21
    II. Bermudan Swaption 25
D. Ausgewählte Komplexe Kreditderivate 27
    I. Basket (N-th to) Default Swap 27
    II. Synthetischer CDO (SCDO) 32
    III. Synthetischer CDO2 (SCDOS) 38
    IV. Credit Default Swaption 41

A. Ausgewählte komplexe FX-Derivate

I. Barrier-Optionen

Die Wortauswahl „Option" wird aus dem lateinischen Wort „optio" abgeleitet, das sich lose als „das Recht zu wählen" übersetzen lässt. Das Eigentumsrecht an einer Option beinhaltet somit das Recht aber nicht die Verpflichtung dazu, ein Underlying zu einem gegebenen Preis, innerhalb einer bestimmten Periode oder an einem bestimmten Punkt in der Zukunft zu (ver-)kaufen. Aufgrund Ihrer schiefen Pay-Off Strukturen werden Optionen auch „asymmetrische Finanzinstrumente" genannt. Die Grundtypen von Optionen werden genutzt, um beliebige, maßgeschneiderte Auszahlungsprofile zu strukturieren, wobei auch komplexe, exotische Optionen entstehen.

Untenstehende Abbildungen veranschaulichen die Entwicklungen im Handel von OTC FX-Derivaten im vergangenen Jahrzehnt.

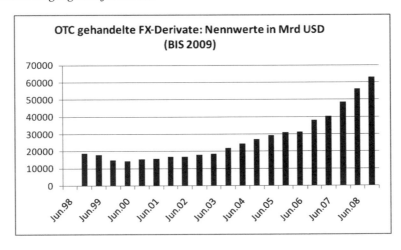

§ 3 Komplexe Derivate – ausgewählte Beispiele

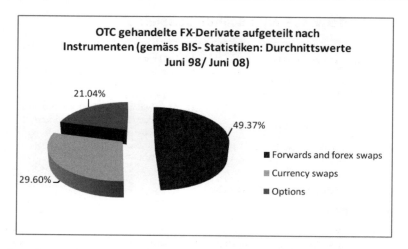

3 *Barrier-Optionen* sind exotische derivative Instrumente, deren Existenz vom (Nicht-)Eintreten eines Ereignisses abhängig ist, und können je nach Optionsart in Abhängigkeit vom Erreichen einer entsprechenden Schwelle (Barriere) ausgeübt werden (zB GBP/USD Wechselkurs erreicht in einer vordefinierten Periode oder in einem Punkt in der Zukunft einen vordefinierten Schwellenwert).

II. Knock-out und Knock-in Optionen

4 Barrier-Optionen sind als „*Knock-out*"/„*Knock-in*" Optionen bekannt. Bei einer Knock-out-Option erlischt das Ausübungsrecht bei Erreichen einer vorgegebenen Barriere/eines Schwellenwertes, dh eines vordefinierten Wechselkursniveaus.

5 Eine gewöhnliche Knock-out Option hat folgende Eigenschaften:
- Bei einer Call Option auf eine Währung muss die Barriere *unter* dem gegenwärtigen Kurswert sein.
- Bei einer Put Option auf eine Währung muss der Schwellenwert *oberhalb* dem gegenwärtigen Kurswert sein.
- Die Knock-out Option kann ITM, ATM oder OTM sein, dh Ausübungspreis kann beliebig gewählt werden.

6 Im Gegensatz zu Knock-out, kann eine Knock-in Option erst dann ausgeübt werden, wenn ein vordefiniertes Wechselkursniveau erreicht wurde.

III. Reverse Knock-out und Reverse Knock-in

Für eine *Reverse Knock-out Option* gilt Folgendes: 7

- Bei einer Call-Option auf eine Währung muss die Barriere *oberhalb* des gegenwärtigen Kurswerts UND oberhalb des Strike-Price sein, so dass die Option ITM den Knock-out Effekt erreicht.
- Bei einer Put-Option auf eine Währung muss der Schwellenwert *unterhalb* des gegenwärtigen Kurswerts UND *unterhalb* des Strike-Price sein, so dass die Option ITM den Knock-out Effekt erreicht.
- Die Schwellenwerte für die Reverse Knock-out Optionen sind somit immer ITM (sonst könnte die Option nie ausgeübt werden und der Optionswert wäre null).
- Analog existieren Reverse Knock-in Optionen nur dann, wenn der zugrunde liegende Kassapreis den Barrieren-Preis durchstößt. Der Barrieren-Preis ist immer an einem Punkt, wo die Option im Geld ist.

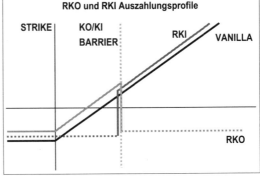

IV. Double Knockout

Eine *doppelte Knock-out-Option (DKO)* hat zwei Schwellenwerte statt nur einen. Der 8
Knock-out-Effekt kann entweder ITM oder OTM eintreten. Eine der Barrieren muss entsprechend ATM gesetzt werden. DKO sind noch preiswerter als einfache Knock-out-Optionen, weil die Knock-out-Wahrscheinlichkeiten höher sind.

Die einzige Einschränkung für DKOs ist, dass mindestens eine der zwei KO-Barrieren in Be- 9
zug auf den Strike-Preis ITM sein muss. Sonst würde die Option keinen Wert haben.

V. Preisvorteile der Barrier-Optionen gegenüber Vanilla Optionen

Eine Eigenschaft ist allen Barrier-Optionen gemein: Sie sind preisgünstiger als einfache Va- 10
nilla Optionen. Der Grund dafür ist intuitiv: Die Barriere-Eigenschaft reduziert die Ausübungswahrscheinlichkeit für den Optionskäufer.

Folgendes Beispiel veranschaulicht den Preisvorteil der Barrier-Option gegenüber der Vanil- 11
la-Option:

Knock-out-Option		Vanilla-Option
3 month GBP-USD, Volatility 12.5%, Spot 1.6000		
1.6000 USD Call		1.6000 USD Call, KO 1.5750
Price:	1.26%	2.54%
Theoretical Value (TV):	< 0.8X%	X%
Delta:	78	51
Gamma:	1.4	6.35
Vega:	480	3200

12 Eine Knock-Out-Option ist preiswerter, was sich entsprechend aufgrund der Existenz der Barriere ergibt. Dementsprechend hat die Vanilla-Option vergleichsweise größeren theoretischen Wert (TV).

13 Das Delta der Knock-out-Option ist größer als das Delta der Vanilla-Option. Dies ist weniger offensichtlich und kann wie folgt begründet werden: Delta ist als Änderung im theoretischen Wert der Option bei Erhöhung des Spotpreises zu verstehen. Wenn der Spotpreis zB auf 1.70 steigt, liegt der Schwellenwert von 1.575 dermaßen weit entfernt, dass Vanilla- und Barrier-Option praktisch denselben theoretischen Wert haben werden. Die Knock-out-Option hat jedoch mit einem niedrigeren TV gestartet und muss folglich mehr im Wert zunehmen als die Vanilla-Option im gleichen Zeitintervall.

14 Analog muss die Vanilla-Option ein größeres Gamma haben, um mehr Delta als die Knock-out-Option im gleichen Zeitintervall zu generieren.

15 In den meisten Fällen hat eine Knock-out-Option weniger Vega als eine Vanilla-Option. Intuitiv lässt sich dies am einfachsten erklären: Die Schwelle bei einer Barrier-Option resultiert in geringerem Volatilitäts-Exposure überall, da eine Barrier-Option in vielen Preisintervallen aufhört zu existieren, in denen eine Vanilla-Option weiterbesteht.

VI. Erweiterungsmöglichkeiten bei Barrier-Optionen

16 Erweiterungsmöglichkeiten für Barrier-Optionen bieten sich in Form von *Delayed* oder *Partial Barrier-Optionen*. Bei den ersten handelt es sich um Optionen, die einen zeitlich verzögerten Knock-out beinhalten, was sich in einer geringeren Knock-out-Wahrscheinlichkeit und somit einem höheren Optionspreis niederschlägt. Bei der Partial Knock-out-Option tritt das Knock-out-freie Intervall am Ende der Optionslaufzeit ein: Somit verwandelt sich die Partial Knockout Option ab einem vorbestimmten Zeitpunkt in der Zukunft bis zum Lebensende in eine Vanilla-Option.

B. Lookback-Optionen

17 Die Lookback-Option erlaubt es am Ende der Laufzeit auf die Preisentwicklungen im Verlauf des Optionslebens zurückzuschauen, und den Payoff als Funktion von Extremwerten in der Preisentwicklung des Underlyings im betreffenden Zeitintervall zu gestalten. Zahlreiche Untervarianten von Lookback Optionen erlauben uns beliebige Auszahlungsprofile zu strukturieren. Das Auszahlungsprofil für eine gewöhnliche Lookback-Option ist durch den Unterschied zwischen dem Spotpreis am Ende der Laufzeit und dem niedrigsten (für Call)/höchsten (für Put) gehandelten Preis während der Laufzeit bestimmt. M.a.W., der höchste bzw der niedrigste gehandelte Preis wird somit zum Strike-Preis, was dazu führt, dass eine Mehrheit von Lookback-Optionen ITM enden, und die Optionen entsprechend teuer sind.

18 Eine Untervariante sind *Fixed Strike Lookback-Optionen*, wobei der Strike-Preis am Anfang bestimmt wird. Das Auszahlungsprofil sieht dann folgendermaßen aus:
- Der höchste gehandelte Spotpreis minus der fixierte Strike-Preis (für Call);
- Strike-Preis minus der niedrigste gehandelte Spotpreis während der Laufzeit (für Put).

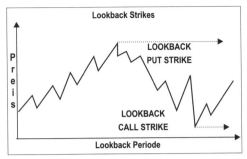 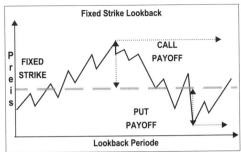

In Anbetracht dessen, dass der Käufer hier über den Strike-Preis mitentscheidet (zB durch das Setzen des Strike-Preises OTM), kann eine Fixed Strike Lookback-Option als ein attraktives Instrument dienen, um extreme Preisbewegungen aufzufangen. Dies gilt insbesondere in Zeiten von volatilen Märkten mit Zentralbankeingriffen. Dennoch bleibt ein Fixed Strike Lookback auch in diesem Szenario relativ teuer, verglichen mit einer Vanilla-Option.

19

C. Ausgewählte komplexe Zinsderivate

Das Volumen der OTC gehandelten Derivate beträgt mehr als das Vierfache der an den Börsen gehandelten. Zinsderivate zählen zu den außerbörslichen Derivaten und werden in beträchtlichen Volumina gehandelt: Laut BIS Statistiken machen sie über 80% aller OTC Derivate aus. Der ausstehende Nennwert an OTC gehandelten Zinsderivaten betrug im Dezember 2008 fast USD 420 Trillionen. Wenn wir die Unterteilung der Gesamtheit von Zinsderivaten in einzelne Instrumente betrachten, entfallen im zehnjährigen Durchschnitt ca. 78% der Zinsderivate auf Zinsswaps. Während *Zinsswaps* und *Optionen auf Zinsswaps (Swaptions)* zu den einfachen Zinsderivaten zählen, gehören ihre Variationen *Constant Maturity Swap* (CMS) Swaps und *Bermudan Swaptions* zu den komplexen Zinsderivaten.

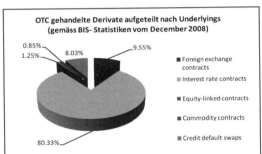

20

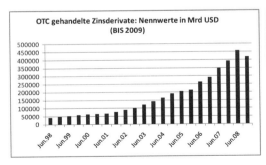 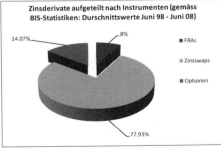

I. Constant Maturity Swap (CMS)

21 In einem an CMS angebundenen Swap wird üblicherweise ein kurzfristiger Zins gegen einen längerfristigen getauscht. Die längerfristige Zinszahlung wird an einen Referenzzinssatz (beispielsweise an den zehnjährigen Swapsatz) in regelmäßigen Abständen angepasst. Somit werden CMS-angebundene Swaps üblicherweise von Veränderungen in langfristigen Zinssatzbewegungen beeinflusst. Die gegensätzliche Zinszahlung des CMS-Swaps orientiert sich normalerweise an einem kurzfristigen Referenzzinssatz (zB 3-Monats-Euribor).

22 Ein gewöhnlicher „Fest gegen Variabel" Swap wird gepriest aufgrund der arbitrage-erzwungenen Beziehung zwischen dem Festzinssatz und der Kombination von Kassa- und Terminzinssätzen, die von der Zinsstrukturkurve abgeleitet werden. Im Gegensatz dazu, bezieht sich die Bewertung bei einem CMS auf die Gegenüberstellung von fixen oder variablen Zinssätzen auf der einen Seite, und dem in regelmäßigen Abständen angepassten Referenzzinssatz auf der anderen Seite. Da das Pricing des Referenzzinsatzes sowohl Volatilitäts- als auch Konvexitätsannahmen benötigt, ist die CMS-Arbitragebeziehung somit komplexer als beim „fix gegen variabel" Zinsswap, obwohl sie auf den gleichen Grundprinzipien beim Pricing beruht. Gewinnchancen aus einem CMS ergeben sich für den Zahler des CMS-Zinses, falls die zukünftig eintretenden (meist langfristigen) Referenzzinssätze im Durchschnitt unter den heutigen Terminzinssätzen für die jeweiligen Fixingtermine liegen, und/oder weniger stark ansteigen als es die Terminzinskurven im Zeitpunkt des Swapeintritts vorhersagen. Das Risiko ergibt sich bei einer stärkeren als erwarteten Versteilerung der Zinskurve. Folglich kann auf der anderen Seite ein CMS-Zins-Empfänger im CMS ein adäquates Anlageinstrument zur Ausnutzung einer abgeflachter Zinskurve finden, und hat entsprechende Gewinnchancen bei steigenden Swapsätzen unter gleichzeitig beschränkten „Cost-of-Carry" Risiken.

23 Während in Europa und in den USA im Swapmarkt ermittelte Swapsätze als Referenzgrößen für die CMS-Sätze benutzt werden, sind in den USA auf Sovereign Debt Yields basierende *Constant Maturity Treasury (CMT)* Swaps ebenfalls handelbar.

Beispiel:

EUR CMS Steepener – Liability Swap

Effective Date:	T + 2bd
Maturty:	20 Jahre
Nennwert:	EUR 100.000.000
Kontrahent A bezahlt:	6M Euribor
Konvention:	s.a., Act360, mod. fol. adj.
Kontrahent B bezahlt:	6M Euribor (EUR 10Y CMS – EUR 2Y CMS – [X]bps)
Konvention:	s.a., Act360, mod. fol. adj.

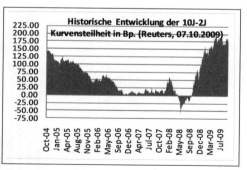

24 Eine populäre Anwendung von CMS sind die sogenannten *Steepener* Strukturen, dh Finanzprodukte, die auf die Veränderungen in der Steilheit der Zinsstrukturkurve abzielen. Ein konkretes Beispiel könnte aufgrund der 10 Jahre – 2 Jahre EUR CMS Kurvensteilheit wie in der obenstehenden Tabelle und basierend auf der rechts davon abgebildeten historischen Entwicklung dargestellt werden. Hierbei profitiert der Kontrahent B von einer größer werdenden 10J.-2J. EUR Swapkurvensteilheit. Insbesondere mitten in der Finanzkrise, in der Periode von April bis Oktober 2008, war dieses Produkt aufgrund von negativer Kurvensteil-

heit ein sehr interessantes Instrument und bot historisch günstige Einstiegsniveaus um von zukünftig steileren Zinskurven zu profitieren.

II. Bermudan Swaption

Eine *Bermudan Swaption* ist eine komplexere Version einer gewöhnlichen European Option auf den Vanilla Zinsswap, da sie – im Unterschied zur nur einmalig am Verfallstag ausübbaren europäischen Option – auf einigen oder allen Zinsanpassungsdaten während der Optionslaufzeit ausgeübt werden kann. Eine Vanilla Swaption verleiht Ihrem Käufer das Recht, in einem vorbestimmten Zeitpunkt *t* in einen vordefinierten Zinsswap einzutreten. Der Inhaber der *Payer Swaption* bezahlt beim Ausüben der Swaption den fixen Zinssatz und empfängt den variablen; vice versa gilt bei der *Receiver Swaption*.

Die Komplexität der Bermudan Swaption wird ersichtlich bei deren Bewertung. Verschiedene Techniken und Modelle stehen hierbei zur Verfügung, wobei auch „Trees", „Grids" und „Backward Induction" in einfacheren Varianten angewendet werden. Um den „Fit the Market"-Effekt zu erzielen, müssen jedoch wesentlich komplexere Ansätze verwendet werden, was in der Regel auch Monte Carlo Simulation erfordert. Hierbei stehen u.A. folgende Methoden zur Verfügung:

- „Pre-Determined Boundary"
- Carry Considerations
- „Bushy Trees"
- Stochastische „Mesh" Techniken
- Longstaff-Schwartz oder die Methode der kleinsten Quadrate.

D. Ausgewählte Komplexe Kreditderivate
I. Basket (N-th to) Default Swap

Der sogenannte *Basket Credit Default Swap (BCDS)* oder *"N-th to Default" Swap* lässt sich am leichtesten im Vergleich mit dem Credit Default Swap auf einen Einzelnamen verstehen. Bei einer CDS Transaktion auf einen bestimmten Einzelnamen führt der Eintritt eines Kreditereignisses (beispielsweise Nichtzahlung oder Insolvenz) auf ebenjenen Einzelnamen zur Auszahlungsverpflichtung des Absicherungsverkäufers im Rahmen der festgelegten Vertragsbedingungen, in der Regel die Differenz zwischen (a) dem Nominalwert der Referenzobligation und (b) der meist standardisiert bestimmten Verwertungserlösquote multipliziert mit dem Nominalwert der Referenzobligation.

Oftmals erfolgt zumindest im Fall von liquideren Underlyings und bei Vereinbarung von *Physical Delivery* die Übertragung des defaulteten Underlyings vom Absicherungskäufer auf den Absicherungsverkäufer. Der Absicherungskäufer zahlt für die Absicherung eine zu Vertragsbeginn festgelegte Prämie, üblicherweise einen fixen Prozentsatz p.a., der auf den Nominalbetrag der Referenzobligation berechnet wird. Die Zahlungsverpflichtung des Absicherungskäufers endet bei Vetragsablauf oder bei vorherigem Eintritt eines Kreditereignisses.

§ 3 Komplexe Derivate – ausgewählte Beispiele

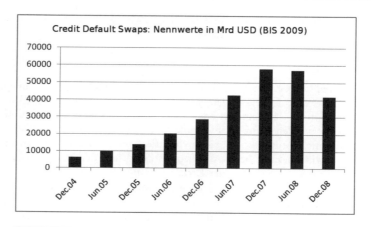

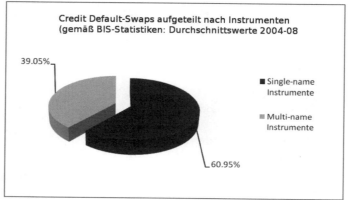

29 Beim BCDS löst erst der Eintritt des n-ten Kreditereignisses diese Zahlungsverpflichtung aus. Es wird ebenfalls ein Nominalbetrag für den Vertrag festgelegt, der für alle Referenzobligationen im Basket anwendbar ist. Die für die Berechnung der Zahlungsverpflichtung des Absicherungsverkäufers zur Anwendung kommende Verwertungserlösquote („Recovery Rate") wird idR ebenfalls bei Vertragsbeginn fixiert, kann aber auch anhand spezifischer Regeln (Auktionsprozess, öffentlich zugängliche Verwertungsinformation) nach Eintritt des Kreditereignisses ermittelt werden.

30 Die Bewertung der Zahlungsströme zur Ermittlung des theoretisch korrekten Preises einer n-th to default-Transaktion erfordert zusätzlich zur oben erwähnten Recovery Rate Informationen bzw Annahmen über die Ausfallkorrelation („Default Correlation") der im Basket enthaltenen Einzelnamen sowie deren individuelle Ausfallwahrscheinlichkeiten während der angestrebten Transaktionslaufzeit. Damit lässt sich eine Wahrscheinlichkeitsverteilung ermitteln, die die Bestimmung der Ausfallwahrscheinlichkeit von 1 bis n Einzelnamen während der Transaktionslaufzeit ermöglicht. Vereinfacht gesprochen kann man sagen, dass die mit der relevanten Ausfallwahrscheinlichkeit gewichtete Auszahlungsverpflichtung des Absicherungsverkäufers den "fairen" Preis repräsentiert, den der Absicherungsverkäufer für die Übernahme des Risikos verlangen muss. Somit wird die Prämie so ausfallen, dass sie auf barwertiger Erwartungsbasis mindestens der Auszahlungsverpflichtung (plus Gewinnspanne) entspricht.

Aus Sicht des Absicherungsverkäufers bietet der Basket Credit Default Swaps die Möglichkeit eines gehebelten und damit riskanteren Investments in eine gewissen Anzahl von Einzelnamen, dies jedoch auch mit deutlich erhöhtem Einkommen pro eingesetzter Kapitaleinheit verglichen mit dem CDS auf Einzelnamen. Gleichzeitig ist das Verlustpotenzial aber auf einen Namen beschränkt. Aus Sicht des Absicherungskäufers wird durch die Transaktion (speziell bei 1st und 2nd to Default Baskets) bereits ein Großteil des Risikos des Kreditbaskets transferiert (eine nicht allzu hohe Wahrscheinlichkeit mehrer Defaults vorausgesetzt), ohne eben auf jeden Einzelnamen einen CDS abschließen zu müssen.

II. Synthetischer CDO (SCDO)

Synthetische CDOs (SCDOs) sind gewissermaßen die verstetigte Version eines Basket Default Swaps und stellen eine in Deutschland Ende der 90er Jahre äußerst populär gewordene Form der Verbriefung dar. In ihren verschiedenen Ausprägungen eignet sie sich sowohl für relativ illiquide Bankbilanzaktiva im Rahmen von Kapitalentlastungstransaktionen als auch zur Strukturierung von maßgeschneiderten Risikoprofilen für Investoren in bestimmte eher liquide Kapitalmarktaktiva (zB Unternehmensanleihen oder sogenannte Leveraged Loans).

Primärmotivation für diesen Transaktionstyp ist meist der Verkauf bzw Transfer von Portfoliokreditrisiken durch Finanzinstitutionen bzw Intermediäre in stark strukturierter Form, um unterschiedliche Grade von Risikofreudigkeit bzw -aversion der Kapitalmarktinvestoren bedienen zu können. Er spielt aber auch zur Einkommenserzielung in der komplexeren Vermögensverwaltung der CDO Asset Manager Gilde eine bedeutende Rolle, die allerdings durch die Finanzkrise seit dem Jahr 2007 stark unter Druck geraten ist.

Bei einem SCDO wird das zugrundeliegende Portfolio anhand bestimmter zumeist von den Ratingagenturen entwickelter Tranchierungsmodelle, die auf die Ermittlung einer Ausfallwahrscheinlichkeits- und letztendlich Verlustverteilung für das Gesamtportfolio abstellen, sequentiell und nach Seniorität geordnet in Tranchen unterteilt. Die Größe und Position jeder Tranche in der letztendlich entstehenden Kapitalstruktur der Transaktion bestimmen dabei den auf diese Tranche probabilistisch entfallenden Anteil des erwarteten Verlustes des Gesamtportfolios, was letztendlich das zu erteilende Rating bestimmt. Ähnlich wie beim Basket Default Swap erfordert die Ermittlung der o.g. Verteilungen Annahmen über die Ausfallkorrelation zwischen den im Portfolio enthaltenen Kreditaktiva sowie deren individuelle Ausfallwahrscheinlichkeiten während der angestrebten Transaktionslaufzeit. Die Ermittlung der Verteilungen erfolgt mehrheitlich über Simulation, es kommen aber auch vereinzelt quasi-deterministische Modelle zur Anwendung (zB Binomial Expansion Technik von Moodys).

Für jede der so ermittelten Tranchen wird dann eine (Credit-linked) Schuldverschreibung emittiert bzw ein Credit Default Swap abgeschlossen, mittels derer das Risiko der Tranche an den jeweiligen Investor transferiert wird. Emissionserlöse der Schuldverschreibungen werden in mit dem Rating der jeweiligen Tranche zu vereinbarenden, meist risikofreien Anlagen geparkt, um bei einer Verlustallokation auf die betroffene Tranche an den Verkäufer des Portfoliokreditrisikos (also den Absicherungskäufer) als Kompensation für entstandene Verluste übergeben zu werden. Der Rückzahlungsbetrag der Schuldverschreibung wird dann entsprechend um den Verlustbetrag gekürzt. Die Verwendung von Credit Default Swaps für einzelne Tranchen kommt idR nur für Adressen einwandfreier Bonität zur Anwendung da hier vom Investor anders als bei der Credit-linked Note keine „Vorleistung" in Form einer Barsicherheit zur Verfügung gestellt wird.

Ein wichtiger Punkt dieser Transaktionen ist die Ermittlung des bereits angesprochenen Verlustes im Portfolio, der bildlich gesprochen „von unten nach oben", also zuerst auf die nicht bzw niedrig gerateten („First Loss") Tranchen und nach deren Ausschöpfung auf die Mezzanine und Senior Tranchen alloziiert wird. Bei eher illiquiden Bankbilanzaktiva erfolgt die Bestimmung meist über den regulären Verwertungsprozess der Finanzinstitution als sogenannter „realisierter Verlust" oder in Ausnahmefällen (zB beim Erreichen der juristischen Endfälligkeit einer Transaktion) über gutachterliche Schätzung. Bei marktgängigen Aktiva kann dagegen beispielsweise ein Auktionsprozess zur Findung eines Marktpreises für das ausgefallene Aktivum Anwendung finden. Bei aufsichtsrechtlich motivierten Transaktionen unter dem Basel II Regelwerk werden zudem strengere Anforderungen an die zeitnahe Zahlung des Verlustausgleiches gestellt.

37 Es gibt eine Reihe weiterer struktureller Merkmale die bei SCDOs ganz verschieden ausgestaltet sein können, auf die hier nicht eingegangen werden kann. Dazu gehören u.a. die Dynamik des Portfolios (statisch, mit Wiederauffüllungsoption oder gar mit aktivem Management mit Kauf und Verkauf von Assets), die Gestaltung der Laufzeit und frühzeitiger Beendigungsoptionen, verschiedene Möglichkeiten für die Strukturierung der Erstverlusttranche, die Präsenz verschiedener Währungen im Portfolio und die Handhabung von deren Schwankungen in Bezug auf die Referenzwährung der Transaktion.

III. Synthetischer CDO2 (SCDOS)

38 SCDOS sind quasi die gehebelte Steigerungsform von SCDOs und stellen nur eine der zahlreichen Innovationen dar, die der anhaltende Boom in den strukturierten Kreditmärkten in der ersten Hälfte der laufenden Dekade hervorgebracht hat. Im Prinzip sind sie nichts anderes als die erneute Verbriefung von mehreren bereits bestehenden Verbriefungstranchen. Es wurde argumentiert, dass sie dem Investor eine weiter verbesserte Diversifikationsmöglichkeit bei mindestens gleichbleibendem oder sogar höherem Ertrag offerieren. Das Argument stellt darauf ab, dass bereits auf der Ebene der ersten Verbriefungen, die nachfolgend in den SCDOS Eingang finden, Portfolios mit einer Vielzahl von Schuldnern in sequentielle Tranchen aufgeteilt und verbrieft wurden. Werden dann die Tranchen dieser verschiedenen Erstverbriefungen („Inner CDO") auf der nächsten Ebene zu einem neuen Portfolio zusammengefasst, kann es zumindest theoretisch zu einer weiteren Erhöhung der Granularität und Diversifikation des Portfolios kommen, was – entsprechende Kreditqualität vorausgesetzt – einen positiven Einfluss auf das Risikoprofil des Portfolios ausübt.

39 Dennoch gibt es bei diesen Transaktionen eine Reihe von Risiken, die nicht unmittelbar evident sind. Das vielleicht wichtigste Risiko sind dabei mögliche Überschneidungen in den Primärportfolien („Overlap"), was insbesondere für die aktiv verwalteten SCDOS zutrifft (gilt genau so für Cash oder True Sale CDOS), die Aktiva aus numerisch vergleichsweise begrenzten Kreditspektren (zB Leveraged Loans) referenzieren, der Fall sein kann. Mit anderen Worten: Ist ein Kredit in mehr als einem Basisportfolio und in entsprechender Konzentration vorhanden und fällt dieser aus, so wird die Kreditqualität (sprich: „Subordination" oder auch „Credit Enhancement") sämtlicher von diesem Underlying betroffenen Tranchen im SCDOS negativ beeinflusst oder es kommt im Wiederholungsfall sogar zu einem teilweisen Ausfall der Tranche(n) und damit zur beschleunigten Verlustallokation auf den SCDOS. Entscheidend ist hier, in welche Tranchen der Basistransaktionen der SCDOS investiert. Grundsätzlich gilt: Je weiter „unten" Richtung Equity Tranche, umso größer der Hebel und umso schneller wird Overlap in einem Szenario wachsender Defaults zu einem Problem für den SCDOS. Strukturell wird das Problem gelegentlich mittels sogenannter „Cross-Subordination" gelöst: Bei dieser Variante können sich die im SCDOS vorhanden Tranchen die Subordination anderer Tranchen im Portfolio anrechnen lassen, wenn die eigene Subordination durch Verluste aufgezehrt worden ist. Für eine umfassende Risikoanalyse dieses Transaktionstypus ist eine „Look-Through" Analyse auf die Basisportfolien mit anschließender Berechnung der Auswirkungen auf die Tranchen der „Inner CDOs" jedenfalls unabdingbar.

Weitere komplexe Fragen treten im Zusammenhang mit der Definition der Kreditereignisse sowie der Abwicklungsmechanismen (tranchen-spezifische Loss Events, teilweises und zeitlich gestaffeltes Settlement bei schrittweisem Tranche Write-down etc.) auf, die von den Standarddefinitionen im Unternehmensbereich abweichen.

IV. Credit Default Swaption

Die Credit Default Swaption gehört zur Kategorie der Credit Spread Options (auch: Credit Default Option oder Default Option) und erlaubt dem Optionskäufer Kreditabsicherung auf einen bestimmten Referenznamen für eine bestimmte Laufzeit zu einem bestimmten zukünftigen Zeitpunkt zu kaufen (Payer Option) oder zu verkaufen (Receiver Option), also einen entsprechenden Credit Default Swap abzuschließen. Die Option eignet sich somit primär zum Schutz gegen steigende (Payer Option) bzw fallende (Receiver Option) Risikoaufschläge beim Referenznamen, also zur Absicherung des Marktpreisrisikos des Referenznamens oder -indexes. Kommt es zum Ausfall des Referenznamens vor Ausübung der Option, kann die Option entweder wertlos verfallen oder weiterhin ausgeübt werden (macht zB Sinn bei Indexoptionen, bei denen nach einem Default eine Reihe weiterer Namen im Index stehenbleiben). Optionslaufzeiten enden üblicherweise bei maximal einem Jahr und zur Preisfindung wird mehrheitlich eine abgewandelte Version des Black-Scholes Modells verwendet. Liquide Märkte für diese Instrumente sind von einigen Ausnahmen abgesehen auf CDS Indices im Fünf und Zehnjahresbereich beschränkt.

§ 4 Inflationsderivate

Literatur: *Dodgson/Kainth*, Inflation-Linked Derivatives, Group Market Risk, Royal Bank of Scotland Group, Risk Training Course, September 2006; *Greenwood/Svoboda*, LPI Swaps Pricing and Trading, Risk and Investment Conference 2010; *Hughston*, Inflation Derivatives, Department of Mathematics, King's College London 1998, http://www.mth.kcl.ac.uk/finmath/articles/Inflation_Derivatives1998.pdf; *Kerkhof*, Inflation Derivatives Explained – Markets, Products and Pricing, Fixed Income Quantitative Research, Lehman Brothers, Juli 2005; *Standard Charterd*, Inflation Market and Derivatives, gaining Exposure to Inflation, Mumbai 2005, http://www.risk-india.com/digital_assets/2895/asahish-pitale.pdf.

A. Inflationsgrundlagen, Marktakteure und Break-Even-Inflation 1	II. Inflation Spread Optionen 11
B. Inflation Swaps und Futures 6	III. Limited Price Index (LPI) Swaps 12
C. Volatilitätsprodukte auf Inflation 8	D. Beispiele von strukturierten Inflationsprodukten 13
I. Inflation Cap, Floor, Collar 8	E. Ausblick 16

A. Inflationsgrundlagen, Marktakteure und Break-Even-Inflation

1 Inflationsderivate haben sich in den letzten Jahren aus einem kleinen, zunächst als exotisch wahrgenommenen Nebenprodukt der Zinsderivatewelt in den 80er Jahren zu einem immer relevanter werdenden und stark wachsenden Gebiet entwickelt.

2 Inflationsgebundene Wertpapiere sind insbesondere relevant als Anlageform zur Erwirtschaftung von Realzinsen und somit als Absicherungsinstrument für Inflationsrisiken von Bedeutung. Inflationsinstrumente sind von hoher Relevanz für Asset- und Liability Management-Zwecke bei Marktteilnehmern, deren Einnahmen oder Ausgaben explizit oder implizit inflationsabhängig sind.

3 Inflationsgebundene Anleihen bieten eine sichere **reale** Rendite, während nominale Anleihen eine sichere **nominale** jedoch gleichzeitig unsichere reale Rendite anbieten. Um Investoren für diese Ungewissheit zu kompensierenmüssen nominale Renditen um Inflationsrisikoprämien aufgestockt werden. Emittenten von inflationsgebundenen Anleihen können zumindest auf einen Teil der Renditeprämie verzichten, und können Investoren zusätzlich Diversifikationsvorteile offerieren.

Abbildung 1: *Übersicht über die Marktakteure im Inflationsmarkt*

Abbildung 2: *Historische Entwicklung der Break-Even Inflations-Swapsätze basierend auf dem EMU HiCPxT Index*

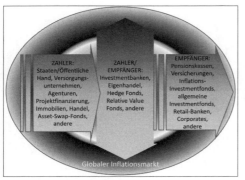

Quelle: Eigene Darstellung in Anlehnung an Lehman Brothers (July 2005), p.7

Quelle: Bloomberg

Banken, Versicherungen und Pensionskassen sind die wichtigsten Akteure im Inflationsmarkt. Als Inflationsempfänger sichern sich Banken gegen Risiken aus inflationsgebundenen Retailprodukten ab, während Versicherungen und Pensionskassen auf diese Weise ihre langfristigen inflationsgebundenen Verbindlichkeiten absichern.

Break-Even-Inflation kann als die im Markt erwartete Inflation für einen bestimmten Zeitraum definiert werden, die sich aus der Renditedifferenz einer klassischen nominalen Anleihe und einer ansonsten identischen, aber inflationsgebundenen Anleihe ergibt. Beispielsweise, wenn eine 30-jährige amerikanische Staatsanleihe bei 2,86% p.a. rentiert und eine identische inflationsgekoppelte Anleihe bei 0,76% p.a., dann stellt die Renditedifferenz von 2,10% p.a. (approximativ und vereinfacht) die vom Markt erwartete Break-Even-Inflation für den Dreißigjahreszeitraum dar.[1]

Wenn die Inflation im Durchschnitt mehr als die Break-Even-Inflation beträgt, wird die Performance der inflationsgeschützten Investition die der festverzinslichen übertreffen. Umgekehrt, wenn die Inflation im Durchschnitt unterhalb des Break-Even-Punktes liegt, übertreffen festverzinsliche Anleihen die inflationsgekoppelten. Die Break-Even-Inflation ist also die Größe, bei der ein Investor indifferent ist zwischen einer klassischen und einer vergleichbaren inflationsgekoppelten Anleihe.

B. Inflation Swaps und Futures

Neben dem Inflation-Linker Markt für inflationsgebundene Staatsanleihen, ist die im Inflationsmarkt geläufige Preisfindung für Break-Even-Inflationssätze im Swapmarkt zu finden. Break-Even-Inflation-Swaps gehören zu den Standardinstrumenten unter den Inflationsderivaten und können als Basisbausteine dieses Marktes bezeichnet werden. Sie erlauben dem Investor bzw Marktteilnehmer eine Sicht im Hinblick auf die Inflationserwartungen auszudrücken. Im Unterschied zu Anleihen, die oft voll finanziert werden müssen, erlauben sie das Eingehen einer größtenteils[2] synthetischen, dh unfinanzierten, und somit zusätzlich gehebelten Position und sind insbesondere interessant für Investoren mit hohen Finanzierungskosten. Die Gegenpartei des Inflation-Swaps tauscht ab dem Zeitpunkt des Swapeintritts in einem bilateralen Vertrag die aktuelle Break-Even-Inflation (dh einen bei Swapabschluss festgelegten **Festsatz**) gegen die im Verlauf des Swapgeschäfts tatsächlich beobachtete reale Inflation (dh einen **variablen Satz**), wobei beide Komponenten jeweils auf Basis eines zu Beginn vereinbarten Nominalbetrages und der entsprechenden Zinstagekonvention berechnet werden.[3]

---

1 Approximativ, da die Realzinsen und Inflation *multiplikativ* in nominale Zinsen umgerechnet werden, so dass *additive* Rechnungen nur ungefähre Hilfsrechnungen sind.
2 Abgesehen von der Notwendigkeit der Besicherung von Swapgeschäften im Rahmen von Collateral Agreements.
3 Typischerweise kaufen Inflationshändler Inflation aus inflationsgekoppelten Anleihen und verkaufen sie weiter durch Inflationsderivate, meistens Swaps. Dabei entsteht ein gewisses Kontrahentenrisiko. Inflations Cash-Flows aus Anleihen werden mit Hilfe der inflationsgekoppelten Staatsanleihen-Zinskurve diskontiert und die Cash-Flows aus Swaps mit Hilfe der Libor-Kurve (plus/minus entsprechenden Spreads in Abhängigkeit von der Kreditqualität des Kontrahenten).

Abbildung 3: *Break-Even Inflation Swap Cash-Flows*

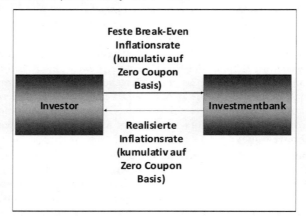

Quelle: Eigene Darstellung

7   Dieser Swap wird für den Investor einen positiven Netto Cash Flow generieren, falls die Break-Even-Inflation tatsächlich unter der real erzielten Inflationsrate liegt. Die reale Inflation wird als die Differenz zwischen zwei Preisindexwerten berechnet werden, wobei der Anfangswert entweder eine bekannte Größe sein kann (Spot Starting Swap) oder erst zu einem zukünftigen Zeitpunkt bekannt sein wird (Forward Starting Swap).

Inflations-Swaps erlauben es dem Marktteilnehmer entweder von steigender oder von fallender Inflation zu profitieren, abhängig davon, welche Seite des Swaps eingenommen wird. Ein Investor, der sich gegen steigende Inflation absichern will, erreicht dieses Ziel als Inflationsempfänger und ist effektiv abgesichert beim Break-Even-Inflations Niveau zum Zeitpunkt des Swapeintritts. In Zeiten, in denen die tatsächliche Inflation tiefer als die Break-Even-Inflation ist, kann der Investor das „ersparte" Risiko in andere, rentablere Assetklassen übertragen.

CME handelt **Inflation Futures** seit 2004 für den US CPI Index und seit 2005 für den europäischen Harmonisierten Verbraucherpreisindex (HVPI)[4] oder HICPxT (Harmonised Index of Consumer Prices excluding Tobacco).

Inflation-Futures haben eine kurze Laufzeit und eignen sich als gute Ergänzung zum inflationsgekoppeltem Anleihenmarkt, um sich auch gegen die kurzfristigen Bewegungen im Inflationsmarkt absichern zu können. Mit Strips aus den Inflation-Futures können einzelne Bonds Cash-Flows abgesichert werden.

---

4   HVPI ist ein Preisindex und ein Indikator für Inflation und Preisstabilität für die Europäische Zentralbank (EZB). Es entspricht dem gewichteten Durchschnitt der Preisindizes der Mitgliedstaaten, die den Euro eingeführt haben.

C. Volatilitätsprodukte auf Inflation
I. Inflation Cap, Floor, Collar

Ein **Inflation Cap** ist ein Derivat, das auszahlt, wenn die Inflation (gemessen durch den prozentualen Anstieg des Verbraucherpreisindex) über einen bestimmten Zeitraum einen bestimmten Schwellenwert (Strike) übersteigt.[5]

Abbildung 4: *Inflations-Floors and -Caps: Preise per 28.11.2011*

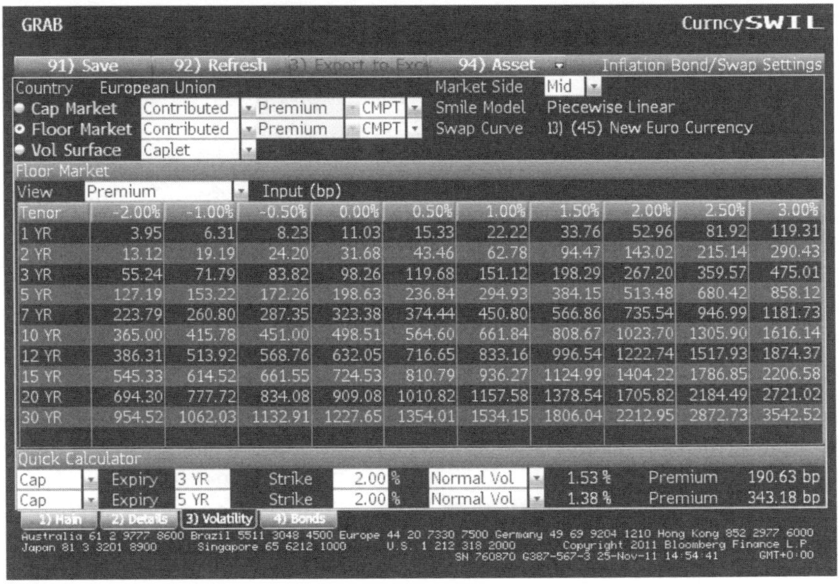

Tenor	-2.00%	-1.00%	-0.50%	0.00%	0.50%	1.00%	1.50%	2.00%	2.50%	3.00%
1 YR	3.95	6.31	8.23	11.03	15.33	22.22	33.76	52.96	81.92	119.31
2 YR	13.12	19.19	24.20	31.68	43.46	62.78	94.47	143.02	215.14	290.43
3 YR	55.24	71.79	83.82	98.26	119.68	151.12	198.29	267.20	359.57	475.01
5 YR	127.19	153.22	172.26	198.63	236.84	294.93	384.15	513.48	680.42	858.12
7 YR	223.79	260.80	287.35	323.38	374.44	450.80	566.86	735.54	946.99	1181.73
10 YR	365.00	415.78	451.00	498.51	564.60	661.84	808.67	1023.70	1305.90	1616.14
12 YR	386.31	513.92	568.76	632.05	716.65	833.16	996.54	1222.74	1517.93	1874.37
15 YR	545.33	614.52	661.55	724.53	810.79	936.27	1124.99	1404.22	1786.85	2206.58
20 YR	694.30	777.72	834.08	909.08	1010.82	1157.58	1378.54	1705.82	2184.49	2721.02
30 YR	954.52	1062.03	1132.91	1227.65	1354.01	1534.15	1806.04	2212.95	2872.73	3542.52

---

[5] Wenn wir den Schwellenwert in betreffendem Zeitintervall (a, b) mit S bezeichnen, dann ist die Auszahlung H_b zum Zeitpunkt b durch: $H_b = X max\left[\left(\frac{C_b}{C_a}\right) - K, 0\right]$ gegeben. X is dabei ein Nominalwert in EUR. In der Praxis müsste die Auszahlung um einige Zeit verzögert werden bis zu einem späteren Zeitpunkt c (um die offizielle finanzielle Veröffentlichung der entsprechenden CPI abzuwarten), so dass die effektive Auszahlung $H_b = X P_{bc}^N max\left[\left(\frac{C_b}{C_a}\right) - K, 0\right]$ beträgt. P_{bc}^N ist dabei der Wert einer nominalen diskontierten Anleihe zum Zeitpunkt a mit der Fälligkeit im Zeitpunkt b (s. Hughston (1998), S. 3).

§ 4 Inflationsderivate

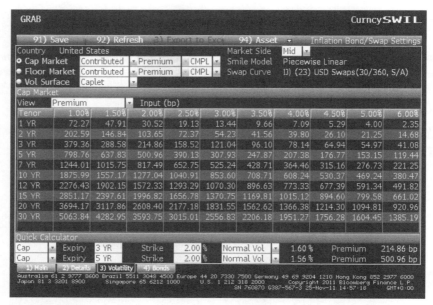

Quelle: Bloomberg

9   Ein **Zero Strike Inflation Floor** ist ein Instrument, das den Inflationsempfänger in einem Inflationsswap gegen Deflationsszenarios schützt, da es auszahlt, wenn die Inflation über einen bestimmten Zeitraum das Niveau von Null (Schwellenwert) unterschreitet.

In letzter Zeit haben jedoch auch Inflations-Floors mit negativen Schwellenwerten stark an Bedeutung gewonnen.

Für gewöhnliche at-the-money Inflationsswaps sollte die Floor-Cap (oder Put-Call)-Parität gelten, falls Cap und Floor den gleichen Strike haben:

Inflation Cap - Inflation Floor = Zahler Inflation Swap

10 Der **Inflations-Collar** ist eine Kombination aus Inflation Cap und Floor.

Break-Even Inflation Collars schützten den Investor vor steigender Inflation mit beschränkter Partizipation an fallender Inflation und können wie folgt zerlegt werden:

1. Investor kauft einen Break-Even Inflation Cap, der Schutz gegen steigende Inflation auf längere Sicht bietet.
2. Gleichzeitig verkauft er einen Break-Even-Inflation Floor mit einem niedrigeren Strike, und verzichtet auf Partizipation an der Inflation unter dem Minimum-Niveau des tieferen Schwellenwerts.

Abbildung 5: *Pay-Off Struktur eines Break-Even Inflation Collars*

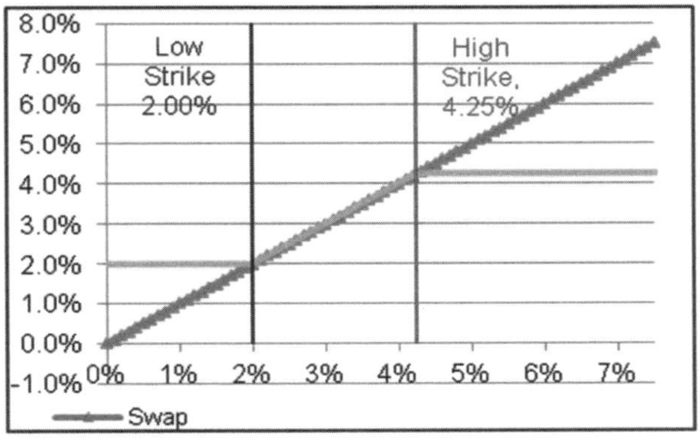

Quelle: Eigene Darstellung

Der geringere Strike ist auf 2% gesetzt und damit ungefähr gleich dem langfristigen Inflationsziel/der durchschnittlichen historisch realisierten Inflationsrate.

II. Inflation Spread Optionen

Die Auszahlung aus Inflation Spread Optionen ist idR die positive Differenz (Spread) zwischen zwei Inflationsindizes, zB A und B wie in der untenstehenden Formel. Eine typische Pay-Off Struktur für den Optionskäufer sieht folgendermaßen aus:

$$max\{[(index\ A(T_i) - index\ A(T_{i-1})) - (index\ B(T_i) - indexB(T_{i-1}))],\ 0\} - Optionspreis$$

Diese Produkte eignen sich vor allem als ein Hedge für lokale Benchmark Indizes in Ländern, wo den Investoren (bspw Pensionskassen) keine lokalen inflationsgeschützten Anleihen angeboten werden. Inflation Spread Optionen erlauben Anleger auch eine Investition in die Entwicklung der Spreadvolatilität, unabhängig von der antizipierten Richtung der Spreadentwicklung.

III. Limited Price Index (LPI) Swaps

Der Limited Preis Index (LPI) ist ein britischer Inflationsindex, der dafür benutzt wird, die typischen Auszahlungsstrukturen der britischen Pensionspläne zu definieren. LPIs haben üblicherweise jährliche Renditen, die gleich den entsprechenden jährlichen UK Inflationsraten sind, und die Struktur ist ergänzt um (dazugehörige) Caps und/oder Floors. Die häufigsten Strikewerte für Floor und Cap bei einer Collarstruktur betragen hierbei 0% und 5%.[6] Ein **periodischer LPI Swap** zahlt in bestimmten Zeitintervallen (bspw einmal jährlich) gemäß einem künstlich kreierten LPI Index, dessen Wert in T_i dem Wert eines echten Inflationsindexes (zB RPI) im Zeitpunkt T_i gleichgesetzt wird.

Der LPI kann dann (mit dem jeweils obengenannten Cap von 5% und Floor von 0%) wie folgt dargestellt werden:

$$LPI(T_i) = LPI(T_{i-1}) \times max\left(min\left(\frac{I(T_i)}{I(T_{i-1})}, 1.05^{T_i - T_{i-1}}\right), 1\right) \text{for i=1,...,N}$$

---

[6] Siehe zB Greenwood & Svoboda (2010), S. 4.

D. Beispiele von strukturierten Inflationsprodukten

13 Inflationsprodukte können auf verschiedene Art und Weise strukturiert werden. In diesem Teilkapitel wird eine kurze Auswahl vorgestellt, obwohl exotische Inflationsprodukte vor dem Hintergrund der Marktentwicklungen in den letzten Jahren im Gegensatz zu „Plain Vanilla"-Produkten an Relevanz eher verloren haben. Inflationsgebundene Aktienoptionen, inflationsgebundene CDS- oder CDO-Produkte gehören zu dieser Assetkategorie.

14 Bei inflationsabhängigen Verbindlichkeiten sinkt der Realwert des Portfolios, wenn der Benchmark Inflationsindex steigt. Mit einer **inflationsgebundenen Aktienoption** kann sichergestellt werden, dass das Aktienportfolio seinen Ausgangswert beibehält oder erhöht. Diese Optionen bieten dem Investor auch die Möglichkeit an, eine Position zur Korrelation zwischen der Inflationsentwicklung und der Entwicklung des Aktienmarktes zu nehmen.

Im Standardfall können sich Anleger in ein Aktienportfolio mit dem Kauf einer ATM Put Option gegen ungünstige Entwicklungen in Nominalwert des Portfolios schützen. Inflationsgebundene Aktienoptionen generieren den gleichen Effekt auf den Realwert des Portfolios. Das Auszahlungsprofil einer solchen Option resultiert in einem Realwert des Portfolios, der im Zeitpunkt T_i grösser/gleich ist als im Zeitpunkt T_{i-1} und dargestellt werden kann als eine Kombination des Nominalertrags des Aktienportfolios, $\frac{S(T_i)}{S(T_{i-1})} - 1$, und einer Spreadoption, welche die (positive) Differenz zwischen der Inflation (I) und dem Aktienertrag auszahlt:

$$S(T_i) + S(T_{i-1}) \times \max\left(\left(\frac{I(T_i)}{I(T_{i-1})} - 1\right) - \left(\frac{S(T_i)}{S(T_{i-1})} - 1\right), 0\right) - \text{Optionspreis}$$

15 Bei einem gewöhnlichen **inflationsgekoppeltem CDS** bezahlt der Käufer einen realen statt eines fixen Spread und die Ausfallzahlung ist die gleiche wie bei einem handelsüblichen CDS. Diese Struktur, wie auch **inflationsgekoppelte CDO**, erlaubt dem Anleger das Eingehen einer gehebelten Position hinsichtlich der Korrelationsentwicklung zwischen der Kreditwürdigkeit eines bestimmten Underlyings und der Inflationsentwicklung. Bei einem inflationsgekoppelten CDO werden die Zahlungsströme für die einzelnen Tranchen des Portfoliopools als Produkt des jeweiligen fixen, vom Risikogehalt der einzelnen Tranche abhängigen Spreads und des Wertes des Inflationsindex berechnet.

E. Ausblick

16 Auf der Hedging Seite haben Inflationsprodukte mittlerweile eine hohe Relevanz erreicht. Investoren haben eine Vielfalt von Produkten zur Verfügung, um ihr Inflationsrisiko abzusichern: Die wesentlichen Bausteine sind klassische Break-Even Swaps in verschiedenen Ausprägungen sowie optionsbasierte Strategien, die im aktuellen Marktumfeld (Winter 2011) interessante Möglichkeiten anbieten, und die durch die Kombination von liquiden Plain Vanilla-Produkten den Aufbau von maßgeschneiderten Risiko-/Rendite-Profilen in der Assetklasse Inflation ermöglichen. Sowohl auf der Liability- als auch auf der Assetseite gehören Inflationsprodukte mittlerweile zum bekannten Instrumentarium. In den letzten Jahren haben eine Reihe von europäischen Pensionsfonds (ATP, ABP, DSM etc.) und Versicherungsgesellschaften ihre Portfolios um Inflationsprodukte ergänzt, was die steigende Relevanz dieser Produktklasse reflektiert. Beachtenswert ist auch ein zunehmendes Interesse der Anleger an Inflationswaps, das das an inflationsgebundenen Anleihen tendenziell übersteigt, da Anleihen vergleichsweise weniger Freiraum für die Bildung von Kapitalrücklagen und für maßgeschneiderte Asset Allokationsentscheidungen anbieten.

17 Auf der Anlageseite haben inflationsgekoppelte Anleihen zwischen 1991 und 2010 relativ gut abgeschnitten. So erzielte der EUR **Inflation-linked Bond Total Return Index** eine an-

nualisierte Durchschnittsrendite von 3% mit einer durchschnittlichen annualisierten Standardabweichung von 4%. Der EUR HICPxT hat im gleichen Zeitraum eine annualisierte Durschnittsrendite von 2,1% bei einer Standardabweichung von 1% erwirtschaftet. Dies wurde erreicht in einem Umfeld, das historisch gesehen von relativ niedrigen Inflationsraten geprägt war.

Im heutigen Marktumfeld, wo geld- und fiskalpolitische Maßnahmen von Zentralbanken und Regierungen potenziell erhebliche Implikationen für zukünftige Teuerungsraten nach sich ziehen könnten, ist das Thema Inflation von zunehmender Bedeutung, sowohl auf der Anlageseite und insbesondere auch im ALM Kontext auf der Derivateseite, so dass weiteres Wachstum und eine Vertiefung dieses Marktes zu erwarten sind.

§ 5 Wirtschaftlicher Hintergrund und Formen von Zertifikaten

Literatur: *Eck/Riechert*, „Professionelles Eurex Trading – Grundlagen, Strategien und Chancen mit Optionen und Futures, 3. Auflage 2006.

A. Einleitung 1	2. Knock-Out Optionsscheine 21
I. Begriffserklärung und Marktüberblick... 1	II. Anlageprodukte 22
II. Zertifikate aus Sicht der beteiligten Parteien 6	1. Kein Kapitalschutz (Discount-Zertifikate) 22
1. Zertifikate aus Sicht der Investoren ... 6	2. Teilweiser Kapitalschutz 25
2. Zertifikate aus Sicht der Vertriebe 7	a) Bonus Zertifikate 26
3. Zertifikate aus Sicht der Emittenten .. 8	b) Express Zertifikate 28
III. Besondere Merkmale von Zertifikaten 10	3. Voller Kapitalschutz 30
1. Große Auswahl an Basiswerten 11	C. Zertifikate – Kreditrisiko und Rating 32
2. Produkte für jede Risikoneigung und Marktbewegung 12	I. CDS und Spreads 32
3. Emission und Handelbarkeit 13	II. Besicherte Zertifikate 41
4. Vorteile gegenüber Fonds 17	III. Zertifikateratings 44
B. Ausgewählte Zertifikate-Typen 19	1. Feri Zertifikaterating 46
I. Hebelprodukte 20	2. Scope Analysis 49
1. Klassische Optionsscheine 20	D. Ausblick 51

A. Einleitung

I. Begriffserklärung und Marktüberblick

1 Bei Zertifikaten handelt es sich um strukturierte Schuldverschreibungen, die von Banken emittiert werden. Da der Begriff Zertifikat rechtlich nicht definiert ist, kann er als Marketing Bezeichnung angesehen werden. Der Investor gibt der Bank als Emittentin für die Laufzeit des Produktes ein Darlehen. Damit wird das Geschäft mit Zertifikaten für die Bank bilanzwirksam. Die Art und Weise der Kapitalrückzahlung wird in einem Verkaufsprospekt bzw in den Zertifikatsbedingungen geregelt. Zum einen hängt die Rückzahlung damit von der Zahlungsfähigkeit des Emittenten ab. Zum anderen lassen sich die Auszahlungsprofile von Zertifikaten an eine Vielzahl von Bedingungen, Märkten und Basiswerten knüpfen. Hiermit wird es besonders Privatanlegern ermöglicht, in Marktsegmenten bzw Finanzpositionen zu handeln, die ihnen sonst verschlossen bliebe. Dazu zählen der Verkauf von Call oder Put Optionen, Zugangsprodukte zu Emerging Markets und der kleinteilige Einstieg in Hedge Fonds.

2 Man unterscheidet grundsätzlich zwischen **Hebelprodukten** und **Anlageprodukten**. Bei Hebelprodukten wird im Vergleich zum Direktinvestment in den Basiswert ein geringerer Kapitaleinsatz benötigt, was eine Hebelwirkung zur Folge hat. Hebelprodukte richten sich an handelsorientierte Investoren, die kurzfristige Marktbewegungen ausnutzen und die Produkte oftmals in kurzen Abständen kaufen und verkaufen. Hierzu zählen Optionsscheine (Warrants), Turbos und Mini-Futures. Die ersten Produkte dieser Art wurden in Deutschland bereits vor über 20 Jahren angeboten. Citigroup etablierte sich mit der Auflage eines Call-Optionsscheins auf den USD zur Deutschen Mark im Jahre 1989 als einer der Pioniere des Optionsscheingeschäfts. Bei Anlageprodukten fällt das Verlustrisiko per Laufzeitende verglichen mit dem Basiswert gleich hoch oder geringer aus. Sie richten sich an Investoren mit längerem Anlagehorizont, wobei die Produkte oftmals bis zum Laufzeitende gehalten werden. Anlageprodukte umfassen Discount, Bonus und Kapitalschutz Zertifikate. Sie wurden erst einige Jahre nach den Hebelprodukten eingeführt.

3 Das Volumen an ausstehenden Zertifikaten ist in den letzten Jahren rasant angestiegen. Standen per 2004 „erst" ca. 48 Mrd. EUR an Zertifikaten aus, erhöhte sich das Volumen bis zum Jahr 2007 auf knapp 140 Mrd. EUR.[1] Erst die Finanzkrise, der Preisverfall fast aller Anlageklassen und die Insolvenz eines Emittenten führten zu einem Absinken des Volumens. Per Dezember 2011 wird das Gesamtmarktvolumen an ausstehenden Zertifikaten in Deutschland auf 100 Mrd. EUR geschätzt, wobei das Volumen seit Ende 2009 relativ stabil geblieben ist. Die Aufteilung in Produkttypen bei Anlageprodukten zeigt dabei folgende Verteilung: Strukturierte Anleihen 47% (inklusive Zinsprodukten), Kapitalschutz Zertifikate 21 %, Express 7 %, Discount 7%, Bonus 4 % und Index 5 %. Aktienanleihen haben aufgrund der Steueränderungen für Kapitaleinkünfte eine Renaissance erlebt und weisen derzeit ca. 5% Marktanteil auf. 45 % des Volumens basiert auf den Basiswerten Aktien und Indizes, gefolgt von Zinsen mit 52 %, Rohstoffen, Fonds und Währungen.

Zu den Emittenten von Zertifikaten zählen heimische Banken wie Commerzbank und DZ Bank, internationale Investmentbanken wie UBS und Citi, sowie Landesbanken. Aufgrund des bis Ende 2007 stark wachsenden und vermeintlich lukrativen Marktes erhöhte sich die Zahl an Emittenten sprunghaft. Inzwischen bereinigt sich der Markt – dies liegt an dem von einigen Banken unterschätzten Aufwand und den verbundenen Handelsrisiken, Fusionen und Zwangsübernahmen sowie dem Abbau von Handelsgeschäften, insbesondere bei Landesbanken. Derzeit vertreiben ca. 30 inländische und ausländische Banken aktiv Zertifikate auf dem deutschen Markt.

II. Zertifikate aus Sicht der beteiligten Parteien

1. Zertifikate aus Sicht der Investoren

Zu den Investoren für Hebelprodukte zählen fast ausschließlich Privatanleger. Da Hebelprodukte aufgrund ihrer spekulativen Natur und der oftmals kurzen Haltedauer nicht im Vertriebsgeschäft der Banken eingesetzt werden, sind hierbei verstärkt sog. Selbstentscheider aktiv. Diese gehen Handelspositionen selbstständig und auf eigene Rechnung ein. Eine Vielzahl der Anwender betreibt den Handel semi-professionell oder professionell. Anlagezertifikate hingegen werden sowohl von privaten wie auch institutionellen Investoren eingesetzt. Sie eignen sich als Beimischung und Diversifizierung von Anlageportfolien.

2. Zertifikate aus Sicht der Vertriebe

Zertifikate haben sich in nur wenigen Jahren als fester Bestandteil des Vertriebsgeschäftes von Banken und Sparkassen etabliert. Dabei treten die wenigsten Banken selbst als Emittent auf; sie vereinnahmen über den Verkauf von Zertifikaten lediglich eine **Vertriebsprovision**. Diese kann je nach Produkt und Laufzeit zwischen 0,5 % bis 5 % betragen und teilt sich in **Upfront** (Differenz zwischen Einkaufspreis unter pari und pari) und/oder **Ausgabeaufschlag** (Differenz zwischen pari und Verkaufspreis über pari) auf. Provisionen werden gemäß MiFID[2] in den Verkaufsunterlagen ausgewiesen. Zu den am flächendeckendsten aufgestellten Vertrieben zählen Sparkassen und Volksbanken. Besonders kleinere Institute bedienen sich oftmals der verbundinternen Produktauswahl, sprich der von Landesbanken und DZ Bank. Größere oder weniger politisch gebundene Institute arbeiten oftmals aktiv mit externen Emittenten zusammen. Daneben sind Großbanken, Privatbanken, Family Offices und Haftungsdächern angeschlossene unabhängige Vermögensverwalter im Vertrieb von Zertifikaten aktiv.

---

1 Quelle: Deutscher Derivate Verband, Stand per Dezember 2011.
2 Die „Markets in Financial Instruments Directive" der EU hat erhöhte Transparenz für Finanzmarktteilnehmer und die Stärkung des grenzüberschreitenden Wettbewerbs zum Ziel. Aus Sicht der Anleger sind insbesondere die Wohlverhaltensregeln von Interesse. Kernpunkte sind eine verbesserte Offenlegung der Kosten und die ausführliche Überprüfung von Wertpapiergeschäften auf ihre Eignung für den Anleger. Eingeführt wurde die Richtlinie im November 2007.

3. Zertifikate aus Sicht der Emittenten

8 Die Emission von Zertifikaten bedarf einer aufwendigen technischen Plattform für das Management der Marktrisiken und das Stellen eines liquiden Sekundärmarktes. Die direkt oder indirekt involvierten Abteilungen umfassen Handel, Risikomanagement, Marketing/Sales, Strukturierung, Abwicklung, Compliance, Recht und Steuern. Emittenten verkaufen die Produkte mit einem Aufschlag zum fairen Wert an ihre Vertriebspartner. Mit diesem Aufschlag müssen die o.g. Abteilungen finanziert sowie das Marktrisiko des Produktes während seiner Laufzeit verwaltet werden. Durch eingebundene Finanzderivate gehen Emittenten oftmals ein nicht unerhebliches Handelsrisiko ein, welches sich in einer Vielzahl der Fälle (besonders bei exotischen Optionen) niemals komplett absichern läßt. Da aufgrund des starken Wettbewerbs der letzten Jahre die Margen sukzessive gesunken sind, rechnet sich das Geschäft mit Zertifikaten oftmals nur über hohes Volumen basierend auf einer großen Anzahl an Einzelemissionen.

9 Emittenten sehen das Geschäft mit Zertifikaten vermehrt als Finanzierungsquelle, weshalb bei einer Vielzahl von Anlageprodukten die Fundingspreads der Emittenten in die Produktausgestaltung einbezogen werden. Im Handelsgeschäft versierte Emittenten nehmen dabei die Risikopositionen der eingebundenen Derivate auf die eigenen Bücher. Im Sparkassensektor bedient man sich hierfür einer interessanten Konstruktion: Ein von der Landesbank aufgesetztes Special Purpose Vehicle emittiert Zertifikate, für welche die Sparkasse den Zerobond liefert. Um einen aufwendigen Produkteinführungsprozeß für Finanzderivate zu umgehen, steuert die Landesbank die Optionen bei. Damit führt der Zinsteil des Produktes für die Sparkasse zu einer Bilanzverlängerung. Die Handelsrisiken der Optionen verbleiben bei der Landesbank.

III. Besondere Merkmale von Zertifikaten

10 Es gibt diverse Gründe, weshalb sich Anlagezertifikate innerhalb nur weniger Jahre als nicht mehr wegzudenkende Produktkategorie in Deutschland etabliert haben.

1. Große Auswahl an Basiswerten

11 Die Auswahl an Basiswerten und Märkten, welche Zertifikaten zugrunde liegen, scheint lediglich durch die Innovationsfähigkeit der Emittenten begrenzt. Als Basiswerte werden Aktien, Zinsen, Währungen, Rohstoffe, Multi-Asset Strukturen, Kreditereignisse, Volatilität, Frachtraten und Fonds eingesetzt. Zertifikate werden auch als Zugangsprodukte für Emerging Markets genutzt.

2. Produkte für jede Risikoneigung und Marktbewegung

12 Zertifikate bieten Auswahl für jede Risikoneigung – vom kapitalgeschützten Produkt bis hin zu gehebelten Auszahlungsprofilen mit dem Risiko des Totalverlusts. Darüber hinaus können Investoren von jeder Marktentwicklung profitieren – von steigenden über stagnierende bis hin zu sinkenden Basiswerten.

3. Emission und Handelbarkeit

13 Im Zertifikategeschäft unterscheidet man zwischen **Primärmarkt** und **Sekundärmarkt**.

14 Der Primärmarkt bezeichnet die Vermarktungsphase bzw das Auflegen von Zertifikaten. Oftmals werden Zertifikate während der sog. **Zeichnungsfrist** zum öffentlichen Vertrieb angeboten. Dies setzt das Einreichen eines **Verkaufsprospektes** bei der BaFin voraus. Während dieser Phase, die idR zwischen einer und sechs Wochen dauert, können Retailinvestoren die Produkte ab einer Mindestgrösse von 100 EUR oder 1000 EUR über ihre Hausbank zeich-

A. Einleitung

nen. Viele Vertriebe bieten die Produkte während der Zeichnungsphase ihren Kunden aktiv und ohne Abnahmeverpflichtung an. Die Besonderheit an derartigen **Zeichnungsprodukten** liegt darin, dass die Ausstattung und der Preis von Beginn der Zeichnungsfrist an feststehen. Um sich vor möglichen Verlusten durch eine Änderung von Preiseinflußfaktoren wie Zinsen oder Volatilität zu schützen, behalten sich Emittenten die vorzeitige Schließung des Verkaufs vor. Oftmals wird ein Sicherungsmechanismus in den Verkaufsbedingungen vorgesehen, beispielsweise die mögliche Verringerung einer Partizipationsrate. Neben den o.g. Zeichnungsprodukten werden Zertifikate auch individuell und maßgeschneidert aufgelegt. Dies setzt ein gewisses Mindestvolumen voraus und beinhaltet eine Abnahmeverpflichtung seitens des Käufers. Wenn das Produkt von einem institutionellen Investor gekauft wird oder lediglich an einen begrenzten Anlegerkreis und ohne öffentliches Marketing angeboten wird, spricht man von einer **Privatplatzierung**. Ansonsten ist wie oben beschrieben ein Verkaufsprospekt zu erstellen.

Nach der Emission werden Zertifikate bis zu ihrer Rückzahlung im *Sekundärmarkt* gehandelt. Hierbei stellt der Emittent unter normalen Marktbedingungen An- und Verkaufskurse und schafft Liquidität. Gewisse Produktstrukturen sind über vordefinierte Auszahlungsprofile standardisiert handelbar. Nicht selten haben Emittenten mehrere zehntausend Zertifikate und Warrants gleichzeitig auf dem Markt. Dies funktioniert nur mit einer kostengünstigen Emissionsplattform und damit sehr geringen Kosten pro Emission. Zu diesen standardisierten Produkten zählen Discount und Bonus Zertifikate sowie Aktienanleihen. Diese werden direkt in den Sekundärmarkt aufgenommen, dh sie werden ohne Zeichnungsfrist und in der Regel ohne konkrete Nachfrage eines bestimmten Investors aufgelegt. Einige Emittenten versuchen so mit einer hohen Anzahl an handelbaren Produkten eine Vielzahl von Risikoneigungen abzudecken um möglichst viel Marktanteil zu gewinnen. Falls einige Produkte nicht nachgefragt werden, können sie auf Basis der Prospektbedingungen eingestellt werden.

Der Handel von Zertifikaten im Sekundärmarkt findet entweder über Börsen oder außerbörslich statt. Die in Deutschland etablierten Börsen für Zertifikategeschäft sind die Stuttgarter **Euwax** und das in Frankfurt ansässige **Scoach**. Vor bereits 10 Jahren begann die Euwax das Geschäft in Zertifikaten und verfügt damit über höhere Handelsvolumina als das erst seit 2007 existierende Scoach. Die Börsen können direkt mit den Emittenten handeln und stellen über das Management eigener Positionen zusätzliche Liquidität bereit. Geschätzte 2/3 des Handelsvolumens in Zertifikaten findet außerhalb der Börsen und damit direkt zwischen dem Emittenten und den Handelspartnern statt.

4. Vorteile gegenüber Fonds

Die Emission von Zertifikaten ist gegenüber dem Aufsetzen von Fonds weniger zeitintensiv, preiswerter und mit weitaus weniger Mindestvolumen verbunden. Während sich die meisten Fondsprodukte aufgrund der Verwaltungsgebühren erst ab 20 Mio. EUR rechnen, können Zertifikate ab Stückgrößen von teilweise unter 100,000 EUR emittiert werden.

Aufgrund des großen Erfolges der Zertifikateindustrie und des damit verbundenen, stark ansteigenden Investitionsvolumens ergaben sich Interessenskonflikte mit der Fondsindustrie, die auch auf politischem Terrain ausgetragen wurden. Interessanterweise lösten sich über die Zeit die Grenzen zwischen Fonds und Zertifikaten durch die in der Praxis eingesetzten Produkte mehr und mehr auf. So setzten Kapitalanlagegesellschaften Zertifikate in „Zertifikate Fonds" ein, die mit aktiven Mandaten in verschiedenste Arten und Themen von Zertifikaten investierten und an Retailkunden vermarktet wurden. Banken, die sonst nur als Emittenten von Zertifikaten aufgetreten waren, bedienten sich Fondsplattformen um Auszahlungsprofile von bspw Bonus oder Express Zertifikaten aus steuerlichen Gründen in Form von Fonds anzubieten. Eine Fondsgesellschaft begann vor einigen Jahren, mit Unterstützung eines Emittenten als Absicherungspartner selbst Zertifikate anzubieten, hat aber das Geschäft inzwischen eingestellt.

B. Ausgewählte Zertifikate-Typen

19 Zertifikate bestehen aus der Kombination von verschiedenen Finanzbausteinen. Durch „Financial Engineering" werden einfache Produkte wie Zerobonds mit derivativen Komponenten verbunden. Letztere beinhalten Optionen wie **Calls** und **Puts** sowie exotische Optionen wie Barriere Optionen. Im Jahr 2007, als das Zertifikatevolumen seinen bisherigen Höhepunkt erreichte, existierten ca. 160 verschiedene Arten bzw Auszahlungsprofile von Hebel- und Anlageprodukten. Diese waren teilweise derart komplex, dass sie Investoren, Vertrieb und Handel gleichermaßen überforderten. Inzwischen hat sich die Auswahl deutlich gelichtet. Im Folgenden wird eine Auswahl der beliebtesten Auszahlungsprofile gegeben.

I. Hebelprodukte

1. Klassische Optionsscheine

20 **Optionsscheine** oder **Warrants** sind verbriefte Optionen. Die Besonderheit von Optionen liegt in der Hebelwirkung, die durch einen geringeren Kapitaleinsatz im Vergleich zu einem Direktinvestment erreicht wird. Damit können Investoren von Kursbewegungen des Basiswerts überproportional profitieren. Ein Call Optionsschein verbrieft das Recht, den Basiswert (bspw eine Aktie oder einen Index) zu einem vorab definierten Basispreis während der Laufzeit (amerikanische Variante) oder zu einem bestimmten Zeitpunkt (europäische Variante) zu kaufen. Ein Put Optionsschein verbrieft das Recht, den Basiswert (bspw eine Aktie oder einen Index) zu einem vorab definierten Basispreis zu verkaufen. Parameter, welche den Preis eines Optionsscheins bestimmen umfassen den Basispreis, den aktuellen Kurs des Basiswerts, die Laufzeit, den für die Laufzeit geltenden Zinssatz sowie die implizite Volatilität. Der Preis, auch Optionsprämie genannt, setzt sich aus dem Zeitwert und dem inneren Wert zusammen. Kostet ein Call Optionsschein bei einem Basispreis von 100 EUR und einem Kurs des Basiswerts von 120 EUR bspw 30 EUR, so beträgt der innere Wert 20 EUR (Differenz zwischen aktuellem Kurs des Basiswerts und dem Basispreis) und der Zeitwert 10 EUR. Den Zeitwert bezahlt der Optionskäufer für die Chance, dass der Optionsschein bis zur Fälligkeit weiter an innerem Wert gewinnt. Durch den inneren Wert ist der Call mit 20 EUR „im Geld". Entspricht der Basispreis dem aktuellen Kurs des Basiswerts, spricht man von einem „am Geld" liegenden Call. Andernfalls liegt der Call „aus dem Geld".

2. Knock-Out Optionsscheine

21 Optionsscheine mit **Knock-Out** weisen im Gegensatz zu klassischen Optionsscheinen keinen oder einen nur sehr geringen Einfluss der Volatilität des Basiswerts auf. Dies wird durch das Einbauen einer sog. Knock-Out Schwelle erreicht. Hierfür zahlt der Käufer statt der impliziten Volatilität einen Aufschlag. Wird die Schwelle während der Laufzeit des Produktes berührt, kommt es zu einer automatischen Ausübung oder es wird vom Emittenten – zum steuerlichen Vorteil des Investors – zum geringst möglichen Preis zurückgekauft. Aufgrund ihrer hohen Hebelwirkung werden Knock-Out Optionsscheine oftmals als „Turbo Optionsscheine" oder kurz „Turbos" bezeichnet.

II. Anlageprodukte

1. Kein Kapitalschutz (Discount-Zertifikate)

Zertifikate ohne Kapitalschutz eignen sich für risikobereite Investoren. Sollte im Extremfall der Basiswert auf Null absinken, besteht das Risiko des Kapitalverlusts.

Im Vergleich zum Direktinvestment in eine Aktie oder einen Index erfolgt der Einstieg bei einem **Discount Zertifikat** zu einem Abschlag. Dieser Abschlag sorgt besonders bei stagnierenden oder fallenden Märkten für eine Outperformance des Zertifikates gegenüber dem Basiswert. Discount Zertifikate bestehen aus Sicht des Investors aus der Aktie und einem verkauften Call mit einem Basispreis (Cap), der in der Regel in der Nähe des aktuellen Aktienkurses liegt. Die Einnahme der Prämie des verkauften Calls sorgt für den Discount. Steigt die Aktien bis zum Laufzeitende bis zum Cap oder über den Cap an, wird der Maximalbetrag ausgezahlt. Die Partizipation an steigenden Kursen ist damit durch den Cap begrenzt.

Beispiel: Discount Zertifikat auf Daimler

Kurs Aktie 32 EUR
Laufzeit 1 Jahr
Cap 32 EUR
Preis Zertifikat 27,20 EUR

Der Investor investiert zu einem Abschlag von (32 – 27,20=) 4,80 EUR. Sollte die Aktie am Laufzeitende über 32 EUR notieren, wird der Cap als Maximalbetrag in Höhe von 32 EUR ausgezahlt. Sollte Daimler niedriger notieren, profitiert der Investor vom „Sicherheitspuffer" in Höhe des Discounts.

2. Teilweiser Kapitalschutz

Bei Zertifikaten mit teilweisem Kapitalschutz wird das eingesetzte Kapital zu 100 % zurückgezahlt, sofern eine vorab definierte Kursschwelle des Basiswerts nicht berührt wird. Hierbei werden Barriere Optionen eingesetzt, die bei Erreichen der Barriere entweder wertlos verfallen oder zu existieren beginnen.

a) Bonus Zertifikate

Mit einem **Bonus Zertifikat** kann der Investor von steigenden Kursen des Basiswerts ohne Begrenzung profitieren. Zusätzlich ist eine Teilabsicherung eingebaut, die zur Mindestzahlung eines Bonusbetrages führt, soweit der Basiswert während der Laufzeit des Zertifikates nicht unter einer vorab definierten Kursschwelle (Barriere) notiert.

Beispiel: Bonus Zertifikat auf Deutsche Telekom

Kurs Aktie 9 EUR
Laufzeit 1 Jahr
Barriere 7 EUR
Bonus Betrag 11,50 EUR
Preis Zertifikat 9,70 EUR

Sollte die Aktie während der Laufzeit ständig über 7 EUR notieren, erhält der Investor mindestens 11,50 EUR zurück oder mehr wenn die Aktie bei Fälligkeit höher notiert. Sollte die Barriere berührt werden, erfolgt die Rückzahlung zum Aktienkurs bei Fälligkeit.

b) Express Zertifikate

28 Express Zertifikate eignen sich für Investoren, die mit stagnierenden oder leicht steigenden Märkten rechnen. Sie spekulieren darauf, dass ein Index zu festgelegten Beobachtungsterminen auf oder oberhalb einer Beobachtungsschwelle notiert. In diesem Fall wird das Zertifikat mitsamt einem Kupon vorzeitig zurückgezahlt. In der Regel erhöht sich dieser Kupon, je länger das Produkt läuft. Wenn der Index während der Laufzeit eine festgelegte Barriere nicht berührt, ist die Rückzahlung des Kapitals zu 100 % gesichert.

29 **Beispiel: Bonus Zertifikat auf DJ EuroStoxx 50 Index**

Emissionskurs 100 %

Laufzeit 5 Jahre

Beobachtungsschwelle 100 %

Barriere 70 %

Express-Kupons von 10 % im ersten Jahr bis 50 % im letzten Jahr

Wenn der Index nach einem Jahr bei 90 % seines Ausgangsniveaus notiert, läuft das Zertifikat mindestens ein Jahr weiter. Die Beobachtung wird im zweiten Jahr wiederholt. Sollte der Index dann auf oder über 100 % seines Ausgangsniveaus notieren, wird das Zertifikat vorzeitig zurückgezahlt. Die Rückzahlung umfaßt das ursprünglich eingesetzte Kapital von 100 % zuzüglich eines Kupons von 20 %. Der Kupon berechnet sich aus 2 Jahren Laufzeit x 10 % pro Jahr.

Nur im Falle, dass der Index während der Laufzeit unter die Barriere von 70 % gefallen ist und der Index am Laufzeitende nach 5 Jahren unter 100 % notiert, erleidet der Investor einen Kapitalverlust. Dieser entspricht der negativen Performance des Index seit Auflage des Zertifikats.

3. Voller Kapitalschutz

30 Zertifikate mit vollem Kapitalschutz eignen sich für sicherheitsorientierte Anleger. Hierbei erhalten Investoren am Laufzeitende mindestens ihr ursprünglich eingesetztes Kapital oder einen vorab definierten Auszahlungsbetrag zurück. In der Praxis wird hierfür auch oft der Begriff „Garantie-Zertifikat" verwendet, was jedoch faktisch falsch ist, soweit keine externe Bankgarantie mit dem Zertifikat verbunden ist. Bei *statischen Kapitalschutzprodukten* werden Zinsprodukte mit Optionen kombiniert. In der Regel sind dies Zerobonds, die sich bis zum Laufzeitende auf 100 % aufzinsen und damit das eingesetzte Kapital erhalten. Die bei Emission verwendete Aufteilung beider Komponenten wird während der Laufzeit nicht mehr verändert. Im Gegensatz dazu stehen *dynamisch gemanagte Kapitalschutzprodukte* (CPPI),[3] die aus einem sicheren Zinsanteil und einem risikoreichen Teil, bspw einem Aktienportfolio bestehen. Hierbei wird – je nach Marktveränderung – während der Laufzeit zwischen beiden Teilen umgeschichtet, um am Laufzeitende mindestens den Kapitalschutz zu gewährleisten.

---

[3] Constant Proportion Portfolio Insurance.

Statisches Kapitalschutz Zertifikat auf DJ EuroStoxx 50 Index   31

Emissionskurs 100 %

Laufzeit 5 Jahre

Kapitalschutz 100 %

Partizipation am Index 100 %

Ausgangsniveau des Index 100 %

Angenommen der Index ist nach 5 Jahren um 80 % gestiegen, so erhält der Investor 180 % seines Kapitals. Sollte der Index am Laufzeitende unter dem Ausgangsniveau notieren, werden 100 % des ursprünglich eingesetzten Kapitals zurückgezahlt.

C. Zertifikate – Kreditrisiko und Rating

I. CDS und Spreads

Da Zertifikate Schuldverschreibungen sind, tragen die Investoren das Kreditrisiko des Emittenten. **Kreditrisiko** bezeichnet das Risiko, dass der Kontraktpartner einer Finanztransaktion nicht in der Lage ist oder nicht willens ist, die vertraglichen Verpflichtungen ganz oder teilweise zu erfüllen. Derartige „Credit Events" oder ein „Default" führen damit zu finanziellem Schaden auf Seiten des Gläubigers. Die **Bonität** oder Kreditwürdigkeit eines Schuldners bestimmt die Ausfallwahrscheinlichkeit bzw die Höhe eines möglichen Ausfalls. Je geringer die vom Markt eingeschätzte Bonität einer Bank, desto höher der zu zahlende Risikoaufschlag (Fundingspread). In Extremfällen kann es zum Ausfall des Emittenten kommen, womit der gesamten Anlagebetrag oder ein Großteil verloren geht. **Credit Default Swaps** (CDS) sind Kreditderivate mit denen sich Marktteilnehmer gegen den Ausfall einer bestimmten Verbindlichkeit oder eines Schuldners versichern können. Der vom Sicherungsnehmer über die Gesamtlaufzeit des Kontrakts gezahlte Gebührenbetrag wird als CDS-Spread bezeichnet und in Basispunkten oder als Prozentsatz des Nennbetrags ausgedrückt. In der Regel gilt: je höher der **CDS-Spread**, desto höher das potenzielle Ausfallrisiko.   32

Als **Funding** werden die Kosten bezeichnet, zu denen sich eine Bank refinanziert. Wenn eine Bankschuldverschreibung begeben wird, könnte der **Fundingspread** beispielsweise bei „Euribor + 100 Basispunkten p.a." liegen. Zu diesem Kreditzinssatz kann eine Bank Gelder am Kapitalmarkt aufnehmen. Der Fundingspread, also die Höhe der **Fundingkosten**, bestimmt sich durch Einflußfaktoren wie Rating, Bilanzstärke und Liquiditätssituation sowie die Wettbewerbslage. Der Fundingspread wird im sog. „Funding Grid" von der Treasury Abteilung der Banken für diverse Laufzeiten und Volumina festgesetzt. Dabei kann es je nach Kapitalstruktur, Geschäftszweck und rechtlicher Ausgestaltung zu Abweichungen zwischen verschiedenen bankinternen Emittenten und Emissionsprogrammen. So wird eine **Benchmark-Emission**, die ein einfaches Auszahlungsprofil wie das einer Festzinsanleihe aufweist mit höheren Spreads versehen sein als die Emissionen eines Retailproduktes. Dies liegt am höheren Volumen für Benchmark-Emissionen, an der mit Retailemissionen verbundenen Komplexität und höheren Kostenstruktur.   33

Als Richtgröße für die Einschätzung des Fundingspreads, der auf Anleihen eines bestimmten Emittenten gezahlt werden sollte, sehen Marktteilnehmer „von außen" oftmals den laufzeitadäquaten CDS Spread.[4] Bei einem CDS Spread von +500 für 5 Jahre Laufzeit und einer Anleihe mit einem Fundingspread von +300 über dem risikolosen Zins würde der Schuldner seine Gläubiger demnach nicht adäquat für das übernommene Risiko kompensieren. Der Vergleich von CDS und Funding sollte in der Praxis allerdings lediglich als Annäherung ver-   34

---

[4] CDS Spreads werden von Datenanbietern wie Bloomberg veröffentlicht.

standen werden, da Treasury Abteilungen nicht immer gleichermaßen bei der Ausgabe von Wertpapiere bezahlen müssen oder können.

35 Funding spielte im Zertifikategeschäft bis Anfang 2007 keine oder nur eine untergeordnete Rolle. Dies änderte sich schlagartig durch den Ausbruch der Finanzkrise und besonders mit der Insolvenz der Investmentbank Lehman. CDS Spreads für Banken stiegen stark an – in einigen Fällen verzehnfachte sich der Preis für die Versicherung gegen das Ausfallrisiko von Emittenten. Anleihen aller Art – von Retailemissionen über Corporates bishin zu Staatsanleihen – wurden im Sekundärmarkt mit teilweise hohen Risikoabschlägen gehandelt. Stark sinkende Preise traten besonders bei längerlaufenden Produkten auf, die mit hohem Zinsanteil ausgestattet waren. Neben der Ausweitung dieser **Sekundärmarktspreads**[5] durch die Risikoeinschätzung der Marktteilnehmer verringerten Emittenten zum Hochpunkt der Krise die Ankaufskurse für eigene Anleihen (Corporate und Retail) noch weiter. Sie waren gezwungen, Ankaufskurse möglichst unattraktiv zu gestalten, um stärkeren Abfluß von Liquidität zu vermeiden.

36 Das untenstehende Beispiel zeigt den Einfluß eines veränderten Sekundärmarktspreads auf eine kapitalgeschützte Index-Anleihe fünfjähriger Restlaufzeit. Ohne Risikoaufschlag (Spread) ist die Anleihe basierend auf aktueller Zinskurve und Preis für die Indexoption 100 % wert. Durch die Ausweitung des Spreads von 0 % auf 4 % p.a. verringert sich der Anleihepreis c.p. um knapp 19 % auf 81,23 %.

37

Laufzeit	Zins	Zerobond	Spread 4%	
1	1,09%	98,92%	3,96%	
2	1,70%	96,68%	3,87%	
3	2,18%	93,74%	3,75%	
4	2,52%	90,52%	3,62%	
5	2,79%	87,16%	3,49%	
			18,68%	
Ohne Spread			**Mit Spread**	
Zerobond	87,16%		Zerobond	87,16%
Spread	0,00%		Spread	18,68%
Summe	**87,16%**		**Summe**	**68,48%**
Option	12,84%		Option	12,84%
Fairer Wert	**100,00%**		**Fairer Wert**	**81,32%**

Kursveränderung einer Anleihe mit und ohne Sekundärmarktspread

38 Banken nutzen Fundingspreads bei der Strukturierung von Zertifikaten nun aktiv, um die Produkte dem Emittentenrisiko angemessen zu gestalten und auch um sich vom Wettbewerb abzuheben. Je höher der Fundingspread, desto höher die mögliche Rendite. Dies zeigt sich bspw in höheren Fixkupons oder attraktiveren Partizipationsraten von Optionen.

39 Als Beispiel wird eine kapitalgeschützte Anleihe mit Anbindung an eine Index-Calloption dargestellt. Bei einer fünfjährigen Laufzeit ergibt sich ein Zinsanteil von 12,84 % (1 minus Zerobond 87,16 %). Die Option kostet 18 %. Ohne Funding kann eine Partizipation an der

---

5 Sekundärmarktspreads bezeichnen hier Risiko- und Bonitätsabschläge, die für am Markt gehandelte Anleihen auftreten. Man könnte ebenso von Credit Spreads im Sekundärmarkt sprechen. In diesem Zusammenhang ist nicht der Spread zwischen An- und Verkaufskursen gemeint.

Option von (12,84 % / 18 % =) 71,34 % dargestellt werden. Bezieht der Emittent hingegen einen Fundingspread von 1 % p.a. über 5 Jahre ein, ergibt dies einen zusätzlichen Zinsanteil von 4,67 %. Somit erhöht sich die Partizipation an der Option auf (17,51 % / 18 % =) 97,28 %.

Investoren, die bereit sind ein höheres Emittentenrisiko in Kauf zu nehmen, profitieren demnach von einem attraktiveren Produkt.

Laufzeit	Zins	Zerobond	Funding 1% p.a.
1	1,09%	98,92%	0,99%
2	1,70%	96,68%	0,97%
3	2,18%	93,74%	0,94%
4	2,52%	90,52%	0,91%
5	2,79%	87,16%	0,87%
			4,67%

Ohne Funding		Mit Funding	
1-Zerobond	12,84%	1-Zerobond	12,84%
Funding	0,00%	Funding	4,67%
Summe	**12,84%**	**Summe**	**17,51%**
Option	18,00%	Option	18,00%
Partizipation	71,34%	Partizipation	97,28%

Beispielrechung für Zerobond plus Call mit und ohne Funding

II. Besicherte Zertifikate

Die Finanzkrise führte zeitweise zu großer Verunsicherung der Anleger gegenüber Zertifikaten und sinkenden Absatzzahlen aufgrund der vermeintlich verschlechterten Bonität der Emittenten. Daher wurden verstärkt „sichere" Anlagen wie Staatspapiere nachgefragt. Einige Emittenten reagierten darauf und schufen eine Möglichkeit, das Emittentenrisiko bei Zertifikaten zum größten Teil auszuschalten. Bei diesen sogenannten besicherten Zertifikaten wird der Marktwert der Produkte (bestehend aus Komponenten wie Zerobond und Optionen) in einem Sicherungsportfolio vollständig mit „sicheren" Papieren wie Staatsanleihen unterlegt. Eine Anpassung des Sicherungsportfolios bezogen auf den Marktwert des Zertifikats erfolgt dabei in regelmäßigen Abständen.

Investoren sollten bei **besicherten Zertifikaten** folgendes beachten:

1. Kosten: Aufgrund der mit der Komplexität des Sicherungsmechanismus verbundenen Kosten und der derzeit niedrigen Renditen bei Staatsanleihen weisen besicherte Zertifikate eine geringere Rendite auf als herkömmliche Zertifikate.
2. Matching: der Sicherungsmechanismus setzt voraus, dass stets der gesamte Marktwert des Zertifikats mit Staatsanleihen hinterlegt wird. Hier stellt sich die Frage, in welcher Frequenz die Anpassung stattfindet, ob der Marktwert „fair" ermittelt wird und ob im Falle einer drohenden Insolvenz des Emittenten das Sicherungsportfolio weiterhin verläßlich angepäßt wird. Theoretisch könnte es zu einer Unterdeckung der Zertifikate kommen, wodurch Investoren bei Ausfall des Emittenten trotz Besicherung ein finanzieller Schaden entstünde.
3. Ausweitung der Credit Spreads von Staatsanleihen: sollten Marktteilnehmer die Solvenz des Staates in Frage stellen, könnten sich CDS Spreads auf Staatsanleihen erhöhen, was

zu sinkenden Kursen des Sicherungsportfolios führen würde. Damit könnte es zu einer Unterdeckung im Sicherungsportfolio kommen.
4. Ausfall des Staates: der Mechanismus setzt voraus, dass der Staat weiterhin zahlungsfähig bleibt.

43 Interessanterweise fristen besicherte Zertifikate trotz der immer noch verbreiteten Risikoscheu der Anleger derzeit ein Nischendasein.

III. Zertifikateratings

44 **Zertifikateratings** haben das Ziel, anhand einheitlicher Maßstäbe Produktqualität und Emittentenqualität transparent und damit vergleichbar zu machen. Somit sollen Anleger bei Investitionsentscheidungen unterstützt werden sowie Berater Hilfestellung bei der Prüfung und Auswahl von Zertifikaten erlangen. Die Faktoren, die in Ratings einbezogen werden sind quantitativer und qualitativer Natur. Firmen, welche Zertifikateratings anbieten, hoffen damit auf diverse Einnahmequellen, so zB durch Lizenzen für die Veröffentlichung der Ratings auf Internetportalen und zur Marketingunterstützung sowie Provisionen durch individuell angefragte Ratings für Neuemissionen.

45 Im Folgenden wird die Methodik zweier Ratingansätze dargestellt.

1. Feri Zertifikaterating[6]

46 Feri unterscheidet zwischen Produktqualität und Emittentenqualität, wobei diese Indikatoren im Verhältnis 70:30 in das Gesamtrating eines Zertifikats eingehen. Das Gesamtrating wird in den Klassen A „sehr gut" bis E „schwach" vorgenommen. Hierbei kommen drei Buchstaben zum Einsatz, zB „Bbc". Der erste Buchstabe bezeichnet dabei das Gesamtrating, der zweite Buchstabe die Produktqualität und der dritte Buchstabe die Emittentenqualität.

47 Das Rating umfaßt alle an der Euwax und Scoach gehandelten Discount-, Bonus-, Index- und Kapitalschutzzertifikate, die eine Mindestrestlaufzeit von 180 Tagen aufweisen. Da jedes Rating relativ zu anderen Produkten erfolgt wird eine Vergleichsgruppe definiert, welche mindestens 20 Zertifikate vom selben Typ (zB Discount) und selben Basiswert (zB Citi) umfaßt.

48 Die Messung der Produktqualität erfolgt über eine finanzmathematische Analyse der Wahrscheinlichkeit von Gewinn und Verlust des betreffenden Zertifikats. Hierbei werden Faktoren wie Maximalrendite, Erwartungswert der Rendite, Wahrscheinlichkeit der Outperformance gegenüber dem Basiswert, maximaler Verlust, Bid-Offer Spread und Value-at-Risk mit einbezogen. Die Analyse der Emittentenqualität beruht auf Faktoren wie Produkterfahrung, Kreditrisiko und Fairness im Handel.

2. Scope Analysis[7]

49 Scope unterscheidet zwischen den Kategorien „Strukturierte Produkte", so zB Discount-, Bonus- und Sprint-Zertifikate sowie „Nicht-strukturierte Produkte" wie Index-Zertifikate. Der Ratingansatz für Strukturierte Produkte beruht auf der Kalkulation des Chance-Risiko-Verhältnisses. Ferner wird die Handelsqualität in Betracht gezogen, wobei die Höhe und Schwankungsbreite des Bid-Offer Spreads abgedeckt werden. Die Bonität eines Emittenten fließt ebenfalls in das Rating ein.

50 Diese Parameter werden auf einer Skala von 1 bis 9 eingestuft und fließen mit variabler Gewichtung in das Rating ein. Die genaue Vorgehensweise bei den Gewichtungen wird von

---

6 Quelle: Feri Zertifikaterating.
7 Quelle: Scope Zertifikate.

Scope nicht offengelegt; es wird allerdings darauf hingewiesen, dass bei niedriger Bonität die Faktoren Chance-Risiko-Verhältnis und Handelsqualität relativ weniger gewichtet werden. Das Rating eines Zertifikats erfolgt über 5 Sterne „hervorragende Qualität" bis 1 Stern „schlechte Qualität". Zusätzlich wird eine Risikoklassifizierung von „sehr gering" bis „sehr hoch" veröffentlicht, die auf dem Verlustrisiko p.a., Value-at-Risk und der Bonität basiert.

D. Ausblick

51 Die Zertifikateindustrie steht aufgrund des hohen Wettbewerbs, der unsicheren Kapitalmarktlage und intensiveren rechtlichen Anforderungen vor großen Herausforderungen. Unbestritten ist, dass Zertifikate eine attraktive Alternative zu klassischen Investmentprodukten darstellen. Besonders gegenüber Fonds weisen sie diverse Vorteile auf. Wie die Vergangenheit allerdings gezeigt hat, waren sich Investoren nicht immer über die Funktionsweise von Produkten bewusst, Vertriebe waren zu fokussiert auf Provisionen und Emittenten konzentrierten sich auf weitere Komplexität der Konstruktionen. Wie für andere Vertriebsprodukte auch bieten herausfordernde Rahmenbedingungen die Chance zur Besinnung auf das Wesentliche. Grundvoraussetzung für eine Fortführung der Erfolgsgeschichte von Zertifikaten ist, dass Investoren, Vertriebe und Emittenten gleichermaßen nachhaltig davon profitieren.

2. Teil: Vertragsrecht

§ 6 Der Deutsche Rahmenvertrag und das European Master Agreement

Literatur: *Baumbach/Hopt,* HGB, 32. Aufl. 2006, (Bearbeiter: *Hopt); Baur,* Investmentgesetze, 2. Aufl. 1997; *Beckmann/Scholz/Vollmer,* Investment – Ergänzbares Handbuch für das gesamte Investmentwesen (Loseblsml., Stand 2011); *Benzler,* Nettingvereinbarungen im außerbörslichen Derivatehandel, 1999; *Berger/Steck/Lübbehüsen,* InvG/InvStG, Kommentar, 2010; *Bosch,* Differenz- und Finanztermingeschäfte nach der Insolvenzordnung, Kölner Schrift zur Insolvenzordnung, S. 1009 ff; *Bosch,* Finanztermingeschäfte in der Insolvenz – Zum „Netting" im Insolvenzverfahren, WM 95, 365; 95, 413; *ders.,* The Proposed Euro Master Agreement, *Euredia,* 1999, S. 129; *Brinkhaus/ Scherer,* Gesetz über Kapitalanlagegesellschaften, Auslandsinvestmentgesetz, Kommentar, 2003; *Canaris,* Großkommentar zum HGB, Bankvertragsrecht, Bd. 3, 3. Teilbd, 3. Aufl., 1981; *Clouth,* Rechtsfragen der außerbörslichen Finanzderivate, München 2001; *Clouth/Vollmuth,* OTC-Derivategeschäfte, in: Vertrags- und Formularbuch zum Handels-, Gesellschafts- und Bankrecht, München 2007, S. 1322 ff; *Decker,* Zinssatz- und Währungsswaps unter rechtlichen Aspekten dargestellt anhand des Muster-Rahmenvertrags für Swapgeschäfte, WM 1990, 1001; *Ebenroth/Reiner,* Münchener Vertragshandbuch, Band 3/2, OTC-Derivate nach dem 1992 ISDA Multicurrency-Cross Border Master Agreement 1996; *Ebenroth/Benzler,* Close-out Netting nach der neuen Insolvenzordnung, ZvglRWiss (1996) 335–386; *Gillor,* Der Rahmenvertrag für Finanztermingeschäfte der Europäischen Bankenvereinigung, (EMA), 2006; *Gößmann/Hellner/Schröter/Steuer/Weber* (Hrsg.), Bankrecht und Bankpraxis, 81. Aufl. 2009 (zit.: *Hellner/Steuer); Gößmann/Schröter/Weber* (Hrsg.), Bankrecht und Bankpraxis, Köln 2006, Bearbeiter: *Neuhaus.Hartenfels,* Das European Master Agreement, in: Kapitalmarkt, Recht und Praxis, Gedächtnisschrift für Ulrich Bosch, S. 67 ff; *Jahn,* Außerbörsliche Finanztermingeschäfte (OTC-Derivate), Bankrechtshandbuch, § 114; Lastenouse, The European Master Agreement and its Derivatives Annex, (2004) JIBFL, 210; *Münchener Kommentar zum Bürgerlichen Gesetzbuch,* Bd. 2 Allgemeines Schuldrecht, 5. Aufl. 2007; *Palandt,* Bürgerliches Gesetzbuch, 71. Aufl. 2012; *Reiner,* Derivative Finanzinstrumente im Recht, 2002; *Schimansky/Bunte/Lwowski,* Bankrechtshandbuch, 3. Aufl. 2007; *Schneider,* Netting und internationales Insolvenzrecht, in: Kapitalmarkt-, Recht und Praxis, Gedächtnisschrift für Ulrich Bosch, S. 197; *Staudinger,* Kommentar zum Bürgerlichen Gesetzbuch – Recht der Schuldverhältnisse Buch II, 2011; *Wood,* English & International Set-off, 1989; *Wood,* Set-off and Netting, Derivatives, Clearing systems, 2. Aufl. 2007.

A. Dokumentation von OTC-Derivategeschäften auf der Grundlage von Rahmenverträgen	1
I. Gebräuchliche Muster-Rahmenverträge	1
II. Sinn der Verwendung von Rahmenverträgen	2
B. Der Deutsche Rahmenvertrag	6
I. Grundkonzeption und Funktionsweise	6
II. Rubrum	12
III. Zweck und Gegenstand des Vertrags	18
IV. Einzelabschlüsse	26
V. Leistungspflichten aufgrund der Einzelabschlüsse	28
VI. Zahlungsnetting	30
VII. Beendigung des Vertrags	34
VIII. Beendigung durch Kündigung	35
IX. Beendigung im Insolvenzfall	37
X. Übersicht über das Liquidationsnetting	41
XI. Auslegungsprobleme im Zusammenhang mit der vertraglichen Regelung des Liquidationsnetting	45
XII. Eingeschränkt zweiseitige Natur des Liquidationsnetting	51
XIII. Der DRV als Rahmenvertrag im Sinne des § 104 Abs. 2 S. 3 InsO	53
XIV. Aufrechnung mit Gegenansprüchen durch die ersatzberechtigte Partei	54
XV. Zustimmungsvorbehalt im Hinblick auf die Übertragung von Rechten und Pflichten	58
XVI. Nebenbestimmungen	60
XVII. Besondere Vereinbarungen	61
C. Besicherungsanhang	63
I. Uneingeschränkte Vollrechtsübertragung	65
II. Laufende Bestellung von Sicherheiten	70
III. Keine „Verwertung" der Sicherheiten	71
D. European Master Agreement (EMA)	76
I. Entstehung	76
II. Konzeption	79
III. Struktur	84
IV. Produktübergreifender Ansatz	89
V. Eignung für sämtliche EU Mitgliedsstaaten	90
VI. Einbeziehung von Marktstandarddokumentationen	91
VII. Künftige Bedeutung des EMA	93
E. Anhänge des Rahmenvertrages für Finanztermingeschäfte	94
I. Anhang über die vorzeitige Erfüllung durch Ausgleichszahlung	98
1. Kontextbezug des Anhangs	98
2. Konkrete Ausgestaltung des Anhangs	99

II. Anhang für Devisengeschäfte und
Optionen auf Devisengeschäfte 104
 1. Kontextbezug des Anhangs 104
 2. Konkrete Ausgestaltung des Anhangs 105
   a) Ziffer 1: Zweck und Gegenstand
      des Anhangs 105
   b) Ziffer 2: Begriffsbestimmungen.... 106
   c) Ziffer 3: Zahlungen 107
   d) Ziffer 4: Ausübung einer Option.. 108
   e) Ziffer 5: Inhalt einer Option 109
   f) Ziffer 6: Besondere Vereinba-
      rungen 110
III. Anhang für Optionsgeschäfte auf Börsenindizes oder Wertpapiere 111
 1. Kontextbezug des Anhangs 111
 2. Konkrete Ausgestaltung des Anhangs 112
   a) Ziffer 1: Zweck und Gegenstand
      des Anhangs 114
   b) Ziffer 2: Begriffsbestimmungen.... 115
   c) Ziffer 3: Optionsprämie 116
   d) Ziffer 4: Ausübung der Option.... 117
   e) Ziffer 5: Inhalt der Option 118
   f) Ziffer 6: Steuern und Abgaben.... 119
   g) Ziffer 7: Besondere Bestimmungen
      für Optionen auf Indizes 120
   h) Ziffer 8: Besondere Bestimmungen
      für Optionen auf Aktien 121
   i) Ziffer 9: Besondere Bestimmungen
      für Optionen auf Schuldverschrei-
      bungen 122
   j) Ziffer 10: Marktstörung 123
   k) Ziffer 11: Leistung bei Nichtliefe-
      rung 124
   l) Ziffer 12: Sonstige Vereinba-
      rungen 125
IV. Anhang für Deckungsgeschäfte 126
 1. Kontextbezug des Anhangs 126
 2. Konkrete Ausgestaltung des Anhangs 128
V. Anhang für Kapitalanlagegesellschaften
und Mantelvereinbarung für Finanzgeschäfte mit Kapitalanlagegesellschaften ... 134
 1. Einführung 134
 2. Die einzelnen Regelungen des KAG-
    Anhangs 138
   a) Vertragspartner 138
   b) Nr. 1 Abschlussfiktion 139
   c) Nr. 2 Verlust des Verwaltungs-
      rechts der KAG als wichtiger Been-
      digungsgrund 140
   d) Gegenansprüche der Bank nur
      gegenüber dem jeweiligen Sonder-
      vermögen 144
 3. Einzelne Regelungen der Mantelver-
    einbarung für Finanzgeschäfte mit
    Kapitalanlagegesellschaften 145
   a) Vertragspartner 145
   b) Nr. 1 Zweck und Gegenstand 146
   c) Nr. 2 Begriffsbestimmungen 147
   d) Nr. 3 Abschluss gesonderter
      Rahmenverträge 150
   e) Nr. 4 Einzelabschlüsse 151
   f) Nr. 5 Beendigung 152
   g) Nr. 6 Besicherung 153
   h) Nr. 7 Besondere Regelungen für
      Wertpapierdarlehen 154
   i) Nr. 8 Änderung der Anhänge 162
   j) Nr. 9 Verschiedenes 163

A. Dokumentation von OTC-Derivategeschäften auf der Grundlage von Rahmenverträgen

I. Gebräuchliche Muster-Rahmenverträge

1   In bilateralen vertraglichen Vereinbarungen[1] bestehende ausserbörsliche[2] Derivategeschäfte (sog. **OTC**[3]**-Derivategeschäfte**) werden schon seit etwa Mitte der 80er Jahre ganz überwiegend auf der Grundlage von **Rahmenverträgen** abgeschlossen. Das internationale Derivategeschäft wird vom **Master Agreement der International Swaps and Derivatives Association** oder ISDA (im Folgenden ISDA MA) und der zugehörigen Musterdokumentation beherrscht.[4] In den kontinentaleuropäischen Rechtsordnungen existieren nationale Muster-Rahmenverträge für die Dokumentation von OTC-Derivategeschäften (im Folgenden „Deri-

---

1   Derivative Schuldverschreibungen, strukturierte Schuldscheine oder in andere Kassainstrumente eingebettete („embedded") Derivate (wie zB die in Credit Linked Notes oder Wandelschuldverschreibungen) enthaltenen credit default swaps bzw Optionen werden oft unter Bezugnahme auf Musterdokumentationen für OTC-Derivategeschäfte dokumentiert, aber nicht in Rahmenverträge einbezogen.
2   Derivategeschäfte an Terminbörsen sind ihrer Rechtsnatur nach ebenfalls Verträge. Diese Verträge werden aber nach den Bedingungen der jeweiligen Terminbörse geschlossen, wobei jedes Geschäft in zwei jeweils mit dem sog. zentralen Kontrahenten geschlossene Verträge zerfällt. Vgl zB Nr. 2.2 der Bedingungen für den Handel an der Eurex, abgedruckt bei Kümpel/ Hammen/Ekkenga, Kapitalmarktrecht, Bd. 1, Nr. 472, S. 3.
3   „OTC" steht für „over the counter" und bezeichnet die außerbörsliche Natur dieser Geschäfte.
4   Vgl zum ISDA Master Agreement u.a. *Ebenroth/Reiner*, OTC-Derivate, S. 734 ff. *Jahn*, in: Schimansky/Bunte/Lwowski, Rn 61.

vategeschäfte") nach dem jeweiligen lokalen Recht.[5] In Deutschland ist dies der aus dem Rahmenvertrag für Swapgeschäfte von 1990[6] (im Folgenden „Rahmenvertrag von 1990") hervorgegangene Rahmenvertrag für Finanztermingeschäfte von 1993. Er wird meist als der **Deutsche Rahmenvertrag** (im Folgenden „DRV") bezeichnet. Der DRV ist die am meisten verbreitete Dokumentation für inländische OTC-Derivategeschäfte, aber auch für internationale OTC-Derivategeschäfte, bei denen die Parteien das deutsche Recht als das Vertragsstatut wählen. Mit dem im Jahre 1999 veröffentlichten und im Jahre 2004 um einen Derivateanhang erweiterten **European Master Agreement** (im Folgenden EMA) steht seit einiger Zeit eine weitere Musterdokumentation für OTC-Derivategeschäfte zur Verfügung. Das EMA sieht vor, dass die Parteien jede Rechtsordnung der Europäischen Union als Vertragsstatut wählen können. Es kann also auch zur Dokumentation von OTC-Derivategeschäften nach deutschem Recht verwendet werden und stellt damit eine Alternative zum DRV dar.

II. Sinn der Verwendung von Rahmenverträgen

Rahmenverträge dienen gewöhnlich dem Zweck, Bestimmungen für eine Vielzahl von Einzelgeschäften vorwegzunehmen („vor die Klammer zu ziehen"), um dadurch die **Einzelabschlüsse zu entlasten** und die **Standardisierung** der allgemeinen Bestimmungen auch äußerlich hervorzuheben. Außerdem legen sie **Abschlussmodalitäten** fest, so dass kein Zweifel darüber aufkommen kann, wann ein Geschäft zustande gekommen ist und zu welchen Konditionen dies geschehen ist. Auch Rahmenverträge für OTC-Derivategeschäfte und die weiteren zugehörigen Musterbestimmungen dienen unter anderem diesem Zweck. Die **Standardisierung** (nicht nur im Rahmen der bilateralen Geschäftsbeziehung) ist bei Derivategeschäften sogar besonders wichtig, weil es bei ihnen entscheidend darauf ankommen kann, Diskrepanzen (sog. Mis-matches) zwischen den in verschiedenen Geschäften definierten Risiken zu vermeiden. Auch aus Gründen der praktischen **Abwicklung** ist ein Vorwegnehmen der Geschäftsbedingungen unabdingbar; denn die oft komplexen Bestimmungen könnten nicht im Rahmen jedes einzelnen Geschäfts verhandelt und rechtlich bewertet werden.

Allerdings erklären diese Erwägungen nur die Verwendung von Musterbedingungen, nicht aber die Tatsache, dass Derivategeschäfte gerade auf der Grundlage **bilateraler Rahmenverträge** dokumentiert werden. Die Verwendung solcher Rahmenverträge hat denn auch einen anderen **Hauptzweck**: Es geht dabei nicht in erster Linie um die Risiken, deren Gegenstand die einzelnen Derivategeschäfte sind. Die Rahmenverträge sollen vielmehr ein Risiko begrenzen, das durch den Abschluss der Derivategeschäfte erst geschaffen wird: Das **Ausfallrisiko in der Insolvenz der anderen Vertragspartei**. Um dies zu erreichen, werden die einzelnen Derivategeschäfte zu einem einheitlichen Vertrag zusammengefasst und in der Insolvenz der Gegenseite in eine einheitliche Ausgleichsforderung umgewandelt. Durch dieses sog. **Liquidationsnetting**[7] werden Insolvenzverwalter daran gehindert, das ihnen nach dem Insolvenzrecht zahlreicher Länder[8] zustehende Wahlrecht (sog. **right of cherry picking**) auszuüben (in Deutschland gem. § 103 InsO) und hierdurch den Gegenwert für die Insolvenzmasse positiver Geschäfte zur Masse zu ziehen, auf negative Geschäfte aber nur die Insolvenzquote zu zahlen. Da das Netting zulasten der allgemeinen Gläubiger der insolventen Vertragspartei

---

5 Vgl zu den Rahmenverträgen in Frankreich, Italien, Niederlanden, Österreich, Schweiz, Schweden und Spanien, vgl *Jahn*, in: Schimansky/Bunte/Lwowski, Rn 63 ff
6 Abgedruckt in WM 1990, 1047.
7 Zur Abgrenzung von anderen Formen des Netting siehe *Bosch*, WM 1990, 365, 367.
8 Vgl *Wood*, Set-off and Netting und *Wood*, English and International Set-off, Rn 2–071.

geht, liegen die Hauptprobleme im Zusammenhang mit der rechtlichen Wirksamkeit von Rahmenverträgen nicht im Zivilrecht, sondern im Insolvenzrecht.[9]

4 Die Entwicklung der Rahmenverträge war daher von Anfang an von Bemühungen der Bankenverbände begleitet, die nationalen Gesetzgeber zu gesetzlichen Maßnahmen zu veranlassen, die (vorzugsweise) die Wirksamkeit des vertraglichen Netting absichern[10] oder (zumindest) ein gesetzliches Netting vorsehen sollten. In Deutschland führten diese Bemühungen bereits im Jahre nach der Veröffentlichung des DRV, nämlich 1994, zu einer **gesetzlichen Nettingbestimmung**, die heute (mit geringfügigen Änderungen) in § 104 Abs. 2 InsO enthalten ist.[11] Seitdem hat der DRV *auch* die Funktion, einen Rahmenvertrag im Sinne der gesetzlichen Bestimmung des § 104 Abs. 2 S. 3 InsO darzustellen. Darin liegt jedoch nicht sein Hauptzweck. Der DRV ist im Gegenteil darauf angelegt, bereits vor der Eröffnung des Insolvenzverfahrens eine **vertragliche Saldierung** der Einzelgeschäfte zu bewirken, so dass für eine Anwendung der § 103 ff. InsO kein Raum bleibt. Die Saldierung der Geschäfte nach § 104 Abs. 2 InsO ist lediglich eine Hilfs- und Auffanglösung für den Fall, dass das vertragliche Netting versagt.

5 Für Banken (bei anderen Unternehmen ist das Bewusstsein für die Bedeutung des Netting weit weniger ausgeprägt) ist auch die **aufsichtsrechtliche Anerkennung des Netting** aufgrund von Rahmenverträgen von großer Bedeutung.[12] Sie entlastet die Banken im Hinblick auf die aufsichtsrechtliche Notwendigkeit, Risikoaktiva mit Eigenkapital zu unterlegen. Die für die Entwicklung der verschiedenen Rahmenverträge verantwortlichen Bankenverbände haben daher Rechtsgutachten aus den meisten wichtigen Rechtsordnungen eingeholt, die sich mit der (insbesondere insolvenzrechtlichen) Wirksamkeit von Nettingvereinbarungen befassen.

B. Der Deutsche Rahmenvertrag

I. Grundkonzeption und Funktionsweise

6 In seiner Grundkonzeption und Funktionsweise unterscheidet sich der DRV nicht vom ISDA MA und dem EMA. Sein Kern besteht in der Zusammenfassung der einzelnen Geschäfte zu **einem einheitlichen Vertrag** (Nr. 1 Abs. 2 DRV),[13] der **Gesamtbeendigung** dieses einheitlichen Vertrages insbesondere im Fall der Insolvenz einer der Parteien (Nr. 7) und der Umwandlung sämtlicher Geschäfte in eine **einheitliche Ausgleichsforderung** (Nr. 7 Abs. 3, Nr. 8 und Nr. 9 – das vertragliche Liquidationsnetting). Hinzukommen (wie im Fall des ISDA MA und des EMA) eine Reihe weiterer Regelungen zur Begrenzung des Ausfallrisikos in der Insolvenz der Gegenseite: Dies sind die Verrechnung an demselben Tag und in derselben Währung fälliger Zahlungen (Nr. 3 Abs. 3 – das sog. **Zahlungsnetting**), die Möglichkeit der **Besicherung** des sich aus dem Liquidationsnetting ergebenden Nettoausfallrisikos durch Wertpapiere und Barsicherheiten aufgrund eines Besicherungsanhangs zum DRV und eine Bestimmung, die die solvente Partei in die Lage versetzen soll, einen etwaigen einheitlichen Ausgleichsanspruch der insolventen Partei dazu zu nutzen, sich wegen möglicher anderweitiger Gegenforderungen durch **Aufrechnung** zu befriedigen (Nr. 9 Abs. 2).

7 Muster-Bestimmungen für die Derivategeschäfte selbst enthält der DRV nur sehr wenige. Solche Bestimmungen gehören nach der heutigen Konzeption von Derivaterahmenverträgen

---

9 Vgl im Hinblick auf das deutsche Insolvenzrecht, *Bosch*, Differenz- und Finanztermingeschäfte nach der Insolvenzordnung, S. 1009 ff
10 Eine Übersicht zur Netting-Gesetzgebung in zahlreichen Rechtsordnungen findet sich bei *Wood*, Set-off and Netting, Rn 7–001 ff
11 Zur Entstehungsgeschichte der gesetzlichen Netting-Regelung in § 104 Abs. 2 und den beiden Übergangsvorschriften (Art. 105 EGInsO und Art. 15 FMFG) siehe *Bosch*, WM 1995, 365, 374.
12 Vgl dazu die §§ 206 ff. SolvV, §§ 15 ff und §§ 21 ff. GroMiKV.
13 Nrn. ohne weitere Zusätze beziehen sich im folgenden Abschnitt auf den DRV.

in separate Anhänge. Soweit die diesbezüglichen Bestimmungen des DRV ins Detail gehen (dies ist nur bei Nr. 6 der Fall), ist dies historisch bedingt. Denn es handelt sich um Regelungen der Zinsderivate, die neben den Währungsderivaten den ursprünglichen Hauptanwendungsfall des DRV und seines Vorgängers (des Rahmenvertrags für von 1990) bildeten.

Von anderen Rahmenverträgen (insbesondere dem ISDA MA und dem EMA) unterscheidet sich der DRV nicht nur durch seine Sprache und die Wahl deutschen Rechts, sondern auch durch die Tatsache, dass er speziell **auf die Insolvenz einer deutschen Vertragspartei**[14] zugeschnitten ist.

8

Der Wirksamkeit des Liquidationsnetting in der Insolvenz einer deutschen Partei dient insbesondere die **automatische Beendigung im Insolvenzfall**, wobei letzterer bereits durch die Stellung des Insolvenzantrags ausgelöst wird. Gegenüber Vertragsparteien in anderen Rechtsordnungen ist die automatische Beendigung meist nicht erforderlich. Sie ist deswegen im ISDA MA lediglich eine Option, und das EMA sieht ausdrücklich vor, dass sie abbedungen werden kann. Bei der Verwendung gegenüber nichtdeutschen Vertragsparteien empfiehlt sich außerdem eine Erweiterung der auf die deutsche Insolvenzordnung zugeschnittenen Definition des Insolvenzfalls.

Der **Regelungsstil des DRV** unterscheidet sich insbesondere vom ISDA MA, während das EMA insofern eine Art Zwischenstellung einnimmt. Das ISDA MA legt vor allem Wert auf Präzision und weniger auf Verständlichkeit. Dem dienten auch die Aufgliederung zahlreicher Regelungen in eine Abfolge von Begriffsdefinitionen sowie zahlreiche Querverweise. Der DRV beschränkt sich hingegen auf das Wesentliche; er regelt die Punkte, auf die es für seinen Hauptzweck nicht entscheidend ankommt (zB die Kündigung aus anderen Gründen als Insolvenz oder Nichtleistung) nur im Sinne allgemeiner Prinzipien (zB Kündigung aus wichtigem Grund). Der große Vorzug des DRV liegt daher in seiner **leichten Handhabbarkeit**. Er bildet schon in seiner gedruckten Fassung einen unterschriftsreifen Vertrag, der nicht notwendigerweise ergänzender Vereinbarungen (vgl Nr. 12) bedarf, und es ist, wie die nachfolgende Erörterung der Bestimmungen des DRV zeigt, für die Parteien nicht schwer, relativ schnell einen Überblick über den wesentlichen Vertragsinhalt zu gewinnen und dessen konkrete Auswirkungen im Rahmen ihrer Geschäftsbeziehungen abzuschätzen. Der DRV eignet sich auch dann als Ausgangspunkt für die Dokumentation von OTC-Derivategeschäften, wenn Punkte, auf die es in dem jeweiligen Zusammenhang besonders ankommt, in besonderen Vereinbarungen (zB nach dem Vorbild der Regelungen im ISDA MA oder EMA) detaillierter geregelt werden sollen (vgl Nr. 12).

9

Der DRV, der seit 1993 nur noch unwesentlich überarbeitet wurde, wirkt gegenüber dem ISDA MA von 2002 und dem EMA von 2004 naturgemäß **vergleichsweise unmodern**. So werden wichtige neuere Derivate wie die Kreditderivate in Nr. 1 nicht ausdrücklich erwähnt, und Details, die auch die Dokumentationspraxis auf der Grundlage des DRV prägen, finden im Text des DRV keinen Ausdruck. Diese fehlende äußere Aktualität hat aber kaum praktische Bedeutung.

10

Der DRV ist seit 1993 durch zahlreiche Mustereinzelbestätigungen, Anhänge und zusätzliche Vereinbarungen **ergänzt** worden.[15] Trotzdem erreicht die mit dem DRV zusammenhängende Musterdokumentation insbesondere im Hinblick auf die neueren Derivatetypen bei weitem nicht den Umfang und die Regelungstiefe der ISDA Musterdokumentation. Es ist deswegen nicht unüblich, Musterdokumentationen der ISDA durch entsprechende Verweise auch in Derivategeschäfte unter dem DRV einzubeziehen.

11

---

14 Genauer: Der DRV ist auf ein Insolvenzverfahren nach deutschem Recht zugeschnitten, dh dem Recht das meist (wenn auch nicht notwendigerweise bzw notwendigerweise ausschließlich) im Hinblick auf deutsche Parteien zur Anwendung kommt.
15 Vgl *Jahn*, in: Schimansky/Bunte/Lwowski, Rn 46.

II. Rubrum

12 Der Begriff „**Finanztermingeschäft**" im Rubrum und in Nr. 1 des DRV **entspricht nicht** der erst durch das Vierte Finanzmarktförderungsgesetz im Jahre 2002[16] in § 2 (2 a) WpHG eingefügten **Legaldefinition**.[17] Der Begriff des Finanztermingeschäfts im Sinne des WpHG ist sowohl weiter als auch enger als der Kreis der OTC-Derivategeschäfte, für die der DRV gedacht ist. So schließt die im WpHG enthaltene Legaldefinition einerseits Optionsscheine und börsliche Termingeschäfte ein, beschränkt den Begriff des Finanztermingeschäfts aber andererseits, soweit es sich um Derivate im Sinne des WpHG handelt, auf die in § 2 Abs. 2 WpHG genannten Basiswerte.

13 Trotz der Parteibezeichnungen im DRV muss es sich bei den **Parteien** nicht notwendigerweise um eine Bank und deren Vertragspartner handeln. Es können beide Parteien Banken sein; es kann aber auch keine der beiden Parteien eine Bank sein. Der Abschluss von OTC-Derivategeschäften im eigenen Namen[18] und für eigene Rechnung[19] stellt grundsätzlich[20] kein Bankgeschäft und keine Finanzdienstleistung dar. Die Parteibezeichnungen im ISDA MA und EMA sind daher auch neutraler („Partei A" und „Partei B").

14 Allerdings empfiehlt sich im Hinblick auf § 39 KWG und zur Vermeidung von Missverständnissen eine ausdrückliche Klarstellung, wenn der DRV **im Verhältnis zwischen zwei Nichtbanken** verwendet wird. Außerdem ist zu berücksichtigen, dass die in der gedruckten Fassung des DRV als Bank bezeichnete Partei einige besondere Aufgaben wahrnimmt (zB die Mitteilung der Bezugsgröße nach Nr. 5 DRV).

15 In den Ausnahmefällen, in denen es auf die in § 37 e **WpHG** normierte Befreiung vom **Spieleinwand** nach § 762 BGB ankommen könnte,[21] ist zu beachten, dass mindestens ein Vertragsteil ein Unternehmen sein muss, dass gewerbsmäßig oder in einem Umfang, der einen in kaufmännischer Weise eingerichteten Geschäftsbetrieb erfordert, Finanztermingeschäfte abschließt oder deren Abschluss vermittelt oder die Anschaffung, Veräußerung oder Vermittlung von Finanztermingeschäften betreibt.

16 Für einige **besondere Typen von Vertragsparteien** existieren besondere Fassungen des DRV bzw besondere Anhänge.[22] Für Verbraucher wird der DRV kaum verwendet. Sie erwerben Derivate überwiegend in der Form von Optionsscheinen oder anderen strukturierten Schuldverschreibungen.

17 Von den Parteien des Vertrags hängt es auch ab, ob die Bestimmungen des DRV **allgemeine Geschäftsbedingungen** darstellen und daher der Inhaltskontrolle nach den §§ 305 ff BGB unterliegen. So wird es im Verhältnis zweier Banken untereinander häufig an einem Verwender im Sinne des § 305 Abs. 1 BGB fehlen, wenn die Parteien ihren Geschäften die von den Spitzenverbänden der Kreditwirtschaft herausgegebenen Musterbedingungen zu Grunde legen.[23]

---

16 Das Vierte Finanzmarktförderungsgesetz vom 21.6.2002 (BGBl. I S. 2002, 2010 ff) trat am 1.7.2002 in Kraft.
17 Nach § 2 (2 a) WpHG sind Finanztermingeschäfte im Sinne des WpHG die in § 2 Abs. 2 WpHG definierten Derivate und Optionsscheine.
18 Bei Handeln in fremdem Namen für fremde Rechnung ist § 1 Abs. 1 a Nr. 2 KWG einschlägig (Abschlussvermittlung). Die Vermittlung des Abschlusses von Geschäften zwischen fremden Parteien stellt Anlagevermittlung (§ 1 Abs. 1 a Nr. 1 KWG) dar.
19 Der Abschluss von Derivategeschäfte im Sinne des § 1 Abs. 11 KWG für fremde Rechnung ist hingegen Finanzkommissionsgeschäft (§ 1 Abs. 1 Nr. 4 KWG).
20 Anders verhält es sich nur im Fall des „Eigenhandels für andere", der gem. § 1 Abs. 1 a S. 1 Nr. 4 KWG eine Finanzdienstleistung darstellt.
21 Vgl die Begründung zum 4. FMFG BT-Drucks. 14/8017, S. 96.
22 Vgl *Jahn*, in: Schimansky/Bunte/Lwowski Rn 55 ff
23 Vgl *Krämer*, S. 443, *Jahn*, in: Schimansky/Bunte/Lwowski, Rn 60.

III. Zweck und Gegenstand des Vertrags

Die Gestaltung der in Nr. 1 Abs. 1 genannten Risiken ist der **Zweck der einzelnen Derivategeschäfte**. Da diese gem. Nr. 1 Abs. 2 Teil eines einheitlichen Vertrags sind, teilt dieser (aus Einzelabschlüssen und Rahmenvertrag zusammengesetzte) einheitliche Vertrag die Zweckbestimmung der Einzelgeschäfte. **Zweck speziell des Rahmenvertrags**, dh des anderen Teils dieses zusammengesetzten einheitlichen Vertrags, ist – wie oben erläutert – hauptsächlich die Begrenzung des durch die Einzelgeschäfte erst geschaffenen Ausfallrisikos in der Insolvenz der anderen Vertragspartei. Allerdings besteht zwischen diesen Risiken insofern ein Zusammenhang als das Ausfallrisiko (auch nach der Saldierung) zusammen mit den Bezugsgrößen der Derivategeschäfte schwankt. Unter anderem darin besteht der Hintergrund der in Nr. 1 Abs. 2 erwähnten **einheitlichen Risikobetrachtung**.

„Gestaltung" bedeutet nicht notwendigerweise **Absicherung** von Risiken.[24] Es können auch um der damit verbundenen Ertragschancen willen **neue Risiken eingegangen** werden. Selbst besonderer Aufsicht unterliegende Verwender des DRV (wie Kapitalanlagegesellschaften und Versicherungen) dürfen mithilfe von Derivaten zusätzliche Risiken eingehen.[25] Die Gestaltung von Risiken setzt aber jedenfalls einen ernsten wirtschaftlichen Zweck voraus, so dass die in Nr. 1 Abs. 1 enthaltene Zweckbestimmung ein Indiz gegen das Vorliegen einer Spielabsicht darstellt.[26]

Die bewusst offen gehaltene **Umschreibung der beabsichtigten Derivategeschäfte** hat nur geringe praktische Bedeutung. Weder gelten die dort beschriebenen Geschäfte notwendigerweise als unter dem DRV abgeschlossen noch sind die Parteien gehindert, andere Geschäfte unter Zugrundelegung des DRV abzuschließen. Da Nr. 1 Abs. 1 lediglich eine **Absichtserklärung** darstellt, ergibt sich aus dem DRV auch keine vertragliche Pflicht, die dort beschriebenen Derivategeschäfte zu marktüblichen Konditionen abzuschließen. Der DRV ist kein Vorvertrag. Dass der Kreis der beabsichtigten Geschäfte andererseits nicht uferlos ist, ist eine Voraussetzung der in Nr. 1 Abs. 2 vorausgesetzten einheitlichen Risikobetrachtung.

Nr. 1 Abs. 2 regelt, für welche Geschäfte die Bestimmungen des DRV gelten und enthält das **Prinzip des einheitlichen Vertrags** (sog. Single agreement clause); damit regelt Nr. 1 Abs. 2 zugleich, welche Geschäfte in den einheitlichen Vertrag einbezogen sind. Das Prinzip des einheitlichen Vertrags soll die Wirksamkeit des vertraglichen Liquidationsnetting und hilfsweise des gesetzlichen Netting nach § 104 Abs. 2 InsO absichern. Notfalls soll das Prinzip des einheitlichen Vertrags zumindest dafür sorgen, dass ein Insolvenzverwalter das Wahlrecht nach § 103 InsO nur einheitlich ausüben kann. Die in Nr. 1 Abs. 2 erwähnte einheitliche Risikobetrachtung soll unterstreichen, dass aufgrund der Natur der Geschäfte ein legitimes Bedürfnis für ihre Zusammenfassung zu einem einheitlichen Vertrag besteht.

---

24 Eine engere Auffassung als hier vertreten *Clouth/Vollmuth* (S. 1328). Sie unterscheiden die Absicherung von Risiken, denen Unternehmen im Rahmen ihrer allgemeinen Geschäftstätigkeit ausgesetzt sind, von Transaktionen, die ausschließlich auf die Erzielung von Gewinnen aus Kursänderungen abzielen. Aus Nr. 1 S. 1 DRV ergebe sich, dass „solche rein spekulativen Zwecken dienende Derivategeschäfte" von den Vertragsparteien nicht beabsichtigt seien, so dass die Annahme eines Spielgeschäfts bereits tatbestandlich ausgeschlossen sei. M.E. wird damit Nr. 1 S. 1 zu eng ausgelegt. Auch verwirklicht das Eingehen zusätzlicher Risiken zum Zwecke der Erzielung eines zusätzlichen Gewinns (im Gegensatz zur Absicherung bestehender Risiken) nicht schon ohne Weiteres den Tatbestand des Spielgeschäfts.

25 Kapitalanlagegesellschaften, denen die Verwendung des DRV oder eines vergleichbaren Rahmenvertrags vorgeschrieben ist (§ 21 Abs. 1 Derivateverordnung), dürfen durch den Einsatz von Derivaten das Marktrisikopotential eines Sondervermögens sogar verdoppeln. Auch Versicherungen dürfen Derivate nicht nur zur Absicherung von Risiken einsetzen, sondern unter den in § 7 Abs. 2 VAG genannten Voraussetzungen auch zur Erzielung eines zusätzlichen Ertrags.

26 Die Begründung des 4. FMFG (vgl. Fußnote 22), durch die § 37 e in das WpHG eingefügt wurde, scheint das Vorliegen einer Spielabsicht ohnehin nur bei Geschäften mit Verbrauchern für möglich zu halten.

22 Dass die Geschäfte „**auf dieser Grundlage und im Vertrauen darauf**" (Nr. 1 Abs. 2), dh auf der Grundlage und im Vertrauen auf das Prinzip des einheitlichen Vertrags geschlossen werden, darf nicht dahin missverstanden werden, dass die Wirksamkeit des Rahmenvertrags und die Wirksamkeit der einzelnen Geschäfte bzw die Einbeziehung der Geschäfte in den Rahmenvertrag sich gegenseitig bedingen. Es gilt vielmehr Nr. 11 Abs. 1. Die Unwirksamkeit einzelner Bestimmungen des einheitlichen Vertrags lässt andere Bestimmungen unberührt.

23 Aus dem Wortlaut der Nr. 1 Abs. 2 DRV ergibt sich, dass **nicht lediglich Geschäfte der in Nr. 1 Abs. 1 beschriebenen Art** unter Zugrundelegung des DRV geschlossen werden können und damit Teil des einheitlichen Vertrags sein können.[27] Außerdem ergibt sich aus dem Wortlaut der Nr. 1 Abs. 2 auch, dass **stets die „Zugrundelegung dieses Rahmenvertrags" erforderlich** ist, so dass Geschäfte der in Nr. 1 Abs. 1 beschriebenen Art nicht schon ohne Weiteres als unter Zugrundelegung des DRV abgeschlossen gelten und daher nicht notwendigerweise in die Saldierung bei einer Beendigung einbezogen werden. Es kommt durchaus vor (insbesondere im Rahmen strukturierter Finanzierungen), dass Derivategeschäfte nicht in den ansonsten zwischen zwei Parteien bestehenden Rahmenvertrag einbezogen werden sollen. Typischerweise wird dann ein separater Rahmenvertrag (ein sog. single transaction master agreement) abgeschlossen.

24 Die Zugrundelegung des Rahmenvertrags im Sinne der Nr. 1 Abs. 2 und damit die **Einbeziehung eines Geschäfts** in den einheitlichen Vertrag muss von den Parteien (zumindest stillschweigend) vereinbart werden.[28] Üblich und empfehlenswert ist die ausdrückliche Erklärung in der Einzelbestätigung, dass der Einzelabschluss unter Zugrundelegung eines bestimmten zwischen den Parteien bestehenden Rahmenvertrags geschlossen wird. Stattdessen kann auch für bestimmte Kategorien von Geschäften allgemein („im Voraus")[29] vereinbart werden, dass sie unter Zugrundelegung eines Rahmenvertrags geschlossen werden. Dann ist aber wegen der Folgen für die Saldierung nach den Nrn. 7, 8 und 9 auf ausreichende Bestimmtheit wert zu legen.

25 Weil Einzelabschlüsse gem. Nr. 2 Abs. 1 nicht erst mit ihrer Bestätigung zustande kommen, kann auch für die Einbeziehung in den Rahmenvertrag nichts anderes gelten. Es muss dann genügen, dass die Geschäftsbestätigungen **üblicherweise** auf den Rahmenvertrag Bezug nehmen, wenn die Parteien Geschäfte dieser Art schließen oder dass der Wille, den Rahmenvertrag zu Grunde zulegen, auf andere Weise **aus den Umständen** abzuleiten ist.

IV. Einzelabschlüsse

26 Auch wenn dies in Nr. 2 Abs. 1 (anders als in der entsprechenden Bestimmung in Nr. 2 Abs. 2) nicht ausdrücklich klargestellt wird, ist auch die in Nr. 2 Abs. 1 vorgesehene **Bestätigung keine Voraussetzung der Wirksamkeit des Einzelabschlusses** und (wie oben erläutert) seiner Einbeziehung in den Rahmenvertrag. Dies ergibt sich bereits aus dem eindeutigen Begriff der Bestätigung selbst. Der Einzelabschluss kommt daher weder aufgrund von § 125 S. 2 BGB noch aufgrund von § 154 Abs. 2 BGB erst mit seiner Bestätigung zustande. In Nr. 2 Abs. 1 S. 2 EMA wird dieser Punkt, der dem allgemeinen Verständnis der Marktteilnehmer im Zusammenhang mit OTC-Derivategeschäften entspricht, ausdrücklich klargestellt.

27 Der in Nr. 3 Abs. 3 klargestellte **Auslegungsvorrang der Einzelabschlüsse** ergibt sich daraus, dass die Einzelabschlüsse die besonderen Bestimmungen zu bestimmten Geschäften enthalten

---

27 Im Derivateanhang zum EMA (Nr. 1 Abs. 2) wird ausdrücklich klargestellt, dass es bei der Einbeziehung nicht darauf ankommt, ob es sich um Geschäfte der dort (vgl Nr. 1 Abs. 1 Derivateanhang zum EMA) beschriebenen Art handelt.
28 Dies ergibt sich aus dem Wortlaut der Nr. 1 Abs. 2.
29 Vgl § 305 Abs. 3 BGB.

und versteht sich insofern von selbst. Ebenso selbstverständlich ist der im DRV nicht ausdrücklich geregelte Vorrang besonderer Vereinbarungen nach Nr. 12 oder besonderer Bestimmungen (insbesondere zu einzelnen Typen von Derivategeschäften), die in den Anhängen zum DRV enthalten sind.[30]

V. Leistungspflichten aufgrund der Einzelabschlüsse

Die Nrn. 3, 4, 5 und 6 DRV enthalten einige wenige **Regelungen der Leistungspflichten aufgrund der Einzelabschlüsse** sowie zu einzelnen insbesondere hierfür wichtigen Vorfragen und Begriffsbestimmungen. Die Regelungen sind aber überwiegend sehr allgemein gehalten. Nr. 3 Abs. 1 ist sogar, soweit darin die Hauptleistungspflicht aufgrund der Einzelabschlüsse statuiert wird, tautologisch, weil der Wortlaut von Nr. 3 bereits voraussetzt, dass die in den Einzelabschlüssen vorgesehenen Zahlungen und sonstigen Leistungen „geschuldet" werden. Lediglich Nr. 6 (Berechnungsweise bei zinssatzbezogene Geschäfte) enthält eine in die Einzelheiten gehende Regelung. Dies ist historisch bedingt und beruht auf dem Umstand, dass der DRV und sein Vorgänger (der Rahmenvertrag von 1990) in erster Linie für **Zins- und Währungsderivate** verwendet wurden. Nach dem heutigen Verständnis der Funktion von Rahmenverträgen gehören derartige Bestimmungen in einen Anhang. Nr. 6 wurde daher auch durch eine Muster-Vereinbarung außerhalb des Rahmenvertrags ergänzt, als die Bestimmung als überarbeitungsbedürftig empfunden wurde.

28

Die Leistungspflichten aufgrund der Einzelabschlüsse bleiben **bis zu einer Beendigung des Vertrags selbstständige Forderungen**. Eine laufende Verrechnung ist im DRV (ebenso wie in anderen vergleichbaren Rahmenverträgen) nicht vorgesehen. Eine Ausnahme hiervon stellt nur das in Nr. 3 Abs. 3 geregelte Zahlungsnetting dar.

29

VI. Zahlungsnetting

Das in Nr. 3 Abs. 3 geregelte **Zahlungsnetting** ist nicht mit dem Liquidationsnetting nach den Nrn. 7 Abs. 3, 8 und 9 Abs. 1 zu verwechseln. Das Zahlungsnetting greift erst, **wenn an demselben Tag Zahlungen in der gleichen Währung zu leisten sind**. In diesem Fall zahlt die Partei, die den höheren Betrag schuldet, die Differenz zwischen den geschuldeten Beträgen. Vor dem Fälligkeitstag berührt das Zahlungsnetting die Forderungen nicht; es hat auch keine Auswirkungen auf weitere Leistungspflichten, die sich aus den betreffenden Einzelabschlüssen ergeben. Allerdings erfasst Art. 3 Abs. 3 verschiedene an demselben Tag in der gleichen Währung fällige Zahlungen auch dann, wenn sich die Zahlungspflichten **aus verschiedenen Einzelabschlüssen** ergeben. Denn Art. 3 Abs. 3 setzt das Prinzip des einheitlichen Vertrags gem. Nr. 1 Abs. 2 voraus und regelt die aufgrund dieses Vertrags zu leistenden Zahlungen ohne Rücksicht darauf, ob sie auf einen oder mehrere Einzelabschlüsse zurückgehen.

30

Das Zahlungsnetting nach Nr. 3 Abs. 3 stellt eine vorweg genommene **Aufrechnungsvereinbarung** dar.[31] Die an demselben Tag fälligen und in der gleichen Währung zu zahlenden Leistungspflichten und die darauf gerichteten Forderungen werden **ohne Weiteres durch einen Anspruch auf Zahlung der Differenz ersetzt**. Soweit die Forderungen sich decken, erlö-

31

---

30 Das EMA (Nr. 1 Abs. 3) bestimmt den Auslegungsvorrang der Anhänge ausdrücklich.
31 AA jedoch *Benzler*, S. 137. Ihm zustimmend offenbar *Jahn*, § 114 Rn 132, jedoch ohne ausdrückliche Erklärung im Hinblick auf den Zeitpunkt des (teilweisen) Erlöschens der in das Zahlungsnetting einbezogenen Leistungspflichten. *Bosch* (WM 1995, 367) sieht im Zahlungsnetting eine „Vereinbarung über die Modalitäten der Vertragserfüllung", die die vertraglichen Pflichten „erst mit Wirkung zum Fälligkeitstag" verändere. Die Annahme, dass die vertraglichen Pflichten mit Wirkung zum Fälligkeitstag (und nicht erst ab der Zahlung des Differenzbetrags) umgestaltet werden, entspricht der hier vertretenen Auffassung.

schen sie ohne Weiteres und **nicht erst, wenn die Zahlung des Differenzbetrags erfolgt**. Nr. 3 Abs. 3 statuiert nämlich eine Pflicht zur Zahlung des Differenzbetrags. Es wird der Partei, die den höheren Betrag schuldet, nicht etwa nur ein Recht eingeräumt, den Differenzbetrag zu zahlen. Da nicht gewollt sein kann, dass die Pflicht zur Zahlung des Differenzbetrags neben die ursprünglichen Zahlungspflichten treten soll, muss sie an deren Stelle treten. In der entsprechenden Bestimmung des EMA (Nr. 3 Abs. 4) wird dieses Verständnis des Zahlungsnetting durch den Wortlaut der Regelung ausdrücklich hervorgehoben.[32] Nach dieser Bestimmung werden „die beiderseitigen Zahlungsverpflichtungen **automatisch miteinander verrechnet** mit der Folge, dass nur die Partei, die den höheren Betrag schuldet, der anderen Partei den Unterschiedsbetrag zwischen den geschuldeten Beträgen zu zahlen hat."[33] Nicht anders ist auch Nr. 3 Abs. 3 zu verstehen. Die Aufrechnungswirkung tritt auch unabhängig davon ein, ob die Bank dem Vertragspartner gem. Nr. 3 Abs. 3 S. 2 rechtzeitig vor dessen Fälligkeit den zu zahlenden Differenzbetrag mitgeteilt hat. Die Verrechnung wechselseitiger Forderungen nach Nr. 3 Abs. 3 unterscheidet sich von der Aufrechnung nach allgemeinem Zivilrecht (§§ 387 ff BGB) nur dadurch, dass die Aufrechnung abweichend von § 388 BGB nicht erklärt zu werden braucht. Die Zulässigkeit einer solchen Aufrechnungsvereinbarung ist seit langem anerkannt.[34]

32 Auch das Zahlungsnetting dient dem **Schutz vor einem Ausfallrisiko im Fall der Insolvenz der Gegenpartei**,[35] auch wenn es nur einen eng begrenzten Teilausschnitt dieses Risikos erfasst: Es schützt davor, dass die Gegenpartei zu einem Zeitpunkt insolvent wird, in dem sie die an diesem Tag fälligen Zahlungen bereits erhalten hat, ihre an demselben Tag fälligen Zahlungen aber noch nicht geleistet hat (sog. **Herstatt-Risiko**).[36]

33 Man könnte meinen, dass das Zahlungsnetting die Dinge auch **abwicklungstechnisch** vereinfacht, weil statt zweier Zahlungen nur eine zu leisten ist. Tatsächlich ist es aber so, dass das in Nr. 3 Abs. 3 vorgesehene Zahlungsnetting in Bezug auf sämtliche Zahlungen, dh auch in Bezug auf an demselben Tag in der gleichen Währung fällige Zahlungen aufgrund verschiedener Einzelgeschäfte, die Parteien in der Regel vor große abwicklungstechnischen Schwierigkeiten stellt, weil überwacht werden muss, wann Zahlungen aufgrund verschiedener Geschäfte gleichsam „zufällig" an demselben Tag in dergleichen Währung fällig werden. Das Zahlungsnetting wird deswegen meist gem. Nr. 12 Abs. 2 **auf Zahlungen aufgrund desselben Einzelabschlusses beschränkt**.

---

32 *Gillor* (S. 112 ff) sieht im Zahlungsnetting aufgrund Nr. 3 Abs. 4 EMA zu Unrecht ein „unverbindliches oder einfaches Payment Netting", das die Bruttoforderungen bestehen lasse (im Gegensatz zur „verbindlichen Zahlungsaufrechnung"), weil das „Erlöschen der beiderseitigen Forderungen nicht erwähnt" werde. Nr. 3 Abs. 4 EMA ordnet eine „Verrechnung" an und bestimmt zudem, dies habe „die Folge", dass „nur die Partei", die den höheren Betrag schuldet der anderen Partei den Unterschiedsbetrag zwischen den geschuldeten Beträgen zu zahlen habe. Daraus folgt eindeutig, dass die Verpflichtung zur Zahlung des Differenzbetrags die in die Verrechnung einbezogenen Zahlungspflichten ersetzt, die Bruttoforderungen also nicht fortbestehen.

33 Noch deutlicher in diesem Punkt ist die Regelung des Zahlungsnetting im ISDA MA (Nr. 2 (c)). Die Bestimmung ordnet ausdrücklich an, dass die ursprünglichen Zahlungspflichten erlöschen („automatically satisfied and discharged") und durch die Verpflichtung zur Zahlung des Differenzbetrags ersetzt werden.

34 *Staudinger-Gursky*, Vorbem. zu § 387 Rn 74, sog. „antizipierter Aufrechnungsvertrag"; *Palandt-Heinrichs*, § 387 Rn 19; MünchKommBGB/Schlüter, § 387 Rn 51.

35 *Wood*, Set-off and Netting, Rn 1–027.

36 Richtig ist aber, dass das Zahlungsnetting keinen Schutz für den Fall bietet, dass der Insolvenzfall vor dem Fälligkeitstag eintritt. Vgl *Jahn*, in: Schimansky/Bunte, Rn 132, *Bosch*, WM 1995, 365, 367. Zu weitgehend jedoch *Gillor*, EMA, S. 113, die (unter Berufung auf *Jahn* und *Bosch*) erklärt, das Zahlungsnetting (gleich welcher Form) sei zur Verhinderung eines Ausfalls bei Insolvenz eines Vertragspartners grundsätzlich nicht geeignet. Das Herstatt-Risiko, gegen das das Zahlungsnetting schützen soll, ist ein spezieller Ausschnitt des Ausfallrisikos in der Insolvenz der Gegenseite.

VII. Beendigung des Vertrags

Die Regelung der **Vertragsbeendigung** in Nr. 7 bildet zusammen mit den Saldierungsbestimmungen der Nrn. 8 und 9 Abs. 1 den **Kern des DRV**. Die Beendigung des Vertrags ist dabei, wie sich aus der Definition dieses Begriffs in Nr. 1 Abs. 2 ergibt, stets die **Beendigung des einheitlichen Vertrags**, der sich aus dem Rahmenvertrag und sämtlichen unter Zugrundelegung des Rahmenvertrags geschlossenen Einzelgeschäften zusammensetzt.

VIII. Beendigung durch Kündigung

Nr. 7 Abs. 1 regelt nur den Fall, dass **bereits Einzelabschlüsse getätigt** wurden und diese Einzelabschlüsse noch nicht vollständig abgewickelt wurden. Vollständige Abwicklung ist gleichbedeutend mit der vollständigen Erfüllung sämtlicher Leistungspflichten. Nur dieser in Nr. 7 Abs. 1 geregelte Fall hat praktische Bedeutung; denn aus einem Rahmenvertrag ohne Einzelabschlüsse ergeben sich keine Verpflichtungen.

Die Kündigung setzt einen **wichtigen Grund** voraus und regelt nur das Ausbleiben der Leistung trotz Benachrichtigung als einen besonderen wichtigen Grund (Nr. 7 Abs. 1 S. 2). Der Begriff des wichtigen Grundes hat (insbesondere im Zusammenhang mit Kündigungen) seit langem eine technische Bedeutung im deutschen Zivilrecht, die inzwischen in der **Legaldefinition des § 314 Abs. 1 S. 2 BGB** Ausdruck findet. Nach dieser Definition liegt ein wichtiger Grund vor, wenn dem kündigenden Teil unter Berücksichtigung aller Umstände des Einzelfalls und unter Abwägung der beiderseitigen Interessen die Fortsetzung des Vertragsverhältnisses bis zur vereinbarten Beendigung oder bis zum Ablauf einer Kündigungsfrist nicht zugemutet werden kann.

Der Begriff des wichtigen Grundes ist für das allgemeine Sprachgefühl relativ nichts sagend und auch die Definition des § 314 Abs. 1 S. 2 BGB lässt nicht erkennen, wann eine Fortsetzung des Vertragsverhältnisses **nicht mehr zugemutet** werden kann. Dies führt manchmal zu dem Missverständnis, Nr. 7 Abs. 1 stelle nur geringe Anforderungen an die Begründung einer Kündigung. Es ist deswegen wichtig, daran zu erinnern, dass sich die Kündigung aus wichtigem Grund auf **gravierende Ausnahmefälle** beschränkt und dass dabei insbesondere die von den Parteien vorgenommene Risikoverteilung zu berücksichtigen ist. Die Kündigung kann deswegen insbesondere nicht auf eine für die kündigende Partei negative Entwicklung der Bezugsgrößen der Derivategeschäfte oder darauf gestützt werden, dass sich die Risiken verwirklicht haben, deren Gestaltung nach Nr. 1 Abs. 1 Zweck der Derivategeschäfte und damit „des Vertrages" ist.

Muss ein Gericht den Begriff des wichtigen Grundes im Streitfall **konkretisieren**, kann es sinnvoll sein, die im **ISDA MA** und dem **EMA** enthaltenen detaillierten Auflistungen konkreter Kündigungsgründe **als Orientierungshilfe** heranzuziehen.[37] Stattdessen (dies geschieht häufig) können die Parteien aber auch von vornherein **einzelne Kündigungsgründe** nach dem Vorbild der Regelungen des EMA oder ISDA MA in Form von besonderen Vereinbarungen im Sinne der Nr. 12 **festlegen**. Es kann sich insbesondere empfehlen, klare **Schwellenwerte für die Kündigung wegen Nichtleistung** festzulegen, und zwar sowohl im Hinblick auf das Ausbleiben von vertraglichen Leistungen als auch in Hinblick auf solche Leistungen, die aus einem anderen Rechtsgrund geschuldet werden (sog. Cross default-Regelung).

IX. Beendigung im Insolvenzfall

Der im Hinblick auf den Hauptzweck des DRV (Begrenzung des Ausfallrisikos) wichtigste Grund für die Beendigung des Vertrags ist die Insolvenz der anderen Vertragspartei. In die-

---

37 Nr. 5 ISDA MA, Nr. 6 EMA.

sem Fall **endet der Vertrag ohne Weiteres**, dh ohne dass es einer Kündigung bedarf. Dies entspricht der Automatic Early Termination nach dem ISDA MA, die jedoch nach dem ISDA MA nur gilt, wenn sie von den Parteien im Schedule zum ISDA MA gewählt wird. Das EMA sieht die automatische Beendigung im Insolvenzfall grundsätzlich vor, sieht jedoch in seinen Besonderen Bedingungen zugleich ausdrücklich vor, dass diese Regelung von den Parteien abbedungen werden kann.

38 Nach dem Rahmenvertrag von 1990 endete der Vertrag mit der Eröffnung des Konkursverfahrens über das Vermögen einer Partei.[38] Um sicherzustellen, dass die Frage der Zulässigkeit von Lösungsklauseln auf den Konkursfall nicht relevant wird, wurde der Insolvenzfall im DRV vorverlegt. Er wird nach der Definition des Insolvenzfalles in Nr. 7 Abs. 3 **bereits durch den Antrag auf Eröffnung des Insolvenzverfahrens ausgelöst**. Dabei wird der Umstand ausgenutzt, dass einem Insolvenzverfahren nach deutschem Recht notwendigerweise ein Antrag auf Eröffnung des Verfahrens vorangeht. Ein Abstellen allein auf den Antrag würde aber dazu führen, dass auch ein unbegründeter Antrag die Beendigung des Vertrags und das Liquidationsnetting auslösen würde. Nr. 7 Abs. 2 verlangt daher, dass der Antrag entweder von der betroffenen Partei selbst gestellt wurde oder Zahlungsunfähigkeit oder ein anderer Grund vorliegt, der die Eröffnung des Insolvenzverfahrens rechtfertigt. Damit ist das Kriterium für die Beendigung ein zum Zeitpunkt der Beendigung **gegenwärtiger Zustand**. Die Regelung des Rahmenvertrags von 1990 (Beendigung bei Eröffnung des Verfahrens) hatte demgegenüber auch den Nachteil, dass es einer berichtigenden Auslegung bedurft hätte, um zu begründen, dass die Beendigung auch dann eintritt, wenn das Verfahren mangels Masse nicht eröffnet wird.

39 Die **automatische Beendigung im Insolvenzfall** soll – wie oben bereits erwähnt – die Wirksamkeit der Vertragsbeendigung und des Liquidationsnetting im Fall der Eröffnung eines deutschen Insolvenzverfahrens über das Vermögen einer der Parteien sicherstellen. Die **automatische Beendigung** ist daher (unabhängig davon, welcher Muster-Rahmenvertrag verwendet wird) in der Regel zu empfehlen, wenn ein Rahmenvertrag **mit einer deutschen Partei** geschlossen wird. Nach dem Insolvenzrecht anderer Länder ist die automatische Beendigung meist nicht notwendig, um die Wirksamkeit des Liquidationsnetting sicherzustellen. In diesen Fällen wird daher meist keine automatische Beendigung vereinbart. Die automatische Beendigung hat nämlich den Nachteil, dass sie der solventen Partei die Kontrolle darüber nimmt, unter welchen Bedingungen und zu welchem Zeitpunkt sie den Vertrag zu beenden wünscht.

40 Die **Definition des Insolvenzfalls** in Nr. 7 Abs. 2 ist speziell auf das Insolvenzverfahren einer deutschen Partei zugeschnitten. Bei einer Verwendung des DRV gegenüber ausländischen Parteien oder deutschen Parteien, bei denen ein ausländisches Insolvenzverfahren in Betracht kommt, sollte diese Bestimmung erweitert werden, um die in der jeweiligen Rechtsordnung möglichen vergleichbaren Verfahren oder Handlungen zu erfassen. Es kann sich empfehlen, zu diesem Zweck die umfassenden Definitionen des Insolvenzfalls zu verwenden, die im ISDA MA bzw EMA enthalten sind.

X. Übersicht über das Liquidationsnetting

41 Die Bestimmungen zum **Liquidationsnetting** (und damit das Herzstück des DRV) sind in den Nrn. 7 Abs. 3, 8 und Nr. 9 Abs. 1 enthalten. Sie sind relativ komplex.

Die Regelung des Liquidationsnetting **gliedert sich** in die Regelung der **Folgen der Beendigung des Vertrags** für die ursprünglichen vertraglichen Leistungspflichten und die **Bestimmung der Ausgleichsforderung**.

---

38 WM 1990, 1047, 1048 Nr. 7 Abs. 2 des Rahmenvertrags über Swapgeschäfte.

Es scheint auf den ersten Blick, als seien die Folgen der Beendigung des Vertrags für die vertraglichen Leistungspflichten nur in Nr. 7 Abs. 3 geregelt und in der Tat handelt es sich dabei um die einzige *ausdrückliche* Regelung dieser Frage. Tatsächlich wird das Schicksal der vertraglichen Leistungspflichten aber, wie gleich zu zeigen sein wird, auch in Nr. 9 Abs. 1 stillschweigend mitgeregelt.

Die **Bestimmung der Ausgleichsforderung** vollzieht sich **in zwei Schritten**: Zunächst werden ein Schadenersatzanspruch gem. Nr. 8 Abs. 1 bzw ein Anspruch auf Vorteilsausgleich gem. Nr. 8 Abs. 2 bestimmt. Aufgrund dessen wird dann eine einheitliche Ausgleichsforderung gebildet (Nr. 9 Abs. 2).

Außerdem sind folgende begriffliche Unterscheidungen zu beachten: **42**

Das DRV unterscheidet zwischen der „**ersatzberechtigten Partei**" und der „**anderen Partei**", eine verwirrende Terminologie, wenn man bedenkt, dass auch die sog. „andere Partei" Gläubiger eines Ausgleichsanspruch sein kann (vgl Nr. 8 Abs. 2). Diese Terminologie ist aber insofern nicht unberechtigt, als nur die „ersatzberechtigte" Partei einen Ausgleich des ihr durch die Beendigung des Vertrags entstehenden Schadens erhält. Die „andere Partei" erhält keinen Ersatz ihres Schadens, sondern nur einen Ausgleich des Vorteils, der der ersatzberechtigten Partei durch die Beendigung des Vertrags entsteht (vgl Nr. 8 Abs. 2).

Im Hinblick auf die ursprünglichen vertraglichen Leistungspflichten wird zwischen den **Leistungen** unterschieden, **die erst am Beendigungstag oder später fällig geworden wären** (vgl Nr. 7 Abs. 3) und den sog. rückständigen Leistungen im Sinne der Nr. 9 Abs. 1. Zwar wird dies nicht ausdrücklich erklärt, es ergibt sich aber aus dem Zusammenhang der Regelungen, dass die sog. rückständigen Leistungen sämtliche vertraglich geschuldeten Leistungen sind, die von Nr. 7 Abs. 3 nicht erfasst werden, dh die **Leistungen, die bereits vor dem Beendigungstag fällig geworden sind**, ohne dass mit dem Begriff „rückständig" irgendwelche weiteren Voraussetzungen verbunden würden (außer der selbstverständlichen Voraussetzungen, dass die entsprechenden Leistungen noch nicht erbracht worden sind).

Das DRV unterscheidet außerdem zwischen den **Zahlungen** und den **sonstigen Leistungen**, dh Leistungen, die nicht in einer Zahlung, sondern zB in der Lieferung von Wertpapieren bestehen. Diese Unterscheidung ist deswegen wichtig, weil bei den sonstigen Leistungen die Berechnung eines Gegenwerts in Geld erforderlich ist, während Zahlungsansprüche lediglich ggf einer Umrechnung in Euro bedürfen.

Schließlich ist zu berücksichtigen, dass einige der oben beschriebenen Unterscheidungen **43** durch **Verweise** teilweise wieder eingeschränkt werden. So bestimmt sich auch der Anspruch auf Vorteilsausgleich (Nr. 8 Abs. 2) aufgrund einer entsprechenden Anwendung der Grundsätze der Nr. 8 Abs. 2 über die Schadensberechnung. Auch der Gegenwert der sonstigen rückständigen Leistungen bestimmt sich gem. Nr. 9 Abs. 1 entsprechend Nr. 8 Abs. 1 Sätze 2 bis 4. Nr. 8 Abs. 1, ist also einmal unmittelbar und zweimal entsprechend anzuwenden, nämlich im Rahmen der Nr. 8 Abs. 2 und der Nr. 9 Abs. 1.

Nr. 8 ist von dem Bemühen geprägt, die Regelung des Liquidationsnetting in den vertrauten **44** **dogmatischen Kategorien des deutschen Schadensrechts** auszudrücken. Dies gilt auch für den Vorteilsausgleich. Diesem aus dem Schadensrecht bekannten Vorteilsausgleich[39] entspricht allerdings nur der Vorteilsausgleich nach Nr. 8 Abs. 1, weil nur er in einer bloßen Minderung des Schadenersatzes besteht. Der Vorteilsausgleich nach Nr. 8 Abs. 2 geht darüber hinaus, weil er einen isolierten Anspruch auf Vorteilsausgleich (Vorteilsausgleich ohne Schadenersatzanspruch) darstellt. Die Anlehnung des vertraglichen Liquidationsnetting an die Kategorien des deutschen Schadensrechts entspricht der gesetzlichen Regelung des Liquidationsnetting; auch diese resultiert in einer Forderung wegen Nichterfüllung.

---

39 Vgl MünchKommBGB/*Oetker*, § 249 Rn 222.

XI. Auslegungsprobleme im Zusammenhang mit der vertraglichen Regelung des Liquidationsnetting

45 Betrachtet man die Regelung im Einzelnen, ergeben sich **folgende Fragen:** (1.) Warum wird in Nr. 7 Abs. 3 nur der Wegfall der vor dem Beendigungstag noch nicht fälligen Verbindlichkeiten und deren Ersetzung durch Ausgleichsforderungen angeordnet (vgl Nr. 7 Abs. 3), während die **rückständigen Leistungen** lediglich gem. Nr. 9 Abs. 1 mit dem zu leistenden Schadenersatz zu einer einheitlichen Forderung „zusammengefasst" werden? Sollen dadurch unterschiedliche Rechtsfolgen bewirkt werden, dh das Schicksal der Verpflichtung zur Erbringung der rückständigen Leistungen anders geregelt werden als das der Verpflichtungen zu den noch nicht rückständigen Leistungen? Wird in dieser den Kern des Netting betreffenden Frage zumindest eine jeweils unterschiedliche dogmatische Einordnung bevorzugt? (2.) Warum treten an die Stelle der noch nicht vor dem Beendigungstag fälligen Leistungen nach Nr. 7 Abs. 3 die „Ausgleichsforderungen nach den Nrn. 8 und 9", dh **mehrere Ausgleichsforderungen** und nicht lediglich eine? Warum werden neben der einheitlichen Ausgleichsforderung nach Nr. 9 Abs. 1 ein Schadenersatzanspruch (Nr. 8 Abs. 1) und ein Anspruch auf Vorteilsausgleich (Nr. 8 Abs. 2) normiert? (3.) Warum wird in Nr. 9 Abs. 1 lediglich der zu leistende Schadenersatz mit den rückständigen Leistungen zusammengefasst und **nicht auch der Vorteilsausgleich nach Nr. 8 Abs. 2?** In allen drei Punkten scheinen die Bestimmungen des DRV auf den ersten Blick nicht der Erwartung zu entsprechen, dass das Liquidationsnetting *sämtliche* vertraglichen Leistungspflichten durch *eine* einheitliche Ausgleichsforderung ersetzt.

46 Tatsächlich dürften diese Eigentümlichkeiten allein **historisch bedingt** sein und darauf zurückgehen, dass man bei der Überarbeitung des **Rahmenvertrags von 1990** und seiner Fortentwicklung zum DRV von 1993 mit einem Minimum an textlichen Eingriffen auszukommen versuchte. Der Rahmenvertrag von 1990 unterschied sich vom DRV nämlich in **zwei entscheidenden Punkten:** Er sah als Hauptleistungspflichten aufgrund der Einzelabschlüsse (Art. 3 Abs. 1) **nur Zahlungen** (im Gegensatz zu sonstigen Leistungen wie zB der Lieferung von Wertpapieren) vor. Außerdem konnte sich aus der Beendigung des Vertrags **lediglich ein Schadenersatzanspruch der ersatzberechtigten Partei** ergeben. Ergab sich aus der Beendigung des Vertrags per Saldo ein Vorteil der ersatzberechtigten Partei, war die ersatzberechtigte Partei nicht zum Ausgleich verpflichtet.

47 Diese beiden Unterschiede zwischen dem Rahmenvertrag von 1990 und dem DRV führen dazu, dass die oben erwähnten Regelungen, die im DRV überraschend erscheinen, im Rahmenvertrag von 1990 durchaus ihren Sinn hatten. Es war **im Rahmenvertrag von 1990 durchaus sinnvoll,** nur den Wegfall der nicht bereits vor der Beendigung fälligen Leistungspflichten anzuordnen. Nur letztere bedurften nämlich der Ersetzung durch einen Schadenersatzanspruch. Die rückständigen Leistungen konnten grundsätzlich bestehen bleiben und brauchten nur mit dem Anspruch auf Schadenersatz „zusammengefasst" werden. Da es sich dabei jeweils um Zahlungsansprüche der ersatzberechtigten Partei handelte, konnte zu Recht von einer bloßen Zusammenfassung gesprochen werden.

Nach der im DRV enthaltenen Fortentwicklung der Hauptleistungspflichten zu solchen, die auch auf andere Leistungen als Zahlungen gerichtet sein können (um der inzwischen fortgeschrittenen Entwicklung der Derivategeschäfte Rechnung zu tragen) und der Änderung der Saldierung in eine zweiseitige Saldierung (um den aufsichtsrechtlichen Anforderungen zu genügen), änderte sich dies. Die nur sehr geringfügigen textlichen Änderungen des Rahmenvertrags, nämlich (im Wesentlichen) die Einfügung des Nr. 8 Abs. 2 und die Einfügung des letzten Halbsatzes von Nr. 9 Abs. 1, wurden dem nicht gerecht. Zum einen wäre es notwendig gewesen, auch den nach Nr. 8 Abs. 2 geschuldeten Vorteilsausgleich im Rahmen des Nr. 9 Abs. 1 zu erwähnen. Denn zweifellos **soll auch dieser Vorteilsausgleich in der einheitlichen**

Ausgleichsforderung aufgehen**. Zum anderen hätte in Nr. 9 Abs. 1 nicht mehr von einer bloßen Zusammenfassung gesprochen werden dürfen. Denn es handelte sich nun bei der Bildung der einheitlichen Ausgleichsforderung **nicht mehr lediglich um die bloße Zusammenfassung gleichlaufender Zahlungsansprüche**, dh von Zahlungsansprüchen mit identischem Gläubiger und Schuldner, sondern es konnte sich je nach dem Ergebnis der Saldierung auch um eine Verrechnung gegenläufiger Ansprüche handeln (zB eines Anspruchs der anderen Partei auf Vorteilsausgleich auf der einen und von der anderen Partei geschuldeten rückständigen Leistungen auf der anderen Seite) und, soweit die rückständigen Leistungen nicht auf Zahlung gerichtet waren, die Ersetzung von Ansprüchen auf sonstige Leistungen durch Zahlungsansprüche. Es wäre deswegen richtiger gewesen, neu anzusetzen und die durchaus stimmige Netting-Regelung des Rahmenvertrags von 1990 durch eine neue ebenfalls stimmige Regelung zu ersetzen.

Eine solche Regelung hätte aus folgenden Elementen bestehen können: (1.) Zunächst hätte der **Wegfall sämtlicher vertraglicher Leistungspflichten** (ob rückständig oder nicht) angeordnet werden können. Eine entsprechende Regelung findet sich in Nr. 6 (c) (ii) ISDA MA.[40] Erst bei der Berechnung der Ausgleichsforderung wäre es dann sinnvoll gewesen, zwischen rückständigen und anderen Leistungen zu unterscheiden. Denn erst hier ergibt sich die Schwierigkeit, dass tatsächliche oder auch hypothetische Ersatzgeschäfte typischerweise bereits rückständige Leistungen nicht umfassen.[41] (2.) Es hätte ausdrücklich bestimmt werden können, dass die vertraglichen Pflichten **durch eine einzige Ausgleichsforderung**, nämlich die nach Nr. 9 Abs. 1, **ersetzt** werden. (3.) Auf die Normierung einer Schadenersatzpflicht (Nr. 8 Abs. 1) bzw einer Pflicht zum Vorteilsausgleich (Nr. 8 Abs. 2) hätte verzichtet werden können. Im Rahmenvertrag von 1990 war der Schadenersatzanspruch als selbstständiger Anspruch insofern sinnvoll als er im einheitlichen Ausgleichsanspruch nach Nr. 9 Abs. 1 in einem gewissem Sinne (nämlich als Teilbetrag dieser Forderungen neben den rückständigen Beträgen) fortbestand. Im DRV sind der Schadenersatzanspruch und der Vorteilsausgleich hingegen überflüssige begriffliche Durchgangsstadien. Sie sind der Sache nach **keine selbstständigen Ansprüche, sondern bloße Berechnungsgrößen** bei der Bestimmung der Ausgleichsforderung nach Nr. 9 Abs. 1. Dies hätte auch äußerlich deutlich gemacht werden können, indem Nr. 8 als reine Berechnungsregel und nicht als Anspruchsnorm gefasst worden wäre. (4.) Der Klarheit halber wäre es schließlich wünschenswert gewesen, auf den im Rahmen einer zweiseitigen Saldierung verwirrenden Begriff der ersatzberechtigten Partei zu verzichten und außerdem durch eine einheitliche Berechnungsregel auch die unnötig komplizierte „entsprechende Anwendung" der Nr. 8 Abs. 1 im Rahmen der Nr. 8 Abs. 2 und Nr. 9 Abs. 1 **überflüssig zu machen**.

Gerade weil es sich hier lediglich um sozusagen technische Versäumnisse bei der Fortentwicklung des Rahmenvertrags von 1990 zum DRV von 1993 handelt, **muss auch der** vorliegende und seit 1993 im Wesentlichen unveränderte **Wortlaut der Nr. 7 Abs. 3, Nr. 8 und Nr. 9 Abs. 1 im Sinne einer solchen Regelung ausgelegt werden**. Denn dass eine solche Regelung gewollt ist, unterliegt keinem Zweifel. Es gibt keinen Zweifel, dass nicht nur die Ansprüche auf noch nicht vor Beendigung fällige Leistungen, sondern auch die Ansprüche auf rückständige Leistungen wegfallen und durch die einheitliche Ausgleichsforderung nach Nr. 9 Abs. 1 ersetzt werden sollen. Die in Nr. 9 Abs. 1 missverständlich sogenannte „Zusam-

---

40 Die Bestimmung erklärt (ohne Unterscheidung zwischen rückständigen und nicht rückständigen Leistungen), dass mit der Vertragsbeendigung keine Leistungen aufgrund der einzelnen Geschäfte mehr geschuldet werden. Eine Unterscheidung zwischen rückständigen und nicht rückständigen Leistungen (Close-out Amounts und Unpaid Amounts) findet sich dort erst im Rahmen der Berechnung der einheitlichen Ausgleichsforderung. Im EMA hingegen setzt sich die Regelungstechnik des DRV fort (vgl Nr. 6 Abs. 4 EMA).
41 Vollständig vermeiden lässt sich diese Schwierigkeit aber ohnehin nicht. Denn zum Zeitpunkt der Beendigung noch nicht fällige Leistungen können bis Abschluss der Ersatzgeschäfte fällig geworden sein.

menfassung" muss als eine stillschweigende Regelung des Schicksals der rückständigen Leistungen verstanden werden, und zwar als eine Regelung des Inhalts, dass mit den Verpflichtungen zur Erbringung der rückständigen Leistungen nichts anderes geschieht als mit den am Beendigungstag noch nicht fälligen Verpflichtungen. An die Stelle sämtlicher Leistungspflichten treten entgegen des missverständlichen Wortlauts der Nr. 7 Abs. 3 nicht mehrere Ausgleichsforderungen, sondern eine einzige, nämlich der Ausgleichsanspruch nach Nr. 9 Abs. 1 und Nr. 8 regelt nur die Berechnung dieses Anspruchs. Selbstständige Ansprüche auf Schadensersatz oder Vorteilsausgleich entstehen nicht, sondern es handelt sich lediglich um Bestimmungen, bei denen für Zwecke der Bestimmung des Ausgleichsanspruchs nach Nr. 9 Abs. 1 festgelegt wird, was der einen oder anderen Partei zusteht.

50 Schließlich sind noch zwei weitere Punkte zu beachten, die im Wortlaut der Nr. 7 Abs. 3, Nr. 8 und Nr. 9 Abs. 1 nicht ausdrücklich hervortreten.

Zum einen müssen **bei der Anwendung der Nr. 8 rückständige Leistungen ausgeklammert** werden, weil solche rückständigen Leistungen andernfalls aufgrund von Nr. 9 Abs. 1 doppelt berücksichtigt würden.[42] Das gilt auch für rückständige Leistungen, die aufgrund von Geschäften geschuldet werden, aus denen sich auch andere (nicht rückständige) Leistungspflichten ergeben, Geschäfte also, die im Übrigen in die Berechnung des Schadens bzw Vorteils nach Nr. 8 einbezogen werden müssen.

Zum anderen dürfen weder die Ausübung des Wahlrechts der ersatzberechtigten Partei nach Nr. 8 Abs. 2 (Abschluss von konkreten Ersatzgeschäften oder Schadensberechnung aufgrund hypothetischer Ersatzgeschäfte) noch die von der ersatzberechtigten Partei nach Nr. 9 Abs. 1 vorzunehmende „Zusammenfassung" als Bedingung für die Entstehung der Ausgleichsforderung nach Nr. 9 Abs. 1 angesehen werden. Die **Ausgleichsforderung nach Nr. 9 Abs. 1 entsteht vielmehr ohne Weiteres („automatisch") mit der Beendigung des Vertrags**. Die Ausübung der Wahlrechte der ersatzberechtigten Partei konkretisiert lediglich den Inhalt der bereits entstandenen Ausgleichsforderung nach Nr. 9 Abs. 1.[43]

XII. Eingeschränkt zweiseitige Natur des Liquidationsnetting

51 Im Rahmenvertrag von 1990 war lediglich ein Schadensersatzanspruch der kündigenden bzw der solventen Partei (sog. ersatzberechtigte Partei) vorgesehen.[44] Bei dessen Berechnung war zwar ein etwaiger Vorteil, der der ersatzberechtigten Partei aufgrund der Beendigung des Vertrags entstand (aufgrund von für die ersatzberechtigter Partei negativen Geschäften), schadensmindernd zu berücksichtigen. Führte die Beendigung aber insgesamt für die ersatzberechtigte Partei zu einem Vorteil, dann schuldete die ersatzberechtigte Partei der anderen Partei keinen Ausgleich hierfür. Um den **aufsichtsrechtlichen Anforderungen an das Liquida-**

---

[42] Das ISDA MA enthält diese Klarstellung in Nr. 14 (Definition des Begriffs Close-out Amount), wo es heißt: „Unpaid Amounts... are to be excluded in all determinations of Close-out Amounts."

[43] Anders ist es hingegen bei der in Nr. 9 Abs. 2 vorgesehenen Aufrechnung. Ihre Wirkung tritt erst ein, wenn die ersatzberechtigte Partei die Aufrechnung erklärt. Das zeigt insbesondere der letzte Satz dieser Bestimmung, der sich auf den Fall bezieht, dass die ersatzberechtigte Partei die Aufrechnung „unterlässt".

[44] Im Rahmenvertrag von 1990 (abgedruckt in WM 1990, 1047) fehlte nämlich eine Nr. 8 Abs. 2 DRV entsprechende Bestimmung.

tionsnetting Rechnung zu tragen,⁴⁵ aber auch **wegen Bedenken im Hinblick auf die insolvenzrechtliche Durchsetzbarkeit** dieser Form des vertraglichen Netting,⁴⁶ wurde die Regelung des vertraglichen Liquidationsnetting aufgrund des DRV⁴⁷ um eine **Verpflichtung der ersatzberechtigten Partei** ergänzt, **der anderen Partei einen etwaigen Vorteil auszugleichen**, den die ersatzberechtigte Partei „aus der Beendigung von Einzelabschlüssen" „insgesamt" „erlangt". Die Worte „aus der Beendigung von Einzelabschlüssen" muss man dabei dahin verstehen, dass damit die Beendigung des Vertrags unter gleichzeitigem Wegfall der vertraglichen Leistungspflichten (Nr. 7 Abs. 3) gemeint ist. Denn nur aufgrund dieses Wegfalls der Leistungspflichten bedeutet die Beendigung des Vertrags für die ersatzberechtigte Partei bei für sie günstigen Geschäften einen Nachteil und bei für sie ungünstigen Geschäften einen Vorteil.

Allerdings ist die Saldierung der Geschäfte aufgrund des DRV auch damit noch keineswegs sozusagen „symmetrisch" geregelt. Sie ist im Gegenteil in einem anderen Sinne strikt einseitig. Denn die Ausgleichsanforderung wird **stets nur aus der Sicht der ersatzberechtigten Partei** bestimmt. Maßgebend ist stets nur der Nachteil bzw Vorteil der ersatzberechtigten Partei. Die tatsächlichen oder hypothetischen Ersatzgeschäfte, die nach Nr. 8 Abs. 1 für die Bestimmung des Schadens bzw Vorteils maßgeblich sind, sind stets solche der ersatzberechtigten Partei und nur sie entscheidet, ob sie diese Geschäfte tatsächlich abschließt oder ihren Schaden bzw Vorteil aufgrund von hypothetischen Ersatzgeschäften berechnet. Es kommt also nur auf das an, was die ersatzberechtigte Partei für Ersatzgeschäfte aufwenden muss (bei für sie günstigen Geschäften) oder dafür erhält (bei für sie ungünstigen Geschäften). Es findet nicht etwa bei für die andere Partei günstigen Geschäften in der Weise ein Wechsel der Perspektive statt, dass es insoweit auf das positive Interesse der anderen Partei ankäme. Ebenso

52

---

45 Vgl jetzt § 206 Abs. 2 Nr. 5 SolV, die (ebenso wie die Parallelvorschriften der § 15 Abs. 2 S. 2 und § 21 Abs. 3 Nr. 5) als Voraussetzung für die aufsichtsrechtliche Anerkennung verlangt, dass die „Aufrechnungsvereinbarung", dh die Netting-Vereinbarung, keine Bestimmung enthält, wonach eine weiter bestehende Vertragspartei die Möglichkeit hat, nur begrenzte oder keine Zahlungen an die Insolvenzmasse zu leisten, wenn der Insolvenzschuldner eine einheitliche Forderung hat." Die Bestimmung ist insofern zirkulär, als sie das Bestehen einer einheitlichen Forderung des Insolvenzschuldners bereits voraussetzt und nur für diesen Fall eine Verfallsklausel verbietet. Die Norm wäre also nach ihrem Wortlaut auf einen Vertrag wie den Rahmenvertrag von 1990, der eine einheitliche Ausgleichsforderung der „anderen Partei" nicht vorsieht, gar nicht anwendbar. Man wird die Bestimmung aber, weil sie andernfalls weitgehend leer laufen würde, dahin verstehen müssen, dass die Voraussetzungen ihres letzten Halbsatzes („wenn der Insolvenzschuldner eine einheitliche Forderung hat") schon dann erfüllt sind, wenn der solventen Partei aus der Beendigung des Vertrags ein Vorteil entstehen würde.

46 Zu weitgehend allerdings Ebenroth Benzler (S. 355), die ohne nähere Begründung erklären, eine Verfallsklausel oder One-Way-Payment Vereinbarung sei ohne weiteres nach den §§ 129 ff. InsO anfechtbar, weil sie gläubigerbenachteiligend wirke. Die Benachteiligung der Gläubiger (§ 129 InsO) ist nur eine notwendige, aber keine hinreichende Bedingung für die Anfechtbarkeit. Es müssen auch die Voraussetzungen eines der besonderen Anfechtungsgründe nach den §§ 130 ff. InsO vorliegen. Hier kommt am ehesten die Absichtsan-

47 fechtung nach § 133 InsO und im Hinblick auf die Maßstäbe bei dessen Anwendung BGHZ 124, 76, 78 f in Betracht. Von der dort beurteilten Verfallsklausel unterscheidet sich eine One Way Payment Regelung, wie sie zB der Rahmenvertrag von 1990 enthielt, schon dadurch, dass bei Abschluss des Rahmenvertrags objektiv ungewiss ist, ob sich diese Regelung zu Lasten der einen oder anderen Partei auswirken wird. Schon deswegen kann aufgrund der Vereinbarung selbst nicht ohne weiteres die Absicht einer der Parteien geschlossen werden, die eigenen Gläubiger zu benachteiligen. Ein fehlender Vorteilsausgleich bei Vertragsbeendigung ließe sich außerdem auch dadurch rechtfertigen, dass die ersatzberechtigte Partei im Fall einer Vertragsbeendigung aus Gründen, die im Verantwortungsbereich der anderen Partei liegen, zu einer Liquidation von zu diesem Zeitpunkt für die ersatzberechtigte Partei ungünstigen Geschäften gezwungen ist, die sich bei einer Fortsetzung des Vertrags gegenüber einer solventen Partei durchaus noch zum Vorteil der ersatzberechtigten Partei entwickeln könnten. Im Rahmen des Vorteilsausgleichs im Sinne der Nr. 8 Abs. 1, dh der Minderung eines ansonsten bestehenden Schadenersatzanspruchs, wird der ersatzberechtigten Partei dieser Nachteil ohnehin zugemutet. Dass ein über den Betrag eines ansonsten bestehenden Schadens hinausgehender „Vorteil" nicht auszugleichen wäre, erscheint als ein angemessener Ausgleich für diese Zumutung.

wenig führt die entsprechende Anwendung der in Nr. 8 Abs. 1 enthaltenen Grundsätze im Rahmen der Nr. 8 Abs. 2 und der Nr. 9 Abs. 1 zu einer solchen Verschiebung der Perspektive. Anders verhält es sich nur bei der Bestimmung des Schadens der anderen Partei als der Obergrenze für den der anderen Partei zustehenden Vorteilsausgleich gem. Nr. 8 Abs. 2. Die andere Partei erhält nur einen Ausgleich des Vorteils der ersatzberechtigten Partei, keinen Ersatz des eigenen Schadens. Nur wenn der eigene Schaden ausnahmsweise geringer sein sollte, ist dessen Betrag nach Nr. 8 Abs. 2 maßgebend.

XIII. Der DRV als Rahmenvertrag im Sinne des § 104 Abs. 2 S. 3 InsO

53 Der DRV ist **grundsätzlich** darauf angelegt, dass **das vertragliche Liquidationsnetting** nach Nr. 7, Nr. 8 und Nr. 9 Abs. 1 bereits vor der Eröffnung des Insolvenzverfahrens, nämlich spätestens mit der Stellung des Antrags auf Eröffnung des Insolvenzverfahrens, ausgelöst wird, so dass den §§ 103 ff. InsO und damit auch der gesetzlichen Nettingbestimmung des § 104 Abs. 2 InsO der Anwendungsbereich entzogen wird.[48] Für den Fall, dass das vertragliche Netting versagt, soll das **gesetzliche Netting nach § 104 Abs. 2 InsO** aber eine Art **Hilfs- und Auffangfunktion** haben. Es soll insbesondere durch das Eingreifen des § 104 Abs. 2 InsO vermieden werden, dass der Insolvenzverwalter andernfalls von seinem Wahlrecht gem. § 103 InsO Gebrauch machen kann. Zumindest soll der Insolvenzverwalter das Wahlrecht nicht in Bezug auf jedes einzelne Geschäft, sondern nur in Bezug auf die Gesamtheit dieser Geschäfte ausüben können. Um dies sicherzustellen, muss der DRV die **Voraussetzungen eines Rahmenvertrags im Sinne des § 104 Abs. 2 S. 3** erfüllen. Es muss also sichergestellt werden, dass die Geschäfte in dem Rahmenvertrag einem einheitlichen Vertrag zusammengefasst bleiben und bei Vorliegen eines Insolvenzgrundes **nur einheitlich beendet** werden können. Dem dient (wie oben erwähnt) das Prinzip des einheitlichen Vertrags (Nr. 1 Abs. 2), die in Nr. 7 insbesondere im Fall der Insolvenz vorgesehene Gesamtbeendigung und der Ausschluss einer Teilkündigung gem. Nr. 7 Abs. 1 S. 4. Die Vereinbarung besonderer Bestimmungen im Sinne des § 12 Abs. 6, die diesen Punkt berühren könnten, sollte vermieden werden. Allerdings hat die Zusammenfassung sämtlicher Geschäfte in einem Rahmenvertrag im Sinne des § 104 Abs. 2 S. 3 nur die Wirkung, dass damit die Gesamtheit der Geschäfte als ein gegenseitiger Vertrag im Sinne der §§ 103 und 104 anzusehen sind. Aus den weiteren Voraussetzungen der gesetzlichen Nettingbestimmung können sich (insbesondere im Hinblick auf den Kreis der Geschäfte, die davon erfasst werden) **weitere Einschränkungen** ergeben.[49]

XIV. Aufrechnung mit Gegenansprüchen durch die ersatzberechtigte Partei

54 Nr. 9 Abs. 2 soll die ersatzberechtigte Partei in die Lage versetzen, einen etwaigen einheitlichen Ausgleichsanspruch der anderen Partei dazu nutzen zu können, sich wegen anderweitiger Gegenforderungen durch Aufrechnung zu befriedigen. Zu diesem Zweck werden einige **Voraussetzungen der Aufrechnung** nach allgemeinem Zivilrecht (§ 387 BGB), nämlich die Fälligkeit der Gegenforderungen und die Gleichartigkeit der geschuldeten Leistungen, **abbedungen**. Zugleich wird die **Fälligkeit** der Ausgleichsforderung der „anderen Partei" **hinausgeschoben**. Sie wird erst fällig, soweit ihr keine Ansprüche der ersatzberechtigten Partei gegenüberstehen.[50]

---

48 Dies ist trotz der gem. § 119 InsO zwingenden Natur der §§ 103 ff. InsO nach ganz hM zulässig, wie sich aus der Entstehungsgeschichte des § 119 InsO ergibt (*Bosch*, WM 95, 365, 424; *Bosch*, Insolvenzordnung, § 104 Rn 39; aA *Köndgen*, in: Kübler/Prütting, Kommentar zur Insolvenzordnung, § 104 Rn 39).
49 Vgl MünchKommInsO-*Jahn* § 104 Rn 39 ff
50 Dies sagt Nr. 9 Abs. 2 gleich zweimal, nämlich in S. 1 und S. 5.

Zivilrechtlich handelt es sich dabei um einen Vertrag über die Voraussetzungen der **Aufrechnung**[51] und nicht (wie im Fall des Zahlungsnetting nach Nr. 3 Abs. 3) um einen aufschiebend bedingten Aufrechnungsvertrag.[52] Denn die Aufrechnungswirkung tritt nicht von selbst ein. Sie **muss** vielmehr (wie die Aufrechnung nach allgemeinem Zivilrecht) **erklärt werden**; § 388 BGB wird nicht abbedungen. Dies zeigt insbesondere der letzte Satz der Nr. 9 Abs. 2. Denn er regelt den Fall, dass die ersatzberechtigte Partei die Aufrechnung unterlässt. 55

Wird die Aufrechnung erst nach Eröffnung eines Insolvenzverfahrens im Hinblick auf die andere Partei erklärt, liegt ein Fall des § **94 InsO** vor.[53] Denn aufgrund des Abbedingens der Fälligkeit der Gegenforderungen als Aufrechnungsvoraussetzungen entsteht das Recht zur Aufrechnung nicht erst mit deren Fälligkeit. Es bleibt also nach § 94 InsO erhalten. Auch § **95 Abs. 1 InsO** steht der Aufrechnung nicht entgegen. § 95 Abs. 1 S. 1 InsO sagt nicht, dass die Fälligkeit der Gegenforderungen abgewartet werden muss, sondern nur dass die Aufrechnung erst erfolgen kann, wenn „ihre Voraussetzungen", dh in diesem Fall die vertraglich vereinbarten Voraussetzungen, eingetreten sind. Die Aufrechnung wird auch durch § 95 Abs. 1 S. 3 InsO nicht ausgeschlossen. Denn es ist aus zwei Gründen nicht möglich, dass die Ausgleichsforderung fällig wird, bevor die Aufrechnung erfolgen kann: Zum einen hängt die Aufrechnung vereinbarungsgemäß nicht von der Fälligkeit der Gegenforderungen ab. Zum anderen bewirkt Nr. 9 Abs. 2, dass die Ausgleichsforderungen nicht fällig wird, soweit ihr überhaupt Gegenforderungen (ob fällig oder nicht) entgegen stehen. 56

In der insolvenzrechtlichen Literatur wird allerdings vertreten, dass Aufrechnungsvereinbarungen „die Wirksamkeit zu versagen" sei, soweit durch sie „der Anwendungsbereich des § 95 Abs. 1 S. 3 umgangen oder ausgeschlossen"[54] werde. § **94 InsO müsse** dahin gehend (im Wege der teleologischen Reduktion) **einschränkend ausgelegt werden**, dass Aufrechnungsvereinbarungen durch die Eröffnung des Verfahrens nur dann nicht berührt werden, „wenn und soweit sie eine Umgehung oder einen Ausschluss des § 95 nicht bezwecken bzw ermöglichen und bewirken".[55] Diese Auffassung wird darauf gestützt, dass die Erwähnung (in § 94 InsO) auch der Berechtigung zur Aufrechnung „aufgrund einer Vereinbarung" laut Begründung des Rechtsausschusses nur „zur Klarstellung" erfolgt sei, obwohl die Aufrechnungsmöglichkeit hierdurch gegenüber dem früheren Recht tatsächlich erweitert wurde. Diese Auffassung ist abzulehnen. Die Entstehungsgeschichte und Begründung sind wichtige Hilfsmittel bei der Auslegung eines Gesetzes. Aber im Falle eines Widerspruchs hat der klare Wortlaut des Gesetzes Vorrang vor der Begründung.[56] 57

XV. Zustimmungsvorbehalt im Hinblick auf die Übertragung von Rechten und Pflichten

Der Zustimmungsvorbehalt nach Nr. 10 soll insbesondere im Hinblick auf das vertragliche bzw gesetzliche Netting die **Gegenseitigkeit der wechselseitigen Verpflichtungen** (im Sinne der Identität von Schuldner und Gläubiger auf beiden Seiten) sicherstellen. Nr. 10 hat, soweit er Verpflichtungen betrifft, nur klarstellende Funktion (vgl § 415 BGB). Im Hinblick auf Rechte stellt er ein vertragliches **Abtretungsverbot** (§ 399 2. Alternative BGB) dar. Damit 58

---

51 Vgl Staudinger-*Gursky*, Vorbem. zu § 387 Rn 83.
52 Vgl Staudinger-*Gursky*, Vorbem. zu § 387 Rn 74.
53 Voraussetzung ist allerdings, dass die Gegenforderungen bei Eröffnung des Insolvenzverfahrens bereits bestehen. Das bewirkt aber keine Beschränkung gegenüber Nr. 9 Abs. 1. Denn Nr. 9 Abs. 1 setzt ohnehin bereits bei Beendigung des Vertrags bestehende Gegenforderungen voraus.
54 *Braun*, Insolvenzordnung, 2004, § 95 Rn 19.
55 *Braun*, aaO.
56 Ein Irrtum (in der Begründung) über das Verhältnis einer gesetzlichen Regelung zur früheren Rechtslage bedeutet im Übrigen nicht, dass die gesetzliche Regelung nicht gewollt war und daher nicht verbindlich ist.

wäre grundsätzlich damit zu rechnen, dass Abtretungen gleichwohl nach § 354 a HGB wirksam sein könnten. Jahn[57] vertritt jedoch mit ausführlicher Begründung die Auffassung, dass § 354 a HGB nicht anwendbar sei, weil die Abtretung von Rechten aufgrund des Prinzips des einheitlichen Vertrags schon deswegen nicht möglich sei, weil die Leistung an einen anderen nicht ohne Änderung des Leistungsinhalts möglich sei (§ 399 1. Alternative BGB).

59 Nr. 10 steht der **Übertragung eines gesamten Einzelabschlusses** im Wege der zwischen den Parteien und einem Übernehmer zu vereinbarenden Vertragsübernahme (etwa nach dem hierfür existierenden Muster einer „Übertragungsvereinbarung") nicht entgegen. In diesem Fall empfiehlt sich eine ausdrückliche Bestimmung, wonach der Einzelabschluss in einen zwischen dem Übernehmer und der verbleibenden Vertragspartei bestehenden Rahmenvertrag einbezogen wird.

XVI. Nebenbestimmungen

60 Nr. 11 enthält die im Hinblick auf § 139 BGB wichtige **salvatorische Klausel** sowie die **Rechtswahl-** und **Gerichtsstandsklausel**. Im Hinblick auf die Rechtswahl sollte bedacht werden, dass diese nur für die vertragliche Beziehung der Parteien untereinander maßgebend ist, während sich das anwendbare Insolvenzrecht aus den zwingenden Normen des internationalen Insolvenzrechts ergibt. Nr. 11 Abs. 4 ist vor allem deswegen erforderlich, weil der Rahmenvertrag von 1990 mangels der Bestimmung der Nr. 8 Abs. 2, dh mangels einer zweiseitigen Saldierung, nicht die Voraussetzungen für die aufsichtsrechtliche Anerkennung des Netting erfüllt.

XVII. Besondere Vereinbarungen

61 Nr. 12 enthält einige **optionale Klauseln**, dh Klauseln, die nur dann zum Vertragstext gehören, wenn sie von den Parteien gewählt werden. Dazu gehören insbesondere die **Steuernettoklausel** (Nr. 12 Abs. 5) und einige weitere **Bestimmungen für grenzüberschreitende Geschäfte**.

62 Der DRV kann, wie sich aus Nr. 12 Abs. 6 ergibt, auch **durch weitere Bestimmungen ergänzt oder modifiziert** werden. Auch letzteres sollte in der Weise geschehen, wie dies aus Nr. 12 Abs. 1 bis 5 ersichtlich ist, dh durch zusätzliche Klauseln, die einzelne Bestimmungen des DRV für nicht anwendbar erklären oder ändern. Dies hat den Vorteil, dass ohne Weiteres ersichtlich ist, in welchen Punkten die Parteien von der gedruckten Fassung des DRV abweichen. Zwingend notwendig sind solche in Nr. 12 Abs. 6 sogenannten „sonstigen Vereinbarungen" jedoch nicht. Der DRV ist vielmehr schon in seiner gedruckten Fassung ein unterschriftsreifer Vertrag. Außerdem sollte darauf geachtet werden, dass Änderungen des DRV gegenüber der gedruckten Fassung keine der Aspekte berühren, die für die insolvenzrechtliche Wirksamkeit des vertraglichen Netting, dessen aufsichtsrechtliche Anerkennung oder die Funktion des DRV als Rahmenvertrag im Sinne des § 104 Abs. 2 InsO wichtig sind.

C. Besicherungsanhang

63 Eine der wichtigsten Erweiterungen der Rahmenvertragsdokumentation ist der im Jahre 2004 veröffentliche Besicherungsanhang (im Folgenden „BA"). Er dient – wie der Rahmenvertrag selbst – der Begrenzung des Ausfallrisikos in der Insolvenz der anderen Vertragspartei. Das vertragliche Netting aufgrund des DRV reduziert das Ausfallrisiko auf den Betrag einer etwaigen Ausgleichsforderung der ersatzberechtigten Partei nach Nr. 9 Abs. 1 DRV

---

57 *Jahn*, in: Schimansky/Bunte/Lwowski, Rn 44 unter Berufung auf Krämer (S. 555), der aber in diesem Punkt weniger eindeutig Stellung bezieht.

(das sog. **Nettoausfallrisiko**). Ergibt die Saldierung keinen solchen positiven Saldo der ersatzberechtigten Partei, erleidet die ersatzberechtigte Partei keinen Ausfall. Andernfalls erhält sie auf ihre Ausgleichsforderung nach Nr. 9 Abs. 1 DRV lediglich die Insolvenzquote.

Verhindern kann die ersatzberechtigte Partei den damit verbundenen Ausfall nur, wenn sie über besondere Sicherungs- oder Befriedigungsmöglichkeiten verfügt. So kann es zum Beispiel sein, dass sich die ersatzberechtigte Partei durch **Aufrechnung** mit eigenen Verbindlichkeiten (zB aufgrund von Ausgleichsforderungen der anderen Partei aus anderen Rahmenverträgen) befriedigen kann.[58]

I. Uneingeschränkte Vollrechtsübertragung

Besteht keine Aufrechnungsmöglichkeit, kann ein Bedürfnis entstehen, das Nettoausfallrisiko zu besichern. Als Sicherheiten kommen in erster Linie Barsicherheiten, dh Buchgeld, oder erstklassige Wertpapiere in Betracht. Der deutsche Jurist denkt in diesem Zusammenhang zuerst an die **Verpfändungen von Barguthaben oder Wertpapieren** oder die **Sicherungsübereignung von Wertpapieren** und diese Form der Sicherheitsleistung wird teilweise auch heute noch genutzt, wenn sich der Sicherungsgeber des Eigentums an den als Sicherheit dienenden Wertpapieren nicht begeben oder zumindest die dingliche Rechtsposition zurückbehalten möchte, die mit der Sicherungsübereignung verbunden ist und die sich insbesondere im Aussonderungsrecht des Sicherungsgebers in der Insolvenz des Sicherungsnehmers niederschlägt.

Der BA beschreitet demgegenüber ebenso wie der ebenfalls im Jahre 2004 veröffentlichte Sicherheitenanhang zum EMA neue Wege. Vorbild hierfür ist der Credit Support Annex zum ISDA MA. Die nach diesen Besicherungsanhängen vorgesehene Form der Leistung von Sicherheiten besteht in der **uneingeschränkten**[59] **Vollrechtsübertragung** (sog. „outright transfer"). Es wird nicht nur kein beschränktes dingliches Sicherungsrecht (wie das Pfandrecht) begründet. Es fehlt auch die für die Sicherungsübereignung und Sicherungsabtretung charakteristische Treuhandabrede. Deswegen behält der Sicherungsgeber auch keinerlei dingliche Rechtsposition zurück. Auch ein schuldrechtlicher Anspruch auf Rückübertragung derselben Sicherheiten besteht nicht. Der Sicherungsnehmer ist im Gegensatz zum Sicherungsnehmer im Rahmen einer Sicherungsübereignung berechtigt, über die Sicherheiten uneingeschränkt zu verfügen (Nr. 1 Abs. 2).[60] Der Sicherungsgeber hat lediglich einen Anspruch auf Übertragung von gleichartigen Sicherheiten (Nr. 4), wenn das Bedürfnis für die Besicherung weggefallen ist. Diese Situation wird im BA als „Überdeckung" bezeichnet (Nr. 4 DRV). Einen Bezug zu bestimmten Wertpapieren hat der Anspruch des Sicherungsgebers auf „Rückübertragung" von Wertpapieren also ebenso wenig, wie der ebenfalls bestehende bedingte (nämlich durch den Fall der „Unterdeckung" (Nr. 3) bedingte) Anspruch auf Leistung von Sicherheiten. Es handelt sich also nicht im eigentlichen Sinne um einen Anspruch auf „Rückübertragung". Ein Bezug zu den ursprünglich geleisteten Sicherheiten besteht nur insofern als die Nr. 4 Gleichartigkeit verlangt.

Zwar ist die uneingeschränkte Vollrechtsübertragung als Form der Sicherheitsleistung relativ neu.[61] Ein **Risiko der Umdeutung** in traditionelle Formen der Sicherheitsleistung (insbeson-

---

58 Diese Aufrechnung ist im DRV nicht geregelt. Sie unterliegt, soweit sie nicht Gegenstand einer besonderen Vereinbarung ist, den allgemeinen zivilrechtlichen Voraussetzungen (§§ 387 ff BGB) und ist, wenn sie erst nach Eröffnung eines Insolvenzverfahrens erklärt wird, nur in den Grenzen der §§ 94 ff. InsO wirksam.
59 Der Zusatz „uneingeschränkt" ist wichtig, weil auch im Zusammenhang mit der Sicherungsübereignung üblicherweise von einer Vollrechtsübertragung gesprochen wird.
60 Nrn. ohne Zusätze sind im vorliegenden Abschnitt solches des BA.
61 Die einschlägigen Handbücher behandeln sie nicht. So unterscheidet *Bülow* (Recht der Kreditsicherheiten, 2003, Rn 19) nur die dinglichen Verwertungsrechte und die Vollrechtsübertragung, bei der der Sicherungsnehmer aber verpflichtet sei, mit dem Gegenstand nicht wie ein Vollrechtsinhaber zu verfahren.

dere die Sicherungsübereignung) dürfte jedoch nicht bestehen. Gerade nach der ursprünglichen Konzeption des BGB ist die uneingeschränkte Vollrechtsübertragung sogar weniger problematisch als die Sicherungsübereignung; denn es ist gerade die in der Treuhandabrede liegende Beschränkung des Sicherungsnehmers, die die Sicherungsübereignung in eine bedenkliche Nähe zu dem im BGB nicht vorgesehenen besitzlosen Pfandrecht rückt. Zwar sind diese Bedenken seit langem ausgeräumt und die Institute der **Sicherungsübereignung und Sicherungsabtretung** anerkannt. Das geschah aber nicht wegen, sondern eher trotz der mit beiden Rechtsfiguren verbundenen Treuhandabreden, und es gibt keinen Anlass den Parteien eine von ihnen eindeutig nicht gewollte (vgl den Wortlaut von Nr. 1 Abs. 2) Treuhandabrede zu unterstellen. Die Abgrenzung zum **Pfandrecht** ist noch einfacher: Die uneingeschränkte Vollrechtsübertragung stellt noch eindeutiger als die Sicherungsübereignung kein beschränktes dingliches Recht, sondern eine Übereignung dar.

68 Die uneingeschränkte Vollrechtsübertragung ist außerdem in der in deutsches Recht umgesetzten **Finanzsicherheitenrichtlinie**[62] anerkannt. Mit der Bestellung von Sicherheiten im Wege der von der Richtlinie sogenannten Vollrechtsübertragung[63] ist nämlich, wie sich aus Art. 6 der Richtlinie[64] ergibt, die uneingeschränkte Vollrechtsübertragung gemeint. Auch der Begriff der Vollrechtsübertragung in § 1 Abs. 17 KWG muss daher richtlinienkonform in dem Sinne verstanden werden, dass er insbesondere auch die uneingeschränkte Vollrechtsübertragung, dh die Vollrechtsübertragung im Sinne der Richtlinie, umfasst. Die Anerkennung der uneingeschränkten Vollrechtsübertragung ist also auch unter dem Gesichtspunkt der richtlinienkonformen Auslegung geboten.[65] Die Finanzsicherheitenrichtlinie und ihre Umsetzungsvorschriften führen außerdem zu einer Privilegierung der Vollrechtsübertragung unter verschiedenen Gesichtspunkten. Praktisch wichtig ist im vorliegenden Zusammenhang insbesondere § 130 Abs. 1 S. 2 InsO.

69 Der BA spricht nicht nur in Bezug auf Wertpapiere, sondern auch **Barsicherheiten** von einer Übertragung des Eigentums auf den Sicherungsgeber (vgl Nr. 1 Abs. 1 S. 1 und die Definition des Begriffs der Sicherheiten in Nr. 2). Dies ist in dem praktisch allein interessierenden Fall der „unbaren" Leistung von „Barsicherheiten"[66] nach deutschem Recht dogmatisch unzutreffend. Denn Barguthaben bei Kreditinstituten stellen nach deutschem Recht eine Forderung gegen die Bank dar; Eigentum ist aber nach heutigem deutschen Zivilrecht nur an Sachen möglich (§ 903 BGB). Nr. 1 Abs. 2 kann also bei Barsicherheiten **nur sinngemäß** gelten. Ähnlich wie bei der in Nr. 1 Abs. 2 S. 2 erwähnten Verschaffung einer „gleichwertigen Rechtsstellung" bei einer ausländischem Recht unterliegenden Übertragung von Wertpapieren, kann nur eine „gleichwertige Rechtsstellung" verschafft werden, dh eine Forderung gegen eine Bank, bei der der Sicherungsnehmer ein Konto unterhält. Es handelt sich bei der Übertragung des „Eigentums" an Barsicherheiten um eine einfache Überweisung auf ein Konto und dasselbe gilt für die Übertragung „gleichartiger" Barsicherheiten im Falle einer Unterdeckung nach Nr. 4.

---

62 Richtlinie 2002/47/EG des Europäischen Parlaments und des Rates vom 6. Juni 2002 über Finanzsicherheiten (Abl. EG Nr. L 168 S. 43).
63 Art. 2 Abs. 1 (b) der FS-Richtlinie.
64 Art. 6 Abs. 2 setzt voraus, dass der Sicherungsnehmer lediglich verpflichtet ist, Sicherheiten derselben Art zurück zu übereignen.
65 Daran ändert auch der Umstand nichts, dass der deutsche Gesetzgeber im Zusammenhang mit der Vollrechtsübertragung in erster Linie an die vertraute Sicherungsübereignung und Sicherungszession gedacht hat. Der fehlende Umsetzungsbedarf wird in der Begründung des Umsetzungsgesetzes damit begründet, dass auch schon nach geltendem deutschen Recht die Sicherungsübereignung und Sicherungszession möglich sei. (BT-Drucks. 15/2853, S. 12).
66 Der Begriff der Barsicherheiten im BA dürfte sich ebenso wie derselbe Begriff der Finanzsicherheitenrichtlinie auf „einen auf einem Konto gutgeschriebenen Betrag oder vergleichbare Geldforderungen" beschränken und Bargeld ausschließen (vgl Erwägungsgrund 18 der FS-Richtlinie).

II. Laufende Bestellung von Sicherheiten

Aufgrund der Schwankungen der Bezugsgrößen der einzelnen Derivategeschäfte, schwankt auch das sich aus der Saldierung ergebende Nettoausfallrisiko (der Gegenwert eines Ausgleichanspruchs nach Nr. 9 Abs. 1 DRV). Deswegen sehen die Nr. 2 und Nr. 3 die **laufende Übertragung und Rückübertragung von Sicherheiten** vor. Dies kann zu einem Anfechtungsrisiko führen, wenn die Sicherheiten in den letzten drei Monaten vor dem Antrag auf Eröffnung des Insolvenzverfahrens oder nach dem Antrag auf Eröffnung des Insolvenzverfahrens geleistet wurden und auch die übrigen Voraussetzungen des § 130 InsO vorliegen. Aus diesem Grund ist im Rahmen der Umsetzung der Finanzsicherheitenrichtlinie eine Ausnahmeregelung in § **130 Abs. 1 S. 2 InsO** eingefügt worden. Danach gilt S. 1 der Vorschrift nicht (die Leistung der Sicherheiten ist also nicht anfechtbar), wenn die Rechtshandlung (dh die Leistung der Sicherheiten) auf einer Sicherungsvereinbarung beruht, die die Verpflichtung enthält, eine Finanzsicherheit im Sinne des § 1 Abs. 17 KWG zu bestellen, um das in der Sicherungsvereinbarung festgelegte Verhältnis zwischen dem Wert der gesicherten Verbindlichkeiten und dem Wert der geleisteten Sicherheiten wiederherzustellen (Margensicherheit). Die Nrn. 2 und 3 stellen eine solche Vereinbarung dar.

70

III. Keine „Verwertung" der Sicherheiten

Anders als bei einer Verpfändung oder Sicherungsübereignung kann man im Zusammenhang mit der uneingeschränkten Vollrechtsübertragung aufgrund des Besicherungsanhangs zum DRV **nicht von einer Verwertung der Sicherheiten sprechen**. Das ergibt sich schon daraus, dass die Sicherheiten, aufgrund der uneingeschränkten Verfügungsbefugnis gem. Nr. 9 Abs. 2 S. 1 DRV in keiner Weise beim Sicherungsnehmer als separate Vermögensgegenstände vorhanden sein müssen.

71

An Stelle einer Verwertung werden die sich aus der Bewertung der Sicherheiten ergebenden Beträge lediglich wie rückständige Leistungen des Sicherungsnehmers **in die Berechnung der** nach Nr. 9 Abs. 1 DRV zu ermittelnden **Ausgleichsforderung einbezogen** (Nr. 9 Abs. 1 DRV).[67] Diese Einbeziehung in die „Zusammenfassung" nach Nr. 9 Abs. 1 DRV ist, soweit keine Überdeckung im Sinne der Nr. 4 besteht, anders als bei den rückständigen Leistungen selbst keine Verrechnung mit gegenläufigen Forderungen, was der Wortlaut der Nr. 9 Abs. 1 DRV durch die Worte „*wie* rückständige Leistungen" zutreffend zum Ausdruck bringt. Solange keine Überdeckung besteht, besteht nämlich auch kein Anspruch auf Lieferung gleichartiger Wertpapiere (vgl Nr. 4).

72

Auch wenn eine Überdeckung besteht, hat der Sicherungsnehmer in diesem Fall keinen Anspruch auf Lieferung gleichartiger Sicherheiten nach Nr. 3. Denn Nr. 9 Abs. 1 S. 4 ordnet an, dass mit der Beendigung des Vertrags **sämtliche Ansprüche** der Parteien auf Übertragung von Geldbeträgen oder Wertpapieren **erlöschen**. Der Sicherungsgeber erhält also nicht gleichartige Sicherheiten, sondern den Gegenwert von überschüssigen Sicherheiten im Rahmen der Bestimmung des Ausgleichsanspruchs nach Nr. 9 Abs. 1 DRV.

73

Betrachtet man sowohl die uneingeschränkte Natur der Vollrechtsübertragung als auch die „Verwertung" der Sicherheiten durch Einbeziehung in das Liquidationsnetting, fragt sich, ob es überhaupt angemessen ist, von der „Leistung von Sicherheiten" usw zu sprechen. Diese Terminologie des BA wird zwar der wirtschaftlichen Motivation der Parteien gerecht. Im Hinblick auf die zivilrechtliche Natur der Regelungen wäre es aber angemessener von „**Ausgleichsgeschäften**" und einem „**Ausgleichsanhang**" zu sprechen. Denn es handelt sich bei der

74

---

[67] Art. 6 Abs. 2 Finanzsicherheitenrichtlinie sieht diese Form der „Verwertung" (Einbeziehung in eine „Aufrechnung in Folge Beendigung") der im Wege der Vollrechtsübertragung bestellten Sicherheiten ausdrücklich vor und verpflichtet die Mitgliedsstaaten damit, diese Form der „Verwertung" zuzulassen.

„Leistung um Sicherheiten" nach dem BA der Sache nach um zusätzliche Geschäfte, die einen unausgeglichenen Saldo in den Geschäftsbeziehungen in der Weise ausgleichen, dass keine Partei der anderen Kredit gewährt. Denkt man in erster Linie an die Möglichkeit der Leistung von Barsicherheiten, könnte man die Leistung von Sicherheiten auch als eine **Vorausleistung auf einen künftigen Ausgleichsanspruch** gem. Nr. 9 Abs. 1 DRV deuten.

75 Kollisionsrechtlich ist im Zusammenhang mit dem BA zu beachten, dass zwar die wechselseitigen Verpflichtungen aufgrund des Sicherheitenanhangs wegen der im DRV enthaltenen Wahl deutschem Recht unterliegen. Das auf die Übertragung von Sicherheiten anwendbare Recht richtet sich **nach eigenen kollisionsrechtlichen Normen** (insbesondere § 17 a DepotG bzw. Art. 43 EGBGB).

D. European Master Agreement (EMA)

I. Entstehung

76 Das **European Master Agreement (EMA)**[68] stellt einen Versuch dar, die unterschiedlichen nationalen Rahmenverträge (insbesondere der kontinentaleuropäischen Rechtsordnungen) durch einen europäischen Rahmenvertrag zu ersetzen, und zwar nicht nur im Hinblick auf OTC-Derivate, sondern auch Wertpapierdarlehen und Wertpapierpensionsgeschäfte. Ein Anstoß dazu lag auch in der Überzeugung, dass nach der Einführung des Euro unterschiedliche nationale Marktstandards im gemeinsamen Währungsraum nicht mehr angemessen seien.[69]

77 Das EMA geht auf eine **Initiative französischer und deutscher Banken** aus den Jahren 1987 und 1988 zurück[70] und ist in erster Linie von kontinental-europäischen Juristen erarbeitet worden, auch wenn es zugleich in erheblichem Maße Regelungstechniken des international dominierenden ISDA MA übernimmt. Ursprünglich war versucht worden, die ISDA für eine Mitwirkung an dem Projekt zu gewinnen, was jedoch Vorbehalten begegnete, weil von der ISDA gerade eine Zersplitterung des internationalen Dokumentationsstandards befürchtet wurde.[71] Nachdem die Bankenvereinigung der Europäischen Union die Schirmherrschaft für das Projekt übernommen hatte, wurde das EMA im Jahre 1999 erstmals veröffentlicht und im Jahre 2001 noch einmal überarbeitet.

78 Das EMA war von vornherein als ein **produktübergreifender Rahmenvertrag** konzipiert. Zunächst wurden Produktanhänge für Wertpapierdarlehen und Pensionsgeschäfte veröffentlicht. Im Jahre 2004 folgte ein Produktanhang für Derivategeschäfte mit Zusätzen für Devisengeschäfte, Zinsderivate und Optionsgeschäfte. Zur Wirksamkeit des EMA in den verschiedenen Rechtsordnungen (insbesondere nach dem jeweiligen lokalen Insolvenzrecht) sind inzwischen zahlreiche Rechtsgutachten eingeholt worden,[72] was – wie oben erwähnt – insbesondere für die aufsichtsrechtliche Anerkennung des Netting unter Rahmenverträgen von großer Bedeutung ist.[73]

---

68 Der Text des EMA und seiner Anhänge ist in der Website des Bankenverbands der Europäischen Union veröffentlicht.
69 Zur Entstehungsgeschichte des EMA vgl *Bosch*, Euredia, 1999, S. 129.
70 *Bosch* aaO, S. 135.
71 *Bosch*, aaO, S. 136.
72 Vgl die in der Website der Bankenvereinigung der Europäischen Union (www.ebf-fbe.eu) veröffentlichte Liste.
73 Vgl § 206 Abs. 3 SolvV, § 15 Abs. 1 Nr. 2 GroMiKV, § 21 Abs. 3 Nr. 8.

II. Konzeption

Das EMA entspricht in seiner **Grundkonzeption und Funktionsweise** dem DRV und dem ISDA MA. Es verbindet die Einzelabschlüsse zu einem einheitlichen Vertrag (Nr. 1 Abs. 4),[74] der insbesondere im Fall der Insolvenz einer der beiden Seiten als ganzer beendet, saldiert und in einen einheitlichen Ausgleichsanspruch umgewandelt wird (Nr. 6 und Nr. 7). Wie beim DRV kann auch die vertragstreue Partei einen Ausgleich schulden. Allerdings ist die Saldierung – ebenso wie beim DRV – insofern nicht völlig symmetrisch, als die vertragstreue Partei lediglich einen Vorteilsausgleich schuldet und nicht den Ersatz des der anderen Seite entstehenden Schadens. Das ergibt sich beim EMA aus dem Umstand, dass die Berechnung der positiven und negativen Geschäftswerte gem. Nr. 7 durch die vertragstreue Partei und aus deren Sicht erfolgt (die sog. Berechnungspartei, vgl Nr. 7 Abs. 1 (a)). Das EMA verzichtet aber anders als das DRV auf die dogmatische Einordnung der Saldierung in die zivilrechtlichen Kategorien des Schadenersatzes und Vorteilsausgleichs; das ist schon deswegen notwendig, weil das EMA nicht allein für die Wahl deutschen Rechts gedacht ist.

Auch die weiteren aus dem DRV bekannten **Techniken zur Begrenzung des Ausfallrisikos** finden sich auch im EMA. Am gleichen Tag fällige Zahlungen in derselben Währung werden verrechnet (sog. Zahlungsnetting – Nr. 3 Abs. 4). Die vertragstreue Partei kann einen Ausgleichsanspruch der anderen Partei nutzen, um sich wegen möglicher Gegenansprüche durch Aufrechnung zu befriedigen (Nr. 7 Abs. 4). Ein Sicherheitenanhang sieht vor, dass das sich aus der vertraglichen Saldierung ergebende Nettoausfallrisiko durch Wertpapiere oder Barsicherheiten besichert werden kann. Ebenso wie beim DRV erfolgt die Besicherung durch uneingeschränkte Vollrechtsübertragung und im Fall der Beendigung des Vertrags die Einbeziehung des Wertes der Sicherheiten in das vertragliche Netting.

Das EMA **unterscheidet sich** jedoch **vom DRV** durch seine Eignung für die Wahl des Rechts eines jeden Mitgliedstaats der EU als Vertragsstatut, seine Mehrsprachigkeit und seinen produktübergreifenden Ansatz (siehe zu diesen Punkten jeweils unten).

In seiner **Regelungstechnik** und einzelner seiner inhaltlichen Bestimmungen nimmt das EMA im Vergleich zum ISDA MA einerseits und dem DRV andererseits eine Art Zwischenstellung ein. Es ist weniger eindeutig von kontinentaleuropäischen Regelungstechniken geprägt als der DRV. Die Regelungen des EMA sind insbesondere detaillierter. So werden die Beendigungsgründe im Einzelnen aufgegliedert, wobei – wie beim ISDA MA – zwischen Vertragsverletzungen und anderen Beendigungsgründen unterschieden wird (Nr. 6). Dies war bei einem Dokument, das von vornherein für die Wahl zahlreicher verschiedener Rechtsordnungen als Vertragsstatut gedacht ist, schon deswegen notwendig, weil realistischerweise nicht erwartet werden könnte, dass ein allgemeiner Begriff wie der „wichtige Grund" in sämtlichen Rechtsordnungen gleich ausgelegt wird. Ein für den internationalen Gebrauch gedachtes Musterdokument muss zwangsläufig (schon aus Gründen der Verständlichkeit für die Parteien) detaillierter sein. Aus diesem Grund musste das EMA auch die in Nr. 5 aufgeführten Zusicherungen enthalten, statt diese Regelungspunkte dem allgemeinen Zivilrecht des jeweils gewählten Vertragsstatutes zu überlassen. Auch sonst übernimmt das EMA in vielem den Regelungsstil des ISDA MA. Das gilt insbesondere für die Aufgliederung der Regelungen in eine Abfolge von Definitionen.

Das EMA wirkt schließlich in verschiedener Hinsicht **moderner** als das DRV, was nicht überrascht, wenn man bedenkt, dass der DRV seit 1993 nicht mehr wesentlich überarbeitet wurde. Dies zeigt sich insbesondere in der Umschreibung der Geschäfte, für die der Derivateanhang gedacht ist. Hier werden etwa Kreditderivate und Wetterderivate ausdrücklich aufgeführt. Außerdem findet ebenfalls im Derivateanhang die im Zusammenhang mit dem DRV

---

[74] Nrn. ohne Zusätze beziehen sich im vorliegenden Abschnitt auf das EMA.

und anderen kontinentaleuropäischen Rahmenverträgen entwickelte Praxis ihren Niederschlag, „sonstige Marktstandarddokumentationen" (dh vor allem Teile des ISDA-Musterdokumentation) in die Dokumentation einzubeziehen (siehe dazu unten). Diese größere Aktualität des EMA besteht aber, wie diese beiden Beispiele zeigen, teils nur darin, dass neuere Entwicklungen sich darin auch äußerlich wieder finden. Ein inhaltlicher Unterschied ist damit nicht immer verbunden.

III. Struktur

84 Die Dokumentation des EMA **gliedert sich wie folgt:** Der gedruckten Fassung des DRV und des ISDA MA entsprechen die sog. Allgemeinen Bestimmungen. In ihnen finden sich insbesondere das Prinzip der Zusammenfassung aller Einzelabschlüsse zu einem einheitlichen Vertrag, die Regelung der Beendigung dieses Vertrags, das vertragliche Liquidationsnetting, das Zahlungsnetting und das Recht der vertragstreuen Partei, mit Gegenansprüchen gegen einen Ausgleichsanspruch der anderen Vertragspartei aufzurechnen. Daneben existieren die sogenannten Besonderen Bestimmungen. Sie enthalten die speziell zwischen den Parteien ausgehandelten Bedingungen und bieten eine Reihe von Wahlmöglichkeiten. Die Besonderen Bestimmungen entsprechen also Nr. 12 DRV bzw dem ISDA Schedule. Allerdings werden anders als beim ISDA MA und beim DRV nur die Besonderen Bestimmungen von den Parteien unterschrieben.

85 Die **Unterscheidung zwischen den Allgemeinen Bestimmungen und den Besonderen Bestimmungen** darf nicht missverstanden werden. Es handelt sich hierbei nicht um eine Unterscheidung zwischen allgemeinen und besonderen Bestimmungen im Rahmen des zwischen den Parteien geschlossenen Vertrags, sondern um den Unterschied zwischen dem in den Allgemeinen Bestimmungen enthaltenen allgemeinen Marktstandard und dem besonderen zwischen den Parteien geschlossenen Vertrag. Haben die Parteien in den Besonderen Bestimmungen eine Vereinbarung getroffen oder von einer Wahlmöglichkeit Gebrauch gemacht, dann gilt diese „Besondere Bestimmung" im Verhältnis der Parteien untereinander allgemein und in den Besonderen Bestimmungen abbedungene Allgemeine Bestimmungen gelten im Verhältnis der Parteien untereinander überhaupt nicht; sie sind nur insofern von Interesse als sie zeigen, in welchen Punkten die Parteien von der Musterdokumentation abweichen.

86 Besondere Bestimmungen im eigentlichen Sinne, nämlich Bestimmungen, die nur für einzelne Kategorien von Geschäften gelten, enthalten die **Produktanhänge für Pensionsgeschäfte, Wertpapierdarlehen und Derivategeschäfte.** Der sehr knappe Anhang für Derivategeschäfte enthält einige Bestimmungen, die in auf Derivategeschäfte beschränkten Rahmenverträgen in den Rahmenvertrag selbst gehören würden. Bestimmungen zu speziellen Typen von Derivategeschäften finden sich in **Zusätzen zum Derivateanhang für Devisen-, Zins- und Optionsgeschäfte.**

87 Zu den **Wahlmöglichkeiten nach den Besonderen Bestimmungen** gehören insbesondere die Rechtswahl und die Gerichtsstandklausel. Die Besonderen Bestimmungen sehen auch die Möglichkeit vor, dass ein Schiedsverfahren vereinbart wird. Das ist zwar bei OTC-Derivategeschäften kaum üblich. Es ist aber verständlich, dass dieser Gedanke gerade im Zusammenhang mit der internationalen Ausrichtung des EMA nahe lag.

Wichtig ist auch die in den Besonderen Bestimmungen vorgesehene **Möglichkeit, die automatische Beendigung im Fall der Insolvenz abzubedingen.** Die automatische Beendigung im Fall der Insolvenz ist zwar in Deutschland erforderlich, um die insolvenzrechtliche Wirksamkeit des vertraglichen Netting sicherzustellen. In den meisten anderen Rechtsordnungen ist dies aber nicht der Fall.

Zu den Anhängen zum EMA gehört auch ein **Sicherheitenanhang**, der seinem Gegenstand 88
und der Regelungstechnik nach grundsätzlich dem Besicherungsanhang zum DRV entspricht; allerdings finden sich einige für den Sicherheitenanhang wesentliche Bestimmungen bereits in den Allgemeinen Bestimmungen. Das ebenfalls zur EMA-Dokumentation gehörige Verzeichnis der definierten Begriffe hat keine selbstständige Bedeutung, ist aber hilfreich, weil es angibt, an welchen Stellen des Vertragswerks sich die Definitionen der definierten Begriffe finden.

IV. Produktübergreifender Ansatz

Im Unterschied zum DRV und auch dem ISDA MA ist das EMA ein produktübergreifender 89
Rahmenvertrag, unter dem nicht nur OTC-Derivategeschäfte, sondern **auch Wertpapierdarlehens- und Wertpapierpensionsgeschäfte** dokumentiert werden können. Wertpapierdarlehensgeschäfte und Wertpapierpensionsgeschäfte werden in Deutschland, aber auch in der angelsächsischen Vertragspraxis gewöhnlich unter separaten Rahmenverträgen dokumentiert, die jeweils eigene Saldierungsmechanismen vorsehen.[75] Der produktübergreifende Umfang des EMA hat, wenn er von den Marktteilnehmern genutzt wird, den Vorteil, dass auch das Netting produktübergeifend (sog. cross product netting) ist.[76] Durch die Bildung eines einzigen Saldos aus diesen drei Kategorien von Geschäften sollen größere Nettingvorteile realisiert werden.[77] Dies würde im Ergebnis bedeuten, dass auch die Geschäfte gemeinsam besichert werden könnten (sog. cross margining), weil Maßstab für die Besicherung ein einziger Saldo wäre. Da dieser Saldo geringer sein dürfte als drei verschiedene Salden aus OTC-Derivategeschäften, Wertpapierpensionsgeschäften und Wertpapierdarlehensgeschäften würde dies auch einen Kostenvorteil für die Vertragsparteien bedeuten. Allerdings ist diese produktübergreifende Saldierung und Besicherung (anders als man meinen könnte) für die beteiligten Institute abwicklungstechnisch nicht etwa einfacher, sondern zumindest bisher erheblich schwieriger. Deswegen ist das EMA in diesem Punkt seiner Zeit voraus. Mangels anderweitiger Vereinbarungen der Parteien bilden die Wertpapierpensionsgeschäfte, Wertpapierdarlehen und Derivategeschäfte daher gem. Nr. 1 Abs. 1 Sicherheitenanhang eine gesonderte Gruppe von Geschäften für Zwecke der Besicherung.

V. Eignung für sämtliche EU Mitgliedsstaaten

Das EMA **ist in fast allen Amtssprachen der Europäischen Union** verfügbar und ist auch im 90
Hinblick auf die Wahl des Vertragsstatuts wesentlich offener als der DRV, aber auch das ISDA MA. Das ISDA MA lässt zumindest bereits die Wahl englischen Rechts und New Yorker Rechts zu (damit allerdings schon die gerade bei internationalen Finanztransaktionen bei weitem dominierenden Vertragsstatute). Der DRV ist hingegen nur für die Verwendung deutschen Rechts gedacht. Das EMA ist demgegenüber nach der Überzeugung seiner Verfasser und ausweislich zahlreicher von der Europäischen Bankenvereinigung in Auftrag gegebener Rechtsgutachten zumindest **grundsätzlich mit der Wahl des Rechts eines jeden Mitglieds-**

---

75 In Deutschland werden meist die vom Bundesverband deutscher Banken herausgegebenen Rahmenverträge für Wertpapierdarlehen oder Wertpapierpensionsgeschäfte verwendet. Vgl dazu *Clouth/Vollmuth*, S. 1409 ff
76 Zur aufsichtsrechtlichen Anerkennung des produktübergreifenden Netting nach der SolvV vgl § 206 SolvV. Noch im April 2005 hatte der Basler Ausschuss für Bankenaufsicht in einem Konsultationspapier festgestellt, die rechtliche Durchsetzbarkeit des produktübergreifenden Netting erscheine derzeit nicht hinreichend gesichert, so dass es aufsichtsrechtlich nicht anerkannt werden könne. Vgl dazu *Hartenfels*, S. 69.
77 Beim DRV und dem ISDA MA ist eine produktübergreifende Saldierung dadurch möglich, dass weitere Vereinbarungen geschlossen werden, die entweder die Verrechnung, der unterschiedlichen Salden aus Rahmenverträgen oder die Verknüpfung der Rahmenverträge durch einen übergeordneten Rahmenvertrag bewirken.

staats der EU vereinbar. Es vermeidet dazu, wie oben im Zusammenhang mit der Saldierungsbestimmung der Nr. 6 erwähnt, (außer bei sehr allgemeinen Begriffen wie „Vertrag") eine bestimmte dogmatische Einordnung der Regelungen und beschränkt in allem auf den sachlichen Regelungsgehalt selbst. Die Vereinbarkeit des EMA mit dem Recht eines jeden Mitgliedsstaates der Europäischen Union ist zum einen eine große Leistung seiner Verfasser. Sie zeigt aber auch die in den relevanten Fragen weit fortgeschrittene Harmonisierung des europäischen Zivilrechts und bestätigt, dass die Hauptprobleme im Zusammenhang mit der Wirksamkeit von Rahmenverträgen nicht im Zivilrecht, sondern im Insolvenzrecht liegen. Mindestens ebenso bedeutsam ist daher die Tatsache, dass das EMA (ISDA MA) **auf das Insolvenzrecht zahlreicher Länder abgestimmt** ist und dies durch entsprechende von der Europäischen Bankenvereinigung eingeholte Gutachten bestätigt wird. Wesentlich hierfür ist insbesondere, dass das EMA in Nr. 6 Abs. 1 (a) (viii) (anders als der DRV, aber ebenso wie das ISDA MA) eine zugleich detaillierte, aber auch hinreichend generische Beschreibung des Insolvenzfalls enthält, die sämtliche in den jeweiligen Ländern möglichen Insolvenzverfahren, ähnliche Verfahren oder ähnliche Ereignisse erfasst.

VI. Einbeziehung von Marktstandarddokumentationen

91 Die EMA Musterdokumentation erreicht im Hinblick auf OTC-Derivate bei weitem nicht den Umfang des ISDA MA. Es fehlen aber auch Bestimmungen (zum Beispiel im Hinblick auf Kreditderivate), die beim DRV in Form von Produktanhängen zur Verfügung stehen. Schon wegen sich ständig fortentwickelnden und ausweitenden ISDA-Musterdokumentationen ist nicht zu erwarten, dass die EMA-Dokumentation künftig insbesondere im Hinblick auf konkrete Produktbestimmungen zumindest hinter dem Umfang der ISDA-Musterdokumentation zurückbleiben wird. Hinzukommt die Verlangsamung, die darin besteht, dass EMA-Bestimmungen im Hinblick auf zahlreiche mögliche Vertragsstatute abgestimmt und in zahlreiche verschiedene Sprachen übersetzt werden müssen. Nr. 2 des Derivateanhangs sieht daher die **Einbeziehung sonstiger Marktstandarddokumentationen** vor. Es handelt sich bei dieser Einbeziehung um eine Marktpraxis, die sich bereits bei den nationalen Rahmenverträgen und insbesondere dem DRV etabliert hat. Es war vor allem (insbesondere vor Erscheinen des Anhangs für Kreditderivate) üblich, die ISDA Credit Derivatives Definitions in Geschäfte unter dem DRV einzubeziehen.

92 Solche sonstigen Musterdokumentationen (insbesondere diejenigen der ISDA) sind häufig für die Verwendung in Rahmenverträgen nach englischem oder New Yorker Recht entwickelt worden. Deswegen stellt sich die Frage, ob für sie bei einer Einbeziehung in einen deutschem Recht unterliegenden Rahmenvertrag eine **Teilrechtswahl** erforderlich ist, dh eine Vereinbarung, wonach die betreffenden Bestimmungen anders als der Vertrag im übrigen fremden Recht unterliegen und nach ihm auszulegen sein soll. Typischerweise entsteht ein Bedürfnis für die Einbeziehung sonstiger Musterdokumentationen aber eher im Hinblick auf Bestimmungen, die die zugrunde liegenden Risiken (zB Kreditrisiken) betreffen. Da diese Risiken ohnehin nicht spezifisch dem Geltungsbereich des jeweiligen Vertragsstatuts (zB England oder New York) entstammen, sind derartige Bestimmungen ohnehin meist in einer Terminologie gehalten, die die Anwendung in Bezug auf eine Vielzahl von Rechtsordnungen erlaubt (so etwa bei der Definition von Kreditereignissen, die im Lichte verschiedener Insolvenzrechtsordnungen angewandt werden müssen). Solche produktspezifischen Bestimmungen haben daher ohnehin einen geringeren Bezug zum jeweiligen Vertragsstatut als die in der Terminologie des jeweiligen Vertragsstatuts gefassten allgemeinen vertraglichen Bestimmungen. Meist kann deswegen auf eine Teilrechtswahl verzichtet werden. Davon geht auch der Derivateanhang des EMA aus. Er bestimmt, dass die einbezogenen Marktstandarddokumen-

tationen grundsätzlich nach dem für den Vertrag insgesamt gewählten Recht auszulegen sind.

VII. Künftige Bedeutung des EMA

Nach der Veröffentlichung des Derivateanhangs im Jahre 2004 eignet sich das EMA auch für die Dokumentation von OTC-Derivategeschäften und stellt damit eine Alternative zum DRV dar. Das EMA wird insbesondere von der EZB verwendet. Welche Verbreitung es insgesamt finden wird, lässt sich gegenwärtig noch nicht abschätzen. Neue Musterdokumentationen, selbst überarbeitete Fassungen bereits etablierter Rahmenverträge setzen sich erst nach vielen Jahren durch. Aufgrund der Dominanz der ISDA Dokumentation ist es jedoch wenig wahrscheinlich, dass das EMA in größerem Umfang zur Dokumentation von OTC-Derivategeschäften nach englischem Recht verwendet werden wird. Das EMA wird daher vermutlich künftig ein **kontinental-europäisches** und insbesondere für den Euro-Raum relevantes **Gegengewicht zur** sonstigen Vorherrschaft der **ISDA-Dokumentation** darstellen. 93

E. Anhänge des Rahmenvertrages für Finanztermingeschäfte

Die Systematik des Rahmenvertrages Finanztermingeschäfte besteht – wie es sich bereits aus dem Namen ergibt – darin, einen „Rahmen" für eine Vielzahl von Geschäftstypen zu bilden, der dann mit verschiedenen Produktanhängen erweitert, modifiziert und spezifiziert werden kann und den Besonderheiten bestimmter Geschäftstypen Rechnung trägt, ohne das Grundgerüst des Rahmenvertrages zu ändern. Daher ist der Rahmenvertrags-Gegenstand bewusst so weit gefasst, dass eine Vielzahl von Geschäften durch zusätzliche Vereinbarungen darunter gefasst werden können.[78] 94

Insoweit darf die Systematik der Vielzahl von Anhängen nicht als Lücke des Rahmenvertrages gesehen werden. Vielmehr ist dieser Technik gerade der Vorteil immanent, dass der Rahmenvertrag nicht überfrachtet wird und speziellen Geschäftstypen in einem besonderen Anhang Rechnung getragen wird. Darüber hinaus sind die Anhänge das flexiblere Instrument für ständige Aktualisierung und können für die Vertragsparteien praktikabler ausgetauscht werden, als einen kompletten Rahmenvertrag auszutauschen. Damit wird den Gegebenheiten des Marktes verbessert Rechnung getragen. 95

Entsprechend haben die Anhänge auch eine – auf Derivate bezogen – lange Historie: Zum Beispiel wurde bereits 1996 der Anhang für Optionsgeschäfte auf Börsenindizes oder auf Wertpapiere und der Anhang für Devisengeschäfte und Optionen auf Devisengeschäfte erstmals publiziert.

Grundsätzlich ermöglicht es die weite Formulierung von Ziffer 1 Abs. 1 des Rahmenvertrages für Finanztermingeschäfte zwar, neben Swaps, Zinsbegrenzungs- und Terminsatzgeschäften auch andere außerbörsliche Finanzderivate wie indexbezogene oder auf die Lieferung von Wertpapieren gerichtete Finanztermingeschäfte, Devisengeschäfte sowie alle sich hierauf beziehenden Optionsgeschäfte in den Rahmenvertrag für Finanztermingeschäfte einzubeziehen. Die im Rahmenvertrag enthaltenen Definitionen und Regelungen sind für sich genommen jedoch nicht insgesamt ausreichend, um allen Ansprüchen der Vertragsparteien gerecht werden und eine hinreichende Dokumentation dieser Geschäfte zu ermöglichen. Im Vergleich zu den kurz davor bzw parallel entwickelten ISDA-Vorgaben ermöglichen sehr schlanke Anhänge im Kontext der deutschen Jurisdiktion eine größtmögliche Rechtssicherheit ohne überfrachtet zu wirken.

---

[78] Vgl *Jahn*, in: Schimansky/Bunte/Lwowski, Bankrechtshandbuch, Band III, § 114 Rn 49.

96 Selbstverständlich können solche Einzelvereinbarungen rechtlich auch im Rahmen des einzelnen Geschäftsabschlusses getroffen und dann in der Einzelbestätigung dokumentiert werden. Sobald die Parteien aber beabsichtigen, mehrere Geschäfte zu tätigen, macht die Vereinbarung des betreffenden Anhangs durchaus Sinn.

97 Darüber hinaus besteht der immense Vorteile, durch die Einbeziehung von bestimmten Geschäften in den Rahmenvertrag für Finanztermingeschäfte, die erheblichen Erleichterungen des Nettings sowohl zur Steuerung von Kreditrisiken als auch zu Eigenkapitalzwecken nutzbar zu machen.[79]

I. Anhang über die vorzeitige Erfüllung durch Ausgleichszahlung

1. Kontextbezug des Anhangs

98 Im Rahmen der Entstehungsgeschichte derivativer Produkte wurde ein Austausch fixer und variabler Leistungen historisch nur kurz- und mittelfristig vereinbart.

In der Praxis traten jedoch auch schnell Bedürfnisse nach längeren Laufzeiten bis zu 30 Jahren auf, die für diesen langen Zeitraum im Rahmen der Risikostrukturierung der Vertragsparteien erhebliche Probleme bergen. Da klassische Kündigungsmöglichkeiten hier in der Regel nicht ausreichen, bietet der Anhang über die vorzeitige Erfüllung durch Ausgleichszahlung (im Folgenden: „Anhang") den Parteien die Möglichkeit, ein Recht zur vorzeitigen Erfüllung im Rahmen einer sogenannten „Break-Clause" vereinbaren.[80]

Dies bedeutet, dass die Parteien zu einem oder mehreren vorher bestimmten Zeitpunkten („Beendigungstag") das Recht haben, ohne Vorliegen eines Grundes das Geschäft gegen Zahlung des Marktwertes zu diesem Zeitpunkt zu beenden. Damit enden alle weiteren Verpflichtungen der Parteien. Entscheidend ist, dass die ordnungsgemäße Beendigung der Einzeltransaktion keinen Einfluss auf den Rahmenvertrag bzw weitere laufende Geschäfte hat.

Neben den besonderen Kündigungsmöglichkeiten des Rahmenvertrages, die durch die klassischen zivilrechtlichen Kündigungsmöglichkeiten ergänzt werden (vgl Ziffer 7 des Rahmenvertrages für Finanztermingeschäfte), besteht hier eine weitere Kündigungsmöglichkeit der Einzeltransaktion ohne Grund. Dies dient der besseren Kalkulierbarkeit, aber auch der Kreditentlastung der Vertragspartner.

2. Konkrete Ausgestaltung des Anhangs

99 Im Gegensatz zur sonstigen Systematik der Anhänge, die ein Geschäft *automatisch* dem Anhang unterstellen, sobald es nur der besonderen Typik entspricht (zB unterfällt ein neu abgeschlossenes Devisentermingeschäft automatisch einem bereits abgeschlossenen Anhang für Devisengeschäfte und Optionen auf Devisengeschäfte), muss die vorzeitige Erfüllbarkeit eines Geschäftes *ausdrücklich* vereinbart werden („...für jeden Einzelabschluss, für den die Geltung dieses Anhangs vereinbart ist", vgl Ziffer 1 des Anhangs). Dies entspricht auch dem Sinn und Zweck, an Geschäften im Normalfall bis zum ursprünglich vereinbarten Zeitpunkt festhalten zu müssen bzw können. Folgerichtig muss die Möglichkeit einer vorzeitigen Beendigung natürlich dann auch bereits zum Zeitpunkt des Vertragsschlusses von beiden Parteien entsprechend in die Konditionen der Transaktion „eingepreist" werden können.

Rechtlich ist die Beendigungsmöglichkeit als Option auf eine vorzeitige Erfüllung durch Barausgleich und nicht als – ggf unzulässige – Teilkündigung zu qualifizieren.[81]

---

79 Vgl hierfür statt vieler zB *Ehricke*, Finanztermingeschäfte in der Insolvenz, ZIP 2003, 273, 280, *Neuhaus*, in: *Hellner/Steuer*: Bankrecht und Bankpraxis, 81. Aufl. 2009, Rn 7/1125.
80 *Neuhaus*, in: *Hellner/Steuer*: Bankrecht und Bankpraxis, 81. Aufl. 2009, Rn 7/1140.
81 *Jahn*, in: Schimansky/Bunte/Lwowski, Bankrechtshandbuch, Band III, § 114 Rn 49 b.

E. Anhänge des Rahmenvertrages für Finanztermingeschäfte 6

Ziffer 2 des Anhangs definiert verschiedene Begrifflichkeiten, die für die vorzeitige Erfüllung von Bedeutung sind. Hervorzuheben ist der Beendigungstag, der im Einzelabschluss vereinbart werden muss. Neben der Möglichkeit, einen Beendigungstag zu wählen, werden in der Praxis oft mehrere Beendigungstage gewählt, zB wird nach einer festen Mindestlaufzeit eine Staffel von mehreren Beendigungstagen vereinbart.[82] Der Beendigungstag ist der Tag, an dem eine Erfüllung durch Ausgleichszahlung (frühestens) gewählt werden kann. 100

Grundsätzlich ist jede Partei berechtigt, eine Erfüllung durch Ausgleichszahlung zu wählen (Ziffer 3 Abs. 1 Anhang). 101

Chronologisch muss die Erklärung, eine Erfüllung durch Ausgleichszahlung zu wählen, 5 Bankarbeitstage vor dem vereinbarten Beendigungstag spätestens bis 11 Uhr (Ziffer 2, 3 Anhang) der anderen Partei zugehen.

Diese Erklärung bewirkt den Automatismus, dass an Stelle der künftigen Zahlungen und Leistungen aus dieser Einzeltransaktion eine Ausgleichszahlung tritt (Ziffer 3 Abs. 3).

Da die faire Berechnung der Ausgleichszahlung Probleme in sich bergen kann, beschäftigt sich der Schwerpunkt des Anhangs mit der Berechnung der Ausgleichszahlung (Ziffer 4 und 5 des Anhangs). Die Berechnungsstelle ermittelt am Bewertungstag (in der Regel 2 Bankarbeitstage vor dem Beendigungstag, vgl Ziffer 4 Abs. 1, Ziffer 5 Abs. 3 des Anhangs) die Ausgleichszahlung als Barwert. Der Barwert ist der Wert der Einzeltransaktion im Rahmen der am Beendigungstag bestehenden Marktkonditionen für die ursprünglich vereinbarte Restlaufzeit.[83] 102

Ohne eine individuelle Vereinbarung ist automatisch die Bank die Berechnungsstelle. Dies macht gerade bei Vertragspartnern, die Nichtbanken sind, in der Regel jedoch auch Sinn, da die Bank über eine valide und regelmäßiger Kontrolle unterstehende Barwertberechnungsmethode verfügt und dem Vertragspartner durch Widerspruchsmöglichkeiten hinreichender Schutz geboten wird. Ist der Vertragspartner nämlich nicht mit dem berechneten Barwert einverstanden, so kann er diesem widersprechen. Die Berechnungsstelle wird sodann Quotierungen des Barwertes des Einzelabschlusses von Referenzbanken einholen (Ziffer 4 Abs. 2 des Anhangs). Die Referenzbanken werden entweder bereits im Einzelabschluss vereinbart oder nach den Regelungen in Ziffer 5 des Anhangs ausgewählt. Nach Ziffer 5 wählt die „erklärende Partei", dh derjenige, der eine vorzeitige Erfüllung wünscht und mit der Berechnung nicht einverstanden ist, drei Referenzbanken aus. Die Referenzbanken werden sodann gebeten, den Barwert des Einzelabschlusses zu quotieren. Die Quotierungen beziehen sich auf ein Geschäft zwischen der Referenzbank und einer erstklassigen Bank zum Zeitpunkt der Quotierung auf Basis der weiteren individuellen Vereinbarungen und Bedingungen der Transaktion (vgl ausführlich hierzu Ziffer 4 Abs. 2 des Anhangs).

Hierbei sind noch Besonderheiten von Quotierungen für Geld- und Briefkurse zu beachten: In diesem Fall gilt der für die „erklärende Partei" ungünstigere Kurs. Für diese Regelung sehen die Besonderen Vereinbarungen der Ziffer 6 des Anhangs aber bereits eine Ausnahme textlich standardisiert vor: Durch Individualvereinbarung kann auch eine Geltung des Mittelkurses von Geld- und Briefkurs gewählt werden. Diese Klausel wird in der Praxis häufig auch als Standard-Individualvereinbarung gewählt.

Aus den drei Quotierungen der Referenzbanken wird sodann das arithmetische Mittel gebildet (Ziffer 4 Abs. 3 des Anhangs). Wurden mehr als drei Quotierungen eingeholt, bleibt die höchste und niedrigste Quotierung unberücksichtigt.

---

82 *Neuhaus*, in: Hellner/Steuer: Bankrecht und Bankpraxis, 81. Aufl. 2009, Rn 7/1141.
83 *Jahn*, in: Schimansky/Bunte/Lwowski, Bankrechtshandbuch, Band III, § 114 Rn 49 b; *Neuhaus*, in: Hellner/Steuer: Bankrecht und Bankpraxis, 81. Aufl. 2009, Rn 7/1142.

Diefenhardt

Nachdem die Ausgleichszahlung ermittelt wurde, ist sie am Beendigungstag selbst, ohne individuelle Vereinbarung in Euro, zu zahlen und dieses Geschäft und alle Ansprüche daraus sind damit erledigt und beendet.

103 Trotz der differenzierten Regelung ist – im Gegensatz zu der Vielfalt der Berechnungsmethoden nach dem ISDA-Rahmenvertrag[84] – die in der Praxis unkomplizierte Berechnung hervorzuheben, die dennoch hinreichenden Schutz für alle Seiten bietet.

II. Anhang für Devisengeschäfte und Optionen auf Devisengeschäfte

1. Kontextbezug des Anhangs

104 Die Beendigung des festen Wechselkurssystems von Bretton Woods 1973 führte zu einem sprunghaften Anstieg des Handels von Devisentermingeschäften. Damit kann man diese Geschäfte als die ältesten derivativen Produkte bezeichnen.

Aus diesem Grund gab es daher – im Gegensatz zu den anderen derivativen Produkten, die fast parallel mit den Anhängen entstanden und sich entwickelten – historisch bereits eine Vielzahl von derivativen Devisengeschäften, die jedoch unter keine allgemeine vertragliche Regelung gefasst wurden. Der damalige Rechtsrahmen bestand in Handelsbräuchen und Marktusancen sowie den rechtlichen Regelungen zum Fixgeschäft (vgl §§ 376 HGB, 361 BGB aF, 18 KO aF), die jedoch durch die Einführung der Insolvenzordnung und die gesetzliche Implementierung von Nettingmöglichkeiten vom Bedürfnis eines standardisierten Rahmenvertrages abgelöst wurde.[85] In der Praxis können und werden diese Geschäfte oft nur von den Sonderbedingungen für Termingeschäfte und/oder der Rahmenvereinbarung für Termingeschäfte, dann allerdings ohne die Nettingerleichterungen, abgebildet.

Neben dem Ansatz der Nettingerfordernisse von Devisenoptionsgeschäften, bietet der Anhang jedoch auch die Möglichkeit, alle Varianten von Devisenderivaten einheitlich zu regeln.[86]

2. Konkrete Ausgestaltung des Anhangs

a) Ziffer 1: Zweck und Gegenstand des Anhangs

105 Unter den Anwendungsbereich des Anhangs fallen alle Devisengeschäfte und Optionen auf Devisengeschäfte. Entgegen der Regelung des Rahmenvertrages für Finanztermingeschäfte, dass das einzelne Geschäft unter Zugrundelegung des Rahmenvertrages abgeschlossen werden muss (Ziffer 1 Abs. 2 Rahmenvertrag für Finanztermingeschäfte), gelten die Vereinbarungen des Anhangs *automatisch* für jedes Geschäft das dem genannten Geschäftstyp unterfällt.[87] Abgesehen von der Praktikabilität beruhte diese Sonderregelung ursprünglich auf technischen Besonderheiten.[88] Im Umkehrschluss muss es daher explizit vereinbart werden, wenn ein Devisenoptionsgeschäft *nicht* den Regelungen des Anhangs unterstellt werden soll.

---

84 ISDA stellt hierzu bis zu 5 Berechnungsmethoden zur Verfügung; siehe u.a. sec. 6 e ii des ISDA Master Agreements 1992.

85 *Jahn,* in: Schimansky/Bunte/Lwowski, Bankrechtshandbuch, Band III, § 114 Rn 51; *Neuhaus,* in: Hellner/Steuer: Bankrecht und Bankpraxis, 81. Aufl. 2009, Rn 7/1135.

86 *Jahn,* in: Schimansky/Bunte/Lwowski, Bankrechtshandbuch, Band III, § 114 Rn 51.

87 Vgl Ziffer 1 Abs. 2 „Der Rahmenvertrag und dieser Anhang gelten für Devisengeschäfte und Optionen, die zwischen den Parteien abgeschlossen werden, unabhängig von einer Bezugnahme im Einzelabschluss auf den Rahmenvertrag".

88 Im Rahmen des fast ausschließlich gewählten SWIFT-Austausches von Bestätigen bestand ursprünglich kein zusätzliches Feld, das eine Bezugnahme auf den Anhang ermöglichte.

b) Ziffer 2: Begriffsbestimmungen

Ziffer 2 regelt wesentliche Definitionen, zB den Begriff eines Devisengeschäftes („jedes Kassa- oder Termingeschäft, das den Austausch eines einzelnen Betrages einer Währung oder Rechnungseinheit gegen einen einzelnen Betrag einer anderen Währung oder Rechnungseinheit zum Gegenstand hat"). 106

c) Ziffer 3: Zahlungen

In Ziffer 3 werden die verschiedenen Zahlungsverpflichtungen der Parteien bzw Anspruchsgrundlagen im Hinblick auf die verschiedenen Geschäftstypen geregelt. Sollte der Fälligkeitstag kein Bankarbeitstag sein, finden die allgemeinen Regeln des Rahmenvertrages für Finanztermingeschäfte Anwendung, dh die Zahlung ist am nächsten Bankarbeitstag zu leisten (vgl Ziffer 3 Abs. 5 b Rahmenvertrag für Finanztermingeschäfte). Eine Nichtleistung führt nach Abs. 4 zu einem Anspruch auf eine Ausgleichszahlung zuzüglich Zinsen. Dieser Ausgleichsbetrag wird sodann nach Ziffer 8 Rahmenvertrag für Finanztermingeschäfte und – unabhängig von der ursprünglichen Vereinbarung – in Euro ermittelt. 107

Der Wechsel vom Erfüllungsgeschäft zum Barausgleich bzw der Ausgleichszahlung charakterisiert noch einmal den Fixgeschäftscharakter von Devisengeschäften, denen die sonstigen unter dem Rahmenvertrag für Finanztermingeschäfte dokumentierten Geschäfte aufgrund der Nachfrist der Ziffer 7 Abs. 1 S. 2 in dieser Gestalt nicht unterliegen.[89] Dies birgt für diese Geschäfte einen doppelten Vorteil: Zum einen können sofort Deckungsgeschäfte abgeschlossen werden, ohne die Nachfrist abwarten zu müssen, zum anderen tangiert die Ausübung des Wahlrechts im Hinblick auf eine Ausgleichszahlung nicht den Rahmenvertrag für Finanztermingeschäfte, so dass nicht der gesamte Vertrag und damit alle Geschäfte glattgestellt werden müssen.[90]

d) Ziffer 4: Ausübung einer Option

Hier werden die Unterschiede zwischen europäischen und amerikanischen Optionen charakterisiert. Eine europäische Option ist nur am Verfalltag auszuüben; geht eine Ausübungserklärung vor dem Verfalltag zu, so gilt die Option als am Verfalltag abgegeben. 108

Eine amerikanische Option kann hingegen während einer bestimmten Ausübungsfrist (meist über die gesamte Laufzeit) ausgeübt werden. Demzufolge kann diese Option jederzeit innerhalb der Ausübungsfrist bis zum Ausübungszeitpunkt ausgeübt werden. Geht die Ausübungserklärung vor Beginn der Ausübungsfrist zu, so gilt die Option gemäß Abs. 1 b als am ersten Tag der Ausübungserklärung ausgeübt. Gemäß Abs. 2 sind jegliche Ausübungserklärungen unwiderruflich.

Abs. 3 sieht eine automatische Ausübung vor, dh sobald am Ausübungstag ein positiver Marktwert vorliegt, gilt eine Ausübung als erfolgt. Der Wert einer Option bemisst sich danach, ob am Ausübungszeitpunkt der Wert des der Option zugrunde liegenden Devisengeschäfts mindestens 1 % des möglichen Call-Betrages entspricht. In diesem Falle ist der Verkäufer jedoch auch berechtigt, statt einer beiderseitigen Erfüllung einen Wertausgleich zu zahlen. Dies erfordert jedoch eine Erklärung, da die andere Seite sonst eine zu liefernde Devisenposition entsprechend disponieren müsste.

Diese Regelung entspricht auch dem im Anhang für Optionsgeschäfte auf Börsenindizes oder Wertpapiere gewählten automatischen Procedere und darüber hinaus internationalen Usancen.

---

89 *Decker*, Zinssatz- und Währungsswaps unter rechtlichen Aspekten, WM 1990, 1001, 1008; *Jahn*, in: Schimansky/Bunte/Lwowski, Bankrechtshandbuch, Band III, § 114 Rn 51.
90 *Neuhaus*, in: Hellner/Steuer: 81. Aufl. 2009, Bankrecht und Bankpraxis, Rn 7/1138.

e) Ziffer 5: Inhalt einer Option

109 Ziffer 5 normiert im Hinblick auf Devisenoptionen die Anspruchsgrundlage, dass das zugrunde liegende Devisengeschäft am Ausübungstag zwischen den Parteien zustande kommt.

f) Ziffer 6: Besondere Vereinbarungen

110 Ziffer 6 schlägt mehrere standardisierte Individualvereinbarungen vor: Abs. 2 erweitert den Anwendungsbereich auf bereits zeitlich vor Vereinbarung des Anhangs abgeschlossene Geschäfte. Hierbei handelt es sich um eine in der Praxis üblicherweise gewählte Klausel, die eine Gleichbehandlung aller (Devisen-) Geschäfte mit einem Kontrahenten ermöglicht.

Abs. 3 bedingt den zu Ziffer 4 Abs. 3 beschriebenen Automatismus einer Ausübung ab.

Abs. 4 ermöglicht es, die Vereinbarungen des Anhangs auf bestimmte Niederlassungen zu beschränken.

Hierdurch können zB ausländische Niederlassungen eines Vertragspartners mit deutschem Hauptsitz, die für ihre Niederlassungen keine Nettingerleichterungen in Anspruch nehmen können, ihre Geschäfte anderweitig dokumentieren.[91]

III. Anhang für Optionsgeschäfte auf Börsenindizes oder Wertpapiere

1. Kontextbezug des Anhangs

111 Der Rahmenvertrag für Finanztermingeschäfte behandelte in seinen Ursprüngen klassische Swap-Geschäfte. Der Markt entwickelte sich aber auch hier rapide und es entstand ein Bedürfnis, eine Vielzahl neuer Geschäftsarten, wie zB Optionsgeschäfte auf Börsenindizes und Wertpapiere dem Rahmenvertrag zu unterstellen und damit auch die Vorteile der Nettingmöglichkeiten zu nutzen. Hieraus entstand der Anhang für Optionsgeschäfte auf Börsenindizes oder Wertpapiere (im Folgenden „Anhang"). Die ständig angepasste Geschäftstypenliste der Begutachtungen des Rahmenvertrages für Finanztermingeschäfte gewährleistet hier eine breite Basis für Nettingmöglichkeiten.

2. Konkrete Ausgestaltung des Anhangs

112 Wesentliche Merkmale dieses Anhangs sind zum einen die Koppelung des OTC-Derivates an die börsengehandelten Basiswerte und deren mögliche Änderungen (wie zB Veränderung der Zusammenstellung des DAX), zum anderen die Berücksichtigung von produktspezifischen speziellen Konstellationen (zB Verschmelzung zweier Aktiengesellschaften).

Grundsätzlich hätten auch diese Geschäfte unter Ziffer 1 Abs. 1 des Rahmenvertrages für Finanztermingeschäfte gefasst werden können, allerdings ist es auch hier wiederum ratsam, eine Vielzahl produktspezifischer Details, wie zB Änderungen oder Ereignisse im Rahmen der börslichen Feststellung, konkret zu regeln.

Der Anhang ist ursprünglich an die – weit ausführlicheren und 2002 modifizierten – ISDA Equity Definitions 1996 angelehnt, hat aber zwischenzeitlich eine eigene Systematik entwickelt.

113 Im Wesentlichen erfasst der Anhang außerbörsliche Index-, Aktien- und Zinsoptionen auf börslich festgestellte Basiswerte, dh über die Vereinbarung einer außerbörslichen Option auf einen klassischen an der Börse gehandelten Wert – mit physischer Lieferung oder Barausgleich – hinaus, werden auch Optionen auf börslich festgestellte Indizes abgedeckt, was eine

---

[91] *Decker,* Zinssatz- und Währungsswaps unter rechtlichen Aspekten, WM 1990, 1001, 1013; *Neuhaus,* in: Hellner/Steuer: Bankrecht und Bankpraxis, 81. Aufl. 2009, Rn 7/1136.

physische Lieferung denknotwendig ausschließt. Als Index-Basiswert stehen mittlerweile eine Vielzahl an Indizes zur Verfügung (zB DAX, STOXX, Dow Jones, FTSE 100 etc.).

Im Rahmen der üblichen Systematik fällt ein Geschäft, das unter den Gegenstand des vereinbarten Anhangs fällt, automatisch und ohne weitere Bezugnahme anlässlich des Geschäftsabschlusses unter dessen Regelungen.

a) Ziffer 1: Zweck und Gegenstand des Anhangs

Der Anhang bezieht sich auf alle Optionsgeschäfte auf Indizes oder Wertpapiere, die von einer oder für eine Wertpapier- oder Terminbörse festgestellt und veröffentlicht werden sowie für vergleichbare Optionsgeschäfte. Unter letzteres könnten zB Wertrechte subsumiert werden.[92]

114

b) Ziffer 2: Begriffsbestimmungen

In dieser Ziffer werden wesentliche Definitionen, wie zB Ausübungsfristen, Fälligkeitstag, Berechnungsstelle geregelt. Letzteres ist in jedem Fall von erheblicher Bedeutung, berechnet diese doch alle nicht eindeutig feststellbaren Zahlungsverpflichtungen.

115

c) Ziffer 3: Optionsprämie

Ziffer 3 normiert als Anspruchsgrundlage, dass der Käufer verpflichtet ist, die Optionsprämie an den Verkäufer zu leisten.

116

d) Ziffer 4: Ausübung der Option

Ziffer 4 regelt die Unterschiede zwischen europäischen und amerikanischen Optionen. Bei einer europäischen Option ist eine Ausübung nur am Verfalltag möglich, entsprechend kann diese gemäß Abs. 1 nur am Verfalltag selbst ausgeübt werden. Geht eine Ausübungserklärung vor dem Verfalltag zu, so gilt die Option als am Verfalltag abgegeben.

117

Eine amerikanische Option kann während einer Ausübungsfrist, die in der Regel die gesamte Laufzeit abbildet, ausgeübt werden. Demzufolge kann diese Option gemäß Abs. 2 jederzeit innerhalb der Ausübungsfrist bis zum Ausübungszeitpunkt ausgeübt werden. Geht die Ausübungserklärung vor Beginn der Ausübungsfrist zu, so gilt die Option als am ersten Tag der Ausübungserklärung ausgeübt. Jegliche Ausübungserklärung ist unwiderruflich (Ziffer 4 Abs. 3 des Anhangs).

Abs. 2 schützt den Anleger insofern, als eine nicht ausgeübte Option am Verfalltag automatisch als ausgeübt gilt, falls Barausgleich vereinbart wurde und die Option am Verfalltag „im Geld" ist, dh dem Anleger ein Geldbetrag zustünde. Hier zeigt sich eine weitere Erleichterung, denn auch ohne Überwachung (zB Ausübung einer auf physische Lieferung angelegten Option), erhält der Anleger den Differenzbetrag automatisch ausgekehrt.[93]

e) Ziffer 5: Inhalt der Option

Ziffer 5 bestimmt die wesentlichen Inhalte der Option im Hinblick auf Barausgleich bzw Lieferung. Der Barausgleich gemäß Abs. 1 wird aus einem Differenzbetrag zwischen Referenzkurs und Basiswert errechnet bzw bei Indexoptionen bezogen auf den jeweiligen Index.

118

Ziffer 2 regelt den Lieferanspruch bei physischer Lieferung und den Anspruch auf Zahlung des vereinbarten Basispreises.

---

92 *Jahn*, in: Schimansky/Bunte/Lwowski, Bankrechtshandbuch, Band III, § 114 Rn 50.
93 So *Clouth*, Rechtsfragen der außerbörslichen Finanz-Derivate, S. 47, der hieraus zugleich die Schlussfolgerung der Vorteile „moderner" Differenzgeschäfte gegenüber „klassischen" auf Lieferung gerichteten Geschäften zieht.

Nicht jede Ausgleichsberechnung aller exotischen Optionstypen werden von der allgemeinen Regelung der Ziffer 5 erfasst, können dann aber im Einzelabschluss konkretisiert werden.

f) Ziffer 6: Steuern und Abgaben

119 Gemäß Ziffer 6 trägt der Käufer bei physischer Lieferung eventuell anfallende Steuern und Abgaben.[94]

g) Ziffer 7: Besondere Bestimmungen für Optionen auf Indizes

120 Ziffer 7 regelt besondere Bestimmungen für Optionen auf Indizes.

Von erheblicher Bedeutung ist die Bezugnahme auf die einzelnen für die Berechnung des Indexes jeweils anwendbaren (Börsen-) Regeln („Konzept"), die auf die OTC-Option übertragen werden. Wird nicht nur das Konzept geändert, sondern im Wesentlichen verändert oder Index insgesamt nicht mehr festgestellt, so erfolgt die Berechnung auf Grundlage des zuvor geltenden Konzeptes bzw auf Basis des Index-Schlussstandes.

Diese Regelung ist von erheblicher praktischer Bedeutung, da eine Veränderung der Börsenbedingungen (zB Hinzufügung oder Wegfall einzelner Werte des DAX-Indexes) zum einen eine erhebliche Rechtsunsicherheit im Hinblick auf die Anwendbarkeit der alten oder neuen Regelungen zur Folge hätte, zum anderen führte dies zu Friktionen im Hinblick auf ein „Hedging" der Geschäfte, denn oft wird das OTC-Derivat börslich abgesichert.

Darüber hinaus werden wesentliche Elemente physischer Lieferung vereinbart (zB Aufrundung von physisch zu liefernden Bruchteilen ab 0,5) sowie eine auf das DAX-Konzept anzuwendende Formel im Hinblick auf die Anzahl der anzuschaffenden Aktien.

h) Ziffer 8: Besondere Bestimmungen für Optionen auf Aktien

121 Ziffer 8 regelt Besonderheiten für Optionen auf Aktien. Im Wesentlichen handelt es sich hierbei um eine Spiegelung börslicher Anpassungen des Basispreises oder der Anzahl der Aktien auf die OTC-Option. Für Aktien müssen darüber hinaus Details zu speziellen aktienrechtlichen Konstellationen wie Umwandlungstatbestände erfasst werden (Abs. 3).

i) Ziffer 9: Besondere Bestimmungen für Optionen auf Schuldverschreibungen

122 Die Besonderheiten von Optionen auf Schuldverschreibungen, wie insbesondere die Rechtsfolgen einer möglichen vorzeitigen Kündigung, werden in Ziffer 9 geregelt.

j) Ziffer 10: Marktstörung

123 Die Abbildung einer Marktstörung im Rahmen des OTC-Derivates ist – wie eine Änderung des Konzeptes gemäß Ziffer 7 – entscheidend, um die Vergleichbarkeit der Produkte und damit auch deren Fungibilität zu gewährleisten.

Darüber hinaus werden OTC-Derivate oft mit börslichen Gegengeschäften abgesichert, so dass eine Diskrepanz im Hinblick auf den Umgang einer Marktstörung unterschiedliche rechtliche Rahmenbedingungen – und damit ein erhebliches Risiko – in sich bergen würde.

Auch hier ist der Anhang – im Vergleich zu den ISDA-Regelungen – sehr schlank und kann dennoch die Marktstörung abbilden: Eine Marktstörung liegt vor, wenn – aus welchem Grund auch immer – *kein* Referenzkurs festgestellt wird (Ziffer 10 Abs. 1).

Bei Optionen auf Indizes und Aktien liegt eine Marktstörung auch dann vor, wenn der Handel in den Werten in der letzten halben Stunde vor Feststellung des Referenzkurses ausgesetzt oder wesentlich eingeschränkt ist oder wird. Bei Indizes müssen mindestens 20 % der

---

[94] Vgl hierzu zB das mögliche Anfallen einer Stamp Duty für Transaktionen in Großbritannien.

Börsenkapitalisierung aller Indexwerte betroffen sein. Die für die Aussetzung oder Nichtfeststellung entscheidenden Wertpapier- oder Terminbörse bzw -börsen müssen im Einzelabschluss festgelegt werden (vgl Ziffer 2 Abs. 1, Ziffer 10 Abs. 1). Eine weitere Sonderregel gilt für einen vorgesehenen Barausgleich: Liegt hier eine Marktstörung am Wertermittlungstag vor, verschiebt sich der Wertermittlungstag einfach auf den nächsten Bankarbeitstag, nach dem die Marktstörung weggefallen ist.

Im Falle einer länger andauernden Marktstörung, deren zeitlicher und ökonomischer Ausgang ungewiss ist, sieht der Anhang vor, dass bei einer – länger als 5 aufeinander folgende Bankarbeitstage fortdauernden – Marktstörung die Berechnungsstelle einen Wert unter Berücksichtigung der dann bestehenden Marktverhältnisse festlegt.

Bei Optionen auf Schuldverschreibungen wird von der Berechnungsstelle – unter Berücksichtigung aller Marktfaktoren – ein Wert aus mehreren vergleichbaren Schuldverschreibungen ermittelt.

k) Ziffer 11: Leistung bei Nichtlieferung

Ziffer 11 regelt für den Fall der Nichtlieferung, dass der Nichtbelieferte wahlweise statt der Lieferung auch einen Barausgleich zuzüglich Zinsen verlangen kann. Ein weiterer Schaden kann darüber hinaus geltend gemacht werden. Des Weiteren liegt in diesem Falle ein wichtiger Grund gemäß Ziffer 7 Abs. 1 des Rahmenvertrages für Finanztermingeschäfte vor, der zur Kündigung berechtigt. Allerdings erst dann, wenn der zur Lieferung Verpflichtete den Barausgleich nach Fristablauf der 5 Bankarbeitstage gemäß Ziffer 7 Abs. 1 S. 2 des Rahmenvertrages für Finanztermingeschäfte nicht geleistet hat. 124

l) Ziffer 12: Sonstige Vereinbarungen

In Ziffer 12 können individuelle Vereinbarungen niedergelegt werden, ein Standard für weitere genutzte Vereinbarungen hat sich jedoch nicht etabliert. 125

IV. Anhang für Deckungsgeschäfte

1. Kontextbezug des Anhangs

Das Pfandbriefrecht wurde 2005 durch das Pfandbriefgesetz (PfandBG) komplett neu geregelt, hierdurch wird eine besondere Sicherheit für die Besicherung von Pfandbriefen normiert.[95] Im Jahr 2009 wurden die Gesetzesneuregelung noch einmal einer Konkretisierung und Aktualisierung insbesondere im Hinblick auf Fragestellungen der Finanzmarktkrise unterzogen. Hervorzuheben ist, dass Derivategeschäfte im Sinne des PfandBG nunmehr legaldefiniert sind als Geschäfte, die unter einem standardisierten Rahmenvertrag zusammengefasste Derivate nach § 1 Abs. 11 S. 4 Nr. 1 des Kreditwesengesetzes einschließlich der unter dem Rahmenvertrag abgeschlossenen Besicherungsanhänge und weiteren Vereinbarungen sind. Außerdem werden neben Liquiditätsfragen die Umstellung von einer Nennwert- auf eine durch den Nennwert begrenzte Barwertbetrachtung der umlaufenden Pfandbriefe (§ 4 PfandBG). 126

Für jede Pfandbriefgattung (Hypothekenpfandbriefe, Öffentliche Pfandbriefe, Schiffspfandbriefe) sind weitere spezielle Regelungen vorgesehen. Im Folgenden wird exemplarisch auf die Hypothekenpfandbriefe eingegangen.[96]

---

95 Vgl hierzu zB *Koppmann*, Die besondere Sicherheit des Pfandbriefs in der Insolvenz der Pfandbriefbank, WM 2006, 305.
96 Der BdB stellt entsprechend modifizierte Muster für Öffentliche Pfandbriefe, Schiffspfandbriefe zur Verfügung.

Nach den Regelungen des PfandBG werden alle Werte, die zur Deckung von Pfandbriefen dienen, in ein Deckungsregister eingetragen; für jede Pfandbriefgattung ist ein einzelnes Deckungsregister zu führen (vgl § 5 PfandBG).

Wesentlich für die in Rede stehende Thematik ist die Einbeziehung von Ansprüchen aus Derivategeschäften (§§ 5 Abs. 1, 4 Abs. 3 PfandBG), § 19 PfandBG regelt hierzu weitere Details.

Für derivative Produkte gilt die Besonderheit, dass sowohl der Treuhänder als auch der Kontrahent der Eintragung in das Deckungsregister zustimmen müssen (§ 5 Abs. 1 S. 2 PfandBG). Darüber hinaus bestimmt eine Deckungsregisterverordnung Einzelheiten zu Form und notwendigen Inhalten des Deckungsregisters.

Parallel zu den gesetzlichen Vorgaben entwickeln Ratingagenturen Kriterien (zB Mindestrating eines Kontrahenten), die über die Vorgaben des Gesetzgebers (zB „geeignetes Kreditinstitut") hinausgehen bzw diese modifizieren. Eine solche Entwicklung ist zu hinterfragen, bindet sie die Pfandbriefbank – über die Vorgaben des demokratisch legitimierten Gesetzgebers hinaus – im Endeffekt faktisch in Bezug auf ihr wirtschaftliches Handeln durch den Reflex auf ihr eigenes Rating. Letztlich hat die Finanzmarktkrise drastisch illustriert, wie wenig Aussagekraft ein Rating haben kann, so dass auch der Gesetzgeber schon ansatzweise versucht, Alternativen zu einem Rating als Solvenzkriterium zu finden.

Im Ergebnis entscheidend ist, dass eine Registrierung im Deckungsregister sowohl für die Bank als auch für die Pfandbriefgläubiger wünschenswert ist, da das Insolvenzrisiko des Emittenten für die Gläubiger damit erheblich reduziert wird.

127 Der Anhang für Deckungsgeschäfte (im Folgenden: „Anhang") wird in der Praxis von den Vertragspartnern häufig modifiziert und auf spezielle Wünsche und Bedürfnisse der jeweiligen Pfandbriefbank angepasst.

Im Rahmen der älteren Muster wurde von den Gutachtern kritisiert, dass es unklar sei, ob der Abschluss des Anhangs zur Folge habe, dass ein Kreditinstitut, das Pfandbriefgeschäfte nach dem Pfandbriefgesetz betreibe, Deckungsgeschäfte, die in ein Deckungsregister eingetragen werden, auf der Grundlage eines Rahmenvertrages tätigt, der im Rahmen der rechtlichen Qualifizierung nicht identisch mit dem Rahmenvertrag ist, unter dem „Außerdeckungsgeschäfte", dh ‚normale' Finanztermingeschäfte dokumentiert werden.[97] Dieser Kritik wurde mittlerweile in einer BdB-Überarbeitung Rechnung getragen, so dass der Rahmenvertrag für das freie Vermögen der Pfandbriefbank differenziert von dem für Deckungsgeschäfte betrachtet wird.[98]

2. Konkrete Ausgestaltung des Anhangs

128 Zu beachten ist bei der Lektüre des Anhangs, dass das PfandBG im Hinblick auf das mit der Pfandbriefbank kontrahierende Kreditinstitut vom „Vertragspartner der Pfandbriefbank" spricht, wohingegen der Anhang – in Anlehnung zur gesamten Dokumentation des Rahmenvertrages für Finanztermingeschäfte – letzteres als „Bank" und die Pfandbriefbank als „Vertragspartner" bezeichnet.[99]

Im Rubrum des Anhangs wird neben einer Bezugnahme auf das Datum der Vereinbarung des Anhangs auch auf das Datum des jeweiligen Rahmenvertrag hingewiesen, um die Diffe-

---

[97] Im Ergebnis zwar mit der gleichen Schlussfolgerung, aber dennoch nicht als eindeutig qualifiziert; Gutachten zum Rahmenvertrag für Finanztermingeschäfte der Kanzlei *Hengeler Mueller* vom 2.8.2005, S. 45.
[98] Im Folgenden wird daher auch aus Aktualitätsgründen der aktuelle Entwurf des BdB (11/2006) die Grundlage der Erläuterung bilden.
[99] Zum Teil wird in der Praxis auch auf „die eine Partei" und „die andere Partei" rekurriert.

E. Anhänge des Rahmenvertrages für Finanzterminsgeschäfte

renzierung eines konkreten Anhangs mit einem individualisierten Rahmenvertrag sicherzustellen.

Ziffer 1 konkretisiert, dass die Rechte und Pflichten der Vereinbarung nur für im Deckungsregister eingetragene Einzelabschlüsse gilt. Dies spiegelt die gesetzliche Vorgabe des PfandBG wider.

Der Rechtssicherheit beider Vertragsparteien und der Abbildung des PfandBG dienen die Regelungen der Ziffern 2 und 3: Zum einen muss die Bank einer Eintragung in das Deckungsregister unter Abbildung des § 5 Abs. 1 S. 2 PfandBG ausdrücklich zustimmen, zum anderen bildet Ziffer 3 des Anhangs Fristen ab, nach denen die Bank endgültige Rechtssicherheit darüber erlangt, ob der Einzelabschluss nun mit Zustimmung des Treuhänders in das Deckungsregister eingetragen wurde oder nicht. Wird der Bank die Eintragung in das Deckungsregister nicht binnen 3 Bankarbeitstagen[100] mitgeteilt, so kann sie nach einer weiteren Frist von 2 Bankarbeitstagen nach Benachrichtigung des Vertragspartners vom Ausbleiben der Mitteilung eine vorzeitige Beendigung des Einzelabschlusses und eine Ausgleichszahlung verlangen; der gesamte Rahmenvertrag wird hierdurch jedoch nicht beendet.

Ziffer 4 spiegelt die Eintragungsmaßgaben auf die einer Löschung unter Berücksichtigung des § 8 Abs. 4 S. 2 PfandBG.[101]

In Ziffer 5 wird noch einmal der Unterscheidung zwischen Pfandbriefbank und Deckungsregister Rechnung getragen: Anstelle des Vermögens der Vertragspartei tritt die im Deckungsregister eingetragene Deckungsmasse. Damit ist die Insolvenz der Pfandbriefbank selbst noch kein wichtiger (Kündigungs-) Grund im Sinne der Ziffer 7 Abs. 1 S. 1 des Rahmenvertrages für Finanzterminsgeschäfte. Dies trägt auch den wirtschaftlichen Bedürfnissen der Beteiligten hinreichend Rechnung.

Auch Ziffer 6 modifiziert den Rahmenvertrag für Finanzterminsgeschäfte dahin gehend, dass sich entsprechende Gegenansprüche nur auf die in das Deckungsregister eingetragenen Werte beziehen.

Ziffer 7 trägt der Möglichkeit Rechnung, ein Deckungsregister in Haupt- und Unterregister aufzuteilen; dieses gilt dennoch im Sinne des Anhangs als ein Register (vgl hierzu § 4 Deckungsregisterverordnung).

Im Rahmen der sonstigen Vereinbarungen werden in der Praxis häufig weitere Klauseln aufgenommen, zB dass im Rahmen eines neuen Musterdokumentes des Zentralen Kreditausschusses der Anhang entweder ausgetauscht oder neu verhandelt wird. Diese Klausel ist nicht zu kritisieren.

V. Anhang für Kapitalanlagegesellschaften und Mantelvereinbarung für Finanzgeschäfte mit Kapitalanlagegesellschaften

1. Einführung

Kapitalanlagegesellschaften (im Folgenden **KAG**en) dürfen gemäß § 21 Abs. 1 **DerivateVO** nur **OTC-Geschäfte** mit Finanzinstrumenten zum Gegenstand tätigen, wenn diese auf Grundlage standardisierter **Rahmenverträge** mit geeigneten Kredit- oder Finanzdienstleistungsinstituten abgeschlossen werden. Hinzu kommt, dass nur bei der Verwendung von Rahmenverträgen eine **Aufrechnung** zwischen dem Vertragspartner und für Rechnung des **Sondervermögen**s gemäß § 31 Abs. 6 S. 2 **InvG** erlaubt ist, in jedem anderen Fall besteht ge-

---

100 Diese Frist wurde auch von der BaFin als aufsichtsrechtlich nicht zu beanstanden qualifiziert.
101 § 8 Abs. 4 S. 2 PfandBG sieht auch bei der Löschung noch nicht vollständig abgewickelter Derivate die Zustimmung des Vertragspartners der Pfandbriefbank, dh der Bank, vor. Eine Löschung ist sodann unverzüglich mitzuteilen.

mäß § 31 Abs. 6 InvG ein absolutes Aufrechnungsverbot zwischen Forderungen des Sondervermögens und Forderungen der KAG.[102] Der zur Zeit von deutschen KAGen häufigst verwandte standardisierte Rahmenvertrag für OTC-Geschäfte ist der **Rahmenvertrag für Finanztermingeschäfte** (im Folgenden „Rahmenvertrag"). Aufgrund der regulatorischen Besonderheiten für Geschäftsabschlüsse von KAGen handelnd für Rechnung des Sondervermögens sind zusätzliche Regelungen zu dem Rahmenvertrag notwendig. Sie finden Niederschlag im **Anhang für Kapitalanlagegesellschaften zu dem Rahmenvertrag für Finanztermingeschäfte** (im Folgenden „KAG-Anhang"), seit Anfang 2007 in der **Mantelvereinbarung für Finanzgeschäfte mit Kapitalanlagegesellschaften** (im Folgenden „Mantelvereinbarung").

135 Der KAG-Anhang wurde noch zu Zeiten der Geltung des **Gesetzes über Kapitalanlagegesellschaften** von den im Zentralen Kreditausschuss zusammenarbeitenden Verbänden und dem Bundesverband Investment und Asset Management e.V. gemeinsam entwickelt. Die letzte Aktualisierung des Anhangs wurde anlässlich des **Vierten Finanzmarktförderungsgesetzes** von 2002 vorgenommen.[103] Insofern referenziert der Anhang noch immer auf die Paragrafen des KAGG. Auf eine Umstellung auf das Investmentgesetz, das am 1. Januar 2004 in Kraft trat und das KAGG ersetzt hat, wurde verzichtet, weil die Verbände bereits an der Konzipierung der Mantelvereinbarung arbeiteten.

136 Nachdem die Kartellbehörde keine Einwände gegen die Verwendung erhob, kann seit Anfang 2007 die Mantelvereinbarung im Markt verwendet werden. Wesentliche Neuerung bei der Mantelvereinbarung ist, dass sie nicht nur als „Mantel" für Rahmenverträge für Finanztermingeschäfte dienen soll, sondern auch unter der deutschen Rahmenvertragsdokumentation und unter dem **European Master Agreement** (EMA) dokumentierte Pensionsgeschäfte, Wertpapierdarlehen und ggf weitere Finanzgeschäfte erfasst. Systemimmanent ist, dass die Mantelvereinbarung das zu unterzeichnende Dokument ist, nicht mehr der Rahmenvertrag bzw die Rahmenverträge selbst. Diese werden als Anhang (Anhang 2) in den Vertrag einbezogen. Als dritte wesentliche Neuerung wurde eingeführt, dass die Sondervermögen bzw **Teilfonds** in einem Anhang bei Abschluss der Mantelvereinbarung benannt werden (Anhang 1), für deren Rechnung Rahmenverträge abgeschlossen werden sollen.

137 Von einzelnen Banken und KAGen wurden bereits vor Einführung der Mantelvereinbarung wesentlich erweiterte KAG-Anhänge verwandt, die dem InvG bereits angepasst waren. Im Folgenden wird auf diese individuell verwandten Anhänge nicht gesondert eingegangen. Viele Regelungen finden sich aber sowohl in dem KAG-Anhang als auch in der Mantelvereinbarung wieder.

2. Die einzelnen Regelungen des KAG-Anhangs

a) Vertragspartner

138 Ein Sondervermögen hat keine eigene Rechtspersönlichkeit, sondern wird allgemein als eine Form des Treuhandvermögens bezeichnet.[104] Deswegen kann auch ein Sondervermögen nicht selbst Vertragspartner der Bank sein, sondern es handelt immer die das Sondervermögen verwaltende KAG im eigenen Namen für Rechnung des Sondervermögens. Die Befugnis für Rechnung des Sondervermögens Verfügungen tätigen zu können, ergibt sich im Falle eines Sondervermögens, das im Miteigentum der Anleger steht (sog. **Miteigentumslösung**) aus

---

102 Für nähere Ausführungen zur Aufrechnung siehe die Erläuterungen zum KAG-Anhang Nr. 3.
103 Durch das Vierte Finanzmarktförderungsgesetz wurde in § 9 Abs. 6 S. 2 KAGG klargestellt, dass Aufrechnungsvereinbarungen entgegen des allgemeinen Aufrechnungsverbots mit Forderungen des Sondervermögens innerhalb von Rahmenverträgen möglich ist (jetzt § 31 Abs. 6 S. 2 InvG).
104 Die rechtsdogmatische Einordnung ist allerdings wegen der besonderen Regelungen im InvG bezüglich des Umfangs der Verfügungsbefugnis der KAG als Treuhänderin schwierig. Näheres dazu anstatt aller *Baur*, § 6 Rn 11.

E. Anhänge des Rahmenvertrages für Finanzterminegeschäfte 6

§ 31 Abs. 1 InvG. Steht das Sondervermögen im Eigentum der KAG und handelt die KAG treuhänderisch im Rahmen einer Vollrechtstreuhand für die Anleger (sog. **Treuhandlösung ieS**),[105] ergibt sich ihre Verfügungsbefugnis aus ihrer Eigentümerstellung und § 31 Abs. 1 InvG hat nur deklaratorische Bedeutung.[106] Die Miteigentumslösung ist allerdings der Regelfall bei deutschen Sondervermögen, es sei denn die Treuhandlösung ist gesetzlich vorgeschrieben. Dies ist aber nur noch bei Immobilienfonds der Fall. Der Vorzug der Miteigentumslösung bei deutschen Sondervermögen hat rein historische und keine rechtlichen Gründe.[107]

b) Nr. 1 Abschlussfiktion

Eine KAG kann mehrere Sondervermögen auflegen (§ 30 Abs. 3 S. 1 InvG). Da die KAG immer die den Vertrag abschließende Rechtspersönlichkeit ist, ist es, unabhängig für welches Sondervermögen sie die **Einzelabschlüsse** tätigt, sowohl für die KAG als auch die Bank effizienter den Rahmenvertrag physisch nur einmal zu unterschreiben und nicht für jedes Sondervermögen gesondert.[108] Dennoch ist es rechtlich notwendig, dass die KAG für jedes Sondervermögen einen gesonderten Rahmenvertrag abschließt, da deren Vermögensgegenstände getrennt zu halten sind (§ 30 Abs. 3 S. 2 InvG).[109] Hierzu wird sich der Fiktion bedient, dass pro Sondervermögen ein Rahmenvertrag abgeschlossen wird und die Einzelabschlüsse mit diesem das einzelne Sondervermögen betreffenden Rahmenvertrag einen Gesamtvertrag bilden. Zwar wurde zutreffend bemängelt, dass der Wortlaut der Nr. 1 bezüglich der Referenz auf „den Rahmenvertrag" in Widerspruch zur Kopfzeile steht, die auf einen mit Datum zu bezeichnenden Rahmenvertrag Bezug nimmt und man somit zum Schluss kommen könnte, dass der KAG-Anhang nur für diesen mit Datum bestimmten Rahmenvertrag gelte. Dieses liefe aber den regulatorischen Anforderungen und dem Zweck des KAG-Anhangs zuwider, so dass man durch Auslegung zu dem Schluss kommen muss, dass der Wortlaut der Nr. 1 als Regelung gewollt ist, also dass pro Sondervermögen ein einzelner Rahmenvertrag nebst KAG-Anhang abgeschlossen wird.[110]

139

c) Nr. 2 Verlust des Verwaltungsrechts der KAG als wichtiger Beendigungsgrund

Nr. 2 des KAG-Anhangs regelt, dass, falls die KAG ihr Verwaltungsrecht verliert, gleich aus welchem Grund, die Parteien ein Kündigungsrecht gemäß Nr. 7 Abs. 2 des Rahmenvertrags haben. Kritisiert wird bei dieser Formulierung, dass nicht klar ist, ob diese Regelung die automatische Beendigung im Falle der Insolvenz der KAG ersetzen soll, denn gemäß § 38 Abs. 3 InvG erlischt das Verwaltungsrecht der KAG im Falle der Eröffnung des Insolvenzverfahrens über ihr Vermögen. Nur im Wege der Auslegung gelangt man zu dem Ergebnis,

140

---

105 Im engeren Sinne deshalb, weil auch bei der Miteigentumslösung die KAG treuhänderisch im Rahmen einer Ermächtigungstreuhand für die Anleger handelt.
106 *Baur*, § 6 Rn 3 mwN; *Zeller*, in: Brinkhaus/Scherer, § 6 Rn 6 und 7.
107 *Baur*, § 6 Rn 8.
108 Mit ausländischen Banken ist dies allerdings nicht immer leicht zu verhandeln, da deren Systeme darauf angelegt sind pro Fonds einen Rahmenvertrag abzuschließen. Dies liegt auch daran, dass im Ausland Fonds in der Gesellschaftsform wesentlich häufiger anzutreffen sind, aber wohl hauptsächlich daran, dass bei ausländischen Fonds im Regelfall eine dritte Partei als Investmentmanager fungiert und diese in den Vertrag miteinbezogen werden soll. Dies geschieht zum einen durch Schlüsselpersonenklauseln (Key Man Clauses) und Nettoinventarwertuntergrenzen (NAV Floors) im Rahmen von zusätzlichen wichtigen Kündigungsgründen (Additional Termination Events), die im ISDA Schedule vorgesehen sind. Diese Klauseln kann man natürlich über die „Zusätzlichen Vereinbarungen" auch im Rahmenvertrag vereinbaren. Zum anderen werden aber auch oft Zusicherungen des Investment Managers selbst verlangt. Über eine Abschlussfiktion ist die Einbeziehung dieser Regelungen nicht zu erreichen.
109 Dies gilt sowohl zwischen den einzelnen Sondervermögen als auch zwischen den Sondervermögen und dem Vermögen der KAG (§ 30 Abs. 1 S. 2 InvG).
110 Nun eindeutig in der Mantelvereinbarung formuliert.

dass Nr. 7 Abs. 1 von Nr. 2 des KAG-Anhangs unberührt bleiben und nur eine spezielle Regelung zu Nr. 7 Abs. 2 des Rahmenvertrags sein soll.[111] Gemeint ist also nur der Verlust des Verwaltungsrechts einer KAG für ein Sondervermögen außerhalb der Insolvenz der KAG durch Kündigung seitens der KAG oder durch Aufhebung des Verwaltungsvertrags. Letzteres ist nur bei Spezialfonds[112] möglich und kommt in der Praxis relativ häufig vor.

141 Gemäß § 39 Abs. 2 InvG (früher § 14 Abs. 2 KAGG) wird ein Sondervermögen nach Verlust des Verwaltungsrechts der KAG durch die **Depotbank** abgewickelt, die das Vermögen dann an die Anleger zu verteilen hat. Die Verträge, die die KAG für Rechnung des Sondervermögens abgeschlossen hat, bestehen aber auch nach Verlust des Verwaltungsrechts weiter zwischen der KAG und ihrem Vertragspartner. Denn allein die KAG ist Schuldnerin ihrer Vertragspartner und nur sie kann zur Erfüllung des Vertrags herangezogen werden, nicht das Sondervermögen. Die KAG ist nämlich nicht nur die für das Sondervermögen abschließende Rechtsperson, sondern ihre Verfügungsmacht, die ihr durch § 31 Abs. 1 InvG verliehen wird, ist durch § 31 Abs. 2 InvG begrenzt: Sie darf für das Sondervermögen keine Verbindlichkeiten eingehen. Abweichende vertragliche Regelungen sind absolut unwirksam, dh nicht vertraglich abdingbar. Die KAG hat vielmehr nur einen Aufwendungsersatzanspruch gegen das Sondervermögen (§ 31 Abs. 3 InvG). Die Erträge aus Geschäften für das Sondervermögen fließen im Wege der gesetzlichen Surrogation hingegen direkt dem Sondervermögen und nicht erst der KAG zu (§ 30 Abs. 2 InvG)[113]. Würde Klausel Nr. 2 nicht in den Vertrag aufgenommen, hätte es das unerwünschte Ergebnis, dass es keine Möglichkeit für die Vertragsparteien gäbe, sich bei laufenden Einzelabschlüssen von dem Vertrag zu lösen. Das bedeutete, dass die KAG der Bank die Erfüllung des Termingeschäfts schuldete, aber ihren Aufwendungsersatzanspruch aus dem Sondervermögen nicht befriedigen könnte. Diese Situation wäre weder im Interesse der KAG noch der Bank, denn beide möchten vermeiden, dass die KAG aus eigenem Vermögen erfüllen muss, sofern die KAG überhaupt dazu in der Lage wäre. Insbesondere kleinere KAGs führen weder ein Handelsbuch noch ein Anlagebuch und verfügen uU bei gehebelten Produkten auch nicht über ausreichend Eigenkapital zur Erfüllung der Transaktion.

Die Lösung aus dieser Situation ist, den Parteien bei Verlust des Verwaltungsrechts der KAG ein Kündigungsrecht einzuräumen, so dass alle Einzelabschlüsse glattgestellt und Ausgleichsforderungen nach Nr. 8 und Nr. 9 des Rahmenvertrags geltend gemacht werden können.

142 Wird das Sondervermögen auf eine neue KAG übertragen und sollen die Einzelabschlüsse für Rechnung des Sondervermögens zu Ende geführt werden, ohne dass die KAG aus eigenem Vermögen ohne Aufwendungsersatzanspruch erfüllen muss, müssten die Einzelabschlüsse nebst Rahmenvertrag übertragen werden.[114] Bei Publikumsfonds, die bisher nur vereinzelt auf andere KAGen übertragen wurden, würde dies rechtlich eine Übertragung der Einzelabschlüsse auf die Depotbank bedeuten, die dann nach Zustimmung der BaFin zur Übertragung des Sondervermögens auf die neue KAG auf die neue KAG übertragen müsste. Bei Spezialfonds werden der Einfachheit halber Übertragungs- und Aufhebungsvereinbarungen getroffen, die die Einzelheiten der Übertragung der Vermögenswerte regeln. Vertragsparteien sind dann die bisher verwaltende KAG, die in Zukunft verwaltende KAG und die Depotbank bzw sofern die Depotbank ebenfalls gewechselt wird, auch die neue Depotbank.

---

111 Nun eindeutig in der Mantelvereinbarung formuliert.
112 Spezialfonds sind Sondervermögen gemäß §§ 2 (3), 91 ff InvG, die nur Investoren haben dürfen, die keine natürlichen Personen sind. Dafür unterliegen die Sondervermögen einer geringeren regulatorischen Aufsicht und die Investoren bestimmen regelmäßig den Anlagehorizont des Sondervermögens.
113 Siehe auch *Baur,* § 6 Rn 19; *Zeller,* in: Brinkhaus/Scherer, § 6 Rn 12; aA *Schmitz,* in: Berger/Steck/Lübbehüsen, § 30 Rn 28 ff
114 Dies dürfte aber nicht der Regelfall sein, sondern die Beendigung der Einzelabschlüsse.

Eine Zustimmung zur Übertragung der Sondervermögen seitens der BaFin ist bei Spezialfonds nicht erforderlich.

Sowohl die **Aufrechnung** als auch die Vereinbarung der Ausgleichsforderung bei Beendigung des Vertrags setzt voraus, dass eine Aufrechnungslage vorliegt. Die Aufrechnung gemäß § 387 BGB setzt unter anderem Gegenseitigkeit voraus. Bei der Treuhandregelung ist die Gegenseitigkeit gegeben, da die KAG Eigentümerin der Vermögenswerte des Sondervermögens ist. Bei der Miteigentumslösung fallen allerdings zivilrechtlich trotz der in § 31 Abs. 1 InvG vorgesehenen Verfügungsbefugnis Schuldner und Gläubiger auseinander. Eine gesetzliche Aufrechnungslage gemäß § 387 BGB liegt nach hM also nicht vor, weil es an der Gegenseitigkeit der Forderung mangelt.[115] Es ist aber in Rechtsprechung und Literatur anerkannt, dass § 387 BGB disponibel ist[116] und man vertraglich geringere Anforderungen an eine Aufrechnungslage vereinbaren kann,„sofern kein gesetzliches Verbot einem Aufrechnungsvertrag entgegensteht, das Drittinteressen schützt."[117] Dies gilt auch bezüglich der Gegenseitigkeit, so lange der Schuldner verfügungsberechtigt ist.[118] Die Aufrechnung zwischen einer KAG, handelnd für ein Sondervermögen, das nach der Miteigentumslösung konzipiert wurde, und der Bank ist also möglich, da die KAG zum einen gemäß § 31 Abs. 1 InvG verfügungsbefugt ist und zum anderen § 31 Abs. 6 S. 2 eine Ausnahme zum Aufrechnungsverbot des § 31 Abs. 6 S. 1 InvG regelt.

143

d) Gegenansprüche der Bank nur gegenüber dem jeweiligen Sondervermögen

Gemäß § 30 Abs. 3 InvG sind die Sondervermögen getrennt zu halten. Nr. 9 Abs. 2 des Rahmenvertrags aber regelt, dass „Ausgleichsforderungen gegen die ersatzberechtigte Partei nur dann bestehen, soweit diese keine rechtlichen Ansprüche aus *irgendeinem*[119] rechtlichen Grund gegen die andere Partei (‚Gegenansprüche') hat". Ohne die Regelung der Klausel Nr. 3 wäre es der Bank möglich ein cross-netting zwischen den Verträgen für Rechnung verschiedener Sondervermögen vorzunehmen, denn der rechtliche Anspruch besteht schließlich immer gegen die KAG und nicht gegen das jeweilige Sondervermögen. Eine solche Aufrechnung bzw Berechnung einer Ausgleichsforderung würde aber im Regelfall dazu führen, dass bei der Berechnung Vermögenswerte aus nicht von der Beendigung des Vertrages betroffener Sondervermögen berücksichtigt würden. Durch Klausel Nr. 3 des KAG-Anhangs wird also sichergestellt, dass diese Trennung auch im Falle der Beendigung des Rahmenvertrags bzw der Rahmenverträge beibehalten wird.

144

3. Einzelne Regelungen der Mantelvereinbarung für Finanzgeschäfte mit Kapitalanlagegesellschaften

a) Vertragspartner

In der Mantelvereinbarung wird nicht mehr auf „das im Einzelabschluss genannte Sondervermögen" Bezug genommen, sondern „auf die in Anlage 1 genannten Sondervermögen". Vertragspartner ist also nicht mehr die KAG handelnd für jedes beliebige Sondervermögen, das die Bank vor Abschluss der Einzelabschlüsse ggf nicht einmal kennt und die KAG einseitig aussuchen kann, sondern die KAG ist festgelegt auf die in Anlage 1 aufgezählten Sonder-

145

---

115 *Baur*, § 9 Rn 36; *Schödermeier/Baltzer*, in: Brinkhaus/Scherer, § 9 Rn 32, *Beckmann*, in: Beckmann/Scholz/Vollmer, § 31 Rn 30; aA *Schmitz*, in: Berger/Steck/Lübbehüsen, § 31 Rn 36.
116 *Grünberg*, in: Palandt, § 387 Rn 19; *Schlüter* in: Münchener Kommentar, § 387 Rn 51.
117 *Grünberg*, in: Palandt, § 387 Rn 20; *Schlüter*, in: Münchener Kommentar, § 387 Rn 52; *Gursky*, in: Staudinger, Vor § 387 ff Rn 70.
118 *Grünberg*, in: Palandt, § 387 Rn 20; *Schlüter*, in: Münchener Kommentar, § 387 Rn 52; *Gursky*, in: Staudinger, Vor § 387 ff Rn 69; RGZ 72, 377, 378; BGHZ 94, 132, 135; BGHZ 95, 188, 190.
119 Hervorhebung durch die Autorin.

vermögen. Die Vertragstechnik anhand eines Anhangs die Sondervermögen bzw Teilfonds aufzuführen und sie damit in den Vertrag einzubeziehen, entspricht internationalen Gepflogenheiten im Investmenfondsbereich. Es ermöglicht insbesondere der Bank rechtzeitig eine sog. Due Diligence im Hinblick auf Anlagegrenzen, erwerbbare Vermögensgegenstände, Schwankungen im Nettoinventarwert (Net Asset Value – NAV) uÄ der Sondervermögen vorzunehmen, lange bevor Einzelabschlüsse für die einzelnen Sondervermögen abgeschlossen werden sollen. Dies hat für beide Parteien den Vorteil, dass Einzelabschlüsse, die häufig zeitkritisch sind, nicht mehr durch Formalia wie Übersendung von Prospekten, Jahresberichten und ähnlicher Dokumente und deren Prüfung aufgehalten werden. Wegen des erhöhten Verwaltungsaufwandes seitens der KAGen durch Anhang 1 ist es allerdings nicht unüblich, dass die KAGen verlangen, diese Regelung abzuändern.

b) Nr. 1 Zweck und Gegenstand

146 Die Mantelvereinbarung erfasst nur KAGen, die dem InvG unterliegen. Der KAG-Anhang spricht hingegen nur von Kapitalanlagegesellschaften. Die Praxis, den Rahmenvertrag für Finanztermingeschäfte auch für Luxemburger Fonds deutscher Provenienz zu nutzen, ist in der Mantelvereinbarung somit explizit ausgeschlossen, ebenso die Verwendung für Investmentaktiengesellschaften. Die Verbände haben seit Längerem Entwürfe für einen Anhang für Investmentaktiengesellschaften und eine Mantelvereinbarung für luxemburgische Fondsgesellschaften erarbeitet. Zumindest Letztere soll in Kürze[120] veröffentlicht werden.

c) Nr. 2 Begriffsbestimmungen

147 Neu eingeführt wurden die Begriffsbestimmungen.

In Anpassung auf das InvG wird definiert, dass die Bezeichnung „Sondervermögen" auch „Teilfonds" (§ 34 Abs. 2 InvG) erfasst. Seitdem Investmentaktiengesellschaften auch „Teilgesellschaftsvermögen" bilden können gibt es auf dem deutschen Markt zwar Teilfonds, da aber die Mantelvereinbarung nicht für Investmentaktiengesellschaften passt, können Investmentaktiengesellschaften die Mantelvereinbarung nur verwenden, wenn sie sie individuell auf die Bedürfnisse der Investmentaktiengesellschaft anpassen.

148 Die Definition für Finanzgeschäfte wurde durch die Formulierung „oder sonstige Finanzgeschäfte" offen für eine Erweiterung der Produkte und Rahmenverträge gestaltet, um Neuentwicklungen im Derivatemarkt und den gesetzlichen Anlagebestimmungen Rechnung tragen zu können.

149 Die Definition für **Segment** dient der Vereinheitlichung der Begriffe, denn ein Segment hat keine eigenständige rechtliche Bedeutung, sondern es ist eben nur, wie definiert, eine für buchhalterische Zwecke definierte Teilmenge eines Sondervermögens. In Deutschland werden insbesondere Spezialfonds häufig in einzelne Segmente aufgeteilt, die dann von verschiedenen Asset Managern verwaltet werden (Multi-Manager Ansatz). Im Gegensatz zu Teilfonds „haften"[121] aber alle Segmente eines Sondervermögens für den Ausfall in einem Segment.

Nr. 2 Abs. 2 enthält reine Klarstellungen.

d) Nr. 3 Abschluss gesonderter Rahmenverträge

150 Nr. 3 trägt dem Trennungsgebot des § 30 Abs. 1 S. 2 InvG Rechnung. Im Gegensatz zum KAG- Anhang wird sehr detailliert auf das Trennungsgebot und die sich daraus ergebenen Folgen eingegangen.

---

120 www.bankenverband.de; Stand Mai 2012.
121 Im untechnischen Sinne, denn mangels Rechtsperson kann ein Teilfonds rechtlich gesehen nicht haften.

E. Anhänge des Rahmenvertrages für Finanztermingeschäfte 6

Nr. 3 Abs. 1 ist das Pendant zu Nr. 1 S. 3 des KAG-Anhangs. Durch die Umstellung der Struktur von einem Anhang auf eine Mantelvereinbarung und den Umstand, dass die Mantelvereinbarung unterzeichnet wird und nicht der Rahmenvertrag bzw die Rahmenverträge, die als Anlage 2 beigefügt werden, ergeben sich andere Formulierungen.

Abs. 2 der Nr. 3 erläutert die Vertragstechnik und ebenso wie bei Abs. 3 der Nr. 3 handelt es sich um reine Klarstellungen.

Nr. 3 Abs. 4 stellt sicher, dass, wie in § 30 Abs. 2 InvG verlangt, pro Sondervermögen ein Rahmenvertrag nebst spezieller Regelungen für KAGen durch die KAG abgeschlossen wird. Abs. 4 ist eine Ergänzung des Abs. 1.

Nr. 3 Abs. 5 greift die Regelungen aus den Rahmenverträgen auf, dass Rahmenvertrag und Einzelabschlüsse einen einheitlichen Vertrag bilden, allerdings mit der Betonung, dass nur die Rahmenverträge und die darauf bezogenen Einzelabschlüsse, die für dasselbe Sondervermögen abgeschlossen wurden, einen einheitlichen Vertrag bilden und entspricht somit dem Regelungsgehalt des Nr. 1 S. 4 des KAG-Anhangs. Die Bestimmung zu den Segmenten ist eine weitere Klarstellung.

Abs. 6 ist die Folge des Trennungsgebots, die hier noch einmal explizit erwähnt wird.

Abs. 7 entspricht inhaltlich Nr. 3 des KAG-Anhangs.

e) Nr. 4 Einzelabschlüsse

Nr. 4 S. 1 bestimmt, dass, ebenso wie im KAG-Anhang und trotz Anhang 1 der Mantelvereinbarung, die KAG für die Einzelabschlüsse die Sondervermögen benennen muss, für deren Rechnung die KAG handelt, und die Bank muss dies in der Bestätigung aufnehmen. Soweit entspricht die Regelung Nr. 1 S. 1 des KAG-Anhangs. Es können bei den Einzelabschlüssen aber auch Alias-Namen verwendet werden, die in Anhang 1 dem richtigen Namen des Sondervermögens zugeordnet werden.

f) Nr. 5 Beendigung

Nr. 5 S. 1 entspricht Nr. 2 des KAG-Anhangs. Die Regelung erweitert die Kündigungsrechte der Parteien für die verschiedenen Rahmenverträge für Rechnung der betroffenen Sondervermögen für den Fall, dass die KAG gleich aus welchem Grund das Verwaltungsrecht verliert. Der Verlust des Verwaltungsrechts kann entweder aus einer Kündigung der KAG oder aus der Eröffnung des Insolvenzverfahrens über das Vermögen der KAG (§ 38 InvG) resultieren. Für den Fall der Insolvenz stellt S. 2 klar, dass die in den Rahmenverträgen vorgesehenen Beendigungsgründe, die an die Insolvenz der Gesellschaft anknüpfen, unberührt bleiben. S. 2 trägt somit der Kritik Rechnung, dass dies im KAG-Anhang nicht eindeutig formuliert sei und man nur über Auslegung zu dem gewünschten Ergebnis käme.

g) Nr. 6 Besicherung

Nr. 6 nimmt eine zuvor häufig individuell im Rahmenvertrag vereinbarte Klausel auf: Die Abtretung des Aufwendungsersatzanspruchs der KAG gemäß § 31 Abs. 3 InvG. Dieses Sicherungsrecht gibt der Bank die einzige Möglichkeit, im Falle der Beendigung des Rahmenvertrags direkt auf das Sondervermögen zugreifen zu können, denn die KAG hat keine Befugnis, das Sondervermögen zu verpflichten außer mit ihrem Vergütungs- und Aufwendungsersatzanspruch gemäß § 31 Abs. 3 InvG. Dieses Sicherungsrecht darf aber nicht darüber hinweg täuschen, dass die KAG gemäß § 670 BGB nur einen Aufwendungsersatzanspruch aus §§ 675, 611 BGB (Geschäftsbesorgungsvertrag) gegen das Sondervermögen hat, wenn sie die Aufwendungen für erforderlich halten durfte. Nicht erforderlich darf die KAG Aufwendungen halten, die aus Geschäften resultieren, die gegen das Gesetz, die Vertragsbedingungen oder Anlagerichtlinien verstoßen.[122] Eventuell bestehende Bereicherungsansprüche[123] der KAG gegen das Sondervermögen sind nicht von der Sicherungsklausel erfasst. Ferner erfasst die Sicherungsabtretung nur Aufwendungsersatzansprüche, keine Vergütungsansprüche.

h) Nr. 7 Besondere Regelungen für Wertpapierdarlehen

154 Zwar ist die KAG gesetzlich nicht verpflichtet, **Wertpapierdarlehen** aufgrund eines standardisierten Rahmenvertrags abzuschließen, da § 54 InvG nichts dazu aussagt, allerdings ergibt sich praktisch die Notwendigkeit des Abschlusses eines Rahmenvertrags aus § 31 Abs. 6 InvG.[124] Schließt man nicht die Mantelvereinbarung ab – wie derzeit noch in der Praxis üblich – werden die in der Mantelvereinbarung als Anhang genannten Rahmenverträge oder internationale Rahmenverträge wie der OSLA gesondert abgeschlossen und die nach §§ 54, 55 InvG erforderlichen und ggf weitere Regelungen entweder als „Sonstige Vereinbarung" in den Rahmenvertrag aufgenommen oder im Falle des **Rahmenvertrags für Wertpapierdarlehen** als Anlage. Die üblicherweise verwendete Anlage ist teilweise wortgleich mit den Regelungen der Mantelvereinbarung.

Nr. 7 der Mantelvereinbarung reflektiert einige aber nicht alle Regelungen der §§ 54 und 55 InvG in einer Mischung aus Zusammenfassung der gesetzlichen Regelungen und Bezugnahmen auf dieselben. Die weiteren notwendigen Vertragsinhalte sind im Rahmenvertrag für Wertpapierdarlehen bzw im Anhang für Wertpapierdarlehen des EMA selbst geregelt,

155 Nr. 7 Abs. 1 bestimmt, dass, wie in § 54 InvG geregelt, die KAG nur als Darlehensgeber für Rechnung des Sondervermögens auftreten darf und ändert damit den Rahmenvertrag für Wertpapierdarlehen ab.

156 Nr. 7 Abs. 2 nimmt das Erfordernis des § 54 Abs. 2 S. 1 InvG auf, dass die Wertpapiere nur Zug um Zug gegen Leistung der Sicherheit übertragen werden dürfen.

157 Nr. 7 Abs. 3 regelt die Berechnung der Sicherheitsleistung und Nachschusspflicht. Gemäß § 54 Abs. 3 InvG muss die Sicherheitsleistung aus dem Sicherungswert, dh Kurswert bzw Verkehrswert und Erträge der verliehenen Papiere, nebst marktüblichem Aufschlag bestehen. Die zugehörigen Erträge sind die Zinsen bei Schuldverschreibungen, in erster Linie Dividenden bei Aktien sowie evt. einbehaltene Steuerguthaben.[125] In der Mantelvereinbarung wird zur Berechnung der Höhe der Sicherheitsleistung nur auf den Marktwert der Wertpapiere nebst marktüblicher Aufschläge Bezug genommen, die Erträge werden aber nicht explizit genannt. Marktwert wird im Rahmenvertrag für Wertpapierdarlehen in Nr. 11 Abs. 2 als Kurs- bzw Verkehrswert definiert.[126] Bei verzinslichen Wertpapieren werden gemäß des letzten Halbsatzes der Nr. 11 Abs. 2 des Rahmenvertrags für Wertpapierdarlehen die Stückzinsen einberechnet. Somit ist bezüglich der verzinslichen Wertpapiere den Anforderungen des § 54 Abs. 3 InvG genüge getan. Die Erträge der Aktien bzw Steuerguthaben werden aber weder in den Vertragsdefinitionen noch in sonstigen Regelungen des Rahmenvertrags genannt.

---

122 *Baur*, § 10 Rn 49 mwN; *Canaris*, Rn 2416; *Beckmann*, in: Beckmann/Scholz/Vollmer, § 31 Rn 40. *Schödermeier/Baltzer*, in: Brinkhaus/Scherer, § 10 Rn 38.
123 Wenn dem Sondervermögen Vermögenswerte aus einer Transaktion zufließen, die KAG die Aufwendungen aber nicht für notwendig erachten durfte, weil sie zB gegen die Vertragsbedingungen verstieß, ist das Sondervermögen ungerechtfertigt bereichert. Strittig ist in der Literatur, ob die KAG in diesem Fall einen Anspruch aus § 812 BGB gegen das Sondervermögen, also die Anteilinhaber, hat. Dafür *Canaris*, Rn 2440, *Schödermeier/Baltzer*, in: Brinkhaus/Scherer, § 10 Rn 38; dagegen *Beckmann*, in: Beckmann/Scholz/Vollmer, § 31 Rn 39, *Schmitz*, in: Berger/Steck/Lübbehüsen, § 31 Rn 23.
124 Siehe auch Rn 134 und 143.
125 *Baur*, § 9b KAGG, Rn 11.
126 Zur Berechnung des Marktwerts nach InvG siehe im Einzelnen *Baur*, § 21 Rn 20; *Scherer*, in: Brinkhaus/Scherer, § 21 Rn 25.

Auch eine Bezugnahme auf die Vorschrift findet sich in Nr. 7 der Mantelvereinbarung nicht.[127]

Allerdings fließen die Dividende und Steuerguthaben, sobald sie feststehen, in die Bewertung des Marktpreises mit ein, so dass ein zusätzlicher Sicherungsbedarf in der Praxis, wenn überhaupt, eher marginal sein dürfte, auch im Hinblick darauf, dass die Erträge gemäß § 55 Nr. 1 InvG bereits am Valutatag an die Depotbank für Rechnung des Sondervermögens gezahlt werden müssen. Somit ist wirtschaftlich auch den Anforderungen des § 54 Abs. 3 InvG bezüglich der weiteren Erträge genüge getan. Dass im Falle der Verschlechterung der Vermögensverhältnisse des Vertragspartners Sicherheiten nachgefordert werden können, gewährleistet nicht die jederzeitige ausreichende Besicherung wie sich bei der Lehman-Insolvenz gezeigt hat.

Auch wenn die Regelung zur Sicherheitsleistung der Nr. 7 Abs. 3 schon seit Jahren in dieser Formulierung als Anlage zum Rahmenvertrag verwendet und allgemein als ausreichend angesehen wird, wäre es wünschenswert gewesen, den Wortlaut des Gesetzes in der Mantelvereinbarung zu honorieren.

Abs. 3 spricht ferner sowohl von Wertausgleich als auch von Sicherheitsleistung. Die Begriffe Sicherheitsleistung und Wertausgleich sind Synonyme. Der Begriff Wertausgleich wurde hinzugefügt, um eine begriffliche Einheit zum Rahmenvertrag für Wertpapierdarlehen herzustellen.

Nr. 7 Abs. 4 und 5 differenzieren die Regelungen nach Art der Sicherheitsleistung. **158**

Abs. 4 regelt Einzelheiten des Falls, dass die Parteien als Sicherheitsleistung ein Pfandrecht vereinbaren. Die Bestellung des Pfandrechts erfolgt nach den Pfandrechtsvorschriften des BGB in einer gesonderten Verpfändungsvereinbarung. Um eine gewisse Flexibilität bei der Verpfändung von Wertpapieren zu erreichen, sichert sich die Bank das Recht, die verpfändeten Wertpapiere auszutauschen unter der Maßgabe, dass die gesetzlichen Anforderungen des InvG erfüllt sind. Es wird ferner bestimmt, dass die Regelungen des Wertausgleichs im Rahmenvertrag bzw dem Sicherheitenanhang des FBE (=EMA) keine Anwendung finden.

Nr. 7 Abs. 5 findet Anwendung, wenn die Parteien als Sicherheit eine Vollrechtsübertragung vereinbart haben. Anstatt detaillierter Ausführungen über die Beschaffenheit, Verwahrung usw der Sicherheitsleistung referenziert Abs. 5 auf die gesetzlichen Regelungen. **159**

Nr. 7 Abs. 6 erfüllt die Anforderung des § 55 Nr. 2 InvG. **160**

Obwohl im Anhang 2 der **Rahmenvertrag für Wertpapierpensionsgeschäfte** aufgeführt wird, wird in der Mantelvereinbarung nicht gesondert auf Pensionsgeschäfte eingegangen. Allerdings enthält der Rahmenvertrag für Pensionsgeschäfte alle Regelungen, die gemäß § 57 InvG erforderlich sind. **161**

i) Nr. 8 Änderung der Anhänge

Nr. 8 Abs. 1 schreibt die Schriftform für die Änderung der Mantelvereinbarung einschließlich der Anhänge vor. Wie bereits unter „Vertragspartner" ausgeführt, ist es somit der KAG genommen einseitig zu bestimmen, für welche Sondervermögen sie Einzelabschlüsse abschließen will. Eine beidseitige Änderung ist aber selbstverständlich jederzeit möglich. **162**

Abs. 2 stellt klar, dass jeweils die aktuellste Fassung der Anlagen in die Mantelvereinbarung aufgenommen wird und sie alte Fassungen ersetzen. Daher sind die Anlagen zu datieren.

---

[127] In Nr. 7 Abs. 4 gibt es zwar eine Bezugnahme auf § 54 Abs. 3 InvG. Aus dem Kontext ergibt sich aber, dass hier nicht die Besicherung der Erträge gemeint sind.

j) Nr. 9 Verschiedenes

163 Nr. 9 bestimmt deutsches Recht als Recht der Mantelvereinbarung und den Gerichtsstand als nichtausschließlichen Gerichtsstand der Bank entsprechend der Regelungen in den Rahmenverträgen.

§ 7 ISDA Master Dokumentation

Literatur: *Bank of England,* Quarterly Bulletin; *Firth,* Derivatives: Law and Practice, Mai 1991; der*Henderson,* „Inside The Swap Market", 3. Aufl. 1989; *Harding,* Mastering the ISDA Master Agreement (Prentice HAll, 2002); *International Swaps and Derivatives Association,* Inc, 2006 Mid-Year Market Survey; *Reiner,* Münchener Vertragshandbuch, Bd. 4 Wirtschaftsrecht III, 6. Aufl. 2007, Kapitel VI. 7; *Linklaters,* Client briefing of 4 December 2009; *Reiner,* Derivative Finanzinstrumente im Recht, 2002.

Rechtsprechung: *Credit Suisse Financial Products v. Société Générale* (unreported), July 4, 1996; *Marine Trade SA v. Pioneer Freight Futures Co Ltd BVI* [2009] EWHC 2656 (Comm); *Libyan Arab Foreign Bank v. Bankers Trust Co.,* [1989] Q.B. 728; *Schuler AG v. Wickman Machine Tools Sales Ltd* [1974] A.C. 235, 249–250; *Dunlop Pneumatic Tyre Company v. New Garage and Motor Co Ltd* [1915] A.C. 79, 86–88; *Lordsvale Finance plc v. Bank of Zambia* [1996] Q.B. 752; *Hongkong Fir Shipping Co. Ltd. v. Kawasaki Kisen Kaisha Ltd.* [1962] 2 Q.B. 26, 66; *Universal Cargo Carriers Corp v. Citati* [1957] 2 Q.B. 401; *Bremer Vulkan Schiffbau und Maschinenfabrik v. South India Shipping Corp Ltd.* [1981] A.C. 909; *Dixon v. Clark* [1848] 5 C.B. 365; *Woodar Investment and Development Ltd. v. Wimpey Construction (UK) Ltd* [1980] 1 W.L.R. 277; *Southern Brazilian Rio Grande Do Sul Rly Co Ltd, Re* [1905] 2 Ch. 78, 83; *Kleinwort Benson Ltd v. Lincoln County Council* [1999] 2 A.C. 349; *Nouva Safi SpA v. Sakura Bank Ltd.* [1999] 2 All E.R. (Comm) 526; *Taylor v. Caldwell* [1863] 3B. & s.826; *Heyman v. Darwins Ltd.* [1942] A.C. 356, 397; *Universal Cargo Carriers Corp v. Citati* [1957] 2 Q.B. 401, 436; *Lep Air Services v. Rollowswin* [1973] A.C. 331, 350; *Australia and New Zealand Banking Group v. Société Générale* [2000] 1 All E.R. (Comm.) 682.

Bestimmte Begriffe des Derivatehandels im Allgemeinen und der ISDA Dokumentation im Besonderen wurden in der Originalsprache Englisch belassen, weil eine Übersetzung nicht sinnvoll gewesen wäre und um dem Leser eine Bezugnahme auf die Originaldokumentation zu ermöglichen. Aus dem gleichen Grund wird bei Verweisen auf bestimmte Klauseln der ISDA Dokumentation die im Englischen übliche Bezeichnung dieser Klauseln verwendet (wie zum Beispiel die Bezeichnung „Section" für die Beschreibung bestimmter Klauseln im ISDA Master Agreement).

A. Einleitung und historischer Überblick 1	4. Kündigungsgründe 47
I. Die Entwicklung des Derivatemarktes 1	5. Beendigungstatbestände (Termination Events) 55
II. Die Evolution der Standard Dokumentation im Derivatemarkt 4	6. Beendigung von Einzelabschlüssen oder dem Master Agreement (Close-out) 62
III. Der generelle Aufbau der ISDA Dokumentation 11	7. Berechnung von Ausschlussbeträgen ... 65
IV. Netting 18	8. Übertragung 76
B. Der Aufbau des ISDA Master Agreement 24	9. Niederlassungen (Branches) 78
I. Allgemeine Bemerkungen 24	10. Geltendes Recht 79
II. Einzelne Bestimmungen 30	C. ISDA Credit Support Dokumentation 80
1. Begründung von Verpflichtungen 30	I. Allgemeine Bemerkungen 80
a) Zahlungs- und Lieferungsverpflichtungen 30	II. Credit Support Anhang 81
b) Andere Vertragspflichten 34	III. Credit Support Deed 84
c) Verspätete Zahlungen oder Lieferungen 35	IV. 2001 ISDA Margin Bestimmungen 86
2. Steuerliche Aspekte 38	D. Kreditderivate 87
3. Zusicherungen der Parteien 39	E. Die ISDA Protokolle 88

A. Einleitung und historischer Überblick

I. Die Entwicklung des Derivatemarktes

Seit ungefähr 1972 sind Derivate ein fester Bestandteil der Finanzmärkte. In diesem Jahre wurde der erste *Financial Futures Contract* am *Chicago Mercantile Exchange* abgeschlossen. Futures über landwirtschaftliche Rohstoffe und Metalle wurden bereits Mitte des 19. Jahrhunderts abgeschlossen.[1] Der Entstehungszeitpunkt des Derivatemarktes wie wir ihn heute kennen ist wohl der Abschluss eines Währungstermingeschäftes zwischen der Weltbank und IBM.[2] Es wird geschätzt, dass im Jahre 1987 bereits 388 Milliarden US Dollar im Zinsderivatemarkt gehandelt wurden. Bis zum Jahre 1997 war dieses Volumen auf 17 067 Milliarden US Dollar angewachsen,[3] eine Zahl, die zwar weit unter dem Volumen des Währungsmarktes lag, die jedoch das bedeutende Wachstum des Derivatemarktes dokumentiert. Ende des Jahres 2006 betrug der Gesamtnominalbetrag der im Markt gehandelten Zins- und Währungsswaps und -optionen nach den Daten der International Swaps and Derivatives Association, Inc. (ISDA) 285,7 Billionen US Dollar während der Gesamtnominalbetrag aller Derivate auf 327,4 Billionen US Dollar geschätzt wurde.[4] Der Gesamtnominalbetrag für Zins- und Währungsderivate erhöhte sich bis zum Ende des Jahres 2007 noch einmal um 17% auf 382,3 Billionen US Dollar, der für Kreditderivate sogar um 81 % von 34,4 Billionen US Dollar auf 62,2 Billionen US Dollar.[5] Diese Zahlen verdeutlichen zwar den bedeutenden Zuwachs des Marktes, verbergen aber die inzwischen entstandene Vielfältigkeit der Transaktionsstrukturen. Durch die Banken- und Wirtschaftskrise sowie die daraus resultierende Insolvenz der Investmentbank Lehman Brothers im Jahre 2008 wurde das zu diesem Zeitpunkt bestehende System der Derivate, insbesondere der Kreditderivate, sowie deren Dokumentation auf eine harte Probe gestellt. Als Folge der Bankenkrise nahm das Volumen des Kreditderivatemarktes bis zum Ende des Jahres 2008 stark ab, während andere Derivateklassen sich gerade noch behaupten konnten. So verringerte sich der Gesamtnominalbetrag der Zins- und Währungsderivate um 13% im Vergleich zur Mitte des Jahres 2008, während er insgesamt für das Jahr 2008 um 5% im Vergleich zum Jahresende 2007 auf 403 Billionen US Dollar anstieg. Der Gesamtnominalbetrag aller Kreditderivate verringerte sich dagegen insgesamt um 38 % im Vergleich zum Vorjahr.[6] Der Gesamtnominalbetrag aller Derivatekontrakte verringerte sich um geschätzte 92 Milliarden US Dollar auf rund 592 Billionen US Dollar, einen immer noch sehr hohen Betrag.[7] Dieser Trend hielt auch im Jahre 2009 an. Der geschätzte Gesamtnominalbetrag aller Kreditderivate verringerte sich in den 12 Monaten bis Mitte 2009 um 43% auf 31.22 Billionen US Dollar. Zum Ende des Jahres 2009 lag nach Aussagen der ISDA der Gesamtnominalbetrag aller Kreditderivate bei 30,4 Billionen US Dollar. Diese Verringerung ist hauptsächlich auf die Portfolioreduzierung der großen Marktteilnehmer zurückzuführen. Der Gesamtnominalbetrag der Zins- und Währungsderivate erhöhte sich im gleichen Zeitraum bis Mitte 2009 leicht um 2,7 % auf geschätzte 414,09 Billionen US Dollar und lag zum Ende des Jahres bei 426,7 Billionen US Dollar. Bis Mitte des Jahres 2010 konnten die Zins- und Währungsderivate einen leichten Anstieg des Gesamtnominalbetrags auf 434,1 Billionen US Dollar verzeichnen, während der Gesamtnominalbetrag der Kreditderivate auf 26,3 Billionen US Dollar sank.[8]

---

1 Ein *Futures* Vertrag über Getreide wurde zum ersten Mal im Jahre 1865 am *Chicago Board of Trade* abgeschlossen; der weniger organisierte *forward* Handel mit Rohstoffen hatte schon früher begonnen. Im Jahre 1877 wurde der *London Metal Exchange* gegründet.
2 Bank of England Quarterly Bulletin, Mai 1991, Seite 254.
3 *Simon Firth*, Derivatives Law and Practice, Kapitel 1001.
4 2006 Year-end Market Survey der International Swaps and Derivatives Association, Inc.
5 2007 Year-end Market Survey der International Swaps and Derivatives Association, Inc.
6 2008 Year-end Market Survey der International Swaps and Derivatives Association, Inc.
7 2009 Year-end Market Survey der International Swaps and Derivatives Association, Inc.
8 2010 Year-end Market Survey der International Swaps and Derivatives Association, Inc.

A. Einleitung und historischer Überblick

Der Begriff „Derivat"[9] beschreibt eine Vielzahl von Finanztermingeschäften mit verschiedenartigsten Strukturen, die jeweils in die Kategorien „*Swaps*", „*Options und Swaptions*" sowie „*Futures and Forwards*" eingeordnet werden können und auf drei verschieden Arten gehandelt werden: an einer Börse, im „*over the counter*" (OTC) Markt sowie als in ein Wertpapier „eingebettetes" Derivat.

Als Gründe für die überwältigende Entwicklung des Derivatemarktes sind die Nachfrage der Marktteilnehmer nach Schutz vor der nach Abschaffung der Börsenkontrollen in den siebziger Jahren entstandenen Währungs- und Zinsvolatilität[10] sowie die Erkenntnis zu nennen, dass durch den Abschluss von Derivaten die Arbitragemöglichkeiten zwischen den verschiedenen Märkten genutzt werden können um Finanzierungskosten zu senken und Gewinne zu erhöhen. In den siebziger und achtziger Jahren des zwanzigsten Jahrhunderts wurden darüber hinaus Modelle entwickelt, das finanzielle Risiko der Marktteilnehmer in verschiedene Komponenten aufzuspalten und diese Risikokomponenten durch Derivate zu kontrollieren und regulatorische Vorteile daraus zu ziehen.

Die Komplexität der Strukturen und die aus Derivaten erwachsenden Risiken für Investoren wurde durch diese Art der Finanzinstrumente in den Blick der Regulierungsbehörden gerückt, die im Laufe der Zeit Einschränkungen für bestimmte Marktteilnehmer schufen. Das wahre Ausmaß der Risiken wurde jedoch erst durch die Bankenkrise von 2007/2008 sowie insbesondere den Zusammenbruch des Bankhauses Lehman Brothers ansatzweise sichtbar. Kritiker machen geltend, dass das System aufgrund des Volumens und der Komplexität eine vernünftige Beurteilung des den Geschäften unterliegenden Risikos nicht mehr zulässt und der Markt auf einer Zeitbombe sitzt, die jederzeit zu explodieren droht. Ein solches Risiko ist angesichts der Erfahrungen, die man nach dem Zusammenbruch von Lehman Brothers und anderen großen Marktteilnehmern gemacht hat, nicht ganz von der Hand zu weisen. Seit Beginn 2008 diskutieren die Regulierungsbehörden verschiedenster Länder, wie eine Wiederholung der Bankenkrise vermieden und insbesondere der Derivatemarkt zur Absicherung der Anleger reguliert werden kann. Die diskutierten Lösungen sind nur vereinzelt brauchbar und eine schnelle, umfassende und effektive Regulierung auf internationaler Ebene ist in der allzu nahen Zukunft nicht zu erwarten. Die meisten ernstzunehmenden Aktivitäten befinden sich noch in der Konsultationsphase. Es wird daher auf laufende Veröffentlichungen der International Swaps and Derivatives Association, Inc. und anderer Marktorganisationen verwiesen. Der Vollständigkeit halber sei hier nur erwähnt, dass die Beratungen Regulierungsvorschläge auf mehreren Ebenen zum Inhalt haben. So werden Maßnahmen im Bereich des Handels von OTC-Derivaten, im Bereich der Bilanzierung sowie im Bereich der Kapitalunterlegung diskutiert.

II. Die Evolution der Standard Dokumentation im Derivatemarkt

Bereits in der Anfangsphase des Derivatemarktes wurde es offensichtlich, dass die schnelle und effektive Dokumentation der Transaktionen eine große Herausforderung darstellen würde. Bei der großen Anzahl von Transaktionen sowie abnehmenden Gewinnspannen einfacherer Transaktionen verbietet sich insbesondere im OTC-Markt die langwierige Doku-

---

9 Als „Derivat" werden Transaktionen bezeichnet, in deren Rahmen die zukünftigen Verpflichtungen einer oder mehrerer Parteien an einen Vermögensgegenstand oder einen Index gekoppelt sind und dieser Vermögensgegenstand auszuliefern ist oder ein bestimmter unter Bezugnahme auf den Wert des Vermögensgegenstandes oder des Indexes berechneter Geldbetrag zu zahlen ist. Einer solchen Transaktion wird ein separater, von dem Wert des unterlegten Vermögensgegenstandes oder des Indexes abgeleiteter Wert zugeordnet (*to derive* = ableiten) aufgrund dessen die Transaktion als unabhängiger Vermögensgegenstand behandelt und gehandelt wird.
10 Durch die Beendigung des Bretton Woods Agreements im Jahre 1971 und die Ölkrise Mitte der siebziger Jahre.

mentation und Verhandlung der jeweiligen Verträge. Im Bereich der börsengehandelten Derivate wird die Dokumentation zum Teil von den Regeln der jeweiligen Börse bestimmt, wodurch sich auch der Verhandlungsaufwand reduzieren lässt. In größeren und komplexeren Transaktionen ist es oftmals gerechtfertigt und lohnend, größeren Aufwand für Dokumentation und Verhandlungen in Kauf zu nehmen.

5   Zunächst wurden Derivate durch maßgeschneiderte Verträge dokumentiert, die die Transaktionsbedingungen vollständig wiedergaben.[11] Dieser vergleichsweise hohe Aufwand wurde durch die hohen Gewinnmargen und fehlende Alternativen gerechtfertigt. Im Laufe der Zeit nahm sowohl die Anzahl der Marktteilnehmer als auch die Anzahl der Transaktionen zu. Bis zum Jahre 1984 war bei einer großen Zahl der Marktteilnehmer ein erheblicher Dokumentationsrückstand entstanden. Dies und die Tatsache, dass erhöhter Preiswettbewerb auf die Gewinnmargen drückte, ließ die hohen Dokumentations- und Verhandlungskosten zum Problem werden. Die fehlende Standardisierung stand darüber hinaus der Entwicklung eines „Sekundärmarktes" für bereits abgeschlossene Derivate im Wege, da jede Transaktion separat auf ihre Übertragbarkeit geprüft werden musste.

6   Im Oktober 1984 bildete die *British Bankers' Association* (BBA) aus diesen Gründen drei Arbeitskreise, die damit beauftragt wurden, Musterbedingungen für die Derivattransaktionen zu entwerfen, die zu diesem Zeitraum am häufigsten abgeschlossen wurden. Das Ergebnis der Tätigkeit dieser Arbeitskreise war die Veröffentlichung der *British Banker's Association Interest Rate Swap* (BBAIRS) *Terms* im Oktober 1985 für Zins- und Währungsswaps mit einer Laufzeit von bis zu zwei Jahren, der *London Interbank Currency Options Master* (LICOM) *Terms* der British Banker's Association für Währungsoptionen und der *Forward Rate Agreements (British Banker's Association)* (FRABBA) *Terms* im August 1985. Noch vor der Initiative der BBA hatte im Mai 1984 in New York eine Gruppe von Swaps-Händlern eine Arbeitsgemeinschaft mit der Ausarbeitung einer Musterdokumentation für Zinsswaps beauftragt. Aus dieser Arbeitsgemeinschaft entstand im weiteren Verlauf die *International Swaps and Derivatives Association, Inc.* (ISDA).[12] Im Juni 1985 (in verbesserter Version 1986 veröffentlicht) veröffentlichte ISDA den *Code of Standard Wording, Assumptions, and Provisions for Swaps* (Musterformulierungen, Voraussetzungen und Bestimmungen für Derivate), der eine Sammlung von Musterdefinitionen und Bedingungen, die ganz oder teilweise in individuell verhandelte Vereinbarungen einbezogen werden konnten, beinhaltete.

7   Die frühen Versionen der ISDA und der BBA Musterdokumentationen hatten einen begrenzten Anwendungsbereich. Sie waren nur für Geschäfte in einer bestimmten Währung anwendbar, erforderten immer noch individuelle Vereinbarungen um Musterbestimmungen einzubeziehen und wurden von den Marktteilnehmern mehr oder weniger stark auf die eigenen Standards angepasst. Die Erkenntnis dieser Schwächen führte zur Erstellung eines einzigen Mustervertragswerks durch ISDA, welches im Jahre 1987 als *Interest Rate and Currency Exchange Agreement* veröffentlicht wurde. Dieses Mustervertragswerk konnte zwar nur als Basis für Swapgeschäfte dienen, ermöglichte aber die Standardisierung von Zins- und Währungsswaps unter verschiedenen Währungen. Die Dokumentation bestand zum ersten Mal aus einem Rahmenvertrag, welcher die generellen Bestimmungen des vertraglichen Verhältnisses der Parteien beinhaltete, während die Bedingungen der Einzelgeschäfte in separaten Bestätigungen niedergelegt wurden. Die Verwendung wurde dabei durch eine Sammlung

---

11 *Henderson* „Inside The Swap Market", 3. Auflage 1989, Seite 116.
12 Zunächst als *International Swap Dealers Association, Inc.* wurde ISDA im März 1985 inkorporiert; die Gründungsmitglieder waren Bankers Trust Company, Citibank N.A., The First Boston Corporation, Goldman Sachs & Co, Kleinwort Benson Cross Financing Inc, Merrill Lynch & Co., Inc., Salomon Brothers Inc und Shearson Lehman Brothers Inc.

von einheitlichen Definitionen und Bedingungen erleichtert,[13] welche durch Parteiwillen und -erklärung in jedes Einzelgeschäft einbezogen werden konnten.

Die Veröffentlichung dieser Musterdokumentation stellte die erste von allen führenden Marktteilnehmern akzeptierte Sammlung der in derartigen Geschäften zu erwartenden Vertragsbedingungen dar. Darüber hinaus beinhaltete das Vertragswerk die Möglichkeit, die darin enthaltenen Mustervertragsbedingungen individuell abzuwandeln, wobei solche Abwandlungen durch die Zusammenfassung in einem Anhang (*Schedule*) des *Master Agreements* sichtbar und leichter verhandelbar gemacht wurden. Gleichzeitig wurden die Parteien durch dieses System dazu ermutigt und angehalten, die Anpassungen auf ein Minimum zu reduzieren. Die eigentliche Revolution dieser Musterdokumentation war jedoch die Tatsache, dass das Master Agreement Vereinbarungen enthielt, die ein Gegenüberstellung des Gesamtrisikos beider Parteien in sämtlichen unter dem *Master Agreement* abgeschlossenen Einzelgeschäften ermöglichten. Nachdem solche *Netting*-Vereinbarungen schon 1984 im Währungsmarkt aufgetaucht waren, wurden sie nun zum festen Bestandteil einer marktweit anerkannten Musterdokumentation. Die Wirksamkeit und Durchsetzbarkeit dieser Nettingvereinbarungen im Bereich des englischen Rechts wurde durch ein Rechtsgutachten belegt.[14] Das Prinzip des Nettings hat den Vorteil, dass bei der Leistung von Sicherheiten (*Collateral*) das gegeneinander angerechnete Risiko zur Bestimmung des Wertes der zu leistenden Sicherheiten herangezogen werden kann. Auch bei der Bestimmung des der Geschäftsbeziehung zu unterlegenden regulatorischen Kapitals hilft die Nettingvereinbarung.[15]

Mit der Entwicklung des Marktes entwickelte sich auch die Vielfalt und Komplexität der Derivatinstrumente. Die 1987 ISDA Dokumentation konnte für viele dieser Instrumente angepasst werden. Zu diesem Zweck veröffentlichte ISDA in den darauf folgenden Jahren mehrere Anhänge. Mit der weiter zunehmenden Vielfalt der Instrumente wurde diese Art der Anpassung unpraktikabel und 1992 veröffentlichte ISDA eine überarbeitete Version des *Master Agreements*,[16] die es ermöglichte, so gut wie sämtliche bis zu diesem Zeitpunkt bekannten Derivateinstrumente zu dokumentieren. Den spezifischen Eigenheiten der einzelnen Instrumente wurde in mehreren separaten Sammlungen von Definitionen und Bedingungen Rechnung getragen. Dieser Ansatz ermöglichte ein Netting über mehrere Instrumente hinweg, so dass die durch das Netting mögliche Verringerung des Kreditrisikos maximiert werden konnte. Das *1992 ISDA Master Agreement* mit seinen Definitionen und Anhängen war bald als die überwiegend im *Over-the-counter* Markt genutzte Dokumentation anerkannt. Im Jahre 2002 wurde eine weitere überarbeitete Version des *Master Agreements* von ISDA veröffentlicht, die sich allerdings bisher nicht im gleichen Maße als Marktstandard durchsetzen konnte, wie das *1992 ISDA Master Agreement*.

Neben der ISDA Dokumentation wurden noch andere Typen der Standard Dokumentation in den Markt eingeführt um die Dokumentation von Derivatinstrumenten zu erleichtern und zu standardisieren. Zu nennen sind hier unter anderem das *International Currency Master (ICOM) Agreement*, das *International Foreign Exchange Master (IFEMA) Agreement* und das *Foreign Exchange and Options Master (FEOMA) Agreement* der BBA, die Repo Dokumentation der *Bond Markets Association* und die Stock Lending Dokumentation der *International Securities Lenders Association (ISLA)*. Auch die Verbände und Vereinigungen anderer Länder veröffentlichten bald ihre eigenen, auf Ihre Rechtsordnung ausgerichteten Standarddokumentationen. Für deutsche Marktteilnehmer ist hier insbesondere die in diesem

---

13 Die *1987 Interest Rate and Currency Exchange Definitions*.
14 Legal Opinion von *Linklaters & Paines* an die *Bank of England* und das *Board of Governors of the Federal Reserve System* vom 1.6.1987.
15 Siehe für Deutschland die Großkredit- und Millionenkreditverordnung (GroMiKV vom 29.12.1997 (in der jeweils gültigen Fassung).
16 In einer *Multicurrency-Cross Border Version* und einer *Single Currency – Single Jurisdiction* Version.

Werk behandelte Musterdokumentation des „Rahmenvertrags für Finanztermingeschäfte" zu nennen, die im Jahre 1993 herausgegeben wurde und im Jahre 1995 durch eine für die Bundesländer anwendbare Rahmenvertragsversion ergänzt wurde.

III. Der generelle Aufbau der ISDA Dokumentation

11 Die Flexibilität der ISDA Master Dokumentation ergibt sich aus der Tatsache, dass das *1992* und *2002 ISDA Master Agreement* selbst nicht nur die Vertraglichen Bedingungen eines einzigen Derivats beinhalten, sondern lediglich die Bedingungen enthält, die die Parteien generell auf alle unter dem *Master Agreement* geschlossenen Derivate angewendet sehen möchten. Zum Beispiel enthält das *Master Agreement* bestimmte Zusicherungen (*Representations*) der Parteien an die jeweils andere Partei, es regelt das Risiko der Qellensteuer (*witholding tax*) und beschreibt, wann das *Master Agreement* als Rahmenvertrag gekündigt werden kann (*Termination*) und wie die unter dem *Master Agreement* geschlossenen Einzelabschlüsse nach einer solchen Kündigung abgewickelt werden sollen.

12 Bestimmte Bedingungen müssen von den Parteien „gewählt" werden, um zur Anwendung zu kommen. Eine solche Wahl wird im Anhang zum *Master Agreement*, dem *Schedule* getroffen. Das *Schedule* ermöglicht es darüber hinaus den Parteien, bestimmte, über die Standardbedingungen hinausgehende oder diese verändernde Vereinbarungen zu treffen, die als Teil des *Master Agreements* auf alle unter diesem *Master Agreement* abgschlossenen Geschäfte anwendbar sind.

13 Bedingungen oder Vereinbarungen, die lediglich auf das einzelne Geschäft unter dem Master Ageement anwendbar sein sollen, werden in für jeden Einzelabschluss unabhängigen Bestätigungen (*Confirmations*) zwischen den Parteien vereinbart.

14 Die zwischen zwei Parteien vereinbarte ISDA Master Dokumentation besteht dementsprechend üblicherweise aus den folgenden Dokumenten:
- der vorgedruckten und von den Parteien unterschriebenen Standardvereinbarung (*Master Agreement*);
- dem Anhang (*Schedule*) mit den auf die Vertragsbeziehung der Parteien generell anwendbaren Bestimmungen;
- in vielen Fällen einem Besicherungsanhang (*Credit Support Annex* – CSA) als Teil des *Schedules* zur Vereinbarung der Sicherheitenstellung, die sich ebenfalls in der Regel auf das gesamte Master Agreement bezieht, sowie, in manchen Fällen, einem *Credit Support Deed* und
- einer Reihe von Bestätigungen (*Confirmations*) mit den auf einzelne Geschäfte anwendbaren Bestimmungen.

15 Um auch die Bedingungen der einzelnen Geschäfte weitestgehend zu standardisieren und die Verhandlungen zum Abschluss dieser Geschäfte zu vereinfachen und zu beschleunigen wurden von ISDA eine Reihe von Begriffssammlungen (*Definitions* und Musterbestätigungen) entworfen und veröffentlicht. Die Einbeziehung einer Begriffssammlung wird zwischen den Parteien für jedes Einzelgeschäft vereinbart und durch entsprechenden Verweis in die Dokumentation, also die Bestätigung (*Confirmation*), eines Einzelabschlusses einbezogen. Zum Teil werden Begriffssammlungen als Ganzes aufgrund eines solchen Verweises in das Einzelgeschäft einbezogen, teilweise müssen die Parteien die von Ihnen gewünschten Begriffsbestimmungen ausdrücklich für anwendbar erklären. Dieses System ermöglicht es den Parteien, durch einen kurzen Verweis alle notwendigen Bestimmungen in ihren Einzelabschluss einzubeziehen ohne diese Bestimmungen ausdrücklich dokumentieren zu müssen.

Folgende wichtige Definitionssammlungen sind gegenwärtig im Gebrauch:[17] 16

Rohwarenderivate (*Commodity Derivatives*) für Rohstoffpreis(index)swaps und Rohstoffpreis(index)optionen für Erdölprodukte, Metalle, Strom, Gas, Wetterindizes und Emissionszertifikate	1993 *ISDA Commodity Derivatives Definitions* (Ergänzt durch eine Veröffentlichung im Jahre 2000); 1997 *Bullion Definitions* 2005 *ISDA Commodity Definitions*
Kreditderivate (*Credit Derivatives*)	1999 *ISDA Credit Derivatives Definitions* 2003 *ISDA Credit Derivatives Definitions*
Equity Derivate (*Equity Derivatives*)	1994 *ISDA Equity Options Definitions* 1996 *ISDA Equity Derivatives Definitions* 2002 *ISDA Equity Derivatives Definitions*
Währungsderivate (*Foreign Exchange Derivatives*)	1998 *ISDA FX and Currency Option Definitions*
Optionsderivate für Staatsanleihen (*Government Bond Option Derivatives*)	1997 *Government Bond Option Definitions*
Zinsderivate	1991 *ISDA Definitions*
Allgemein	2000 *ISDA Definitions* 2006 *ISDA Definitions*
Fondsderivate (*Fund Derivatives*)	2006 *ISDA Fund Derivatives Definitions*

Kritiker halten dieser Dokumentation entgegen, dass die Vorteile der Standardisierung durch den Nachteil der Unübersichtlichkeit aufgehoben wird. Tatsächlich muss man sich eine ganze Weile mit dem Prinzip der ISDA Dokumentation auseinandergesetzt haben, um den Vereinbarungen der Parteien im Schedule und den Einzelbestätigungen ohne Weiteres folgen zu können. Wo die ISDA Dokumentation häufig eingesetzt wird, zeigt sich jedoch, dass dies Gewohnheitssache ist. 17

IV. Netting

Ein Vorteil der ISDA Dokumentation ist unbestritten. Unter einem ISDA Master Agreement ist es möglich, die verschiedensten Derivatetypen untereinander und gegeneinander aufzurechnen und somit das Kreditrisiko der Einzelgeschäfte im Falle einer Kündigung oder Beendigung (*Close Out*) zu reduzieren. Section 2(c) des Master Agreements resultiert in einer automatischen Positionenaufrechnung von Geldforderungen gleicher Währung und Fälligkeit aus demselben Einzelabschluss oder, soweit gesondert im Schedule vereinbart, aus allen Einzeltransaktionen unter einem bestimmten Master Agreement. Vereinzelt wird auch eine Aufrechnung verschiedener Produktgruppen vereinbart (*Cross-Product Netting*). Diese Vereinbarung eines Aufrechnungsvorganges, der in einigen Rechtsordnungen (unter anderem der deutschen Rechtsordnung) als rechtsgeschäftliches Institut anerkannt ist, war insbesondere für den englischen und amerikanischen Rechtsraum notwendig. Eine Besonderheit des Nettings liegt darin, dass die beiden Positionen, die gegeneinander aufgerechnet werden, durch einen neuen Anspruch ersetzt werden (*Netting by Novation*). Durch diese Novation werden die meisten Verpflichtungen zur Leistung dem Wirkungsbereich eines Wahlrechts des Insol- 18

---

17 Siehe Reiner, Münchener Vertragshandbuch, VI 7. mit weiteren Ausführungen zu den gebräuchlichen Definitionssammlungen. In den meisten Fällen beinhalten diese Definitionssammlungen nicht nur Definitionen, sondern auch Formulierungsvorschläge und Muster von Einzelabschlussbestätigungen.

venzverwalters entzogen. Allerdings kann die Wirkung des Nettings abhängig von dem anwendbaren Insolvenzstatut durch insolvenz- und vollstreckungsrechtliche Vorschriften insbesondere bei Parteien mit Niederlassungen in verschiedenen Staaten (*Multibranch Parties*) beeinträchtigt werden. In Deutschland wird eine der Nettingvereinbarung ähnliche Wirkung bereits per Gesetz durch den § 104 InsO erzielt.[18]

Um die Wirksamkeit der Nettingvereinbarungen sicherzustellen, hat die ISDA eine Vielzahl von einzelnen, jurisdiktionsbezogenen Nettingopinions in Auftrag gegeben und hält diese für Ihre Mitglieder durch jährliche Überarbeitung auf dem neuesten Stand.

19   Diese Möglichkeit besteht nicht für Derivate, die nicht unter einem geeigneten Master Agreement abgeschlossen wurden, sondern die, wie zum Beispiel Repo oder Stock Loan Geschäfte, unter einer anderen Standardrahmendokumentation abgeschlossen wurden. Im Falle der Insolvenz einer der beiden Parteien und einer sich daraus ergebenden Kündigung oder Beendigung (*Close Out*) können sich gegenläufige Zahlungsverpflichtungen ergeben, die nicht miteinander aufgerechnet werden können, sondern aus denen sich ein Insolvenzverwalter (*Liquidator*) unter bestimmten Voraussetzungen die für die von ihm verwaltete Partei günstigsten Zahlungsverpflichtungen aussuchen und durchsetzen kann, während er die Gegenpartei in Bezug auf die ungünstigen Zahlungsverpflichtungen zu einem unbesicherten Gläubiger deklassieren kann (*Cherry-Picking*). Die Voraussetzungen eines solchen *Cherry-Pickings* sowie die Konsequenzen für die Parteien hängen von der jeweils auf die insolvente Partei anwendbaren Insolvenzgesetzgebung ab.

20   Um das Netting über die Grenzen einer Derivateart hinaus zu ermöglichen, wäre es entweder notwendig, eine Rahmendokumentation zu schaffen, die alle gebräuchlichen Derivatestrukturen und deren Rahmendokumentationen vereint oder ein sämtlichen bestehenden Rahmendokumentationen übergeordnetes Rahmenvertragswerk zu schaffen. Die bestehende ISDA Rahmendokumentation wäre zwar grundsätzlich geeignet, in eine allumfassende Rahmendokumentation erweitert zu werden indem man weitere spezifische Derivatebestimmungen (wie zum Beispiel für Repo oder Stock Loan Derivate) in das Master Agreement einfügt oder durch weitere Definitionssammlungen unter der gegenwärtig gegebenen Dokumentation das Handeln sämtlicher Derivate ermöglicht, jedoch wurde eine solche Erweiterung der Dokumentation durch ISDA bisher nicht beschlossen.

21   Im Jahre 2004 wurde jedoch von der *European Banking Federation* das *Master Agreement for Financial Transactions* (kurz: *European Master Agreement*) veröffentlicht, welches, ähnlich der ISDA Rahmendokumentation, aus einer Rahmenvereinbarung von generell auf das Vertragsverhältnis anwendbaren Bestimmungen und einer Reihe von Derivateartspezifischen Bestimmungen in mehreren Annexen besteht, die in einer bestimmten Transaktion durch Auswahl zur Anwendung gebracht werden können. Obwohl dieses *European Master Agreement* dem englischen Recht unterstellt wurde, ist einer der Schwerpunkte dieser Rahmenvertragsdokumentation die Erleichterung der Kontrahierung über unterschiedliche Rechtsordnungen hinweg. Ursprünglich nur für Repo- und Stock Loan Transaktionen entworfen, wurde diese Dokumentation nachträglich auf OTC Derivate erweitert. Obwohl gerade in Deutschland Bestrebungen vorhanden sind, die Marktteilnehmer zu einer stärkeren Nutzung der Dokumentation des *European Master Agreements* zu gewinnen,[19] bleibt die Anwendung des European Master Agreement in den internationalen nichteuropäischen Märkten bisher eingeschränkt.

---

18   Siehe Reiner, Derivative Finanzinstrumente, S. 197 ff.
19   Obwohl die Rahmenvertragsdokumentation des deutschen Bankenverbandes inzwischen teilweise erneuert und erweitert wurde, gibt es Stimmen, die eine vollumfängliche Abkehr von der deutschrechtlichen Rahmenvertragsdokumentation zu der Dokumentation des European Master Agreements befürworten. Eine solche vollständige Umstellung ist jedoch bis auf Weiteres nicht abzusehen.

Der Ansatz eines übergeordneten Rahmenvertragswerkes wurde von der *Bond Market Association* mit der Veröffentlichung des *Cross-product Master Agreements (February 2000)* verfolgt. Dieses Rahmenvertragswerk enthält Vereinbarungen, die sämtliche Nettingbestimmungen in von den Parteien benannten sonstigen Rahmenvertragswerken für Derivate außer Kraft setzt und sie durch eine allumfassende Nettingregelung ersetzt.

Ein weiterer Ansatz zur Ausweitung des Nettings über mehrere Derivatearten hinweg ist die Einbeziehung von so genannten „*Bridge*" Bestimmungen in einem der genutzten Rahmenvertragswerke, dem so genannten „*principal agreement*". Eine solche *Bridge* lässt die Netting-Bestimmungen der einbezogenen Rahmenvertragswerke bestehen, sorgt aber dafür, dass, im Falle einer Beendigung des *principal agreements* (wobei der Anwendungsbereich der Klausel auf eine generelle Beendigung oder auf eine Beendigung aus bestimmten Gründen bezogen werden kann) auch die einbezogenen Rahmenvertragswerke beendigt werden und die jeweiligen Netting-Bestimmungen zur Anwendung kommen.[20] Anders als bei einem übergreifenden Rahmenvertragswerk werden die Ausgleichzahlungen unter den jeweils einbezogenen Rahmenverträgen nach den jeweils für diese Rahmenverträge geltenden Bestimmungen ermittelt und dann im Rahmen der Bestimmungen des *principal agreements* im Rahmen des übergreifenden Nettings gegeneinander gestellt. Zur Umsetzung dieses Konzepts wurden von ISDA eine Reihe von Musterbestimmungen entworfen und veröffentlicht.[21] Von vielen Marktteilnehmern wird dieser Ansatz gegenüber dem Ansatz eines übergreifenden Rahmenvertrages als vorteilhaft empfunden, weil die ursprünglichen Nettingvorschriften der einbezogenen Rahmenverträge unverändert bleiben und damit wenige operationelle Änderungen notwendig sind. Darüber hinaus können die *Bridge*-Bestimmungen in bereits ausverhandelte Vereinbarungen einbezogen werden, so dass ein neu zu verhandelndes Rahmenvertragswerk vermieden werden kann. Dies umso mehr, als in der Zwischenzeit für mehrere Rechtsordnungen die Durchsetzbarkeit dieses Ansatzes durch Rechtsgutachten bestätigt wurde.

B. Der Aufbau des ISDA Master Agreement

I. Allgemeine Bemerkungen

Die folgenden Ausführungen beschränken sich auf die beiden wichtigsten Versionen des ISDA Master Agreement, das *1992 ISDA Master Agreement „Multi Currency – Cross Border"* (im Folgenden „1992 ISDA Master Agreement")[22] und die aktualisierte Fassung dieser Version, das *2002 ISDA Master Agreement* (im Folgenden „2002 ISDA Master Agreement").

---

20 Es besteht auch die Möglichkeit, zu vereinbaren, dass die vorzeitige Beendigung eines der Rahmenverträge zur gleichzeitigen vorzeitigen Beendigung des *principal agreements* und damit auch der übrigen einbezogenen Rahmenverträge führt.
21 *2001 ISDA Cross Agreement Bridge* und *2002 ISDA Energy Agreement Bridge*.
22 Das *1992 ISDA Master Agreement „Single Currency – Single Jurisdiction"* ist eine kürzere Version des *1992 ISDA Master Agreement „Multi Currency – Cross Border"* ohne die Bestimmungen, die auf Transaktionen mit mehreren Währungen oder Parteien aus verschiedenen Rechtsordnungen anwendbar sind, und wird außerhalb der USA kaum angewendet.

§ 7 ISDA Master Dokumentation

Für beide ISDA Master Agreements wurde jeweils eine Anleitung veröffentlicht, die Erklärungen verschiedener in den ISDA Master Agreements enthaltenen Bestimmungen und von den Parteien einzubeziehenden Bestimmungen enthalten.[23]

25   Das ISDA Master Agreement enthält die Bestimmungen, welche das nicht transaktionsspezifische Verhältnis der Parteien regeln und besteht aus einem Standard-Teil, der durch einen zwischen den Parteien im Einzelnen verhandelten Anhang (das *Schedule*) ergänzt und vervollständigt wird. Das Schedule enthält sowohl die Auswahl bestimmter im Standardteil enthaltenen variablen Bestimmungen (zum Beispiel Section 5(a)(vi) (*Cross Default*), Section 5(b)(v) (*Credit Event Upon Merger*) und Section 6(a) (*Automatic Early Termination*) des 1992 ISDA Master Agreements sowie die entsprechenden Bestimmungen des 2002 ISDA Master Agreements, Sections 5(a)(vi), 5(b)(v) und 6(a)), und die Konkretisierung bestimmter im Standardtext enthaltener Bestimmungen (zum Beispiel die Bedeutung der im ISDA Master Agreement verwendeten Begriffe „*Specified Entity*", „*Specified Transaction*" und „*Specified Indebtedness*" (Section 14) sowie die Rechtswahl in Section 13(a) des 1992 und des 2002 ISDA Master Agreements) als auch bestimmte von den Parteien vorgeschlagene, das Rahmenvertragsverhältnis der Parteien im Einzelnen ausgestaltende Bestimmungen sowie bestimmte Informationen, wie zum Beispiel Addressen und Bankdetails. Die Absicht bei der Einführung des separaten Schedules war, den eigentlichen Standard-Text des Master Agreements unverändert zu lassen und die Änderungen des Master Agreements in einem Dokument zu konzentrieren um die Verhandlungen und die Identifizierung von Änderungen zu vereinfachen.[24] Eines der wichtigsten Prinzipien dieses Systems ist, dass im Falle von Widersprüchen zwischen den im Schedule enthaltenen Ausführungen und den im Standardtext enthaltenen Bestimmungen, das Schedule Vorrang besitzt (Section 1(b) des 1992 und des 2002 ISDA Master Agreements).

26   In vielen Fällen wird von den Parteien zusätzlich eine Sicherheitenvereinbarung in Form eines Besicherungsanhangs (*Credit Support Annex* – CSA) abgeschlossen, der weitere Standarddokumente zur Bestellung von Sicherheiten einbezieht (*Credit Support Documents*).

27   Das von dem zwischen den Parteien einmalig ausgehandelte, aus Standardtext, Schedule und CSA bestehende Vertragswerk bildet den Rahmen für eine Vielzahl von Einzeltransaktionen, deren transaktionsbezogenen Bedingungen in Einzelbestätigungen (so genannten „*Confirmations*") zwischen den Parteien vereinbart werden. Diese transaktionsbezogenen Bedingungen bestehen entweder aus ausformulierten Vereinbarungen oder aus Verweisen auf bestimmte, von ISDA in den jeweiligen auf die mit der Confirmation vereinbarte Derivateart anwendbaren Definitionen vorformulierte Begriffsbestimmungen (*Definitions*) und Bestimmungen. Die auf eine solche Einzeltransaktion anwendbare Dokumentation besteht also aus dem ISDA Master Agreement, dem dazugehörigen *Schedule* und der *Confirmation* und ist nach dem

---

23   *ISDA User's Guide to the 1992 ISDA Master Agreements,* veröffentlicht im Jahre 1993, und *ISDA User's Guide to the ISDA 2002 Master Agreement,* veröffentlicht im Jahre 2003. Die Anleitung zum 2002 ISDA Master Agreement enthält in den Anhängen B und D jeweils eine Mustervereinbarung, die es den Parteien eines 1992 ISDA Master Agreements ermöglicht, die Berechnungsmethoden in dem bestehenden 1992 ISDA Master Agreement auf die im 2002 ISDA Master Agreement enthaltene Berechnungsmethode anzupassen. Darüberhinaus hat ISDA ein Verfahren entwickelt, nach dem die Parteien eines 2002 ISDA Master Agreements bestimmte Dokumentationen, die entweder Verweise auf das 1992 ISDA Master Agreement enthalten oder speziell auf das Zusammenwirken mit dem 1992 ISDA Master Agreement eingerichtet waren, mit bestimmten Anpassungen im Zusammenwirken mit dem 2002 ISDA Master Agreement anwenden können.

24   Aus Platzgründen wird in diesem Kapitel von einer Beschreibung der häufigsten Verhandlungspunkte abgesehen. Der interessierte Leser wird auf *Harding, Mastering the ISDA Master Agreement (Prentice Hall, 2002)* verwiesen.

Willen der Parteien (Section 1(c) des 1992 ISDA Master Agreements und des 2002 ISDA Master Agreements) als ein Gesamtvertragswerk zu sehen.²⁵

Vereinzelt wird von Marktteilnehmern, die sich in der Phase der Verhandlung über den Abschluss eines ISDA Master Agreements mit *Schedule* befinden,²⁶ aber trotzdem bereits Einzelabschlüsse mit dem Vorteil eines übergreifenden Nettings tätigen wollen, ein Zwischenweg beschritten, bei dem die Bestimmungen des ISDA Master Agreements (ohne *Schedule*) durch einen speziell formulierten Verweis in den Einzelabschluss und sämtliche folgenden, diesen Verweis enthaltenden Einzelabschlüsse einbezogen werden. Die Parteien kommen somit in den Genuss des Nettings ohne dass ein ISDA Master Agreement (mit *Schedule*) abgeschlossen wurde. Die Parteien müssen sich allerdings bewusst sein, dass die Einbeziehung des ISDA Master Agreements (ohne *Schedule*) durch Verweis, obwohl gerichtlich durchsetzbar,²⁷ nur eine Zwischenlösung sein kann, da die Parteien nicht in den Genuss der im *Schedule* enthaltenen Vereinbarungen kommen (zum Beispiel werden die Beendigungsgründe *Cross Default* oder *Credit Event Upon Merger* erst im *Schedule* vereinbart, was bestimmte Auswirkungen auf die Risikoanalyse hat. Auch die Zusicherungen der Parteien zu bestimmten Steuertatbeständen werden erst im *Schedule* gegeben, so dass ohne das *Schedule* gewisse Prüfungen der steuerlichen Rechtslage unumgänglich sind), es sei denn, die entsprechenden Bestimmungen werden in den Einzelabschluss eingefügt und dort verhandelt (so genannte *long-form confirmation*). Der Verweis ist demgemäß so ausgestaltet, dass er bei späterem Abschluss des ISDA Master Agreements (mit Schedule) automatisch durch das Vertragswerk ersetzt wird.

Ein weiterer Aspekt, mit dem die Dokumentation zurechtkommen muss, ist die Tatsache, dass die Mehrzahl der Einzelabschlüsse von den Parteien vorab telefonisch oder über elektronische Kommunikationsmittel vereinbart werden. Obwohl das ISDA Master Agreement die schnellstmögliche Unterzeichnung einer Confirmation fordert,²⁸ ist auch ein mündlich eingegangener Einzelabschluss gerichtlich durchsetzbar wenn alle notwendigen Vereinbarungen getroffen wurden. Soweit die Parteien ein ISDA Master Agreement abgeschlossen oder durch Verweis in einen Einzelabschluss einbezogen haben, werden auch nachfolgend (mündliche oder durch schriftliche *Confirmations* bestätigte) Einzelabschlüsse von der Wirkung des ISDA Master Agreements erfasst, solange in diesen Einzelabschlüssen zum Ausdruck gebracht wird, dass eine solche übergreifende Wirkung des ISDA Master Agreements von den Parteien gewünscht ist. Hierfür reicht aus, dass die Parteien die zwischen ihnen abgeschlossenen Einzelabschlüsse der gleichen Art üblicherweise der Wirkung des ISDA Master Agreements unterstellen.²⁹ Zu beachten ist, dass das ISDA Master Agreement für einzelne Bestimmungen auf die von den Parteien in einer Confirmation getroffene Konkretisierung verweist. Im 1992 ISDA Master Agreement ist der Begriff „Confirmation" als Dokument oder anderen bestätigenden Nachweis beschrieben, der zwischen den Parteien ausgetauscht (nicht notwendiger Weise ausgefertigt) wurde (*exchanged*).³⁰ Hat ein solcher Austausch noch nicht stattgefunden, etwa weil die Transaktion zunächst mündlich vereinbart wurde und eine schriftliche Transaktionsbestätigung noch nicht angefertigt wurde, so können sich die Parteien auf vereinzelte Bestimmungen, die einer Konkretisierung in der Bestätigung bedürfen, nicht berufen. Dies kann insbesondere im Hinblick auf die vorzeitige Beendigung und das

---

25 Ob diese in Section 1(c) des ISDA Master Agreements enthaltene Vereinbarung der Parteien hinsichtlich eines einheitlichen Gesamtvertragswerks der gerichtlichen Prüfung standhalten würde, wird teilweise bezweifelt (siehe *Simon Firth*, Derivatives Law and Practice (2004), Chapter 11 004).
26 Diese Phase kann abhängig von der Position der beiden Parteien mehrere Monate dauern.
27 *Credit Suisse Financial Products v. Société Générale* (unreported), July 4, 1996.
28 Section 9(e)(ii) des 1992 ISDA Master Agreements und des 2002 ISDA Master Agreements.
29 *Simon Firth*, Derivatives Law and Practice, Chapter 11 008.
30 Siehe Einleitung zum 1992 ISDA Master Agreement.

sogenannte *Close-out netting* negative Auswirkungen haben und ein Netting verhindern. Im 2002 ISDA Master Agreement wurde der Begriff „*Confirmation*" erweitert und bezieht jetzt jede Art von nachweisbarer Vereinbarung ein, also auch die nachweisbaren internen Protokolle einer der Parteien.[31]

II. Einzelne Bestimmungen

1. Begründung von Verpflichtungen

a) Zahlungs- und Lieferungsverpflichtungen

30 Gemäß Section 2(a)(i) des 1992 und 2002 ISDA Master Agreements bleibt die Regelung der Zahlungs- und Lieferungsverpflichtungen der Vereinbarung der Parteien in der *Confirmation* überlassen. Hilfsweise, in Abwesenheit spezifischer Vereinbarungen in der Confirmation, greift Section 2(a)(ii) des 1992 und 2002 ISDA Master Agreements ein, nach der Zahlungen oder Lieferungen in der Weise durchzuführen sind, wie es für die jeweilige Währung oder Lieferungsverpflichtung verkehrsüblich ist. In diesem Zusammenhang kommt der Vereinbarung der Parteien über den Leistungsort (*Place of Performance*) besondere Bedeutung zu, nicht nur weil eine solche Vereinbarung des Leistungsortes Auswirkungen auf die Verkehrsüblichkeit der Leistungsmodalitäten haben kann, sondern auch, weil sich durch die Vereinbarung eines Leistungsortes Auswirkungen ergeben können wenn die ursprünglich zwischen den Parteien vorgesehene Zahlung oder Lieferung rechtswidrig (*illegal*)[32] oder unmöglich[33] wird.[34] Unter dem ISDA Master Agreement stellt eine Rechtswidrigkeit (*illegality*) gemäß Section 6(b) einen vorzeitigen Beendigungsgrund (*Termination Event*) dar.

31 Eine Bedingung für die Entstehung beziehungsweise die Aufrechterhaltung der Zahlungs- und Lieferungsverpflichtungen unter dem ISDA Master Agreement und den Einzelabschlüssen ist gemäß Section 2(a)(iii) des ISDA Master Agreements die Abwesenheit einer Vertragsverletzung (*Event of Default*) oder eines Ereignisses, welches in absehbarer Zeit oder durch Erklärung einer Partei zu einer Vertragsverletzung werden oder eine solche verursachen könnte (*Potential Event of Default*). In einem solchen Fall der Vertragsverletzung oder drohenden Vertragsverletzung ist die Partei, die einer solchen Vertragsverletzung oder drohenden Vertragsverletzung gegenübersteht, berechtigt, ihre Zahlungen oder Lieferungen zurückzuhalten um keine weiteren Verlustrisiken eingehen zu müssen. Ein solcher Rückbehalt kann eine Alternative zur vollständigen Kündigung des Vertragsverhältnisses (*Close-out*) sein und verhindern, dass der Insolvenzverwalter im Falle einer Insolvenz der nicht vertragsgemäß handelnden Partei sich die vorteilhaftesten Forderungen zur Erfüllung aussucht (*cherry picking*). Wird die Vertragsverletzung geheilt oder eine drohende Vertragsverletzung beseitigt, werden geschuldete Zahlungen und Lieferungen fällig. Das Wiederaufleben der Zahlungs- und Lieferungsverpflichtung nach der Heilung oder Beseitigung der Vertragsverletzung wurde inzwischen von einem höheren Gericht in Zweifel gezogen.[35] Das Gericht ordnete Section 2(a)(iii) des ISDA Master Agreements als „One-time" Bestimmung ein, die die Zahlungs- beziehungsweise Lieferungsverpflichtung bei Vorliegen eines Event of Default einmalig und

---

31 Siehe Einleitung zum 2002 ISDA Master Agreement.
32 In der Praxis wird eine Rechtswidrigkeit (*illegality*) zum Beispiel durch gesetzlich auferlegte Währungs- oder Handelsbeschränkungen für bestimmte Länder verursacht.
33 Eine Unmöglichkeit kann zum Beispiel auftreten, wenn Zahlung oder Lieferung durch ein bestimmtes elektronisches Settlement System vereinbart wird, welches den Betrieb zum Zeitpunkt der Zahlung oder Lieferung zeitweise unterbrochen oder seine Tätigkeit dauerhaft eingestellt hat.
34 Zu den Auswirkungen für den Fall, dass die Parteien in einem nicht-ISDA-Vertrag von der Vereinbarung der Zahlungs- beziehungsweise Lieferungsmodalitäten abgesehen hatten, siehe *Libyan Arab Foreign Bank v. Bankers Trust Co.*, [1989] Q.B. 728.
35 High court in Marine Trade SA v. Pioneer Freight Futures Co Ltd BVI [2009] EWHC 2656 (Comm).

vollständig entfallen lässt. Diese Entscheidung missachtet jedoch nach einhelliger Ansicht der Marktteilnehmer den Wortlaut der Bestimmung und führt zu wirtschaftlich unakzeptablen Ergebnissen.[36] Es bleibt abzuwarten, ob hier ein höheres Gericht involviert werden wird.

Für den Fall, dass das Vertragsverhältnis endgültig gekündigt oder beendet wird, werden die zurückbehaltenen Leistungen in die Berechnungen des Risikosaldos (*net exposure*) einbezogen. Die Feststellung, ob ein Zurückbehaltungsrecht besteht, wird dadurch erschwert, dass eine bestehende Vertragsverletzung beziehungsweise die Möglichkeit einer Vertragsverletzung während des Zurückbehaltens anhalten muss und es nicht immer klar ist, wann ein solches „Anhalten" gegeben ist. Des Weiteren ist nicht in allen Fällen klar, wann eine (drohende) Vertragsverletzung beseitigt ist beziehungsweise wie sie beseitigt werden kann. Im Falle einer Vertragsverletzung im Rahmen einer im *Schedule* benannten Transaktion (*Specified Transaction*)[37] zum Beispiel, wird die Meinung vertreten, dass die Parteien übereinstimmend den Wegfall der drohenden Vertragsverletzung in einer solchen Transaktion erklären müssen. Diese Ansicht hätte zur Folge, dass die vertragsgemäß handelnde Partei Ihre Leistung unbefristet zurückhalten könnte. Es ist daher vorzuziehen, eine Heilung der Vertragsverletzung oder den Wegfall einer drohenden Vertragsverletzung anzunehmen, wenn die vertragsverletzenden Umstände von der vertragswidrig handelnden Partei einseitig beseitigt werden.[38] Ähnliche Überlegungen gelten auch bei dem Eintritt einer Vertragsverletzung im Rahmen einer mit dem ISDA Vertragsverhältnis nicht im Zusammenhang stehenden Vereinbarung (*Cross Default*). Zu Einzelheiten wird auf den weiteren Inhalt dieses Kapitels verwiesen.[39]

Im Gegensatz zu den obigen Ausführungen zu Vertragsverletzungen ist das Fehlen eines Beendigungsgrundes (*Termination Event*) keine Voraussetzung für das Bestehen der Zahlungs- und Lieferungsverpflichtungen. Die im ISDA Master Agreement regelmäßig vereinbarten Beendigungsgründe beruhen in der Regel nicht auf der Verschlechterung der Leistungsfähigkeit der betroffenen Partei (*Affected Party*) und rechtfertigen daher in der Regel kein Zurückbehaltungsrecht der nicht betroffenen Partei (*Non-affected Party*). Die Folge des Eintritts eines Beendigungsgrundes (*Termination Event*) ist demnach lediglich die Beendigung (*Close out*) der betroffenen Transaktion.

32

Eine weitere Einschränkung der Leistungsverpflichtungen unter dem ISDA Master Agreement ist die Aufrechnung von Zahlungen gegeneinander (*payment netting*). Dieses nicht mit dem *Close-out-Netting* zu verwechselnde Recht zur Aufrechnung von am gleichen Tag fälligen Zahlungsverpflichtungen beider Parteien, in der gleichen Währung und im Rahmen der gleichen Transaktion wurde in das ISDA Master Agreement mit aufgenommen, um das durch Zeitverschiebung am Fälligkeitstag entstehende Insolvenzrisiko (*daylight exposure*)[40] und die Anzahl der durchzuführenden Überweisungen zu verringern. Vorausgesetzt, die Parteien haben Zugriff auf die geeigneten Zahlungssysteme und haben im *Schedule* die Auswei-

33

---

36 Linklaters Client Briefing vom 4.12.2009.
37 Der Begriff *Specified Transactions* beschreibt Derivatetransaktionen zwischen den Parteien oder mit den Parteien verbundenen Gesellschaften, die außerhalb des jeweiligen ISDA Master Agreement dokumentiert sind.
38 Diese Ansicht wurde auch vom zuständigen Gericht in *Schuler AG v. Wickman Machine Tools Sales Ltd* [1974] A.C. 235, 249–250 vertreten.
39 Zum Bedingungszusammenhang zwischen Leistung und Gegenleistung im ISDA Master Agreement siehe auch Reiner, Münchener Vertragshandbuch, VI 7. 5.
40 *Daylight exposure* bezeichnet das Risiko, dass die eine Partei aufgrund der Zeitverschiebung in einer anderen Zeitzone zunächst ihre Leistung erbringt während die andere Partei später am gleichen Tag in die Insolvenz geht und dadurch ihre Leistung nicht mehr erbringt. Dieses Risiko kann auch durch den Einsatz eines Treuhänders (*Escrow Agent*) verringert werden, auf deren Einsatz sich die Parteien im Voraus geeinigt haben.

tung des *payment netting* auf sämtliche Transaktionen unter einem ISDA Master Agreement vereinbart, ist eine solche Aufrechnung auch von unter verschiedenen Transaktionen fälligen Beträgen möglich.

b) Andere Vertragspflichten

34 Neben den Zahlungs- und Lieferungsverpflichtungen beschreibt das ISDA Master Agreement noch eine Reihe anderer Verpflichtungen der Parteien. Hierzu zählen insbesondere folgende Verpflichtungen, auf die hier nicht im Einzelnen eingegangen werden kann:

- Erlangung und Aufrechterhaltung aller notwendigen Lizenzen und Genehmigungen (nach besten Kräften);[41]
- Einhaltung aller einschlägigen Rechtsvorschriften soweit die Nichteinhaltung einer einschlägigen Rechtsvorschrift die Leistungsfähigkeit der jeweiligen Partei in erheblichem Maße beeinträchtigen würde;[42]
- Zahlung sämtlicher anfallender Steuern und Gebühren;[43]
- Lieferung sämtlicher im Schedule vereinbarten Steuerformulare, deren Zurverfügungstellung die steuerrechtliche Position der verpflichteten Partei nicht in erheblichem Maße beeinträchtigen würde;[44]
- Lieferung sämtlicher anderer zwischen den Parteien vereinbarten Dokumente,[45] wie zum Beispiel gesellschaftsrechtlicher Verträge, Satzungen, Registereintragungen und anderer Nachweise der Zeichnungsberechtigung, Vorstandsbeschlüsse und anderer interner Genehmigungen, Geschäftsberichte und, im Falle der Benennung eines Zustellungsbevollmächtigten, Nachweise der Zustellungsbevollmächtigung und ihrer Annahme; und vereinzelt und abhängig von der Komplexität und der Größe der Transaktion, die Lieferung von Rechtsgutachten zur Wirksamkeit und Durchsetzbarkeit einer Transaktion oder zur Authorisierung der Parteien.

c) Verspätete Zahlungen oder Lieferungen

35 **Zahlungsverpflichtungen**: Die Nichtzahlung eines fälligen Betrages durch eine Partei nach Erhalt einer Zahlungsaufforderung hat, unabhängig davon, ob diese Nichtzahlung eine Vertragsverletzung (*Event of Default*) darstellt, die Entstehung von Verzugszinsen für den ausstehenden Betrag[46] von 1 % pro Jahr über den Finanzierungskosten der anderen Partei zur Folge.[47] Im Falle des *Close-out* setzt sich diese Zinsbelastung im Hinblick auf den ermittelten Aufrechnungsbetrag (*close-out amount*) fort. Das Versäumnis, nach Zahlungsaufforderung einen solchen Verzugszinsbetrag innerhalb von drei[48] Geschäftstagen zu zahlen, stellt selber eine Vertragsverletzung (*Event of Default*) dar.[49] Es ist zu beachten, dass Zahlungen, die den Charakter von Bußgeldern annehmen, nach der Rechtsprechung der britischen Gerichte nicht durchsetzbar sind.[50] Darüber hinaus enthält das ISDA Master Agreement im

---

41 Section 4(b) des 1992 und 2002 ISDA Master Agreements.
42 Section 4(c) des 1992 und 2002 ISDA Master Agreements.
43 Section 4(e) des 1992 und 2002 ISDA Master Agreements.
44 Part 3(a) des Schedules.
45 Part 3(b) des Schedules.
46 Section 2(e) des 1992 ISDA Master Agreement; Section 9(h)(i)(1) des 2002 ISDA Master Agreements.
47 Siehe Definition der „*Default Rate*" in Section 14 des 1992 und des 2002 ISDA Master Agreements, die im Schedule modifiziert werden kann.
48 Oder einem Geschäftstag im Rahmen des 2002 ISDA Master Agreements.
49 Section 5(a)(i) des 1992 und 2002 ISDA Master Agreements.
50 *Dunlop Pneumatic Tyre Company v. New Garage and Motor Co Ltd [1915] A.C. 79, 86–88* und *Lordsvale Finance plc v. Bank of Zambia [1996] Q.B. 752*.

Falle einer Vertragsverletzung eine Freistellungsverpflichtung für die nichtleistende Partei hinsichtlich etwaiger Zwangsvollstreckungskosten der anderen Partei.[51]

Lieferungsverpflichtungen: Im Falle der Lieferungsverpflichtungen enthält das 1992 ISDA Master Agreement zwar keine ausdrückliche Verpflichtung zur Schadensersatzleistung, jedoch ist eine Nichtleistung gemäß *common law* eine Vertragsverletzung, die die betroffene Partei zur Forderung von Schadensersatzzahlungen berechtigt.[52] Ansonsten verweist das 1992 ISDA Master Agreement auf sonstige Vereinbarungen im *Schedule* oder einer *Confirmation*.[53] Das 2002 ISDA Master Agreement enthält in Section 9(h)(i)(2) eine ausdrückliche Regelung zur Schadensersatzpflicht bei Verzug mit einer Lieferungsverpflichtung. Danach hat die sich im Verzug befindliche Partei auf Anforderung einen Verzugszins[54] auf den Marktpreis des zu liefernden Vermögensgegenstandes zu zahlen. Auch im Fall der Nichtleistung von Lieferungsverpflichtungen besteht eine Freistellungsverpflichtung für Zwangsvollstreckungskosten.

Ausgesetzte Zahlungen: Im Falle der Aussetzung von Zahlungen (nicht jedoch in Fällen der Aussetzung von Lieferungen) durch eine Partei aufgrund des Eintritts einer Vertragsverletzung (*Event of Default*) oder einer drohenden Vertragsverletzung (*Potential Event of Default*) enthält das 2002 ISDA Master Agreement eine separate Verzinsungsregelung zulasten der aussetzenden Partei.[55]

2. Steuerliche Aspekte

Die im ISDA Master Agreement angesprochenen Steuerlichen Aspekte sind überwiegend von den Rechtsordnungen abhängig, die dort gelten, wo die Parteien ansässig sind. Auf Einzelheiten kann in diesem Kapitel daher nicht ausführlich eingegangen werden.[56] Grundsätzlich ist es die Aufgabe der sich im ISDA Master Agreement befindlichen Steuerklauseln, die Steuertatbestände für beide Parteien zu vereinfachen, einen Ausgleich für Steuertatbestände zu schaffen und die Gefahr der Steuerverkürzung zu verringern. Einer der wichtigsten, von den Steuerklauseln des ISDA Master Agreement behandelter Steuertatbestand ist die in vielen Rechtsordnungen erhobene Quellensteuer, deren Erhebung abhängig von etwa bestehenden Anrechnungsmöglichkeiten eine reine Belastung darstellen und die im Einzelfall die Wirtschaftlichkeit einer Transaktion aufheben kann.

Die im ISDA Master Agreement enthaltenen Bestimmungen versuchen daher, sicherzustellen, dass Quellensteuer vermieden wird. Darüber hinaus regeln sie den Ausgleich beziehungsweise die Anpassung von Transaktionen für den Fall, dass eine Quellensteuer nachträglich eingeführt werden sollte. Um sicherzugehen, dass zum Zeitpunkt des Abschlusses des ISDA Master Agreements und zum Zeitpunkt jeder einzelnen Transaktion in der jeweiligen Rechtsordnung der Parteien auf deren Zahlungen keine Quellensteuer anfällt, enthält das ISDA Master Agreement bestimmte Zusicherungen (*Payer Tax Representations*), die von beiden Parteien entsprechend (durch Benennung im *Schedule*) abzugeben sind.[57] Die Abgabe dieser Zusicherungen setzt widerum voraus, dass auf der Seite des Zahlungsempfängers be-

---

[51] Section 11 des 1992 und des 2002 ISDA Master Agreements.
[52] Section 9(d) des 1992 ISDA Master Agreements verweist ausdrücklich auf das allgemein anwendbare Recht und dessen Regeln.
[53] Section 2(e) des 1992 ISDA Master Agreements, obwohl es hierzu unterschiedliche Auslegungen gibt.
[54] Der Zinssatz wird auf die gleiche Art und Weise ermittelt wie im Falle des Verzugs mit einer Zahlungsverpflichtung.
[55] Section 9(h)(i)(3) des 2002 ISDA Master Agreements.
[56] Es wird auf die Ausführungen im *User's Guide to the 2002 ISDA Master Agreement*, Seiten 41–56 verwiesen.
[57] Section 3(e) des 1992 und 2002 ISDA Master Agreements und Part 2(a) des *Schedule* zum 1992 und 2002 ISDA Master Agreement.

stimmte Kriterien oder Ausnahmen vorliegen, die zum Teil durch bestimmte Steuerformulare dokumentiert sind. Es ist also notwendig, dass der Zahlungsempfänger die Einhaltung der Kriterien beziehungsweise die Vorlage der Ausnahmen zusichert (*Payee Tax Representations*) und die entsprechend notwendigen Steuerformulare zur Verfügung stellt.[58]

Für den Fall, dass Quellensteuer anfällt, kann dies darauf beruhen, dass (a) die Annahme der Parteien falsch war, dass (bei Abgabe der Zusicherungen und Vorliegen der jeweiligen Kriterien) keine Quellensteuer zahlbar ist, (b) Quellensteuer aufgrund einer Änderung der parteispezifischen Umstände nach Abschluss des ISDA Master Agreements anfällt, oder (c) eine Gesetzesänderung zur Einführung einer Quellensteuer führt. Im Falle von (a) wird der zahlenden Partei üblicherweise die Verpflichtung auferlegt, den Quellensteuerbetrag an den Zahlungsempfänger auszugleichen (*gross-up*), das heißt, den Zahlungsempfänger so zu stellen, als ob eine Quellensteuer nicht erhoben wird. Diese Verpflichtung zur Ausgleichszahlung entsteht dann nicht, wenn (i) die Steuer aufgrund einer Verbindung der die Steuer erhebenden Rechtsordnung mit dem Zahlungsempfänger (oder einer mit dem Zahlungsempfänger verbundenen Gesellschaft) erhoben wird, und (ii) die Steuer aufgrund der Verletzung der Zusicherungen des Zahlungsempfängers (*Payee Tax Representations*) erhoben wird (außer im Falle einer Gesetzesänderung oder einer ähnlichen Entwicklung), oder (iii) die Steuer aufgrund des Ausbleibens eines fälligen Steuerformulars erhoben wird. Im Falle von (b) führt eine Änderung der parteispezifischen Umstände nach Abschluss des ISDA Master Agreements meist dazu, dass eine Zusicherung nicht mehr den tatsächlichen Gegebenheiten entspricht. Da dies eine Verletzung des ISDA Master Agreements darstellt, geht diese Änderung zulasten der Partei in deren Risikosphäre die Änderung aufgetreten ist.

Die Änderung einer gesetzlichen Vorschrift (siehe (c)) geht zulasten der zahlenden Partei, wobei die zahlenden Partei zunächst das Recht hat, eine betroffene Transaktion oder das ISDA Master Agreement umzustrukturieren, um die Quellensteuer zu vermeiden, und, sollte dies unmöglich sein, die betroffene Transaktion oder das ISDA Master Agreement zu kündigen.

3. Zusicherungen der Parteien

39 Neben den Steuerzusicherungen der zahlenden Partei und des Zahlungsempfängers,[59] enthält Section 3 des 1992 und des 2002 ISDA Master Agreements eine Reihe von Zusicherungen, die bei Abschluss des ISDA Master Agreements von den Parteien gegenseitig abgegeben werden und mit dem jeweiligen Abschluss einer Transaktion unter dem ISDA Master Agreement als abgegeben gelten. Anders als im Falle der Steuerzusicherungen, stellt eine falsch abgegebene sonstige Zusicherung einen Kündigungsgrund (*Event of Default*) dar,[60] der die von der falschen Zusicherung betroffene Partei zur Kündigung (*Close-out*) aller noch ausstehenden Transaktionen berechtigt.[61] Die im ISDA Master Agreement enthaltenen Zusicherungen können in mehrere Kategorien unterteilt werden.

40 **Allgemeine Zusicherungen:** Zu den allgemeinen Zusicherungen zählen die Zusicherungen der Parteien (1) hinsichtlich der ordnungsgemäßen Gründung und Organisation (*due incorporation and organisation*)[62] und der ordnungsgemäßen internen Authorisierung, das ISDA Master Agreement und sämtliche Transaktionen darunter abzuschließen und die vereinbar-

---

58 Sections 3(f), 4(a)(i) und 4(a)(iii) des 1992 und 2002 ISDA Master Agreements.
59 Siehe Rn 38 oben.
60 Section 5(a)(iv) des 1992 und 2002 ISDA Master Agreements.
61 Da gemäß Section 9(d) des ISDA Master Agreements allgemeine Rechte nicht ausgeschlossen werden, ist die betroffene Partei alternativ dazu berechtigt, von der falsch zusichernden Partei Schadensersatz zu fordern oder die entsprechende Transaktion rückabzuwickeln.
62 Section 3(a)(i) des 1992 und 2002 ISDA Master Agreements.

ten Verpflichtungen zu erfüllen (*Capacity*),[63] (2) dass die Dokumentation nicht im Widerspruch zu den gesellschaftsrechtlichen Rahmenbedingungen der Parteien, den anwendbaren Gesetzen und aufsichtsrechtlichen Bestimmungen oder gerichtliche Entscheidungen und Anweisungen oder zu vertraglichen Beschränkungen im Hinblick auf die Parteien steht,[64] (3) dass die Parteien alle notwendigen Genehmigungen zum Abschluss des ISDA Master Agreements und der darunter eingegangenen Transaktionen eingeholt haben und ihnen entsprechen,[65] und (4) dass die unter dem ISDA Master Agreement und jeder Transaktion eingegangenen Verpflichtungen wirksam, bindend und durchsetzbar sind.[66] Diese Zusicherungen gelten auch für sämtliche im ISDA Besicherungsanhang (*Credit Support Annex* – CSA) von den Parteien vereinbarten Sicherheiten wie zum Beispiel Garantien.[67]

Wo eine Verletzung der oben genannten Zusicherungen die Unwirksamkeit des ISDA Master Agreements beziehungsweise aller Transaktionen zur Folge hat, bieten diese Zusicherungen aufgrund der wegen Unwirksamkeit eingeschränken Vollstreckbarkeit des ISDA Master Agreements und der Transaktionen nur eingeschränkten Schutz.[68] Dennoch ist die Notwendigkeit der Abgabe dieser Zusicherungen unumstritten, da die Parteien dazu angehalten werden, die in den Zusicherung abgehandelten Tatbestände noch einmal für sich zu überprüfen bevor sie sie abgeben. Bleibt die Unwirksamkeit auf eine Transaktion beschränkt, wird allgemein vertreten, dass dies die generelle Wirksamkeit des ISDA Master Agreements nicht berührt.

Keine Vertragsverletzung und kein Beendigungsgrund: Das ISDA Master Agreement enthält die Zusicherung der Parteien, dass weder eine Vertragsverletzung (*Event of Default*) noch ein Ereignis, welches in absehbarer Zeit oder durch Mitteilung zu einer Vertragsverletzung werden oder eine solche verursachen könnte (Potenzial *Event of Default*), noch ein Beendigungsgrund (*Termination Event*) bei Abschluss des ISDA Master Agreements und jeder einzelnen Transaktion vorliegt, andauert oder durch Abschluss des ISDA Master Agreement oder einer Transaktion verursacht wird.[69] Eine Verletzung dieser Zusicherung stellt in sich eine Vertragsverletzung dar, die neben den in Rn 30 ff (*Zahlungs- und Lieferungsverpflichtungen*) beschriebenen Rechten auch die allgemeinen Rechte, einschließlich des Rechtes auf Schadensersatz entstehen lässt. Dies ist deshalb von Bedeutung, da das alleinige Vorliegen einer Vertragsverletzung (*Event of Default*), einer drohenden Vertragsverletzung (*Potential Event of Default*) oder eines Beendigungsgrund (*Termination Event*) ohne diese Zusicherung nicht in allen Fällen ein solches Recht auf Schadensersatz entstehen lässt. 41

Keine gerichtliche Auseinandersetzung: Die Parteien sichern sich gegenseitig zu, dass, nach dem besten Wissen der jeweiligen Partei, kein Gerichtsverfahren gegen die jeweilige Partei oder eine mit dieser Partei verbundene Gesellschaft[70] rechtshängig oder angedroht ist, welches die Wirksamkeit oder Durchsetzbarkeit der von dieser Partei unter dem ISDA Master Agreement, den Transaktionen oder einem Sicherheitendokument eingegangenen Verpflichtungen beeinträchtigen könnte. Eine solche Beeinträchtigung läge unumstritten vor, wenn 42

---

63 Section 3(a)(ii) des 1992 und 2002 ISDA Master Agreements.
64 Section 3(a)(iii) des 1992 und 2002 ISDA Master Agreements sowie die in Section 14 des 1992 und 2002 ISDA Master Agreement enthaltene Definition des Ausdrucks „law".
65 Section 3(a)(iv) des 1992 und 2002 ISDA Master Agreements.
66 Section 3(a)(v) des 1992 und 2002 ISDA Master Agreements.
67 Zu dem Börsentermineinwand und Spiel- und Differenzeinwand nach deutschem Recht, siehe ausführlicher Reiner, Münchener Vertragshandbuch, VI 7. 10. b.).
68 Möglicherweise besteht jedoch ein rechtlicher Anspruch aufgrund von fahrlässiger Falschzusicherung (*negligent misstatement*) oder Täuschung (*deceit*).
69 Section 3(b) des 1992 und 2002 ISDA Master Agreements.
70 Im 1992 ISDA Master Agreement sind sämtliche verbundenen Gesellschaften einbezogen, während im 2002 ISDA Master Agreement nur die Sicherheiten stellenden Parteien und sonstige benannte Gesellschaften (*Specified Entities*) einbezogen sind.

ein gerichtliches Urteil (oder ein vorläufiger Rechtsbehelf) gegen eine der Parteien diese Partei daran hindern würde, ihren Verpflichtungen aus dem ISDA Master Agreement (einschließlich eines Sicherheitendokuments) oder einer der Transaktionen nachzukommen beziehungsweise, wenn ein solches Gerichtsverfahren eine erhebliche negative Wirkung auf die finanzielle Leistungskraft der betroffenen Partei hätte.

43 **Richtigkeit der Informationen**: Eine weitere Zusicherung beinhaltet die Versicherung, dass die von der jeweiligen Partei schriftlich zur Verfügung gestellten Informationen in allen wesentlichen Teilen richtig sind.[71] Das Schedule enthält eine Wahlmöglichkeit mit der diese Zusicherung nach Vereinbarung der Parteien auf die gemäß dem Schedule zur Verfügung gestellten Informationen anwendbar sein kann oder nicht. Informationen, die von den jeweiligen Parteien während der Laufzeit des ISDA Master Agreements der anderen Partei übermittelt werden, sind nicht von der Zusicherung gedeckt und eine Fehlerhaftigkeit dieser Informationen stellt keine Vertragsverletzung unter dem ISDA Master Agreement dar, jedoch kann sie eine Schadensersatzpflicht nach allgemeinen *common-law* Regeln begründen. Aufgrund der weitreichenden Rechtsfolgen einer Fehlerhaftigkeit dieser Zusicherung ist Vorsicht bei der Abgabe der Zusicherung geboten. Insbesondere soweit die Zusicherung die von der jeweiligen Partei zur Verfügung gestellten Jahresabschlüsse und andere wirtschaftliche Informationen erfasst, sollte sich die jeweilige Partei der Richtigkeit dieser Informationen gewiss sein.

44 **Steuer-Zusicherungen**: Hinsichtlich der im Hinblick auf Quellensteuer abgegebenen Zusicherungen wird auf Rn 38 verwiesen.

45 **Keine Stellvertretung**: Das 2002 ISDA Master Agreement wurde im Vergleich zum 1992 ISDA Master Agreement durch die Zusicherung[72] ergänzt, dass die jeweilige Partei das ISDA Master Agreement und die Transaktionen als Geschäftsherr und nicht als Stellvertreter für eine dritte Partei abgeschlossen hat.[73] Dieser Zusicherung liegt der Gedanke zugrunde, dass beide Parteien sich im Klaren darüber sein sollen, welcher Partei sie gegenüber stehen. Auch für die steuerrechtliche Beurteilung mag es von Bedeutung sein, ob eine Stellvertretung vorliegt. Eine Stellvertretung ist nicht grundsätzlich ausgeschlossen, soll jedoch offen gelegt werden. Darüber hinaus soll sichergestellt werden, dass die jeweilige Partei nur eine dritte Partei vertritt, nicht mehrere, da ansonsten das Prinzip der Aufrechnung (*Close-out Netting*) in Frage gestellt wird.[74]

46 **Zusätzlich vereinbarte Zusicherungen**: Obwohl im Muster nicht vorgesehen, werden im Rahmen des 1992 ISDA Master Agreement häufig weitere Zusicherungen zwischen den Parteien im Schedule oder einer Transaktionsbestätigung (*Confirmation*) als abgegeben vereinbart. Im Muster des Schedules zum 2002 ISDA Master Agreement wurden mehrere Zusicherungen ausformuliert, deren Inhalt als gegeben vereinbart werden kann. Hierzu zählt u.a. die Zusicherung, dass die Parteien die Entscheidung, das ISDA Master Agreement und die Transaktionen abzuschließen, unabhängig getroffen haben und dass die Kommunikation von der anderen Partei nicht als Beratung aufgefasst wurde.[75]

---

[71] Section 3(d) des 1992 und 2002 ISDA Master Agreements.
[72] Welche im Schedule als von den Parteien abgegeben vereinbart werden muss.
[73] Section 3(g) des 2002 ISDA Master Agreements.
[74] Dem Fall, dass ein Verwalter von Sondervermögen (eine KAG oder ein Investment Manager) das ISDA Master Agreement für die von ihm gehaltenen Sondervermögen abschließt, liegt eine andere rechtliche Konstruktion zugrunde.
[75] Part 4, Paragraph (m) des 2002 ISDA Master Agreements.

4. Kündigungsgründe

Das ISDA Master Agreement benennt in Section 5 eine Reihe von Tatbeständen (*Event of Default*), die den Parteien bei ihrem Eintritt ein Kündigungsrecht geben. Dieses Recht zur Kündigung der einen Partei (der vertragsgemäß handelnden Partei – *Non-defaulting Party*) im Falle einer Vertragsverletzung durch die andere Partei (der vertragswidrig handelnden Partei – *Defaulting Party*) bezieht sich auf das ISDA Master Agreement sowie sämtliche unter diesem ISDA Master Agreement eingegangenen und noch nicht beendeten Transaktionen und gibt den Parteien die Möglichkeit, das Risiko unter diesen Transaktionen durch Aufrechnung auf ein Netto-Risiko zu reduzieren (*Close-out netting*). Obwohl die Tatbestände, die ein Kündigungsrecht geben, allgemein als Vertragsverletzung bezeichnet werden, sind sie von den Tatbeständen abzugrenzen, die einen vollständigen Vertragsbruch darstellen, es sei denn, ein solcher Vertragsbruch besteht aus einer fehlerhaften Zusicherung.

Im Gegensatz zu einem solchen Vertragsbruch beschreiben die als Kündigungsgrund im ISDA Master Agreement genannten Vertragsverletzungen bestimmte Situationen, in denen das Risiko der Nichtleistung in einem solchen Maße aufgetreten ist, dass die Grundlage, auf der die Parteien das ISDA Master Agreement und die Transaktionen abgeschlossen haben, entfallen ist. Das Kündigungsrecht der vertragsgemäß handelnden Partei ist von großer Bedeutung, da (a) die nicht vertragsgemäß handelnde Partei dazu angehalten wird, die jeweilige Vertragsverletzung zu vermeiden beziehungsweise sie weitmöglichst und schnellstmöglichst zu heilen, (b) die vertragsgemäß handelnde Partei durch das Kündigungsrecht im Zusammenspiel mit dem in Section 2(a)(iii) verankerten Zurückbehaltungsrecht in der Lage ist, eine Zunahme des Risikos zu vermeiden, (c) die vertragsgemäß handelnde Partei in der Lage ist, ihr bis zur Kündigung entstandenes Risiko zu konkretisieren und festzulegen, (d) es der vertragsgemäß handelnden Partei die Möglichkeit bietet, Vollstreckungsmaßnahmen einzuleiten bevor die nicht vertragsgemäß handelnde Partei Insolvenz anmelden muss (dieser Vorteil wird dadurch eingeschränkt, dass solche Vollstreckungsmaßnahmen oft selbst zu einer Insolvenz der nicht vertragsgemäß handelnden Partei führen können), (e) es die Möglichkeit bietet, mit anderen Gläubigern in die Insolvenz der nicht vertragsgemäß handelnden Partei möglicherweise verhindernde Verhandlungen einzutreten beziehungsweise zumindest eine den anderen Gläubigern nicht nachteilige Position bei der Vollstreckung zu erlangen, und (f) es die Position der vertragsgemäß handelnden Partei in Restrukturierungsverhandlungen mit der nicht vertragsgemäß handelnden Partei stärkt. Zwar stehen der vertragsgemäß handelnden Partei auch die allgemeinen Rechte des *common law* zur Verfügung,[76] die zumindest einen Teil der oben genannten Wirkungen abdecken können, jedoch wollte ISDA durch die konkrete Benennung der Kündigungsgründe eine höhere Rechtssicherheit und einen vergrößerten Anwendungsbereich der Kündigungsrechte zugunsten der vertragsgemäß handelnden Partei schaffen. Folgende Tatbestände stellen Kündigungsgründe im Sinne von Section 5 dar:

Nichtzahlung (*Failure to Pay*) oder Nichtlieferung (*Failure to Deliver*): Wie nicht anders zu erwarten, nennt Section 5(a) des ISDA Master Agreements eine Verletzung der Hauptleistungspflicht der Zahlung oder Lieferung als einen der Kündigungsgründe, wobei der Tatsache Rechnung getragen wird, dass die offenkundige Verletzung der Zahlungs- oder Lieferungspflicht nicht immer und notwendigerweise ein Zeichen dafür ist, dass die nicht vertragsgemäß handelnde Partei diese Hauptleistungspflichten nicht erfüllen will oder kann. Im Falle eines verwaltungstechnischen Fehlers kann die Leistung zum Beispiel leicht nachgeholt und die Vertragsverletzung geheilt werden. Aus diesem Grunde entsteht das Kündigungs-

---

[76] *Hongkong Fir Shipping Co. Ltd. v. Kawasaki Kisen Kaisha Ltd.* [1962] 2 Q.B. 26, 66 zum Kündigungsrecht bei Vertragsverletzung sowie *Universal Cargo Carriers Corp v. Citati* [1957] 2 Q.B. 401 zum Kündigungsrecht im Falle einer absehbaren Vertragsverletzung.

recht erst, wenn die nicht vertragsgemäß handelnde Partei eine schriftliche[77] Mahnung der vertragsgemäß handelnden Partei erhalten hat und die Vertragsverletzung nicht innerhalb von drei Geschäftstagen (im Falle des 1992 ISDA Master Agreements) beziehunsweise einem Geschäftstag (im Falle des 2002 ISDA Master Agreements) geheilt, also die Zahlung oder Lieferung vorgenommen wurde. Voraussetzung für das Vorliegen einer Vertragsverletzung wegen Nichtzahlung oder Nichtlieferung ist die Fälligkeit der Forderung. Diese wird in den meisten Fällen in der jeweiligen Einzelbestätigung einer Transaktion nach Datum festgelegt sein und ist nur dann nicht gegeben, wenn die andere Partei bereits ihrerseits eine vertragliche Vereinbarung verletzt hatte.[78]

Falls beide Parteien gleichzeitig eine Vertragsverletzung durch Nichtzahlung oder Nichtlieferung begehen, hängt die Rechtslage davon ab, ob die jeweilige Einzelbestätigung Regelungen hierzu enthält (ob zum Beispiel eine Zug-um-Zug Leistungspflicht vereinbart wurde). Ist dies nicht der Fall, ist entscheidend, welche der beiden Parteien ihr Kündigungsrecht durch Mahnung und Ablauf der Nachfrist zuerst manifestiert hat.[79]

Wird die Annahme der Zahlung oder Lieferung einer Partei von der anderen Partei unberechtigt verweigert, kann eine Vertragsverletzung nur dann vorliegen, wenn die leistungsbereite Partei nach Eintritt der Annahmebereitschaft nicht leistet.[80] Eine Verpflichtung der Parteien zur Annahme von Teilzahlungen oder Teillieferungen besteht nicht.[81]

Die Geltendmachung eines Kündigungsrechts aufgrund von Nichtzahlung oder Nichtleistung sollte nicht leichtfertig erfolgen, sondern nach genauer Prüfung der vereinbarten Zahlungsmodalitäten, da die Partei, die eine solche Vertragsverletzung fälschlicherweise geltend macht, selbst eine Vertragsverletzung begeht, welche das Recht der anderen Partei zur Kündigung nach sich zieht[82] beziehungsweise, in Fällen grob fahrlässiger Handlungsweise, als Vertragsrücktritt (*repudiation*) mit allen entsprechenden Rechtsfolgen (einschließlich Schadensersatzpflichten) gewertet werden kann.[83]

In bestimmten Situationen mag es trotz des Ablaufs einer Nachfrist unmöglich für die zur Leistung verpflichtete Partei sein, ihre Leistung zu vollbringen. Als Beispiel ist hier das Bestehen eines gesetzlichen Verbots gegen die Leistung (*illegality*) zu nennen, die in den allermeisten Fällen kein Kündigungsrecht nach sich zieht, sondern einen Beendigungsgrund (*Termination Event*) darstellt. Ein weiteres Beispiel ist der zeitweise Ausfall eines Zahlungs- oder Lieferungssystems. In vielen Transaktionen wird ein Kündigungsrecht aufgrund einer solchen systembedingten, von keiner der Parteien zu vertretenen Leistungsunterbrechung (*settlement disruption*) ausdrücklich ausgeschlossen, da eine solche Leistungsunterbrechung nach allgemeiner Auffassung eine so schwerwiegende Folge wie ein Kündigungsrecht nicht rechtfertigt. So sieht das Master Agreement für den Eintritt eines Beendigungsgrundes nicht vor, eine sol-

---

77 „Schriftlich" bedeutet für die Parteien eines ISDA Master Agreements nicht per Email oder auf andere elektronische Weise (zB SWIFT) oder, im Falle des 1992 ISDA Master Agreements, Telefax, es sei denn, diese Arten der Kommunikation wurden von den Parteien ausdrücklich vereinbart.
78 Section 2(a)(iii) des 1992 und 2002 ISDA Master Agreements.
79 Dies wird allgemein aus der Formulierung von Section 5(a) des ISDA Master Agreements geschlossen und weicht von dem allgemeinen *common law* Grundsatz, dass im Falle einer gleichzeitigen Verletzung der Vertragspflichten durch beide Parteien eines Vertrages keine der Parteien zu einer Kündigung berechtigt ist, ab (u.a. *Bremer Vulkan Schiffbau und Maschinenfabrik v. South India Shipping Corp Ltd. [1981] A.C. 909*).
80 *Dixon v. Clark [1848] 5 C.B. 365, 377*.
81 *Dixon v. Clark [1848] 5 C.B. 365*.
82 So zumindest im 2002 ISDA Master Agrement ausdrücklich formuliert.
83 Während in Fällen, in denen die jeweilige Partei gutgläubig (wenn auch fälschlicherweise) davon ausgehen konnte, dass ein Kündigungsrecht bestand, kein Vertragsrücktritt in Frage kommt *Woodar Investment and Development Ltd. v. Wimpey Construction (UK) Ltd [1980] 1 W.L.R. 277.*

che Beendigung automatisch eintreten zu lassen, was bei den Kündigungsgründen durchaus von den Parteien vereinbart werden kann.

Es ist jedoch grundsätzlich festzuhalten, dass die Parteien hinsichtlich bestimmter Ereignisse, die nicht unbedingt dem Einfluss der Parteien unterliegen, jedoch die Leistung verhindern, ausdrücklich vereinbaren sollten, dass ein solches Ereignis kein Kündigungsrecht nach sich zieht, sondern einen Beendigungsgrund darstellt, da ansonsten die Vermutung besteht, dass eine Vertragsverletzung (aufgrund der Nichtleistung) und damit ein Kündigungsrecht vorliegt. Die generelle Unfähigkeit der nicht vertragsgemäß handelnden Partei, ihre Vertragsverletzung abzuwenden oder zu verhindern ist in keinem Fall eine ausreichende Einwendung gegen das Kündigungsrecht der vertragsgemäß handelnden Partei.

Andere Vertragsverletzungen (*Breach of Agreement*): Ein Kündigungsgrund ist dann gegeben, wenn eine der Parteien andere Vertragspflichten als ihre Zahlungs- oder Lieferpflichten verletzt.[84] Eine Kündigung ist allerdings erst nach fruchtlosem Ablauf einer Nachrist von 30 Kalendertagen möglich. Diese Nachfrist reflektiert die Tatsache, dass man einer solchen Vertragsverletzung in den meisten Fällen keine so große Bedeutung beimisst, wie der Nichtzahlung beziehungsweise -lieferung und dass die Beseitigung einer solchen Vertragsverletzung etwas länger dauern kann (weil sie zum Beispiel von der Mitwirkung einer dritten Partei abhängig ist). Hinsichtlich des Formerfordernisses der auch hier notwendigen Mahnung wird auf Fußnote 77 verwiesen. 49

Ausdrücklich als Kündigungsgrund ausgeschlossen ist die Versäumnis einer Partei, die andere Partei von dem Eintritt eines Beendigungsgrundes in Kenntnis zu setzen.[85] Der Eintritt eines Beendigungsgrundes kann zur Beendigung der jeweiligen Einzeltransaktion führen soweit eine Heilung nicht möglich ist und die Beendigung ein ausreichendes Sekundärrecht darstellt.[86] Ebenfalls kein Kündigungsgrund ist die Versäumnis einer Partei, die andere Partei über die Verletzung einer *Payee Tax Representation*[87] zu infomieren und die Versäumnis einer Partei, ein gemäß Section 4(a)(i) und (iii) des 1992 und des 2002 ISDA Master Agreements beizubringendes Steuerformular nicht zur Verfügung zu stellen. Die Rechtsfolge einer solchen Versäumnis ist die Versagung des *Gross-up* für den Fall, dass als Folge der Versäumnis Quellensteuer erhoben wird.

Das 2002 ISDA Master Agreement erklärt zudem die Anfechtung beziehungsweise die Geltendmachung der Unwirksamkeit des Master Agreements zu einem Kündigungsgrund.

Vertragsverletzungen seitens des Sicherungsgebers (*Credit Support Provider*) unter einer Sicherungsvereinbarung (*Credit Support Document*): In der ISDA Dokumentation wird der Vertragsverletzung seitens eines Sicherungsgebers oder einer der sonstigen Parteien unter der jeweiligen Sicherungsvereinbarung ebenso große Bedeutung zugemessen, wie der Vertragsverletzung seitens einer der Parteien unter dem ISDA Master Agreement selbst.[88] Eine Vertragsverletzung unter einer Sicherungsvereinbarung ist deshalb von so großer Bedeutung, weil die Parteien die Entscheidung, ob sie mit der Gegenpartei Einzelabschlüsse abschließen,

---

84 Section 5(a)(ii) des 1992 ISDA Master Agreements und Section 5(a)(ii)(1) des 2002 ISDA Master Agreements; unter die auch die Verpflichtung zur Zahlung von Stempelsteuern (Section 4(e) des 1992 and 2002 ISDA Master Agreement) (soweit anwendbar) fällt, obwohl dies eine Zahlungspflicht ist.

85 Section Section 5(a)(ii) des 1992 ISDA Master Agreements und Section 5(a)(ii)(1) des 2002 ISDA Master Agreements.

86 *User's Guide to the 1992 ISDA Master Agreement* beziehungsweise *User's Guide to the 2002 ISDA Master Agreement*, Seite 10.

87 Wie gemäß Section 4(d) des 1992 und des 2002 ISDA Master Agreements vereinbart.

88 Um als *Credit Support Document* qualifiziert werden zu können, muss die jeweilige Sicherungsvereinbarung, welche in Form einer Garantie oder einer sonstigen Sicherheit vereinbart werden kann, als solches im *Schedule* zum ISDA Master Agreement benannt werden. Wird die Sicherheit durch eine dritte Partei geleistet, ist diese dritte Partei als *Credit Support Provider* ebenfalls im *Schedule* zu benennen.

auf der Einschätzung der Bonität dieser Gegenpartei treffen, welche oft von der Bonität des *Credit Support Providers* und der Werthaltigkeit des *Credit Support* abhängt. Wie im ISDA Master Agreement selbst führt eine solche Vertragsverletzung nach Ablauf einer evtl vereinbarten oder anwendbaren Heilungsfrist zu einem Kündigungsrecht.[89] Anders als im ISDA Master Agreement ist die Entstehung des Kündigungsrechts allerdings nur bei ausdrücklicher Vereinbarung von einer Mahnung abhängig und es wird nicht zwischen der Leistung durch Zahlung oder Lieferung unterschieden. Eine Vertragsverletzung liegt auch dann vor, wenn die Sicherungsvereinbarung ohne die Zustimmung der aus der Sicherungsvereinbarung berechtigten Partei ihre Sicherungswirkung verliert,[90] die die Sicherheit stellende Partei die Sicherungsvereinbarung widerruft oder anficht[91] oder die die Sicherheit leistende Partei eine der oben genannten Vertragsverletzungen begeht beziehungsweise davon betroffen ist (wie zB in der Insolvenz des *Credit Support Providers*). Zu beachten ist, dass der von der ISDA Dokumentation vorgesehene Sicherungsanhang (*ISDA Credit Support Annex*) nicht als Credit Support Document, sondern als Teil der ISDA Master Dokumentation einzuordnen ist, so dass für ihn die gleichen Vorschriften zur Anwendung kommen, wir für das ISDA Master Agreement selbst.

50 **Falsche Zusicherungen (*Misrepresentation*)**: Gemäß Section 5(a)(iv) des 1992 und des 2002 ISDA Master Agreements liegt ein Recht zur Kündigung des ISDA Master Agreements vor, wenn eine der Parteien zum Zeitpunkt des Abschlusses des ISDA Master Agreements oder eines *Credit Support Documents* eine falsche Zusicherung abgegeben hat oder eine Zusicherung zum Zeitpunkt eines Einzelabschlusses als fehlerhaft abgegeben gilt. Ausgenommen hiervon sind die Steuerzusicherungen, da die fehlerhafte Abgabe dieser Steuerzusicherungen durch eine Verlagerung des Steuerrisikos geahndet wird.

51 **Vertragsverletzungen im Rahmen einer im ISDA Master Agreement ausdrücklich benannten Transaktion (*Specified Transaction*)**: Der im ISDA Master Agreement in Section 5(a)(v) der 1992 und 2002 Dokumentation beschriebene Kündigungsgrund bei Eintritt einer Vertragsverletzung im Rahmen einer im ISDA Master Agreement ausdrücklich als solche benannten Transaktion (*Specified Transaction*) trägt der Tatsache Rechnung, dass sich die rechtliche und wirtschaftliche Situation einer der beiden Parteien aufgrund der Verletzung eines Vertages im Zusammenhang mit einer (Derivate-)Transaktion zwischen dieser Partei, ihrem *Credit Support Provider* oder einer im *Schedule* des ISDA Master Agreements ausdrücklich benannten dritten Partei (*Specified Entity*)[92] erheblich verschlechtern kann. Section 5(a)(v) gibt der Gegenpartei das Recht, das ISDA Master Agreement zu kündigen und aufzurechnen, sobald die Partei oder eine *Specified Entity* die Vertraglichen Bestimmungen einer *Specified Transaction* verletzt.

Bei der Vertragsverletzung unter einer *Specified Transaction* muss es sich um eine der drei folgenden Tatbestände handeln: 1) Die Vertragsverletzung im Rahmen einer *Specified Transaction* muss die Rückzahlung oder Aufrechnung der *Specified Transaction* zur Folge ha-

---

[89] Section 5(a)(iii)(1) des 1992 und des 2002 ISDA Master Agreements.
[90] Section 5(a)(iii)(2) des 1992 und des 2002 ISDA Master Agreements.
[91] Section 5(a)(iii)(3) des 1992 und des 2002 ISDA Master Agreements.
[92] In den meisten Fällen handelt es sich bei diesen *Specified Entities* um mit der Partei verbundene Unternehmen, die selber mit der Gegenpartei oder einem mit dieser Gegenpartei verbundenen Unternehmen einen Derivatevertrag (wie zB ein ISDA Master Agreement) abgeschlossen haben.

ben,[93] 2) bei der Vertragsverletzung muss es sich um eine Vertragsverletzung an dem unmittelbar vorhergehenden Zahlungs- oder, im Falle des 1992 ISDA Master Agreement, Lieferungstermin nach dem fruchtlosen Ablauf einer vereinbarten Nachfrist oder, in Ermangelung einer solchen vereinbarten Nachfrist, der regulären Nachfrist von drei Geschäftstagen beziehungsweise, im Falle des 2002 ISDA Master Agreements, einem Geschäftstag, handeln oder 3) die Vertragsverletzung besteht aus der Anfechtung oder Verweigerung einer Transaktion (also der Verweigerung einer Partei oder eines Zwangsverwalters dieser Partei, die Verpflichtungen dieser Partei im Rahmen dieser Transaktion zu erfüllen) oder, im Falle des 2002 ISDA Master Agreements, aus dem Bestreiten der Wirksamkeit einer solchen Transaktion. Im Rahmen des 1992 ISDA Master Agreements muss eine solche Vertragsverletzung im Zusammenhang mit einer Transaktion selbst erfolgen. Eine Vertragsverletzung im Rahmen eines selbstständigen *Credit Support Document*, wie zum Beispiel einer Garantie oder einer Verpfändung, wäre nicht ausreichend. Dies wurde im Rahmen des 2002 ISDA Master Agreements verschärft, so dass nunmehr eine Vertragsverletzung, eine Anfechtung, ein Widerspruch oder die Geltendmachung der Unwirksamkeit eines *Credit Support Agreements* für eine *Specified Transaction* durch eine der Parteien zu dieser *Specified Transaction* oder eine der *Credit Support Provider* oder einen sonstigen *Specified Entity* ausreicht.

Das Prinzip der „Vertragsverletzung im Rahmen einer ausdrücklich benannten Transaktion (*Specified Transaction*)" hat große Ähnlichkeit mit dem Prinzip des „*Cross Default*" (siehe Rn 52 unten), bei dem bestimmte Vertragsverletzungen im Hinblick auf allgemeine Rückzahlungsverpflichtungen (*borrowed money*) zu einem „*Cross Default*" unter dem ISDA Master Agreement führen können. Der Unterschied zwischen den beiden Kündigungsgründen besteht hauptsächlich darin, dass 1) im Rahmen des Cross Defaults die Vertragsverletzung gegenüber irgendeinem dritten Gläubiger erfolgen kann, während im Rahmen des Kündigungsgrundes „Vertragsverletzung im Rahmen einer ausdrücklich benannten Transaktion (*Specified Transaction*)" nur die Vertragsverletzung einer Partei des ISDA Master Agreements oder ihres *Credit Support Providers* oder einer *Specified Entity* gegenüber der Gegenpartei des ISDA Master Agreements, ihres *Credit Support Providers* oder einer *Specified Entity* unter dem ISDA Master Agreement selbst oder einem anderen Agreement zu einem Kündigungsrecht führen kann, und 2) dass ein „*Cross Default*" erst bei Überschreiten eines Schwellenbetrages (*Threshold Amount*) eintritt. Nicht zuletzt aus diesen Unterschieden lässt sich schließen, dass der Kündigungsgrund der „Vertragsverletzung im Rahmen einer ausdrücklich benannten Transaktion" den Störungen im direkten Verhältnis der Parteien Rechnung tragen soll während der *Cross Default* die Parteien bei Verschlechterung der Bonität oder Zahlungsmoral der anderen Partei absichern soll.

Die Definition der *Specified Transaction* kann von den Parteien im Schedule erweitert werden. Obwohl die im 1992 ISDA Master Agreement enthaltene Definition der *Specified Transaction* sehr weit gefasst ist, umfasst sie verständlicherweise keine der nach der Einführung des 1992 ISDA Master Agreements eingeführten Transaktionsarten, wie zB bestimmte Repo-, Stock Loan oder Rohwaren Transaktionen. Diese Transaktionsarten werden von dem 2002 ISDA Master Agreement in den Begriff der *Specified Transaction* eingeschlossen. Das 2002 ISDA Master Agreement antizipiert in diesem Punkt auch die Entwicklung weiterer Transaktionsarten, in dem es als *Specified Transactions* auch Transaktionsarten einschließt,

---

[93] Das 2002 ISDA Master Agreement benennt bei der Verletzung einer Lieferungsverpflichtung im Rahmen einer *Specified Transaction* die Rückzahlung oder Aufrechnung aller unter der jeweiligen Dokumentation eingegangenen Einzelabschlüsse als Voraussetzung für den Eintritt einer Vertragsverletzung des ISDA Master Agreements. Grund hierfür ist, dass die Definition der *Specified Transaction* im 2002 ISDA Master Agreement Wertpapierpensionsgeschäfte (*Repos*) und Wertpapierleihegeschäfte (*Stock loans*) einschließt und unter diesen Transaktionsarten die Verletzung von Lieferungsverpflichtungen häufiger vorkommt, ohne dass diese Verletzungen auf eine Minderung der Bonität der *Specified Entity* hinweisen.

die „wiederholt in den Finanzmärkten abgeschlossen werden".[94] Eine Folge dieser sehr weit gefassten Definition ist jedoch, dass die Wahrscheinlichkeit einer Vertragsverletzung steigt.

52 **Cross Default:** Die Bestimmungen des *Cross Default* beschreiben den wichtigsten vorausschauenden Kündigungsgrund. Ein *Cross Default* liegt vor, wenn eine Partei des ISDA Master Agreements oder ihr *Credit Support Provider* oder eine ausdrücklich benannte Gesellschaft (*Specified Entity*) eine in einem benannten Vertragsverhältnis (*Specified Indebtedness*) eingegangene Leistungsverpflichtung nicht erfüllt und a) als Folge davon das Vertragsverhältnis gekündigt wurde und dadurch vor dem Fälligkeitsdatum zahlbar ist[95] oder b) der geschuldete Betrag einen vereinbarten Schwellenbetrag (*Threshold Amount*) übersteigt (unabhängig davon, ob eine solche Nichtleistung eine Kündigung nach sich zieht sowie unter Beachtung einer eventuell vereinbarten oder gesetzten Nach- oder Heilungsfrist).[96]

Der Begriff *Specified Indebtedness* umfasst jegliche Rückzahlungsverpflichtung (*borrowed money*),[97] einschließlich der Zahlungsverpflichtungen, die die jeweilige Partei als Garantin oder als anderweitig sichernde Partei geleistet hat. Anders als beim Kündigungsgrund der Vertragsverletzung im Rahmen einer ausdrücklich benannten Transaktion (siehe oben) sollte der Ausdruck „*Specified Entity*" im Falle des *Cross Default* sämtliche für die Bonität der jeweiligen Partei bedeutsamen verbundenen Unternehmen einschließen.[98] Der Gedanke, der der Bestimmung des *Cross Default* zugrunde liegt, ist, dass die Verletzung einer Rückzahlungsverpflichtung durch ein Gruppenunternehmen einer Partei ein Anzeichen für eine Bonitätsverschlechterung der Gruppe und damit der Partei selbst sein kann und es in den meisten Fällen auch ist.

Während die generelle Anwendbarkeit des *Cross Default* zwischen den Parteien eines ISDA Master Agreements meist unumstritten ist, wird der genaue Umfang oft verhandelt. In vielen Fällen wird der Umfang auf den Fall beschränkt, dass ein *Default* bereits eingetreten[99] ist, während die Möglichkeit, dass ein *Default* im Rahmen der *Specified Indebtedness* erst eintritt, oft abbedungen wird.[100] Dies wird damit begründet, dass man den Eintritt eines *Cross Defaults* aufgrund verwaltungstechnisch bedingter Leistungsverzögerungen verhindern möchte. Dies ist aber auch durch Vereinbarung einer Heilungsfrist möglich.

Die *Cross Default* Bestimmungen des ISDA Master Agreements machen die Entstehung eines Kündigungsrechtes aufgrund des Eintritts eines *Cross Default* davon abhängig, dass der Wert eines solchen *Cross Defaults* über dem *Threshold Amount* liegt. Die Höhe des *Threshold Amounts* hängt von der Größe der Parteien ab und wird in den meisten Fällen entweder als fester Betrag oder als Prozentsatz des Eigenkapitals ausgedrückt.

Obwohl der Kündigungsgrund aufgrund eines *Cross Default* ein wichtiger Kündigungsgrund ist, wird seine Anwendbarkeit in der Praxis dadurch eingeschränkt, dass es für die Parteien oft schwierig ist, festzustellen, ob und wann ein solcher *Cross Default* vorliegt. Die Informationen, die für die Parteien notwendig sind, um das Vorliegen eines *Cross Default* zu verifi-

---

94 Section 14 des 2002 ISDA Master Agreements: „*...recurrently entered into in the financial markets...*".
95 Section 5(a)(vi)(1) des 1992 und 2002 ISDA Master Agreements.
96 Section 5(a)(vi)(2) des 1992 und 2002 ISDA Master Agreements.
97 Der Begriff „*borrowed money*" ist nicht definiert, umfasst aber nach herrschender Meinung alle Beträge, die unter der Voraussetzung empfangen wurden, dass sie zu einem späteren Zeitpunkt wieder zurückgezahlt werden. *Southern Brazilian Rio Grande Do Sul Rly Co Ltd, Re [1905] 2 Ch. 78, 83*. Ausgeschlossen sind daher alle Handels- und Finanzierungsschäfte, die keine Fremdgeldaufnahme im eigentlichen Sinne beinhalten sowie die Fremdgeldaufnahme gegen die Lieferung von Vermögensgegenständen. Zur Abgrenzung im Einzelnen, siehe *Simon Firth*, Derivatives Law and Practice, Kapitel 11 066.
98 Es wird oft die Meinung vertreten, dass dies sämtliche mit der jeweiligen Partei verbundenen Unternehmen sind, da eine Partei dafür sorgen sollte, dass keines der mit ihr verbundenen Unternehmen eine Rückzahlungsverpflichtung verletzt.
99 Section 5(a)(vi)(1) des 1992 und des 2002 ISDA Master Agreements.
100 Section 5(a)(vi)(2) des 1992 und des 2002 ISDA Master Agreements.

zieren, unterliegen oft Vertraulichkeitsverpflichtungen. Darüber hinaus enthält das ISDA Master Agreement keine Bestimmungen, die die Parteien verpflichten würden, das Eintreten eines *Cross Default* in ihrer Gruppe der anderen Partei offenzulegen.[101]

Insolvenz: Ein Kündigungsrecht entsteht nach Section 5(a)(vii) des 1992 und des 2002 ISDA Master Agreements auch bei Eintritt bestimmter Insolvenztatbestände bei einer der Parteien, ihres *Credit Support Provider* oder einer *Specified Entity*.[102] Ausdrücklich nennt das ISDA Master Agreement folgende Tatbestände:

53

a) Die Liquidation der Partei, ihres *Credit Support Providers* oder einer *Specified Entity*,[103] wobei eine Liquidation im Rahmen einer Konsolidierung, einer Verschmelzung oder eines Zusammenschlusses ausgeschlossen ist.

b) Die Insolvenz der Partei, ihres *Credit Support Providers* oder einer *Specified Entity*, der Eintritt der Unfähigkeit, Schulden zu begleichen, die Nichtbegleichung von Schulden oder das Geständnis der Unfähigkeit, Schulden zu begleichen.[104] Zur genauen Beschreibung dieser Tatbestände, die nicht mit einer technischen Insolvenz im Rahmen eines gesetzlichen Insolvenzverfahrens gleichzusetzen sind wird auf *Simon Firth*, Derivatives Law and Practice, Chapters 11 074 und 11 075 verwiesen.

c) Die generellen Übertragung, ein Vergleich oder eine einvernehmliche Regelung durch eine der Parteien, ihres *Credit Support Providers* oder einer *Specified Entity* mit oder zum Vorteil von Gläubigern,[105] wobei unter „Übertragung" die Übertragung von Vermögensgegenständen an oder zum Vorteil der Gläubiger zu verstehen ist und alle drei genannten Fälle voraussetzen, dass die Gläubiger einen Teil ihrer Ansprüche gegen die jeweilige Gesellschaft aufgrund der schlechten finanziellen Lage der Gesellschaft aufgeben. Darüber hinaus ist wohl nicht ausreichend, wenn nur ausgewählte Gläubiger der Gesellschaft in den Genuss einer solchen Vereinbarung kommen.

d) Das Einleiten eines offiziellen Insolvenzverfahrens (i) durch die Partei, ihren *Credit Support Provider* oder eine *Specified Entity* selber oder (ii) durch einen Dritten im Hinblick auf die Partei, ihren *Credit Support Provider* oder eine *Specified Entity*.[106] Zu beachten ist, dass der in (i) genannte Fall nach herrschender Meinung das Verfahren des US Bankruptcy Codes, Chapter 11 einschließt, dass das 2002 ISDA Master Agreement zusätzlich von der zuständigen Regulierungsbehörde eingeleitete Verfahren benennt und dass weder eine aktive Heilung noch ein Wegfall des Tatbestandes das Kündigungsrecht beseitigt. Der in (ii) genannte Fall führt lediglich dann zu einem Kündigungsrecht, wenn das offizielle Verfahren in einer stattgebenden Entscheidung endet und das Verfahren nicht innerhalb von 30 Tagen (beziehungsweise 15 Tagen nach dem 2002 ISDA Master Agreement) wieder eingestellt wurde.

e) Das Fassen eines offiziellen Beschlusses der Liquidation der betroffenen Gesellschaft.[107]

f) Die Ernennung oder der Antrag auf Ernennung eines offiziellen Insolvenzverwalters.[108]

g) Die Durchführung von bestimmten Zwangsvollstreckungsmaßnahmen durch einen Gläubiger über sämtliche oder alle bedeutsamen Vermögensgegenstände der Gesellschaft und die Aufrechterhaltung dieser Zwangsvollstreckungslage oder des Zwangs-

---

101 Anders als bei Eintritt eines Beendigungstatbestand dessen Eintritt der anderen Partei mitgeteilt werden muss.
102 Welche separat für die Zwecke dieser Bestimmung benannt werden muss aber in den meisten Fällen den für andere Bestimmungen benannten *Specified Entities* entsprechen wird.
103 Section 5(a)(vii)(1) des 1992 und des 2002 ISDA Master Agreements.
104 Section 5(a)(vii)(2) des 1992 und des 2002 ISDA Master Agreements.
105 Section 5(a)(vii)(3) des 1992 und des 2002 ISDA Master Agreements.
106 Section 5(a)(vii)(4) des 1992 und des 2002 ISDA Master Agreements.
107 Section 5(a)(vii)(5) des 1992 und des 2002 ISDA Master Agreements.
108 Section 5(a)(vii)(6) des 1992 und des 2002 ISDA Master Agreements.

vollstreckungsergebnisses für 30 Tage (oder im Falle des 2002 ISDA Master Agreements, 15 Tage).[109]

h) Der Eintritt eines Tatbestandes unter den Bestimmungen des jeweils auf die Gesellschaft anwendbaren Rechts einer anderen Rechtsordnung, der eine den in a) bis g) beschriebenen Folgen ähnliche Folge nach sich zieht.[110]

i) Die Vornahme einer Maßnahme durch die betroffene Gesellschaft, die eine der in a) bis h) beschriebenen Tatbestände fördert oder die eine Duldung, Billigung oder Hinnahme einer dieser Tatbestände durch die jeweilige Gesellschaft darstellt.[111] Dieser Tatbestand erweitert den Anwendungsbereich dieser Bestimmung erheblich, da er auch Maßnahmen einbezieht, die vor dem Eintritt einer der in a) bis h) beschriebenen Tatbestände unternommen werden. Um den Anwendungsbereich nicht zu groß werden zu lassen, muss die jeweilige Maßnahme eine gewisse Bedeutung haben und klar erkennbar mit der Absicht der Förderung, Duldung, Billigung oder Hinnahme unternommen worden sein. Als Beispiel sind hier die Aufnahme von Verhandlungen mit Gläubigern über die Erzielung eines Vergleiches (siehe c)) zu nennen. Ein Erfolg der Maßnahme muss dabei nicht eingetreten sein.

54 **Verschmelzung ohne Schuldübernahme** (*Merger without Assumption*): Zu guter Letzt kann ein Kündigungsrecht daraus entstehen, dass eine der Parteien eines ISDA Master Agreements mit einer Drittpartei verschmolzen wird, oder ihre gesamten oder fast gesamten Vermögensgegenstände auf eine Drittpartei übertragen werden, ohne dass diese Drittpartei auch die Verpflichtungen der Partei unter dem ISDA Master Agreement übernimmt und für die Aufrechterhaltung des *Credit Support* sorgt.[112] Der Anwendungsbereich dieser Bestimmung wird jedoch allgemein als sehr eng bezeichnet, weil ein Kündigungsgrund bereits dann nicht vorliegt, wenn eine Übertragung von Vermögensgegenständen auf zwei oder mehr Drittparteien vorliegt oder nicht alle Vermögensgegenstände übertragen werden. Das Risiko, dass durch solche Übertragungen von Vermögensgegenständen eine Einschränkung der Bonität ergeben könnte, wird von den Parteien des ISDA Master Agreements in Kauf genommen.

5. Beendigungstatbestände (Termination Events)

55 Wie bei Vorliegen eines Kündigungsgrundes (*Event of Default*) kann der Eintritt eines Beendigungstatbestandes zu einer Beendigung des ISDA Master Agreements oder bestimmter Transaktionen unter diesem ISDA Master Agreement führen. Zwischen den in Abschnitt 4. aufgezählten Kündigungsgründen und den Beendigungstatbeständen bestehen jedoch einige entscheidende Unterschiede:

Im Gegensatz zu den Kündigungstatbeständen, die ein gewisses Verschulden der *Defaulting Party* voraussetzen, können die Beendigungstatbestände ganz ohne Verschulden der Parteien eintreten, auch wenn der jeweilige Beendigungstatbestand von einer der Parteien verursacht wurde.

Im Falle des Eintritts eines Kündigungsgrundes und der daraufhin ausgesprochenen Kündigung wird immer das gesamte ISDA Master Agreement und alle darunter abgeschlossenen Transaktionen abgewickelt. Im Falle des Eintritts eines Beendigungstatbestandes werden nur die Transaktionen (im schlimmsten Falle alle Transaktionen sowie das ISDA Master Agreement) beendet, die von dem Beendigungstatbestand betroffen sind.

---

[109] Section 5(a)(vii)(7) des 1992 und des 2002 ISDA Master Agreements.
[110] Section 5(a)(vii)(8) des 1992 und des 2002 ISDA Master Agreements.
[111] Section 5(a)(vii)(9) des 1992 und des 2002 ISDA Master Agreements.
[112] In einer solchen Situation ist die Übertragung ohne die Zustimmung der anderen Partei unter dem ISDA Master Agreement möglich.

B. Der Aufbau des ISDA Master Agreement

Anders als beim Auftreten eines Kündigungsgrundes, hat die von dem Vorliegen eines Beendigungstatbestandes betroffene Partei (*Affected Party*) die vertragliche Verpflichtung, die andere Partei von dem Eintritt eines Beendigungstatbestandes unverzüglich zu benachrichtigen.[113]

Im Falle bestimmter Beendigungstatbestände ist die betroffene Partei (*Affected Party*) verpflichtet, die Abwicklung der betroffenen Transaktionen nach besten Kräften, zum Beispiel durch Umstrukturierung oder Übertragung, zu vermeiden.

Im Falle des Vorliegens eines Kündigungsgrundes ist in der Regel nur die *Non-defaulting Party* zur Abwicklung berechtigt, während bei Vorliegen bestimmter Beendigungstatbestände beide Parteien zur Abwicklung berechtigt sind.

Bei der Abicklung bestimmter Transaktionen im Falle des Vorliegens von bestimmten Beendigungstatbeständen und wenn beide Parteien *Affected Parties* sind, werden beide Parteien an der Berechnung der Abwicklungsbeträge beteiligt. Darüber hinaus bestehen noch weitere erhebliche Unterschiede bei der Berechnung der Abwicklungsbeträge.[114]

Zu guter Letzt ist auch die Verzinsung der Abwicklungsbeträge selbst unterschiedlich geregelt.

Folgende Tatbestände stellen Beendigungstatbestände dar:

Gesetzliches Verbot (*Illegality*): Unter dem 1992 ISDA Master Agreement wird der Eintritt eines Beendigungstatbestandes in dem Fall angenommen, indem die vereinbarte Zahlung eines Betrages, die Lieferung eines Vermögensgegenstandes oder die Erfüllung einer anderen wesentlichen Vertragspflicht unter dem ISDA Master Agreement oder einem *Credit Support Document* zu diesem Master Agreement für eine der Parteien durch eine Gesetzesänderung illegal und damit unmöglich wird.[115] Der Begriff „Gesetzesänderung" schließt Veränderungen in der Auslegung einer Rechtsnorm durch die Gerichte oder Behörden ein.[116] Unter dem 2002 ISDA Master Agreement wurde dieser Tatbestand auf den Fall der Rechtswidrigkeit einer Leistung ausgeweitet, die aufgrund einer Änderung von Tatsachen nach Abschluss der betroffenen Transaktion eintritt, nicht nur nach der Änderung eines Gesetzes oder dessen Auslegung. Ausgenommen hiervon sind Tatsachen, die von einer der Parteien selbst oder einem *Credit Support Provider* geschaffen wurden.[117] Insgesamt wird die Bestimmung weit ausgelegt und *Illegality* auch angenommen, wenn es sich um die Änderung einer Verwaltungsvorschrift, eines Erlasses oder eines Abkommens handelt. Beide Parteien sind verpflichtet, alle ihnen zumutbaren Anstrengungen zu unternehmen um die Rechtswidrigkeit zu beseitigen. Sollte eine der Parteien dieser Verpflichtung nicht nachkommen, kann hieraus ein Kündigungsgrund entstehen, der andere Folgen nach sich zieht als der Beendigungstatbestand der Rechtswidrigkeit, der trotz der Anstrengungen beider Parteien entstanden ist.[118] Ausreichend für den Eintritt des Tatbestandes der Rechtswidrigkeit ist der Verstoß einer Partei gegen die am Leistungsort (*Place of Performance*) geltenden Vorschriften. Der Verweis im ISDA Master Agreement auf das anwendbare Recht (*any applicable law*) macht deutlich, dass die Rechtswidrigkeit nicht unter dem das ISDA Master Agreement beherrschenden englischen Recht eintreten muss. Unklar ist jedoch, ob auch der Verstoß am Ort der Niederlassung einer Partei ausreicht, die durch Vereinbarung in den Wirkungskreis des

---

113 Im Falle der *Force Majeure* kann dies eine Benachrichtigungspflicht für beide Parteien nach sich ziehen.
114 Siehe Rn 65 ff.
115 Section 5(b)(i) des 1992 ISDA Master Agreement. Zu beachten ist, dass dieser Beendigungstatbestand nicht vorliegt, wenn die *Illegality* bei Abschluss des ISDA Master Agreements bereits vorlag oder es eine Möglichkeit der Erfüllung auf anderem Wege gibt, selbst wenn dieser Weg nicht von Anfang an von den Parteien einbezogen wurde und er für die Parteien aufwendiger ist.
116 Cf. *Kleinwort Benson Ltd v. Lincoln County Council* [1999] 2 A.C. 349.
117 Section 5(b)(i) 2002 ISDA Master Agreement.
118 Sections 4(b) und 5(b)(i) des 1992 und 2002 ISDA Master Agreement.

ISDA Master Agreements einbezogen sind. Das 2002 ISDA Master Agreement versucht, klarzustellen, dass zumindest eine Rechtswidrigkeit unter US-Recht bei der US Niederlassung einer Partei als Beendigungstatbestand gilt. Hinsichtlich anderer Jurisdiktionen lässt sich argumentieren, dass es wenig Sinn macht, die Einbeziehung von Niederlassungen in anderen Rechtsordnungen zu ermöglichen, ohne den Geltungsbereich des ISDA Master Agreements vollständig auf diese Niederlassungen auszuweiten. Das 1992 ISDA Master Agreement schweigt zu diesem Thema völlig. Es kann allerdings nur die gleiche Argumentation gelten.

Einig ist man sich, dass die Bestimmung zur *Illegality* im Verhältnis zum Eintritt eines Kündigungsgrundes (*Event of Default*) vorgeht. Das bedeutet, dass im Falle des Eintritts eines *Event of Default*, der gleichzeitig einen Fall der *Illegality* darstellt, vorrangig der Beendigungstatbestand der *Illegality* angenommen und das Vertragsverhältnis entsprechend abgewickelt wird.[119] Insgesamt bestehen zu dem Verhältnis zwischen dem Beendigungsgrund der Illegality und den Events of Default aufgrund der ungenauen Formulierungen im Text des ISDA Master Agreements jedoch noch einige Unklarheiten.

57 Force Majeure (2002 ISDA Master Agreement): Section 6(b)(ii) des 2002 ISDA Master Agreement enthält Bestimmungen, die den Eintritt eines Aktes der höheren Gewalt oder einer staatlichen Bestimmung (*force majeure or act of state*) bei anhaltendem Vorliegen des Aktes an acht aufeinander folgenden Geschäftstagen zu einem Beendigungsgrund für das ISDA Master Agreement und alle Transaktionen darunter erklären, wenn ein solcher Akt die Leistung, den Leistungsempfang oder die Erfüllung einer anderen wesentlichen Vertragspflicht unter dem ISDA Master Agreement oder einem *Credt Support Document* unmöglich macht. Der Eintritt dieses Tatbestandes verhindert, auch schon während der oben erwähnten Frist, den Eintritt eines Kündigungstatbestandes, wobei auch hier Auslegungsschwierigkeiten in dem Fall entstehen, in dem nur einzelne Niederlassungen von dem Tatbestand der Force Majeure betroffen sind (siehe hierzu die Ausführungen unter Rn 56). Sämtliche Zahlungen oder Lieferungen können im Falle des Eintritts eines Tatbestandes der Force Majeure zurückgehalten werden.[120] Jeder Kündigungstatbestand (*Event of Default*), außer der Nichtleistung unter dem ISDA Master Agreement, wie zum Beispiel ein *Cross Default*, der als Folge eines Tatbestandes der *Force Majeure* auftritt, wird weiterhin als solcher behandelt. Die Parteien haben eine Verpflichtung, die jeweils andere Partei unverzüglich und unter Aufwendung zumutbarer Anstrengungen (*reasonable efforts*) von dem Eintritt eines Tatbestandes der *Force Majeure* zu unterrichten.[121] Wird diese Verpflichtung verletzt, stehen der jeweiligen Partei keine Zurückbehaltungsrechte zu, so dass die Nichtleistung zum Kündigungsgrund (*Event of Default*) werden kann.[122] Festzuhalten ist, das der Eintritt eines gesetzlichen Verbots (*Illegality*), der an sich ebenfalls als ein Tatbestand der Force Majeure gewertet werden kann, vorrangig zu behandeln ist.[123] Das 1992 ISDA Master Agreement enthält an sich keine Bestimmungen zum Eintritt eines Tatbestandes der *Force Majeure*. Eine solche Bestim-

---

[119] Section 5(c) 1992 Master Agreement; Section 5(c)(i) 2002 ISDA Master Agreement. Nach herrschender Meinung enthält zumindest das 2002 ISDA Master Agreement in seinem Text Hinweise darauf, dass die Kündigungsregeln aufgrund des Vorliegens eines *Event of Default* in den Fällen zur Anwendung kommen soll, in denen der Beendigungstatbestand der Rechtswidrigkeit durch Umstrukturierung oder andere vertragsgemäße Aktivitäten der Parteien verhindert oder beseitigt werden kann. Aus dem Text des 1992 ISDA Master Agreements ist diese Schlussfolgerung nicht ohne Weiteres zu ziehen.

[120] Section 5(c)(ii) des 2002 ISDA Master Agreements; gemäß Section 9(h)(i)(3) des 2002 ISDA Master Agreements bleiben Verzugszinsen auf solche Leistungen zahlbar.

[121] Section 6(b)(i) des 2002 ISDA Master Agreements.

[122] *Nouva Safi SpA v. Sakura Bank Ltd.* [1999] 2 All E.R. (Comm) 526 für die Verletzung der Benachrichtigungspflicht im Falle des Eintritts eines gesetzlichen Verbots (*Illegality*), wobei im Falle der *Force Majeure* die gleiche Argumentation zu gelten hat.

[123] Section 5(c)(iii) des 2002 ISDA Master Agreements.

mung wird jedoch häufig von den Parteien als zusätzlicher Beendigungstatbestand (siehe unten Rn 61) vereinbart.

Tax Event: Hat die Änderung eines Gesetzes oder einer Vorschrift oder ein ähnlicher Tatbestand zur Folge, dass eine der Parteien zur Abführung von Quellensteuer verpflichtet wird, oder ist dies mit an Sicherheit grenzender Wahrscheinlichkeit (*substantial likelihood*) der Fall, so stellt dies einen separaten Beendigungstatbestand dar, der die betroffene Partei (*Affected Party*) zur Beendigung berechtigt.[124] Die betroffene Partei ist dabei die Partei, die einen finanziellen Nachteil aus dem Eintritt dieses Tatbestandes erleidet, insbesondere die Partei, die die Steuer zu tragen hat (*gross-up*) obwohl sie keinerlei Berührungspunkte mit der Steuerjurisdiktion hat, in der der Tatbestand eintritt, beziehungsweise die Partei, die einen Abzug erleidet. Es kann also vorkommen, dass beide Parteien als betroffene Parteien zur Beendigung berechtigt sind. 58

Tax Event upon Merger: Die bei Eintritt eines *Tax Event* entstehenden Folgen gelten auch, wenn die Quellensteuerverflichtung für eine der Parteien aufgrund einer Verschmelzung oder der sonstigen Übertragung sämtlicher oder aller materiellen Vermögensgegenstände auf eine Drittpartei entsteht.[125] In diesem Fall ist die Drittpartei, auf die die Vermögensgegenstände übertragen wurden, die betroffene Partei, unabhängig davon, ob diese Partei die finanziellen Nachteile der Quellensteuerpflicht zu tragen hat. 59

Credit Event upon Merger: Ein weiterer Beendigungstatbestand ist die materielle Verschlechterung der Bonität einer der Parteien oder einer *Specified Entity* durch Verschmelzung mit einer dritten Partei mit erheblich schlechterer Bonität.[126] Das relativ ungenaue Kriterium einer materiellen Verschlechterung der Bonität wird in der Praxis oft durch greifbarere Kriterien, wie zum Beispiel die Verschlechterung eines Kreditratings, ersetzt. Die Partei, deren Bonität sich verschlechtert wird die betroffene Partei (*Affected Party*). In den Bestimmungen des 2002 ISDA Master Agreements wird dieser Beendigungstatbestand noch erheblich auf den Tatbestand der Übertragung sämtlicher oder aller materiellen Vermögensgegenstände durch eine der Parteien, die Änderung der Kontrollverhältnisse (*change of control*) hinsichtlich einer der Parteien oder eine materielle Änderung der Kapitalstruktur einer der Parteien[127] ausgeweitet, soweit diese Maßnahmen mit einer materiellen Verschlechterung der Bonität dieser Partei einhergehen. 60

Zusätzliche Beendigungstatbestände (*Additional Termination Events*): Section 5(b)(v) des 1992 beziehungsweise Section 5(b)(vi) des 2002 ISDA Master Agreements erlaubt den Parteien, weitere zusätzliche Beendigungsgründe (*Additional Termination Event*) durch Einfügen in das Schedule zu vereinbaren. Ein häufig vereinbarter zusätzlicher Beendigungsgrund (*Additional Termination Event*) ist die unverschuldete und unkontrollierbare Unmöglichkeit der Leistung oder des Leistungsempfangs einer Partei oder eines *Credit Support Providers*. Selbst wenn dieser zusätzliche Beendigungsgrund nicht von den Parteien auf ihre besondere Situation und das Vertragsverältnis abgestimmt vereinbart wurde, reicht die *Common law* Doktrin der *frustration*[128] oft aus, einen Beendigungsgrund für einzelne Transaktionen oder das gesamte ISDA Master Agreement zu schaffen, wobei die Rechtsfolgen der *frustration* von den Rechtsfolgen eines ausdrücklich vereinbarten zusätzlichen Beendigungsgrunds erheblich abweichen. 61

---

124 Section 5(b)(ii) des 1992 ISDA Master Agreements und Section 5(b)(iii) des 2002 ISDA Master Agreements.
125 Section 5(b)(iii) des 1992 ISDA Master Agreements und Section 5(b)(iv) des 2002 ISDA Master Agreements.
126 Section 5(b)(iv) des 1992 ISDA Master Agreements und Section 5(b)(v) des 2002 ISDA Master Agreements.
127 Section 5(b)(v)(1) bis (3) des 2002 ISDA Master Agreements.
128 *Taylor v. Caldwell* [1863] 3B. & s. 826.

6. Beendigung von Einzelabschlüssen oder dem Master Agreement (*Close-out*)

62 Bei der Feststellung, wie das *Close out* des Master Agreements oder der darunter abgeschlossenen Transaktionen vorgenommen wird und wer dazu berechtigt ist, ist zwischen dem Close out (a) nach Eintritt eines Kündigungsgrundes (*Event of Default*), (b) bei automatischer Beendigung (*automatic termination*), (c) nach Eintritt eines Beendigungstatbestandes und (d) bei voraussichtlichem Vertragsbruch (*anticipatory breach*) zu unterscheiden.

Im Falle von (a) ist die sich vertragsgemäß verhaltende Partei (*non-defaulting party*) berechtigt, das Master Agreement und alle darunter abgeschlossenen (bereits dokumentierten) Einzelabschlüsse zu kündigen und abzuwickeln. Hierzu ist es notwendig, dass die sich vertragsgemäß verhaltende Partei (*non-defaulting party*) der sich nicht vertragsgemäß verhaltenden Partei (*defaulting party*) nicht nur den Eintritt eines Kündigungsgrundes in der im Master Agreement festgelegten Form schriftlich mitteilt, sondern auf die gleiche Art auch die Beendigung des Vertragsverhältnisses zusammen mit dem Datum dieser Beendigung (*Early Termination Date*) anzeigt. Das ISDA Master Agreement enthält ausführliche Bestimmungen über die Form der Anzeige sowie über den Zeitpunkt ihrer Wirksamkeit. Die anzeigende Partei kann die Wirksamkeit der Kündigung mit dem vorzeitigen Kündigungstag (*Early Termination Date*) durch eine Frist auf einen späteren Zeitpunkt verschieben.[129] Eine Heilung der Vertragsverletzung ist nicht mehr möglich, sobald die Anzeige der Beendigung und des vorzeitigen Kündigungstages (*Early Termination Date*) erfolgt ist.[130]

Im Falle von (b) ist vorauszuschicken, dass die Parteien im Schedule des ISDA Master Agreements vereinbaren können, dass bei Eintritt bestimmter Vertragsverletzungen im Zusammenhang mit der Insolvenz einer Partei (*Bankruptcy*, siehe Rn 53) eine Beendigung des ISDA Master Agreements sowie sämtlicher Transaktionen automatisch erfolgt (*automatic termination*).[131] Dies kann dann sinnvoll sein, wenn der Eintritt der Insolvenz abhängig vom anwendbaren Insolvenzrecht nicht immer vor den Augen der Parteien abläuft (wie zum Beispiel in Deutschland, Belgien, der Schweiz und anderen Rechtsordnungen). Die Durchsetzbarkeit dieser Vereinbarung wurde durch Rechtsgutachten für eine Reihe von Rechtsordnungen bestätigt. Der Nachteil der Vereinbarug der automatischen Beendigung (*automatic early termination*) ist die Gefahr, dass die sich vertragsgemäß verhaltende Partei den Ausschluss erst eine gewisse Zeitspanne nach dem Eintritt des Ausschlusses wahrnimmt und ihr Verlust bis zu diesem Zeitpunkt durch den Abschluss weiterer Transaktionen vergrößert wurde.

63 Im Falle des Eintritts eines Beendigungstatbestandes (Fall (c)) is das Bedürfnis der betroffenen Partei (*Affected Party*) das Master Agreement oder die Transaktionen zu beenden nicht ganz so groß, wie bei Eintritt einer Vertragsverletzung. Aus diesem Grunde enthält das ISDA Master Agreement die Verpflichtung der Parteien, den Versuch zu unternehmen, den Beendigungstatbestand zu beseitigen. Auch in diesem Fall ist eine schriftliche Anzeige des Eintritts eines Beendigungstatbestandes durch die betroffene Partei (*Affected Party*) notwendig. Die durchzuführenden Aktivitäten und die Abfolge der Ereignisse nachdem die Anzeige erfolgt ist, hängt von der Art des Beendigungstatbestandes und der Frage ab, ob nur eine oder beide Parteien betroffene Parteien sind. Die Abfolge der Beendigung ist im ISDA Master Agreement ausführlich beschrieben, weswegen in diesem Abschnitt auf eine genaue Beschreibung verzichtet werden soll.[132]

64 Das Common Law enthält darüber hinaus auch noch das Prinzip, dass die Kündigung eines Vertragsverhältnisses auch dann möglich sein soll, wenn zwar noch kein Kündigungsgrund

---

129 Section 6(a) des 1992 und des 2002 ISDA Master Agreements.
130 Section 6(c)(i) des 1992 und des 2002 ISDA Master Agreements.
131 Sections 5)(a)(vii)(1), (3), (4), (5) und (6) sowie (8) analog des 1992 und des 2002 ISDA Master Agreements.
132 Zur weiteren Information wird auf *Simon Firth*, Derivatives Law and Practice, Kapitel 11.1 verwiesen.

eingetreten ist, die Gegenpartei jedoch glaubhaft und nachweisbar deutlich gemacht hat, dass sie beabsichtigt, (durch aktives Handeln oder Unterlassen) einen Kündigungsgrund zu verursachen (*anticipatory breach*) (Fall (d)).[133] Das Verhältnis der ausdrücklich im ISDA Master Agreement genannten Beendigungs- und Kündigungsgründe zu diesem Common law-Prinzip ist nicht ganz klar. Die herrschende Meinung geht aber davon aus, dass die ausdrücklich vereinbarten Beendigungs- und Kündigungstatbestände dem allgemeinen Rechtsprinzip vorgehen. Das wird meist mit den Rechtsfolgen der beiden Tatbestände begründet. So ist es nach dem allgemeinen Rechtsprinzip des *anticipatory breach* undenkbar, dass die sich vertragsgerecht verhaltende Partei der sich vertragswidrig verhaltenden Partei eine Ausgleichszahlung leisten muss,[134] während dies je nach Vereinbarung der Parteien unter dem ISDA Master Agreement unter Umständen der Fall sein kann.

7. Berechnung von Ausschlussbeträgen

Wie ausgeführt, ist die Folge der Bestimmung eines vorzeitigen Beendigungsdatums für das ISDA Master Agreement oder lediglich ausgewählte Transaktionen, dass das ISDA Master Agreement oder diese ausgewählten Transaktionen (soweit dokumentiert) an diesem Datum beendet werden und mit der Verpflichtung einer der Parteien ersetzt werden, einen errechneten Netto-Ausschlussbetrag aus der Gesamtheit der beendeten Transaktionen an die andere Partei zu entrichten. 65

Das 1992 ISDA Master Agreement stellt zwei verschiedene Methoden zur Verfügung, diesen Ausschlussbetrag zu errechnen: Die Emittlung durch Schätzung des Marktwertes (*Market Quotation*) und die Ermittlung durch Schätzung des Verlustes (*Loss*). Darüber hinaus können die Parteien durch Auswahl der entsprechenden Bestimmungen vereinbaren, dass, im Falle der vorzeitigen Beendigung aufgrund einer Vertragsverletzung (*Event of Default*), nach Errechnung eines Netto-Ausschlussbetrages ein Ausschlussbetrag nur zu leisten ist, wenn dieser Ausschlussbetrag zugunsten der sich vertragsgemäß verhaltenden Partei (*non-defaulting party*) errechnet wurde (so genannte *First Method*) beziehungsweise auch, wenn dieser Ausschlussbetrag zugunsten der sich nicht vertragsgemäß verhaltenden Partei (*defaulting party*) errechnet wurde (so genannte *Second Method*). Soweit die Parteien keine ausdrückliche Bestimmung hinsichtlich der Berechnung des Ausschlussbetrages treffen, kommt automatisch eine Kombination aus „*Market Quotation*" und „*Second Method*" zur Anwendung.[135] 66

Das 2002 ISDA Master Agreement stellt nur eine Methode zur Berechnung des Ausschlussbetrages zur Verfügung, die jedoch von den Parteien durch ausdrückliche Vereinbarung modifiziert werden kann (s. Rn 73 ff). 67

In beiden ISDA Master Agreements wird die Partei, die den Ausschlussbetrag berechnen soll entsprechend der Umstände, unter denen die vorzeitige Beendigung zustande kam, ermittelt. Dies ist in den Fällen eines Kündigungsgrundes (*Event of Default*) die sich vertragsgemäß verhaltende Partei (*non-defaulting party*), während es im Falle des Eintritts eines Beendigungstatbestandes (*Early Termination Event*) die nicht betroffene Partei (*non-affected party*) ist. Falls beide Parteien betroffen sind, ermittelt jede Partei ihre eigenen Verpflichtungen. Der Ausschlussbetrag wird dann auf Basis der Differenz der beiden von den Parteien berechneten Beträge ermittelt.[136] 68

---

133 *Heyman v. Darwins Ltd.* [1942] A.C. 356, 397; *Universal Cargo Carriers Corp v. Citati* [1957] 2 Q.B. 401, 436.
134 *Lep Air Services v. Rollowswin* [1973] A.C. 331, 350.
135 Section 6(e) des 1992 ISDA Master Agreements.
136 Section 6(e)(ii) des 1992 ISDA Master Agreements.

§ 7 ISDA Master Dokumentation

Berechnungsmethoden des 1992 ISDA Master Agreements:

69 Der im 1992 ISDA Master Agreement zu Ermittlung des Ausschlussbetrages angebotene Methode „Market Quotation" liegt der Gedanke zu Grunde, dass die beendete Transaktion (oder die beendeten Tarnsaktionen) in einem liquiden Markt ersetzt werden müssen. Der Wert der beendeten Transaktionen errechnet sich also aus der theoretischen Ermittlung des Preises, der von der jeweiligen Partei im Markt zu zahlen wäre beziehungsweise der gefordert werden könnte, würde die jeweilige Partei zum Zeitpunkt der vorzeitigen Beendigung (oder schnellstmöglich danach) eine Transaktion mit den entsprechenden zukünftigen Rechten oder Verpflichtungen abschliessen. Die hierzu notwendigen Preisbewertungen werden von im jeweiligen Markt tätigen Händlern (Referenz-Marktteilnehmern – *Reference Marketmakers*) eingeholt.[137]

70 Es ist zu beachten, dass bei der Ermittlung des geschätzten Marktpreises lediglich zukünftige Rechte und Verpflichtungen in die Ermittlung einbezogen werden. Leistungen, die vor dem Tag der vorzeitigen Beendigung (*early termination date*) zu erbringen waren, aber nicht erbracht wurden (*unpaid amounts*), werden also in die Ermittlung des geschätzten Preises zunächst nicht einbezogen, sondern fließen zu einem späteren Zeitpunkt in die Ermittlung des Ausschlussbetrages ein.[138] Darüber hinaus ist der Eintritt des Kündigungsgrundes (*Event of Default*) beziehungsweise des vorzeitigen Beendigungstatbestandes (*Early Termination Event*) sowie bestimmter in der Transaktion angenommener Ereignisse (wie zum Beispiel die Ausübung einer Option)[139] bei der Ermittlung des geschätzten Preises außer Acht zu lassen, um ein möglichst objektives Ergebnis zu erhalten. Probleme bei der Objektivität der Preisbewertungen können sich daraus ergeben, dass die Bewertungen durch die Bonität der Parteien oder die Tatsache verzerrt wird, dass es sich bei den Bewertungen oftmals um rein indikative beziehungsweise fiktive Bewertungen handelt, zu denen der jeweilige Händler nicht wirklich bereit ist zu handeln. Die Voraussetzungen, die ein Händler erfüllen muss, um für den Zweck des ISDA Master Agreements akzeptable Bewertungen abzugeben sind im ISDA Master Agreement aufgezählt.[140]

Section 14 des 1992 ISDA Master Agreements definiert die Berechnungsmethode „*Loss*" zur Emittlung des Ausschlussbetrages. Diese subjektivere Methode sucht die berechtigte Partei so zu stellen, als ob die vorzeitig beendete Transaktion vertragsgemäß erfüllt worden wäre. Bei der Berechnung, die zum *Early Termination Date* erfolgt, dürfen aus diesem Grunde sowohl Folgekosten (wie zum Beispiel die Kosten, die bei der frühzeitigen Beendigung von Hedgegeschäften anfallen) als auch entgangener Gewinn einbezogen werden.

71 Obwohl die beiden im 1992 ISDA Master Agreement beschriebenen Berechnungsmethoden „*Market Quotation*" und „*Loss*" unter normalen Umständen zu ähnlichen Ergebnissen führen sollten, hat die Berechnungsmethode „*Market Quotation*" den Vorteil, dass sie wesentlich objektivere Ergebnisse gewährleistet, während die Methode „*Loss*" besonders für Transaktionen geeignet ist, für die allgemeine Preisbewertungen nicht oder nur schwierig zu erhalten sind.

---

137 Siehe Definition des Begriffs „*Market Quotation*" in Section 14 des 1992 ISDA Master Agreements. In Fällen, in denen mehrere Transaktionen vorzeitig beendet wurden, können die Preisbewertungen für das gesamte Portfolio, aber auch für die Einzeltransaktionen oder bestimmte Teilportfolien eingeholt werden.

138 Zur Berechnung siehe Definition der *Unpaid Amounts* in Section 14 des 1992 ISDA Master Agreements. Insgesamt ergibt sich der Ausschlussbetrag nach Eintritt eines vorzeitigen Kündigungsgrundes (*Event of Default*) aus folgender Rechnung: Positive Schätzungsbeträge (Verlust der *Non-defaulting Party*) zuzüglich der negativen Schätzungsbeträge (Gewinn der *Non-defaulting Party*) zuzüglich der *Unpaid Amounts*, zahlbar an die *Non-defaulting Party* abzüglich der *Unpaid Amounts* zahlbar durch die *Non-defaulting Party*.

139 Australia and New Zealand Banking Group v. Société Générale [2000] 1 All E.R. (Comm.) 682.

140 Siehe Definition der *Reference Market-maker* in Section 14 des 1992 ISDA Master Agreements.

Der aus der Berechnung hervorgehende Ausschlussbetrag ist entweder positiv (zum Nachteil der *Non-defaulting Party*) oder negativ (zum Vorteil der *Non-defaulting Party*). Ob die *Non-defaulting Party* bei einem positiven Ausschlussbetrag eine Zahlung an die *Defaulting Party* zahlen muss, hängt davon ab, ob die Parteien im 1992 ISDA Master Agreement die Anwendung der „*First Method*" (keine Zahlungsverpflichtung der *Non-defaulting Party* gemäß der allgemeinen Grundsätze des *Common law*) oder der „*Second Method*" (Zahlungsverpflichtung der *Non-defaulting Party*) vereinbart haben. Im Falle des Eintritts eines vorzeitigen Beendigungstatbestand ist diese Wahl unwichtig, da hier die Zahlungsverpflichtungen davon abhängen, wie viele betroffene Parteien (*affected parties*) es gibt.[141]

Berechnungsmethode des 2002 ISDA Master Agreements:

Im 2002 ISDA Master Agreement wurde die Ermittlung des Ausschlussbetrages nicht zuletzt aufgrund praktischer Erfahrungen[142] stark überarbeitet. Nach den Bestimmungen des 2002 ISDA Master Agreements ist der Ausschlussbetrag auf der Basis der Kosten oder des Gewinns zu errechnen, die entstehen, wenn man die jeweils beendete Transaktion durch ein die Rechte und Pflichten der Parteien widerspiegelndes Geschäft ersetzen würde. Auch die Wahl zwischen „*First*" und „*Second Method*" wurde abgeschafft und die Parteien sind nun gezwungen, sämtliche Bestimmungen einer „*walk-away*" Klausel separat und auf den Einzelfall abgestimmt in das ISDA Master Agreement aufzunehmen. Vermutlich wurde dadurch der Tatsache Rechnung getragen, dass die rechtliche Wirksamkeit der *First Method* insbesondere nach englischem Recht nie abschließend geklärt wurde und aufgrund der Unzulässigkeit von Strafklauseln, als welche die *First Method* oft qualifiziert wurde, in Zweifel gezogen wurde.

Die Ermittlung des Ausschlussbetrages im 2002 ISDA Master Agreement ist zwar der Berechnungsmethode „*Market Quotation*" ähnlich, ist aber weniger von den Bewertungen anderer Marktteilnehmer abhängig, sondern lässt den Parteien größere Freiheiten bei der Berechnung des Ausschlussbetrages, solange bei der Berechnung wirtschaftlich vernünftige Verfahren (*commercially reasonable procedures*)[143] angewandt werden. Dieser Maßstab erlaubt es den Parteien,[144] weiterhin eine Ermittlung des Ausschlussbetrages unter Verwendung von Bewertungen anderer Marktteilnehmer durchzuführen, wobei diese Bewertungen nunmehr ausdrücklich auch indikativ beziehungsweise fiktiv sein dürfen. Neben weiteren kleinen Unterschieden, ist als einer der bedeutendsten Unterschiede zum 1992 ISDA Master Agreement die Tatsache zu nennen, dass das 2002 ISDA Master Agreement ausdrücklich die Aufrechnung (*Set-off*) zulässt.

Die Zahlung des Auschlussbetrages hat unter Offenlegung der Berechnungsmethode und der Details über die Berechnung,[145] unter beiden ISDA Master Agreements schnellstmöglich (*as soon as reasonably practicable*) nach dem Tag der vorzeitigen Beendigung (*Early Termination Date*) zu erfolgen.[146] Die Fälligkeit des Ausschlussbetrages tritt allerdings sofort (im Falle des Eintritts eines Kündigungsgrundes (*Event of Default*)) oder zwei Geschäftstage nach dem *Early Termination Date* (im Falle des Eintritts eines Beendigungstatbestandes) ein.[147]

---

[141] Section 6(e)(ii) des 1992 ISDA Master Agreements.
[142] U.a. *Peregrine Fixed Income Ltd v. Robinson Department Store Public Company Ltd* [2000] C.L.C, 1328 sowie die Tatsache, dass es im Falle von Marktstörungen vereinzelt zu Schwierigkeiten bei der Ermittlungen der Preisbewertungen kam.
[143] Siehe die Definition des „*Close-out Amount*" in Section 14 des 2002 ISDA Master Agreements.
[144] In den Fällen einer Beendigung der jeweiligen Transaktion aufgrund des Eintritts von Rechtswidrigkeit (*Illegality*) oder *Force Majeure* müssen allerdings Bewertungen eingeholt werden (Section 6(e)(ii)(3)(b) des 2002 ISDA Master Agreements.
[145] Section 6(d)(i) des 1992 und des 2002 ISDA Master Agreements.
[146] Section 6(d)(i) des 1992 und des 2002 ISDA Master Agreements.
[147] Section 6(d)(ii) des 1992 und des 2002 ISDA Master Agreements.

Daraus folgt, dass auf den Ausschlusssbetrag ab dem Fälligkeitstag auch bei einer Ermittlung des Betrages nach dem Fälligkeitstag Zinsen zu entrichten sind.[148] Darüber hinaus besteht im Falle eines Kündigungsgrundes (*Event of Default*) die Verpflichtung der vertragswidrig handelnden Partei (*defaulting party*), die sich vertragsgemäß verhaltenden Partei (*non-defaulting party*) von durch die Kündigung verursachten Kosten freizustellen.[149]

8. Übertragung

76 Eine Übertragung der Rechte und Pflichten unter dem ISDA Master Agreement und den darunter abgeschlossenen Transaktionen durch eine der Parteien ist mit zwei Ausnahmen grundsätzlich ausgeschlossen. Eine Übertragung ist zugelassen, (1) wenn eine der Parteien mit einer dritten Person verschmolzen wird (beziehungsweise den überwiegenden Teil Ihrer Vermögensgegenstände auf diese Partei überträgt), und (2) nach vorzeitiger Beendigung hinsichtlich des Rechts auf Zahlung des entstandenen Ausschlussbetrages. Der unter (1) genannte Fall der Übertragung ist sogar als legitimes Mittel der Restrukturierung im Falle des Eintritts eines Kündigungsgrundes (*Event of Default*) vorgesehen.

77 Diese starke Einschränkung der Parteiautonomie bei der Übertragung ist notwendig, um das Prinzip des Nettings aufrechtzuerhalten. Da eine Übertragung beides, Rechte und Pflichten beinhalten muss, ist sie in den überwiegenden Fällen als Novation auszugestalten. Die ISDA Master Dokumentation beinhaltet hierzu ein Mustervertragsformular. Für deutsche Parteien zum ISDA Master Agreement könnte der Einfluss des § 354 a Handelsgesetzbuch (HGB) auf die Einschränkung der Übertragung von Bedeutung sein. Auf anwendbare Rechtsprechung kann hier nicht verwiesen werden. Da es sich aber bei dem ISDA Master Agreement um ein dem englischen Recht unterliegendes Vertragswerk handelt, kann § 354 a HGB nur dann eine Wirkung entfalten, wenn ihm der Rang einer Ordre-Public-Vorschrift beigemessen werden könnte, wovon jedoch nicht ausgegangen werden kann.

9. Niederlassungen (Branches)

78 Das ISDA Master Agreement beinhaltet die Möglichkeit der Parteien, Niederlassungen zu benennen, die in der Lage sein sollen, unter dem Rahmenvertragswerk Transaktionen abzuschließen.[150] Der Vorteil ist, dass diese Niederlassungen bei einer vorzeitigen Beendigung in das Netting (*Multibranch-Netting*) einbezogen werden können. Voraussetzung für die Wirksamkeit dieser Einbeziehung ist, dass das auf die Niederlassungen jeweils anwendbare Recht eine solche Einbeziehung zulässt. Im Fall von deutschen Niederlassungen internationaler Marktteilnehmer ist dies unzweifelhaft der Fall.

10. Geltendes Recht

79 Das ISDA Master Agreement enthält eine Gerichtsstandvereinbarung, nach der die beiden Parteien die ausschließliche Zuständigkeit englischer Gerichte vereinbaren.[151] Diese Vereinbarung wird im 2002 ISDA Master Agreement an den Artikel 17 des Brüsseler Abkommens von 1968 und den Art. 17 des Luganer Abkommen von 1988 angepasst. Die Einleitung von Parallelverfahren in anderen Rechtsordnungen ist in Section 13(b) des 1992 ISDA Master Agreements beziehungsweise Section 13(b)(iii) des 2002 ISDA Master Agreements grundsätzlich zugelassen. Sämtliche Vereinbarungen unterliegen dem Vorbehalt der jeweils auf das Vertragsverhältnis anwendbaren prozessualen Vorschriften einer Rechtsordung.

---

148 Section 6(d)(ii) des 1992 und des 2002 ISDA Master Agreements.
149 Section 11 des 1992 und des 2002 ISDA Master Agreements.
150 Section 10 des 1992 und des 2002 ISDA Master Agreements.
151 Section 10(c) des 1992 und des 2002 ISDA Master Agreements.

C. ISDA Credit Support Dokumentation

I. Allgemeine Bemerkungen

Um die Behandlung von im Rahmen des ISDA Master Agreements zur Verfügung gestellten Sicherheiten weitmöglichst zu vereinheitlichen, wurde von ISDA eine Reihe von Musterverträgen veröffentlicht, die mit dem Hauptvertragswerk abgestimmt sind und die Leistung von Sicherheiten durch die Parteien vereinfachen und vereinheitlichen sollen. Obwohl die Musterdokumentation für Sicherheiten auch Verträge zur Gestellung von Sicherheiten beinhaltete, die dem New Yorker Recht beziehungsweise dem japanischen Recht unterliegen, soll hier nur kurz auf die Dokumentation eingegangen werden, die dem englischen Recht untersteht. Diese ISDA Sicherheitendokumentation besteht aus den *2001 ISDA Margin Provisions*, dem *English law Credit Support Annex* (Credit Support Anhang) und dem *English law Credit Support Deed*. Im Jahre 2003 veröffentlichte ISDA zur Unterstützung der Sicherheitendokumentation eine Sammlung von definierten Begriffen.[152] Die Parteien können bei der Vereinbarung der Sicherheitendokumentation zwischen den beiden oben genannten Verträgen wählen. In der Praxis ist jedoch der Credit Support Anhang wesentlich weiter verbreitet.

80

II. Credit Support Anhang

Als Anhang zum 1992 ISDA Master Agreement bildet der Credit Support Anhang einen integralen Teil des ISDA Master Agreements und ist damit automatisch in die Abwicklung und Berechnung des Nettings einzubeziehen. Um im Zusammenhang mit dem 2002 ISDA Master Agreement verwendet werden zu können, müssen dort, wo der Anhang auf Bestimmungen verweist, die nur im 1992 ISDA Master Agreement enthalten sind, bestimmte Modifikationen vereinbart werden. Entsprechende Formulierungen sind in Appendix C des *User's Guide to the ISDA 2002 Master Agreement (2003)* enthalten.

81

Im Credit Support Anhang wird zwischen den Parteien die Leistung von Sicherheiten im Wege einer Vollrechtsübertragung (*title transfer*) vereinbart. Die sicherheitsleistende Partei überträgt der berechtigten Partei sämtliche Eigentumsrechte an den vereinbarten Sicherheiten und erhält dafür den schuldrechtlichen Anspruch auf Rückübertragung gleichwertiger (nicht unbedingt identischer) Vermögensgegenstände sobald die besicherten Forderungen erfüllt wurden beziehungsweise eines den Wert der Sicherheiten widerspiegelnden Barbetrages im Falle der vorzeitigen Beendigung.

Dieses Prinzip der Vollrechtsübertragung (*title transfer*) hat in vielen Fällen erhebliche Vorteile gegenüber der traditionelleren, im *Credit Support Deed* genutzten Art der Sicherheitenübertragung, der Gewährung einer Belastung (*Charge*) auf den als Sicherheit fungierenden Vermögensgegenstand unter Zurückbehaltung des Eigentumsrechtes an dem Vermögensgegenstand. So sind in vielen Rechtsordnungen die Formalitäten einer Vollrechtsübertragung (*title transfer*) weniger kompliziert als die Formalitäten zur Einrichtung einer Belastung (*charge*). Darüber hinaus wird die Vollrechtsübertragung (*title transfer*) in vielen Fällen nicht zu einer Verletzung von Negativzusicherungen (*negativ pledges*) führen, denen viele Marktteilnehmer heute unterliegen. Weitere Vorteile können sich im Hinblick auf die Durchsetzung der Rechte und die Verwendung als Sicherheit durch die besicherte Partei selbst ergeben.

82

Der Credit Support Anhang enthält Vereinbarungen der Parteien zur Ermittlung des Risikos (*exposure*), welches den jeweiligen Transaktionen zugeordnet werden kann, sowie zur Ermittlung des Wertes der Sicherheiten (*valuation*). Diese beiden Werte, auf deren genaue Ermittlung aus Platzgründen nicht im Einzelnen eingegangen werden kann, werden zu guter

83

---

152 The 2003 ISDA Collateral Asset Definitions.

Letzt gegenübergestellt. Weitere Regelungen im Credit Support Anhang beschäftigen sich mit dem Austausch von Sicherheiten, mit der Verwendung der Sicherheiten als Sicherheit für die besicherte Partei (*rehypothecation*) und mit der Behandlung von Zinsen, Ausschüttungen und Stimmrechten im Zusammenhang mit in Form von Wertpapieren gelieferten Sicherheiten. Zur vorzeitigen Beendigung des Credit Support Anhangs gilt grundsätzlich das oben zum ISDA Master Agreement Ausgeführte, wobei ein im ISDA Master Agreement benannter zusätzlicher Beendigungstatbestand (*Additional Termination Event*) nur dann zu einer Beendigung des Credit Support Anhangs führt, wenn dies ausdrücklich im ISDA Master Agreement so bestimmt wurde.

Den oben genannten Vorteilen steht das Risiko gegenüber, dass die Vollrechtsübertragung (*title transfer*) des Credit Support Anhangs im Zusammenhang mit der Vereinbarung der Rückgewähr der übertragenen Vermögensgegenstände zu einer Umqualifizierung in eine Belastung (*charge*) führen könnte. Im Falle einer solchen Umqualifizierung wäre die geleistete Sicherheit nichts mehr wert, da keine Vollrechtsübertragung stattfände und eine Belastung (*charge*) aufgrund nicht eingehaltener Formvorschriften nicht zustandegekommen wäre. Diesem Risiko wird durch die Vereinbarung der Parteien entgegengetreten, dass die sicherheitsleistende Partei gerade keinen Anspruch auf Rückübertragung des ursprünglich als Sicherheit übertragenen Vermögensgegenstand hat, sondern nur auf die Übertragung eines gleichwertigen Vermögensgegenstandes. Eine genauere Prüfung des Risikos ist nur dann notwendig, wenn ein gleichwertiger Vermögensgegenstand nicht existiert.

III. Credit Support Deed

84 Im Gegensatz zum Credit Support Anhang ist der Credit Support Deed eine selbstständige Sicherungsvereinbarung, die nicht als Teil des ISDA Master Agreements in die im ISDA Master Agreement enthaltenen Bestimmungen einbezogen wird. Der Credit Support Deed wird nur dadurch an das ISDA Master Agreement gekoppelt, dass er im Schedule als *Credit Support Document* benannt wird. Diese Benennung als *Credit Support Document* hat bestimmte Konsequenzen im ISDA Master Agreement, wie zum Beispiel die Abgabe bestimmter Zusicherungen durch die Parteien, welche sich auf den Credit Support Deed und die Parteien des Credit Support Deeds beziehen und die Einbeziehung einer Vertragsverletzung im Rahmen des Credit Support Deeds als Kündigungsgrund (*Event of Default*) unter dem ISDA Master Agreement.[153] Die Wirkung der mit Abschluss des Credit Support Deeds geschaffenen Belastung (*charge*) hängt davon ab, ob als Sicherheit Bargeld oder andere Vermögenswerte bereitgestellt werden. Im Falle von Bargeld ist die Wirkung der Belastung die gleiche wie im Credit Support Anhang, also eine Übertragung des vollständigen Eigentumsrecht am Bargeld. Dies folgt aus der Tatsache, dass Paragraph 6(c) des Credit Support Deeds klarstellt, dass die besicherte Partei das als Sicherheit erhaltene Bargeld nicht abgesondert halten muss. Gleichzeitig mit der Übertragung des Bargeldes erfolgt eine Koppelung des Rechtes an dem Bargeld an die Verbindlichkeiten der sicherheitsleistende Partei gegenüber der berechtigten Partei. Diese Koppelung verpflichtet die berechtigte Partei zur Rückübertragung des Bargeldes bei Erfüllung der Verbindlichkeiten durch die sicherheitsleistende Partei.[154] Im Falle von Sicherheiten, die in anderer Form als Bargeld geleistet werden, besteht die Sicherheit in der Belastung (*charge*) des jeweiligen Vermögensgegenstandes zugunsten der berechtigten Partei mit dem Wegfall der Belastung (*charge*) bei Erfüllung der Verbindlichkeiten durch die sicherheitsleistende Partei.

---

153 Siehe oben und Section 5(a)(iii)(1) des 1992 und des 2002 ISDA Master Agreements.
154 Paragraph 2(b)(ii) of the Credit Support Deed.

Wie der Credit Support Anhang enthält der *Credit Support Deed* Vereinbarungen der Parteien zur Ermittlung des Risikos (*exposure*), welches den jeweiligen Transaktionen zugeordnet werden kann sowie zur Ermittlung des Wertes der Sicherheiten (*valuation*) sowie zur Behandlung von Zinsen, Ausschüttungen und Stimmrechten im Zusammenhang mit in Form von Wertpapieren gelieferten Sicherheiten. Für die wirksame Errichtung der Belastung (*charge*) gelten die Formvorschriften, die im Allgemeinen für die wirksamen Bestellungen von Sicherheiten dieser Art unter dem englischen Recht anwendbar sind.

Größter Unterschied zu den unter dem Credit Support Anhang geleisteten Sicherheiten ist die Art und Weise, wie die berechtigte Partei die ihr zustehende Sicherheit verwerten darf. Soweit es sich bei den Sicherheiten nicht um Bargeld handelt, ist die besicherte Partei nicht zur Einbeziehung der Sicherheiten in die Netting-Berechnung gezwungen, sondern ist berechtigt, die Sicherheiten direkt zu verwerten und den daraus erzielten Barbetrag in das Netting einzubeziehen.

IV. 2001 ISDA Margin Bestimmungen

Die im Jahre 2001 von ISDA veröffentlichten Margin Bestimmungen enthalten eine Sammlung von Bestimmungen, die die Methode der Berechnung der zur Verfügung stehenden Sicherheiten und die Übertragung der Sicherheiten klarer machen sollten. Die Volatilität der Märkte im Laufe der dem Jahr 1998 vorangegangenen Jahre machte eine solche Klarstellung notwendig und war bis zu dem Zeitpunkt der Veröffentlichung in Form von Empfehlungen an den Markt gegeben worden. Die Neuerungen der ISDA Margin Bestimmungen, die von den Parteien durch den Abschluss eines so genannten 2001 ISDA Margin Supplement nachträglich in ein bestehendes ISDA Master Agreement einbezogen werden können, beinhalteten unter anderem eine Straffung des Zeitrahmens bei der Leistung und dem Austausch von Sicherheiten und deren Verwertung sowie ein Verfahren zur außergerichtlichen Beilegung von Meinungsverschiedenheiten (*dispute resolution*). Die Anwendung der 2001 ISDA Margin Bestimmungen ist auf bestimmte Rechtsordnungen beschränkt, was ihre generelle Anwendbarkeit stark einschränkt.

D. Kreditderivate

Die Entwicklung der Kreditderivate ist einer der großen Erfolge in der Entwicklung des Derivatemarktes. Den Kreditderivaten liegt der Gedanke zugrunde, bestimmte, mit der Bonität einer dritten Partei (*Reference Entity*) verbundenen Kreditrisiken zu isolieren und auf die Gegenpartei des Derivats zu übertragen. Diese Übertragung hat sowohl bilanztechnische, als auch regulatorische Vorteile und bietet erhebliche Arbitragemöglichkeiten. Um regulatorische Vorteile und Gewinne weiter zu steigern, wurden immer mehr verschiedene Arten der Kreditderivate entwickelt. Im Zusammenhang mit der Bankenkrise 2007/2008 wurden Kreditderivate oft als einer der Gründe der Krise bezeichnet. Es ist davon auszugehen, dass diese Art der Derivate trotz stärkerer Regulierung weiter bestehen bleibt. Im Jahre 1998 begann ISDA an der Entwicklung einer Standarddokumentation zu arbeiten, die im Zusammenhang mit dem bestehenden Rahmen der ISDA Dokumentation verwendet werden konnte, anstatt die bisher verwendete, Anfang des Jahres 1998 veröffentlichte Musterbestätigung für jede Transaktion von Neuem ausfüllen zu müssen. Die *1999 ISDA Credit Derivatives Definitions* wurden im Jahre 1999 veröffentlicht und stellten das Ergebnis eines ambitionierten Projektes dar, welches die bisherigen Marktusancen des Kreditderivatemarktes in standardisierten aber flexibel verwendbaren Bestimmungen festhalten sollte. Die Definitionen wurden sofort von den Marktteilnehmern akzeptiert.[155] Im Februar 2003 veröffentlichte ISDA eine überarbeitete und verbesserte Version der Kreditderivate-Definitionen, die *2003 ISDA Credit Derivatives Definitions*. Das heutige Volumen des Kreditderivatemarktes sowie die Komplexität der Strukturen macht die *2003 ISDA Credit Derivatives Definitions* zu einem der wichtigsten Komponenten der ISDA Vertragsdokumentation. Wie zu Beginn dieses Kapitels ausgeführt, resultierte die Bankenkrise 2007/2008 in einer Korrektur des Volumens des Kreditderivatemarktes.[156] Es steht jedoch nicht zu erwarten, dass die Kreditderivatedokumentation der International Swaps and Derivatives Association, Inc durch die Krise und die dadurch hervorgerufene Volumenkorrektur an Bedeutung verlieren wird. Vielmehr ist zu erwarten, dass die Dokumentation in den kommenden Jahren an den Stellen verändert wird, an denen in der Krise Schwächen identifiziert werden konnten.

E. Die ISDA Protokolle

88 Erstmals im Jahre 1999 veröffentlichte die ISDA Organisation ihr erstes Protokoll, welches eine Reihe von Problemen zum Inhalt hatte, die sich aus der Währungsunion der EU im Jahre 1998 ergeben hatten. Der ISDA Organisation war es mit der Einführung dieses Protokolls erstmals gelungen, einen Themenkomplex und die damit zusammenhängenden rechtlichen und tatsächlichen Probleme in die Rahmenvertragsdokumentation einzuarbeiten ohne diese dadurch abändern zu müssen. Den Marktteilnehmern blieb es selbst überlassen, ob sie die in dem Protokoll vorgeschlagenen Regelungen akzeptierten oder nicht. Der Beitritt der Marktteilnehmer wurde dadurch kundgetan, dass der jeweilige Marktteilnehmer sich in einem *Adherence Letter* gegenüber der Allgemeinheit verpflichtete, die Bestimmungen des Protokolls einzuhalten. Die Liste der verpflichteten Marktteilnehmer ist auf der Website der ISDA – Organisation jederzeit einsehbar.

Das oben erwähnte EMU Protokoll beschäftigte sich insbesondere damit, dass die durch den Untergang der Einzelwährungen und die Entstehung des EURO in Gefahr gebrachte Kontinuität der Vereinbarungen erhalten bleiben sollte.

Dem ersten Protokoll (EMU Protocol) folgten eine Reihe von Protokollen, die jeweils ein wichtiges Ereignis zum Anlass hatten und versuchten, die aus diesem Ereignis entstandenen Probleme zu lösen. Zu nennen sind hier vor allem die folgenden Protokolle:

1. **2001 ISDA Credit Support Protocol** vom 1.8.2001 zur Anpassung und Modernisierung des 1994 ISDA Credit Support Annex (New Yorker Recht) und des 1995 ISDA Credit Support Annex (Englisches Recht).
2. **2002 ISDA Master Agreement Protocol** vom 157.2003 zur Anpassung und Einbeziehung bestimmter vor der Herausgabe des 2002 ISDA Master Agreements ursprünglich für das 1992 ISDA Master Agreement entworfener Zusatzbestimmungen, die nunmehr auch in den Wirkungsbereich des 2002 ISDA Master Agreements einbezogen werden sollten.
3. **2005 Novation Protocol** vom 12.9.2005 zur Vereinbarung eines geregelten Übertragungsprozesses unter Einbeziehung des verbleibenden Partei.
4. **CDS Protocols**: Seit 2005 wurden eine Reihe von CDS Auction Protocols von ISDA veröffentlicht, die sich jeweils auf *Credit Events* im Hinblick auf bestimmte Marktteilnehmer bezogen und eine Reihe von fallspezifischen Abwicklungsproblemen regeln. Als Beispiel ist zu nennen das 2008 Lehman CDS Protocol.

---

155 Der *Credit Derivatives Report* der *British Bankers Association* im Jahre 2002 schätzte, dass im Jahre 2001 bereits 91 % bis 98 % der Transaktionen unter Verwendung der Definitionen abgeschlossen wurden.
156 Siehe Rn 1 ff oben.

5. **Big Bang Protocol** vom 8.4.2009 zur Ergänzung der 2003 ISDA Credit Derivatives Definitions. Das Big Bang Protocol sorgt für eine Einbeziehung der von der ISDA erstellten und verabschiedeten CDS Protocols in die 2003 ISDA Credit Derivatives Definitions. Darüber hinaus enthält dieses Protokoll Anweisungen an das jeweilig zuständige ISDA Committee wie das vorliegen eines *Credit Event* ermittelt werden soll, ob eine Auktion stattfinden soll und ob eine bestimmte Leistung auslieferbar ist. Der Beitritt zu diesem Protokoll wurde zeitlich begrenzt um es möglichst schnell in Kraft treten zu lassen, und von einem Beitritt des Marktteilnehmers zum Small Bang Protocol abhängig gemacht.
6. **Small Bang Protocol** in der Fassung vom Juli 2009 zur Ergänzung der 2003 ISDA Credit Derivatives Definitions und, insbesondere, der Restrukturierungs-*Credit Events* sowie um eine weitere Gelegenheit des Beitritts zum Big Bang Protocol zu bieten.
7. **ISDA Close-out Amount Protocol** vom 27.2.2009 in Ergänzung des 1992 ISDA Master Agreement zur Vereinbarung der Berechnungsmethode "Close-Out Amount" statt der im 1992 ISDA Master Agreement zur Auswahl gestellten Berechnungsmethoden „Market Quotation" oder „Loss". Diese der Berechnungsmethode „Loss" ähnliche Berechnungsmethode legt der Berechnung die Kosten zugrunde, die die *Affected Party* tragen müsste um das beendete Geschäft durch ein gleichwertiges Geschäft zu ersetzen. Diese Kosten werden auf eine bestimmte Art und Weise unter Einbeziehung von Marktzahlen und indikativen Preisen der jeweiligen Geschäfte entsprechend der im Protokoll enthaltenen Bestimmungen ermittelt.

§ 8 Credit Default Swaps/Vertragsgestaltung

Literatur: *Allen&Overy,* Passing the Test: Enforceability of Standard CDS Contracts, Bulletin, 1 December 2008; *Ashurst London,* Financial regulatory group briefing, Naked CDS: the ban and beyond, March 2012; *Auerbach/Zerey,* Handbuch Verbriefungen, 2005; *Bernstein,* Against the Gods, The Remarkable Story of Risk, 1996; *Binder,* ISDA-Dokumentation von Credit Default Swaps, in: *Gruber/Gruber/Braun* (Hrsg.), 2005, 455 ff; *Bosch,* Finanztermingeschäfte in der Insolvenz – Zum Netting im Insolvenzverfahren – Teil I, WM 1995, 365 ff; *Chen/Fleming/Jackson/Li/ Sarkar,* An Analysis of CDS Transactions, Implicatins for Public Reporting, Federal Reserve Bank of New York Staff Reports, Staff Report no. 517, September 2011; *Clouth,* Rechtsfragen der außerbörslichen Finanz-Derivate, 2001; *Elstob,* Short -selling and CDS regulation in EU: Less to nakedness than meets the eye, funds and firms argue, Financial Regulatory Forum, www.retuersreprints.com; 5.5.2012, *FAZ,* Ein Schritt zu einem stabilieren Finanzsystem, FAZ 1. August 2009, S. 19; *Firth,* Derivatives Law and Practice, 2003; *Gordon,* The Panic of 2007, Paper prepared for the Federal Reserve Bank of Kansas City, Jackson Hole Conference, August 2008; *Harding,* A Practical Guide to the 2003 ISDA Credit Derivatives Definitions, 2004; *Hellstern,* Eigenkapitalunterlegung von Kreditderivaten, in: Cramme/Gendrisch/Gruber/Hahn (Hrsg.), Handbuch Solvabilitätsverordnung, 2007; *Hellstern,* Eigenkapitalunterlegung von Kreditderivaten, in: Cramme/ Gendrisch/Gruber/Hahn (Hrsg.), Handbuch Solvabilitätsverordnung, 2007, 213, 221 ff; *Henderson,* Henderson on Derivatives, 2003; *Jahn,* in: Bankrechts-Handbuch, 2. Aufl. 2001; *Jahn,* in: Auerbach/Zerey, Handbuch Verbriefungen, 2005; *Jahn/Rahlf,* Verpflichtung zur Zahlung aus einem ISDA-Kreditsicherungsswap sowie eine Garantie bei Unwirksamkeit der Referenzverbindlichkeit, RIW 2000, 877 ff; *Linklaters,* ISDA 2003 Credit Derivatives Definitions, Newsletter, 9. März 2009; *NZZ,* Clearing Häuser als vermeintliche Heilsbringer im CDS-Handel, Nutzen aus erhöhter Transparenz wird laut Wissenschaftlern überschätzt, 26. August 2009, SB 11; *Nordhues/ Benzler,* Vertragsdokumentation und Standardisierung, in: Burghof/Henke/Rudolph/Schönbucher/ Sommer (Hrsg.), Kreditderivate, 2. Aufl., 2005; *Obermüller,* Insolvenzrecht in der Bankpraxis, 5. Aufl., 2005; *Reiner,* Derivative Finanzinstrumente im Recht, 2002; *Rettberg,* Sicherheitsnetz für Derivate, Clearinghäuser sollen das Bonitätsrisiko bei Geschäften mit sogenannten CDS reduzieren, Handelsblatt 22. Juli 2009, S. 21; *Roberts,* Rechtliche Behandlung von Derivaten, 2002; *Sara,* Financial Market Destabilisation and the Role of Credit Default Swaps, An International Perspective on the SEC's Role Going Forward, University of Cincinatti Law Review, Vol. 78, 2009–2010, 629 ff; *Schmidt,* EU dämmt Spekulationen mit Leerverkäufen ein, Die europäische Union geht gegen Wetten auf Staatspleiten vor. Ab November 2012 sind die riskanten Finanzgeschäfte weitgehend verboten, Welt Online, 4.6.2012; *Shearman & Sterling,* Selling Themselves Short: EU Enacts Regulation Banning Naked Short Sales and Sovereign Debt CDS, Financial Institutions Advisory & Financial Regulation, 1.5.2012; *Sparkman,* Is Credit Default Swap Litigation the Next Big Thing, The American Lawyer, Oct. 2009; *Sigmund,* Warum werden Versicherungen Credit Default Swaps brauchen? ZfV 2008, 1704 ff; *Sullivan/Garko,* Financial Derivatives Litigation: A case on Credit Default Swaps, Financial Services Law 360, Nov. 2008; *Whittall,* Naked CDS ban may have little impact, International Financial Review, 4.6.2012; *Zerey,* in: Auerbach/ Zerey (Hrsg.), Handbuch Verbriefungen, 2005.

A. Einleitung: Funktion, Historie und Überblick 1	B. Der Anhang für Kreditderivate zum deutschen Rahmenvertrag für Finanztermingeschäfte 13
I. Wirtschaftlicher Hintergrund, Funktion, Abgrenzung von ähnlichen Geschäften, Markt und Entwicklung der Dokumentation 1	I. Aufbau und Systematik des Anhangs für Kreditderivate und der Begriffsbestimmungen zum Anhang 13
II. Banken, Versicherungen und andere Marktteilnehmer 8	II. Die Vertragspartner (Käufer und Verkäufer) und ihr Verhältnis zum Referenzschuldner 15
III. Bankenkrise von 2007, Staatsschuldenkrise von 2009 und Credit Default Swaps: Zusammenhänge, Auswirkungen, rechtliche und andere Konsequenzen 11	1. Käufer (Schutznehmer, (Protection) Buyer, Fixed Rate Payer) 16
	2. Verkäufer (Schutzgeber, (Protection) Seller, Floating Rate Payer) 17

III. Umfang und Eingrenzung der Risikoübertragung	18
1. Definition der Laufzeit	19
a) Anfangsdatum	19
b) Vereinbartes Enddatum	20
c) Verschobenes Enddatum	21
d) Potenzielle Nichtanerkennung/Moratorium	22
e) Erklärungsfrist („Notice Delivery Period")	23
f) Das Look-Back Konzept – der Credit Event Backstop Date	24
2. Referenzschuldner und Nachfolger	25
a) Allgemein	25
b) Die Problematik des Nachfolgers („Successor")	26
aa) Unternehmen als Referenzschuldner	26
bb) Staaten als Referenzschuldner	33
cc) Fusion zwischen Referenzschuldner und Verkäufer	34
3. Definition der abgesicherten Verbindlichkeit des Referenzschuldners	35
a) Verbindlichkeit	35
b) Verbindlichkeitskategorie	37
c) Verbindlichkeitsmerkmale	38
d) Ein Sonderfall: („Qualifizierte") Garantien als Verbindlichkeit	41
4. Referenzverbindlichkeit, Referenzpreis	49
5. Vorbehalt der Leistungsbedingungen des Schutzgebers	50
a) Mitteilungen	51
aa) Mitteilung über den Eintritt eines Kreditereignisses	51
bb) Mitteilung über öffentliche Informationen	52
cc) Erklärung der Inanspruchnahme (Mitteilung über Erfüllung durch Lieferung)	54
b) Kreditereignis	56
aa) Allgemein	56
bb) Die genaue Rolle der Partei – Käufer oder Verkäufer?	60
cc) Aufsichtsrechtliche Überlegungen	61
dd) Parallele zu Darlehensgeschäften bzw. Konsortialkrediten	62
ee) Kreditereignisse im Einzelnen	63
(1) Nichtzahlung	63
(2) Insolvenz	64
(3) Vorfälligkeit	72
(4) Potenzielle Vorfälligkeit	73
(5) Nichtanerkennung/Moratorium	74
(6) Restrukturierung	75
(7) Die Vorgeschichte der Restrukturierung: Die 1999 ISDA Credit Derivatives Definitions	78
(8) Restrukturierung unter den Definitionen und den Begriffsbestimmungen	79
(9) Modifizierte Restrukturierung	81
(10) Modifiziert Modifizierte Restrukturierung	83
IV. Erfüllung bei Eintritt der Leistungsbedingungen	84
1. Erfüllungsarten und Abwicklungsmechanismus	84
2. Erfüllung durch Barausgleich	86
3. Erfüllung durch Lieferung	91
4. Erfüllung durch Teilweisen Barausgleich	99
5. Erfüllung durch Auktion	102
6. Die Rolle der Credit Derivatives Determinations Committees	103
V. Administrative Regelungen und Sonstiges	104
1. Berechnungsstelle („Calculation Agent")	105
2. Rahmenvereinbarung über Einzelabschlüsse (Master Confirmation Agreement)	107
a) Allgemeines	107
b) Single Name CDS Swapitons	109
c) Zusätzliche Regelungen für Recovery Lock Credit Derivative Transactions	110
d) ISDA Nth to Default Standard Terms Supplement and Confirmation	111
e) Global Tranched Standard Terms Supplements	112
VI. Marktpraxis der Verwendung der Definitions und des Anhangs	113
C. Die sogenannte Bridge-Lösung	114
I. Motivation	114
II. Der Mechanismus und die einzelnen Regelungen der Bridge-Lösung	115
1. Bezugnahme auf die Definitions und Prioritätsregelung	117
2. Verschmelzung, Fusion oder Übernahme als Kündigungsgrund	118
3. Rechtswidrigkeit und Unmöglichkeit	119
D. Ausländische Rechtsprechung zu Credit Default Swaps	120
I. Deutsche Bank AG v. ANZ BAnking Group Ltd.; Commercial Division, High Court 28 May 1999	120
1. Sachverhalt	120
2. Urteil	121
II. Eternity Global Master Fund Limited v. Morgan Guaranty Trust Company of New York and JP Morgan Chase Bank	123
1. Sachverhalt	123
2. Urteil	124
III. Ursa Minor Ltd. v. AON Financial Products	125
1. Sachverhalt	125
2. Urteil	126
IV. Nomura International Plc. v. Credit Suisse First Boston International	128
1. Sachverhalt	128
2. Urteil	129
V. UBS v. Deutsche Bank (Armstrong Industries, Inc.)	130
VI. Merrill Lynch Int'l v. XL Capital Assurance Inc. 564 F. Supp.2 d 298 (S.D.N.Y. 2008)	131
1. Sachverhalt	131
2. Urteil	132

VII. VVG Special Opportunities Master Fund ("VVG") v. Citibank, N.A.; VVG v. Wachovia Bank, N.A. 135	2. Urteil 139
1. Sachverhalt 135	

A. Einleitung: Funktion, Historie und Überblick

I. Wirtschaftlicher Hintergrund, Funktion, Abgrenzung von ähnlichen Geschäften, Markt und Entwicklung der Dokumentation

1 Credit Default Swaps sind Derivatgeschäfte[1] mit Kreditrisiken als zugrunde liegende Werte[2]. Die Vertragspartner übertragen hiermit synthetisch ein Kreditrisiko gegen eine (Risiko-)**Prämie** für die vereinbarte Laufzeit.

2 Wirtschaftlich gesehen dienen Kreditderivate und somit auch **Credit Default Swaps** der Umverteilung, nicht jedoch der Eliminierung der Kreditrisiken,[3] wobei es an einer allgemein anerkannten Definition des Begriffs „**Kreditrisiko**" fehlt.

3 Die Marktteilnehmer und insbesondere die Händler, dh die Intermediäre der Kreditrisiken, haben frühzeitig bei Credit Default Swaps das Bedürfnis nach Rechtssicherheit durch Standardisierung der Vertragsdokumentation erkannt. Bis 1999 wurden Credit Default Swaps mit der sogenannten Langfassung eines Einzelabschlusses („**Long Form Confirmation**") dokumentiert, womit ein ausführlicher Vertrag gemeint ist, der alle darin verwendeten Begriffe definiert. Diese Praxis hat naturgemäß viel Zeit beansprucht und auch zu Rechtsunsicherheiten geführt, da die Langfassung des Einzelabschlusses nicht standardisiert, sondern ein Produkt von schwierigen Verhandlungen zwischen den Parteien angesichts einer fehlenden standardisierten Marktpraxis ist. Zeitverzögerungen und Rechtsunsicherheit stehen jedoch mit den Anforderungen des dynamischen und schnelllebigen Derivatmarktes nicht im Einklang. Um diese Missstände zu beseitigen, veröffentlichte ISDA im Jahr 1999 die **1999 ISDA Credit**

---

1 Genauer gesagt, es handelt sich um Derivatgeschäfte mit optionalem Charakter, bei dem *„der Sicherungsgeber nur bei Eintritt eines vorab spezifizierten Kreditereignisses bei dem Schuldner des Referenzaktivums eine Ausgleichszahlung enthält. Dafür enthält er eine einmalige oder bei längeren Laufzeiten gegebenenfalls annualisierte Prämie."*, BAKred Rundschreiben 10/99, Behandlung von Kreditderivaten im Grundsatz I gemäß §§ 10, 10 a KWG und im Rahmen der Großkredit- und Millionenkreditvorschriften, hhttp://www.bakred.de/texte/rundsch/rs 10_99.htm. Die Frage, ob Credit Default Swaps als Optionen oder als Swaps eingestuft werden müssen, ist aus aufsichtsrechtlicher Sicht von Bedeutung, geht aber über den Rahmen der vorliegenden Arbeit hinaus.

2 Diese Definition steht im Einklang mit der Definition des Credit Default Swap in Art. 2 (1) c) VO (EU) Nr. 236/2012 des Europäischen Parlaments und des Rates vom 14.3.2012 über Leerverkäufe und bestimmte Aspekte von Credit Default Swaps: „Im Sinne dieser Verordnung bezeichnet der Ausdruck: c) ‚Credit Default Swap' einen Derivatekontrakt, bei dem eine Partei einer anderen Partei eine Prämie zahlt als Gegenleistung für eine Zahlung oder einen anderen Vorteil im Falle eines Kreditereignisses mit Bezug auf einen Referenzschuldner oder bei jedem anderen Zahlungsausfall im Zusammenhang mit diesem Derivatekontrakt, der eine vergleichbare Wirkung hat;...".

3 S. auch *Zerey*, Credit Default Swaps/Vertragsgestaltung unter ISDA in: Auerbach/Zerey, Handbuch Verbriefungen, 2005, 319, 320; *Bernstein*, Against the Gods, The Remarkable Story of Risk, 1996, 305: *„Derivatives cannot reduce the risks that go with owning volatile assets, but they can determine who takes on the speculation and who avoids it."* Catherine *Hoffmann*, Gefährliches Geschäft, FAZ 30. Oktober 2005, 57: *„Kreditderivate boomen. Sie sind hochrentierlich, hochkomplex und hochriskant. Handelbare Kreditversicherungen können Banken vor Unternehmenspleiten schützen. Doch wo Risiken bewegt werden, lässt sich auch verschärft spekulieren";* Thomas *Hammer*, Explosive Mischung, Das Geschäft mit Kreditderivaten ist hoch riskant – das muss jetzt auch die HSH Nordbank erfahren, Die Zeit, 30. September 2003, 35; Anders *Steinherr*, Derivatives, The Wild Beast of Finance, 135: *„It is sometimes argued that derivatives do not produce a net gain for society, as risk is only redistributed, but not reduced. This is certainly correct from a static angle: the availability of wheat futures does not affect the probability of bad weather. But because someone else is willing to buy the risk of lower wheat prices next year our Australian farmer is producing wheat, whereas otherwise he might not be. Hence, redistribution of risk results in a different and superior product outcome-at least if futures prices are determined in a competitive market."*

Derivatives Definitions. Um diese Standardisierung[4] zu ermöglichen, hat die ISDA[5] zuerst die 1999 ISDA Credit Derivatives Definitions erstellt, die später durch die **2003 ISDA Credit Derivatives Definitions** (nachfolgend die „Definitions") ersetzt wurden. Die deutsche Bankwirtschaft (private sowie öffentlich-rechtliche Banken) wollte dem ISDA-Bespiel folgen und der Arbeitskreis „Kreditderivate" hat sich relativ lange mit der Erstellung eines Anhanges für Kreditderivate befasst,[6] wobei diese deutschsprachige, – rechtliche Dokumentation möglichst keine Abweichungen vom ISDA-Vertragswerk enthalten durfte.[7]

Neben der Standardisierung besteht ein weiterer Vorteil der Dokumentation eines Credit Default Swaps unter ISDA oder unter dem Rahmenvertrag darin, dass die entsprechenden vertraglichen Regelungen zur **Liquidationsverrechnung** („Close-Out Netting")[8] auch für diesen Credit Default Swap gelten. Aus aufsichtsrechtlicher Sicht sollte man jedoch festhalten, dass die Dokumentation eines Credit Default Swaps unter einem Rahmenvertrag oder unter ISDA nicht zur Eigenkapital entlastenden Wirkung der Netting Regelung führt. Ein weiterer zu klärender Aspekt, welcher über den Rahmen der vorliegenden Arbeit hinausgeht, ist die insolvenzrechtliche Behandlung[9] von Credit Default Swaps unter ISDA oder unter dem Rahmenvertrag.

Credit Default Swaps sind gegenseitige „sui generis" Verträge, die sowohl Elemente eines Swapvertrags, der wiederum Elemente eines Kauf- und Tauschvertrages aufweist, als auch Elemente eines Optionsvertrages enthalten. Insofern sind Credit Default Swaps wie Swaptions rechtsdogmatisch einzuordnen.[10] Demzufolge sind Credit Default Swaps „sui generis" Verträge im Sinne von §§ 305, 320 BGB mit Swap- sowie Options-Charakter und ihr Wert ist an den Wert des zugrunde liegenden und auf den Referenzschuldner bezogenen Kreditrisikos gekoppelt.

Festzuhalten ist, dass die Definitions und somit auch der Rahmenvertrag nebst Begriffsbestimmungen eher auf die Händler als auf die Endabnehmer von Kreditrisiken zugeschnitten sind. Ursache hierfür ist zum einen, dass die meisten ISDA-Mitglieder Marktteilnehmer sind, die hauptsächlich als Händler agieren und Credit Default Swaps überwiegend als Handelsge-

---

4 S. *Chen/Fleming/Jackson/Li/Sarkar*, An Analysis of CDS Transactions: Implications for Public Reporting, Federal Reserve Bank of New York Staff Reports, Staff Report no. 517, September 2011, S. 14 f
5 § 7.
6 S. *Jahn*, Bankrechts-Handbuch, § 114, S. 721; derselbe, in: Auerbach/Zerey, Handbuch Verbriefungen, S. 277 ff.
7 S. *Jahn*, in: Auerbach/Zerey, Handbuch Verbriefungen, S. 279: *„Die größeren Kreditinstitute, die international tätig und mit den ISDA-Musterbedingungen vertraut waren, legten großen Wert auf eine möglichst genaue Übereinstimmung der Regelungen des deutschrechtlichen Anhangs mit der ISDA Credit Derivatives Definitions."*.
8 S. *Bosch*, Finanztermingeschäfte in der Insolvenz – Zum Netting im Insolvenzverfahren – Teil I; WM 1995, 365, 368: *„Eine Verrechnung positiver und negativer Positionen, die im Gegensatz zum „cherry picking" elementaren Billigkeitsgrundsätzen entspricht und zugleich praktikabel ist, wird dann erreicht, wenn bei Insolvenz einer Vertragspartei schwebende Finanztermingeschäfte kraft Gesetzes oder Vertrages beendet und durch einen Ausgleichsanspruch in Höhe des Netto-Marktwerts aller dieser Geschäfte ersetzt werden. Der Anspruch würde derjenigen Partei zustehen, für die dieser Netto-Marktwert ein positiver ist."*.
9 Hierbei stellt sich die Rechtsfrage, ob Credit Default Swaps als Finanzleistungen eingestuft werden können, die einen Börsen- oder Marktpreis haben, so dass die Regelung des § 104 InsO auf diese anwendbar sind. Zu der allgemeinen Problematik s. *Bosch*, Finanztermingeschäfte in der Insolvenz – Zum Netting im Insolvenzverfahren, Teil I, WM 1995, 369 ff; *Obermüller*, Insolvenzrecht in der Bankpraxis, Rn 8 311, 8 312.
10 S. die Ausführungen von *Clouth*, Rechtsfragen der außerbörslichen Finanz-Derivate, S. 54 ff, die sich jedoch auf Zinsderivate beziehen und nicht ohne Weiteres auf Credit Default Swaps übertragbar sind.

§ 8 Credit Default Swaps/Vertragsgestaltung

schäfte für reine Gewinnzwecke eingehen.[11] Zum anderen sind es vor allem die Händler, die mehr Sicherheit fordern und an einer Standardisierung der Vertragsgestaltung interessiert sind und entsprechenden Druck auch auf ISDA ausüben, die Definitions stets zu überarbeiten und zu verbessern.[12] Händler („Traders") vs. Endabnehmer („End-users").

7   Als Endabnehmer von Credit Default Swaps werden diejenigen Marktteilnehmer bezeichnet, die Kreditrisiken übertragen oder erwerben, ohne ein Gegengeschäft abschließen zu wollen. Im Gegensatz zu den Händlern, die eine Gewinnmaximierung anstreben, liegt das Interesse der Endabnehmer an dem betreffenden Kreditrisiko per se. Der Markt für Credit Default Swaps wurde ursprünglich entwickelt, um den Belangen der Endabnehmer zu dienen, die als Käufer ausgewählte Kreditrisiken übertragen wollten, ohne möglichst jedoch auf ein bestehendes Vertragsverhältnis zum Referenzschuldner zu verzichten. Verkäufer als Endabnehmer waren ursprünglich diejenigen Marktteilnehmer, die ein Kreditrisiko „synthetisch" erwerben wollten, sei es, weil es zu aufwendig war, ein Vertragsverhältnis zum Referenzschuldner zu begründen, sei es, weil es günstiger war das Kreditrisiko ohne Finanzierungs- bzw Refinanzierungskosten zu übernehmen. Diese wirtschaftliche Betrachtung eines Credit Default Swaps als **synthetischen Kredit**[13] des Verkäufers an den Referenzschuldner ist für das Verständnis der Vertragsgestaltung dieser Geschäfte von erheblicher Bedeutung.

II. Banken, Versicherungen und andere Marktteilnehmer

8   Die Banken[14] bilden die größte Teilnehmergruppe auf dem Markt für Credit Default Swaps. Hierbei agieren diese überwiegend in der Rolle des Käufers, da sie traditionell über die größte Erfahrung verfügen, Kreditrisiken zu bewerten. Credit Default Swaps ermöglichen es den Banken, die Risiken nicht bloß zu verwalten, sondern auch mit ihnen zu handeln. Dies kann einerseits zu einem positiven Einfluss auf den Kapitalmarkt führen, da aufgrund der Professionalität, Erfahrung und Infrastruktur der Banken die Transaktionskosten niedrig gehalten werden können. Auf der anderen Seite besteht die Sorge, dass die Banken ihre traditionelle Funktion als „Originator and Holder" von Krediten aufgeben und nur noch als „Originator and Distributor" agieren.[15] Die vorhandenen Statistiken sprechen jedoch gegen eine solche Entwicklung,[16] wobei diese Aussage im Zuge der aktuellen Finanzkrise zu relativieren ist.[17]

---

11 S. *Henderson*, Henderson on Derivatives, S. 132: „*Until recently, the confirmation in a credit derivative tended to be subject to more negotiation that is the case with other derivatives. Over the last two years, a standard selection of terms evolved in the dealing market in order to increase liquidity by decreasing the variation in risk-transfer terms. The selection is reflected, in updated form, in the master credit derivatives confirmation agreements and is close to mandatory if an end-user wants the best pricing available in the market.*".

12 *Henderson*, Henderson on Derivatives, S. 132: „*Until recently, the confirmation in a credit derivative tended to be subject to more negotiation than is the case with other derivatives. Over the last two years, a standard selection of terms evolved in the dealing market in order to increase liquidity by decreasing the variation in risk-transfer terms. The selection is reflected in updated form, in the master credit derivatives confirmation agreements and is close to mandatory if an end-user wants the best pricing available in the market.*".

13 Rn 62.

14 So zB die Bank of England, s. International Financial Review, 15. December 2001.

15 Die Befürchtung ist, dass in diesem Fall die Banken bei der Kreditvergabe weniger sorgfältig arbeiten würden, wenn sie davon ausgehen, dass sie gleich nach Abschluss des Kreditgeschäfts das entsprechende Kreditrisiko auf einen Dritten (nämlich den Käufer des Credit Default Swaps) übertragen werden.

16 *Gillian Tett*, CDS Market needs reform if more drama is to be avoided, Financial Times, December 18, 2009, S. 32: „*To many fans, this rising focus on CDS supports the idea that these products are a useful part of the modern financial toolkit.*"

17 S. Markt für Kreditderivate schrumpft, Nach Angaben der BIZ nimmt das Volumen der Kreditdefaultswaps um 14 Prozent ab, Handelsblatt 8. Dezember 2009, S. 37.

Neben den Banken handeln auch ausländische Versicherungen[18] mit Credit Default Swaps. Eine kleine, aber wichtige Gruppe von solchen Marktteilnehmern bilden die sogenannten „**Monoline Insurers**"(auch Anleihenversicherer genannt),[19] wie zB Ambac, MBIA, AIG, usw., die insbesondere Portfolio-Kreditrisiken aus Verbriefungstransaktionen durch Credit Default Swaps erwerben.

Schließlich kommen auch andere Marktteilnehmer, wie Hedge Fonds oder Unternehmen (Corporates) als Vertragspartner bei Credit Default Swaps in Betracht.

Schaubild 1: *Handel von Kreditrisiken (Bonitäten) über Finanzterminkontrakte unter Ausschaltung von Volatilitäts-, Commodity-, Zins- und Währungsrisiken*

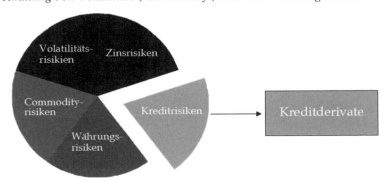

Schaubild 2: *Volumina-CDS**

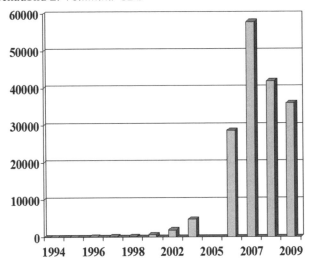

Quellen: BIS, OTC Derivatives Market Activity in the First Half of 2008, November 2008; ISDA News Release, ISDA Mid-Year 2009 Market Survey shows Credit Derivatives at $ 31.2 Trillion

---

18 Inländische Versicherungen dürfen nach § 7 (2) VAG keine Credit Default Swaps abschließen, es sei denn, es handelt sich um ein Absicherungsgeschäft.
19 Monoliner garantieren idR die vertragsgerechte Zinsenzahlungen und Kapitalrückzahlungen im Falle eines Zahlungsausfalls von Anleiheemittenten.

III. Bankenkrise von 2007, Staatschuldenkrise von 2009 und Credit Default Swaps: Zusammenhänge, Auswirkungen, rechtliche und andere Konsequenzen

11 Die Politik, die öffentliche Meinung und zT auch Marktteilnehmer haben Kreditderivate als Auslöser für die Bankenkrise von 2007 sowie für die Staatsschuldenkrise von 2009 identifiziert. Ob diese Ansicht richtig ist, geht über die Rahmen dieses Fachbeitrags hinaus. Tatsache ist jedoch, dass Kreditderivate im Mittelpunkt der Finanzkrise standen. Die zT emotionale Diskussion über die Rolle der Kreditderivate und der strukturierten Produkte[20] hat zu folgenden praktischen Ergebnissen geführt:

- Vertragsgestaltung. ISDA hat mit dem „ISDA Credit Derivatives Determination Committees and Auction Settlement Supplement" v. 12.3.2009 (nachfolgend das "March 2009 Supplement") wesentliche Änderungen der Defintions eingeführt, die eine weitere Standardisierung und Rechtssicherheit in der Vertragsgestaltung von Kreditderivaten erzielen sollen. Am 3.4.2009 hat ISDA das „Big Bang Protocol" mit den Regelungen zu dem neuen Auktionsverfahren (nachfolgend das „Big Bang Protokoll") und am 14.7.2009 das 2009 ISDA Credit Derivatives Determinations Committees, Auction Settlement and Restructuring Supplement to the 2003 ISDA Credit Derivatives Definitions (nachfolgend das „July 2009 Supplement") und das 2009 ISDA Credit Derivatives Derterminations Committees, Auction Settlement and Restructuring CDS Protocol (nachfolgend das "Small Bang Protokoll") veröffentlicht. Das July 2009 Supplement behandelt insbesondere das Kreditereignis der Restrukturierung im Zusammenhang mit dem neuen Auktionsverfahren. Im Small Bang Protokoll sind weitere technische Regelungen zum Auktionsverfahren und zur Rolle der Determination Committees enthalten.
- Clearing-Häuser für Kreditderivate.[21] Nachdem im Herbst 2008 der damals weltgrößte Anleihenversicherer[22] AIG, kurz vor der Insolvenz stand, haben die Fed und die EU-Kommission[23] die Abwicklung von Credit Default Swaps über Clearing-Häuser gefordert. Die Aufsicht verspricht sich die Reduzierung von System- und Klumpenrisiken und mehr Transparenz auf dem Markt für Kreditderivate durch die Einschaltung von Clearing-Häusern. Die Marktteilnehmer haben nur eine zentrale Gegenpartei als Kontrahenten beim Handel von Credit Default Swaps.[24] Das Clearing-Haus stellt üblicherweise hohe Auflagen bei den angeschlossenen Marktteilnehmern: Hinterlegung eines Mindestbetrags für einen Clearing-Fonds, ein Minimum an Eigenkapitalausstattung und zusätzliche Sicherheiten, die für die eingegangenen Risikopositionen angemessen sind. Die Teilnahme an einem Clearing-Haus erfolgt in Europa auf freiwilliger Basis, wobei große Marktteilnehmer sich verpflichtet haben, ab Juli 2009 Clearing-Häuser einzuschalten. Seit Ende Juli 2009 agiert die Eurex Credit Clear – eine Tochtergesellschaft der Deutschen Börse AG und der Schweizer Börse- als Clearing-Haus für Credit Default Swaps. Als zweites Clearing-Haus kommen ICE Trust (für in USD denominierte CDS) bzw ICE

---

20 S. *Kit R. Roane*, Duelling over Derivatives, Alan Greenspan and Warren Buffett do not agree on the trillion dollar market for credit derivatives, US News and Workd Report, wwwusnews/biztech_articles/0575/25credit.htm.
21 Näheres zum Clearing s.§ 16.
22 S. Rn 8.
23 S. entsprechende Erklärung des EU-Binnenkommissars *Charlie McCreevy* im Oktober 2008, FAZ 1.8.2009, S. 19.
24 ...und zwar „*egal wie oft dieselben Risiken weitergegeben werden, der Handelspartner bleibt derselbe, nämlich das Clearing-Haus*", NZZ, Clearing-Häuser als vermeintliche Heilsbringer im CDS-Handel – Nutzen aus erhöhter Transparenz wird laut Wissenschaftlern überschätzt, NZZ 26. August 2009, SB 11.

A. Einleitung: Funktion, Historie und Überblick 8

Clear Europe (für in EUR denominierte CDS),[25] beide Tochtergesellschaften der zweitgrößten amerikanischen Terminbörse Intercontinental Exchange (ICE), in Betracht. In den USA treten ICE Trust und BClear, eine Tochtergesellschaft der NYSE Euronext Liffe, als Clearing-Häuser auf. Ob die Erwartungshaltung der Aufsichtsbehörden und der Politik aus der Einschaltung der Clearing-Häuser auf dem Markt für Kreditderivate erreicht wird, bleibt abzuwarten. Die ersten Stimmen der Kritik sind jedoch bereits zu hören.[26]

- Vorschläge für aufsichtsrechtliche Regulierung für Kreditderivate. Der Wunsch oder – genauer gesagt- das Verlangen nach Regulierung (vor allem in den USA) nach der Finanzkrise betrifft nicht nur Kreditderivate, sondern alle OTC-Derivate und Händler von solchen Instrumenten. Die aktuellen Vorschläge des neuen Vorsitzenden des Commodity Futures Trading Committee (CFTC) über eine weitegehende Regulierung aller OTC-Derivate (einschließlich Kreditderivate) sind für diese Tendenz repräsentativ.[27] In diesem Zusammenhang sind auch die Bestrebungen der New Yorker Versicherungsaufsicht (New York State Insurance Department) und des Governor von New York eine Versicherungslizenzpflicht für den Abschluss von Kreditderivaten, bei denen der Käufer sich vor Verlusten bei zugrunde liegenden Verbindlichkeiten schützt, die er in seinem Bestand hat und haben wird (sogenannte „naked credit default swaps").[28] Die EU hat das Thema naked credit default swaps mti der Verordnung (EU) Nr. 236/2012 des Europäischen Parlaments und des Rates vom 14.3.2012 über Leerverkäufe und bestimmte Aspekte von Credit Default Swaps[29] behandelt[30]. Eine Darstellung dieser aufsichtsrechtlichen Entwicklungen bei Kreditderivaten geht über den Rahmen dieses Beitrags zur Vertragsgestaltung der Kreditderivate hinaus.

Ein weiterer Nebeneffekt der Finanzkrise im Zusammenhang mit dem Markt für Kreditderivate war eine Welle von Klagen im Zusammenhang mit diesen Finanzinstrumenten,[31] die zu interessanten Gerichtsurteilen geführt haben.[32]

12

---

25 S. *Chen/Fleming/Jackson/Li/Sarkar*, An Analysis of CDS Transactions, Implicatins for Public Reporting, Federal Reserve Bank of New York Staff Reports, Staff Report no. 517, September 2011, S. 15 ff.
26 S. NZZ, ibid.
27 S. *Allen & Overy*, Gensler calls for all OTC derivative dealers and markets to be regulated by the CFTC, Newsletter 5 June 2009.
28 *Bingham*, Proposals for Regulation of the CDS Market: The New York State Insurance Department Weighs In, 3.10.2008, www.bingham.com/Media.aspx.; s. auch den entsprechenden US-amerikanischen Gesetzesentwurf Bill H.R. 977, http://govtrack.us/congressbill.xpd?bill=h111-977; *George Soros*, Opinion, One Way to Stop Bear Raids, Wall Street Journal, March 24, 2009.
29 ABl. L 86 vom 24.3.2012.
30 S. *Ashurst London*, Financial regulatory group briefing, Naked CDS: the ban and beyond, March 2012; *Schmidt*, EU dämmt Spekulationen mit Leerverkäufen ein, Die europäische Union geht gegen Wetten auf Staatspleiten vor. Ab November 2012 sind die riskanten Finanzgeschäfte weitegehend verboten, Welt Online, 4.6.2012; *Shearman & Sterling*, Selling Themselves Short: EU Enacts Regulation Banning Naked Short Sales and Sovereign Debt CDS, Financial Institutions Advisory & Financial Regulation, 1.5.2012; *Whittall*, Naked CDS ban may have little impact, International Financial Review, 4.6.2012.
31 *Sparkan*, Is Credit Default Swap Litigation the Next Big Thing?, The American Lawyer, 2008; *Scheiner*, The Next Wave: Developments in Credit Default Swap Litigation, American Bar Association, Business Law Section, Business Law Today, Volume 18, Number 5, May/June 2009.
32 S. Rn 120 ff.

B. Der Anhang für Kreditderivate zum deutschen Rahmenvertrag für Finanztermingeschäfte

I. Aufbau und Systematik des Anhangs für Kreditderivate und der Begriffsbestimmungen zum Anhang

13 Das Vertragswerk für die Dokumentation der Kreditderivate unter dem deutschen Rahmenvertrag für Finanztermingeschäfte (nachfolgend der „Rahmenvertrag") besteht aus dem jeweils vereinbarten Einzelabschluss unter dem Rahmenvertrag, der durch einen **Anhang für Kreditderivate** (nachfolgend der „Anhang") ergänzt wird. Um den Marktteilnehmern zusätzliche Flexibilität zu gewähren, verweist der Anhang auf die **Begriffsbestimmungen zum Anhang für Kreditderivate** (die „Begriffsbestimmungen"). Die Begriffsbestimmungen gelten, solange die Parteien in ihrem Einzelabschluss nichts Gegenteiliges vereinbart haben. Darin liegt ein Unterschied zwischen dem deutschen Vertragswerk für Kreditderivate und dem ISDA-Vertragswerk. Während im ISDA-Vertragswerk sämtliche Regelungen zu Kreditderivaten in den 2003 ISDA Credit Derivatives Definitions enthalten sind,[33] besteht im deutschen Vertragswerk eine Zwiespältigkeit: Einerseits regelt der Anhang den Mechanismus (Rechte und Pflichten der Parteien), Funktion und Abwicklung der Kreditderivate, während die Begriffsbestimmungen lediglich die Definition der diversen im Anhang verwendeten Begriffe enthalten.

14 Der aktuelle Anhang und die Begriffsbestimmungen sind aus dem Oktober 2005 (Bankverlag 44.026). Im Gegensatz zu den Definitions wurden weder der Anhang noch die Bestimmungen abgeändert und eine Aktualisierung steht derzeit nicht auf der Agenda des Arbeitskreises „Finanztermingeschäfte" des BdB.

II. Die Vertragspartner (Käufer und Verkäufer) und ihr Verhältnis zum Referenzschuldner

15 Die Vertragspartner eines Credit Default Swaps sind der **Verkäufer des Schutzes** (nachfolgend der „Verkäufer") oder **Protection Seller** oder **Floating Rate Payer** und der **Käufer des Schutzes** (nachfolgend der „Käufer") oder **Protection Buyer** oder **Fixed Rate Payer**.

1. Käufer (Schutznehmer, (Protection) Buyer, Fixed Rate Payer)

16 Der Käufer nach der Terminologie des Anhangs oder Protection Buyer oder Fixed Rate Payer nach der Terminologie der Definitions ist die Partei, die das zugrunde liegende Kreditrisiko an den Verkäufer gegen die Versprechung der Zahlung einer (Risiko-)Prämie für die vereinbarte Laufzeit überträgt. Bei Credit Default Swaps mit **Barausgleich** hat der Käufer nur eine Verpflichtung: die Zahlung der (Risiko-)Prämie oder des Festbetrags an den Verkäufer. Bei **Erfüllung durch Lieferung** beim Eintritt eines Kreditereignisses und Vorliegen der **Abwicklungsvoraussetzungen** ist der Käufer zusätzlich verpflichtet, die vereinbarten Lieferbaren Verbindlichkeiten an den Verkäufer nach Maßgabe der **Erklärung der Inanspruchnahme** zu liefern.

2. Verkäufer (Schutzgeber, (Protection) Seller, Floating Rate Payer)

17 Der Verkäufer nach der Terminologie des Anhangs oder Protection Seller oder Floating Rate Payer nach der Terminologie der Definitions ist die Partei, die das zugrunde liegende Kreditrisiko vom Käufer gegen die (Risiko-)Prämie für die vereinbarte Laufzeit übernimmt. Liegen ein Kreditereignis und dessen Abwicklungsvoraussetzungen vor, ist der Verkäufer verpflich-

---

[33] S. *Binder*, ISDA-Dokumentation von Credit Default Swaps, in: Gruber/Gruber/Braun (Hrsg.), Praktiker-Handbuch Asset-Backed-Securities und Kreditderivate, S. 455 ff.

B. Anhang für Kreditderivate zum dt. Rahmenvertrag für Finanztermingeschäfte

tet, im Falle von Kreditderivaten mit Barausgleich den Barausgleichsbetrag an den Käufer zu zahlen und im Falle von Kreditderivaten mit Erfüllung durch Lieferung den Erfüllungsbetrag an den Käufer zu liefern. Der Barausgleichsbetrag steht zum Zeitpunkt des Abschluss des Kreditderivats noch nicht fest und wird später nach Eintritt der Abwicklungsvoraussetzungen auf Basis der vereinbarten Referenzverbindlichkeit berechnet.

Schaubild 3: *Parteien und Vertragsverhältnisse*

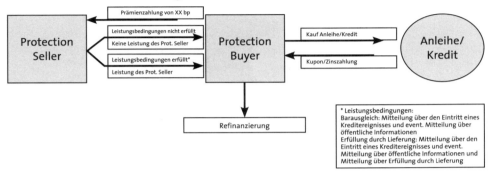

III. Umfang und Eingrenzung der Risikoübertragung

Der Umfang des Schutzes bzw der Risikoübertragung durch Credit Default Swaps wird duch folgende Parameter abgegrenzt: Laufzeit, Referenzschuldner, Referenzverbindlichkeit und Verbindlichkeit/Verbindlichkeitsmerkmale und Kreditereignisse, deren Eintritt zu den Leistungsbedingungen des Verkäufers gehört.[34] Auf den ersten Blick scheint es im Interesse der Käufers zu sein, den Umfang der Risikoübertragung bzw des Schutzes so weit wie möglich zu gestalten (zB durch die sogenannten „weichen" Kreditereignisse,[35] wie beispielsweise Restrukturierung) und im Interesse des Verkäufers scheint es zu sein, die Risikoübertragung bzw den Schutz so eng wie möglich zu gestalten. Bei dieser Beobachtung bleibt jedoch unberücksichtigt, dass der Käufer dabei möglicherweise gegen seine eigenen Interessen handelt, denn wenn beispielsweise die Risikoübertragung mit weichen Kreditereignissen erfolgt, könnte die Leistungsverpflichtung des Verkäufers „zu früh" ausgelöst werden, nämlich zu einem Zeitpunkt, in dem der Wert der Verbindlichkeiten wegen der noch guten Bonität des Referenzschuldners relativ hoch ist.

---

34 Genauer gesagt ist jedoch nicht der Eintritt eines vereinbarten Kreditereignisses Leistungsbedingung unter dem Credit Default Swap, sondern die Mitteilung über den Eintritt dieses Kreditereignisses, s. Rn 58.
35 Rn 60 ff.

Schaubild 4: *Schutz als Schnittmenge*

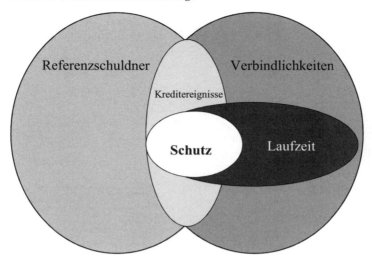

1. Definition der Laufzeit

a) Anfangsdatum

19 In der Regel erfolgt die Risikoübertragung nicht bereits am Tag des Vertragsabschlusses, sondern erst einen[36] Kalendertag (also auch an einem Samstag oder Sonntag) danach. Ab dem Anfangsdatum geht das **Ausfallrisiko des Referenzschuldners** auf den Verkäufer über und ab dem Anfangsdatum (einschließlich) wird die Prämie des Käufers nach den Maßgaben der übrigen Bedingungen des Kreditderivats berechnet. Ist jedoch ein Kreditereignis schon vor dem Anfangsdatum eingetreten, können sich die Parteien unter dem Vorbehalt des Credit Event Back Stop Date[37] darauf berufen.

b) Vereinbartes Enddatum

20 Das Vereinbarte Enddatum bestimmt die zeitliche Grenze der Risikoübertragung. Tritt ein Kreditereignis nach dem Vereinbarten Enddatum ein, hat der Verkäufer gegenüber dem Käufer keine vertraglichen Pflichten mehr nach den Bedingungen des Credit Default Swap. Die zwei Ausnahmen zu dieser Regel bilden das sogenannte **Verschobene Enddatum** und der **Nichtanerkennungs-/Moratorium-Bestimmungstag**.

c) Verschobenes Enddatum

21 Das Verschobene Enddatum bezieht sich ausschließlich auf die „**Potenzielle Nichtzahlung**" („**Potential Failure to Pay**"). Haben die Parteien die Anwendbarkeit des Verschobenen Enddatums vereinbart, hat dies eine Verlängerung des Schutzes für den Käufer vor der Nichtzahlung des Referenzschuldners über das Vereinbarte Enddatum bis zum Verschobenen Enddatum hinaus zur Folge. Anders formuliert: Es ist durchaus üblich, dass der Referenzschuldner sich zwar im Zahlungsverzug befindet, dies aber „technisch" kein Kündigungsgrund ist und nicht zur Vorfälligkeit der Referenzverbindlichkeit führt, weil der relevante

---

36 Nach der früheren Praxis war das Anfangsdatum erst 3 Kalendertage nach dem Abschluss des Kreditderivats, s. auch *Harding*, A Practical Guide to the 2003 ISDA Credit Derivatives Definitions, S. 175.
37 S. Rn 22 ff.

Vertrag dem Referenzschuldner eine „**Schonfrist**" („**Grace Period**") gewährt. In diesem Fall begründet der Zahlungsverzug des Referenzschuldners kein Kreditereignis, sondern lediglich eine Potenzielle Nichtzahlung". Die Begriffsbestimmungen und die Definitions setzen eine Frist von maximal 30 Kalendertagen für das Verschobene Enddatum, die anwendbar ist, selbst wenn die konkrete „Schonfrist" der Verbindlichkeit des Referenzschuldners länger ist. Ferner sehen die Begriffsbestimmungen und die Definitions eine „Schonfrist" von 3 Bankgeschäftstagen als Minimum vor. Erst nach dem Verschobenen Enddatum läuft die Erklärungsfrist der 14 Kalendertage für das Kreditereignis ab. Die Nichtzahlung muss bis zum Verschobenen Enddatum anhalten, um als Kreditereignis eingestuft zu werden.

d) Potenzielle Nichtanerkennung/Moratorium

„Potenzielle Nichtanerkennung/Moratorium" liegt vor, wenn der Referenzschuldner Staatsschuldner ist und einer seiner Vertreter oder seiner Behörden eine oder mehrere Verbindlichkeiten nicht anerkennt, abweist oder deren Wirksamkeit im Ganzen oder zum Teil in Frage stellt. Voraussetzung ist dabei nicht, dass die eigentliche Zahlung verweigert wird.[38] Folge ist, dass das Kreditereignis „Nichtanerkennung/Moratorium" innerhalb von 60 Bankgeschäftstagen (oder im Falle von Anleihen als Verbindlichkeiten an dem späteren Datum nach dem darauf folgenden Zahlungstermin und dem Ablauf der gegebenenfalls anwendbaren Schonfirst) nach Eintritt der „Potenziellen Nichtanerkennung/Moratorium" eintreten kann, selbst wenn dieses Datum über das Vereinbarte Enddatum hinausgeht.

e) Erklärungsfrist („Notice Delivery Period")

Die Erklärungsfrist ist die Frist, in der der Eintritt eines Kreditereignisses dem Vertragspartner mitgeteilt werden muss. Sie beginnt mit dem Anfangsdatum (einschließlich) und endet 14 Kalendertage (einschließlich) nach dem Vereinbarten Enddatum bzw dem Verschobenen Enddatum bzw dem Nichtanerkennungs/Moratoriums-Bestimmungstag. Für den zeitlichen Ablauf der Abwicklung des Credit Default Swap sind die Begriffe des **Barausgleichstages, Bewertungstages, Bestimmungstages** und **Erfüllungszeitraumes** ausschlaggebend.[39]

f) Das Look-Back Konzept – der Credit Event Backstop Date

Das March 2009 Supplement, wie geändert durch das July 2009 Supplement, hat das Lock-Back Konzept eingeführt, um zu verhindern, dass die mitteilende Partei, meistens der Käufer, den Zeitpunkt der Mitteilung über den Eintritt eines Kreditereignisses beliebig bestimmt, wenn ein Kreditereignis am oder kurz nach dem Anfangsdatum eingetreten ist. Nach der neuen Regelung darf ein Kreditereignis und ein Nachfolgeereignis nun bis maximal 60 Kalendertage („Credit Event Backstop Date"– im Falle eines Kreditereignisses) bzw 90 Kalendartage („Succession Event Backstop Date" – im Falle eines Nachfolgeereignisses) mitgeteilt werden, nachdem die Credit Derivatives Determinations Committee einen Antrag über die Feststellung über den Eintritt eines Kreditereignisses bzw Nachfolgeereignisses erhalten hat.

---

38 Ähnlich wie bei der Potentiellen Nichtzahlung, Rn 21.
39 Rn 86.

Schaubild 5: *Zeitlicher Ablauf*

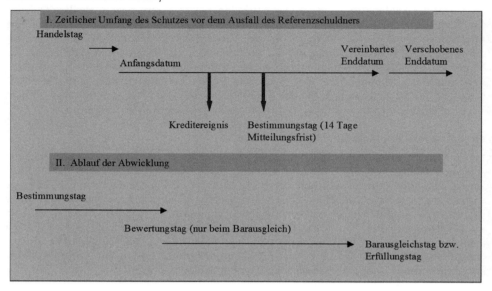

2. Referenzschuldner und Nachfolger
a) Allgemein

25 Referenzschuldner sind entweder Unternehmen oder Staaten.[40] Unternehmen als Referenzschuldner können ihren Sitz in einem hoch entwickelten Markt oder in einem Entwicklungsmarkt („Emerging Market") haben[41] Der Referenzschuldner erfüllt die Funktion des zugrunde liegenden Wertes des Derivatgeschäftes,[42] oder nach einer anderen Beschreibung,[43] die Funktion des „Indexes" des Derivatgeschäftes, an den der Credit Default Swap gekoppelt ist. Der Referenzschuldner ist keine Partei des Credit Default Swap, es sei denn der Käufer ist zugleich Referenzschuldner bei den sogenannten, Self-Referenced Credit Default Swaps. Der Referenzschuldner kann jedoch (muss aber nicht zwingend) Vertragspartner des Käufers sein, wenn Letzterer zB Darlehensgeber oder Anleihegläubiger des Referenzschuldners ist.

b) Die Problematik des Nachfolgers („Successor")
aa) Unternehmen als Referenzschuldner

26 Im Hinblick auf die Bedeutung des Begriffs des Referenzschuldners bei Credit Default Swaps liegt es auf der Hand, weshalb die Frage des Nachfolgers des Referenzschuldners für die Parteien wichtig ist. Hierbei ist es einerlei, ob es sich um eine Nachfolge als Ergebnis einer Fusion, Konsolidierung, Ausgliederung oder Verschmelzung handelt. Die 1999 ISDA Credit De-

---

40 Im letzteren Fall wird in der Regel „Nichtanerkennung/Moratorium" als Kreditereignis vereinbart, s. Rn 74.
41 Dies ist in der Praxis für die Ausgestaltung der Dokumentation, insbesondere für die Auswahl der Kreditereignisse von Bedeutung. Im November 2001 haben zB die ISDA-Mitglieder ihre Absicht erklärt, auf das Kreditereignis „Vorfälligkeit" bei europäischen, US-amerikanischen und japanischen Referenzschuldnern zu verzichten und dies entspricht seitdem der Marktpraxis.
42 Der Wert von Derivatgeschäften hängt ab vom Wert der jeweils zugrunde liegenden Werte.
43 So *Henderson*, Henderson on Derivatives, S. 134.

rivatives Definitions sahen vor, dass der Referenzschuldner durch seinen Nachfolger ersetzt wird, wenn dieser alle oder im Ergebnis alle Verbindlichkeiten des Referenzschuldners übernommen hat. Diese ziemlich vage Formulierung („im Ergebnis alle Verbindlichkeiten des Referenzschuldners") hat zu Rechtsunsicherheiten und zu Ergebnissen geführt, die wenig einleuchtend und noch weniger befriedigend waren. Dies ist vor allem im Falle der Ausgliederung der National Power Plc in die Innogy Plc National Power im Jahr 2000 deutlich geworden.[44] ISDA hat auf dieses Problem mit der Veröffentlichung des sogenannten „Successor Supplement" in 2000 reagiert, dessen Regelungen die Definitions nun in Sect. 2.2 bzw Nr. 4 der Begriffsbestimmungen übernommen haben. Hierbei geht es um die Regelung des Nachfolgers im Falle von Nicht-Staatschuldnern als Referenzschuldner, also private Unternehmen; diese Nachfolgerregelungen bauen auf zwei Meilensteinen auf.

Erstens steht der Begriff des „**Nachfolgeereignisses**" („**Succession Event**") im Mittelpunkt. Als Nachfolgeereignis gilt die Fusion, Konsolidierung, Ausgliederung, Verschmelzung oder aber ein ähnliches Ereignis, welches zur Nachfolge eines Unternehmens durch ein anderes in Bezug auf die Verbindlichkeiten des ersten führt. Ein Austausch von Verbindlichkeiten wird nicht als Nachfolgeereignis eingestuft, es sei denn, dieser Austausch findet im Rahmen einer Fusion, Konsolidierung, Übertragung von Verbindlichkeiten, Ausgliederung oder eines ähnlichen Ereignisses statt.

Zweitens führt die Nachfolgerregelung eine dreistufige Prüfung basierend auf drei Schwellen: mindestens 75 %, mehr als 25 % und weniger als 25 %.

75%-Schwelle: Wenn ein Unternehmen 75 % oder mehr der Verbindlichkeiten des Referenzschuldners im Wege der Rechtsnachfolge nach dem Eintritt eines Nachfolgeereignisses im obigen Sinne übernimmt, wird dieses Unternehmen zum Referenzschuldner.

Weniger als 75%- aber mehr als 25%-Schwelle: Wenn mehrere Unternehmen mehr als 25 % der Anleihen und Darlehen des Referenzschuldners im Wege der Rechtsnachfolge nach dem Eintritt eines Kreditereignisses im obigen Sinne übernehmen, wird jedes von diesen Unternehmen zum Referenzschuldner. Dies gilt auch für den bisherigen Referenzschuldner, der ein solcher bleibt, solange er mehr als 25 % seiner ursprünglichen Anleihen und Darlehen behält. Das läuft darauf hinaus, dass mehrere Credit Default Swap-Transaktionen aus der ursprünglichen Credit Default Swap-Transaktion entstehen, und zwar ein Credit Default Swap für jeden Referenzschuldner.

Weniger als 25%-Schwelle ohne fortbestehenden Referenzschuldner: Wenn nach dem Eintritt eines Nachfolgeereignisses kein daran beteiligtes Unternehmen mehr als 25 % der Verbindlichkeiten des Referenzschuldners übernimmt und Letzterer nicht fortbesteht, wird das Unternehmen zum neuen Referenzschuldner, welches den höchsten Anteil der Verbindlichkeiten des ursprünglichen Referenzschuldners übernommen hat.

Zuständig für die Feststellung eines Nachfolgeereignisses und gegebenenfalls des (neuen) Referenzschuldners ist die Berechnungsstelle, welche innerhalb einer Frist von 14 Kalendertagen aktiv werden muss.

bb) Staaten als Referenzschuldner

Sect. 2.2(h) und Nr. 4 der Begriffsbestimmungen sehen im Falle von Staaten als Referenzschuldner vor, dass der direkte oder indirekte Nachfolger im völkerrechtlichen Sinne als (neuer) Referenzschuldner gilt. Hierbei ist es unerheblich, ob dieser neue Referenzschuldner irgendwelche Verbindlichkeiten des Referenzschuldners übernimmt.

---

44 *Firth*, Derivatives Law and Practice, Rn 16–212 für eine ausführliche Besprechung des Sachverhalts.

cc) Fusion zwischen Referenzschuldner und Verkäufer

34 Ein besonderes Problem ergibt sich bei einer möglichen Fusion von Referenzschuldner und Verkäufer.[45] Da sich in diesem Fall der Schutz durch die Transaktion auflöst, sehen die Definitions in Sect. 2.31 und der Anhang in Nr. 9(3) iVm Nr. 8 der Begriffsbestimmungen einen zusätzlichen Kündigungsgrund („Additional Termination Event") für den Käufer vor.

3. Definition der abgesicherten Verbindlichkeit des Referenzschuldners

a) Verbindlichkeit

35 Die Bestimmungen über die Verbindlichkeiten (Definition, **Verbindlichkeitskategorie** und **Verbindlichkeitsmerkmal**) definieren den Umfang der Risikoübertragung mit. Hierbei geht es um die Verbindlichkeiten des Referenzschuldners, auf die sich die Kreditereignisse beziehen müssen. Streng betrachtet beziehen sich alle Kreditereignisse auf die im Einzelabschluss vereinbarten Verbindlichkeiten des Referenzschuldners mit der Ausnahme der Insolvenz als Kreditereignis, da Letztere sich auf den Referenzschuldner im Allgemeinen bezieht. Der Begriff der **Verbindlichkeit** ist streng von den Begriffen der **Referenzverbindlichkeit** und der „Lieferbaren Verbindlichkeiten" zu unterscheiden. Der Begriff „**Lieferbare Verbindlichkeiten**" bezieht sich auf die Art der Leistung des Käufers an den Verkäufer nach Eintritt der **Leistungsbedingungen**,[46] während der Begriff „Verbindlichkeit" die Verbindlichkeit bestimmt, auf die sich die Kreditereignisse bis auf die Insolvenz des Referenzschuldners beziehen. Die „Referenzverbindlichkeit" hat in der Regel die Funktion der Berechnungsgrundlage und nur ausnahmsweise (nämlich wenn sie auch als Verbindlichkeitskategorie vereinbart wird) überschneidet sie sich mit der „Verbindlichkeit".

36 Bei der Auswahl der Verbindlichkeiten liegen die Interessen der Parteien des Credit Default Swaps auf der Hand: Der Verkäufer will den Begriff der Verbindlichkeit so eng wie möglich definieren, während es für den Käufer es eigentlich darauf ankommt, den größtmöglichen Schutz für die für ihn in Frage kommende Verbindlichkeit zu erwerben. In der Praxis kommt es jedoch häufig vor, dass der Käufer einen „Schutz" anstrebt, der weit über die für ihn in Frage kommende Verbindlichkeit hinausgeht, nur weil es gerade ihm opportun erscheint. Dieser Konflikt löst sich – wie manches in der Welt der Kreditderivate und gar der Derivate – durch den Preis- bzw Prämienmechanismus.[47]

b) Verbindlichkeitskategorie

37 Die weiteste Verbindlichkeitskategorie ist „Zahlung" („Payment") und wird als Verbindlichkeit, bedingt oder nicht, zur Zahlung von Geldern, einschließlich aufgenommener Gelder definiert. Die engste Verbindlichkeitskategorie ist die „Nur Referenzverbindlichkeit", was praktisch bedeutet, dass der Eintritt von Kreditereignissen sich ausschließlich auf die vereinbarte Referenzverbindlichkeit bezieht. Zwischen den zwei vorerwähnten Verbindlichkeitskategorien sehen die Begriffsbestimmungen und die Definitions noch „**Aufgenommene Gelder**", „**Anleihen**", „**Darlehen**" und „**Anleihen oder Darlehen**" vor. „Aufgenommene Gelder" bedeutet jede Verbindlichkeit in Form von aufgenommenen Geldern, wobei dazu auch Einlagen und Rembourspflichten bei Akkreditiven zählen. „Darlehen" als Verbindlichkeitskategorie wird als „Aufgenommene Gelder" im Wege eines Darlehensvertrags, revolvierenden Darlehens oder sonstiger Form eines Darlehens definiert. Unter „Anleihe" versteht man

---

45 Hingegen ist eine Fusion zwischen Referenzschuldner und Käufer unproblematisch, zumal es in der Praxis häufig vorkommt, dass der Käufer von Anfang an auch als Referenzschuldner vereinbart ist (so genannte „Self Referenced Credit Default Swaps").
46 Rn 50 ff.
47 Dies bedeutet, dass Abweichungen im Einzelabschluss von der Marktpraxis sich in der Prämie niederschlagen.

jegliche Anleihe, Schuldverschreibung oder verbriefte Verbindlichkeit. Demzufolge fällt ein Schulscheindarlehen unter die Kategorie „Darlehen" und nicht unter die Kategorie „Anleihe", da es sich weder um eine verbriefte Verbindlichkeit, noch um eine Anleihe oder eine Schuldverschreibung handelt.

c) Verbindlichkeitsmerkmale

Die Verbindlichkeitsmerkmale sind: „Nicht Nachrangig", „Festgelegte Währung", „Kein Staatsgläubiger", „Keine Inlandswährung", „Kein Inländisches Recht", „Notierung", „Keine Inlandsemission", wobei das wichtigste Verbindlichkeitsmerkmal für die Praxis „Nicht Nachrangig" ist. „Nicht Nachrangig" bedeutet, dass die Verbindlichkeit, auf die sich gegebenenfalls das Kreditereignis bezieht, mindestens *pari passu*, dh gleichrangig mit der Referenzverbindlichkeit rangieren muss. Ist keine Referenzverbindlichkeit vereinbart, dann bedeutet „Nicht Nachrangig", dass die Verbindlichkeit, auf die sich gegebenenfalls das Kreditereignis beziehen muss, mindestens pari passu mit den nachrangigen Verbindlichkeiten des Referenzschuldners ist.

Unter „Festgelegte Währung" versteht man die zwischen den Parteien des Credit Default Swaps vereinbarte(n) Währung(en) der Verbindlichkeiten des Referenzschuldners. Die in den Begriffsbestimmungen und den Definitions als Standardwährungen vorgesehenen Währungen sind die Währungen der Europäischen Währungsunion und von Großbritannien, Japan, Kanada, der Schweiz und USA, die „automatisch" gelten, wenn keine anderen Währungen unter der Rubrik „Festgelegte Währungen" vorgesehen sind.

- „Kein Staatsgläubiger" bedeutet, dass der Gläubiger der Verbindlichkeit des Referenzschuldners kein Staat oder internationale Organisation ist.
- „Kein Inländisches Recht" bedeutet, dass die Verbindlichkeit nicht dem Recht des Sitzes des Referenzschuldners unterliegt.
- „[Börsen]Notierung" bedeutet, dass die Verbindlichkeit an einer Börse notiert oder an einer Börse verkauft oder gekauft werden kann.
- „Keine Inlandsemission" bedeutet, dass die Verbindlichkeit nicht primär auf den lokalen Markt des Referenzschuldners abgesetzt wurde.

Im Übrigen ist die Liste mit den Verbindlichkeitsmerkmalen fast identisch mit der Liste der Merkmale der Lieferbaren Verbindlichkeiten bis auf folgende Merkmale, die zusätzlich unter den Lieferbaren Verbindlichkeiten vorgesehen sind: „Ohne Bedingung", „Übertragbares Darlehen", „Zustimmungsbedürftiges Darlehen", „Direkte Darlehensbeteiligung", „Übertragbar", „Höchstlaufzeit", „Gekündigt oder Fällig" und „Kein Inhaberpapier".

d) Ein Sonderfall: („Qualifizierte") Garantien als Verbindlichkeit

Die Definition des Begriffs Verbindlichkeit in den 1999 ISDA Credit Derivatives Definitions war so weit gefasst, dass sie auch jede Art von Garantieverbindlichkeit des Referenzschuldners als Verbindlichkeit umfasste. Diese Praxis hat jedoch zu Unklarheiten[48] geführt, die ISDA bewegt haben, eine ausführlichere und genauere Regelung zu den Garantien einzufüh-

---

48 Verbindlichkeiten und Verbindlichkeitsmerkmale. In den 1999 ISDA Credit Derivatives Definitions war es unklar, ob die Verbindlichkeitsmerkmale im obigen Sinne sich nur auf die garantierte Verbindlichkeit und/oder auf die Garantie selbst beziehen müssten, zumal eine Bezugnahme von einigen Verbindlichkeitsmerkmalen auf die Garantie sinnlos erschien, so zB das Verbindlichkeitsmerkmal „Ohne Bedingung", was auf eine Verbindlichkeit hindeutet, die nicht von einer Bedingung mit Variabler oder Festsatz-Verzinsung abhängt. Kreditereignisse, insbesondere Restrukturierung. Unter den 1999 ISDA Credit Derivatives Definitions war auch unklar, ob die Kreditereignisse sich auf beide, garantierte Verbindlichkeit und/oder nur auf die Garantie selbst bezieht. Lieferbare Verbindlichkeiten. Schließlich stellte sich die Frage bei den 1999 ISDA Credit Derivatives Definitions, ob der Begriff der Lieferbaren Verbindlichkeiten auch die entsprechende Garantie einschließt.

ren. Die Meilensteine dieser Regelungen sind die Begriffe der **Qualifizierten Garantien** („Qualified Guarantees") und der **Qualifizierten Garantien an Verbundene Unternehmen** („Qualified Affiliate Guarantees").

42 Qualifizierte Garantien unter den Begriffsbestimmungen und den Definitions sind Zahlungsgarantien oder ähnliche Instrumente zur Zahlung aller fälligen Beträge unter einer Verbindlichkeit (die „Primärverbindlichkeit") eines Dritten (dh nicht des Referenzschuldners, des Primärschuldners).

43 Qualifizierte Garantien an Verbundene Unternehmen sind Qualifizierte Garantien, bei denen der Primärschuldner ein sogenanntes „Verbundenes Unternehmen" des Referenzschuldners ist, dh ein Unternehmen, in dem der Referenzschuldner über 50 % oder mehr der Stimmrechte verfügt.[49]

44 Die Verbindlichkeit des Primärschuldners, auf die sich die Garantie bezieht, bestimmt in der Regel die Merkmale der Garantie als Verbindlichkeit und als Lieferbare Verbindlichkeit.[50] Sind beispielsweise folgende Verbindlichkeitsmerkmale: „Festgelegte Währung", „Kein Staatsgläubiger", „Keine Inlandswährung", „Kein Inländisches Recht" vereinbart worden, müssen beide, dh die Garantie und die Primärverbindlichkeit, diese Merkmale erfüllen. Hingegen kann die Garantie ex definitione das Verbindlichkeitsmerkmal „Börsennotiert" nicht erfüllen.

45 Basierend auf diesen zwei Begriffen sehen die Begriffsbestimmungen und die Definitions nun folgende Regelungen vor:

Wenn die Parteien keine Garantien vereinbart haben, wird fingiert, dass die Qualifizierten Garantien an Verbundene Untenehmen als Verbindlichkeiten im Sinne der Definitions bzw der Begriffsbestimmungen gelten. Wollen die Parteien jedoch alle Garantien, die der Referenzschuldner ausgestellt hat, als Verbindlichkeiten einstufen, müssen sie dies ausdrücklich vereinbaren. Der Gedanke hinter dieser Regelung ist, dass in der Praxis der – nicht unbedingt berechtigte – Eindruck besteht, dass Garantiegeber ihre Garantieverpflichtungen eher honorieren, wenn es sich bei den Primärverbindlichkeiten um solche ihrer Tochtergesellschaften handelt.

46 Folgende Verbindlichkeitsmerkmale, soweit sie als anwendbar vereinbart worden sind, müssen sich auf die Garantie und die Primärverbindlichkeit beziehen: „Festgelegte Währung", „Kein Staatsschuldner", „Keine Inlandswährung" und „Kein Inländisches Recht". Das Verbindlichkeitsmerkmal „Nicht Nachrangig", soweit anwendbar, bezieht sich ausschließlich auf die Garantie. Hingegen beziehen sich die Verbindlichkeitsmerkmale: „Ohne Bedingung", „Keine Inlandsemission", „Übertragbares Darlehen", „Übertragbar", „Direkte Darlehensbeteiligung", „Höchstlaufzeit", „Kein Inhaberpapier" und „Gekündigt" oder „Fällig" ausschließlich auf die Primärverbindlichkeit.

47 Das Kreditereignis der Restrukturierung bezieht sich grundsätzlich auf die Primärverbindlichkeit, wobei jedoch die Bonitätsverschlechterung gemäß Sect. 4.7. (b) der Definitions bzw Nr. 4 der Begriffsbestimmungen sich auf den Referenzschuldner, dh den Garantiegeber bezieht.

48 Trotz der vorerwähnten Regelungen der Begriffsbestimmungen und der Definitions besteht noch Unklarheit, ob ein Kreditereignis eingetreten ist, wenn trotz Vorfälligkeit oder Potenzieller Vorfälligkeit der Primärverbindlichkeit der Referenzschuldner seine Garantieverpflichtungen erfüllt.[51] In dieser Situation scheint es gut vertretbar zu sein, den Eintritt des Kredi-

---

49 Diese Voraussetzung muss zum Zeitpunkt der Ausstellung der Garantie erfüllt sein, spätere Zeitpunkte (zB Eintritt eines Kreditereignisses oder Barausgleichstag) sind irrelevant.
50 *Henderson*, Henderson on Derivatives, S. 138.
51 So *Henderson*, Henderson on Derivatives, S. 139.

tereignisses zu verneinen, da sich der Referenzschuldner nicht im Verzug befindet. Dafür spricht auch, dass anderenfalls ISDA dies ausdrücklich in den Definitions vorgesehen hätte, wie so auch bei dem Kreditereignis der Restrukturierung.

4. Referenzverbindlichkeit, Referenzpreis

Die Referenzverbindlichkeit ist eine Verbindlichkeit des Referenzschuldners, die als Maßstab für die Beurteilung seiner Kreditwürdigkeit dient. Bei Credit Default Swaps mit Barausgleich gilt sie als Grundlage der Berechnung des Barausgleichs und als Maßstab für die Beurteilung der nicht nachrangigen („pari passu", „not subordinated") Verbindlichkeiten. Die Vereinbarung einer Referenzverbindlichkeit ist für die Parteien nur bei Transaktionen mit Barausgleich notwendig, denn nur bei solchen Transaktionen ist eine Grundlage für die Berechnung des Barausgleichs erforderlich. Hingegen ist keine Referenzverbindlichkeit bei Transaktionen mit Erfüllung durch Lieferung erforderlich. Sect. 2.30 der Definitions regelt den Fall, dass die Referenzverbindlichkeit zu existieren aufhört, sei es, weil sie zurückgezahlt worden ist oder aus anderen Gründen, nicht jedoch wegen des Eintritts eines Kreditereignisses. In diesem Fall liegt es im Ermessen der Berechnungsstelle, eine Ersatzverbindlichkeit nach den detaillierten Regelungen des Sect. 2.30 der Definitions zu bestimmen. Ist dies nicht möglich, wird der Credit Default Swap beendet.

49

5. Vorbehalt der Leistungsbedingungen des Schutzgebers

Unter Leistungsbedingungen sind die Bedingungen zu verstehen, an die die Leistung des Verkäufers an den Käufer gekoppelt sind. Im Fall von Credit Default Swaps mit Barausgleich sieht der Anhang folgende Voraussetzungen vor:

50

a) Mitteilungen
aa) Mitteilung über den Eintritt eines Kreditereignisses

Der Eintritt eines Kreditereignisses allein führt nicht zur Leistungspflicht der Parteien, dh beim Barausgleich zur Pflicht des Verkäufers zur Zahlung des Barausgleichsbetrags und bei Erfüllung durch Lieferung zur Pflicht des Käufers zur Lieferung der Lieferbaren Verbindlichkeiten an den Verkäufer gegen Zahlung des vereinbarten Betrags durch den Verkäufer und den Käufer. Für die Auflösung der vorerwähnten Leistungspflichten ist eine Reihe von Mitteilungen erforderlich. Die erste davon ist die Mitteilung über Eintritt eines Kreditereignisses („Credit Event Notice"), wobei diese Mitteilung auf jeden Fall erforderlich ist und zwar unabhängig von der vereinbarten Abwicklungsmethode, nämlich Barausgleich oder Erfüllung durch Lieferung. Die Mitteilung über den Eintritt des Kreditereignisses ist **eine unwiderrufliche Erklärung von der im Einzelabschluss festgelegten Partei an die andere Partei** des Credit Default Swaps, die das eingetretene Kreditereignis schriftlich oder fernmündlich[52] beschreibt. Dies hat bis zum Vereinbarten Enddatum bzw Verschobenen Enddatum bzw Nichtanerkennung/Moratorium-Bewertungstag bzw innerhalb der anwendbaren Mitteilungsfrist zu erfolgen. Diese Mitteilung über den Eintritt eines Kreditereignisses muss eine angemessene Beschreibung des Kreditereignisses enthalten, wobei das Kreditereignis zum Zeitpunkt der Mitteilung nicht anhalten muss. Ist im Einzelabschluss nicht vorgesehen, welche Partei diese Mitteilung liefern darf, gilt der Verkäufer nach den Begriffsbestimmungen und den Definitions als einzige berechtigte Partei zur Lieferung einer Mitteilung über den Eintritt eines Kreditereignisses. In der Praxis ist jedoch üblich, dass jede Partei des Credit Default Swaps berechtigt ist, diese Mitteilung an die andere Partei zu senden. Obgleich es

51

---

[52] Trotzdem empfiehlt es sich, diese Mitteilung schriftlich zu machen, um Beweisschwierigkeiten zu vermeiden.

auf den ersten Blick nicht ganz einleuchtend erscheint, weshalb der Verkäufer ein Interesse an einer zügigen Sendung einer Mitteilung über den Eintritt eines Kreditereignisses an seinen Vertragspartner, den Käufer, hat, wird es dann deutlich, wenn man bedenkt, dass bei Erfüllung durch Lieferung von Lieferbaren Verbindlichkeiten der Verkäufer besorgt ist, dass diese Lieferbaren Verbindlichkeiten abgewertet werden können. Denn je später nach dem Eintritt des Ausfallrisikos beim Referenzschuldner die Lieferbaren Verbindlichkeiten an den Verkäufer geliefert werden, umso niedriger kann ihr Wert sein. Ferner will eine Partei mit Händlerrolle, die Gegengeschäfte eingeht, auf jeden Fall das Recht haben, eine Mitteilung über den Eintritt eines Kreditereignisses zu liefern, um dadurch die Abwicklung der eingegangenen Gegengeschäfte zu steuern und diese möglichst zeitnah abwickeln zu können.

bb) Mitteilung über öffentliche Informationen

52 Die Mitteilung über Öffentliche Informationen („**Notice of Publicly Available Information**") ist eine **Mitteilung der öffentlichen parteiunabhängigen Informationsquellen**, die als Beweis für den Eintritt eines Kreditereignisses und für die Erfüllung des Tatbestandes des relevanten Kreditereignisses durch den Erklärenden herangezogen wird. Die Informationsquelle muss das Kreditereignis nicht in seinen Einzelheiten widerspiegeln, ausreichend ist es, wenn ihr auf angemessene Art zu entnehmen ist, dass das jeweilige Kreditereignis eingetreten ist. Die Bestätigung des Eintritts eines Kreditereignisses durch anerkannte öffentliche Informationsquellen dient der Objektivität, damit ein unabhängiger Dritter den Eintritt des jeweiligen Kreditereignisses bestätigt. Im Gegensatz zum Käufer will der Verkäufer regelmäßig das Erfordernis einer Mitteilung über öffentliche Informationen im Einzelabschluss vereinbaren. Dies kann in volatilen Zeiten gefährlich sein, denn in solchen Zeiten sind die Medien auf Marktgerüchte besonders anfällig.[53] Hingegen ist die Vereinbarung einer Mitteilung über öffentliche Informationen nicht im Interesse des Käufers, da somit eine weitere Bedingung für die Leistungspflicht des Verkäufers eingeführt wird. Indes kann jedoch durchaus auch der Käufer von der Einschaltung eines unabhängigen objektiven Dritten profitieren, da so ein Rechtsstreit über den Eintritt eines Kreditereignisses möglicherweise vermieden wird. Die Mitteilung über öffentliche Informationen ist eine Mitteilung der Partei, die auch die Mitteilung über den Eintritt des Kreditereignisses erklärt. Auch diese hat innerhalb der Mitteilungsfrist zu erfolgen und muss die das Kreditereignis begründeten Tatsachen angemessen („reasonably") bestätigen. Ferner hat diese Mitteilung auch die Quelle anzugeben, die entweder die Mindestanzahl der **vereinbarten öffentlichen Informationsquellen ("Specified Public Sources")** oder der Referenzschuldner selbst, ein Treuhänder, Verwalter, Clearing Haus oder Zahlstelle in Bezug auf eine Verbindlichkeit, ein Gerichtsurteil oder Bescheid einer Behörde, insbesondere einer Aufsichtsbehörde, benennt. Ist im Einzelabschluss keine Mindestanzahl von öffentlichen Informationsquellen vorgesehen, sehen die Begriffsbestimmungen die Definitions aus Objektivitätsgründen mindestens zwei öffentliche Informationsquellen vor. Die Liste der ausdrücklich erwähnten öffentlichen Informationsquellen schließt 13 Zeitungen, Zeitschriften und elektronische Medien und zusätzlich die wichtigsten öffentlichen Informationsquellen im Land des Sitzes des Referenzschuldners und jede andere international anerkannte Informationsquelle ein. Da die Auflistung der öffentlichen Informationsquellen weder in den Begriffsbestimmungen noch in den Definitions deutsche Medien benennt, stellen inländische Marktteilnehmer gelegentlich die legitime Frage, ob der Einzelabschluss zwei oder mehr inländische Medien erwähnen soll. Die Frage leuchtet zunächst ein, insbesondere wenn der Referenzschuldner in Deutschland sitzt und eine relativ geringe Bedeutung auf den internationalen Kapital- und Finanzmärkten spielt. Bedenkt man jedoch, dass zu den öffentlichen Informationsquellen auch die wichtigsten Informationsquellen aus dem Land

---

53 S. *Henderson*, Henderson on Derivatives, 2003, 154.

des Sitzes des Referenzschuldners (also auch deutsche Medien, wenn der Referenzschuldner seinen Sitz im Inland hat) zählen, wird ersichtlich, dass grundsätzlich eine Abänderung der Standardformulierung der Begriffsbestimmungen bzw der Definitions nicht erforderlich ist. Anders ist jedoch zu verfahren, wenn der Referenzschuldner ein lokales inländisches Unternehmen und ohne große Bedeutung für die wichtigsten deutschen Medien ist, so dass sich in diesem Fall eine Erweiterung der Auflistung der Begriffsbestimmungen bzw der Definitions empfiehlt, um auch die lokalen Zeitungen am Sitz des Referenzschuldners einzuschließen.

Erst wenn beide Mitteilungen, nämlich die Mitteilung über den Eintritt des Kreditereignisses und die Mitteilung über die Öffentlichen Informationen vorliegen, sind die Leistungsvoraussetzungen bei Credit Default Swaps mit Barausgleich erfüllt.

cc) Erklärung der Inanspruchnahme (Mitteilung über Erfüllung durch Lieferung)

Im Gegensatz zur Mitteilung über den Eintritt eines Kreditereignisses, ist die Mitteilung über Erfüllung durch Lieferung (nachfolgend Erklärung der Inanspruchnahme nach der Terminologie des Anhangs) nur bei der Erfüllung durch Lieferung und nicht bei Credit Default Swaps mit Barausgleich erforderlich. Eine weitere Besonderheit der Erklärung der Inanspruchnahme ist, dass diese – im Gegensatz zur Mitteilung über den Eintritt eines Kreditereignisses – per definitionem dem Käufer vorbehalten ist, denn nur er hat die Pflicht, die vereinbarten Verbindlichkeiten zu liefern.

Der Zweck der Erklärung der Inanspruchnahme ist zweierlei: Erstens soll sie dem Verkäufer rechtzeitig über die genaue Gattung der Lieferbaren Verbindlichkeiten informieren, was für ihn im Hinblick auf mögliche Gegenpositionen bzw -geschäfte wichtig sein kann. Zweitens verschafft sie dem Verkäufer die Möglichkeit, die Lieferung zu verweigern, wenn er aus welchem Grund auch immer die Lieferbaren Verbindlichkeiten nicht liefern kann oder will, was für ihn unter Umständen trotz des Verlustes der Gegenleistung wirtschaftlich eine sinnvolle Entscheidung sein kann,[54] weil er beispielsweise damit rechnet, dass der Wert der Lieferbaren Verbindlichkeiten steigen wird. Auch hier handelt es sich um eine unwiderrufliche Erklärung, die auch fernmündlich erfolgen kann. Diese Erklärung muss eine detaillierte Beschreibung der Lieferbaren Verbindlichkeiten enthalten, wobei sich streiten läßt, wie detailliert „detailliert" sein muss. M.E. sollte die Beschreibung zumindest die Gattung der Lieferbaren Verbindlichkeiten und alle ihre Merkmale, die den Merkmalen der sogenannten „ISDA-Matrix" entsprechen, enthalten. Die Erklärung der Inanspruchnahme hat binnen 30 Kalendertagen ab dem Bestimmungstag zu erfolgen. Ist diese Frist ergebnislos verstrichen, gilt der 30. Kalendertag als das Enddatum, was zur Folge hat, dass der Käufer seine Ansprüche gegen den Verkäufer verliert.

b) Kreditereignis

aa) Allgemein

Obgleich der Eintritt eines Kreditereignisses keine Leistungsbedingung ist, spielt er eine zentrale Rolle nicht nur bei den Credit Default Swaps, sondern bei allen Kreditderivaten (zB Credit Linked Notes, Total Return Swaps, Credit Spread Options) und zwar aus zwei Gründen. Erstens als Bedingung für die **Ausgleichszahlung** („Cash Settlement") bzw **Erfüllung durch Lieferung** („Physical Settlement") durch den Verkäufer. Zweitens ist dieser Begriff auch von großer inhaltlicher Bedeutung, da die Parteien schon beim Abschluss des Credit Default Swap die Kreditereignisse vor Augen haben müssen, denn sie beschreiben und definieren das Ausfallrisiko des Referenzschuldners, dh den Gegenstand und gar den Beweggrund der Transaktion. Entsprechen die Kreditereignisse der durch die Parteien beabsichtig-

---

54 S. *Firth*, Derivatives Law and Practice, Rn 16–189.

ten Übertragung des Ausfallrisikos nicht, so haben sie das Ziel der Transaktion verfehlt. Die in den Begriffsbestimmungen und den Definitions vorgesehenen Kreditereignisse sind **Insolvenz**[55] (Bankruptcy), **Nichtzahlung**[56] (Non-Payment), **Vorfälligkeit**[57] (Obligation Accceleration), **Potenzielle Vorfälligkeit**[58] (Obligation Default), **Nichtanerkennung/Moratorium**[59] (Repudiation/Moratorium) und **Restrukturierung**[60] (Restructuring).

57 Vor der Einführung der 1999 ISDA Credit Derivatives Definitions waren häufig noch zwei zusätzliche Kreditereignisse in der sogenannten Langfassung (Long form) eines Einzelabschlusses vereinbart: Kreditereignis wegen Fusion (Credit Event upon Merger) und Herabstufung des Rating (Downgrading), auf die sowohl die 1999 ISDA Credit Derivatives Definitions als auch die Definitions und die Begriffsbestimmungen verzichtet haben.

58 Die Wirkung der Kreditereignisse unter dem Anhang, den Begriffsbestimmungen und die Definitions ist „abstrakt" oder nicht akzessorisch. Ähnlich wie bei einer Garantie auf erstes Anfordern, ist die Wirksamkeit, Unmöglichkeit der Erfüllung sowie die Anfechtbarkeit der Verbindlichkeit des Referenzschuldners, auf die sich das Kreditereignis bezieht, ohne Auswirkung auf dessen Eintritt.

59 Bei den Verhandlungen der Parteien über die Kreditereignisse sind folgende Aspekte von Bedeutung:

bb) Die genaue Rolle der Partei – Käufer oder Verkäufer?

60 Die jeweilige Rolle der Partei ist ausschlaggebend, um die für diese Partei akzeptablen Kreditereignisse zu verstehen. Beide Parteien eines Credit Default Swaps streben nach Rechtssicherheit. Deshalb ist eine scharfe Definition der vereinbarten Kreditereignisse von großer Bedeutung. Obgleich sowohl die Definitions als auch der Anhang nebst Begriffsbestimmungen den Versuch einer standardisierten Vertragsdokumentation darstellen, die keinen Raum für Rechtsunsicherheit zulässt, lassen sich die darin vorgesehenen Kreditereignisse nach „weichen" und „harten" Kreditereignissen unterscheiden. Zu den „weichen" Kreditereignissen gehören die Potenzielle Vorfälligkeit und die Restrukturierung, während die Insolvenz, die Nichtzahlung, die Vorfälligkeit und die Nichtanerkennung/Moratorium zu den „harten" gehören.[61]

cc) Aufsichtsrechtliche Überlegungen

61 Sucht der Käufer durch den Abschluss eines Credit Default Swaps die Eigenkapitalentlastung, war zumindest die Vereinbarung von Insolvenz und Nichtzahlung als Kreditereignisse nach dem BAKred Rundschreiben 10/1999 erforderlich.[62] Die Solvabilitätsverordnung hat grundsätzlich diese Anforderungen des vorerwähnten Rundschreibens in § 165 SolvV übernommen.[63] Sollte für die eigenkapitalentlastende Wirkung eines Credit Default Swaps auch die Vereinbarung der Restrukturierung erforderlich sein, wird der Käufer auch dieses Kreditereignis vereinbaren müssen.

---

55 Rn 64 ff.
56 Rn 63.
57 Rn 72.
58 Rn 73.
59 Rn 74.
60 Rn 75 ff.
61 Rn 18.
62 *Nordhues/Benzler*, Vertragsdokumentation und Standardisierung, in: *Burghof/Henke/Rudolph/Schönbucher/Sommer* (Hrsg.), Kreditderivate, S. 217 f.
63 *Hellstern*, Eigenkapitalunterlegung von Kreditderivaten, in: Cramme/Gendrisch/Gruber/Hahn (Hrsg.), Handbuch Solvabilitätsverordnung, S. 213, 221 ff.

B. Anhang für Kreditderivate zum dt. Rahmenvertrag für Finanztermingeschäfte 8

dd) Parallele zu Darlehensgeschäften bzw Konsortialkrediten

Betrachtet der Verkäufer den Credit Default Swap als synthetisches Darlehen, kann man vermuten, dass er ähnliche – soweit wie möglich – vertragliche Regelungen zur vorzeitigen Beendigung wie bei einem Darlehen in den Einzelabschluss aufnehmen möchte. Dagegen spricht jedoch, dass die Vereinbarung von besonders frühen „Warnsignalen" vor dem Ausfall des Schuldners als Kreditereignisse sich unter Umständen zum Nachteil des Käufers auswirken kann. Wie bereits an anderer Stelle[64] erwähnt, kann eine solche frühzeitige Warnung vor einem tatsächlichen Kreditausfall des Referenzschuldners zur vorzeitigen Inanspruchnahme des Verkäufers durch den Käufer und gegebenenfalls zur vorzeitigen Lieferung der Lieferbaren Verbindlichkeiten durch den Käufer führen und zwar zu einem Zeitpunkt, zu dem noch kein Ausfall des Referenzschuldners eingetreten ist und die Verbindlichkeiten bzw. die Lieferbaren Verbindlichkeiten auf einem relativ hohen Preis gehandelt werden. 62

ee) Kreditereignisse im Einzelnen

(1) Nichtzahlung

Nichtzahlung als Kreditereignis liegt vor, wenn der Referenzschuldner eine zahlbare und fällige Zahlung nicht ordnungs- bzw vertragsgemäß leistet, vorausgesetzt, dass eine etwaige „Schonfrist" („Grace Period") verstrichen ist, und die Verzugssumme des Referenzschuldners den vereinbarten Schwellenbetrag überschreitet. Die Standard-Regelung der Begriffsbestimmungen und der Definitions sind USD 1 000 000 oder deren Gegenwert in der zwischen den Parteien vereinbarten Währung und dies wird in der Regel in der Praxis vereinbart. 63

(2) Insolvenz

In der Praxis wird der Insolvenzfall des Referenzschuldners als Kreditereignis immer als anwendbar vereinbart, es sei denn, beim Referenzschuldner handelt sich um einen Staatsschuldner oder um eine supranationale Organisation, die nicht insolvenzfähig ist (zB die EIB oder die EZB oder die Weltbank). 64

Hierbei ist daran zu erinnern, dass die Vereinbarung des Kreditereignisses auch für die Eigenkapitalentlastung erforderlich ist.[65] 65

Die Begriffsbestimmungen und die Definitions definieren den Insolvenzfall, oder genauer gesagt die Fälle, die als Insolvenz für die Zwecke der Credit Default Swap-Transaktionen eingestuft werden. Diese Definition ist deshalb erforderlich, weil der Referenzschuldner je nach Rechtsordnung seines Sitzes unterschiedlichen Insolvenzrechtsordnungen unterliegt. Da das Ziel der Begriffsbestimmungen und der Definitions u.a. eine Standardisierung der Dokumentation möglichst unabhängig von nationalen Besonderheiten ist, versucht ISDA und der Rahmenvertrag eine möglichst einheitliche Definition der Insolvenz zu etablieren. 66

Die Defintion der Insolvenz nach Maßgabe der Definitions umfasst folgende Tatbestände: 67

a) Auflösung (nicht jedoch als Folge einer Fusion, Verschmelzung oder Konsolidierung);
b) Insolvenz, Zahlungsunfähigkeit, Überschuldung oder schriftliche Anerkennung der Zahlungsunfähigkeit;
c) allgemeine Abtretung, Vergleich oder sonstige Vereinbarungen zugunsten der Gläubiger;
d) Stellung eines Insolvenzantrags, entweder durch den Referenzschuldner selbst oder durch einen Dritten oder eines Antrags auf Liquidation oder Auflösung, vorausgesetzt, dass dieser Antrag zur Insolvenzeröffnung oder Auflösung oder Liquidation führt, und er innerhalb von 30 Kalendertagen nicht abgewiesen wird;

---

64 Rn 18.
65 S. BAKred RS 10/1999, id., S. 1.1: „Als abzuzeichnendes Kreditereignis muss zumindest die Insolvenz des Referenzschuldners vorgesehen sein."

e) Beschluss zur Auflösung, Liquidation oder amtlichen Verwaltung (aber nicht als Folge einer Fusion durch Neugründung oder Fusion von zwei Gesellschaften in eine bestehende Gesellschaft, Verschmelzung oder eines Zusammenschlusses);
f) Ernennung eines Verwalters, Insolvenzverwalters, Treuhänders oder einer Person mit ähnlicher Funktion, die über alle oder grundsätzlich alle Vermögenswerte des Referenzschuldners verfügt;
g) Antrag eines besicherten Gläubigers auf Vollstreckung, Erfüllung, Sequestration oder ähnliches Verfahren bezogen auf alle oder grundsätzlich alle Vermögenswerte des Referenzschuldners, sofern dieser Antrag nicht innerhalb von 30 Kalendertagen abgewiesen wird.

68 Vorliegen eines ähnlichen Ereignisses zu den unter a)–g) ausgeführten Ereignissen.

69 Das Kreditereignis Insolvenz unter den Begriffsbestimmungen und den Definitions ist von der Insolvenz als Beendigungsgrund bzw Kündigungsgrund unter ISDA und dem Rahmenvertrag zu unterscheiden, obwohl die Formulierungen zum größten Teil identisch sind.

70 In der Praxis[66] wird gelegentlich diskutiert, ob der Begriff „Insolvenz" – sowie in den Begriffsbestimmungen und den Definitions definiert – für Banken geeignet ist. Zweifellos ist dies der Fall, wenn bereits das Insolvenzverfahren eröffnet ist. Das kommt jedoch bei Banken selten vor. Hingegen finden die Maßnahmen der BaFin bei Insolvenzgefahr gemäß 46 KWG iVm § 46 Abs. 1 S. 1 KWG eher Anwendung, wie auch die jüngste Praxis gezeigt hat.[67] Obgleich im Falle der Maßnahmen des § 46 a KWG auf den ersten Blick die in der Tat weitgehende Definition des Kreditereignisses „Insolvenz" und ihre Voraussetzung erfüllt zu sein scheinen, führt eine vorsichtige Lektüre der Regelungen der Nr. 4 der Begriffsbestimmungen und des Sect. 4.2. der Definitions zum Ergebnis, dass beim Moratorium iSv § 46 a KWG keiner der Fälle (a) bis (h)[68] vorliegt.

71 Eine teleologische Auslegung des § 46 a KWG führt zum gleichen Ergebnis, denn ein Moratorium ist nicht als Teil eines Insolvenzverfahrens zu betrachten, sondern eher als eine Umstrukturierungsmaßnahme mit dem Ziel, eine Insolvenz des betroffenen Kreditinstituts zu vermeiden.[69] Hierbei geht es nicht um den Schutz der Gläubiger, sondern um den Schutz des Bankensystems und der Finanzmärkte.[70] Die Definition des Kreditereignisses „Insolvenz" in Sect. 4.2 der Definitions und in Nr. 4 der Begriffsbestimmungen zielt jedoch auf den klassischen Begriff der Insolvenz als Institution zum Schutz der Gläubiger des Gemeinschuldners ab. Demzufolge tritt das Kreditereignis „Insolvenz" nicht ein, wenn der Referenzschuldner eine inländische Bank ist, gegen welches die BaFin die Maßnahmen des § 46 a KWG angewandt hat. Die Parteien können unter Umständen argumentieren, dass stattdessen das Kreditereignis „Restrukturierung" eingetreten ist (vorausgesetzt natürlich, Restrukturierung

---

66 S. *Henderson*, Henderson on Derivatives, S. 144: „*This event [Insolvency] is geared towards normal corporate reference entities and has proved not entirely satisfactory when applied to institutions in a regulated industry, such as banks.*" So auch *Firth*, Derivatives Law and Practice, Rn 16.094:„*…despite the breadth of the provision, it may require adaption to reflect any specific local insolvency law procedure in the Reference Entity's jurisdiction. For example, regulatory interventions, which in some jurisdictions may be precursor to the winding-up of a regulated bank or investment firm, would not be covered.*".
67 Letztes Beispiel aus der inländischen Praxis war die Gontard & Metallbank AG im Jahr 2002.
68 Eine ähnliche Rechtsfrage ist, ob die Maßnahmen des § 46 a KWG einen sogenannten „Event of Default" gemäß Sect. 5(a)(i) des 2002 ISDA-Rahmenvertrags begründen.
69 Diese Auslegung ist auch mit der Richtlinie 2001/24/EC vom April 2001 im Einklang, wonach das Moratorium nicht unter die Liquidationsmaßnahmen unter Titel III der Richtlinie, sondern unter die Umstrukturierungsmaßnahmen des Titels II der Richtlinie fällt.
70 Dafür spricht auch die Vorgeschichte des § 46 a KWG, der als „Antwort auf die Krise des Kölner Bankhauses Herstatt KGaA in das Kreditwesengesetz eingefügt wurde", *Boos/Fischer/Schulte-Mattler*, KWG, Kommentar zu KWG und Ausführungsvorschriften, § 46 a Rn 1.

wurde als Kreditereignis im Einzelabschluss vereinbart)[71] oder warten bis die BaFin einen Insolvenzantrag stellt, denn in diesem Fall tritt eindeutig das Kreditereignis Insolvenz ein.

(3) Vorfälligkeit

Das Kreditereignis „Vorfälligkeit" bedeutet, dass die Verbindlichkeit vorzeitig gekündigt worden ist. Die Vorfälligkeit muss sich auf einen Schwellenbetrag von USD 10.000.000 oder mehr oder dessen Gegenwert in der zwischen den Parteien vereinbarten Währung beziehen bzw ihn überschreiten.

(4) Potenzielle Vorfälligkeit

Das Kreditereignis „Potenzielle Vorfälligkeit" bedeutet, dass die Voraussetzungen für eine vorzeitige Kündigung einer Verbindlichkeit zwar vorliegen, die Kündigung der Verbindlichkeit jedoch noch nicht ausgesprochen worden ist, so dass diese noch nicht (vorzeitig) fällig geworden ist. Die Potenzielle Vorfälligkeit muss sich auf einen Schwellenbetrag iHv USD 10 000 000 oder mehr (oder dessen Gegenwert in der zwischen den Parteien vereinbarten Währung) beziehen bzw ihn überschreiten. Da die Voraussetzungen der Potenziellen Vorfälligkeit mit einer gewissen Unsicherheit und mit Nachweisproblemen verbunden sind, wird dieses Kreditereignis in der Praxis in der Regel nicht vereinbart.

(5) Nichtanerkennung/Moratorium

Das Kreditereignis „Nichtanerkennung/Moratorium" bezieht sich in der Regel auf Staatsschuldner und bedeutet, dass (aa) (i) der Referenzschuldner durch einen befugten Amtsinhaber oder eine Regierungsbehörde seine Verbindlichkeit(en) nicht anerkennt oder bestreitet oder (ii) ein Moratorium oder Zahlungsaufschub oder Prolongation in Bezug auf eine Verbindlichkeit und auf einen Schwellenbetrag iHv USD 10 000 000 oder mehr (oder dessen Gegenwert in der zwischen den Parteien vereinbarten Währung) verkündet oder verhängt wird und (bb) eine Nichtzahlung im o.g. Sinne oder eine Restrukturierung (s. unten unter (f)) ohne Rücksicht auf einen Schwellenbetrag eingetreten ist. Insofern besteht eine gewisse Überschneidung zwischen Nichtanerkennung/Moratorium und Nichtzahlung und Restrukturierung.[72] Ist nur die erste Voraussetzung (s. oben unter (aa)) erfüllt, liegt nicht das Kreditereignis „Nichtanerkennung/Moratorium" vor, sondern lediglich eine Potenzielle Nichtanerkennung/Moratorium.[73] Dieses Kreditereignis adressiert gewissermaßen das politische Risiko, ist aber keineswegs identisch mit dem politischen Risiko, denn letzterer Begriff geht weit über die eng gefassten Voraussetzungen des Kreditereignisses „Nichtanerkennung/ Moratorium" hinaus.[74]

---

71 Eine Nichtzahlung liegt auch dann vor, wenn das durch die Maßnahmen des § 46 a KWG betroffene Kreditinstitut in Verzug gerät und zwar auch dann, wenn die vorerwähnten Maßnahmen der BaFin zur Stundung der Verbindlichkeiten des Kreditinstituts führen. Für die Nichtzahlung, ähnlich wie bei den anderen Kreditereignissen ist es unerheblich, ob die Verbindlichkeit unwirksam ist oder der Verzug auf gerichtlichen oder administrativen Gründen beruht. (s.a. Ursa Minor Ltd. V. Aon Financial Products, U.S.D.N.Y. 2000 US District Lexis 10166 July 21, 2000, unter Rn 147 ff.
72 So auch *Firth*, Derivatives Law and Practice, Rn 16–112.
73 Rn 22.
74 S. *Firth*, aaO, Rn 16–113: „It should be noted that other country or political risks associated with a particular Obligation may exist but are not covered by the Repudiation/Moratorium definition…These risks which could be significant if the Reference Entity is based in an emerging market jurisdiction, may need to be hedged separately.".

(6) Restrukturierung

75 Das Kreditereignis „Restrukturierung" ist wohl das komplizierteste Kreditereignis. Die Entscheidung, ob Restrukturierung als Kreditereignis im Einzelabschluss vereinbart werden soll oder nicht und in welcher Form (s. Unterscheidung zwischen Restrukturierung, Modifizierte Restrukturierung und Modifiziert Modifizierte Restrukturierung) hängt davon ab, ob die Parteien europäische oder US-amerikanische Marktteilnehmer sind und diese auch aufsichtsrechtliche Ziele, wie etwa Eigenkapitalentlastung, verfolgen. Mit dem Begriff Restrukturierung beabsichtigen die Begriffsbestimmungen und die Definitions **jede Umstrukturierung einer Verbindlichkeit des Referenzschuldners** zu erfassen, die **auf seine Bonitätsverschlechterung hindeutet** (zB Verlängerung der Laufzeit, Änderung des Zinssatzes oder des Rückzahlungsbetrags der Verbindlichkeit). Das Problem bei diesem Begriff ist jedoch, dass er ex definitione subjektive und vage Elemente beinhaltet. Die Rating Agenturen, die in diesem Falle die Interessen der Verkäufer vertreten, raten häufig grundsätzlich davon ab, diese Bestimmung in den Einzelabschluss aufzunehmen. Auf der anderen Seite befinden sich häufig die Aufsichtsbehörden, die die Meinung vertreten, dass die Vereinbarung des Kreditereignisses Restrukturierung für die aufsichtsrechtliche Eigenkapitalentlastung zwingend einzufügen ist. Um die genaue Funktion dieses Kreditereignisses besser zu verstehen, empfiehlt es sich einen Blick auf die Entwicklungsgeschichte der entsprechenden Begrifflichkeiten in den Definitions zu werfen.

76 Ein weiteres Problem, das das Kreditereignis Restrukturierung aufwirft, ist die Situation, in der der Käufer Gläubiger des Referenzschuldners ist und somit einerseits der Restrukturierung zustimmt oder sie gar initiiert und andererseits den Verkäufer unter dem Credit Default Swap in Anspruch nimmt. Dieses Problem wird nun durch die neu eingeführten Wahlmöglichkeiten zwischen Modifizierter und modifiziert Modifizierter Restrukturierung in den Definitions und den Begriffsbestimmungen zum großen Teil gelöst.

77 Das Kreditereignis Restrukturierung hat sich zwischenzeitlich als Spannungsfeld zwischen Rating Agenturen und US-amerikanischen Marktteilnehmern einerseits und europäischen Marktteilnehmern und Aufsichtsbehörden andererseits erwiesen. Während die ersten zwei Gruppen eine klare Präferenz gegen dieses Kreditereignis immer wieder zum Ausdruck bringen, wenn auch aus unterschiedlichen Beweggründen,[75] haben die europäischen Marktteilnehmer und Aufsichtsbehörden eine deutliche Präferenz für die Vereinbarung dieses Kreditereignisses.

(7) Die Vorgeschichte der Restrukturierung: Die 1999 ISDA Credit Derivatives Definitions

78 Unter Sect. 4.7(a) der alten 1999 ISDA Credit Derivatives Definitions war Restrukturierung in Bezug auf eine oder mehrere Verbindlichkeiten eingetreten, wenn eines der folgenden Ereignisse vorlag: (a) Zinsreduzierung; (b) Reduzierung des Rückzahlungsbetrages; (c) Verschiebung oder Aufschub der Zinszahlungstage oder des Rückzahlungstages; (d) Änderung des Rangs einer Verbindlichkeit oder (e) Änderung der Währung oder Zusammensetzung der Zins- oder Rückzahlungen. Ferner sah Sect. 4.7 (b) dieser alten Definitions vor, dass, selbst wenn die vorerwähnten Ereignisse unter (a)-(e) vorliegen, keine Restrukturierung eingetreten ist, wenn dieses Ereignis auf den Beitritt eines EU-Mitgliedstaates in die Währungs-

---

[75] Was die Rating Agenturen gegen die Vereinbarung der Restrukturierung als Kreditereignis einnimmt, ist vor allem das Fehlen von Risikomodellen, die dem Wahrscheinlichkeitsgrad von Kreditausfällen als Folge einer Restrukturierung entsprechen. Die US-amerikanischen Marktteilnehmer sind wegen ihrer vagen Formulierungen abgeneigt, Restrukturierung als Kreditereignis zu vereinbaren. Hingegen plädieren die europäischen Aufsichtsbehörden für die Vereinbarung der Restrukturierung im Einzelabschluss eines Credit Default Swaps mit dem Argument, dass diese einen umfassende(re)n Schutz vor dem Ausfall des Referenzschuldners gewährt. Die europäischen Marktteilnehmer, vor allem wenn diese als Käufer handeln, sind daher gezwungen, der Meinung ihrer Aufsichtsbehörden zu folgen.

B. Anhang für Kreditderivate zum dt. Rahmenvertrag für Finanztermingeschäfte 8

union oder auf eine übliche administrative, bilanztechnische, steuerliche oder sonstige technische Anpassung zurückzuführen ist, und dessen Eintritt weder mittelbar noch unmittelbar zur Bonitätsverschlechterung oder gar Verschlechterung der Wirtschaftslage des Referenzschuldners führt. Die Formulierungen „Bonitätsverschlechterung oder Verschlechterung des Wirtschaftslage" sowie „ übliche administrative, bilanztechnische, steuerliche oder sonstige technische Anpassung" sind vage und insofern mit einer gewissen Rechtsunsicherheit behaftet.

(8) **Restrukturierung unter den Definitions und den Begriffsbestimmungen**

Die vorerwähnten Unklarheiten und Schwierigkeiten haben ISDA veranlasst, in den Definitions den Begriff der Restrukturierung objektiver zu formulieren und die Regelungen zu den Lieferbaren Verbindlichkeiten sachgerechter zu gestalten. Den neuen Formulierungen der Definitions folgen auch der Anhang und die Begriffsbestimmungen. 79

Nun haben die Marktteilnehmer vier Wahlmöglichkeiten in Bezug auf das Kreditereignis Restrukturierung unter den Definitions: 80

- Keine Restrukturierung zu vereinbaren, was idR dem Wunsch der US-amerikanischen Vertragspartner entspricht;
- Restrukturierung im Sinne von Nr. 4 der Begriffsbestimmungen und von Sect. 4.7 der Definitions, die der Sect. 4.7. der alten 1999 ISDA Credit Derivatives Definitions entspricht;
- Modifizierte Restrukturierung unter Sect. 4.7 iVm Sect. 2.32. der Definitions; und
- Modifiziert Modifizierte Restrukturierung unter Sect. 4.7. iVm 2.33. der Definitions.

(9) **Modifizierte Restrukturierung**

Die Modifizierte Restrukturierung ist in Sect. 4.7 iVm 2.32. der Definitions vorgesehen und ihre Anwendbarkeit hat zwei Folgen: Erstens darf die Laufzeit der vereinbarten Lieferbaren Verbindlichkeiten nicht kürzer als die Laufzeit des entsprechenden Credit Default Swaps sein, dh sie dürfen nicht vor dem vereinbarten Enddatum und nicht länger als 30 Monate nach dem Vereinbarten Enddatum fällig sein. Zweitens muss die Lieferbare Verbindlichkeit an qualifizierte Empfänger („**Eligible Transferees**") voll übertragbar sein. Qualifizierte Empfänger sind Unternehmen, die gewerbsmäßig Kredite gewähren, erwerben oder in Darlehen, Wertpapiere oder andere Finanzwerte investieren. 81

Ferner darf sich die Restrukturierung nicht auf bilaterale Darlehen als Verbindlichkeiten beziehen, um kollusives Verhalten zwischen dem Referenzschuldner und seinem Darlehensgeber zu vermeiden; bilaterale Darlehen dürfen jedoch Lieferbare Verbindlichkeiten sein, wenn dies vereinbart worden ist und diese die vereinbarten Merkmale der Lieferbaren Verbindlichkeiten erfüllen. Schließlich gilt als vereinbart – es sei denn die Parteien haben ausdrücklich etwas anders vereinbart –, dass das Kreditereignis Restrukturierung sich auf eine Verbindlichkeit des Referenzschuldners beziehen muss, die von mindestens drei Gläubigern gemeinsam gehalten wird und 66 2/3 % der Gläubiger der Restrukturierung zugestimmt haben. Die Modifizierte Restrukturierung wird vor allem von nordamerikanischen Vertragspartnern bevorzugt. 82

(10) **Modifziert Modifizierte Restrukturierung**

Bei der Modifiziert Modifizierten Restrukturierung darf die Lieferbare Verbindlichkeit eine Restlaufzeit von bis zu 60 Monaten nach der Restrukturierung im Falle von Anleihen oder Darlehen und von bis zu 30 Monaten für alle anderen Kategorien von Lieferbaren Verbind- 83 lichkeiten haben. Ferner muss die Lieferbare Verbindlichkeit „Bedingt Übertragbar" an einen sogenannten Qualifizierten Empfänger („**Eligible Transferee**")[76] sein.

IV. Erfüllung bei Eintritt der Leistungsbedingungen
1. Erfüllungsarten und Abwicklungsmechanismus

84 Als Erfüllungsmethoden bzw Abwicklungsmethoden können die Parteien zwischen Barausgleich durch den Verkäufer und Erfüllung durch Lieferung der vereinbarten Lieferbaren Verbindlichkeiten des Referenzschuldners durch den Käufer gegen Zahlung des aktuellen Preises bzw des Nominalwertes der Referenzverbindlichkeit durch den Verkäufer wählen.

85 Erfüllung durch Lieferung ist heute der Marktstandard und einige gute Gründe sprechen dafür. Erstens ist der Barausgleich trotz der Bemühung der ISDA nach Standardisierung und möglichst objektiver Preisermittlung[77] immer noch mit einer gewissen Unsicherheit und Subjektivität behaftet und kann was die Preismitteilung angeht im Falle von volatilen Verbindlichkeiten[78] besonders problematisch sein. Sollten zweitens die Parteien Gegengeschäfte („Hedge-Geschäfte") eingehen wollen, bietet sich die Erfüllung durch Lieferung als Erfüllungs- bzw Abwicklungsmethode an, vorausgesetzt, die entsprechenden Einzelabschlüsse sehen die gleichen Verbindlichkeitskategorien vor, so dass das Risiko von Diskrepanzen bzw eines unvollständigen Gegengeschäfts somit gering ist. Trotzdem gibt es durchaus Situationen, in denen die Erfüllung durch Lieferung nicht besonders geeignet ist. So zB, wenn der Käufer keine Verbindlichkeit des Referenzschuldners hält, so dass er im Falle des Eintritts der Leistungsbedingungen[79] geeignete Verbindlichkeiten (dh Verbindlichkeiten, die unter die vereinbarten Verbindlichkeitskategorien fallen und die vereinbarten Verbindlichkeitsmerkmale erfüllen) auf dem Markt erwerben muss,[80] dies kann unter Umständen besonders schwierig sein, wenn dies mehrere Marktteilnehmer gleichzeitig versuchen.

2. Erfüllung durch Barausgleich

86 Erfüllung durch Barausgleich bedeutet, dass bei Erfüllung der Leistungsbedingungen der Verkäufer eine Ausgleichszahlung an den Käufer leistet. Diese Ausgleichszahlung berechnet sich als das Produkt des **Berechnungsbetrags** („**Floating Rate Payer Amount**") und der Differenz zwischen dem Referenzkurs und dem Endkurs der Referenzverbindlichkeit.

87 Die Berechnungsstelle berechnet zunächst den Endkurs der Referenzverbindlichkeit auf der Grundlage von Vollquotierungen von fünf führenden Händlern (die durch die Berechnungsstelle bestimmt werden), wobei sie die niedrigste und höchste hiervon nicht berücksichtigen. Ist der Endkurs höher als der Referenzpreis, ist der Ausgleichsbetrag null und somit entfällt die Ausgleichszahlung, denn in diesem Fall ist im Ergebnis trotz des Eintritts eines Kreditereignisses, keine Bonitätsverschlechterung beim Referenzschuldner eingetreten.

88 Die Parteien können vereinbaren, ob die vorerwähnte Vollquotierung durch die fünf führenden Händler aufgelaufene, aber nicht gezahlte Stückzinsen einschließen sollen.

89 Für den zeitlichen Ablauf bei Erfüllung durch Barausgleich steht als Ausgangspunkt der **Bewertungstag** („**Valuation Date**"), der als solcher nach Ablauf einer Frist nach Erfüllung der Leistungsbedingungen im Einzelabschluss vereinbart werden kann. Ist kein Bewertungstag im Einzelabschluss vereinbart, dann muss die Bewertung innerhalb von fünf Bankarbeitstagen nach Erfüllung der Leistungsbedingungen erfolgen. An den Bewertungstag knüpft der

---

76 S. Anhang, Nr. 6 (a).
77 Rn 3.
78 S. *Henderson*, Henderson on Derivatives, S. 158.
79 Rn 50 ff.
80 *Firth*, Derivatives Law and Practice, Rn 16–150.

Barausgleichstag („**Cash Settlement Date**") an, dh der Tag, an dem die Zahlung des Ausgleichsbetrags zu erfolgen hat. Ist der Barausgleichstag nicht im Einzelabschluss vereinbart, gilt als Barausgleichstag der dritte Bankarbeitstag nach dem Bewertungstag, wenn der Barausgleichsbetrag im Einzelabschluss nicht vereinbart ist. Ist der Barausgleichsbetrag im Einzelabschluss vereinbart, jedoch der Barausgleichstag nicht, gilt als Barausgleichstag der dritte Bankarbeitstag nach Erfüllung aller Abwicklungsbedingungen.

Die geeignete Bewertungsmethode und überhaupt der geeignete Bewertungsprozess sind für beide Parteien eines Credit Default Swaps wichtig, denn zu diesem Zeitpunkt zeigt sich, ob die Parteien die richtige Wahl beim Abschluss des Credit Default Swaps getroffen haben. Ist aus Sicht des Verkäufers und im Hinblick auf die gezahlte Prämie der Ausgleichsbetrag zu hoch, so hat sich dieser beim Abschluss des Credit Default Swaps über den Wert der Verbindlichkeit getäuscht. Ist der Ausgleichsbetrag aus Sicht des Käufers zu niedrig oder entspricht er nicht dem Wert des Vermögenswerts bzw der Verbindlichkeit des Referenzschuldners, die sich gegebenenfalls im Portfolio befindet und vor deren Abwertung er sich im Wege des Credit Default Swaps schützen wollte, hat der Käufer nicht das richtige Geschäft abgeschlossen.

Schaubild 6: *Zeitlicher Ablauf – Barausgleich*

a) *Ohne verschobenes Enddatum*

* Notwendige und hinreichende Bedingungen: Mitteilung über den Eintritt eines Kreditereignisses und evtl. Mitteilung über öffentliche Informationen
** Geschäftstag

b) *Mit verschobenem Enddatum*

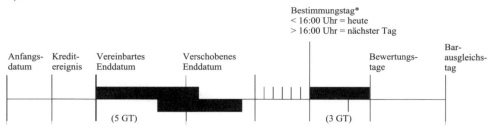

Mitteilungsfrist: 14 Kalendertage

* Notwendige und hinreichende Bedingungen: Mitteilung über den Eintritt eines Kreditereignisses und evtl. Mitteilung über öffentliche Informationen

3. Erfüllung durch Lieferung

91 Erfüllung durch Lieferung bedeutet, dass der Käufer die vereinbarten Verbindlichkeiten an den Verkäufer gegen Zahlung des Nominalwertes dieser Verbindlichkeiten nach Eintritt der Leistungsbedingungen liefert. Diese Verbindlichkeiten, die der Käufer an den Verkäufer liefern darf, heißen „Lieferbare Verbindlichkeiten".

92 Ähnlich wie bei den Verbindlichkeiten[81] sehen sowohl die Begriffsbestimmungen als auch die Definitions eine Liste mit Kategorien von Lieferbaren Verbindlichkeiten und eine Liste mit Merkmalen von Lieferbaren Verbindlichkeiten vor, aus denen die Parteien die für sie geeigneten Lieferbaren Verbindlichkeiten aussuchen und vereinbaren können (sogenannte „Matrix Approach").[82]

93 Die Kategorien der Lieferbaren Verbindlichkeiten sind identisch mit den Kategorien der Verbindlichkeiten (nämlich Zahlung, Aufgenommene Gelder, Nur Referenzverbindlichkeit, Anleihe, Darlehen, Anleihe oder Darlehen); trotz dieser Identität ist die Funktion dieser Kategorien unterschiedlich. Während die Verbindlichkeiten den Umfang der Risikoübertragung bestimmen, bestimmen die Lieferbaren Verbindlichkeiten die Gattung der Leistung bei Erfüllung durch Lieferung. Um unnötige Wiederholungen zu vermeiden, wird an dieser Stelle auf die Ausführungen zu den Kategorien der Verbindlichkeiten[83] verwiesen. Hierbei ist noch zu beachten, dass die gegebenenfalls vereinbarte Referenzverbindlichkeit immer zu den Lieferbaren Verbindlichkeiten zählt, selbst wenn diese die Merkmale der Verbindlichkeiten nicht erfüllt, es sei denn, die Referenzverbindlichkeit wurde explizit als Lieferbare Verbindlichkeit ausgeschlossen.

94 Hingegen gehen die Merkmale der Lieferbaren Verbindlichkeiten über die Merkmale der Verbindlichkeiten hinaus und sehen zusätzlich zu den bereits geschilderten Merkmalen der Verbindlichkeiten folgende zusätzliche Merkmale vor: „Übertragbares Darlehen", „Direkte Darlehensbeteiligung"; „Höchstlaufzeit", „Gekündigt oder Fällig", „Kein Inhaberpapier" und „Ohne Bedingung". Die ersten drei Merkmale beziehen sich auf Darlehen als Lieferbare Verbindlichkeiten, während die übrigen Merkmale, bis auf das Merkmal „Ohne Bedin-

---

[81] Rn 35 ff.
[82] Am 16.3.2011 hat ISDA die „Credit Derivatives Physical Settlement Matrix und Confirmation" veröffentlicht. Die erwähnte Matrix listet die optionalen Regelungen zur Erfüllung durch Lieferung bei Credit Default Swaps mit konkreten Kategorien von Referenzschuldnern auf, wobei die Parteien die zwischen ihnen anwendbaren Regelungen im Einzelabschluss vereinbaren.
[83] Rn 37 ff.

B. Anhang für Kreditderivate zum dt. Rahmenvertrag für Finanztermingeschäfte

gung", sich auf die anderen Kategorien der Lieferbaren Verbindlichkeiten, vor allem auf Anleihen, beziehen.

- „Übertragbares Darlehen" bedeutet jedes Darlehen, das an institutionelle Anleger ohne jegliche vertragliche, gesetzliche oder aufsichtsrechtliche Einschränkungen übertragbar ist.
- „Zustimmungsbedürftiges Darlehen" bedeutet jedes Darlehen, das nur mit Zustimmung des Darlehensnehmers oder Garantiegebers übertragbar bzw abtretbar ist.
- „Direkte Darlehensbeteiligung" bedeutet eine Darlehensunterbeteiligung, die auf den Verkäufer übertragen wird.[84]
- „Höchstlaufzeit" der Lieferbaren Verbindlichkeit bedeutet, dass die Restlaufzeit dieser Verbindlichkeit (nach Eintritt der Leistungsbedingungen) auf eine zwischen den Parteien vereinbarte begrenzt ist.
- „Gekündigt oder Fällig" bedeutet, dass die Lieferbare Verbindlichkeit fällig und zahlbar als Folge der vorgesehenen Fälligkeit oder Vorfällig ist.
- „Kein Inhaberpapier" bedeutet, dass die Lieferbare Verbindlichkeit kein Inhaberpapier ist, es sei denn, sie kann über ein internationales Clearing System abgewickelt werden.
- „Ohne Bedingung" bedeutet, dass der Nominalbetrag bzw zurückzuzahlender Betrag der Lieferbaren Verbindlichkeit bei Fälligkeit nicht vom Eintritt eines Ereignisses bzw einer Bedingung (außer der eigentlichen Rückzahlung) abhängt. Ferner schließen sowohl die Begriffsbestimmungen als auch die Definitions Wandelanleihen und tauschbare Verbindlichkeiten ein, vorausgesetzt, dass die Wandlungs- bzw Tauschoption nicht vor oder an dem Lieferbetrag ausgeübt worden ist.[85]

Die Lieferbare Verbindlichkeit muss die vereinbarten Merkmale am Tag der Lieferung erfüllen.

Der zeitliche Ablauf des Abwicklungsprozesses bei Erfüllung durch Lieferung ist wie folgt:

Neben der Mitteilung über den Eintritt eines Kreditereignisses ist die Sendung einer **Mitteilung über Erfüllung durch Lieferung** („Notice of Physical Settlement") die zusätzliche Leistungsbedingung bei Credit Default Swaps mit Erfüllung durch Lieferung. Der Käufer muss diese Mitteilung über Erfüllung durch Lieferung an den Verkäufer binnen 30 Kalendertagen nach dem sogenannten **Bestimmungstag** („Event Determination Date") senden. Als Bestimmungstag ist in Sect.1.8 der Definitions der erste Tag, an dem die Mitteilung über den Eintritt eines Kreditereignisses und, falls anwendbar, die Mitteilung über öffentliche Informationen, wirksam geworden sind. Diese Mitteilung muss die Bestätigung des Käufers zur Lieferung sowie eine detaillierte Beschreibung der zu liefernden Lieferbaren Verbindlichkeiten beinhalten.

Unter dem Begriff Lieferung zählt nach Sect. 8.2. der Definitions und Nr. 5 der Begriffsbestimmungen auch die Übertragung des uneingeschränkten Eigentums an den infrage kommenden Lieferbaren Verbindlichkeiten und zwar ohne Bedingungen und frei von jeglichen Rechten Dritter oder des Käufers (zB Sicherheiten oder Aufrechnung). Die Lieferung der Lie-

---

[84] Im Gegensatz zu den 1999 ISDA Credit Derivatives Definitions sehen nun die Definitions nur eine „Direkte Darlehensbeteiligung" und keine „Indirekte Darlehensbeteiligung" mehr vor.

[85] Diese umständliche Definition hat etwas mit der Vorgeschichte des Begriffs „Ohne Bedingung" zu tun. Die 1999 ISDA Credit Derivatives Definitions definierten Lieferbaren Verbindlichkeiten „Ohne Bedingung" als Verbindlichkeiten, deren Zahlung bzw Rückzahlung des Nominalbetrags nicht von einer Formel oder einem Index oder irgendeiner Bedingung abhängt und die entweder variabel oder festverzinst ist. Diese Definition hat jedoch zu Unklarheiten in Bezug auf die Frage geführt, ob Wandelanleihen oder tauschbare Verbindlichkeiten allgemein als Lieferbare Verbindlichkeiten „Ohne Bedingung" einzustufen sind. Auslöser für diese Diskussion war vor allem die Insolvenz der englischen Bahngesellschaft Railtrack Plc. Das entsprechende Gerichtsurteil ist Nomura International Plc. v. Credit Suisse First Boston International [2002] EWHC 160 (Comm), s. Rn 40.

ferbaren Verbindlichkeiten hat binnen der vereinbarten Lieferfrist zu erfolgen. Ist keine solche Frist im Einzelabschluss vereinbart, hat die Lieferung binnen der längsten Frist zu erfolgen, die den für die in Frage kommenden Lieferbaren Verbindlichkeiten Marktusancen entspricht.

98 Erfolgt die Lieferung der in der Mitteilung über Erfüllung durch Lieferung beschriebenen Lieferbaren Verbindlichkeiten nicht oder nicht innerhalb von 15 Kalendertagen nach dem Tag, an dem diese zu erfolgen hat, hat der Verkäufer das Recht, die Lieferbaren Verbindlichkeiten auf dem Markt zu erwerben und von dem Käufer die Differenz zwischen Erfüllungsbetrag und Aufwand für den Erwerb der Lieferbaren Verbindlichkeiten zu verlangen. Gelingt es dem Verkäufer nicht, die Lieferbaren Verbindlichkeiten auf dem Markt zu erwerben, hat der Käufer diesmal fünf Bankgeschäftstage, um die Lieferbaren Verbindlichkeiten zu liefern. Ist das auch nicht möglich, ist der Verkäufer wieder gefragt, usw. Der offensichtliche Nachteil dieses Mechanismus ist, dass er theoretisch ewig so weiter laufen kann, ohne dass die Transaktion abgewickelt werden kann.[86] In der Praxis vereinbaren die Parteien deshalb häufig zeitliche Grenzen.

Schaubild 7: *Zeitlicher Ablauf – Erfüllung durch Lieferung*

a) *Ohne verschobenes Enddatum*

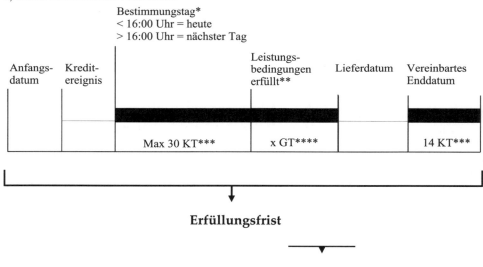

* Notwendige und hinreichende Erfüllungsbedingungen: Mitteilung über ein Kreditereignis und event. Mitteilung über öffentliche Informationen
** Hinreichende Bedingungen: Mitteilung über Erfüllung durch Lieferung
*** Kalendertag
**** Geschäftstag

---

86 Die alte Regelung in den 1999 ISDA Credit Derivatives Definitions sah für den Fall der Nichtlieferung durch den Käufer einen Verlust des Schutzes bzw Ende der Risikoübertragung als Sanktion vor. Obgleich diese Sanktion als drakonisch kritisiert wurde (s. insbesondere Firth, Derivatives Law and Practice, Rn 16–194) hatten sie den Vorteil, dass sie für Klarheit gesorgt hat.

b) *Mit verschobenem Enddatum*

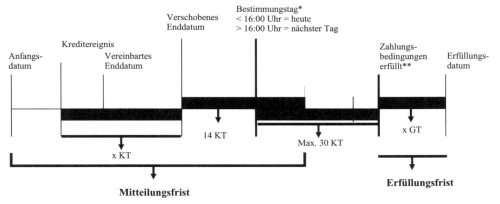

* Notwendige und hinreichende Erfüllungsbedingungen: Mitteilung über Kreditereignis und evtl. Mitteilung über öffentliche Informationen
** Hinreichende Bedingung: Mitteilung über Erfüllung durch Lieferung

4. Erfüllung durch Teilweisen Barausgleich

Ist die vereinbarte Erfüllung durch Lieferung nicht möglich (zB, weil die erforderliche Zustimmung bei Zustimmungsbedürftigen Darlehen nicht erfolgt ist), sieht der Anhang und die Definitions einen Teilbarausgleich als alternative Abwicklungsmethode vor. 99

Hierbei ist es wichtig festzuhalten, dass der Teilbarausgleich die Ausnahme ist, falls die Parteien Erfüllung durch Lieferung vereinbart haben und die Lieferung nicht möglich ist. Die Regel ist in diesem Fall, dass der Käufer seinen Schutz verliert oder die vorerwähnten Alternativregelungen zur Abwicklung anwendbar sind. 100

Ein Teilbarausgleich als Abwicklungsmethode kommt nur in den folgenden vier Fällen in Betracht: 101

- Bei Unmöglichkeit und Rechtswidrigkeit. Ist die Lieferung der vereinbarten Lieferbaren Verbindlichkeiten unmöglich[87] oder rechtswidrig, verlängert sich die Lieferfrist um 30 Kalendertage. Ist die Lieferung auch nach Ablauf der vorerwähnten Frist immer noch unmöglich oder rechtswidrig, ist Barausgleich für den nicht lieferbaren Teil und Erfüllung durch Lieferung für den lieferbaren Teil anwendbar.
- Bei Zustimmungsbedürftigen Darlehen und allen Darlehen als Lieferbare Verbindlichkeiten. Sind Zustimmungsbedürftige Darlehen oder alle Darlehen als Lieferbare Verbindlichkeiten vereinbart und eine Zustimmung des Darlehensnehmers liegt bis zum Erfüllungstag nicht vor, sind auch in diesem Fall die Regelungen über den Teilbarausgleich anwendbar.
- Bei fehlender Übertragbarkeit im Falle von Übertragbaren Darlehen gilt eine ähnliche Regelung wie oben dargestellt, wenn auch Übertragbare Darlehen als lieferbare Verbindlichkeit vereinbart worden sind und die Zustimmung des Darlehensnehmers für die Übertragung an Nichtkreditinstitute bis zum Erfüllungstag fehlt. In diesem Zusammenhang ist noch festzuhalten, dass eine fehlende Zustimmung des Darlehensnehmers nur

---

87 Bei der Unmöglichkeit darf es sich nicht bloß um eine subjektive Unmöglichkeit des Käufers handeln. Insofern nähert sich der Begriff Unmöglichkeit dem Begriff „Force Majeure". Hingegen fällt die technische, administrative Unmöglichkeit darunter.

dann einen Teilbarausgleich zur Folge hat, wenn die Parteien alle Darlehen, Zustimmungsbedürftige Darlehen und/oder Übertragbare Darlehen als Lieferbare Verbindlichkeiten vereinbart haben. Ist dies nicht der Fall und liegt eine gegebenenfalls erforderliche Zustimmung des Darlehensnehmers bist zum fünften Bankgeschäftstag nach dem Erfüllungstag nicht vor, führt dies zur Anwendung der allgemeinen Regeln.[88]

- Bei Direkten Darlehensbeteiligungen. Haben die Parteien Direkte Darlehensbeteiligung als Lieferbare Verbindlichkeit vereinbart und wird der entsprechende Vertrag nicht bis zum fünfzehnten Bankgeschäftstag nach dem Erfüllungstag abgeschlossen, führt dies zum Teilbarausgleich.

5. Erfüllung durch Auktion

102 Das March 2009 Supplement bietet als drittes Abwicklungsverfahren, neben dem Barausgleich und der Erfüllung durch Lieferung, die Erfüllung durch Auktion. Haben die Parteien ein Auktionsabwicklungsverfahren vereinbart und das Credit Derivatives Determinations Committee die Durchführung einer Auktion beschlossen, werden die Parteien den maßgeblichen Abwicklungspreis für die relevante Lieferbare Verbindlichkeit des in Frage kommenden Referenzschuldners auf Basis des Auktionsverfahrens feststellen können.

Bis zum July 2009 Supplement war es nicht möglich ein Auktionsverfahren zu vereinbaren, wenn das einzige Kreditereignis Restrukturierung[89] war. Der Grund dafür war, dass bei der Modifizierten Restrukturierung[90] sowie bei der Modifiziert Modifizierten Restrukturierung die Lieferbarkeit von der (Rest)Laufzeit der Lieferbaren Verbindlichkeiten abhängt. Diese Schwierigkeit würde bedeuten, dass eine separate Auflistung der jeweils Lieferbaren Verbindlichkeiten bei jedem Auktionsverfahren erforderlich ist. Um dieses Problem zu bewältigen, hat ISDA im Juli 2009 Supplement die Möglichkeit von mehrfachen Auktionsverfahren je nach Laufzeit der Lieferbaren Verbindlichkeiten oder „Buckets" eingeführt. Das System des July 2009 Supplement baut auf zwei Begriffe auf: Kategorien von Laufzeiten von Lieferbaren Verbindlichkeiten „Maturity Buckets" und die sog. Regelung 500/5:

(a) Kategorien von Laufzeiten (Maturity Buckets): Tritt das Kreditereignis Restrukturierung ein, sieht das July 2009 Supplement unterschiedliche Kategorien von Laufzeitengruppen (2.5, 5, 7,5, 10, 13.5, 15, 20 und 30 Jahre). Für jede von diesen Kategorien von Laufzeiten wird eine Liste mit Lieferbaren Verbindlichkeiten bezogen auf das Vereinbarte Enddatum erstellt

(b) Regelung 500/5. Tritt das Kreditereignis Restrukturierung ein und wird ein Credit Event Notice zugestellt, kann die Credit Derivatives Committee entscheiden, ob sie ein oder mehrere Auktionsverfahren für ein oder mehrere Kategorien von Laufzeiten (von Lieferbaren Verbindlichkeiten) veranlasst. Beziehen sich jedoch 500 oder mehr Credit Default Transaktionen auf eine Laufzeitkategorie, bei denen das Kreditereignis Restrukturierung eingetreten und die Credit Event Notice zugestellt worden ist und 5 oder mehr von den wichtigsten Dealer sind Vertragsparteien an solchen Transaktionen, dann findet das Auktionsverfahren „automatisch" für diese Laufzeitkategorie statt.

6. Die Rolle der Credit Derivatives Determinations Committees

103 Annex A zu den Definitions, wie durch das March 2009 Supplement eingeführt, regelt die fünf Credit Derivatives Determinations Committees, die sich aus acht zugelassenen („Eligible") Global Dealern („Designated Dealer Members") gemäß Sect. 1.5 (a) (i) des vorer-

---

88 Rn 92 ff.
89 Rn 75 ff.
90 Rn 83 ff.

B. Anhang für Kreditderivate zum dt. Rahmenvertrag für Finanztermingeschäfte   8

wähnten Annex, zwei regionalen Dealern („Designated Regional Dealer Voting Member") gemäß Sect. 1.5 (a) (ii) des Annex und fünf nicht stimmberechtigten zugelassenen Non-Dealern („Designated Non-dealer Voting Member") gemäß Sect. 1.5 (c) (i) zusammensetzen. Die fünf Credit Derivatives Determinations Committees, jeweils eine für (1) Europa/Mittleren Osten und Afrika, (2) Süd- und Nordamerika, (3) Asien ohne Japan, (4) Japan, (5) Australien und Neu Seeland haben insbesondere folgende Zuständigkeiten:[91]

(a) Festellung des Eintritts eines Kreditereignisses sowie einer Potenziellen Nichtzahlung oder eines Potenziellen Repudiation/Moratoriums und eines Nachfolgerereignisses;
(b) Durchführung eines Auktionsverfahrens;
(c) Feststellung der Lieferbaren Verbindlichkeiten sowie der gegebenenfalls Ersatz-Referenzverbindlichkeiten.

V. Administrative Regelungen und Sonstiges

Auf eine ausführliche Besprechung der administrativen Regelungen der Definitions (zB Business Day Convention, Target Settlement Day, usw.) und der Begriffsbestimmungen wird in diesen Ausführungen mit Ausnahme der Regelung über die Berechnungsstelle und die Rahmenvereinbarung über Einzelabschlüsse verzichtet.   104

1. Berechnungsstelle („Calculation Agent")

Berechnungsstelle ist in der Regel der Verkäufer. Zudem sehen Sect. 1.14 der Definitions und Nr. 1 der Begriffsbestimmungen vor, dass der Verkäufer als Berechnungsstelle zu agieren hat, wenn die Parteien es versäumt haben eine Berechnungsstelle zu vereinbaren.   105

Die Aufgaben der Berechnungsstelle gehen über die bloße Berechnung hinaus und schließen u.a. die Feststellung des/der Nachfolger(s.) des Referenzschuldners, die Frist bei Erfüllung durch Lieferung, die Quotierung und die führenden Marktteilnehmer beim Barausgleich ein. Hierbei hat die Berechnungsstelle ihre Aufgaben und Ermessen gutgläubig und in kaufmännisch angemessener Art („in good faith and in a commercially reasonable manner") zu erfüllen. In der Marktpraxis vereinbaren die Parteien in der Regel den Verkäufer als Berechnungsstelle.   106

2. Rahmenvereinbarung über Einzelabschlüsse (Master Confirmation Agreement)

a) Allgemeines

Obgleich die Bemühungen der ISDA zur Standardisierung der Credit Default Swap Dokumentation unter ISDA zweifelsohne als erfolgreich bezeichnet werden dürfen, ist die Verhandlung von Einzelabschlüssen für den dynamischen und schnelllebigen Markt der Derivate nach wie vor zu zeitaufwendig und -intensiv.   107

In einem weiteren Versuch, den Bedürfnissen des Kreditderivatenmarkts Rechnung zu tragen, schließen viele Marktteilnehmer eine **Rahmenvereinbarung für Einzelabschlüsse („Master Confirmation Agreement")** ab. Diese Rahmenvereinbarung ist zwar unter dem ISDA-Rahmenvertrag dokumentiert, regelt aber die variablen Teile des Einzelabschlusses im Einklang mit den hausinternen Richtlinien der jeweiligen Kontrahenten nur in abstracto. Dies hat zur Folge, dass die Regelungen dieser Rahmenvereinbarung auf jeden künftigen Einzelabschluss eines Credit Default Swaps zwischen den Parteien als vereinbart gelten, es sei denn, die Parteien treffen eine andere abweichende Vereinbarung für ein bestimmtes Geschäft. Gewiss steigert diese Praxis die Effizienz und befreit die sowieso knappen Ressourcen (Spezialisten in den Rechts- und Abwicklungsabteilungen) in diesem Bereich. Der damit ver-   108

---

91 Linklaters, ISDA 2003 Credit Derivatives Definitions, S. 3, 9.3.2009.

bundene Nachteil ist jedoch, dass die Wahrscheinlichkeit von Fehlern steigt, wenn man im Interesse einer raschen Abwicklung die Besonderheiten der jeweils in Frage kommenden Transaktion übersieht und sich blind auf die bereits vereinbarten Regelungen einer gegebenenfalls vorliegenden Rahmenvereinbarung über Einzelabschlüsse verlässt.[92] Soweit ersichtlich hat sich diese Praxis unter den inländischen Marktteilnehmern nicht durchgesetzt.

b) Single Name CDS Swapitons

109 Auf sogenannte Single CDS Swaptions sind die ISDA Single Name CDS Standard Swaption Standard Terms Supplement and Credit Default Swaption Confirmation (wie veröffenlicht am 20.12011) anwendbar.

c) Zusätzliche Regelungen für Recovery Lock Credit Derivative Transactions

110 Als Recovery Lock Transactions werden CDS-Transaktionen bezeichnet, bei denen die Parteien die Recovery Rate beim Vertragsabschluss fest vereinbaren. Für diese Art von Transaktionen gelten die Addtional Provisions for Recovery Lock Credit Derivative Transactions (wie am 2.3.2011 veröffentlicht).

d) ISDA Nth to Default Standard Terms Supplement and Confirmation

111 Nth-to-Default Swaps sind Credit Default Swaps mit mehreren Referenzschuldnern, wobei der Ausfall bzw der Eintritt eines Kreditereignisses bei einem dieser Referenzschuldner zur Ausgleichszahlung führt. Auf diese Art von CDS finden die ISDA Nth to Default Standard Terms Supplement and Confirmation Anwendung (wie 2011 veröffentlicht).

e) Global Tranched Standard Terms Supplements

112 Als Tranched Transaction ist in diesem Zusammenhang ein Korb („basket") von Referenzschuldnern zu verstehen. Tritt ein Kreditereignis in Bezug auf einen dieser Referenzschulderb ein, führt es nicht zu einer Beendigung der gesamten Transaktion, sondern nur zur Beendigung der Transaktion hinsichtlich des Referenzschulders, bei dem das Kreditereignis eingetreten ist. Auf diese Transaktionen findet das Supplement vom 1.2.2011 Anwendung, das zum größten Teil ausführliche Regelungen zur Erfüllung (Barausgleich und Erfüllung durch Lieferung) enthält.

VI. Marktpraxis der Verwendung der Definitions und des Anhangs

113 Folgende Übersicht schildert, wie die Marktteilnehmer die Definitions bzw den Anhang und die Begriffsbestimmungen verwenden bzw welche der in den Definitions oder im Anhang enthaltenen Wahlmöglichkeiten durch die Marktpraxis vorgezogen werden.[93]

Regelung	Marktpraxis
Verschobenes Enddatum (Grace Period Extension)	In der Regel vereinbart als nicht anwendbar
Referenzverbindlichkeit	In der Regel nicht vereinbart (bei Credit Default Swaps mit Erfüllung durch Liefe-

---

92 Man sollte jedoch den zusätzlichen Zeitaufwand nicht unterschätzen, der entsteht, wenn eine Partei aus welchem Grund auch immer von einer abgeschlossenen Rahmenvereinbarung abweichen will. Denn in diesem Fall steigt der Erklärungsbedarf für die gewünschte Abweichung, was die Verhandlungen erheblich erschweren und verzögern kann.
93 Beachte: Die folgenden Schilderungen entsprechen dem Marktstandard im Mai 2007. Der Leser sollte sich deshalb nach dem jeweils aktuellen Marktstandard erkundigen.

Regelung	Marktpraxis
	rung, anders im Falle von Erfüllung mit Barausgleich)[94]
Verbindlichkeit (Obligation) und Verbindlichkeitsmerkmale (Obligation Characteristics)	In der Regel Aufgenommene Gelder und keine Verbindlichkeitsmerkmale bei Referenzschuldnern mit Sitz in den G-7 Ländern oder in den EU-Mitgliedstaaten
Kreditereignisse (Credit Events)	Insolvenz (Bankruptcy), Nichtzahlung (Nonpayment) und Restrukturierung (Restructuring) am häufigsten vereinbart.
Lieferbare Verbindlichkeiten (Deliverable Obligations) Merkmale der Lieferbaren Verbindlichkeiten Deliverable Obligations Characteristics)	Ohne Bedingung (No Contigency), Übertragbares Darlehen, Zustimmungsbedürftiges Darlehen, Höchstlaufzeit (in der Regel 30 Jahre) („Maxium Maturity")

C. Die sogenannte Bridge-Lösung

I. Motivation

Als es noch keinen Anhang für Kreditderivate zum deutschen Rahmenvertrag gab, haben kleinere oder mittelgroße inländische Marktteilnehmer die sogenannte **Bridge-Lösung** zwischen dem deutschen Rahmenvertrag und den 1999 bzw 2003 ISDA Credit Derivatives Definitions entwickelt und mit ziemlichem Erfolg durchgesetzt.[95] Auch fast zwei Jahre nach der Veröffentlichung des Anhangs für Kreditderivate und der Begriffsbestimmungen ist diese Brückenlösung nicht entbehrlich geworden.[96] Hingegen ist es dem Anhang und den Begriffsbestimmungen nicht gelungen sich als Marktpraxis durchzusetzen. Durch die jüngsten Entwicklungen bei der ISDA-Dokumentation (March 2009 Supplement, July 2009 Supplement, Big Bang Protocol und Small Bang Protocol) wurden neue Vertragsregelungen eingeführt, die im Anhang für Kreditderivate und in den Begriffsbestimmungen nicht zu finden sind, so daß dadurch die Bridge-Lösung an Bedeutung zulasten des Anhangs und den Begriffsbestimmungen gewonnen hat.

114

II. Der Mechanismus und die einzelnen Regelungen der Bridge-Lösung

Die Konstruktion ist ziemlich einfach und bekannt auch aus anderen Zusammenhängen: Die Vertragsparteien dokumentieren den Abschluss des Credit Default Swaps unter einem Einzelabschluss unter dem deutschen Rahmenvertrag, wobei der Einzelabschluss Termini der Definitions verwendet und die Klausel enthält, dass die Definitions auf diesen Einzelabschluss anwendbar sind. Ferner enthält häufig dieser Einzelabschluss auch die Klausel, dass im Falle von Widersprüchen oder Unterschieden zwischen den Regelungen des deutschen Rahmenvertrags und den Definitions letztere des Einzelabschlusses vorgeht.

115

In der Regel sind folgende Zusatzklauseln in einem Einzelabschluss enthalten, der nach der Brückenlösung dokumentiert ist:

116

---

[94] Rn 86 ff und Rn 95 ff.
[95] *Jahn,* in: Auerbach/Zerey, Handbuch Verbriefungen, S. 281: „*Die Brückenlösung wurde so zu einer dauerhaften Einrichtung.*".
[96] Für die Diskussion vor der Veröffentlichung des Anhangs s. *Jahn,* id.

1. Bezugnahme auf die Definitions und Prioritätsregelung

117 Den Kern der Brückenlösung bildet die Bezugnahme auf die Definitions in ihrer jeweils geltenden Fassung, die auf den Einzelabschluss unter dem deutschen Rahmenvertrag anwendbar sind. In der Regel sieht die Brückenlösung auch eine Prioritätsregelung vor, so dass im Fall von Widersprüchen zwischen den Regelungen der Definitions, des Rahmenvertrages und des Einzelabschlusses, die Regelungen des Einzelabschlusses vorgehen. Häufig sieht die Brückenlösung auch die Regelung vor, dass die Definitions im Falle von Widersprüchen zwischen den Regelungen der Definitions und den des Rahmenvertrags vorgehen.

2. Verschmelzung, Fusion oder Übernahme als Kündigungsgrund

118 Sect. 2.8 der Definitions und Nr. 9 (3) des Anhangs sehen vor, dass die Verschmelzung, Fusion zwischen Referenzschuldner und Verkäufer oder Übernahme einer dieser Parteien durch den anderen ein Kündigungsgrund für den Käufer ist, denn in diesem Falle geht die Risikoübertragung bzw der Schutz ins Leere. Der Rahmenvertrag sieht jedoch eine Kündigung nur aus wichtigem Grund vor und die Marktpraxis wollte es nicht der Einzelfallentscheidung überlassen,[97] ob die vorerwähnte Verschmelzung, Fusion oder Übernahme als wichtiger Grund zur Kündigung eingestuft werden. Um diesem Problem Rechnung zu tragen, hat die Marktpraxis die Zusatzklausel in der Brückenlösung entwickelt, die eine Verschmelzung, Fusion oder Übernahme im obigen Sinne als Kündigungsgrund der jeweiligen Credit Default Swap Transaktion, nicht jedoch des Rahmenvertrages und der darunter dokumentierten Einzelabschlüsse.

3. Rechtswidrigkeit und Unmöglichkeit

119 Sect. 9.4 der Definitions und Nr. 8 (1) enthalten Bestimmungen über den Teilweisen Barausgleich im Falle der Unmöglichkeit („Impossibility") oder Rechtswidrigkeit („Illegality") der Erfüllung durch Lieferung durch den Käufer. Die in den Definitions enthaltenen Begriffe „Impossibilty" und „Illegality" sind durch Verweis auf den ISDA Rahmenvertrag definiert. Da jedoch der Einzelabschluss mit Brückenlösung nicht unter ISDA, sondern unter dem Rahmenvertrag dokumentiert ist, ist es erforderlich eine Zusatzklausel zu vereinbaren, wonach Rechtswidrigkeit und Unmöglichkeit als Ereignisse im Sinne der Nr. 12(5) des Rahmenvertrages gelten.

D. Ausländische Rechtsprechung zu Credit Default Swaps

I. Deutsche Bank AG v. ANZ BAnking Group Ltd.; Commercial Division, High Court 28 May 1999[98]

1. Sachverhalt

120 Dabei ging es um einen Credit Default Swap zwischen der Deutsche Bank AG als Käufer und der ANZ Banking Group Ltd als Verkäufer, der in der Zeit vor der Einführung der 1999 ISDA Credit Derivatives Definitions abgeschlossen worden ist. Referenzschuldner war die Stadt Moskau und zu den Kreditereignissen zählte auch die Nichtzahlung mit einen Schwellenbetrag iHv USD 10 000 000, wobei die Leistung des Verkäufers noch an eine Wesentlichkeitsschwelle und die Mitteilung über öffentliche Informationen von mindestens einer international anerkannten Informationsquelle gekoppelt war. Anschließend ging der Käufer, die Deutsche Bank AG, ein Gegengeschäft mit Daiwa (Europe) Limited unter spiegelbildlichen Bedingungen ein, unter dem die Deutsche Bank AG als Verkäufer agierte.

---

97 *Jahn,* in: Auerbach/Zerey, Handbuch Verbriefungen, S. 282.
98 No. 04 Civ 5594 (DLC) (SDNY 6 July 2002).

D. Ausländische Rechtsprechung zu Credit Default Swaps

Nachdem Daiwa (Europe) Limited eine Mitteilung über den Eintritt des Kreditereignisses Nichtzahlung des Referenzschuldners unter einem Darlehen iHv USD 50.000.000 und eine Mitteilung über öffentliche Informationen erhalten hat, hat sie die Deutsche Bank AG unter dem Credit Default Swap in Anspruch genommen. Der Referenzschuldner, die Stadt Moskau, hatte nur einen Teil des Nominalbetrags o.g. Darlehens am vereinbarten Zahltag und die Restschuld mit Verzögerung zurückgeführt. Die Deutsche Bank AG hat erfüllt und anschließend ANZ Banking Group Ltd unter dem ersten Credit Default Swap in Anspruch genommen. ANZ Banking Group hat jedoch eine Erfüllung mit folgenden Argumenten verweigert: Zum einen müsse das Kreditereignis substanzieller und nicht technischer Natur sein. Zum anderen habe Daiwa die öffentliche Information über den Eintritt des Kreditereignisses selbst veröffentlicht und zwar aus Eigeninteresse und deshalb müsse diese Information unberücksichtigt bleiben.

2. Urteil

Bei der Auslegung der Regelungen eines Einzelabschlusses eines Credit Default Swap sei im Hinblick auf den Erfahrungsgrad der Vertragsparteien sein Wortlaut und nicht zwingend die Absicht der Parteien ausschlaggebend.[99]

Für die Geltendmachung einer dem New Yorker Recht unterliegenden Zahlungsverpflichtung aus einem ISDA Credit Default Swap sei es unerheblich, ob der Referenzschuldner sich im Zahlungsverzug aus technischen oder administrativen/operationellen Gründen befindet. Ferner war das Gericht der Meinung, dass nicht von Relevanz sei, ob die öffentliche Information über den Eintritt eines Kreditereignisses durch eine Partei mit oder ohne Eigeninteresse veröffentlicht wird, denn ersteres sei im Einzelabschluss nicht ausgeschlossen gewesen.

II. Eternity Global Master Fund Limited v. Morgan Guaranty Trust Company of New York and JP Morgan Chase Bank[100]

1. Sachverhalt

Hierbei handelte es sich um einen Credit Default Swap mit einem Staatsschuldner, der Republik Argentinien als Referenzschuldner und mit Kreditereignissen unter anderem Nichtanerkennung/Moratorium und Restrukturierung. Der Referenzschuldner hatte freiwillig seine Verbindlichkeiten gegen andere (neue) Verbindlichkeiten mit neuer Laufzeit und Verzinsung ausgetauscht, und das Gericht stand vor der Rechtsfrage, ob der vorerwähnte Austausch als Restrukturierung, dh als Kreditereignis eingestuft werden konnte. Der Verkäufer, Morgan Guaranty Trust Company of New York, hat die Mitteilung des Käufers, Eternity Global Master Fund Limited über den Eintritt eines Kreditereignisses mit der Begründung zurückgewiesen, dass der Austausch von Verbindlichkeiten freiwillig und deshalb nicht als Restrukturierung im Sinne des Sect. 4.7. der 1999 ISDA Credit Derivatives Definitions zu werten sei.

2. Urteil

Das Gericht hat sich der Argumentation des Käufers mit der Begründung angeschlossen, dass der Begriff der Restrukturierung im Sinne des Sect. 4.7. der 1999 ISDA Credit Derivatives Definitions weitgehend genug gewesen sei, um auch einen freiwilligen Austausch von Verbindlichkeiten zu decken. Die Auflistung der Sect. 4.7. – so das Gericht – sei durch die Verwendung des Wortes „einschließlich" („including") rein indikativ. Daher könne auch

---

99 „...really amount to an attempt to rewrite the agreement ANZ made because they had made a better and perhaps a more sensible agreement. But the fact is that they did not and the law is that rewriting the agreement they did make is not permissible.".
100 OSDC, SDNY, 9 July 2004.

der freiwillige Austausch von Verbindlichkeiten eines Staatsschuldners/Referenzschuldners als Restrukturierung im Sinne der Definitions eingestuft werden, vorausgesetzt, die übrigen Voraussetzungen dieses Kreditereignisses lägen auch vor.

III. Ursa Minor Ltd. v. AON Financial Products[101]

1. Sachverhalt

125   Hierbei hat Bear, Stearns International Ltd (BSIL) einen Credit Default Swap mit AON Financial Products Ltd. abgeschlossen, mit dem BSIL sich vor dem Ausfall der staatlichen philippinischen Versicherungsagentur abgesichert hat, die ein Darlehen von BSIL garantiert hatte. Auch in diesem Fall wurde die Transaktion mit einer sogenannten Langfassung eines Einzelabschlusses dokumentiert, da die Transaktion vor Veröffentlichung der 1999 ISDA Credit Derivatives Definitions abgeschlossen wurde. Die philippinische Versicherungsagentur, also der Referenzschuldner, hat nach seiner Inanspruchnahme aus der Garantie mit dem Argument nicht geleistet, dass die Garantie unwirksam sei. Daraufhin weigerte sich der Verkäufer, AON, unter dem Credit Default Swap zu zahlen und zwar ebenfalls mit der Begründung der Unwirksamkeit der Garantieverbindlichkeit. Der Rechtsnachfolger des Käufers, BSIL, verklagte AON auf Leistung unter dem Credit Default Swap mit dem Argument, dass für die Geltendmachung einer dem New Yorker Recht unterliegenden Zahlungsverpflichtung aus einem ISDA Credit Default Swap nicht auf die rechtliche Wirksamkeit der vereinbarten Verbindlichkeit ankomme.

2. Urteil

126   Das New Yorker Gericht hat auf **die deutliche Formulierung des Einzelabschlusses hingewiesen, nach der jede Einrede aus einer möglichen Nichtdurchsetzbarkeit, Unwirksamkeit oder Rechtswidrigkeit der Verbindlichkeit ausgeschlossen war.**[102] Ferner hat das Gericht den Grundsatz des Deutsche Bank AG v. ANZ Banking Group Ltd Urteils[103] wiederholt, dass es nicht die vereinbarten Regelungen von Credit Default Swaps aufgrund einer vermutlich anderen Absicht der Parteien neu entwerfen dürfte, da die Einzelabschlüsse das Produkt von Verhandlungen zwischen erfahrenen Parteien und die einschlägigen Regelungen klar und unumstritten seien.[104]

127   Sowohl die Definitions als auch früher die 1999 ISDA Credit Derivatives Definitions enthalten eine klare Regelung dieser Frage. Gemäß Section 4.1 **ist für den Eintritt eines Kreditereignisses nicht von Relevanz,** ob die Verbindlichkeit, auf die sich ein Kreditereignis bezieht, unwirksam, nicht durchsetzbar oder gesetzeswidrig ist, ob die Vertretungsmacht gefehlt hat, ob das Kreditereignis als Folge eines Gerichtsurteils, eines Verwaltungsbescheids oder wegen Deviseneinschränkungen oder sonstigen Einschränkungen eingetreten ist.[105] Diese Regelung senkt die Transaktionskosten und trägt zur Rechtssicherheit bei, denn sonst müssten die Par-

---

101 U.S.D.N.Y. 2000 US District Lexis 10166, *19-*20 (S.D.N.Y. July 21, 2000).
102 „*...negates any defense AFP [der Käufer] may raise with regard to the enforceability, illegality or invalidity of the Bond, or the alleged lack of authority or capacity of CSIS [der Referenzschuldnder] to enter into the Bond.*".
103 Rn 120 ff.
104 „*Under New York law, which applies here, the Court will not disturb the contractual relationship where, as here, a contract has been negotiated by sophisticated parties and its terms are clear and unambigious.*".
105 Insofern kann man plausibel eine gewisse Parallele zwischen Credit Default Swaps und Garantien auf erstes Anfordern ziehen.

teien auch die Wirksamkeit, Gesetzeswidrigkeit, usw der Verbindlichkeit des Referenzschuldners prüfen, was unter Umständen praktisch unmöglich ist.[106]

IV. Nomura International Plc. v. Credit Suisse First Boston International[107]

1. Sachverhalt

Hierbei haben Nomura International Plc., als Verkäufer und Credit Suisse First Boston (CS-FB) einen Credit Default mit der englischen Bahngesellschaft Railtrack plc als Referenzschuldner und Erfüllung durch Lieferung als Abwicklungsmethode unter einem Einzelabschluss unter den 1999 ISDA Credit Derivatives Definitions abgeschlossen. Ferner sah der Einzelabschluss „Ohne Bedingung" als Merkmal für Lieferbare Verbindlichkeiten vor. Nomura hat in seiner Mitteilung über Erfüllung durch Lieferung seine Absicht kommuniziert, Wandelanleihen („Exchangeable Bonds") als Lieferbare Verbindlichkeiten des Referenzschuldners zu liefern. Beim darauf folgenden Rechtsstreit ging es um die Frage, inwieweit Wandelanleihen das vereinbarte Merkmal „Ohne Bedingung" erfüllen.

2. Urteil

Das Gericht hat den vereinbarten Wortlaut der 1999 ISDA Credit Derivatives Definitions sehr eng auslegt und ist zum Ergebnis gekommen, dass das Merkmal „Ohne Bedingung" auch bei Wandelanleihen gilt.[108] Dieses Urteil ist in der Literatur scharf kritisiert worden. Der erste Kritikpunkt war, dass das Gericht das Fehlen der Bedingung ausschließlich aus Sicht der Ansprüche des Anleihegläubigers und nicht aus Sicht des Emittenten, nämlich des Referenzschuldners, betrachtet hat. Ein weiterer Kritikpunkt war, dass das Gericht als einzigen Existenzgrund des Merkmals „Ohne Bedingung" die Sicherstellung, dass der Nominalbetrag der zu liefernden Verbindlichkeit feststeht und nicht von Faktoren abhängt, die mit dem eigentlichen Ausfall des Referenzschuldners nicht zusammenhängen.[109] Dabei hat das Gericht verkannt, dass dies nicht der einzige Existenzgrund für dieses Merkmal für Lieferbare Verbindlichkeiten ist.

V. UBS v. Deutsche Bank (Armstrong Industries, Inc.)[110]

Hierbei ging es um einen Streit, der außergerichtlich durch Vergleich geregelt wurde. Der Fall zeigt die Bedeutung der genauen Bezeichnung des Referenzschuldners. Während die Aufzeichnung des Telefongesprächs über den Abschluss des Credit Default Swaps bestätigt hat, dass UBS als Käufer Schutz auf Armstrong World Industries, Inc. bei der Deutsche Bank AG als Verkäufer gekauft hat, sah der entsprechende Einzelabschluss Armstrong Holdings,

---

106 So auch *Jahn/Rahlf*, Verpflichtung zur Zahlung aus einem ISDA-Kreditsicherungsswap sowie eine Grantie bei Unwirksamkeit der Referenzverbindlichkeit, RIW 2000, 877.
107 [2003] EWHC 160 (Comm).
108 „It is true that the words „repayment in respect of which is not subject to any contingency" are wide ones, but I do not think a provision which operates in favour of a bondholder and is exercisable at his option can sensibly let alone commercially be described as a contingency to which the holder's right of repayment is subject. It is within the control of a bondholder and depends on no external decision or event. If he chooses to claim repayment he is entitled to it. In contrast, a bond convertible at the option of the issuer is a real contingency affecting payment of the principal amount of the bond: real both because it depends on an event over which the bondholder has no control and because commercially it is at the very least likely to be operated to deprive the holder of payment in exchange for an asset of less value." ibid.
109 „The purpose of requiring that the Deliverable Obligation be „Not Contingent" is, I think, plainly to secure a right to payment of the principal amount as such which cannot be affected in amount by extraneous factors over which the seller of credit, as holder, has no control." ibid.
110 Nicht veröffentlicht.

Inc. als Referenzschuldner vor.¹¹¹ Etwa sechs Monate nach Abschluss der Transaktion hat Armstrong World Industries einen Insolvenzantrag gestellt. UBS hat die Deutsche Bank aus dem Credit Default Swap in Anspruch genommen und Letztere hat mit der Begründung nicht geleistet, dass kein Kreditereignis eingetreten sei, denn Armstrong World Industries war nicht als Referenzschuldner im Einzelabschluss vereinbart. Die Literatur¹¹² geht davon aus, dass UBS gewonnen hätte, hätten die Parteien sich nicht außergerichtlich geeinigt.

VI. Merrill Lynch Int'l v. XL Capital Assurance Inc. 564 F. Supp.2 d 298 (S.D.N.Y. 2008)¹¹³

1. Sachverhalt

131 Merrill Lynch International (nachfolgend „Merrill Lynch") wollte durch eine Feststellungsklage gegen XL Capital Assurance's („XLCA") gerichtlich feststellen, daß die vertraglichen Regelungen eines Credit Default Swaps mit der Beklagten nicht verletzt wurden, indem sie zusätzliche Credit Default Swaps mit Dritten bezogen auf die gleichen zugrunde liegenden Anleihen abgeschlossen hat. Unter einem Credit Default Swap hat der Verkäufer, XLCA Schutz an Merrill Lynch als Käufer bezogen auf die A-2 Tranche einer Anleihe verkauft, wobei Merrill Lynch auch Stimmrechte bezogen auf die A-1 Tranche dieser Anleihe an XLCA abgetreten hat. Danach hat Merrill Lynch sechs weitere Credit Default Swaps bezogen auf die A-1 Tranche der vorerwähnten Anleihe mit anderen Vertragspartnern als Käufer abgeschlossen. Darin sah XCLA eine vertragliche Verletzung auf den zwei Rechtsgrundlagen: Einerseits wegen potenzieller Interessenkonflikten und andererseits, weil Merrill Lynch den sog. Rechtsgrundsatz der „Adequate Assurances" verstossen hat, indem sie keine angemessene Zusicherungen an Anfrage von XCLA abgegeben hat, daß Merrill Lynch ihre vertraglichen Pflichten einhalten wird.

2. Urteil

132 Das Gericht hat der Feststellungsklage von Merrill Lynch mit der Begründung stattgegeben, daß der Sachverhalt keinen Interessenkonflikt darstellt. Selbst wenn eine Interessenkonfliktsituation entstehen könnte, hätte Merrill Lynch immer noch die Option gehabt, entweder die Weisungen von XCLA nach Ausübung der Stimmrechte zu befolgen oder auf ihren Schutz als Käufer zu verzichten.¹¹⁴

133 Ferner hat das Gericht festgestellt, daß Merrill Lynch auch den Grundsatz der „Adequate Assurance" in diesem Fall nicht verletzt hat.¹¹⁵

134 Am Ende haben sich die Parteien außergerichtlich geeinigt.

VII. VVG Special Opportunities Master Fund („VVG") v. Citibank, N.A.;¹¹⁶ VVG v. Wachovia Bank, N.A.¹¹⁷

1. Sachverhalt

135 In beiden Fällen war der Kläger, VVG war Verkäufer unter Credit Default Swap bezogen auf Collateralized Debt Obligations (CDO), wobei in dem ersten Fall Citibank, N.A. der

---

111 Harding, A Practical Guide to the 2003 ISDA Credit Derivatives Defintions, 26 ff.
112 Ibid.
113 Merrill Lynch Int'l 564 F.Supp. 2 d, 300 ff.
114 Id. 305.
115 Id. 306.
116 08-CV-01563 (BSJ), 2008 WL 4809078 (S.D.N.Y. Nov. 5, 2008).
117 Noch rechtshängig.

D. Ausländische Rechtsprechung zu Credit Default Swaps   8

Käufer und im zweiten Fall Wachovia Bank, N.A. war. In beiden Fällen behauptete die Klägerin, daß die Käufer gegen die vertraglichen Regelungen zur Bestellung von Sicherheiten („Margin Calls") im Zusammenhang mit Credit Default Swaps verstoßen haben. Die Klage von VVG gegen Wachovia ist noch rechtshängig.

VVG hat im Juli 2007 ein Credit Default Swap als Verkäufer mit Citibank, N.A. („Citibank") als Käufer bezogen auf USD 10.000.000 Anleihen emittiert durch Millstone III CDO Ltd III-A („Millsotone") abgeschlossen. Der Vertrag war unter dem 2002 ISDA Master Agreement, den 2004 ISDA Credit Support Annex und dem Einzelabschluss dokumentiert. Der Einzelabschluss und der Credit Support Annex sah einen sog. „Independent Amount" als anfängliche Sicherheit iHv USD 10.000.000 zur Besicherung der Ansprüche der Citibank gegen VVG unter dem Credit Default Swap. Festzuhalten ist auch, dass Citibank als Berechnungsstelle für die Sicherheiten sowie uU auch für die Feststellung, ob ein Kreditereignis vorliegt, fungierte. 136

Kurz nach Abschluss des Credit Default Swap verlangte Citibank, daß VVG zusätzliche Sicherheiten als Folge eines Wertverlustes der zugrunde liegenden Anleihe leistete. Vom August bis November 2007 hat Citibank zusätzliche Sicherheiten iHv ca. USD 7.500.000 verlangt. Im Januar 2008 hat Citibank den Eintritt eines Kreditereignis mit der Begründung erklärt, dass eine indirekte Abschreibung der zugrunde liegenden Anheile stattgefunden hat, und die Zahlung der Gesamtsumme v. USD 10.000.000 verlangt. VVG hat die Forderung der Citibank zurückgewiesen und Citibank hat die ihr zur Verfügung standenen Sicherheiten verwertet. 137

VVG hat Citibank im Februar 2008 auf folgende Rechtsgrundlagen verklagt: 138

Citibank habe gegen die vertraglichen Regelungen verstoßen, indem sie zusätzliche Sicherheiten unter dem Credit Default Swaps verlangt habe. Laut VVG war die einzige zulässige Sicherheit der sog. „Independent Amount", dh der am Vertragsanfang an Citibank zugeflossene Sicherheitsbetrag. Der Credit Default Vertrag sah auch variable Zahlungen vor („Floating Payments") von VVG an Citibank beim Eintritt von gewissen Kreditereignissen, die aber nicht zum Totalausfall des Referenzschuldners führten und VVG argumentierte, daß der „Independent Amount" die einzige vertraglich erlaubte Regelung zum Schutz der Citibank bei Verschlechterung des Marktwerts der Referenzverbindlichkeit vereinbart worden sei.

2. Urteil

Das Gericht hat die Klage der VVG mit folgender Begründung zurückgewiesen: Erstens habe der zwischen den Parteien abgeschlossene Besicherungsanhang („Credit Support Annex") vorgesehen, daß Citibank zusätzliche Sicherheiten bei Erhöhung ihres Risikobetrags („Exposure") fordern konnte und der Credit Default Swap Vertrag habe die Anwendung des Besicherungsanhangs nicht ausgeschlossen. Zweitens habe VVG die Bestellung von zusätzlichen Sicherheiten konkludent akzeptiert, indem VVG diese Sicherheiten zugunsten von Citibank geliefert habe und sich auf das vertraglich vereinbarte Schiedsgerichtsverfahren (Dispute Resolution) nicht berufen habe. VVG hätte vor ihrer Kage zuerst durch das vorerwähnte Schiedsgerichts-verfahren versuchen müssen, das Problem zu lösen. 139

§ 9 Dokumentation von strukturierten Derivatgeschäften bei synthetischen ABS und CDOs

Literatur: *Baseler Ausschuss für Bankenaufsicht*, International Convergence of Capital Measurments and Capital Standards, June 2006, im Zuge der Umsetzung von Basel III, überarbeitet 16.5.2011, by: Bank for international Settlements ("Baseler Report"); Begründung zur Verordnung über die angemessene Eigenmittelausstattung (Solvabilität) von Instituten – Solvabilitätsverordnung (SolvV); *Baseler Ausschuss für Bankenaufsicht*, The Joint Forum, Report on asset securitisation incentives, July 2011, Bank for International Settlements ("Basel Committee, Joint Forum"); *Deutsche Bundesbank*, Monatsbericht September 2004; *Schäfer u.a.*, Lehren aus der Finanzkrise, Ökonomische Analyse europäischer Bankenregulierung: Verbriefung und Interbankenmarkt im Fokus, Universität Bayreuth, 2009; Research Publikation der *DZ Bank AG*, ABS & Structured Credits – Asset Backed Watcher 07/2011; TSI kompakt 02/2011, S. 2, Solvency II & Verbriefungen.

A. Einleitung	1	b) Operationelle Anforderungen	9
B. Strukturen und Dokumentation	4	c) Verbot der impliziten Unterstützung von Verbriefungstransaktionen	11
I. Synthetische ABS (im engeren Sinne), MBS (RMBS/CMBS) und CDOs (CBO, CLO)	4	2. Dokumentation unter deutschem Rahmenvertrag, ISDA oder Bridge-Lösung	12
II. Strukturierte Derivatgeschäfte	7	C. Gründe für den Einsatz strukturierter Derivate/synthetischer ABS und CDO Strukturen	14
1. Dokumentations- und operationelle Anforderungen für synthetische Verbriefungen	7		
a) Dokumentationsanforderungen	8		

A. Einleitung

1 **Derivate** werden nicht nur als Einzelprodukte eingesetzt (als Zinssatzswaps oder Währungsswaps), sondern auch als Bestandteile strukturierter Transaktionen, zB synthetischer[1] Verbriefungen (dort in Form von Kreditderivaten (nachstehend auch als *Credit Default Swap* oder **CDS** bezeichnet)), um im Rahmen derartiger Transaktionen Risiken auf einen Sicherungsgeber zu übertragen. Kreditderivate können somit als Finanzinstrumente eingesetzt werden, die der Absicherung des Sicherungsnehmers dienen und bieten diesem ein Instrumentarium zum Risikomanagement. Sie sind aber auch zur Renditeerzielung und Portfolio-Diversifizierung geeignet.

Der Einsatz von Kreditderivaten in synthetischen Verbriefungen hatte seit Mitte 2007 stark abgenommen. Grund hierfür waren Unsicherheit im Hinblick auf die Kreditqualität der zugrunde liegenden Portfolien sowie Unsicherheit über Regulierungsvorhaben. Mittlerweile kann ein erneuter Aufwärtstrend beobachtet werden. So bewegte sich das Neuemissionsvolumen im ersten Halbjahr 2011 in Europa mit 167 Mrd. EUR fast 60 % über dem Vorjahreswert von rund 105 Mrd. EUR und nähert sich damit dem Niveau von 2006 (175 Mrd. EUR).[2]

2 Synthetische Strukturen bieten Banken ein Instrumentarium zum **Eigenkapital-, Risiko- und Ertragsmanagment.** Für die Motivation der Bank zum Abschluss derartiger Geschäfte sind insbesondere Aspekte der Risikosteuerung und der Refinanzierung von Bedeutung. Ob synthetische Strukturen unter der seit 1.1.2007 gültigen **Solvabilitätsverordnung** wirtschaftlich sind, ist im Einzelfall zu betrachten. Dies hängt u.a. von folgenden Faktoren ab:

---

1 Im Gegensatz zu traditionellen, sog. true sale Transaktionen, bei denen die zugrunde liegenden Forderungen tatsächlich auf den Käufer übertragen werden.
2 Vgl Research Publikation der DZ Bank AG, ABS & Structured Credits – Asset Backed Watcher 07/2011, S. 2.

- Veränderungen des regulatorischen Kapitals des zugrunde liegenden Portfolios;
- Ausplatzierung der Erstverlustposition;
- historische und prognostizierte Performance des zugrunde liegenden Portfolios.

Neben diesen drei Aspekten hat die das Risiko ausplatzierende Bank folgendes zu berücksichtigen:

- Transaktionskosten (upfront und laufende Kosten);
- Reputationsaspekte aus Sicht der Investoren;
- Restlaufzeit der Transaktion bis zur ersten Ausübungsmöglichkeit (sog. *Time Call*).

Unter Abwägung dieser Faktoren obliegt es der betreffenden Bank zu entscheiden, ob der Einsatz synthetischer Strukturen im Einzelfall das geeignete Instrumentarium zur Gesamtbanksteuerung darstellt.

Darüber hinaus können derartige Strukturen auch zur Umsetzung von Ausplatzierungslösungen genutzt werden. Seit in Kraft treten des Gesetzes zur Fortentwicklung der Finanzmarktstabilisierung am 23. Juli 2009[3] (sog. „**Bad Bank-Gesetz**") stehen der Kreditwirtschaft weitere Instrumente wie das Zweckgesellschaftsmodell[4] für die Übertragung von strukturierten Wertpapieren sowie das Anstaltsmodell zur Übertragung von Risikopositionen und nicht-strategienotwendigen Geschäftsbereichen zur Verfügung.[5]

Um diesen Teil der Finanzmärkte weiter zu beleben, nicht zuletzt aufgrund des Finanzierungsbedarfs von Wirtschaft und Staaten in den nächsten Jahren, sind die USA, die Europäische Union sowie die Aufsichtsbehörden der verschiedenen Länder derzeit dabei, Regelungen weiter zu entwickeln.[6] Dabei sollte jedoch auch die Ansprache weiterer Investorengruppen Berücksichtigung finden. So wären zB Versicherungsunternehmen prädestiniert, als ABS-Investoren zu fungieren. Dem stehen aber die derzeitigen Entwürfe der künftigen Versicherungsregulierung („Solvency II") entgegen, die u.a. eine erhöhte Eigenkapitalunterlegung für ABS-Investments fordern.[7]

B. Strukturen und Dokumentation

I. Synthetische ABS (im engeren Sinne), MBS (RMBS/CMBS) und CDOs (CBO, CLO)

Bei strukturierten synthetischen Transaktionen kommen, abhängig von dem zugrunde liegenden Forderungsportfolio dessen Risiken übertragen werden sollen, verschiedene Strukturierungsvarianten in Betracht.

Man spricht von **Asset Backed Securitisation** (ABS – im engeren Sinne), wenn es sich um Forderungen (gleich welcher Art) handelt, die nicht grundpfandrechtlich besichert sind. Im Gegensatz dazu werden grundpfandrechtlich besicherte Forderungen (sog. *Mortgage Backed Securitisation* (**MBS**)) nach privater Nutzung (Residential Mortgage Backed (**RMBS**)) oder kommerzieller Nutzung (Commercial Mortgage Backed (**CMBS**)) unterschieden. „Synthetisch" sind diese Transaktionen, wenn die zugrunde liegenden Forderungen nicht, wie bei echten Verkäufen (sog. *True Sales*) tatsächlich verkauft und übertragen werden, sondern es

---

3 Bundesgesetzblatt Teil I, Nr. 43 vom 22.7.2009, Seite 1980–1989.
4 Dieses Modell hat die Bundesregierung bei der Europäischen Kommission als Beihilfenregelung angemeldet. Am 31. Juli 2009 wurde das Zweckgesellschaftsmodell von der Europäischen Kommission genehmigt.
5 Das Anstaltsmodell wurde nicht zur Genehmigung angemeldet. Ein möglicher beihilferelevanter Faktor hängt von der individuellen Struktur der Transaktion ab und wäre im Einzelfall der EU-Kommission zur Genehmigung vorzulegen.
6 Eine Zusammenstellung aufsichtsrechtlicher Regelungen/Regelungsvorhaben findet sich in: Basel Committee, Joint Forum, Chapter 3, S. 19 ff und im dortigen Anhang 2, S. 50 ff.
7 TSI kompakt 02/2011, S. 2, Solvency II & Verbriefungen.

nur um eine Weitergabe der in dem Portfolio enthaltenen Risiken geht. Die Forderungen selber verbleiben auf der Bilanz des ursprünglichen Gläubigers (Originator).

6 Bei einer **synthetischen Verbriefung** handelt es sich um Strukturen mit mindestens zwei untereinander abgestuften **Risikopositionen**. Dabei schließt der „Verkäufer"/die ursprünglich kreditgebende Bank (sog. Originator) mit einer Vertragspartei (zumeist eine Zweckgesellschaft)[8] einen Credit Default Swap ab, unter dem sich die Vertragspartei verpflichtet, für zuvor definierte Kreditausfälle (Credit Events) im Hinblick auf zuvor festgelegte Referenzforderungen aufzukommen, die innerhalb eines spezifizierten Forderungspools eintreten. Die das Risiko übernehmende Vertragspartei hält das übernommene Risiko oder überträgt es weiter unter Einsatz eines weiteren Kreditderivats (Struktur ohne Finanzierungsfunktion – sog. unfunded structure). Alternativ können die Kreditrisiken aus den zugrunde liegenden Forderungen auch mit Finanzierungsfunktion unter Ausgabe von (tranchierten) **Schuldverschreibungen** (sog. Credit Linked Notes), auch in Kombination mit einem Kreditderivat für den sog. Senior default-Teil (Zuordnung der Kreditausfälle, die anfallen, sofern bereits alle vorangegangenen Ausfälle in voller Höhe auf die Schuldverschreibung allokiert wurden) weiter auf eine andere Vertragspartei bzw auf Investoren übertragen werden (Struktur mit ganz oder teilweiser **Finanzierungsfunktion** – sog. *fully funded structure* oder *partially funded structure*).

Die Emissionserlöse aus dem Verkauf dieser Schuldverschreibungen werden typischer Weise in Bundeswertpapiere oder Pfandbriefe investiert, um die Verbindlichkeiten der Vertragspartei gegenüber dem Originator sowie den Investoren zu besichern. Die Credit Linked Notes werden in verschiedenen Tranchen mit unterschiedlichem Risikogehalt begeben. Jede Tranche erhält ein separates[9] Rating, wobei sich das Rating mit abnehmender Ausfallwahrscheinlichkeit verbessert.[10] In einer *partially funded structure*, in der ein sog. Super Senior Swap eingesetzt wird, wird dieser in der Regel mit der höchsten Tranche der Credit Linked Note verbunden, um den Swap **handelsbuchfähig** auszugestalten. Dementsprechend ist das Risiko eines Investors von der Entwicklung der zugrunde liegenden Forderungen abhängig.

Da im Zuge der Finanzmarktkrise bei Verbriefungen Faktoren analysiert wurden, die krisenverstärkend gewirkt haben, hat der europäische Gesetzgeber Regelungen geschaffen, nach denen der Originator einen „signifikanten" Teil des verbrieften Kreditrisikos zurückzubehalten hat.[11] Nach Art. 122 a der Eigenkapitalrichtlinie hat der Originator einen mindestens 5 %igen **Schwellenbetrag** (sog. *first loss*) zu übernehmen. Bei diesem handelt es sich um ei-

---

8 Gemäß der im Baseler Report in Rn 552 enthaltenen Definition ist eine Zweckgesellschaft „ein Unternehmen, Treuhänder oder eine andere Einheit, die für einen bestimmten Zweck errichtet wurde, deren Aktivitäten allein auf den Auftrag der Zweckgesellschaft begrenzt sind und deren Struktur darauf abzielt, die Zweckgesellschaft vom Ausfallrisiko des Originators oder des Verkäufers der Positionen zu trennen. Zweckgesellschaften werden in der Regel als Finanzierungsvehikel benutzt, indem Forderungen an ein Treuhandvermögen oder eine ähnliche Einheit verkauft werden und bar oder durch Übertragung anderer Vermögenswerte bezahlt werden, die durch von dem Treuhandvermögen emittierte Schuldverschreibungen finanziert werden.".
9 d) das Halten der Erstverlusttranche und erforderlichenfalls weiterer Tranchen, die das gleiche oder ein höheres Risikoprofil aufweisen und nicht früher fällig werden als die an die Anleger verkauften oder übertragenen Tranchen, so dass der insgesamt gehaltene Anteil mindestens 5 % des Nominalwerts der verbrieften Forderungen entspricht.
10 Details zur Bedeutung des Ratings vgl „Lehren aus der Finanzkrise", S. 11 unten und Tabelle 2, S. 12.
11 Vgl auch Präambel 24 der Richtlinie 2009/111/EG vom 16.9.2009, im Amtsblatt der Europäischen Union ABl 302/97ff. v. 17.11.2009.

nen kontinuierlichen materiellen Nettoanteil.[12] Dieser wird beim Originator berechnet und ist während der gesamten Transaktionsdauer aufrecht zu erhalten. In deutsches Recht umgesetzt wurde diese Regelung zum 1.1.2011 durch §§ 18 a, b KWG. Dabei schreibt § 18a KWG sogar einen mindestens 10%igen Selbstbehalt vor.[13]

II. Strukturierte Derivatgeschäfte

1. Dokumentations- und operationelle Anforderungen für synthetische Verbriefungen

Forderungsverbriefungen unterliegen den Eigenkapitalanforderungen für Kreditinstitute (**Basel II**). 7

Der Bericht des Baseler Ausschusses für Bankenaufsicht[14] (der „**Baseler Report**") enthält „die Grundregeln für Verbriefungen zur Bestimmung der aufsichtlichen Eigenkapitalanforderungen", die für „alle Positionen [...], die aus traditionellen oder synthetischen Verbriefungen oder vergleichbaren Konstruktionen mit für Verbriefungen typischen Elementen entstehen"[15] anzuwenden sind. Danach „muss die Kapitalanforderung für eine Verbriefungsposition auf der Basis der wirtschaftlichen Substanz und weniger anhand der rechtlichen Form bestimmt werden."[16] Die Umsetzung dieser Anforderungen in nationales Recht erfolgte in Deutschland durch die am 1.1.2007 in Kraft getretene **Solvabilitätsverordnung** (SolvV). Teil 2, Kapital 6 der SolvV setzt dabei die entspechenden Regelungen für Verbriefungen in nationales Recht um. Zum ersten Mal gibt es damit international harmonisierte Regelungen zur **Eigenkapitalunterlegung** von **Verbriefungspositionen**. Des Weiteren werden erstmals Voraussetzungen für die Inanspruchnahme regulatorischer Anrechnungserleichterungen durch Originatoren von Verbriefungstransaktionen festgelegt.

a) Dokumentationsanforderungen

Teil 2, Kapital 6, Abschnitt 2 der SolvV regelt die Dokumentationsanforderungen an Institute, die als Originator oder Sponsor von Verbriefungstransaktionen auftreten. Dabei kommt 8

---

12 Art. 122 a Abs. 1 a)–d): Für diesen Zweck gilt als Halten eines materiellen Nettoanteils entweder:
a) das Halten eines Anteils von mindestens 5 % des Nominalwerts einer jeden an die Anleger verkauften oder übertragenen Tranche oder
b) bei Verbriefungen von revolvierenden Forderungen das Halten eines Originatorenanteils von mindestens 5 % des Nominalwerts der verbrieften Forderungen oder
c) das Halten eines Anteils von nach dem Zufallsprinzip ausgewählten Forderungen, der mindestens 5 % des Nominalwerts der verbrieften Forderungen entspricht, wenn die Forderungen ansonsten verbrieft worden wären, sofern die Zahl der potentiell verbrieften Forderungen bei der Origination mindestens 100 beträgt, oder
d) das Halten der Erstverlusttranche und erforderlichenfalls weiterer Verbriefungstranchen, die das gleiche oder ein höheres Risikoprofil ausweisen und nicht früher fällig werden als die an die Anleger verkauften oder übertragenen Verbriefungstranchen, so dass der insgesamt gehaltene Anteil mindestens 5 % des Nominalwerts der verbrieften Forderungen entspricht.
Am 31.12.2010 veröffentlichte CEBS die finalen Leitlinien zur Anwendung des Art. 122a der Eigenkapitalrichtlinie, der ab 1.1.2011 die von Kreditinstituten zusätzlich einzuhaltenden Anforderungen für Verbriefungstransaktionen regelt; verfügbar über www.eba.europa.eu/leitlinie.
13 Dabei gilt jedoch eine Übergangsvorschrift: § 64 m Abs. 4 S. 2 KWG sieht für Verbriefungstransaktionen, die nach dem 1.1.2011 aber vor dem 31.12.2014 durchgeführt werden einen Mindestselbstbehalt von 5 % vor, entsprechend Art. 122a.
14 Dieser Ausschuss ist ein Gremium der Bankenaufsichtsbehörden das von den Zentralbankgouverneuren der G-10-Länder 1975 gegründet wurde. Es setzt sich zusammen aus den leitenden Vertretern der Bankenaufsichtsbehörden und der Zentralbanken aus Belgien, Kanada, Frankreich, Deutschland, Italien, Japan, Luxemburg, den Niederlanden, Spanien, Schweden, der Schweiz, dem Vereinigten Königreich und den Vereinigten Staaten zusammen.
15 Baseler Report, Rn 538.
16 Baseler Report, Rn 538.

§ 9 Dokumentation von strukturierten Derivatgeschäften

es auf (i) einen wesentlichen und wirksamen Risikotransfer,[17] (ii) die Vermeidung einer Laufzeitunterdeckung der Besicherung beim Originator[18] sowie (iii) ein Verbot der impliziten Unterstützung von Verbriefungstransaktionen[19] an.

b) Operationelle Anforderungen

9 Operationelle Anforderungen für die eigenkapitalentlastende Wirkung des Risikotransfers sind dabei im Standardansatz und im Internen Rating Based (IRB)-Ansatz für Verbriefungen identisch, differenziert wird hingegen bei der Kapitalunterlegung für von Originatoren oder Investoren gehaltene Verbriefungspositionen.[20]

Der Standardansatz für Verbriefungspositionen folgt dem Grunde nach der Unterlegungssystematik des allgemeinen Standardansatzes für die Unterlegung von Kreditrisiken, wobei Tranchen, die extern schlechter als Baa3 geratet werden, mit einer höheren Risikogewichtung angesetzt werden; ungeratete Positionen sind grundsätzlich hälftig vom Kern- und Ergänzungskapital abzuziehen.[21] Damit wird dem erhöhten Risiko in nachrangigen Verbriefungstranchen Rechnung getragen und ein Anreiz geschaffen, auch nachrangige Tranchen extern raten zu lassen. Im Rahmen des IRB-Ansatzes gibt es, abweichend von der allgemeinen Regelung für Kreditrisikounterlegung, keine bankeigenen, tranchenspezifischen Schätzungen und demnach auch keine Unterscheidung zwischen Basis- und fortgeschrittenem Ansatz für Verbriefungen.[22]

10 Folgende drei Methoden stehen zur Ermittlung der Eigenkapitalanforderungen zur Verfügung:

- der externe *Ratings-Based Approach* (RBA),
- der formel-basierte Ansatz (*Supervisory Formula* (SF)) und
- die bankinterne Risikoeinschätzung (*Internal Assessment Approach* (IAA)).[23]

c) Verbot der impliziten Unterstützung von Verbriefungstransaktionen

11 Des Weiteren ist sicher zu stellen, dass der Originator keinerlei Unterstützung gewährt.[24]

Dabei ist als „**implizite Unterstützung**" jede Maßnahme zu verstehen, zu der der Originator vertraglich nicht verpflichtet ist und die bei ihm zu einer Erhöhung des Risikos oder der Übernahme von Verlusten aus den **Adressenausfallrisikopositionen** des verbrieften Portfolios führt und die der Originator nicht zu marktüblichen Konditionen vornimmt.[25]

---

17 § 232 Abs. 3, Abs. 4 Solvabilitätsverordnung; „wesentlicher Risikotransfer" gem. § 232 Abs. 2 S. 1 Nr. 1 und 2 Solvabilitätsverordnung. Die Bankenrichtlinie selbst enthält keine Definition für „wesentlichen Risikotransfer", § 232 Abs. 2 Solvabilitätsverordnung legt daher typische Strukturen marktüblicher Verbriefungstransaktionen als Beurteilungsmaßstab für einen wesentlichen Risikotransfer fest; vgl auch Begründung zur Verordnung über die angemessene Eigenmittelausstattung (Solvabilität) von Instituten – Solvabilitätsverordnung (SolvV), S. 117 (zu § 232).
18 § 233 Solvabilitätsverordnung.
19 § 234 Solvabilitätsverordnung.
20 Begründung zur SolvV, S. 9 f (Teil 2, zu § 9).
21 Deutsche Bundesbank, Monatsbericht September 2004, S. 85 (Standardansatz für Verbriefungspositionen).
22 Deutsche Bundesbank, Monatsbericht September 2004, S. 85 (IRB-Ansatz für Verbriefungspositionen).
23 Deutsche Bundesbank, Monatsbericht September 2004, S. 85 (IRB-Ansatz für Verbriefungspositionen). Vgl auch Baseler Ausschuss für Bankenaufsicht, Bearbeitungshinweise für das Monitoring im Zuge der Umsetzung von Basel III, v. 16.5.2011, Bank für International Settlements, S. 19, Ziffer 4, insbes. S. 20, Ziffer 4.1.
24 § 234 Abs. 1 Solvabilitätsverordnung.
25 § 234 Abs. 2 Solvabilitätsverordnung.

Bei vorliegen einer solchen Unterstützung hat der Originator das somit übernommene Risiko in vollem Umfang als eigenes Risiko zu berücksichtigen und offen zu legen.[26]

2. Dokumentation unter deutschem Rahmenvertrag, ISDA oder Bridge-Lösung

Bei strukturierten Produkten handelt es sich in der Regel um Kombinationen von zwei oder mehreren Finanzinstrumenten, von denen mindestes eines ein Derivat ist. Diese Derivatgeschäfte werden im deutschen Markt entweder unter dem Rahmenvertrag für Finanztermingeschäfte (nachstehend der „Deutsche Rahmenvertrag") oder auf Basis der ISDA Master Agreement Dokumentation erstellt (weitere Ausführungen zur Vertragsgestaltung bei Credit Default Swaps finden sich in § 1 Rn 32 und 37). Zunehmend finden auch sogenannte **Bridge-Lösungen** (s. § 8 Rn 114 ff) Anwendung, dabei dokumentiert man die Derivate-Transaktion zum Beispiel unter dem Deutschen Rahmenvertrag, vereinbart aber gleichzeitig die Geltung der ISDA Definitionen. In einem solchen Fall arbeitet man mit einer sogenannten **split-law-Klausel**, dh der Rahmenvertrag unterliegt deutschem Recht, die Definitionen hingegen englischem Recht. Man möchte auf diese Weise das Risiko von Fehlinterpretationen aufgrund unterschiedlicher rechtlicher Auslegungen minimieren.

Weiteres Ziel ist eine Angleichung der verwendeten Definitionen, um eine Weiterübertragung der unter einem Credit Default Swap übernommenen Ausfallrisiken an eine andere Vertragspartei zu ermöglichen (Back-to-Back Swap, der in der Regel unter einem englischem Recht unterliegenden ISDA Master Agreement abgeschlossen wird). Dabei möchte die weiterübertragende Partei (der *Inter-Dealer*) ausschließen, dass bei ihr Ausfallrisiken verbleiben. Unabhängig davon treten aufgrund des Zusammentreffens zweier Rechtsordnungen bestimmte Basisrisiken auf. Die signifikantesten sind wohl die Auslegung der Kündigungsvoraussetzungen, -gründe und -abwicklung, die Regelungen einer vorzeitigen Kündigung (insbesondere bei Leistungsstörungen, die durch die Gegenpartei verursacht werden) sowie die Berechnung der bei einer entsprechenden Kündigung anfallenden Zahlungen.

Aus wirtschaftlicher Sicht muss die Berechnung des dem Rahmenvertrag unterliegenden Credit Default Swaps der Tatsache Rechnung tragen, auf welche Art und Weise solch ein hybrider *Trade* (Deutscher Rahmenvertrag mit ISDA Definitionen) abgesichert werden soll. Hintergrund ist, das die Zahlung von *early termination payments* unter dem Rahmenvertrag (**Schadenersatz** und **Vorteilsausgleich**) nach einer Methode erfolgt, die die unter dem ISDA Master Agreement gewählten Berechnungsansätze (*loss* und *market quotation*) kombiniert. Dies kann zu abweichenden Ergebnissen führen. Ein weiterer Grund für abweichende Ergebnisse können unterschiedliche Berechnungszeiträume sein. So müssen *close-out* Beträge unter dem Deutschen Rahmenvertrag zu einem früheren Zeitpunkt bestimmt werden als unter dem ISDA Master Agreement. Der Deutsche Rahmenvertrag knüpft an den Zeitpunkt der Kündigungsmitteilung an (oder an den Zeitpunkt, zu dem die kündigende Partei Kenntnis von der Insolvenz der anderen Vertragspartei erhält) und nicht, wie unter dem ISDA Master Agreement vorgesehen, an ein vertraglich bestimmtes *Early Termination Date*.

C. Gründe für den Einsatz strukturierter Derivate/synthetischer ABS und CDO Strukturen

Aufgrund der Anforderungen der Baseler Kommission gewann die Betrachtung der Einzel- und Gesamtrisiken einer Bank in erhöhtem Maße an Bedeutung für die Flexibilität und Ertragslage einer Bank. Banken haben daher ein verstärktes Interesse, Risiken auf Anleger am Kapitalmarkt zu verlagern. Synthetische Strukturen bzw der Einsatz von strukturierten Kreditderivaten können damit als Instrument zur Steuerung der Eigenkapitalunterlegung sowie

---

26 § 234 Abs. 3 Solvabilitätsverordnung.

zur **Risikosteuerung** genutzt werden. Dies kann die Bank nutzen, um ihre **Refinanzierungskosten** zu senken (durch Senkung des Gesamtbilanzrisikos) und damit ihren Kunden bessere Margen bieten zu können.

Weitere Vorteile sind die Eingrenzung unsystematischer Risiken durch Zusammenstellung eines gut diversifizierten Aktiva-Pools, dessen Risiken ausplatziert werden. Dabei muss es sich nicht um eine Zusammenstellung der höchsten Risiken handeln, sondern bietet eine Möglichkeit, zB überproportional hoch vertretene Forderungstypen oder Branchen zu bereinigen und so die Risikostruktur ausgewogener zu gestalten. Auch unerwünschte Einzelrisiken können auf diese Weise an den Kapitalmarkt weitergeleitet werden.

15 Im Rahmen der Dokumentation von Darlehensverträgen wird daher bei Banken zunehmend Wert darauf gelegt, diese bereits bei ihrem Abschluss CDS-freundlich auszugestalten, um sich die Möglichkeit der Einbindung in eine synthetische Securitisation offen zu halten. Zu beachten ist dabei, dass diese Darlehensverträge (i) eine Klausel enthalten müssen, die den Darlehensgeber berechtigt, vertrauliche Informationen an einen Sicherungsgeber offenlegen zu dürfen, und (ii) der Darlehensnehmer bereits mit Abschluss des Darlehensvertrages den Darlehensgeber berechtigt, das Darlehen zu einem späteren Zeitpunkt auf einen noch nicht benannten Dritten übertragen zu dürfen (für den Fall eines physischen Settlements des CDS).

§ 10 Rohwaren- und Energiegeschäfte

Literatur: *Becker/Bracht*, Katastrophen- und Wetterderivate, 1999; *Boos/Fischer/Schulte-Mattler* (Hrsg.), Kreditwesengesetz, Kommentar, 4. Aufl. 2012; *Burgi/Lange*, Der Emissionshandel als Herausforderung für die gesamte Rechtsordnung, ZHR 170 (2006), 539-566; *Danner/Theobald*, Energierecht, Loseblatt, 73. Aufl. 2012; *Ehricke/Köhn*, Die Regelungen über den Handel mit Berechtigungen zur Emission von Treibhausgasen, WM 2004, 1903; *Ehricke*, Übertragung von Emissionshandelszertifikaten im Blick auf die zweite Handelsperiode, WM 2008, 1333; *Elspas/Salje/Stewing*, Energiehandel, 2005; *Enochs/Page/Walker*, Managing „Gap Risk" Between Standard Form Trading Agreements, 7th Annual Gas & Power Institute, September 4-5, 2008, Houston Texas, The University of Texas School of Law; *Frenz*, Emissionshandelsrecht, 2. Aufl. 2008; *Hee/Hofmann*, Wetterderivate, 2006; *Horstmann/Cieslarzcyk*, Energiehandel, 2006; *Köhn*, Erwerb von Emissionsberechtigungen aus der Hand des Insolvenzschuldners, ZInsO 2004, 641 ff.; *Lucht/Spangardt*, Emissionshandel, 2005; *Rinker*, Wetterderivate, 2008; *Seebach*, Wetterderivate, 2007; *Sandhövel*, Neues Produktfeld für Banken: Emissionshandel mit CO2-Zertifikaten, Die Bank 2002, 116; *Schäfer*, Absicherung von Umsatzrisiken mit Hilfe von Wetterderivaten, Betriebswirtschaftliche Blätter 2005, 463–469; *Schöne*, Vertragshandbuch Stromwirtschaft 2008; *Schwennicke/Auerbach*, (Hrsg.), Kreditwesengesetz (KWG), Kommentar, 2009; *Schwintowski*, Handbuch Energiehandel, 2. Aufl. 2010; *Sommer, Erik,* Die zivilrechtliche Ausgestaltung des Emissionsrechtehandels, WM 2006, 2029; *Sommer, Uta,* Sind Emissionszertifikate Wertpapiere im Sinne des Kreditwesengesetzes? ET 2003, 186; *Wagner, Gerhard,* Handel mit Emissionsrechten: Die privatrechtliche Dimension, ZBB 2003, 409; *Wagner, Stephan,* Zivilrechtliche Aspekte des Handels mit sog. Emissionszertifikaten, JZ 2007, 971; *Wallat*, Beaufsichtigung des organisierten Emissionshandel, ET 2003, 180; *Wertenbruch*, Zivilrechtliche Haftung beim Handel mit Umwelt-Emissionsrechten, ZIP 2005, 516; *Wütherich*, Treasury Log 2/2002, 14, Wetterderivate als weiterer Baustein des Risiko-Managements.

A. Überblick 1	4. Neue Registerverordnungen (EU) 66
B. Vertragsgestaltung 6	5. Rechtsnatur der Emissionsberechtigung 67
I. Vertragstypen 6	6. Schuldrechtliches Verhältnis zwischen Erwerbern 72
II. Energie- und Rohwarengeschäfte unter dem DRV 12	7. Verzugsschaden 73
1. Anhang für Rohwarengeschäfte 13	8. Übertragung des Emissionsrechts 74
2. Anhang für Emissionsrechte 16	9. Schutz des Erwerbers 75
3. Anhang für NBP-Geschäfte und Optionen auf NBP-Geschäfte und Anhang für ZBT-Geschäfte und Optionen auf ZBT-Geschäfte 18	10. Bankaufsichtsrecht 77
	11. Emissionsrechte als Sicherheiten 80
4. Weitere Anhänge für physische Gas- und Stromgeschäfte 19	12. Zwangsvollstreckung/Pfändung/Insolvenz 83
III. Architektur der EFET-Verträge 20	13. IPR (Kollisionsrecht) 85
1. Grundstruktur 20	14. Vertragsgestaltung 88
2. Wesentliche Regelungen 25	15. IETA (ETMA) 95
IV. Auswahlkriterien für die Bestimmung der Dokumentation 35	16. EFET 100
	17. ISDA 106
V. Methoden der Risikominimierung 42	18. DRV 108
VI. Besonderheiten bei der Verhandlung mit Kreditinstituten 45	19. Wahl des geeigneten Vertrages 117
	20. Ausblick 121
C. Energiehandel und Bankaufsicht 47	II. Edelmetalle (Bullion) 122
D. Einzelne Produkte 58	III. Metalle 140
I. Emissionsrechtehandel 58	IV. Wetterderivate 142
1. Einführung 58	V. Katastrophenderivate 161
2. System des Handels 60	VI. Kohle 162
3. Anerkennung von CERs und ERUs ... 64	VII. Strom und Gas 167

A. Überblick

Rohwaren („Commodities") werden bereits seit langer Zeit als Basiswerte für finanzielle OTC-Derivate genutzt. Ebenso wie bei anderen Basiswerten können OTC-Derivate in Bezug 1 auf Rohwaren zu Absicherungs-, Optimierungs- oder Ertragserzielungszwecken eingesetzt werden.

2 Traditionell blieb der physische Handel von Kreditinstituten mit Rohwaren eher auf das Edelmetallgeschäft beschränkt. Seit etwa 2003, als die Liberalisierung der Energiemärkte in Europa an Momentum gewann,[1] hat der physische Handel immer mehr an Bedeutung gewonnen. Inzwischen gibt es – zumindest auf der Handelsseite – immer mehr Akteure im Gas- und Stromhandel, darunter auch einige Kreditinstitute.

3 Bevor in den nachfolgenden Abschnitten auf die Besonderheiten bestimmter Produkte und Verträge eingegangen wird, soll nachfolgend definiert werden, was im Rahmen dieses Beitrages unter den Begriffen „Rohwaren" und „Energie" zu verstehen ist. Eine gesetzliche **Definition** des Begriffes „Energie" findet sich in § 3 Nr. 14 des Energiewirtschaftsgesetzes (EnWG). Danach sind „Energie" Elektrizität und Gas, soweit sie zur leitungsgebundenen Energieversorgung verwendet werden. Für Zwecke des EnWG gilt damit ein enger Energiebegriff. Aus technischer Sicht läßt sich „Energie" etwas weiter definieren und in „Primärenergie" und „Sekundärenergie" unterteilen. Primärenergieträger sind fossile (zB Kohle, Erdöl, Erdgas), nukleare (zB Uran) oder regenerative (zB Wasser, Wind, Sonne) Energieträger. Sekundärenergie ist die aus der Bearbeitung von Primärenergieträgern gewonnene Energie (zB Strom aus Wasserkraft oder Kohleverbrennung). Zur Sekundärenergie zählen aber auch bearbeitete Primärenergieträger (zB Benzin, Heizöl).

4 Das den im Markt verwendeten Begriffen „Commodity" und „Energy" zugrunde liegende Verständnis ist demgegenüber sehr viel weiter. Allgemein werden hierunter alle diejenigen Rohwaren subsumiert, die in den „2005 ISDA Commodity Definitions" bzw besonderen Produktanhängen hierzu Erwähnung finden. Damit wäre Energie im engeren oder weiteren Sinne lediglich eine Teilmenge der in den ISDA-Definitionen genannten Rohwaren.

5 Obwohl nicht Rohwaren im Sinne des Wortes, enthalten die ISDA-Definitionen neben Bestimmungen zu Energie, landwirtschaftlichen Produkten oder Metallen auch Regelungen zu Wetter- und Frachtderivaten. Natürlich sind auch die ISDA-Definitionen und Produktanhänge nicht umfassend. Es werden Waren gehandelt und zum Gegenstand finanzieller Geschäfte (Derivate wie zB Swaps zur Preisabsicherung) gemacht, die (noch) nicht in den ISDA-Definitionen oder Produktanhängen erwähnt sind wie zB Fisch,[2] Uran oder Eisenerz. Auf der finanziellen Seite ist dies nicht weiter problematisch, weil solche Geschäfte immer denselben Marktstörungsregeln in Bezug auf Preise und Preisquellen unterliegen.[3] Für physisch zu erfüllende Geschäfte sind jedoch in der Regel besondere Erfüllungs- und Marktstörungsregeln notwendig, um den Besonderheiten des jeweiligen Produktes und dem jeweiligen Marktstandard angemessen Rechnung zu tragen.

B. Vertragsgestaltung

I. Vertragstypen

6 Für Rohwaren- und Energiegeschäfte existiert eine Vielzahl von Dokumentationsmöglichkeiten. Für welche dieser Möglichkeiten sich Vertragsparteien entscheiden, hängt häufig in erster Linie davon ab, ob der Handel finanzieller Geschäfte oder der Abschluss physisch zu erfüllender Rohwaren- oder Energiegeschäfte geplant ist und natürlich auch davon, wie gut

---

[1] Mit den EU-Richtlinien 2003/54/EG des Europäischen Parlaments und des Rates vom 26.6.2003 über gemeinsame Vorschriften für den Elektrizitätsbinnenmarkt und 2003/55/EG des Europäischen Parlaments und des Rates vom 26.6.2003 über gemeinsame Vorschriften für den Erdgasbinnenmarkt.
[2] Vgl *Gunnvald Grønvik* in: Swiss Derivatives Review 41/2009, S. 14ff, "A Norwegian salmon derivatives market has made it".
[3] Art. VII, Sections 7.4 bis 7.6 der 2005 ISDA Commodity Definitions.

die jeweilige Verhandlungsposition eines Teilnehmers im Markt ist. Im Bereich der physischen Geschäfte ist es nicht unüblich, individuell entwickelte Verträge einzusetzen, die nur für einen bestimmten Geschäftsabschluss oder eine begrenzte Anzahl von Geschäften gelten und von denen angenommen wird, dass sie besonders auf die Bedürfnisse der jeweiligen Parteien zugeschnitten seien.[4]

Mit steigender Anzahl von Geschäftsabschlüssen wird diese Form der Dokumentation allerdings zunehmend aufwendig, so dass es inzwischen eine Vielzahl von Rahmenvereinbarungen und Rahmenbedingungen gibt, die von verschiedenen Interessenvereinigungen und Verbänden entwickelt worden sind. Zu diesen Verträgen zählen zum Beispiel das von der International Emission Traders' Association (IETA) veröffentlichte „Emission Allowances Single Trade Agreement for the EU SCHEME"[5] oder die IETA-Rahmenverträge „International Emissions Trading Master Agreement" („IETMA") und („Emissions Trading Master Agreement" („ETMA"),[6] das von der Futures and Options Association publizierte „Grid Trade Master Agreement" („GTMA"),[7] das von Global Coal Limited entwickelte „Standard Coal Trading Agreement" („SCoTA"),[8] die „Short Term Flat NBP Trading Terms and Conditions 1997" ("NBP97")[9] von National Grid plc. sowie die „Zeebrugge Hub Natural Gas Trading Terms and Conditions" ("ZBT 2004") von Huberator SA.[10] In den Vereinigten Staaten ist die gebräuchlichste Dokumentation für Strom und Gas das von dem Edison Electric Institute („EEI") und der National Energy Marketers Association im Jahr 2000 veröffentlichte „Master Power Purchase & Sale Agreement" (Version 2.1), zu dem es auch einen sog. „NAESB Gas-Annex", einen „Coal Annex" und einen Besicherungsanhang gibt.[11]

7

Den vorgenannten Standardbedingungen ist gemeinsam, dass sie jeweils nur eine Produktgruppe oder eine nur sehr eng begrenzte Produktpalette abdecken. Um die Dokumentation noch effizienter zu gestalten, hat die European Federation of Energy Traders (EFET) allgemeine Rahmenverträge für den physischen Strom- und Gashandel entwickelt, nämlich das „General Agreement Concerning the Delivery and Acceptance of Electricity" (nachfolgend „Strom-EFET")[12] und das „General Agreement Concerning the Delivery and Acceptance of Natural Gas" (nachfolgend „Gas-EFET").[13] Der Vorteil beispielsweise eines Gas-EFET gegenüber den anderen der vorgenannten Vertragstypen liegt darin, dass ein einziger Rahmenvertrag grundsätzlich den Handel an verschiedenen Lokationen abdecken kann, so dass zB Geschäfte an den Hubs in Seebrügge, dem Title Transfer Point (TTF) in den Niederlanden oder dem britischen National Balancing Point (NBP), sowie Geschäfte an anderen Lokatio-

8

---

4 So zB *Sommer* in: Horstmann/Cieslarczyk, Energiehandel, Kap. 22, Rn 7.
5 Version 4 aus dem Jahr 2008.
6 Das IETMA (Version 2012) und die Version 3 des ETMA von 2008 können, wie alle IETA-Vertragsvorlagen, unter www.ieta.org heruntergeladen werden (erst den Ordner „Publications" anwählen, dann den Unterordner „Trading Documents").
7 Das Vertragsmuster findet sich unter www.foa.co.uk (erst den Ordner „Documentation" anwählen, dann den Unterordner „Power", anschließend „GTMA").
8 http://www.globalcoal.com/general/downloads.cfm; die Nutzung dieses Vertragswerkes ist lizenzpflichtig, aaO kann auch die von globalCOAL gewünschte Lizenzvereinbarung heruntergeladen werden.
9 Vgl unten, auf www.nationalgrid.com findet sich nur noch der Anhang „Terms and Conditions for OTC Trading with National Grid".
10 Die Vorlagen können unter http://www.huberator.com heruntergeladen werden (folgende Ordner sind nacheinander anzuwählen: „Membership"/„How to become member"/„Zeebrugge Hub Natural Gas Trading T & C").
11 Die Vertragsvorlagen sind unter www.eei.org zugänglich. Für den Rahmenvertrag siehe www.eei.org/ourissues/ElectricityGeneration/Pages/MasterContract.aspx und für die zurzeit angebotenen Anhänge (Besicherungsanhang, NAESB-Gas Annex und CoalAnnex) siehe www.eei.org/ourissues/ElectricityGeneration/Pages/Annexes.aspx.
12 Version 2.1(a)/September 21, 2007.
13 Version 2.0 (a)/May 11, 2007; alle EFET-Vertragsvorlagen sind unter www.efet.org (unter dem Ordner „Standardisation") frei zugänglich.

Jahn/Vornhagen

nen unter einem einheitlichen Rahmenvertrag dokumentiert werden und die darunter entstehenden Ausfallrisiken gegebenenfalls „genettet" werden können.[14]

9 Darüber hinaus gibt es noch die „klassischen" Rahmenverträge, die historisch für finanzielle Geschäfte entwickelt und nach und nach durch Erweiterungen und Anhänge ergänzt worden sind, um den Besonderheiten des physischen Handels gerecht zu werden. Zu diesen Rahmenverträgen zählen die von der International Swaps and Derivatives Association, Inc. veröffentlichten Rahmenverträge (nachfolgend vereinfachend „ISDA" genannt)[15] und als lokale Dokumentation für den deutschen Markt der vom Bundesverband deutscher Banken e.V. („BdB") veröffentlichte Rahmenvertrag für Finanztermingeschäfte (nachfolgend „DRV"),[16] der inzwischen allerdings auch von vielen nicht-deutschen Vertragsparteien akzeptiert wird.

10 Der Europäische Bankenverband hat ebenfalls einen Rahmenvertrag entwickelt, nämlich das „European Master Agreement" („EMA"),[17] das Produktanhänge für Wertpapierpensionsgeschäfte und Buy-Sell-Back-Geschäfte, für Wertpapierdarlehensgeschäfte sowie Derivate enthält.[18] Einen speziellen Produktanhang für Rohwarengeschäfte gibt es zwar nicht, jedoch könnte man übliche Marktregeln für bestimmte Produktarten im Rohwarenbereich als „Marktstandardbedingungen" in das EMA einbeziehen und dieses so für den Handel mit physischen Rohwaren erweitern. Dieser Rahmenvertrag findet im Markt jedoch keinerlei Verwendung für irgendeine Art von Rohwarengeschäften.

11 Theoretisch ließen sich auch andere Rahmenverträge, wie zum Beispiel der „Schweizer Rahmenvertrag für Over-the-Counter-(OTC-)Derivate"[19] für Rohwarengeschäfte einsetzen, jedoch enthalten diese in der Regel keine oder nur ungenügende Vorschriften über die physische Abwicklung von Rohwarengeschäften und sind daher eher ungeeignet: Der Schweizer Rahmenvertrag enthält nur einen Anhang C für (unter anderem) Kassa-Geschäfte in Edelmetallen, ohne jedoch konkrete Regelungen über die physische Erfüllung der Edelmetallgeschäfte zu treffen, wobei die physische Erfüllung von Edelmetallgeschäften nicht nur durch die tatsächliche Lieferung von Metallbarren o.ä. erfolgen kann, sondern auch durch die Verbuchung auf Edelmetallkonten.[20] Solche Lieferregelungen müssten dann in jede einzelne Geschäftsbestätigung aufgenommen werden.

---

14 Ausführlichere Erläuterungen zum „Netting" finden sich im Beitrag von *Fried*, ab § 14.
15 Vor allem das ISDA 2002 Master Agreement und das ISDA Master Agreement (Multicurrency – Cross Border) aus 1992; ISDA-Verträge und -Bedingungen sind grundsätzlich unter www.isda.org zugänglich, jedoch ist der Bezug weitgehend kostenpflichtig.
16 Der BdB hat Anhänge für physische NBP- und ZBT-Gasgeschäfte beschlossen, aber nicht veröffentlicht.
17 Die Texte des European Master Agreement („EMA") und seiner Anhänge finden sich auf der Website der Fédération Bancaire Européenne (European Banking Federation) unter www.fbe.be (am unteren Ende der Homepage gibt es einen Ordner „Own & Joint Projects", der zu der Vertragsdokumentation führt).
18 Ausführlicher zum EMA: *Behrends*, § 6 Rn 76 ff.
19 Erstellt und veröffentlicht von der Schweizer Bankiervereinigung unter www.swissbanking.org/home/shop.htm.
20 Su Rn 121 ff.

B. Vertragsgestaltung

		Rahmenvertrag für Finanztermingeschäfte ("**DRV**")	ISDA Master Agreement („**ISDA**")	European Master Agreement for Financial Transactions („**EMA**")	EFET General Agreement Concerning the Delivery and Acceptance of Electricity („**Strom-EFET**")
	Finanzielle Rohwarengeschäfte (alle Commod. als Basiswerte)	DRV mit Rohwarenanhang erlaubt grds. alle	ISDA mit „2005 Commodity Definitions" erlaubt grds. alle	keine marktübliche Grundlage, aber Einbeziehung gängiger Verträge oder „Definitions" als Marktstandarddokumentation möglich	theoretisch möglich (Strom), aber nicht üblich
Rohwarengeschäfte mit physischer Erfüllung	Metalle	i.d.R. Swift-bestätigte Spot- oder Termingeschäfte; Erfüllungsregeln müssen separat vereinbart werden	wie oben	wie oben	nicht möglich
	Strom	Stromanhang (neu 2012), allerdings keine BdB-Vorlage	GTMA-Annex North American Power Annex	wie oben	grds. für alle Stromarten geeignet; üblich nur für Strom in Europa UK: GTMA-Appendix
	Gas	NBP-/ZBT-/TTF-Anhänge GASPOOL und NCG (neu 2011), allerdings keine BdB-Vorlage	NBP/ZBT-Annex North American Gas Annex	wie oben	nicht möglich
	Emissionsberechtigungen (TEHG)	Anhang für Emissionsrechte	Emissions Annex	wie oben	Allowances Appendix
	Kohle	Es existiert kein Produktanhang für Kohle	ISDA Physical Coal Annex (basiert tlw. auf SCoTA)	wie oben	nicht möglich

Jahn/Vornhagen

§ 10 Rohwaren- und Energiegeschäfte

EFET General Agreement Concerning the Delivery and Acceptance of Natural Gas („**Gas-EFET**")	(„**GTMA**")	ZBT Bedingungen („**ZBT 2004**")	NBP Bedingungen („**NBP97**")	(„**IETA**")	Standard Coal Trading Agreement („**SCoTA**")
theoretisch möglich (Gas), aber nicht üblich	nein (Marktstörungsregelungen für finanzielle Geschäfte fehlen)	nein (Marktstörungsregelungen für finanzielle Geschäfte fehlen)	nicht möglich	nein (Marktstörungsregelungen für finanzielle Geschäfte fehlen)	nicht möglich
nicht möglich	nicht möglich	nicht möglich	nicht möglich	nicht möglich	nicht möglich
nicht möglich	nur UK-Strom (Ver-/Käufe, Optionen)	nicht möglich	nicht möglich	nicht möglich	nicht möglich
grds. für alle Gasarten geeignet, üblich nur für Gas in Europa; Verwendung spezieller Anhänge für unterschiedliche Hubs hat sich durchgesetzt	nicht möglich	nur Zeebrugge-Gas (Ver-/Käufe, Optionen)	nur UK-Gas (Ver-/Käufe, Optionen)	nicht möglich	nicht möglich
Allowances Appendix	nicht möglich	nicht möglich	nicht möglich	nur Ver-/Käufe und Optionen	nicht möglich
nicht möglich	nicht möglich	nicht möglich	nicht möglich	nicht möglich	Ver-/Käufe

II. Energie- und Rohwarengeschäfte unter dem DRV

12 Lange Zeit wurden unter dem DRV – wenn man von Wertpapiergeschäften einmal absieht – fast ausschließlich finanzielle, d.h. bar abzuwickelnde Derivatgeschäfte abgeschlossen. Wie

aus der Formulierung in Ziffer 1 Abs. 1 b) des DRV ersichtlich, ist auch der Abschluss von physischen Edelmetallgeschäften unter dem DRV denkbar, jedoch bleibt der Abschluss solcher Geschäfte unter dem DRV relativ selten und beschränkt sich in der Regel auf Spot-Geschäfte oder Termingeschäfte mit sehr kurzer Laufzeit und auf Edelmetallleihgeschäfte.[21] Um jedoch dem insbesondere seit etwa 2003 stetig wachsenden Bedarf an lokaler (d.h. „schlanker" deutschsprachiger) Dokumentation für finanzielle und später auch für physische Rohwarengeschäfte gerecht zu werden, hat der BdB bzw haben Marktteilnehmer nach und nach neue Anhänge zum DRV geschaffen.

1. Anhang für Rohwarengeschäfte

Im Dezember 2004 wurde der Anhang für Rohwarengeschäfte veröffentlicht, der sich an den 1993 ISDA Commodity Derivatives Definitions und ihrer Anpassung aus dem Jahr 2000 orientiert. Nach Ziffer 1 Abs. 2 des Anhangs für Rohwarengeschäfte gilt dieser ausschließlich für bar zu erfüllende Geschäfte. Konsequenterweise finden sich denn auch keine Regelungen zu Erfüllung oder Verzug im Hinblick auf Lieferpflichten im Anhang, und bleiben die Marktstörungsregelungen in Ziffer 8 auf die für finanzielle Geschäfte in Frage kommenden Ereignisse beschränkt.

13

Erwähnenswert ist, dass der Anhang für Rohwarengeschäfte in seiner Definition des Begriffes „Referenzpreisbeschreibung" auf die gesondert zu vereinbarende „Liste A" verweist, die nach dem Vorbild der ISDA-Produktliste in den 2005 Commodity Definitions für eine Vielzahl unterschiedlicher Produkte Referenzpreisbeschreibungen in ein Kürzel übersetzt, dessen Nennung in der jeweiligen Geschäftsbestätigung die – häufig lange und umständliche – Erläuterung des einschlägigen Referenzpreises ersetzt. Dem Wortlaut des Anhangs zufolge muss diese Liste A separat unterzeichnet werden, was im Markt jedoch üblicherweise unterbleibt. Dennoch nehmen alle Parteien insoweit Bezug auf diese Liste A, als sie die in ihr zugewiesenen Kürzel für die jeweilige Referenzpreisbeschreibung verwenden.

14

Obwohl ISDA mit den 2005 ISDA Commodity Definitions die 1993 ISDA Commodity Derivatives Definitions und 1997 ISDA Bullion Definitions zusammengeführt und aktualisiert hat, wird der Anhang für Rohwarengeschäfte immer noch unverändert verwendet. Aus diesem Grund besteht für Parteien, die sich für die Dokumentation von finanziellen Rohwarengeschäften unterschiedlicher Rahmenverträge bedienen, ein weiteres Basisrisiko.[22] In diesem Zusammenhang sollte ein besonderes Augenmerk auf den jeweiligen Marktstörungsregelungen in Ziffer 8 des Anhangs und Art. VII, Sections 7.4 bis 7.6 der 2005 ISDA Commodity Definitions liegen, die Unterschiede im Detail aufweisen. Letztendlich muss jedoch jeder Marktteilnehmer für sich entscheiden, ob und in welchem Umfang er das aus diesen Unterschieden resultierende Basisrisiko akzeptieren möchte. Festzuhalten bleibt jedenfalls, dass die Forderung von Vertragsparteien nach einer Anpassung in Ziffer 8 des Anhangs für Rohwarengeschäfte bisher eher die Ausnahme geblieben ist. Dennoch hat sich der BdB entschlossen, den Anhang zu überarbeiten, um die beschriebenen Basisrisiken zu reduzieren, und hat eine entsprechende Arbeitsgruppe gebildet.[23]

15

---

21 Das sind Sachdarlehen im Sinne von § 607 BGB, deren Valutierung und Tilgung meistens über Buchungen auf Edelmetallkonten vorgenommen werden.

22 „Basisrisiko" bedeutet im Rahmen dieser Darstellung, dass die Vertragsbedingungen, denen eine Transaktion unterliegt, sich von denen des Gegengeschäftes („back to back-Geschäft") unterscheiden, so dass die Risikoposition nicht vollständig ausgeglichen ist. Unterschiede können sich dabei nicht nur aus den ökonomischen Bedingungen der jeweiligen Geschäfte ergeben, sondern auch zB aus dem anwendbaren Recht des jeweiligen Rahmenvertrages, unterschiedlichen Steuerregelungen etc.

23 Der neue Rohwarenanhang wird überarbeitete Marktstörungsregelungen enthalten und der Bezug auf die Liste A wird entfallen. Die Veröffentlichung des Anhangs wird in den nächsten Monaten erwartet (Stand: April 2012).

2. Anhang für Emissionsrechte

16 Ebenfalls in 2004 entstand der Anhang für Treibhausgasemissionsberechtigungen, der für den Handel mit EU-Emissionsberechtigungen in der ersten Handelsperiode 2005 bis 2007 erfolgreich eingesetzt wurde. Er wurde nach Vorarbeiten einer Arbeitsgruppe entwickelt, in der auch Unternehmen der Energiewirtschaft vertreten waren. Er ist von den Gremien des BdB im März 2006 verabschiedet worden. Der Anhang für Treibhausgasemissionsberechtigungen basiert auf dem damaligen internationalen Standard, wie er von ISDA, EFET und IETA in intensiven Abstimmungen entwickelt wurde. Besonderheit ist, dass der Anhang bereits in seiner damaligen Fassung grundsätzlich auch Anwendung auf Geschäfte finden konnte, die EU-Emissionsgutschriften (zB „Emission Reduction Units" (ERU) oder „Certified Emission Reductions" (CER)) zum Gegenstand haben.

17 Mit der Einbindung der Kyoto-Regelungen in das europäische Handelssystem[24] haben die in den Verbänden ISDA, IETA und EFET vertretenen Marktteilnehmer jedoch Anpassungsbedarf gesehen, vor allem empfand die Mehrheit der Marktteilnehmer die bestehenden Regelungen zu Unmöglichkeit (Force Majeure) und Registerstörungen als nicht interessengerecht. Nachdem sich der Markt in einer gemeinsamen Arbeitsgruppe der drei Verbände auf die Behandlung von aus dem Kyoto-System resultierenden Unmöglichkeitsgründen („suspension event") geeinigt hat, wurde die jeweils verbandseigene Dokumentation angepasst. Dieser Entwicklung konnte sich der BdB nicht entziehen: Da es marktüblich wurde, ergänzende Regelungen im Hinblick auf das Kyoto-System zu vereinbaren (zB zur Einrichtung des internationalen Registers oder zur Einhaltung der Vorgaben des Art. 17 des Kyoto-Protokolls), die sich bislang im Anhang nicht widerspiegelten, mussten diese Regelungen in die Geschäftsbestätigungen aufgenommen werden, was den Bestätigungsprozeß verkomplizierte. In 2009 wurde daher der neue Anhang für Emissionsrechte entwickelt, der den geänderten Marktumständen Rechnung trägt.[25]

Inzwischen wird mit Verweis auf die Fortentwicklung der Rechtsgrundlagen[26] und auf die Häufung von Missbrauchsfällen im CO2-Markt (Phishing, Hacking) erneut größerer Anpassungsbedarf bei der Dokumentation von Geschäften über Emissionsrechte gesehen. Es bleibt abzuwarten, ob auch der BdB einen solchen Bedarf sieht. Immerhin haben andere Verbände der Energiewirtschaft es für notwendig erachtet, die jeweiligen Rahmenverträge für den Handel mit Emissionsrechten für die dritte Phase ab dem 1.1.2013 anzupassen.

3. Anhang für NBP-Geschäfte und Optionen auf NBP-Geschäfte und Anhang für ZBT-Geschäfte und Optionen auf ZBT-Geschäfte

18 Seit seiner Entstehung im Jahr 2004 hat sich der Anwendungsbereich des Rohwarenanhangs vermehrt als zu eingeschränkt erwiesen, da sich im Bereich der Energiederivate ein ständig wachsender Bedarf an deutschsprachiger Dokumentation insbesondere für physisch zu erfüllende Gasgeschäfte entwickelt hat. Im Jahr 2006 hat daher eine aus Mitgliedern des BdB sowie Unternehmen der Energiewirtschaft bestehende Arbeitsgruppe den Anhang für NBP-Geschäfte und Optionen auf NBP-Geschäfte („NBP-Anhang") und den Anhang für ZBT-Geschäfte und Optionen auf ZBT-Geschäfte („ZBT-Anhang) entwickelt, die zusammen nachfolgend „Gas-Anhänge" genannt werden sollen. Die Gas-Anhänge finden auf Einzelabschlüsse Anwendung, die durch Lieferung von Gas über den belgischen Knotenpunkt in See-

---

24 Vgl Richtlinie 2004/101/EG („Linking Directive") zur Änderung der Richtlinie 2003/87/EG.
25 Für die Beschreibung des Regelungsinhalts vgl Rn 108 ff.
26 ZB die neue Unionsregisterverordnung, die Einbeziehung weiterer Industrien in die Abgabeverpflichtung und die damit verbundene Einführung eines neuen Typs von Emissionsrechten (Luftverkehrsberechtigungen, § 3 Ziffer 8 TEHG) oder am Markt diskutierte Sonderklauseln mit Blick auf „unberechtigt" erworbene Emissionsrechte.

brügge („ZBT") oder den britischen Knotenpunkt („NBP", „National Balancing Point") zu erfüllen sind. Sie basieren auf den am jeweiligen Knotenpunkt geltenden Allgemeinen Geschäftsbedingungen. Da diese Geschäftsbedingungen für die auf höherer Gewalt beruhenden Leistungsstörungen besondere Regelungen enthalten, waren in die Gas-Anhänge vergleichbare Bestimmungen aufzunehmen. Inzwischen sind der Anhang für NBP-Geschäfte und der Anhang für ZBT-Geschäfte überarbeitungsbedürftig. Der BdB wird jedoch von einer Aktualisierung abgesehen haben, weil diese Anhänge im Markt keine breite Verwendung gefunden haben.

4. Weitere Anhänge für physische Gas- und Stromgeschäfte

Seit 2006 hat sich ein immer größerer Bedarf an deutschsprachiger Dokumentation für den Handel an weiteren Gashandelspunkten und für den Stromhandel abgezeichnet. Zwar gibt es bereits seit langer Zeit eine deutsche Übersetzung des Gas-EFET und auch des Strom-EFET, jedoch liegen die für den Gas-EFET üblichen Produktanhänge (abgesehen vom Allowances Appendix) nicht in deutscher Sprache vor. Darüber hinaus lässt sich bei deutschen mittelständischen Unternehmen tendenziell eine Präferenz für „schlanke" Rahmenverträge bzw Anhänge feststellen, die keine zeitraubenden Verhandlungen oder den Abschluss eines zusätzlichen Masternettingvertrages erfordern. Vor diesem Hintergrund ist der Anhang für TTF-Geschäfte und Optionen auf TTF-Geschäfte („TTF-Anhang") zum DRV entwickelt worden, der allerdings nicht von Gremien des BdB erarbeitet und beschlossen wurde. Der TTF-Anhang folgt grundsätzlich der Systematik des NBP- und des ZBT-Anhangs, basiert jedoch auf dem von der European Federation of Energy Traders veröffentlichten TTF Appendix. In 2011 ist darüber hinaus ein Anhang für GASPOOL- und NCG-Geschäfte entstanden, der zwar kein Dokument des BdB ist, jedoch von vielen Stadtwerken akzeptiert wird. Seit kurzem steht am Markt ein Anhang für physisch zu erfüllende Stromgeschäfte zur Verfügung, dessen Akzeptanz sich noch herausstellen muss.

19

III. Architektur der EFET-Verträge

1. Grundstruktur

Die von der im Jahr 1999 gegründeten European Federation of Energy Traders entwickelten und veröffentlichten Rahmenverträge sind mittlerweile lang anerkannte Standardrahmenverträge für den physischen Strom- und Gashandel.[27] Lag in 2002 nur eine Arbeitsübersetzung der auf Englisch entwickelten Verträge in die deutsche Sprache vor, so gibt es inzwischen Übersetzungen von Teilen der Dokumentation in viele Sprachen. Auch die deutsche Übersetzung der General Agreements und der aktuellen Versionen des Allowances Appendix ist inzwischen überarbeitet worden und wird auf der EFET-Webseite zur Verfügung gestellt.

20

Sowohl der Gas- als auch der Strom-EFET folgen in ihrer Struktur im Prinzip der Grundarchitektur der im Markt vorherrschenden Rahmenverträge: Sie bestehen aus einem „General Agreement",[28] das die allgemeinen Grundregelungen enthält, einer Anpassungsvereinbarung (*Election Sheet*), in der die Wahlmöglichkeiten des General Agreement ausgeübt und häufig auch weitere Änderungen vereinbart werden, spezifischen Produktanhängen und ggf dem Besicherungsanhang (*Credit Support Annex*) sowie – auf der speziellsten Ebene – den Geschäftsbestätigungen. Wie bei anderen Rahmenverträgen auch, besteht eine Auslegungshierarchie dahin gehend, dass speziellere Regelungen Vorrang vor den allgemeineren Vorschriften haben.[29]

21

---

27 Zur Historie siehe *Liesenhoff* in: Horstmann/Cieslarczyk, Energiehandel, Kap. 10, Rn 1 ff.
28 Mit Definitionsanhang als Anhang 1.
29 Vgl § 2.2 des General Agreement.

22 Die Parteien können zu einem EFET-Vertrag verschiedene Anhänge vereinbaren, von denen die meisten produktspezifisch sind. Unter anderem stehen für den Strom-EFET und den Gas-EFET jeweils folgende Anhänge zur Verfügung:

Strom-EFET	**Gas-EFET**
GTMA Appendix	NBP Appendix
	ZBT 2004 Appendix
	TTF Appendix
	PEG Appendix[30]
	GASPOOL Appendix[31]
	PSV Appendix[32]
	ITAB Appendix[33]
Allowances Appendix (Version 3.0)	Allowances Appendix (Version 2.0)
Credit Support Annex	
VAT Annex	

23 Aus der Sicht deutschen Rechts sind die General Agreements allgemein genug formuliert, um auch ohne produktspezifische Anhänge verwendet werden zu können. In den Bestimmungen, die eine Verbindung zu den jeweils anwendbaren Regelungen eines Hubs bzw eines Netzbetreibers herstellen müssen, findet sich ein allgemein gehaltener Hinweis, der ausreichend ist, um zB die Liefer- und Annahmeverpflichtungen für Strom oder die Berechnung von Wiedereindeckungsaufwand ausreichend zu beschreiben.[34] Dennoch ist in Zusammenarbeit mit der Futures and Options Association ein GTMA Appendix entstanden. Hintergrund ist, dass es bisher marktüblich war, den Handel von britischem Strom aus dem Anwendungsbereich eines Strom-EFET auszuschließen, weil dieses Produkt von den Marktteilnehmern bevorzugt unter anderen Verträgen (zB GTMA oder ISDA mit GTMA-Anhang) gehandelt wurde. Die Einführung eines GTMA Appendix ist daher als Maßnahme zu verstehen, die die Akzeptanz der Dokumentation im Markt weiter erhöhen soll.

24 Demgegenüber fällt auf, dass es für den Gas-EFET eine Vielzahl von Hub-spezifischen Anhängen gibt. Auch ist die Auffangregelung für das anwendbare Recht in § 22 des General Agreement zugunsten englischen Rechts ausgestaltet, während die entsprechende Auffangregelung im Strom-EFET deutsches Recht als anwendbares Recht benennt. Gründe hierfür liegen im Wesentlichen wohl darin, dass bestimmten Marktteilnehmern die Kompatibilität der EFET-Dokumentation mit englischen Standarddokumentationen verdeutlicht und die Akzeptanz des EFET-Vertrages erhöht werden sollte.[35]

2. Wesentliche Regelungen

25 Nachfolgend sollen nur die wichtigsten Regelungen der EFET General Agreements beschrieben werden, für detailliertere Ausführungen sei auf die weiterführende Literatur verwiesen.[36]

---

30 *Point d'Échange des Gaz*, virtueller Handelspunkt in Frankreich.
31 GUD und BEB Appendix werden seit Zusammenlegung in das Marktgebiet GASPOOL nicht mehr verwendet.
32 *Punto di Scambio Virtuale*, italienischer Handelspunkt.
33 Für das österreichische Gasgebiet der CEGH – Central European Gas Hub AG; „ITAB" steht für Integrated Trading Area Baumgarten.
34 Vgl in § 4.2 des Strom-EFET „...in accordance with all applicable rules of the Network Operator and other customary industry practices and procedures".
35 Vgl hierzu *Liesenhoff*, aaO Rn 4–6.
36 Für ausführlichere Darstellungen vgl zB *Liesenhoff* aaO; *Stuhlmacher/Draxler/Sessel-Szebik/Horndasch* in: Schöne (Hrsg.): Vertragshandbuch Stromwirtschaft, 2007; *Fried* in: Schwintowski (Hrsg.), Handbuch Energiehandel, 2. Aufl. 2009, Teil B. Rechtliche Bewältigung des Energiehandels, Rn 303 ff.

B. Vertragsgestaltung

Die **Hauptleistungspflichten zur Lieferung und Abnahme von Strom und Gas** sind in den §§ 4–6 des General Agreement beschrieben und unterscheiden sich naturgemäß für Strom- und Gaslieferungen.

§ 4 des Strom-EFET bestimmt nicht nur, dass der Verkäufer sich verpflichtet, die Ware Strom in der vereinbarten Menge am vereinbarten Lieferort zu „übergeben" und der Käufer zur Kaufpreiszahlung verpflichtet ist, sondern auch, dass beide Parteien verpflichtet sind, die für den Transport der Elektrizität notwendigen technischen Maßnahmen zu ergreifen. Hierfür beschreibt § 4.2 die „Fahrplananmeldungen" (*Schedule*), oder – so der gebräuchlichere Begriff – Fahrplanmeldungen. Eine Fahrplanmeldung ist die Meldung der aus Käufen oder Verkäufen (oder Einspeisungen und Ausspeisungen) einer Partei resultierenden Stromliefermengen an den Netzbetreiber, der für jeden Teilnehmer eine Art Konto, den Bilanzkreis, führt. Ein Stromhandel ohne solche Bilanzkreise ist nicht möglich. In Ausführung der von allen Teilnehmern angemeldeten Fahrplanmengen wird der Übertragungsnetzbetreiber die sich jeweils ergebenden Liefermengen übertragen.[37] § 5 beschreibt die Hauptleistungspflichten für Optionsgeschäfte, d.h. das Recht, bestimmte Liefermengen zu künftigen Lieferzeitpunkten zu einem vorab festgelegten Preis zu kaufen oder zu verkaufen. Der Optionskäufer ist nach Maßgabe des § 5 und weiterer Zahlungsregelungen in § 13 zur Zahlung der Optionsprämie verpflichtet, während der Verkäufer (Stillhalter) bei Ausübung der Option nach dem in § 5 beschriebenen Verfahren die Lieferung oder Annahme der vereinbarten Mengen schuldet und im Fall einer Verkaufsoption auch die Zahlung des vorab vereinbarten Kaufpreises. Weitere größtenteils technische Regelungen im Zusammenhang mit dem *Scheduling* (d.h. den Fahrplanmeldungen) finden sich in § 6. Dort wird unter anderem auf die Anforderungen an Stromstärke/Frequenz/Spannung oder die Verpflichtung zur ordnungsgemäßen Messung eingegangen. Letztere ist für Großhändler, die keine Einspeisungen oder Ausspeisungen vornehmen, praktisch irrelevant. Obwohl die Vertragspflicht zur Übereignung des Stroms selbstredend die Verpflichtung zur Übertragung unbelasteten Eigentums beinhaltet, regelt § 6.3 die Übergabe frei von Rechten Dritter.

Die Beschreibung der Hauptleistungspflichten für Gasgeschäfte unter dem Gas-EFET in §§ 4–6 entspricht im Wesentlichen der Beschreibung im Strom-EFET. Die Verpflichtung zum *Scheduling* bezieht sich hier allerdings auf die Nominierung der von einer Partei ge- und verkauften Gasmengen für den Transport unter Angabe des für sie ausgegebenen *Shipper Code*.[38] Darüber hinaus können die Parteien vereinbaren, die sich aus den zwischen ihnen getätigten Geschäften ergebenden Nettolieferungen pro Zeiteinheit zu nominieren. Im Hinblick auf § 6.3 wäre zu erwähnen, dass im Gas-EFET zusätzlich eine Haftungsfreistellungsklausel aufgenommen worden ist.

§ 7 der General Agreements beschreibt Fälle, die unter deutschem Recht eine objektive **Unmöglichkeit** begründen würden, als höhere Gewalt (Force Majeure). Die unter § 7.1 (a) und (b) genannten Beispiele sollen für die Vertragsparteien nur verdeutlichen, auf welcher Ebene ein Leistungshindernis eintreten müsste, um als ein Ereignis höherer Gewalt zu gelten, denn im Markt gibt es immer wieder Diskussionen darüber, ob ein Ausbleiben einer Lieferung an eine Partei zu einer Force Majeure mit dem Ergebnis der Befreiung von Verpflichtungen aus der Weiterveräußerung sein kann.[39] Im Rahmen des § 7 ist auf jeden Fall zu beachten, dass das Verfahren nach § 7.3 eingehalten werden muss, bevor eine Partei von ihren Lieferverpflichtungen frei werden kann. Das bedeutet, dass sich eine Partei nach dem Vertrag erst ausdrücklich auf einen Fall höherer Gewalt berufen muss, während die gesetzlichen Unmög-

---

37 Zur Charakterisierung der Fahrplanmeldungen als Nebenleistungspflicht Liesenhoff, aaO, Rn 25; aA anscheinend Fried, aaO, Rn 323.
38 § 4.1(a) und § 4.2 Gas-EFET.
39 Bsp. Nichtlieferungen von Gas aus Russland nach Baumgarten (Österreich).

lichkeitsregelungen ein automatisches Freiwerden von der unmöglich gewordenen Leistung vorsieht[40].

29 § 8 der General Agreements regelt die Schadenersatzansprüche der Parteien im Verzugsfall und beschreibt die Berechnung des **Wiedereindeckungsaufwandes**. Zu beachten ist, dass ein Lieferungs- oder Annahmeverzug nicht gleich schon zu einem Kündigungsrecht führt. Erst wenn eine Lieferung nicht innerhalb der in § 10.5(a) beschriebenen Nachfrist vorgenommen wird oder wenn ein Fall dauerhafter Unzuverlässigkeit nach § 10.5(d) vorliegt, kann der gesamte Rahmenvertrag mit allen darunter getätigten Einzelabschlüssen gekündigt werden.

30 Die **Beendigungsrechte und** Bestimmungen zum „Close-Out"[41] sind in Strom- und Gas-EFET leicht unterschiedlich geregelt. Gemeinsam ist bei beiden Verträgen, dass die wichtigen Gründe für eine Kündigung in § 10.5 aufgelistet sind, und die marktüblichen „Events of Default" enthalten. Im einzelnen sind die Regelungen zur Verletzung anderer Verträge („Cross Default") in den EFET-Verträgen allerdings unterschiedlich, so dass die meisten Vertragsparteien in ihren Anpassungsvereinbarungen eine Angleichung der Regelungen in § 10.5(b) des Strom-EFET an die entsprechenden Regelungen des Gas-EFET vornehmen. Ein weiterer Unterschied besteht in Bezug auf Fälle lang anhaltender höherer Gewalt, die im Strom-EFET als wichtiger Grund nach § 10.5(e) ausgestaltet sind. Für Vertragsparteien aus dem angloamerikanischen Bereich, die an eine Unterteilung in „Events of Default" und „Termination Event" gewöhnt sind, d.h. die nach durch schuldhaftes Verhalten einer Partei ausgelöste Kündigungsgründen und sonstigen Kündigungsgründen unterscheiden, ist dies uU befremdlich. Entsprechend findet sich im Gas-EFET die Regelung zu „Long Term Force Majeure" auch nicht unter den wichtigen Gründen nach § 10.5, sondern in § 7.5. Dies ist allerdings nicht nur eine systematische oder „kosmetische" Änderung, denn die Konsequenz einer Beendigung nach § 10.5 ist, dass der Gesamtrahmenvertrag gekündigt werden kann, während § 7.5 nur die Beendigung der betroffenen Einzelabschlüsse vorsieht. Darüber hinaus ist als Konsequenz einer Beendigung nach § 10 ein Marktwertausgleich vorzunehmen, der nach § 11 zu berechnen ist. In § 7.5 wurde jedoch ein Satz eingefügt, der – ein wenig verklausuliert – bestimmt, dass gerade kein Marktwertausgleich zu leisten ist.

31 Im Übrigen entsprechen die Kündigungsmechanik und -konsequenzen denen anderer marktüblicher Rahmenverträge: Nach § 10.3 kann eine Partei den Rahmenvertrag bei Vorliegen eines wichtigen Grundes kündigen. Die Kündigungserklärung muss die Voraussetzungen des § 10.3 (b) erfüllen, d.h. der wichtige Grund ist zu benennen und ein Kündigungstermin ist anzugeben. Der Kündigungstermin kann frühestens das Datum der Zugang der Kündigung sein und darf nicht später als 20 Tage nach Zugang liegen. Folge der Kündigung ist die Ersetzung aller Ansprüche aus den Einzelabschlüssen durch eine einheitliche Ausgleichsforderung, die nach § 11 iVm § 10.3 (e) zu ermitteln und am 3. Bankarbeitstag nach entsprechender Mitteilung an die andere Partei fällig ist.

32 Die **Zahlungsregelungen** unter dem Strom- und dem Gas-EFET sind im Vergleich zu anderen Rahmenverträgen anders, weil sie den Besonderheiten des Strom- und Gashandels Rechnung tragen müssen. In diesem Markt ist es üblich, dass der Lieferant vorleistungspflichtig ist und die Zahlung der Lieferungen nachträglich einmal im Monat und nur auf Rechnungsstellung hin erfolgt. Die entsprechenden Regelungen zu Rechnungsstellung und Zahlung finden sich in § 13. Sobald Parteien einen Allowances Appendix zu einem bestehenden EFET verhandeln, kommt es daher regelmäßig zu Diskussionen über die Fälligkeit von Zahlungen für

---

[40] Hierin liegt uU eine Abweichung vom gesetzlichen Leitbild des Unmöglichkeitsrechts. Ob diese Abweichung unzulässig im Sinne von § 307 Abs. (2) Ziffer 1 BGB ist, muss im Einzelfall überprüft werden.
[41] Das sind die Regelungen eines Rahmenvertrages zu Gesamtbeendigung aus wichtigem Grund sowie zur Ersetzung aller vorhergehenden Ansprüche durch die, und Berechnung der, einheitlichen Ausgleichsforderung.

Lieferungen, da der Marktstandard im Emissionsrechtehandel die Zahlung am 5. Bankarbeitstag nach Lieferung ist. Der Appendix selbst bietet zwei Lösungen an (Payment Cycle A – wie General Agreement; Payment Cycle B – Marktstandard). Vereinbaren die Parteien den Anhang, ohne hierzu eine Regelung zu treffen, gilt als Auffangregelung „Payment Cycle A. „Payment Cycle A" bedeutet im Ergebnis allerdings, dass der Kaufpreis für die in einem Monat fälligen Lieferungen von Emissionsrechten kreditiert wird. Wenig beachtet wird die Tatsache, dass diese Lösung nicht bloß zu einer Angleichung an die Zahlungsusancen im Strom- und Gasmarkt führt, sondern aufgrund der Kreditierung notwendigerweise eine andere Kaufpreisbildung zur Folge haben muss.

Unter den **steuerlichen Regelungen** in § 14 ist die Ziffer 8 besonders erwähnenswert. Hintergrund zu diesen steuerlichen Regelungen ist im Grunde der Gedanke der Versorgungssicherheit. Gegenüber anderen Rahmenverträgen, die Kündigungsmöglichkeiten bei Geschäften einräumen, unter denen eine Partei aufgrund einer Änderung von Steuergesetzen mehr Geld zahlen oder weniger Geld erhalten würde als dies ohne diese Änderung der Fall wäre, ist die Kündigung wegen neuer Steuern unter dem EFET daher wesentlich erschwert. Dafür sorgt der doppelte Schwellenwert (Laufzeit ab Abschlußdatum länger als 2 Jahre und steuerlicher Betrag ist größer als 5% des Wertes der ausstehenden Vertragsmenge), der überwunden werden muss, um überhaupt die Möglichkeit einer Kündigung zu haben. Diese Schwellenwerte sind bewusst so angesetzt, dass praktisch keine oder kaum eine Kündigungsmöglichkeit besteht. Problematisch wird die Regelung dann, wenn sie über die Vereinbarung des Allowances Appendix auch für Geschäfte über Emissionsrechte gelten soll, weil hier der Gedanke der Versorgungssicherheit nicht zutrifft. Ganz unabhängig von dieser Argumentation läßt sich im Markt aber die Tendenz feststellen, dass Vertragsparteien, die aus der Welt der finanziellen Derivatgeschäfte kommen, eher die Steuerklauseln nach dem Vorbild von ISDA oder DRV bevorzugen, während Energiehandelsunternehmen zumindest unter den EFET-Verträgen häufig auf einem Ausschluß von steuerbezogenen Kündigungsmöglichkeiten bestehen. 33

§ 17 schließlich regelt die Fälle, in denen Vertragsparteien eine **Nachbesicherung** der potenziellen Ausfallrisiken unter einem EFET-Vertrag verlangen können. Viele dieser Gründe wären unter einem ISDA ein *Additional Termination Event* (wenn ausdrücklich im Schedule vereinbart). Da es sich bei all diesen Fällen aber im Prinzip um Formen der wesentlichen Verschlechterung von Vermögensverhältnissen handelt, für die genau dann kein Kündigungsinteresse mehr besteht, wenn Sicherheiten nachgeliefert werden, erscheint die Regelung im EFET im Vergleich zu anderen Marktstandarddokumentationen sachgerechter und bietet auch kreditmateriell mehr Verhandlungsspielraum. 34

IV. Auswahlkriterien für die Bestimmung der Dokumentation

Wie der Dokumentationsüberblick oben unter B. I. zeigt, steht für die Dokumentation von Commodity-Geschäften ein ganzes „Menü" von Vertragsvarianten zur Verfügung, unter denen die Parteien eine Auswahl treffen müssen. Es ist wichtig, vorab grundsätzliche, geschäftspolitische Entscheidungen darüber zu treffen, welche der möglichen Auswahlkriterien für das jeweilige Unternehmen Vorrang haben. 35

Die erste Hürde für viele Vertragsstandards liegt in der Sprache und dem anwendbaren Recht. Manche Marktteilnehmer akzeptieren zB nur Dokumentation in ihrer eigenen Sprache, die ihrem Heimatrecht unterliegt. Grund hierfür ist häufig genug das Fehlen von eigener Expertise zur Beurteilung von Verträgen in anderen Sprachen und nach anderem Recht, sowie die mit einer Rechtsprüfung verbundenen Kosten. Beschränkt man sich allerdings auf nur eine Sprache und kann nur die Anwendung des Rechts einer bestimmten Rechtsordnung akzeptieren, so läuft man Gefahr, sich bei der Auswahl der zur Verfügung stehenden Doku- 36 mentationen unnötig zu beschränken. Darüber hinaus wird nicht jeder potenzielle Vertragspartner eine solche Festlegung auf eigene Sprache/eigenes Recht akzeptieren können.

37 Wichtig ist auch die eigene Marktposition: Ein Unternehmen, das in einen bestimmten Markt neu eingetreten ist, wird nicht die Marktmacht haben, sich gegen vertragliche Mindestvoraussetzungen größerer Marktteilnehmer zu behaupten. Bei der Bestimmung der eigenen Vertragsstandards muss daher in Erwägung gezogen werden, ob und inwieweit diese Wunschbestimmungen sich in der konkreten Verhandlung mit Vertragspartnern durchsetzen lassen. Als Extrembeispiel lassen sich Gold-Repo-Verträge von Nationalbanken anführen, die realistischerweise kaum verhandelbar sind.

38 Darüber hinaus spielt natürlich eine Rolle, welche Dokumentation für ein bestimmtes Produkt als Marktstandard verwendet wird. Einer solchen Entscheidung des Marktes wird man sich schwer entziehen können. Als Beispiel kann hier der Standardhandelsvertrag für Kohle von globalCOAL dienen: Wer mit einem Mitglied von globalCOAL handeln möchte, musste bis Anfang 2012 die SCoTA Bedingungen in der Weise akzeptieren, in der der Markt sie üblicherweise verwendet, d.h. in der Bestätigung (*Transaction Summary*) zu jedem Geschäft wird auf die jeweils aktuellste Fassung des SCoTA Bezug genommen. Insbesondere für Banken war daran unangenehm, dass sie so unter keinem Rahmenvertrag handeln konnten, der eine Verrechnung von Risiken zu einem Nettoausfallrisiko ermöglichen würde. Inzwischen hat globalCOAL in Zusammenarbeit mit einigen Marktteilnehmern die Version 8 des SCoTA erstellt und veröffentlicht. Diese Version hat nunmehr die Form eines Rahmenvertrages, der von den Parteien (die Lizenznehmer sein müssen) unterzeichnet wird und gewisse Grundregelungen (insbesondere kreditmaterielle Vorschriften) zur Disposition der Parteien stellt. Als Schwachpunkt der Dokumentation bleibt die Abwesenheit von nennenswerten steuerlichen Regelungen, insbesondere von Regelungen zu Energiesteuern und Umweltabgaben.

39 Die für viele Unternehmen wichtigsten Auswahlkriterien für Handelsdokumentation ergeben sich aus den grundsätzlich in dem jeweiligen Unternehmen getroffenen Risikoentscheidungen. Dazu würde zum Beispiel die Entscheidung darüber gehören, welche Standardkündigungsgründe man aus kreditmaterieller Sicht wünscht und ob man eher allgemeine Kündigungsgründe oder einen festen Katalog an Kündigungsgründen bevorzugt. Eine denkbare Risikoentscheidung wäre auch, grundsätzlich alle Geschäfte unter einem einzigen Rahmenvertrag abzuschließen, um so die größten Nettingeffekte zu erzielen. Eine solche Entscheidung würde natürlich die Wahl des betreffenden Rahmenvertrages zugunsten derjenigen Dokumentation beeinflussen, die die meisten Geschäftstypen erfasst. Da dies natürlich nicht immer im gewünschten Umfang möglich ist, wird man vielleicht auf den Abschluss eines Masternettingvertrages angewiesen sein, wenn man weitergehende Nettingeffekte realisieren möchte.

40 In der Praxis bestimmen häufig genug aber auch Händler oder Mitarbeiter von Risikoabteilungen, die nur eine bestimmte Marktstandarddokumentation kennen, ob und in welchem Umfang für das von ihnen betreute Geschäft auch andere Dokumentationen eingesetzt werden können. Sicherlich ergeben sich u.a. auch aus der unterschiedlichen Architektur von Rahmenverträgen Basisrisiken, die sich aber einigermaßen gut einschätzen lassen, wenn man die entsprechenden Regelungen von Verträgen einander gegenüberstellt. Als Beispiel soll folgender Grobvergleich zwischen dem ISDA, dem EFET und dem Rahmenvertrag für Finanztermingeschäfte dienen:

B. Vertragsgestaltung

Konsequenzen bei	ISDA	DRV	EFET
Nichtleistung oder Verzug	Failure to Pay/Deliver, Section 5 (a) (i) Nachfrist: 1 Geschäftstag nach 2002 ISDA 3 Geschäftstage nach 1992 ISDA	Nr. 7 Abs. (1) Satz 2, benannter wichtiger Grund Nachfrist: 5 Bankarbeitstage	2 Arbeitstage bei Zahlungsverzug 3 Arbeitstage bei ausbleibender Nachbesicherung Sonstige Nichtleistung: 10 § 10.5 (a) (10.5 (d) Fall dauerhafter Unzuverlässigkeit)
allgemeiner Vertragsverletzung	Breach of Agreement, Section 5 (a) (ii) Nachfrist: 30 Tage	Nr. 7 Abs. (1) Satz 1, jedenfalls bei Verletzung wesentlicher Vertragspflichten wichtiger Grund	Nicht ausdrücklich genannt (Frage der Auslegung im Einzelfall)
Vertragsverletzung in Bezug auf Sicherheitenverträge	Credit Support Default, Section 5 (a) (iii)* d.h. Verletzung der Bedingungen einer außerhalb des ISDA liegenden Vereinbarung (Bsp. Garantie), sofern das Dokument im ISDA Schedule als „Credit Support Document" spezifiziert wurde	Ohne Benennung wichtiger Grund im Sinne von Nr. 7 Abs. (1) Satz 1, wenn sich aus den Umständen ergibt, dass das Bestehen einer bestimmten Sicherheit Geschäftsgrundlage im Sinne des § 313 BGB ist; unter Umständen besteht das Kündigungsrecht allerdings erst, wenn eine Nachbesicherung (Anpassung des Vertrages) scheitert.	Wichtiger Grund nach § 10.5 (a) (ii), wenn eine Vertragsverletzung vorliegt; Widerruf etc. ist ein Grund für die Forderung einer Nachbesicherung nach § 17
Vertragsverletzung bzgl. besonderer Geschäftstypen	Default under Specified Transactions, Section 5 (a) (v) uU überflüssig, wenn Failure to Pay/Deliver und Cross Default bereits Anwendung finden, da diese Klausel – abhängig von der Ausgestaltung der „Specified Transactions" – im wesentlichen eine Mischung aus diesen beiden Kündigungsgründen ist	Nr. 7 Abs. (1) Satz 2 bei Nichtleistung unter dem Rahmenvertrag; Satz 1 (wichtiger Grund), wenn neben der Nichtleistung unter dem anderen Vertrag Grund zur Annahme besteht, daß die Erfüllung der Verpflichtungen unter dem DRV gefährdet ist.	Grds. nicht vorgesehen, wird von einigen Marktteilnehmern jedoch in der Anpassungsvereinbarung ergänzt
Verletzung anderer Verträge	Cross-Default, Section 5 (a) (vi)* Zu empfehlen ist eine Zusatzklausel, die sicherstellt, dass nur in Fällen fehlender Leistungsfähigkeit oder –bereitschaft ein Kündigungsrecht besteht.	Vorausgesetzt, eine Verletzung eines anderes Vertrages wird überhaupt bekannt und läßt den Schluß zu, daß die Leistungsfähigkeit des Vertragspartners gefährdet ist, dann ist dies ein wichtiger Grund nach Nr. 7 Abs. (1) Satz 1.	§ 10.5 (b) Achtung: Strom- und Gas-EFET weisen unterschiedliche Regeln auf; in Anpassungsvereinb. wird häufig eine Angleichung an Gas-EFET vorgenommen
Insolvenz einer Partei	Bankruptcy, Section 5 (a) (iv)	Nr. 7 Abs. (2) – automatische Beendigung	§ 10.5 (c); automatische Beendigung (§ 10.4), wenn gewählt
nachträglichen rechtlichen Verboten	Illegality, Section 5 (b) (i)	Nr. 12 (5) (B) b)	
Höherer Gewalt bzw. Unmöglichkeit	Force Majeure, Section 5 (b) (ii)	Soweit es nicht produktspezifisch in einem der Anhänge oder in der Geschäftsbestätigung geregelt ist (z.B. CO_2-Anhang), gelten die Grundsätze des Unmöglichkeitsrechts.	§§ 7, 10.5 (e) Unterschiedliche Regelungen in Strom- und Gas-EFET
steuerlichen Änderungen	Tax Event, Section 5 (b) (iii)	Nr. 12 (5) (B) a)	[§ 14.8: KDG praktisch unmöglich]
wstl. Vermögensverschlechterung nach Fusion	Credit Event upon Merger, Section 5 (b) (v)*	Nr. 7 Abs. (1) Satz 1	§ 17.2 (i) – Nachbesicherungsrecht

* sind die Klauseln, die nur Anwendung finden, wenn sie im ISDA Schedule gewählt werden

Jahn/Vornhagen

41 Weiteres Auswahlkriterium für die Auswahl einer Dokumentation im Commodityhandel – zumindest für diejenigen Unernehmen, die ihr Basisrisiko im Vergleich zu üblichen OTC-Rahmenverträgen für finanzielles Geschäft bestimmen – sind häufig die Steuerklauseln. Verträge für den physischen Rohwarenhandel enthalten zum Teil kaum Regelungen hierzu oder nur solche, bei denen die Kündigungsmöglichkeit wegen neuer Steuern beschränkt oder praktisch unmöglich gemacht ist. Dies kann eine Quelle für Basisrisiken sein. Darüber hinaus könnte die Frage zu beantworten sein, ob und wie das Risiko der Einführung von Energiesteuern behandelt werden oder ob ein solches Risiko als geschäftstypisch hinzunehmen sein soll. Festzuhalten bleibt jedenfalls, dass „klassische" OTC-Rahmenverträge in dieser Hinsicht in der Regel weitergehende Rechte der Parteien formulieren als Rohwarenverträge.

V. Methoden der Risikominimierung

42 Um die sich aus Commoditygeschäften ergebenden Ausfallrisiken zu minimieren, dient als erste Maßnahme die Vereinbarung eines nettingfähigen Rahmenvertrages, der für das Stressszenario „Insolvenz des Vertragspartners" die Verrechnungsmethodik des Vertrages idealerweise insolvenzfest gestaltet. Dazu ist mit Blick auf deutsche Vertragsparteien ein Vertrag mit automatischer Beendigung bei Insolvenzantragstellung erforderlich. Pro Rahmenvertrag entsteht somit ein Portfolio von Geschäften, das in der Insolvenz nicht auseinandergerissen werden kann. Wenn – aus welchen Gründen auch immer – der Abschluss weiterer Rahmenverträge oder Einzelverträge erforderlich ist, sollten diese so ausgesucht werden, dass sie sich unter einen der gängigen Masternettingverträge fassen lassen, wie zum Beispiel dem Cross-Product Master Agreement (CPMA) der Futures and Options Association mit dem von EFET und IECA entwickelten „EFET/IECA Commodities Schedule" oder dem EFET-Masternettingvertrag („EFET-MNA")[42].

43 Als weitere Risikominimierungsmaßnahme kommt der Abschluss von Besicherungsvereinbarungen in Frage, nach deren Bestimmungen die unter dem jeweiligen Rahmenvertrag entstehenden Netto-Ausfallrisiken ähnlich wie bei einem Margining von Börsengeschäften besichert werden. Auf der Ebene von Masternettingverträgen ist in diesem Zusammenhang häufig zu bedenken, dass ein solcher Besicherungsanhang auch technisch und operativ umsetzbar sein muss, was auf Ebene eines CPMA oder EFET-MNA wegen der großen Produktpalette unter Umständen an Grenzen stößt.

44 Auch Kündigungsrechte, die an kreditmateriell relevante Ereignisse anknüpfen, werden häufig als Risikominimierungsinstrument angesehen. Zum einen, weil viele Risikomitarbeiter meinen, das von ihnen zu überwachende Risiko sei mit der Vertragsbeendigung weggefallen (wobei vergessen wird, dass eine Partei bei Beendigung von Rahmenverträgen die einheitliche Ausgleichsforderung zahlen muss), zum anderen, weil sich Kündigungsgründe als Hebel für ein Nachbesicherungsverlangen oder die Verschärfung der Bedingungen von Besicherungsanhängen verwenden lassen. Alternativ lassen sich natürlich direkt Nachbesicherungsrechte vereinbaren, wie dies im EFET General Agreement geregelt ist.

VI. Besonderheiten bei der Verhandlung mit Kreditinstituten

45 Zusätzlich zu dem Diskussionspotenzial, das sich aus den oben dargestellten Entscheidungsmöglichkeiten ergibt, gibt es in der Verhandlung mit Banken noch weitere Themen, die gegenüber Energiehandelsunternehmen häufig erklärt werden müssen. Auch wenn es wie ein unbedeutendes Thema erscheint, gibt es doch immer wieder den Wunsch, die Bestätigungsprozesse anders zu gestalten. Banken, die im Hinblick auf diesen Prozess den Vorgaben der

---

42 Der Text ist unter www.efet.org frei zugänglich.

MaRisk[43] unterliegen, haben hier nicht immer den Entscheidungsspielraum, den Vertragspartner sich wünschen. Wenn zB gewünscht wird, den Prozess so aufzusetzen, dass eine Partei nur eine nicht unterzeichnete Bestätigung schickt, auf die es keine Antwort sehen möchte, oder wenn die Bestätigungen der Bank nicht rückbestätigt werden sollen, stellt sich für die Bank die Frage, ob ein solch veränderter Prozeß den Vorgaben der BaFin noch genügt.

Ein großes Thema in der Verhandlung von Rahmenverträgen mit Banken ist die **Anerkennung von Netting**. Da Banken das Netting nicht nur zur Entlastung von Kreditlinien nutzen, sondern regulatorisches Netting u.a. auch ein Mittel zur Reduzierung der Eigenkapitalbelastung darstellt, ist es für sie um so wichtiger, dass die von der SolvV vorgegebenen Anforderungen an die Nettingfähigkeit von Verträgen eingehalten werden. Dazu gehört, dass die dort beschriebenen Mindestregelungen (Beendigungsrecht bei Zahlungsverzug, Beendigung bei Insolvenz, keine Walk-Away-Klausel etc.) unangetastet bleiben. Wer also versucht, im DRV die Nr. 12 Abs. (4) anzukreuzen (das sind im Prinzip Walk-Away-Klauseln), oder wer versucht, die in der SolvV verlangten Kernvorschriften wie zum Beispiel Nr. 7 Abs. (2) des DRV zu verändern, wird bei Banken daher auf wenig Gegenliebe treffen. Für den DRV, aber auch für Verträge, die in größerem Umfang verhandelt werden als der DRV, werden Banken sich an die für diese Verträge vorliegenden Rechtsgutachten halten, die nach der SolvV einzuholen sind, um sich von der Durchsetzbarkeit der Vertragsbestimmungen zu überzeugen.[44] Wird in den für den Nettingprozess relevanten Vorschriften (Kernvorschriften) eine Änderung verlangt, die wesentlich von dem begutachteten Vertragstext abweicht, wird eine Bank sich genau überlegen, ob sie das akzeptieren kann, denn zunächst einmal wäre ein solcher Vertrag nicht nettingfähig. Sofern die gewünschte Änderung nicht grundsätzlich den Verrechnungsprozess gefährdet, muss die Bank sich überlegen, ob sie die Einholung einer Gutachtenaktualisierung finanzieren oder die Änderung ablehnen sollte, oder ob sie sich am Ende gar mit der Tatsache abfindet, dass die Ausfallrisiken unter dem betreffenden Rahmenvertrag aus formellen Gründen nicht verrechnet werden können.

C. Energiehandel und Bankaufsicht

Im Zusammenhang mit dem physischen Gas- und Stromhandel und ggf mit anderen Rohwarengeschäften können sich auch bankaufsichtliche Themen stellen. Die zwei wesentlichen, praxisrelevanten Themen sind das Netting[45] und die Frage von **Genehmigungspflichten nach § 32 KWG**. Da in diesem Handbuch bereits ausführlich auf einzelne Fragen des Netting eingegangen wird,[46] beschränkt sich die Darstellung auf die Genehmigungspflicht nach dem KWG.

Hintergrund für die Frage nach der Genehmigungspflicht ist häufig, dass zB Stadtwerke sich zusammenschließen, um ein für sie tätiges Energiehandelsunternehmen zu gründen, das unter Umständen die Risiken des Gesamtenergieportfolios verwaltet und für günstigere Einkaufskonditionen von Gas, Strom, Kohle u.a. sorgt. Im Grundsatz müssen jedoch alle Energiehandelsunternehmen sich die Frage stellen, ob sie eventuell einer Genehmigungspflicht unterliegen könnten. Ein Unternehmen bedarf gemäß § 32 Abs. 1 S. 1 KWG grundsätzlich einer Erlaubnis, wenn es im Inland gewerbsmäßig oder in einem – einen in kaufmännischer Weise eingerichteten Geschäftsbetrieb erfordernden – Umfang Bankgeschäfte betreiben oder Finanzdienstleistungen erbringen will. Daher stellt sich zunächst die Frage ob oder unter

---

43 Mindestanforderungen an das Risikomanagement, abrufbar unter www.bafin.de.
44 Vgl §§ 206 ff SolvV, zB § 206 Abs. 3 S. 1 und 2.
45 Kreditliniennetting, d.h. die Verrechnung von Ausfallrisiken für Zwecke der Ermittlung der Ausnutzung einer Kreditlinie, und, soweit eine Bank Strom- oder Gashandel betreibt, auch regulatorisches Netting nach SolvV und GroMiKV.
46 Vgl Beitrag *Fried*, ab § 14.

welchen Umständen der Handel mit physischen (!) Rohwaren als Bankgeschäft oder Finanzdienstleistung zu qualifizieren ist.

49 Der Begriff der **Bankgeschäfte** ist in § 1 Abs. 1 S. 2 KWG definiert. Von den dort genannten Fallgruppen kommt – bezogen auf den oben genannten Beispielsfall – nur die Ziffer 4 in Betracht: die Anschaffung und Veräußerung von Finanzinstrumenten im eigenen Namen und für fremde Rechnung (Finanzkommissionsgeschäft). Dazu müssten physische Rohwarengeschäfte als Finanzinstrumente iSv § 1 Abs. 11 KWG zu qualifizieren sein.[47] Diese Vorschrift listet eine ganze Reihe von Geschäftstypen auf, die diese Definition erfüllen, unter anderem in S. 4 Nr. 2 „Termingeschäfte mit Bezug auf Waren, …, Emissionsberechtigungen,…als Basiswerte, sofern sie a) durch Barausgleich zu erfüllen sind…, b) auf einem organisierten Markt oder in einem multilateralen Handelssystem geschlossen werden, oder c)…, und sofern sie keine Kassageschäfte … sind." Gas und Kohle zB sind unzweifelhaft Waren, so dass Termingeschäfte (d.h. Festgeschäfte (*Forwards*) oder Optionen)[48] auf diese Produkte als „Finanzinstrument" anzusehen sind, auch wenn dies sonderbar anmuten mag. Da die BaFin Strom als Ware begreift,[49] sind auch Termingeschäfte auf Strom unter den weiteren unter a) bis c) der Norm genannten Voraussetzungen „Finanzinstrumente". Das führt zB dazu, dass an der EEX für fremde Rechnung (zB Gesellschafter des Handelsunternehmens) ge- oder verkaufte Strom-, Gas- oder Kohleprodukte als „Bankgeschäfte" zu qualifizieren sind.

50 Bei OTC-gehandelten Produkten schaut die BaFin interessanterweise nicht nur auf den Barausgleich nach § 1 Abs. 11 S. 4 Nr. 2 a), sondern fragt auch bei physisch zu erfüllenden Geschäften nach einer Differenzabsicht.[50] Als Indiz für eine solche Absicht dient ihr ausweislich des unter Fn 49 zitierten Merkblattes u.a. das Fehlen einer Genehmigung nach § 3 EnWG. Bereits seit dem Jahr 2005 aber existiert keine Genehmigungspflicht mehr für den Strom- und Gasgroßhandel, es besteht nunmehr lediglich eine Anzeigepflicht.[51] Als Indiz für das Fehlen einer Differenzabsicht hingegen sieht die BaFin das Vorhandensein von Bilanzkreisverträgen und die Anmeldung der konkreten Lieferung durch Fahrpläne an. Auch diesem Indiz sollte jedoch richtigerweise kein besonderer Aussagewert zugewiesen werden, weil der physische Strom- und Gashandel ohne Bilanzkreisverträge und die Anmeldung bzw Nominierung von Lieferungen nicht möglich ist.[52] Wer diese Waren handeln möchte, ohne selbst einen Bilanzkreisvertrag abzuschließen, muss mindestens einen Unterbilanzkreis bei einem der Marktteilnehmer eröffnen, was jedoch bedeutet, dass dieser Marktteilnehmer für ihn Fahrplanmeldungen und Nominierungen vornimmt.

51 In Betracht kommt darüber hinaus, dass Energiehandelsunternehmen „**Finanzdienstleistungen**" iSv § 1 Abs. 1 a S. 2 KWG erbringen, etwa weil sie Geschäfte über den Kauf oder Verkauf von Rohwaren auf Termin vermitteln (Anlagevermittlung gemäß § 1 Abs. 1 a S. 2 Nr. 1 KWG). Ebenso sind Konstellationen denkbar, in denen ein von mehreren Versorgern gegründetes Handelsunternehmen für diese Abschlussvermittlung[53] betreibt, indem es die Geschäfte als Vertreter seiner Gesellschafter tätigt, oder Dienstleistungen in Form einer Finanzportfolioverwaltung[54] erbracht werden. Selbst wenn ein solches Unternehmen im eigenen Namen handelt, können grundsätzlich genehmigungspflichtige Finanzdienstleistungen in der

---

[47] Zur Qualifikation vgl auch Boos/Fischer/Schulte-Mattler/*Schäfer*, § 1 Rn 57 f, 217 ff.
[48] Vgl die Definition des Termingeschäftes in § 1 Abs. 11 S. 4 Nr. 1 KWG.
[49] Siehe Merkblatt der BaFin „Hinweise zur Erlaubnispflicht von Geschäften im Zusammenhang mit Stromhandelsaktivitäten" (Stand: Juni 2011), www.bafin.de.
[50] Man beachte in diesem Zusammenhang auch § 1 Abs. 11 S. 4 Nr. 3, nach dem **finanzielle** Differenzgeschäfte als Derivate und damit als Finanzinstrumente gemäß § 1 Abs. 11 S. 1 qualifiziert werden.
[51] § 3 aF EnWG wurde im Rahmen der Revision des EnWG von 2005 verändert.
[52] S.o. Rn 26 und u. Rn 167.
[53] § 1 Abs. 1 a S. 2 Nr. 2 KWG.
[54] § 1 Abs. 1 a S. 2 Nr. 3 KWG.

Form des Eigenhandels⁵⁵ (wenn die Dienstleitung für andere erbracht wird) oder des Eigengeschäfts⁵⁶ (wenn es am Dienstleistungscharakter fehlt) vorliegen.

Festzuhalten bleibt insgesamt, dass physische Rohwarengeschäfte in einigen der oben genannten Fällen als Bankgeschäft oder Finanzdienstleistungen qualifiziert werden können,⁵⁷ was grundsätzlich zu einem Genehmigungserfordernis führt, da die Gewerbsmäßigkeit des Handels idR nicht in Frage stehen wird. Das KWG sieht allerdings auch Ausnahmen vom Genehmigungserfordernis vor. Diese Ausnahmen lassen sich schlagwortartig mit „Konzernprivileg", „Terminbörsenprivileg", „Warenprivileg", „Eigengeschäfts-/Eigenhandelsprivileg" beschreiben.

Das Konzernprivileg ist in § 2 Abs. 1 Nr. 7 (für Bankgeschäfte) und § 2 Abs. 6 S. 1 Nr. 5 (für Finanzdienstleistungen) KWG geregelt und ermöglicht das erlaubnisfreie Handeln, solange die betreffenden Geschäfte nur mit bzw für verbundene Unternehmen, Schwesterunternehmen usw. getätigt werden. Sich auf diese Ausnahme zu verlassen, kann wegen der Voraussetzung der Ausschließlichkeit problematisch werden, denn bereits ein einziges Geschäft außerhalb des Konzernverbunds, das nicht für eines der Konzernmitglieder abgeschlossen wird, führt zum Verlust der Privilegierung.

Eine weitere Privilegierung („**Terminbörsenprivileg**") ergibt sich aus § 2 Abs. 1 Nr. 8 KWG (für Bankgeschäfte) und § 2 Abs. 6 S. 1 Nr. 9 (für Finanzdienstleistungen) KWG zB für Unternehmen, die – ohne grenzüberschreitend tätig zu werden – Finanzkommissionsgeschäfte oder Eigengeschäfte an inländischen Derivatemärkten betreiben. Entscheidet sich demnach ein Unternehmen, wegen der nur begrenzten Liquidität einer inländischen Börse für ein bestimmtes Produkt an einer anderen Börse in der EU zu handeln, verliert es dieses Privileg.

Das **Warenprivileg** nach § 2 Abs. 1 Nr. 9 KWG (Finanzkommissionsgeschäft) und § 2 Abs. 6 S. 1 Nr. 11 KWG (Eigengeschäfte in Finanzinstrumenten oder Finanzdienstleistungen nur in Bezug auf Termingeschäfte auf Waren, Emissionsberechtigungen etc.) können Unternehmen für sich in Anspruch nehmen, die die genannten Geschäfte nur als Nebengeschäft tätigen, das im Zusammenhang mit Geschäften der (kapitalmarktfernen) Haupttätigkeit steht, wenn sie diese Geschäfte nur für Kunden der Haupttätigkeit erbringen. Der Bewertungsmaßstab für die Charakterisierung als Nebengeschäft ist gemäß Buchst. b) der genannten Vorschrift das Verhältnis zur Haupttätigkeit auf der Ebene der Unternehmensgruppe, zu dem das betreffende Unternehmen gehört. Dies ist auch sachgerecht, da sonst zB für die Beschaffung errichtete, kommunale Zweckgesellschaften erlaubnispflichtig wären.

Schließlich können Unternehmen versuchen, das **Eigengeschäfts-/Eigenhandelsprivileg** für sich in Anspruch zu nehmen, das in § 2 Abs. 6 S. 1 Nr. 13 KWG beschrieben ist. Nach Nr. 13 sind Unternehmen, die als Haupttätigkeit Eigenhandel und Eigengeschäfte in Waren oder Warenderivaten betreiben, vom Genehmigungserfordernis des § 32 KWG grundsätzlich ausgenommen, da sie nicht als Finanzdienstleistungsinstitute gelten.⁵⁸

Im Bereich des Energiehandels steht eine ganze Reihe **aufsichtsrechtlicher Neuerungen** an, die vor allem die klassischen Energiehandelsunternehmen vor umfassende Umsetzungsprobleme stellen wird. Dazu gehören die Verordnung Nr. 1227/2011 des Europäischen Parlaments und des Rates vom 25.10.2011 über die Integrität und Transparenz des Energieg-

---

55 § 1 Abs. 1 a S. 2 Nr. 4 KWG.
56 § 32 Abs. 1a KWG.
57 Vgl auch Beispiele in Schwennicke/Auerbach/*Schwennicke*, § 1 Rn 78, § 2 Rn 21.
58 Sofern Energiegeschäfte im Konzern neben Bankgeschäften und/oder Finanzdienstleistungen erbracht werden, sind diese gemäß § 32 Abs. 1a KWG erlaubnispflichtig. Einen sehr guten Überblick über die Regelungen zu Eigenhandel und Eigengeschäft gibt die BaFin in ihrem Merkblatt „Hinweise zu den Tatbeständen des Eigenhandels und des Eigengeschäfts" (Stand: September 2011), das unter www.bafin.de abrufbar ist.

roßhandelsmarkts („**REMIT**"), die neue **MIFID** mit Durchführungsverordnung, die sich im Konsultationsstadium befinden, sowie die Verordnung „**EMIR**"[59].

Durch die neue MIFID wird sich unter anderem das System von Genehmigungspflichten und Ausnahmen nach § 32 KWG verändern. Unklar ist noch, inwieweit künftig zB Einkaufsgesellschaften das Warenprivileg für sich in Anspruch nehmen können.

Ziel von REMIT ist es unter anderem, die bisher bestehenden Lücken im Bereich der Regelungen zu Marktmanipulation und Insiderhandel zu schließen. Im Prinzip werden die für Finanzdienstleister bereits geltenden Verbote auf den Energiehandel ausgedehnt und weitreichende Berichtspflichten etabliert. Es ist eine zentrale Behörde mit Sitz in Slowenien eingerichtet worden (ACER)[60], an die die relevanten Informationen nach REMIT zu übermitteln sind. Als problematisch wird bereits jetzt angesehen, dass der Begriff der Insiderinformation für den Energiemarkt nicht definiert oder auch nur angerissen ist. Entgegen der ursprünglichen Ankündigung von ACER haben diese keine klärenden Leitlinien zu den Definitionen des Art. 2 REMIT veröffentlicht. Vor dem Hintergrund der Möglichkeit strafrechtlicher Sanktionen ist dies bedenklich.

Für die Finanzdienstleister in Europa ist demgegenüber EMIR von weitreichender Bedeutung. Mit EMIR wird unter anderem ein Clearingzwang für Standard-OTC-Geschäfte eingeführt (Art. 4). Bisher gibt es noch nicht viele Clearer, die ihre Regelungen entsprechend angepasst haben. Eines von vielen Themen wird die Tatsache sein, dass Clearer sich üblicherweise nicht auf die unterschiedlichen Rahmenverträge im Markt einstellen. LCH Clearnet arbeitet zum Beispiel auf der Basis von ISDA-Bedingungen, die für viele Kunden im deutschen Markt nicht akzeptabel sind. Für Unternehmen, die im Energiehandel tätig sind und die nicht – wie Banken – die Möglichkeit haben, auf die Gestaltung von Clearingbedingungen Einfluss zu nehmen, werden sich Klumpen- und Basisrisiken erhöhen, denn sie werden es mit einer begrenzten Anzahl von Clearingstellen zu tun haben, die alle ihre eigenen AGB verwenden, die in sog. NCM-Vereinbarungen (Clearing-Vereinbarungen für Kunden) üblicherweise nicht ernsthaft zur Disposition gestellt werden.

D. Einzelne Produkte

I. Emissionsrechtehandel

1. Einführung

58 Ursprung der rechtlichen Regelungen des Treibhausgas-Emissionshandels ist die UN-Klimarahmenkonvention.[61] Auf der 3. Vertragsstaatenkonferenz in Kyoto wurde das sog. Kyoto-Protokoll[62] am 11.12.1997 vereinbart, das die EU ratifiziert hat. Das Kyoto-Protokoll enthält bindende Verpflichtungen der Unterzeichner. In Erfüllung der im Kyoto-Protokoll vorgesehenen Verpflichtungen erließ die EU die Richtlinie 2003/87/EG über ein System für den Handel mit Treibhausgas-Emissionszertifikaten, die am 25.10.2003 in Kraft trat und von Deutschland mit dem am 15.7.2004 in Kraft getretenen Gesetz über den Handel mit Berech-

---

[59] Regulation of the European Parliament and of the Council on markets in financial instruments and amending Regulation (EMIR) on OTC derivatives, central counterparties and trade repositories, in der vom Europaparlament in erster Lesung am 29.3.2012 beschlossenen Fassung ist diese Verordnung unter www.europarl.europa.eu abrufbar. Mit Stand April 2012 fehlt noch die Zustimmung des Rates und Veröffentlichung.

[60] „Agency for the Cooperation of Energy Regulators", Europäische Agentur für die Zusammenarbeit der Regulierungsbehörden, weitere Informationen auf www.acer.europa.eu.

[61] Rahmenübereinkommen der Vereinten Nationen über Klimaänderungen v. 9.5.1992, eine Art Absichtserklärung der Unterzeichner.

[62] BGBl. 2002 II, S. 966. Das Kyoto-Protokoll ist ein Anhang zum Rahmenübereinkommen der Vereinten Nationen v. 9.5.1992 über Klimaänderungen, BGBl. 1993 II, S. 1784.

tigungen zur Emission von Treibhausgasen (Treibhausgas-Emissionshandelsgesetz, TEHG)[63] umgesetzt wurde. Das TEHG wurde mit Gesetz v. 21.7.2011[64] (in Kraft getreten am 28.7.2011), geändert durch Gesetz v. 22.12.2011,[65] neu gefasst. Es setzte die Richtlinien 2003/87/EG und ihre Änderungen sowie die RL 2009/29/EG[66] um.

Den Anspruch auf Zuteilung von Emissionsberechtigungen für die 1. Handelsperiode (2005–2007) regelte das Gesetz über den nationalen Zuteilungsplan für Treibhausgas-Emissionsberechtigungen in der Zuteilungsperiode 2005 bis 2007 (Zuteilungsgesetz 2007, ZuG 2007).[67] Für die darauf folgende (2.) Zuteilungsperiode gilt das Zuteilungsgesetz 2012 (ZuG 2012).[68]

Weitere wichtige Neuerungen sind die Einbeziehung des Luftverkehrs in das System für den Handel mit Treibhausgasemissionen ab 1.1.2012[69] und anderer emissionsintensiver Branchen ab dem 1.1.2013 sowie die EU-weite Harmonisierung des Emissionshandels ab 2013.

Am 30.11.2011 ist eine neue EU-Registerverordnung (Nr. 1193/2011/EU[70]) in Kraft getreten, die u.a. die in der Vergangenheit aufgetretenen Missbrauchsfälle verhindern soll.

In der Praxis werden Emissionsrechte derzeit überwiegend physisch gehandelt, d.h. die Geschäfte sind durch Buchung auf den Registerkonten zu erfüllen.[71]

59

2. System des Handels

Handelbar sind die an Unternehmen in der Europäischen Union ausgegebenen Emissionsberechtigungen. Entgegen der ursprünglichen Bezeichnung „Treibhausgasemissionszertifikate" der EU-Richtlinie, werden keine Zertifikate oder Wertpapiere[72] ausgestellt, sondern die erteilten Berechtigungen ausschließlich in elektronischer Form durch Kontogutschrift auf Konten verbucht. Die Einzelheiten der Kontoführung und Übertragung der Berechtigungen und deren Abwicklung regelt die als unmittelbar in den EU-Staaten geltende EG-Registerverordnung Nr. 2216/2004 vom 21.12.2004[73] (EG-Registerverordnung 2004). Die EG-Registerverordnung 2004 ist in einigen technischen Einzelheiten betreffend die Transaktionsprotokollierungseinrichtungen und deren Interaktionen durch die EG-Verordnung Nr. 916/2007 vom 31.7.2007[74] geändert worden. Die EU-Verordnung Nr. 994/2008 vom 8.10.2008 über ein standardisiertes und sicheres Registrierungssystem (EU-RegisterVO)[75] hat die EG-Registerverordnung 2004 durch Art. 90 mit Wirkung vom 12.10.2008 geändert. Die Art. 2–88 der EU-RegisterVO werden die EG-Registerverordnung 2004 mit Wirkung zum 1.1.2012 ersetzen.

60

---

63 BGBl. 2004 I, S. 1578.
64 BGBl I 2011, S. 1475.
65 BGBl I 2011, S. 3044.
66 ABl L 140 v. 5.6.2009, S. 63.
67 BGBl. 2004, S. 2211.
68 BGBl. 2007, S. 1788.
69 Durch die Richtlinie 2008/101/EG v. 19.11.2008 (ABl L 8 v. 13.1.2009).
Eine Klage vor dem High Court of Justice in London gegen die Rechtmäßigkeit dieser Regelung wurde von dem englischen Gericht an den Europäischen Gerichtshof überwiesen. Der EuGH bestätigte mit Urteil v. 21.12.2011 die Rechtmäßigkeit der Regelung der Richtlinie 2008/101/EG.
70 ABl L 315 v. 29.11.2011.
71 „Finanzielle" Geschäfte über Emissionsrechte würden sich auf den Preis der Emissionsrechte beziehen und wären durch Barausgleich zu erfüllen.
72 Zur Rechtsnatur der Emissionsberechtigungen/-zertifikate weiter unten.
73 ABl. L 386/1 v. 29.12.2004.
74 ABl. L 200/5 v. 1.8.2007.
75 ABl. L 271/3 v. 11.10.2008.

61 Jedes EU-Mitgliedsland ist verpflichtet, ein elektronisches Emissionshandelsregister zu errichten und zu unterhalten, das die Kontoführung vornimmt. Diese nationalen Emissionshandelsregister sind untereinander und mit einem Zentralregister (CITL)[76] verbunden. Sie sind zusätzlich noch mit dem in Bonn bei dem UN-Klimasekretariat geführten Zentralregister der Vereinten Nationen „ITL"[77] verbunden zur Registrierung von Nicht-EU-Emissionsberechtigungen, die aufgrund der Kyoto-Protokolls ausgegeben werden. Nach und nach wird das System auf das neue Unionsregister umgestellt werden, in dem alle europäischen Emissionshandelskonten zu führen sind.

62 In Deutschland hat das Umweltbundesamt die EU-Vorgaben gemäß § 14 TEHG aF umgesetzt und eine „Deutsche Emissionshandelsstelle" (DEHSt) errichtet, welche das deutsche Emissionshandelsregister führt.

63 Die DEHSt führt verschiedene Arten von Konten: Betreiberkonten für die Betreiber von Anlagen, denen eine Genehmigung zur Emission von Treibhausgasen erteilt worden ist, sowie Personenkonten für jede natürliche oder juristische Person, die am Handel teilnehmen möchte.[78]

Für Luftfahrzeugbetreiber muss im neuen Unionsregister ein separater Typ von Anlagenkonto eingerichtet werden. Damit die im Rahmen der Regelzuteilung gemäß § 11 TEHG nF zugeteilten Luftverkehrsberechtigungen verbucht werden konnten, gab es Ende 2011 die Möglichkeit, Personenkonten zu eröffnen, deren Überführung in das Unionsregister die DEHSt sicherstellen wollte[79]

3. Anerkennung von CERs[80] und ERUs[81]

64 Der Verantwortliche (d.h. der zur Abgabe von Emissionsberechtigungen Verpflichtete) kann seine Abgabepflicht in der zweiten und den folgenden Zuteilungsperioden unmittelbar[82] auch durch Abgabe von CERs oder ERUs erfüllen, § 6 Abs. 1 b TEHG aF. Die Höchstmenge der anrechenbaren CERs und ERUs beträgt in der 2. Handelsperiode 22 % der dem Betreiber zugeteilten Gesamtmenge an Berechtigungen, § 18 ZuG 2012. Ausgenommen sind jedoch CERs und ERUs, die aus Nuklearanlagen stammen oder UNO-Projekten, an denen Deutschland nicht teilgenommen hat, sowie aus sog. Senkenprojekten.[83]

65 Für die Handelsperiode 2013 bis 2020 bestimmt § 18 TEHG nF, dass vor dem Jahr 2013 entstandene CER-, ERU- oder andere Gutschriften für Emissionsminderungen auf Antrag in „normale" Emissionsrechte für diese Handelsperiode umgetauscht werden können. Maßgeblicher Zeitpunkt ist die Erbringung von Emissionsminderungen vor dem Jahr 2013 bzw die Registrierung des relevanten Projekts durch den Exekutivrat im Sinne des § 2 Nr. 22 ProMechG. Für einen Umtausch der Berechtigungen sind allerdings die Höchstgrenzen nach § 18 Abs. 2 und ggf weitere Voraussetzungen[84] einzuhalten.

---

76 CITL – Community Independent Transaction Log.
77 *International Transaction Log,* Internationale Transaktionsprotokolleinrichtung.
78 Zum Kreis der Teilnehmer siehe *Sommer/Kons* in: Horstmann/Cieslarczyk Rn 72 ff.
79 Vgl FAQ auf der Webseite der DEHST (www.dehst.de).
80 *Certified Emissions Reductions,* zertifizierte Emissionsreduktionen.
81 *Emissions Reduction Units,* Emissionsreduktionseinheiten.
82 Ohne Umtausch in EU-Emissionsberechtigungen, *Frenz,* 2. Aufl. 2008, § 6 Rn 14.
83 *Frenz,* Landnutzung, Landnutzungsänderung, Forstwirtschaft, 2. Aufl. 2008, § 6 Rn 15.
84 Nach § 18 Abs. (3) Satz 2 müssen die Berechtigungen aus zulässigen Projekttypen stammen; eine Rechtsverordnung im Sinne von § 28 Abs. (1) Nr. 3 kann weitere Voraussetzungen benennen.

4. Neue Registerverordnungen (EU)

Für den Handelszeitraum 2008–2012 ist mit der EU-Verordnung Nr. 920/2010 v. 7.10.2010[85] ein EU-Register festgelegt worden. Unter anderem wegen krimineller Eingriffe in nationale Emissionsregister und wegen unberechtigter Übertragung von Emissionsberechtigungen („Zertifikaten") ist für den am 1.1.2013 beginnenden (dritten) Handelszeitraum eine erheblich geänderte neue Registerverordnung (EU-Verordnung Nr. 1193/2011 v. 18.11.2011) zur Festlegung eines Unionsregisters erlassen worden. Zugleich sind die hierin enthaltenen Sicherheitsvorschriften mit Art. 88 durch Änderung der EG-Verordnung Nr. 2216/2004 und mit Art. 89 durch Änderung der EU-Verordnung Nr. 920/2010 mit Wirkung vom 30.11.2011 in Kraft gesetzt worden.

66

5. Rechtsnatur der Emissionsberechtigung

§ 3 Nr. 3 TEHG enthält eine Legaldefinition der „Berechtigung". Berechtigung ist die Befugnis zur Emission von einer Tonne Kohlendioxidäquivalent in einem bestimmten Zeitraum. Als Sonderfälle werden in Ziffer 6. die Emissionsreduktionseinheit (ERU), in Nr. 8 die 2012 neu eingeführte Luftverkehrsberechtigung und in Nr. 16 die zertifizierte Emissionsreduktion (CER) definiert. Die zivilrechtliche Rechtsnatur der Emissionsberechtigung definiert der Gesetzgeber nicht.[86]

67

Streitig ist die Einordnung der Berechtigung als öffentlich-rechtlicher Anspruch auf Duldung einer Schadstoffemission[87] oder als subjektiv-privatrechtliches Nutzungsrecht.[88] Die h.A. qualifiziert die Emissionsrechte als subjektive öffentliche Rechte, die nach § 453 BGB Gegenstand eines Rechtskaufs sein können.[89] Für die Qualifikation als subjektives öffentliches Recht spricht letztlich die öffentlich-rechtliche Nutzungsordnung, deren Bestandteil die Befugnis zur Emission von CO_2 ist.

68

Die Bezeichnung „Treibhausgasemissionszertifikat" in der Richtlinie 2003/87/EG schien auf ein wertpapierrechtliches Instrument hinzudeuten.[90] Eine Verbriefung war jedoch weder geplant noch wurde sie durchgeführt.

69

Art. 37 Abs. 1 der EU-Registerverordnung v. 18.11.2011 definiert das Treibhausgaszertifikat („Zertifikat") als „ein auf dem Markt handelbares fungibles, dematerialisiertes Instrument". Art. 37 Abs. 2 definiert den Begriff der „Dematerialisierung", Abs. 3 die „Fungibilität" für die Zwecke des Unionsregisters. Zur Kritik an der Formulierung des Art. 37 siehe das Schreiben des Financial Markets Law Committee („FMLC") vom 5.1.2012 an die Europäische Kommission,[91] das u.a. auch bemängelt, dass es an einer Abstimmung mit den vorgesehenen Regelungen der geplanten Wertpapierrechtsrichtlinie („SLD", Securities Law Directive) fehlt.

Eine zivilrechtliche Vorgabe für die Charakterisierung der Emissionsrechte durch die nationalen Zivilrechte liegt darin jedoch nicht. Insgesamt fällt auf, dass die Registerverordnung sehr technisch formuliert ist. Angesichts der Erfahrungen mit Phishing und Hacking ist immerhin eine sehr wichtige Erwerbsschutzregelung in Artikel 37 Abs. 4 formuliert worden.

---

85 ABl L 270 v. 14.10.2010.
86 Anders im bankaufsichtlichen Bereich, § 15 TEHG.
87 Vgl *Wertenbruch*, ZIP 2005, 516, 520; *Wagner*, JZ 2007, 971, 972 mit ausführlichen Nachw. in Fn 18.
88 *Wagner* aaO Fn 19.
89 *Wagner* S. 972; *Sommer* S. 2035.
90 So *Wallat*, ET 2003, 180, 181 f; *Ehricke/Köhn*, WM 2004, 1903, 1906.
91 Unter: http://www.fmlc.org.

Der Erfolg dieser Regelung bleibt jedoch abzuwarten[92], denn der Schutz der Rechtsinhaberschaft bzw des Eigentums an Emissionsrechten ist in jedem EU-Mitgliedsstaat unterschiedlich ausgestaltet.

Nach deutschem Recht jedenfalls sind Treibhausgasemissionsberechtigungen nicht wie Wertpapiere, auch nicht wie Wertrechte zu behandeln.[93] Sie werden allgemein als „andere Rechte" im Sinne des § 413 BGB angesehen.[94]

70 Nach § 44 des österreichischen Emissionszertifikategesetzes (EZG)[95] haben „Emissionszertifikate" den Rechtscharakter einer Ware und können an Warenbörsen gehandelt werden. Es wird allerdings vertreten, dass dieser Definitionsbestandteil sich eher auf den aufsichtsrechtlichen Charakter der Berechtigungen beziehe und von dem zivilrechtlichen Verständnis einer Ware abweiche.[96]

In der Derivate-Definition des § 1 Abs. 11 S. 4 Nr. 2 KWG unterscheidet der deutsche Gesetzgeber ausdrücklich zwischen Waren einerseits und Frachtsätzen, Emissionsberechtigungen, Klima- oder anderen physikalischen Variablen andererseits, was gegen die aufsichtliche Einordnung als Ware spricht.

71 Emissionsberechtigungen werden in vielen Rechtsordnungen zivilrechtlich als Rechte angesehen. Dies schließt im Einzelfall eine steuerliche Behandlung als Wertrechte oder Wertpapiere nicht aus (Rumänien sieht Berechtigungen als „securities" und wendet Quellensteuer an).

6. Schuldrechtliches Verhältnis zwischen Erwerbern

72 Weder die Richtlinie 2003/87/EG noch das TEHG oder EG-Registerverordnung 2004, die EU-RegisterVO und die nationalen Vorschriften regeln das zivilrechtliche Verhältnis zwischen Erwerbern in einer Übertragungskette untereinander oder gegenüber einem geschädigten Dritten. Im Schrifttum herrscht Einigkeit, dass es sich bei dem Kauf von Emissionsrechten um einen Rechtskauf nach § 453 BGB handelt.[97]

Die neue EU-RegisterVO regelt zunächst die Folgen von Geschäftsbeziehungen in Bezug auf das Unionsregister. In Art. 37 Abs. 3 a) wird festgelegt, „dass eine gemäß dieser Verordnung endgültige und unwiderrufliche Transaktion im Register" nicht rückabgewickelt werden darf und nationale Vorschriften dieser Folge nicht entgegenstehen dürfen. Alles weitere ist

---

92 In der deutschen Fassung ist diese Regelung bereits „verunglückt", denn es ist die Rede vom Schutz des „Besitzrechts": „Personen, die Zertifikate oder Kyoto-Einheiten in gutem Glauben kaufen und halten, erwerben das Besitzrecht an diesen Zertifikaten oder Kyoto-Einheiten frei von etwaigen Mängeln, mit denen das Besitzrecht des Veräußerers möglicherweise behaftet ist." In der englischen Fassung heisst es „...shall acquire **title** ... free of any defects in the title of the transferor." „Title" ist das Äquivalent zum deutschen Begriff Eigentum. Unklar ist dennoch, ob das Gericht in Sachen Armstrong./. Winnington (vgl Fn 91) vor dem Hintergrund dieser Regelung wirklich zu einem anderen Ergebnis gekommen wäre, denn im gegebenen Fall lag eine grobe Verkehrspflichtverletzung des Beklagten vor.

93 So hA *Sommer/Kons* aaO RdNr. 93, *Schwintowski-Fried* Nr. 447; *Schweer/Hammerstein*, § 15 RdNr. 5; *Stephan Wagner* aaO; *Uta Sommer*, ET 2003, 186, 187 ff.

94 Eine ausführliche Darstellung des Streitstandes nach englischem Recht findet sich in dem Urteil des England and Wales High Court v. 11.1.2012 in Sachen Armstrong./. Winnington [2012] EWHC 10 (Ch). Das Gericht kommt in Nr. 61 zu dem Ergebnis, dass Emissionsrechte keine *„choses in action"* im strengeren Sinne seien, sondern eher *„other intangible property"*, ohne sich dogmatisch festzulegen. Künftig wird die Unterdrückung der Seriennummern von Emissionsrechten die rechtliche Einordnung und damit das Ergebnis in Rechtsfällen beeinflussen, denn das Gericht hat sich bei der Rechtscharakterisierung auf diese Nummern als wesentliches Kriterium gestützt.

95 BGBl. v. 30.4.2004 I, Nr. 46.

96 *Sommer/Kons* aaO Rn 91; ebenso scheidet eine Qualifikation als „Ware" nach dem CISG aus, *Wagner* aaO; *Wertenbruch* ZIP 2005, 516, 519 f; wie Österreich offenbar auch Frankreich, Art. L. 229-15 Code de l'Environnement.

97 *Fried* aaO Nr. 446; *Ehricke* WM 2008, 1333, 1336.

Sache der nationalen Regelungen und der vertraglichen Vereinbarung zwischen Käufer und Verkäufer.

Die Regelung in Art. 37 Abs. 4 formuliert den Schutz des Erwerbsvorgangs bei gutem Glauben der Parteien. Andere Folgen können nationale Vorschriften regeln, zB die Verpflichtung zur Schadensersatzleistung im Betrugsfall (so Unterabsatz b) ausdrücklich).[98] Um Bedenken hinsichtlich eines möglicherweise unzureichenden Erwerbsschutzes bei Betrugsfällen zu begegnen, haben IETA und EFET inzwischen aktualisierte Handelsverträge vorgestellt, die das bilaterale Verhältnis zwischen Käufer und Verkäufer von Berechtigungen regeln, bei denen sich später herausstellt, dass sie zuvor einem Dritten unzulässig abgetrogen und wieder in den Verkehr gebracht worden sind.[99] Soweit die Seriennummern von Emissionsrechten unterdrückt bleiben und auch bei Geltendmachung etwaiger Ansprüche nach nationalen Informationsfreiheitsgesetzen nicht schnell genug bekannt wird, wo die zuvor unautorisiert übertragenen Berechtigungen sich jeweils befinden, bleiben solche Vertragsregelungen aller Wahrscheinlichkeit nach praktisch irrelevant und zeugen lediglich von einem Misstrauen gegenüber den Schutzregelungen der EU-RegisterVO.

7. Verzugsschaden

Im Falle einer verspäteten Lieferung oder der Nichtlieferung von Emissionsrechten, die zu einer Verletzung der Verpflichtung des Betreibers zur Abgabe von Emissionsrechten führen, stellt sich die Frage nach der Haftung des Verkäufers.[100] Die zivilrechtliche Frage wird durch die ausdrücklichen Bestimmungen in den Rahmenverträgen geregelt.[101] Grundsätzlich sehen die üblichen Handelsverträge nach Ablauf einer Nachfrist die Eindeckung vor. Mit Ersatzkauf oder -verkauf von Berechtigungen durch die vertragstreue Partei beschränkt sich die Schadenersatzpflicht der anderen Partei in der Regel auf den Wiedereindeckungsschaden. Darüber hinaus stellt sich die Frage nach der Kausalität eines Lieferverzuges für Sanktionszahlungen, die aufgrund der Verletzung der Abgabepflicht des Käufers gegenüber der Emissionshandelsstelle bestehen. Die Abgabepflicht ist einmal jährlich zum 30. April zu erfüllen. Eine Kausalität für einen Sanktionsschaden kommt überhaupt nur in Betracht, wenn der ursprüngliche Liefertermin in die Nähe des Abgabetermins rückt und auch nur dann, wenn eine Eindeckung nicht möglich ist. Im Übrigen ist zu beachten, dass der vertragstreuen Partei nach allgemeinen Regelungen (§ 254 BGB) eine Schadensminderungspflicht zufällt.

73

8. Übertragung des Emissionsrechts

Die Übertragung von Emissionsberechtigungen nimmt die DEHSt auf Weisung des Kontoinhabers (Verkäufers)[102] durch Kontoübertrag zugunsten des Kontos des Käufers vor, § 16 Abs. 1 aF / § 7 Abs. 3 nF TEHG. Voraussetzung für eine Übertragung ist die Einigung zwischen dem Berechtigten und dem Erwerber des Emissionsrechts. Hierbei kommt es darauf an, ob die Einigung ein öffentlich-rechtlicher oder ein zivilrechtlicher Vertrag ist.[103] Von dem Ergebnis hängt auch der Rechtsweg bei Streitigkeiten ab. Für die zivilrechtliche Einord-

74

---

98 Für sog. „Unauthorised Transfer Events" hat die ISDA im Dezember 2011 standardisierte Zusatzvereinbarungen vorgelegt, die von den Marktteilnehmern einheitlich abgeschlossen werden sollen. Auch für Verträge unter deutschem Recht zirkulieren am Markt vergleichbare Vereinbarungen. Diese könnten im Einzelfall jedoch AGB-rechtlichen Bedenken begegnen.
99 Vgl zB § 6.3 des neuen EFET Allowances Appendix, der auf der Webseite von EFET veröffentlicht ist; ISDA arbeitet bereits an einer Angleichung der Regelungen an die von den Energieverbänden beschlossenen Regelungsvariante.
100 *Sommer/Kons* aaO Kap. 15 Rn 103 ff.
101 ZB in Nr. 9 des Anhangs Emissionsrechte zum DRV mit entsprechenden Wahlmöglichkeiten.
102 Nach entsprechender Einigung zwischen Verkäufer und Käufer der Emissionsberechtigungen.
103 Vgl *Erik Sommer*, WM 2006, 2029, 2031 f.

nung der Übertragung spricht, dass der Staat in die Phase des Handels der erteilten Emissionsrechte bis zu deren Abgabe nicht eingreift.[104] Die Einigung der Parteien über die Übertragung ist nach den Vorschriften des BGB zu beurteilen.[105]

9. Schutz des Erwerbers

75 Für den Zweiterwerb[106] enthielt § 16 Abs. 2 S. 1 TEHG aF eine gesetzliche Fiktion für die Richtigkeit des Registers. S. 2 bestimmte eine Ausnahme für den Ersterwerb der Berechtigung, wenn dem Empfänger ausgegebener Berechtigungen die Unrichtigkeit bei Ausgabe der Berechtigungen bekannt war. § 7 Abs. 4 TEHG nF hat diese Regelung übernommen.

76 Die Richtigkeitsfiktion schützt somit auch einen bösgläubigen Dritten, der weiß, dass dem Ersterwerber die eingetragenen Berechtigungen nicht oder nicht in dem eingetragenem Umfang zustanden. Begründet wird diese neuartige Regelung[107] mit der Erleichterung des Funktionierens eines gemeinschaftsweiten Emissionshandelssystems.[108] Damit ist der Erwerb – zumindest in Deutschland – absolut geschützt. Etwaige schuldrechtliche (deliktische) Ansprüche gegen einen Schädiger bleiben allerdings unberührt.

10. Bankaufsichtsrecht

77 Der Gesetzgeber wollte den Handel mit Emissionsberechtigungen nicht der Finanzaufsicht der BaFin unterstellen. § 15 S. 1 aF TEHG (jetzt § 7 Abs. 5 TEHG nF) bestimmte daher, dass Berechtigungen nicht als Finanzinstrumente iSv § 1 Abs. 11 KWG oder des § 2 Abs. 2 b WpHG gelten. Der Kassa(Spot)-Emissionshandel unterliegt daher (noch) nicht der Finanzaufsicht nach KWG.[109]

78 Um Emissionsderivate wegen ihrer höheren Risiken aber der Finanzaufsicht zu unterstellen, bestimmte S. 2 aF, dass „Termingeschäfte, deren Preis unmittelbar oder mittelbar von dem Börsen- oder Marktpreis von Berechtigungen abhängt" als Derivate iSv § 1 Abs. 11 S. 4 KWG anzusehen seien.

79 Der wesentlich erweiterte Derivatebegriff in § 1 Abs. 11 S. 4 Nr. 2 KWG nF umfasst nunmehr auch „Termingeschäfte auf Emissionsberechtigungen", so dass die Regelung in S. 2 entbehrlich wurde. S. 2 ist daher ersatzlos gestrichen worden, ohne dass sich die Rechtslage in Bezug auf Emissionsderivate im Ergebnis geändert hätte.[110]

11. Emissionsrechte als Sicherheiten

80 Die Frage der Behandlung von Emissionsrechten als Sicherheiten ist schon während des Gesetzgebungsverfahrens vom Bundesrat aufgeworfen worden.[111] Das TEHG enthält hierzu, ebenso wenig wie zu der vertraglichen Gestaltung des Handels, keine Regelungen.

---

104 So *Erik Sommer* aaO S. 2032.
105 *Erik Sommer* aaO S. 2032.
106 Das ist der auf die ursprüngliche Zuteilung erfolgende Erwerb, vgl BT-Drucks. 15/2328 S. 32; *Ehricke/Köhn* WM 2004, 1903, 1920.
107 Umstritten, ob der Erwerb von unrichtig ersterworbenen Berechtigungen durch einen Bösgläubigen sei sittenwidrig und nach § 138 BGB als nichtig anzusehen, so *Sommer/Kons* aaO RdNr. 101 m.Nachw.; *Wertenbruch* ZIP 2005, 516, 517 f; aA Schwintowski-*Fried* aaO Rn 447 mit Nachw. In Fn 302; *Ehricke* WM 2008, 1333, 1338 f.
108 BT-Drucksache 15/2328 aa.
109 *Fried* aaO Nr. 445. Nach dem MIFID-Entwurf vom 20.10.2011 (COM (2011) 656 final; 2011/0298 (COD)) ist eine Erweiterung des Begriffes der Finanzinstrumente vorgesehen: unter Anhang I, Abschnitt C, neue Ziffer 11 werden nun Emissionsrechte aufgeführt. Damit wird nach dem derzeitigen Stand (April 2012) zumindest eine Anpassung des TEHG zu erwarten sein.
110 *Fried* aaO.
111 BT-Drucks. 15/2540 v. 18.2.2004 S. 4.

Maßgeblich für eine Besicherung mit Emissionsrechten ist deren Rechtsnatur. Wer in dem Emissionsrecht ein Wertrecht sieht,[112] das analog zu Wertpapieren zu behandeln ist, muss einen anderen Weg einschlagen als die wohl h.A., welche das Emissionsrecht als ein Recht qualifiziert, das nach § 1273 Abs. 1 BGB mit einem Pfandrecht belastet werden kann.[113] Für die Bestellung gilt § 1274 Abs. 1 S. 1 BGB: Erforderlich sind Einigung über das Pfandrecht und die Eintragung im Register. Während in der ursprünglichen Fassung von § 14 Abs. 1 S. 2 TEHG vorgesehen war, dass eine solche Eintragung möglich sei,[114] ist diese Textpassage im Jahre 2007 ersatzlos gestrichen worden. Die Änderung war nötig, um im Gleichklang mit der EG-Registerverordnung, Anhang II, und den Registervorschriften anderer EU-Staaten zu stehen, die den Ausweis von Verfügungsbeschränkungen nicht vorsehen. Bei grenzüberschreitenden Transaktionen ginge eine in Deutschland eingetragene Beschränkung verloren.[115] Die Bestellung eines Pfandrechts ist daher nicht möglich.

In Betracht kommt weiterhin die Sicherungsübertragung (fiduziarische Vollrechtsübertragung)[116] auf einen Kreditgeber.[117] Die hierbei entstehenden Nachteile finden sich auch bei der Übertragung von Volleigentum an Finanzsicherheiten. Emissionsrechte sind allerdings keine Finanzsicherheiten im Sinne des § 1 Abs. 17 KWG und von daher als Sicherheiten nicht bedeutsam. Die kreditgebende Bank wird in der Regel andere, liquide Sicherheiten vorziehen. Wenn die Bank mangels anderer Sicherheiten Emissionsrechte hereinnimmt, ist dies für den Kreditnehmer letztlich ein Vorteil. Im Eigeninteresse der Bank liegt es übrigens auch, ein gutes Verhältnis mit dem Kreditnehmer zu bewahren und dessen Interessen zu schützen. Durch eine entsprechende Sicherungsabrede wird den Besonderheiten des Sicherungsguts Rechnung getragen werden.

In diesem Zusammenhang kann sich die Sicherheitenbewertung für eine kreditgebende Bank als problematisch erweisen. Für die Einschätzung der Werthaltigkeit einer Sicherheit wird in der Regel auf historische Preisdaten zurückgegriffen. Selbst für europäische Emissionsberechtigungen („EUA"), d.h. für diejenigen Berechtigungen, die bereits in der Periode 2005 bis 2007 lieferbar waren,[118] ist der Zeitraum, für den historische Preisdaten verfügbar sind, relativ klein. Hinzu kommt noch, dass die erste Handelsperiode für Emissionsberechtigungen Versuchscharakter hatte und die Zuteilungen zu hoch ausgefallen sind. Folge dieser überhöhten Zuteilung war ein massiver Preisverfall, der sich im Rahmen der Einschätzung der Werthaltigkeit von EUA als Sicherheiten niederschlagen wird. Als Folge dieser Datenlage werden – wenn EUA überhaupt als Sicherheiten akzeptiert werden – höchstwahrscheinlich hohe Abschläge auf den Marktwert zur Bedingung gemacht werden.

Art. 37 der Registerverordnung enthält entgegen den Wünschen der am Handel Teilnehmenden, insbesondere der Banken keinerlei Bestimmungen über die Frage der Besicherung von Forderungen durch Emissionsrechte. Auch in diesem Punkt sieht die FMLC akuten Handlungsbedarf der EU.

12. Zwangsvollstreckung/Pfändung/Insolvenz

Die Eintragung einer Pfändung in das Register ist mangels einschlägiger Vorschriften des TEHG nicht möglich. Vorgeschlagen wird die Umbuchung auf ein Konto des Pfändungs-

---

112 *Wagner*, ZBB 2003, 409, 416.
113 *Schweer/Hammerstein*, § 16 Rn 13; *Erik Sommer*, WM 2006, 2029, 2035.
114 „... und weist Verfügungsbeschränkungen aus".
115 Vgl *Frenz* § 14 Rn 8.
116 Vgl *Wagner*, ZBB 2003, 409, 419; *Ehricke* WM 2008, 1333, 1340.
117 Die Übertragung auf ein Konto, über das Kreditgeber und Kreditnehmer nur gemeinsam verfügen könnten, vgl *Wagner*, ZBB aaO, entspräche nicht der Interessenlage des Kreditgebers.
118 CERs und ERUs sind erst seit 2008 lieferbar.

pfandgläubigers.¹¹⁹ Die Verwertung kann mangels einer Möglichkeit der Einziehung durch den Gläubiger oder der Überweisung an Zahlungs Statt nur durch gerichtlich angeordnete Veräußerung vorgenommen werden.¹²⁰

84 Emissionsrechte fallen bei Insolvenz des Inhabers in die Insolvenzmasse. Die Verfügungsbeschränkung wäre nach einer Auffassung in das Register einzutragen, trotz Fehlens einer den §§ 32, 33 InsO entsprechenden Regelung.¹²¹ Würde die Verfügungsbeschränkung nicht eingetragen, fände § 81 Abs. 1 S. 2 InsO unmittelbar nicht Anwendung, weil § 16 TEHG nicht genannt wird. Es wird in der Literatur erörtert, ob § 81 Abs. 1 S. 2 InsO analog auf Verfügungen über Emissionsrechte angewendet werden kann, um den gutgläubigen Erwerber zu schützen. Die hM lehnt eine Analogie ab, weil die Liste der in § 81 Abs. 1 S. 2 InsO genannten Vorschriften abschließend sei.¹²² Im Übrigen komme es bei § 16 TEHG (§ 7 nF) nicht auf die Gutgläubigkeit des Erwerbers an, da dieser auch bei Bösgläubigkeit geschützt sei.¹²³

13. IPR (Kollisionsrecht)

85 Nach deutschem Internationalen Privatrecht können die Parteien das auf den Kaufvertrag anwendbare Recht gem. Art. 3 Abs. 1 Rom I-VO ¹²⁴ frei vereinbaren, also zB englisches Recht bei Vereinbarung eines 2002 ISDA Master Agreement und der 2005 Commodity Definitions. Deutsche Parteien könnten danach für ihre Vertragsbeziehung auch eine ausländische Rechtsordnung wählen.¹²⁵ In der Praxis kommt es kaum vor, dass ein Geschäft ohne vorliegende Rechtswahl geschlossen wird. Nach Art. 4 Rom I-VO unterläge in diesem Fall der Vertrag dem Recht des Staates, in dem der Verkäufer seinen Sitz hat. Es wird vermutet, dass der Vertrag die engsten Verbindungen zu diesem Staat hat, weil der Verkäufer die charakteristische Leistung, d.h. die Übertragung des Kaufgegenstands Emissionsrechte, erbringt. Bei einem Emissionsrechte-Swap würde wie bei einem Zinssatz-Swap¹²⁶ die Vermutung des Art. 4 Rom I-VO für beide Seiten gelten, so dass andere Anknüpfungspunkte gefunden werden müssen, um das maßgebliche Recht zu bestimmen.¹²⁷

86 Für die Übertragung eines Emissionsrechts gilt Art. 14 Rom I-VO, d.h. maßgeblich ist das Recht, dem die Forderung entstammt. Bei Emissionsrechten ist es zunächst das Recht des Staates, das die Entstehung des Emissionsrechts regelt. Eine Rechtswahl ist insoweit nicht möglich. Ist das Emissionsrecht übertragen und in dem Register eines anderen Staates eingetragen worden, so gilt das Recht des anderen Staates. Mit Eintragung im deutschen Register werden die deutschen Vorschriften für die Übertragung maßgeblich.¹²⁸

---

119 *Wagner* ZBB 2003, 409, 420.
120 *Wagner*, JZ 2007, 971, 976; *Frenz* § 16 Rn 29 ff.
121 *Wagner* aaO mNachw.
122 MünchKommInsO-*Ott/Vuia* § 81 Rn 19; aA *Köhn*, ZinsO 2004, 641, 643 ff.
123 *Burgi/Lange*, ZHR 170 (2006) 539, 563 f.
124 Art. 27-37 EGBGB wurden mit 17.12.2009 aufgehoben und durch die Vorschriften von Rom I-VO (Verordnung (EG) Nr. 593/2008 des Europäischen Parlaments und des Rates über das auf vertragliche Schuldverhältnisse anzuwendende Recht) vom 17.6.2008, ABl EU 2008 Nr. L 177, S. 6, gemäß dem Gesetz zur Anpassung der Vorschriften des Internationalen Privatrechts an die Verordnung (EG) Nr. 593/2008 vom 25.6.2009, BGBl. I 2009, 1574.
Gemäß Art. 2 Rom I-VO kommt es für die Anwendung nicht darauf an, dass eine Beziehung zu einem EU-Staat besteht, es kann daher auch das Recht eines Nicht-EU-Staats vereinbart werden, *Martiny* in: Reithmann/Martiny, Internationales Vertragsrecht, 7. Aufl. 2010, Rn 40.
125 Vgl *Welter*, Bankrechtshandbuch, 4. Aufl. 2011, § 26 Rn 288 ff mNachw.; *Martiny* Rn 85 und 87.
126 Vgl *Jahn* in: Kronke/Melis/Schnyder, Handbuch Internationales Wirtschaftsrecht, 2005, Teil H Rn 443.
127 *Welter* aaO Rn 209.
128 Ehricke aaO S. 1341; *Frenz* § 16 Rn 35 ff.

Die Vorschriften des UN-Kaufrechtsübereinkommens (CISG) sind nicht anzuwenden, da sie sich nur auf körperliche bewegliche Sachen beziehen.[129]

14. Vertragsgestaltung

Bei der Dokumentation des Handels mit Emissionsberechtigungen und den entsprechenden Derivaten gibt es eine Reihe von konkurrierenden Vertragswerken. Vor der Wahl des geeigneten Vertrages bedarf es einer genauen Analyse der Interessen der Vertragspartner und der Vertragsstrukturen sowie der Regelungstiefe der Musterbedingungen.[130] Darüber hinaus sind noch die kollisionsrechtlichen Aspekte (siehe oben) zu berücksichtigen.

Alle standardisierten Vertragswerke sind Musterverträge von internationalen Marktorganisationen, die sich des Rahmenvertragskonzepts bedienen, d.h. die einzelnen Transaktionen zu einem einheitlichen Ganzen zusammenfassen.[131]

Für den Handel mit EU-Emissionsberechtigungen werden zur Zeit noch (Stand: April 2012) im Wesentlichen vier Standardverträge verwendet:

- Der Rahmenvertrag der International Emissions Trading Association („IETA Rahmenvertrag", ETMA), aktualisierte Fassung v. 12.2.2008, mit einer Ergänzungsvereinbarung[132] sowie zwei Anhängen, dem Options Annex von 2008 und sowie einem Einzelvertrag.[133]
- Der Rahmenvertrag „Strom" der European Federation of Energy Traders („EFET Rahmenvertrag")[134] mit dem *Allowances Appendix* von 2008.
- Das 2002[135] ISDA Master Agreement[136] in Verbindung mit den 2005 ISDA Commodity Definitions und einem Mustertext zur Ergänzung des Schedule zum Master Agreement in Part 6.
- Der Rahmenvertrag für Finanztermingeschäfte[137] („DRV") in Verbindung mit dem Anhang für Rohwarengeschäfte und dem speziellen „Anhang für Emissionsrechte".[138]

Ferner gibt es einen Rahmenvertrag für den Handel mit Treibhausgasemissionen nach dem britischen Treibhausgasemissionsvorschriften von 2002 („Agreement for the sale and purchase of allowances under the UK Greenhouse Gas Emissions Trading Scheme 2002"), einen Mustervertrag für den Handel mit SO2 Emissionsberechtigungen in den USA („Standard Agreement for the purchase and sale of SO2 allowances")[139] sowie einen Mustervertrag der Weltbank für alle Arten von Emissionsberechtigungen, das „Certified Emissions Reductions Sale and Purchase Agreement" (CERSPA).[140]

---

129 *Wertenbruch*, aaO S. 519 mNachw.
130 Vgl *Fried*, Schwierige Vertragswahl im Emissionshandel, Börsen-Zeitung v. 19.1.2005.
131 *Single agreement*-Konzept, ob es sich hierbei um einen einheitlichen Vertrag – *Behrends*, § 6 Rn 6 – oder eine Vertragsverbindung handelt, ist für die weitere Darstellung nicht erheblich; einen kurzen Überblick gibt *Zenke* in Danner/Theobald, B EnHandel Ib, Rn 271 ff.
132 Schedule 2.
133 Emission Allowances Single Trade Agreement for the EU Scheme, 4.0 2008.
134 Im Einzelnen hierzu Rn 20 ff.
135 Möglich ist auch die Verwendung des 1992 ISDA Master Agreement, ggf mit Ergänzungen.
136 Siehe hierzu § 7.
137 Siehe § 6.
138 Der neue Anhang ist im Mai 2010 veröffentlicht worden. Er ersetzt den im Jahre 2008 veröffentlichten „Anhang für Treibhausgasemissionsberechtigungen". Für Parteien, die den alten Anhang bereits vereinbart hatten, gilt mit Vereinbarung des neuen Anhangs nach Nr. 1 (3), dass der alte Anhang durch den neuen Anhang für Emissionsrechte ersetzt wird.
139 Ein Muster dieses Vertrages ist zB im Internet unter http://w.evomarkets.com/pdf_documents/Standard_SO2_Immediate_Settlement_Agreement.pdf erhältlich.
140 *O'Sullivan*, Environmental Liability 2007, 120.

92 IETA hat mit dem International Emissions Trading Master Agreement (IETMA), Version 1 vom 16. April 2012, einen konzeptionell stark veränderten Rahmenvertrag veröffentlicht, der den Handel unter verschiedenen Systemen ermöglichen soll. Bisher ist zu dem Grundvertrag allerdings nur das „EU ETS System Schedule" veröffentlicht worden. Im Vergleich zur Vorgängerdokumentation und im Gegensatz zum bisherigen Marktstandard behandelt der IETMA Missbrauchsfälle (Phishing, Hacking) wesentlich anders: während zuvor die Lieferung unautorisiert übertragener Emissionsrechte dazu führte, dass die Lieferpflicht nicht erfüllt war, der Verkäufer erneut liefern musste und ihm – soweit der Käufer noch Zugriff auf die nicht lieferfähigen Berechtigungen hatte – ein Austauschrecht zustand, wird nun ein neues Konzept des „Encumbrence Loss" eingeführt. Gemäß dem IETMA EU ETS System Schedule gelten gelieferte Berechtigungen als „belastet", wenn sie zuvor unautorisiert übertragen worden sind. Der Erwerbsschutz des Artikel 37 Abs. 4 der Registerverordnung wird insoweit aufgegeben, als der Käufer unter bestimmten Umständen, in denen er einer dritten Partei unautorisiert übertragene Berechtigungen herausgeben musste, dem Verkäufer den dadurch entstehenden Schaden in Rechnung stellen kann. Mit dem gemäß EU-RegisterVO geplanten Unterdrücken der Seriennummern von Emissionsrechten stellt sich die Frage nach der Praktikabilität dieser Regelungen. Auch sind die Anforderungen an die Ersatzfähigkeit des „Encumbrance Loss" so hoch, dass sich auch hier die Frage nach der Relevanz dieser Regelung stellt. Dennoch folgen EFET und ISDA diesem Ansatz und werden ihre Dokumentation entsprechend aktualisieren. Der EFET Allowances Appendix ist inzwischen (Stand: April 2012) veröffentlicht worden, und ISDA hat Konsultationen über eine Anpassung des in 2011 veröffentlichten Konzepts begonnen.

93 Der IETA Rahmenvertrag und der EFET Rahmenvertrag nebst Allowances Appendix enthalten keine besonderen Regelungen für finanzielle Derivate wie das ISDA Master Agreement und der DRV.[141] Als einzige Organisation bietet IETA auch ein Standardmuster für Vertragsparteien an, die eine oder mehrere Einzelgeschäfte separat, d.h. nicht unter einem Rahmenvertrag tätigen wollen, ein *Single Trade Agreement*.[142] Es enthält den wesentlichen Inhalt der Rahmenvertragsbestimmungen[143] und die geschäftlichen Daten, die sonst üblicherweise allein in der Bestätigung[144] enthalten sind.

94 Der IETA Rahmenvertrag, der EFET Rahmenvertrag nebst Appendix und das ISDA Master Agreement sind auf Englisch abgefasst, von dem DRV gibt es eine „halboffizielle" Übersetzung in die englische Sprache.[145] Für den IETA Rahmenvertrag[146] und das ISDA Master Agreement wird die Geltung englischen Rechts vereinbart (das ISDA Master Agreement kann auch dem Recht von New York unterstellt werden), während der EFET Vertrag und der DRV deutschem Recht unterliegen.

15. IETA (ETMA)

95 Am 12.2.2008 publizierte IETA die Version 3.0 ihres Emissions Trading Master Agreement for the EU Scheme (ETMA). Dieser Rahmenvertrag löste die Version 2.1 vom 13.6.2005 herausgegebene Fassung ab. Vertragsparteien, die ihre Beziehungen der Version 2.1 unter-

---

141 Aufgrund der Regelungen in § 15 des Gas-EFET bzw des Strom-EFET sind finanzielle Geschäfte unter dem EFET allerdings denkbar.
142 Es ähnelt der insbesondere von ISDA geschaffenen Dokumentationform „*Long Form Confirmation*".
143 Allerdings ohne die sich auf das Netting beziehenden Bestimmungen, die naturgemäß keine Anwendung finden können.
144 Unter Bezug auf den maßgeblichen Rahmenvertrag.
145 Laut BdB ist die englische Übersetzung des DRV als „convenience translation" gedacht.
146 Eine andere Rechtswahl, zB deutsches Recht wäre bei der englischrechtlichen Vertragsstruktur des IETA sehr problematisch. Dasselbe gilt für das ISDA Master Agreement.

stellt hatten, können diese mit einer Änderungsvereinbarung[147] inhaltlich auf den Stand der Version 3.0 bringen.

IETA hat sich mit den zT konkurrierenden Verbänden ISDA und EFET abgestimmt, um ihre Vertragsklauseln anzugleichen. Diese Zusammenarbeit dient der Verbesserung der Marktbedingungen und soll eine Zersplitterung des Marktes verhindern. Auch hinsichtlich der einheitlichen Behandlung von Missbrauchsfällen („Encumbrance Loss" gegen „Austauschrecht" oder die Handlungsalternative, nach der die Parteien sich auf den gesetzlichen Erwerbsschutz verlassen) haben sich die Verbände ausgetauscht. Auf den Inhalt des IETMA kann aufgrund der Veröffentlichung zum Zeitpunkt der Abfassung des Beitrages (Stand: April 2012) noch nicht im einzelnen eingegangen werden.

Der ETMA enthält 14 Klauseln: Klausel 1 „Interpretation and Construction" mit der Rahmenvertragskonstruktion (*single agreement*), Klausel 2 „Confirmation Procedure", Klausel 3 „General Obligations, Representations and Warranties" mit der Zusicherung, dass zu liefernde Emissionsrechte frei von Rechten Dritter sind, Klausel 4 „Allowance Transfers", Klausel 5 „Effecting Transfers", Klausel 6 „Transfer Failure" mit der Regelung von Kündigungsrechten, Klausel 7 "Value Added Taxes" mit der Grundregel, dass Beträge grundsätzlich die MWSt nicht umfassen sowie andere steuerrechtliche Bestimmungen, Klausel 8 „Billing and Payment" mit einer Bestimmung über das Verfahren bei Widersprüchen über die Höhe von geforderten Beträgen und Zahlungsnetting sowie Lieferungsnetting (8.6. und 8.7), Klausel 9 „Force Majeure and Suspension Event", Klausel 10 „Confidentiality", Klausel 11 „Assignment", Klausel 12 „Termination" mit der Regelung der Beendigung aufgrund einer Kündigung und der Berechnung des Ausgleichsbetrags (12.5). Wegen der häufig fehlenden Nettingfestigkeit[148] wird auch die Möglichkeit eingeräumt, bei Insolvenznähe den Vertrag automatisch enden zu lassen. Klausel 13 „Liabilities", schließt einen Folgeschaden grundsätzlich aus (13.1), sowie Klausel 14 „Miscellaneous", sieht u.a. die Geltung des englischen Rechts vor (14.7) und dass Streitigkeiten durch das in Schedule 2 zu bestimmende Schiedsgericht zu entscheiden sind (14.8) sowie die Klärung von Einzelpunkten durch einen Schiedsgutachter (14.9).

In Schedule 1 werden die im ETMA verwendeten Begriffe definiert. Schedule 2 entspricht dem Anhang zum ISDA Master Agreement und enthält eine Reihe von Wahlmöglichkeiten, insbesondere auch zum anwendbaren Recht und darüber, ob ein Schiedsgericht zuständig sein soll und welche Schiedsgerichts-Regeln anzuwenden sind sowie technische Angaben über Konten und Anschriften. Schedule 3 ist eine Musterbestätigung für die Lieferung von Emissionsrechten (*Forward*).

Für Optionsgeschäfte auf EU-Emissionsrechte enthält der IETA Options Annex[149] Sonderregeln, insbesondere für die Ausübung der Option. Hieran schließt sich als Appendix 1 ein Bestätigungsmuster[150] für Optionsgeschäfte an.

Ferner stellt IETA ein weiteres Muster für einzelne Emissionshandelstransaktionen[151] zur Verfügung, das für Marktteilnehmer gedacht ist, die nicht regelmäßig oder ständig handeln und einen geringeren Transaktionsaufwand wünschen.

---

147 Amendment Agreement relating to Emissions Trading Master Agreement for the EU-Scheme.
148 Vgl § 104 (2) InsO – *Fried* § 19 Rn 8 ff.
149 Dieser Annex wird durch Vereinbarung als zusätzlicher Part 3 zum Bestandteil des Schedule 2.
150 Appendix 1 to the Options Annex: Form of Confirmation for Option Transactions (Schedule 3 a.).
151 Dh ohne Einbeziehung in einen Rahmenvertrag; vgl hierzu auch *Zenke* in: *Danner/Theobald*, B EnHandel Ib, Rn 275 – IETA Emission Allowances Single Trade Agreement For The EU Scheme Version 4.0 2008.

16. EFET

100 Wegen der Struktur und des Inhalts der EFET Rahmenverträge „Strom" und „Gas" wird auf die Darstellung in § 2 verwiesen.

101 Der EFET Rahmenvertrag wird durch einen speziellen Emissionsrechte-Anhang (Allowances Appendix) passend gemacht für den Emisionsrechtehandel.[152] Die für Strom- oder Gasgeschäfte geltenden Bestimmungen werden teilweise durch Bestimmungen über den Emissionshandel ersetzt, während die allgemeinen Bestimmungen des Rahmenvertrages weiter gelten. Dadurch entsteht ein sog. *multiproduct agreement* mit einer erweiterten Liquidationsnetting-Möglichkeit.[153] Im Gegensatz zu den Anhängen zum DRV oder den ISDA Definitions ergänzt der Appendix nicht nur die Regelungen der EFET Rahmenverträge in produktspezifischer Weise, sondern ändert auch Bestimmungen über die Beendigung der Geschäfte und deren Wertermittlung ab.

102 Der Appendix gliedert sich in Allgemeine Bestimmungen[154] mit 23 Paragrafen und einen kurzen Teil (Part II) für vorgegebene Wahlmöglichkeiten und zusätzliche besondere Vereinbarungen. Teil I enthält Regelungen über die Folgen bei der Abschaffung des Handelssystems und die Möglichkeit, einen Schwellenbetrag über den Umfang der Verpflichtungen zu vereinbaren (§ 4.4). Optionsgeschäfte werden ausdrücklich nicht geregelt (§ 5). In § 10 räumt der Appendix die Möglichkeit der Beendigung des Allowance Appendix und aller Geschäfte über Emissionsrechte bei Fortbestand der Stromgeschäfte ein (§ 10.5). § 13.3.1 regelt ein übergreifendes Zahlungs-Netting zwischen Stromgeschäftszahlungen und Emissionsrechtezahlungen,[155] sofern die Parteien dies in Teil II B so gewählt haben.

103 Annex 1 enthält eine Liste der definierten Begriffe des Appendix, Schedule 1 das Muster einer Bestätigung.

104 Teil II des Appendix gibt den Parteien die Möglichkeit, ihre Mitwirkungspflichten nach § 4.3[156] für Transaktionen über einem vereinbarten Schwellenbetrag einzuschränken. Ferner kann durch Ankreuzen ein erweitertes Zahlungs-Netting, abweichend von der Regelung des § 13.3.1, vereinbart werden. Die Parteien würden dann Zahlungen aus Stromgeschäften mit Zahlungen aus Emissionsrechtegeschäften, die in derselben Währung am selben Tag geschuldet werden, gegeneinander verrechnen. Der Appendix wird ergänzt um zwei zusätzliche Dokumente. Annex 1 enthält einen Definitionskatalog über die Begriffe, die im Appendix verwendet werden. Schedule 1 ist eine Musterbestätigung über ein Emissionsrechtegeschäft.

105 Der Appendix gilt ausweislich seines Textes nur für den Handel von sog. physischen Emissionsrechten (§ 5). Dennoch sind finanzielle Geschäfte über Emissionsrechte unter dem EFET denkbar, denn die notwendigen Marktstörungsregelungen sind in § 15 des General Agreement enthalten.

17. ISDA

106 ISDA hat im Commodity-Bereich durch ihre 2005 Commodity Definitions die Möglichkeiten geschaffen, neben den traditionellen finanziellen OTC-Derivate-Geschäften auch Geschäfte mit sog. physischer Abwicklung in ihren Rahmenvertrag, in das Master Agree-

---

[152] Einzelheiten bei Schöne/*Stuhlmacher/Draxler/Sessel-Zsebik/Horndasch* Vhb StromWi Kap. 4 F Rn 254 ff.
[153] Risiken aus Strom-/Gasgeschäften können so mit Risiken aus Geschäften über Emissionsrechte saldiert werden.
[154] Part I: General Terms; zum Inhalt des Appendix auch: *Meyer*, ET 2009, 71.
[155] Cross Product Payment Netting.
[156] Mitwirkungspflichten in Fällen regulatorischer Unklarheit oder einer Übergangszeit.

ment¹⁵⁷ einzubeziehen. Das hierbei auftretende Problem, dass nettingfeste OTC-Geschäfte, die mit in der Insolvenz (eventuell) nicht nettingfesten Warengeschäften in einem Vertrag vereint werden, selbst Gefahr laufen, ihre Nettingfestigkeit zu verlieren,¹⁵⁸ könnte durch eine automatische Beendigung vor Insolvenzverfahrenseröffnung vermieden werden, sofern darin nicht eine Umgehung der insolvenzrechtlichen Vorschriften gesehen wird.¹⁵⁹

Für Geschäfte über EU-Emissionsrechte in Article XVI der Commodity Definitions der Mustertext für ein Part 6 zu dem Anhang (Schedule) des 2002 ISDA Master Agreement enthalten. Er enthält zunächst die Einbeziehung der 2000 ISDA Definitions¹⁶⁰ und sodann Regelungen über die Erfüllung von Termingeschäften (*Physical Settlement*) mit Bestimmungen über Marktstörungen, Folgen einer Leistungsstörung (*Failure to Deliver*), teilweise Erfüllung (*Partial Settlement*), Wegfall des EU-Emissionsrechteregelungen (*Abandonment of Scheme*), Rechnungsstellung (*Invoicing*), Zusicherungen der Parteien über das Bestehen von Konten bei den nationalen Registern, das Fehlen von Belastungen der Emissionsrechten, über mehrwertsteuerliche Fragen, keine Haftung für Folgeschäden (*No Consequential Loss*), Gebühren, Bruch von Zusicherungen sowie einen Definitionskatalog. Ein Annex enthält Raum für Angaben zu den Konten und den Erfüllungsort. ISDA stellt zusätzlich ein Bestätigungsmuster für ein Emissionsrechtegeschäft¹⁶¹ zur Verfügung. **107**

18. DRV

Der Rahmenvertrag für Finanztermingeschäfte kann durch den neuen „Anhang für Emissionsrechte¹⁶² ergänzt werden, der den früheren Anhang ersetzt. Die Regelungen des Anhangs für Rohwarengeschäfte für CO₂-Geschäfte sind für Geschäfte über die Lieferung von Emissionsrechten nicht geeignet, weil der Anhang grundsätzlich nur für finanzielle Geschäfte anwendbar ist. Der Anhang für Emissionsrechte folgt im Aufbau den bisherigen DRV-Anhängen und enthält folgende Regelungen: 1. Zweck und Gegenstand des Anhangs, 2. Begriffsbestimmungen, 3. Handelskonten und Lieferung von Emissionsrechten, 4. Swapgeschäfte, 5. Kassa- und Termingeschäfte, 6. Optionsgeschäfte, 7. Registerstörung, 8. Abwicklungsstörung, 9. Spät- oder Nichtlieferung, 10. Aussetzung des Registersystems, 11. Rechnung, 12. Umsatzsteuer und sonstige Steuern und Abgaben, 13. Folgeschäden und Haftungsbegrenzung, 14. Aufgaben der Berechnungsstelle, 15. Besondere Vereinbarungen (enthält einige Wahlmöglichkeiten für die Parteien) sowie 16. Sonstige Vereinbarungen (blanko, gibt Raum für Zusatzvereinbarungen). Zusätzlich werden drei Muster-Geschäftsbestätigungen angeboten: Swapgeschäft auf Emissionsrechte, Kassa- oder Termingeschäft auf Emissionsrechte und Optionsgeschäft auf Emissionsrechte. Diese drei Geschäfte sind alle „physisch" zu erfüllen, d.h. bei einem Swapgeschäft werden unterschiedliche Emissionsrechte ausgetauscht, bei einem Kassa- oder Termingeschäft ist Gegenstand der Verpflichtung die Lieferung der vereinbarten Emissionsrechte und bei einem Optionsgeschäft werden im Falle der Ausübung ebenfalls die vereinbarten Emissionsrechte geliefert. **108**

---

157 Grundsätzlich das 2002 ISDA Master Agreement; das Vormodell von 1992 ist nur bedingt geeignet und bedarf einer erheblichen "Aufrüstung", um die Regelungshöhe des 2002 ISDA Master Agreement zu erreichen.
158 Sog. Infektionsrisiko, im Jargon auch als „*bad apple*"-Risiko oder „tainted portfolio theory" bezeichet; zur Frage der Behandlung von derartigen „gemischten Verträgen" vgl zB *Bosch*, Kölner Schrift, S. 1036 Rn 105 ff.
159 Dies ist von Land zu Land gesondert zu prüfen; zum deutschen Recht siehe im Folgenden bei der Darstellung des Anhangs zum DRV.
160 Inzwischen ersetzt durch die 2006 ISDA Definitions.
161 Confirmation of OTC Physically Settled EU Emissions Allowances Transaction (Short Form) als Exhibit I to Sub-Annex H.
162 Der 2008 veröffentlichte Vorgänger hieß „Anhang für Treibhausgasemissionsberechtigungen".

109 Sollten die Parteien den Abschluss finanziell zu erfüllender Geschäfte über Emissionsrechte beabsichtigen, so würden solche Transaktionen nicht unter den Anhang für Emissionsrechte fallen, der nur die physischen Geschäfte regelt, sondern es wären die Regelungen des Rohwarenanhangs zu verwenden. Bisher sind finanzielle Geschäfte über Emissionsrechte allerdings die Ausnahme.

110 Der DRV-Anhang enthält alle wesentlichen Regelungen, die auch in dem ISDA-Mustertext enthalten sind. Neu im Vergleich zu den Regelungen in anderen DRV-Anhängen und im DRV selbst sind Bestimmungen, die sich auf die Besonderheiten des physischen Handels beziehen.

111 Die Verletzung der Lieferverpflichtung und die Verletzung der Abnahmeverpflichtung regelt Nr. 9 des Anhangs. Hier ist, in Abänderung der Nr. 7 (1) S. 4 DRV, die Kündigung des betreffenden Einzelabschlusses möglich. Die Kündigung des Vertrages (d.h. aller Einzelabschlüsse und des Rahmenvertrages) ist erst zulässig, wenn die zur Zahlung des Geldbetrages (Wiedereindeckungsaufwandes) nach Nr. 9 (1) (a) oder (b) des Anhangs verpflichtete Partei nicht gezahlt hat und die Voraussetzungen der Nr. 7 (1) S. 2 DRV erfüllt sind. Der Anhang regelt in Nr. 9 ferner, wie zu verfahren ist, wenn die abnahmepflichtige Partei mangels Lieferung einer Sanktion der staatlichen Behörden unterliegt[163] oder ein Geschäftspartner, dem sie die Emissionsrechte weiter zu übertragen verpflichtet war, mangels Lieferung eine Sanktion gezahlt hat.

112 Konsequent ist die Regelung in Nr. 3 (7) Anhang enthaltene Bestimmung über eine Verrechnung von Emissionsrechten an einem übereinstimmenden Fälligkeitstag für die Lieferung.[164] Einen breiten Raum nimmt die Regelung von Störungen ein.

113 Der Anhang regelt in Nr. 7 die Folge einer (technischen) Störung eines Emissionsregisters oder der Ungeeignetheit eines angegebenen Emissionsregisters aufgrund fehlender gesetzlicher Voraussetzungen bei dem registerführenden Staat („suspension event"). Im Gegensatz zu einer „normalen" Unmöglichkeit führt ein „suspension event" zunächst nicht zu einem Kündigungsrecht sondern einem Hinausschieben der gegenseitigen Verpflichtungen. Dauert die betreffende Registerstörung über das Ende der Handelsperiode hinaus an, hat jede Partei das Recht, den von der Registerstörung betroffenen Einzelabschluss mit sofortiger Wirkung zu beenden. Besonderheit ist, dass in einem solchen Fall keinerlei Marktwertausgleich stattfindet.

114 Die Regelungen der Voraussetzungen und Folgen einer Abwicklungsstörung[165] in Nr. 8 Anhang entsprechen den Bestimmungen der internationalen Rahmenverträge. Eine Abwicklungsstörung liegt dann vor, wenn weder eine Registerstörung noch eine Aussetzung des Registersystems vorliegt, die Lieferung aber wegen höherer Gewalt[166] nicht möglich ist. Bei einer länger währenden Abwicklungsstörung (länger als neun aufeinander folgende Bankarbeitstage) kann der betreffende Einzelabschluss beendet werden. Die Parteien können in Nr. 15 (5) Anhang (Besondere Vereinbarungen) wählen, ob Barausgleich zu zahlen ist oder nicht. Mangels einer Wahl gilt als Auffangregelung „vorzeitige Beendigung mit Barausgleich".

115 International von großem Interesse ist der Haftungsumfang. Nach Nr. 13 Anhang erstreckt sich die Haftung nicht auf „Verluste, Kosten, Aufwendungen und Schäden, die der anderen Partei – mittelbar und unmittelbar – [...] entstanden sind."

---

163 Vgl in Deutschland § 18 (1) TEHG aF, § 30 (1) TEHG nF.
164 Sog. *physical settlement netting.*
165 *Settlement disruption event.*
166 Nr. 8 (1) S. 1 Anhang, Unmöglichkeit.

Zu der Möglichkeit, mehrere Rahmenverträge unter das „Dach" Masternettingvertrages zu bringen, vgl § 2.

19. Wahl des geeigneten Vertrages

Die drei Verbände ISDA, IETA und EFET haben zur Vorbereitung der zweiten Handelsphase (d.h. der ersten Handelsphase für CER und ERU) an einer Angleichung des Inhalts ihrer Rahmenbedingungen gearbeitet, um eine Marktzersplitterung zu vermeiden. IETA hat im Vorwort zu der neuen Fassung 3.0 seines ETMA die Zusammenarbeit mit ISDA ausdrücklich hervorgehoben. Der Anhang Emissionsrechte zum DRV orientiert sich weitgehend an den ISDA-Regelungen. Die Wahl des für eine Partei geeigneten Vertrages bestimmt sich nach verschiedenen Kriterien, die auch von Art und Umfang der Geschäftstätigkeit abhängig sind. Insofern ist eine ideale Einheitslösung nicht zu erwarten.

Alle Parteien wünschen zunächst, den Arbeitsaufwand bei Abschluss von Emissionsgeschäften möglichst gering zu halten, um Kosten zu sparen und Risiken wegen fehlerhafter Dokumentation zu vermeiden. Die Verwendung eines einzigen Vertrages wäre daher vorteilhaft. Daneben kommen aber auch andere Gesichtspunkte zum Tragen, vor allem die Risikominimierung und – zusätzlich für Kreditinstitute – ein möglichst schonender Einsatz des Eigenkapitals. Auch die Art der Geschäftstätigkeit spielt eine Rolle: Handelt man nur mit Emissionsrechten, benötigt man keinen Vertrag, der auch andere Geschäftstypen umfassen kann.

Unternehmen, die nur oder überwiegend in Deutschland tätig sind, neigen aus praktischen Gründen[167] zur Verwendung des deutschen Rahmenvertrages für Finanztermingeschäfte.[168] Mit der Verwendung eines Anhangs für Emissionsrechte können Emissionshandelsgeschäfte in den DRV einbezogen werden. Andererseits ziehen Unternehmen, die keine anderen Geschäfte als Emissionshandelsgeschäfte tätigen, den eingeführten spezialisierten IETA Vertrag vor, zumal dieser auch grenzüberschreitend akzeptiert wird. Parteien, die nur Strom- oder Gasgeschäfte neben Emissionshandelsgeschäften abschließen und schon den EFET Vertrag benutzen, sind geneigt, den EFET Allowances Appendix zu vereinbaren, zumal sie dadurch eine Risikominimierung durch Nettingeffekte[169] erreichen können und die zusätzliche Vereinbarung des Anhangs keinen größeren Aufwand darstellt.

Für deutsche Kreditinstitute kommen im Wesentlichen der DRV nebst Anhang für Emissionsrechte und der ISDA mit den 2005 ISDA Commodity Definitions in Frage. Vorteilhaft ist auch die Möglichkeit, Finanzsicherheiten im Sinne des § 1 Abs. 17 KWG in den Rahmenvertrag nettingwirksam einzubeziehen.[170] Allerdings verwenden die Kreditinstitute – wenn der Kunde unbedingt darauf besteht und ihnen an einer entsprechenden Geschäftsbeziehung mit diesem Kunden sehr liegt – auch die beiden anderen Rahmenverträge EFET und IETA.

20. Ausblick

Aufgrund der in der zweiten Handelsperiode auftretenden Schwierigkeiten („recycled CER", Phishing/Hacking, Umsatzsteuerkarussell) und der Frage nach der Verlängerung des Kyoto-Protokolls ist die Zukunft des Emissionsrechtehandels ungewiss. Inzwischen lebt der Handel allein von den EU-rechtlichen Abgabepflichten bis zum Jahr 2020.

---

167 Sprache, Vertrautheit mit kurz gefassten deutschen Vertragswerken, Anwendbarkeit des deutschen Rechts und damit Überprüfbarkeit durch die eigene Rechtsabteilung oder den Hausanwalt.
168 Interessanterweise erfreut sich der Anhang auch bei österreichischen Unternehmen immer größerer Beliebtheit.
169 Zahlungs- und Liquidationsnetting.
170 Wobei derzeit Emissionsrechte selbst nicht als Finanzsicherheiten anzusehen sind.

II. Edelmetalle (Bullion)

122 Edelmetalle sind nicht gesetzlich definiert. In der Vertragspraxis der ISDA sind es Gold, Silber, Platin und Palladium. Ob auch andere hochwertige Metalle wie zB die „leichten Platinmetalle" Ruthenium und Rhodium und die „schweren Platinmetalle" Osmium und Iridium[171] oder sogar Uran[172] wie Edelmetalle behandelt werden können,[173] richtet sich nach den vertraglichen Vereinbarungen oder den maßgeblichen gesetzlichen Vorschriften (im Zusammenhang mit dem Netting in der Insolvenz nach § 104 Abs. 2 Nr. 1 InsO). Eine gesetzliche Definition des Begriffs „Edelmetall" fehlt. Kupfer gilt als Halbedelmetall.[174] Das gewerbsmäßige Betreiben von Edelmetall-Derivategeschäften bedarf nach § 32 Abs. 1 S. 1 KWG in Verbindung mit § 1 Abs. 11 KWG der schriftlichen Erlaubnis der BaFin.

123 Der physische Edelmetallhandel unterliegt nicht der Erlaubnispflicht nach § 32 KWG.[175]

Aufgrund der langen Tradition des Edelmetall-Handels in Europa werden viele Edelmetall-Termingeschäfte, auch im Interbanken-Geschäft, nicht auf der Grundlage allgemein standardisierter Rahmenverträge geschlossen, sondern bewährte Vertragsmuster zugrundegelegt oder abgewandelt. Allerdings haben die Verbände der Marktteilnehmer schon früh versucht, die Marktbedingungen im Interesse ihrer Mitglieder zu vereinheitlichen.

Die wesentlichen Marktteilnehmer des physischen Edelmetall-Handels sind Mitglied in The London Bullion Market Association (LBMA). LBMA veröffentlichte 1994 die International Bullion Master Agreement Terms (IBMA Terms), die allen Edelmetall-Geschäften zugrundegelegt werden sollten. Da die IBMA Terms[176] ohne Ergänzungen und Zusätze nicht für OTC-Geschäfte geeignet waren, veröffentlichte ISDA 1997, in Abstimmung mit LBMA, zwei Fassungen von sog. 1997 ISDA Bullion Definitions. Sie ermöglichen die Einbeziehung von OTC-Edelmetall-Geschäften in das 1992 ISDA Master Agreement unter Berücksichtigung der Marktstandards der LBMA. Die sog. 1997 ISDA Short Form Bullion Definitions wurden für effektiv zu erfüllende Edelmetall-Geschäfte (Kassageschäfte, Termingeschäfte und Optionen) geschaffen, die sog. 1997 ISDA Bullion Definitions (in der Praxis auch Long Form Bullion Definitions genannt) sowohl für effektiv als auch durch Barausgleich zu erfüllende Edelmetall-Geschäfte (Kassa- und Termingeschäfte, Optionen und Swaps, sowie Preisbegrenzungsgeschäfte d.h. Caps, Floors und Collars, ferner Optionen auf Swaps).

124 Die beiden marktführenden Edelmetall-Organisationen, die LBMA und die London Platinum and Palladium Market (LPPM) veröffentlichten im Jahre 2001 und, in einer Neufassung, im August 2008 einen „Guide to the London Precious Metals Markets", der die am Markt gebräuchlichen Regeln niedergelegt hat, jedoch keine Musterbedingungen oder Vertragsklauseln enthält. LBMA und LPPM sind keine Börsen, weil sie keine Plattformen betreiben, auf denen Käufer und Verkäufer automatisch zusammengeführt werden, sondern es handelt sich um Organisationen für bestimmte OTC-Märkte.

125 Bei der Reform der 1993 ISDA Commodity Derivatives Definitions (die bereits im Jahre 2000 durch ein Supplement aktualisiert worden waren) im Jahre 2005 wurden alle ISDA-Regelungen über Rohwaren (*commodities*) zusammengefasst und die Bestimmungen über

---

171 Ebenso Gallium, Indium, Scandium oder Tantal für Elektronikbauteile und ähnliche Produkte.
172 Ablehnend für Uran: *Fried* in § 19 Rn 11; nicht zu den Edelmetallen zählen die sog. Seltenerdmetalle wie Dysprosium, Neodym, Terbium oder Yttrium, die bei der Herstellung hochwertiger elektronischer Anlagen oder Geräte (iPod, Magnete für Hybridautos) benötigt werden, vgl FAZ v. 11.9.2009, S. 21.
173 Die ISDA-Vertragspraxis behandelt die Metalle der Platin/Palladium-Gruppe wie Edelmetalle.
174 *Fried*, § 19 Rn 11 Fn 15.
175 Nach § 104 Abs. 2 S. 2 Nr. 1 InsO gilt er jedoch als „Finanzleistung" und ist insoweit nettingfähig, vgl *Fried* § 19 Rn 11 Fn 15.
176 Für sie galt englisches Recht; bei Verwendung nach New Yorker Recht war ein Master Agreement mit kleinen Änderungen zu vereinbaren, LBMA User's Guide, S. 19.

Edelmetall-Geschäfte im Sub-Annex B Article X (Bullion Transactions) aktualisiert. Sie ersetzen die 1997 ISDA Bullion Definitions.

Article X definiert einige spezifische Besonderheiten des Edelmetall-Handels. Nach Section 10.2 ist „*Bullion*" Gold, Silber, Platin oder Palladium. „Gold" sind Goldbarren oder „*unallocated gold*" nach den Bestimmungen der LBMA. Für den Käufer ist allerdings aus Risikogesichtspunkten maßgeblich, ob er „allocated gold" erwirbt oder „unallocated gold". „Allocated gold" sind in der Regel Goldbarren, die für den Erwerber verwahrt werden und sein Eigentum sind. Die Kosten einer Verwahrung und Übertragung sind – ähnlich wie früher bei der Streifbandverwahrung von Aktienurkunden – höher als bei der Verbuchung von „unallocated gold" auf Konten von spezialisierten Clearern. Bei einem solchen Goldkonto hat der Käufer nur einen Auslieferungsanspruch gegen den Clearer und keinen Miteigentumsanteil.

§ 10 Rohwaren- und Energiegeschäfte

Beispiel für einen Edelmetallkontovertrag

Konto-Inhaber/-bezeichnung		Fil.-Nr.	Kunden-Stamm-Nr.
Unterschriftsprobe(n)			

Eröffnung von Edelmetallkonten

Ich/wir eröffne(n) bei der Deutschen Bank ein Konto für Edelmetalle unter obenstehender Kunden-Stamm-Nummer zu nachfolgenden Vereinbarungen:

1. Guthabenkonto, Rechnungsperiode

Die Konten werden - sofern nichts anderes vereinbart ist - auf Guthabenbasis geführt. Die Bank wird - ebenfalls unter dem Vorbehalt, daß nichts anderes vereinbart ist - mindestens einmal jährlich einen Rechnungsabschluß erteilen. Die Rechtswirkungen eines Rechnungsabschlusses sowie die Pflichten, dessen Inhalt zu prüfen und gegebenenfalls Einwendungen zu erheben, sind in Nr. 7 der Allgemeinen Geschäftsbedingungen geregelt.

Tag der Kontoeröffnung	Familienstand	Geburtsdatum
Geburtsort	Geburtsname	Staatsangehörigkeit (Land)
Wohnsitz um Ausland (Land)	Beruf	Telefon privat	tagsüber

Name		Angabe nach § 8 Gewinnaufspürungsgesetz
Name		☐ Ich handele für eigene Rechnung
Name		☐ Ich handele für *(Name und Anschrift desjenigen, für dessen Rechnung das Edelmetallkonto geführt wird)*:
Straße		
PLZ, Ort		Selbständig seit — Art des Unternehmens oder der freiberuflichen Tätigkeit
Land		

2. Lieferansprüche

Der Kontoinhaber besitzt in Höhe seines Kontoguthabens auf seinem Gold-, Silber-, Platin- oder Palladiumkonto einen Lieferanspruch auf die entsprechende Menge des jeweiligen Edelmetalls in handelsüblicher Größe und Mindestfeinheit.

3. Auslieferung des Edelmetalls

Der Kontoinhaber kann sich die seinem Kontoguthaben entsprechende Menge Edelmetall bei der Deutschen Bank in Frankfurt am Main (Erfüllungsort) aushändigen lassen. Mit der Auslieferung erwirbt er Eigentum an dem betreffenden Edelmetall. Auf Wunsch liefert die Bank das Edelmetall auch an einem anderen Ort im In- und Ausland aus, vorausgesetzt, daß dies praktisch möglich ist und mit den dort geltenden Gesetzen im Einklang steht. Die Auslieferung an einem anderen Ort erfolgt jedoch ausschließlich auf Kosten und Risiko des Kontoinhabers.

4. Erfüllung eines Mehrlieferungsanspruchs

Sofern das Kontoguthaben nicht auf eine Anzahl vertretbarer Einheiten (z. B. 1-kg-Barren mit 999,9/1000 Feinheit) oder eine besondere Feinheit lautet, ist die Bank bereit, Barren beliebiger Größe mit handelsüblichem Feingehalt zu liefern. Dabei werden die zum Zeitpunkt der Lieferung gültigen Fabrikationszuschläge in Rechnung gestellt. Der Liefertermin unterliegt in diesen Fällen einer gesonderten Vereinbarung.

Bei der Lieferung von Goldbarren wird dem Metallkonto das Feingewicht belastet, bei der Lieferung anderer Edelmetalle das Bruttogewicht. Ergibt sich dabei zugunsten oder zu Las-ten des Kontoinhabers ein Rechtsanspruch, erfolgt der Ausgleich grundsätzlich zum Schalterkurs für Edelmetalllieferungsansprüche (Metallkonten) zum Zeitpunkt der Erteilung der Abrechnung.

5. Auslieferung in Goldmünzen zu Lasten eines Metallkontos

Wenn möglich, liefert die Bank das Gold auf Wunsch auch in Form einer entsprechenden Anzahl von Münzen in marktkonformer Qualität. Für die Lieferung in Münzen verlangt die Bank ein gesondertes Entgelt, das dem Aufgeld der Münzen am Schalter auf den Goldpreis am Tage der Auftragserteilung entspricht.

6. Avisierung der Auslieferung

Der Kontoinhaber muß die Auslieferung des Edelmetalls mindestens zwei Bankarbeitstage vor dem gewünschten Auslieferungstermin verlangen, um der Bank eine rechtzeitige Bereitstellung zu ermöglichen.

7. Eventuelle Steuern bei Auslieferung, Kostenregelungen

Bei Lieferung von Edelmetall hat der Kontoinhaber etwaige Steuern zu entrichten.

Die Höhe des Entgelts für die Führung von Metallkonten kann die Bank nach beliebigen Ermessen (§ 315 des Bürgerlichen Gesetzbuchs) bestimmen. Die jeweils gültigen Konditionen werden auf Anfrage mitgeteilt.

8. Ergänzende Geltung der Allgemeinen Geschäftsbedingungen

Ergänzend gelten die Allgemeinen Geschäftsbedingungen der Bank, die in jeder Geschäftsstelle eingesehen werden können und die auf Wunsch zugesandt werden.

Unterschrift des/der Kontoinhaber(s) (und gegebenenfalls der gesetzlichen Vertreter)

D. Einzelne Produkte

Der Clearer braucht im Zeitpunkt der Verbuchung von Ansprüchen auf dem Konto keine entsprechenden physischen Bestände zu haben. Die Übertragung von Gold wird bei „unallocated gold" durch Kontoübertragung vorgenommen und ist erheblich einfacher, schneller und kostengünstig.

Das Risiko des Erwerbers liegt darin, dass ein Clearer den Auslieferungsanspruch nicht physisch erfüllen könnte und insolvent wird.[177] Als Folge eingetretener Schadensfälle ergingen schärfere Überwachungsvorschriften für Gold-Clearer und deren Kontrolle durch die LBMA. „Palladium", „Platin" und „Silber" werden ebenfalls in Anlehnung an die Bestimmungen der LBMA definiert. Ein „Bullion Business Day" ist ein Geschäftstag an dem Ort, an dem Zahlungen vorzunehmen sind sowie in London und in New York, ferner an dem Ort, an dem Edelmetallgeschäfte ggf effektiv zu erfüllen sind.

Ausführliche Bestimmungen zu Edelmetall-Optionen finden sich in Section 10.4., zu der Erfüllung durch effektive Lieferung in Section 10.5., insbesondere auch die Regelung der Folgen einer Marktstörung (*settlement disruption event*), die gegenüber der Fassung von 1997 erheblich verfeinert und ausgeweitet wurde. Section 10.6. regelt die Erfüllung durch Barausgleich. In Section 10.7. finden sich interessante Regelungen über das „Netting", die in dieser Form weder im 1992 ISDA Master Agreement, noch in dessen Neufassung von 2002 enthalten sind, denn es handelt sich nicht um „Close-Out"-Netting, sondern andere Formen des Netting (Zahlungs-/Lieferverrechnung und Novationsnetting).

Section 10.7. (a) regelt das „Bullion Settlement Netting". Es wird ausdrücklich dem Zahlungsnetting (*payment netting*) in Section 2 (c) des 2002 ISDA Master Agreement gleichgestellt, d.h. die Pflichten zur physischen Lieferung von Edelmetallen werden saldiert, so dass nur eine Partei zur Lieferung (der Differenz zwischen den beiden saldierten Geschäften) verpflichtet ist.

Darüber hinaus eröffnet die Bestimmung in Section 10.7. (b) den Parteien die Möglichkeit, unter bestimmten Voraussetzungen das Novationsnetting zwischen Edelmetall-Geschäften vorzunehmen.

Vor der aufsichtsrechtlichen Anerkennung des Liquidationsnetting war das Novationsnetting im Devisenhandel üblich und aufsichtsrechtlich anerkannt.

Settlement Netting und Novation Netting fanden sich in Section 3 des IFEMA (International Foreign Exchange Master Agreement) vom Januar 1994.

Nach Section 10.7. (b) haben die Parteien die Wahlmöglichkeit, das Novationsnetting zu vereinbaren (diese Vereinbarung muss in der schriftlichen Geschäftsbestätigung enthalten sein). Hierbei können sie den Kreis der beteiligten Geschäftsstellen ausdrücklich beschränken.

Das Novationsnetting ermöglicht die automatische Ersetzung gegenläufiger, physisch zu erfüllender Kassa- oder Termingeschäfte über Edelmetalle durch ein neues Kassa- oder Termingeschäft über die Differenz der Leistungen.[178]

Edelmetall-Optionen, die physisch zu erfüllen sind, können ebenfalls durch Novationsnetting von einer neuen Verpflichtung einer Partei über die Differenz der Leistungsverpflichtungen ersetzt werden. Edelmetall-Optionsgeschäfte, die durch Leistung von Währungsbeträgen zu erfüllen sind, können ebenfalls durch Novationsnetting ersetzt werden, sofern sich die betreffenden Edelmetall-Sorten vollständig entsprechen.

Ausdrücklich vom Novationsnetting ausgenommen sind Edelmetall-Geschäfte, die durch Barausgleich zu erfüllen sind, Section 10.7. (b) (iii).

---

177 So geschehen im Fall der Johnson Metthey Bank im Jahre 1984.
178 Ggf auch deren Auflösung/Beendigung, falls die Edelmetallmengen genau übereinstimmen.

137 Bullion Swaps werden auf den Wert von Edelmetallen bezogen, wie sie auf der Reuters Seite „GOFO" angegeben werden, Section 10.9.

138 Für die praktische Abwicklung von Edelmetall-Geschäften hat ISDA ein Bestätigungsmuster erarbeitet, dass durch Einbeziehung verschiedener Zusatzbedingen auf das jeweilige Geschäft bezogen werden kann. Es gibt Zusatzbedingungen für Edelmetall- Kassa- und Termingeschäfte, Edelmetall-Swaps, Edelmetall-Optionen, Edelmetall-Caps, -Collars oder -Floors, Optionen auf Edelmetall-Swaps (Swaptions). Die Edelmetallgeschäfte und die „Bullion Swaptions" können sowohl physisch als auch durch Zahlung eines Ausgleichsbetrags erfüllt werden.

139 Deutsche Vertragsparteien dokumentieren ihre nicht physisch zu erfüllenden Edelmetallgeschäfte untereinander unter dem Rahmenvertrag für Finanztermingeschäfte in Verbindung mit dem Anhang für Rohwarengeschäfte. In einer hiermit verbundenen „Liste A" wird auf Referenzpreisbeschreibungen Bezug genommen, die an die ISDA Commodity Definitions angelehnt sind. Für physisch zu erfüllende Edelmetallgeschäfte wird die Geltung des Anhangs selten vereinbart, denn die im Anhang beschriebenen Marktstörungen werden für Edelmetalle häufig als wenig relevant angesehen.

III. Metalle

140 Der Handel in Metallen (außer Edelmetallen) wird unter ISDA nach den allgemeinen Bestimmungen abgewickelt. Preisdefinitionen finden sich in Sub-Annex A Section 7.1. (Metals).

141 Nach dem DRV werden durch Barausgleich zu erfüllende Metall-OTC-Derivate in Verbindung mit dem Anhang für Rohwarengeschäfte geschlossen. Für physisch zu erfüllende Metallgeschäfte wird der Anhang für Rohwarengeschäfte normalerweise nicht verwendet, da er nach seinem Wortlaut nur für finanziell zu erfüllende Geschäfte gilt. Es ist allerdings denkbar, die Marktstörungsregelungen des Anhangs auch für physisch zu erfüllende Metallgeschäfte zu verwenden, für die in den jeweiligen Geschäftsbestätigungen dann noch Erfüllungsregelungen ergänzt werden müssen[179], zu denen der Rahmenvertrag und der Anhang naturgemäß keine Vorschriften enthalten.

IV. Wetterderivate

142 Wetterderivate sind keine klassischen Derivate, da es mangels eines Basisobjekts an der Ableitung von einem Kassageschäft fehlt.[180]

143 Der Begriff ist aus dem anglo-amerikanischen Sprachgebrauch übernommen[181] worden und kam Ende der 90er Jahre auf.[182] Die ersten Wetterderivategeschäfte sollen 1997 zwischen Enron und Koch Industries in den USA gehandelt worden sein.[183]

144 Gegenstand von Wetterderivategeschäften sind typische Wetterrisiken, insbesondere Temperaturschwankungen, Niederschlag oder Wind. Typische Grundlage ist ein von den Vertragspartnern bestimmter Index, der sich auch auf einen Teilmarkt oder eine Region beziehen kann. Besonders gravierende Abweichungen von Wetterlagen, d.h. Naturerscheinungen, die sich als besonders schadenstiftend erweisen, können als „Katastrophen" Gegenstand eigener

---

179 Für Industriemetalle ist die „physische" Erfüllung durch Übertragung von Lagerscheinen („warrants") üblich.
180 Vgl *Schäfer* S. 465.
181 Dort wird die ursprüngliche Bedeutung eines abgeleiteten, derivativen Geschäfts auch auf im Ergebnis und in der Abwicklung ähnliche Geschäfte über Preisrisiken verwendet.
182 Vgl auch *Becker/Bracht*, Katastrophen- und Wetterderivate, Wien 1999; der dort geprägte Begriff „Naturderivate" als Oberbegriff für Wetterderivate und Katastrophenderivate hat sich nicht durchgesetzt.
183 *Wütherich*, Treasury Log 2002, 14.

D. Einzelne Produkte 10

Derivate (häufig auch in verbriefter Form) sein. Man spricht dann von „Katastrophenderivaten".[184]

Im Markt dominant sind Wetterderivate mit Bezug zu Temperaturschwankungen.[185] Die Parteien eines temperaturbezogenen Derivats beziehen sich in ihrem Geschäft auf einen Index, der für einen bestimmten Ort oder eine Region alle Tage eines gewählten Zeitraums danach qualifiziert, ob sie unter oder über der definierten Basistemperatur liegen. Die Deutsche Börse berechnete seit Ende 2000 unter dem Namen „Xelsius" Wetterindizes für 30 europäische Städte, darunter fünf deutsche, die zu einem späteren Zeitpunkt Grundlage für an der Eurex zu handelnde Wetterderivate sein sollten. Inzwischen ist dieses Projekt aber zurückgestellt worden.

Die Abweichungen sind dann von der betreffenden Partei pro Tag mit einem vereinbarten Betrag zu vergüten. Hierbei sind alle Derivateformen (Swap, Begrenzungsgeschäfte, Optionen) üblich, die Optionen überwiegen jedoch bei weitem.

Ein Temperatur-Wetterswap ähnelt einem Zinssatzswap darin, dass beide Parteien bei Abweichungen der Temperatur von der vereinbarten Basistemperatur in dem Berechnungszeitraum zur Zahlung eines vereinbarten Betrages verpflichtet sein können. Zahler ist immer nur eine Partei, da sich gegenüberstehende Beträge saldiert werden.

Als ein Beispiel wäre die Vereinbarung eines Temperatur-Wetterswaps für die Monate Juli und August. Eine Partei fürchtet ihr entstehende wirtschaftliche Nachteile, wenn die Durchschnittstemperatur um ein bestimmtes Maß überschritten wird,[186] die andere Partei hätte dagegen wirtschaftliche Nachteile, wenn die Durchschnittstemperatur niedriger als üblich wäre.[187]

Die Abweichung von der vereinbarten Basistemperatur wird dadurch errechnet, dass man – ausgehend von einer Normaltemperatur (Kanada, Europa, Asien – 18 Grad Celsius; USA – 65 Grad Fahrenheit)[188] – die Zahl der Maßeinheiten (*weather index units*) ermittelt, die in dem Berechnungszeitraum über der Basistemperatur liegen, an den sog. Heizgradtagen (*Heating Degree Days, HDDs*)[189] sowie an den Tagen, die unter der Basistemperatur liegen, den sog. Kühlungsgradtagen (*Cooling Degree Days, CDDs*). Ein HDD entspricht 1 Grad unter der Basistemperatur, ein CDD einem Grad über der Basistemperatur.

Am Ende der Berechnungsperiode werden die Abweichungen saldiert. Der Saldo ist dann mit dem vereinbarten Betrag pro Einheit zu multiplizieren. Es kann auch vereinbart werden, dass eine Zahlung erst ab einer bestimmten Zahl von HDDs oder CDDs (*weather index level*) zu zahlen ist.

Folgende Formen von Wetterderivaten sind gebräuchlich:

- **Weather Index Swap** (Wetterswap):

    Wie bei einem Zinssatzswap sind beide Parteien zu Leistungen verpflichtet, wenn die entsprechenden Indexwerte erzielt werden (bei dem Temperaturswap die CDDs oder CDDs). Zahlungen leistet wegen der Saldierung der Werte jeweils nur eine Partei. Der Wetterswap wird überwiegend zu Recht als ein Vertrag sui generis angesehen.[190]

---

184 *Becker/Bracht* S. 5.
185 *Rinker,* S. 22 Rn 34.
186 ZB höhere Kosten für Kühlung.
187 ZB wegen einer geringeren Nachfrage nach Speiseeis oder Getränken.
188 *Rinker,* S. 22 Rn 35.
189 „Gradtagszahlen" vgl *Becker/Bracht,* S. 117.
190 Vgl *Rinker,* S. 29 Rn 57, *Schäfer* in: Assmann/Schütze, Handbuch des Kapitalanlagerechts § 17 Rn 25.

- **Weather Index Option** (Wetteroption):

  Ein Optionsgeschäft bezieht sich auf die Gewährung einer Absicherung gegen bestimmte Wetterrisiken gegen Zahlung einer vereinbarten Prämie. Die Option wird stets automatisch ausgeübt, wenn sie am Ausübungstag „im Geld" ist, dh wenn bei einer „Kaufoption" (*call option*) die Zahl der HDDs oder CDDs – im Falle einer temperaturbezogenen Wetteroption – über der vereinbarten Zahl (*strike level*) liegt oder bei einer „Verkaufsoption" (*put option*) unter dem *strike level* liegt.

152 - **Weather Index Cap/Weather Index Floor** (Wetter-Begrenzungsgeschäfte):

  Hier werden Grenzen für CDDs oder HDDs vereinbart, ab oder bis zu denen eine Zahlung geschuldet wird.

153 Bei Wetterderivaten über Niederschläge (Regen, Schnee) wird eine Basismenge zugrundegelegt, bei Wetterderivaten über Wind eine bestimmte Windgeschwindigkeit.

154 Erforderlich für den Abschluss eines Wetterderivats ist das Vorhandensein von zuverlässigen statistischen Wetterdaten, die von Wetterstationen geliefert werden. ISDA hat in Sub-Annex B Section 11.17 die maßgeblichen Wetterstationen und ihren Zuständigkeitsbereich definiert. Sollten die von einer zu vereinbarenden Wetterstation einmal ausfallen, entsteht eine Marktstörung. Um – wie bei Zins- und Währungsderivaten – eine geordnete Abwicklung im OTC-Markt zu fördern, hat ISDA in Section 11.18 ff. Definitionen und Regeln aufgestellt (Auffangbestimmungen, *fallbacks*).

155 Im bankaufsichtsrechtlichen Sinne **gelten Wetterderivate als „Finanzinstrumente"** unter den Voraussetzungen des § 1 Abs. 11 S. 4 Nr. 2 KWG, d.h. als „Termingeschäfte mit Bezug auf Klima- oder andere physikalische Variablen [...] als Basiswerte", sofern die Voraussetzungen der Buchstaben a) – c) erfüllt worden sind. Die Vermittlung und der Eigenhandel von Wetterderivaten ist demgemäß nach § 32 Abs. 1 KWG erlaubnispflichtig. In der GroMiKV gelten Derivate auch als Kredite im Sinne der §§ 13 bis 13 b, 14 KWG. § 19 Abs. 1 a KWG verwendet einen anderen, weiter gefassten Derivatebegriff als § 1 Abs. 11 S. 4 KWG. Derivate sind danach auch solche Geschäfte, die keinen Markt- oder Börsenpreis haben. Durch den Verzicht auf einen ausdrücklich genannten Katalog von Derivategeschäften erweitert sich die Anzahl der Derivate, die als Kredite im Sinne des KWG anzusehen sind. Neue Produkte werden ebenfalls unmittelbar durch § 19 Abs. 1 a KWG erfasst. Ferner gelten gemäß § 1 Abs. 11 S. 4 Nr. 2 KWG auch Geschäfte als Derivate, deren Basiswert ein Derivat ist.

156 Gewerbsmäßig betriebene Wetterderivate unterliegen der bankaufsichtsrechtlichen Erlaubnispflicht, § 32 Abs. 1 S. 1 KWG.

157 Der Wett- und Spieleinwand nach § 762 BGB ist unter den Voraussetzungen des § 37e WpHG ausgeschlossen, d.h. wenn „mindestens ein Vertragsteil ein Unternehmen ist, das gewerbsmäßig oder in einem Umfang, der einen in kaufmännischer Weise eingerichteten Geschäftsbetrieb erfordert, Finanztermingeschäfte abschließt oder deren Abschluss vermittelt oder die Anschaffung, Veräußerung oder Vermittlung von Finanztermingeschäften betreibt."[191]

158 Eine umfassende Dokumentation bietet derzeit allein die ISDA mit Ihrem Rahmenvertrag und den Bestimmungen des Sub-Annex B Article XI („**Weather Index Derivative Transactions**") der 2005 Commodity Definitions.

---

191 *Rinker*, S. 69 Rn 167 ff, zur Frage der Anwendbarkeit der Glücksspielgesetze der Bundesländer: S. 70 ff, Rn 172 ff; Wetterderivate sind Finanztermingeschäfte im Sinne der Regelung des § 37 e WpHG. § 37 e S. 2 WpHG bestimmt ausdrücklich, dass die in § 2 Abs. Nr. 2 WpHG definierten Derivate „Finanztermingeschäfte" im Sinne des § 37 e WpHG seien.
Die Definition des Derivats in § 2 Abs. 2 Nr. 2 WpHG entspricht der Definition des Finanzinstruments in § 1 Abs. 11 S. 4 Nr. 2 KWG und nennt ausdrücklich „Termingeschäfte in Bezug auf [...] Klima- oder andere physikalische Variablen".

Darüber hinaus hat ISDA drei Bestätigungsmuster für Wetterderivategeschäfte (Weather Index Swap, Weather Index Call Option/Cap und Put Option/Floor) entwickelt und als Exhibit I-A bis C zum Sub-Annex C veröffentlicht. 159

Wetterderivate können auch unter dem Rahmenvertrag für Finanztermingeschäfte geschlossen werden. Eine eigenständige Regelung der Besonderheiten von Wetterderivaten fehlt bisher. In der Praxis wird der Anhang für Rohwarengeschäfte vereinbart und ggf Elemente aus den ISDA-Regelungen. Der Bundesverband deutscher Banken nennt Wetterderivate in seiner Geschäftstypenliste in den Positionen 28 und 29 ausdrücklich. Einen eigenen Anhang für Wetterderivategeschäfte sieht der Markt nicht als notwendig an. 160

V. Katastrophenderivate

Katastrophenderivate[192] können als eine Unterform der Wetterderivate angesehen werden. Grundlegend ist die Definition der Naturkatastrophe, die zum Auslöser von Zahlungspflichten wird. ISDA hat im Mai 2009 eine erste Musterbestätigung für einen Katastrophen-Swap veröffentlicht. Als Naturkatastrophe ist ein Orkan in den USA gemäß Definition anzusehen. 161

VI. Kohle

Der OTC-Kohle-Finanzderivate-Handel ist im Vergleich zum physischen OTC-Kohlehandel noch stark entwicklungsfähig. Trotz der üblichen langfristigen Lieferverträge werden in den letzten Jahren immer häufiger auch kurzfristige Verträge und OTC-Derivate zur Preisabsicherung eingesetzt.[193] Für physische OTC-Kohlegeschäfte werden je nach Region und dem Kreis der Handelspartner individuelle Kohlelieferungsverträge geschlossen.[194] 162

Für den U.S. amerikanischen Markt wird auch das Master Coal Purchase and Sale Agreement der Coal Trading Association (CTA)[195] verwendet, daneben gibt es den Coal Annex zu dem Master Power Purchase and Sale Agreement des Edison Electric Institute (EEI); auf anderen Märkten[196] wird das Standard Coal Trading Agreement (SCoTA)[197] von globalCOAL verwendet. 163

Die **SCoTA-Bedingungen** in der Form vor der in 2012 veröffentlichten Version 8 kann durch Vereinbarung des 2008 publizierten EFET Coal Credit Annex zum SCoTA hinsichtlich der marktüblichen Kündigungs- und Beendigungsgründe auf den Standard eines EFET General Agreement gebracht werden. Insbesondere werden marktübliche Kündigungsgründe und Nachbesicherungsrechte hinzugefügt. Mit der Einführung der Version 8 des SCoTA, an deren Entstehung EFET beteiligt war, wird der Coal Credit Annex an Bedeutung verlieren. 164

---

192 Sie werden seit einiger Zeit in verbriefter Form („*cat-bonds*"), als Swaps („*cat-swaps*") oder als Futures an der Börse (Sturmschaden-Futures oder Hurrikan-Futures an der Eurex, seit 29. Juni 2009) gehandelt. In einer Studie im Auftrag der Europäischen Investitionsbank (EIB) empfiehlt der DEAS (Beratungsdienst für Fragen der volkswirtschaftlichen Entwicklung) im Jahre 2005, dass die Staaten die Heranbildung von Versicherungs- und Finanzmärkten fördern sollten, um eine bessere Steuerung und Diversifizierung von Risiken zu ermöglichen (3.1, S. 14). Die Verbriefung von Verbindlichkeiten für den Katastrophenfall und Wetterderivate werden ausdrücklich in diesem Zusammenhang empfohlen.
193 Vgl *Fried* in: Schwintowski, Rn 467.
194 *Fried* in: Schwintowski Rn 472 ff.
195 Zu den Unterschieden zwischen dem CTA-Vertrag und dem ISDA Coal Annex: *Enochs/Page/Walker*, S. 29 ff.
196 Europa, Südamerika (Kolumbien), Südafrika, Russland, Australien und China.
197 Zu Einzelheiten: *Fried* in: Schwintowski Rn 484.

165 ISDA hat durch die Schaffung eines **Global Physical Coal Annex**[198] (in Verbindung mit den 2005 ISDA Commodity Definitions) die Möglichkeit eröffnet, physisch zu erfüllende Kohlegeschäfte in das 1992/2002 ISDA Master Agreement einzubeziehen. Durch unterschiedliche Musterbestimmungen für den US Markt trägt ISDA den US-Besonderheiten Rechnung. Appendix 1 zum Coal Annex gilt nur für Geschäfte über US Kohle, Appendix 2 für internationale (d.h. nicht-US-) Kohle. In Appendix 2 wird für eine Reihe von Begriffen auf das SCoTA verwiesen.

166 Exhibit F zum Coal Annex enthält zusätzliche Bestimmungen[199] für die Musterbestätigung für physisch zu erfüllende U.S. Coal Termingeschäfte in seinen Anhängen 1 und 2 (Standards für kohlespezifische Einzelheiten wie Feuchtigkeit, Schwefelgehalt usw.). Exhibit G ist ein Muster für zusätzliche Bestimmungen für die Musterbestätigung eines Kohle-Optionsgeschäfts (ebenfalls mit Standards in den Anhängen 1 und 2). Exhibit H kann für ein Kohle Forward Geschäft in Verbindung mit den SCoTA Bedingungen verwendet werden.

VII. Strom und Gas

167 Voraussetzung für den physischen Handel ist die Führung eines **Bilanzkreises** bei dem Übertragungsnetzbetreiber. Der Bilanzkreisvertrag regelt die Verrechnung von Energiemengen. Der Übertragungsnetzbetreiber führt den Bilanzkreis als eine Art Konto, auf dem die gehandelten und verbrauchten Energiemengen verbucht werden. Für Händler, die keine eigene, offene Position führen möchten, und die entsprechend auch keine Einspeisungen in das Stromnetz oder Ausspeisungen aus dem Netz vornehmen können oder wollen, wird gelegentlich ein gesonderter Bilanzkreisvertrag (Händlerbilanzkreisvertrag) angeboten, dessen Regelungsumfang naturgemäß geringer ist, weil viele Regelungen im Zusammenhang mit physischen Netzanschlüssen (zB Vorschriften zu Messung und Wartung) entfallen.[200]

---

198 Die Fassung 2009 löst die frühere Fassung von 2007 ab. Der Text ist unter bewusster Berücksichtigung der Besonderheiten der Rahmenverträge von CTA, EEI und globalCOAL entwickelt worden, vgl Pressemitteilung der ISDA vom 18.4.2007.

199 Der allgemeine Teil einer Kohlegeschäftsbestätigung findet sich in dem Muster Exhibit E to the ISDA Coal Annex.

200 Vorgaben für Bilanzkreisverträge gemäß § 20 EnWG und Marktregeln für die Durchführung der Bilanzkreisabrechnung finden sich unter www.bundesnetzagentur.de unter der Rubrik „Beschlusskammern", vgl insbesondere den Beschluss BK6-06-013 vom 29.6.2011 (vereinheitlichtes Standardangebot der vier Übertragungsnetzbetreiber 50Hertz, Amprion, EnBW Transportnetze und TenneT TSO).

Übersicht über die Geschäftsbeziehungen zwischen Stromnnetzbetreibern und Nutzern: **168**

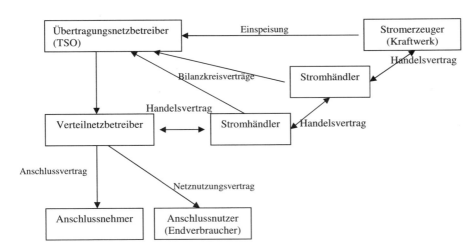

Der **Handel von Strom** kann **auf der Grundlage von** Einzelverträgen oder **Rahmenverträgen** **169** erfolgen. Zwischen traditionellen Energieunternehmen waren in der Vergangenheit Einzelverträge oder gesonderte Lieferverträge nicht unüblich. Inzwischen entscheiden sich die Vertrags- und Risikomanagementabteilungen vieler Unternehmen eher für den Abschluss von Rahmenverträgen, die – sofern sie mit einer zulässigen Gegenpartei im Sinne der Finanzsicherheiten-Richtlinie (2002/47/EG) abgeschlossen werden – auch für Energieunternehmen einen Schutz der Aufrechnungs- und Sicherheitenregelungen zur Folge haben.[201]

---

[201] Vgl Rn 20 ff zur Beschreibung der Architektur des EFET.

§ 11 Eingebettete Derivate – Rechtliche Aspekte

Literatur: *Bamberger/Roth,* Beck'scher Online Kommentar BGB, Stand: 1.5.2012 (zitiert: Bamberger/Roth, Beck'scher Online Kommentar BGB/*Bearbeiter*); *Baumbach/Hopt,* Handelsgesetzbuch, Kurz-Kommentar, 35. Aufl. 2012 (zitiert: Baumbach/Hopt/*Bearbeiter*, HGB); *Creifelds,* Rechtswörterbuch, 19. Aufl. 2007 (zitiert: *Creifelds,* Rechtswörterbuch); *Habersack,* Münchener Kommentar zum BGB, Schuldrecht Besonderer Teil III, Bd. 5, 5. Aufl. 2009 (zitiert: MünchKommBGB/*Bearbeiter*); *Hueck/Canaris,* Das Recht der Wertpapiere, 12. Aufl. 1986 (zitiert: *Hueck/Canaris*); *Just/Voß/Ritz/Zeising* (Hrsg.) Wertpapierprospektgesetz, 1. Aufl. 2009 (zitiert: Just/Voß/Ritz/Zeising-*Bearbeiter*); *Müller-Christmann,* Das Gesetz zur Stärkung des Anlegerschutzes und Verbesserung der Funktionsfähigkeit des Kapitalmarktes, DB 2011, 749 ff (zitiert: *Müller-Christmann* DB 2011);*Palandt* (Begr.), Bürgerliches Gesetzbuch, Kommentar, 71. Aufl. 2012 (zitiert: Palandt/*Bearbeiter*).

A. Optionsscheine und Zertifikate	3
I. Prospektrecht	3
1. Konzept des Basisprospekts	10
2. Europäische Harmonisierung – EU Pass	11
II. MiFID	12
III. Schuldverschreibungsgesetz	16
IV. AGB-Kontrolle	17
V. Börsenregularien	18
VI. Derivate Kodex	20
VII. Produktinformationsblatt	22
VIII. Ausblick	23
B. Namensschuldverschreibungen und Schuldscheindarlehen	24
I. Namensschuldverschreibungen	24
1. Zivil- und Wertpapierrecht	24
a) Rechtsnatur und Emission	24
b) Register	27
c) Für Namensschuldverschreibungen relevante gesetzliche Regelungen	29
aa) Gesetzliche Kündigungsrechte	29
bb) Allgemeine Geschäftsbedingungen	30
cc) Schuldverschreibungsgesetz	31
dd) Wirksamkeit der Abtretung trotz vertraglicher Einschränkungen, § 354a HGB	32
ee) Einverständnis des Treuhänders	33
2. Aufsichtsrecht	34
a) Erforderlichkeit einer Bankerlaubnis gemäß § 32 KWG	34
aa) Einlagengeschäft	34
bb) Grenzüberschreitende Bankgeschäfte	35
cc) Europäischer Pass	36
b) Prospektpflichten	37
aa) Wertpapier-Verkaufsprospektgesetz	38
bb) Vermögensanlagen-Gesetz	39
3. Einlagensicherung	40
4. Bilanzierung	41
II. Schuldscheindarlehen	42
1. Zivil- und Wertpapierrecht	42
a) Rechtsnatur und Entstehung	42
aa) Schuldscheindarlehen	42
bb) Schuldschein	43
cc) Zeitpunkt der Ausstellung	44
dd) Folgen für den Aufbau einer Schuldscheindarlehensdokumentation	45
b) Parteien	47
c) Für Schuldscheindarlehen relevante gesetzliche Regelungen	48
aa) Gesetzliche Kündigungsrechte	48
bb) Allgemeine Geschäftsbedingungen	49
cc) Schuldverschreibungsgesetz	50
dd) Abtretung bzw sonstige Möglichkeiten zur Übertragung	51
ee) Einverständnis des Treuhänders	52
2. Aufsichtsrecht	53
a) Erforderlichkeit einer Bankerlaubnis gemäß § 32 KWG	53
b) Keine Prospektpflichten	54
c) Typische Investmentrestriktionen	55
3. Einlagensicherung	56
4. Bilanzierung	57

1 Einige der in der Praxis relevantesten Erscheinungsformen von Derivaten zeichnen sich dadurch aus, dass das jeweilige Derivat nicht „isoliert" erworben bzw. gehalten wird, sondern vielmehr in ein Finanzinstrument eingebettet ist. In diesen Fällen ist es nicht ausreichend, von „dem Derivat" zu sprechen, um die mit dem betreffenden Finanzinstrument verbundenen rechtlichen Aspekte zu beleuchten.

Besondere rechtliche Anforderungen und Aspekte ergeben sich für „eingebettete" Derivate insbesondere in zweierlei Hinsicht – der Form der Einbettung, d.h. dem „Verbriefungsformat", und dem jeweiligen Investorenkreis:

1. Bereits das jeweilige „Verbriefungsformat" bedingt die Anwendbarkeit unterschiedlicher, insbesondere zivilrechtlicher Regelungskomplexe;

2. das gewählte Verbriefungsformat in Verbindung mit der hierfür typischen Investorengruppe führt wiederum zu unterschiedlichen Fragen, insbesondere des Aufsichtsrechts bzw. der Bilanzierung.

Dieses Kapitel gibt einen Überblick darüber, wie sich die vorstehend aufgeführten Aspekte im Hinblick auf die folgenden typischen Verbriefungsformate bzw Anlegergruppen auswirken:

Der erste Teil des Kapitels gibt einen Überblick über die besonderen Anforderungen an typische Derivate, die in Inhaberschuldverschreibungen nach deutschem Recht eingebettet sind – „Zertifikate und Optionsscheine" werden zumeist von Privatanlegern erworben.

Der zweite Teil des Kapitels befasst sich mit Derivaten, die in Schuldscheindarlehen bzw Namensschuldverschreibungen nach deutschem Recht eingebettet sind – insbesondere regulierte Investoren aus Deutschland (darunter vor allem Versicherungsunternehmen) erwerben Instrumente in diesen Formaten, die oftmals auch derivative Elemente enthalten.

Der Markt für Zertifikate und Optionsscheine unterliegt einer Reihe von komplexen rechtlichen Bestimmungen, die derzeit teilweise grundlegende Änderungen erfahren. Zu nennen sind hier – keinesfalls abschließend – im Wesentlichen die Prospektrichtlinie (ProspektRL), erst kürzlich geändert durch die RL 2010/73/EU[1] (Änderungsrichtlinie) samt Prospektverordnung (ProspektVO), erst kürzlich geändert durch die „delegierte Verordnung" vom 2.4.2012[2] (ÄnderungsVO), das Wertpapierprospektgesetz[3] (WpPG), ESMA's Recommendations und FAQs,[4] die „Market in Financial Instruments Directive" (MiFID) sowie das Wertpapierhandelsgesetz (WpHG), das Schuldverschreibungsgesetz (SchVG), das Recht der Allgemeinen Geschäftsbedingungen (AGB), sowie das Börsengesetz (BörsG) und die jeweiligen Börsenordnungen. Darüber hinaus existieren Regelwerke, denen sich die Branche freiwillig unterwirft, insbesondere der sog. Derivate Kodex[5] des Deutschen Derivate Verbandes (DDV).

A. Optionsscheine und Zertifikate

I. Prospektrecht

Zertifikate wie auch Optionsscheine sind Wertpapiere, genauer: Inhaberschuldverschreibungen. Sie werden in Form von Urkunden begeben, die privates Recht so verbriefen, dass es ohne Innehabung der Urkunde nicht geltend gemacht werden kann.[6] Darüber hinaus sind sie übertrag- und handelbar (fungibel). Nach § 1 ist das WpPG auf die Erstellung, Billigung und Veröffentlichung von Prospekten für Wertpapiere, die öffentlich angeboten oder zum Handel an einem organisierten Markt[7] zugelassen werden sollen, anzuwenden. Für Zwecke des Prospektrechts ist letztlich auf das insoweit maßgebliche Verständnis des Wertpapier-Begriffes im WpPG abzustellen. Dabei umfasst der Terminus „Wertpapier" auch sog. derivative Wertpapiere. Diese sind in § 2 Nr. 1 c) WpPG geregelt, ohne dass die Vorschrift den Begriff

---

1 Mit Wirkung zum 1.7.2012 wurde die RL 2010/73/EU (Änderungsrichtlinie) vom 24.11.2012 in deutsches Recht umgesetzt, diese änderte bereits zum 31.12.2010 die RL 2003/71/EG (Prospektrichtlinie).
2 Delegierte Verordnung (EU) Nr. 486/2012 der Kommission vom 30.3.2012 zur Änderung der Verordnung (EG) Nr. 809/2004 in Bezug auf Aufmachung und Inhalt des Prospekts, des Basisprospekts, der Zusammenfassung und der endgültigen Bedingungen und in Bezug auf die Angabepflichten.
3 Das seit dem 1.7.2012 geltende Wertpapierprospektgesetz, zuletzt geändert durch Art. 1 des Gesetzes zur Umsetzung der Richtlinie 2010/73/EU und zur Änderung des BörsenG vom 26.6.2012 (BGBl. I, 1375).
4 ESMA, Update of the CESR recommendations on the consistent implementation of Commission Regulation (EC) No 809/2004 implementing the Prospectus Directive.
5 In Kraft getreten am 1.1.2007.
6 Palandt/*Sprau*, BGB Einf. V § 793 Rn 1; *Hueck/Canaris*, § 1 I.
7 Zum Begriff vgl Legaldefinition in § 2 Nr. 4 WpPG.

ausdrücklich verwendet.[8] In der ersten Alternative werden solche Derivate behandelt, die zur physischen Lieferung des zugrunde liegenden Basiswerts berechtigen. Die zweite Alternative erfasst Derivate, die dem Anleger das Recht auf eine Barzahlung vermitteln, die in Abhängigkeit vom Wert (bzw. der Wertentwicklung) bestimmter Basiswerte ermittelt wird.[9] Während die erste Gruppe in der Praxis eine vergleichsweise untergeordnete Rolle spielt, dominiert die zweite Gruppe in Form von Index-, Basket-, Discount-, Turbo (Knock-out)-Zertifikaten, die sich auf die verschiedensten Basiswerte beziehen können.

4   Sobald Wertpapiere zum Handel an einem organisierten Markt zugelassen oder öffentlich angeboten werden sollen, ist die Erstellung eines Prospekts erforderlich (§ 1 Abs. 1 WpPG). Der Kapitalanleger soll sich für seine Anlageentscheidung ein zutreffendes Bild über den Emittenten und die angebotenen Wertpapiere machen können. Die Erstellung, Billigung und Veröffentlichung des Wertpapierprospekts erfolgt nach dem WpPG. Die Vorschriften des WpPG werden dabei von den einschlägigen Regelungen der ProspektVO ergänzt. Letztere gilt inklusive ihrer mindestens 29[10] Anhänge mit Mindestangaben für den in den Prospekt aufzunehmenden Inhalt, sowie der Regelungen zum Aufbau des Prospekts, in allen EU- Mitgliedsstaaten unmittelbar.

Das frühere Wertpapier-Verkaufsprospektgesetz (VerkProspG) galt – bereits seit dem Inkrafttreten des WpPG – allein für Anlagen, die nicht in der Form von Inhaberschuldverschreibungen verbrieft waren; damit war das Gesetz gleichzeitig insbesondere im außerbörslichen Bereich von Relevanz, da die betroffenen Anlageformen aufgrund ihrer formatbezogenen Eigenschaften (insbesondere ihrer – im Vergleich zur Inhaberschuldverschreibung erschwerten – Übertragbarkeit) grundsätzlich nicht zum Handel an einem organisierten Markt geeignet waren. Das VerkProspG wurde mit Inkrafttreten des an seine Stelle tretenden Vermögensanlagengesetzes (VermAnlG) zum 1.7.2012 aufgehoben.[11]

5   Der Prospekt hat in „leicht analysierbarer und verständlicher Form" sämtliche Angaben zu enthalten, so dass sich der Anleger über die wirtschaftliche Lage des Emittenten und die angebotenen Wertpapiere ein zutreffendes Urteil bilden kann, § 5 Abs. 1 S. 1 WpPG. Dabei finden die allgemeinen Prospektgrundsätze der Vollständigkeit, der Wahrheit, der Wesentlichkeit und der Aktualität sowie der Prospektklarheit Anwendung.[12]

6   § 5 Abs. 2 WpPG wurde dahingehend neu gefasst, dass der Wertpapierprospekt zukünftig eine Zusammenfassung enthalten soll, welche in knapper Form bestimmte Schlüsselinformationen in der Sprache enthält, in der der Prospekt ursprünglich erstellt wurde. Um eine Vergleichbarkeit der jeweiligen Zusammenfassungen (in verschiedenen Prospekten) untereinander zu gewährleisten, sollen diese in einem einheitlichen Format erstellt werden.[13]

Gerade die zuletzt genannten Punkte wurden neu in Art. 5 Abs. 2 ProspektRL aufgenommen und zeigen, dass der Zusammenfassung künftig eine noch größere Bedeutung beigemessen werden soll. Fraglich ist, ob dem derzeit in den Vordergrund gestellten Ziel der Vergleichbarkeit der Prospekte/Produkte untereinander tatsächlich eine derart zentrale Bedeutung zukommen sollte. Auf der anderen Seite steht zu befürchten, dass eine zu stark ausgeprägte Formalisierung zu einer immer stärkeren Standardisierung der regulierten Dokumente

---

8 Just/Voß/Ritz/Zeising-*Ritz/Voß* § 2 Rn 63.
9 Vertiefend dazu Just/Voß/Ritz/Zeising-*Ritz/Voß* § 14 Rn 64 ff.
10 Seit dem 1.7.2012; voraussichtlich kommt – zur Umsetzung der noch im Entwurf befindlichen delegierten Verordnung vom [ ] betreffend [ ] - ein Anhang „XXX" dazu.
11 Art. 2 des Entwurfs eines Gesetzes zur Novellierung des Finanzanlagenvermittler- und Vermögensanlagenrechts vom 6.6.2011, BT-Drucks. 17/6051, 6 ff.
12 Just/Voß/Ritz/Zeising-*Just* § 5 Rn 9.
13 3.2.2 der Begründung zum Entwurf der Änderungsverordnung.

zwingt, die letztlich zu einem Verlust an Aussagekraft führen und somit einem besseren Verständnis des einzelnen Produktes durch den Anleger sogar entgegenstehen kann.

Der Prospekt ist vor seiner Veröffentlichung von der zuständigen Aufsichtsbehörde[14] (§ 13 WpPG) zu billigen. Dabei prüft die BaFin den Prospekt nicht auf seine inhaltliche Richtigkeit, sondern lediglich auf Vollständigkeit einschließlich einer Prüfung auf Kohärenz (Schlüssigkeit) und Verständlichkeit der enthaltenen Angaben.[15] Hierbei ist künftig auch die elektronische Fassung des Prospekts zwingend vor der Billigung an die BaFin zu übermitteln (§ 13 Abs. 5 WpPG).

Für das Billigungsverfahren räumt das Gesetz der BaFin eine Prüfungsfrist von 10 bzw 20 Werktagen[16] ein. Ist der Prospekt vollständig, so wird die BaFin innerhalb von 10 bzw 20[17] Werktagen das Ergebnis der Kohärenz- und Verständlichkeitsprüfung mitteilen. Ist der Prospekt unvollständig, beginnt die eigentliche Prüfungsfrist erst dann, wenn die Unvollständigkeit behoben ist. Dies kann sich in der Praxis als problematisch erweisen, da die Prüfungsfrist bei Rückfragen der BaFin jedes Mal erneut von vorn zu laufen beginnt und somit zu unliebsamen Verzögerungen führen kann. Verläuft das Prüfungsverfahren positiv, so ergeht ein Billigungsbescheid. Der Emittent hat nach erfolgter Billigung den Prospekt bei der BaFin zu hinterlegen und unverzüglich zu veröffentlichen, § 14 Abs. 1 S. 1 WpPG. Unverzüglich bedeutet hiernach, dass der Prospekt spätestens einen Werktag vor Beginn des öffentlichen Angebots zu veröffentlichen ist. Dabei reicht es nach Ansicht der BaFin mittlerweile aus, wenn der Beginn des öffentlichen Angebots bzw die Einführung der Wertpapiere am auf die Veröffentlichung folgenden Tag erfolgt.[18] Ausweislich § 14 Abs. 2 WpPG bieten sich dabei eine Reihe von Veröffentlichungsarten an. In der Praxis wird bisher die Veröffentlichung im Wege der sog. Schalterpublizität,[19] d.h. durch Bereithalten einer kostenlosen Fassung des Prospekts zur Ausgabe an den Anleger, bzw durch Veröffentlichung im Internet[20] auf den Webseiten des Emittenten präferiert. Künftig sind Prospekte stets auch in elektronischer Form zu veröffentlichen (§ 14 Abs. 2 S. 2 WpPG).

Der Prospekt ist nach seiner Billigung zwölf Monate lang für öffentliche Angebote oder Zulassungen zum Handel an einem organisierten Markt gültig, sofern er um die nach § 16 WpPG erforderlichen Nachträge ergänzt wird.[21] Damit bemisst sich die Gültigkeit eines Prospekts künftig ab dem Datum der Billigung und nicht mehr (wie vor dem 1.7.2012) nach dem Datum der Veröffentlichung.

Darüber hinaus regelt das Gesetz seit dem 1.7.2012 auch die bisherige Praxis sogenannter Daueremissionen neu. Wurden bislang Emissionen teilweise jahrelang auf Basis eines bereits ausgelaufenen Basisprospektes öffentlich angeboten, so sollen Basisprospekte künftig nur eine (zeitlich) eingeschränktere Grundlage für Angebote darstellen können: § 9 Abs. 2 WpPG sieht vor, dass sich die Gültigkeitsdauer von Basisprospekten alternativ mit zwölf Monaten ab Hinterlegung der (letzten) endgültigen Bedingungen bemisst, so dass der Basisprospekt volle zwölf Monate dafür genutzt werden kann, das Angebot von Neuemissionen zu begin-

---

14 Für einen Emittenten dessen Herkunftsstaat nach der Legaldefinition des § 2 Nr. 13 WpPG Deutschland ist, ist dies die Bundesanstalt für Finanzdienstleistungsaufsicht, abgekürzt BaFin.
15 Vgl § 13 Abs. 1 WpPG.
16 Samstage gelten als „Werktage".
17 Die 20-Tage-Frist gilt nur für Wertpapiere von Emittenten, deren Wertpapiere zuvor noch nicht zum Handel an einem organisierten Markt zugelassen sind bzw noch nicht zuvor öffentlich angeboten worden sind, § 13 Abs. 2 S. 2 WpPG.
18 Just/Voß/Ritz/Zeising-*Ritz*/*Voß* § 14 Rn 20.
19 Vgl § 14 Abs. 2 Nr. 2 WpPG.
20 Vgl § 14 Abs. 2 Nr. 3 WpPG.
21 Vgl § 9 Abs. 1 WpPG.

nen. Nach Ablauf der weiteren zwölf Monate (d.h. gemessen ab dem Datum der letzten endgültigen Bedingungen) soll aber künftig Schluss sein.

Lediglich eine Übergangsregelung in § 36 Abs. 2 WpPG erlaubt noch, dass Wertpapiere, die bereits vor dem 1.7.2012 auf Grundlage eines von der BaFin vor diesem Datum gebilligten Basisprospekts und bei ihr dazu hinterlegter endgültiger Bedingungen in Anwendung des § 9 Abs. 5 WpPG in der bis 30.6.2012 geltenden Fassung öffentlich angeboten wurden, noch bis einschließlich 31.12.2013 weiter öffentlich angeboten werden dürfen.[22]

1. Konzept des Basisprospekts

10 Optionsscheine und Zertifikate werden jeweils üblicherweise unter einem sog. Angebotsprogramm[23] und mittels des speziellen Prospektformates „Basisprospekt" angeboten. Hier können jeweils mehrere Optionsscheins- bzw Zertifikatearten in einem Basisprospekt[24] zusammengefasst werden. Mit dem in § 6 WpPG vorgesehenen Instrument des Basisprospekts wird den Bedürfnissen des Optionsscheins- und Zertifikatemarktes nach einer Beschleunigung des Emissionsverfahrens Rechnung getragen. Denn anders als bei den einteiligen bzw dreiteiligen Prospekten[25] können Informationsbestandteile betreffend das Wertpapier auch erst am Tag des öffentlichen Angebots in Form der endgültigen Bedingungen bestimmt und veröffentlicht werden.[26] Dabei werden die endgültigen Bedingungen von der BaFin nicht geprüft, sondern lediglich dort hinterlegt. Im Übrigen entspricht der Aufbau des Basisprospekts dem der sonstigen Prospekte, dh es bedarf eines Inhaltsverzeichnisses, einer Zusammenfassung, der Angabe der Risikofaktoren und der sonstigen Informationsbestandteile, die Gegenstand der Schemata und Module[27] sind und auf deren Grundlage der Prospekt erstellt wurde.[28]

Art. 5 Abs. 4 Unterabs. 3 der ProspRL n.F. wurde durch die ÄnderungsRL um den Satz ergänzt, dass die endgültigen Bedingungen nur Angaben enthalten, die die Wertpapierbeschreibung betreffen und nicht dazu dienen, den Basisprospekt durch einen Nachtrag abzuändern. Mit dieser Einschränkung soll erreicht werden, dass die endgültigen Bedingungen zum Basisprospekt nur Informationen der Wertpapierbeschreibung enthalten, die für eine konkrete Emission relevant sind und erst im Zeitpunkt der Emission festgelegt werden können.

Auf dieser Basis ist zugleich eine Kategorisierung der in einem Basisprospekt/Endgültigen Bedingungen aufzunehmenden Angaben erfolgt. Praktisch wird die Flexibilität im Rahmen der Prospektgestaltung – insbesondere bei verbrieften Derivaten – bei der Aufnahme von Informationen in die endgültigen Bedingungen aufgrund dieser Kategorisierung der Informationsbestandteile erheblich eingeschränkt.[29]

Hierbei ist darauf hinzuweisen, dass sich in den vergangenen Jahren in Deutschland eine anlegergerechte und zugleich effiziente Marktpraxis entwickelt hatte:[30] Grundlage des wohl mit Abstand weltgrößten Marktes für öffentlich angebotene Wertpapiere mit derivativer Komponente bildeten vergleichsweise wenige Basisprospekte, die das erwähnte Billigungsverfahren durchlaufen mussten. Sie enthielten jeweils Angaben zu einem größeren Spektrum von Wertpapieren und bildeten somit die „Basis" für die Endgültigen Bedingungen (die kei-

---

22 Vgl. hierzu auch die Auffassung der BaFin in „Häufig gestellte Fragen zum neuen Basisprospektregime ab 1. Juli 2012", veröffentlicht auf www.bafin.de.
23 Legaldefinition in § 2 Nr. 5 WpPG.
24 Beispielsweise je ein Basisprospekt für Optionsscheine und je ein Basisprospekt für Zertifikate.
25 Vgl § 12 Abs. 1 S. 6 WpPG.
26 Just Voß Ritz Zeising-*Just/Ritz* § 6 Rn 5.
27 Vgl Art. 2 Nr. 1 und Nr. 2 ProspektVO.
28 Just/Voß/Ritz/Zeising-*Just/Ritz* § 6 Rn 16.
29 V. *Kopp-Colomb/Seitz*, Das neue Prospektregime, WM 2012, 1220, 1222.
30 Vgl. zum folgenden Inforum, Informationsdienst für politische Entscheider, Deutscher Derivateverband, Juni 2012.

ner weiteren Billigung mehr bedurften). Diese wiederum beinhalteten sämtliche Informationen über das jeweilige Wertpapier und schlossen dabei oft auch Informationen mit ein, die bereits im Basisprospekt enthalten waren. So konnte der Anleger mit Hilfe der Endgültigen Bedingungen das entsprechende Finanzprodukt vergleichsweise leicht verstehen. Ermöglicht wurde die zeitgerechte und flexible Darstellung der Produkte im Rahmen der endgültigen Bedingungen nicht zuletzt dadurch, dass die für den Anleger relevanten Details erst für die jeweilige Einzelemission – und somit im Rahmen der endgültigen Bedingungen ohne ein Gestattungsverfahren – dokumentiert werden konnten. Bei zehntausenden von Emissionen im Jahr hätte dies auch keine Aufsichtsbehörde personell bewältigen können.

Mit den seit dem 1.7.2012 geltenden Regelungen verschiebt sich nun gezwungenermaßen das Schwergewicht der Darstellung auch des einzelnen Produktes auf den Basisprospekt. Auch Emittenten, die den Anlegern in einem kompakten Dokument (bisher den endgültigen Bedingungen) vollständige Informationen über das spezifische Produkt zur Verfügung stellen möchten, müssen künftig einen Basisprospekt mit einem „vollständigen" Überblick erstellen – eine Anforderung, der dieses Dokument aufgrund seiner Eigenschaft, gerade eine Mehrzahl an möglichen Produktprofilen abbilden zu sollen, letztlich nur begrenzt gerecht werden kann. Im Gegenzug sollen die Endgültigen Bedingungen nur noch Versatzstücke an Informationen zum spezifischen Produkt enthalten dürfen; damit können sie dem Anleger zwar helfen, sich im Basisprospekt zurechtzufinden, einen eigenen Überblick über das Produkt können (vielmehr: dürfen) sie künftig eigentlich nicht mehr bieten. Diese Form der Dokumentation war bisher nicht nur zufällig vor allem am Kapitalmarkt für institutionelle Großinvestoren üblich. Diese kennen die Produkte ohnehin sehr genau und sind nur an den jeweiligen Eckdaten interessiert. Ob sich dies tatsächlich auch für Privatinvestoren als glücklich erweist – denn diese stehen letztlich hinter dem Markt für öffentlich angebotene derivative Produkte – bleibt abzuwarten.

Zur Präsentation der endgültigen Bedingungen wurde in § 6 Abs. 3 WpPG klargestellt, dass endgültige Bedingungen nicht der Unterzeichnung bedürfen. Dies ist auch im Hinblick darauf wichtig, dass nach § 6 Abs. 3 WpPG vorgesehen ist, dass die endgültigen Bedingungen nicht nur in Papierform, sondern auch ausschließlich elektronisch über das Melde- und Veröffentlichungssystem der BaFin hinterlegt werden können.

2. Europäische Harmonisierung – EU Pass

§ 17 Abs. 1 WpPG regelt, dass ein Prospekt (bzw ein Nachtrag zu diesem nach § 16 WpPG), der von der BaFin als zuständige Herkunftsstaatbehörde[31] gebilligt worden ist, für grenzüberschreitende öffentliche Angebote bzw Zulassungen zum Handel an einem organisierten Markt gültig ist – sog. Europäischer Pass. Die zuständige Behörde des Aufnahmemitgliedstaats[32] darf dann kein zusätzliches Billigungsverfahren vorsehen, sofern diese von der BaFin nach dem in § 18 WpPG geregelten Notifizierungsverfahren unterrichtet worden ist. In der Praxis spielt der Europäische Pass eine große Rolle. Ergeben sich hier doch für international agierende Emittenten erhebliche Synergieeffekte. Beabsichtigt ein Emittent die Notifizierung in ein oder mehrere Mitgliedstaaten, gilt es zunächst zu beachten, dass der Prospekt in einer in allgemeinen Finanzkreisen gebräuchlichen Sprache verfasst sein muss. In den meisten Mitgliedstaaten (auch in Deutschland) ist dies – neben der jeweiligen Landessprache – die englische Sprache. Dem Antrag auf Notifizierung ist darüber hinaus zumeist eine Übersetzung der Zusammenfassung in die betreffende Landessprache des Aufnahmestaates (d.h. desjenigen Staates, in den notifiziert werden soll) beizufügen.

---

31 Vgl § 2 Nr. 13 WpPG und Fn 7.
32 Vgl § 2 Nr. 14 WpPG.

II. MiFID

12 Die MiFID[33] wurde am 21.4.2004 als Directive 2004/39/EC erlassen und löste damals die Wertpapierdienstleistungsrichtlinie (Investment Services Directive, ISD) aus dem Jahr 1993 ab. Die MiFID enthält umfangreiche Regelungen für Finanzdienstleistungen und Finanzmärkte. Sie sieht Maßnahmen vor, die u.a. das Wertpapiergeschäft europaweit harmonisieren sollen. Darüber hinaus soll die MiFID den Anlegerschutz in Europa verbessern, indem sie neue Verhaltens- und Transparenzpflichten begründet, und den Wettbewerb zwischen Handelsplattformen fördern. Die MiFID ist zentraler Bestandteil des „Financial Services Action Plan" (FSAP) der EU-Kommission.

Der am 20.10.2011 vorgestellte Entwurf für eine überarbeitete Finanzmarktrichtlinie[34] (MiFID II – KOM(2011)), der durch einen Verordnungsentwurf (MiFIR – KOM(2011) 652 endg.) begleitet wird, sieht u.a. vor, dass zukünftig jeder organisierte Handel von Finanzinstrumenten von den Vorschriften der Richtlinie und der Verordnung erfasst wird.

Aus diesem Grund tritt mit den Organised Trading Facilities (OTFs) eine neue Marktkategorie neben den geregelten Markt und die sogenannten MTFs. OTFs werden definiert als von einer Wertpapierfirma oder einem Marktbetreiber betriebenes System, das kein geregelter Markt und kein MTF ist, und das die Interessen einer Vielzahl von Anlegern am Kauf und Verkauf innerhalb des Systems zusammenführt (Art. 4 Abs. 1 MiFID II-Entwurf i.V.m. Art. 2 Abs. 1 UAbs. 7 MiFIR-Entwurf). OTFs stellen somit eine Auffangkategorie dar und sollen primär den Handel von bislang außerbörslich gehandelten Finanzinstrumenten einer Regulierung zuführen. Gerade standardisierte Derivatekontrakte werden schon jetzt auf solchen Plattformen gehandelt – bislang allerdings außerhalb des Anwendungsbereichs der MiFID.

13 In Deutschland wurde die MiFID durch das Finanzmarktrichtlinie-Umsetzungsgesetz (FRUG) umgesetzt. Über das FRUG wurden die verschiedenen Einzelgesetze des deutschen Kapitalmarktrechts, das Wertpapierhandelsgesetz (WpHG), das Kreditwesengesetz (KWG) und das Börsengesetz (BörsG) in erheblichem Umfang geändert. In Ergänzung zum FRUG wurden konkretisierende Rechtsverordnungen erlassen, wie zB die Verordnung zur Konkretisierung der Verhaltensregeln und Organisationsanforderungen für Wertpapierdienstleistungsunternehmen (WpDVerOV), die die MiFID-Durchführungsrichtlinie umsetzt. Auch wurden die Finanzanalyseverordnung (FinAV) und die Wertpapierhandel-Meldeverordnung (WpHMV) an die Vorgaben der MiFID und des FRUG angepasst. Die Änderungen durch das FRUG sind zum 1.11.2007 in Kraft getreten.

14 Der Handel mit Optionsscheinen und Zertifikaten ist in der Regel als Erbringung von Wertpapierdienstleistungen zu klassifizieren.[35] In den Anwendungsbereich des WpHG fallen nach § 1 Abs. 1 WpHG über den Terminus des „Finanzinstruments", das in § 2 Abs. 2 (b) WpHG wiederum auf den Begriff des „Wertpapiers" verweist auch Optionsscheine und Zertifikate. So sind diese sowohl als Inhaberschuldverschreibungen im Sinne des § 2 Abs. 1 S. 1 Nr. 3 WpHG und somit als Wertpapiere anzusehen, als auch vom Begriff der Derivate im Sinne des § 2 Abs. 2 WpHG erfasst.

15 Die bestmögliche Ausführung von Wertpapieraufträgen (Best Execution) ist ein Kernthema der MiFID. Wertpapierfirmen sind demnach dazu verpflichtet, angemessene Maßnahmen zu ergreifen, um bei der Auftragsausführung das bestmögliche Ergebnis für ihre Kunden zu erreichen.[36] Dies gilt immer dann, wenn der Kunde explizit keinen Orderausführungsplatz an-

---

33 MiFID steht für „Markets in Financial Instruments Directive".
34 S. auch BR-Drucks. 694/11(B).
35 Vgl im Einzelnen § 2 Abs. 3 WpHG.
36 Best Execution Parameter sind Ausführungspreis, -Kosten, -Schnelligkeit, -Wahrscheinlichkeit, -Abrechnung, -Umfang, -Art, etc.

gibt. In einer sogenannten „Best Execution Policy" hat jede Bank ihren Kunden darzulegen, wie sie diese Anforderungen erfüllen möchte. Weiterhin sind durch Änderungen des WpHG und der WpDVerOV neue Beratungs- und Dokumentationspflichten eingeführt worden.[37] So sind Banken nun nach § 34 Abs. 2 a) WpHG iVm § 14 Abs. 6 WpDVerOV verpflichtet, den wesentlichen Ablauf und Inhalt jeder Anlageberatung bei Privatanlegern nachvollziehbar zu protokollieren und den Kunden eine Ausfertigung des Protokolls vor Vertragsschluss auszuhändigen. Im Falle der Telefonberatung muss die Bank das Protokoll unverzüglich übersenden. Ist das Protokoll unrichtig oder unvollständig, kann der Kunde von dem Geschäft binnen einer Woche zurücktreten. Ist das Protokoll lückenhaft oder in sich unschlüssig, trifft die Bank die Beweislast, dass sie dennoch ordnungsgemäß beraten hat.

III. Schuldverschreibungsgesetz

Das am 5.8.2009 in Kraft getretene Schuldverschreibungsgesetz[38] (SchVG) verankert in § 3 ein Transparenzgebot, wonach Anleihebedingungen eine eindeutige und klare Ermittlung des Leistungsversprechens des Schuldners ermöglichen muss. Dabei wird auf den hinsichtlich der jeweiligen Art von Schuldverschreibungen „sachkundigen Anleger" abgestellt. Der Begriff des „sachkundigen Anlegers" wird im Gesetz nicht näher erläutert und bedarf daher der Auslegung. Dabei wird zu berücksichtigen sein, an welchen Adressatenkreis sich die jeweiligen Schuldverschreibungen richten. Aus Sicht der Emittenten von komplexeren Anlageprodukten ist zu beachten, dass zwar Komplexität als solche nicht sanktioniert ist, jedoch die Bedingungen der Produkte ein entsprechendes Maß an Verständlichkeit bieten müssen – dies gilt auch, um mögliche Folgen einer Verletzung des Transparenzgebotes vorzubeugen.[39]

Auf der anderen Seite wird das im Schuldverschreibungsgesetz verankerte Transparenzgebot als eine gegenüber den §§ 305 ff BGB (dh den Regelungen zu Allgemeinen Geschäftsbedingungen, s. Rn 17 ff) speziellere Regelung gesehen. Hierdurch sollte im Bereich der Anwendbarkeit des Schuldverschreibungsgesetzes letztlich eine sach- und parteiengerechtere Inhaltskontrolle von Anleihebedingungen möglich sein.

IV. AGB-Kontrolle

In einem Urteil,[40] in welchem er eine Klausel zur Änderung von Emissionsbedingungen bei offensichtlichen Fehlern nach § 308 Nr. 4 BGB für unwirksam hält, hat der BGH explizit festgestellt, dass Anleihebedingungen Allgemeine Geschäftsbedingungen (AGB) sind und somit wie Allgemeine Geschäftsbedingungen allgemein, ungeachtet der eingeschränkten Einbeziehungskontrolle, einer gerichtlichen Inhaltskontrolle unterliegen. Die Frage, ob Anleihebedingungen als AGB anzusehen sind und einer richterlichen Inhaltskontrolle unterliegen, war bisher nicht unumstritten und wird immer noch kritisch gesehen.

Die Anwendbarkeit der Regelungen der §§ 305 ff BGB auf Emissionsbedingungen soll verhindern, dass der Emittent die Vertragsfreiheit für sich allein in Anspruch nimmt und kann damit dem Verbraucherschutz dienen. Problematisch ist allerdings, dass sich das Rechtsverhältnis zwischen der Emittentin einer Inhaberschuldverschreibung und den Anleihegläubigern einer von ihr begebenen Inhaberschuldverschreibung in einer Reihe von Aspekten deut-

---

37 Die Beratungsdokumentation gilt seit dem 1.1.2010.
38 Unrichtige Namensangabe, vielmehr: „Gesetz über Schuldverschreibungen aus Gesamtemissionen".
39 Sanktionen im Falle eines Verstoßes gegen die Pflicht des § 3 sind im SchVG nicht geregelt. Ausweislich der Gesetzesbegründung ist jedoch an Schadensersatzansprüche aus culpa in contrahendo gemäß § 311 Abs. 2 iVm § 241 Abs. 2 BGB zu denken. Ferner kommt Nichtigkeit gemäß § 134 BGB in Betracht.
40 BGH XI ZR 364/08 Urteil vom 30.6.2009.

lich von dem üblichen Vertragsverhältnis zwischen dem Verwender von AGB und seinen Kunden unterscheidet. Besonders deutlich wird dies bei der Frage der Identität der Kunden bzw. Anleihegläubiger.

Eine Emission von Inhaberschuldverschreibungen wird in der Regel an eine Vielzahl von Investoren veräußert und entsprechend von einer Vielzahl an Investoren gehalten. Hinzu kommt, dass viele Schuldverschreibungen in einem aktiven Sekundärmarkt gehandelt werden und sich hierdurch die Zusammensetzung der Anleihegläubigerschaft stetig ändert. Der Emittentin ist es nicht möglich, die Identität und Zusammensetzung dieser Gesamtheit an Gläubigern zu kennen oder gar zu kontrollieren. Es ist der Emittentin daher auch nicht möglich, abzusehen, ob und in welchem Umfang eine von ihr begebene Anleihe von Personen gehalten wird, die im Sinn der §§ 305 ff BGB als Verbraucher qualifizieren. Folgt man der grundsätzlichen Anwendung der §§ 305 ff BGB, entsteht durch die Rechtsnatur und den darauf aufbauenden Handel mit den betreffenden Inhaberschuldverschreibungen die paradoxe Situation, dass die Vorschriften der §§ 305 ff BGB

- gleichzeitig auf einen Teil der Inhaberschuldverschreibungen Anwendung finden (nämlich auf den von Verbrauchern gehaltenen Teil), während sie für einen anderen Teil der Emission nicht gelten (nämlich den Teil, der von institutionellen Anlegern gehalten wird, die nicht als Verbraucher einzustufen sind), und
- gegebenenfalls bezogen auf ein und dieselbe Schuldverschreibung an einem Tag Anwendung finden (zu diesem Zeitpunkt werden sie von einem Verbraucher gehalten) und am nächsten Tag wieder nicht (zu diesem Zeitpunkt befinden sie sich im Bestand eines institutionellen Investors).

Wie bereits im vorhergehenden Abschnitt zum Thema ausgeführt, wird jedoch das im Schuldverschreibungsgesetz verankerte Transparenzgebot als eine gegenüber den §§ 305 ff BGB speziellere Regelung gesehen. Hierdurch sollte im Bereich der Anwendbarkeit des Schuldverschreibungsgesetzes letztlich eine sach- und parteiengerechtere Inhaltskontrolle von Anleihebedingungen möglich sein.

V. Börsenregularien

Auf börsengehandelte Optionsscheine und Zertifikate finden darüber hinaus die einschlägigen Vorschriften der Börsen Anwendung. Die Regelwerke umfassen neben den jeweiligen Börsenordnungen, verschiedene Ausführungsbestimmungen und Teilnahmebedingungen. Die Qualitätssegmente der Börse Stuttgart, Euwax, und der Frankfurter Wertpapierbörse, Scoach, verfügen jeweils über eigene Regelwerke. Für den elektronischen Handel verbriefter Derivate an der Börse Stuttgart sind dies im Handelssegment Euwax die „Ausführungsbestimmungen Verbriefte Derivate zur Börsenordnung der Baden-Württembergischen Wertpapierbörse".[41] Für das Segment Scoach der Frankfurter Wertpapierbörse sind dies die „Teilnahmebedingungen für das Qualitätssegment Scoach Premium".[42] Beiden Regelwerken gemein ist die Tatsache, dass der Emittent grundsätzlich fortlaufend An- und Verkaufspreise für die eigenen Produkte bis zu einer vorgegeben maximalen Anzahl von 9:00 bis 20:00 Uhr bereitstellen muss, damit sichergestellt ist, dass die Produkte jederzeit handelbar sind, auch wenn über längere Zeiträume hinweg keine Umsätze in einem Produkt stattfinden.

---

41 Ausführungsbestimmungen zur Börsenordnung der Baden-Württembergischen Wertpapierbörse für den elektronischen Handel verbriefter Derivate an der Baden-Württembergischen Wertpapierbörse, insbesondere im Handelssegment EUWAX; https://www.boerse-stuttgart.de/media/dokumente/regelwerke/dt/ausfuehrungsbestimmungen_derivate_08_12_2011.pdf, 8.8.2012.

42 Allgemeine Geschäftsbedingungen der Scoach Europa AG für den Handel mit Strukturierten Produkten im Freiverkehr an der Frankfurter Wertpapierbörse; http://www.scoach.de/arcmsdownload/2be506c2b63d36fca44ba2142d2f6982/CONTENT.pdf/AGBs-Scoach-FWB11-20120515.pdf, 8.8.2012.

A. Optionsscheine und Zertifikate

Der ordnungsgemäße Ablauf des Handels an den Börsenplätzen wird von den jeweiligen Handelsüberwachungsstellen (HÜSt) gewährleistet. Sie überprüfen etwaige Unregelmäßigkeiten und teilen die Ergebnisse ihrer Prüfungen den Aufsichtsbehörden und den Geschäftsführungen der Börsen mit.

VI. Derivate Kodex

Neben der Regulierung durch die erwähnten zwingenden gesetzlichen Vorgaben, unterwirft sich die Branche einer diese gesetzlichen Vorschriften ergänzenden Selbstregulierung. Der sog. Derivate Kodex[43] ist eine freiwillige Selbstverpflichtung der Mitglieder des Deutschen Derivate Verbands (DDV). Der Kodex bestimmt für die Mitglieder verbindlich Mindestanforderungen an Strukturierung, Emission, Handel, Vertrieb und Marketing derivativer Wertpapiere.

So verpflichtet sich die Branche, dass den Anlegern Angaben über die Bonität des Emittenten (Ratings) zur Verfügung gestellt werden. Auch sollen die Basiswerte transparent dargestellt werden, dies gilt insbesondere für von Emittenten selbst geschaffene Basiswerte (Baskets, Indizes etc.). Ferner sollen die Produkte dem „Prinzip der Produktklarheit" entsprechen. Preise sollen hinsichtlich der Struktur der Produkte und der Marktsituation in einem angemessen Verhältnis stehen. Schließlich soll die Handelbarkeit vom jeweiligen Emittenten sichergestellt werden.

VII. Produktinformationsblatt

Gemäß § 31 Abs. 3a WpHG ist Privatkunden im Rahmen der Anlageberatung vor dem Abschluss eines Geschäftes ein Informationsblatt auszuhändigen. Dieses soll verständliche Informationen über das empfohlene Finanzinstrument enthalten. Die Angaben dürfen weder unrichtig noch irreführend sein und müssen mit dem Prospekt vereinbar sein. Diese gesetzliche Vorgaben werden durch eine Verordnung konkretisiert.[44] Demnach sollen u.a. Art, Funktionsweise und Risiken näher erläutert werden. Maßstab der Darstellung ist die Verständlichkeit für den angesprochenen Kundenkreis. Dabei darf bei Zertifikaten und Optionsscheinen ein Umfang von zwei DIN A4-Seiten in der Regel nicht überschritten werden.

Nach § 39 Abs. 2 Nr. 15a WpHG ist die unterlassene bzw fehlerhafte Aushändigung des Informationsblattes eine Ordnungswidrigkeit, welche mit einer Geldbuße bis zu 50.000 EUR geahndet wird. Weiterhin bietet ein unrichtiges oder unvollständiges Informationsblatt dem Anleger im Haftungsprozess prozessuale Vorteile, da dann eine Beweislastumkehr eingreift.[45] Schließlich kann ausweislich der Gesetzesbegründung die fehlerhafte Beratung zu Haftungsansprüchen aus § 823 Abs. 2 BGB führen.[46] In der Praxis verlangt der Vertrieb von dem Emittenten, die Informationsblätter gemeinsam mit dem Prospekt zu erstellen. Dies kann, je nach den Umständen des Einzelfalles, zu haftungsrechtlichen Konsequenzen auch für den Emittenten führen.

---

43 Siehe unter http://www.deutscherderivateverband.de.
44 Verordnung zur Konkretisierung der Verhaltensregeln und Organisationsanforderungen für Wertpapierdienstleistungsunternehmen (WpDVerOV).
45 *Müller-Christmann*, DB 2011, 749, 751.
46 BTDr. 17/3628, S. 21. – Gleichwohl wäre die Annahme eines Schutzgesetzes mit der Rechtsprechung des BGH zu diesem Normenkomplex wohl nicht vereinbar.

VIII. Ausblick

23 Der Bereich der Zertifikate und Optionsscheine ist nicht nur wirtschaftlich von großer Relevanz, ihm kommt auch als „Schmelztiegel" zahlreicher Rechtsmaterien eine besondere Bedeutung zu.

Nicht nur sind hier die bei allen Inhaberschuldverschreibungen zu beachtenden Rechtsmaterien des Wertpapierrechts maßgeblich, die unter anderem besondere Vorschriften des Schuld- sowie des Sachenrechts einschließlich entsprechender Sondergesetze (Depotgesetz, Schuldverschreibungsgesetz) beinhalten. Hinzu kommen insbesondere aufsichtsrechtliche Regelungsmaterien, die sich aus dem wirtschaftlichen Profil dieser Finanzprodukte (d.h. deren derivativer Komponente) sowie aus den Adressatenkreisen für das Angebot dieser Produkte (unter anderem viele natürliche Personen) und dem damit zusammenhängenden Börsenhandel ergeben.

Die Zukunft des Marktes für Optionsscheine und Zertifikate wird dabei voraussichtlich künftig noch stärker als bisher von der Entwicklung des aufsichtsrechtlichen Rahmens bestimmt werden. Dieser Rahmen ist insbesondere derzeit zahlreichen Änderungen unterworfen und ist von einer zunehmenden Formalisierung und Regelungsdichte gekennzeichnet.

Sowohl die Regelwerke für öffentliche Angebote und die Börsennotierung von Wertpapieren, als auch sonstige aufsichtsrechtliche Regelungen mit einem besonderem Fokus auf dem Anlegerschutz sowie der Regulierung von Derivaten sind derzeit im Umbruch begriffen: Gerade erst wird die neue EU-Prospektrichtlinie in Deutschland und den anderen Mitgliedstaaten umgesetzt, während gleichzeitig auf EU-Ebene u.a. eine voraussichtlich substantielle Erneuerung und Erweiterung der MiFID-Regelungen („MiFID II") vorbereitet wird.

Erste Erfahrungen mit dem neuen Prospektrecht zeigen wieder einmal, dass auf EU-Richtlinien und -Verordnungen beruhende Regelungen, die durch eine starke Formalisierung zu einer erhöhten EU-weiten „Einheitlichkeit" führen sollen, oft nur sehr begrenzt zum erhofften Erfolg führen. Was hingegen bleibt, ist die verstärkte Formalisierung selbst, die jedoch als solche nicht unbedingt den Interessen der Anleger dient. Die derzeit in der Diskussion befindlichen Neuerungen im Zusammenhang mit der geplanten „MiFID II" steuern ebenso in Richtung einer noch weiter gehenden formellen Regulierung der Erstellung, des Vertriebs und des Handels derivativer Produkte. Der Nutzen dieser zahlreichen Regelungen bleibt abzuwarten. Sicher ist hingegen schon jetzt, dass sich die Anforderungen an eine verantwortungsbewusste und sichere Navigation innerhalb des sich ständig ändernden Rechtsrahmens für Optionsscheine und Zertifikate für Aufsichtsbehörden und Marktteilnehmer gleichermaßen weiter erhöhen werden.

B. Namensschuldverschreibungen und Schuldscheindarlehen

I. Namensschuldverschreibungen

1. Zivil- und Wertpapierrecht

a) Rechtsnatur und Emission

24 Namensschuldverschreibungen (auch Rektapapiere genannt) sind Wertpapiere im weiteren Sinne.[47] Sie werden in Form einer Urkunde begeben, die auf einen namentlich bestimmten Inhaber ausgestellt wird und die maßgeblichen Bestimmungen hinsichtlich des Schuldversprechens des Emittenten enthält.

25 Die Übertragung einer Namensschuldverschreibung (bzw der daraus für den Anleihegläubiger erwachsenden Rechte) erfolgt durch Abtretung gemäß § 398 BGB. Der Erwerber der ver-

---

47 Vgl *Hueck/Canaris*, Das Recht der Wertpapiere. 12. Aufl. 1986, § 24 VII.

B. Namensschuldverschreibungen und Schuldscheindarlehen

brieften Forderung wird Eigentümer der Urkunde – insofern folgt gemäß § 952 BGB „das Recht an dem Papier dem Recht aus dem Papier".[48] Weiterhin kann der Erwerber die Ausstellung einer neuen Urkunde auf seinen Namen verlangen, wobei in der Praxis manchmal auch alternative Vorgehensweisen in den Bedingungen der Namensschuldverschreibung festgelegt werden. Nach deutschem internationalem Privatrecht erfolgt die Übertragung der Forderungen aus der Namensschuldverschreibung nach dem Recht, das auch für die Namensschuldverschreibung gewählt wurde.

Die Übertragung im Wege der Abtretung hat einerseits die Konsequenz, dass der Erwerber den Einwendungen gegen den Rechtsvorgänger unterworfen ist (§ 404 BGB).[49] Andererseits ist damit ein gutgläubiger Erwerb von Namensschuldverschreibungen grundsätzlich ausgeschlossen.

Der Besitz der Urkunde indiziert lediglich, dass deren Besitzer Inhaber der verbrieften Forderung ist, dh die Urkunde begründet nicht die materielle Legitimation.[50] Der Besitzer der Urkunde kann die verbriefte Forderung nur dann geltend machen, wenn sie auf seinen Namen lautet oder ihm die verbriefte Forderung wirksam abgetreten wurde (Rechtsnachfolger). Dem Rechtsnachfolger obliegt der Nachweis des Übergangs.[51] In der Praxis werden oftmals weitere praktische Übertragungsvoraussetzungen vereinbart, beispielsweise die Eintragung in ein Register oder die Übergabe der Urkunde.

b) Register

Vor allem im internationalen Kapitalmarkt werden Namensschuldverschreibungen oftmals in einer Reihe mit sonstigen „registered bonds" aus unterschiedlichen Rechtsordnungen betrachtet. Auch aus diesem Grund hat sich vielfach auch im Fall von deutschem Recht unterliegenden Namensschuldverschreibungen die Führung eines „Registers" eingebürgert. Nach deutschem Recht ist die Einrichtung eines solchen Registers im Rahmen einer Emission von Namenschuldverschreibungen nicht zwingend erforderlich. Gleichwohl hat es sich als üblicher Weg erwiesen, um einen aktuellen Überblick über die Daten der jeweiligen Gläubiger sowie etwaiger Übertragungen zu gewährleisten – dies ist vor allem dann ein Vorteil, wenn die Emission insgesamt zu einem großen Nennbetrag erfolgt und voraussichtlich später in mehreren Teilen abgetreten werden kann; gleiches gilt, wenn insgesamt über einen absehbaren Zeitraum eine große Zahl an Papieren emittiert werden soll.

Es bestehen keine formalen Vorgaben für die Einrichtung eines Registers, abgesehen von internen Vorgaben des Emittenten. Das Register kann durch den Emittenten selbst oder auch durch einen Dritten geführt werden. Einige bedeutende Banken im deutschen Markt erbringen insoweit regelmäßig Dienstleistungen als „Register- und Zahlstelle". Schließlich ist es für die rechtliche Stellung der Beteiligten bzw die Übertragbarkeit der verbrieften Forderungen grundsätzlich unbeachtlich, wo das Register geführt wird.

Für den Verzicht auf ein Register kann sprechen, dass die Emission dadurch kostengünstiger und weniger aufwendig sein kann. In diesem Fall sollte die Dokumentation der Namensschuldverschreibung die Abrede enthalten, dass jede Abtretung dem Emittenten angezeigt werden muss, was durch entsprechende Formulare zur Forderungsübertragung gewährleistet werden kann. Wenn die (teilweise) Abtretung einer verbrieften Forderung nicht angezeigt wird, ist der Emittent grundsätzlich vor dem Risiko geschützt, ggf. Mehrfachzahlungen leisten zu müssen. Zugleich kann der Emittent gegenüber dem alten Gläubiger gemäß § 407 BGB wirksam die Kündigung oder Aufrechnung erklären, wenn ihm die Abtretung nicht an-

---

48 *Creifelds*, Rechtswörterbuch, „Rektapapier".
49 Bamberger/Roth, Beck'scher Online-Kommentar BGB/*Gehrlein*, § 793 Rn 2.
50 Bamberger/Roth, Beck'scher Online-Kommentar BGB/*Gehrlein*, § 793 Rn 2.
51 Palandt/*Sprau*, BGB Einf. V § 793 Rn 2.

gezeigt wurde. Gleichwohl hat der Emittent ohne ein Register (oder eine vergleichbare administrative Vorkehrung) weniger verlässliches Wissen um den bzw. die aktuellen Gläubiger.

c) Für Namensschuldverschreibungen relevante gesetzliche Regelungen

aa) Gesetzliche Kündigungsrechte

29 Abhängig von den Umständen des Einzelfalls ist nicht auszuschließen, dass Namensschuldverschreibungen als Dauerschuldverhältnis im Sinne des § 314 BGB angesehen werden können. Dann käme den Beteiligten ein gesetzliches Kündigungsrecht bei Vorliegen eines wichtigen Grundes zu. Eine Abbedingung dieses Kündigungsrecht wäre gemäß § 309 Nr. 8a BGB nicht durch AGB möglich.

Grundsätzlich ist ein wichtiger Grund dann gegeben, wenn dem kündigenden Teil unter Berücksichtigung aller Umstände des Einzelfalls und unter Abwägung der beiderseitigen Interessen die Fortsetzung des Vertragsverhältnisses bis zur vereinbarten Beendigung oder bis zum Ablauf einer Kündigungsfrist nicht zugemutet werden kann.

Dies wäre beispielsweise der Fall, wenn der Emittent kategorisch und ohne tragende Begründung die Erfüllung seiner Zahlungspflichten verweigert. Es ist allerdings aufgrund der Unbestimmtheit des Tatbestandes nicht kategorisierbar, in welchen sonstigen Fällen ein Gericht ggf. ein Kündigungsrecht feststellen würde (soweit § 314 BGB überhaupt grundsätzlich Anwendung findet).

bb) Allgemeine Geschäftsbedingungen

30 Soweit die Emissionsbedingungen vielfach verwendete vorformulierte Vertragsbedingungen enthalten, können sie am Maßstab der §§ 305 ff BGB zu kontrollieren sein. Dann können überraschende, unverständliche oder unangemessen benachteiligende Klauseln als unwirksam angesehen werden.

cc) Schuldverschreibungsgesetz

31 Am 5.8.2009 ist das Gesetz über Schuldverschreibungen aus Gesamtemissionen in Kraft getreten. Nach diesem Gesetz kann eine Gläubigerversammlung Änderungen der Anleihebedingungen herbeiführen, ohne dass sämtliche Gläubiger zustimmen müssen.

Entsprechend der Gesetzesbegründung soll das Gesetz auch für Namensschuldverschreibungen gelten, welche Teil einer Gesamtemission sind. Der Begriff der Gesamtemission wird im Gesetz selbst nicht definiert, bezieht sich aber auf § 151 StGB, § 808a BGB aF. Demnach ist eine Gesamtemission gegeben, wenn eine große Zahl von wesentlich gleichartigen Papieren in gleicher Stückelung emittiert werden, welche gemeinsam die Namensschuldverschreibung bilden – soweit die Möglichkeit der Platzierung auf den Kapitalmärkten nicht ausgeschlossen ist.

Daher können im Einzelfall auch Namensschuldverschreibungen Teil einer Gesamtemission sein. Das gilt insbesondere dann, wenn die Namensschuldverschreibungen entsprechend § 1 Abs. 1 DepotG auf den Namen einer Wertpapiersammelbank ausgestellt wurden. Sofern jedoch keine besonderen Voraussetzungen hierfür geschaffen wurden, ist davon auszugehen dass Namensschuldverschreibungen keine Gesamtemission darstellen, wenn sie im Wege der schuldrechtlichen Abtretung übertragen werden. Daher ist in den allermeisten Fallkonstellationen davon auszugehen, dass das Schuldverschreibungsgesetz in der Praxis nicht auf Namensschuldverschreibungen anwendbar ist.

B. Namensschuldverschreibungen und Schuldscheindarlehen

dd) Wirksamkeit der Abtretung trotz vertraglicher Einschränkungen, § 354a HGB

Nach § 354a Abs. 1 HGB ist bei Abtretungen von Geldforderungen zwischen Kaufleuten das Abtretungsverbot nach § 399 BGB unbeachtlich. Eine hiervon abweichende Vereinbarung ist unwirksam. Der Schuldner kann jedoch mit befreiender Wirkung an den bisherigen Gläubiger leisten – unabhängig davon, ob er von der Abtretung weiß.[52] Im internationalen Kapitalmarkt ist allerdings nicht immer klar, auf welche „Kaufleute" fremden Rechts die Norm anzuwenden ist.

§ 354a HGB gilt nicht für Forderungen aus einem Darlehensvertrag, deren Gläubiger ein Kreditinstitut im Sinne des KWG ist. Sollte ein Gericht im Einzelfall zu dem Schluss kommen, dass die Norm grundsätzlich auf die betreffende Namensschuldverschreibung anzuwenden ist, hängt eine Anwendung im Einzelfall daher auch davon ab, ob ein Kreditinstitut als Gläubiger entsprechend beteiligt ist.

ee) Einverständnis des Treuhänders

Wenn Namensschuldverschreibungen dem Sicherungsvermögen (§ 66 VAG) einer Versicherung angehören, erfordert die Abtretung der darin verbrieften Forderungen das schriftliche Einverständnis des Treuhänders für das Sicherungsvermögen. Ohne ein solches Einverständnis ist die Abtretung nach §§ 135, 400 BGB schwebend unwirksam, kann aber nach §§ 182, 184 BGB rückwirkend genehmigt werden.

2. Aufsichtsrecht

a) Erforderlichkeit einer Bankerlaubnis gemäß § 32 KWG

aa) Einlagengeschäft

Je nach den Umständen des Einzelfalles ist nicht auszuschließen, dass die Emission von Namensschuldverschreibungen eine Annahme fremder Gelder als Einlage gemäß § 1 Abs. 1 KWG darstellt (Einlagengeschäft). In einem solchen Fall bedarf die Emission einer entsprechenden Bankerlaubnis und steht unter der Aufsicht der BaFin.[53]

Nach einer Entscheidung des BGH[54] indizieren folgende Merkmale das Einlagengeschäft:

1. Annahme von Geldern von einer Vielzahl von Geldgebern,
2. auf Grund typisierter Verträge zur unregelmäßigen Verwahrung,
3. darlehensweise oder in ähnlicher Weise,
4. ohne banktübliche Besicherung,
5. Annahme von Mitteln in der Absicht, sie für eigene Zwecke zu nutzen.

Ob und inwieweit strukturierte Produkte in Form von Namensschuldverschreibungen diese Maßgaben erfüllen und ggf. eine Bankerlaubnis erfordern, hängt zum einen von der Ausgestaltung der Zahlungspflichten der Emittentin in den Emissionsbedingungen ab. Soweit sich hieraus u.a. keine „unbedingte Rückzahlbarkeit" des angelegten Betrages ergibt, scheidet eine Einordnung des betreffenden Finanzinstrumentes als Einlage aus.[55]

Darüber hinaus ist in der Praxis von Bedeutung, dass Finanzinstrumente in der Form von Namensschuldverschreibungen und Schuldscheindarlehen üblicherweise vor allem von institutionellen Anlegern, die selbst einer Regulierung unterliegen (vor allem Versicherungsunternehmen), erworben werden. In diesen Fällen handelt es sich bei den angelegten Beträgen oft-

---

52 Baumbach/Hopt/*Hopt*, HGB, § 354a Rn 2.
53 Vgl. Merkblatt – Hinweise zum Tatbestand des Einlagengeschäfts (Stand: August 2011), 4.8.2011, 1.d) am Ende.
54 BGH, NJW 1995, 1494–1496.
55 Vgl. Merkblatt – Hinweise zum Tatbestand des Einlagengeschäfts (Stand: August 2011), 4.8.2011, 1.b) bb).

mals gar nicht um „Gelder des Publikums", so dass schon aus diesem Grund keine Bankerlaubnis erforderlich ist.[56]

Sollte sich im Einzelfall das Erfordernis einer Bankerlaubnis ergeben, sind auch grenzüberschreitend die allgemeinen Vorschriften zu beachten, auf die in den folgenden Abschnitten hingewiesen wird.

bb) Grenzüberschreitende Bankgeschäfte

35 Dem Erfordernis einer Bankerlaubnis unterstehen nicht allein Kreditinstitute mit Sitz oder gewöhnlichem Aufenthalt im Inland. Sondern nach einem Merkblatt der BaFin vom April 2005 auch ausländische Anbieter, wenn sie sich vom Ausland aus zielgerichtet an den deutschen Markt wenden, um wiederholt und geschäftsmäßig Bankgeschäfte anzubieten.[57]

cc) Europäischer Pass

36 Gleichwohl kann ein ausländisches Kreditinstitut im Sinne der Europäischen Verordnung 12/2000/EG, welches Einlagen annimmt und seinen Sitz in einem Vertragsstaat des Europäischen Wirtschaftsraums (EWR) hat, erlaubnispflichtige grenzüberschreitende Bankgeschäfte in Deutschland ohne zusätzliche Genehmigung anbieten oder Zweigniederlassungen gründen (sog. europäischer Pass). Erforderlich ist lediglich eine allgemeine Erlaubnis durch die Aufsichtsbehörde des Heimatlandes und eine Bestätigung, dass das Kreditinstitut zum Einlagengeschäft im Ausland berechtigt ist (§ 53b KWG).

b) Prospektpflichten

37 Nachdem Namensschuldverschreibungen in Deutschland für lange Zeit gänzlich von der Prospektpflicht ausgenommen waren, änderte sich dies mit der Reform des Wertpapier-Verkaufsprospektgesetzes im Jahr 2004.

aa) Wertpapier-Verkaufsprospektgesetz

38 Mit der Umsetzung der EU-Prospektrichtlinie im Rahmen des neu eingeführten Wertpapierprospektgesetzes im Jahr 2004 verlor das bis dahin in Deutschland für Wertpapierangebote maßgebliche Wertpapier-Verkaufsprospektgesetz (VerkProspG) einen Großteil seines Regelungsinhaltes. Dies nahm der Gesetzgeber zum Anlass, eine Prospektpflicht für einige bis dahin nicht von einer solchen Regelung erfasste Finanzinstrumente einzuführen und in der verbleibenden „Rumpffassung" des VerkProspG zu kodifizieren. Gemäß § 8f Abs. 1 VerkProspG galt dies auch für Namensschuldverschreibungen.

Bei der Prospektpflicht nach dem VerkProspG handelte es sich um eine rein nationale Regelung, für die es keine direkte Entsprechung in anderen EU-Mitgliedsstaaten gab. Entsprechend waren nach dem VerkProspG erstellte Prospekte auch nur in Deutschland verwendbar. Eine der „Notifizierung" auf Basis der EU-Prospektrichtlinie vergleichbare Möglichkeit zur grenzüberschreitenden Prospektnutzung bestand nicht. Die vorstehend beschriebene Regelung galt bis zum 31.5.2012.

bb) Vermögensanlagen-Gesetz

39 Im Zusammenhang mit der Novellierung des WpPG im Juli 2012, die aufgrund der Überarbeitung der EU-Prospektrichtlinie im Rahmen der Änderungsrichtlinie notwendig wurde

---

56 Vgl. Merkblatt – Hinweise zum Tatbestand des Einlagengeschäfts (Stand: August 2011), 4.8.2011, 1.b) cc).
57 Hinweise zur Erlaubnispflicht nach § 32 Abs. 1 KWG iVm § 1 Abs. 1 und Abs. 1 a KWG von grenzüberschreitend betriebenen Bankgeschäften und/oder grenzüberschreitend erbrachten Finanzdienstleistungen.

(s. Rn 2), wurden die maßgeblichen Regelungen des VerkProspG durch das Vermögensanlagengesetz (VermAnlG) ersetzt, das zum 1.6.2012 in Kraft getreten ist. § 1 Abs. 2 Nr. 5 erstreckt die Prospektpflicht nach diesem Gesetz auf Namensschuldverschreibungen.

Auch das VermAnlG statuiert wieder eine rein nationale Prospektpflicht, die keine direkte Entsprechung in anderen EU-Mitgliedsstaaten findet. Ein grenzüberschreitendes Angebot auf der Grundlage eines einheitlichen Prospektregimes scheidet für Namensschuldverschreibungen daher auch weiterhin aus.

In der Praxis ist die Prospektpflicht für Namensschuldverschreibungen jedoch aus anderen Gründen zumeist von untergeordneter Bedeutung. Wie bereits das VerkProspG, sieht auch das VermAnlG Ausnahmen von der Prospektpflicht für solche Angebote der betroffenen Finanzinstrumente vor, die sich entweder durch eine besonders hohe Stückelung des Investments[58] oder durch eine Adressierung ausschließlich an professionelle Anleger[59] auszeichnen. Angebote strukturierter Produkte in der Form von Namensschuldverschreibungen finden daher typischerweise auf prospektfreier Basis statt.

3. Einlagensicherung

Ob und inwieweit Strukturierte Produkte in der Form von Namensschuldverschreibungen Gegenstand einer Einrichtung zur Einlagensicherung sein können, hängt – neben der Mitgliedschaft der Emittentin in einer Einrichtung zur Einlagensicherung – zum einen von Ihrer inhaltlichen Ausgestaltung und zum anderen von den sonstigen Maßgaben ab, die die jeweilige Sicherungseinrichtung u.a. an die formelle Ausgestaltung des Finanzinstrumentes stellt. Obgleich eine Reihe von Sicherungseinrichtungen einzelner Institutsgruppen auch Inhaberschuldverschreibungen mit ihrem Schutz umfasst, handelt es sich dabei eher um Ausnahmen. Verbreiteter ist, dass Inhaberschuldverschreibungen als solche vom Schutzbereich einer Einlagensicherungseinrichtung ausgenommen sind. Handelt es sich bei der Emittentin einer Namensschuldverschreibung beispielsweise um ein Teilnehmerinstitut des Einlagensicherungsfonds des privaten Bankgewerbes beim Bundesverbandes deutscher Banken e. V., können die Verbindlichkeiten aus der Namensschuldverschreibung grundsätzlich der entsprechenden Sicherung unterliegen.[60] Eine Einlagensicherung würde hingegen nicht greifen, wenn dasselbe Finanzinstrument in der Form einer Inhaberschuldverschreibung strukturiert würde.[61]

40

4. Bilanzierung

In der Praxis sind für die Bilanzierung von Derivaten, die in das Format einer Namensschuldverschreibung eingebettet werden, sowohl die Grundsätze gemäß IFRS als auch die Einordnung nach dem Handelsgesetzbuch (**HGB**) bedeutsam. Vor dem Hintergrund, dass Namensschuldverschreibungen (wie auch Schuldscheindarlehen) insbesondere von regulierten deutschen Investoren erworben werden, soll im Folgenden insbesondere auf die Bilanzierung nach den Grundsätzen des HGB eingegangen werden, die beispielsweise für den Einzelabschluss deutscher Versicherungsunternehmen von besonderer Bedeutung ist. Hier ist insbesondere die Abgrenzung zur Bilanzierung von Inhaberschuldverschreibungen relevant.

41

---

58 Gemäß § 2 Nr. 3 c) VermAnlG mindestens 200.000 EUR je Anleger.
59 Gemäß § 2 Nr. 4 VermAnlG.
60 Vgl. Statut des Einlagensicherungsfonds, („...Der Einlagensicherungsfonds sichert alle Verbindlichkeiten, die in der Bilanzposition ‚Verbindlichkeiten gegenüber Kunden' auszuweisen sind. Hierzu zählen Sicht-, Termin- und Spareinlagen einschließlich der auf den Namen lautenden Sparbriefe...").
61 Vgl. Statut des Einlagensicherungsfonds, („...Nicht geschützt sind Forderungen, über die die Bank Inhaberpapiere ausgestellt hat, wie z.B. Inhaberschuldverschreibungen und Inhabereinlagenzertifikate, sowie Verbindlichkeiten gegenüber Kreditinstituten...").

Eine Inhaberschuldverschreibung wäre zunächst zu den Anschaffungskosten in der Bilanz zu aktivieren. Der Anleihegläubiger (die Versicherung) könnte die Inhaberschuldverschreibung im Weiteren als kurz- oder langfristiges Investment (Umlaufvermögen oder Anlagevermögen) einordnen. Die Einordnung hängt davon ab, ob der Anleihegläubiger plant, das Papier bis zum Ende seiner Laufzeit zu halten, oder ob die Intention besteht, das Papier bereits vor diesem Zeitpunkt zu veräußern. Bei kurzfristigen Anlagen sind Wertminderungen bereits dann zu berücksichtigen, wenn ihr fairer Marktwert zum Bilanzstichtag den Buchwert unterschreitet (z.B. aufgrund einer Veränderung des Marktzinses oder aufgrund einer Verschlechterung eines Ratings der Emittentin). Die resultierende Bilanzierung von Wertverlusten aufgrund von Veränderungen des Marktzinssatzes kann für Versicherungsunternehmen problematisch sein; insbesondere in Zeiten erhöhter Volatilität kann so eine letztlich nicht gegebene Abhängigkeit der Versicherung von kurzfristigen Marktbewegungen entstehen; diese Abhängigkeit ist sonst in den meisten Konstellationen nicht gegeben, da Versicherungsunternehmen die betreffenden Produkte langfristig im Bestand halten.

Ein Versicherungsunternehmen muss solche Wertverluste aufgrund einer Veränderung des Marktzinssatzes allerdings dann nicht unbedingt in ihrer Bilanz wiederspiegeln, wenn ein betreffendes Investment in der Form einer Namensschuldverschreibung hält. Die Bilanzierung von Namensschuldverschreibungen im Vermögen eines Versicherungsunternehmens richtet sich grundsätzlich nach § 341b HGB.

Namensschuldverschreibungen werden gemäß der Verordnung über die Rechnungslegung von Versicherungsunternehmen (Versicherungsunternehmens-Rechnungslegungsverordnung – „**RechVersV**") üblicherweise in der Bilanzposition „III. Sonstige Vermögenswerte" unter „4. Sonstige Ausleihungen" als „a) Namensschuldverschreibungen" geführt. Etwas anders gilt nur dann, wenn es sich bei der Emittentin der Namensschuldverschreibung um ein verbundenes Unternehmen handelt: dann ist die Namensschuldverschreibung unter „Ausleihungen an verbundene Unternehmen", bzw. „Ausleihungen an Unternehmen, mit denen ein Beteiligungsverhältnis besteht".[62]

Eine Namensschuldverschreibung wird im Sinne von § 341b HGB wie folgt charakterisiert:

- Sie ist auf den Namen des Begünstigen ausgestellt;
- sie weist eine eingeschränkte Fungibilität aus;[63]
- sie weist eine eingeschränkte Übertragbarkeit aus (d.h. zu ihrer Übertragbarkeit ist zumindest eine Abtretung notwendig).

Die vorstehenden Merkmale, die im Falle einer deutschem Recht unterliegenden Namensschuldverschreibung im Sinne des § 806 BGB üblicherweise erfüllt sind, können durchaus auch im Fall eines Schuldinstruments gegeben sein, das nicht deutschem Recht unterliegt. Ob dies der Fall ist, kann nur eine Einzelfallprüfung ergeben, die sowohl die zwingenden Vorschriften der betreffenden Rechtsordnung, der das Instrument nach seinen Bedingungen unterliegen soll, als auch die Bedingungen des Instruments selbst berücksichtigen muss.

§ 341b gestattet es dem Versicherungsunternehmen, die Namensschuldverschreibung zu ihrem bisherigen Wert in der Bilanz fortzuführen, auch wenn es zwischenzeitlich zu vorübergehenden Wertminderungen durch Änderungen des Marktzinssatzes kommt. Sofern das Versicherungsunternehmen eine Namensschuldverschreibung mit einem zum Zeitpunkt ihrer Begebung marktgerechten Zinssatz erwirbt, und das Unternehmen gleichzeitig plant, die Namensschuldverschreibung bis zum Ende ihrer Laufzeit zu halten, kann es die Namensschuldverschreibung – ungeachtet zwischenzeitlicher Veränderungen des Marktzinssatzes – zu den Anschaffungskosten in der Bilanz fortführen. Soweit die Namensschuldverschreibung ihren

---

62 WP Handbuch 2006, K, Nr. 206.
63 IDW RS VFA 1, Nr. 5.

Bedingungen nach am Laufzeitende zu ihrem Nominalwert zurückgezahlt wird, sind zwischenzeitliche Wertminderungen aufgrund von Veränderungen des Marktzinses nur als vorübergehend anzusehen.[64] Eine Verschlechterung des Ratings des Emittenten wäre dagegen als Wertminderung zu erfassen.

Enthält eine Namensschuldverschreibung nun ein oder mehrere derivative Elemente, die gemeinsam mit dem Basisinstrument (d.h. der Namensschuldverschreibung selbst) eine wirtschaftliche Einheit darstellen, qualifiziert die Namensschuldverschreibung als strukturiertes Produkt mit eingebetteten Derivaten. Grundsätzlich ist davon auszugehen, dass es nicht möglich sein wird, einzelne Komponenten der Namensschuldverschreibung separat zu erwerben oder zu veräußern (Stripping). Es ist weiterhin davon auszugehen, dass die Namensschuldverschreibung – abhängig vom Referenzwert, z.B. einem Zinssatz – Wertschwankungen unterliegen wird, die denen vergleichbar sind, die zu beobachten wären, wenn das jeweilige eingebettete Derivat eigenständig angelegt wäre.

Das HGB enthält keine ausdrücklichen Regelungen für eingebettete Derivate. Daher sind die für die Bilanzierung solcher Konstellationen maßgeblichen Grundsätze aus den Grundsätzen der Ordnungsgemäßen Buchführung in Deutschland herzuleiten. Das Institut der Wirtschaftsprüfer („IDW") hat im Rahmen eines Rundschreibens (IDW RS HFA 22) Leitlinien für die Bilanzierung strukturierter Produkte vorgelegt, die die Einschätzung der Wirtschaftsprüfer zur Anwendung der einschlägigen Buchführungsgrundsätze wiedergeben.

Nach dem vorgenannten Rundschreiben sind das Basisinstrument und das eingebettete Derivat dann bilanziell aufzuspalten – und jeweils getrennt voneinander zu bilanzieren – wenn das eingebettete Derivat dazu führt, dass das strukturierte Produkt im Vergleich zum (isolierten) Basisinstrument deutlich höhere oder signifikante zusätzliche (d.h. andersartige) Risiken bzw. Chancen aufweist.[65] Eine solche getrennte Bilanzierung kommt beispielsweise[66] dann in Betracht, wenn

- die Namensschuldverschreibung ein Derivat enthält, das an andere Marktrisiken als Zinsrisiken gekoppelt ist, oder
- die Rückzahlung des Nennbetrages der Namensschuldverschreibung an andere Risiken als die Zahlungsfähigkeit der Emittentin geknüpft ist.

In solchen und anderen ähnlich zu beurteilenden Fällen ist jede einzelne Komponente für sich und entsprechend der für diese geltenden Bilanzierungsgrundsätze zu bilanzieren. Hierbei sind die Anschaffungskosten des strukturierten Produktes entsprechend dem fairen Marktwert der jeweiligen Komponenten zum Anschaffungszeitpunkt auf die Komponenten zu verteilen.

II. Schuldscheindarlehen

1. Zivil- und Wertpapierrecht

a) Rechtsnatur und Entstehung

aa) Schuldscheindarlehen

Ein Schuldscheindarlehen ist kein Wertpapier, sondern ein bilaterales Darlehen nach deutschem Recht (§§ 488 ff BGB), über das ein Schuldschein (§ 371 BGB) ausgestellt ist. Das Schuldscheindarlehen kann grundsätzlich sowohl schriftlich als auch mündlich vereinbart werden, wobei der Vertragsschluss im internationalen Finanzierungskontext in der Regel schriftlich erfolgt. Im Falle eines mündlichen Vertragsschlusses müssen im Schuldschein die

---

64 IDW RS VFA 2 Nr. 20; WP Handbuch, 2006, K, Nr. 209.
65 IDW RS HFA 22, para. 15.
66 IDW RS HFA 22, para. 16.

maßgeblichen Bestimmungen des Schuldscheindarlehens schriftlich niedergelegt sein. Zumindest soweit es sich bei beiden Parteien des Schuldscheindarlehens um Unternehmer im Sinne des BGB handelt, sind an die Schriftform keine über § 126 BGB hinausgehenden besonderen Formerfordernisse geknüpft.

bb) Schuldschein

43 Auch der „Schuldschein" selbst ist kein Wertpapier. Der Schuldschein ist ein Dokument (Urkunde), mittels dessen ein Schuldner das Bestehen einer Schuld gegenüber einer anderen Partei bestätigt. Im Rahmen eines Rechtsstreits kann ein Schuldschein zum Beweis des Bestehens der betreffenden Schuld herangezogen werden. Wie im Falle der Namensschuldverschreibung steht das Eigentum am Schuldschein dem Inhaber der im Schuldschein bestätigten Forderung zu.

Die im Schuldschein bestätigte Forderung kann durch Abtretung gemäß § 398 BGB oder im Wege der vertraglichen Schuldübernahme auf Dritte übertragen werden. Im Falle einer Abtretung der Forderung steht dem Abtretungsempfänger auch das Eigentum an der Schuldscheinurkunde zu (§ 952 BGB). Die Abtretung der bestätigten Forderung ist grundsätzlich ohne Zustimmung oder Benachrichtigung des Schuldners wirksam. Jedoch ist der Schuldner in diesen Fällen gemäß § 404 BGB dazu berechtigt, gegenüber dem Erwerber solche Einwendungen geltend zu machen, die ihm gegen den Rechtsvorgänger, den ursprünglichen Darlehensgeber, zustehen. Zudem kann der Schuldner in diesen Fällen unter den Voraussetzungen des § 407 BGB mit Erfüllungswirkung an den Rechtsvorgänger des Erwerbers leisten. Für eine Übertragung im Wege der vertraglichen Schuldübernahme ist hingegen eine vertragliche Einigung über den Forderungsübergang zwischen Schuldner, ursprünglichem Rechtsinhaber und Erwerber notwendig.

Bei Erfüllung der betreffenden Verpflichtung ist der Schuldner berechtigt, Herausgabe des Schuldscheins zu verlangen (§ 371 BGB). Solange der Schuldschein nicht zurückgegeben wurde, besteht eine Vermutung dahin gehend, dass die betreffende Schuld noch besteht.

cc) Zeitpunkt der Ausstellung

44 Entsprechend seiner Funktion, das Bestehen einer (Darlehens-)Forderung zu bestimmten Bedingungen zu bestätigen, wird der Schuldschein im Falle eines Schuldscheindarlehens erst nach Auslegung der Darlehenssumme ausgestellt. Eine Ausstellung eines Schuldscheines vor Auslegung des Darlehens wäre von gefährlicher (falscher) Beweiskraft.

Ebenfalls folgt aus dem Zweck des Schuldscheins und dem Zeitpunkt seiner Ausstellung, dass der Schuldschein selbst letztlich keine Regelungen zur Auszahlung des Darlehensbetrages enthält (zB Auszahlungsvoraussetzungen).

dd) Folgen für den Aufbau einer Schuldscheindarlehensdokumentation

45 Gerade im internationalen Finanzierungskontext ist daher der folgende Aufbau einer Schuldscheindarlehensdokumentation zu beobachten:

Vor Auslegung des Darlehens wird ein bilateraler Darlehensvertrag unterzeichnet, der auch die Auszahlungsvoraussetzungen enthält.

46 Sobald der Darlehensbetrag entsprechend dem Darlehensvertrag ausgezahlt wurde, stellt der Darlehensnehmer einen Schuldschein aus. Dem Schuldschein wird – zur Klarstellung über die Bedingungen des Darlehens und seiner Rückzahlung – wiederum eine Kopie des Darlehensvertrags angefügt. Früher üblichere Methoden zur Klarstellung der Regeln für die Rückzahlung des Darlehens, wie eine „Zusammenfassung" der maßgeblichen Regelungen, stellen

aus Gründen der mit Ihnen verbundenen Rechtsunsicherheiten keine ratsame Alternative zur Beifügung der vollständigen Darlehensbedingungen dar.

b) Parteien

Darlehensnehmer eines Schuldscheindarlehens und somit Aussteller eines Schuldscheins sind üblicherweise staatliche Institutionen oder große Unternehmen und Banken, die eine gesicherte Kreditfähigkeit bzw. eine positive Bonität aufweisen. Eine in der Praxis große Bedeutung für den Schuldscheinmarkt hat – neben der Unternehmensfinanzierung – die Einbettung derivativer Komponenten in von Kreditinstituten aufgenommene Schuldscheindarlehen. Damit ist das Schuldscheindarlehen insbesondere auch für institutionelle Anleger von Interesse, die derivative Produkte erwerben möchten. 47

c) Für Schuldscheindarlehen relevante gesetzliche Regelungen

aa) Gesetzliche Kündigungsrechte

Ebenso wie Namensschuldverschreibungen können, abhängig von den Umständen des Einzelfalles, auch Schuldscheindarlehen als Dauerschuldverhältnis im Sinne des § 314 BGB angesehen werden. Insoweit wird auf die Ausführungen zu § 314 BGB in Rn 24 verwiesen. 48

Neben dem Kündigungsrecht aus § 314 BGB enthält § 489 BGB ein ordentliches Kündigungsrecht des Darlehensnehmers, und § 490 BGB ein außerordentliches Kündigungsrecht des Darlehensgebers, das neben § 314 BGB tritt.[67]

Von Bedeutung für Schuldscheindarlehen mit derivativer Komponente sind insbesondere die sich aus § 489 Abs. 1 ergebenden Kündigungsrechte des Darlehensnehmers. Eine Verzinsung mit derivativer Komponente wird oftmals der Regelung des § 489 Abs. 1 Nr. 1 BGB unterfallen. Hierunter fallen solche Zinsregelungen, bei denen jeweils für einen gewissen Zeitraum eine Zinsbindung gilt; nach Ablauf der betreffenden Zinsbindungsfrist wird dann ein neuer Zins bestimmt, der wiederum für einen gewissen Zeitraum gilt. Eine Kündigung des Darlehens ist für den Darlehensnehmer stets zum Ablauf einer solchen Zinsbindungsfrist möglich. Von der Regelung betroffen sind also – neben üblichen „Floating Rate"-Strukturen, die zB auf den Euribor oder einen anderen Referenz-Zinssatz abstellen – alle Strukturen, bei denen für mehrere Zeiträume innerhalb der Laufzeit des Finanzinstruments jeweils (anhand eines Referenzwertes) ein neuer Zins festgelegt wird.

Von Bedeutung für Schuldscheindarlehen ist überdies das Kündigungsrecht aus § 489 Abs. 1 Nr. 2 BGB, wonach sich der Darlehensnehmer nach spätestens zehn Jahren aus dem Vertrag lösen kann. In der Praxis werden länger laufende Strukturen auch vor diesem Hintergrund oftmals als Namensschuldverschreibung aufgesetzt.

bb) Allgemeine Geschäftsbedingungen

Soweit der Vertrag über das Schuldscheindarlehen vielfach verwendete vorformulierte Vertragsbedingungen enthält, kann er am Maßstab der §§ 305 ff BGB zu messen sein. Dann können überraschende, unverständliche oder unangemessen benachteiligende Klauseln als unwirksam angesehen werden. 49

cc) Schuldverschreibungsgesetz

Das Schuldverschreibungsgesetz (vgl Rn 16 sowie Rn 31) ist nicht auf Schuldscheindarlehen anwendbar. 50

---

67 Vgl. § 490 Abs. 3 BGB.

dd) Abtretung bzw sonstige Möglichkeiten zur Übertragung

51 Wie bereits dargestellt, ist nach § 354a Abs. 1 HGB bei Abtretungen von Geldforderungen zwischen Kaufleuten das Abtretungsverbot nach § 399 BGB unbeachtlich (s. Rn 31). Zu beachten sind in diesem Zusammenhang insbesondere die Anwendbarkeit der Vorschrift auf „Kaufleute" fremden Rechts und die Vorschrift des § 354 a Abs. 2 HGB, wonach § 354 a Abs. 1 HGB auf Forderungen aus einem Darlehensvertrag dann keine Anwendung findet, wenn deren Gläubiger ein Kreditinstitut im Sinne des Kreditwesengesetzes ist.

ee) Einverständnis des Treuhänders

52 Auch für Schuldscheindarlehen gilt: Wenn diese bzw die aus ihnen herrührenden Ansprüche dem Sicherungsvermögen (§ 66 VAG) einer Versicherung angehören, erfordert die Abtretung der daraus erwachsenden Forderungen das schriftliche Einverständnis des Treuhänders für das Sicherungsvermögen. Ohne ein solches Einverständnis ist die Abtretung nach §§ 135, 400 BGB schwebend unwirksam, kann aber nach §§ 182, 184 BGB rückwirkend genehmigt werden.

2. Aufsichtsrecht

a) Erforderlichkeit einer Bankerlaubnis gemäß § 32 KWG

53 Je nach den Umständen des Einzelfalles kann auch die Aufnahme von Geld mittels Schuldscheindarlehen eine Annahme fremder Gelder als Einlage gemäß § 1 Abs. 1 KWG darstellen (Einlagengeschäft). In einem solchen Fall bedarf die Darlehensaufnahme einer entsprechenden Bankerlaubnis und steht unter der Aufsicht der BaFin. Insoweit wird auf die Ausführungen in Rn 34 verwiesen.

b) Keine Prospektpflichten

54 Im Gegensatz zu Namensschuldverschreibungen wird das Schuldscheindarlehen auch nicht durch das Vermögensanlagengesetz erfasst. Damit besteht in Deutschland keine Prospektpflicht für Schuldscheindarlehen.

c) Typische Investmentrestriktionen

55 Wie bereits ausgeführt, werden Schuldscheindarlehen (wie auch Namensschuldverschreibungen), sei es mit oder ohne derivative Komponente, insbesondere von regulierten, institutionellen Investoren als Investment-Format bevorzugt. Eine der bedeutendsten Investorengruppen in diesem Segment sind deutsche Versicherungsunternehmen. Die Investmenttätigkeit deutscher Versicherungsunternehmen wird insbesondere nach den Maßgaben des § 54 VAG in Verbindung mit der zugehörigen Anlageverordnung (AnlV) reguliert. Zumindest indirekt gelten diese bzw. entsprechende Maßgaben auch für viele deutsche Pensionskassen und Versorgungseinrichtungen. Im Folgenden soll daher auf die Maßgaben des § 54 VAG in Verbindung mit den einschlägigen Regelungen der Anlageverordnung eingegangen werden (Einzelheiten s. § 26).
Schuldscheindarlehen sind nach § 2 Abs. 1 Nr. 3 und 4 AnlV grundsätzlich für das gebundene Vermögen erwerbbar:

- Gemäß § 2 Abs. 1 Nr. 3 AnlV können Darlehen an die öffentliche Hand sowie an bestimmte staatliche Einrichtungen für das gebundene Vermögen erworben werden. Ferner sind nach § 2 Abs. 1 Nr. 3 AnlV Darlehen an beliebige Schuldner für das gebundene Vermögen eligibel, sofern für deren Verzinsung und Rückzahlung die öffentliche Hand oder andere bestimmte Stellen bzw. Unternehmen die volle Gewährleistung übernehmen oder ein Versicherungsunternehmen das Ausfallrisiko versichert hat.

- Gemäß § 2 Abs. 1 Nr. 4 AnlV können Darlehen an bestimmte Unternehmen für das gebundene Vermögen erworben werden, sofern die vertraglich vereinbarte Verzinsung und Rückzahlung gewährleistet erscheinen und die Darlehen ausreichend gesichert sind. Darüber hinaus können nach dieser Norm unter bestimmten Voraussetzungen auch Gesellschafter-Darlehen erworben werden.

Die Anforderungen an diese verschiedenen Anlageklassen werden wiederum insbesondere durch das Rundschreiben 4/2011 (VA)[68] konkretisiert.

Schuldscheindarlehen (wie auch Namensschuldverschreibungen) können unter bestimmten Bedingungen auch für das gebundene Vermögen erworben werden, wenn sie derivative Elemente enthalten (strukturierte Produkte). Bei einem strukturierten Produkt handelt es sich um einen Anlagegegenstand, bei dem ein Kassainstrument mit einem oder mehreren bestimmten derivativen Finanzinstrumenten zu einer rechtlichen und wirtschaftlichen Einheit verbunden ist. Die Zuordnung strukturierter Produkte zu den Anlageklassen bestimmt sich nach der Rechtsnatur des Kassainstruments. Kann dieses einer bestimmten Anlageklasse zugerechnet werden, so gilt dies auch für das strukturierte Produkt.

- **Einfach strukturierte Produkte:** Einfach strukturierte Produkte sind Produkte, die ein gegenüber klassischen Kapitalanlagen vergleichbares Risiko beinhalten. Diese können nach dem Rundschreiben 3/1999[69] unter folgenden Voraussetzungen für das gebundene Vermögen erworben werden:
    - Das strukturierte Produkt muss eine Kapitalgarantie gewähren, d.h. das investierte Kapital muss zum Zeitpunkt der Fälligkeit in der Währung, auf die das strukturierte Produkt lautet, voll zum Nennwert zurückgezahlt werden. Vorher erfolgte Zins-, Bonus- oder sonstige Zahlungen dürfen auf den Rückzahlungsbetrag nicht angerechnet werden.
    - Eine negative Verzinsung muss ausgeschlossen sein, d.h. das Versicherungsunternehmen darf in keinem Fall zur Zahlung von Zinsen verpflichtet sein.

    Wird durch das strukturierte Produkt eine Abnahmeverpflichtung des Versicherungsunternehmens begründet oder kann sie begründet werden, so ist es für die Anlage im gebundenen Vermögen nur geeignet, wenn die abzunehmenden Vermögensgegenstände zu derselben Anlageart gehören, für sie eine Kapitalgarantie gewährt wird und eine Negativverzinsung ausgeschlossen ist. Darüber hinaus muss sichergestellt sein, dass bei Abnahme eine ausreichende Liquidität vorhanden ist.

    Begründet das strukturierte Produkt eine Lieferverpflichtung oder kann es sie begründen, ist sein Erwerb nur möglich, wenn die zu liefernden Vermögenswerte sich bei Vertragsschluss und während der gesamten Laufzeit im Bestand des Versicherungsunternehmens befinden.

- **Komplex strukturierte Produkte:** Komplex strukturierte Produkte müssen zusätzlich zu den Anforderungen an einfach strukturierte Produkte die Vorgaben des § 7 Abs. 2 S. 2 VAG sowie deren Konkretisierung durch das Rundschreiben R 3/2000[70] erfüllen.

    Je nach Zuordnung der Schuldscheindarlehen (bzw. Namensschuldverschreibungen) zu den verschiedenen Anlageklassen, müssen zudem die Vorgaben an die Mischung (§ 3 AnlV) und an die Streuung (§ 4 AnlV) der Kapitalanlagen erfüllt werden.

---

68 Rundschreiben 4/2011 (VA) – Hinweise zur Anlage des gebundenen Vermögens von Versicherungsunternehmen, Geschäftszeichen VA 54 – I 3200 – 2010/0008, 15.4.2011.
69 Rundschreiben 3/1999: Strukturierte Produkte, 30.10.1999.
70 Rundschreiben 3/2000 des Bundesaufsichtsamtes für das Versicherungswesen mit Hinweisen zu den nach § 7 Abs. 2 S. 2 VAG möglichen Geschäften, 19.10.2000.

3. Einlagensicherung

56 Für Schuldscheindarlehen gelten insoweit grundsätzlich die Ausführungen zu Namensschuldverschreibungen. Es wird daher auf die Ausführungen in Rn 40 verwiesen.

4. Bilanzierung

57 Für Schuldscheindarlehen gelten insoweit grundsätzlich die Ausführungen zu Namensschuldverschreibungen. Es wird daher auf die Ausführungen in Rn 41 verwiesen.

§ 12 Wertpapierdarlehen

Literatur: *Ali*, Short selling and securities lending in the midst of falling and volatile markets, JIBLR 2009, 3; *Bachmann*, Rechtsfragen der Wertpapierleihe, ZHR 173 (2009), 596–648; *Cahn* in: Spindler/Stilz, Aktiengesetz, § 68 Rn 71, Übertragung von Namensaktien – Vinkulierung; *Cahn/Ostler*, Eigene Aktien und Wertpapierleihe, AG 2008, 235; *Clouth/Vollmuth*, Wertpapierdarlehen und Wertpapierpensionsgeschäfte, in: Hopt (Hrsg.), Vertrags- und Formularbuch zum Handels-, Gesellschafts- und Bankrecht, 4. Aufl. 2010; *Financial Stability Board*, Market Overview and Financial Stability Issues, S. 2; *Firth*, Derivatives Law and Practice, chapter 19 – Stock Loans and Repos, 19-007; *Freitag* in: Staudinger, Kommentar zum Bürgerlichen Gesetzbuch, § 607 BGB Rn 21; *Gillor*, Der Rahmenvertrag für Finanzgeschäfte der Europäischen Bankenvereinigung (EMA); *Hennrichs* in: Münchener Kommentar zum Aktiengesetz, § 246 HGB Rn 153; *Huw* in: Reuters, Securities Lending down 40 percent since Lehman crash – ISLA, 23.6.2010; *ICMA (und andere Verbände)*, Press Release, Launch Securities Lending Guide, 13.9.2010; *ISLA*, Global Master Securities Lending Agreement, Januar 2010; *Kienle* in: Schimansky/Bunte/Lwowski, Bankrechts-Handbuch, § 105 Wertpapierleihe und Wertpapier-Pensionsgeschäft.

A. Einleitung..................................	1	I. Deutscher Rahmenvertrag für Wertpapierdarlehen............................	12
I. Marktüberblick Wertpapierdarlehen.....	1		
II. Grundstruktur..........................	3	II. GMSLA...................................	21
III. Motivation der Marktteilnehmer........	7	III. European Master Agreement.............	29
B. Vertragsdokumentation.....................	11	C. Ausgewählte Rechtsthemen.................	30

A. Einleitung[1]

I. Marktüberblick Wertpapierdarlehen

Auch wenn die Größe des Marktes für Wertpapierdarlehensgeschäfte nur auf Schätzungen beruht, so lässt sich dessen Bedeutung für den Finanzmarkt und den Wirtschaftskreislauf ohne Zweifel erkennen. 1

So ist das **Volumen des Marktes für Wertpapierdarlehen** in Europa schwer festzustellen. Es werden schlicht keine Daten erhoben. Nach Schätzungen beträgt das Volumen für Wertpapierdarlehensgeschäfte in Europa lediglich 15 % im Vergleich zum Markt für Wertpapierpensionsgeschäfte.[2] Weltweit sollen nach Angaben des Financial Stability Board im April 2012 etwa 1,8 Trillionen USD[3] an Wertpapieren Gegenstand einer Wertpapierleihe sein. Nach anderen Schätzungen soll das Volumen weltweit sogar 2,5 Trillionen USD[4] betragen.

Die Interessen der Teilnehmer am Markt für Wertpapierdarlehensgeschäfte (wie auch Wertpapierpensionsgeschäfte) werden international durch entsprechende Industrieverbände vertreten. Für den Bereich der Wertpapierdarlehensgeschäfte hat sich die International Securities Lending Association (**ISLA**) im Jahr 1989 gegründet. Der Verband hat den im Markt vielfach verwendeten Standard-Rahmenvertrag für Darlehensgeschäfte entworfen. Auf nationaler Ebene hat sich kein eigenständiger Verband gebildet, so dass der Bundesverband deutscher Banken (**BdB**) die Interessen der Teilnehmer in diesem Marktsegment auf nationaler Ebene vertritt. Der BdB hat hierzu eigenständige Standard-Rahmenverträge für den deutschen Markt entwickelt. 2

---

[1] Für die Durchsicht des Manuskripts sei Herrn Friedrich Schlimbach, Frau Annette Düren und Frau Julia Kesicki gedankt.
[2] Securities Lending Time, Issue 002, 15 June 2010, S. 15. Zum Volumen des Marktes für Wertpapierpensionsgeschäfte siehe § 13 Rn 1.
[3] *Financial Stability Board*, Market Overview and Financial Stability Issues, S. 2.
[4] *ICMA (und andere Verbände)*, Press Release, Launch Securities Lending Guide, 13.9.2010.

II. Grundstruktur

3 Es ist festzuhalten, dass es sich bei Wertpapierdarlehens- bzw Wertpapierpensionsgeschäften[5] nicht um Derivategeschäfte im eigentlichen Sinne handelt. Zwar hängt der Wert eines Wertpapierdarlehens- bzw Wertpapierpensionsgeschäften vom Wert des jeweils zu liefernden Wertpapiers ab und dieser Wert wird bei der Bestimmung des Rückkaufpreises bzw der Darlehensgebühr berücksichtigt.[6] Eine sich darüber hinaus ergebende Abhängigkeit von einem Basiswert ist diesen Transaktionen jedoch fremd. Vielmehr sind diese Geschäftsarten eher dem **Kassamarkt** zuzuordnen, bei denen das Geschäft zunächst durch Lieferung bzw Zahlung abgeschlossen ist.

Nichtsdestotrotz sind Wertpapierdarlehens- und Wertpapierpensionsgeschäften derart eng mit den eigentlichen Derivategeschäften verknüpft bzw ermöglichen es erst, bestimmte derivative Positionen in Wertpapieren einzunehmen, dass diese Geschäftsarten untrennbar zum Markt für Finanzderivate gehören. Darüber hinaus sind viele Prinzipien und rechtliche Konzepte, die für Finanzderivate gelten, auf Wertpapierpensions- und Wertpapierdarlehensgeschäfte zu übertragen. Insbesondere ist deren Dokumentation, der in diesem Buch für Finanzderivate dargestellten Dokumentation (siehe § 6 und § 7) sehr ähnlich.

4 Bei einem **Wertpapierdarlehensgeschäft** (auch Wertpapierleihe genannt) erhält der Darlehensnehmer spezifische Wertpapiere durch den Darlehensgeber. Gegenstand eines Wertpapierdarlehens können jede Art von Wertpapieren sein (Inhaberschuldverschreibungen, Aktien, Namenspapiere, Asset Backed Securities etc.). Dabei geht die Rechtsstellung in Bezug auf diese Darlehenspapiere vollständig auf den Darlehensnehmer über. Der Darlehensnehmer kann frei über die Wertpapiere verfügen. In seiner Grundform handelt es sich bei einem Wertpapierdarlehensgeschäft um ein unbesichertes Sachdarlehen.

Nach Ende der Laufzeit des Darlehens ist der Darlehensnehmer verpflichtet, die Darlehenspapiere in gleicher Art, Güte und Menge wieder an den Darlehensgeber zurückzuliefern. Der Darlehensgeber erhält für die Laufzeit eine Darlehensgebühr bzw einen Darlehenszins.

5 Um das Kreditrisiko des Darlehensnehmers abzusichern, wird vielfach eine entsprechende Sicherheit seitens des Darlehensnehmers verlangt. Gerade die Bankenkrise in 2008/2009 hat gezeigt, dass das Kreditrisiko der entsprechenden Gegenpartei nur noch selten getragen wird. So ist das Volumen für unbesicherte Wertpapierdarlehen in Folge der Bankenkrise 2008/2009 um 40 % gesunken.[7] Grundsätzlich kann die **Besicherung** durch jede Form von Vermögensgegenstand erfolgen. Zumeist bestehen die Sicherheiten aus Barmitteln oder Wertpapieren. Rechtlich ist die Besicherung überwiegend als Vollrechtsübertragung ohne weiteren Sicherungszweck bzw Sicherungsbindung ausgestaltet. Allerdings kommen auch Sicherungsübereignungen/-abtretungen, Sicherungspfandrechte, Bürgschaften, Garantien oder andere Arten von Sicherheitsstrukturen in Betracht.

6 In rechtlicher Hinsicht ist das Wertpapierdarlehen als **Sachdarlehen** im Sinne des § 607 Abs. 1 BGB zu qualifizieren.[8] Der Darlehensgeber erhält für die Zurverfügungstellung der Darlehenspapiere einen entsprechenden Darlehenszins gemäß § 607 Abs. 1 S. 2 BGB. Vielfach wird für das Wertpapierdarlehen auch der etwas unglückliche Begriff der Wertpapierleihe verwendet. Es handelt sich beim Wertpapierdarlehen aber keineswegs um eine Leihe im Sinne des § 598 BGB. Im Falle einer Leihe muss der Leihnehmer die „geliehene Sache" gemäß § 604 BGB zurückgeben. Dies ist bei einem Wertpapierdarlehen zum einen schwerlich möglich, da der Darlehensnehmer andernfalls die Wertpapiere nicht weiter nutzen könnte,

---

5 Zur Grundstruktur von Wertpapierpensionsgeschäften ausführlich § 13 Rn 4.
6 Vgl Legaldefinition des Derivates gemäß § 1 Abs. 11 KWG.
7 *Huw* in: Reuters, Securities Lending down 40 per cent. since Lehman crash – ISLA, 23.6.2010.
8 *Bachmann* ZHR 173, 600; *Hennrichs* in: Münchener Kommentar zum Aktiengesetz, § 246 HGB Rn 153; *Freitag* in: Staudinger, Kommentar zum Bürgerlichen Gesetzbuch, § 607 BGB Rn 21.

zum anderen besteht aufgrund der Fungibilität der Wertpapiere für den Darlehensgeber kein Interesse an einer Rückgabe der identischen (zur Verfügung gestellten) Wertpapiere.[9]

III. Motivation der Marktteilnehmer

Beim **Wertpapierdarlehen** steht der Zugang zu bestimmten Wertpapieren im Vordergrund der Motivation der Marktteilnehmer. Dem Darlehensnehmer geht es in erster Linie darum, die Darlehenspapiere zu erhalten, um beispielsweise anderweitige Verpflichtungen aus Termingeschäften zu erfüllen. Der Darlehensnehmer verfolgt damit eine **Absicherungsstrategie**. Der Darlehensnehmer ist hierfür bereit, einen entsprechenden Darlehenszins zu entrichten. Für den Darlehensgeber bildet dieser Darlehenszins den wirtschaftlichen Anreiz, die Wertpapiere zur Verfügung zu stellen.

Ferner lassen sich mit Hilfe des Wertpapierdarlehens und einer Kombination mit anderen Finanzmarkttransaktionen **Leerverkäufe** darstellen und auf fallende Kurse von Wertpapieren spekulieren.[10] Solche sogenannten Short-Positionen werden aufgebaut, indem der Darlehensnehmer zunächst über das Wertpapierdarlehen zum Tag X die Darlehenspapiere zum Darlehenszins Z erhält. Diese haben zum Tag X einen Marktpreis von Y. Gleichzeitig veräußert dieser die Wertpapiere an einen Dritten weiter. Fallen die Kurse des Wertpapiers auf Y-20 am Tag X+30 (dem Beendigungstag des Wertpapierdarlehens), dann erwirbt der Darlehensnehmer die Wertpapiere im Markt am Tag X+30 für den geringeren Preis von Y-20. Er bedient das Wertpapierdarlehen und liefert die Wertpapiere an den Darlehensgeber zurück. Als Gewinn kann der Darlehensnehmer damit 20 abzüglich des Darlehenszinses Z verbuchen. Alternativ kann dieser bereits am Tag X ein entsprechendes Termingeschäft eingehen (sog. Forward Purchase), um bei weniger liquiden Wertpapieren nicht von der Handelbarkeit der Wertpapiere am Beendigungstag des Wertpapierdarlehens (X+30) abhängig zu sein.

Das oben dargestellte Beispiel sogenannter Leerverkäufe ist nur ein Beispiel für den Einsatz von Wertpapierdarlehen. Daneben ergeben sich weitere Einsatzmöglichkeiten der Wertpapierleihe, um Preisdifferenzen in verschiedenen Märkten bzw Produktarten auszunutzen. Solche **Arbitrage**-Möglichkeiten eröffnen sich vielfach erst durch den Einsatz der Wertpapierleihe. Ein Beispiel ist die Ausnutzung von Preisdifferenzen zwischen dem Aktienmarkt und dem Markt für Termingeschäfte (Futures). Ist ein Future auf eine Aktie günstig im Verhältnis zum Preis der Aktie, kann dieser Unterschied ausgenutzt werden, indem man den Future erwirbt, gleichzeitig die Aktie veräußert und diese Veräußerung im Wege eines Wertpapierdarlehens erfüllt. Bei Beendigung des Wertpapierdarlehens macht man den Future geltend und erfüllt das Wertpapierdarlehen.[11] Ein weiteres Beispiel von Arbitrage-Transaktionen lässt sich in Bezug auf die Ausnutzung unterschiedlicher steuerlicher Behandlungen ausmachen. So kann in Bezug auf Dividendenzahlungen auf Aktien ein Darlehensgeber, der einer entsprechend hohen Besteuerung solcher Dividendenzahlungen unterliegt, die Aktie an einen Darlehensnehmer übertragen, bei dem die steuerliche Belastung geringer ist. Solange der Darlehensgeber im Ergebnis eine höhere Netto-Dividende erhält, als wenn dieser die Aktie und die entsprechenden Dividenden direkt bei sich versteuern würde, und der Gewinn zwischen beiden Parteien aufgeteilt wird, lohnt sich eine solche Transaktion für beide Parteien.

Schließlich dient das Wertpapierdarlehen vielfach auch als Hilfsmittel für den Erwerb, die Veräußerung und den Handel von Wertpapieren. In dieser **Settlement-Funktion** können

---

9 Siehe hierzu auch *Kienle* in: Schimansky/Bunte/Lwowski, Bankrechts-Handbuch, § 105 Wertpapierleihe und Wertpapier-Pensionsgeschäft, Rn 24.
10 *Ali*, Short selling and securities lending in the midst of falling and volatile markets, JIBLR 2009, 3.
11 Weitere Arbitrage-Beispiele bei *Firth*, Derivatives Law and Practice, chapter 19 – Stock Loans and Repos, 19-007.

Wertpapierdarlehen gerade bei Handelshäusern, die vielfach und mehrfach Positionen handeln, entsprechende Spitzen ausgleichen und ermöglichen die Erfüllung sämtlicher Lieferverbindlichkeiten. Risiken in Bezug auf das Settlement des Wertpapierhandels können somit wirkungsvoll reduziert werden. Eine ähnliche Funktion erfüllt das Wertpapierdarlehen zur Verhinderung von Kursschwankungen, wenn größere Kauforder erfüllt werden müssen bzw im Rahmen von Mehrzuteilungsoptionen bei der Emission von Wertpapieren.[12]

B. Vertragsdokumentation

11 Wertpapierdarlehen (wie auch Wertpapierpensionsgeschäfte, s. hierzu ausführlich § 13) sind standardisierte Transaktionen, die in hohen Volumina für kurzfristige Zeiträume abgeschlossen werden. Es haben sich daher im Markt standardisierte Dokumentationen entwickelt, welche den Marktteilnehmern einen sicheren Rechtsrahmen bieten und eine Konzentration auf die wirtschaftlichen Parameter der Transaktionen zulassen. Wie bereits an anderer Stelle in diesem Handbuch im Rahmen der klassischen Finanzderivate dargestellt, bedient sich die Finanzindustrie der Technik des Rahmenvertrages, in den sämtliche für jede Transaktion gültige Vereinbarungen vor die Klammer gezogen werden.[13] Es handelt sich quasi um den **allgemeinen Teil** der Rechtsbeziehung der Vertragsparteien. Die eigentlichen Transaktionen werden dann durch Einzelabschlüsse dokumentiert und bilden damit den **besonderen Teil**.

Neben den im internationalen und europäischen Markt üblichen Vertragsgestaltungen haben sich auch im deutschen Markt Standardverträge herausgebildet, die nun im Einzelnen dargestellt werden sollen.

I. Deutscher Rahmenvertrag für Wertpapierdarlehen

12 Der Bundesverband deutscher Banken hat im Jahr 1999 den Deutschen Rahmenvertrag für Wertpapierdarlehen veröffentlicht.[14] Dieser Rahmenvertrag ist nach wie vor gültig. In seiner Grundkonzeption entspricht der Rahmenvertrag für Wertpapierdarlehen im Wesentlichen dem Deutschen Rahmenvertrag für Finanztermingeschäfte (hierzu ausführlich § 6). Allerdings sieht der Rahmenvertrag dem Geschäft des Wertpapierdarlehens angepasste Regelungen vor.

Vertragsgegenstand[15] des Wertpapierdarlehens ist die Überlassung von Wertpapieren durch den Darlehensgeber an den Darlehensnehmer für einen festgelegten Zeitraum. Der Darlehensnehmer ist zur Rückgewähr von Wertpapieren gleicher Art, Güte und Menge verpflichtet. Die konkrete Ausgestaltung einer Transaktion erfolgt durch einen Einzelabschluss, der dann zusammen mit dem Rahmenvertrag einen einheitlichen Vertrag bildet.[16]

13 Mit der Lieferung der Darlehenspapiere geht das **unbeschränkte Eigentum** (oder eine andere am Verwahrort der Wertpapiere übliche bzw gleichwertige Rechtsstellung) auf den Darlehensnehmer über.[17] Dieser kann frei über die Darlehenspapiere verfügen. Das unbeschränkte

---

12 *Bachmann* ZHR 173, 599.
13 *Bachmann* ZHR 173, 603; ausführlich hierzu § 6.
14 Rahmenvertrag für Wertpapierdarlehen, herausgegeben vom Bundesverband deutscher Banken, Bank-Verlag Nr. 43034 (11/99).
15 Nr. 1 Abs. 1 des Rahmenvertrages für Wertpapierdarlehen.
16 Nr. 1 Abs. 2 iVm Nr. 2 des Rahmenvertrages für Wertpapierdarlehen.
17 Nr. 3 Abs. 2 des Rahmenvertrages für Wertpapierdarlehen.

Eigentum beinhaltet auch das Recht des Darlehensnehmer, etwaige Stimmrechte als Aktionär auszuüben.[18]

Für **vinkulierte Namensaktien**[19] ist in Bezug auf die Verfügungsbefugnis im Verhältnis zwischen Darlehensgeber und Darlehensnehmer bestimmt, dass Letzterer bereits vor der Eintragung in das Aktienregister über diese verfügen darf. Diese Verfügungen sind schwebend unwirksam, solange die Aktiengesellschaft ihre Zustimmung nicht erteilt hat. Mit der Zustimmung der Aktiengesellschaft wird gemäß § 184 Abs. 1 BGB die Verfügung im Rahmen des Wertpapierdarlehens und gemäß § 185 Abs. 2 BGB jede weitere Verfügung wirksam.[20] Verweigert die Aktiengesellschaft aber die Zustimmung, so kann die vertragliche Vereinbarung im Rahmenvertrag nicht über die Unwirksamkeit des Verfügungsgeschäft hinweghelfen.

Der Rahmenvertrag für Wertpapierdarlehen sieht einen **Wertausgleich** zwischen den Parteien vor.[21] Demnach werden die Darlehenssummen der jeweiligen Parteien miteinander verglichen und aus deren Unterschieden ein Wertausgleichsbetrag bestimmt. Bei der Berechnung der jeweiligen Darlehenssumme werden folgende Beträge berücksichtigt:
1. Marktwert der gelieferten Darlehenspapiere (einschließlich etwaiger Aufschläge für Kurssteigerungen) und
2. Wert der noch nicht rückübertragenen Leistungen aus vorangegangenem Wertausgleich (bei Geldzahlungen ist dies der Nominalbetrag zzgl. Zinsen).

Der Wertausgleich erfolgt dabei durch Leistungen, die von den Parteien entsprechend vereinbart wurden (oder aber durch Geldzahlung bzw Lieferung von Schuldverschreibungen der Bundesrepublik Deutschland), sofern ein entsprechender Mindestbetrag überschritten ist.[22] Bei Lieferung von Wertpapieren vereinbaren die Parteien vielfach einen Abschlag auf den Wert der Wertpapiere. Beim Wertausgleich handelt es sich demnach um eine einfache Art der **Besicherung**, um das Ausfallrisiko der Gegenpartei zu reduzieren.[23]

Zentrale Vorschrift des Wertausgleichs ist dabei die Bestimmung des **Marktwerts** der Darlehenspapiere bzw derjenigen Wertpapiere, die im Rahmen des Wertausgleichs geliefert werden. Nach dem Rahmenvertrag für Wertpapierdarlehen[24] bestimmt sich der Marktwert bei börsengehandelten Wertpapieren nach dem Kassakurs an der Frankfurter Wertpapierbörse bzw an der Heimatbörse des entsprechenden Wertpapiers (einschließlich etwaiger Stückzinsen). Falls ein solcher Kurs nicht vorliegt, ermittelt jede Partei einen Ankaufkurs von einem Marktteilnehmer, aus denen dann ein arithmetisches Mittel gebildet wird.

Auch das **Darlehensentgelt** bestimmt sich auf Basis des Marktwerts der Darlehenspapiere an dem im Einzelabschluss angegebenen Tag. Der Einzelabschluss bestimmt ferner die Höhe des Prozentsatzes. Es handelt sich dabei um eine Vereinbarung im Sinne des § 607 Abs. 1 S. 2 BGB.

Der Rahmenvertrag für Wertpapierdarlehen sieht darüber hinaus Regelungen über Zinsen, Dividenden, Ausschüttungen, Berichtigungsaktien und Bezugsrechte in Bezug auf die Darlehenspapiere vor.[25] Würde eine vertragliche Regelung fehlen, dann würden diese Erträge aus den Darlehenspapieren dem Darlehensnehmer zustehen, da dieser das unbeschränkte Eigen-

---

18 Zum Stimmrecht mit ausführlichen Nachweisen: *Kienle* in: Schimansky/Bunte/Lwowski, Bankrechts-Handbuch, § 105 Wertpapierleihe und Wertpapier-Pensionsgeschäft, Rn 36. S. auch § 13 Rn 24.
19 Es handelt sich hierbei um Namensaktien, deren Übertragbarkeit gemäß § 68 Abs. 2 S. 1 AktG von der Zustimmung der Aktiengesellschaft abhängt.
20 *Cahn* in: Spindler/Stilz, Aktiengesetz, § 68 Rn 71, Übertragung von Namensaktien – Vinkulierung.
21 Nr. 4 des Rahmenvertrages für Wertpapierdarlehen.
22 Nr. 11 Abs. 7 des Rahmenvertrages für Wertpapierdarlehen.
23 *Cahn/Ostler*, Eigene Aktien und Wertpapierleihe, AG 2008, 235; *Kienle* in: Schimansky/Bunte/Lwowski, Bankrechts-Handbuch, § 105 Wertpapierleihe und Wertpapier-Pensionsgeschäft, Rn 37.
24 Nr. 11 Abs. 2 des Rahmenvertrages für Wertpapierdarlehen.
25 Nr. 6 des Rahmenvertrages für Wertpapierdarlehen.

tum an den Darlehenspapieren erhält. Nach der vertraglichen Regelung allerdings stehen **Zinsen, Gewinnanteile sowie sonstige Ausschüttungen** dem Darlehensgeber zu. Der Darlehensnehmer ist insoweit zu einer Kompensationszahlung verpflichtet. Etwaige **Berichtigungsaktien**, die auf die Darlehenspapiere begeben werden, sind Bestandteil des Wertpapierdarlehens und werden am Rückgabetag ebenfalls mitübertragen. Für **Bezugsrechte** gilt ebenfalls, dass diese dem Darlehensgeber innerhalb von drei Tagen zur Verfügung zu stellen sind. Andernfalls kann dieser die entsprechenden Bezugsrechte im Markt erwerben und den Schaden beim Darlehensnehmer geltend machen.

18 Schließlich enthält der Rahmenvertrag Regelungen für die Kündigung eines auf unbestimmte Zeit geschlossenen Wertpapierdarlehens. In jedem Fall endet ein zeitlich unbestimmtes Wertpapierdarlehen ein Jahr nach dem Valutierungstag.[26] Insoweit handelt es sich um vertragliche Ausgestaltungen des geltenden Kündigungsrecht für unbestimmte Sachdarlehen gemäß § 608 Abs. 2 BGB. In allen anderen Fällen erfolgt die **Rücklieferung** der Darlehenspapiere am vereinbarten Fälligkeitstag. Es sind Wertpapiere der gleichen Art, Güte und Menge zurückzuliefern. Etwaige Kursschwankungen in Bezug auf die Darlehenspapiere sind für den Rücklieferungsanspruch irrelevant, da eine bestimmte Anzahl an Wertpapieren zurückzuübertragen sind.

Kommt es zu Umtausch-, Abfindungs- oder sonstigen veröffentlichten Kaufangeboten in Bezug auf die Darlehenspapiere, sind diese vor dem Beginn der Frist zur Annahme des jeweiligen Angebots zurückzuliefern. Damit soll der Darlehensgeber das Recht (zurück)erhalten, über solche wesentlichen, die Darlehenspapiere betreffenden Fragen zu entscheiden.

19 Schließlich sieht der Rahmenvertrag für Wertpapierdarlehen Bestimmungen für **nichtfristgemäße Rücklieferungen** der Darlehenspapiere vor.[27] Die Regelungen ermöglichen es dem Darlehensgeber, schnell auf eine Nichtlieferung zu reagieren und dienen damit der Schadensbegrenzung. Demnach kann sich der Darlehensgeber nach vorheriger Androhung mit den geschuldeten Wertpapieren eindecken. Dem Darlehensgeber stehen dann ein **Aufwendungsersatzanspruch** sowie Verzugszinsen zu. Im Übrigen berechtigt eine Nichtlieferung zunächst nicht zur Kündigung des Rahmenvertrages aus wichtigem Grund. Erst wenn die säumige Partei den entsprechenden Aufwendungsersatzanspruch nicht begleicht, kann sich hieraus ein wichtiger Grund zur Kündigung ergeben.

20 Die Regelungen der Nummer 9 des Rahmenvertrages für Wertpapierdarlehen (Beendigung, Schadensersatz) sind denen des Deutschen Rahmenvertrags für Finanztermingeschäfte im Wesentlichen vergleichbar (die detaillierte Darstellung s. § 5). Der Rahmenvertrag kann aus **wichtigem Grund** gekündigt werden, wobei ein solcher insbesondere dann vorliegt, wenn der Aufwendungsersatzanspruch bzw der Anspruch auf Wertausgleich nicht beglichen wird. Der Rahmenvertrag wird automatisch für den Fall der Insolvenz einer Partei beendet. Die Bestimmung der dann an die Stelle sämtlicher unter dem Rahmenvertag fälliger Forderungen tretenden **Ausgleichsforderung** sowie das entsprechende **Netting** folgen dem Beispiel des Deutschen Rahmenvertrages für Finanztermingeschäfte (insoweit sei auf § 5 verwiesen). Die mit dem *Netting* verbundenen Rechtsprobleme sind im Übrigen in §§ 14–24 ausführlich dargestellt.

II. GMSLA

21 Neben den Deutschen Rahmenverträgen gibt es vergleichbare internationale Standardverträge. Im Bereich der Wertpapierdarlehen hat die *International* Securities Lending Association

---

26 Nr. 7 Abs. 3 des Rahmenvertrages für Wertpapierdarlehen.
27 Nr. 8 des Rahmenvertrags für Wertpapierdarlehen.

(ISLA) den **Global Master Securities Lending Agreement** (GMSLA) herausgegeben.[28] Dieser ist in der Fassung von Januar 2010 auf dem neuesten Stand. Der Rahmenvertrag ist für Parteien in sämtlichen Jurisdiktionen grundsätzlich anwendbar. Die Konzeption ist auch hier den Deutschen Rahmenverträgen vergleichbar, dh der GMSLA regelt das allgemeine Verhältnis der Parteien, während die Einzelabschlüsse (sog. Confirmations) die einzelne Transaktion abbilden. Auf den GMSLA findet englisches Recht Anwendung.[29]

Der GMSLA sieht die **Übertragung von Darlehenspapieren** (Securities) gegen die Übertragung von **Sicherheiten** (Collateral) vor, sowie die Vereinbarung zu einem bestimmten Zeitpunkt die entsprechenden Übertragungen rückabzuwickeln.[30] Die Abwicklung der Übertragungsverpflichtungen von Darlehenspapieren gegen Sicherheiten erfolgt **Zug um Zug** (DVP – Delivery versus Payment bzw DVD – Delivery versus Delivery).[31]

22

Eine der wesentlichen Vorschriften ist die Regelung über die Besicherung und die ständige Anpassung der **Höhe der Sicherheiten**.[32] Hierbei werden entweder auf einer Gesamtbasis für den gesamten GMSLA oder aber auf einer Einzeltransaktionsbasis täglich der Wert der Sicherheiten mit dem Wert der Darlehenspapiere verglichen. Im Falle einer Unterdeckung bzw Überdeckung werden zusätzliche Sicherheiten angefordert bzw werden Sicherheiten zurückübertragen. Dieser tägliche Sicherheitenaustausch und die entsprechende Bewertung nennt man „Marking to Market" bzw „Collateral Margining".[33] Hierbei spielt der Begriff des Marktwerts (Market Value) eine entscheidende Rolle. Die Bestimmung des Marktwertes basiert zunächst auf entsprechenden Informationen durch angesehene Preisinformationssysteme, wobei für bestimmte außergewöhnliche Situationen auf den Durchschnitt der von Marktteilnehmern gebotenen Handelspreise abgestellt wird.[34]

23

Bei **Beendigung des Wertpapierdarlehens** ist der Darlehensnehmer verpflichtet, entsprechende Wertpapiere an den Darlehensgeber zu liefern.[35] Auch der GMSLA spricht hier von „Equivalent Securities", so dass lediglich Wertpapiere der gleichen Art und Menge zu liefern sind. Gleiches gilt für die Rückübertragung der Sicherheiten.[36] Insbesondere vor dem englischrechtlichen Hintergrund des GMSLA und dem Risiko einer Umdeutung (ausführlich s. § 13 Rn 44) in ein besichertes Darlehen, wird im GMSLA das Konzept von „entsprechenden" Wertpapieren durchgehend aufgeführt.[37] Hierbei umfasst der definierte Begriff Equivalent nicht nur die Wertpapiere selbst, sondern auch etwaige Surrogate, Zahlungen oder sonstige Leistungen in Bezug auf diese. Damit werden insbesondere gesellschaftsrechtliche Maßnahmen erfasst, die zu einer Veränderung der gelieferten Wertpapiere führen.[38]

24

In diesem Zusammenhang ist zu erwähnen, dass der GMSLA ausdrückliche Bestimmungen in Bezug auf die **Ausübung von Stimmrechten** vorsieht und zweifelsfrei feststellt, dass keine Partei bei der Ausübung der Stimmrechte an Weisungen der anderen Partei gebunden ist.[39] Sofern gesellschaftsrechtliche Maßnahmen (Corporate Action) die Zustimmung oder das Wahlrecht der Wertpapierinhaber erfordern, sieht der GMSLA vor, dass die entsprechende

25

---

28 *ISLA*, Global Master Securities Lending Agreement, Januar 2010.
29 Para. 23.1 GMSLA.
30 Para. 1.1 GMSLA.
31 Para. 4.2, 5.1 und 8.4 GMSLA.
32 Para. 5.4 und 5.5 GMSLA.
33 Hierzu ausführlich *Firth*, Derivatives Law and Practice, chapter 19 – Stock Loans and Repos, 19-047.
34 Siehe die Definition von „Market Value" in para. 2.1 GMSLA.
35 Para. 8.1 GMSLA.
36 Para. 8.4 GMSLA.
37 Siehe hierzu insbesondere die Definition von „Equivalent" bzw „equivalent" in para. 2.1 GMSLA.
38 Zu diesem Themenkomplex *Firth*, Derivatives Law and Practice, chapter 19 – Stock Loans and Repos, 19-049.
39 Para. 6.6 GMSLA.

Partei die Wertpapiere austauschen kann, damit die andere Partei diese Rechte ausüben kann.[40]

26 Schließlich sieht der GMSLA ausführliche Vorschriften in Bezug auf Erträge vor, die auf die Wertpapiere geleistet werden. Als **Erträge** werden sämtliche Zinszahlungen, Dividenden und sonstige Ausschüttungen angesehen (sog. Income).[41] Der Darlehensnehmer ist, mit Zahlung der Erträge durch den Emittenten, verpflichtet, eine entsprechende Zahlung an den Darlehensgeber vorzunehmen, sogenannte Manufactured Payments.[42] Erhält der Darlehensnehmer zusätzliche Wertpapiere als Ausschüttungen, fallen diese unter die Darlehenspapiere bzw Sicherheiten.

27 Ein weiterer wesentlicher Abschnitt des GMSLA bilden die **Kündigungsgründe** (Event of Defaults)[43] und der sich an eine Kündigung anschließende **Beendigungs-, Bewertungs- und Nettingprozess**. Hierbei wird die Nichtlieferung von Wertpapieren (sei es als Darlehenspapiere oder Sicherheiten) nicht als unmittelbarer Kündigungsgrund angesehen. Vielmehr kann die betroffene Partei das entsprechende Darlehen fortsetzen und sich die Wertpapiere anderweitig beschaffen.[44] Die Kosten hierfür trägt die andere Partei.[45] Alternativ kann die von einer Nichtlieferung der Wertpapiere betroffene Partei das betroffene Wertpapierdarlehensgeschäft beenden und einen entsprechenden Ausgleichsanspruch in Geld verlangen. Dieser **Ausgleichsanspruch** berechnet sich dabei nach dem gleichen Prozedere wie bei Eintritt eines Kündigungsgrundes und der Beendigung des GMSLA.[46]

28 Zunächst werden mit der Beendigung sämtliche Ansprüche unter dem GMSLA fällig (Acceleration).[47] Sodann werden die jeweiligen Ansprüche bzw Vermögensgegenstände bewertet. Hierzu wird in Bezug auf die Wertpapiere der sogenannte Default Market Value bestimmt. Die Bestimmungen hierzu sind deutlich einfacher als unter dem ISDA Master Agreement (s. § 6). Im Ergebnis werden die zu liefernden Wertpapiere bewertet und Geldforderungen werden in die Vertragswährung umgerechnet.[48] Die Aufrechnung bzw das Netting dieser bewerteten Ansprüche erfolgt dann automatisch, so dass im Ergebnis eine Forderung von einer Partei gegen die andere Partei bleibt.[49] Zum Thema Netting gelten im Übrigen die untenstehenden §§ 14–24.

III. European Master Agreement

29 Schließlich sei auf das European Master Agreement hingewiesen, das durch sogenannte Produktanhänge den Rahmenvertrag für Finanzgeschäfte um Wertpapierdarlehen (wie auch Wertpapierpensionsgeschäfte) erweitert werden kann (ausführlich s. § 5). Der Vorteil dieses Konzepts liegt auf der Hand, da zwischen den Parteien lediglich ein Rahmenvertrag notwendig ist und somit durch ein einheitliches Netting das Kreditrisiko weiter minimiert werden kann. Im einzelnen sehen die Produktanhänge keine Unterschiede zu den bereits vorgestellten Standardverträgen vor.[50]

---

40 Para. 6.7 GMSLA.
41 Definition von „Income" in para. 2.1 GMSLA.
42 Para. 6.2 und 6.3 GMSLA.
43 Para. 10 GMSLA.
44 Para. 9.1 und 9.2 GMSLA.
45 Para. 9.3 GMSLA.
46 Para. 11.2 bis 11.7 GMSLA.
47 Para. 11.1 GMSLA.
48 Para. 2.4 GMSLA.
49 Para. 11.2(b) GMSLA.
50 Im Einzelnen zum Produktanhang Repo zum EMA: *Clouth/Vollmuth* in: Hopt (Hrsg.), Vertrags- und Formularbuch zum Handels-, Gesellschafts- und Bankrecht, S. 1444; *Gillor*, Der Rahmenvertrag für Finanzgeschäfte der Europäischen Bankenvereinigung (EMA), S. 27 ff.

C. Ausgewählte Rechtsthemen

Die im Zusammenhang mit Wertpapierdarlehen diskutierten Rechtsthemen stellen sich auch im Rahmen von Wertpapierpensionsgeschäften. Daher sind ausgewählte Rechtsthemen im Rahmen des Wertpapierdarlehens sowie des Wertpapierpensionsgeschäftes einheitlich im nachfolgenden Kapitel in Abschnitt C dargestellt.

§ 13 Wertpapierpensionsgeschäfte

Literatur: *Acker*, Die Wertpapierleihe, Grundlagen, Abwicklung und Risiken eines neuen Bankprodukts, 1991; *Ali*, Short selling and securities lending in the midst of falling and volatile markets, JIBLR 2009, 1 ff.; *Assmann/Schneider*, Kommentar zum WpHG, 6. Aufl. 2012; *Bundesanstalt für Finanzdienstleistungsaufsicht*, BaFin-Emittentenleitfaden 2009; *Bachmann*, Rechtsfragen der Wertpapierleihe, ZHR 173 (2009), 596–648; *Baur*, Gesetz zur Vorbeugung gegen missbräuchliche Wertpapier- und Derivategeschäfte, jurisPR-BKR, 2010, 1 ff., *Cascante/Bingel*, Die Vorschriften des Anlegerschutz- und Funktionsverbesserungsgesetzes, NZG 2011, 1086 ff; *Choudhry*, The Repo Handbook, JIBLR 2003, 196; *Clearstream Banking AG, Frankfurt*, Kundenhandbuch (Customer Handbook), April 2012; *Clouth/Vollmuth*, Wertpapierdarlehen und Wertpapierpensionsgeschäfte, in: Hopt (Hrsg.), Vertrags- und Formularbuch zum Handels-, Gesellschafts- und Bankrecht, 4. Aufl. 2010; *De la Merced/Werdigier*, The Origins of Lehman's ‚Repo 105', New York Times, 12.3.2010; *Dörge*, Rechtliche Aspekte der Wertpapierleihe, 1992; *ESMA*, Final report – Draft technical standards on the Regulation (EU) No 236/2012 of the European Parliament and of the Council on short selling and certain aspects of credit default swaps, 30.3.2012; *ESMA*, Final Report: ESMA's technical advice on possible Delegated Acts concerning the regulation on short selling and certain aspects of credit default swaps ((EC) No 236/2012) Financial Stability Board, Market Overview and Financial Stability Issues, 20.4.2012; *Findeisen/Tönningsen*, Das Verbot ungedeckter Leerverkäufe, WM 2011, 1405 ff.; *Firth*, Derivatives Law and Practice, chapter 19 – Stock Loans and Repos, March 2011; *Fournier*, The real implications of Repo 105, IFLR, 17.3.2010; *Freitag* in: Staudinger, Kommentar zum BGB, § 607 BGB Rn 21; *Giedinghagen/Leuering*, Ausweitung der kapitalmarktrechtlichen Mitteilungspflichten, NJW-Spezial 2011, 271 ff; *Grimm*, Das Vertragsrecht des Wertpapierdarlehens, 1996; *Huw* in: Reuters, Securities Lending down 40 percent since Lehman crash – ISLA, 23.6.2010; *International Capital Market Association (ICMA)*, European repo market survey, number 22, conducted December 2011, published January 2012; *International Capital Market Association (ICMA)*, European repo market survey, number 2, conducted December 2001, published January 2002; *Kienle* in: Schimansky/Bunte/Lwowski, Bankrechts-Handbuch, § 105 Wertpapierleihe und Wertpapier-Pensionsgeschäft; *Kümpel*, Bank- und Kapitalmarktrecht, 3. Aufl. 2004; *Merkner/Sustmann*, Erste „Guidance" der BaFin zu den neuen Meldepflichten nach §§ 25, 25a WpHG, NZG 2012, 241 ff; *Mock*, Das Gesetz zur Vorbeugung gegen missbräuchliche Wertpapier- und Derivategeschäfte, WM 2010, 2248 ff; *Mülbert* in: Assmann/Schneider, Kommentar zum WpHG, § 30h WpHG; *Renz/Rippel*, Die Unterschiede zwischen Theorie und Praxis – Vergleich der gesetzlichen Lage der Informationspflichten gem. §§ 21 ff. und der Umsetzung durch den Emittentenleitfaden der BaFin, BKR 2009, 265 ff; *Schneider* in: Assmann/Schneider, Kommentar zum WpHG, § 22 WpHG Rn 85; ebenso der BGH ZIP 2009, 913; mit weiteren Nachweisen; *Schwark/Zimmer*, Kapitalmarktrechts-Kommentar, 4. Aufl. 2010; *Sieger/Hasselbach*, Wertpapierdarlehen – Zurechnungsfragen im Aktien-, Wertpapierhandels- und Übernahmerecht, WM 2004, 1370 ff; *Sustmann*, Die Neuauflage des Emittentenleitfadens der BaFin – Rechtssicherheit bei der Abgabe von Stimmrechtsmitteilungen, NZG 2009, 813 ff; *Sustmann*, Wertpapierleihe und Empty Voting – Weitergehender Transparenzbedarf im WpHG?, NZG 2010, 1170 ff; *Süßmann*, Meldepflichten nach § 9 Wertpapierhandelsgesetz, WM 1996, 397 ff; *Tyrolt/Bingel*, Short Selling – Neue Vorschriften zur Regulierung von Leerverkäufen, BB 2010, 1419 ff; *Valukas*, Lehman Brothers Holdings Inc. Chapter 11 Proceedings Examiner Report, Volume 3, 11.3.2010; *v. Hein* in: Schwark/Zimmer, Kapitalmarktrechts-Kommentar, WpHG § 9 Rn 49 ff.

A. Einleitung 1	II. GMRA 18
I. Marktüberblick Wertpapierpensionsgeschäfte 1	C. Ausgewählte Rechtsthemen bei Wertpapierdarlehen und Wertpapierpensionsgeschäften 23
II. Grundstruktur 4	I. Stimmrechte 24
III. Unterscheidung Wertpapierdarlehen/ Wertpapierpensionsgeschäfte 6	II. WpHG Melde- und Mitteilungspflichten 26
IV. Motivation der Marktteilnehmer 7	III. Leerverkäufe 32
B. Vertragsdokumentation 9	IV. Risiko der Umdeutung 44
I. Deutscher Rahmenvertrag für Wertpapierpensionsgeschäfte 10	V. Wertpapierleihesystem/Tri-Party-Repo 46

A. Einleitung[1]

I. Marktüberblick Wertpapierpensionsgeschäfte

Das **Volumen für Wertpapierpensionsgeschäfte** im europäischen Markt hat sich im letzten Jahrzehnt verdreifacht. So betrug das Marktvolumen Ende 2011 etwa 6.204 Milliarden[2] EUR. Auch wenn sich das Wachstum gegenüber dem Vorjahr mit 2,6 % deutlich verlangsamt hat, so ist dies gegenüber dem Jahr 2001 dennoch eine beeindruckende Steigerung (2.289 Milliarden[3] EUR betrug das Volumen 2001).

Die Marktteilnehmer im Wertpapierpensionsmarkt haben sich in der International Capital Market Association (**ICMA**) zusammengeschlossen. ICMA zeichnet insbesondere für den international anerkannten Standard-Rahmenvertrag für Wertpapierpensionsgeschäfte verantwortlich. Auf nationaler Ebene vertritt – wie auch für Wertpapierdarlehen – der Bundesverband deutscher Banken (**BdB**) die Interessen der Marktteilnehmer, einschließlich der entsprechenden Standard-Dokumentation.

Bei einem Blick auf den Markt ist einer der wichtigsten Bereiche für die Verwendung von Wertpapierpensionsgeschäften meist ausgenommen: die Offenmarktgeschäfte der Europäischen Zentralbank. Diese sogenannten „**ECB Repo Facilities**" bilden eine der wichtigsten Refinanzierungssäulen des europäischen Bankensektors; und dies nicht nur während der Bankenkrise 2008 bzw der Eurokrise 2011. Wichtigste Transaktionsart sind hierbei sogenannte befristete Transaktionen. Es handelt sich dabei um Geschäfte, bei denen das Eurosystem notenbankfähige Sicherheiten[4] im Rahmen von Rückkaufvereinbarungen kauft oder verkauft oder Kreditgeschäfte gegen Verpfändung notenbankfähiger Sicherheiten durchführt.[5] Vielfach werden dabei über die nationalen Zentralbanken Pensionsgeschäfte durchgeführt, bei denen die notenbankfähigen Sicherheiten auf die Europäische Zentralbank übertragen werden (gegen die Bereitstellung von Liquidität durch die Europäische Zentralbank) und gleichzeitig eine Vereinbarung über die Rückübertragung der notenbankfähigen Sicherheiten am Laufzeitende getroffen wird. Es handelt sich also um nichts anderes als ein Wertpapierpensionsgeschäft.

II. Grundstruktur

Das **Wertpapierpensionsgeschäft** (oder auch Repo bzw **Repo-Geschäft** genannt) ist im Grundsatz mit einem besicherten Wertpapierdarlehen vergleichbar. Der Pensionsgeber überträgt an den Pensionsnehmer die vereinbarten Wertpapiere Zug um Zug gegen Zahlung des Kaufpreises. Gleichzeitig verpflichtet sich der Pensionsnehmer zu diesem Zeitpunkt bereits, Wertpapiere der gleichen Art, Güte und Menge zu einem zukünftigen Termin an den Pensionsgeber zurückzuübertragen. Der Pensionsgeber zahlt dann am entsprechenden Rückgabetermin den festgelegten Rückkaufspreis an den Pensionsnehmer. Ähnlich einem Wertpapierdarlehen können jegliche Arten von Wertpapieren Gegenstand eines Wertpapierpensionsgeschäftes sein. Im Gegensatz zum Wertpapierdarlehen gibt es keinen ausdrücklich vereinbarten Zins bzw keine Gebühr für die Überlassung der Wertpapiere bzw die Verschaffung von Liquidität in Form von Barmitteln. Allerdings lässt sich ein solcher Zins oder eine solche Ge-

---

1 Für die Durchsicht des Manuskripts sei Herrn Friedrich Schlimbach, Frau Annette Düren und Frau Julia Kesicki gedankt.
2 *International Capital Market Association (ICMA)*, European repo market survey, number 22, S. 4.
3 *International Capital Market Association (ICMA)*, European repo market survey, number 2, S. 7.
4 Die Kriterien für notenbankfähige Sicherheiten finden sich in Kapitel 6 der Leitlinien der Europäischen Zentralbank vom 20.9.2011 über geldpolitische Instrumente und Verfahren des Eurosystems (EZB/2011/14), ABl. L331, 14.12.2011, S. 1 ff.
5 Ziffer 3.1.1. der Leitlinien der Europäischen Zentralbank vom 20.9.2011 über geldpolitische Instrumente und Verfahren des Eurosystems (EZB/2011/14), ABl. L 331, 14.12.2011, S. 1 ff.

bühr aus der Differenz zwischen Kaufpreis und Rückkaufpreis berechnen, der sogenannten Repo-Rate. Hierbei ist der Rückkaufpreis zumeist höher als der Kaufpreis. Während der Pensionsgeber das Wertpapierpensionsgeschäft als „Repo" bezeichnet, wird aus der Sicht des Pensionsnehmers vielfach der Begriff eines „Reverse Repo" verwendet.[6]

5   Ein Wertpapierpensionsgeschäft ist als Kauf von Wertpapieren mit einem entsprechenden Rückkauf zu einem zukünftigen Termin zu qualifizieren.[7] Der anfängliche **Wertpapierkauf** ist dabei ein Kassageschäft, das in der Regel bei Abschluss des Vertrages auch in dinglicher Hinsicht abgewickelt wird. Mit dem Wertpapierpensionsgeschäft gehen die Parteien gleichzeitig die schuldrechtliche Verpflichtung ein, zu einem vereinbarten Termin einen entsprechenden **Rückkauf** der Wertpapiere zum festgelegten Rückkaufpreis dinglich abzuwickeln. Bei diesem Rückkauf handelt es sich um ein klassisches **Termingeschäft**. In der Literatur gibt es durchaus Stimmen das Wertpapierpensionsgeschäft als Darlehen im Sinne des § 488 BGB anzusehen.[8] Der Pensionsnehmer sei dabei der Darlehensgeber, während der Pensionsgeber mit der Übertragung der Wertpapiere dem Pensionsgeber Sicherheiten für die Gewährung des Gelddarlehens zur Verfügung stelle. Diese rechtliche Einordnung verkennt allerdings, dass die Parteien bei der vertraglichen Ausgestaltung des Wertpapierpensionsgeschäftes keinen für die Sicherungsübereignung erforderlichen spezifischen Sicherungszweck in Bezug auf die Übertragung und Verwertung der Wertpapiere vereinbaren. Vielmehr werden die Wertpapiere frei von etwaigen Sicherungsabreden übereignet. Im Übrigen würde eine Qualifizierung des Wertpensionsgeschäftes als teilweise Sicherungsübereignung dazu führen, dass der Sicherungsnehmer (also der Pensionsnehmer) das identische Sicherungsgut am Ende der Laufzeit des Wertpapierpensionsgeschäftes zurückzuübertragen hätte. Aufgrund der Sammelverwahrung der meisten Wertpapiere in den Clearinghäusern wäre dies jedoch unmöglich.

III. Unterscheidung Wertpapierdarlehen/Wertpapierpensionsgeschäfte

6   Die **Unterscheidung** zwischen Repo und Wertpapierdarlehen ist in wirtschaftlicher wie auch rechtlicher Hinsicht schwierig. Dies ist insbesondere dann der Fall, wenn es sich um ein besichertes Wertpapierdarlehen mit Barsicherheiten handelt. Vielfach wird es auf eine genaue rechtliche Einordnung des Geschäfts allerdings nicht ankommen. Möglicherweise können sich aber aus bilanzieller Sicht mit Blick auf § 340b HGB Unterschiede ergeben.[9]

Im Gegensatz zum Wertpapierpensionsgeschäft trägt bei einem unbesicherten Wertpapierdarlehen allein der Darlehensgeber das Kreditrisiko des Vertragspartners – des Darlehensnehmers – in Bezug auf die Rückübertragung der Darlehenspapiere sowie den zu zahlenden Darlehenszins. Bei einem Wertpapierpensionsgeschäft ist das Kreditrisiko auf beide Vertragsparteien zunächst gleichmäßig verteilt. So trägt der Pensionsgeber das Kreditrisiko des Pensionsnehmers in Bezug auf die Rückgewähr der Pensionspapiere. Im Gegenzug ist der Pensionsnehmer dem Kreditrisiko des Pensionsgebers auf Zahlung des vereinbarten Rückkaufpreises ausgesetzt. In seinen Grundstrukturen können daher Repo und Wertpapierdarlehen deutlich voneinander abgegrenzt werden. Auch wenn es Mischformen beider Geschäfte gibt und im Falle eines durch Barmittel abgesicherten Wertpapierdarlehens die wirtschaftliche Unterscheidung schwierig wird, so werden in der Praxis beide Transaktionsformen in

---

6   *Firth*, Derivatives Law and Practice, chapter 19 – Stock Loans and Repos, 19-002.
7   *Kienle* in: Schimansky/Bunte/Lwowski, Bankrechts-Handbuch, § 105 Wertpapierleihe und Wertpapier-Pensionsgeschäft, Rn 27.
8   *Acker*, Die Wertpapierleihe, Grundlagen, Abwicklung und Risiken eines neuen Bankprodukts, S. 44; *Dörge*, Rechtliche Aspekte der Wertpapierleihe, S. 45; *Kienle* in: Schimansky/Bunte/Lwowski, Bankrechts-Handbuch, § 105 Wertpapierleihe und Wertpapier-Pensionsgeschäft, Rn 26.
9   Zu bilanziellen Folgen siehe *Freitag* in: Staudinger, Kommentar zum BGB, § 607 BGB Rn 21.

der Art der Dokumentation zumeist leicht voneinander abzugrenzen sein.¹⁰ Den Vertragsparteien ist es freigestellt, eine entsprechende Dokumentation zu wählen, die auf den Parteiwillen schließen lässt und eine entsprechende rechtliche Einordnung des Geschäfts erlaubt.

IV. Motivation der Marktteilnehmer

Im Gegensatz zum Wertpapierdarlehensgeschäft (s. § 12 Rn 7) steht bei einem **Wertpapierpensionsgeschäft** das Interesse des Pensionsgebers im Vordergrund, sich durch die vorübergehende Veräußerung der Pensionspapiere Barmittel und damit Liquidität zu verschaffen. Bei einem Wertpapierpensionsgeschäft steht demnach weniger die Beschaffung eines bestimmten Wertpapiers im Vordergrund. Dies wird gerade bei den oben beschriebenen ECB-Repo-Facilities sehr deutlich, deren Zweck allein auf die **Liquiditätsbeschaffung** durch die Euro-Zone-Kreditinstitute gerichtet ist. Für den Pensionsnehmer ist das Wertpapierpensionsgeschäft eine Möglichkeit, ein „besichertes Darlehen" mit einer entsprechenden Verzinsung abzubilden. Hierbei dienen die anfänglich veräußerten Wertpapiere als Sicherungsgut für den Anspruch auf Zahlung des Rückkaufpreises am Laufzeitende des Wertpapierpensionsgeschäftes. Die oben bereits erwähnte Repo-Rate ist dabei durchaus einem Darlehenszins vergleichbar und wird im Repo-Markt auch entsprechend dargestellt und behandelt.¹¹ Repo-Geschäfte sind insbesondere in Bezug auf die Laufzeit flexibel ausgestaltbar und reichen von Ein-Tages-Repo über Wochen-/Monats-Repo bis hin zu längerfristigen Verträgen.

7

Wie bereits bei Wertpapierdarlehen dargestellt, ergeben sich auch bei Wertpapierpensionsgeschäften Arbitrage-Möglichkeiten. Ein durch die Insolvenz von Lehman Brothers Inc. in 2008 zu Berühmtheit gelangtes Beispiel sind sogenannte **Repo 105-Transaktionen**. Hierbei wurden unterschiedliche Bilanzierungsvorschriften in den USA und Großbritannien ausgenutzt, die es erlaubten, Vermögensgegenstände vorübergehend aus der Bilanz zu entfernen. Es handelt sich dabei um eine insgesamt teure Transaktionsart, da der Wert der Wertpapiere, die Teil des Repo-Geschäfts sind, bereits beim Erstverkauf über dem entsprechenden Kaufpreis liegt. Da in den USA ein Wertpapierpensionsgeschäft nicht als Veräußerung angesehen wird, kann ein Bilanzabgang nur über die europäische Tochter erfolgen. In Großbritannien (wie auch in den meisten anderen europäischen Ländern) werden Wertpapierpensionsgeschäfte als Veräußerung der Wertpapiere angesehen (sog. True Sale) und nicht als bloße besicherte Finanzierungen gewertet. Inwieweit die Ausnutzung solcher unterschiedlicher rechtlicher Behandlung von Transaktionen für Bilanzierungszwecke noch legitim ist, ist rechtspolitisch äußerst kritisch zu sehen.¹²

8

B. Vertragsdokumentation

Für den Markt der Wertpapierpensionsgeschäfte haben sich mit den für Wertpapierdarlehen vergleichbare standardisierte Dokumentationen entwickelt. Im Folgenden sollen die im deutschen sowie im internationalen (englischsprachigen) Markt gebräuchlichen Vertragswerke dargestellt werden.

9

I. Deutscher Rahmenvertrag für Wertpapierpensionsgeschäfte

Der Bundesverband deutscher Banken hat einen dem Rahmenvertrag für Wertpapierdarlehen vergleichbaren Rahmenvertrag für Wertpapierpensionsgeschäfte (Repos) im Jahr 2005

10

---

10 *Bachmann* ZHR 173, 600.
11 *Firth*, Derivatives Law and Practice, chapter 19 – Stock Loans and Repos, 19-013.
12 Zu diesem Themenkomplex siehe insbesondere: *De la Merced/Werdigier*, The Origins of Lehman's 'Repo 105', New York Times, 12.3.2010; *Fournier*, The real implications of Repo 105, IFLR, 17.3.2010; *Valukas*, Lehman Brothers Holdings Inc. Chapter 11 Proceedings Examiner Report, Volume 3, 11.3.2010.

herausgegeben.[13] Im Aufbau lassen sich viele Parallelen zwischen den Rahmenverträgen ziehen. Für das Wertpapierpensionsgeschäft wird als **Vertragsgegenstand** bestimmt, dass der Pensionsgeber dem Pensionsnehmer Wertpapiere gegen Zahlung eines Kaufpreises liefert. Gleichzeitig verpflichtet sich der Pensionsnehmer, dem Pensionsgeber Wertpapiere gleicher Art und Menge zu einem (zuvor oder später) bestimmten Zeitpunkt gegen Zahlung des Rückkaufpreises zurückzuliefern.[14]

11 Die Lieferung bzw Rücklieferung der Pensionspapiere hat dabei **Zug um Zug** gegen Zahlung des Kauf- bzw Rückkaufpreises zu erfolgen.[15] Ist das Rückkaufdatum unbestimmt, kann jede Partei das Datum mit einer Mindestfrist von drei Bankarbeitstagen bestimmen. In jedem Fall ist das zeitlich unbestimmte Wertpapierpensionsgeschäft nach einem Jahr beendet. Der Rückkaufpreis berechnet sich aus der Summe von **Kaufpreis und Pensionsentgelt**.[16] Hierzu ist im Einzelabschluss in Bezug auf das jeweilige Geschäft ein Pensionssatz (oben bereits als „Repo-Rate" bezeichnet) zu benennen.

12 Der Rahmenvertrag für Wertpapierpensionsgeschäfte (Repos) stellt ebenfalls klar, dass mit der Lieferung der Pensionspapiere das **unbeschränkte Eigentum** und die uneingeschränkte Verfügungsbefugnis auf den Pensionsnehmer übergehen.[17] Zahlungen unter dem Rahmenvertrag sind in der entsprechenden Währung kostenfrei zu leisten. Sofern beide Vertragsparteien aufgrund von Transaktionen unter dem Rahmenvertrag verpflichtet sind, am selben Tag Zahlungen in der gleichen Währung zu leisten oder Wertpapiere der gleichen Art zu liefern, so zahlt bzw liefert nur diejenige Partei den Betrag bzw die Wertpapiere, die den höheren Betrag bzw die größere Menge zu liefern hat. Es ist dann lediglich die Differenz zu zahlen bzw zu liefern, die nach der **Aufrechnung** verbleibt.[18] Diese Bestimmung gilt jedoch nur, wenn die Parteien diese ausdrücklich für anwendbar erklären.[19]

13 Auch im Rahmenvertrag für Wertpapierpensionsgeschäfte (Repos) finden sich spezielle Regelungen für den Fall **nicht fristgemäßer Lieferung oder Zahlung**.[20] Für den Fall der Nichtlieferung der Pensionspapiere durch den Pensionsgeber kann der Pensionsnehmer nach Setzung einer (auch nur Stunden andauernden) Nachfrist (i) von dem betroffenen Einzelabschluss zurücktreten und den Kaufpreis zurückverlangen (sofern dieser bereits gezahlt wurde), (ii) diejenigen zusätzlichen Kosten verlangen, die dem Pensionsnehmer für ein entsprechendes Wertpapierdarlehensgeschäft entstehen, (iii) falls der Kaufpreis den Rückkaufpreis übersteigt, die Erstattung des „negativen Pensionsentgelt" für den Zeitraum der Säumnis verlangen, oder (iv) den Einzelabschluss durch Erklärung zu einem darin bezeichneten Rückkaufdatum beenden, womit die Ansprüche entsprechend verrechnet werden (einschließlich eines etwaigen negativen Pensionsentgeltes).[21]

Für den Fall der Nichtlieferung der Pensionspapiere am Rückkaufdatum (und einer auch nur wenige Stunden andauernden Nachfrist) gelten entsprechende Regelungen: [22] (i) Rücktritt und Rückzahlung des Rückkaufpreises, (ii) Erstattung entsprechender Wertpapierdarlehens-

---

13 Rahmenvertrag für Wertpapierdarlehen, herausgegeben vom Bundesverband deutscher Banken, Bank-Verlag Nr. 44018 (11/05).
14 Nr. 1 Abs. 1 des Rahmenvertrages für Wertpapierpensionsgeschäfte (Repos).
15 Nr. 4 Abs. 1 des Rahmenvertrages für Wertpapierpensionsgeschäfte (Repos).
16 Nr. 4 Abs. 4 des Rahmenvertrages für Wertpapierpensionsgeschäfte (Repos).
17 Der Wortlaut der Nr. 4 Abs. 5 des Rahmenvertrages für Wertpapierpensionsgeschäfte (Repos) ist nahezu wortgleich mit Nr. 3 Abs. 2 des Rahmenvertrages für Wertpapierdarlehen.
18 Nr. 4 Abs. 7 des Rahmenvertrages für Wertpapierpensionsgeschäfte (Repos).
19 Nr. 15 Abs. 6 des Rahmenvertrages für Wertpapierpensionsgeschäfte (Repos) lässt eine entsprechende Wahlmöglichkeit zu.
20 Nr. 5 des Rahmenvertrages für Wertpapierpensionsgeschäfte (Repos).
21 Nr. 5 Abs. 1 des Rahmenvertrages für Wertpapierpensionsgeschäfte (Repos).
22 Nr. 5 Abs. 2 des Rahmenvertrages für Wertpapierpensionsgeschäfte (Repos).

kosten, und (iii) anstelle des Rücklieferungsanspruch kann der Pensionsgeber Erfüllung durch Barausgleich verlangen. Ein solcher Barausgleich stellt die Differenz zwischen Rückkaufpreis und Ersatzerwerbskosten dar, dh die Kosten die dem Pensionsgeber durch den Kauf der Wertpapiere entstehen.

Auch der Rahmenvertrag für Wertpapierpensionsgeschäfte (Repos) sieht Bestimmungen für **Sicherheiten** vor.[23] Danach ist diejenige Partei verpflichtet, Sicherheiten mit einem Anrechnungswert an die andere Partei zu übertragen, der dem Betrag der Unterdeckung entspricht. Die **Unterdeckung** berechnet sich dabei aus einem Vergleich der empfangenen und geschuldeten Leistungen jeder Partei:

a) Summe der **Marktwerte** aller gelieferten Pensionspapiere, wobei sich der Marktwert der Wertpapiere auf Basis der von den Parteien bestimmten Informationsquelle bestimmt. Dies kann ein Börsenpreis, ein Marktpreis oder der Geld-/Briefkurs von Marktteilnehmern sein;[24]
b) Summe aller von der anderen Partei erhaltenen Kaufpreise in Bezug auf noch nicht vollständig abgewickelte Einzelabschlüsse;
c) Summe der **Anrechnungswerte** der übertragenen Sicherheiten. Bei Barmitteln ist der Anrechnungswert der entsprechende Betrag, bei Wertpapieren der Marktwert multipliziert mit dem vereinbarten Anrechnungssatz, der zumeist einen von der Kreditqualität des Emittenten des Wertpapiers abhängigen Abschlag vorsieht;[25]
d) Summe aller geschuldeten Kompensationszahlungen gemäß Nummer 7 Abs. 1 des Rahmenvertrages für Wertpapierpensionsgeschäfte (Repos);
e) Summe aller geschuldeten, anteiligen Pensionsentgelte aus noch nicht abgewickelten Pensionsentgelten.

Die übertragenen Sicherheiten dienen zur Besicherung aller bestehenden, künftigen und befristeten Ansprüche aus dem Rahmenvertrag und den entsprechenden Einzelabschlüssen. Für den Fall einer **Überdeckung** kann die entsprechende Vertragspartei eine Rückgabe entsprechender Sicherheiten verlangen. Es ist klargestellt, dass lediglich Wertpapiere gleicher Art und Menge und bei Barsicherheiten der Betrag in der gleichen Währung zurückzuliefern sind.[26]

Der Austausch von Sicherheiten findet nur bei Überschreitung eines Mindesttransferbetrages statt, um den Austausch von kleineren Beträgen zu vermeiden. Für den Fall der Nichtlieferung von Wertpapieren kann der Anspruchsberechtigte alternativ seine Ersatzerwerbskosten geltend machen.

Auch beim Wertpapierpensionsgeschäft nach dem Deutschen Rahmenvertrag stehen **Zinsen, Gewinnanteile, Kapitalrückzahlungen sowie sonstige Ausschüttungen** dem Pensionsgeber zu. Den Gegenwert hat der Pensionsnehmer als Kompensationszahlung zuzüglich einbehaltener Steuern und Abgaben an den Pensionsgeber zu entrichten. Insoweit gilt das zum Rahmenvertrag für Wertpapierdarlehen Gesagte (s. § 12 Rn 17).

Während der Rahmenvertrag für Wertpapierdarlehen lediglich eine allgemeine Bestimmung für die Verteilung des Steuerrisikos vorsieht, wonach **Steuern** in Bezug auf die Darlehenspapiere vom Darlehensnehmer und bei sonstigen Leistungen vom Leistungspflichtigen getragen werden,[27] sieht der Rahmenvertrag für Wertpapierpensionsgeschäfte (Repos) die Zahlung

---

23 Nr. 6 des Rahmenvertrages für Wertpapierpensionsgeschäfte (Repos).
24 Siehe die Definition von „Marktwert" in Nr. 2 des Rahmenvertrages für Wertpapierpensionsgeschäfte (Repos).
25 Siehe die Definition von „Anrechnungswert" in Nr. 6 Abs. 5 des Rahmenvertrages für Wertpapierpensionsgeschäfte (Repos).
26 Nr. 6 Abs. 11 des Rahmenvertrages für Wertpapierpensionsgeschäfte (Repos).
27 Nr. 10 des Rahmenvertrages für Wertpapierdarlehen.

zusätzlicher Beträge für Steuereinbehalte vor (sog. Tax Gross Up-Klausel). Demnach ist der Leistungsempfänger so zu stellen, wie er ohne den entsprechenden Steuereinbehalt stehen würde. Allerdings werden hiervon solche Fallgestaltungen ausgenommen, bei denen der Steuereinbehalt in der Sphäre des Leistungsempfängers liegt.[28]

16 Kommt es zur Zahlung von zusätzlichen Beträgen, dann erlaubt der Rahmenvertrag für Wertpapierpensionsgeschäfte (Repos) eine vorzeitige Rückabwicklung des entsprechenden Einzelabschlusses. Eine solche **vorzeitige Beendigung eines Einzelabschlusses** ist ferner bei einer vorzeitigen Tilgung der Pensionspapiere, bei der Ankündigung bzw Verbreitung von öffentlichen Tilgungs-, Umtausch- Wandlungs- Abfindungs- oder Umtauschangeboten, der Ausgabe nicht übertragbarer Bezugsrechte oder sonstiger Vorzugsrechte oder Vermögenswerte oder der Zahlung von Dividenden an den Inhaber der Pensionspapiere, Dividenden oder dem Erhalt einer Steuergutschrift in Bezug auf gezahlte Dividenden (sofern dieser Tatbestand von den Parteien für anwendbar erklärt wurde) möglich.[29]

Darüber hinaus erlaubt der Rahmenvertrag für Wertpapierpensionsgeschäfte (Repos) die **Substitution** von Pensionspapieren durch den Pensionsgeber, vorausgesetzt der Pensionsnehmer stimmt diesem Austausch zu.[30]

17 Für die Regelung der **Beendigung** des Rahmenvertrags aus wichtigem Grund und im Insolvenzfall, die Vorschriften über den **Schadensersatz und Vorteilsausgleich** sowie die Bestimmung der **Ausgleichsforderung** gilt im Wesentlichen das zum Rahmenvertrag für Wertpapierdarlehen Gesagte (§ 12 Rn 20). Insoweit wird hier das für den Rahmenvertrag für Finanztermingeschäfte entworfene Konzept fortgeführt.

II. GMRA

18 Auch für den Bereich der Wertpapierpensionsgeschäfte gibt es einen durch die International Capital Markets Association (**ICMA**) veröffentlichten Standardrahmenvertrag für Wertpapierpensionsgeschäfte, den Global Master Repurchase Agreement (**GMRA**). Die aktuellste Fassung datiert aus dem Jahre 2011.[31] Viele der bereits für die Deutschen Rahmenverträge, den GMSLA, aber auch den Deutschen Rahmenvertrag für Finanztermingeschäfte bzw den ISDA Master Agreement angesprochenen Konzepte finden sich im GMRA wieder. Erneut basiert das Vertragssystem auf einem Rahmenvertrag und entsprechender transaktionsspezifischer Einzelabschlüsse.

19 Der GMRA gilt für Transaktionen, bei denen der Pensionsgeber Wertpapiere gegen Zahlung des Kaufpreises durch den Pensionsnehmer veräußert und gleichzeitig der Rückkauf der Wertpapiere zum Rückkaufpreis vereinbart wird.[32] Der GMRA sieht dabei die Möglichkeit von **Repo-Transaktionen** bzw **Buy/Sell Back-Transaktionen**[33] vor. Bei der letzteren Art von Transaktionen handelt es sich um zwei rechtlich selbständige Transaktionen, einem Kauf und einem Rückkauf in Bezug auf einen zukünftigen Termin.[34] Nichts anderes ist ein Repo, wobei dieses als ein rechtliches Geschäft anzusehen ist.

20 Eine der wesentlichen Vorschriften stellen im GMRA die Bewertungsvorschriften der Sicherheiten und der jeweilige Ausgleichsmechanismus in Bezug auf eine Unterdeckung bzw Über-

---

28 Nr. 8 des Rahmenvertrages für Wertpapierpensionsgeschäfte (Repos).
29 Nr. 9 des Rahmenvertrages für Wertpapierpensionsgeschäfte (Repos).
30 Nr. 10 des Rahmenvertrages für Wertpapierpensionsgeschäfte (Repos).
31 *ICMA*, 2011 version – Global Master Repurchase Agreement, April 2011.
32 Para. 1(a) GMRA.
33 Para. 1(b) GMRA.
34 Choudhry, The Repo Handbook, JIBLR 2003, 196.

deckung dar (sog. Margin Maintenance).³⁵ Hierzu wird zunächst der Wert der Pensionspapiere mit dem Rückkaufpreis verglichen. Der Pensionsnehmer verlangt zumeist, dass der Wert der Wertpapiere den Rückkaufpreis übersteigt (Margin Ratio).³⁶ In einem zweiten Schritt werden die jeweiligen Transaction Exposures saldiert und ein sogenannter Net Exposure gebildet.³⁷ Auf Basis dieses Wertes findet dann die Anpassung der Sicherheiten statt.

Ein alternativer Mechanismus der Sicherheitenanpassung ist die **Preisanpassung** der bestehenden Transaktion.³⁸ Danach wird die bestehende Transaktion beendet und der Kaufpreis für die Nachfolgetransaktion entspricht dem Wert der Sicherheiten. Der Unterschied zwischen dem Rückkaufpreis der Vorgängertransaktion und dem Kaufpreis der neuen Transaktion ist von der entsprechenden Partei zu entrichten.

Die vom Pensionsnehmer erhaltenen **Erträge** unter den Wertpapieren werden auch beim GMRA durch Kompensationszahlungen des Pensionsnehmers an den Pensionsgeber ausgeglichen.³⁹ Der GMRA sieht ebenso ein Bedürfnis, dass der Pensionsgeber die Pensionspapiere ersetzen darf.⁴⁰ Eine solche **Ersetzung** kann nur mit Zustimmung des Pensionsnehmers erfolgen. In der Praxis finden solche Ersetzungen hingegen selten statt.

Schließlich sieht der GMRA dem GMSLA vergleichbare Regelungen für die **Kündigung**,⁴¹ die Bestimmung der **Ausgleichszahlungen** und das **Netting**⁴² vor.

C. Ausgewählte Rechtsthemen bei Wertpapierdarlehen und Wertpapierpensionsgeschäften

Im Folgenden werden einzelne Rechtsthemen dargestellt, die sich typischerweise bei Wertpapierdarlehen bzw Wertpapierpensionsgeschäften ergeben. Eine Unterscheidung zwischen Wertpapierdarlehen und Wertpapierpensionsgeschäfte wäre mit Blick auf die behandelten Rechtsthemen eher zufällig und daher soll dieser Abschnitt nicht die beiden Kapitel Wertpapierdarlehen und Wertpapierpensionsgeschäfte abschließen.

Wie bereits ausgeführt, lassen sich im Übrigen viele der in diesem Handbuch behandelten Themen auf Wertpapierdarlehens- und Wertpapierpensionsgeschäfte übertragen. So sind insbesondere die Fragen der Insolvenz einer Vertragspartei und deren Auswirkungen auf die Rahmenverträge sowie die Anwendbarkeit der Netting-Vereinbarungen nicht allein auf Finanzderivate beschränkt (ausführliche Darstellung s. §§ 14–24).

I. Stimmrechte

Mit der Übertragung der Darlehens- bzw Pensionspapiere geht das Eigentum an diesen uneingeschränkt auf den Darlehens- bzw den Pensionsnehmer über. Handelt es sich bei den Wertpapieren um **Aktien**, so wird dieser Aktionär und ist berechtigt, das mit den Aktien verbundene Stimmrecht auszuüben.⁴³ Es gibt Stimmen in der Literatur,⁴⁴ die eine besondere Ermächtigung durch den Darlehens- bzw Pensionsgeber fordern. Immerhin ist es durchaus zu-

---

35 Para. 4 GMRA.
36 Siehe Definition von „Transaction Exposure" in para. 2(xx) GMRA.
37 Para. 4(c) GMRA.
38 Para. 4(j) GMRA.
39 Para. 5 GMRA.
40 Para. 8 GMRA.
41 Para. 10(a) und (b) GMRA.
42 Para. 10(d) bis (e) GMRA.
43 Zum Stimmrecht mit ausführlichen Nachweisen: *Kienle* in: Schimansky/Bunte/Lwowski, Bankrechts-Handbuch, § 105 Wertpapierleihe und Wertpapier-Pensionsgeschäft, Rn 36.
44 *Grimm*, Das Vertragsrecht des Wertpapierdarlehens, S. 107 ff; *Kümpel*, Bank- und Kapitalmarktrecht, Rn 13.50 ff.

treffend, dass in wirtschaftlicher Hinsicht dem Darlehens- bzw Pensionsgeber zumeist die Erträge aus den Wertpapieren zustehen (s. § 12 Rn 17 und § 13 Rn 15) und es daher konsequent wäre, die Ausübung des Stimmrechts im Kontrollkreis des Darlehens- bzw Pensionsgebers zu belassen, zumal die wirtschaftlichen Konsequenzen der Ausübung des Stimmrechts in den meisten Fällen der Darlehens- bzw Pensionsgeber zu tragen hat. Allerdings wird man allein in dem Umstand, dass die Wertpapiere lediglich auf Zeit überlassen wurden, nicht per se eine vertragliche Stimmrechtsbindung sehen dürfen. Hier lässt sich durchaus auf die Schutzwürdigkeit der handelnden Personen abstellen.[45] Jedoch wird man von professionellen Marktteilnehmern erwarten, dass diese das Thema der **Stimmrechtsbindung** vertraglich regeln. Falls dies nicht geregelt ist (wie beispielsweise in den Deutschen Rahmenverträgen), sollte der Darlehens- bzw Pensionsnehmer in der Stimmrechtsausübung frei sein.

Grundsätzlich ist eine vertraglich vereinbarte Stimmrechtsbindung möglich, sofern die Grenzen des § 405 Abs. 3 AktG eingehalten sind. Allerdings ist eine vertragliche Stimmrechtsbindung nur dann zweckmäßig, wenn der Darlehens- bzw Pensionsnehmer die Aktien nicht unmittelbar weiterveräußert. Dies wird regelmäßig der Fall sein, da dies eines der Hauptzwecke des Wertpapierdarlehens- bzw Wertpapierpensionsgeschäftes ist. Daher sehen die Rahmenverträge standardmäßig auch keine Stimmrechtsbindung vor.[46] Im Übrigen führen Stimmrechtsbindungsverträge regelmäßig zu einer Zurechnung der Stimmrechte der beteiligten Vertragsparteien.[47]

Eine andere in der Literatur mit der Ausübung von Stimmrechten diskutierte Frage geht dahin, inwieweit Stimmrechte aus geliehenen (und konsequenterweise auch einem Repo unterliegenden) Aktien überhaupt bei **Abstimmungen mitzuzählen** sind. Sicher ließe sich mit einigen aktienrechtlichen Grundkonzepten, wie dem Verbot des Stimmenkaufs, dem Abspaltungsverbot bzw dem Erfordernis der Selbstbetroffenheit, eine solche Folge rechtfertigen.[48] Das wäre jedoch wenig praktikabel und würde weitere Fragestellungen aufwerfen: Können geliehene Aktien entsprechend nachverfolgt und „markiert" werden? Würde sich die Rechtsfolge bei einer Weiterveräußerung der geliehenen Aktien fortsetzen? Wie würden die Minderheitenquoten im Aktienrecht bestimmt werden?

25 Die Frage der **Stimmrechtsbindung** stellt sich nicht nur bei Aktien, sondern in gleichem Umfang auch bei **Schuldverschreibungen**, welche die Möglichkeit von Gläubigerversammlungen vorsehen und sofern im Zeitraum des Wertpapierdarlehens bzw Wertpapierpensionsgeschäfts Mehrheitsentscheidungen anstehen. Im Anwendungsbereich des Schuldverschreibungsgesetzes ist der Darlehens- bzw Pensionsnehmer als Gläubiger iSd § 6 Abs. 1 Schuldverschreibungsgesetz anzusehen. Auch hier wird man vertraglich vereinbarte Stimmrechtsbindungen als zulässig ansehen dürfen, sofern die Grenzen des § 6 Abs. 2[49] und Abs. 3[50] Schuldverschreibungsgesetz eingehalten sind.

II. WpHG Melde- und Mitteilungspflichten

26 Nach **§ 9 Abs. 1 WpHG** sind Wertpapierdienstleistungsunternehmen verpflichtet, der Bundesanstalt für Finanzdienstleistungsaufsicht jedes Geschäft in Finanzinstrumenten, die zum

---

45 *Bachmann* ZHR 173, 607.
46 *Sieger/Hasselbach* WM 2004, 1371.
47 Siehe beispielsweise § 22 Abs. 2 WpHG, § 30 Abs. 2 WpÜG.
48 Diese Argumentation sehr anschaulich aufbauend *Bachmann* ZHR 173, 608 ff.
49 § 6 Abs. 2 Schuldverschreibungsgesetz: Niemand darf dafür, dass eine stimmberechtigte Person bei einer Gläubigerversammlung oder einer Abstimmung nicht oder in einem bestimmten Sinne stimme, Vorteile als Gegenleistung anbieten, versprechen oder gewähren.
50 § 6 Abs. 3 Schuldverschreibungsgesetz: Wer stimmberechtigt ist, darf dafür, dass er bei einer Gläubigerversammlung oder einer Abstimmung nicht oder in einem bestimmten Sinne stimme, keinen Vorteil und keine Gegenleistung fordern, sich versprechen lassen oder annehmen.

C. Ausgewählte Rechtsthemen 13

Handel an einem organisierten Markt zugelassen oder in den regulierten Markt oder den Freiverkehr einer inländischen Börse einbezogen sind, mitzuteilen. Hierzu wurde teilweise diskutiert, inwieweit Wertpapierdarlehen und Wertpapierpensionsgeschäfte entsprechend mitzuteilen sind.[51] Eine solche Mitteilungspflicht wurde überwiegend verneint, da lediglich eine zeitlich begrenzte Überlassung der Wertpapiere erfolgt und keine endgültige, vermögensmäßige Übertragung vorliegt.

Mit der Verordnung (EG) Nr. 1287/2006[52] sind Wertpapierdarlehen und Wertpapierpensionsgeschäfte als Wertpapierfinanzierungsgeschäfte iSd Art. 2 Nr. 10 VO (EG) Nr. 1287/2006 anzusehen und gemäß Art. 5 Abs. 2 (a) VO (EG) Nr. 1287/2006 ausdrücklich von der Mitteilungspflicht ausgenommen. Ein etwaiger Anwendungsbereich für § 9 Abs. 1 WpHG lässt sich daher lediglich für Wertpapierpensionsgeschäfte bejahen, bei denen der Rückkauf nicht feststeht, sondern im Ermessen des Pensionsnehmer liegt (sog. **unechtes Wertpapierpensionsgeschäft**).[53]

Neben der Meldepflicht nach § 9 WpHG bestehen Mitteilungspflichten nach den §§ 21 ff 27 WpHG. So bestimmt **§ 21 Abs. 1 WpHG**, dass derjenige, der durch Erwerb, Veräußerung oder auf sonstige Weise 3 %, 5 %, 10 %, 15 %, 20 %, 25 %, 30 %, 50 % oder 75 % der Stimmrechte an einem Emittenten, für den die Bundesrepublik Deutschland der Herkunftsstaat ist, erreicht, überschreitet oder unterschreitet dies unverzüglich dem Emittenten und gleichzeitig der Bundesanstalt für Finanzdienstleistungsaufsicht mitzuteilen hat. Da sowohl im Fall des Wertpapierdarlehens als auch des Wertpapierpensionsgeschäftes, deren Gegenstand Aktien eines deutschen Emittenten sind, der Darlehens- bzw der Pensionsnehmer Eigentümer der Aktien wird und nach allgemeiner Ansicht (s. hierzu die Diskussion unter § 12 Rn 24) damit auch die Stimmrechte erwirbt, ist dieser grundsätzlich auch meldepflichtig iSd § 21 WpHG, sofern die Meldeschwellen erreicht bzw unterschritten werden.[54] Eine Meldepflicht entfällt nur dann, wenn einer der **Ausnahmetatbestände des § 23 WpHG** eingreift. Dies ist insbesondere dann der Fall, wenn der Inhaber (i) ein Unternehmen mit Sitz in einem Mitgliedstaat der Europäischen Union bzw des Europäischen Wirtschaftsraum ist, das Wertpapierdienstleistungen erbringt, (ii) die betreffenden Aktien im Handelsbestand hält oder zu halten beabsichtigt und dieser Anteil nicht mehr als 5 % der Stimmrechte beträgt und (iii) sicherstellt, dass die Stimmrechte aus den betreffenden Aktien nicht ausgeübt und nicht anderweitig genutzt werden, um auf die Geschäftsführung des Emittenten Einfluss zu nehmen.

Zur Bestimmung der Stimmrechte von Aktien, die Gegenstand eines Wertpapierdarlehens 28 bzw eines Wertpapierpensionsgeschäftes sind, sind in Bezug auf die beteiligten Vertragsparteien (sowohl Darlehens-/Pensionsgeber als auch Darlehens-/Pensionsnehmer) die **Zurechnungstatbestände des § 22 WpHG** zu berücksichtigen. In Betracht kommt hierbei in erster Linie § 22 Abs. 1 S. 1 Nr. 2 WpHG. Danach stehen die Stimmrechte des Meldepflichtigen Stimmrechten aus Aktien des Emittenten gleich, die einem Dritten gehören und von ihm für Rechnung des Meldepflichtigen gehalten werden. Eine solche Zurechnung kann insbesondere beim Darlehens- bzw Pensionsgeber erfolgen und dort zu einem Wegfall einer Meldepflicht führen, da die Übertragung der Aktien zwar zu einer Unterschreitung der Meldeschwelle führen würde, jedoch gleichzeitig der Zurechnungstatbestand des § 22 Abs. 1 S. 1

---

51 *V. Hein* in: Schwark/Zimmer, Kapitalmarktrechts-Kommentar, WpHG § 9 Rn 49 ff.
52 Verordnung zur Durchführung der Richtlinie 2004/39/EG des Europäischen Parlaments und des Rates betreffend die Aufzeichnungspflichten für Wertpapierfirmen, die Meldung von Geschäften, die Markttransparenz, die Zulassung von Finanzinstrumenten zum Handel und bestimmte Begriffe im Sinne dieser Richtlinie.
53 *Kienle* in: Schimansky/Bunte/Lwowski, Bankrechts-Handbuch, § 105 Wertpapierleihe und Wertpapier-Pensionsgeschäft, Rn 40; *Süßmann*, Meldepflichten nach § 9 Wertpapierhandelsgesetz, WM 1996, 940.
54 BaFin-Emittentenleitfaden 2009, Ziff. VIII. 2.5.2.2; *Schwark* in: Schwark/Zimmer, Kapitalmarktrechts-Kommentar, WpHG § 21 Rn 17.

Nr. 2 WpHG erfüllt ist. Verbleiben die wirtschaftlichen Chancen und Risiken beim Darlehens- bzw Pensionsgeber und kann dieser die Ausübung der Stimmrechte über vertragliche Bindung mit dem Darlehens- bzw Pensionsnehmer beeinflussen,[55] dann bleiben die Stimmrechte dem Darlehens- bzw Pensionsgeber zugeordnet. Zu beachten ist, dass in Bezug auf den Darlehens- bzw Pensionsgeber dennoch § 21 WpHG einschlägig bleibt. Da die Rahmenverträge zumeist keine **Stimmrechtsbindung bzw -beeinflussung** vorsehen, wird man eine Zurechnung zum Darlehensgeber nach § 22 Abs. 1 S. 1 Nr. 2 WpHG vielfach verneinen können. Allerdings wird diskutiert, inwieweit die Einflussnahme konkreter oder abstrakter Natur sein muss. Reicht nämlich schon die abstrakte Möglichkeit der Einflussnahme,[56] dann würde für den Fall des einfachen Wertpapierdarlehens bzw Wertpapierpensionsgeschäftes ohne Möglichkeit der Weiterveräußerung der Aktien, eine Zurechnung zum Darlehens- bzw Pensionsgeber erfolgen. Besteht aber eine Weiterveräußerungsbefugnis (wie dies in den Rahmenverträgen implizit der Fall ist), dann fehlt es selbst an einer abstrakten Einflussmöglichkeit.

Ferner sind auch Fallkonstellationen denkbar, bei denen ein sonst wie geartetes **Treuhandverhältnis** besteht, bei dem der Darlehens- bzw Pensionsnehmer die Aktien treuhänderisch für den Darlehens- bzw Pensionsgeber hält.[57] Allerdings wird man ein Treuhandverhältnis und die damit verbundene **Weisungsgebundenheit** des Treuhänders vertraglich festlegen bzw dem Willen der Parteien entnehmen müssen. Andernfalls fehlt es an der für die Zurechnung von Stimmrechten notwendigen Einflussnahme durch den Darlehens- bzw Pensionsgeber.

29 In diesem Zusammenhang wurde in der Vergangenheit vielfach § **22 Abs. 1 S. 1 Nr. 5 WpHG** ins Feld geführt. Danach findet eine Zurechnung statt, wenn der Meldepflichtige die Aktien durch eine Willenserklärung erwerben kann. Hierbei wird verlangt, dass der Meldepflichtige ohne weitere Zwischenschritte einseitig auf die Aktien in dinglicher Weise zugreifen können muss.[58] Dies erfordert allerdings, dass neben der dinglichen Einigung auch die dingliche Übergabe allein vom Meldepflichtigen bewirkt werden kann. Dies ist beim Darlehens- bzw Pensionsgeber meist nicht der Fall. Die Aktien unterliegen nicht derart dem Zugriffsrecht des Darlehens- bzw Pensionsgebers, dass die Rücklieferung allein durch diesen abgeschlossen werden kann. Vielmehr wird der Darlehens- bzw Pensionsnehmer die Aktien auf das Depot des Darlehens- bzw Pensionsgebers übertragen müssen. Eine solche notwendige Mitwirkungshandlung schließt aber eine Zurechnung nach § 22 Abs. 1 S. 1 Nr. 5 WpHG in der Regel aus.

30 Schließlich kommen als Auffangtatbestand die §§ **25, 25a WpHG** in Betracht, die eine Mitteilungspflicht begründen können. Diese wurden durch das Gesetz zur Stärkung des Anlegerschutzes und Verbesserung der Funktionsfähigkeit des Kapitalmarkts (Anlegerschutz- und Funktionsverbesserungsgesetz)[59] vom 5.4.2011 mit Wirkung zum 1.2.2012 geändert bzw neu eingefügt. Demnach sollten die Mitteilungspflichten auf bisher nicht umfasste Finanzinstrumente erweitert werden, um ein Anschleichen von Unternehmen zu verhindern. Eine verdeckte Übernahme von Unternehmen und der heimliche Erwerb von Stimmrechten soll ver-

---

55 *Bundesanstalt für Finanzdienstleistungsaufsicht* in: BaFin-Emittentenleitfaden 2009, Ziff. VIII. 2.5.2.2; *Schneider* in: Assmann/Schneider, Kommentar zum WpHG, § 22 WpHG Rn 85; ebenso der BGH ZIP 2009, 913; mit weiteren Nachweisen *Bachmann* ZHR 173, 628.
56 So die *Bundesanstalt für Finanzdienstleistungsaufsicht* in: BaFin-Emittentenleitfaden 2009, Ziff. VIII. 2.5.2 und 2.5.2.2 sowie das VG Frankfurt, BKR 2007, 40 ff; *Renz/Rippel*, Die Unterschiede zwischen Theorie und Praxis – Vergleich der gesetzlichen Lage der Informationspflichten gem. §§ 21 ff und Umsetzung durch den Emittentenleitfaden der BaFin, BKR 2009, 267; *Sustmann*, Die Neuauflage des Emittentenleitfadens der BaFin – Rechtssicherheit bei der Abgabe von Stimmrechtsmitteilungen?, NZG 2009, 817 ff.
57 Diesen Fall erwähnt zutreffend *Bachmann* ZHR 173, 630.
58 Dies ist inzwischen wohl unstreitig, BaFin-Emittentenleitfaden 2009, Ziff. VIII. 2.5.5; *Bachmann* ZHR 173, 633.
59 BGBl. I 2011, 538.

C. Ausgewählte Rechtsthemen

eitelt werden, da in der Vergangenheit durch bestimmte Finanzinstrumente Stimmrechte problemlos und an der Öffentlichkeit des Kapitalmarktes vorbei erworben werden konnten.[60]

Daher wurde der § 25 WpHG um „**sonstige Instrumente**" erweitert. Wer unmittelbar oder mittelbar Finanzinstrumente oder sonstige Instrumente hält, die ihrem Inhaber das Recht verleihen, einseitig im Rahmen einer rechtlich bindenden Vereinbarung mit Stimmrechten verbundene und bereits ausgegebene Aktien zu erwerben, hat dies entsprechend § 21 WpHG dem Emittenten sowie der Bundesanstalt für Finanzdienstleistungsaufsicht zu melden. Die bisherige Diskussion,[61] inwieweit Wertpapierdarlehen bzw Wertpapierpensionsgeschäfte Finanzinstrumente iSd § 2 Abs. 2b WpHG darstellen, hat sich damit erledigt. In der Begründung des Regierungsentwurfes heißt es eindeutig, dass als sonstige Instrumente insbesondere der Rückforderungsanspruch des Darlehensgebers eines Wertpapierdarlehens sowie die Rückkaufvereinbarung bei einem Repo-Geschäft (Repurchase Agreement) zählen. Folglich wird der Darlehens- bzw Pensionsgeber in der Regel über § 25 WpHG die Meldeschwellen des § 21 WpHG beachten müssen.[62]

31

Für den Fall eines unechten Wertpapierpensionsgeschäftes, bei dem der Pensionsnehmer von seinem Optionsrecht Gebrauch machen muss, damit beim Pensionsgeber ein Anspruch auf Rücklieferung der Aktien entsteht, wird man nach neuer Gesetzeslage auf den **§ 25a WpHG** abstellen. Da dieser Put-Optionen mit physischer Lieferung umfasst und ein unechtes Wertpapierpensionsgeschäft einer solchen Optionsvariante in wirtschaftlicher Hinsicht entspricht (es wird eine Erwerbspflicht in Bezug auf die Aktien begründet), werden dem „unechten" Pensionsgeber in der Regel die Aktien gemäß § 25a WpHG zuzurechnen sein.[63]

III. Leerverkäufe

Wie bereits oben dargestellt (§ 12 Rn 8) lassen sich insbesondere über Wertpapierdarlehen (aber auch Wertpapierpensionsgeschäfte) Leerverkaufspositionen aufbauen, die es Marktteilnehmern ermöglicht, Wertpapiere zu veräußern, die sie nicht in ihrem Bestand haben (sog. Short Selling). Da es diese Technik erlaubt, auf fallende Kurse zu spekulieren, sind Leerverkäufe immer wieder in die Kritik geraten. Gerade mit Blick auf die Finanzkrise 2008/2009 wurden Leerverkäufe dafür mitverantwortlich gemacht, dass die Kurse bestimmter Wertpapiere stark sanken und sich **negative Kurseffekte** durch Leerverkäufe noch verstärkten. Dies führte zu volatilen Märkten und einer Manipulation des eigentlichen Marktpreismechanismus.[64]

32

Diese Argumentation hat sich auch die **europäische Regulierung** zu eigen gemacht und es wurde die Verordnung (EU) Nr. 236/2012 vom 14.3.2012 über Leerverkäufe und bestimmte Aspekte von Credit Default Swaps (die **EU-Verordnung über Leerverkäufe**)[65] verabschiedet. Ziel der Verordnung ist es, einen einheitlichen europäischen Rechtsrahmen zu schaffen, um ein ordnungsgemäßes Funktionieren des Finanzmarktes sicherzustellen und systemische Risiken (insbesondere durch Leerverkäufe) zu verhindern.[66] Zwar erkennt auch der europäische Gesetzgeber die Vorteile von Leerverkäufen, wie Marktliquidität, Marktqualität, Markteffi-

33

---

60 Siehe Begründung des Regierungswurfes, BT-Drucksache, 17/3628, 1; *Giedinghagen/Leuering* NJW-Spezial 2011, 271.
61 Zu dieser Diskussion siehe *Bachmann* ZHR 173, 634; *Schwark/Zimmer*, Kapitalmarktrechts-Kommentar, § 25 WpHG Rn 4.
62 Siehe auch: *Cascante/Bingel* NZG 2011, 1093; *Merkner/Sustmann* NZG 2012, 244; *Schneider* in: Assmann/Schneider, Kommentar zum WpHG, § 22 WpHG Rn 87.
63 *Cascante/Bingel* NZG 2011, 1093.
64 *Ali*, Short selling and securities lending in the midst of falling and volatile markets, JIBLR 2009, 1.
65 L 86/1 vom 24.3.2012.
66 Siehe Erwägungsgründe (1) und (2) der Verordnung (EU) Nr. 236/2012 vom 14.3.2012 über Leerverkäufe und bestimmte Aspekte von Credit Default Swaps, L 86/1 vom 24.3.2012.

zienz und Marktpreisbildung an, jedoch sollen die Risiken, die aus solchen Positionen entstehen, begrenzt werden. Die EU-Verordnung über Leerverkäufe tritt am 1.11.2012 in Kraft. Sie ist unmittelbar geltendes Recht und bedarf keiner weiteren Umsetzung in nationales Recht.

34 Die EU-Verordnung über Leerverkäufe sieht dabei verschiedene Regelungen vor. Zum einen sollen signifikante **Netto-Leerverkaufspositionen** dem Markt **transparent** gemacht werden.[67] Unterhalb dieser signifikanten Meldeschwellen sind niedrigere Meldeschwellen normiert, die zunächst lediglich eine Meldung an die jeweilige Regulierungsbehörde auslöst[68] (sog. **Zweistufenverfahren**). Diese prüft dann, inwieweit die Leerverkäufe marktmissbräuchlich sind und kann gegebenenfalls reagieren. Ebenso wird eine Meldepflicht für **öffentliche Schuldtitel** eingeführt.[69] Diese soll allerdings nur an die jeweilige Regierungsbehörde erfolgen, um den Markt für öffentliche Schuldtitel nicht mit etwaigen Meldungen zu verunsichern.

35 Ein **Leerverkauf** liegt insbesondere dann vor, wenn im Zusammenhang mit Aktien oder Schuldinstrumenten Aktien oder Schuldinstrumente verkauft werden, die sich zum Zeitpunkt des Eingehens der Verkaufsvereinbarung nicht im Eigentum des Verkäufers befinden, einschließlich eines Verkaufs, bei dem der Verkäufer zum Zeitpunkt des Eingehens der Verkaufsvereinbarung die Aktien oder Schuldinstrumente geliehen hat oder eine Vereinbarung getroffen hat, diese zu leihen, um sie bei der Abwicklung zu liefern.[70] Der Begriff der Leerverkaufsposition ist dabei sehr weit angelegt und umfasst nicht nur solche Positionen, die auf einem Handelsplatz aufgebaut werden, sondern auch solche, die auf dem OTC-Markt (Over The Counter-Markt) aufgebaut werden sowie sämtliche Arten von Derivategeschäften, die zu einer Leerverkaufsposition führen.[71]

Die EU-Verordnung über Leerverkäufe stellt klar, dass der Begriff Leerverkäufe nicht **Rückkaufvereinbarungen** zwischen zwei Parteien mitumfasst, bei denen die eine Partei der anderen Partei ein Wertpapier zu einem festgesetzten Preis und mit der festen Zusage verkauft, es zu einem späteren Zeitpunkt zu einem ebenfalls festgelegten Preis zurückzukaufen.[72] Damit sind **Wertpapierpensionsgeschäfte** von der EU-Verordnung über Leerverkäufe ausgenommen. Auch **Wertpapierdarlehen** sind per se ausgenommen, sofern es die Übertragung von Wertpapieren im Rahmen einer Wertpapierdarlehens-Vereinbarung betrifft. Wie aber aufgezeigt, ist beim Aufbau einer Leerverkaufsposition das Wertpapierdarlehen mit dem Verkauf des Wertpapiers gekoppelt. Das Wertpapierdarlehen bzw die Rücklieferungsverpflichtung an den Darlehensgeber ist ein Leerverkauf, da diese vom Darlehensnehmer ohne Eindeckung durch den Markt nicht erfüllt werden kann. Insoweit umfasst die Definition von Leerverkauf einen Verkauf von Wertpapieren, die zuvor geliehen wurden.

36 Art. 12 VO (EU) Nr. 236/2012 sieht demnach vor, dass eine natürliche oder juristische Person eine zum Handel an einem Handelsplatz zugelassene Aktie nur dann leer verkaufen kann, wenn eine der folgenden Bedingungen erfüllt ist (**beschränkter ungedeckter Leerverkauf**):
- die natürliche oder juristische Person hat die Aktie geliehen oder hat alternative Vorkehrungen getroffen,
- die natürliche oder juristische Person hat bezüglich der Aktie eine Leihvereinbarung getroffen oder hat einen vertragsrechtlich oder eigentumsrechtlich unbedingt durchsetzba-

---

[67] Art. 6 der EU-Verordnung über Leerverkäufe.
[68] Art. 5 der EU-Verordnung über Leerverkäufe.
[69] Art. 7 der EU-Verordnung über Leerverkäufe.
[70] Art. 2 Abs. 1 (b) der EU-Verordnung über Leerverkäufe.
[71] Art. 3 der EU-Verordnung über Leerverkäufe.
[72] *Findeisen/Tönningsen* WM 2011, 1411.

ren Anspruch auf Übertragung des Eigentums an einer entsprechenden Anzahl von Wertpapieren derselben Gattung, so dass das Geschäft bei Fälligkeit abgewickelt werden kann, oder

- die natürliche oder juristische Person hat von einem Dritten die Zusage erhalten, dass die Aktie lokalisiert wurde, und dass dieser Dritte die Maßnahmen gegenüber Dritten ergriffen hat, die dafür notwendig sind, dass die natürliche oder juristische Person berechtigterweise erwarten kann, dass das Geschäft bei Fälligkeit abgewickelt werden kann.

Ähnliches gilt für ungedeckte Leerverkäufe in öffentlichen Schuldtiteln gemäß Art. 13 VO (EU) Nr. 236/2012. Demnach sind ungedeckte Leerverkäufe nicht per se verboten, sondern unter engen Voraussetzungen gestattet.

Schließlich sieht die EU-Verordnung über Leerverkäufe **Ausnahmen** vor. So gilt die Verordnung nicht für Aktien von Unternehmen, die zwar zum Handel an einem Handelsplatz in der Europäischen Union zugelassen sind, deren Haupthandelsplatz sich aber in einem Drittland befindet.[73] Ferner sind Geschäfte, die aufgrund von Market-Making Tätigkeiten erfolgen, ausgenommen.[74] Hierunter sind insbesondere die folgenden Tätigkeiten zu verstehen: 37

1. das Stellen fester, zeitgleicher An- und Verkaufskurse vergleichbarer Höhe zu wettbewerbsfähigen Preisen, so dass der Markt regelmäßig und kontinuierlich mit Liquidität versorgt ist,
2. die Ausführung von Kundenaufträgen oder Aufträgen, die sich aus einem Handelsauftrag des Kunden ergeben, im Rahmen ihrer normalen Tätigkeiten, sowie
3. die Absicherung der Positionen, die sich aus den unter den Ziffern 1. und 2. genannten Tätigkeiten ergeben.

Die European Securities and Markets Authority (**ESMA**) hat am 28.3.2012 den Entwurf erster Durchführungsbestimmungen in Bezug auf die EU-Verordnung über Leerverkäufe sowie den technischen Ratschlag in Bezug auf die Delegation von Rechtsakten vorgelegt.[75] In diesen Bestimmungen wird die EU-Verordnung über Leerverkäufe weiter präzisiert. Es bleibt abzuwarten, wie die endgültigen Bestimmungen aussehen werden und ob und wie sich dies auf den Markt für Wertpapierdarlehens- und Wertpapierpensionsgeschäfte auswirkt. 38

Der **deutsche Gesetzgeber** hat auf die europäische Regulierung bereits reagiert und einen Entwurf eines Gesetzes zur Ausführung der Verordnung (EU) Nr. 236/2012 vom 14.3.2012 über Leerverkäufe und bestimmte Aspekte von Credit Default Swaps (EU-Leerverkaufs-Ausführungsgesetz) vorgelegt.[76] Dieses Gesetz hat zum Ziel die nationalen Gesetze anzupassen, um der EU-Verordnung über Leerverkäufe gerecht zu werden. Insbesondere werden die derzeit geltenden Regelungen der §§ 30h bis 30j WpHG weitgehend verdrängt. Es verbleiben lediglich Fragen der Zuständigkeit sowie der Bußgeldtatbestände auf nationaler Ebene. In diesem Zusammenhang wird auch § 4a WpHG angepasst, indem § 4a Abs. 1 S. 2 Nr. 1(a) WpHG gestrichen wird. Danach konnte die Bundesanstalt für Finanzdienstleistungsaufsicht vorübergehend den Handel mit einzelnen oder mehreren Finanzinstrumenten untersagen und insbesondere ein Verbot von Geschäften in Derivaten anordnen, deren Wert sich unmittelbar oder mittelbar vom Preis von Aktien oder Schuldtiteln, die von Zentralregierungen, Regionalregierungen und örtlichen Gebietskörperschaften von Mitgliedstaaten der Europä- 39

---

73 Art. 16 der EU-Verordnung über Leerverkäufe.
74 Art. 17 der EU-Verordnung über Leerverkäufe.
75 *ESMA*, Final report – Draft technical standards on the Regulation (EU) No 236/2012 of the European Parliament and of the Council on short selling and certain aspects of credit default swaps; *ESMA*, Final Report ESMA's technical advice on possible Delegated Acts concerning the regulation on short selling and certain aspects of credit default swaps ((EC) No 236/2012).
76 BR-Drucks. 168/12 v. 30.3.2012.

ischen Union, deren gesetzliche Währung der Euro ist, ausgegeben wurden, ableitet, soweit diese an einer inländischen Börse zum Handel im regulierten Markt zugelassen sind, bei wirtschaftlicher Betrachtungsweise in Struktur und Wirkung einem Leerverkauf in diesen Aktien oder Schuldtiteln entsprechen und nicht zur Reduktion eines bestehenden oder im unmittelbaren zeitlichen Zusammenhang mit dem Geschäft in einem Derivat übernommenen Marktrisiko führen. Dies ist nun in abgeänderter Form in Art. 20 und 24 bis 26 VO (EU) Nr. 236/2012 enthalten.

Auf nationaler Ebene sind die technischen Einzelheiten der Anzeige- und Meldeverfahren zum Teil bereits in der Leerverkaufs-Anzeigeverordnung vom 7.4.2011 enthalten bzw werden im Rahmen neuer Rechtsverordnungen geregelt.

40 Auch wenn das derzeit geltende Recht nur noch bis zum 1.11.2012 Anwendung findet und dann durch die EU-Verordnung über Leerverkäufe abgelöst wird, so soll an dieser Stelle dennoch kurz auf die deutschrechtlichen Bestimmungen für Leerverkäufe eingegangen werden. Diese finden sich insbesondere in den §§ 30h–30j WpHG und wurden durch das Gesetz zur Vorbeugung gegen missbräuchliche Wertpapier- und Derivategeschäfte vom 21.7.2010 mit Wirkung zum 27.7.2010 eingefügt.[77] Nach § **30h Abs. 1 S. 1 WpHG** sind ungedeckte Leerverkäufe in (i) Aktien oder (ii) Schuldtiteln, die von Zentralregierungen, Regionalregierungen und örtlichen Gebietskörperschaften von Mitgliedstaaten der Europäischen Union, deren gesetzliche Währung der Euro ist, ausgegeben wurden, **verboten**, die jeweils an einer inländischen Börse zum Handel im regulierten Markt zugelassen sind.

Der **ungedeckte Leerverkauf** liegt nach § 30h Abs. 1 S. 3 WpHG vor, wenn der Verkäufer der Wertpapiere am Ende des Tages, an welchem das jeweilige Geschäft abgeschlossen wurde,

- nicht Eigentümer sämtlicher verkaufter Wertpapiere ist und
- keinen schuldrechtlich oder sachenrechtlich unbedingt durchsetzbaren Anspruch auf Übereignung einer entsprechenden Anzahl von Wertpapieren gleicher Gattung hat.

41 Da das Gesetz abstrakt an die **Rechtsinhaberschaft** anknüpft, liegt kein ungedeckter Leerverkauf vor, wenn der Leerverkäufer die Wertpapiere im Wege eines Wertpapierdarlehens- bzw eines Wertpapierpensionsgeschäftes zuvor erworben hat.[78] Es reicht darüber hinaus aus, dass der Leerverkäufer einen **schuldrechtlich oder sachenrechtlich unbedingten Anspruch** auf die entsprechenden Wertpapiere hat. Dies ist bei einem Wertpapierdarlehens- bzw Wertpapierpensionsgeschäft in der Regel der Fall. Der Leerverkäufer hat als Darlehens- bzw Pensionsnehmer einen unbedingten Anspruch auf Übereignung der entsprechenden Wertpapiere, so dass eine entsprechende Deckung des Weiterverkaufs der Wertpapiere iSd § 30h WpHG vorliegt.[79]

Zur Bestimmung der Deckung stellt die gesetzliche Vorschrift auf das Ende des Verkaufstages ab. Ein Leerverkäufer kann sich also bis zu 24 Stunden (unter Ausnutzung sämtlicher Zeitzonen) um eine Eindeckung seiner Short-Position bemühen.[80] Für das Vorliegen eines schuldrechtlich unbedingten Anspruchs auf Lieferung der entsprechenden Wertpapiere genügt der Abschluss des Vertrages (zB des Wertpapierdarlehens). Es ist nicht notwendig, dass die Wertpapiere bereits übertragen werden.[81]

---

77 BGBl. I 2010, 945.
78 Begründung des Fraktionsentwurfes, BT-Drucks. 17/1952, 9; *Mülbert* in: Assmann/Schneider, Kommentar zum WpHG, § 30h WpHG Rn 8.
79 *Baur*, Gesetz zur Vorbeugung gegen missbräuchliche Wertpapier und Derivategeschäfte, jurisPR-BKR, 2010, S. 2; *Mülbert* in: Assmann/Schneider, Kommentar zum WpHG, § 30h WpHG, Rn 12.
80 *Mock* WM 2010, 2251.
81 Beschlussempfehlung und Bericht des Finanzausschusses, BT-Drucks. 17/2336, 13.

§ 30h Abs. 2 WpHG sieht **Ausnahmeregelungen** vor, die ähnlich den Vorschriften der EU-Verordnung über Leerverkäufe ausgestaltet sind. So sind Marktteilnehmer ausgenommen, die dauerhaft und regelmäßig Liquidität in den entsprechenden Wertpapieren zur Verfügung stellen.[82] Ferner ist eine Ausnahmeregelung für Market-Maker bzw Skontoführer iSd §§ 28 ff BörsG vorgesehen, welche die Aufgabe der Preisfeststellung und der Vermittlung wahrnehmen. Die Ausnahmen gelten insoweit nur, sofern diese für die Tätigkeit erforderlich sind. Darüber hinaus sieht § 30h Abs. 2 S. 2 WpHG Ausnahmen für solche Geschäfte vor, die Handelsteilnehmer zur Erfüllung eines zu einem festen oder bestimmbaren Preis abgeschlossenen Geschäfts in Finanzinstrumenten mit einem Kunden (Festpreisgeschäft) vereinbaren.

§ 30i WpHG sieht daneben **Mitteilungs- und Veröffentlichungspflichten** für Inhaber von Netto-Leerverkaufspositionen gegenüber der Bundesanstalt für Finanzdienstleistungsaufsicht vor. Hier gibt das Gesetz bestimmte Meldeschwellen vor.[83]

IV. Risiko der Umdeutung

Ein Aspekt, der vielfach im anglo-amerikanischen Rechtsraum diskutiert wird, ist die Frage, inwieweit die Übertragung der Darlehens- bzw Pensionspapiere einen Eigentumserwerb darstellen oder aber in eine **bloße Sicherheit** (beispielsweise ein Pfandrecht oder im englisch-rechtlichen Rechtsraum eine „Charge") umgedeutet werden kann. Demnach würden das Wertpapierdarlehen und das Wertpapierpensionsgeschäft lediglich als besichertes Darlehen angesehen und der Darlehens- bzw Pensionsnehmer hätte lediglich ein Sicherungsrecht.[84] Wäre dies der Fall, würde der Darlehens- bzw Pensionsnehmer möglicherweise die Wertpapiere belastet mit dem Sicherungsrecht weiterveräußern. Aber auch der Darlehens- bzw Pensionsgeber würde möglicherweise Negativverpflichtungen (Negative Pledge) verletzen, indem dieser dem Darlehens- bzw Pensionsnehmer eine Sicherheit gewährt. Auch in der Insolvenz einer Partei würde sich eine Umdeutung des Wertpapierdarlehens- bzw Wertpapierpensionsgeschäftes in ein besichertes Darlehen negativ auswirken. So hätte der Darlehens- bzw Pensionsnehmer im Falle der Insolvenz des Darlehens- bzw Pensionsgebers möglicherweise nur einen Anspruch auf abgesonderte Befriedigung. Darüber hinaus wäre der Verwertungserlös aus dem „umgedeuteten" Pfandrecht um den Kostenbeitrag des Insolvenzverwalters gekürzt.

Nun wird das Risiko einer Umdeutung eines Geschäfts im deutschen Recht nur selten mit Blick auf Wertpapierdarlehens- bzw Wertpapierpensionsgeschäfte diskutiert. So lässt sich festhalten, dass die im Markt standardmäßig verwendeten Rahmenverträge klarstellen, dass ein **uneingeschränkter Eigentumserwerb** der Darlehens- bzw Pensionspapiere erfolgt (s. § 12 Rn 3 sowie § 13 Rn 4). So sind ausdrücklich nur Wertpapiere gleicher Art und Menge zurückzuliefern, keinesfalls sind die spezifischen, zuvor gelieferten Wertpapiere zu beschaffen. Damit ist klargestellt, dass der Darlehens- bzw Pensionsnehmer frei über diese verfügen darf und sein Interesse über die bloße Sicherung seiner Forderungen gegenüber dem Darlehens- bzw Pensionsgeber hinausgehen. Darüber hinaus sehen die Rahmenverträge selbst spezifische Vorschriften zur Besicherung der jeweiligen Ansprüche unter den Wertpapierdarlehens- bzw Wertpapierpensionsgeschäften vor. Es wäre schwierig, diese Vorschriften zur Besicherung im Lichte eines umgedeuteten besicherten Darlehens zu sehen.

---

82 Begründung des Fraktionsentwurfes, BT-Drucks. 17/1952, 9.
83 *Baur* jurisPR-BKR, 2010, S. 3; *Mock* WM 2010, 2254; zum Entwurf des Gesetzes zur Vorbeugung gegen missbräuchliche Wertpapier- und Derivategeschäfte: *Tyrolt/Bingel* BB 2010, 1425.
84 Zur Diskussion im englischen Rechtsraum *Ali*, Short selling and securities lending in the midst of falling and volatile markets, JIBLR 2009, 9; *Firth*, Derivatives Law and Practice, chapter 19 – Stock Loans and Repos, 19-034.

V. Wertpapierleihesystem/Tri-Party-Repo

46 Einige Clearinghäuser bieten teilnehmenden Banken Wertpapierdarlehen an.[85] So hat die Clearstream Banking AG Sonderbedingungen für Wertpapierdarlehen entwickelt und bietet seit 1990 ein **institutionalisiertes Wertpapierleihesystem** an. Hierbei vermittelt die Clearstream Banking AG auf Basis der Sonderbedingungen Wertpapierdarlehen zwischen den teilnehmenden Banken. Das Clearinghaus schließt dabei im Wege der Geschäftsbesorgung im Namen des Darlehensgeber sowie des Darlehensnehmers im Wege der Mehrfachvertretung ein bilaterales Wertpapierdarlehen für die Rechnung der teilnehmenden Banken ab. Clearstream Banking AG übernimmt die Aufgabe der Verwaltung der Konten und die Übertragung der entsprechenden Wertpapiere bzw den Ausgleich der Margin-Sicherheiten. Das Wertpapierleihesystem operiert dabei automatisch.

47 Auch für den Bereich der Wertpapierpensionsgeschäfte haben sich sogenannte Tri-Party-Repo herausgebildet. Hierbei fungiert das Clearinghaus bzw ein Wertpapierverwahrer ebenfalls als Mittler zwischen dem Pensionsgeber und dem Pensionsnehmer. Im Gegensatz zum oben dargestellten grundsätzlichen Zweiparteienrechtsverhältnis wird beim Tri-Party-Repo allerdings ein dreiseitiger Vertrag abgeschlossen. Der Pensionsgeber und der Pensionsnehmer geben das Risikoprofil der verschiedenen zukünftigen Wertpapierpensionsgeschäfte sowie die wirtschaftlichen Parameter vor. Das Clearingsystem bzw der Verwahrer bietet die Infrastruktur, das Management der Sicherheiten und das Monitoring. Darüber hinaus werden die Sicherheiten beim Clearinghaus bzw beim Verwahrer hinterlegt.

---

85 Hierzu ausführlich *Clouth/Vollmuth*, Wertpapierdarlehen und Wertpapierpensionsgeschäfte, in: Hopt (Hrsg.), Vertrags- und Formularbuch zum Handels-, Gesellschafts- und Bankrecht, S. 1428; *Clearstream Banking AG, Frankfurt*, Kundenhandbuch (Customer Handbook), S. 132 ff.

3. Teil: Insolvenzrecht

Literatur: *Andres/Leithaus*, Insolvenzordnung, Kommentar, 2. Aufl., München 2011; *Bank for International Settlements*, Report and Recommendations of the Cross-border Bank Resolution Group (CBRG) (September 2009), Basel 2009; *Bank for International Settlements*, The Application of Basel II to Trading Activities and the Treatment of Double Default Effects, Basel 2005; *Beck/Samm/Kokemoor*, Gesetz über das Kreditwesen, Heidelberg (Stand: Dezember 2011); *Benzler/Gallei*, Aufsichtsrechtliche Aspekte des Handels mit Emissionsberechtigungen und Derivaten, ET 2005, 262-268; *Benzler*, Nettingvereinbarungen im außerbörslichen Derivatehandel, Baden-Baden 1999; *Bergfort*, Das European Master Agreement – die europäische Lösung für Cross-Product Netting, ZBB 2009, S. 451–460 ; *Binder*, Bankeninsolvenz im Spannungsfeld zwischen Bankaufsichts- und Insolvenzrecht, Berlin 2005; *Böhm*, Rechtliche Aspekte grenzüberschreitender Nettingvereinbarungen, Berlin 2001; *Boos/Fischer/Schulte-Mattler*, Kreditwesengesetz: Kommentar zu KWG und Ausführungsvorschriften, 4. Aufl., München 2012; *Bosch*, Finanztermingeschäfte in der Insolvenz – Zum „Netting" im Insolvenzverfahren, WM 1995, 365–375 (Teil I) und S. 413–428 (Teil II); *Bosch*, Differenz- und Finanztermingeschäfte nach der Insolvenzordnung, Kölner Schrift zur Insolvenzordnung, 2. Aufl., Herne/Berlin 2000, S. 1009–1042; *Braun*, Insolvenzordnung, Kommentar, 4. Aufl., München 2010; *C&L Deutsche Revision (Hrsg.)*, 6. KWG-Novelle und neuer Grundsatz I, Frankfurt am Main 1998; *Canaris*, Bankvertragsrecht, 3. Aufl., Berlin 1988; *Cecchetti/Gyntelberg/Hollanders*, Central counterparties for over-the-counter derivatives, Bank for International Settlements, BIS Quarterly Review, September 2009, S. 45–58; *Chakrabarti/Brierly*, The MAC clause: protection from the storm?, JIBFL 2009, 451 ff; *Coleman*, Netting a Red Herring, BJIBFL 1994, 394–404; *Cunningham/Abruzzo*, Multibranch Netting – A Solution to the Problems of Cross-Border Bank Insolvencies, Discussion Paper by the Capital Markets Forum, London 1995; *Ehricke*, Die Umsetzung der Finanzsicherheitenrichtlinie (Richtlinie 2002/47/EG) im Rahmen des Diskussionsentwurfs zur Änderung der Insolvenzordnung, ZIP 2003, 1065–1076; *Ehricke*, Finanztermingeschäfte im Insolvenzverfahren, ZIP 2003, 273–282; *Ehricke*, Zum anwendbaren Recht auf ein im Clearing-System vereinbartes Glattstellungsverfahren im Fall der Insolvenz ausländischer Clearing-Teilnehmer, WM 2006, 2109–2114; *European Central Bank*, Credit Default Swaps and Counterparty Risk (September 2009), Frankfurt 2009; *Europäische Zentralbank*, Portfoliomanagement der EZB, Monatsbericht April 2006, S. 83–95; *European Financial Markets Lawyers Group*, Protection for Bilateral Insolvency Set-off and Netting Agreements under EC Law, Frankfurt am Main 2004; *Greene*, Does your institution suffer from multiple agreement disorder?, European Financial Services Law, 1994, 88–91; *Field Fisher Waterhouse*, ISDA Master Agreements – Legal Opinions on Close-out Netting, London 2007; *Firth*, Derivatives: Law and Practice, London (Stand: Oktober 2011); *Frankfurter Kommentar* zur Insolvenzordnung, 6. Aufl., Köln 2011; *Frenz*, Emissionshandelsrecht – Kommentar zum TEHG und ZuG, 2. Aufl., Berlin/Heidelberg 2008; *Fried/Wulff*, Der EFET-Rahmenvertrag für Stromlieferungen in Recht und Praxis, ET 2003, 811–817; *Geier/Schmitt/Petrowsky*, Der Anwendungsbereich des „Moratoriums" nach Inkrafttreten des Restrukturierungsgesetzes, BKR 2011, 497–501; *Gillor*, Der Rahmenvertrag für Finanzgeschäfte der Europäischen Bankenvereinigung (EMA), Baden-Baden 2006; *Gottwald*, Insolvenzrechts-Handbuch, 4. Aufl., München 2010; *Henderson*, Master Agreements, Bridges and Delays in Enforcement, BJIBFL 2004, 394–398 (Part 1); BJIBFL 2004, 443–447 (Part 2) und BJIBFL 2005, 18–24 (Part 3); *Hengeler Mueller*, Memorandum of Law for the International Swaps and Derivatives Association Inc., 10. Dezember 2004; *Herring/Cristea*, Die Umsetzung der Finanzsicherheiten-Richtlinie und ihre Folgen für Kapitalanlagegesellschaften, deutsche Single-Hedgefonds und Prime Broker, ZIP 2004, 1627-1636; *Hess/Weis/Wienberg*, InsO: Kommentar zur Insolvenzordnung mit EGInsO, 2. Aufl., Heidelberg 2001; *Hess*, Kommentar zur Konkursordnung, 6. Aufl., Neuwied 1998; *Horstmann/Cieslarczyk*, Energiehandel, Köln/Berlin/München 2006; *Huhn/Bayer*, Bedingung auf den Insolvenzfall – Möglichkeit der Kreditsicherung oder Anfechtungsgefahr?, ZIP 2003, 1965–1971; *Jahn*, Die Finanzkrise und ihre Auswirkungen auf Rahmenverträge über OTC-Derivategeschäfte, BKR 2009, 25–28; *Keller*, Die EG-Richtlinie 98/26 vom 19. 05. 1998 über die Wirksamkeit von Abrechnungen in Zahlungs- sowie Wertpapierliefer- und –abrechnungssystemen und ihre Umsetzung in Deutschland, WM 2000, 1269–1282; *Keller,* Die Wertpapiersicherheit im Gemeinschaftsrecht, BKR 2002, 347–354; *Kieper*, Abwicklungssysteme in der Insolvenz – Dargestellt am Beispiel der Eurex Deutschland, München 2004; *Kohler/Obermüller/Wittig (Hrsg.)*, Kapitalmarkt – Recht und Praxis – Gedächtnisschrift für Ulrich Bosch, Recklinghausen 2006; *Kollmann,* Zur Umsetzung der Richtlinie 2002/47/EG vom 6. Juni 2002 über Finanzsicherheiten in das deutsche Recht, WM 2004, 1012–1023; *Kreft (Hrsg.),* Heidelberger Kommentar zur Insolvenzordnung, 6. Aufl., Heidelberg 2011; *Kübler/Prütting/Bork,* Kommentar zur Insolvenzordnung, Köln (Stand: November 2011); *Kümpel,* Bank- und Kapitalmarktrecht, 4. Aufl., Köln 2011; *Kunz,* Ausgewählte Rechtsprobleme des Zentralen Kontrahenten, Frankfurt am Main 2009; *Lieder,* Zur (Un-)Wirksamkeit von Konzernverrechnungsklauseln in der Insolvenz, DZWIR 2007, 13–16; *Liersch,* Deutsches Internationales Insolvenzrecht, NZI 2003, 302–311; *Löber/Klima,* The Implementation of Directive 2002/47 on Financial Collateral Arrangements, JIBLR 2006, 203–212; *Luz/Neus/Schaber/Scharpf/Schneider/Weber (Hrsg.),* Kreditwesengesetz, Kommentar zum KWG inklusive SolvV, LiqV, GroMiKV, MaRisk, 2. Aufl., Stuttgart 2011; *Maslaton,* Treibhausgas Emissionshandelsgesetz – Handkommentar, Baden-Baden 2005; *Münchener Kommentar* zum Bürgerlichen Gesetzbuch, Band 11: Internationales Wirtschaftsrecht – Einführungsgesetz zum Bürgerlichen Gesetzbuch (Art. 25–248), 5. Aufl., München 2010; *Münchener Kommentar* zur Insolvenzordnung, Band 2 und Band 3, 2. Aufl., München 2008; *Nerlich/Römermann,* Insolvenzordnung (InsO): Kommentar, München, (Stand: Januar 2011); *Nordhues/Benzler,* Risikosteuerung durch Kreditderivate, WM 1999, 461–473; *Obermüller,* Insolvenzrecht in der Bankpraxis, 8. Aufl., Köln 2011; *Obermüller,* Anglerlatein oder: Der Widerstand gegen die Umsetzung der Finanzsicherheiten-RL, ZIP 2003, 2336–2340; *Obermüller,* Das Bankenrestrukturierungsgesetz – ein kurzer Überblick über ein langes Gesetz, NZI 2011, 81–90; *Obermüller/Hartenfels,* Finanzsicherheiten, BKR 2004, 440–447; *Paech,* Netting, Finanzmarktstabilität und Bankenrestrukturierung – Die Notwendigkeit eines internationalen zivilrechtlichen Standards zum Netting, WM 2010, 1965–1971; *Paech,* Systemic risk, regulatory powers and insolvency law – The need for an international instrument on the private law framework for netting, Frankfurt 2010; *Palandt,* Bürgerliches Gesetzbuch, 71. Aufl., München 2012; *Pannen,* Krise und Insolvenz bei Kreditinstituten, 3. Aufl., Köln 2010; *Parker,* The ISDA Master Agreement and CSA: close-out weaknesses exposed in the banking crisis and suggestions for change, (2009) 1 JIBFL 16 et seq; *Reiner,* Derivative Finanzinstrumente im Recht, Baden-Baden 2002; *Rendels,* Ist die Aufrechnungsbefugnis kraft einer Konzern-Netting-Abrede insolvenzfest?, ZIP 2003, 1583–1592; *Ruzik,* Bankenkrisen und -insolvenzen – Ein besonderes Phänomen, BKR 2009, 133-141; *Ruzik,* Finanzmarktintegration durch Insolvenzrechtsharmonisierung, Baden-Baden 2010; *Schimansky/Bunte/Lwowski,* Bankrechts-Handbuch, Band 2, 4. Aufl., München 2011; *Schneider,* Netting und Internationales Insolvenzrecht, in: *Kohler/Obermüller/Wittig (Hrsg.),* Kapitalmarkt – Recht und Praxis – Gedächtnisschrift für Ulrich Bosch, Recklinghausen 2006, S. 197–212; *Schweer/von Hammerstein,* Treibhausgas Emissionshandelsgesetz (TEHG), Köln 2004; *Schwennicke/Auerbach,* Kreditwesengesetz (KWG) Kommentar, München 2009; *Schwintowski (Hrsg.),* Handbuch Energiehandel, 2. Aufl., Berlin 2010; *Schwörer,* Lösungsklauseln für den Insolvenzfall, Köln 2000; *Sommer,* Sind Emissionszertifikate Wertpapiere im Sinne des Kreditwesengesetzes?, ET 2003, 186–190; *Szagunn/Haug/Ergenzinger,* Gesetz über das Kreditwesen, 6. Aufl., Stuttgart 1997; *Trouet,* Produktübergreifendes Netting von Finanzgeschäften – das Cross-Product Master Agreement der Bond Market Association, ZfgK 2001, 696–699; *Tett/Chung,* Death and the Salesmen, FT Magazine, 24./25. Februar 2007, 27–31; *Uhlenbruck,* Insolvenzordnung, 13. Aufl., München 2010; *Wallat,* Beaufsichtigung des organisierten Emissionshandel, ET 2003, 180–184; *von Wilmowsky,* Lösungsklauseln für den Insolvenzfall – Wirksamkeit, Anfechtbarkeit, Reform, ZIP 2007, 553–563; *von Hall,* Insolvenzverrechnung in bilateralen Clearingsystemen, Baden-Baden 2011; *von Wilmowsky,* Termingeschäft und Insolvenz: die gesetzliche Regelung, WM 2002, 2264–2277; *Wimmer,* Entwurf eines Gesetzes zur Umsetzung der Finanzsicherheiten-Richtlinie, ZIP 2003, 1563–1566; *Wood,* Set-Off and Netting, Derivatives, Clearing Systems, 2. Aufl., London 2007; *Zypries,* Bundesregierung setzt EU-Finanzsicherheitenrichtlinie kapitalmarkttauglich um, ZIP 2004, 51.

§ 14 Finanzderivate in der Insolvenz – Grundlagen

A. Zielsetzung insolvenzanknüpfender Lösungs- und Netting-Klauseln	1	I. Single-Agreement-Klausel	9
I. Grundlagen, wirtschaftliche Bedeutung und Fallbeispiel	1	II. Beendigungsklausel	12
		III. Positionenbewertung	13
II. Begriff und Abgrenzung	4	IV. Netting und Abschlusszahlung	14
B. Funktionsweise und wesentliche Elemente rahmenvertraglicher Netting-Vereinbarungen	8	V. Alternativen zu klassischen Netting-Mechanismen	15
		C. Aufsichtsrechtliche Vorgaben für Netting-Vereinbarungen (GroMiKV/SolvV)	16

A. Zielsetzung insolvenzanknüpfender Lösungs- und Netting-Klauseln

I. Grundlagen, wirtschaftliche Bedeutung und Fallbeispiel

Netting ist eines der ganz wesentlichen rechtlichen Themen im Bereich bilateral abgeschlossener Finanzderivate. Netting soll erreichen, dass insbesondere im Insolvenzfall alle abgeschlossenen und noch laufenden Transaktionen gemeinsam beendet, bewertet und zu einem Betrag verrechnet („genettet") werden. Auf diese Weise soll gesetzlichen Rechtsfolgen zuvorgekommen werden, die bei Eröffnung des Insolvenzverfahrens eintreten würden. Hierzu gehört unter anderem das in den meisten Jurisdiktionen übliche **Wahlrecht des Insolvenzverwalters**, auf die Erfüllung ihm günstiger, laufender Geschäfte zu bestehen und hinsichtlich ungünstiger Geschäfte auf die Quote zu verweisen (sogenanntes „Cherry-Picking").[1]

Beispiel zur Bedeutung funktionierender Netting-Vereinbarungen:

A und B haben auf Grundlage des Deutschen Rahmenvertrages für Finanztermingeschäfte (DRV) sechs Geschäfte abgeschlossen. Würde B vor dem Hintergrund aktueller Marktpreise eine Bewertung der Geschäfte vornehmen bzw Ersatzgeschäfte tätigen, wären drei der Geschäfte (Geschäft 1, 5 und 6) aus seiner Sicht günstiger abzuschließen. B ist insoweit „out-of-the-money", da er auf Basis aktueller Marktpreise ungünstige Geschäfte in seinem Portfolio hat. Drei der Geschäfte (Geschäft 2, 3 und 4) wären heute teurer. B ist insoweit „in-the-money". Auf Grundlage einer solchen Bewertung beläuft sich die Forderung von Partei B aus den drei günstigen Geschäften (+200', +900' und +600') auf 1 700 000 EUR, die Verbindlichkeit aus den ungünstigen Geschäften (-500', -700' und -600') auf 1 800 000 EUR. Bei sofortiger Beendigung der offenen Geschäfte und einfacher Saldierung auf Basis von Marktpreisen müsste also B an A 100 000 EUR zahlen. Wird ein Insolvenzverfahren über das Vermögen von Partei B eröffnet, gilt, dass B's Insolvenzverwalter – ohne vertragliches oder gesetzliches Netting – auf Grundlage von § 103 InsO von A die Weiterführung und Erfüllung der ihm günstigen Verträge fordern könnte (und damit in der Summe mit 1 700 000 EUR „in-the-money" wäre). Die Erfüllung der ungünstigen Verträge könnte der Insolvenzverwalter ablehnen und Partei A mit ihrer Kompensationsforderung in Höhe von 1 800 000 EUR auf die Insolvenzquote verweisen. Bei einer Quote von zB 10% hieße das, dass A von B zwar 1 800 000 EUR fordern, wegen der als Beispiel angenommenen Quote aber lediglich 180 000 EUR bekommen würde. Die ungünstigen Geschäfte mit einem derzeitigen Marktwert von -1 700 000 EUR müsste A aber weiter erfüllen.

---

[1] Nach § 103 InsO (Wahlrecht des Insolvenzverwalters) gilt Folgendes: „(1) Ist ein gegenseitiger Vertrag zur Zeit der Eröffnung des Insolvenzverfahrens vom Schuldner und vom anderen Teil nicht oder nicht vollständig erfüllt, so kann der Insolvenzverwalter anstelle des Schuldners den Vertrag erfüllen und die Erfüllung vom anderen Teil verlangen. (2) Lehnt der Verwalter die Erfüllung ab, so kann der andere Teil eine Forderung wegen der Nichterfüllung nur als Insolvenzgläubiger geltend machen. [...]". Gesetzliches Netting nach § 104 Abs. 2 InsO soll hier zunächst einmal unberücksichtigt bleiben.

§ 14 Finanzderivate in der Insolvenz – Grundlagen

3   Graphisch dargestellt, ergibt sich folgendes Bild (Betragsangaben in eintausend EUR):

Ausgangssituation vor B's Insolvenz:[2]

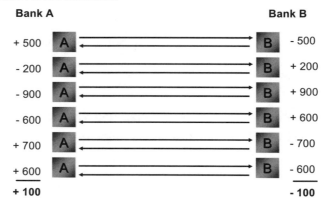

Situation ohne vertragliches oder gesetzliches Netting nach B's Insolvenz:[3]

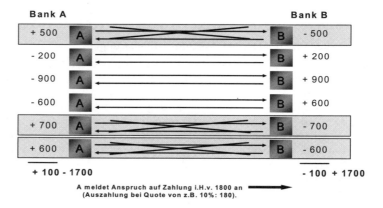

---

2 Anmerkung: Tagesaktuelle Bewertung der offenen Deals; hypothetische Forderung bei angenommener vorzeitiger Beendigung.

3 Anmerkung: Insolvenzverwalter macht vom Wahlrecht Gebrauch und lehnt die Erfüllung ihm ungünstiger Transaktionen ab (Summe des Marktwertes: 1 800 000 EUR), aber besteht auf die Erfüllung ihm günstiger Transaktionen (Summe des Marktwertes aus Sicht von B: 1 700 000 EUR).

A. Zielsetzung insolvenzanknüpfender Lösungs- und Netting-Klauseln

Situation mit Netting nach B's Insolvenz:

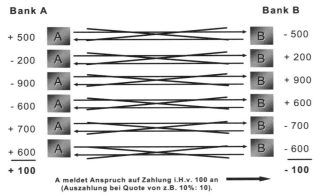

II. Begriff und Abgrenzung

Im Unternehmens- und speziell im Bankenbereich versteht man unter **Netting im weiteren Sinne** Regelungen bzw vertragliche Abreden über die Verrechnung von wechselseitigen Forderungen und Verbindlichkeiten zwischen zwei oder mehr Beteiligten. Netting im Bereich der Finanzderivate deckt nur einen Teil des breiteren Begriffes Netting ab, der auch für multilaterale Verrechnungsvereinbarungen (insbesondere Cash-Pooling-Vereinbarungen zwischen Konzerngesellschaften)[4] und Verrechnungssysteme im Zahlungsverkehrsbereich verwendet wird.[5]

Unter den Oberbegriff **Netting** im hier zu untersuchenden Kontext von Finanzderivaten fallen zwei unterschiedliche Typen von Aufrechnungsklauseln, die streng zu trennen sind.[6]

Beim **Close-out Netting** (auch Liquidationsnetting) geht es wie beim eben gezeigten Beispiel darum, nach einer außerordentlichen vorzeitigen Beendigung des Handelsverhältnisses (dh des Rahmenvertrages und aller Transaktionen) den für diesen Zeitpunkt errechneten Wert der einzelnen Transaktionen miteinander zu einem Nettobetrag zu verrechnen.[7] Gegenstand ist also nicht die Aufrechnung von bereits fälligen Ansprüchen, sondern eine Verrechnung von Beträgen, die erst als Folge der vorzeitigen Beendigung laufender Verträge fällig werden.[8]

Beim **Payment-Netting** (auch Zahlungsnetting, bilaterale Positionenaufrechnung oder Settlement Netting) geht es, im Gegensatz zum Close-out Netting, um die Verrechnung von Forderungen, die im Rahmen des gewöhnlichen Geschäftsablaufes fällig werden und sich dann aufrechenbar gegenüber stehen. Während Close-out Netting dem Risiko-Management unter

---

[4] *Rendels*, Aufrechnungsbefugnis, ZIP 2003, 1583–1592; *Lieder*, Konzernverrechnungsklauseln, DZWIR 2007, 13–16; vgl hierzu aber auch *Firth*, Derivatives, Rn 5.117, 5.123, der zu Möglichkeiten des Multilateralen Nettings im Finanzbereich Stellung nimmt (zB mittels Verwendung von Garantien oder Einschaltung eines Clearing-Hauses).

[5] Vgl zur Bandbreite von „Netting" im weiteren Sinne *Böhm*, Nettingvereinbarungen, 23 f mwN, der sich neben dem Netting von OTC-Derivaten auch ausführlich mit dem grenzüberschreitenden Zahlungsverkehrsnetting befasst.

[6] Vgl zu den Arten des Nettings *Benzler*, Nettingvereinbarungen, 59 ff; *Jahn*, in: Münchener Kommentar zur Insolvenzordnung, Band 2, § 104 Rn 149 ff; *Paech*, Systemic risk, regulatory powers and insolvency law, 7 ff; *Ruzik*, Finanzmarktintegration, 165 ff; *Wood*, Set-off and Netting, Derivatives, Clearing Systems, Rn 1–026 ff.

[7] Eine Definition von Close-out Netting („bilaterale Aufrechnung infolge Beendigung") findet sich in den Erwägungsgründen 5, 14 und Art. 2 Abs. 1 n) der Richtlinie 2002/47/EG (Finanzsicherheiten-Richtlinie).

[8] Vgl Section 5(a), 6(a) ISDA; Nr. 7, 8 und 9 DRV.

außergewöhnlichen Umständen (insbesondere der Insolvenz einer Vertragspartei) dient, ist der Hauptzweck des Payment-Nettings, die Abwicklung von Transaktionen und des Zahlungsverkehrs zu vereinfachen. Es soll vermieden werden, dass Zahlungen, die am gleichen Tag und in der gleichen Währung fällig werden, an die jeweils andere Partei überwiesen werden müssen. Ob Payment-Netting, wie üblicherweise in Rahmenverträgen vorgesehen,[9] vereinbart werden soll, ist damit, von Abwicklungsrisiken einmal abgesehen, keine Frage des Risiko-Managements, sondern eine Frage der Organisation von Zahlungsflüssen. Zu beachten ist, dass Fragen des Zahlungsnettings nicht nur bei mehreren Transaktionen, sondern schon bei einer Transaktion (zB bei Swaps) relevant werden können.[10]

B. Funktionsweise und wesentliche Elemente rahmenvertraglicher Netting-Vereinbarungen

8 Netting-Vereinbarungen in standardisierten Rahmenverträgen bestehen üblicherweise aus vier Elementen, die Netting-Vereinbarungen auch klar von reinen Aufrechnungsvereinbarungen unterscheiden.[11] Ohne auf alle Einzelheiten einzugehen,[12] soll hier als Basis für die folgende insolvenzrechtliche Analyse ein Überblick über diese Elemente und ihre typischen Merkmale gegeben werden.

I. Single-Agreement-Klausel

9 Eine wichtige, aber oft unterschätzte Bestimmung in Rahmenverträgen, ist die sogenannte „**Single-Agreement-Klausel**" (**Einheitsvertragsklausel**).[13] Ihr Hauptziel ist, alle Einzeltransaktionen und den Rahmenvertrag zu einer Einheit zu verbinden. Hierdurch soll erreicht werden, dass im Insolvenzfall alle Einzelverträge nur gemeinsam beendet werden können. Gemeinsam mit den anderen Netting-Elementen soll so sichergestellt werden, dass das Insolvenzverwalterwahlrecht („Cherry-Picking") nicht zum Zuge kommt. Die Single-Agreement-Klausel stellt somit einen wesentlichen Bestandteil und eine Voraussetzung der Bestimmungen zum Close-out Netting dar.

10 Aus der Sicht des deutschen Insolvenzrechts ist in diesem Zusammenhang insbesondere auf § 104 Abs. 2 S. 3 InsO hinzuweisen. Gemäß **§ 104 Abs. 2 S. 3 InsO** gilt: „Sind Geschäfte über Finanzleistungen in einem Rahmenvertrag zusammengefasst, für den vereinbart ist,

---

9 Vgl Section 2(c) ISDA; Nr. 3 Abs. 3 DRV. Bei der Verhandlung von Rahmenverträgen ist neben der Frage des Ob auch die Frage des Umfanges des Zahlungsnettings zu berücksichtigen. Der Umfang kann sich entweder auf Forderungen und Gegenforderungen (i) aus einer Transaktion, (ii) aus allen Transaktionen unter dem Rahmenvertrag insgesamt oder (iii) aus bestimmten Transaktionen (zB für bestimmte Niederlassungen gebuchte Transaktionen) erstrecken. Unter ISDA ist die einzeltransaktionsbezogene (Section 2(c) ISDA, vgl aber Wahlmöglichkeit nach Part 4 (i) Schedule), unter DRV die breitere rahmenvertragsbezogene Verrechnung Standard (Nr. 3 Abs. 3 DRV, vgl aber Wahlmöglichkeit nach Nr. 12 Abs. 2).
10 Vgl hierzu sowie zum Zahlungsnetting insgesamt *Firth*, Derivatives, Rn 5.024 und 5.025.
11 Diese Diskussion ist insbesondere bei der Abgrenzung des Art. 6 EuInsVO von § 340 Abs. 2 InsO bedeutsam und führte EU-weit zu eingehenden Diskussionen, ob mit „set-off" bzw den entsprechenden Begriffen in anderen offiziellen und damit verbindlichen Sprachen (wie zB „Aufrechnung" in der deutschen, „compensation" in der französischen oder „verrekening" in der niederländischen Fassung) nur die gewöhnliche Aufrechnung von Forderung und Gegenforderung oder tatsächlich Netting mit all seinen Elementen gemeint ist. Vergleiche hierzu *European Financial Markets Lawyers Group*, Netting Agreements, 13 ff. Zur Diskussion im Einzelnen siehe § 21 Rn 3 ff.
12 Siehe §§ 5 und 6 zu den Bestimmungen in DRV, EMA und ISDA.
13 Vgl Nr. 1 Abs. 2 DRV („Alle Einzelabschlüsse bilden unter einander und zusammen mit diesem Rahmenvertrag einen einheitlichen Vertrag (nachstehend der „Vertrag" genannt); sie werden im Sinne einer einheitlichen Risikobetrachtung auf dieser Grundlage und im Vertrauen darauf getätigt.") oder Section 1(c) ISDA („All Transactions are entered into in reliance on the fact that this Master Agreement and all Confirmations form a single agreement between the parties (collectively referred to as this „Agreement"), and the parties would not otherwise enter into any Transaction."); vgl auch Nr. 1(4) EMA.

B. Funktionsweise und wesentliche Elemente rahmenvertr. Netting-Vereinbarungen

dass er **bei Vorliegen eines Insolvenzgrundes nur einheitlich beendet** werden kann, so gilt die Gesamtheit dieser Geschäfte als ein gegenseitiger Vertrag im Sinne der §§ 103, 104 InsO." Diese Bestimmung kann bei der Analyse von Netting-Klauseln als ein Argument dafür genutzt werden, dass in Rahmenverträgen zusammengefasste Einzeltransaktionen wirksam durch vertragliche und bereits an den Insolvenzantrag knüpfende Vereinbarungen genettet werden können.[14]

Weitgehend ungeklärt ist bisher, ob bzw inwieweit das Single-Agreement-Konzept fordert, Rahmenvertrag und Transaktionen auch schon vor der Insolvenz einer Partei zu einem Vertrag oder sogar zu einer einheitlichen Obligation zusammenzufassen. Die Auffassung, dass hier nicht nur ein „Single Agreement" sondern sogar eine „Single Obligation" vorliegen soll, würde den einzelnen Transaktionen ihre Selbstständigkeit nehmen; die Gesamtobligation würde sich mit jedem Neuabschluss bzw jeder Beendigung einer Transaktion ändern. Ein solch **weit verstandenes Einheitsvertragskonzept** ist vor dem Hintergrund des deutschen Rechts **nicht erforderlich**.[15] Es führt in vielerlei Hinsicht zu nicht sachgerechten Ergebnissen.[16] Aus Sicht des deutschen Rechts genügt es, dieses Konzept und den Vertragswillen dahin gehend auszulegen, dass in Insolvenz- und anderen Close-out Fällen eine feste Verbindung gewollt ist. Diese sollte jedoch im Rahmen des laufenden Geschäftsbetriebes nicht in einer künstlichen und ungewollten Kollektivierung von Einzeltransaktionen resultieren. Transaktionen heißen im englischen Sprachgebrauch nicht umsonst „Individual Transactions" und werden auch in der Praxis als solche behandelt.[17]

II. Beendigungsklausel

Ein weiteres wesentliches Element ist eine **Beendigungsklausel**, die an die Insolvenz eines Vertragspartners sowie wesentliche Leistungsstörungen (wie zB Nichtzahlung oder Nichtleistung) anknüpft.[18] Diese Vertragsklausel sieht insoweit insbesondere vor, dass im Insol-

---

14 Ansatzpunkt kann sein, dass der Gesetzgeber offenbar rahmenvertragliche Netting-Vereinbarungen gesehen und insbesondere anerkannt hat, dass diese bereits vor dem Zeitpunkt der Insolvenzeröffnung greifen und schon das Vorliegen eines Insolvenzgrundes genügen lassen; ein weiterer Ansatzpunkt ist, dass vertragliches Netting nur vorwegnimmt, was gem. § 104 Abs. 2 InsO durch Gesetz geregelt wäre. Siehe hierzu auch § 20 Rn 13 ff.

15 § 104 Abs. 2 S. 3 InsO stellt nur auf die einheitliche Beendigung bei Vorliegen eines Insolvenzgrundes ab. Die Bestimmung wurde an dieser Stelle ausdrücklich durch die Finanzsicherheitenrichtlinie geändert. In der Vorgängerversion des § 104 Abs. 2 S. 3 InsO, die bis zum 8.4.2004 galt, wurde wesentlich breiter auf eine einheitliche Beendigung bei Vertragsverletzungen abgestellt. Aus Sicht der deutschen Insolvenzordnung ist daher vor einer Insolvenz keine künstliche Verbindung aller Transaktionen und des Rahmenvertrages notwendig. Es sei hier dahingestellt, wie vor dem Hintergrund der üblichen Rahmenverträge der Parteiwille auszulegen ist.

16 Ausführlich aus Sicht des englischen Rechts *Coleman*, Netting, BJIBFL 1994, 394–404, der im Ergebnis eher für eine weite Fassung des Konzeptes plädiert und die Konsequenzen einer weit verstandenen Einheitsvertragskonzeption auch anhand von Beispielen bespricht (zB Sind alle Transaktionen unter einem Rahmenvertrag unwirksam, wenn eine einzige Transaktion gegen gesetzliche Verbote verstößt? Führt der Verstoß einer Transaktion gegen öffentlich-rechtliche Normen (die die Transaktion nichtig oder nicht durchsetzbar machen) zur „Infektion" aller anderen Transaktionen?).

17 Anhaltspunkte sind individuelle Transaktionsnummern, getrennte Buchung im Anlage- oder Handelsbuch, Abschluss und Buchung über verschiedene Niederlassungen, einzelne Einklagbarkeit (dh sofern eine Transaktion streitig ist, wird nicht das gesamte Portfolio eingeklagt), grundsätzlich einzelne Abtretbarkeit/Beendbarkeit, Einzelbetrachtung bei Vorliegen bestimmter Beendigungsgründe (zB Sonderbehandlung der „Affected Transactions" bei Termination Events unter ISDA) etc.

18 Vgl Sections 5, 6 ISDA (Verweis auf eine detaillierte Liste von insolvenzbedingten und sonstigen verschuldeten oder unverschuldeten „Events of Default" und „Termination Events"); Nr. 7 DRV (Verweis auf Konzept des wichtigen Grundes wie zB Nichtzahlung fälliger Beträge innerhalb von 5 Bankarbeitstagen nach Mahnung [in Nr. 7 Abs. 1 DRV] und Insolvenz [in Nr. 7 Abs. 2 DRV]); Nr. 6 EMA. (Verweis auf Vertragsverletzungen, zu denen auch Insolvenz oder unterlassene Zahlung oder Leistung gerechnet wird [in Nr. 6(1) EMA], sowie auf andere Beendigungsgründe [in Nr. 6(2) EMA]).

Fried

venzfall alle offenen Transaktionen unter dem Vertrag beendet werden sollen. Gegenüber deutschen Parteien wird üblicherweise auf den Antrag auf Eröffnung des Insolvenzverfahrens abgestellt und für diesen Fall eine automatische Beendigung des Vertrages vereinbart. Während bei eigenen Anträgen der insolventen Partei bzw bei Anträgen durch Aufsichtsbehörden die Gefahr eines missbräuchlichen Insolvenzantrages kein Problem darstellt, stellen eventuell missbräuchliche Insolvenzanträge Dritter eine Gefahr für den Bestand von Rahmenverträgen dar.[19] In diesen Fällen ist es nicht im Interesse der Parteien, ohne Weiteres das gesamte Vertragsverhältnis zu beenden, zumal dies wegen sogenannter „Cross-Default-Klauseln" in anderen Verträgen zu einer Beendigung jener Verträge und daher insgesamt zu einem Domino-Effekt führen kann.[20] Für Drittanträge enthalten Rahmenverträge daher in aller Regel ein Korrektiv. Bei der Wahl dieses Korrektivs sind ganz unterschiedliche Ansätze möglich. Während sich ISDA für eine „Grace Period" entschieden hat,[21] basiert der Ansatz des DRV auf einem objektiven Insolvenz-Test.[22] EMA wählt einen interessanten Mittelweg, in dem zwei Beendigungsgründe kombiniert werden. Zum einen führt ein Drittantrag dann zu einer Vertragsbeendigung, wenn tatsächlich ein Verfahren eröffnet wird. Zum anderen soll eine Beendigung gegebenenfalls schon vorher eintreten, wenn eine 30-tägige „Grace Period" abgelaufen ist, es sei denn, „die Einleitung des Verfahrens durch die betreffende Person oder unter den gegebenen Umständen ist offensichtlich unzulässig oder missbräuchlich."[23]

III. Positionenbewertung

13 Im nächsten Schritt werden **offene Positionen und Gegenpositionen** nach vorgegebenen Maßstäben auf der Basis aktueller Marktpreise **bewertet**. Besonderheit beim Netting ist, dass nicht (nur) bereits fällige und aufrechenbar gegenüberstehende Forderungen zu bewerten sind, sondern insbesondere die Positionen aus noch laufenden Verträgen, die lediglich aufgrund der insolvenzbedingten, frühzeitigen Beendigung entstehen. In der Praxis ist dieser Schritt besonders bei umfangreichen Handelsbeziehungen häufig schwierig. Dies hat sich in der Finanzkrise nach der Beendigung einer Vielzahl von Derivate-Verträgen in Folge der Insolvenz von Gesellschaften der Lehman Brothers Gruppe gezeigt. Die Herausforderung besteht darin, in kurzer Zeit und trotz eines turbulenten Marktumfeldes, eine Vielzahl manchmal unterschiedlichster Geschäfte durch tatsächliche Ersatztransaktionen zu kompensieren oder, falls hiervon abgesehen wird, mithilfe von Marktpreisen, Indices, Preisangaben von Banken, etc. zu bewerten.[24] Die Tatsache, dass dieses Bewertungsrecht laut Vertrag in aller Regel bei der solventen Partei liegt, sollte nicht darüber hinwegtäuschen, dass der Bewer-

---

19 Bei Banken, Finanzdienstleistungsinstituten und Versicherungen ist zu beachten, dass lediglich die Bundesanstalt für Finanzdienstleistungsaufsicht berechtigt ist, den Antrag auf Eröffnung des Insolvenzverfahrens zu stellen, vgl § 46b Abs. 1 S. 4 KWG bzw § 89 Abs. 1 VAG.
20 Siehe zB Section 5(a)(v). ISDA Master Agreement (Default under Specified Transaction) oder Section 5(a)(v.) ISDA Master Agreement (Cross Default).
21 Vgl zB Section 5(a)(vii)(4) 1992 ISDA Master Agreement, das eine Frist von 30 Tagen vorsieht, während derer das Gericht missbräuchliche Anträge zurücknehmen kann oder die Parteien verhandeln können. Erwähnenswert ist, dass diese Frist unter dem 2002 ISDA Master Agreement auf 15 Tage verkürzt wurde.
22 Vgl Nr. 7 Abs. 2 DRV. Sofern die insolvente Partei den Antrag nicht selbst gestellt hat, ist Voraussetzung für die Beendigung des Vertrages, dass die betreffende Partei zahlungsunfähig ist oder sonst in einer Lage ist, die die Eröffnung eines solchen Verfahrens rechtfertigt.
23 Vgl Nr. 6(1)(a)(vii)(5) EMA.
24 Vgl Section 6(e) 1992 ISDA Master Agreement (sowie die Definitionen von Market Quotation, Loss, Settlement Amount und Unpaid Amount), Section 6(e) 2002 ISDA Master Agreement (sowie die Definitionen von Close-out Amount, Unpaid Amount); Nr. 8, 9 DRV, Nr. 8 EMA (sowie die Definitionen von Abschlussbetrag, Fällige Beträge, Liquidationswert, Geschäftswert und Sicherheitenansprüche); um die Verrechnung in einen einzigen Nettobetrag zu ermöglichen, sehen alle Rahmenverträge die Umrechnung in eine einheitliche Währung vor.

tungsansatz vom Insolvenzverwalter der insolventen Partei genau zu prüfen ist und bei Unstimmigkeiten zulasten der insolventen Partei zu gerichtlichen Nachprüfungen führen kann.

Der erste Rahmenvertrag, der die Lehren aus der Abwicklung des Lehman-Portfolios aufgriff und für den Bereich von Wertpapierdarlehen umsetzte, ist die neue Fassung des Global Master Securities Lending Agreement („GMSLA") aus dem Jahr 2009. Zu den wesentlichen Neuerungen gehört insbesondere eine sehr weitgehende **Flexibilisierung der Post-Default-Klauseln**, die das Ob, Wie und Wann von Ersatzgeschäften regeln und der solventen Partei damit viele Handlungsmöglichkeiten geben.[25]

IV. Netting und Abschlusszahlung

Letzter Schritt ist die **Verrechnung zur Bildung eines Nettobetrages** (daher der Begriff „Netting"). Üblicherweise werden in den Endbetrag nicht nur die bewerteten Positionen der laufenden Geschäfte mit einbezogen, sondern auch sonstige Forderungen.[26]

V. Alternativen zu klassischen Netting-Mechanismen

Die Beendigung von Derivate-Rahmenverträgen ist keinesfalls die allein denkbare Reaktion auf einen vertraglich vereinbarten Kündigungsgrund. In den Diskussionen über die aus der Finanzkrise zu ziehenden Lehren wurden auch Alternativen zu typischen Netting-Mechanismen erörtert. Das Basel Committee on Banking Supervision der Bank for International Settlements (BIS) beispielsweise war in seinem im September 2009 veröffentlichten Bericht der Ansicht, dass es zu Verwerfungen im Markt führen könne, wenn im Fall der Krise eines Kreditinstituts alle Vertragspartner von ihren Kündigungsrechten Gebrauch machen oder Verträge automatisch beendet werden.[27] Dies könne zu einer erheblichen Destabilisierung des Marktes führen und die Krise des betroffenen Kreditinstituts verschärfen. Es sei daher notwendig, den jeweils zuständigen nationalen Behörden die Befugnis einzuräumen, die Beendigungsklauseln der relevanten Verträge zeitweilig außer Kraft zu setzen, um die **Verträge ganz oder teilweise auf eine andere Partei übertragen zu können**.[28] Eine solche Übertragung könne beispielsweise an eine solvente dritte Partei, eine sogenannte „Bridge Bank" oder eine öffentliche Einrichtung erfolgen.

---

25 Vgl Pressemitteilung der International Securities Lending Association (ISLA) vom 24.7.2009 (http://www.isla.co.uk/master-agreements/setoffprotocol), in der es u.a. heißt: „New post-default procedures that give more flexibility to the non-defaulting party, based largely on the Global Master Repurchase Agreement (GMRA) 2000 and incorporating points learned from the Lehman default."; die relevanten Bestimmungen finden sich in paragraph 11.4, 11.5 und 11.6 GMSLA (Version 2009). Ob die vertragsrechtlich eingeräumten weitgehenden Freiheiten auch insolvenzrechtlich wirksam sind, hängt sicherlich von der Jurisdiktion der insolventen Partei und den Umständen des Einzelfalles ab. Im Januar 2010 wurde eine ergänzte Fassung veröffentlicht (GMSLA 2010), in der weitere Anregungen von Marktteilnehmern umgesetzt wurden.

26 Der Vorgang der Verrechnung der Positionen selbst ist in den Rahmenverträgen unterschiedlich detailliert geregelt und versteckt sich im Wesentlichen in Definitionen. Das 1992 ISDA Master Agreement beispielsweise spricht lediglich von einer Summenbildung von positiven und negativen Beträgen, die sich aus der Bewertung von Transaktionen ergeben (vgl Definition von Settlement Amount) und die dann mit der Summe anderer positiver bzw negativer unbezahlter Beträge (vgl Definition von Unpaid Amounts) zu einer Endsumme verrechnet werden. Auch im DRV sucht man eine mathematisch detailliertere Beschreibung vergeblich. Nr. 8 Abs. 1 stellt lediglich fest, dass der Schaden unter Berücksichtigung aller Einzelabschlüsse berechnet wird; dieser Betrag wird dann gem. Nr. 9 Abs. 1 mit rückständigen Beträgen und sonstigen Leistungen zu einer einheitlichen Ausgleichsforderung zusammengefasst.

27 *Bank for International Settlements*, Report and Recommendations of the Cross-border Bank Resolution Group (CBRG) (September 2009), S. 39 ff.

28 Ein solches Außerkraftsetzen der Beendigungsklauseln regelt zB § 48g Abs. 7 KWG, der für den Fall einer Übertragungsanordnung bestimmt, dass Schuldverhältnisse allein wegen ihrer Übertragung nicht gekündigt werden dürfen und dem entgegenstehende vertragliche Bestimmungen unwirksam sind.

ISDA hat sich in einer Stellungnahme zu dem Bericht[29] mit dem Vorschlag auseinandergesetzt und ihn grundsätzlich für sinnvoll erachtet, sofern bestimmte Voraussetzungen erfüllt seien.[30] Hinsichtlich einer Änderung der im Markt verwendeten Rahmenverträge verweist ISDA darauf, dass Vorgaben für die Nutzer der von ISDA entworfenen **Verträge immer dispositiv** seien.

C. Aufsichtsrechtliche Vorgaben für Netting-Vereinbarungen (GroMiKV/SolvV)

16 Für Finanzinstitute dienen standardisierte Rahmenverträge mit Netting-Klauseln nicht nur einer allgemeinen Risikominderung, sondern vor allem auch dazu, aufsichtsrechtlich geforderte Großkreditrisiken bzw Eigenmittel auf Basis des Nettobetrages berechnen zu dürfen.

Einzelheiten zur Anrechnung von Derivatgeschäften ergeben sich aus der **Groß- und Millionenkreditverordnung (GroMiKV)**[31] sowie der **Solvabilitätsverordnung (SolvV)**.[32] Die konkreten Voraussetzungen für die Ermäßigung des Kreditäquivalenzbetrags bei Verwendung von Netting-Vereinbarungen finden sich insbesondere in § 206 Abs. 2 SolvV.

17 Während die Vorgaben für die Anerkennung von Aufrechnungsvereinbarungen bis zum 31.12.2010 in beiden Verordnungen in weitestgehend inhaltsgleichen Vorschriften geregelt waren, hat der Gesetzgeber nunmehr von einer Parallelregelung abgesehen. § 2 Abs. 5 GroMiKV verweist nun auf die entsprechenden Vorschriften der SolvV.[33] Grundvoraussetzung ist, dass die regelmäßig in einem Rahmenvertrag enthaltene Netting-Vereinbarung (1) eine **zweiseitige** Aufrechnungsvereinbarung ist, die ein Institut mit seinem Vertragspartner in Bezug auf die in sie einbezogenen Geschäfte geschlossen hat, (2) **im Inland oder international gebräuchlich** ist oder von einem Spitzenverband der Institute zur Verwendung empfohlen wird, (3) sicherstellt, dass im Falle der Eröffnung des Insolvenzverfahrens aus sämtlichen der

---

29 E-Mail an das Basel Committee on Banking Supervision bei der Bank for International Settlements vom 31.12.2009 (Betreff: Cross-border Bank Resolution Group – Report and Recommendations), abrufbar unter www.isda.org.

30 ISDA nennt beispielhaft folgende Voraussetzungen: (i) die Möglichkeit, vorzeitige Beendigungsklauseln außer Kraft zu setzen, dürfe nur für einen kurzen Zeitraum von nicht mehr als 48 Stunden gewährt werden; (ii) bei der Übertragung der Rahmenverträge dürfe es kein „Cherry-Picking" geben, es müsse also immer der Rahmenvertrag in seiner Gesamtheit mit allen Transaktionen übertragen werden; (iii) der neue Vertragspartner, auf den die Verträge übertragen werden, müsse kapitalstark sein und derart ausgestaltet, dass die Vertragspartner im normalen Geschäftsgang mit ihm Verträge hätten abschließen können; (iv) die vorzeitigen Beendigungsrechte sollten nach der Übertragung gegenüber dem neuen Vertragspartner zur Verfügung stehen (sofern dieser selbst Grund für ein solches vorzeitiges Beendigungsrecht gibt); und (v.) die vorzeitigen Beendigungsrechte müssten, sollte es nicht zu einer Übertragung gekommen sein, nach Ablauf des den Behörden eingeräumten Zeitraums wieder aufleben.

31 Verordnung über die Erfassung, Bemessung, Gewichtung und Anzeige von Krediten im Bereich der Großkredit- und Millionenkreditvorschriften des Kreditwesengesetzes (Großkredit- und Millionenkreditverordnung – GroMiKV) vom 14.12.2006 (BGBl. 2006, Teil I, Nr. 61, S. 3065), die zuletzt durch Art. 2 der Verordnung vom 26.10.2011 (BGBl. 2011 Teil I, Nr. 54, S. 2103) geändert worden ist; „Derivate" im Sinne der GroMiKV sind gem. § 1 Abs. 4 GroMiKV Derivate nach § 19 Abs. 1 a KWG: „Derivate im Sinne dieser Vorschrift sind abweichend von § 1 Abs. 11 S. 4 als Kauf, Tausch oder durch anderweitigen Bezug auf einen Basiswert ausgestaltete Festgeschäfte oder Optionsgeschäfte, deren Wert durch den Basiswert bestimmt wird und deren Wert sich infolge eines für wenigstens einen Vertragspartner zeitlich hinausgeschobenen Erfüllungszeitpunkts künftig ändern kann, einschließlich finanzieller Differenzgeschäfte. Basiswert im Sinne von S. 1 kann auch ein Derivat sein." § 2 Abs. 1 Nr. 2 und 3 GroMiKV unterscheidet zwischen Swap-Geschäften und sonstigen Derivaten.

32 Verordnung über die angemessene Eigenmittelausstattung von Instituten, Institutsgruppen und Finanzholding-Gruppen (Solvabilitätsverordnung – SolvV) vom 14.12.2006 (BGBl. 2006, Teil I, Nr. 61, S. 2926), die zuletzt durch Art. 2 Abs. 73 des Gesetzes vom 22.12.2011 (BGBl. 2011, Teil I, Nr. 71, S. 3044) geändert worden ist.

33 Die entsprechenden Vorschriften in der GroMiKV wurden aufgehoben. Unsicherheiten wegen der leicht abweichenden Vorgaben für die Anerkennung von Aufrechnungsvereinbarungen wurden damit beseitigt und der an dieser Stelle in der Vorauflage aufgenommene Hinweis auf Nachteile dieser Regelungstechnik ist damit hinfällig.

C. Aufsichtsrechtliche Vorgaben für Netting-Vereinbarungen (GroMiKV/SolvV) 14

von der Aufrechnungsvereinbarung erfassten Ansprüche und Verpflichtungen nur ein **einziger Saldobetrag** von der einen an die andere Vertragspartei geschuldet wird, (4) dem Institut das Recht gibt, alle einbezogenen Geschäfte durch **einseitige Erklärung** einheitlich mit der Wirkung nach Nummer (3) zu beenden, wenn der Vertragspartner die ihm aus einem einzelnen Geschäft obliegende Leistung nicht erbringt und (5) **keine Bestimmung** enthält, wonach die solvente Vertragspartei die Möglichkeit hat, **nur begrenzte oder keine Zahlungen** an die Insolvenzmasse zu leisten, wenn der Insolvenzschuldner eine einheitliche Forderung hat.[34]

Diese **Voraussetzungen sind für marktübliche Rahmenverträge** (wie zB 1992 oder 2002 ISDA Master Agreement, DRV oder EMA) **grundsätzlich gegeben**: (1) Die Aufrechnungsvereinbarung ist zweiseitiger Natur und die Werte der beendeten Transaktionen werden miteinander zu einem Nettobetrag verrechnet. (2) Alle vier Vertragsmuster sind im nationalen wie internationalen Finanzderivatebereich gebräuchlich und werden von den jeweiligen Spitzenverbänden empfohlen. Sie haben sich in ihren Bereichen jeweils zu einem klaren Marktstandard entwickelt.[35] (3) Wie oben dargelegt,[36] bewirken das Single-Agreement-Konzept und die einheitliche Gesamtbeendigung bei Vorliegen bestimmter Beendigungsgründe, dass der jeweilige Rahmenvertrag und alle darunter abgeschlossenen Transaktionen insbesondere im Insolvenzfall beendet werden. Die Bewertung auf Grundlage von aktuellen Marktwerten und/oder Ersatzbeschaffungskosten werden, wie gefordert, zu einer einheitlichen Forderung verrechnet. (4) Die in (3) geschilderte einheitliche Beendigung und Verrechnung gilt darüber hinaus auch im Falle einer Nichtzahlung oder Nichtleistung.[37] (5) Mit Ausnahme des 1992 ISDA Master Agreement enthält keines der vier Vertragsmuster eine Bestimmung, nach der die insolvente Vertragspartei um eine Abschlusszahlung gebracht wird, sofern sie nach erfolgtem Netting im Geld („in-the-money") sein sollte und einen Betrag fordern könnte. Beim 1992 ISDA Master Agreement findet eine solche Nichtzahlung der solventen Partei jedoch nur Anwendung, sofern die „First Method" (auch „Walk-away" genannt) im Schedule gewählt wurde.[38] Dies kommt in der Praxis nicht zuletzt wegen der aufsichtsrechtlichen Implikationen jedoch nur in sehr seltenen Ausnahmefällen vor.[39]

Sind diese Voraussetzungen erfüllt, darf ein Institut Derivate auf Basis des Nettobetrages anrechnen, wenn es sich von der Rechtswirksamkeit der Vereinbarung auf der Grundlage eines geeigneten Rechtsgutachtens überzeugt hat, das von einer sachkundigen und, soweit eine ausländische Rechtsordnung berührt ist, von einer zudem unabhängigen Stelle erstellt wur-

---

34 Vgl hierzu *Achtelik*, in: Boos/Fischer/Schulte-Mattler, Kreditwesengesetz, zu § 206 SolvV Rn 1 ff.
35 Die Tatsache, dass EMA in der Praxis noch nicht so gebräuchlich ist wie ISDA oder DRV, steht dem nicht entgegen. EMA wurde unter der Schirmherrschaft der Bankenvereinigung der Europäischen Union (FBE) entwickelt und beispielsweise von der Europäischen Zentralbank ausdrücklich empfohlen (vgl hierzu sowie zur Entstehungsgeschichte *Gillor*, EMA, 51 ff); die Europäische Zentralbank benutzt EMA offenbar, neben anderen Rahmenverträgen, zur Dokumentation ihrer Geschäfte mit Währungsreserven (*Europäische Zentralbank*, Portfoliomanagement, Monatsbericht April 2006, S. 83, 88). In jüngerer Zeit ist zu beobachten, dass die Verwendung des EMA auch zwischen Banken zunehmend erwogen wird. Dies ist sicherlich der Tatsache geschuldet, dass, beeinflusst durch die Finanzkrise, Netting und Cross-Product-Netting einen höheren Stellenwert haben und das EMA ein produktübergreifender Rahmenvertrag ist, unter dem Repo-, Wertpapierdarlehens- und Derivategeschäfte kombiniert werden können (vgl zum Thema Cross-Product Netting § 20 Rn 4). Für weitere Einzelheiten zum EMA siehe in § 6 Rn 76 ff.
36 Zu den vier wesentlichen Elementen von Netting-Klauseln (Single Agreement, Beendigung, Positionsbewertung, Netting und Abschlusszahlung) und insbesondere der Insolvenz als Beendigungsgrund siehe Rn 8 ff (zur Insolvenz siehe Fn 18).
37 Zur Nichtleistung als Beendigungsgrund siehe Fn 18.
38 Vgl Section 6(e)(i)(1) oder (2) 1992 ISDA Master Agreement (die Möglichkeit zum „Walk-away" ergibt sich aus der Formulierung „...if a positive number...").
39 Zu denkbaren Fällen (und den folgenden insolvenzrechtlichen Bedenken) vergleiche § 20 Rn 19 f.

de.⁴⁰ Diesem Zweck dienen sogenannte „**Netting-Opinions**", die der BaFin auf Verlangen vorzulegen sind und auf die später noch näher eingegangen wird.⁴¹ Zudem muss das Institut über die erforderlichen Belege verfügen, mit denen es die Einbeziehung der Geschäfte in die Aufrechnungsvereinbarung im Streitfall beweisen kann. Es hat seine Absicht, die Nettobemessungsgrundlage unter Berücksichtigung einer bestimmten Art von Aufrechnungsvereinbarung zu ermitteln, der Bundesanstalt und der Deutschen Bundesbank anzuzeigen. Die Rechtswirksamkeit der Aufrechnungsvereinbarung und die Einbeziehung der Geschäfte sind laufend im Hinblick auf mögliche Änderungen der einschlägigen Rechtsvorschriften zu überprüfen.⁴²

20   Bisher wurden Anträge zur Anerkennung von **ISDA, DRV und EMA** durch den Zentralen Kreditausschuss (seit August 2011 umbenannt in: Die Deutsche Kreditwirtschaft (DK)) als Spitzenverband der deutschen Bankenverbände gestellt; die Bankenaufsicht hat die risikomindernde Wirkung dieser Verträge **anerkannt**.⁴³

21   Hieraus ergibt sich, dass auch Verträge ohne wirksame Netting-Klauseln abgeschlossen werden können, sofern das Institut auf die Anrechnung verzichtet und bereit ist, das Risiko brutto (im Sinne von nicht verrechneten Beträgen) anzusetzen. Sollen Derivate auf Basis des Nettobetrages angesetzt werden, muss sich das Institut davon überzeugen, dass Netting-Vereinbarungen in den konkreten Rahmenverträgen auch wirksam sind. Sofern die relevanten Bestimmungen der Rahmenverträge nicht geändert werden und ein aktuelles Gutachten des jeweiligen Verbandes vorliegt, besteht kein Handlungsbedarf. Vorsicht ist jedoch geboten, wenn die Klauseln im Laufe der Verhandlungen wesentlich geändert werden und diese Änderungen vom Standard-Gutachten nicht mehr gedeckt sind.

---

40   Vgl § 206 Abs. 3 S. 1 SolvV. Im Gegensatz zum nunmehr aufgehobenen § 15 GroMiKV aF (siehe hierzu Rn 17) verwendet § 206 Abs. 3 S. 1 SolvV im Hinblick auf das geforderte Rechtsgutachten nicht den Begriff „aktuell", fordert aber, dass die Rechtswirksamkeit laufend im Hinblick auf mögliche Änderungen einschlägiger Rechtsvorschriften zu überprüfen sei (vgl § 206 Abs. 3 S. 2 SolvV sowie § 207 Abs. 2 SolvV, der auch die Vorlage vorhandener Aktualisierungen von Rechtsgutachten fordert).

41   Netting Opinions werden üblicherweise von den Sponsoren der Rahmenverträge (zB von ISDA, Die Deutsche Kreditwirtschaft (DK),ehemals: Zentraler Kreditausschuss der deutschen Bankenverbände, Bankenvereinigung der Europäischen Union (FBE)) in Auftrag gegeben und neben den zuständigen Stellen der Finanzaufsichtsbehörden auch den Mitgliedern zur Verfügung gestellt. Siehe hierzu auch § 23.

42   Die BaFin kann Instituten untersagen, eine Aufrechnungsvereinbarung zu berücksichtigen, wenn Zweifel an der Rechtswirksamkeit der zweiseitigen Aufrechnungsvereinbarung bestehen oder andere Anforderungen für die Berücksichtigung der Aufrechnungsvereinbarung nicht erfüllt sind (§ 206 Abs. 4 SolvV).

43   Vgl zu DRV und ISDA *Meyer-Ramloch*, in: Boos/Fischer/Schulte-Mattler, Kreditwesengesetz, zu § 15 GroMiKV Rn 10 (in der 3. Auflage 2008).

§ 15 Finanzderivate vor der Insolvenz – Besonderheiten bei Instituten in der Krise

A. Sanierungs- und Reorganisationsverfahren..	3	C. Moratorium und Insolvenzantrag............	18
I. Gesetzliches Beendigungsverbot mit Einleitung eines Reorganisationsverfahrens..	3	I. Moratorium........................... 1. Moratorium als Beendigungsgrund... 2. Wirkung des Moratoriums auf Close-out Netting..............................	18 22 23
II. Reorganisationsverfahren als vertraglicher Kündigungsgrund....................	6	3. Vertragsgestaltung....................	28
III. Wirkung des Beendigungsverbotes auf Close-out Netting.........................	8	4. Privilegierte Tatbestände............. II. Insolvenzantrag durch die BaFin..........	32 36
IV. Privilegierte Tatbestände.................	11	III. Sonstige Besonderheiten.................	37
B. Übertragungsanordnung nach §§ 48a bis 48s KWG...............................	14		

Sofern deutsche Kredit- oder Finanzdienstleistungsinstitute an Finanzderivategeschäften beteiligt sind, sind die Besonderheiten der neu geschaffenen vorinsolvenzlichen Verfahrensarten des Sanierungs- bzw Reorganisationsverfahrens[1] sowie die in §§ 45 ff KWG geregelten und erweiterten „Maßnahmen in besonderen Fällen" zu beachten.[2]   1

Nach Analyse der Ursachen der Finanzkrise und der verfügbaren Interventionsmechanismen wurde von politischer Seite gefordert, geeignete **frühzeitige Eingriffsrechte und Verfahren** zu entwickeln, um Finanzinstitute in einem geordneten Verfahren entweder zu sanieren oder abzuwickeln. Mit den derzeitigen Mitteln des Insolvenzrechts sei dies nur in seltenen Ausnahmefällen zu bewältigen.[3] Dieses Ziel soll insbesondere durch das Sanierungs- bzw Reorganisationsverfahren nach dem Kreditreorganisationsgesetz (KredReorgG)[4] (siehe hierzu § 15 Rn 3 ff) sowie durch eine aufsichtsrechtliche Anordnung zur Übertragung des Vermögens oder Teile des Vermögens einer Bank auf eine andere Bank oder Brückenbank[5] (siehe hierzu § 15 Rn 14 ff) erreicht werden. Diese Instrumente ergänzen die schon bisher existierende Möglichkeit der BaFin, ein Moratorium zu erlassen (siehe hierzu § 15 Rn 18 ff) und sollen die Notwendigkeit eines Insolvenzantrages (siehe hierzu § 15 Rn 36) und eines gewöhnlichen Insolvenzverfahrens möglichst vermeiden. Im Folgenden soll auf die Auswirkungen dieser umfassenden Eingriffssituationen und -befugnisse auf Finanzderivate eingegangen werden.[6]   2

---

[1] Gesetz zur Reorganisation von Kreditinstituten (Kreditinstitute-Reorganisationsgesetz – KredReorgG) vom 9.10.2010 (BGBl. I, S. 1900).

[2] Gesetz zur Restrukturierung und geordneten Abwicklung von Kreditinstituten, zur Errichtung eines Restrukturierungsfonds für Kreditinstitute und zur Verlängerung der Verjährungsfrist der aktienrechtlichen Organhaftung (Restrukturierungsgesetz – RestruktG); BGBl. I 2010 Nr. 63 vom 14.10.2010; vgl hierzu *Obermüller*, Das Bankenrestrukturierungsgesetz – ein kurzer Überblick über ein langes Gesetz, NZI 2011, 81 ff.

[3] Vgl Gesetzentwurf der Bundesregierung zum Restrukturierungsgesetz (Entwurf eines Gesetzes zur Restrukturierung und geordneten Abwicklung von Kreditinstituten, zur Errichtung eines Restrukturierungsfonds für Kreditinstitute und zur Verlängerung der Verjährungsfrist der aktienrechtlichen Organhaftung (Restrukturierungsgesetz)); BT-Drucks. 17/3024 vom 27.9.2010, 1 ff.

[4] Der Gesetzestext wurde als Art. 1 des Restrukturierungsgesetzes verabschiedet.

[5] Die entsprechenden Änderungen bzw Ergänzungen der Normen des KWG (insbesondere die Einfügung der „Maßnahmen gegenüber Kreditinstituten bei Gefahren für die Stabilität des Finanzsystems" in §§ 48a bis 48s KWG) wurden als Art. 2 des Restrukturierungsgesetzes verabschiedet.

[6] Einen Überblick über das Verhältnis von §§ 45 KWG, 45b KWG, 45c KWG, 46 KWG, §§ 2, 7 KredReorgG und §§ 48a ff KWG zueinander gibt *Lindemann*, in: Boos/Fischer/Schulte-Mattler, Kreditwesengesetz, zu § 45 KWG Rn 3 ff.

A. Sanierungs- und Reorganisationsverfahren

I. Gesetzliches Beendigungsverbot mit Einleitung eines Reorganisationsverfahrens

3 Das Kreditreorganisationsgesetz sieht ein zweistufiges Verfahren für Kreditinstitute in der Krise vor. Das **Sanierungsverfahren** als erste Stufe soll dazu dienen, auf Veranlassung des Instituts selbst und bereits zu Beginn einer finanziellen Schieflage die Krise zu bewältigen. Dazu erhält die Geschäftsführung eine Reihe von neuen Handlungsmöglichkeiten (vgl §§ 2 bis 6 KredReorgG). Ein Eingriff in Gläubigerrechte sieht das Sanierungsverfahren nicht vor. Die zweite Stufe ist das **Reorganisationsverfahren,** das sich am Insolvenzplanverfahren orientiert. In diesem Verfahren, das neben der Bestandsgefährdung für das Kreditinstitut eine Systemgefährdung als Voraussetzung hat, sind Eingriffe in Gläubigerrechte bzw Eingriffe in Rechte von Anteilseignern möglich (vgl §§ 7 bis 23 KredReorgG).[7]

4 Besondere Bedeutung für das Thema Finanzderivate und Close-out Netting hat § 13 KredReorgG, der ein **Beendigungsverbot für Schuldverhältnisse** einführt (das man aus Derivatesicht kurz mit „T+1 Netting Freeze" umschreiben könnte). Leitet ein Kreditinstitut nach § 7 KredReorgG ein Reorganisationsverfahren durch Anzeige bei der BaFin ein, können Schuldverhältnisse mit dem Kreditinstitut ab dem Tag der Anzeige bis zum Ablauf des folgenden Geschäftstages nicht beendet werden. In diesem Zeitraum sind Kündigungen ausgeschlossen und die Wirkung sonstiger Beendigungstatbestände ist aufgeschoben.[8] In der Gesetzesbegründung wird ausdrücklich auf den internationalen Rechtsverkehr und insbesondere auf weit gefasste Kündigungsrechte für Finanzierungs- und Derivategeschäfte verwiesen, denen entgegengewirkt werden soll, um neben einer Verständigung mit Gläubigern bereits vor der Einleitung des Verfahrens Zeit für eine Einigung mit möglichst vielen weiteren Gläubigern zu haben.[9]

5 Wenn man bedenkt, dass große Finanzinstitute in der Regel mit dutzenden, wenn nicht sogar mit hunderten von Geschäftspartnern im In- und Ausland Rahmenverträge für Derivategeschäfte abgeschlossen haben, die zumeist durch weitere Arten von Rahmenverträgen (zB Repo- und Wertpapierdarlehensverträge) sowie durch weitere laufende Geschäfte ergänzt werden, scheint fraglich, ob direkt im Vorfeld eines Reorganisationsverfahrens bzw innerhalb von zwei Geschäftstagen (bzw, bei Einbeziehung eines Wochenendes, innerhalb von vier Kalendertagen) eine Einigung mit einer nennenswerten Zahl an Vertragspartnern überhaupt möglich ist. Trotzdem ist ein Beendigungsverbot für einen solch kurzen Zeitraum vom Markt wesentlich leichter zu handhaben, als ein dauerhaftes Beendigungsverbot, das zu-

---

7 Vgl dazu beispielsweise *Fridgen*, in: Boos/Fischer/Schulte-Mattler, Kreditwesengesetz, §§ 7 ff KredReorgG. Die Tatbestandsmerkmale Bestands- bzw Systemgefährdung sind in § 48b Abs. 1 bzw Abs. 2 KWG definiert.
8 § 13 KredReorgG lautet wie folgt: „Schuldverhältnisse mit dem Kreditinstitut können ab dem Tag der Anzeige nach § 7 Absatz 1 bis zum Ablauf des folgenden Geschäftstages im Sinne des § 1 Absatz 16b des Kreditwesengesetzes nicht beendet werden. Eine Kündigung gegenüber dem Kreditinstitut ist in diesem Zeitraum ausgeschlossen. Die Wirkung sonstiger in diesem Zeitraum eintretender Beendigungstatbestände ist bis zu seinem Ablauf aufgeschoben. Abweichende Vereinbarungen sind unwirksam. Dies gilt nicht für Gläubiger von Forderungen aus Schuldverhältnissen nach § 12 Absatz 2." Der Verweis auf § 12 Abs. 2 KredReorgG legt dabei fest, dass die Beschränkung der Beendigungsmöglichkeiten nicht für Gläubiger von Forderungen gilt, die über Einlagensicherungseinrichtungen abgedeckt sind.
9 Gesetzentwurf der Bundesregierung zum Restrukturierungsgesetz; BT-Drucks. 17/3024 vom 27.9.2010, 52.

nächst diskutiert wurde.¹⁰ Darüber hinaus bezieht sich das Beendigungsverbot nur auf die Einleitung von Reorganisationsverfahren und nicht auf Sanierungsverfahren.¹¹

II. Reorganisationsverfahren als vertraglicher Kündigungsgrund

Die große Frage in der Praxis ist, wie sich § 13 KredReorgG auf Verträge wie zB ISDA Master Agreements oder DRVs auswirkt. Bevor man über die Frage eines Kündigungsverbotes nachdenkt, müsste zunächst aber überhaupt ein **vertraglich vereinbarter Kündigungsgrund** vorliegen, der den Vertragspartner eines Kreditinstituts zu dem Zeitpunkt zur Kündigung berechtigt und dessen Ausübung beschränkt werden soll. Dafür müsste die Einleitung eines Reorganisationsverfahrens bzw die Durchführung von Reorganisationsmaßnahmen auf Basis des Reorganisationsplans zB ein wichtiger Grund nach Nr. 7 DRV oder ein Event of Default oder Termination Event nach Section 5(a) bzw 5(b) ISDA Master Agreement sein. Der Vertragstext ist im Einzelfall auszulegen, wobei Kündigungsgründe in der Regel spätestens mit Durchführung der Maßnahmen gegeben sein dürften: Nach den Bestimmungen des KredReorgG ist ausdrücklich ein Eingriff in Gläubigerrechte vorgesehen (vgl § 8 Abs. 3 KredReorgG) und Maßnahmen wie die Umwandlung von Fremdkapital in Eigenkapital (§ 9 KredReorgG) oder die Kürzung und Stundung von Forderungen (§ 12 Abs. 1 KredReorgG) sind möglich.

Ob schon die **Anzeige des Kreditinstituts bei der BaFin** nach § 7 Abs. 1 KredReorgG, erst der folgende **Antrag der BaFin beim zuständigen Oberlandesgericht** nach § 7 Abs. 2 KredReorgG oder zumindest die **Entscheidung des Oberlandesgerichts** zur Durchführung des Reorganisationsverfahrens vertragliche Kündigungsgründe sind, ist ebenfalls eine Frage der Auslegung der Kündigungsregelungen der entsprechenden Verträge.¹² Sofern man nicht bereits auf den Antrag des Kreditinstituts als Beendigungsgrund abstellen möchte oder kann, sondern zB erst auf den Antrag der BaFin oder die Entscheidung des Oberlandesgerichts, könnte der Zeitraum des Beendigungsverbots bereits abgelaufen sein. Die Wahrscheinlichkeit eines mehr als eintägigen Zeitraums zwischen der Anzeige eines Kreditinstituts bei der BaFin und der Antragstellung der BaFin beim Oberlandesgericht wird dadurch erhöht, dass die BaFin, im Gegensatz zur Beantragung von Sanierungsverfahren nach § 2 Abs. 3 S. 1 KredReorgG, nicht ausdrücklich verpflichtet ist, den Antrag auf Durchführung des Reorganisationsverfahrens unverzüglich zu stellen.¹³ Die Gewissheit späterer Beendigungsgründe ist für Kontrahenten von Kreditinstituten in der Krise jedoch dann keine Lösung, wenn man möglichst schnell und bereits auf Basis der Anzeige nach § 7 Abs. 1 KredReorgG reagieren will, um

---

10 Auch wenn die Anwender von Derivaten und deren Verbände zu Recht eine ausdrückliche Ausnahme des Close-out Nettings vom Beendigungsverbot begrüßt hätten und dabei auf die aufsichtsrechtlich erwünschte Funktion des Close-out Nettings verwiesen, wurde in der zeitlichen Limitierung des Verbots auf einen Zeitraum von zwei Geschäftstagen eine erhebliche Verbesserung gegenüber dem Diskussionsentwurf des Gesetzes vom August 2009 gesehen, der von einer dauerhaften Aussetzung des Kündigungsrechts ausging. Vgl Ziffer 4.1 des Schreibens der International Swaps and Derivatives Association (ISDA) an das Bundesministerium der Finanzen und das Bundesministerium der Justiz vom 19.7.2010 (abrufbar unter www.isda.org).

11 Da Sanierungsverfahren grundsätzlich nicht in Gläubigerrechte eingreifen (vgl § 2 Abs. 2 S. 2 KredReorgG), dürfte die Einleitung eines solchen Verfahrens (je nach Vertrag) typischerweise gar keine Kündigungsrechte mit sich bringen. Sofern dies doch der Fall sein sollte und Kündigungsrechte doch gegeben sind, hat nun das Gesetz Klarheit geschaffen, indem § 13 KredReorgG sich nicht auf Sanierungsverfahren gem. §§ 2 ff KredReorgG, sondern nur auf die gem. § 7 KredReorgG eingeleiteten Reorganisationsverfahren erstreckt.

12 In diesem Zusammenhang sind insbesondere die Kündigungsgründe zu prüfen, die auf die Insolvenz (vgl Nr. 7 Abs. 2 DRV, der ein „Konkurs- oder ein sonstiges Insolvenzverfahren" voraussetzt) bzw „Bankruptcy" (vgl Section 5(a)(vii) ISDA Master Agreement, der sehr weit gefasst ist, um vielgestaltige Verfahrenstypen in zahlreichen Jurisdiktionen erfassen zu können) des Vertragspartners abstellen.

13 Vgl zur Rolle der BaFin und zum Ablauf der Antragstellung durch die BaFin *Fridgen*, in: Boos/Fischer/Schulte-Mattler, Kreditwesengesetz, § 4 KredReorgG Rn 4 ff (und zum zeitlichen Aspekt Rn 8 f).

§ 15 Finanzderivate vor der Insolvenz – Besonderheiten bei Instituten in der Krise

eventuellen Marktverwerfungen zuvorzukommen und Ersatzgeschäfte nicht später als andere Gläubiger tätigen zu müssen.

III. Wirkung des Beendigungsverbotes auf Close-out Netting

8 Sofern die Prüfung der vertraglichen Regelungen zum Ergebnis kommt, dass wegen der Anzeige nach § 7 Abs. 1 KredReorgG ein Kündigungsgrund gegeben ist und geltend gemacht wird, ist hinsichtlich der **rechtlichen Wirkung der Kündigungssperre** von § 13 KredReorgG zwischen Kündigungsgründen mit automatischen Beendigungen[14] und solchen mit einer notwendigen ausdrücklichen Kündigungserklärung zu unterscheiden. Automatische Beendigungen (die an die Anzeige nach § 7 Abs. 1 KredReorgG anknüpfen sollten) sind bis zum Ende der Beendigungssperre verschoben. Ausdrücklich ausgesprochene Kündigungen dagegen sind unwirksam und müssen gegebenenfalls nach Ablauf der Kündigungssperre noch einmal neu erklärt werden.[15]

9 Nach dem Willen des Gesetzgebers ist das Kündigungsverbot in § 13 KredReorgG zwingendes Recht, das entscheidend für die Wahrung wichtiger wirtschaftspolitischer Gemeinwohlinteressen sei. Es handele sich aus Sicht des deutschen Rechts daher um eine **Eingriffsnorm im Sinne von Art. 9 Rom I-VO**.[16] Auf die Frage, inwieweit das Kündigungsverbot auf dieser Grundlage bei Zuständigkeit ausländischer Gerichte dann auch tatsächlich Beachtung findet, soll hier nicht im Detail eingegangen werden. Ihre Beantwortung hängt u.a. davon ab, wann der entsprechende Vertrag (zB ein ISDA Master Agreement) abgeschlossen wurde, wo der Ort der Erfüllung ist und ob das ausländische Gericht von seinem Ermessen, das Verbot zu beachten, Gebrauch macht.[17]

10 Sofern ein Vertragspartner gemäß Vertrag kündigen kann, wegen des gesetzlichen Verbots bzw Aufschubs der Kündigung jedoch gesetzlich daran gehindert ist, stellt sich für ihn die Frage, welche **Auswirkungen** dies **auf die Bewertung der laufenden Transaktionen und auf die Stellung von Margensicherheiten** hat. Dabei ist zu bedenken, dass Close-out Netting gewöhnlich dazu dient, wegen möglicher Preisschwankungen im Markt einen Schwebezustand zu vermeiden und schnell Klarheit zu schaffen, indem Ersatzgeschäfte getätigt werden bzw ein Anspruch auf Basis von Marktpreisen berechnet wird.[18] Eine aus Sicht des Vertragspartners wirtschaftlich wünschenswerte Vorgehensweise wäre, wenn er, sobald die Beendigung wieder möglich ist, seinen durch den Kündigungsaufschub entstandenen Nachteil als zusätz-

---

14 Automatische vorzeitige Beendigung (*Automatic Early Termination*; AET) spielt insbesondere bei insolvenzanküpfenden Beendigungsgründen eine Rolle (vgl die in Fn 12 genannten Kündigungsgründe) und wird insbesondere bei Anwendbarkeit deutschen Insolvenzrechts in Netting Opinions empfohlen. Nr. 7 Abs. 2 DRV sieht im Insolvenzfall immer eine automatische vorzeitige Beendigung vor; nach Section 6(a) ISDA Master Agreement muss Automatic Early Termination ausdrücklich gewählt werden.
15 Vgl zu den Rechtswirkungen von § 13 KredReorgG generell *Fridgen*, in: Boos/Fischer/Schulte-Mattler, Kreditwesengesetz, § 13 KredReorgG Rn 8 ff (mit Ausführungen zu Fällen mit Auslandsberührung in Rn 12 f).
16 Verordnung (EG) Nr. 593/2008 des Europäischen Parlaments und des Rates vom 17.6.2008 über das auf vertragliche Schuldverhältnisse anzuwendende Recht (Rom I-VO); vgl hierzu die Begründung im Gesetzentwurf der Bundesregierung zum Restrukturierungsgesetz; BT-Drucks. 17/3024 vom 27.9.2010, 52.
17 Rom I-VO ist nur für nach dem 17.12.2009 abgeschlossene Verträge anwendbar (Art. 28 Rom I-VO), vgl zum Erfüllungsort und zum Ermessen des ausländischen Gerichts Art. 9 Abs. 3 Rom I-VO: „Den Eingriffsnormen des Staates, in dem die durch den Vertrag begründeten Verpflichtungen erfüllt werden sollen oder erfüllt worden sind, kann Wirkung verliehen werden, soweit diese Eingriffsnormen die Erfüllung des Vertrags unrechtmäßig werden lassen."
18 Dieser Gedanke der Planungssicherheit für Finanzderivate und der Vermeidung von Preisspekulationen durch Zuwarten ist im deutschen Recht (für eröffnete Insolvenzverfahren) in den gesetzlichen Nettingregelungen des § 104 Abs. 2 InsO verankert und entspricht der Intention des Gesetzgebers, der insoweit Derivate den Fixgeschäften (nach § 104 Abs. 1 InsO) gleichstellt; siehe hierzu § 19 Fn 29.

lichen Schaden geltend machen könnte.[19] Alternativ könnte der Vertragspartner darüber nachdenken, bei der Bewertung der einzelnen Transaktionen nach der später zum Zeitpunkt t_{+2} zulässigen Beendigung auf den Wert der Transaktionen zum Zeitpunkt t_0 abzustellen. Ob dieser Bewertungsansatz möglich ist, ist eine Frage der Vertragsauslegung bzw der Vertragsgestaltung.[20] Anderseits ist dies aber auch eine Frage der Auslegung des Umfangs des gesetzlichen Beendigungsverbots und dessen Erstreckung auf Bewertungsregelungen.[21] Letztlich ist jedoch zu bedenken, dass dieser Ansatz zwar dazu führen kann, dem Vertragspartner eines Kreditinstituts ggf einen per t_0 höheren Kompensationsanspruch nach Close-out Netting zu geben. Ob vom Vertragspartner gehaltene Margensicherheiten nach t_0 noch angepasst werden oder das Kreditinstitut einen so berechneten und eventuell höheren Close-out Betrag überhaupt begleichen kann, ist jedoch eine Frage des Einzelfalles und letztlich Teil des durch das Beendigungsverbot uU gesteigerten Marktwertrisikos.

IV. Privilegierte Tatbestände

Eine praktisch bedeutsame **Privilegierung für Netting-Vereinbarungen, die nicht deutschem Recht unterliegen** (zB ISDA Master Agreement nach englischem Recht), ergibt sich aus § 340 Abs. 2 InsO iVm § 7 Abs. 5 S. 2 KredReorgG und § 46d Abs. 3 S. 3 KWG.[22] Durch diese Verweiskette wird u.a. klargestellt, dass Reorganisationsverfahren ebenfalls Sanierungsmaßnahmen im Sinne der Richtlinie über die Sanierung und Liquidation von Kreditinstituten (Richtlinie 2001/24/EG) und im Sinne von § 46d KWG sind.[23]

11

---

19 Konkret wäre dies der Schaden, der durch die Verschiebung der Beendigung vom Tag der § 7 KredReorgG-Anzeige (t_0) auf den übernächsten Geschäftstag (t_{+2}) entsteht.
20 Sofern der Vertragspartner des Kreditinstituts bereits am Tag der Anzeige selbst (t_0) Ersatzgeschäfte tätigen möchte, könnte man daran denken, den Wert der Transaktionen an diesem Tag bei der Berechnung des Close-out Betrages anzusetzen. Dies würde dem Vertragspartner eine zeitnahe Bewertung ermöglichen, die beispielsweise dann wichtig ist, wenn unter einem Besicherungsanhang Margensicherheiten gestellt wurden, die uU mangels Liquidität nach der Anzeige nach § 7 KredReorgG später (nach t_0) mangels Liquidität nicht mehr angepasst werden können (dh der Wert der Margensicherheit und der Wert der besicherten Transaktionen würden auseinanderlaufen). Dazu müsste diese Bewertungsmöglichkeit jedoch gesetzlich möglich sein (zB als Geltendmachung eines verursachten Schadens) oder im Vertrag verankert sein. Im Vertrag könnten zB Ersatzgeschäfte bzw Marktwerte per t_0 und damit vor Beendigung erlaubt werden. Alternativ könnten negative Marktschwankungen zwischen Vorliegen eines Kündigungsgrundes (per t_0) und Wirksamkeit der Beendigung (per t_{+2}) als Teil der Berechnung des Kompensationsbetrages vereinbart werden. Eine solche Bewertungsregelung würde das Beendigungsverbot von § 13 KredReorgG grundsätzlich respektieren. Das Verbot macht keine Vorgaben für Bewertungen und kann einem Vertragspartner auch nicht verbieten, sich (insbesondere bei automatischen Beendigungstatbeständen) angesichts der unmittelbar bevorstehenden Beendigung des Rahmenvertrages frühzeitig Ersatzgeschäfte abzuschließen.
21 Gegen die Annahme einer Umgehung des gesetzlichen Verbotes und damit gegen eine weite Auslegung von § 13 KredReorgG könnte sprechen, dass wegen der Schwere des Eingriffes in die Rechte des Vertragspartners eine ausdrückliche gesetzliche Regelung nötig (und ohne Weiteres möglich) gewesen wäre. Close-out Netting besteht aus mehreren Stufen (Single-Agreement Klausel/Beendigung/Positionenbewertung/Netting und Abschlusszahlung; siehe hierzu § 14 Rn 8 ff), von denen lediglich die zweite Stufe (Beendigung) von § 13 KredReorgG erfasst wird. Für eine weite Auslegung und die Ausdehnung des Verbots auf die Bewertung von Transaktionen (zB durch Geltendmachung von per t_0 getätigten Ersatzgeschäften) könnte hingegen sprechen, dass dadurch die Einigungsbereitschaft des Vertragspartners, die der Gesetzgeber im Sinn hatte, beeinträchtigt werden könnte.
22 Vgl zu § 340 Abs. 2 InsO und dem *Lex Contractus*-Prinzip § 21 Rn 7; vgl zur parallelen Privilegierung für Moratorien nach § 46 KWG § 15 Rn 32. Der Anwendungsbereich von §§ 335 ff InsO (und damit von § 340 Abs. 2 InsO) ist, in Abgrenzung zur Anwendung der EuInsVO, im Zusammenhang mit § 13 KredReorgG in aller Regel gegeben, da § 13 KredReorgG nur und § 340 Abs. 2 InsO jedenfalls auch für Kreditinstitute gilt (siehe zur Anwendbarkeit von §§ 335 ff InsO je nach Typus des Vertragspartners das Schaubild in § 21 Rn 9).
23 Diese Verweiskette ist nicht auf den ersten Blick offensichtlich, da § 46d Abs. 3 S. 1 KWG Reorganisationsverfahren in seiner an sich abschließenden Aufzählung nicht erwähnt. Das ändert aber freilich nichts an der Anwendbarkeit auf Reorganisationsverfahren mittels Verweis in § 7 Abs. 5 S. 2 KredReorgG.

Fried

Netting-Vereinbarungen unterliegen danach ausschließlich dem Recht des Staates, dem sie vertragsrechtlich unterliegen. Eine nach dem Vertragsstatut wirksame Netting-Vereinbarung ist daher trotz eines Reorganisationsverfahrens über ein deutsches Einlagenkreditinstitut grundsätzlich wirksam und richtet sich nicht nach deutschem Recht.[24] § 13 KredReorgG ist insoweit nicht anwendbar.

12 Eine weitere wichtige **Ausnahme zum gesetzlichen Beendigungsverbot**, die wegen einer zunehmenden Verbreitung von Besicherungsanhängen bzw der Nutzung von OTC-Clearing-Systemen in vielen Fällen Rechtssicherheit schaffen wird, findet sich in **§ 23 KredReorgG**.[25] Die Bestimmung setzt die nicht zur Disposition des deutschen Gesetzgebers stehenden Vorgaben der Finanzsicherheitenrichtlinie sowie der Finalitätsrichtlinie um, die Finanzsicherheiten (nach § 1 Abs. 17 KWG) und Zahlungs-, Wertpapierliefer- und -abrechnungssysteme (nach § 1 Abs. 16 KWG) privilegieren.[26] Die indirekte Regelungstechnik und die „entsprechende Anwendung" der Vorschriften der Insolvenzordnung erfordern allerdings eine Parallelanalyse und eine Auslegung der Vorschriften. Für Close-out Netting unter Derivate-Rahmenverträgen aber auch für entsprechende Verrechnungen in Systemen gem. § 1 Abs. 16 KWG ist dabei vor allem § 96 Abs. 2 InsO von Bedeutung. Diese Bestimmung basiert auf Art. 7 Finanzsicherheitenrichtlinie und soll sicherstellen, dass Close-out Netting (in der Richtlinie als „Aufrechnungen infolge Beendigung" definiert) vereinbarungsgemäß und unabhängig von den zeitlichen Gegebenheiten für Haupt- und Nebenforderungen wirksam erfolgen kann.[27] Auf das Reorganisationsverfahren entsprechend übertragen bedeutet dies, dass auch hier Close-out Netting als „Aufrechnungen infolge Beendigung" vereinbarungsgemäß, ggf ohne Verschiebung der Beendigung nach § 13 KredReorgG, und damit trotz eines beantragten Reorganisationsverfahrens, wirksam ist.[28]

13 Zusammenfassend kann festgehalten werden, dass die zeitliche Verzögerung durch § 13 KredReorgG für Close-out Netting überschaubar ist und Gespräche mit den Vertragspartnern vor und während dieser Wartefrist denkbar sind. Sofern jedoch eine Einigung nicht möglich ist, ergibt eine genaue Analyse des Anwendungsbereiches und der Privilegierungen für typische Derivatesachverhalte, dass der **praktische Anwendungsbereich** des Kündigungsverbotes nach **§ 13 KredReorgG eng** ist. Insbesondere die gesetzliche Ausnahme für Derivate mit Einlagenkreditinstituten auf Basis ausländischen Rechts (zB ISDA Master Agreements; Privile-

---

24 Vgl zum Hintergrund und Umfang von Privilegierungen nach § 46d Abs. 3 S. 3 KWG (und gleichzeitig die Beschränkung auf Einlagenkreditinstitute) die Ausführungen in Rn 34, die sich mit den entsprechenden Themen für Moratorien nach § 46 KWG befassen.

25 § 23 KredReorgG ist mit „Schutz von Finanzsicherheiten sowie von Zahlungs- und Wertpapiersystemen" überschrieben und lautet wie folgt: „Die Vorschriften der Insolvenzordnung zum Schutz von Zahlungs- sowie Wertpapierliefer- und – abrechnungssystemen sowie von dinglichen Sicherheiten der Zentralbanken und von Finanzsicherheiten sind entsprechend anzuwenden."

26 Vgl zum europarechtlichen Hintergrund sowie zu den entsprechenden Normen des deutschen Rechts, die im Zusammenhang mit diesen beiden Richtlinien geändert wurden, *Fridgen*, in: Boos/Fischer/Schulte-Mattler, Kreditwesengesetz, § 23 KredReorgG Rn 1 ff.

27 Vgl zu Art. 7 Finanzsicherheitenrichtlinie § 17 Rn 16 (eine Definition von „Aufrechnung infolge Beendigung" findet sich in § 17 Fn 42, der wesentliche Wortlaut von Art. 7 Finanzsicherheitenrichtlinie ist in Fn 63 wiedergegeben); vgl zum Umfang von § 96 Abs. 2 InsO § 17 Rn 30.

28 Sofern man über § 23 KredReorgG und die entsprechende Anwendung des § 96 Abs. 2 InsO nur auf eine Privilegierung der Aufrechnung an sich (und nicht zugleich auch eine Privilegierung der vorhergehenden Beendigung) abstellen wollte, würde man den Sinn und Zweck von § 96 Abs. 2 InsO und seinen europarechtlichen Hintergrund (Art. 7 Finanzsicherheitenrichtlinie) ignorieren. Die Verfügung über Finanzsicherheiten und eine vereinbarte Aufrechnung kann nur dann „vereinbarungsgemäß" erfolgen, wenn auch der gemeinsam bestimmte Zeitpunkt der Aufrechnung und damit der Beendigung respektiert wird. Art. 7 der Finanzsicherheitenrichtlinie fordert von den Mitgliedstaaten, sicherzustellen, dass die Aufrechnung infolge Beendigung vereinbarungsgemäß wirksam werden kann, „a) auch wenn gegenüber dem Sicherungsgeber oder -nehmer ein Liquidationsverfahren eröffnet wurde oder Sanierungsmaßnahmen eingeleitet wurden oder das Verfahren bzw die Maßnahmen andauern, und/oder b) ungeachtet behaupteter Zessionen, gerichtlicher oder sonstiger Pfändungen oder anderweitiger Verfügungen über jene Rechte."

gierung über § 340 Abs. 2 InsO) sowie Ausnahmen für mit Margensicherheiten (Finanzsicherheiten) besicherte Derivate (Privilegierung über § 23 KredReorgG) spielen eine Rolle. Da bereits eine der beiden Privilegierungen genügt, dürften sich die relevanten Sachverhalte in der Praxis daher häufig auf DRVs ohne Besicherungsanhänge beschränken, sofern diese bereits aufgrund der § 7 KredReorgG-Anzeige des Kreditinstituts beendet werden sollen.[29] In diesen Fällen ist jedoch die überschaubare Zeitdauer des Kündigungsverbotes und die eventuell bestehende Möglichkeit, nach gescheiterten Verhandlungen verzögerungsbedingte Marktschwankungen bzw Schäden geltend zu machen, ein risikoreduzierender Faktor.

B. Übertragungsanordnung nach §§ 48a bis 48s KWG

Auch der neue Unterabschnitt 4a des KWG, der mit dem Titel „Maßnahmen gegenüber Kreditinstituten bei Gefahren für die Stabilität des Finanzsystems" überschrieben ist, wurde durch das Restrukturierungsgesetz eingefügt. Die **Übertragungsanordnung**, ist in den §§ 48a bis 48s KWG geregelt und in **§ 48a Abs. 1 KWG** legal definiert. Sie stellt das schärfste Mittel im Zusammenhang des neuen Verfahrens zur Krisenbewältigung bei Kreditinstituten dar. Mittels einer Übertragungsanordnung kann die BaFin das gesamte Vermögen eines Kreditinstituts einschließlich seiner Verbindlichkeiten oder, im Wege einer sogenannten „**partiellen Übertragung**" nach § 48k KWG, auch nur bestimmte Vermögensteile, Verbindlichkeiten oder Rechtsverhältnisse, zum Zwecke der Sanierung auf einen anderen, übernehmenden Rechtsträger übertragen. Eine solche Maßnahme kommt gem. § 48a Abs. 2 KWG nur bei Vorliegen einer Bestands- und Systemgefährdung im Sinne des § 48b KWG und auch nur als letztes Mittel für deren Beseitigung in Betracht.[30]

Für das Thema Close-out Netting ist von besonderer Bedeutung, dass die unter einem Rahmenvertrag zusammengefassten Transaktionen nicht aufgrund einer partiellen Übertragung nach § 48k KWG auseinanderfallen sollten. Für das Risikomanagement (einschließlich der Besicherung des Nettoausfallrisikos mit Margensicherheiten) und die Bewertung des Gesamtrisikos gegenüber einem Kontrahenten wäre eine Störung des Netting-Verbundes bzw des Single-Agreement Konzeptes ausgesprochen kontraproduktiv und könnte einem insolvenz- und aufsichtsrechtlich unerwünschten Cherry-Picking gleichkommen.[31] Dieses Thema wurde vom Gesetzgeber gesehen und mit einer Vorschrift geregelt, die man aus Derivatesicht kurz mit „**Paketgebot für Rahmenverträge und Besicherungsanhänge**" umschreiben könnte.

Dieses Paketgebot hat drei Elemente: (1) Es kann nach § 48k Abs. 2 S. 3 KWG nicht zu einem Auseinanderfallen von Gegenständen kommen, die einer nach § 206 Abs. 1 SolvV **berücksichtigungsfähigen Aufrechnungsvereinbarung** unterliegen. Diese dürfen nur in ihrer Gesamtheit und zusammen mit der Aufrechnungsvereinbarung und den Rahmenverträgen übertragen werden, in die die von den Aufrechnungsvereinbarungen erfassten Schuldverhältnisse mittelbar oder unmittelbar eingebunden sind. Das bedeutet mit anderen Worten, dass Rahmenverträge wie DRV oder ISDA, die aufsichtsrechtlich gem. §§ 206 und 207 SolvV zu berücksichtigen sind, nur in ihrer Gesamtheit, dh also mit allen Transaktionen, übertragen

---

[29] Das ergibt sich daraus, dass ISDA Master Agreements mit Einlagenkreditinstituten privilegiert sind und zudem auch DRVs und ISDA Master Agreements mit Besicherungsanhang bzw Credit Support Annex (bei Vorliegen der Voraussetzungen des § 1 Abs. 17 KWG) wie oben dargelegt nicht vom Verbot des § 13 KredReorgG erfasst werden.
[30] Vgl für einen einführenden Überblick beispielsweise *Fridgen*, in: Boos/Fischer/Schulte-Mattler, Kreditwesengesetz, Vor §§ 48a–s KWG mwN.
[31] Vgl § 14 Rn 1 ff und Rn 9 zur Bedeutung funktionierender Nettingvereinbarungen sowie zum Single-Agreement-Konzept bzw Cherry-Picking.

werden können.³² (2) Das Paketgebot gilt zudem gem. § 48k Abs. 2 S. 1 KWG für Ausgliederungsgegenstände, für die **Finanzsicherheiten gem. § 1 Abs. 17 KWG** bestellt wurden und die ebenfalls nur gemeinsam übertragen werden dürfen. Wie an anderer Stelle dargestellt, gilt der Schutz des § 1 Abs. 17 KWG insbesondere für die üblichen Margensicherheitsvereinbarungen, wie zB Besicherungsanhänge unter DRV bzw Credit Support Annexe unter ISDA, aber auch für typische entsprechend besicherte Wertpapierpensions- und Wertpapierdarlehensgeschäfte.³³ (3) Schließlich gilt das Paketgebot auch für in ein **System gem. § 1 Abs. 16 KWG** eingebrachte Ausgliederungsgegenstände und entsprechende Sicherheiten (§ 48k Abs. 2 S. 2 KWG). Diese häufig in einem Atemzug mit Finanzsicherheiten nach § 1 Abs. 17 KWG genannte Privilegierung hat insbesondere im Bereich Clearing für die Vereinbarung und die Margensicherheiten zwischen Clearingmitgliedern und Clearinghäusern große Bedeutung.³⁴

17 § 48g Abs. 7 KWG schließt eine Kündigung von Geschäften allein aus Anlass der Übertragung dauerhaft aus. Im Ansatz ist die Regelung mit dem Kündigungsverbot aus § 13 KredReorgG vergleichbar.³⁵ Anders als diese Vorschrift stellt sie aber kein generelles Kündigungsverbot dar, sondern knüpft gerade an den Umstand der Übertragung an und formuliert in Satz 4 Nr. 1 bis 3 Ausnahmen. Für den Fall, dass ein Vertragspartner entgegen § 48g Abs. 7 KWG kündigt, hat die BaFin eine besondere Rückübertragungsbefugnis nach § 48j Abs. 5 KWG. Die betroffenen Schuldverhältnisse können von ihr innerhalb von zehn Geschäftstagen nach Zugang der Kündigungserklärung auf das Institut zurückübertragen werden, ohne dass die sonst für partielle Rückübertragungen nach § 48j Abs. 1 KWG geltende Ausschlussfrist von vier Monaten zu beachten ist. Sämtliche von der auf das fragliche Geschäft anwendbaren, nach § 206 Abs. 1 SolvV berücksichtigungsfähigen Aufrechnungsvereinbarung erfassten übrigen Geschäfte gelten als ebenfalls zurückübertragen. Finanzsicherheiten und Sicherheiten im Zusammenhang mit Systemen sollen dagegen nach dem Willen des Gesetzgebers offenbar getrennt werden können, um beim übernehmenden Rechtsträger zu verbleiben.³⁶

C. Moratorium und Insolvenzantrag

I. Moratorium

18 Besteht Gefahr für die Erfüllung von Verpflichtungen eines Instituts gegenüber seinen Gläubigern, kann die BaFin gem. § 46 Abs. 1 KWG nF ein **Moratorium** erlassen. In der Praxis ist damit insbesondere das Veräußerungs- und Zahlungsverbot gem. § 46 Abs. 1 S. 2 Nr. 4 KWG nF gemeint, das die BaFin als vorübergehende Maßnahme zur Vermeidung des Insol-

---

32 Der Gesetzgeber nennt als Beispiele für einen solchen Rahmenvertrag ausdrücklich DRV und ISDA Master Agreement, vgl Gesetzentwurf der Bundesregierung zum Restrukturierungsgesetz; BT-Drucks. 17/3024 vom 27.9.2010, 67 zu § 48j KWG. Vgl zu §§ 206 ff SolvV § 14 Rn 16 ff.
33 Siehe hierzu § 17 und insbesondere Rn 8 ff.
34 Siehe hierzu § 16 Rn 12 ff.
35 Siehe hierzu Rn 3 ff.
36 Vgl Gesetzentwurf der Bundesregierung zum Restrukturierungsgesetz; BT-Drucks. 17/3024 vom 27. 09. 2010, 68, in der dazu ausgeführt wird: „Die besondere Rückübertragungsbefugnis nach Absatz 5 betrifft Fälle, in denen ein Vertragsgegner die Übertragungsanordnung oder die Ausgliederung dem Kündigungs- und Beendigungsverbot des § 48g Absatz 7 zuwider zum Anlass nimmt, ein Vertragsverhältnis zu beenden. In diesem Fall kann die Bundesanstalt die betroffenen Schuldverhältnisse innerhalb von zehn Geschäftstagen auf das Institut zurücktragen. Die Viermonatsfrist gilt in diesem Fall genauso wenig wie die Ausnahme für Gegenstände, für welche Finanzsicherheiten bestellt sind oder welche in ein System im Sinne von § 1 Absatz 16 oder von Zentralbanken einbezogen sind." Dies dürfte einen starken Anreiz schaffen, nicht zu kündigen. Trotzdem wirft dieser Mechanismus eine Reihe von Rechtsfragen auf (zB: Was kann nach Beendigung noch rückübertragen werden? Ist die Aufteilung von Derivaten und Besicherungsanhängen mit den Vorgaben der Finanzsicherheitenrichtlinie vereinbar? etc.).

venzverfahrens anordnen kann. Dies ist eine besonders bedeutsame Interventionsart im abgestuften Maßnahmenkatalog der §§ 45 ff KWG.[37] Weitere mögliche Maßnahmen sind nach § 46 KWG nF etwa eine Schalterschließung oder ein Tätigkeitsverbot für Geschäftsleiter und Inhaber.[38] Zu beachten ist, dass der Tatbestand des § 46 KWG den Terminus „Moratorium" nicht verwendet. Dieser Begriff fällt lediglich in § 47 KWG, der zwar mit „Moratorium" überschrieben ist, in der Praxis aber bisher nicht relevant wurde und daher üblicherweise gar nicht gemeint ist, wenn von „Moratorium" die Rede ist.[39]

Mit Inkrafttreten des Restrukturierungsgesetzes[40] am 1.1.2011 hat der Gesetzgeber § 46a KWG aF, der bis dahin die Regelungen zum Moratorium enthielt, aufgehoben. Das Moratorium ist seither unter leicht geänderten Voraussetzungen in § 46 KWG nF geregelt. Wichtigste Änderung ist die Streichung des Tatbestandsmerkmals „zur Vermeidung des Insolvenzverfahrens". Hierdurch wurde der Anwendungsbereich des Moratoriums in zeitlicher Hinsicht ausgedehnt.[41] Da eine Insolvenznähe nicht mehr Voraussetzung für die Verhängung des Moratoriums ist, kommt dieser aufsichtsrechtlichen Maßnahme eine verstärkt präventive Rolle zu. 19

Im Falle Lehman Brothers ist bemerkenswert, dass die BaFin das Moratorium über die **Lehman Brothers Bankhaus AG** am Montag den 15.9.2008 verhängte und damit unmittelbar nach Bekanntwerden der Insolvenz wesentlicher Muttergesellschaften in den USA und Großbritannien reagierte. Das Moratorium wurde erst am 23.12.2008, dh also lange nach Eröffnung des Insolvenzverfahrens wieder aufgehoben. Auch in anderen Krisenfällen war die Verhängung eines Moratoriums nach § 46a KWG aF die erste Reaktion der BaFin, die vor der Eröffnung des Insolvenzverfahrens wirksam wurde.[42] 20

Bei Finanzderivateverträgen stellen sich in diesem Zusammenhang folgende Fragen: Ist die Verhängung eines Moratoriums ein Beendigungsgrund unter einem Rahmenvertrag (siehe Rn 22)? Ist, eine Vertragsbeendigung angenommen, Close-out Netting auch im Falle der Verhängung eines Moratoriums wirksam (siehe Rn 23)? Gibt es vertragliche Gestaltungsmöglichkeiten (siehe Rn 28)? 21

---

37 Vgl zur Systematik der im KWG verankerten Maßnahmen in besonderen Fällen *Obermüller*, Bankenrestrukturierungsgesetz, NZI 2011, 81, 82; *Willemsen/Rechel*, in: Luz/Neus/Schaber/Scharpf/Schneider/Weber, KWG, § 46 Rn 1 f.
38 Vgl *Willemsen/Rechel*, in: Luz/Neus/Schaber/Scharpf/Schneider/Weber, KWG, § 46 Rn 14 ff; *Fischer*, in: Schimansky/Bunte/Lwowski, Bankrechts-Handbuch, § 133 Rn 17 ff.
39 Im Falle einer allgemeinen Krise im Kreditgewerbe kann die Bundesregierung nach § 47 KWG zur Abwendung schwerwiegender Gefahren für die Gesamtwirtschaft durch Rechtsverordnung Notmaßnahmen ergreifen. Solche Maßnahmen können insbesondere ein generelles Moratorium für die Erfüllung der Verbindlichkeiten der Kreditinstitute, eine vorübergehenden Schalterschließung oder eine Schließung der Wertpapierbörsen sein. Ein solch allgemeineres Moratorium, das eine Reaktion auf die Bankenkrise von 1931 war, hat es seit der Geltung des KWG noch nicht gegeben. Vgl hierzu *Fischer*, in: Schimansky/Bunte/Lwowski, § 133 Rn 28.
40 Gesetz zur Restrukturierung und geordneten Abwicklung von Kreditinstituten, zur Errichtung eines Restrukturierungsfonds für Kreditinstitute und zur Verlängerung der Verjährungsfrist der aktienrechtlichen Organhaftung vom 9.12.2010 (BGBl. I 2010, S. 1900 ff).
41 Vgl hierzu die ausführliche Diskussion in *Geier/Schmitt/Petrowsky*, Anwendungsbereich des „Moratoriums", BKR 2011, 497 ff.
42 Weitere Beispiele sind die Weserbank (Erlass Moratorium: 8.4.2008; Eröffnung des Insolvenzverfahrens: 16.4.2008); Bankhaus Reitinger GmbH & Co. KG (Erlass Moratorium: 2. 8.2006; Eröffnung des Insolvenzverfahrens: 1.11.2006); BFI Bank AG (Erlass Moratorium: 7.4. 2003; Eröffnung des Insolvenzverfahrens: 16.7.2003); Gontard & Metallbank AG (Erlass Moratorium: 6.5.2002; Eröffnung des Insolvenzverfahrens: 17.5.2002).

1. Moratorium als Beendigungsgrund

22 Anders als das EMA,[43] enthalten die Standardversionen der gebräuchlichsten Rahmenverträge (DRV/ISDA) **keine ausdrücklichen Kündigungsregelungen** für den Fall, dass Moratorien erlassen oder andere Maßnahmen durch die Finanzaufsichtsbehörden angeordnet werden. Es ist daher im Wege der Auslegung zu klären, ob sich ein Moratorium nach § 46 KWG nF unter die jeweiligen Beendigungsklauseln subsumieren lässt. Während eine solche Auslegung für das ISDA Master Agreement wegen des weiten Wortlautes der Beendigungsgründe denkbar scheint,[44] ist ein Kündigungsgrund auf Basis des DRV[45] wohl nicht ohne Weiteres konstruierbar. In Handelsbeziehungen mit Instituten kann daher eine ausdrückliche Aufnahme entsprechender Beendigungsgründe erwogen werden.[46]

2. Wirkung des Moratoriums auf Close-out Netting

23 Nach bisher herrschender Meinung bewirkt die Verhängung eines Moratoriums nach § 46a Abs. 1 S. 1 Nr. 1 KWG aF bzw § 46 Abs. 1 S. 2 Nr. 4 KWG nF grundsätzlich eine **Stundung der Forderungen Dritter**.[47] Eine Stundung schiebt die Fälligkeit einer Forderung auf, wobei die Erfüllbarkeit bestehen bleibt.[48] Demnach ist es ausgeschlossen, dass während des Moratoriums eine Gläubigerforderung fällig wird. Insoweit kann auch keine Aufrechnungslage

---

43 Der Beendigungsgrund wegen Vertragsverletzung in Nr. 6(1)(a)(viii)(4) EMA (Version 2004) lautet wie folgt: „…eine zuständige Behörde trifft auf Grund konkurs- oder insolvenzrechtlicher oder ähnlicher oder für die Geschäftstätigkeit der Partei maßgeblicher bank- oder versicherungsrechtlicher oder ähnlicher Vorschriften eine Maßnahme, die die Partei voraussichtlich daran hindert, ihre Zahlungs- oder Lieferpflichten aus dem Vertrag bei Fälligkeit zu erfüllen". Die Moratoriumsmaßnahme des Erlasses eines Veräußerungs- und Zahlungsverbots gem. § 46 Abs. 1 S. 2 Nr. 4 KWG nF durch die BaFin kann hierunter gefasst werden.
44 Vgl Section 5(a)(vii)(4) 1992 ISDA Master Agreement bzw 2002 ISDA Master Agreement; diese Bestimmung enthält sehr weit gefasste Formulierungen, die im Einzelfall entsprechend zu prüfen wären („…has instituted against it a proceeding seeking a judgment of insolvency or bankruptcy or any other relief under any bankruptcy or insolvency law or other similar law affecting creditors' rights …"), wobei der Wortlaut des 2002 ISDA Master Agreements Handlungen durch Aufsichtsbehörden sogar ausdrücklich erwähnt („has instituted against it, by a regulator, supervisor or any similar official with primary insolvency, rehabilitative or regulatory jurisdiction over it…").
45 Eine Kündigung aus wichtigem Grund gem. Nr. 7(1) DRV würde dann scheitern, wenn man dem Moratorium eine Stundungswirkung zusprechen will. In diesem Fall wären Forderungen nicht fällig und eine Nichterfüllung daher keine unzumutbare Vertragsverletzung. Für eine automatische Kündigung auf Grundlage von Nr. 7(2) DRV (Anknüpfung an die Insolvenz bzw die Beantragung eines „Konkurs- oder sonstiges Insolvenzverfahrens") ist ebenfalls kein Raum, da dem Moratorium nicht nur der Charakter eines Insolvenzantrages fehlt, sondern die Maßnahmen nach § 46 Abs. 1 InsO nF gerade der Verhinderung des Insolvenzverfahrens dienen, wenngleich dies nicht mehr notwendige Voraussetzung für die Verhängung eines Moratoriums ist (siehe hierzu Rn 19); vgl zum DRV und dem Fehlen eines wichtigen Grundes mangels fälliger Zahlung auch *Pannen*, Krise und Insolvenz bei Kreditinstituten, 57.
46 Siehe hierzu Rn 28 ff; vgl generell zu ersten Lehren aus der Finanzkrise für die Gestaltung von Rahmenverträgen: *Jahn*, Finanzkrise, BKR 2009, 25 ff.
47 *Willemsen/Rechel*, in: Luz/Neus/Schaber/Scharpf/Schneider/Weber, KWG, § 46 Rn 20 d. Der Meinungsstreit bestand auch schon bei § 46a Abs. 1 S. 1 Nr. 1 KWG aF, der durch das Restrukturierungsgesetz in § 46 Abs. 1 S. 2 Nr. 4 KWG nF überführt wurde (siehe hierzu Rn 19). Vgl zu § 46a KWG aF: *Haug*, in: Szagunn/Haug/Ergenzinger, KWG, § 46a Rn 4 a („Auch eine Aufrechnungserklärung des Gläubigers ist unzulässig, da der Gläubiger wegen der Stundungswirkung keine fällige Forderung mehr besitzt (so auch BAK II 5-E 183-31 vom 26.9.1978)."); *Kokemoor*, in: Beck/Samm/Kokemoor, KWG (141. Aktualisierung, Dezember 2009), § 46a Rn 28 („Es hat die Wirkung einer Stundung sämtlicher gegen das Institut gerichteter Forderungen. […] Durch die Stundungswirkung wird die Fälligkeit einer Forderung bei Bestehenbleiben der Erfüllbarkeit hinausgeschoben […]"); *Pannen*, Krise und Insolvenz bei Kreditinstituten, 34 f mwN; *Canaris*, Bankvertragsrecht, Rn 818 aE. Canaris differenziert danach, ob die Aufrechnungslage vor Erlass oder nach Erlass eines Verfügungsverbotes dem Grunde nach entstanden ist; ein Aufrechnungsverbot befürwortet er nur im letzteren Fall; weitere Nachweise auch bei *Binder*, Bankeninsolvenz, 313 in Fußnote 722, der jedoch selbst anderer Ansicht ist. Vgl Fn 52 zum Urteil des Landgerichts Frankfurt am Main vom 5.8.2011.
48 *Grüneberg*, in: Palandt, Bürgerliches Gesetzbuch, § 271 Rn 12 f.

C. Moratorium und Insolvenzantrag

entstehen.[49] Eine Aufrechnung während des Moratoriums ist insoweit unzulässig. Begründet wird dieses Ergebnis auch damit, dass so dem Zweck des § 46a KWG aF bzw § 46 KWG nF entsprochen wird, die bestehenden Vermögenswerte für die Zeit der Prüfung der Sanierungsmöglichkeiten zu sichern.[50]

Für die Zulässigkeit von Aufrechnungen sprechen jedoch gewichtige Gründe. Maßnahmen nach § 46 KWG nF entsprechen funktional den Sicherungsmaßnahmen im Insolvenzverfahren (§ 21 InsO), zu denen insbesondere das allgemeine Verfügungsverbot gem. § 21 Abs. 2 Nr. 2 InsO gehört. Maßnahmen nach § 21 Abs. 2 Nr. 2 InsO führen nach ganz überwiegender Auffassung nicht zu einem Aufrechnungsverbot, sondern machen die Aufrechnung allenfalls anfechtbar oder dann unzulässig, wenn die Aufrechnung nach Verfahrenseröffnung erfolgt. Dies wird unter anderem mit dem Vorrang der spezielleren Regeln zur Erhaltung des Aufrechnungsrechts begründet (vgl § 94 InsO), deren Einschränkung abschließend in der Sonderregelung des § 96 InsO normiert ist.[51] Auch hätte der Gesetzgeber eine Stundung (Aufschub) oder sogar ein Kündigungsverbot ausdrücklich anordnen können, wie er dies beispielsweise in § 47 KWG bzw in § 13 KredReorgG und § 48g Abs. 7 KWG getan hat.[52] In § 46 KWG nF ist aber lediglich ein Veräußerungs- und Zahlungsverbot bzw ein Verbot der Entgegennahme von Zahlungen normiert. Vor diesem Hintergrund ließe sich mit einer einschränkenden Auslegung von § 46 KWG nF durchaus vertreten, dass eine **Aufrechnung auch während des Moratoriums zulässig** ist.

24

Selbst wenn man eine Aufrechnung während des Moratoriums nicht für zulässig hielte, könnte man darüber hinaus in Frage stellen, ob tatsächlich auch **Close-out Netting während eines Moratoriums** ausgeschlossen sein soll. Gegenstand des Close-out Nettings in typischen Derivate-Rahmenverträgen ist nicht (allein) eine Aufrechnung von fälligen Beträgen, sondern eine wesentlich weitergehende vorzeitige Beendigung aller laufenden Verträge, die Aggregierung der Einzelpositionen und die Bildung eines Nettobetrages. Wegen des auch von der Insolvenzordnung in § 104 Abs. 2 InsO anerkannten Single-Agreement-Konzeptes[53] könnte weiter argumentiert werden, dass diese „Aggregierung" keine gewöhnliche Aufrechnung verschiedener eigenständiger Forderungen und Verbindlichkeiten ist, sondern die Umgestaltung eines bei Beendigung einheitlichen Schuldverhältnisses in eine Netto-Gesamtforderung. Hierdurch werden nicht lediglich einzelne selbstständige Forderungen des Instituts durch Erfüllung reduziert bzw beseitigt, sondern das gesamte Vertragsverhältnis auf Basis von Markt-

25

---

49 *Pannen*, Krise und Insolvenz bei Kreditinstituten, 56 f mwN.
50 *Pannen*, Krise und Insolvenz bei Kreditinstituten, 57.
51 Zu den generellen insolvenzrechtlichen Überlegungen: *Kirchhof*, in: Kreft, Insolvenzordnung, § 24 Rn 10 mwN; zur Anwendbarkeit der Argumentation auf Aufrechnungen im Kontext von Moratorien: *Binder*, Bankeninsolvenz, 316 f; Obermüller, Insolvenzrecht, Rn 1.780.
52 Vgl *Lindemann*, in: Boos/Fischer/Schulte-Mattler, Kreditwesengesetz, § 46 Rn 76, der auf § 13 KredReorgG und § 48g Abs. 7 KWG abstellt; *Binder*, Bankeninsolvenz, 314 argumentiert entsprechend auf Basis von § 47 KWG. Das Argument von *Binder* wird auch vom LG Frankfurt am Main angeführt (LG Frankfurt am Main, Urt. vom 5.8.2011, 2-25 O 109/11, WM 2012, 403 f), das ausdrücklich darauf hinweist, dass § 47 Abs. 3 KWG ja auch eine ausdrückliche Ermächtigung und Verpflichtung der Bundesregierung zur Regelung der zivilrechtlichen Rechtsfolgen (zB Stundung) vorsieht, während in § 46a KWG aF darauf verzichtet wurde. Das LG Frankfurt am Main geht im Ergebnis davon aus, dass zivilrechtliche Ansprüche ohne ausdrückliche gesetzliche Regelung grundsätzlich nicht beeinträchtigt werden dürfen und ein Moratorium (Zahlungsverbot) gem. § 46a KWG aF daher auch keine Stundungswirkung hat. Gegenstand des Urteils waren allerdings Zinsansprüche des klagenden Gläubigers und nicht eine Aufrechnung. Im konkreten Fall wurde eine vorübergehende zu vertretende Unmöglichkeit des Gemeinschuldners während des Moratoriums angenommen; dem Kläger wurden dementsprechend Zinsansprüche zugestanden.
53 Vgl Rn 9 ff.

werten umgestaltet.⁵⁴ Darüber hinaus scheint die zeitweise Aussetzung der Wirkungen einer Close-out Netting-Vereinbarung auch nach dem Sinn und Zweck von § 46 KWG nF nicht notwendig. Ziel der aufsichtsrechtlichen Maßnahmen ist, für einen begrenzten Zeitraum zu verhindern, dass einzelne Gläubiger auf Kosten anderer Gläubiger befriedigt werden oder Vermögensgegenstände veräußert werden.⁵⁵ Vertragliches Close-out Netting zielt aber nicht auf die einseitige Befriedigung eines Gläubigers ab (zumal das Ergebnis ja auch eine Netto-Verbindlichkeit des Gläubigers sein kann), sondern auf die zeitliche Vorwegnahme einer Gesamtbeendigung und Gesamtverrechnung von Transaktionen, die nach § 104 Abs. 2 und Abs. 3 InsO ansonsten zwingend per Gesetz im Zeitpunkt der Eröffnung des Insolvenzverfahrens geschehen würde und im Übrigen jedenfalls genau in der vertraglich vereinbarten Form nach Aufhebung des Moratoriums geschehen soll.⁵⁶ Diese gesetzlich verankerte Zwangsläufigkeit führt dazu, dass ein Prüfen und Abwarten für unter Rahmenverträgen zusammengefasste Transaktionen keinen Sinn macht, da durch die gewonnene Zeit und eventuelle Maßnahmen weder ein Erkenntnisgewinn noch ein Vermögensvorteil zu erwarten sind. Ganz im Gegenteil gilt sogar, dass die Unangreifbarkeit von Close-out Netting-Mechanismen für Transaktionen unter Rahmenverträgen aufsichtsrechtlich erwünscht ist und sich die Bankaufsichtsbehörden regelmäßig durch die Vorlage von Netting-Gutachten von der Wirksamkeit dieser Mechanismen im Insolvenzfall überzeugen. Auch das denkbare Argument, dass das Moratorium darüber hinaus eigentlich der Vermeidung eines Insolvenzverfahrens dienen soll und Netting hier kontraproduktiv sein könnte, überzeugt nicht. Selbst bei einem angenommenen zeitweisen Verrechnungsverbot verbietet oder verhindert das Moratorium nicht die vorgeschalteten Schritte der Beendigung und Bewertung laufender Transaktionen.

26 Mangels einer wünschenswerten Klarstellung durch den Gesetzgeber und mangels Rechtsprechung bleibt diese wichtige Frage im Ergebnis eine **Frage der Gesetzesauslegung** und der systematischen Einordnung des Rechtscharakters der jeweiligen Close-out Netting Regelungen.

27 Fraglich ist schließlich, ob die als Ergebnis des Close-out Nettings entstehende **endgültige Netto-Ausgleichsforderung während des Moratoriums fällig** sein kann. Sofern man trotz der genannten Gegenargumente uneingeschränkt von einer Stundungswirkung des Moratoriums ausgehen möchte, wäre die Netto-Ausgleichsforderung während der Dauer des Moratoriums nicht fällig. Gegen dieses Ergebnis spricht jedoch, dass, wie oben dargelegt, ins Netting einbezogene Positionen für Zwecke des Nettings verrechenbar und fällig sein müssen. Folgt man dieser Argumentation, müsste konsequenterweise auch die resultierende Nettoforderung fällig bleiben.

---

54 Nach dem DRV beispielsweise stellt sich dieser Gesamtvorgang wie folgt dar: Der DRV und alle Einzelabschlüsse bilden gem. Nr. 1 Abs. 2 DRV einen einheitlichen Vertrag. Nach Nr. 7 Abs. 3 DRV treten an die Stelle der noch ausstehenden Zahlungen oder sonstigen Leistungen aus den einzelnen, unter dem DRV getätigten Abschlüssen, Ausgleichsforderungen nach Nr. 8 und Nr. 9 DRV. Nach Nr. 9 Abs. 1 DRV wird von der ersatzberechtigten, dh der solventen Partei, eine einzige, „einheitliche" Ausgleichsforderung errechnet. Der Wortlaut geht hierbei nicht notwendigerweise von Aufrechnungsbegriffen und einer Erfüllung durch Aufrechnung aus, sondern basiert auf der Idee der Errechnung eines Nettobetrages aus rechnerischen Einzelpositionen. Der relevante Netto-Endbetrag ist dann die einheitliche Ausgleichsforderung im Sinne von Nr. 9 Abs. 1 DRV als positive oder negative Summe der Einzelbeträge und ersetzt die bisherigen Rechte und Pflichten.
55 *Kokemoor*, in: Beck/Samm/Kokemoor, KWG (141. Aktualisierung, Dezember 2009), § 46a Rn 27; *Haug*, in: Szagunn/Haug/Ergenzinger, KWG, § 46a Rn 4 a.
56 Der zwingende Charakter ergibt sich aus § 119 InsO. Bei Warenhandelsgeschäften, die unter § 104 Abs. 1 InsO fallen, hängt die Überzeugungskraft des Arguments einer ohnehin stattfindenden gesetzlichen Gesamtverrechnung davon ab, ob § 104 Abs. 1 und 3 InsO für Warenhandels-Rahmenverträge mit Single-Agreement-Klauseln zu einer automatischen Gesamtverrechnung per Gesetz führen (siehe hierzu *Fried*, in: Schwintowski (Hrsg.), Energiehandel, Rn 596 a).

C. Moratorium und Insolvenzantrag

3. Vertragsgestaltung

Der Markt hat dieses Thema lange vor der Finanzkrise erkannt. Im Rahmen von Vertrags- 28
verhandlungen wurde und wird diskutiert, wie man negativen Auswirkungen aufsichtsrechtlicher Maßnahmen im Rahmen der gesetzlichen Vorgaben begegnen kann. Denkbar ist beispielsweise, solchen Maßnahmen zuvorzukommen und zusätzlich zu den üblichen Beendigungsgründen **früh wirksame Kündigungsmöglichkeiten** in den Vertrag aufzunehmen. In Betracht kommen die Verletzung bestimmter Bilanzkennzahlen (zB Verlust des Eigenkapitals in bestimmter Höhe), der Insolvenzantrag durch die BaFin, die Insolvenzanzeige des Geschäftsleiters einer Bank bei der BaFin (gem. § 46b Abs. 1 KWG), die Herabstufung des kurz- oder langfristigen Ratings unter bestimmte Schwellen oder gegebenenfalls auch aufsichtsrechtliche Maßnahmen selbst. Bei letzteren ist jedoch eine gewisse Zurückhaltung geboten, da zB die Verhängung einer Maßnahme nach § 46 KWG nF an Tatbestände anknüpft, die eventuell hinter den Kulissen bleiben und bei manchen staatlich gestützten Vertragspartnern womöglich bereits bei Unterschrift gegeben sind (wie zB eine Anweisung für die Geschäftsführung des Institutes) oder da zB eine Anknüpfung an Maßnahmen nach § 46 KWG nF von der Aufsicht als unerwünschte Umgehung ihrer Maßnahmen gesehen werden könnte.

Sofern Verträge ein **Kündigungs- oder Nachbesicherungsrecht bei Bonitätsverschlechterung** 29
(letzteres verbunden mit einem Kündigungsrecht bei Nichtleistung von Zusatzsicherheiten) geben, kann auch über eine konsequentere Nutzung solcher Klauseln nachgedacht werden. Zu unterscheiden sind hier „Hard"- und „Soft"-Triggers (wegen der gebräuchlichen Bezeichnung als „Material Adverse Change"-Klauseln oft auch „Hard MACs" bzw „Soft MACs" genannt). Während Hard MACs an feste Kennzahlen anknüpfen (zB Bilanzkennzahlen oder Rating), setzen Soft-MACs auf generelle und daher oft sehr vage Beschreibungen einer Verschlechterung der Kreditwürdigkeit.[57] Diese Konzepte werden im internationalen Unternehmensakquisitions- sowie im Darlehensbereich genutzt,[58] kommen aber auch im Bereich des Energie- bzw Warenhandels vor.[59] Im Finanzderivate-Bereich sind ausdrücklich bonitätsbedingte Kündigungsgründe in den üblichen Musterverträgen die Ausnahme.[60] Argument ist meist, dass man zu vage Formulierungen vermeiden möchte, um nicht der Will-

---

57 Vgl zB § 17.2(h) EFET: „If in the reasonable and good faith opinion of the Requesting Party, the ability of the Relevant Entity to perform its obligations under the Agreement, any Credit Support Document or any Control and Profit Transfer Agreement, as the case may be, is materially impaired."
58 Vgl hierzu *Chakrabarti/Brierly*, The MAC clause: protection from the storm?, JIBFL 2009, 451 ff, die als Beispiel folgende in Darlehensverträgen verwendete MAC-Klausel (Kündigungsklausel) zitieren: „Any event or series of events occurs which, in the opinion of the Majority Lenders, is reasonably likely to have a material adverse effect on the business or financial condition of any member of the Obligor or the Obligor Group as a whole or the ability of any Obligor to perform its obligations under any Finance Document".
59 Ein Beispiel aus dem Energiehandelsbereich findet sich im Mustervertrag für Strom bzw Gashandelsgeschäfte (EFET General Agreement; „EFET"), der von der European Federation of Energy Traders veröffentlicht wird. In § 17.1 EFET heißt es: „At any time and from time to time, when a Party (the „Requesting Party") believes in good faith that a Material Adverse Change has occurred in respect of the other Party, the Requesting Party shall be entitled to require, by written notice, that the other Party provide to it or increase in amount: (a) a Letter of Credit; (b) cash or (c) other security (including a bank or parent guarantee), in a form and amount reasonably acceptable to the Requesting Party (each a „Performance Assurance")." Die Voraussetzungen für „Material Adverse Changes" sind in § 17.2 EFET definiert und enthalten auch sehr weit gehende Generalklauseln, die an eine generelle wesentliche Bonitätsverschlechterung anknüpfen (zB „Impaired Ability to Perform" in § 17.2(h) EFET). Vgl zu weiteren Einzelheiten dieser Bestimmungen *Fried*, in: Schwintowski (Hrsg.), Energiehandel, Rn 399 f und Rn 513.
60 Eine Ausnahme bildet zB Section 5(b)(iv) (Credit Event upon Merger) 1992 bzw 2002 ISDA Master Agreement. Eine weitere Ausnahme gilt für solche Geschäftsbeziehungen bzw Derivate-Geschäfte, für die AGB Banken bzw AGB Sparkassen einbezogen wurden. Vgl zur Bestellung oder Verstärkung von Sicherheiten sowie zur Kündigung aus wichtigem Grund ohne Einhaltung einer Kündigungsfrist Nr. 13 Abs. 2 iVm Nr. 19 Abs. 3 AGB-Banken bzw die entsprechenden Bestimmungen in Nr. 22 Abs. 1 iVm Nr. 26 Abs. 2 AGB-Sparkassen.

kür des Vertragspartners ausgesetzt zu sein. Ein weiterer Grund hierfür dürfte die Tatsache sein, dass sich die Partner Gedanken über die Notwendigkeit einer Absicherung machen, bevor sie eine Geschäftsbeziehung eingehen und wenn nötig vorher Vorkehrungen treffen (zB Abschluss eines Besicherungsanhanges, Garantie der Muttergesellschaft, Einräumung und laufende Überwachung von Kreditlinien etc.). Auch der **Abschluss eines Besicherungsanhanges** (*Credit Support Annex*),[61] der sich bei bestimmten Ereignissen selbst aktiviert, kann überlegt werden.[62]

30 Hinsichtlich all dieser Maßnahmen sollte jedoch bedacht werden, dass eine sehr früh wirksame Kündigungsmöglichkeit auch **erhebliche Nachteile** haben kann. Hierzu gehört für das betroffene Unternehmen, dass im Krisenfall eine Eigendynamik in Gang gesetzt wird, die in einer schwierigen Phase zu weiteren Problemen und schließlich zum Zusammenbruch des Unternehmens führen kann. Die Gesamtkündigung des Rahmenvertrages sollte wegen ihrer erheblichen Wirkungen daher immer nur das letzte Mittel sein. Als Zwischenschritt und milderes Mittel könnte zB die Nachforderung von Sicherheiten (deren Stellung in Krisenzeiten aber auch problematisch ist) oder eine Frist für Verhandlungen über Lösungen vereinbart werden.

31 Trotz des nachvollziehbaren Bedürfnisses nach frühen Beendigungsgründen und dem Wunsch, seine Position möglichst vor aufsichtsrechtlichen Maßnahmen bzw anderen Gläubigern zu sichern, sind sehr frühe Kündigungsmöglichkeiten für die Stabilität des Marktes insgesamt kontraproduktiv. Die Kreditkrise war nicht zuletzt auch eine Vertrauenskrise. Wenn bei der leichtesten Schwäche des Vertragspartners das **Vertrauen durch Vertragskündigung entzogen** werden kann, wird dies das Gesamtsystem für weitere Krisen anfälliger machen. Bei bilateralen Verhandlungen spielen solche übergeordneten Überlegungen aber freilich eine untergeordnete Rolle.

4. Privilegierte Tatbestände

32 Risiken aufsichtsrechtlicher Maßnahmen für die Wirksamkeit von Close-out Netting-Vereinbarungen können dadurch reduziert werden, dass ein Besicherungsanhang abgeschlossen wird und die Ausfallrisiken laufend mit eligiblen Sicherheiten unterlegt werden. Ein wichtiger Vorteil von Besicherungsanhängen ist, dass neben diversen insolvenzrechtlichen Privilegierungen grundsätzlich auch Maßnahmen nach § 46 KWG nF dem vereinbarten Close-out Netting nicht entgegenstehen. Voraussetzung ist, dass diese Anhänge im konkreten Fall eine **Finanzsicherheit im Sinne von § 1 Abs. 17 KWG** darstellen. Diese aufsichtsrechtliche Privilegierung von Finanzsicherheiten und damit verbundenen Netting-Vereinbarungen ist etwas versteckt in **§ 46 Abs. 2 S. 6 KWG** normiert und stellt letztlich einen Teil der Umsetzung von Art. 7 der Finanzsicherheitenrichtlinie 2002/47/EG dar.[63] In der Begründung zum Umsetzungsgesetz wird hierzu ausgeführt:[64] „Bei drohender Insolvenz eines Kreditinstituts kann die Bundesanstalt für Finanzdienstleistungen Sicherungsmaßnahmen ergreifen, die auch die Verwertung von Finanzsicherheiten beeinträchtigen könnten. Ähnlich wie bei der Umsetzung der Finalitätsrichtlinie müssen daher zum Schutz der Finanzsicherheiten im Anwen-

---

61 Siehe hierzu § 17 Rn 8 ff.
62 Technisch wird dies üblicherweise so umgesetzt, dass der Freibetrag (Threshold Amount) des Besicherungsanhanges auf „unendlich" (infinity) gesetzt wird und sich bei Eintritt der Bedingung (zB Downgrading, Verletzung bestimmter Bilanzkennzahlen) automatisch auf null reduziert.
63 Art. 7 Abs. 1 (Anerkennung der Aufrechnung infolge Beendigung) der Finanzsicherheitenrichtlinie fordert die Insolvenzfestigkeit von mit Finanzsicherheiten verknüpften Netting-Vereinbarungen und lautet: „Die Mitgliedstaaten stellen sicher, dass die Aufrechnung infolge Beendigung vereinbarungsgemäß wirksam werden kann, a) auch wenn gegenüber dem Sicherungsgeber oder -nehmer ein Liquidationsverfahren eröffnet wurde oder Sanierungsmaßnahmen eingeleitet wurden [...] und/oder b) ungeachtet [...] anderweitiger Verfügungen"; zu weiteren Details siehe § 17.
64 Vgl BT-Drucks. 15/1853 vom 29.10.2003, 18.

dungsbereich des § 46a KWG die einschlägigen Bestimmungen der Insolvenzordnung anwendbar sein, die sicherstellen, dass die nach § 46a KWG möglichen aufsichtsrechtlichen Maßnahmen die Wirksamkeit von Finanzsicherheiten nicht beeinträchtigen."[65]

Die Bedeutung dieser Privilegierung wird dadurch zunehmen, dass die Verordnung über OTC-Derivate, zentrale Gegenparteien und Transaktionsregister (European Market Infrastructure Regulation oder kurz EMIR) künftig eine **laufende Besicherungspflicht** für alle nicht-geclearten Derivate einführt, die zwischen sogenannten „finanziellen Gegenparteien" abgeschlossen werden.[66] 33

Eine weitere in der Praxis wichtige Privilegierung bezieht sich auf nicht deutschrechtliche Rahmenverträge (zB ISDA Master Agreements nach Englischem oder New Yorker Recht) mit deutschen **Einlagenkreditinstituten**. Unter anderem für diese Institute gilt nach § 340 Abs. 2 InsO das sogenannte **Lex Contractus-Prinzip (Vertragsstatut)**. Danach unterliegen die Wirkungen des Insolvenzverfahrens auf Netting-Vereinbarungen dem Recht des Staats, das für diese Verträge maßgebend ist.[67] Dieses Prinzip dient der Umsetzung von Art. 25 der Richtlinie über die Sanierung und Liquidation von Kreditinstituten (Richtlinie 2001/24/EG), der fordert, dass für Aufrechnungs- und Schuldumwandlungsvereinbarungen („netting agreements") ausschließlich das Recht maßgeblich ist, das auf derartige Vereinbarungen anwendbar ist. Eine nach dem Vertragsstatut wirksame Netting-Vereinbarung soll bei Insolvenz eines deutschen Instituts daher grundsätzlich wirksam sein und sich nicht nach deutschem Insolvenzrecht richten. Wenn man hier einen Konflikt zwischen der Wirksamkeit von Netting-Vereinbarungen nach insolvenz- und aufsichtsrechtlichen Gesichtspunkten vermeiden will und die Ausschließlichkeit des Vertragsstatuts aufrecht erhalten möchte, müssen aufsichtsrechtliche Maßnahmen in ihrer Wirksamkeit beschränkt sein. Eine solche Beschränkung sieht **§ 46d Abs. 3 S. 3 KWG iVm § 340 Abs. 2 InsO** vor, der konstatiert, dass in Ansehung von Sanierungsmaßnahmen (wie zB Maßnahmen nach § 46 KWG nF oder Maßnahmen bei Reorganisationsverfahren nach KredReorgG) auf „Schuldumwandlungsverträge und Aufrechnungsvereinbarungen" (dh also Netting-Vereinbarungen) u.a. § 340 InsO entsprechend anwendbar ist. In der Gesetzesbegründung wird dazu ausgeführt: „Um den in Art. 20 ff [Anmerkung: Richtlinie 2001/24/EG] vorgesehene Gleichklang der Wirkungen von Sanierungsmaßnahmen und Liquidationsverfahren auf bestimmte Verträge sicherzustellen, verweist S. 3 auf die für das Liquidationsverfahren geltenden Vorschriften der InsO."[68] Im Ergebnis bedeutet dies, dass Netting-Vereinbarungen, die aus insolvenzrechtlicher Sicht dem 34

---

65 Die Gesetzesbegründung bezog sich auf § 46a KWG aF, der durch das Restrukturierungsgesetz in § 46 KWG nF überführt wurde (siehe hierzu Rn 19). Die aufsichtsrechtliche Privilegierung wurde ebenfalls beibehalten.
66 Zum Zeitpunkt des Redaktionsschlusses war EMIR lediglich als vorläufige Fassung in der vom Europäischen Parlament am 29.3.2012 beschlossenen Fassung verfügbar (Regulation (EU) No. [...]/2012 of the European Parliament and of the Council on OTC derivatives, central counterparties and trade repositories; Dokument Nr. P7_TA-PROV(2012)03-29). Art. 11(3) EMIR enthält folgende Regelung: „Financial counterparties shall have risk-management procedures that require the timely, accurate and appropriately segregated exchange of collateral with respect to OTC derivative contracts that are entered into on or after the entry into force of this Regulation."
67 Vgl zum örtlichen bzw personenbezogenen Anwendungsbereich der EuInsVO bzw der §§ 335 ff InsO sowie zu weiteren Einzelheiten des Lex Contractus-Prinzips § 21 Rn 3 ff (mit Schaubild bei § 21 Rn 9).
68 Der Begriff „Liquidationsverfahren" ist in Art. 2 der Richtlinie 2001/24/EG definiert und umfasst vom Sinn her u.a. das Insolvenzverfahren. Im zitierten Text ist fälschlicherweise von „Liquiditätsverfahren" die Rede. Der ebenfalls in Art. 2 RL 2001/24/EG definierte Begriff der Sanierungsmaßnahme umfasst dagegen Maßnahmen (wie zB Maßnahmen nach § 46 KWG nF oder § 46a KWG nach dem KredReorgG), mit denen die finanzielle Lage eines Kreditinstitutes gesichert oder wiederhergestellt werden soll und solche, die die bestehenden Rechte Dritter beeinträchtigen könnten, einschließlich der Maßnahmen, die eine Aussetzung der Zahlungen, eine Aussetzung der Vollstreckungsmaßnahmen oder eine Kürzung der Forderung erlauben.

Lex Contractus-Prinzip unterliegen und danach wirksam sind, auch bei Anordnung eines Moratoriums über ein Einlagenkreditinstitut wirksam bleiben.

35 An dieser Stelle kann erwähnt werden, dass diese Privilegierung auch für den Fall gilt, dass ein **Versicherungsunternehmen** von Sanierungsmaßnahmen im Sinne von § 89b Abs. 3 S. 1 VAG betroffen ist. Gemäß § **89b Abs. 3 S. 3 VAG**, dessen Wortlaut sich mit dem des § 46d Abs. 3 S. 3 KWG deckt, ist auf Aufrechnungsvereinbarungen u.a. § **340 InsO** entsprechend anzuwenden. Dies hat ebenfalls die Folge, dass die Wirksamkeit von Netting-Vereinbarungen sich nach dem Vertragsstatut und nicht nach dem Recht des Herkunftsstaates richtet. Die Regelung hinsichtlich der Aufrechnungsvereinbarung beruht in diesem Fall, anders als bei § 46d Abs. 3 S. 3 KWG, nicht auf der Umsetzung einer Richtlinienvorgabe. Im Gegensatz zu der Richtlinie über die Sanierung und Liquidation von Kreditinstituten (Richtlinie 2001/24/EG) enthält die kurz zuvor erlassene Richtlinie über die Sanierung und Liquidation von Versicherungsunternehmen (Richtlinie 2001/17/EG) keine dem Art. 25 RL 2001/24/EG vergleichbare Norm. Aufrechnungsvereinbarungen für Versicherungsunternehmen sind in der Richtlinie für Versicherungsunternehmen nicht geregelt. Sie wurden jedoch vom deutschen Gesetzgeber im Zuge der Umsetzung beider Richtlinien durch das gleiche Umsetzungsgesetz in § 89b Abs. 3 S. 3 VAG normiert und somit der Regelung für Kreditinstitute angepasst.[69] Letztendlich wurde damit das Ziel verfolgt, die Wirkungen von Sanierungs- und Liquidationsverfahren für Finanzinstitute und Versicherungsunternehmen einander anzugleichen.

II. Insolvenzantrag durch die BaFin

36 Wird ein Institut zahlungsunfähig oder tritt Überschuldung ein, hat der Geschäftsleiter oder der Inhaber dies gem. § 46b Abs. 1 S. 1 KWG unter Beifügung aussagekräftiger Unterlagen unverzüglich der BaFin anzuzeigen. Diese Anzeige tritt an die Stelle der ansonsten existierenden Pflicht, bei Vorliegen der entsprechenden Gründe, einen Antrag beim zuständigen Insolvenzgericht zu stellen. Der **Antrag auf Eröffnung eines Insolvenzverfahrens über das Vermögen eines Instituts** kann nach § 46b Abs. 1 S. 4 KWG **nur von der BaFin** gestellt werden.[70] Bei der Verhandlung von Derivateverträgen mit Instituten könnte daher überlegt werden, spezielle Anknüpfungspunkte für eine Beendigung zu vereinbaren, die zeitlich vor der eigentlichen Antragstellung durch die BaFin liegen. Eine Regelung, die „Grace Periods" zwischen Antragstellung und Eröffnung festlegt, sollte berücksichtigen, dass die Eröffnung des Verfahrens schon wenige Tage – oder gar nur einen Tag – nach dem Insolvenzantrag erfolgen kann. Nur als Beispiel: Im Fall der Insolvenz der Lehman Brothers Bankhaus AG wurde der Insolvenzantrag durch die BaFin am 12.11.2008 gestellt. Das Amtsgericht Frankfurt am Main eröffnete das Insolvenzverfahren wegen Überschuldung bereits am 13.11.2008 um 11:45 Uhr.[71] Vor diesem Hintergrund machen Klauseln Sinn, die einen Insolvenzantrag der BaFin ohne weitere Fristen („Grace Periods") als Kündigungs- bzw Beendigungsgrund klas-

---

69 Gesetz zur Umsetzung aufsichtsrechtlicher Bestimmungen zur Sanierung und Liquidation von Versicherungsunternehmen und Kreditinstituten vom 10.12.2003 (BGBl. I, S. 2478).

70 Vgl hierzu *Haß/Herweg*, in: Schwennicke/Auerbach, Kreditwesengesetz (KWG) Kommentar, § 46 b Rn 11 ff, die in ihrer Rn 14 darauf hinweisen, dass aus dem von § 13 InsO abweichenden alleinigen Antragsrecht der BaFin folgt, dass Insolvenzanträge durch das Institut oder seine Gläubiger vom Insolvenzgericht als unzulässig zurückzuweisen sind, wenn sie nicht durch nachträgliche Genehmigung der BaFin ausnahmsweise zugelassen werden.

71 Vgl Presseinformation vom 13./14.11.2008 mit anliegendem Eröffnungsbeschluss des Amtsgerichts Frankfurt am Main (abrufbar unter www.ag-frankfurt.justiz.hessen.de (23.5.2012)).

sifizieren.[72] Wie beim Eigenantrag ist bei einem BaFin-Antrag davon auszugehen, dass der Antrag substantiiert ist und weitere Mechanismen zur Auslese missbräuchlicher Anträge unangemessen wären. Für **Versicherungsunternehmen** finden sich vergleichbare Regelungen in § 88 VAG. Auch hier hat der Vorstand der Aufsichtsbehörde (in der Regel die BaFin) anzuzeigen, wenn das Unternehmen insolvent ist. Es ist dann der Aufsichtsbehörde vorbehalten, einen Insolvenzantrag zu stellen, sofern die Voraussetzungen gegeben sind (vgl § 88 Abs. 2 iVm Abs. 1 VAG).

III. Sonstige Besonderheiten

Bezüglich der Prüfung von Anfechtungsthemen im Zusammenhang mit Netting-Klauseln ist darauf zu achten, dass die Fristen der §§ 130 ff InsO bei Verfahren hinsichtlich Kredit- und Finanzdienstleistungsinstituten nicht, wie üblich, an die **Stellung des Antrages auf Eröffnung eines Insolvenzverfahrens** anknüpfen. Maßgeblich ist stattdessen bereits der Erlass von Maßnahmen der BaFin nach § 46 Abs. 1 KWG (§ 46c Abs. 1 KWG). Die Pflicht zur Beantragung eines Insolvenzverfahrens bei Zahlungsunfähigkeit oder Überschuldung erfüllt der Geschäftsleiter durch die Insolvenzanzeige bei der BaFin (vgl § 46b Abs. 1 S. 2 KWG). Gleiches gilt für Versicherungsunternehmen. Auch hier tritt gem. § 88 Abs. 2 S. 2 die Anzeigepflicht durch den Vorstand an die Stelle, anderer gesetzlich auferlegter Pflichten bei Zahlungsunfähigkeit oder Überschuldung.

---

72 Vgl zB Section 5(a)(vii)(4)(A) 2002 ISDA Master Agreement; anders noch als das 1992 ISDA Master Agreement, das (sofern dem nicht eine Verfahrenseröffnung zuvorkommt) eine Grace Period von 30 Tagen bei allen Anträgen Dritter („...and, in the case of any such proceeding or petition instituted or presented against it,...") und einen sofortigen Event of Default lediglich bei Eigenanträgen der insolventen Partei vorsieht. Angesichts der Regelung in Deutschland (§ 46b Abs. 1 S. 4 KWG) kann es jedoch zulässige Eigenanträge gar nicht geben.

§ 16 Netting und Clearing von OTC-Derivaten

A. Regulatorische Vorgaben für das Clearing von OTC-Derivaten und Funktionsweise.... 1
B. Insolvenzrechtliche Privilegierung von Clearingsystemen (Verhältnis CM zu CCP)....... 12
C. Insolvenzrechtliche Behandlung von geclearten OTC-Derivaten (Verhältnis Kunde zu CM).................. 16

A. Regulatorische Vorgaben für das Clearing von OTC-Derivaten und Funktionsweise

1 Die Nutzung von Clearinghäusern als **zentrale Kontrahenten (auch zentrale Gegenpartei, Central Counterparty oder CCP)** für die Abwicklung von OTC-Derivaten wurde schon kurze Zeit nach der Finanzkrise als eine der ganz wesentlichen Maßnahmen angesehen, den Markt widerstandsfähiger zu machen.[1] Die Bank für Internationalen Zahlungsausgleich (BIZ) versprach sich hiervon folgende fünf Effekte:[2] Erstens dürfte sich das Kontrahentenrisiko verringern, wenn sich die ausstehenden Derivativpositionen auf eine begrenzte Anzahl von zentralen Gegenparteien konzentrieren. Zweitens können zentrale Gegenparteien zu bedeutenden Effizienzsteigerungen führen, da sie über ein standardisiertes Risikomanagement verfügen und eine optimale Verwaltung von Sicherheiten gewährleisten. Drittens können zentrale Gegenparteien durch die Bereitstellung aktueller Daten dazu beitragen, dass die Märkte transparenter werden. Viertens erhöhen zentrale Gegenparteien mit qualitativ hochstehendem Risikomanagement das Volumen der Sicherheiten und der Mittel, die für eine Absorption potenzieller Verluste zur Verfügung stehen. Fünftens lässt sich mit zentralen Gegenparteien möglicherweise der Beitrag von Derivaten zur Prozyklizität des Finanzsystems verringern.

2 Ein Meilenstein für die Regulierung und die Schaffung der Marktinfrastruktur für Derivateclearing war das Treffen der G20-Staats- und Regierungschef im September 2009 in Pittsburgh, auf dem die Einführung einer Clearingpflicht für standardisierte OTC-Derivate bis Ende 2012 beschlossen wurde. Zentrales Regelwerk für die Umsetzung dieser Ziele in Europa ist die Verordnung über OTC-Derivate, zentrale Gegenparteien und Transaktionsregister (*European Market Infrastructure Regulation* oder kurz **EMIR**). Eine Vielzahl wichtiger Detailthemen ist in sogenannten „**technischen Regulierungsstandards**" zu regeln. Die meisten dieser Standards hat die neu geschaffene European Securities and Markets Authority (ESMA) bis zum 30.9.2012 als Entwurf zu erstellen und der Kommission vorzulegen.[3] EMIR gilt für „finanzielle Institute" (*financial counterparties*); „nichtfinanzielle Institute" (*non-financial counterparties*) fallen jedoch gem. Art. 10 EMIR auch unter EMIR, wenn das Derivatevolumen, das nicht Hedgingzwecken dient, einen bestimmen Schwellenwert übersteigt (vgl Art. 1 EMIR sowie Begriffsbestimmungen in Art. 2 EMIR). Parallel wird in den USA am Dodd–Frank Wall Street Reform and Consumer Protection Act (kurz **Dodd-Frank Act**) gearbeitet, der neben zahlreichen weiteren Regelungsbereichen insbesondere auch Clearing- und Berichtspflichten für OTC-Derivate einführen wird.

---

[1] Vgl beispielsweise *European Central Bank*, Credit Default Swaps and Counterparty Risk, S. 6 sowie S. 50–53; *Cecchetti/Gyntelberg/Hollanders*, Central counterparties for over-the-counter derivatives, Bank for International Settlements, BIS Quarterly Review September 2009, S. 45–58 (mwN auf S. 58).

[2] Vgl *Cecchetti/Gyntelberg/Hollanders*, Central counterparties for over-the-counter derivatives, BIS Quarterly Review September 2009, S. 45–58 (mit Zusammenfassung auf S. 56).

[3] Zum Zeitpunkt des Redaktionsschlusses lag trotz Verabschiedung durch das Europäische Parlament am 29.3.2012 weder der endgültige Text der EMIR vor noch Entwürfe der Standards, die in der Regel von der European Securities and Markets Authority (ESMA) zu erstellen und der Kommission bis zum 30.9.2012 als Entwurf vorzulegen sind. Einen Überblick über die Regelungsbereiche der Entwürfe der technischen Standards (draft technical standards) gibt das von der European Securities and Markets Authority (ESMA) herausgegebene Discussion Paper – Draft Technical Standards for the Regulation of OTC Derivatives, CCPs and Trade Repositories vom 16.2.2012.

A. Regulatorische Vorgaben für das Clearing von OTC-Derivaten und Funktionsweise

Zu den Kernpunkten von EMIR gehört die Clearingpflicht für standardisierte OTC-Derivate. Die wesentlichen Strukturmerkmale des Clearings von OTC-Derivaten können an dieser Stelle nur skizziert werden. **Derivateclearing über ein Clearinghaus als CCP** soll den Parteien eines bilateralen Derivatevertrages das Risiko abnehmen, dass der andere Vertragspartner seine Verpflichtungen nicht mehr erfüllen kann. Das Kontrahentenrisiko soll nun dadurch reduziert werden, dass der zentrale Kontrahent zwischen die beiden Vertragspartner tritt. Wesentliches Strukturelement hierbei ist, dass der zentrale Kontrahent sein Ausfallrisiko laufend absichert, indem er **Margensicherheiten** auf Basis des aktuellen Marktwertes offener Transaktionen anfordert. Neben einer Grundabsicherung (*Initial Margin* oder IM) hat die Partei, die bei vorzeitiger Beendigung des Derivats eine Zahlung auf Basis aktueller Marktwerte schulden würde, Sicherheit in Höhe dieses Ausfallrisikos zu leisten (*Variation Margin* oder VM). Parteien, die nicht selbst als Clearingmitglieder (*Clearing Members* oder kurz CMs) an einem Clearinghaus zugelassen sind, müssen ihre Geschäfte über zugelassene CMs abwickeln. Diese werden dadurch zu Intermediären, die die Transaktionen ihrerseits über das Clearinghaus abwickeln.

3

Zu den Clearinghäusern, die OTC-Derivateclearing bereits anbieten bzw anbieten werden, gehören derzeit beispielsweise Eurex Clearing, LCH.Clearnet, ICE Clear und CME.[4] Die rechtlichen Einzelheiten für die Nutzung dieser Infrastruktur hängen davon ab, welches Clearinghaus eingeschaltet ist, welches Recht gilt und welche Produkte gecleart werden. Eine weitere wichtige Unterscheidung ist, ob es um das Rechtsverhältnis zwischen CM und Clearinghaus geht oder um das Verhältnis zwischen Kunden (*Clients*) und CM. Ein Grundsatz ist, dass die **Transaktionen und wesentlichen Vertragspflichten in der Regel zwischen den jeweiligen Parteien gelten** (Kunde zu CM bzw CM zu CCP). Am Beispiel des Clearingverfahrens für Zinsswaps über LCH.Clearnet wird diese Differenzierung in zwei Rechtsverhältnisse deutlich: Auf der Ebene CM-CCP gelten die für alle Teilnehmer gleichen Clearingbedingungen; auf der Ebene Kunde-CM gelten die bilateral vereinbarten Clearingverträge, für die der Markt Musterverträge entwickelt hat, die auf den üblichen Standard-Rahmenverträgen basieren.[5] Diese Musterverträge müssen vor Abschluss von den Parteien auf ihre konkrete Situation angepasst werden. Eine solche vertragliche Trennung ist aber nicht zwingend und das Verhältnis Kunde-CM kann auch auf Basis von vereinheitlichten Drei-Parteien-Verträgen zwischen Kunde, CM und CCP (mit Verweise auf Regelungen der Clearingbedingungen) basieren.

4

---

4 Weitere Information, Vertragswerke (zwischen CM und CCP) und Clearingbedingungen sind über die OTC-Clearingrubriken auf den Webseiten der Clearinghäuser verfügbar (www.eurexchange.com; www.lchclearnet.com; https://www.theice.com/clearing.jhtml; www.cmegroup.com/clearing/index.html). Das vertragliche Verhältnis zwischen Kunde und CM richtet sich nach den zwischen ihnen vereinbarten Bedingungen.

5 Das entsprechende Regelwerk zwischen CM und LCH.Clearnet (als CCP) ergibt sich aus den Clearing Rules der LCH (vgl Section 2C Clearing Rules, abrufbar unter http://www.lchclearnet.com/Images/section2c_tcm6-43744.pdf). Das vertragliche Verhältnis zwischen Kunde und CM ergibt sich aus einem nicht öffentlich ver-fügbaren bilateralen Client Clearing Agreement, unter dem ein DRV oder ein ISDA Master Agreement für gecleart Trades begründet werden (so genanntes „Clearing Master Agreement"), die durch einen entsprechenden und nur für die gecleart Transaktionen geltenden Besicherungsanhang oder CSA ergänzt werden. Transaktionen zwischen Kunde und CM werden zunächst unter dem üblichen Rahmenvertrag abgeschlossen (DRV oder ISDA als Non-Clearing Master Agreement) und dann unter das parallel abgeschlossene Clearing Master Agreement (entsprechend DRV oder ISDA) transferiert, sobald LCH.Clearnet die Transaktion zum Clearing angenommen hat und dadurch zwischen CM und LCH.Clearnet eine so genannte „Associated Transaction" entstanden ist. Die Margensicherheit zwischen Kunde und CM (Initial Margin und Variation Margin) orientiert sich an der entsprechenden Margensicherheit, die der CM bei LCH.Clearnet hinterlegen muss. Das von LCH.Clearnet auf dieser Grundlage gecleart Volumen an OTC-Derivaten (Zinsswaps über den Bereich SwapClear) umfasste per 20.3.2012 mit ca. 1 Mio. Transaktionen ca. 50% aller weltweit abgeschlossenen OTC-Zinssatzswaps. Das in USD umgerechnete Nominalvolumen beträgt ca. 250 Billionen USD (http://www.lchclearnet.com/swaps/volumes/daily_volumes.asp).

5 Unabhängig von einem speziellen Clearinghaus, dessen Strukturen oder Margin-Mechanismen abweichen können, ergibt sich stark vereinfacht und verallgemeinert folgende Grundstruktur. Hierbei steht „IM" für Initial Margin, „VM" für Variation Margin und „Spiegel-Transaktion" für die nach Beendigung der ursprünglichen Transaktion für Clearingzwecke geschaffene spiegelbildliche Transaktion:

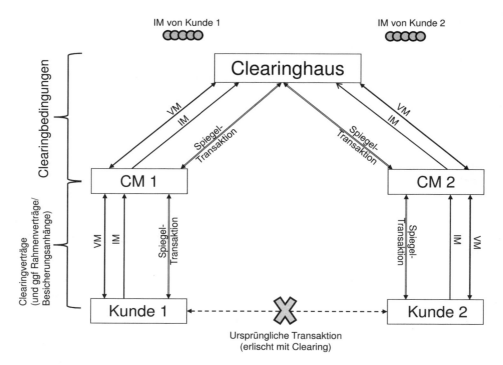

6 Künftig werden durch CMs und CCPs, sofern noch nicht umgesetzt, **strukturelle Vorgaben der EMIR zu beachten** sein, die u.a. auch dazu dienen, die insolvenzrechtliche Situation für Kunden bzw CMs zu verbessern. Hierzu gehören insbesondere Art. 39, 45 und 48 EMIR, die hier etwas näher beleuchtet werden sollen.

7 Art. 39 EMIR befasst sich mit einer **Trennung (*Segregation*) von Vermögensgegenständen**, die eine Identifikation und Zurechnung dieser Vermögensgegenstände (auf CM- oder Kunden-Basis) auf allen Ebenen ermöglichen soll.[6] Gemeint sind damit insbesondere Margensicherheiten, die ein Kunde seinem CM bzw ein CM seiner CCP übertragen oder als Sicherheit bestellt hat. Nur wenn diese Margensicherheiten in der Insolvenz des Empfängers der Margensicherheit nicht mit den von anderen Kunden bzw CMs geleisteten Sicherheiten verrechnet werden und nach Close-out Netting auf der jeweiligen Ebene verbleibende Margensicherheiten (auch „Excess Collateral" oder „Excess Margin" genannt) zurückgefordert werden können, ist eine vereinfachte Übertragbarkeit (*Porting*) von Transaktionen möglich, da nur dann das zu übernehmende „Gesamtpaket" aus Transaktionen und Sicherheiten zu diesem Zeitpunkt marktwertneutral ist (siehe dazu Rn 8 und 11). Dieses Prinzip wird auch von

---

6 Art. 39 EMIR verpflichtet CCPs, getrennte Aufzeichnungen und Abrechnungskonten für CMs zu führen. Ein CCP soll CMs anbieten, diese Trennung nach Wahl des CMs entweder gesammelt auf Basis aller Kunden des CMs (*omnibus client segregation*) oder getrennt auf Basis der einzelnen Kunden eines CMs (*individual client segregation*) durchzuführen.

A. Regulatorische Vorgaben für das Clearing von OTC-Derivaten und Funktionsweise 16

Art. 48 Abs. 7 S. 1 EMIR bekräftigt, der klarstellt, dass Margensicherheiten, die Kunden gestellt haben, auch ausschließlich für diese Kunden und ihre Positionen eingesetzt werden sollen.[7]

Der in der Praxis wesentlichste Sachverhalt ist hierbei die Insolvenz des CM. Die Insolvenz einer CCPs war (zumindest bisher) nicht wirklich auf der Agenda des europäischen Verordnungsgebers. Die Insolvenz eines Kunden löst in der Regel Close-out Netting und die Verrechnung mit Margensicherheiten gegenüber dem CM aus und hat im Clearingzusammenhang nicht die weit reichenden Auswirkungen, die die Insolvenz eines CMs hätte. Wenn daher von **Porting** gesprochen wird, ist in aller Regel die durch eine CM-Insolvenz verursachte Beendigung der vertraglichen Beziehungen zwischen Kunde und CM sowie zwischen CM und CCP gemeint. Der CM wird danach durch einen anderen CM abgelöst, mit dem idealerweise schon vor der Insolvenz entsprechende Verträge (Rahmenverträge, *Client Clearing Agreements*, *Porting Agreement*) abgeschlossen wurden, so dass die Übertragung der geclearten Transaktionen und der entsprechenden Margensicherheiten schnell erfolgen kann. 8

Kapitel 3 der EMIR (Art. 40 bis Art. 50 EMIR) befasst sich mit **aufsichtsrechtlichen Anforderungen für Clearinghäuser**, wie etwa dem Kreditrisikomanagement, Margenanforderungen und dem Ausfallfonds, den ein Clearinghaus unterhält und den Clearingmitglieder durch Beiträge ausstatten. Aus insolvenzrechtlicher Sicht hängt die Einschätzung der vielen sich stellenden Fragen von der Ausgestaltung der Clearingregeln und des Verfahrens bei Ausfall eines Clearingmitglieds (*Default Procedures*) ab. Schon vor EMIR gab es insbesondere durch die Finalitätsrichtlinie einige Leitlinien, die sich unter anderem mit der Insolvenzfestigkeit von Systemen befassten.[8] 9

Darüber hinaus schaffen nun u.a. **Art. 45 und 48 EMIR** strukturelle Vorgaben, die den Ablauf des Verfahrens nach Ausfall eines CMs regeln. Art. 45 EMIR legt mit seinem **Wasserfall-Prinzip** (*Default Waterfall*) fest, in welcher Reihenfolge die verschiedenen Sicherungsmechanismen zum Einsatz kommen. Die nächste Stufe kommt jeweils nur zum Einsatz, wenn die Verluste durch die vorhergehende Stufe nicht schon aufgefangen werden. Nach Art. 45 Abs. 1 bis 4 EMIR ist folgende Reihenfolge einzuhalten: 10

1. An erster Stelle steht die Verwendung der Margensicherheiten, die ein ausfallendes CM der CCP zur Verfügung gestellt hat. Basis dafür sind die Marktwerte der geclearten Transaktionen zwischen CM und CCP.
2. Danach kommen, wenn nötig, die Beiträge des ausfallenden CMs im Ausfallfonds zum Einsatz.
3. Sofern die Verluste durch diese beiden ersten Sicherungsstufen nicht absorbiert werden können, verwendet eine CCP danach zunächst Eigenmittel, die die CCP in ausreichendem Maße vorhalten muss. Die Details für die Berechnung ausreichender Eigenmittel sollen in technischen Standards festgelegt werden, die die ESMA zu erarbeiten hat.
4. Erst dann können die von nicht ausgefallenen CMs in den Ausfallfonds eingezahlten Beiträge eingesetzt werden.

Ergänzt wird Art. 45 EMIR durch Art. 48 EMIR, der abstrakte Vorgaben für das Verfahren bei Ausfall eines CMs macht. Dazu gehört, dass CCPs Verfahren einrichten, die bei Ausfall eines CMs zum Tragen kommen. Dabei ist sicherzustellen, dass dieses Verfahren und insbe-

---

7 Diese Klarstellung in einer direkt anwendbaren EU-Verordnung ist sehr begrüßenswert und kann von einer CCP auch CMs bzw deren Insolvenzverwalter entgegengehalten werden, sofern von CM-Seite Ansprüche auf zugunsten dieser Kunden gebuchte Sicherheiten angemeldet werden sollten. Art. 48 Abs. 7 S. 1 EMIR unterscheidet angesichts der Varianten *omnibus client segregation* und *individual client segregaton* (siehe vorherige Fußnote) konsequenterweise auch zwischen einer exklusiven Verwendung des Collateral durch die CCP für alle Kunden bzw für einzelne Kunden eines CM.
8 Siehe hierzu § 16 Rn 12 ff.

sondere die Liquidation der CM-Positionen sowie die Übertragung (*Porting*) oder Liquidation der Kundenpositionen rechtswirksam möglich sind.

11 Für die Funktionsfähigkeit von Clearinghäusern im OTC-Derivatebereich ist es essentiell, dass diese neue Marktinfrastruktur und ihre Kernpunkte wie beispielsweise **Close-out Netting und Margenverwertung** zwischen CM und CCP oder das **Porting von Positionen auf ein neues CM** auch **nach dem jeweils anwendbaren Insolvenzrecht durchsetzbar** sind. Der ursprüngliche Ansatz einer allgemeinen rechtlichen (und damit insbesondere insolvenzrechtlichen) Privilegierung auf Ebene der EMIR[9] findet sich in der vom EU-Parlament am 29.3.2012 verabschiedeten Fassung leider nicht wieder. Immerhin befindet sich aber im Erwägungsgrund Nr. 68 der EMIR folgende bemerkenswerte Aussage, die teilweise deckungsgleich mit der aus dem Vorentwurf gestrichenen insolvenzrechtlichen Privilegierung ist: „The requirements set out in this Regulation on the segregation and portability of clients' positions and assets should therefore prevail over any conflicting laws, regulations and administrative provisions of the Member States that prevent the Parties from fulfilling them." Auch wenn an dieser Stelle nicht auf alle Einzelheiten der komplexen und einzelfallabhängigen Insolvenzanalyse vorhandener Abwicklungsmechanismen bei den existierenden Clearinghäusern eingegangen werden kann, lässt sich doch grundsätzlich sagen, dass man auf der Ebene Kunde zu CM sowie auf der Ebene CM zu CCP auch mit den bekannten und krisengetesteten Mechanismen für OTC-Derivate zu durchaus soliden Einschätzungen kommen kann. Insbesondere die Verwendung bekannter und bewährter Single-Agreement-, Bewertungs- und Close-out-Konzepte sowie der Einsatz von bereits nach jetziger Rechtslage in Europa privilegierter Margensicherheiten (Finanzsicherheiten) unterstützen eine positive Analyse. Das Gleiche gilt auch für Porting, wenn man den Transfer auf ein solventes CM als Kombination aus Close-out Netting und Verwertung von Finanzsicherheiten (jeweils zwischen Kunde und CM sowie zwischen CM und CCP) und als Neubegründung der Transaktionen und der Sicherheitenpositionen mit einem Back-up Clearing Member (*Back-up CM*) verstehen kann. Angenommen Close-out Netting und die Verwertung von Finanzsicherheiten sind als erster Schritt für sich gesehen im konkreten Fall nach dem anwendbaren Recht insolvenzfest, ist es für das insolvente CM und dessen Masse völlig unerheblich, ob zeitlich danach im zweiten Schritt identische Transaktionen und entsprechende Margensicherheiten zwischen Dritten (zwischen Kunde und Back-up CM sowie zwischen Back-up CM und CCP) begründet werden. Dasselbe Argument gilt auch für Porting im Wege einer Novation oder eines sonstigen Transfers, durch die wirtschaftlich letztlich das gleiche Ergebnis erzielt werden kann. Wichtig ist lediglich, dass nach Abschluss des Verfahrens übrigbleibende Margensicherheiten (*Excess Collateral*) an den jeweiligen Berechtigten zurückgegeben werden. Dies

---

9 Vgl Art. 37 Abs. 5 des ersten, am 15.9.2010 veröffentlichten Entwurfes der EMIR (COM(2010) 484/5; 2010/0250 (COD)) (der dem jetzigen Art. 39 entsprach und ebenfalls mit „Segregation and portability" überschrieben war). Nach Beschreibung der Segregations- und Porting-Anforderungen in den Absätzen 1 bis 4 regelte Art. 37 Abs. 5 dieses EMIR-Entwurfes die europaweite Rechtswirksamkeit der Segregation und des Portings: „The requirements set out in paragraphs 1 to 4 shall prevail over any conflicting laws, regulations and administrative provisions of the Member States that prevent the parties from fulfilling them."

ist nun auch ausdrücklich in Art. 48 Abs. 7 S. 2 EMIR geregelt, der, sofern der Kunde bekannt ist, direkt den Kunden begünstigt.[10]

B. Insolvenzrechtliche Privilegierung von Clearingsystemen (Verhältnis CM zu CCP)

Angesichts der eben skizzierten Bedeutung zentraler Kontrahenten im Rahmen des **Clearings von OTC-Derivaten** ist es wichtig, zu erwähnen, dass es für diesen Bereich zumindest für das Verhältnis zwischen CM und CCP Sonderregelungen gibt. Die oben in § 15 Rn 32 f dargestellte Privilegierung des § 46 Abs. 2 S. 6 KWG nF (sowie die entsprechenden Privilegierungen in der Insolvenzordnung, wie zB § 96 Abs. 2 InsO) erstreckt sich neben Finanzsicherheiten auch auf Abrechnungssysteme gem. § 1 Abs. 16 KWG. Sofern OTC-Transaktionen also im Rahmen des **OTC-Clearings** in ein Clearing-System eingebracht werden, das ein System iSv § 1 Abs. 16 KWG darstellt, profitieren das Clearinghaus und der entsprechende Teilnehmer (in der Regel ein *Clearing Member*) ebenfalls von einer weiten Privilegierung. Dies betrifft sowohl entsprechende Netting-Vereinbarungen als auch die Verwertung dazugehöriger Margensicherheiten.[11]

Die **weite Auslegung der Vorschriften der Finalitätsrichtlinie** 98/26/EG[12] ergibt sich aus dem Sinn der Richtlinie sowie aus dem in Art. 3 und 9 der Finalitätsrichtlinie angelegten System. Auch wenn die 1998 erlassene Finalitätsrichtlinie sich primär auf Zahlungs- sowie Wertpapierliefer- und Abrechnungsvereinbarungen erstreckt, kann die gewünschte endgültige Wirksamkeit der auch mit OTC-Clearing verbundenen Abrechnungen, Zahlungen und Wertpapierlieferungen nicht sichergestellt werden, wenn die geclearten Geschäfte selbst oder die Stellung von Sicherheiten in Frage gestellt würden. Eine umfassende Auslegung ergibt sich zum einen aus den Erwägungsgründen der Finalitätsrichtlinie, die gerade für den Fall der In-

---

10 Der gewählte Ansatz, direkt den Kunden und nicht zunächst das CM zu begünstigen, ist in der Praxis sehr hilfreich, da Excess Collateral üblicherweise insbesondere durch die vom Transaktionswert unabhängige Grundsicherheit (*Initial Margin*) gebildet wird und daher in der Regel auch vom Kunden über den CM an die CCP gegeben wird. Es wäre daher insolvenzrechtlich nicht ohne weitere Elemente in der Struktur möglich, dem Kunden diesen Anspruch zukommen zu lassen. Grund dafür ist die bilaterale Struktur, in der auch die Initial Margin des Kunden gegenüber der CCP eigentlich als Leistung vom CM kommt und daher grundsätzlich von der CCP dem CM und nicht dem Kunden geschuldet wird. Wenn man Art. 48 Abs. 7 EMIR als direkte rechtliche Vorgabe versteht, die auch Vorrang vor nationalem Insolvenzrecht hat, ist dieses Problem gelöst und Kunden können, was „ihr" Excess Collateral bei der CCP betrifft, Rückgabe an sich und Vorrang vor Ansprüchen des CM (bzw dessen Insolvenzverwalter) fordern.
11 Als ein gewisses Indiz, welche Systeme aus Sicht der zuständigen Behörden Systeme nach der Finalitätsrichtlinie sein sollten, können die der EU gem. Art. 10 der Finalitätsrichtlinie gemeldeten Systeme dienen. Eine Aufstellung der Designated Payment & Security Settlement Systems findet sich unter http://ec.europa.eu/internal_market/financial-markets/settlement/dir-98-26-art10-national_en.htm, 6.1.2012. Die Einzelheiten der Klassifizierung eines Clearinghauses als System im Sinne von § 1 Abs. 16 KWG werden aufgrund des wenig präzisen Wortlautes der Finalitätsrichtlinie aber dennoch nicht einheitlich beurteilt, vgl *Kunz*, Ausgewählte Rechtsprobleme des Zentralen Kontrahenten, 369 f und *von Hall*, Insolvenzverrechnung in bilateralen Clearingsystemen, 176 ff, der der Auffassung ist, dass Clearingsysteme, die durch Clearinghäuser betrieben werden, nicht als Systeme im Sinne von Art. 2a der Finalitätsrichtlinie zu klassifizieren sind. Die Argumentation von *von Hall* beruht dabei im Wesentlichen darauf, dass die Kommission den Systembegriff in der Richtlinie zur Änderung der Finalitäts- und Finanzsicherheitenrichtlinie, trotz einer kritischen Stellungnahme der EZB zum Systembegriff in der Finalitätsrichtlinie, nicht klarstellend abgeändert hat, sondern in seiner alten Fassung beibehalten hat.
12 Richtlinie 98/26/EG des Europäischen Parlaments und des Rates vom 19.5.1998 über die Wirksamkeit von Abrechnungen in Zahlungs- sowie Wertpapierliefer- und -abrechnungssystemen, Amtsblatt Nr. L 166 vom 11.6.1998, S. 45–50.

solvenz die Wirksamkeit der Geschäfte und der bestellten Sicherheiten fordert.[13] Dies wird in der Richtlinie selbst in Art. 3 bzw Art. 9 näher ausgeführt, die eine Insolvenzfestigkeit von Zahlungs- bzw Übertragungsaufträgen, Aufrechnungen und im Rahmen des Systems geleisteten dinglichen Sicherheiten festlegen. Zum anderen bestand im Zuge der Diskussion und der Umsetzung der Finalitätsrichtlinie Einigkeit, dass der Begriff „System" schwer zu greifen ist und eine enge Definition nicht alle relevanten Systeme erfassen kann.[14] Wichtig für die Privilegierung eines Systems ist jedoch die Notifizierung nach Art. 10 der Finalitätsrichtlinie; diese sollte sich möglichst auch auf das Clearing von OTC-Transaktionen erstrecken. In der Gesetzesbegründung zur Einfügung des § 96 Abs. 2 InsO heißt es:[15] „Zur näheren Präzisierung der Systeme wird in S. 2 auf die Definition in Art. 2 Buchstabe a der Richtlinie verwiesen. Es wurde davon abgesehen, in die Insolvenzordnung eine eigene Begriffsbestimmung einzustellen, da diese einerseits sehr umfangreich gewesen wäre, andererseits die maßgebenden Systeme dennoch nur sehr allgemein hätte umreißen können. Im Übrigen wäre eine solche Definition ohnehin nur von sehr beschränktem Nutzen, da für die Anwendung der einschlägigen Bestimmungen allein maßgebend ist, ob das betreffende System der Kommission gemeldet wurde."[16]

14 Die auf Grundlage der Richtlinie 2009/44/EG zur Änderung der Finalitäts- und Finanzsicherheitenrichtlinie[17] **erweiterte Aufgabenbeschreibung für Systeme** hat insoweit lediglich klarstellenden Charakter. Die neugefasste Definition von „System" in Art. 2 a (erster Spiegelstrich) der Finalitätsrichtlinie verweist neben der bereits bisher genannten „Ausführung von Zahlungs- und Übertragungsaufträgen zwischen den Teilnehmern" ausdrücklich auch auf „Clearing, mit oder ohne Einschaltung einer zentralen Vertragspartei". Richtlinie 2009/44/EG wurde durch ein Artikelgesetz[18] in nationales Recht umgesetzt und die entsprechenden Änderungen sind am 30.6.2011 in Kraft getreten.

15 Insolvenzrechtliche Fragen im Zusammenhang der Wirkungen eines Insolvenzverfahrens auf Rechte und Pflichten der Teilnehmer an einem System richten sich nach dem Recht des Systems (und damit in der Regel dem Recht, das auf die Clearing-Regeln anwendbar ist). Dies ist vergleichbar mit dem Lex Contractus-Prinzip und ergibt sich aus Art. 8 der Finalitätsrichtlinie, der in § 340 Abs. 3 iVm § 340 Abs. 1 InsO umgesetzt wurde. Dieses Prinzip (das man **„Lex Systema"-Prinzip** nennen könnte) dient der Rechtssicherheit und soll vermeiden, dass der Betreiber eines Systems eine Vielzahl von Jurisdiktionen beachten und seine Risiken durch zahlreiche Rechtsgutachten untersuchen lassen muss.[19]

---

13 Vgl zB Erwägungsgründe 6, 14 oder 18 Finalitätsrichtlinie: „[...] Unter die Richtlinie fallen alle Systeme der Gemeinschaft sowie die von den Teilnehmern im Zusammenhang mit ihrer Teilnahme an diesen Systemen geleisteten dinglichen Sicherheiten."; „Es muss gewährleistet werden, dass Zahlungs- bzw Überweisungsaufträge nach dem durch die Regeln des Systems definierten Zeitpunkt nicht mehr widerrufen werden können."; „Bei Insolvenz eines Teilnehmers sollten die von ihm geleisteten dinglichen Sicherheiten von der Anwendung des Insolvenzrechts auf den insolventen Teilnehmer nicht berührt werden."
14 Vgl zur Diskussion des Anwendungsbereiches der Finalitätsrichtlinie *Keller*, EG-Richtlinie 98/26, WM 2000, 1269 f.
15 BT-Drucks. 14/1539 vom 7.9.1999, 11.
16 § 96 Abs. 2 InsO ist insoweit zu eng und daher erweiternd auszulegen, wenn er die privilegierte Verrechnung auf in ein System nach § 1 Abs. 16 KWG eingebrachte „Überweisungs-, Zahlungs- oder Übertragungsverträge" beschränkt. Die Bestimmung sollte u.a. auch Verrechnungen im Zusammenhang mit eingebrachten Sicherheiten sowie OTC-Transaktionen insgesamt erfassen.
17 Richtlinie 2009/44/EG des Europäischen Parlaments und des Rates vom 6.5.2009 zur Änderung der Richtlinie 98/26/EG über die Wirksamkeit von Abrechnungen in Zahlungs- sowie Wertpapierliefer- und -abrechnungssystemen und der Richtlinie 2002/47/EG über Finanzsicherheiten im Hinblick auf verbundene Systeme und Kreditforderungen vom 6.5.2009; Amtsblatt Nr. L 146 vom 10.6.2009, S. 37–43.
18 Gesetz zur Umsetzung der geänderten Bankenrichtlinie und der geänderten Kapitaladäquanzrichtlinie vom 19.11.2010, BGBl. I 2010, S. 1592.
19 Vgl zur Zielsetzung von § 340 Abs. 3 iVm § 340 Abs. 1 InsO auch *Ruzik*, Finanzmarktintegration, 228 f.

C. Insolvenzrechtliche Behandlung von geclearten OTC-Derivaten (Verhältnis Kunde zu CM)

Im Verhältnis des Kunden zu seinem CM kommt es für die Behandlung der Positionen im Insolvenzfall des Kunden oder des CM auf den konkret vereinbarten Vertrag an. Soweit von den üblichen Rahmenverträgen und Besicherungsanhängen Gebrauch gemacht wird, gilt im Prinzip die übliche Insolvenz- und Nettinganalyse für diese Art von Rahmenverträgen. Üblicherweise dürften jedoch Änderungen zu diesen Verträgen notwendig sein, um den Besonderheiten des Verwendungszweckes gerecht zu werden. Ein Beispiel ist die Aufnahme zusätzlicher Beendigungsgründe (*Events of Default* oder *Termination Events*), um bei Beendigung des Vertrages auf CM-CCP-Ebene auch entsprechend auf Kunden-CM-Ebene reagieren zu können. Ein weiteres Beispiel ist die Anpassung des Besicherungsanhangs (*Credit Support Annex*), der zwischen Kunde und CM von der Höhe, der Besicherungsfrequenz und eventuell dem Margentypus her idealerweise die Margensicherheiten (*Initial Margin* und *Variation Margin*) abbilden sollte, die für das CM auf CM-CCP-Ebene gelten.

Einige der genannten Änderungen können durchaus wesentliche Bestimmungen eines Rahmenvertrages oder Besicherungsanhangs betreffen, die in Netting Opinions üblicherweise zu den sogenannten „Core-Provisions" gezählt werden. Dies führt dann dazu, dass die entsprechenden Rahmenverträge wegen Abweichungen in Core-Provisions nicht mehr von den normalen Netting-Opinions gedeckt sind.[20] Hier schaffen ergänzende Rechtsgutachten Abhilfe, die sich neben Netting-Themen auch auf Collateral- und Porting-Themen erstrecken können und die künftig für die aufsichtsrechtliche Anerkennung der Netting-, Transfer- oder Besicherungseffekte der entsprechenden Vereinbarungen wichtig sein werden.

---

20 Vgl zu Netting Opinions generell § 23 und zu Core Provisions § 23 Rn 7.

§ 17 Netting und Finanzsicherheiten

A. Finanzsicherheiten im Derivate- und Structured-Finance-Bereich 1	II. Umfang von § 1 Abs. 17 KWG 17
I. Funktionsweise typischer Besicherungsanhänge 8	III. Anfechtbarkeit der Stellung von Finanzsicherheiten in der Krise? Privilegierung von Margensicherheiten (§ 130 S. 2 InsO) 26
II. Funktionsweise typischer Rahmenverträge für Wertpapierdarlehens- und Repo-Geschäfte 15	IV. Insolvenzfestigkeit der Aufrechnung von Close-out Betrag und Finanzsicherheit.... 28
B. Insolvenzrechtliche Privilegierung von Finanzsicherheiten 16	C. Vorschläge zur Ausweitung des Anwendungsbereichs der Finanzsicherheitenrichtlinie 31
I. EU-Vorgaben in der Richtlinie 2002/47/EG über Finanzsicherheiten (Finanzsicherheitenrichtlinie) 16	

A. Finanzsicherheiten im Derivate- und Structured-Finance-Bereich

1   Für die insolvenzrechtliche Analyse von Derivate-, Wertpapierdarlehens- und Repo-Geschäften hatte die **Finanzsicherheitenrichtlinie** 2002/47/EG[1] erhebliche Bedeutung. Ein Ziel dieser Richtlinie war, die Rechtssicherheit im Bereich der Finanzsicherheiten zu erhöhen, indem die Mitgliedstaaten dafür sorgen, dass Finanzsicherheiten von bestimmten Restriktionen des jeweiligen nationalen Insolvenzrechts ausgenommen werden. So sollte beispielsweise auch die Voraussetzung dafür geschaffen werden, dass Sicherheiten effektiv verwertet werden können oder derzeit praktizierte Verfahren, wie Close-out Netting und die Bereitstellung von Margensicherheiten auch im Insolvenzfall wirksam bleiben.[2] Das Gesamtvolumen hinterlegter Margensicherheiten ist beträchtlich und auch der Anteil der besicherten OTC-Derivatetransaktionen hat sich auf einem hohen Niveau eingependelt.[3]

2   Nach Art. 10 der Finanzsicherheitenrichtlinie war die Kommission beauftragt worden, dem Europäischen Parlament und dem Rat bis Ende 2006 einen Bericht über die Anwendbarkeit der Richtlinie und gegebenenfalls Vorschläge für Änderungen vorzulegen. Nach dem **Bewertungsbericht der Europäischen Kommission vom 20.12.2006** haben die Mitgliedstaaten die Finanzsicherheitenrichtlinie angemessen umgesetzt.[4]

3   Auf Grundlage der Empfehlungen des Bewertungsberichts der Kommission wurde die Finanzsicherheitenrichtlinie nunmehr durch **Art. 2 RL 2009/44/EG**[5] geändert. Die Umsetzungsfrist für die nationalen Gesetzgeber endete am 30.12.2010. Seit dem 30.6.2011 finden die neuen Vorschriften Anwendung.[6] Sie betreffen insbesondere die **Ausweitung des Anwendungsbereichs der Finanzsicherheitenrichtlinie auf Kreditforderungen von Kreditinstituten**.

---

[1] Richtlinie 2002/47/EG des Europäischen Parlaments und des Rates vom 6.6.2002 über Finanzsicherheiten, Amtsblatt Nr. L 168 vom 27.6.2002, S. 43–50.

[2] Vgl Erwägungsgrund 5 der Finanzsicherheitenrichtlinie.

[3] Nach Erhebungen der International Swaps and Derivatives Association (ISDA Margin Survey 2011) belief sich das Ende 2010 hinterlegte Sicherheitenvolumen alleine im außerbörslich gehandelten Finanzderivatebereich auf eine auf Basis von gemeldeten Zahlen hochgerechnete und geschätzte Gesamtsumme von USD 2.934 Mrd. (nach USD 3.151 Mrd. im Jahr 2009 und USD 3.957 Mrd im Jahr 2008). Hauptgrund für den Rückgang ist laut ISDA das zunehmende Clearing von Derivaten und die Konsolidierung der Handelspartner. Im Berichtszeitraum waren ca. 70% der Transaktionen besichert. Der Report ist unter http://www2.isda.org/functional-areas/research/surveys/margin-surveys/ abrufbar.

[4] Bericht der Kommission an das Europäische Parlament und den Rat – Bewertungsbericht über die Richtlinie über Finanzsicherheiten (2002/47/EG), KOM (2006) 833 vom 20.12.2006.

[5] Richtlinie 2009/44/EG des Europäischen Parlaments und des Rates vom 6.5.2009 zur Änderung der Richtlinie 98/26/EG über die Wirksamkeit von Abrechnungen in Zahlungs- sowie Wertpapierliefer- und -abrechnungssystemen und der Richtlinie 2002/47/EG über Finanzsicherheiten im Hinblick auf verbundene Systeme und Kreditforderungen, Amtsblatt Nr. L 146 vom 10.6.2009, S. 37–43.

[6] Art. 3 Abs. 1 RL 2009/44/EG.

Hierdurch sollen der Pool verfügbarer Sicherheiten vergrößert, gleiche Bedingungen für Kreditinstitute in allen Mitgliedsstaaten geschaffen und die Verfügbarkeit von Krediten durch Förderung des Wettbewerbs erhöht werden.[7]

So bestimmt nunmehr Art. 1 Abs. 4 lit. a Finanzsicherheitenrichtlinie nF, dass neben Barsicherheiten und Finanzinstrumenten auch Kreditforderungen Finanzsicherheiten sein können. Kreditforderungen im Sinne der Richtlinie sind „Geldforderungen aus einer Vereinbarung, aufgrund derer ein Kreditinstitut im Sinne von Art. 4 Nr. 1 der Richtlinie 2006/48/EG, einschließlich der in Art. 2 jener Richtlinie bezeichneten Institute, einen Kredit in Form eines Darlehens gewährt."[8] Kreditforderungen gegenüber Verbrauchern sowie Kleinst- bzw. kleinen Unternehmen können die Mitgliedsstaaten aus dem Anwendungsbereich der Finanzsicherheitenrichtlinie ausschließen, sofern Sicherungsnehmer oder -geber der Kreditforderungen nicht ein Institut nach Art. 1 Abs. 2 lit. b ist.[9] In formeller Hinsicht genügt nach Art. 1 Abs. 2 Unterabs. 2 der Finanzsicherheitenrichtlinie nF zur Identifizierung einer Kreditforderung und zum Nachweis ihrer Bestellung als Finanzsicherheit der Eintrag in eine Liste von Kreditforderungen, die der Sicherungsnehmer zu erhalten hat. Um die Verwendung von Kreditforderungen als Sicherheiten zu erleichtern[10] und den Verwaltungsaufwand der Parteien gering zu halten[11] sieht die geänderte Finanzsicherheitenrichtlinie in Art. 5 Abs. 1 Unterabs. 2 vor, dass die Mitgliedsstaaten, abgesehen von der genannten Aufnahme der Forderung in eine Liste, keine weiteren Formerfordernisse hinsichtlich der Bestellung, der Wirksamkeit, des Abschlusses, der Vollstreckbarkeit und der prozessualen Beweisführung aufstellen. Wo solche aber im Hinblick auf Abschluss, Rangsicherung, Vollstreckbarkeit oder Beweisführung bereits bestehen, können die Mitgliedsstaaten sie beibehalten. Es ist jedoch bereits vorgesehen, die Angemessenheit dieser Regelung einer Überprüfung zu unterziehen.[12] In Art. 3 Abs. 3 Finanzsicherheitenrichtlinie nF ist vorgesehen, dass der Kreditforderungsschuldner auf sein Aufrechnungsrecht und seine Rechte aus dem Bankgeheimnis verzichten können soll, um eine Gefährdung der Position des Sicherungsnehmers zu vermeiden.[13] Gemäß Art. 4 Abs. 1 lit. c Finanzsicherheitenrichtlinie nF haben die Mitgliedsstaaten die Verwertung einer Kreditforderung durch Veräußerung oder Einziehung und anschließende Verrechnung ihres Werts mit den maßgeblichen Verbindlichkeiten oder Verwendung an Zahlungs statt zu ermöglichen.

Die neue Finanzsicherheitenrichtlinie eröffnet bei der Stellung von Finanzsicherheiten grundsätzlich **mehr Gestaltungsmöglichkeiten**. So erkennt Art. 2 Abs. 1 lit. b Finanzsicherheitenrichtlinie nF neben der vollständigen Übereignung und der Zession eines Finanzaktivums auch die „Übertragung aller Rechte daran" als Finanzsicherheit in Form der Vollrechtsübertragung an. Auch kann nach Art. 2 Abs. 1 lit. c Finanzsicherheitenrichtlinie nF bei der Ausgestaltung einer Finanzsicherheit in der Form eines beschränkt dinglichen Rechts auch lediglich das bedingte oder beschränkte Eigentum oder die Inhaberschaft an der Sicherheit beim Sicherungsgeber verbleiben. Bei der Stellung von Kreditforderungen als Sicherheiten ist es nach Art. 2 Abs. 2 S. 2 Finanzsicherheitenrichtlinie nF auch möglich, dass der Sicherungsgeber weiterhin die Erträge aus den Kreditforderungen einzieht.

Für die Vertragspraxis stellt diese Ausweitung der Optionen eine nicht zu unterschätzende Herausforderung dar. Sofern man die üblichen Besicherungsanhänge im Derivatebereich auf

---

7 Vgl Erwägungsgrund 5 RL 2009/44/EG.
8 Art. 2 Abs. 1 lit. o Finanzsicherheitenrichtlinie nF.
9 Art. 1 Abs. 4 lit. c Finanzsicherheitenrichtlinie nF; von dieser Möglichkeit hat Deutschland keinen Gebrauch gemacht.
10 Vgl Erwägungsgrund 6 RL 2009/44/EG.
11 Vgl Erwägungsgrund 9 Finanzsicherheitenrichtlinie nF.
12 Art. 3 Abs. 1 Unterabs. 3 Finanzsicherheitenrichtlinie nF.
13 Vgl Erwägungsgrund 6 RL 2009/44/EG.

unverbriefte Kreditforderungen ausdehnen und weitere Gestaltungsmöglichkeiten in den Verträgen verankern möchte, wären **wesentliche Änderungen erforderlich**. Sowohl der ISDA-CSA (vgl Paragraph 3(a) ISDA CSA) als auch der DRV-CSA (vgl Definition von „Sicherheiten" in Nr. 2 des DRV-CSA) gehen bisher von einer Vollrechtsübertragung an Bar- und Wertpapiersicherheiten aus.

7 In Deutschland wurde die ursprüngliche Richtlinie durch ein Artikelgesetz umgesetzt, das neben der Insolvenzordnung und dem KWG eine Reihe anderer Gesetze ergänzte bzw änderte.[14] Auch die Umsetzung der durch die RL 2009/44/EG bedingten Änderungen erfolgte durch ein Artikelgesetz.[15] Die erforderliche Änderung des KWG trat am 30.6.2011 in Kraft.[16] Bevor auf die insolvenzrechtliche Privilegierung von Finanzsicherheiten eingegangen wird (siehe Rn 8 ff), soll kurz auf die vertraglich vorgesehene **Funktionsweise von Besicherungsanhängen** (siehe Rn 26 ff unten) sowie von **Wertpapierdarlehensverträgen** und **Repo-Geschäften** (siehe Rn 15) eingegangen werden.[17]

I. Funktionsweise typischer Besicherungsanhänge

8 **Besicherungsanhänge** wie der Besicherungsanhang zum DRV,[18] der ISDA Credit Support Annex[19] oder die ISDA Credit Support Deed[20] haben zum Ziel, das jeweils aktuelle Ausfallrisiko der Vertragsparteien abzusichern. Hierzu wird regelmäßig berechnet, welche Zahlungspflichten im Falle der Gesamtbeendigung eines Handelsverhältnisses entstehen würden. Dieser Betrag entspricht dem aus der Beendigung, Bewertung und Verrechnung aller Transaktionen resultierenden Nettobetrag. Das **Ausfallrisiko** (**„Exposure"**) ist dann, abhängig davon, wer auf Grundlage dieser Berechnung bei Beendigung des Vertrages eine Forderung hätte, in Form werthaltiger Sicherheiten der vereinbarten Art (in der Regel Bargeld, Bankgarantien oder erstklassige Wertpapiere) zu unterlegen. Ganz typisch für Besicherungsanhänge ist, dass die zu bestellenden Sicherheiten im Wege der **Vollrechtsübertragung** auf den Empfänger der Sicherheiten übergehen.[21] Eine Ausnahme ist hier die ISDA Credit Support Deed, die eine **Verpfändung** („Charge") hinterlegter Sicherheiten zugunsten der sicherungsberechtigten Partei vorsieht.[22]

---

14 Das Umsetzungsgesetz wurde am 12.3.2004 vom Bundestag verabschiedet und trat am 9.4.2004 in Kraft (Gesetz zur Umsetzung der Richtlinie 2002/47/EG vom 6.6.2002 über Finanzsicherheiten und zur Änderung des Hypothekenbankgesetzes und anderer Gesetze, BGBl. I 2004, S. 502).
15 Gesetz zur Umsetzung der geänderten Bankenrichtlinie und der geänderten Kapitaladäquanzrichtlinie vom 19.11.2010, BGBl. I 2010, S. 1592.
16 Im Hinblick auf die Finanzsicherheitenrichtlinie war lediglich § 1 Abs. 17 KWG um Kreditforderungen zu ergänzen.
17 Eine ausführliche Beschreibung von Besicherungsanhängen findet sich in § 6 Rn 63–75 und § 7 Rn 81–85.
18 Besicherungsanhang zum Rahmenvertrag für Finanztermingeschäfte (Bank-Verlag Köln, 2001) („DRV-CSA").
19 ISDA Credit Support Annex to the Schedule of the ISDA Master Agreement (ISDA, 1995) („ISDA-CSA").
20 ISDA Credit Support Deed relating to the Schedule of the ISDA Master Agreement (ISDA, 1995, English Law) („ISDA-CSD"). Es gibt zudem einen Credit Support Annex aus dem Jahr 1994, der sich nach New Yorker Recht richtet und der ebenfalls auf eine Verpfändungslösung (Pledge) aufbaut. Auf dieses Dokument soll hier aus Vereinfachungsgründen nicht weiter eingegangen werden.
21 Vgl Paragraph 5(a) ISDA-CSA; Nr. 1 Abs. 2 DRV-CSA.
22 Nach Paragraph 2(b) ISDA-CSD gilt: „Each party as the Chargor, as security for the performance of the Obligations: (i) mortgages, charges and pledges and agrees to mortgage, charge and pledge, with full title guarantee, in favour of the Secured Party by way of first fixed legal mortgage all Posted Collateral (other than Posted Collateral in the form of cash), (ii) to the fullest extent permitted by law, charges and agrees to charge, with full title guarantee, in favour of the Secured Party by way of first fixed charge all Posted Collateral in the form of cash; and (iii) assigns and agrees to assign, with full title guarantee, the Assigned Rights to the Secured Party absolutely."

A. Finanzsicherheiten im Derivate- und Structured-Finance-Bereich

Die Vereinbarung (1) der **Berechnungstage** („**Valuation Dates**") und damit der Häufigkeit der Berechnung der Exposure, (2) eines **Freibetrages** („**Threshold Amount**"), dessen Überschreitung Voraussetzung dafür ist, dass überhaupt Sicherheit bestellt wird, sowie (3) eines **Mindesttransferbetrages** („**Minimum Transfer Amount**") unterhalb dessen zur Vereinfachung der Abläufe noch keine Anpassung erfolgen soll, bleibt den Parteien überlassen. Sofern sich bei der nächsten Berechnung herausstellt, dass der Wert der gestellten Sicherheiten das Ausfallrisiko der besicherten Partei übersteigt, hat die besicherte Partei Sicherheiten in Höhe des entsprechenden Differenzbetrages freizugeben. Liegt der Wert der Sicherheiten unter dem Ausfallrisiko der besicherten Partei, sind weitere Sicherheiten zu stellen. Sollten sich die Positionen umkehren und hat die bisher besicherte Partei insgesamt eine Verbindlichkeit statt einer Forderung, ist sie verpflichtet, Sicherheiten freizugeben und selbst Sicherheiten zu stellen.

Besicherungsanhänge sollen letztlich den Betrag abdecken, der aus einem Close-out Netting des Vertrages folgen würde. Dies macht der Blick auf die Definitionen des „**Ausfallrisikos**" bzw der „**Exposure**" deutlich, die jeweils auf Berechnungsklauseln für den Close-out Fall verweisen.[23]

Für die weitere insolvenzrechtliche Beurteilung ist nun von Bedeutung, wie die übertragene bzw verpfändete Sicherheit im Insolvenzfall zu behandeln ist und wie diese Sicherheit mit dem Nettobetrag aus der Beendigung des Rahmenvertrages und aller Transaktionen verrechnet wird. Für den **DRV-CSA** gilt, dass die Sicherheiten wie rückständige Leistungen des Sicherungsnehmers in die nach Nr. 9 Abs. 1 DRV zu ermittelnde einheitliche Ausgleichsforderung einbezogen werden.[24] Da der Sicherungsnehmer wie oben dargelegt in aller Regel Sicherheiten in Höhe seiner potenziellen Forderung nach Netting hält, bewirkt die Ansetzung dieser Sicherheiten im Beendigungsfall als „Rückständige Leistung des Sicherungsnehmers", dass sich seine Close-out Forderung und die Verbindlichkeit zur Zahlung der „Rückständigen Leistung" aus gehaltenen Sicherheiten gegenseitig aufheben und die Sicherheiten beim Sicherungsnehmer (der ja auch Eigentümer der Sicherheiten wurde) verbleiben können. Das Verfahren unter dem **ISDA-CSA** ist ähnlich. Der Gegenwert der gehaltenen Sicherheiten wird als rückständige Leistung angesehen, die an die Partei zurückzubezahlen ist, die diese Sicherheiten gestellt hat.[25] Dies bewirkt, dass sich die Gesamtforderung der Partei, die „in-the-money" ist, und die entsprechende Verpflichtung dieser Partei, gehaltene Sicherheiten zurückzugeben, wieder aufheben. Auch hier verbleiben daher die Sicherheiten bei den Sicherungsnehmern. Ein interessanter zusätzlicher Aspekt ist, dass der Credit Support Annex ausdrücklich zur Transaktion unter dem ISDA Master Agreement deklariert wird, die über das Single-Agreement-Konzept zu einer insolvenzrechtlich nicht trennbaren Einheit zwischen

---

23 Nach der Definition von „Ausfallrisiko" im DRV-CSA ist der Betrag des Ausfallrisikos mit der einheitlichen Ausgleichsforderung nach Nr. 9 Abs. 1 DRV bei Beendigung des Rahmenvertrages und aller Einzelabschlüsse identisch, wobei die Berechung des Schadensersatzes und Vorteilsausgleiches nach Nr. 8 DRV den speziellen Berechungsregeln des Nr. 12 Abs. 5 (C) DRV folgen soll (§ 12 Abs. 5 (C) DRV ist für Beendigungen nach einer Kündigung infolge geänderter Rechtsvorschriften anwendbar und enthält im Vergleich zur sonstigen Berechnung des Close-out Amounts für bestimmte Konstellationen eine Ausgleichspflicht zwischen den Parteien). Die Definition von „Exposure" im ISDA-CSA verweist auf den Betrag, der nach Section 6(e)(ii)(1) ISDA zu zahlen wäre (der wiederum auf die Second Method und die Berechnungsweise Market Quotation bzw Loss verweist).

24 Vgl Nr. 9 Abs. 1 DRV-CSA („Die entsprechenden Beträge [Anmerkung: aus Bewertung sämtlicher Sicherheiten] werden wie rückständige Leistungen des Sicherungsnehmers in die nach Nr. 9 Abs. 1 des Rahmenvertrages zu ermittelnde einheitliche Ausgleichsforderung einbezogen.").

25 Paragraph 6 ISDA-CSA („...an amount equal to the Value of the Credit Support Balance ... will be deemed to be an Unpaid Amount due to the Transferor (which may or may not bet he Defaulting Party).").

Fried

dem Master Agreement, den Transaktionen und dem Credit Support Annex führt.[26] Letzteres würde für sich schon genügen, um im Insolvenzfall die gewünschte Verrechnung der Sicherheiten einerseits und der „echten Transaktionen" andererseits herbeizuführen. Bei der **ISDA Credit Support Deed**, die statt von der Übertragungslösung von der Verpfändung von Sicherheiten ausgeht, erübrigen sich solche Bestimmungen. Hier genügt es, der Partei, die „in-the-money" und daher der Sicherungsnehmer ist, im Beendigungsfall ein Verwertungsrecht in Höhe des Nettobetrages zu geben.[27]

12   An dieser Stelle sei erwähnt, dass gerade dieser Unterschied (Vollrechtsübertragung vs. Verpfändungslösung) im Falle der Insolvenz des Sicherungsnehmers dann einen ganz wesentlichen Unterschied machen kann, wenn der Sicherungsnehmer zum Zeitpunkt der Beendigung des Vertrages (*Early Termination Date*/Beendigungstag) mehr Sicherheiten hatte als nötig (das gängige Stichwort hierfür ist „**Excess Collateral**"). Bei der Vollrechtsübertragung fällt das Collateral insgesamt (und damit auch das *Excess Collateral*) in die Insolvenzmasse und der Sicherungsgeber kann seinen Anspruch lediglich als nicht bevorrechtigter Gläubiger anmelden. Bei der Verpfändungslösung kann der Sicherungsnehmer von der ihm gestellten Sicherheit nur so viel verwerten, wie ihm zur Deckung seiner Ansprüche zusteht, dh das Problem des verlorenen Excess Collateral stellt sich hier grundsätzlich nicht.

13   Bei Besicherungsverträgen (zB ISDA Credit Support Deed) nach Englischem oder New Yorker Recht ist jedoch zu beachten, dass der Sicherungsnehmer unter Umständen das Recht hat, auch schon vor Eintritt des Sicherungsfalles über das Sicherungsgut zu verfügen. Der englische Begriff hierfür ist „**Rehypothecation**" oder „**Right of Use**" und kann gerade in der Insolvenz des Sicherungsnehmers zu Überraschungen führen. In der ISDA Credit Support Deed nach Englischem Recht ist dieses Recht im Standardtext zwar grundsätzlich ausgeschlossen (vgl Paragraph 6(d) ISDA CSC), kann im Einzelfall aber vereinbart werden.[28] Im Credit Support Annex nach New Yorker Recht dagegen ist die Verfügungsmöglichkeit des Sicherungsnehmers über Collateral der Standardfall.[29] Dies hat während der Finanzkrise für manche Marktteilnehmer zu Verlusten geführt, sofern der Sicherungsnehmer Sicherheiten auf Basis dieses Vertrages bekommen und im Zeitpunkt der Insolvenz längst weitergegeben hatte.[30]

14   Speziell aus Sicht des deutschen Rechts ist dieses Konstrukt der jederzeitigen Verwertung bzw Nutzung einer Sicherheit überraschend. Ein Pfandgläubiger kann Rechte am Pfand erst nach Eintritt der Pfandreife geltend machen (§ 1228 BGB) und hat vorher keine Verfügungsmacht. Für den Verpfänder hat das den Vorteil, dass grundsätzlich kein Excess-Collateral-Risiko besteht, da der Pfandgläubiger nur in Höhe seiner Forderung befriedigt werden soll.

---

26   Einleitung vor Paragraph 1 ISDA-CSA („For the purposes of this Agreement [Anmerkung: ISDA Master Agreement], including, without limitation, Sections 1(c) [...], the credit support arrangements set out in this Annex constitute a Transaction (for which this Annex constitutes the Confirmation).").
27   Vergleiche Paragraph 8 ISDA-CSD, der insbesondere bei Vorliegen eines Early Termination Date ein Verwertungsrecht gibt.
28   Paragraph 6(d) ISDA CSD lautet: „No Use of Collateral. For the avoidance of doubt and without limiting the rights of the Secured Party under the other provisions of this Deed, the Secured Party will not have the right to sell, pledge, rehypothecate, assign, invest, use, comingle or otherwise dispose of, or otherwise use in its business any Posted Collateral it holds under this Deed."; vgl ausführlich hierzu *Firth*, Derivatives, 12.048 und 6.070, der auf die Financial Collateral Arrangements (No. 2) Regulation 2003 verweist, nach der (in Umsetzung von Art. 5 der Finanzsicherheiten-Richtlinie) bei einer entsprechenden Vereinbarung Rehypothecation möglich sein soll. Er stellt jedoch auch klar, dass hierzu eine ausdrückliche Änderung der ISDA CSD notwendig ist.
29   Paragraph 6(c) ISDA CSA NY lautet: „Use of Posted Collateral. Unless otherwise specified in Paragraph 13 (...) the Secured Party will (...) have the right to (i) sell, pledge, rehypothecate, assign, invest, use, commingle or otherwise dispose of, or otherwise use in its business any Posted Collateral (...)."
30   Vgl hierzu sowie zu Verbesserungsmöglichkeiten für ISDA Standardverträge *Parker*, ISDA Master Agreement and CSA: close-out weaknesses, JIBFL 2009, 16 et seq.

A. Finanzsicherheiten im Derivate- und Structured-Finance-Bereich

Vor dem Hintergrund der Finanzsicherheitenrichtlinie entspricht das Pfandrecht nach BGB daher den Anforderungen an ein „beschränkt dingliches Recht" („security financial collateral arrangement") nach Art. 2 Abs. 1 (c) der Finanzsicherheitenrichtlinie, ohne jedoch ein Verfügungsrecht über Finanzsicherheiten in Form von beschränkten dinglichen Sicherungsrechten nach Art. 5 Finanzsicherheitenrichtlinie zu geben.[31] Diese Differenz wurde vom Gesetzgeber gesehen und mit dem Hinweis darauf gelöst, dass ja auch ein „**unregelmäßiges Pfandrecht**" möglich und inzwischen allgemein anerkannt sei.[32] Dieses unregelmäßige Pfandrecht ist dadurch gekennzeichnet, dass dem Pfandgläubiger ein Aneignungs- bzw Verwertungsrecht ausdrücklich eingeräumt wird.[33] Entsprechend geänderte deutschrechtliche Verpfändungsvereinbarungen sind jedoch im Zusammenhang mit OTC-Derivaten die Ausnahme.

II. Funktionsweise typischer Rahmenverträge für Wertpapierdarlehens- und Repo-Geschäfte

In diesem Zusammenhang ist auf **Wertpapierdarlehens- und Repo-Geschäfte** hinzuweisen, die zwar keine Derivate sind, in der Structured-Finance-Praxis aber gleichwohl eine wichtige Rolle spielen.[34] Die Mechanik der Stellung, Anpassung und Verwertung von Sicherheiten im Insolvenzfall ist letztlich identisch mit der Funktionsweise der beschriebenen Besicherungsanhänge (mit Ausnahme der ISDA-CSD). Sowohl die national wie die international gebräuchlichen Rahmenverträge[35] sehen vor, dass (1) das Netto-Ausfallrisiko des Darlehensgebers bzw Darlehensnehmers (oder Verkäufers und Käufers) unter Einbeziehung aller Geschäfte bewertet wird und in dieser Höhe ein Besicherungsanspruch besteht, der ein Netto-

---

31 Art. 5 Abs. 1 und Abs. 2 Finanzsicherheiten-Richtlinie lauten wie folgt: „(1) Die Mitgliedstaaten stellen sicher, dass der Sicherungsnehmer, soweit bei der Bestellung der Finanzsicherheit vorgesehen, ein Verfügungsrecht über Finanzsicherheiten in Form eines beschränkten dinglichen Sicherungsrechts ausüben kann. (2) Übt ein Sicherungsnehmer ein Verfügungsrecht aus, geht er damit eine Verpflichtung ein, eine Sicherheit derselben Art zu beschaffen, die spätestens zum Fälligkeitstermin der maßgeblichen Verbindlichkeit an die Stelle der ursprünglichen Sicherheit tritt. Wahlweise kann der Sicherungsnehmer zum Fälligkeitstermin der maßgeblichen Verbindlichkeit entweder Sicherheiten derselben Art rückübereignen oder, soweit in der Sicherungsvereinbarung vorgesehen, den Wert der Sicherheiten derselben Art gegen die maßgeblichen Verbindlichkeiten aufrechnen oder die Sicherheiten an Zahlungs statt verwenden."
32 BT-Drucks. 15/1853 vom 29.10.2003, 11 f.
33 Vgl zur Verwertung und zivilrechtlichen Zulässigkeit *Herring/Cristea*, Umsetzung der Finanzsicherheiten-Richtlinie, ZIP 2004, 1627 (1630).
34 Eine ausführliche Einführung in diese Geschäftsarten, ihre Anwendungsgebiete und juristischen Besonderheiten gibt *Kienle*, in: Schimansky/Bunte/Lwowski, Bankrechts-Handbuch, § 105 Rn 1–43; für einen Kurzüberblick siehe *Oulds,* in: Kümpel, Bank- und Kapitalmarktrecht, Rn 14.102–14.106. Der Klassifizierung als Derivat steht entgegen, dass es sich beim typischen Wertpapierdarlehensgeschäft in der Regel um ein Sachdarlehen bzw beim typischen Wertpapierpensionsgeschäft (Repo-Geschäft) in der Regel um einen Kaufvertrag mit Rückkaufsvereinbarung handelt, deren jeweiliger Wert sich zudem nicht eines Basiswertes ableitet. Letzteres ist jedoch eines der wesentlichen Kennzeichen für Derivate (vgl zB die Definition in § 2 Abs. 2 Nr. 1 WpHG). Zur Abgrenzung dieser Geschäfte von Derivaten finden sich in der Literatur kaum Aussagen (vgl aber zB *Reiner*, Derivative Finanzinstrumente, S. 36, der zum selben Ergebnis kommt). Dies könnte daran liegen, dass diese Aussage für typische Geschäfte so selbstverständlich scheint.
35 Rahmenvertrag für Wertpapierdarlehen (Sponsor: Die Deutsche Kreditwirtschaft, ehemals: Zentraler Kreditausschuss) („DRV-WPD"); Rahmenvertrag für Wertpapierpensionsgeschäfte (Repos) (Sponsor: Die Deutsche Kreditwirtschaft, ehemals: Zentraler Kreditausschuss) („DRV-Repo"); European Master Agreement in Verbindung mit dem Produktanhang für Wertpapierdarlehen, dem Produktanhang für Pensionsgeschäfte und dem Sicherheitenanhang für Pensionsgeschäfte und Wertpapierdarlehen (Sponsor: Bankenvereinigung der Europäischen Union (FBE)) („EMA-SL", „EMA-Repo", „EMA-CSA"); Global Master Securities Lending Agreement (Sponsor: International Securities Lending Association (ISLA)) (Version January 2010) („GMSLA"); Global Master Repurchase Agreement (Sponsoren: Securities Industry and Financial Markets Association (SIFMA)/International Capital Market Association (ICMA)) (Version: May 2011) („GMRA").

anspruch aus der Verrechnung der jeweiligen Positionen ist,[36] (2) die anfänglichen und weiteren Sicherheiten im Wege einer Vollrechtsübertragung auf den Sicherungsnehmer zu übertragen sind,[37] (3) während der Laufzeit eine regelmäßige Anpassung der Sicherheiten stattfindet, die sich nach dem aktuellen Ausfallrisiko (*Exposure*) richtet und eventuelle Freibeträge und Mindesttransferbeträge berücksichtigt,[38] und dass (4) im Beendigungsfall (insbesondere nach Insolvenz eines Vertragspartners) die als Eigentum übertragenen Finanzsicherheiten beim Sicherungsnehmer bleiben, dessen Anspruch auf Zahlung eines Close-out Amounts dann mit der konstruierten Verbindlichkeit zur Zahlung des Gegenwertes der gehaltenen Sicherheiten an den Sicherungsgeber verrechnet wird (wobei Mehrerlöse auszukehren sind).[39]

B. Insolvenzrechtliche Privilegierung von Finanzsicherheiten

I. EU-Vorgaben in der Richtlinie 2002/47/EG über Finanzsicherheiten (Finanzsicherheitenrichtlinie)

16 Im Bereich Finanzderivate besteht die zentrale Vorgabe der Finanzsicherheitenrichtlinie darin, Close-out Netting in den Fällen insolvenzfest zu machen, in denen die Netting-Vereinbarung die Bestellung einer Finanzsicherheit umfasst.[40] Gemäß Art. 7 Finanzsicherheitenrichtlinie haben die Mitgliedstaaten sicherzustellen, dass die **Aufrechnung infolge Beendigung** auch dann vereinbarungsgemäß wirksam ist, wenn gegenüber dem Sicherungsgeber oder -nehmer ein Insolvenzverfahren eröffnet wurde.[41] Zentrale Bedeutung kommt hierbei der Definition

---

36 ZB muss der Darlehensnehmer der Wertpapiere eine Sicherheit in Höhe des Marktwertes der Papiere durch Übertragung von Bar- oder Wertpapiersicherheiten stellen; Nr. 4 (Wertausgleich) DRV-WPD; Nr. 6 (Sicherheiten) DRV-Repo; Nr. 1 (Nettoausfallrisiko) EMA-CSA; paragraph 5 (Collateral) GMSLA, paragraph 4 (Margin Maintenance) GMRA.

37 Nr. 4(5) iVm Nr. 3(2) DRV-WPD; Nr. 6(6) iVm Nr. 4(5) DRV-Repo (mit einer Klarstellung in Nr. 6(6) letzter Satz; Nr. 2(2), 2(4) und 2(5) EMA-CSA); paragraph 5.1 und paragraph 4.2(c) GMSLA; paragraph 4(f) GMRA.

38 Nr. 4(1) DRV-WPD, Nr. 6(1) DRV-Repo; Nr. 1(1), 1(2) und 2(2) EMA-CSA (vgl insbesondere Definitionen von „Angepasstes Nettoausfallrisiko" und „Bewertungstag"); paragraph 5.4 GMSLA (Aggregated Basis) oder 5.5 GMSLA (Loan by Loan basis); paragraph 4(a) GMRA.

39 Nr. 9(3) DRV-WPD („Im Falle der Beendigung durch Kündigung oder Insolvenz bestehen keine Ansprüche mehr auf Lieferung von Wertpapieren und sonstigen Leistungen. An die Stelle dieser Ansprüche tritt eine einheitliche Forderung („Ausgleichsforderung"). Zu deren Ermittlung werden sämtliche Ansprüche der Parteien aus dem Vertrag einschließlich der nach Nr. 4 erhaltenen und noch nicht rückübertragenen Leistungen verrechnet"); Nr. 11(3) iVm Nr. 13(1) und (2) DRV-Repo; Nr. 6(4) iVm Nr. 7(1) EMA-CSA („Im Fall einer Beendigung [...] ist keine Partei mehr zu Zahlungen oder Lieferungen auf Grund eines beendeten Geschäfts, die am oder nach dem Vorzeitigen Beendigungstag fällig geworden wären, oder zu einer andernfalls nach dem Vertrag geschuldeten Sicherheitsleistung oder Sicherheitenrückgewähr in Zusammenhang mit dem oder den beendeten Geschäft(en) verpflichtet. Die dahin gehenden Pflichten werden durch die Verpflichtung der Parteien ersetzt, den Abschlussbetrag nach Nr. 7 zu zahlen."); paragraph 10.2 GMSLA (Version 18.4.2010) bzw paragraph 11.2 GMSLA (Version January 2010) (vgl ISLA, Guidance Notes to the GMSLA (Version 18.4.2010), 10: „If an event of default occurs, paragraph 11.2 provides that both parties' payment and delivery obligations are accelerated. Such obligations are replaced by an obligation of one party to pay a single cash sum to the other, determined on the following basis"); paragraph 10(c) und (d) GMRA.

40 Vgl hierzu sowie zur Umsetzung der Finanzsicherheitenrichtlinie innerhalb der EU *Löber/Klima*, Implementation of Directive 2002/47, JIBLR 2006, 203, 210.

41 Vgl Art. 7 Abs. 1 a) Finanzsicherheitenrichtlinie.

von „Aufrechnung infolge Beendigung" („Close-out Netting") zu.[42] Eine weitere wichtige Vorgabe für die wirksame laufende Anpassung von Sicherheiten auch im Vorfeld der Krise gibt Art. 8 Abs. 3 Finanzsicherheitenrichtlinie. Danach haben die Mitgliedstaaten dafür Sorge zu tragen, dass die Bestellung und **laufende Anpassung von Margensicherheiten** insolvenzfest sind. Dies betrifft typischerweise Vereinbarungen wie die oben beschriebenen Besicherungsanhänge, Wertpapierdarlehens- und Repo-Verträge.

II. Umfang von § 1 Abs. 17 KWG

Eine Voraussetzung, um von den Regelungen der Finanzsicherheitenrichtlinie zu profitieren, ist das Vorliegen einer Finanzsicherheit. Nach der Begriffsbestimmung der Richtlinie ist eine „**Finanzsicherheit**" eine Sicherheit, die in Form der Vollrechtsübertragung oder in Form eines beschränkten dinglichen Sicherungsrechts bestellt wird; hierbei ist unerheblich, ob diese Geschäfte einem Rahmenvertrag oder allgemeinen Geschäftsbedingungen unterliegen oder nicht.[43]

In Deutschland wurde der Begriff in § **1 Abs. 17 KWG** erfasst. Da der Anwendungsbereich von § 1 Abs. 17 KWG sehr facettenreich ist und im Rahmen der kontrovers diskutierten Umsetzung der Richtlinie[44] an anderer Stelle ausführlich beschrieben wurde,[45] soll hier nur auf die für das Derivatgeschäft relevanten Elemente eingegangen werden. Zu diesen Elementen gehört, dass (1) Sicherungsgeber und -nehmer jeweils einer bestimmten Kategorie angehören, (2) die Sicherheit auf Grundlage einer Vereinbarung im Wege der Vollrechtsübertragung oder in Form eines beschränkt dinglichen Rechts bestellt wird, (3) die Sicherheit einer bestimmten Kategorie angehört und (4) die Sicherheit, sofern der Sicherungsgeber ein normales Unternehmen ist (und nicht den Kategorien Finanzinstitut, Clearing-Haus, Zentralbank oder öffentlich-rechtliche Körperschaft angehört), der Absicherung von Verbindlichkeiten aus bestimmten (kapitalmarktbezogenen) Geschäften dient und nicht aus eigenen Anteilen des Sicherungsgebers besteht.

Im Hinblick auf die oben beschriebenen Besicherungsanhänge, Wertpapierdarlehens- und Repo-Geschäfte ist zu diesen **Voraussetzungen** Folgendes zu sagen:

1. **Parteien:** Um eine Ausdehnung der Schutzwirkung der Richtlinie auf Geschäfte mit Endverbrauchern zu vermeiden, müssen sowohl der Sicherungsnehmer als auch der Sicherungsgeber bestimmten Kategorien angehören. § 1 Abs. 17 KWG verweist insoweit auf den entsprechenden Art. 1 Abs. 2 lit. a) bis e) der Finanzsicherheitenrichtlinie. Hauptanwendungsbereich der Finanzsicherheitenrichtlinie und damit des § 1 Abs. 17 KWG sind solche Sicherheiten, die von öffentlichen Einrichtungen, Zentralbanken, Finanzinstituten oder vergleichbaren Einrichtungen gestellt werden. Sofern „normale" Unternehmen als Sicherungsgeber auftreten, fallen die von ihnen gestellten Sicherheiten nur dann unter

---

42 Die Legaldefinition in Art. 2 Abs. 1 n) Finanzsicherheitenrichtlinie lautet wie folgt: „Aufrechnung infolge Beendigung" („close out netting") ist eine vertragliche Bestimmung im Rahmen der Bestellung einer Finanzsicherheit bzw einer Vereinbarung, die die Bestellung einer Finanzsicherheit umfasst, oder – sofern nichts vereinbart wurde – eine Rechtsvorschrift, wonach der Eintritt eines Vertretungs- bzw Beendigungsfalls (im Wege der Verrechnung, Aufrechnung oder auf andere Weise) Folgendes nach sich zieht: i) die entsprechenden Verpflichtungen werden entweder sofort fällig und in eine Zahlungsverpflichtung in Höhe ihres geschätzten aktuellen Werts umgewandelt oder beendigt und durch einen entsprechenden Zahlungsanspruch ersetzt und/oder ii) der Wert der beiderseits fälligen finanziellen Verpflichtungen wird ermittelt, wobei die Partei mit den höheren Verbindlichkeiten den errechneten Nettosaldo an die andere Partei zu zahlen hat."
43 Vgl Art. 2 Abs. 1 a) Finanzsicherheitenrichtlinie.
44 Zur Diskussion in der Literatur vgl beispielsweise *Obermüller*, Umsetzung der Finanzsicherheiten-RL, ZIP 2003, 2336–2340.
45 Vgl *Kollmann*, Finanzsicherheiten, WM 2004, 1012, 1013–1017; *Obermüller/Hartenfels*, Finanzsicherheiten, BKR 2004, 440 ff.

den Anwendungsbereich der Richtlinie, wenn die andere Partei der Sicherungsvereinbarung eine öffentliche Einrichtung, eine Zentralbank, ein Finanzinstitut oder eine vergleichbare Einrichtung ist.[46] „Normale" Unternehmen im Sinne der Richtlinie sind aus Sicht des deutschen Rechts juristische Personen, Einzelkaufleute und Personengesellschaften.[47]

21 2. **Art der Sicherheit**: Finanzsicherheiten können im Wege der Vollrechtsübertragung oder durch Bestellung eines beschränkten dinglichen Sicherungsrechts bestellt werden.[48] Der Wortlaut des § 1 Abs. 17 KWG übernimmt hier die Formulierung des Art. 2 Abs. 1 lit. b) und c) der Richtlinie. Als beschränkte dingliche Sicherungsrechte kommen aus deutscher Sicht hauptsächlich Pfandrechte in Frage.

22 3. **Sicherungsgegenstand**: Gegenstand einer Finanzsicherheit können sowohl Barguthaben, Geldbeträge, Wertpapiere, Geldmarktinstrumente sowie Kreditforderungen[49] einschließlich aller damit im Zusammenhang stehenden Rechte oder Ansprüche sein. Im November 2006 hat der Gesetzgeber außerdem klargestellt, dass auch Überweisungen von Geldbeträgen eine Finanzsicherheit im Sinne des § 1 Abs. 17 S. 1 KWG darstellen können.[50] Ob diese Art der Sicherheitenbestellung auch schon vom alten Wortlaut (Vollrechtsübertragung von Barsicherheiten) umfasst war, sei hier dahingestellt.[51]

23 4. **Beschränkungen zum Schutz normaler Unternehmen**: Zusätzlich zu der bereits oben unter 1. erwähnten Einschränkung hat der deutsche Gesetzgeber in zwei Fällen von seiner Möglichkeit Gebrauch gemacht, die Anwendung der Richtlinie auf von „normalen" Unternehmen gestellte Sicherheiten weiter einzuschränken (sogenannte „Opt-out-Lösung").[52]

---

46 Diese Einschränkung ergibt sich aus dem – recht umständlichen – Verweis des § 1 Abs. 17 KWG auf „Vereinbarungen zwischen einem Sicherungsnehmer und einem Sicherungsgeber, die einer der in Art. 1 Abs. 2 Buchstabe a) bis e) der Richtlinie 2002/47/EG des Europäischen Parlaments und des Rates vom 6.6.2002 über Finanzsicherheiten (ABl. EG Nr. L 168, 43) aufgeführten Kategorie angehören". Unter die Kategorie des Art. 1 Abs. 2 Buchstabe e) der Finanzsicherheitenrichtlinie fallen „andere als natürliche Personen sowie Einzelkaufleute und Personengesellschaften, *sofern* die andere Vertragspartei eine Einrichtung im Sinne der Buchstaben a) bis d) ist." (wobei „Einrichtungen" im Sinne der Buchstaben a) bis d) die oben bereits genannten öffentlichen Einrichtungen, Zentralbanken, Finanzinstitute und vergleichbare Einrichtungen umfasst); zu weiteren Einschränkungen, wenn das involvierte „normale" Unternehmen Sicherungsgeber ist, siehe § 17 Rn 23 ff.

47 Der Wortlaut des Art. 1 Abs. 2 lit. e) Finanzsicherheitenrichtlinie („Sowohl der Sicherungsnehmer als auch der Sicherungsgeber muss einer der folgenden Kategorien angehören: [...] andere als natürliche Personen sowie Einzelkaufleute und Personengesellschaften [...].") lässt nicht eindeutig erkennen, ob Einzelkaufleute und Personengesellschaften nun umfasst sein sollen oder nicht. Vor dem Hintergrund des bezweckten Schutzes von Privatpersonen aber nicht unternehmerisch tätiger Personen oder Gesellschaften liegt jedoch die genannte Auslegung nahe. So im Ergebnis auch Obermüller/Hartenfels, Finanzsicherheiten, BKR 2004, 440, 441 f. Diese weite Auslegung wird in der englischen Fassung der Finanzsicherheitenrichtlinie noch deutlicher („a person other than a natural person, including unincorporated firms and partnerships"). Sofern ausländische Unternehmensformen nicht klar in die Kategorien der deutschen Fassung des Art. 1 Abs. 2 lit. e) Finanzsicherheitenrichtlinie zu fassen sind, erlaubt § 1 Abs. 17 S. 5 KWG, dass auf eine Vergleichbarkeit im Wesentlichen abgestellt wird. Zudem ermöglicht die Art der Formulierung („andere als natürliche Personen" statt „juristische Personen"), dass insbesondere ausländische Organisationsformen, die jedenfalls nicht natürliche Personen sind, unter Art. 1 Abs. 2 lit. e) Finanzsicherheitenrichtlinie fallen (der französische Fonds Communs de Créances beispielsweise ist weder juristische Personen noch Organismus für gemeinsame Anlagen in Wertpapieren (OGAW), jedenfalls aber keine natürliche Person).

48 Die englische Fassung der Richtlinie spricht von „title transfer financial collateral arrangement" und von „security financial collateral arrangements".

49 Siehe hierzu Rn 5.

50 Art. 1 Nr. 2 lit. (i) des Gesetzes zur Umsetzung der neu gefassten Bankenrichtlinie und der neu gefassten Kapitaladäquanzrichtlinie (Bank/KapEGRLUmsG) vom 17.11.2006, BGBl. 2006, Teil I, Nr. 53, 2606.

51 Vgl hierzu *Ruzik*, Finanzmarktintegration, 427 f.

52 Zu Gründen, die aus Sicht des Bundesjustizministeriums gegen ein volles „Opt-out" sprachen, *Zypries*, EU-Finanzsicherheitenrichtlinie, ZIP 2004, 51.

B. Insolvenzrechtliche Privilegierung von Finanzsicherheiten

5. Finanzsicherheiten liegen erstens nur vor, wenn die Sicherheit der Besicherung von Verbindlichkeiten aus Verträgen oder aus der Vermittlung von Verträgen über (1) die Anschaffung und die Veräußerung von Finanzinstrumenten, (2) Pensions-, Darlehens- sowie vergleichbare Geschäfte auf Finanzinstrumente oder (3) Darlehen zur Finanzierung des Erwerbs von Finanzinstrumenten dient. Erfasst werden hier bewusst **nur solche Verträge, mit denen** beispielsweise **kleine und mittelständische Unternehmen nicht in Berührung kommen** und die ein „normales" Unternehmen nicht im Rahmen einer üblichen Fremdkapitalaufnahme bei Banken abschließt.[53] Zweitens können „normale" Unternehmen Anteile an ihrem eigenen oder an verbundenen Unternehmen nicht als Finanzsicherheit bestellen.[54]

6. Diese differenzierte inhaltliche Beschränkung ist weniger als die nach Art. 1 (3) Finanzsicherheitenrichtlinie zulässige volle Opt-out-Lösung. Die nur **teilweise Ausklammerung** stellt einen **Kompromiss** dar, dessen Praxistauglichkeit zunächst mit abwartender Haltung begegnet wurde.[55] Soweit im internationalen Derivate- und Structured-Finance-Bereich Unternehmen als Sicherungsgeber teilnehmen, die üblicherweise die gleiche Art von Transaktionen abschließen, wie die in Art. 1 Abs. 2 a) bis d) Finanzsicherheitenrichtlinie aufgeführten Einrichtungen, formell aber „normale" Unternehmen sind (zB Zweckgesellschaften (SPVs), Rückversicherer, Energiehandelsunternehmen etc.), kommt es immer wieder zu Konstellationen, bei denen Sicherheiten nicht Finanzsicherheiten sind. In diesen Fällen müssen dann zum Leidwesen dieser Unternehmenstypen Transaktionsstrukturen geändert werden oder ohne klare Insolvenzfestigkeit auskommen.

III. Anfechtbarkeit der Stellung von Finanzsicherheiten in der Krise? Privilegierung von Margensicherheiten (§ 130 S. 2 InsO)

Eine laufende Aktualisierung von Sicherheiten bedeutet auch, dass unter Umständen ein Unternehmen auch dann Sicherheiten zu stellen hat, wenn es in die Krise gerät und eine Sicherheit somit eventuell während einer Anfechtungsfrist gestellt wird. Normalerweise wäre die Stellung einer Sicherheit in der Krise des Sicherungsgebers gem. § 130 InsO anfechtbar, zumal infolge des zeitlichen Auseinanderfallens von Leistung und Gegenleistung kein Bargeschäft im Sinne des § 142 InsO vorliegt.[56] Ein Mangel an Insolvenzfestigkeit wäre für die Beteiligten inakzeptabel, da Sicherheiten auf Grundlage von Besicherungsanhängen bzw auf Basis der üblichen Wertpapierdarlehens- und Repo-Verträge gerade im Fall einer Krise halten müssen. Für die hierdurch geschaffene Art der Besicherung (sogenannte „**Margensicherheiten**") wurde mit Umsetzung von Art. 8 Abs. 3 Finanzsicherheitenrichtlinie eine Legaldefinition in § 130 InsO eingefügt:[57] „Dies gilt nicht, soweit die Rechtshandlung auf einer Sicherungsvereinbarung beruht, die die Verpflichtung enthält, eine Finanzsicherheit, eine andere oder eine zusätzliche Finanzsicherheit im Sinne des § 1 Abs. 17 des Kreditwesengesetzes zu bestellen, um das in der Sicherungsvereinbarung festgelegte Verhältnis zwischen dem Wert der gesicherten Verbindlichkeiten und dem Wert der geleisteten Sicherheiten wiederherzustellen (Margensicherheit)." Sofern die Voraussetzungen vorliegen, sind nach dieser Norm

---

53 Vgl hierzu sowie zu weiteren Aspekten des Schutzes „normaler Unternehmen" *Zypries*, EU-Finanzsicherheitenrichtlinie, ZIP 2004, 51.
54 Vgl § 1 Abs. 17 S. 3 KWG.
55 So zB auch *Kollmann*, Finanzsicherheiten, WM 2004, 1012, 1014; *Obermüller/Hartenfels*, Finanzsicherheiten, BKR 2004, 440, 442.
56 Vgl insoweit den Gesetzentwurf der Bundesregierung, Entwurf eines Gesetzes zur Umsetzung der Richtlinie 2002/47/EG vom 6.6.2002 über Finanzsicherheiten und zur Änderung des Hypothekenbankgesetzes und anderer Gesetze, BT-Drucks. 15/1853 vom 29.10.2003, 22.
57 Gesetz zur Umsetzung der Richtlinie 2002/47/EG vom 6.6.2002 über Finanzsicherheiten und zur Änderung des Hypothekenbankgesetzes und anderer Gesetze, BGBl. 2004, Teil I, Nr. 15, 502.

Fried

Verfügungen des später insolventen Sicherungsgebers über Margensicherheiten unter typischen Besicherungsanhängen, Wertpapierdarlehens- und Repo-Verträgen nicht anfechtbar.[58]

27 Aus der Gesetzesbegründung ergeben sich zwei weitere für die Rechtssicherheit positive Aussagen, die nicht in den Gesetzestext aufgenommen wurden:

1. Der Gesetzgeber stellt zunächst fest, dass die Privilegierung von Margensicherheiten weder die **Absichtsanfechtung nach § 133 InsO** noch die **Anfechtung bei inkongruenter Deckung** (dh also nach einer Sicherheitenbestellung ohne entsprechenden Anspruch) nach § 131 InsO ausschließt. Sofern allerdings die Bestellung einer Sicherheit als inkongruente Deckung angefochten werden soll, ist § 131 InsO im Lichte von § 130 Abs. 1 S. 2 InsO auszulegen.[59] Dies hat jedoch auf die oben beschriebenen Besicherungsanhänge sowie Wertpapierdarlehens- und Repo-Geschäfte in aller Regel keine Auswirkung, da der Besicherungsmechanismus eine vorhandene Grundlage für den Besicherungsanspruch ist (sofern der entsprechende Anhang bzw Vertrag vor der Krise vereinbart wurde). Daran ändert auch die Tatsache nichts, dass abhängig von der Ausgestaltung der Verträge die genaue Art der Sicherheit eventuell noch nicht klar ist und der Sicherungsgeber oft, je nach Vereinbarung, aus verschiedenen vereinbarten Kategorien (zB Wertpapiere mit AAA-Rating, Government Bonds von bestimmten Staaten, Aktien von DAX 50 Unternehmen etc.) wählen kann.[60] Dies folgt zum einen aus dem Willen des Gesetzgebers, der ausdrücklich auf die üblichen Rahmenverträge der europäischen Bankenverbände verweist,[61] denen üblicherweise Sicherheiten-Kategorien zugrunde liegen. Zum anderen folgt dies aus dem weiten Wortlaut der Norm selbst, die generell die Bestellung „einer Finanzsicherheit, einer anderen oder einer zusätzlichen Finanzsicherheit" zulässt.

2. Darüber hinaus stellt der Gesetzgeber klar, dass der **Austausch einer Sicherheit gegen eine andere gleichwertige Sicherheit** ein (nicht anfechtbares) Bargeschäft nach § 142 InsO ist.[62] Dies ist vorteilhaft, da solche Austauschrechte (*Substitution Rights*) immer wieder vereinbart werden und dem Sicherungsgeber die Möglichkeit geben, sein Portfolio (innerhalb der vereinbarten Sicherheiten-Kategorien) zu managen, indem benötigte mit nicht benötigten Wertpapieren ersetzt werden. Die Grenze ist – und insoweit bleibt der Gläubigerschutz gewährleistet –, dass die Masse durch den Austausch nicht geschmälert wird, dh der Austausch dem Anspruch des § 142 InsO an eine Gleichwertigkeit von Leistung und Gegenleistung auch gerecht wird.

---

58 *Wimmer*, Finanzsicherheiten-Richtlinie, ZIP 2003, 1563, 1565; *Kollmann*, Finanzsicherheiten, WM 2004, 1012, 1022; vgl auch *Obermüller*, Umsetzung der Finanzsicherheiten-RL, ZIP 2003, 2336, 2340; zur Nichtanwendbarkeit von § 130 Abs. 1 S. 2 InsO im Warenhandelsbereich mangels Vorliegen einer Finanzsicherheit, vgl beispielsweise *Liesenhoff*, in: Horstmann/Cieslarczyk, Energiehandel, Kapitel 10 Rn 157.

59 Vgl Gesetzentwurf der Bundesregierung, Entwurf eines Gesetzes zur Umsetzung der Richtlinie 2002/47/EG vom 6.6.2002 über Finanzsicherheiten und zur Änderung des Hypothekenbankgesetzes und anderer Gesetze, BT-Drucks. 15/1853 vom 29.10.2003, 22; hierzu auch *Wimmer*, Finanzsicherheiten-Richtlinie, ZIP 2003, 1563, 1565; *Kollmann*, Finanzsicherheiten, WM 2004, 1012, 1022; vgl auch *Obermüller*, Umsetzung der Finanzsicherheiten-RL, ZIP 2003, 2336, 2340, der insbesondere die Aussparung der inkongruenten Deckung (§ 131 InsO) als unzureichende Umsetzung der Richtlinie kritisiert.

60 So im Ergebnis auch *Kollmann*, Finanzsicherheiten, WM 2004, 1012, 1022, die diese Problematik zunächst beschreibt, dann aber zurecht verwirft und feststellt, dass an die Bestimmbarkeit im Lichte von § 130 Abs. 1 S. 2 InsO keine übertriebenen Anforderungen zu stellen sind.

61 Vgl Gesetzentwurf der Bundesregierung, Entwurf eines Gesetzes zur Umsetzung der Richtlinie 2002/47/EG vom 6.6.2002 über Finanzsicherheiten und zur Änderung des Hypothekenbankgesetzes und anderer Gesetze, BT-Drucks. 15/1853 vom 29.10.2003, 22.

62 Gesetzentwurf der Bundesregierung, Entwurf eines Gesetzes zur Umsetzung der Richtlinie 2002/47/EG vom 6.6.2002 über Finanzsicherheiten und zur Änderung des Hypothekenbankgesetzes und anderer Gesetze, BT-Drucks. 15/1853 vom 29.10.2003, 22.

IV. Insolvenzfestigkeit der Aufrechnung von Close-out Betrag und Finanzsicherheit

Auch wenn bei der Umsetzung der Finanzsicherheitenrichtlinie betont wurde, dass Netting-Vereinbarungen bereits insolvenzfest seien,[63] schaffte die Umsetzung der Richtlinie doch deutliche Rechtssicherheit. **28**

Hierzu dient einmal die Klarstellung in § 104 Abs. 2 S. 2 Nr. 6 InsO, dass auch Finanzsicherheiten im Sinne von § 1 Abs. 17 KWG Finanzleistungen im Sinne von § 104 Abs. 2 InsO sind. Dies bedeutet zugleich, dass die insolvenzrechtliche Anerkennung der **Zusammenfassung von Transaktionen unter einem Rahmenvertrag** zu einem gegenseitigen Vertrag im Sinne der §§ 103, 104 InsO **auch involvierte Finanzsicherheiten umfasst**. Diese Aussage ist auch in den Fällen hilfreich, in denen diese Einbindung in die Einheitsvertragskonzeption im jeweils verwendeten Besicherungsanhang nicht ausdrücklich erwähnt wird.[64] **29**

Ein zweiter wesentlicher Punkt, der im Gesetz etwas versteckt untergebracht wurde, war die Klarstellung in § 96 Abs. 2 InsO, dass § 96 Abs. 1 InsO sowie § 95 Abs. 1 S. 3 InsO der Verfügung über Finanzsicherheiten nicht entgegenstehen. Dies bedeutet, nicht zuletzt wegen des Ausschlusses von § 96 Abs. 1 Nr. 3 InsO,[65] dass Netting unter Einbeziehung von Finanzsicherheiten grundsätzlich nicht anfechtbar ist. Diese Umsetzung deckt sich auch mit der Intention des Richtliniengebers, hier eine **weit reichende Privilegierung für Aufrechnungen bzw Close-out Netting** insgesamt zu schaffen, sobald auch nur eine Finanzsicherheit involviert ist.[66] In der Gesetzesbegründung wird hierzu festgestellt:[67] „Die Änderung, die der Umsetzung von Artikel 7 der Finanzsicherheitenrichtlinie dient, ergänzt und erweitert den Anwendungsbereich des § 96 Abs. 2. Im Sinne der von der Richtlinie vorgegebenen uneingeschränkten Anerkennung der Aufrechnung infolge Beendigung unterliegen damit auch Verfügungen des Sicherungsnehmers über Finanzsicherheiten in Form der Aufrechnung oder Verrechnung im Beendigungsfall nicht den Beschränkungen der §§ 95 Abs. 1 S. 3, 96 Abs. 1." **30**

C. Vorschläge zur Ausweitung des Anwendungsbereichs der Finanzsicherheitenrichtlinie

Im Rahmen der Überprüfung der Finanzsicherheitenrichtlinie[68] waren weitreichende Änderungsvorschläge gemacht worden, die in der Folge allerdings zurückgewiesen wurden. So hatte der „Zentrale Kreditausschuss" – Spitzenorganisation der deutschen Bankenverbände – beispielsweise vorgeschlagen, die sehr vorteilhafte, klare **Aussage zur Insolvenzfestigkeit von Margensicherheiten** auch auf die insolvenzbedingte Beendigung und Verrechnung von au- **31**

---

63 *Wimmer*, Finanzsicherheiten-Richtlinie, ZIP 2003, 1563.
64 Siehe hierzu Rn 11 ff (insbesondere Fn 26).
65 § 96 Abs. 1 Nr. 3 InsO („Die Aufrechnung ist unzulässig, [...] wenn ein Insolvenzgläubiger die Möglichkeit der Aufrechnung durch eine anfechtbare Rechtshandlung erlangt hat.") würde im Zusammenhang mit einer Aufrechnung oder Netting-Vereinbarung (deren letztes Element immer eine Aufrechnung bzw Verrechnung ist) ansonsten ausdrücklich die Möglichkeit einer Aufrechnungsprüfung eröffnen, die durch § 96 Abs. 2 InsO abgeschnitten wird.
66 Vgl speziell zur Aufrechnung *Keller*, Wertpapiersicherheit, BKR 2002, 347, 353, der feststellt, dass neben der Aufrechnungsvereinbarung eine noch so unbedeutende Sicherheit im Sinne der Richtlinie genügt, damit die Aufrechnung als insolvenzfest anzuerkennen sei; vgl zum weiten Anwendungsbereich von Art. 7 auf Close-out Netting insgesamt *Kollmann*, Finanzsicherheiten, WM 2004, 1012, 1020, die unter Verweis auf die Definition von „Aufrechnung infolge Beendigung" des Art. 2 Abs. 1 lit. n der Richtlinie feststellt, dass Art. 7 nicht alleine die Insolvenzfestigkeit von Finanzsicherheiten gewährleisten solle, sondern per se Netting-Vereinbarungen in der Insolvenz schützen solle.
67 Gesetzentwurf der Bundesregierung, Entwurf eines Gesetzes zur Umsetzung der Richtlinie 2002/47/EG vom 6.6.2002 über Finanzsicherheiten und zur Änderung des Hypothekenbankgesetzes und anderer Gesetze, BT-Drucks. 15/1853 vom 29.10.2003, 20.
68 Siehe hierzu Rn 2.

ßerbörslichen Finanzderivaten insgesamt **auszudehnen**, auch wenn keine Finanzsicherheiten involviert seien.[69] Eine hierfür notwendige Änderung bezog sich auf die Definition der „close-out netting provision" in Art. 2 Abs. 1 lit. n) der Finanzsicherheitenrichtlinie aF. Nach der Einleitung „n) ‚close-out netting provision' means a provision of an arrangement" sollte eingefügt werden „whether or not such arrangement forms part of a financial collateral arrangement". Grundsätzlich begrüßte die Kommission diesen Vorschlag wegen der enormen Bedeutung von Netting, vertröstete jedoch auf eine übergreifende Richtlinie. Netting passe strukturell nicht in die Finanzsicherheitenrichtlinie.[70] Auch wenn das Argument formell korrekt ist und aus deutscher Sicht Netting für die meisten Derivatetransaktionen und auf Grundlage üblicher Rahmenverträge bereits jetzt als insolvenzfest gelten kann,[71] ist diese Entscheidung zu bedauern. Bis zum Erlass und zur Umsetzung einer Netting-Richtlinie werden Jahre vergehen – bis dahin müssen sich Parteien von Derivategeschäften ohne involvierte Finanzsicherheiten mit umfangreichen Rechtsgutachten behelfen und im Zweifel von Gestaltungsmöglichkeiten absehen, anstatt sich auf eine ausdrückliche gesetzliche Anerkennung beziehen zu können.

32 Ein weiterer Wunsch zur Ausweitung des Anwendungsbereiches der Richtlinie kam von der European Federation of Energy Traders (EFET). Diese hatte gefordert, wegen des stark wachsenden Spot- und Derivatehandels im Energie- und Warenbereich, den **persönlichen Anwendungsbereich** der Richtlinie **stärker auf „normale Unternehmen" auszudehnen**. Auch dieser Vorschlag wurde abgelehnt, da grundsätzlich nur der Rechtsverkehr der Finanzinstitute, Clearinghäuser, öffentlichen Einrichtungen und Zentralbanken untereinander von den Vorteilen der Richtlinie profitieren soll.[72] Angesichts der zunehmenden strukturellen Vergleichbarkeit des Warenterminmarktes mit dem Finanzmarkt, wachsender Handelsvolumina, einer immer stärkeren Involvierung von Banken als Wettbewerber im Warenhandelsbereich und nicht zuletzt einer regulatorischen Gleichstellung von normalen Unternehmen ab einem bestimmten Derivatehandelsvolumen unter EMIR[73] dürfte dieses Ergebnis für die Energie- und Warenhandelsbranche nicht zufriedenstellend sein. Dieselbe Art der Besicherung, die im Finanzbereich als Finanzsicherheit insolvenzfest wäre, könnte zwischen Energie- und anderen Warenhändlern, die keine Bank- oder Finanzdienstleistungserlaubnis haben, im Insolvenzfall angreifbar sein.

---

69 Schreiben des Zentralen Kreditausschusses an die EU-Kommission vom 31.3.2006, 7 (abrufbar unter: http://ec.europa.eu/internal_market/financial-markets/docs/collateral/2006-consultation/zka_en.pdf).
70 Bericht der Kommission an das Europäische Parlament und den Rat – Bewertungsbericht über die Richtlinie (2002/47/EG), KOM (2006) 833 vom 20.12.2006, 11 f.
71 Siehe zur weiteren Analyse § 18. Vgl auch *Wimmer*, Finanzsicherheiten-Richtlinie, ZIP 2003, 1563, 1563, der (als Mitarbeiter des Bundesministeriums der Justiz) im Rahmen seiner Besprechung des Gesetzesentwurfes feststellt, dass die in Art. 7 der Finanzsicherheitenrichtlinie geforderte Insolvenzfestigkeit von Netting-Vereinbarungen bereits dem deutschen Insolvenzrecht entspreche.
72 Bericht der Kommission an das Europäische Parlament und den Rat – Bewertungsbericht über die Richtlinie über Finanzsicherheiten (2002/47/EG), KOM (2006) 833 vom 20.12.2006, 10.
73 Siehe hierzu § 16 Rn 2.

§ 18 Insolvenzrechtliche Grenzen für Netting-Vereinbarungen – Überblick

A. Vertragliches Netting als zeitliche Vorwegnahme des gesetzlichen Nettings............ 1
B. Argumentationsansätze zur Vereinbarkeit von Netting-Vereinbarungen mit § 119 InsO   4
C. Argumentationsansätze zur Anfechtbarkeit von Netting-Vereinbarungen................ 8
D. Prüfungsreihenfolge und Argumentationslinien – Graphische Übersicht................ 9

A. Vertragliches Netting als zeitliche Vorwegnahme des gesetzlichen Nettings

Die Wirksamkeit des vertraglichen Nettings von Finanzderivaten vor der (drohenden) Insolvenz eines Vertragspartners ist eine der am meisten diskutierten und praktisch bedeutsamsten Rechtsfragen im OTC-Derivatebereich. Zusammengefasst geht es darum, ob bzw inwieweit es zulässig ist, dass der Insolvenzverwalter sein ohne Netting bestehendes gesetzliches **Wahlrecht gem. § 103 InsO**, auf beiderseitige Erfüllung der ihm günstig erscheinenden Einzelverträge zu bestehen (*Cherry-Picking*), nicht ausüben kann bzw eine von den weiteren zwingenden gesetzlichen Regelungen (zB gesetzliches Netting nach § 104 Abs. 2 und 3 InsO) abweichende vertragliche Netting-Vereinbarung akzeptieren muss. Mit Beendigung der laufenden Transaktionen, deren Ersetzung durch Schadensersatzforderungen und der Gesamtverrechnung ist die „Erfüllung" bereits eingetreten. Der Insolvenzverwalter wird insoweit vor vollendete Tatsachen gestellt. 1

Aus insolvenzrechtlicher Sicht ergeben sich zwei Themen, die der Wirksamkeit von Netting-Vereinbarungen entgegenstehen könnten und die im Folgenden zu prüfen sind. Dies ist zum einen die Frage, ob Nettingklauseln **gegen § 119 InsO** (iVm § 103 ff InsO) und damit **gegen zwingendes Insolvenzrecht** verstoßen und daher unwirksam sind.[1] Zum anderen stellt sich, sofern man über § 119 InsO hinwegkommt, die Frage, ob und in welchem Umfang Nettingklauseln anfechtbar und **Tatbestände des Anfechtungsrechts** zu prüfen sind.[2] 2

Zur Insolvenzfestigkeit von rahmenvertraglichen Netting-Vereinbarungen gibt es weder klare gesetzliche Vorgaben noch Rechtsprechung. Im Finanzderivatebereich kann man jedoch, wie zu zeigen sein wird, mit sehr guten Argumenten davon ausgehen, dass die Netting-Vereinbarungen in den üblichen Rahmenverträgen bei Einhaltung gewisser Voraussetzungen auch im Insolvenzfall wirksam sind. 3

B. Argumentationsansätze zur Vereinbarkeit von Netting-Vereinbarungen mit § 119 InsO

Aus § 94 InsO ergibt sich, dass vertraglich herbeigeführte Aufrechnungslagen zum Zeitpunkt der Verfahrenseröffnung grundsätzlich insolvenzrechtlich anerkannt sind. Da die an Insolvenzgründe geknüpfte Schaffung einer Aufrechnungslage jedoch eventuell als Vermeidung zwingender gesetzlicher Rechtsfolgen gesehen werden könnte, kann die Prüfung an diesem Punkt noch nicht beendet sein. Eine zentrale Voraussetzung für die Wirksamkeit von Netting-Vereinbarungen ist vielmehr, ob sie auch mit § 119 InsO vereinbar sind. Hieraus ableitbare Fragevarianten sind, (1) ob sie als insolvenzanknüpfende Lösungsklauseln **generell anzuerkennen** sind, da sie bereits vor der Eröffnung des Verfahrens vollendete Tatsachen schaffen, die der Insolvenzverwalter so hinzunehmen hat (Variante 1), (2) ob sie trotz zeitlicher Vorwegnahme **vor dem Hintergrund der Vorschriften der §§ 103 ff InsO zu prüfen** sind, die nach § 119 InsO zwingenden Charakter haben,[3] und bei Abweichungen von den ansonsten anwendbaren gesetzlichen Regelung unwirksam sind (Variante 2) oder (3) ob sie 4

---
[1] Vgl zu den möglichen Argumentationsansätzen zu § 119 iVm §§ 103 ff InsO § 19.
[2] Vgl zu den möglichen Argumentationsansätzen zur Anfechtung § 20.
[3] § 119 InsO lautet wie folgt: „Vereinbarungen, durch die im Voraus die Anwendung der §§ 103 bis 118 ausgeschlossen oder beschränkt wird, sind unwirksam."

generell unwirksam sind, sofern sie Sachverhalte zeitlich vorwegnehmen, die ansonsten unter §§ 103 ff InsO fallen würden (Variante 3).[4]

5 ■ **Variante 1:** Der erste Ansatzpunkt, dass der Insolvenzverwalter die Masse so hinnehmen muss, wie er sie antrifft, lässt sich auf Gesetzgebungsmaterialien und Rechtsprechung stützen.[5] Sofern man diesem Argument den Vorrang geben will, hätte der Insolvenzverwalter auch die durch Netting geschaffene Rechtsfolge zu akzeptieren. **Netting wäre in diesen Fällen wirksam** und eine **weitere Prüfung würde sich erübrigen**, sofern sichergestellt ist, dass Netting vor Eröffnung des Insolvenzverfahrens greift und sofern man davon ausgehen würde, dass auch eine Anfechtung kein Thema ist.[6]

6 ■ **Variante 2:** Sofern man den Schutzbereich von § 119 InsO weit sieht und prinzipiell auch zeitlich vorweggenommene Vertragsauflösungen vor dem Hintergrund der §§ 103 ff InsO prüfen will, ist der konkrete Sachverhalt unter die gesetzlichen Tatbestände zu subsumieren. Die Reihenfolge der insolvenzrechtlichen Analyse ergibt sich in diesem Fall aus dem im Gesetz angelegten Verhältnis von speziellen zu generellen Normen. § 104 Abs. 2 InsO bildet eine Spezialregelung sowohl gegenüber § 104 Abs. 1 InsO als auch gegenüber § 103 InsO. Nach § 104 Abs. 2 InsO kann für Geschäfte über Finanzleistungen unter bestimmten Voraussetzungen nicht die Erfüllung verlangt, sondern nur eine Forderung wegen Nichterfüllung geltend gemacht werden. Dieses Merkmal verbindet § 104 Abs. 2 InsO mit § 104 Abs. 1 InsO. Andererseits ist jedoch § 104 Abs. 1 InsO als generelle Regelung für Fixgeschäfte insgesamt dem spezielleren § 104 Abs. 2 InsO, der für Finanzleistungen gilt, nachgeordnet. § 104 Abs. 1 InsO geht seinerseits der allgemeineren Regelung des Insolvenzverwalterwahlrechts in § 103 Abs. 1 InsO vor. Folgt man dieser Argumentation, wären **Netting und vertragliche Lösungsklauseln unwirksam,** sofern sie Sachverhalte wesentlich anders regeln, als sie nach dem **Leitbild der gesetzlichen Regelungen** geregelt wären.[7]

7 ■ **Variante 3:** Während bei Variante 2 die zeitliche Vorwegnahme an sich akzeptiert wird (sofern die Rechtsfolgen im Wesentlichen gleich sind), ist bei der dritten Variante schon jede insolvenzanknüpfende Vertragsauflösung und Regelung von Sachverhalten, die ansonsten unter die §§ 103 ff InsO fallen würden, unwirksam. Wie bei Variante 2 ist hier zu prüfen, ob ein Sachverhalt vorliegt, der ansonsten unter die §§ 103 ff InsO fallen

---

4 Netting Opinions zu marktüblichen Rahmenverträgen stützen die angenommene Wirksamkeit von Netting-Vereinbarungen u.a. (1) darauf, dass der Insolvenzverwalter die Masse so hinzunehmen hat, wie er sie antrifft, und zudem marktgerechten Bewertungsmethode wird hingewiesen); *Binder,* Bankeninsolvenz, 444 ff; *Böhm,* Nettingvereinbarungen, 174 ff; *Behrends* in § 6 Rn 53 und zur zweiten Argumentation (Variante 2) zB *Bosch,* Differenz- und Finanztermingeschäfte, 1009, 1039; *Benzler,* Nettingvereinbarungen, 312 f (der von einer Leitbildfunktion des § 104 Abs. 2 InsO spricht); *Kieper,* Abwicklungssysteme, 88 ff; *Luer* in: Uhlenbruck, InsO, § 104 Rn 38.

5 Siehe hierzu § 19 Rn 1 ff.

6 Vgl zu weiteren Nachweisen Fn 4. Zur Anfechtung: Auch wenn es gute Argumente dafür gibt, dass insolvenzanknüpfende Lösungsklauseln zulässig sind und vom Insolvenzverwalter grundsätzlich zu akzeptieren sind, kann wohl nicht davon ausgegangen werden, dass bei dieser Frage generell sowie speziell bei der Beendigung im Zusammenhang mit Netting-Vereinbarungen eine Anfechtung ausgeschlossen ist; vgl zur Diskussion Rn 8 und § 18.

7 Vgl zu weiteren Nachweisen Fn 4 (Variante 2).

würde. Der Unterschied ist jedoch, dass schon die zeitliche Vorwegnahme zu einer Unwirksamkeit führt (auch wenn – später – im Wesentlichen die gleichen Rechtsfolgen eintreten würden).[8]

C. Argumentationsansätze zur Anfechtbarkeit von Netting-Vereinbarungen

Auch wenn man über die Hürde des § 119 InsO hinwegkommt und eine grundsätzlich wirksame Beendigung annimmt, bleiben die **Tatbestände der Insolvenzanfechtung** zu prüfen. Ohne der genaueren Analyse vorzugreifen,[9] lassen sich auch hier **drei Argumentationsansätze** identifizieren. Es wird argumentiert, dass Netting-Vereinbarungen (1) grundsätzlich vor dem Hintergrund aller Anfechtungstatbestände (§§ 130 ff InsO) zu prüfen und bei Vorliegen der jeweiligen Voraussetzungen anfechtbar sind, (2) nur vor dem Hintergrund bestimmter Anfechtungstatbestände (§§ 132 ff InsO) zu prüfen und bei Vorliegen der jeweiligen Voraussetzungen anfechtbar sind und (3) grundsätzlich nicht anfechtbar sind, soweit sie auf Rahmenverträgen beruhen bzw Transaktionen betreffen, die nach § 104 Abs. 2 InsO privilegiert sind.

D. Prüfungsreihenfolge und Argumentationslinien – Graphische Übersicht

Die Prüfungsreihenfolge und denkbaren Argumentationslinien, die sich je nach Auffassung zum Thema § 119 InsO und zur Insolvenzanfechtung ergeben, können graphisch wie folgt verdeutlicht werden („NK" steht für „Nettingklauseln"):

---

8 Vgl beispielsweise *Schwörer*, Lösungsklauseln, Rn 411 ff, der eine sehr weite Auslegung des § 119 InsO propagiert und davon ausgeht, dass die Schutzwirkung des § 119 InsO bereits im Eröffnungsverfahren, dh also ab Antragstellung gilt. So wohl auch *von Hall*, Insolvenzverrechnung, 99 ff, der insbesondere auf eine Ungleichbehandlung der sonstigen Gläubiger durch eine Privilegierung nettingberechtigter Gläubiger verweist. Diese weite Ansicht setzt sich über die systematische Stellung der §§ 103 ff InsO hinweg, die lediglich Regelungen für eröffnete Verfahren beschreiben; sie ist daher abzulehnen.
9 Vgl hierzu § 20.

§ 18 Insolvenzrechtliche Grenzen für Netting-Vereinbarungen – Überblick

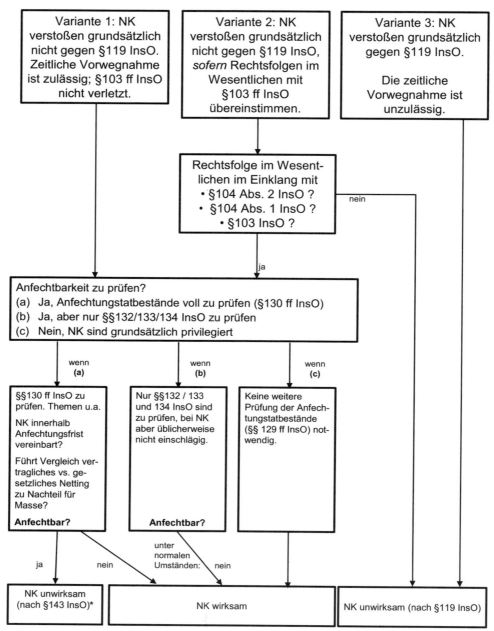

§ 19 Vereinbarkeit von Netting-Vereinbarungen mit § 119 InsO und §§ 103 ff InsO

A. Kein genereller Verstoß von Netting-Vereinbarungen gegen § 119 InsO 1
   I. Gesetzgebungsgeschichte und Rechtsprechung 1
   II. Zwischenergebnis und Zweck der Prüfung von §§ 104 Abs. 2, 104 Abs. 1 und 103 InsO 4
B. Vereinbarkeit mit § 104 Abs. 2 InsO? 6
   I. Anwendungsbereich des § 104 Abs. 2 InsO 8
   II. Vereinbarkeit von Netting-Vereinbarungen mit § 104 Abs. 2 InsO 21
   III. Sonderkonstellationen 27
C. Vereinbarkeit mit § 104 Abs. 1 InsO? 31
D. Vereinbarkeit mit § 103 InsO? 37

A. Kein genereller Verstoß von Netting-Vereinbarungen gegen § 119 InsO

I. Gesetzgebungsgeschichte und Rechtsprechung

Das Argument, dass Netting vor Insolvenzeröffnung vom Insolvenzverwalter in gleicher Weise zu akzeptieren ist wie andere vorher geschaffene Rechts- und Vermögenssituationen, kann auf die gesetzgeberische Vorgeschichte von § 119 InsO sowie auf Rechtsprechung gestützt werden.[1] **1**

Der dem § 119 InsO entsprechende § 137 InsO des Regierungsentwurfs enthielt ursprünglich die Regelung, dass Vereinbarungen, die für den Fall der Eröffnung des Insolvenzverfahrens die Auflösung eines gegenseitigen Vertrages vorsehen oder der anderen Partei das Recht geben, sich einseitig vom Vertrag zu lösen, unwirksam sein sollten. § 137 Abs. 2 InsO wurde jedoch ersatzlos gestrichen.[2] Aus der **Gesetzgebungsgeschichte** folgt damit für die Auslegung von § 119 InsO, dass § 103 ff InsO der Wirksamkeit von Vereinbarungen, die für den Fall der Eröffnung des Insolvenzverfahrens die Auflösung eines gegenseitigen Vertrages vorsehen, grundsätzlich nicht entgegensteht. Geschäfte über Finanzleistungen im Sinne von § 104 Abs. 2 InsO werden per Gesetz zum Zeitpunkt der Eröffnung des Insolvenzverfahrens beendet. Vertragliche Netting-Klauseln müssen daher zeitlich vor der Eröffnung des Verfahrens ansetzen. Würden sie ebenfalls an die Eröffnung des Verfahrens anknüpfen, liefe dies § 104 Abs. 2 InsO entgegen, der wegen § 119 InsO jedoch nicht abänderbar ist.[3] Soweit Verträge kurz vor Eröffnung des Insolvenzverfahrens beendet werden, besteht dieser Konflikt nicht. Beendigungsklauseln sind insoweit **durch den Willen des Gesetzgebers gedeckt**. Dies muss erst recht für Vereinbarungen gelten, die die Auflösung eines gegenseitigen Vertrages bereits für den Fall der Beantragung der Eröffnung des Insolvenzverfahrens bestimmen. Hinzu kommt, dass diese Privilegierung im Anwendungsbereich des § 104 Abs. 2 InsO (dh bei Finanzleistungen, die unter einem Rahmenvertrag abgeschlossen wurden) explizit im Gesetz **2**

---

[1] Vgl umfassende Übersicht zum Meinungsstand (einschließlich Nachweise zu Rechtsprechung und Literatur) bei *von Wilmowsky*, Lösungsklauseln, ZIP 2007, 553 (Nachweise in seinen Fußnoten 1-3).

[2] Hierzu führt der Bericht des Rechtsausschusses aus (Beschlussempfehlung und Bericht des Rechtsausschusses (6. Ausschuss) BT-Drucks. 12/7302 vom 19.4.1994, 170, zu § 137): „Absatz 2 des Regierungsentwurfes ist vom Ausschuss gestrichen worden. Die dort erfassten vertraglichen Vereinbarungen über die Auflösung eines gegenseitigen Vertrages im Falle der Eröffnung eines Insolvenzverfahrens oder der Verschlechterung der Vermögensverhältnisse einer Vertragspartei sollen durch die Insolvenzordnung nicht in ihrer Wirksamkeit eingeschränkt werden. Dass derartige Vereinbarungen mittelbar das Wahlrecht des Insolvenzverwalters einschränken, ist kein ausreichender Grund für einen schwerwiegenden Eingriff in die Vertragsfreiheit. Die Änderung wird dem in der Anhörung des Rechtsausschusses [...] nachdrücklich vertretenen Anliegen der Wirtschaftsverbände gerecht, die auf die sanierungsfeindliche Wirkung der Vorschrift des Regierungsentwurfes hingewiesen haben: Die Unwirksamkeit von Auflösungsklauseln für den Fall der Insolvenz erhöht die Insolvenzgefahr für Unternehmen, die in der kritischen Phase Sanierungsversuche unternehmen; denn potentielle Vertragspartner werden das Risiko der Bindung an den Vertragspartner im Falle der drohenden Insolvenz nicht eingehen. Im internationalen Geschäftsverkehr wird Wert darauf gelegt, dass bei Insolvenz des Vertragspartners die Vertragsauflösung möglich bleibt."

[3] In der Praxis sieht man in den Fällen, die nicht ohnehin schon an die Antragstellung anknüpfen, teils Formulierungen, die eine Beendigung zB „einen Tag" vor der Verfahrenseröffnung annehmen.

zum Ausdruck kommt. Der Gesetzeswortlaut erwähnt mit Blick auf übliche Rahmenverträge ausdrücklich Vereinbarungen, die eine Beendigung bereits „bei Vorliegen eines Insolvenzgrundes" vorsehen.[4]

3 Die Auffassung, dass Netting-Vereinbarungen mit § 103 InsO vereinbar sind, wird zudem durch die **Rechtsprechung** zu insolvenzanknüpfenden Lösungsklauseln gestützt. Vertragsbestimmungen, die für den Fall der Insolvenzeröffnung über das Vermögen einer Partei der anderen Partei ein Kündigungsrecht einräumen, werden durch die Rechtsprechung als wirksam anerkannt, auch wenn in der neueren Literatur hierzu teilweise eine andere Auffassung vertreten wurde.[5] Der Bundesgerichtshof hat sich mit dieser Thematik in einer Entscheidung aus dem Jahre 1985 eingehend auseinandergesetzt und festgestellt, dass auch im Falle einer Insolvenz gekündigt werden kann, sofern die Rechtsfolgen mit der Insolvenz vereinbar sind.[6] Zur Begründung verwies das Gericht auf den in ständiger Rechtsprechung[7] anerkannten Grundsatz, dass der Konkursverwalter den Bestand der Masse (also auch einen beiderseitigen nicht voll erfüllten Vertrag) in dem Zustand hinnehmen muss, in dem er sich zur Zeit der Konkurseröffnung befindet, sofern eine Anfechtung ausscheidet und andere Nichtigkeitsgründe fehlen.[8]

II. Zwischenergebnis und Zweck der Prüfung von §§ 104 Abs. 2, 104 Abs. 1 und 103 InsO

4 Im Ergebnis sprechen sehr gute Argumente dafür, dass auch Netting-Vereinbarungen als spezielle insolvenzanknüpfende Lösungsklauseln wirksam sind und nicht gegen § 119 verstoßen, sofern ihre Wirkungen vor Eröffnung des Insolvenzverfahrens greifen. Da die §§ 103 ff InsO nur für eröffnete Verfahren gelten, spricht zudem viel dafür, dass es bei diesem Ergebnis nicht darauf ankommen kann, ob das vertraglich erreichte Ergebnis im Wesentlichen den Rechtsfolgen entspricht, die nach §§ 103 ff InsO (und bei Finanzderivaten insbesondere nach § 104 Abs. 2 InsO) geschaffen worden wären.[9] Dieses Ergebnis könnte grundsätzlich auch auf § 94 InsO gestützt werden, der die Aufrechnung von gegenseitigen Ansprüchen in der Insolvenz regelt und privilegierend festlegt, dass ein vertragliches oder gesetzliches Aufrechnungsrecht des Insolvenzgläubigers durch die Eröffnung des Insolvenzverfahrens nicht berührt wird.

5 Eine Prüfung der Vereinbarkeit von Netting-Vereinbarungen mit den §§ 103 ff InsO würde sich somit erübrigen. Im Folgenden soll jedoch trotzdem untersucht werden, ob bzw inwieweit Netting-Vereinbarungen von §§ 104 Abs. 2, 104 Abs. 1 bzw 103 InsO erfasst werden und mit diesen vereinbar sind. Diese **Prüfung ist aus drei Gründen relevant:** (1) Sofern die Lösungsklausel, aus welchen Gründen auch immer, nicht zu einer Beendigung und Netting

---

4 Vgl § 104 Abs. 2 S. 3 InsO; vgl zu dieser Argumentation auch *Binder*, Bankeninsolvenz, 444 f; zum Hintergrund der Änderung des Wortlautes der Norm durch die Finanzsicherheiten-Richtlinie siehe § 14 Fn 15.
5 *Hess*, Konkursordnung, § 17 Rn 1; *Marotzke*, in: Kreft, Insolvenzordnung, § 119 Rn 3, 4; *Balthasar*, in: Nerlich/Römermann, Insolvenzordnung, § 119 Rn 15; *Tintelnot*, in: Kübler/Prütting/Bork, Insolvenzordnung, § 119 Rn 15 ff.
6 BGH, Urt. vom 26.9.1985, VII ZR 19/85, BGHZ 96, 34, 37 = NJW 1986, 255, 256.
7 RG, Urt.l vom 23.11.1926, III 540/25, RGZ 115, 271, 273 f; BGH, Urt. vom 28.2.1957, VII ZR 204/56, BGHZ 24, 15, 18 = NJW 1957, 791, 791; BGH, Urt. vom 6.5.1965, II ZR 217/62, BGHZ 44, 1, 4; BGH, Urt. vom 27.5.1971, VII ZR 85/69, BGHZ 56, 228, 230, 232 = NJW 1971, 1750, 1750.
8 BGH, Urt. vom 26.9.1985, VII ZR 19/85, BGHZ 96, 34, 37 = NJW 1986, 255, 256; vgl zur Argumentation die zusammenfassende Darstellung bei *Jahn*, in: Münchener Kommentar zur Insolvenzordnung, Band 2, § 104.
9 Wie hier *Binder*, Bankeninsolvenz, 444 ff; *Böhm*, Nettingvereinbarungen, 174 ff; *Obermüller*, Insolvenzrecht, Rn 8.365 ff; *Hengeler Mueller*, Memorandum of Law, 45 ff (auf die Vereinbarkeit der Rechtsfolgen mit denen der gesetzlichen Regelungen (insbesondere § 104 Abs. 3 InsO) wird jedoch hingewiesen, vgl aaO, 48).

vor der Eröffnung des Verfahrens führt, kommt es für Verträge im Anwendungsbereich von §§ 103 ff InsO zu gesetzlichen Rechtsfolgen (zB gesetzliches Netting von Finanzleistungen nach § 104 Abs. 2 und 3 InsO). Abweichende, erst später greifende vertragliche Netting-Klauseln wären insoweit unwirksam. Die Privilegierung des § 94 InsO würde in diesen Fällen mangels Aufrechnungsberechtigung bei Insolvenzeröffnung nicht greifen. (2) Zu Netting-Vereinbarungen gibt es keine Rechtsprechung. Es kann daher nicht mit absoluter Sicherheit davon ausgegangen werden, dass ein Gericht das eben dargestellte Ergebnis zu § 119 InsO (das der in § 18 Rn 5 dargestellten Variante 1 entspricht) teilen oder sein Ergebnis davon abhängig machen würde, ob vertragliche Netting-Vereinbarungen wesentlich von den gesetzlichen Rechtsfolgen abweichen (diese Ansicht entspräche der in § 18 Rn 6 dargestellten Variante 2). (3) Zuletzt hat eine genaue Prüfung des Anwendungsbereiches von §§ 104 Abs. 2, 104 Abs. 1 und § 103 InsO auch für die Anfechtungsprüfung Bedeutung. Wie zu zeigen sein wird, kommt es bei der Anfechtungsprüfung auf einen Vergleich zwischen der Rechtslage mit vertraglichem Netting und der Rechtslage ohne vertragliches Netting an. Dafür wäre die durch Gesetz geschaffene Rechtslage der Vergleichsmaßstab.[10]

B. Vereinbarkeit mit § 104 Abs. 2 InsO?

§ 104 Abs. 2 InsO trifft keine unmittelbare Aussage zur Zulässigkeit vertraglicher Netting-Vereinbarungen, wie sie in marktüblichen Rahmenverträgen enthalten sind. Die Norm regelt vielmehr, dass die dort genannten Geschäfte bei Eröffnung des Insolvenzverfahrens kraft Gesetzes beendet und die Erfüllungsansprüche aus den einzelnen Geschäften durch eine Ausgleichsforderung ersetzt werden. Diese ist nach Maßgabe von § 104 Abs. 3 InsO zu ermitteln.[11]

Im Hinblick auf einen möglichen Verstoß der Netting-Vereinbarung gegen § 104 Abs. 2 InsO stellt sich zunächst die Frage, inwieweit die jeweils zugrunde liegenden Geschäfte in den Anwendungsbereich des § 104 Abs. 2 InsO fallen und ob Netting-Vereinbarungen für Geschäfte im Anwendungsbereich von § 104 Abs. 2 InsO mit der Vorschrift vereinbar sind.

I. Anwendungsbereich des § 104 Abs. 2 InsO

§ 104 Abs. 2 InsO gilt für Geschäfte über Finanzleistungen, die einen Markt- oder Börsenpreis haben und für die eine bestimmte Zeit oder Frist vereinbart ist, sofern die Zeit oder der Ablauf der Frist nach Eröffnung eines Insolvenzverfahrens eintritt.[12]

1. Finanzleistungen:

§ 104 Abs. 2 InsO zählt eine Reihe von **Finanzleistungen** auf, zu denen insbesondere (1) die Lieferung von Edelmetallen, (2) die Lieferung von Wertpapieren oder vergleichbaren Rechten, (3) Geldleistungen in ausländischer Währung, (4) von Wechselkursen, Zinsen oder anderen Gütern und Leistungen abhängige Geldleistungen, (5) Optionen auf diese Lieferungen oder Geldleistungen und (6) Finanzsicherheiten im Sinne von § 1 Abs. 17 KWG gehören. Diese Aufzählung ist, wie sich aus der Formulierung des Gesetzes ergibt („als Finanzleistungen gelten insbesondere"), nur beispielhaft. Sie hat zum Ziel, alle in der Praxis gebräuchlichen Finanz- bzw Finanztermingeschäfte zu erfassen. Einen guten Überblick über gängige Finanz- bzw Finanztermingeschäfte, der zugleich als

---

10 Vgl zu diesem Vergleich § 20 Rn 13 ff.
11 Da die Ausgleichsforderung kraft Gesetzes entsteht, ist sie auf Zahlung in inländischer Währung gerichtet; vgl Beschlussempfehlung und Bericht des Rechtsausschusses (6. Ausschuss), BT-Drucks. 12/7302 vom 19.4.1994, 168, zu § 118.
12 Vgl zu den Voraussetzungen von § 104 Abs. 2 InsO beispielsweise *Ehricke*, Finanztermingeschäfte, ZIP 2003, 274–276; *Jahn*, in: Schimansky/Bunte/Lwowski, Bankrechts-Handbuch, § 114 Rn 138 ff.

Basis für Netting-Gutachten dient, bietet der Bundesverband deutscher Banken mit seiner im Internet veröffentlichten Geschäftstypenliste.[13] Folgende Ausnahmefälle und Besonderheiten sind jedoch zu beachten:

10 Aktiengeschäfte, deren Ziel die **dauerhafte Beteiligung an einer Aktiengesellschaft** ist, fallen nicht unter § 104 Abs. 2 InsO. Diese Einschränkung ergibt sich direkt aus § 104 Abs. 2 S. 2 Nr. 2 InsO und ist immer dann zu beachten, wenn größere Aktienpakete mit dem Motiv erworben werden, diese Aktien zu halten. Da es dabei auch um Motive der Beteiligten geht, dürfte die Abgrenzung im Einzelfall oft schwierig sein.

11 Die Regelung des § 104 Abs. 2 InsO gilt nicht für Geschäfte, die **physisch abgewickelte Warenlieferungen** zum Gegenstand haben. Dies folgt aus der Tatsache, dass lediglich Geschäfte über die Lieferung von Edelmetallen und Wertpapieren erfasst sind und § 104 Abs. 2 InsO Waren nicht erwähnt. Auf physische Lieferung gerichtete Warengeschäfte, die zB unter dem ISDA Master Agreement denkbar sind,[14] fallen daher nicht in den Anwendungsbereich des § 104 Abs. 2 InsO. In diesen Fällen kann jedoch, je nach Ausgestaltung des Vertrages, unter Umständen § 104 Abs. 1 InsO einschlägig sein, der im Wesentlichen die gleichen Rechtsfolgen hat. Zu beachten ist, dass Geschäfte über die Lieferung von Edelmetallen Finanzleistungen und nicht Warengeschäfte sind (vgl § 104 Abs. 2 S. 2 Nr. 1 InsO). Unklar ist lediglich, wie weit der Begriff der Edelmetalle zu fassen ist. Gold, Silber und Platin sind unstreitig Edelmetalle. Dies gilt jedoch auch für weitere, seltener gehandelte Edelmetalle wie etwa Palladium.[15]

12 Ebenfalls nicht erfasst sind **Wetterderivate**, die zwar auf Geldleistung gerichtet sind, deren Basis aber Wetterdaten und damit keine in § 104 Abs. 2 S. 2 InsO aufgeführten Güter oder Leistungen sind. Dasselbe gilt für die von Versicherungen bzw Rückversiche-

---

13 Abzurufen unter: http://www.bankenverband.de/downloads/2003/4b-geschaeftstypenliste.pdf/view.
14 Auch wenn sowohl das 1992 als auch das 2002 ISDA Master Agreement primär für Finanzprodukte genutzt werden, sind auch physisch abgewickelte Warengeschäfte denkbar. Zu den von ISDA veröffentlichten Verträgen bzw Definitionssammlungen gehören beispielsweise (i) der European Gas Annex for use with the 1992 ISDA Master Agreement, (ii) der European Gas Annex for use with the 2002 ISDA Master Agreement, (iii) die Confirmation of OTC Physically Settled EU Emissions Allowance Transaction (Short Form), (iv) die 2005 ISDA Commodity Definitions (die u.a. Forms of a Part 6 to the Schedule enthalten, mit denen die Gashandelsverträge NBP 1997 (für den Gashandels-Hub in England) und ZBT 2004 (für den Gashandels-Hub in Zeebrugge) einbezogen werden können) sowie (v.) der im Oktober 2009 veröffentlichte Revised 2009 ISDA Global Physical Coal Annex.
15 So auch *Jahn*, in: Münchener Kommentar zur Insolvenzordnung, Band 2, § 104 Rn 60; soweit in der Kommentarliteratur lediglich auf Gold, Silber und Platin abgestellt wird (vgl zB *Köndgen*, in: Kübler/Prütting/Bork, Insolvenzordnung, § 104 Rn 25), dürfte dies wohl auf die mangelnde Bekanntheit von (Finanz-)Transaktionen mit anderen Edelmetallarten zurückzuführen sein und nicht als Ausgrenzung der oben genannten Edelmetallarten verstanden werden. Zum einen fallen diese Metallarten aus chemischer Sicht unter den Begriff „Edelmetall". Platin sowie die oben genannten weiteren Edelmetalle sind Elemente der Gruppen 8 bis 10 der 5. und 6. Periode, die als Platinmetalle bezeichnet werden (Ru, Os, Rh, Ir, Pd, Pt). Zum anderen sind diese Metalle auch von der Preis-, Handels- und Lagerstruktur weitgehend mit Gold, Silber und Platin vergleichbar. Entsprechende Transaktionen (Terminlieferungen, Platinmetalle als Sicherheiten, Repo-Geschäfte etc.) sind daher als Finanzleistungen kategorisierbar. Diese Argumentation gilt nicht für Halbedelmetalle wie Kupfer oder andere sehr hochpreisige Waren wie Uran, auch wenn insbesondere atomare Brennstoffe bisweilen Gegenstand von Termingeschäften oder Repo-Geschäften mit Finanzierungscharakter sind.

rungen hin und wieder abgeschlossenen **Erdbebenderivate**[16] sowie für **Lebenserwartungs-Derivate**.[17]

Anders verhält es sich dagegen mit **Frachtkapazitäts-Derivaten, Inflationsderivaten** sowie mit anderen Derivaten, die an **makro-ökonomische Rahmendaten geknüpft** sind (sofern diese einen Bezug zu Gütern oder Leistungen haben). In diesen Fällen bestimmt sich eine Geldleistung direkt bzw indirekt nach dem Preis anderer Güter oder Leistungen (vgl § 104 Abs. 2 Nr. 4 InsO).

Trotz wachsender Bedeutung des Handels von CO_2-**Emissionszertifikaten** unter diversen Rahmenverträgen[18] wurde die Frage, ob der Handel mit diesen Zertifikaten eine Finanzleistung im Sinne von § 104 Abs. 2 InsO ist, in der Literatur kaum besprochen.[19] Dafür, dass dem so ist, sprechen einige Argumente. Zertifikate werden auf Basis üblicher Rahmenverträge gehandelt und geben dem Inhaber das Recht, in einem bestimmten Zeitraum durch Betrieb bestimmter Anlagen eine bestimmte Menge an CO_2 zu emittieren.[20] Nach intensiven Diskussionen während des Gesetzgebungsprozesses und einem Austausch von Argumenten zwischen Vertretern aus dem Lager der Finanzaufsicht[21] und insbesondere der Energiebranche[22] hat der Gesetzgeber in § 7 Abs. 5 TEHG klargestellt, dass Emissionsberechtigungen nicht als Finanzinstrumente im Sinne des KWG gelten. Der Handel mit Emissionsberechtigungen selbst fiel daher nicht unter die Finanzaufsicht nach dem KWG. Diese Entscheidung war begrüßenswert, da sie eine für die Liquidität des Spot-Marktes wichtige aufsichtsrechtliche Klarstellung schaffte. Um bei strukturierten Produkten wie beispielsweise Derivaten auf Berechtigungen trotzdem dem Schutzbedürfnis von Anlegern gerecht zu werden, sollte das KWG gem. § 15 S. 2 TEHG der bis zum 31.10.2007 geltenden Fassung[23] ursprünglich aber auf **Termingeschäfte** anwendbar bleiben, deren Preis unmittelbar oder mittelbar von dem Börsen- oder Marktpreis

---

16 Bei diesen Instrumenten verspricht ein Absicherungsverkäufer einem Absicherungskäufer eine Zahlung für den Fall, dass es während eines bestimmten Zeitraumes in einem bestimmten Gebiet ein Erdbeben mit einer vereinbarten Mindeststärke gibt. Diese Instrumente können auf Grundlage normaler Rahmenverträge mit Hilfe von kreditderivateähnlichen Einzelbestätigungen dokumentiert werden (nur dass statt eines Kreditereignisses ein messbares Naturereignis als Auszahlungsvoraussetzung für die Floating Amounts vereinbart wird). Wie bei Wetterderivaten ist von zentraler Bedeutung, dass es verlässliche Daten unabhängiger Stellen gibt, auf die das Derivat gestützt werden kann.
17 Bei den sogenannten Longevity Derivatives wird eine Auszahlung von statistischen Daten zur Lebenserwartung abhängig gemacht. Diese Instrumente eignen sich beispielsweise für Versicherungen oder Pensionskassen, die sich gegen eine steigende Lebenserwartung absichern wollen (vgl zB *Tett/Chung*, Death and the Salesmen, FT Magazine, 24./25.2.2007, 27–31).
18 Mittlerweile haben mehrere Organisationen Rahmenverträge bzw Anhänge oder Muster-Confirmations für den bilateralen Handel mit CO_2-Emissionszertifikaten veröffentlicht. Dies sind u.a. die International Emissions Trading Association (IETA), deren weltweite Mitgliedschaft sich aus verschiedenen Branchen rekrutiert, die European Federation of Energy Traders (EFET) mit Mitgliedern aus dem Bereich der europäischen Energiewirtschaft, die International Swaps and Derivatives Association (ISDA) und der Bundesverband deutscher Banken (BdB); vgl zu den Musterverträgen von IETA, EFET und ISDA *Fried*, in: Schwintowski (Hrsg.), Energiehandel, Rn 448 ff.
19 *Benzler/Gallei*, Aufsichtsrechtliche Aspekte des Handels mit Emissionsberechtigungen und Derivaten, ET 2005, 267 erörtern das Thema lediglich am Rande. Der Schwerpunkt der Abhandlung liegt im aufsichtsrechtlichen Bereich, dessen Qualifikationen jedoch nicht auf die insolvenzrechtliche Einordnung übertragbar sind.
20 Vgl zu CO_2-Emissionszertifikaten als Handelsgegenstand *Fried*, in: Schwintowski (Hrsg.), Energiehandel, Rn 436 ff.
21 Vgl *Wallat*, Emissionshandel, ET 2003, 180 ff.
22 Vgl *Sommer*, Emissionszertifikate, ET 2003, 186 ff.
23 § 15 TEHG aF lautet wie folgt: „Berechtigungen nach diesem Gesetz gelten nicht als Finanzinstrumente im Sinne von § 1 Abs. 11 des Kreditwesengesetzes. Derivate im Sinne des § 1 Abs. 11 S. 4 des Kreditwesengesetzes sind auch Termingeschäfte, deren Preis unmittelbar oder mittelbar von dem Börsen- oder Marktpreis von Berechtigungen abhängt".

von Berechtigungen abhängt.[24] Die Aussage des § 15 S. 2 TEHG aF ist nunmehr für die 2. Handelsperiode gestrichen worden.[25] Grund hierfür ist jedoch nicht die Absicht des Gesetzgebers, Derivate auf Emissionsberechtigungen generell vom Anwendungsbereich des KWG und damit von der Erlaubnispflicht auszunehmen.[26] Durch die ausdrückliche Aufnahme von Emissionsberechtigungen in den wesentlich erweiterten Derivatebegriff unter § 1 Abs. 11 S. 4 Nr. 2 KWG bzw § 2 Abs. 2 b iVm Abs. 2 Nr. 2 WpHG und die ausführliche Regelung erlaubnispflichtiger Tatbestände im KWG könnte eine Erwähnung im TEHG allenfalls eine klarstellende Wirkung haben.[27] Die Streichung war daher sinnvoll.

Auch wenn die aufsichtsrechtliche Qualifikation für die Einschätzung von Zertifikaten und Derivaten auf Zertifikate interessant ist, hat der Begriff der Finanzleistung im Sinne von § 104 Abs. 2 InsO jedoch eine andere Zielrichtung und bedarf einer **eigenen insolvenzrechtlichen Qualifikation**. Der Anwendungsbereich von § 104 Abs. 2 InsO ist sehr weit und bei der Liste der Finanzleistungen handelt es sich um eine exemplarische Aufzählung. Aufgrund der Ausgestaltung als handelbare Instrumente, die Rechte repräsentieren, könnte man argumentieren, dass Zertifikate an sich (bei physischer Lieferung) als mit Wertpapieren vergleichbare Rechte gem. § 104 Abs. 2 S. 2 Nr. 2 InsO gelten.[28] Gesetzgeberischer Zweck von § 104 Abs. 2 InsO ist zudem, anders als beim KWG, nicht der Schutz von Anlegern, sondern die Sicherheit des solventen Vertragspartners. Dieser soll sich bei Vertragsbeendigung wegen eines erhöhten Kostenrisikos bei Ersatzgeschäften auf die Beendigung des Vertrages verlassen können. Wie bei Fixgeschäften soll der Vertrag daher nicht mehr von ihm erfüllt werden müssen; der Insolvenzverwalter soll nur den Ausgleich des Unterschiedes zwischen dem vereinbarten Preis und dem Markt- oder Börsenpreis verlangen können.[29] Diese Interessenlage ist auch bei Zertifikaten ge-

---

24 Zu den Abgrenzungsproblemen, die der Begriff „Termingeschäft" mit sich bringt vgl *Maslaton*, Treibhausgas-Emissionshandelsgesetz – Handkommentar, 1. Auflage, § 15 Rn 18; zur Frage, ob (analog zur Regelung für Stromtermingeschäfte) auf physische Abwicklung gerichtete Termingeschäfte mit Berechtigungen erlaubnisfrei möglich sein sollen, vgl *Schweer/von Hammerstein*, Treibhausgas-Emissionshandelsgesetz (TEHG), 1. Auflage, § 15 Rn 11 f, die dies im Ergebnis verneinen sowie *Sommer/Kons*, in: Horstmann/Cieslarczyk, Energiehandel, 2006, Kapitel 15 Rn 95 ff, die hier eine rasche Klarstellung durch die BaFin für wünschenswert halten.
25 § 15 wurde durch das Gesetz zur Umsetzung der Richtlinie über Märkte für Finanzinstrumente und der Durchführungsrichtlinie der Kommission (Finanzmarktrichtlinie-Umsetzungsgesetz – FRUG) vom 16.07.2007 (BGBl. I, S. 1330) neu gefasst und lautete bis zum 27.7.2011 wie folgt: „Berechtigungen nach diesem Gesetz sind keine Finanzinstrumente im Sinne des § 1 Abs. 11 des Kreditwesengesetzes oder des § 2 Abs. 2 b des Wertpapierhandelsgesetzes.", mit Neufassung des TEHG vom 28.7.2011 wurde die Regelung des § 15 TEHG inhaltsgleich in § 7 Abs. 5 TEHG überführt; vgl zur nach dem 1.11.2007 geltenden Rechtslage *Frenz*, in: Frenz, Emissionshandelsrecht, § 15 Rn 8.
26 So jedoch *Frenz*, in: Frenz, Emissionshandelsrecht, § 15 Rn 9.
27 Die Begründung des Gesetzentwurfs der Bundesregierung zum Finanzmarktrichtlinie-Umsetzungsgesetz (BT-Drucks. 16/4028 vom 12.1.2007, 10) führt zur Änderung des Begriffes „Derivate" in § 2 Abs. 2 WpHG wie folgt aus: „Die in Anhang I Abschnitt C Nr. 10 genannten Derivate auf Emissionsberechtigungen sind – wie auch § 15 S. 2 des Treibhausgasemissions-Handelsgesetzes vom 8.7.2004 (BGBl. I S. 1578) für die deutschen Kreditwesengesetzes klarstellt – bereits bislang als Finanzinstrumente anzusehen. Terminkontrakte auf Klima- oder sonstige Naturvariablen (Wetterderivate), Frachtsätze, Inflationsraten oder sonstige volkswirtschaftlichen Variablen sowie auf sonstige Vermögenswerte, Indices und Messwerte fielen bislang hingegen nicht unter den Begriff der Derivate. Sie werden nun ebenfalls erfasst."
28 Vgl zur Argumentation (im Zusammenhang mit der KWG Analyse) *Wallat*, Emissionshandel, ET 2003, 180 ff, die zwar wegen des öffentlich-rechtlichen Charakters die Einordnung als Schuldverschreibung nach § 793 BGB ablehnt, trotzdem jedoch davon ausgeht, dass Zertifikate ein mit einer Schuldverschreibung vergleichbares Wertpapier (im Sinne von § 1 Abs. 11 S. 2 Nr. 2 KWG) sind.
29 Vgl Gesetzentwurf der Bundesregierung, BT-Drucks. 12/2443 vom 15.4.1992, 145; in der Begründung zum Vorgängertext des § 104 Abs. 2 InsO wird ausgeführt, dass bei Finanzleistungen, ähnlich wie bei Fixgeschäften, für die solvente Partei ein Interesse daran besteht, ein Wahlrecht des Verwalters auszuschließen. So sollen Unsicherheiten und Spekulationen über die künftige Entwicklung vermieden werden.

geben; ein solventer Käufer beispielsweise ist darauf angewiesen, Ersatzkäufe zu tätigen, da Zertifikate starken Preisschwankungen unterliegen können und den Käufer bei nicht rechtzeitiger Eindeckung darüber hinaus auch zusätzliche „Strafgebühren" (vgl § 30 Abs. 1 TEHG; sogenannte „Excess Emission Penalties" oder „EEPs") treffen können, sofern er die Zertifikate zur „Bezahlung" von Emissionen benötigt und am Fälligkeitstag nicht vorlegen kann. Wenn man dieser Argumentation folgt, wären auch finanziell abgewickelte Derivate auf Zertifikate auf Basis von § 104 Abs. 2 Nr. 5 iVm Abs. 2 Nr. 2 InsO Finanzleistungen. Sofern man dieser Argumentation nicht folgt, ist bei finanziell abgewickelten Derivaten immerhin eine Finanzleistung auf Basis von § 104 Abs. 2 Nr. 4 denkbar, wenn es sich bei Zertifikaten um „andere Güter oder Leistungen" handelt.[30]

In der Praxis haben **Kreditderivate** immer noch eine große Bedeutung, auch wenn die Volumina seit der Finanzkrise deutlich zurückgegangen sind.[31] Während die Anwendbarkeit von § 104 Abs. 2 InsO auf Kreditderivate anfänglich noch wegen der mangelnden Liquidität (und des daher fehlenden Tatbestandsmerkmales Markt- oder Börsenpreis) zurückhaltend beurteilt wurde,[32] wird für die meisten Arten von Kreditderivaten mittlerweile angenommen, dass diese Finanzleistungen im Sinne von § 104 Abs. 2 InsO darstellen.[33]

2. Markt- oder Börsenpreis:

Voraussetzung für die Anwendbarkeit des § 104 Abs. 2 InsO ist, dass Geschäfte über Finanzleistungen vorliegen, die einen Markt- oder Börsenpreis haben. Nach dem Bericht des Rechtsausschusses ist der Begriff des Markt- oder Börsenpreises weit zu verstehen. Entscheidend sei die Möglichkeit, sich anderweitig einzudecken.[34] Ein Geschäft über Finanzleistungen hat bereits insbesondere dann einen Marktpreis, wenn die Möglichkeit besteht, das Geschäft durch ein oder mehrere Gegengeschäfte glattzustellen. Dies dürfte bei den meisten Arten von Finanztermingeschäften der Fall sein.

3. Bestimmte Zeit oder Frist nach Eröffnung:

Der Tatbestand setzt ferner voraus, dass für die Finanzleistung eine bestimmte Zeit oder bestimmte Frist vereinbart war. Abweichend von § 104 Abs. 1 InsO verlangt § 104 Abs. 2 InsO somit nicht, dass es sich bei dem Geschäft um ein Fixgeschäft handelt. Nicht schädlich ist auch, wenn der Leistungszeitpunkt aus einem Derivat (wie zB bei einer amerikanischen Option oder bei Kreditderivaten) noch nicht bekannt ist. Dies gilt

---

30 So *Benzler/Gallei*, Aufsichtsrechtliche Aspekte des Handels mit Emissionsberechtigungen und Derivaten, ET 2005, 267; aA *Jahn*, in: Münchener Kommentar zur Insolvenzordnung, Band 2, § 104 Rn 136 mit Verweis auf Rn 134, der davon ausgeht, dass mangels Ableitung der Geldleistung von „anderen Gütern oder Leistungen" eine Anwendung von § 104 Abs. 2 S. 2 Nr. 4 InsO nicht möglich ist.
31 Nach dem ISDA Mid-Year 2010 Market Survey betrug Mitte 2010 das Nominal-Volumen bilateraler Kreditderivate immer noch USD 26,3 Billionen (nach USD 31,2 Billionen Mitte 2009, USD 38,6 Billionen Ende 2008 und USD 54,6 Billionen Mitte 2008), vgl ISDA Pressemitteilung vom 25.10.2010.
32 Vgl beispielsweise *Nordhues/Benzler*, Kreditderivate, WM 1999, 461, 470.
33 Vgl beispielsweise *Jahn*, in: Münchener Kommentar zur Insolvenzordnung, Band 2, § 104 Rn 100 ff mwN. Diese Einschätzung wird durch die erweiterte Definition von Finanzinstrumenten und Derivate des neugefassten KWG bekräftigt (vgl § 2 Abs. 11 [Nr. 4 der Definition „Termingeschäfte"] des KWG in der Fassung des Gesetzes zur Umsetzung der Richtlinie über Märkte für Finanzinstrumente und der Durchführungsrichtlinie der Kommission (Finanzmarktrichtlinien-Umsetzungsgesetz), BGBl. 2007, Teil I, Nr. 31, S. 1330 (vom 19.7.2007)). Danach gehören zu den Derivaten nunmehr folgende Termingeschäfte: „als Kauf, Tausch oder anderweitig ausgestaltete Festgeschäfte oder Optionsgeschäfte, die zeitlich verzögert zu erfüllen sind und dem Transfer von Kreditrisiken dienen (Kreditderivate)".
34 Beschlussempfehlung und Bericht des Rechtsausschusses (6. Ausschuss), BT-Drucks. 12/7302 vom 19.4.1994, 168; siehe auch *Bosch*, Finanztermingeschäfte, WM 1995, 413, 417 f.

§ 19 Vereinbarkeit von Netting-Vereinbarungen mit § 119 InsO und §§ 103 ff InsO

jedoch nur, soweit die Frist, innerhalb derer diese Leistungspflicht entstehen kann, genau definiert ist.[35]

18 § 104 Abs. 2 InsO findet aber dann keine Anwendung, wenn alle aus dem Geschäft geschuldeten Finanzleistungen im Zeitpunkt der Eröffnung des Insolvenzverfahrens **bereits fällig** waren oder **Geschäfte auf eine unbestimmte Zeit** abgeschlossen wurden.

19 4. Gegenseitige Verträge:

Für beiderseits nicht vollständig erfüllte gegenseitige Verträge sieht § 103 InsO ein Wahlrecht des Insolvenzverwalters vor. Er kann die Erfüllung verlangen oder verweigern. Aus diesem Grund gilt § 104 Abs. 2 InsO, der eine Spezialregelung zu § 103 InsO darstellt, nur für gegenseitige Verträge, die im Zeitpunkt der Eröffnung des Insolvenzverfahrens von keiner Partei vollständig erfüllt sind.[36] Vor diesem Hintergrund ist fraglich, ob Optionsgeschäfte, die vom Optionskäufer mit Zahlung der Prämie bereits vollständig erfüllt wurden, unter § 104 Abs. 2 InsO fallen können.

20 In Zweifelsfällen kann jedoch uU die gesetzliche Gegenseitigkeitsfiktion für Einzeltransaktionen unter einem Rahmenvertrag helfen. Gemäß § 104 Abs. 2 S. 3 InsO gilt:

Sind Geschäfte über Finanzleistungen in einem Rahmenvertrag zusammengefasst, für den vereinbart ist, dass er bei Vorliegen eines Insolvenzgrundes nur einheitlich beendet werden kann, so gilt die Gesamtheit dieser Geschäfte als ein gegenseitiger Vertrag im Sinne der §§ 103, 104 [InsO].

II. Vereinbarkeit von Netting-Vereinbarungen mit § 104 Abs. 2 InsO

21 Gemäß § 119 InsO sind Vereinbarungen, durch die im Voraus die Anwendung der §§ 103–118 InsO ausgeschlossen oder beschränkt wird, unwirksam. Dabei stellt sich die Frage, welche Abweichungen des vertraglichen Nettings vom gesetzlichen Netting nach § 104 Abs. 2 InsO existieren und ob diese eine relevante Beschränkung darstellen.

22 1. Verstoß gegen vorgesehenes Timing:

Die Netting-Vereinbarungen der Rahmenverträge (automatische Beendigung bei bzw im Vorfeld der Insolvenz) bewirken eine vorzeitige Beendigung der Einzelabschlüsse, so dass die tatsächlichen Voraussetzungen von § 104 Abs. 2 InsO nicht eintreten können. Es stellt sich daher die Frage, ob bereits durch diese zeitliche Vorverlagerung **§ 104 Abs. 2 InsO** auf unzulässige Weise umgangen wird. Hiergegen spricht die gesetzgeberische Vorgeschichte. Der Regierungsentwurf zu § 119 InsO enthielt wie beschrieben[37] eine ausdrückliche Regelung für Vereinbarungen, die für den Fall der Eröffnung des Insolvenzverfahrens die Auflösung eines gegenseitiges Vertrages vorsehen.

23 2. Verstoß gegen vorgesehene Berechnungsweise:

Ein Verstoß könnte allerdings auch in einer Abweichung der Netting-Vereinbarungen (Ermittlung des Beendigungsbetrages) gegenüber § 104 Abs. 3 InsO liegen. § 104 Abs. 3 S. 1 InsO war in seiner ursprünglichen Fassung zunächst eng gefasst und bezog sich auf

---

[35] Soweit bei Kreditderivaten davon ausgegangen wird, dass hier eine zeitliche Unbestimmtheit der Leistung vorliegt, wird übersehen, dass § 104 Abs. 2 InsO im Vergleich zu § 104 Abs. 1 InsO nach dem Willen des Gesetzgebers erweiternd wirken will, dh gerade keine „genau" und „fest" bestimmte Zeit oder Frist für die Leistung verlangt (vgl Gesetzentwurf der Bundesregierung, BT-Drucks. 12/2443 vom 15.4.1992, 145); ein Endzeitpunkt für mögliche Leistung, der bei praktisch allen Kreditderivaten (zB in Form eines Scheduled Termination Date oder Scheduled Maturity Date) vereinbart ist, reicht daher aus. Ein weiteres Argument ist, dass auch Optionen in § 104 Abs. 2 S. 2 Nr. 5 InsO erwähnt werden, für die die gleiche Unbestimmtheit der konkreten Leistung (innerhalb einer Optionsfrist) gilt.
[36] *Bosch*, Finanztermingeschäfte, WM 1995, 413, 415.
[37] Siehe Rn 2.

die Forderung wegen Nichterfüllung im Sinne des § 104 Abs. 2 InsO, wonach der „Unterschied zwischen dem vereinbarten Preis und dem Markt- oder Börsenpreis, der am zweiten Werktag nach Eröffnung des Verfahrens am Erfüllungsort für einen Vertrag mit der vereinbarten Erfüllungszeit maßgeblich ist".

Hier wurde im Zuge der Umsetzung der **Finanzsicherheitenrichtlinie** 2002/47/EG[38] eine Erleichterung geschaffen, die für vertragliche Netting-Klauseln bewusst mehr Freiräume schuf. § 104 Abs. 3 S. 1 InsO wurde wie folgt geändert:

Die Forderung wegen Nichterfüllung richtet sich auf den Unterschied zwischen dem vereinbarten Preis und dem Markt- oder Börsenpreis, der zu einem von den Parteien vereinbarten Zeitpunkt, spätestens jedoch am fünften Werktag nach der Eröffnung des Verfahrens am Erfüllungsort für einen Vertrag mit der vereinbarten Erfüllungszeit maßgeblich ist. Treffen die Parteien keine Vereinbarung, ist der zweite Werktag nach der Eröffnung des Verfahrens maßgebend.[39]

Die Bestimmung enthält weder in der alten noch in der neuen Fassung eine Regelung darüber, wie die Ansprüche aus einer nach § 104 Abs. 2 InsO zulässigen vertraglichen Beendigung von Geschäften über Finanzleistungen zu berechnen sind. **§ 104 Abs. 3 InsO regelt somit nur die Folgen einer gesetzlichen Vertragsbeendigung** gem. § 104 Abs. 2 InsO und schränkt das Recht der Parteien, neben der Vertragsbeendigung auch deren Folgen zu regeln, nicht ein. Von § 104 Abs. 3 InsO abweichende vertragliche Regelungen zum Schadensersatzanspruch nach einer zulässigen Beendigung durch Netting verstoßen damit grundsätzlich nicht gegen § 104 Abs. 3 InsO.[40]

3. Verstoß gegen vorgesehenen Umfang:

Rahmenverträge enthalten teilweise Bestimmungen über das Verhältnis von Ausgleichsforderungen gegen die ersatzberechtigte Partei zu Gegenansprüchen, die ihr außerhalb des Rahmenvertrages gegen die andere Partei zustehen.[41] Weder das Aufrechnungsrecht der ersatzberechtigten Partei noch die Fälligkeitsregelung verstoßen gegen § 104 Abs. 3 InsO. Zunächst folgt aus § 94 InsO, dass Vereinbarungen über die Aufrechnung von gegenseitigen Forderungen im Insolvenzfall grundsätzlich wirksam sind. § 104 Abs. 2 InsO gibt keinen Anhaltspunkt dafür, dass die Forderungen der insolventen Partei wegen Nichterfüllung aus § 104 Abs. 2 InsO hiervon ausgenommen sein sollten. Dasselbe muss für die Ausgleichsforderung aus einer vertraglichen Beendigungsregelung gelten. Aufrechnungsrechte in Rahmenverträgen verstoßen daher grundsätzlich nicht gegen § 104 Abs. 2 und 3 InsO.

III. Sonderkonstellationen

1. „Netting" von Einzeltransaktionen:

In der Praxis gibt es immer wieder die Situation, dass **ein Rahmenvertrag nur für eine Transaktion abgeschlossen** wird.[42] In diesem Zusammenhang wird manchmal disku-

---

38 ABl. Nr. L 168, 43; zu den näheren Einzelheiten und zur Zielsetzung dieser Richtlinie siehe § 17 Rn 16.
39 Vgl BT-Drucks. 15/1583 vom 24. 09. 2003, 4; das Umsetzungsgesetz wurde am 12.3.2004 vom Bundestag verabschiedet und trat am 9.4.2004 mit Veröffentlichung im Bundesgesetzblatt in Kraft.
40 *Böhm*, Nettingvereinbarungen, 174 ff (mwN); aA zB *Köndgen*, in: Kübler/Prütting/Bork, Insolvenzordnung, § 104 Rn 36–40; *Schwörer*, Lösungsklauseln, Rn 562.
41 Vgl etwa § 9 Abs. 2 DRV.
42 Dies ist beispielsweise immer dann der Fall, wenn ein Derivategeschäft mit einer Special Purpose Company (SPC) abgeschlossen wird, das nur eine Transaktion abschließt und gemäß der üblichen Beschränkungen für SPCs auch keine weiteren Geschäfte tätigen kann (zB ein Credit Default Swap im Zusammenhang mit einer CDO-Transaktion oder ein Interest Rate oder FX Swap zur Änderung des Zahlungsprofils eines durch eine Special Purpose Company aufgenommenen Darlehens).

§ 19 Vereinbarkeit von Netting-Vereinbarungen mit § 119 InsO und §§ 103 ff InsO

tiert, ob denn auch in diesem Fall die übliche Netting-Analyse gelte, die doch darauf gestützt sei, dass gem. § 104 Abs. 2 S. 3 InsO Geschäfte in einem Rahmenvertrag zusammengefasst sein müssen bzw Netting schon begrifflich eine Aufrechnung mehrerer Transaktionen voraussetze.[43] Während es sicherlich richtig ist, dass man bei nur einer Transaktion nicht von „Close-out Netting" im klassischen Sinne sprechen kann, da keine Verrechnung mehrerer Transaktionen stattfindet und in diesen Fällen auch keine Zusammenfassung von Finanzleistungen unter einem Rahmenvertrag vorliegt, darf nicht übersehen werden, dass die gesetzliche Rechtsfolge der Beendigung gem. § 104 Abs. 2 S. 1 und 2 InsO auch für eine einzelne Transaktion gilt. Dies ergibt sich aus dem Wortlaut des § 104 Abs. 2 InsO sowie aus dem Zweck der Regelung, parallel zu den gesetzlichen Bestimmungen für Fixgeschäfte eine Beendigungsregelung zu schaffen.[44] Auch in diesen Fällen erlöschen die gegenseitigen Erfüllungsansprüche und werden durch die nach § 104 Abs. 3 InsO berechnete Summe ersetzt.[45]

28 2. **Gemischte Rahmenverträge für Warentermingeschäfte und Finanzdienstleistungen:** Warentermingeschäfte fallen, soweit sie sich nicht auf einen vereinbarten Barausgleich (Nr. 5 iVm Nr. 4 und Nr. 3) oder auf die Lieferung von Edelmetallen (Nr. 1) beziehen, nicht unter die Regelbeispiele in § 104 Abs. 2 InsO. Es stellt sich die Frage, ob und in welchem Umfang § 104 Abs. 2 InsO und das Konzept der Zusammenfassung zu einem einheitlichen Vertrag[46] auf Rahmenverträge Anwendung finden, unter denen die Parteien Warentermingeschäfte zusammen mit Geschäften über Finanzleistungen dokumentieren („gemischter Rahmenvertrag").

29 Denkbar wäre eine **Aufspaltung des Gesamtvertrages**, wonach die Einzelabschlüsse über Finanzleistungen einen einheitlichen gegenseitigen Vertrag im Sinne des § 104 Abs. 2 S. 3 InsO bilden, während die sonstigen Einzelabschlüsse nach §§ 103, 104 Abs. 1 InsO zu beurteilen sind. Gegen diese Lesart des § 104 Abs. 2 InsO spricht, dass die Aufspaltung des Gesamtvertrages zu einem Wertungswiderspruch gegenüber § 104 Abs. 2 S. 3 InsO führt, der einen unteilbaren Gesamtvertrag voraussetzt. Gegen die zweite Auslegungsmöglichkeit, **§ 104 Abs. 2 InsO bei gemischten Rahmenverträgen insgesamt nicht zur Anwendung** kommen zu lassen, kann die gesetzgeberische Entscheidung vorgebracht werden, bei Geschäften über Finanzleistungen das Wahlrecht des Insolvenzverwalters auszuschließen, sofern diese in einem Rahmenvertrag zusammengefasst wurden. Die besseren Argumente sprechen daher für eine Auslegung des § 104 Abs. 2 InsO, nach der alle Produkte kombiniert werden und es zu einer **Gesamtbeendigung des gemischten Rahmenvertrages** kommt. Nur eine Gesamtbeendigung wird in diesen Fällen dem doppelten Anliegen des Gesetzes, der Beendigung der Einzelabschlüsse über Finanzleistungen und der Anerkennung eines unteilbaren Gesamtvertrages, gerecht. Für eine Mitbeendigung der Warentermingeschäfte lässt sich der Zweck des § 104 Abs. 1 InsO anfüh-

---

43 *Lüer*, in: Uhlenbruck, Insolvenzordnung, § 104 Rn 36.
44 So im Ergebnis ebenfalls *Lüer*, in: Uhlenbruck, Insolvenzordnung, § 104 Rn 33 („Die Rechtsfolgen des § 104 Abs. 2 S. 1 sind identisch mit denen des § 104 Abs. 1. Soweit nur ein einzelnes oder mehrere nicht durch einen Rahmenvertrag verbundene Finanztermingeschäfte vorliegen, erlöschen die gegenseitigen Erfüllungsansprüche. Diese werden durch einen einseitigen Differenzanspruch ersetzt.") sowie *Nerlich/Römermann*, Insolvenzordnung, § 104 Rn 45.
45 Von Wilmowsky (vgl *von Wilmowsky,* Termingeschäft, WM 2002, 2264, 2268) beschreibt aus Sicht des Wertes der Masse, dass bei einem einzelnen Termingeschäft die Beendigung für die Verteilungsrechte der solventen Vertragspartei verglichen mit der Situation nach § 103 InsO (insbesondere § 103 Abs. 2 S. 1 InsO) keinen Regelungsgehalt hat. Aus Sicht der Praxis kommt es jedoch auch darauf an, den Zeitpunkt der Beendigung steuern zu können. Nur so ist gewährleistet, dass Schwebezustände vermieden und rechtzeitig Ersatzgeschäfte getätigt werden können. Sofern es zudem Master-Netting Agreements gibt, Sicherheiten zu verwerten sind oder der fällige Nettobetrag (vor Insolvenzeröffnung) mit weiteren Ansprüchen verrechnet werden soll, ist dieser zeitliche Aspekt von besonderer Bedeutung.
46 Vgl § 104 Abs. 2 S. 3 InsO; siehe hierzu Rn 19 f.

ren, Cherry-Picking und Kursspekulationen durch den Insolvenzverwalter auch bei Warenfixgeschäften zu vermeiden und der solventen Partei frühzeitig den Abschluss von Kursabsicherungsgeschäften zu ermöglichen. Schließlich dürfte eine Gesamtbeendigung in den meisten Fällen auch dem in § 104 Abs. 2 S. 3 InsO vorausgesetzten typischen Parteiwillen entsprechen.

3. „Deemed Master Agreements":

Eine weitere Sonderkonstellation, die den Anwendungsbereich von § 104 Abs. 2 S. 3 InsO betrifft, sind sogenannte **„Deemed Master Agreements"**. Besonders in den Fällen, in denen schnell ein oder mehr Geschäfte abgeschlossen werden sollen und nicht genügend Zeit für die Verhandlung eines Rahmenvertrages ist, wird immer wieder von sogenannten „Long Form Confirmations" Gebrauch gemacht. Diese Geschäftsbestätigungen enthalten die Eckdaten der Transaktion und verweisen üblicherweise hinsichtlich der allgemeinen Bestimmungen auf das Standard-Formular eines Rahmenvertrages. Es wird davon ausgegangen, dass ein solcher Vertrag als abgeschlossen gelten soll. Ob in diesen Fällen mehrere parallel abgeschlossene Einzeltransaktionen im Sinne von § 104 Abs. 2 S. 3 InsO als „in einem Rahmenvertrag zusammengefasst" gelten sollen, ist letztlich, wie beim tatsächlich abgeschlossenen Rahmenvertrag auch,[47] eine **Frage des Parteiwillens**. Sofern die Parteien sich trotz Fehlens eines unterschriebenen „echten" Rahmenvertrages einig sind, dass die Transaktionen, die auf einen fingierten Rahmenvertrag Bezug nehmen, eine Einheit bilden und alle im Insolvenzfall nur gemeinsam beendet werden sollen, ist jedenfalls von einer Zusammenfassung in einem Rahmenvertrag im Sinne von § 104 Abs. 2 S. 3 InsO auszugehen. Wegen der bekannten Bedeutung von Netting und der Geltung derselben Beendigungsgründe für alle Transaktionen (insbesondere bei automatischer Beendigung) dürfte dieser Wille mangels anderer Anhaltspunkte die Norm sein.

C. Vereinbarkeit mit § 104 Abs. 1 InsO?

§ 104 Abs. 2 InsO ist gegenüber §§ 103 und 104 Abs. 1 InsO lex specialis. Soweit Geschäfte nicht in den Anwendungsbereich von § 104 Abs. 2 InsO fallen, könnte das Wahlrecht des Insolvenzverwalters nach § 103 InsO daher auch durch § 104 Abs. 1 InsO eingeschränkt sein. Zu beachten ist jedoch, dass in den Anwendungsbereich von § 104 Abs. 1 InsO ausschließlich **Fixgeschäfte über Waren** fallen. Für typische Finanztermingeschäfte und finanziell abgewickelte Warenderivate unter ISDA oder DRV kommt daher lediglich eine Anwendung des § 104 Abs. 2 InsO in Betracht. Da Finanzinstitute und Hedge Fonds zunehmend im Strom-, Gas-, Öl- und Metallgeschäft tätig sind, soll hier kurz auf den Anwendungsbereich von § 104 Abs. 1 InsO eingegangen werden.

Regelungszweck des § 104 Abs. 1 InsO ist, im Bereich von Warentermingeschäften das Wahlrecht des Insolvenzverwalters zugunsten des Gläubigers einzuschränken. Für den Käufer soll aufgrund dieses Wahlrechts keine Unsicherheit darüber bestehen, ob er vorsichtshalber Deckungsgeschäfte tätigen muss, während es für den Verkäufer ein Risiko wäre, Deckungsverkäufe tätigen zu müssen, sofern er nicht auf der bereits beschafften Ware „sitzenbleiben" will.[48] Dies wäre bei Warengeschäften besonders schwerwiegend, da sie regelmäßig deutlichen Preisschwankungen unterliegen. Gleichzeitig zielt die Vorschrift darauf ab, Spekulationen des Insolvenzverwalters zu vermeiden.[49]

---

47 Vgl hierzu ausführlich *Ehricke*, Finanztermingeschäfte, ZIP 2003, 273, 278 ff.
48 Beschlussempfehlung und Bericht des Rechtsausschusses (6. Ausschuss), BT-Drucks. 12/7302 vom 19.4.1994, 167; *Hess*, in: Hess/Weis/Wienberg, Insolvenzordnung, § 104 Rn 4.
49 *Hess*, in: Hess/Weis/Wienberg, Insolvenzordnung, § 104 Rn 1, 4.

§ 19 Vereinbarkeit von Netting-Vereinbarungen mit § 119 InsO und §§ 103 ff InsO

33 Voraussetzung für die Anwendbarkeit von § 104 Abs. 1 InsO ist, dass die zu liefernde Ware einen **Markt- oder Börsenpreis** besitzt, der Lieferzeitpunkt erst nach der Eröffnung des Insolvenzverfahrens liegt und das Geschäft ein **Fixgeschäft** ist.

34 Problematisch im Zusammenhang mit typischen Rahmenverträgen ist vor allem die Frage, ob es sich um ein Fixgeschäft handelt. Die Formulierung des § 104 Abs. 1 InsO ist wortgleich mit § 361 BGB aF und § 376 HGB.[50] Ein Fixgeschäft liegt dann vor, wenn die Einhaltung einer genau bestimmten Leistungszeit wesentlicher Inhalt der vertraglichen Pflichten ist und das Geschäft mit der zeitgerechten Leistung „steht und fällt" (sogenanntes **relatives Fixgeschäft**)[51] oder die Einhaltung der Leistungszeit für die Erfüllung der Leistung schlechthin entscheidend und die Leistung nicht nachholbar ist (sogenanntes **absolutes Fixgeschäft**).[52] § 104 Abs. 1 InsO erfasst beide Fälle.[53] Ob ein Fixgeschäft im konkreten Einzelfall vorliegt, ist im Wege der Auslegung zu ermitteln.

35 Da eine physische Lieferung unter ISDA nur im Zusammenhang mit speziellen Annexen möglich ist und je nach Gegenstand der Lieferung weitere, das ISDA Master Agreement ergänzende Bedingungen gelten, ist eine generelle Aussage schwierig. Sofern sich etwa der Primäranspruch bereits bei einer teilweisen Nichtlieferung einer vereinbarten Menge in einen allein auf dieses Geschäft bezogenen **Schadensersatzanspruch** umwandelt, ist die Erfüllung der Primärpflicht nicht mehr möglich, die Leistung also nicht nachholbar. In diesen Fällen wäre ein Fixgeschäft gegeben. Dagegen sprechen die Einräumung der Möglichkeit einer **Nachholung der Leistung** und generell vereinbarte **Nachfristen** gegen die Einordnung als ein absolutes Fixgeschäft. Insgesamt ist die Einschätzung jedoch anhand der konkret vereinbarten Liefermodalitäten bzw Sanktionsmöglichkeiten bei Nichtlieferung vorzunehmen.

36 Bei physisch abgewickelten Stromhandelsgeschäften auf Basis des Mustervertrages der European Federation of Energy Traders (EFET) ist eine Aussage einfacher.[54] Beim EFET-Strom[55] wandelt sich bereits bei einer teilweisen Nichtlieferung einer vereinbarten Menge der **Primäranspruch** gem. § 8.1 EFET-Strom in einen allein auf dieses Geschäft bezogenen **Schadensersatzanspruch** um. Eine Erfüllung der Primärpflicht ist dann nicht mehr möglich, die Leistung also nicht nachholbar. Somit ist ein Fixgeschäft gegeben.[56] Für den EFET-Gas[57] wurde dasselbe Konzept gewählt. Bei Minder- bzw Mehrlieferungen sowie bei Minder- bzw Mehrabnahmen wandelt sich die Primärpflicht direkt in eine auf Grundlage von Marktpreisen zu errechnende Kompensationspflicht um.[58]

---

50 *Jahn*, in: Münchener Kommentar zur Insolvenzordnung, Band 2, § 104 Rn 40 und *Hess*, in: Hess/Weis/Wienberg, Insolvenzordnung, § 104 Rn 7, lassen für das Insolvenzrecht keine Abweichung des Begriffs von diesen beiden Vorschriften erkennen.
51 BGH, Urt. vom 17.1.1990, VIII ZR 292/88, BGHZ 110, 88, 96 = NJW 1990, 2065, 2067; RG, Urt. vom 30. 4.1924, I 540/23, RGZ 108, 158, 158 f; RG, Urt. vom 27.5.1902, II 32/02, RGZ 51, 348, 348.
52 *Grüneberg*, in: Palandt, Bürgerliches Gesetzbuch, § 271 Rn 17 f.
53 *Köndgen*, in: Kübler/Prütting/Bork, Insolvenzordnung, § 104 Rn 10.
54 Vgl zu physischen Strom- und Gasgeschäften unter dem EFET General Agreement: *Fried/Wulff*, Der EFET-Rahmenvertrag, ET 2003, 811, 812 f (Fußnote 14) sowie *Liesenhoff*, in: Horstmann/Cieslarczyk, Energiehandel, Kapitel 10 Rn 89.
55 EFET General Agreement Concerning the Delivery and Acceptance of Electricity („EFET-Strom").
56 Vgl *Fried/Wulff*, Der EFET-Rahmenvertrag für Stromlieferungen in Recht und Praxis, ET 2003, 812 f (Fußnote 14) sowie *Liesenhoff*, in: Horstmann/Cieslarczyk, Energiehandel, Köln/Berlin/München 2006, Kapitel 10 Rn 89, der auch ausführlich zur Sonderstellung von nicht ausgeübten Optionen Stellung nimmt (*Liesenhoff*, in: Horstmann/Cieslarczyk, Energiehandel, Köln/Berlin/München 2006, Kapitel 10 Rn 91 ff).
57 EFET General Agreement Concerning the Delivery and Acceptance of Natural Gas („EFET-Gas").
58 Vergleiche § 8a EFET-Gas, der die Fälle Underdelivery, Underacceptance, Overdelivery und Overacceptance regelt. Grundlage sind „arms-length sales/purchases from a third party".

D. Vereinbarkeit mit § 103 InsO?

Sofern weder § 104 Abs. 2 InsO noch § 104 Abs. 1 InsO auf die betreffenden Transaktionen des Rahmenvertrages anwendbar sind, bliebe zu prüfen, ob die Netting-Vereinbarung **mit dem dann anwendbaren § 103 InsO vereinbar** wäre. Aus den oben aufgeführten Gründen kann man – je nach Ansicht zu § 119 InsO mit weniger belastbaren Argumenten und einem eventuell erhöhten Anfechtungsrisiko – auch hier zu der Auffassung gelangen, dass zeitlich vorgreifende Netting-Vereinbarungen mit dem dann anwendbaren § 103 InsO vereinbar sind.

§ 20 Netting-Vereinbarungen und Insolvenzanfechtung

A. Anfechtbarkeit von Netting-Vereinbarungen 1
B. Anfechtungsvoraussetzungen und -tatbestände 2
C. Effektive Gläubigerbenachteiligung als Anfechtungsvoraussetzung 13
D. Vermeidung zusätzlicher Anfechtungsrisiken – Gestaltungsmöglichkeiten und riskante Klauseln 19

A. Anfechtbarkeit von Netting-Vereinbarungen

1   Das oben dargelegte Ergebnis, dass der Insolvenzverwalter die Masse so akzeptieren muss, wie er sie vorfindet, bedeutet nicht, dass auch eine Insolvenzanfechtung automatisch ausgeschlossen ist. Die zeitliche Vorverlagerung des Nettings vor die Insolvenzeröffnung bedeutet vielmehr, dass der Prüfung der Insolvenzanfechtung eine wichtige Rolle zukommt. Diese Frage wird in der Literatur trotzdem oft nur am Rande diskutiert und in Netting-Opinions in der Regel nur relativ kurz und eher anhand von Beispielen abgehandelt.[1] Teilweise wird sogar argumentiert, Netting von Finanzleistungen sei aufgrund der **gesetzlichen Anerkennung von Netting-Vereinbarungen** in § 104 Abs. 2 InsO **privilegiert**. Um dieses Privileg nicht zu umgehen, dürften sie grundsätzlich nicht der Insolvenzanfechtung unterliegen.[2] Hiergegen spricht jedoch, dass nach Sinn und Zweck der Regelung des § 104 Abs. 2 InsO nur das Wahlrecht des Insolvenzverwalters (§ 103 InsO), nicht jedoch die Anfechtung ausgeschlossen werden soll. Ein weiteres Argument gegen eine generelle Privilegierung von vertraglichen Netting-Vereinbarungen kann in dem Zusammenspiel von § 94 InsO und § 96 Abs. 1 Nr. 3 InsO gesehen werden. In § 94 InsO wird zwar von der generellen Möglichkeit der Aufrechnung bei Aufrechnungslagen vor Insolvenzeröffnung ausgegangen. Dies gilt allerdings nicht in den Fällen, in denen die Möglichkeit der Aufrechnung durch eine anfechtbare Rechtshandlung geschaffen wurde. Diese Einschränkung des § 96 Abs. 1 Nr. 3 InsO bedeutet zugleich, dass auch für Netting-Vereinbarungen, deren letzter Schritt immer eine Aufrechnung ist, grundsätzlich[3] die Möglichkeit einer Anfechtungsprüfung eröffnet wird. Eine Einschränkung der Anfechtbarkeit folgt aus der gesetzlichen Anerkennung des Nettings somit nicht.[4]

B. Anfechtungsvoraussetzungen und -tatbestände

2   Durch die Insolvenzanfechtung wird der Insolvenzverwalter mit der Möglichkeit ausgestattet, Rechtshandlungen, durch die vor der Eröffnung des Insolvenzverfahrens die Insolvenzmasse geschmälert wurde, rückgängig zu machen. Dazu müssen die **Voraussetzungen eines Anfechtungstatbestandes** gem. **§§ 129 ff InsO** vorliegen.

---

1   Eine eher exemplarische Abhandlung liegt nahe, da im Anfechtungsrecht insbesondere durch die subjektiven Tatbestandselemente eine generelle Aussage nur schwer zu treffen ist. Wegen der Bedeutung der Thematik für das Ergebnis ist es jedoch geboten, denkbaren Einzelfällen soweit möglich nachzugehen.
2   *Obermüller*, Insolvenzrecht, Rn 8.368 (Obermüller räumt allerdings ein, dass die generelle Nicht-Anfechtbarkeit in bestimmten Konstellationen nicht gilt, etwa in den Fällen der §§ 131, 133 InsO, oder, bzgl eines Einzelabschlusses, wenn sich die aufrechnende Partei die Forderung in anfechtbarer Weise verschafft hat; vgl *Jahn*, in: Münchener Kommentar zur Insolvenzordnung, Band 2, § 104 Rn 170; so im Ergebnis wohl auch *Binder*, Bankeninsolvenz, 445 f; *Böhm*, Nettingvereinbarungen, 174 ff (zu DRV und ISDA, Gegenstand der Ausführungen ist primär § 119 InsO, den Böhm ebenfalls für nicht anwendbar hält); vgl zu dieser Diskussion generell *Benzler*, Nettingvereinbarungen, 288 f.
3   Aufrechnungen, bei denen Finanzsicherheiten involviert sind, sind dagegen nach § 96 Abs. 2 InsO privilegiert (siehe hierzu § 17 Rn 28 ff).
4   So im Ergebnis zB auch *Benzler*, Nettingvereinbarungen, 289 (insbesondere Fn 214) bzw 273 ff zur Frage der gesetzlichen Privilegierung; *Hengeler Mueller*, Memorandum of Law, 51-53 (Im Gutachten für ISDA wird dieses Thema nicht abstrakt erörtert. Es wird aber durch die Prüfung von Anfechtungstatbeständen offenbar davon ausgegangen, dass bei Anwendbarkeit deutschen Insolvenzrechts Anfechtungstatbestände grundsätzlich zu prüfen sind. Eine weitere Auseinandersetzung mit dem Thema findet nicht statt, da Sachverhaltsannahmen getroffen werden, aufgrund derer die meisten Tatbestände nicht einschlägig wären.).

B. Anfechtungsvoraussetzungen und -tatbestände 20

Voraussetzung aller Anfechtungstatbestände ist, dass eine **Rechtshandlung** (§ 129 InsO) vorliegt, die die wirtschaftliche Position der anderen Gläubiger unmittelbar oder mittelbar verschlechtert, indem sie ihre Befriedigungsmöglichkeit aus dem Schuldnervermögen einschränkt. Die anfechtbare Rechtshandlung muss vor Eröffnung des Insolvenzverfahrens vorgenommen worden sein. Rechtshandlungen, die nach Eröffnung des Insolvenzverfahrens auf Kosten der Masse vorgenommen werden, sind schon gem. §§ 80, 81 InsO nicht wirksam. Ferner muss einer der in den §§ 130–136 InsO aufgeführten Anfechtungsgründe vorliegen. 3

Sofern Anfechtungstatbestände geprüft werden, wird üblicherweise davon ausgegangen, dass für Netting-Vereinbarung **alle Anfechtungstatbestände** (insbesondere aber §§ 130 und 131 InsO) zu prüfen sind.[5] Eine interessante Differenzierung nimmt demgegenüber von Wilmowsky vor, der davon ausgeht, dass wegen der Möglichkeit der Vorwegnahme einer Vertragsbeendigung durch insolvenzanknüpfende Lösungsklauseln (und ihrer Vereinbarkeit mit § 119 InsO) generell **nur die Tatbestände eines Schuldnerfehlverhaltens** (dh §§ 132, 133 und 134 InsO und § 3 AnfG), aber nicht die Tatbestände eines Gläubigerfehlverhaltens (dh §§ 130 und 131 InsO sowie §§ 135 und 136 InsO) in Frage kommen.[6] Unter bestimmten Voraussetzungen, die bei Netting in der Regel vorliegen dürften, kommt er zum Ergebnis, dass aber auch §§ 132 ff InsO für Netting-Vereinbarungen üblicherweise nicht einschlägig sind.[7] 4

Sofern man von der weiteren Ansicht ausgeht, dass Anfechtungstatbestände insgesamt zu prüfen sind, kommt zunächst primär der Anfechtungsgrund der **kongruenten Deckung** (**§ 130 InsO**) in Frage. Grund hierfür ist, dass Netting-Vereinbarungen vertraglich genau festlegen, wie die Beendigung, Bewertung und Verrechnung erfolgen soll, und Netting insoweit „kongruent" ist.[8] Dieses Ergebnis kann auch auf Rechtsprechung zur Aufrechnung gestützt werden: Für Aufrechnungen ist maßgeblich, ob der Aufrechnende, der die Aufrechnungslage entstehen ließ, die Aufrechnung beanspruchen konnte oder nicht. Daraus folgt, dass § 131 InsO nur einschlägig wäre, sofern der Aufrechnende vorher keinen Anspruch auf die Vereinbarung hatte, die die Aufrechnungslage entstehen ließ bzw die Bedingungen der Aufrechnung regelt.[9] 5

In **objektiver Hinsicht** setzt § 130 InsO voraus, dass die fragliche Rechtshandlung dem Insolvenzgläubiger eine Sicherung oder Befriedigung gewährt oder ermöglicht. Netting-Vereinbarungen erfüllen diese Voraussetzung. Sie gestatten die Aufrechnung oder schaffen zumindest 6

---

[5] *Benzler*, Nettingvereinbarungen, 310 geht von einem Fall der kongruenten Deckung und damit von § 130 InsO aus, da im Rahmenvertrag ein Anspruch auf die Aufrechnung festgelegt sei; ebenso im Ergebnis *Binder*, Bankeninsolvenz, 445; *Köndgen*, in: Kübler/Prütting/Bork, Insolvenzordnung, § 104 Rn 40 geht wegen der zeitlichen Vorziehung der Befriedigung der Parteien von einem Fall der inkongruenten Deckung im Sinne des § 131 Abs. 1 InsO aus. Den subjektiven Tatbestand hält er für gegeben, eine Unterscheidung, ob die Beendigung automatisch oder durch Kündigung erfolgt, für unerheblich.
[6] Zur Abgrenzung des Schuldnerfehlverhaltens vom Gläubigerfehlverhalten vgl *Wilmowsky*, Lösungsklauseln, ZIP 2007, 553, 555 f (insbesondere seine Fußnote 14).
[7] Vgl *von Wilmowsky*, Lösungsklauseln, ZIP 2007, 553 ff. Von Wilmowsky kommt nach einer generellen Analyse der Rechtsprechung und Literatur zu praktisch relevanten Lösungsklauseln (einschließlich Netting-Klauseln) zum Ergebnis, dass Lösungsklauseln u.a. dann nicht anfechtbar sein sollten, wenn ein wesentliches Gestaltungsinteresse an ein wesentliches Lösungsinteresse der Parteien vorliegt (zB da sich ohne Lösung vom Vertrag das Ausfallrisiko nicht nur unerheblich erhöht) und ein Abwarten der betroffenen Partei (im Sinne eines Auslotungserfordernisses) nicht zumutbar ist. Diese Voraussetzungen sieht er bei Termingeschäften als erfüllt an (vgl *von Wilmowsky*, aaO, 560 f). Ob seine berechtigten rechtspolitischen Forderungen nach einer dahingehenden Einschränkung der Anfechtungstatbestände sowie sein Kodifizierungsvorschlag Erfolg haben werden, bleibt abzuwarten.
[8] Aus dem Umkehrschluss zu § 131 InsO ergibt sich, dass § 130 InsO solche Befriedigungen und Sicherungen erfassen soll, auf die der Anfechtungsgegner im Zeitpunkt der Vornahme der Rechtshandlung einen Anspruch hat (vgl hierzu generell *Dauernheim*, in: Frankfurter Kommentar zur Insolvenzordnung, § 130 Rn 25).
[9] BGH, Urt. vom 29.6.2004, IX ZR 195/03, ZIP 2004, 1558, 1559 f mwN.

eine Aufrechnungslage.[10] Entscheidend ist daher die **subjektive Seite**, also ob der Vertragspartner von der Zahlungsunfähigkeit des Schuldners wusste oder zumindest die Umstände kannte, die zwingend die Zahlungsunfähigkeit nahe legen (§ 130 Abs. 3 InsO).

7 Hierbei spielt der **relevante Zeitpunkt** der Kenntnis der Zahlungsunfähigkeit eine wichtige Rolle. Bei Netting-Vereinbarungen kommt als entscheidender Zeitpunkt prinzipiell die Vereinbarung des Rahmenvertrages oder der Bedingungseintritt (bzw die Kündigungs- oder Aufrechnungserklärung) in Betracht. Die Bedeutung der Unterscheidung ist offensichtlich. Während der Abschluss des Rahmenvertrages oft Jahre zurück und damit außerhalb der Anfechtungsfristen liegt, wird die Kündigungserklärung meist während und in Kenntnis der Krise abgegeben.

8 Nach **§ 140 Abs. 1** InsO gilt eine Rechtshandlung grundsätzlich als in dem Zeitpunkt vorgenommen, in dem ihre **rechtlichen Wirkungen** eintreten. Da Netting-Vereinbarungen insolvenzanknüpfende Lösungsklauseln sind, wäre dies immer der Zeitpunkt der Insolvenz und daher für das Anfechtungsrisiko fatal.[11] Netting-Vereinbarungen sind jedoch Klauseln, die die Beendigung und Verrechnung von Positionen als Bedingung beschreiben. Aus diesem Grund ist nicht § 140 Abs. 1 InsO, sondern die **Sonderregelung des § 140 Abs. 3 InsO** anwendbar. § 140 Abs. 3 InsO normiert, dass bei einer bedingten oder befristeten Rechtshandlung der **Eintritt der Bedingung oder des Termins außer Betracht** bleiben. Dies bedeutet für Netting, dass es auf den Abschluss des Rahmenvertrages (der evtl Jahre zurückliegt) und nicht auf den Eintritt des vertragsbeendigenden Ereignisses (zB stellen des Insolvenzantrages) ankommt, das zwangsläufig immer innerhalb der relevanten Fristen liegt. Diese Ansicht kann auf eine Reihe von BGH-Urteilen gestützt werden, aus denen auch abgeleitet werden kann, dass dies nicht nur für automatische Beendigungsklauseln gilt, sondern auch für Aufrechnungen, bei denen noch die Erstellung einer Abrechnung oder eine Erklärung (während der Krise) notwendig ist.[12]

9 In der **Literatur** wird diese Rechtsprechung teilweise kritisiert, wenn unter Hinweis auf § 96 Abs. 1 Nr. 3 InsO argumentiert wird, dass es nicht auf die Entstehung des Gegenseitigkeitsverhältnisses, sondern vielmehr darauf ankommen solle, dass sich **Forderungen aufrechenbar gegenüberstünden**.[13] Schließlich sei auch erwähnt, dass § 140 Abs. 3 InsO von manchen Stimmen in der Literatur dahin gehend eingeschränkt wird, dass die **Bedingung nicht der Eintritt des Insolvenzfalles selbst sein dürfe**.[14] Gegen diese Auffassung sprechen jedoch ne-

---

10 Vgl zur Aufrechnung: *Kirchhof*, in: Münchener Kommentar zur Insolvenzordnung, Band 2, § 130 Rn 9; *Huber*, in: Gottwald, Insolvenzrechts-Handbuch, § 47 Rn 24.
11 Zur Risikominderung durch den „So-oder-So"-Vergleich siehe Rn 13 ff.
12 Vgl BGH, Urt. vom 4.5.1995, IX ZR 256/93, BGHZ 129, 336–345 = ZIP 1995, 926–929; BGH, Urt. vom 11.11.2004, IX ZR 237/03, ZIP 2005, 181–182; BGH, Urt. vom 29.6.2004, IX ZR 195/03, ZIP 2004, 1558–1561. Die Urteile kommen zum Ergebnis, dass es bei Aufrechnungen nicht auf die Erklärung oder die Wirksamkeit der Aufrechnung ankommt, sondern auf den Zeitpunkt des Entstehens der Gegenseitigkeit. Die Urteile verweisen insoweit auf die Gesetzesbegründung (BT-Drucks. 12/2443 vom 15.4.1992, 167), aus der hervorgeht, dass auf den Abschluss der rechtsbegründenden Tatumstände abzustellen ist. Diese Gegenseitigkeit soll daher bereits zum Zeitpunkt des Vertragsschlusses vorliegen, auf dem die Forderungen basieren; vgl BGH, ZIP 2005, 181, 182 („Gem. § 140 Abs. 3 InsO bleibt jedoch der Eintritt der Bedingung außer Betracht. Maßgebend ist dann vielmehr auf den 'Abschluss der rechtsbegründenden Tatumstände' abzustellen [...]. Diese lagen mit Abschluss des Mietvertrages [...] vor."); BGH, ZIP 2004, 1558, 1560 („Daher ist anfechtungsrechtlich auf den Zeitpunkt abzustellen, zu dem die spätere Forderung entstanden ist."); BGH, ZIP 1995, 926, 928 f („Entstanden ist die Aufrechnungslage bereits bei Abschluss des Werkvertrages").
13 *Dauernheim*, in: Frankfurter Kommentar zur Insolvenzordnung, § 140 Rn 10.
14 In diese Richtung argumentiert beispielsweise *Kirchhof*, in: Münchener Kommentar zur Insolvenzordnung, Band 2, § 140 Rn 52.

ben der eben zitierten Rechtsprechung der klare Gesetzeswortlaut, gesetzessystematische Erwägungen und auch eine teleologische Auslegung.[15]

Aus den eben dargestellten Gründen folgt, dass für den Tatbestand der **inkongruenten Deckung** (§ 131 InsO) nur ein beschränkter Anwendungsbereich bleibt. Sofern die Aufrechnungsvereinbarung (der Rahmenvertrag) in einem Zeitraum von bis zu drei Monaten vor Stellung des Insolvenzantrages abgeschlossen oder wesentlich geändert wurde, greift die oben dargelegte Argumentation nicht mehr. In diesen Fällen liegt die relevante Rechtshandlung (der Abschluss des Rahmenvertrages) nicht außerhalb der Anfechtungsfristen und der Vertragsschluss bzw die Vertragsänderung selbst sind Prüfungsgegenstand. Da auf den Abschluss eines Vertrages bzw auf seine Änderung in der Regel kein vorher konkret vereinbarter Anspruch besteht, ist man in diesen Fällen nicht mehr im Bereich der kongruenten, sondern der inkongruenten Deckung nach § 131 InsO. Dies ist vor allem bei sehr kurz laufenden Transaktionen zu beachten. Hierbei ist zu bedenken, dass in subjektiver Hinsicht § 131 InsO keine Anforderungen stellt, dh eine Kenntnis der Krise nicht erforderlich ist (vgl § 131 Abs. 1 Nr. 1 und Nr. 2 InsO). Der weitere Fall des § 131 Abs. 1 Nr. 3 InsO, der auf die Kenntnis abstellt, dass durch die Handlung andere Gläubiger benachteiligt werden, ist insoweit nicht erheblich und ergänzt die vorgenannten Tatbestände lediglich.[16]

Bei den eben genannten Fristen ist zu beachten, dass für Kreditinstitute Besonderheiten gelten: Während §§ 130 ff InsO für die Berechnung der Anfechtungsfristen auf den Antrag auf Eröffnung des Insolvenzverfahrens abstellen, knüpft das KWG diesen Fristbeginn an den Tag des Erlasses einer sogenannten „Moratorium"-Maßnahme der BaFin nach § 46 Abs. 1 KWG.[17]

Als Konsequenz einer erfolgreichen Anfechtung wäre die angefochtene Rechtshandlung gegenüber den Insolvenzgläubigern **relativ unwirksam**. Eine Forderungstilgung oder Aufrechnung bei anfechtbar geschaffener Aufrechnungslage wäre unwirksam, ohne dass es einer weiteren Handlung des Insolvenzverwalters bedürfte.[18] Die Anfechtung ist daher nicht die Ausübung eines Gestaltungsrechts, sondern vielmehr **Berufung auf die Unwirksamkeit einer Rechtshandlung**. Der Insolvenzverwalter muss somit sein Recht behaupten und im Zweifelsfalle auch geltend machen. Der Anfechtungsgegner ist gem. § 143 InsO zur Rückgabe des Erlangten verpflichtet, kann jedoch gem. § 144 InsO die Rückgabe seiner Gegenleistung geltend machen, sofern diese noch unterscheidbar in der Insolvenzmasse vorhanden ist (§ 144 InsO).

C. Effektive Gläubigerbenachteiligung als Anfechtungsvoraussetzung

Schließt man eine Benachteiligung in Kenntnis der Insolvenz (§ 132 InsO) sowie eine vorsätzliche Benachteiligung der Insolvenzgläubiger (§ 133 InsO) auf Sachverhaltsebene aus, folgt aus der eben dargestellten Analyse, dass für Netting-Vereinbarungen primär § 130 InsO und nur in Ausnahmefällen § 131 InsO einschlägig sein kann, § 130 InsO in der Praxis jedoch mangels Kenntnis der Zahlungsunfähigkeit zum relevanten Zeitpunkt meist nicht anwendbar ist. Falls eine solche Ausnahme vorliegt oder man die zugrundeliegende Argumen-

---

15 Ausführlich hierzu *Huhn/Bayer*, Bedingung auf den Insolvenzfall, ZIP 2003, 1965–1971; *Dauernheim*, in: Frankfurter Kommentar zur Insolvenzordnung, § 140 Rn 16.
16 § 131 Abs. 1 Nr. 3 InsO setzt die Benachteiligung von Insolvenzgläubigern voraus. Gem. § 131 Abs. 1 Nr. 3 iVm Abs. 2 S. 1 InsO ist dabei die Kenntnis zwingender Umstände ausreichend, die auf die Benachteiligung schließen lassen. Nach der Rechtsprechung des BGH ist eine solche Kenntnis bereits gegeben, wenn der Anfechtungsgegner die Benachteiligung der anderen Gläubiger „als mutmaßliche Folge seines Handelns erkannt und gebilligt hat" (BGH, Urt. vom 18.2.1993, IX ZR 129/92, ZIP 1993, 521, 522).
17 Vgl § 46c Abs. 1 KWG; zu den „Moratorium"-Maßnahmen im Einzelnen vgl *Willemsen/Rechel*, in: Luz/Neus/Schaber/Scharpf/Schneider/Weber, KWG, § 46 Rn 14 ff.
18 Vgl hierzu *Dauernheim*, in: Frankfurter Kommentar zur Insolvenzordnung, § 143 Rn 9.

tation nicht teilt und den §§ 130 ff InsO einen weiteren Anwendungsbereich beimisst, liegt eine Gläubigerbenachteiligung aber auch in diesen Fällen nur dann vor, sofern die Befriedigungsmöglichkeiten der Gläubiger in ihrer Gesamtheit durch eine Schmälerung der Masse verkürzt worden sind. Eine Netting-Vereinbarung ist insoweit keine anfechtbare Rechtshandlung im Sinne des § 129 InsO, als sie keine gläubigerbenachteiligende Wirkung hat, da auch ohne Netting-Vereinbarung eine gesetzliche Beendigung und Verrechnung stattgefunden hätte (dh, dass so oder so kein Insolvenzverwalterwahlrecht bestanden hätte). Es ist **nicht Sinn der Insolvenzanfechtung**, die **Insolvenzmasse zu vergrößern** und der Gläubigergesamtheit Vorteile zu verschaffen, die sie auch ohne die angefochtene Rechtshandlung nicht hätte.[19]

14   Zur Beantwortung der Frage, ob vertragliches Netting gläubigerbenachteiligend ist, vergleicht man hypothetisch, ob die Insolvenzmasse ohne Abschluss der Netting-Vereinbarung größer gewesen wäre als mit ihr. Dabei ist Folgendes zu bedenken: Läge keine Netting-Abrede vor, käme es im Anwendungsbereich des § 104 Abs. 2 und Abs. 1 InsO zu einer gesetzlich vorgeschriebenen Saldierung aufgrund von § 104 Abs. 3 InsO. Das **Wahlrecht des Insolvenzverwalters** nach § 103 InsO würde insoweit also „so-oder-so" nicht greifen. Die Insolvenzmasse wäre im Vergleich zur Situation mit Wahlrecht des Insolvenzverwalters grundsätzlich gleich groß. Sofern diese gesetzliche Saldierung gem. § 104 Abs. 3 die Insolvenzmasse insoweit in gleichem Maße verkleinert, wie das vertraglich vereinbarte Netting, wäre die Netting-Vereinbarung keine gläubigerbenachteiligende Handlung und somit, wenn man den Prinzipien der Rechtsprechung und den generellen Voraussetzungen des § 129 InsO folgt, auch nicht anfechtbar.

15   Etwas anderes könnte jedoch für Detailregelungen der **Berechnung des Beendigungsbetrages** gelten. In der Praxis könnte der Insolvenzverwalter überlegen, im Einzelfall auf der Ebene der Anfechtung zu prüfen, ob das gesetzliche Netting des § 104 Abs. 3 InsO und die Netting-Abrede zu den wirtschaftlich exakt gleichen Ergebnissen führen. Differenzen können sich zB aus unterschiedlichen Berechnungszeitpunkten oder -methoden ergeben.

16   Was die **Berechnungsmethode** betrifft, wird argumentiert, dass auch schon geringfügige Abweichungen der vertraglichen von der gesetzlichen Regelung des § 104 Abs. 3 InsO, wenn nicht bereits einen Verstoß gegen § 119 InsO, so doch zumindest eine potenziell anfechtbare Rechtshandlung darstellen.[20] Hiergegen wird vorgebracht, dass Abweichungen in einzelnen Punkten keine Rolle spielten, und dass Netting-Vereinbarungen nicht per se eine Gläubigerbenachteiligung darstellten, da der insolventen Partei der aus ihrer Sicht positive Marktwert der beendeten Geschäfte zustehe.[21] Ein weiteres Argument gegen eine zu enge Sichtweise ist, dass der Gesetzgeber vertragliche Netting-Vereinbarungen nicht in Unkenntnis, sondern gerade im Hinblick auf gängige Rahmenverträge zulassen wollte und daher mit § 104 Abs. 3 InsO zwar die Einzelheiten der Berechnung für gesetzlich veranlasstes Netting, nicht aber für vertragliches Netting regeln wollte.

17   Gleiches muss auch für den **Berechnungszeitpunkt** gelten. Auch was den zeitlichen Ablauf der Berechnung betrifft, betont das Gesetz neuerdings verstärkt den Vorrang vertraglicher Abreden. Gesetzlich war in der bis vor kurzem geltenden Fassung des § 104 Abs. 3 InsO der

---

19   Dies ergibt sich schon aus der Tatsache, dass gem. § 129 InsO Voraussetzung für jede Anfechtung eine Benachteiligung der Gesamtheit der Insolvenzgläubiger (zB durch Schmälerung der Masse) ist; vgl zur entsprechenden Einschränkung der Anfechtung BGH, Urt. vom 26.1.1983, VIII ZR 254/81, BGHZ 86, 349, 355 = NJW 1983, 1120, 1122; eine ausführliche Darstellung der Gläubigerbenachteiligung als Anfechtungsvoraussetzungen findet sich bei *Dauernheim*, in: Frankfurter Kommentar zur Insolvenzordnung, § 129 Rn 37 ff.
20   *Köndgen*, in: Kübler/Prütting/Bork, Insolvenzordnung, § 104 Rn 40.
21   *Böhm*, Nettingvereinbarungen, 177.

zweite Werktag nach Eröffnung des Insolvenzverfahrens vorgesehen. Seit der Änderung des § 104 Abs. 3 S. 1 InsO ist der vertraglich vorgesehene Bewertungszeitpunkt maßgeblich.[22]

Die besseren Argumente sprechen somit dafür, dass Netting-Vereinbarungen in den gängigen Verträgen für Finanztermingeschäfte **keine anfechtbare Rechtshandlung im Sinne des § 129 InsO** sind, da sie verglichen mit den gesetzlichen Netting-Vorschriften andere Gläubiger nicht oder nicht grundsätzlich benachteiligen.

D. Vermeidung zusätzlicher Anfechtungsrisiken – Gestaltungsmöglichkeiten und riskante Klauseln

Aus dem oben Gesagten ergibt sich, dass jede wesentliche und massebeeinträchtigende **Abweichung vom gesetzlichen Leitbild des § 104 Abs. 2 und 3 InsO** eine **potenzielle Erhöhung des Anfechtungsrisikos** mit sich bringt. Klauseln, die wesentlich in eine marktbasierte Bewertung eingreifen und die Masse in Abweichung der Prinzipien des § 104 Abs. 3 InsO mindern, sollten daher gut bedacht sein. Insbesondere Gestaltungen, die eine für die Masse ungünstige Bewertung vorsehen (zB Abschläge vom Marktwert oder ein nicht repräsentativ niedriger Marktwert) oder bei denen Ausgleichsansprüche der insolventen Partei mit nicht werthaltigen Vermögensgegenständen befriedigt werden sollen (zB Übertragung von Bonds oder Forderungen der insolventen Partei oder mit ihr verbundener Unternehmen an die insolvente Partei), erhöhen das Anfechtungsrisiko. Dies gilt umso mehr, wenn vereinbart wird, dass in Fällen, in denen die insolvente Partei „in-the-money" ist, nie Zahlungspflichten bestehen (sogenannte „Walk-away-Klausel").[23]

Die generelle **zeitliche Vorverlegung** vor die Eröffnung des Verfahrens birgt, wie gezeigt wurde, keine Sonderrisiken, sofern inhaltlich nicht zum Nachteil der Masse abgewichen wird. Als relevanter Zeitpunkt kann, mit guten Argumenten, ohnehin die Vereinbarung des Rahmenvertrages mit der Netting-Vereinbarung gesehen werden. Trotzdem kann vor dem Hintergrund von § 140 Abs. 3 InsO festgestellt werden, dass die Argumentation bei Wahl einer **automatischen vorzeitigen Beendigung** (statt einer Beendigung durch ausdrückliche Erklärung) dadurch noch stärker ist, dass keine zusätzliche Beendigungs- und Aufrechnungserklärung während der Krise abgegeben werden muss, auf die der Insolvenzverwalter abstellen könnte.[24] Aus diesen Gründen sollten auch **wesentliche Änderungen des Wortlautes der Netting-Vereinbarung** im Vorfeld einer Krise gut überlegt werden, da sie ebenfalls als Rechtshandlungen im anfechtungsrechtlichen Sinn gesehen werden könnten.

---

22 Siehe Rn 17.
23 Vgl Section 6(e)(i)(1) oder (2) 1992 ISDA Master Agreement (das 2002 ISDA Master Agreement sieht keine vergleichbare Möglichkeit des „Walk-away" vor).
24 § 140 Abs. 3 InsO normiert, dass bei einer bedingten oder befristeten Rechtshandlung der Eintritt der Bedingung oder des Termins außer Betracht bleibt. Siehe hierzu Rn 2 ff.

§ 21 Netting-Vereinbarungen bei internationalen Sachverhalten

A. Deutsches Internationales Insolvenzrecht 1	V. Anwendbares Statut bei Sachverhalten mit Auslandsbezug – Graphische Übersicht 9
B. Räumlicher Anknüpfungspunkt 3	
I. Sachverhalte innerhalb der Europäischen Union 3	C. Anknüpfung bei Insolvenzanfechtung 10
II. Sachverhalte außerhalb der Europäischen Union 6	I. Anwendungsbereich des Art. 13 EuInsVO 10
III. Umfang der „Lex Contractus"-Anknüpfung 7	II. Anwendungsbereich des § 339 InsO 12
IV. Konkurrenzverhältnis von § 340 Abs. 2 und § 104 Abs. 2 InsO 8	D. Multi-Branch-Netting 15

A. Deutsches Internationales Insolvenzrecht

1   Bei grenzüberschreitenden Sachverhalten ist zunächst zu prüfen, ob deutsches Insolvenzrecht überhaupt anwendbar ist und die bisher auf Basis der Insolvenzordnung angestellten Überlegungen greifen. Deutsches Internationales Insolvenzrecht ist in zwei Regelungswerken niedergelegt, nämlich (1) der Verordnung (EG) Nr. 1346/2000 des Rates vom 29.5.2000 über Insolvenzverfahren („**EuInsVO**")[1] sowie (2) in der durch das Gesetz zur Neuregelung des Internationalen Insolvenzrechts[2] geänderten und seit 20.3.2003 geltenden Fassung der InsO (**§§ 335–358 InsO**).

2   Für die Frage der Anwendbarkeit deutschen Insolvenzrechts kommt es also zunächst darauf an, ob sich die Frage der Anknüpfung nach EuInsVO oder nach der InsO richtet. Welches der beiden Regelwerke anzuwenden ist, bestimmt sich nach dem räumlichen Anknüpfungspunkt. Erst dann kann man klären, ob man auf Grundlage der EuInsVO oder der InsO zur Anwendung des Rechts des Staates der Verfahrenseröffnung (*lex fori concursus*; Insolvenzstatut) oder des Staates des für den Vertrag maßgeblichen Rechts kommt (*lex contractus*; Vertragsstatut).

B. Räumlicher Anknüpfungspunkt

I. Sachverhalte innerhalb der Europäischen Union

3   Liegt der Mittelpunkt der Interessen des Schuldners (*Centre of Main Interest*; COMI) in der **Europäischen Gemeinschaft** (ohne Dänemark), ist grundsätzlich die EuInsVO anzuwenden. Speziell im Finanzbereich gilt jedoch eine wichtige Einschränkung für den Anwendungsbereich der EuInsVO: Eine Bereichsausnahme besteht für **Insolvenzverfahren über das Vermögen von Versicherungsunternehmen, Kreditinstituten, bestimmten Wertpapierfirmen sowie Organismen für gemeinsame Anlagen**.[3] In diesen Fällen ist die Richtlinie 2001/24/EG über die Sanierung und Liquidation von Kreditinstituten maßgeblich, die der Gesetzgeber nach seiner Einschätzung durch den Erlass des Internationalen deutschen Insolvenzrechts umgesetzt hat.[4] Im Anwendungsbereich dieser Richtlinie gilt daher das deutsche Internationale Insolvenzrecht (§§ 335–358 InsO) wie es auch auf Sachverhalte außerhalb der Europäischen Union Anwendung findet und somit für Netting-Vereinbarungen gem. § 340 Abs. 2 InsO das Vertragsstatut.[5]

---

[1] Amtsblatt Nr. L 160 vom 30.6.2000, S. 1 ff.
[2] BGBl. 2003, Teil I Nr. 10, 345 ff.
[3] Art. 1 Abs. 2 EuInsVO; vgl hierzu *Kindler*, in: Münchener Kommentar zum Bürgerlichen Gesetzbuch, Band 11, Internationales Wirtschaftsrecht Art. 25–248 EGBGB, Art. 1 EuInsVO Rn 13 ff.
[4] *Liersch*, Deutsches Internationales Insolvenzrecht, NZI 2003, 302, 303 mit Verweis auf den Regierungsentwurf BR-Drucks. 715/02, 15.
[5] Siehe hierzu Rn 6 f.

Für die Wirksamkeit einer Aufrechnung ist nach der EuInsVO (vgl **Art. 4 Abs. 2 lit. d** **4** **EuInsVO**) das Recht des Staates maßgeblich, in dem das Insolvenzverfahren eröffnet wird (*lex fori concursus*; Insolvenzstatut). Eine speziellere und § 340 Abs. 2 InsO entsprechende Ausnahmeregelung für Aufrechnungsvereinbarungen enthält die EuInsVO nicht. Diskutiert wird jedoch, ob für die Beurteilung der Zulässigkeit von Netting-Vereinbarungen **Art. 6 Abs. 1 EuInsVO** anwendbar sein soll. Dieser enthält eine Einschränkung der Kollisionsnorm des Art. 4 Abs. 2 lit. d EuInsVO und knüpft für Aufrechnungen unter bestimmten Voraussetzungen an das Forderungsstatut an.[6] Nach dieser Norm wird die Befugnis des Gläubigers, mit seiner Forderung gegen die Forderung des Schuldners aufzurechnen, von der Eröffnung des Insolvenzverfahrens dann nicht berührt, wenn diese Aufrechnung nach dem für die Forderung des insolventen Schuldners maßgeblichen Recht zulässig ist. Hierdurch soll die nach dem anwendbaren (aufrechnungsfreundlichen) Forderungsstatut zulässige Aufrechnung gegen ein (aufrechnungsfeindliches) Insolvenzstatut geschützt werden.[7] Für Netting-Vereinbarungen würde dann, wie bei § 340 Abs. 2 InsO, das **Vertragsstatut** gelten.

Die Gegenansicht geht zu Recht davon aus, dass Art. 6 EuInsVO auf Netting-Vereinbarungen nicht anwendbar ist und sich die insolvenzrechtliche Zulässigkeit von Netting-Vereinbarungen gemäß dem in **Art. 4 Abs. 1 EuInsVO** normierten Grundsatz nach dem Recht des **Insolvenzstatuts** richtet.[8] Hauptargument ist, dass Netting-Vereinbarungen eben nicht nur eine Aufrechnung beinhalten, sondern zwingend eine vorherige Beendigung und Bewertung der offenen Transaktionen erfordern. Dieser weitgehende Begriff des Nettings bzw der Netting-Vereinbarung ist der EuInsVO nicht unbekannt und hätte genutzt werden können, wenn dies beabsichtigt gewesen wäre. So enthält Art. 9 EuInsVO eine Spezialregelung für Zahlungssysteme. Satz 2 des 27. Erwägungsgrundes der EuInsVO erwähnt in dem Zusammenhang ausdrücklich „Glattstellungsverträge und Netting-Vereinbarungen". Auch die Richtlinie 2001/24/EG über die Sanierung und Liquidation von Kreditinstituten enthält in Art. 23 und Art. 25 Abs. 1 zwei Spezialregelungen, in denen klar die Begriffe „Aufrechnung" (*Set-Off*) und „Aufrechnungsvereinbarungen" (*Netting Agreements*) getrennt benutzt und geregelt werden.[9] Insgesamt sprechen daher überzeugende Argumente dafür, dass für Netting-Vereinbarungen die allgemeine Regelung des Art. 4 Abs. 1 EuInsVO einschlägig und damit im Anwendungsbereich der EuInsVO das Recht des Staates anzuwenden ist, in dem das Verfahren eröffnet wird.[10]

---

6 Für die Anwendung von Art. 6 EuInsVO und eine weite Auslegung des Begriffes „Aufrechnung" auf Close-out Netting plädieren *Ehricke*, Finanzsicherheitenrichtlinie, ZIP 2003, 1065, 1075; *von Wilmowsky*, Termingeschäft, WM 2002, 2264, 2277 und *Keller*, Wertpapiersicherheit, BKR 2002, 347, 349. Die genannten Autoren erörtern in diesem Zusammenhang jedoch nicht die eine reine Aufrechnung hinausgehenden Elemente von Netting-Vereinbarungen und setzen sich auch nicht näher mit der terminologischen Unterscheidung von „Aufrechnung" (*Set-off*) und „Aufrechnungsvereinbarung" (*Netting Agreements*) in den zugrunde liegenden EU-Rechtsquellen auseinander; vgl zur Notwendigkeit dieser Unterscheidung den ausführlichen Bericht der *European Financial Markets Lawyers Group*, Netting Agreements.
7 *Keller*, Wertpapiersicherheit, BKR 2002, 347, 349.
8 *Hengeler Mueller*, Memorandum of Law, 22 (für ISDA Mitglieder erhältlich); *Gillor*, EMA, 145 f; so im Ergebnis auch *Liesenhoff*, in: Horstmann/Cieslarczyk, Energiehandel, Kapitel 10 Rn 72 (mit weiteren Ausführungen in seiner Fußnote 55).
9 Dieselbe Differenzierung findet sich darüber hinaus auch in § 338 InsO und § 340 Abs. 2 InsO wieder. Auch in der Insolvenzordnung wird somit klar zwischen Aufrechnung und Aufrechnungsvereinbarung unterschieden.
10 Käme man hier zu einem anderen Ergebnis, würde sich zumindest die Frage der Anfechtbarkeit nach dem Recht des Staates der Verfahrenseröffnung richten (siehe Art. 6 Abs. 2 iVm Art. 4 Abs. 2 Buchstabe (m) EuInsVO), wodurch mittelbar dann trotzdem der „So-oder-So"-Vergleich zwischen der vertraglichen und der gesetzlichen Situation (nach §§ 103 ff InsO) anzustellen ist, sofern nicht eine Privilegierung nach Art. 13 EuInsVO greift.

II. Sachverhalte außerhalb der Europäischen Union

6 Sachverhalte mit **Bezügen zu Drittstaaten** (hierzu gehört in diesem Rahmen auch Dänemark) regelt das deutsche Internationale Insolvenzrecht (§§ 335–358 InsO). Gemäß § 340 Abs. 2 InsO werden Netting-Vereinbarungen nach dem Recht des Staates beurteilt, das für die Verträge maßgeblich ist (**Vertragsstatut**).[11] In der Begründung des Gesetzentwurfes[12] heißt es hierzu, dass es für die Teilnehmer der Finanzmärkte von nicht zu unterschätzender Bedeutung sei, bereits bei Abschluss des Rahmenvertrages (iSd § 104 Abs. 2 S. 3 InsO) vorhersehen zu können, welches Recht in der Insolvenz auf die Vereinbarung anwendbar sei. Auf die nicht ganz einfachen Regeln der internationalen Anknüpfung sowie die Unsicherheiten durch die Ausnahmeregelungen für die Anfechtbarkeit wird in der Gesetzesbegründung nicht eingegangen.

III. Umfang der „Lex Contractus"-Anknüpfung

7 In der Literatur wird diskutiert, welches Normengefüge Gegenstand der Sonderanknüpfung des § 340 Abs. 2 InsO sein soll. Überwiegend wird die gesetzliche Formulierung *„unterliegen dem Recht des Staates, das für diese Verträge maßgebend ist"* als **Anknüpfung an die gesamte Rechtsordnung (einschließlich des Insolvenzrechts)** des Vertragsrechts-Staates verstanden.[13] In diesem Fall würde sich die Wirksamkeit einer Netting-Vereinbarung in einem ISDA Master Agreement nach englischem oder New Yorker Zivil- und Insolvenzrecht richten. Diese Auffassung liegt bei Betrachtung des reinen Wortlauts des § 340 Abs. 2 InsO nahe. Dass es hierdurch zur Möglichkeit einer mittelbaren „Wahl" des Insolvenzrechts des Vertragsstatuts kommt, ist nicht ungewöhnlich und ist zB auch in Art. 9 EuInsVO so angelegt.[14]

Betrachtet man indes auch den dem § 340 Abs. 2 InsO zugrundeliegenden Art. 25 der Richtlinie 2001/24/EG über die Sanierung und Liquidation von Kreditinstituten,[15] erscheint auch eine andere Auffassung vertretbar. Hiernach soll die Wirksamkeit einer Netting-Vereinbarung allein von den **Bestimmungen des zwischen den Parteien vereinbarten Vertrages** abhängen und nicht durch insolvenzrechtliche Bestimmungen des für den Vertrag gewählten Rechts in Frage gestellt werden dürfen.[16] Art. 25 der Richtlinie 2001/24/EG lautet in der englischen Fassung: „Netting agreements shall be governed solely by the law of the contract which governs such agreements." Versteht man unter „law of the contract" die Bestimmungen des Vertrages selbst, wäre es nicht unberechtigt, von einer ungenauen oder gar fehlerhaften Richtlinienumsetzung auszugehen.[17] Gegen die Anknüpfung an das gesamte Normenge-

---

11 Hierbei handelt es sich um eine Umsetzung des Art. 25 der RL 2001/24/EG; vgl hierzu *Liersch*, Deutsches Internationales Insolvenzrecht, NZI 2003, 302, 305; *Ehricke*, Finanzsicherheitenrichtlinie, ZIP 2003, 1065, 1073 ff.
12 Vgl BR-Drucks. 715/02 vom 6.9.2002, 23 f.
13 So *Jahn*, in: Münchener Kommentar zur Insolvenzordnung, Band 3, § 340 Rn 6 f; *Kemper/Paulus*, in: Kübler/Prütting/Bork, Insolvenzordnung, § 340 Rn 12; *Liersch*, in: Braun, Insolvenzordnung, § 340 Rn 4; *Wimmer*, in: Frankfurter Kommentar zur Insolvenzordnung, § 340, Rn 6, 9; *Dahl*, in: Andres/Leithaus, Insolvenzordnung, § 340 Rn 9; vgl zum Diskussionsstand auch *Ehricke*, Glattstellungsverfahren, WM 2006, 2109, 2111.
14 *Jahn*, in: Münchener Kommentar zur Insolvenzordnung, Band 3, § 340 Rn 2.
15 Amtsblatt Nr. L 125 vom 5.5.2001, S. 15–23.
16 *Schneider*, in: Kohler/Obermüller/Wittig (Hrsg.), Gedächtnisschrift für Ulrich Bosch, 197, 210; noch weitergehend ist die Aussage bei *Hengeler Mueller*, Memorandum of Law, 24–27 (für ISDA Mitglieder erhältlich), die als möglichen Anknüpfungspunkt noch zwischen dem Vertragsrecht insgesamt und den Bestimmungen des Vertrages unterscheidet und nach ausführlicher Abwägung zum Ergebnis kommt, dass mit der Anknüpfung des § 340 Abs. 2 an das „Recht des Staates, das für diese Verträge maßgebend ist" nur die Vertragsbestimmung an sich gemeint ist, ohne dass es dabei auf das Vertragsrecht insgesamt oder das Insolvenzrecht ankommt.
17 *Schneider*, in: Kohler/Obermüller/Wittig (Hrsg.), Gedächtnisschrift für Ulrich Bosch, 197, 209.

füge einschließlich des Insolvenzrechts des gewählten Vertragsstatuts wird zudem vorgebracht, dass dies zu einer ungewöhnlichen, da auf öffentliches Recht bezogenen, Rechtswahlmöglichkeit der Parteien hinsichtlich des anwendbaren Insolvenzrechts führen würde.[18] Als weiteres Argument für die alleinige Maßgeblichkeit der vertraglichen Bestimmungen wird schließlich auch Art. 7 Abs. 1 der Richtlinie 2002/47/EG über Finanzsicherheiten angeführt.[19]

Die Sonderanknüpfung des § 340 Abs. 2 InsO war bisher aber noch nicht Gegenstand gerichtlicher Entscheidungen. Es bleibt daher abzuwarten, in welche Richtung sich die Diskussion entwickelt. Ob durch die derzeitige Umsetzung und den Wortlaut des § 340 Abs. 2 InsO die vom Gesetzgeber gewünschte Klarheit für den Verwender gewährleistet wird, scheint jedenfalls zweifelhaft.

IV. Konkurrenzverhältnis von § 340 Abs. 2 und § 104 Abs. 2 InsO

In diesem Zusammenhang stellt sich die praktisch bedeutsame Frage nach dem Verhältnis von § 340 Abs. 2 InsO zu § 104 Abs. 2 InsO. Dieses Verhältnis wird beispielsweise dann relevant, wenn das *lex contractus* eines Rahmenvertrages mit einem deutschen Institut oder einer deutschen Versicherung nicht deutsches Recht ist (zB bei ISDA Master Agreements nach englischem bzw New Yorker Recht) und der Vertrag bei Eröffnung des Insolvenzverfahrens nicht vertraglich beendet ist.[20] Greift in diesem Fall § 104 Abs. 2 InsO, kommt es zum gesetzlichen Netting nach § 104 Abs. 2 und 3 InsO. Greift § 104 Abs. 2 InsO nicht (da man wegen § 340 Abs. 2 InsO seine Anwendbarkeit und die Anwendbarkeit deutschen Rechts insgesamt ausschließen möchte), bleibt der Vertrag bestehen und Netting kann erst dann durchgeführt werden, wenn die nicht vertragsbrüchige bzw solvente Partei gekündigt hat. Dies könnte uU auch erst nach der Eröffnung des Insolvenzverfahrens geschehen.[21]

Geht man mit der ganz überwiegenden Meinung von einem Verweis durch § 340 Abs. 2 InsO auf die gesamte ausländische Rechtsordnung einschließlich des Insolvenzrechts aus, ließe sich argumentieren, dass § 104 Abs. 2 InsO und deutsches Insolvenzrecht im geschilderten Szenario nicht anzuwenden ist. Vertragsbeendigung und Netting würden dann eine „termination notice" voraussetzen, sofern die gewählte Rechtsordnung keine dem § 104 Abs. 2 InsO äquivalente Vorschrift enthält.

---

18 So auch *Schneider*, in: Kohler/Obermüller/Wittig (Hrsg.), Gedächtnisschrift für Ulrich Bosch, 197, 210.
19 *Schneider*, in: Kohler/Obermüller/Wittig (Hrsg.), Gedächtnisschrift für Ulrich Bosch, 197, 211 f; als Kritik könnte man hier anbringen, dass diese Bestimmung zwar erkennbar darauf abzielt, Close-out Netting-Klauseln unbeschadet nationalen Insolvenzrechts zur (Fort-)Geltung zu verhelfen. Er stellt jedoch einen Gestaltungsauftrag an den Gesetzgeber bezüglich des nationalen Sachrechts in Gestalt des Insolvenzrechts dar. Dagegen handelt es sich bei § 340 Abs. 2 InsO aber um Kollisionsrecht und nicht um Sachrecht.
20 Eine solche vertragliche Beendigung wird in Rahmenverträgen üblicherweise durch eine ausdrückliche Kündigungserklärung oder durch eine automatische Beendigungsklausel (Automatic Early Termination) herbeigeführt, vgl zB Section 6(a), (b) und (c) ISDA Master Agreement.
21 Auf Grund von Section 2(a)(iii) ISDA Master Agreement (so genannte „Flawed Asset Klausel") gilt, dass die nicht vertragsbrüchige bzw solvente Partei während eines Events of Default der anderen Partei bis auf Weiteres nicht leisten muss; zudem ist auch nur sie zur Kündigung berechtigt. Sofern sie also verpflichtet wäre, am Termination Date den Beendigungsbetrag zu zahlen, hätte sie einen klaren Anreiz, nicht zu kündigen. Während der Finanzkrise gab es Beispiele für solche Verhaltensweisen, deren Berechnung mittlerweile in einigen Ländern gerichtlich geklärt wurde (vgl für den Bereich des Englischen Rechts: Court of Appeal, Lomas v. JFB Firth Rixson Inc, [2012] EWCA Civ 419). Auf die Frage käme es bei Sicherheiten mit (insolventen) deutschen Versicherungsunternehmen, Kreditinstituten, etc. dann nicht an, wenn gesetzliches Netting nach § 104 Abs. 2 und 3 InsO greifen würde und eine spätere vertragliche Beendigung überholt hätte.

§ 21 Netting-Vereinbarungen bei internationalen Sachverhalten

V. Anwendbares Statut bei Sachverhalten mit Auslandsbezug – Graphische Übersicht

9

Nach welchem Statut sind Netting-Klauseln nach Insolvenz einer deutschen Vertragspartei zu prüfen?

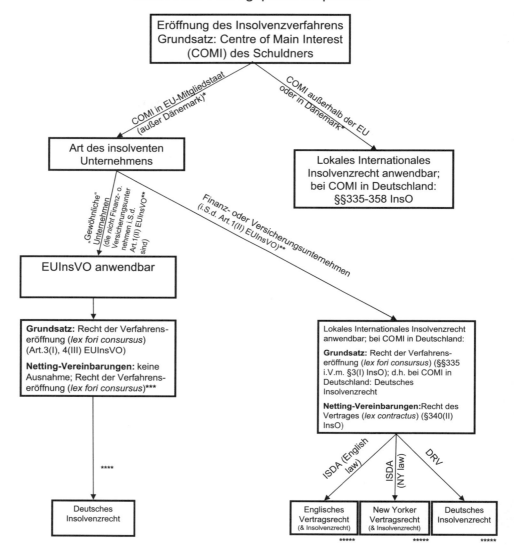

* Bei deutschen Vertragsparteien mit satzungsmäßigem Sitz in Deutschland wird vermutet, dass COMI in Deutschland ist; in Ausnahmefällen kann COMI auch in einem anderen Staat sein.
** Kreditinstitute, Versicherungsunternehmen, Wertpapierfirmen, „Organismen für gemeinsame Anlagen".
*** Der Lex-Contractus-Grundsatz aus Art. 6 EUInsVO gilt nur für Aufrechnung von Forderungen, nicht aber für das weitergehende Close-out Netting (d.h. Beendigung des Vertrages, Bewertung und Glattstellung).
**** Bei COMI in Deutschland; ansonsten: Insolvenzrecht des Staates des COMI.
***** Es ist nicht abschließend geklärt, ob sich die Wirksamkeit der Netting-Vereinbarung auf Grundlage von § 340 (II) InsO (Lex-Contractus-Grundsatz) nur nach dem anwendbaren Vertrag (Vertragsrecht) bestimmt oder parallel auch nach dem entsprechenden Insolvenzrecht. Bei einem Vertrag nach deutschem Recht (z. B. DRV) mit einer deutschen Partei gilt deutsches Insolvenzrecht.

C. Anknüpfung bei Insolvenzanfechtung

I. Anwendungsbereich des Art. 13 EuInsVO

Grundsätzlich bestimmt im Anwendungsbereich der EuInsVO gem. Art. 4 Abs. 2 Buchstabe m) EuInsVO das Recht des Staates der Verfahrenseröffnung (*lex fori concursus*) auch die eventuelle **Anfechtbarkeit einer Rechtshandlung**. Sofern Rahmenverträge und damit die entsprechenden Netting-Vereinbarungen jedoch nicht deutschem Recht unterliegen (zB ISDA Master Agreement nach englischem Recht), ist im Anwendungsbereich der EuInsVO Art. 13 EuInsVO zu beachten, der eine § 339 InsO entsprechende und an das Vertragsrecht anknüpfende Regelung enthält.[22]

10

Art. 13 EuInsVO lautet wie folgt:

Artikel 4 Absatz 2 Buchstabe m) [Anmerkung des Verfassers: Anfechtbarkeit richtet sich nach dem Recht der Verfahrenseröffnung (*lex fori concursus*)] findet keine Anwendung, wenn die Person, die durch eine die Gesamtheit der Gläubiger benachteiligende Handlung begünstigt wurde, nachweist, dass für diese Handlung das Recht eines anderen Mitgliedstaates als des Staates der Verfahrenseröffnung maßgeblich ist und dass in diesem Fall die Handlung in keiner Weise nach diesem Recht angreifbar ist.

Zugunsten des Anfechtungsgegners sieht **Art. 13 EuInsVO** somit eine Ausnahme vor, die im Einzelfall konkret als **Einrede gegen die Insolvenzanfechtung** geltend gemacht werden kann. Der Begriff Rechtshandlung ist hierbei weit auszulegen; das für die Rechtshandlung maßgebliche Recht richtet sich nach dem gewählten Recht bzw nach dem Recht, das mittels der Kollisionsnormen des Internationalen Privatrechts festzustellen ist.[23]

Eng auszulegen sind dagegen die Voraussetzungen „**in diesem Fall**" und „**in keiner Weise angreifbar**". Möchte sich der Anfechtungsgegner auf eine Nicht-Anfechtbarkeit nach dem Vertragsstatut berufen, muss er vortragen und im Bestreitensfalle auch beweisen, dass die betreffende Rechtshandlung im konkreten Fall und unter Berücksichtigung aller konkreten Begleitumstände weder nach dem Insolvenzrecht noch nach dem sonstigen materiellen Recht des Vertragsstatuts anfechtbar oder in anderer Weise angreifbar oder unwirksam ist.[24] Bestehen nach diesem Recht keine Unwirksamkeitsgründe für die Rechtshandlung, kann nicht nach Art. 4 Abs. 2 Buchstabe m) EuInsVO angefochten werden; bestehen solche Unwirksamkeitsgründe (die nicht mit denen des Staates der Verfahrenseröffnung identisch sein müssen), bleibt die Anfechtung nach dem Insolvenzstatut möglich.

11

II. Anwendungsbereich des § 339 InsO

Bei Sachverhalten im Anwendungsbereich des § 340 Abs. 2 InsO, die aufgrund des vertraglich gewählten ausländischen Rechts (zB ISDA Master Agreement nach englischem Recht) für die Beurteilung der Wirksamkeit der Netting-Frage an das entsprechende ausländische Recht anknüpfen, ist zu prüfen, ob aufgrund § 339 InsO trotzdem **parallel** (zB bei Insolvenz der deutschen Vertragspartei) eine **Anfechtung nach deutschem Insolvenzrecht** möglich ist.[25]

12

---

22 Vgl hierzu *Kemper*, in: Kübler/Prütting/Bork, Insolvenzordnung, Art. 13 EuInsVO, Rn 1 ff.
23 *Kemper*, in: Kübler/Prütting/Bork, Insolvenzordnung, Art. 13 EuInsVO, Rn 6 f.
24 *Kemper*, in: Kübler/Prütting/Bork, Insolvenzordnung, Art. 13 EuInsVO, Rn 8 f.
25 § 339 InsO lautet wie folgt: „Eine Rechtshandlung kann angefochten werden, wenn die Voraussetzungen der Insolvenzanfechtung nach dem Recht des Staats der Verfahrenseröffnung erfüllt sind, es sei denn, der Anfechtungsgegner weist nach, dass für die Rechtshandlung das Recht eines anderen Staats maßgebend und die Rechtshandlung nach diesem Recht in keiner Weise angreifbar ist." Von dieser Frage zu trennen ist jene nach der Art der in § 339 InsO gewählten Anknüpfung. Richtigerweise handelt es sich um eine Alternativ- und nicht um eine Kumulativanknüpfung, siehe hierzu *Reinhart*, in: Münchener Kommentar, InsO, § 339 Rn 2 mwN.

13 Es ist bisher ungeklärt, ob bei Anwendbarkeit des Vertragsstatuts nach § 340 Abs. 2 InsO eine Anwendung des § 339 InsO und damit eine Anfechtungsprüfung nach dem Insolvenzstatut ausgeschlossen ist. Dies wäre zB dann der Fall, wenn § 340 Abs. 2 InsO eindeutig so zu verstehen wäre, dass sich die Wirksamkeit von Netting-Vereinbarungen alleine nach dem Vertragsrecht oder sogar nur dem reinen Vertragstext richtet, ohne dass irgendwelche insolvenzrechtlichen Schranken (sei es nach dem Vertrags- oder dem Insolvenzstatut) zu beachten sind.[26] Ohne eine Klarstellung durch den Gesetzgeber fällt eine klare Aussage hierzu schwer. In der Praxis würde eine vorsichtshalber vorgenommene Prüfung von Anfechtungsfragen auf Grundlage des § 339 InsO dazu führen, dass bei der Untersuchung von Netting-Fragen **zwei Rechtsordnungen zu beachten** sind. Für ISDA Master Agreements nach englischem Recht wären beispielsweise neben der Wirksamkeit nach englischem Recht parallel Anfechtungsfragen nach deutschem Recht zu prüfen. Für die in der Gesetzesbegründung zu § 340 InsO[27] genannte Absicht einer Klärung des anwendbaren Insolvenzrechts ist dieses unklare Konkurrenzverhältnis zu § 339 InsO und die mögliche Prüfung der gerade im Netting-Bereich wichtigen Anfechtungsthematik kontraproduktiv.

14 Das Recht des deutschen Insolvenzverwalters auf eine Prüfung auf Grundlage deutscher Anfechtungsnormen ist nach § 339 InsO relativ deutlich ausgestaltet. Durch den Aufbau der Norm, die von einer grundsätzlich möglichen Anfechtung ausgeht und dem Anfechtungsgegner eine Nachweispflicht auferlegt, wenn er von der Ausnahmeregelung des § 339 InsO profitieren will, besteht zunächst ein **grundsätzliches Anfechtungs- und damit Prozessrisiko**. Im Regierungsentwurf wird hierzu ausgeführt, dass die nach dem Insolvenzstatut zulässige Anfechtung nur ausgeschlossen sein soll, wenn der Anfechtungsgegner nachweist, dass nach dem Recht des Staates, das nach allgemeinem IPR auf die Rechtshandlung Anwendung findet, diese weder anfechtbar noch nichtig oder sonst unwirksam wäre.[28]

D. Multi-Branch-Netting

15 Sofern Vertragsparteien Derivate unter einem Rahmenvertrag **unter Einbeziehung verschiedener Niederlassungen (*Branches*)** abschließen, stellt sich die Frage, ob im Insolvenzfall Netting und das Single-Agreement-Konzept funktionieren. Probleme könnten dann entstehen, wenn das Insolvenzrecht des Staates, in dem die Niederlassung liegt, Netting und den Netting-Verbund aller Transaktionen nicht anerkennen und entsprechende Forderungen des insolventen Unternehmens aus Transaktionen der Niederlassung in ein territoriales Verfahren einbeziehen würde. Ziel eines solchen territorialen Sonderverfahrens könnte sein, Forderungen von Gläubigern in diesem Land bevorzugt zu befriedigen.

16 Schon die Fragestellung macht deutlich, dass eine allgemeingültige Antwort nicht möglich ist, ohne alle im konkreten Fall involvierten Jurisdiktionen zu bedenken.

17 Grundsätzlich gilt nach deutschem Insolvenzrecht, dass das Insolvenzverfahren alle Vermögensgegenstände des Schuldners im In- und Ausland erfasst (**Universalitätsprinzip**).[29] Dies und die Tatsache, dass Niederlassungen aus Sicht des deutschen Rechts keine eigene Rechtspersönlichkeit haben, führen dazu, dass Netting grundsätzlich unabhängig von der buchen-

---

26 So nach eingehender Abwägung möglicher Argumente im Ergebnis *Hengeler Mueller*, Memorandum of Law, 26 f (für ISDA Mitglieder erhältlich). In dem Gutachten wird an dieser Stelle allerdings nicht speziell auf das Konkurrenzverhältnis zu § 339 InsO abgestellt. Es wird zudem betont, dass dieses Ergebnis mangels Anhaltspunkten durch die Rechtsprechung bzw in Gesetzgebungsmaterialien oder EU-Richtlinien und -Verordnungen nicht frei von Zweifeln ist; vgl hierzu auch Rn 6 f.
27 Vgl BR-Drucks. 715/02 vom 6 9.2002, 23 f.
28 Regierungsentwurf, BR-Drucks. 715/02, 22.
29 Vgl hierzu *Kindler*, in: Münchener Kommentar zum Bürgerlichen Gesetzbuch, Band 11, Internationales Wirtschaftsrecht, Art. 25–248 EGBGB, Einl. IntInsR Rn 4–8.

den Niederlassung alle Transaktionen umfasst. Dieser Ansatz wird dadurch bekräftigt, dass nach der Einheitsvertragskonzeption einzelne Transaktionen im Insolvenzfall keine Selbstständigkeit haben und damit auch keine „Sonderbehandlung" einzelner Transaktionen möglich ist. Darüber hinaus sieht beispielsweise das 2002 ISDA Master Agreement vor (vgl Section 10(a)), dass bei Vereinbarung dieser Klausel jede Transaktion, die über eine Niederlassung geschlossen wird, so behandelt wird, als ob sie über die Hauptniederlassung geschlossen wäre.

Für Kreditinstitute innerhalb der EU gibt es zudem die Regelung, dass (zumindest in anderen EU Staaten) **keine Sonderverfahren über Niederlassungen außerhalb des Herkunftsstaates** eröffnet werden. Nach Art. 9 Abs. 1 der Richtlinie 2001/24/EG des Europäischen Parlaments und des Rates vom 4.4.2001 über die Sanierung und Liquidation von Kreditinstituten[30] sind allein die für die Liquidation zuständigen Behörden oder Gerichte des Herkunftsmitgliedstaats befugt, über die Eröffnung eines Liquidationsverfahrens gegen ein Kreditinstitut, einschließlich seiner Zweigstellen in anderen Mitgliedstaaten, zu entscheiden. Eine Entscheidung zur Eröffnung eines Liquidationsverfahrens durch die Behörde oder das Gericht des Herkunftsmitgliedstaats soll im Hoheitsgebiet aller anderen Mitgliedstaaten ohne weitere Formalität anerkannt werden und dort wirksam sein, sobald sie in dem Mitgliedstaat, in dem das Verfahren eröffnet wurde, wirksam wird. Zu beachten ist, dass der Begriff „Kreditinstitut" im Sinne der Richtlinie beschränkt ist auf Unternehmen, deren Tätigkeit darin besteht, Einlagen oder andere rückzahlbare Gelder des Publikums entgegenzunehmen und Kredite für eigene Rechnung zu gewähren.[31] In Deutschland wurden diese Vorgaben in § 46e KWG umgesetzt, der sich nach seinem Wortlaut neuerdings auf Einlagenkreditinstitute beschränkt.[32]

18

Trotz dieser Grundsätze und Vorsichtsmaßnahmen können die Fälle problematisch werden, in denen im Ausland ein eigenes **territoriales Verfahren über die Niederlassung** eröffnet wird und in diesem Verfahren Netting ausdrücklich nicht anerkannt wird (sogenannte „**Non-Netting Branches**" oder „**Bad Branches**").[33] In diesen Fällen könnte der lokale Insolvenzverwalter versuchen, Forderungen der Niederlassung (aus Transaktionen die „in-the-money" sind) als einzeln verwertbare Vermögensgegenstände zu sehen. Ob bzw in welchem Umfang sich dies auf Netting insgesamt auswirkt, ist dann im Einzelfall zu prüfen.

19

---

30 ABl. Nr. L 125/15 ff.
31 Vgl Definition des Begriffes „Kreditinstitute" in Art. 1 Abs. 1 RL 2001/24/EG, der auf Art. 1 Nr. 1 und Nr. 3 RL 2000/12/EG (Richtlinie 2000/12/EG des Europäischen Parlaments und des Rates vom 20.3.2000 über die Aufnahme und Ausübung der Tätigkeit der Kreditinstitute) verweist. Bestimmte Ausnahmen zu dieser generellen Definition sind in Art. 2 Abs. 3 RL 2000/12/EG aufgezählt und umfassen beispielsweise Zentralbanken der Mitgliedstaaten, Postscheckämter und die Kreditanstalt für Wiederaufbau.
32 Die Anwendbarkeit von § 46e KWG auf E-Geld-Institute wurde mittlerweile gestrichen. Gem. § 1 Abs. 3 d KWG sind Einlagenkreditinstitute Kreditinstitute, die Einlagen oder andere unbedingt rückzahlbare Gelder des Publikums entgegennehmen und das Kreditgeschäft betreiben.
33 Vgl hierzu beispielsweise *Benzler*, Nettingvereinbarungen, 338 ff; *Cunningham/Abruzzo*, Multibranch Netting, 29 ff; *Firth*, Derivatives, 5.113 ff.

§ 22 Master-Netting-Agreements

1 Sofern mit einzelnen Vertragspartnern unterschiedliche Rahmenverträge für Finanzderivate oder andere Produkte abgeschlossen wurden, ist empfehlenswert, die risikomindernde Wirkung des Nettings auf alle existierenden Verträge und Produkte auszudehnen. Auf diese Weise kann versucht werden, das auf Transaktions-Ebene erfolgreich vermiedene **Cherry-Picking des Insolvenzverwalters** auch auf der nächst höheren **Ebene der Master Agreements** auszuschließen. Rechnerisch wäre es für die Vertragsparteien vorteilhaft, wenn bei Beendigung der Rahmenverträge nach Insolvenz alle aus dem erfolgten Close-out resultierenden Nettoforderungen bzw -verbindlichkeiten zu einem einzigen Gesamtnettobetrag verrechnet werden könnten.[1] Die Frage, wie man eine insolvenzfeste Verbindung und Verrechnung mehrerer Verträge zu einer „Schicksalsgemeinschaft" erreichen kann, kam nur wenige Jahre nach der systematischen Dokumentation von Finanzderivaten auf.[2]

2 Mittlerweile haben sich einige Muster für „**Master-Netting-Agreements**" (auch „**Master-Master-Agreements**", „**Cross-Product-Agreements**", „**Super-Master-Agreements**" oder „**Bridge-Agreements**") im Markt etabliert. Beispiele sind das Cross-Product Master Agreement (CPMA; Version: Februar 2000), das von diversen Marktorganisationen unterstützt wird (u.a. Securities Industry and Financial Markets Association und British Banker's Association),[3] das 2001 ISDA Cross-Agreement Bridge, das 2002 ISDA Energy Agreement Bridge oder das EFET Cross-Product Master Netting-Agreement (das auf dem CPMA basiert).[4] Speziell im Commodity-Handel benutzen einige Handelshäuser auch eigene Musterverträge, die meist neben einem Gesamt-Netting auch eine laufend anzupassende Besicherung in Höhe des Gesamtnettobetrages regeln, der aus einer Gesamtbeendigung und Netting zu dem Zeitpunkt resultieren würde (sogenanntes „Margining").

3 Der Master-Netting Effekt kann dadurch optimiert werden, dass auch Verträge weiterer Konzerngesellschaften mit einbezogen werden („**Cross-Entity-Netting**" oder „**Cross-Affiliate-Netting**"). Ein Beispiel für einen solchen Vertrag ist das Cross-Product Master Agreement (Cross-Affiliate Version 2; Version: Juni 2003).

4 Eine Alternative zu Master-Master-Agreements wären umfassendere Rahmenverträge, die verschiedene Produkte (zB Derivate, Wertpapierdarlehen, Repo-Geschäfte etc.) unter einem einheitlichen Vertrag zusammenfassen. Auf diese Weise könnte ohne weitere übergeordnete Vereinbarungen Cross-Product-Netting (aber freilich noch kein Cross-Affiliate-Netting) erreicht werden. Diese Herangehensweise ist eines der wesentlichen Kennzeichen des EMA

---

1 Henderson (vgl *Henderson*, Master Agreements, BJIBFL 2004, 394 (394)) macht diese Zielsetzung und die Dimension des Unterfangens in der Einleitung seiner Abhandlung zum Thema Master-Master-Agreements deutlich: „For those who document derivatives transactions for major dealers, the Holy Grail – that elusive and ever receding goal to which so many people aspire, spiritually akin to grand unified theory of physics – is the all-encompassing standard agreement that does everything. This one master agreement would cover the broadest possible range of products and transactions among the broadest possible range of offices of the two parties."

2 Eine der ersten Abhandlungen zu diesem Thema ist ein Aufsatz von Greene (*Greene*, Does your institution suffer from multiple agreement disorder?, European Financial Services Law, 1994, 88–91), der eindringlich dazu aufruft, Derivate-Transaktionen möglichst unter einem einzigen Rahmenvertrag zu dokumentieren oder Rahmenverträge mit einem Master-Master-Agreement zu verbinden. Vgl auch Jahn (*Jahn*, in: Schimansky/Bunte/Lwowski, Bankrechts-Handbuch, § 114 Rn 67), der berichtet, dass eine erste Initiative für Master-Netting von der Foreign Exchange Group des Britischen Bankenverbandes und dessen 1994 Cross-Product Netting Agreement ausging (das sich im Markt aber nicht durchsetzen konnte).

3 Vgl hierzu *Trouet*, Cross-Product Master Agreement, ZfgK 2001, 696–699.

4 Muster der jeweiligen Verträge sowie teilweise auch Guidance Notes sind über die Webseiten von SIFMA (www.sifma.org), ISDA (www.isda.org) und EFET (www.efet.org) abrufbar. Eine umfassende Darstellung zur Zielsetzung, Dokumentation und Rechtsprechung (insbesondere von US-amerikanischen und australischen Gerichten) zu diesem Thema gibt *Henderson*, Master Agreements, BJIBFL 2004, 394–398 (Part 1); BJIBFL 2004, 443–447 (Part 2) und BJIBFL 2005, 18–24 (Part 3).

und stellt strukturell einen klaren Vorteil gegenüber anderen, spezielleren Rahmenverträgen dar.[5]

Auch wenn die Prüfung der Insolvenzfestigkeit von Master-Master-Agreements oft höchst komplex ist und die Wirksamkeit im Krisenfall von vielen Umständen des speziellen Einzelfalles abhängen dürfte, hofft man, auf diese Weise Risiken noch weiter zu minimieren. 5

Insgesamt ist zu erwarten, dass die Bedeutung von Master-Master-Agreements noch weiter zunehmen wird. Hierzu wird sicherlich auch eine **aufsichtsrechtliche Anerkennung** beitragen. Die Bank of International Settlement (BIS) hat im Rahmen der weiteren Konsultationen zu Basel II im Sommer 2005 ausführliche Überlegungen dazu veröffentlich, unter welchen Umständen Cross-Product Netting aus regulatorischer Sicht anerkannt werden sollte.[6] 6

Konkrete nationale Vorgaben zur Berücksichtigungsfähigkeit von produktübergreifenden Aufrechnungsvereinbarungen, bei denen Derivate einbezogen sind, finden sich in der Solvabilitätsverordnung.[7] 7

Auch im Rahmen der Eigenkapitalanforderungen kann von Master-Netting-Vereinbarungen Gebrauch gemacht werden. Nach § 210 SolvV sind auch produktübergreifende Aufrechnungsvereinbarungen unter den dort genannten Voraussetzungen berücksichtigungsfähig.[8] Von einer solchen Vereinbarung können gem. § 210 Abs. 1 S. 2 SolvV Derivate, Pensions-, Darlehens- sowie vergleichbare Geschäfte über Wertpapiere und Waren erfasst werden. Die Nettobemessungsgrundlage der produktübergreifenden Aufrechnungspositionen kann gem. § 217 SolvV nur nach der Internen Modelle-Methode berechnet werden. Die Master-Netting-Vereinbarung muss insolvenzfest gestaltet und dies wiederum durch ein Rechtsgutachten bestätigt sein. 8

---

5 Vgl hierzu *Bergfort*, Das European Master Agreement – die europäische Lösung für Cross-Product Netting, ZBB 2009, 459.
6 Vgl *Bank for International Settlement*, Application of Basel II to Trading Activities; Im Report wird unter den Rn 93 und 94 zu den rechtlichen Anforderungen und zur Umschreibung von produktübergreifenden Aufrechnungsvereinbarungen ausgeführt: „Legal Criteria: The bank has executed a written, bilateral netting agreement with the counterparty that creates a single legal obligation, covering all included bilateral master agreements and transactions („Cross-Product Netting Arrangement"), such that the bank would have either a claim to receive or obligation to pay only the net sum of the positive and negative (i) closeout values of any included individual master agreements and (ii) mark-to-market values of any included individual transactions (the „Cross-Product Net Amount"), in the event a counterparty fails to perform due to any of the following: default, bankruptcy, liquidation or similar circumstances. […] The bank has written and reasoned legal opinions that conclude with a high degree of certainty that, in the event of a legal challenge, relevant courts or administrative authorities would find the firm's exposure under the Cross-Product Netting Arrangement to be the Cross-Product Net Amount under the laws of all relevant jurisdictions. In reaching this conclusion, legal opinions must address the validity and enforceability of the entire Cross-Product Netting Arrangement under its terms and the impact of the Cross-Product Netting Arrangement on the material provisions of any included bilateral master agreement."
7 Vgl § 210 Abs. 1 SolvV, der solche Vereinbarungen wie folgt definiert: „Eine produktübergreifende Aufrechnungsvereinbarung mit Einbeziehung von Derivaten ist jede zweiseitige Aufrechnungsvereinbarung zwischen einem Institut und seinem Vertragspartner, die sowohl Ansprüche und Verpflichtungen aus Derivaten als auch Ansprüche und Verpflichtungen aus nichtderivativen Geschäften mit Sicherheitennachschüssen sowie sonstigen Pensions-, Darlehens- sowie vergleichbaren Geschäften über Wertpapiere oder Waren erfasst". Hinsichtlich der Vorgaben für Rechtsgutachten zu solchen Aufrechnungsvereinbarungen wird auf die üblichen Anforderungen (gem. § 206 Abs. 3 SolvV) verwiesen. Für Master-Master-Agreements, mit denen lediglich Derivategeschäfte verrechnet werden (zB unter verschiedenen Rahmenverträgen), dürften die normalen Vorgaben für Aufrechnungsvereinbarungen über Derivate gelten (vgl § 207 SolvV). Es ist nicht ersichtlich, warum das Master-Netting von Derivate-Rahmenverträgen (zB ISDA und DRV) bei Vorliegen der entsprechenden Voraussetzung schlechter gestellt sein sollte, als das Master-Netting von derivativen mit nicht-derivativen Geschäften (zB DRV und GMSLA).
8 Mit Wirkung vom 31.12.2010 wurde der bisherige sehr ausführliche § 24 GroMiKV aF, welcher ebenfalls die anrechnungsrelevante Verrechnung bei Verwendung produktübergreifender Aufrechnungsvereinbarungen gestattete, aufgehoben. Die einschlägigen Vorschriften der SolvV sind nach § 2 Abs. 5 GroMiKV entsprechend anwendbar (siehe hierzu § 14 Rn 17).

§ 23 Verwendung und Analyse von Netting Opinions

A. Bedeutung von Netting Opinions in der Praxis 1
B. Zielrichtung und Aufbau von Netting Opinions 3
C. Checkliste für die Verwendung von Netting Opinions 5

A. Bedeutung von Netting Opinions in der Praxis

1   Netting-Gutachten (*Netting Opinions*) untersuchen die insolvenzrechtliche Wirksamkeit von Netting-Vereinbarungen in Rahmenverträgen. Es gibt solche Rechtsgutachten für alle gängigen Rahmenverträge, wobei Auftraggeber und primärer Adressat meist der Verband ist, der als Sponsor des jeweiligen Vertragsmusters auftritt.[1] Da Netting ein insolvenzrechtliches und damit grundsätzlich ein von der Nationalität des Vertragspartners abhängiges Thema ist, haben die Verbände **Netting Opinions für eine Reihe praxisrelevanter Jurisdiktionen** in Auftrag gegeben.[2]

2   Netting Opinions haben in der täglichen Dokumentationspraxis große Bedeutung. Es ist üblich, sie immer dann zu konsultieren, wenn Rahmenverträge mit Vertragspartnern aus einer Jurisdiktion verhandelt werden, für die noch keine klaren hausinternen Vorgaben oder Muster existieren. Netting Opinions sollen in diesen Fällen Auskunft darüber geben, **ob Netting in der Jurisdiktion des Vertragspartners funktioniert** und ob es spezielle Anforderungen an den Wortlaut der Netting-Klauseln oder des Rahmenvertrages insgesamt gibt. Da Banken, Versicherungen und Handelshäuser meist Zugang zu den allgemein gehaltenen Netting Opinions von Verbänden haben, wird in der Regel aus Praktikabilitätsgründen davon abgesehen, bei standardisierten Transaktionen die insolvenzrechtliche Situation selbst weiter zu prüfen. Im Folgenden soll daher ein Überblick darüber gegeben werden, wie Netting Opinions effektiv genutzt werden können und wo deren Grenzen liegen.

B. Zielrichtung und Aufbau von Netting Opinions

3   Die eben beschriebenen standardisierten Netting Opinions werden in aller Regel **primär für aufsichtsrechtliche Zwecke** geschrieben. Sie sind üblicherweise an den Verband adressiert, der das Gutachten in Auftrag gegeben hat, erwähnen aber ausdrücklich, dass sie zur Vorlage bei den jeweiligen Aufsichtsbehörden bestimmt sind.[3] Diese Zielrichtung sollte bedacht werden, wenn Netting Opinions herangezogen werden. Netting Opinions beantworten in erster

---

[1] So existieren beispielsweise Gutachten für die verschiedenen Versionen des ISDA Master Agreements (1987 ISDA Master Agreement, 1992 ISDA Master Agreement, 2002 ISDA Master Agreement) sowie spezielle Gutachten für die Wirksamkeit und Durchsetzbarkeit der Formen des Credit Support Annexes (Auftraggeber: ISDA), das European Master Agreement (Auftraggeber: jeweiliger nationaler Bankenverband bzw die Banking Federation of the European Union), den Deutschen Rahmenvertrag für Finanztermingeschäfte (Auftraggeber: Die Deutsche Kreditwirtschaft, ehemals: Zentraler Kreditausschuss), das Global Master Securities Lending Agreement (Auftraggeber: International Securities Lenders Association), das Global Master Repurchase Agreement (Auftraggeber: International Securities Market Association; The Bond Market Association), den Deutschen Rahmenvertrag für Wertpapierdarlehensgeschäfte und den Deutschen Rahmenvertrag für Repo-Geschäfte (Auftraggeber: Bundesverband deutscher Banken).

[2] ISDA beispielsweise bietet seinen Mitgliedern Rechtsgutachten zur Durchsetzbarkeit von Close-out Netting für derzeit 56 Jurisdiktionen an (die durch ergänzende Schreiben der beauftragten Kanzleien regelmäßig aktualisiert werden) (Stand April 2012); die European Banking Federation hat Rechtsgutachten für 19 Jurisdiktionen veröffentlicht (Stand 31.12.2008). Zu Inhalt und Umfang der Gutachten für das EMA vgl *Bergfort*, Das European Master Agreement – die europäische Lösung für Cross-Product Netting, ZBB 2009, 457 f.

[3] Zum aufsichtsrechtlichen Hintergrund aus deutscher Sicht siehe § 14 Rn 16 ff; ISDA Netting Opinions führen üblicherweise aus: „This Memorandum constitutes a legal opinion for banking regulatory purposes and may be made available to the appropriate bank regulatory authorities administering capital adequacy rules."

Linie die Fragen, die sich aus aufsichtsrechtlicher Sicht stellen. Aus dieser Perspektive muss sichergestellt sein, dass alle einbezogenen Geschäfte im Fall der Eröffnung eines Insolvenzverfahrens über das Vermögen des Vertragspartners in der Weise einheitlich beendet werden oder durch einseitige Erklärung der solventen Partei beendet werden können, dass ein durchsetzbarer Anspruch in Höhe des Unterschiedsbetrags der Bewertungsgewinne und Bewertungsverluste der einzelnen einbezogenen Geschäfte entsteht.[4] Dies bedeutet, dass Netting Opinions nicht (bzw nur mittelbar) Fragen des wirksamen Abschlusses von Transaktionen, Voraussetzungen der Durchsetzung von Ansprüchen vor bzw nach der Insolvenz oder die Frage möglicher Gestaltungen über den Text des Rahmenvertrages hinaus beantworten.

Der Aufbau und Umfang von Netting Opinions folgt in der Regel strikten Vorgaben. Um die Gutachten für die Verbandsmitglieder als (mittelbare) Adressaten leichter vergleichbar zu machen, werden üblicherweise von den beauftragenden Verbänden bestimmte **Fakten, Fragen und Strukturen festgelegt**, die die Autoren der Gutachten in jeder Jurisdiktion zu beachten haben.[5] Der Nachteil solcher Vorgaben ist, dass bestimmte Fragen und Fallvarianten nicht in jeder Jurisdiktion Sinn machen oder eine eigenständige Prüfung nahe legen. Aufbau und Prüfungsreihenfolge ergeben sich daher nicht immer intuitiv aus dem jeweiligen Insolvenzrecht.

C. Checkliste für die Verwendung von Netting Opinions

Vor dem eben beschriebenen Hintergrund ergeben sich eine Reihe von Punkten, die bei aufsichtsrechtlichen Netting-Gutachten (im Folgenden „Opinion") für Standard-Rahmenverträge (im Folgenden „Standard-RV") zu beachten sind, bevor deren Ergebnisse auf den Abschluss konkreter Rahmenverträge (im Folgenden „RV") oder Einzeltransaktionen übernommen werden.

- **Welche Jurisdiktion(en) muss die Opinion abdecken?** Die Ausgangsfrage ist zunächst, für welche Jurisdiktion eine Opinion benötigt wird. Faustregel ist, dass sich dies nach dem Recht des Staates richtet, in dem der Vertragspartner den Mittelpunkt seiner hauptsächlichen Interessen hat (*Centre of Main Interest;* COMI); dies ist meist, aber nicht immer, das Recht des satzungsmäßigen Sitzes des Vertragspartners.[6] Anhand der einschlägigen Opinion ist dann vor Anwendung ihrer Aussagen zu prüfen, ob für den konkreten Sachverhalt auch das Recht der Eröffnung des Verfahrens (*lex fori concursus*) oder eventuell (für die Analyse insgesamt oder für Einzelfragen) das Recht eines anderen Staates (zB das gewählte Vertragsrecht; *lex contractus*) anwendbar ist.[7]
- **Bezieht sich die Opinion auf den ausgehandelten RV bzw Wortlaut?** Es ist zu prüfen, ob die Opinion auch den konkreten RV abdeckt. Dies gilt insbesondere dann, wenn es, wie beim ISDA Master Agreement, verschiedene Versionen gibt. Ähnlich offensichtlich ist, dass im Laufe der Verhandlung des RVs darauf zu achten ist, dass wesentliche Klauseln

---

4 Vgl zu den Einzelheiten aus deutscher Sicht § 14 Rn 8 ff.
5 Vgl zu den Vorgaben, Fragen und Annahmen für Netting Opinions zu ISDA Master Agreements *Field Fisher Waterhouse,* Legal Opinions, 11–15 (mit einer sehr hilfreichen tabellarischen Übersicht auf S. 27–177 zu den Hauptaussagen der 51 zum Zeitpunkt der Veröffentlichung verfügbaren Gutachten).
6 Vgl zu weiteren Einzelheiten § 21 Rn 3 ff.
7 Es können sich an verschiedenen Punkten Weichenstellungen ergeben, die zu einer Verweisung in eine andere Rechtsordnung führen. Dies ist beispielsweise dann der Fall, wenn die entsprechende Netting Opinion auf das Recht des Vertrages (*lex contractus*) verweist (was beim ISDA Master Agreement zur Anwendung Englischen oder New Yorker Rechts führen würde) (siehe § 21 Rn 7 ff) oder wenn man im Rahmen der Anfechtungsprüfung zu Art. 13 EuInsVO oder zu § 339 InsO gelangt. Nach diesen Normen ist eine Anfechtung ausgeschlossen, wenn der Anfechtungsgegner nachweist, dass für die Rechtshandlung das Recht eines anderen Staates maßgeblich und nach dem Recht dieses Staates in keiner Weise anfechtbar ist (siehe § 21 Rn 10 ff).

nicht abgeändert werden bzw vorgegebene Wahlmöglichkeiten (zB in Nr. 12 DRV oder im ISDA Schedule) von der Opinion abgedeckt sind. Opinions gehen meist explizit davon aus, dass entweder der RV insgesamt oder zumindest bestimmte Klauseln (die sogenannten „Core Provisions") nicht von dem Wortlaut des Standard-RVs abweichen. Sofern dies nicht gewährleistet ist, sollte im Einzelfall untersucht werden, ob Änderungen die Aussagen der Opinion einschränken.

8 ■ **Ist die Opinion aktuell?** Es sollte sichergestellt sein, dass die jeweils aktuelle Version der Opinion vorliegt. Änderungen bzw Aktualisierungen werden oft nicht direkt in die Opinion eingearbeitet, sondern in Briefen oder Zusatzgutachten dargelegt. Diese werden dann den Aufsichtsbehörden bzw anderen Adressaten oder Abonnenten der Opinions zur Verfügung gestellt. Die Aktualität der Opinion ist zum einen aus aufsichtsrechtlicher Sicht erforderlich.[8] Zum anderen ist es für das generelle Risikomanagement wichtig, aktuelle Informationen über Insolvenzrisiken zu haben. Opinions sollten daher regelmäßig verifiziert werden, um zu vermeiden, dass sich durch Gesetzesänderungen oder neue Rechtsprechung eine Rechtslage ergibt, die zu einer Änderung der Einschätzung führen würde und in der Opinion noch nicht abgedeckt ist.

9 ■ **Ist die von der Opinion behandelte Fragestellung im konkreten Fall einschlägig?** Opinions beschränken sich schwerpunktmäßig auf Aussagen zur Durchsetzbarkeit von Netting-Vereinbarungen im Insolvenzfall. Bei der Verwendung von Zwischenergebnissen oder darüber hinausgehenden Aussagen, die nur am Rande getroffen werden (zB zu Fragen der zivilrechtlichen Wirksamkeit von Beendigungs- und Aufrechnungsvereinbarungen, zur Durchsetzbarkeit von Ansprüchen oder Urteilen oder zur Inhaltskontrolle), ist daher eine gewisse Sorgfalt nötig und der jeweilige konkrete Kontext zu beachten. Auch bei der Verwendung von Besicherungsanhängen (*Credit Support Annexes*) ist Vorsicht geboten. Sofern diese Anhänge nicht von der Opinion umfasst werden, ist zu prüfen, ob spezielle Gutachten hierzu existieren.[9] Wie oben dargelegt, unterliegt die Behandlung von Finanzsicherheiten in der Insolvenz speziellen (und in aller Regel günstigeren) Regeln.[10]

10 ■ **Sind die in der Opinion gemachten Annahmen** *(Assumptions)* **im konkreten Fall einschlägig?** Im Rahmen der Verhandlungen eines RV oder von Transaktionen sollte die Liste der Annahmen als Checkliste verstanden und in jedem Fall geprüft werden, bevor man sich auf die Aussagen der Opinion verlässt. Neben Annahmen zum Typus der Vertragspartner oder Transaktionen gehören hierzu Punkte, die letztlich den Sachverhalt näher eingrenzen (zB Abschluss bzw Nichtabschluss bestimmter Muster-Anhänge oder Zusatzvereinbarungen, Insolvenzeröffnung in einem bestimmten Land, physisch und/oder finanziell abgewickelte Derivategeschäfte, keine Kollusion oder Absicht der Gläubigerbenachteiligung).

11 ■ **Sind die in der Opinion gemachten Einschränkungen** *(Qualifications)* **im konkreten Fall einschlägig?** Während Fragestellung und die meist auf Fakten bezogenen Annahmen noch relativ schnell zu prüfen und meist übersichtlich am Anfang von Opinions aufgeführt sind, sind Einschränkungen in der Regel nicht systematisch aufgeführt, sondern in der rechtlichen Analyse selbst enthalten. Neben ausdrücklichen Einschränkungen (die mit konkreten Empfehlungen verbunden sein können – siehe unten) sind besonders Ein-

---

8 Vgl §§ 206 Abs. 3 und 207 Abs. 2 SolvV (siehe auch § 14 Fn 40).
9 Zu erwähnen ist, dass ISDA beispielsweise auch Gutachten zu ISDA-CSA/ISDA-CSD in Auftrag gegeben hat (vgl zB für Deutschland „Memorandum of Law for the International Swaps and Derivatives Association, Inc: The Validity and Enforcement of Collateral Arrangements Under the ISDA Credit Support Documents in German Law" vom 29.7.2005 mit Aktualisierungen vom 12.1.2007 und 28.9.2007).
10 Zur Funktionsweise von Besicherungsanhängen, siehe § 17 Rn 8 ff; zu den insolvenzrechtlichen Besonderheiten, siehe § 17 Rn 16.

C. Checkliste für die Verwendung von Netting Opinions

schränkungen der Aussagekraft der Opinion oft schwer einzuschätzen. In Ländern ohne ausdrückliche Anerkennung von Netting-Vereinbarungen basiert das Ergebnis meist auf einer literatur- und rechtsprechungsbasierten Argumentation. Nicht selten wird an diversen Stellen der Analyse eingeräumt, dass das vertretene Ergebnis nach Ansicht des Autors korrekt, mangels klarer Gesetzeslage aber nicht frei von Zweifeln ist. Sofern über die in aller Regel konkrete Aussage der Opinion hinaus auch solche Feinheiten bzw Restunsicherheiten für die Risikoanalyse bewertet werden sollen, ist eine sehr genaue Lektüre der Opinion (einschließlich der oft wesentlichen Fußnoten) unerlässlich.

■ **Gehört der Vertragspartner zu den Organisationsformen, die in der Opinion abgedeckt sind?** Besonderes Augenmerk ist darauf zu richten, ob die Gegenpartei zu den von der Opinion abgedeckten Typen gehört. Netting Opinions basieren häufig auf der Annahme, dass die Gegenpartei eine bestimmte gesellschaftsrechtliche Organisationsform hat (zB AG, GmbH, KG etc.) und/oder eine bestimmte (beaufsichtigte) Tätigkeit ausübt (zB als Kreditinstitut, Versicherung, Investmentfonds, Pensionsfonds etc.) oder gerade nicht ausübt.[11] Die Gründe für den sehr unterschiedlichen Umfang in den verschiedenen Jurisdiktionen sind vielfältig, basieren jedoch meist auf der Einschränkung anwendbarer Netting-Gesetze auf Unternehmen bestimmter Branchen, auf insolvenzbezogene Sonderregelungen für spezielle Organisationsformen oder sind einfach auf den limitierten Prüfungsumfang zurückzuführen. Bei den speziellen Organisationsformen sind besonders solche Organisationen zu erwähnen, die aufgrund Gesetzes konkrete Vermögensmassen zugunsten bestimmter Gläubiger unter Schutz stellen und daher explizit oder implizit auch Aufrechnungen bzw Verrechnungen mit diesen speziellen Vermögensgegenständen einschränken. Aus deutscher Sicht sind dies zB die in das Deckungsregister eingetragenen Werte bei Pfandbriefbanken,[12] das Sondervermögen bei Kapitalanlagegesellschaften[13] und wohl auch das Sondervermögen von Versicherungen.[14] Darüber hinaus ist bei

12

---

11 Zu den Organisationsformen, die in vielen Jurisdiktionen vom Umfang der Standard-Opinion ausgenommen sind, gehören zB Privatpersonen, Rückversicherungsunternehmen, Pensionsfonds, Bausparkassen, staatliche bzw regionale öffentlich-rechtliche Körperschaften bzw Anstalten sowie supranationale oder nationale Förderbanken.

12 Vgl § 30 Abs. 1 S. 1 Pfandbriefgesetz: „Die in die Deckungsregister eingetragenen Werte einschließlich der Werte im Sinne des Absatzes 3 sowie die bei der Deutschen Bundesbank unterhaltene Mindestreserve, soweit sie auf Pfandbriefe entfällt, bilden vom allgemeinen Vermögen der Pfandbriefbank getrennte Vermögensmassen, die nicht in die Insolvenzmasse fallen, wenn über das Vermögen der Pfandbriefbank das Insolvenzverfahren eröffnet wird (insolvenzfreies Vermögen)."

13 Vgl § 31 Abs. 6 S. 1 Investmentgesetz: „Forderungen gegen die Kapitalanlagegesellschaft und Forderungen, die zu einem Sondervermögen gehören, können nicht gegeneinander aufgerechnet werden."; unter bestimmten Voraussetzungen gelten jedoch Ausnahmen zu diesem Aufrechnungsverbot für Derivate und andere strukturierte Geschäfte (vgl § 31 Abs. 6 S. 2 Investmentgesetz).

14 Bei Versicherungen war zunächst nicht abschließend geklärt, ob es ein Aufrechnungsverbot gibt. Das Bundesaufsichtsamt für Versicherungswesen (jetzt: BaFin) hatte in den 70er-Jahren einschränkende Aussagen gemacht und unter anderem gefordert, dass bestimmte Vermögensgegenstände und Verträge des gebundenen Vermögens Beschränkungen hinsichtlich einer Aufrechnung enthalten sollen (vgl VerBAV 1974, 356, VerBAV 1977, 206). Eine diesbezügliche Klarstellung wurde mittlerweile in § 77 Abs. 1 VAG aufgenommen. Unter der Überschrift „Entnahmen aus dem Sicherungsvermögen" sah § 77 Abs. 1 VAG vor, dass dem Sicherungsvermögen außer den Mitteln, die zur Vornahme und Änderung der Kapitalanlagen erforderlich sind, nur die Beträge entnommen werden dürfen, die durch Eintritt oder Regulierung des Sicherungsfalles, durch Rückkauf oder dadurch frei werden, dass sonst ein Versicherungsverhältnis beendigt oder der Geschäftsplan geändert wird. § 77 Abs. 2 VAG dehnt diesen Schutz noch aus. Durch Zwangsvollstreckung oder Arrestvollziehung darf über die Bestände des Sicherungsvermögens nur so weit verfügt werden, wie für den Anspruch, zu dessen Gunsten verfügt wird, die Zuführung zum Sicherungsvermögen vorgeschrieben und tatsächlich erfolgt ist. Das Neunte Gesetz zur Änderung des Versicherungsaufsichtsgesetzes vom 9.12.2007 (BGBl. 2007, Teil I, Nr. 70, 3248 (3251)) erweiterte diese Aussage um folgenden Satz: „S. 1 gilt für die Aufrechnung gegen Ansprüche entsprechend, die zu den Beständen des Sicherungsvermögens gehören."

Fried

regulierten Vertragspartnern darauf zu achten, ob es spezielle Regelungen für das Insolvenzverfahren gibt (zB nur Aufsichtsbehörde darf Antrag stellen; spezielle Anfechtungsfristen etc.), die sich auf den Wortlaut des Rahmenvertrages auswirken können.[15]

13 ■ **Gehören die geplanten Transaktionen zu den Transaktionstypen, die von der Opinion abgedeckt sind?** Ein besonders dynamisches Element von Opinions sind die Listen der Geschäftstypen, die unter dem jeweiligen RV abgeschlossen werden können und die Teil der Vorgabe für das Gutachten sind. Diese Listen geben Auskunft darüber, welche Arten von Transaktionen und welche Basiswerte derzeit im Markt aktuell sind. Die Mitglieder der auftraggebenden Verbände haben ein großes Interesse daran, Neuentwicklungen so schnell wie möglich bei der Aktualisierung der Opinion aufnehmen zu lassen, um den Aufsichtsbehörden keine selbst in Auftrag gegebenen Zusatzgutachten vorlegen zu müssen.[16] Beim Abschluss von Transaktionen ist zu prüfen, ob für den speziellen Transaktionstyp Beschränkungen existieren. Sofern die Analyse auf Gesetzen basiert, die eine Privilegierung von Netting auf genau bezeichnete Finanzderivate beschränkt, ist die Aussage der Opinion für solche Jurisdiktionen oft eingeschränkt und nimmt insbesondere physisch abgewickelte Warenderivate, manchmal aber auch CO_2-Emissionszertifikate und Wetterderivate aus.

14 ■ **Werden konkrete Empfehlungen der Opinion eingehalten?** Schließlich sollte sichergestellt sein, dass konkrete Empfehlungen der Opinion, bestimmte Klauseln aufzunehmen oder gerade nicht aufzunehmen, im RV auch umgesetzt sind. Beispielhaft seien folgende drei Bereiche erwähnt, die häufig Gegenstand konkreter Vorschläge sind: (1) Ein typisches Thema für Empfehlungen ist, ob der RV im Insolvenzfall automatisch beendet und damit Netting automatisch herbeigeführt werden soll oder nicht (sogenannte „Automatic Early Termination"; AET). Während AET in einigen Ländern empfohlen wird, wird in anderen Ländern empfohlen, auf keinen Fall AET zu wählen.[17] (2) Sofern Vertragsmuster (wie zB das 1992 ISDA Master Agreement in Section 6(e)(i)) wählbare einseitige Beendigungsklauseln (sogenannte „Walk-away Klauseln") beinhalten, nach denen die insolvente Partei, falls „in-the-money", keine Zahlung bekommen soll, wird in aller Regel von der Wahl dieser Klausel abgeraten. (3) Ein weiterer Bereich sind konkrete Empfehlungen zur Änderung des Wortlautes des Standard-RVs, die sich auf eine An-

---

15 Aus deutscher Sicht ist hier beispielsweise § 46b Abs. 1 S. 4 KWG zu nennen, nach dem nur die BaFin einen Insolvenzantrag über das Vermögen von Finanzinstituten stellen kann. § 88 Abs. 1 VAG enthält eine entsprechende Regelung für Versicherungen, die gem. § 121 a Abs. 1 iVm § 88 Abs. 1 VAG mit Umsetzung der Achten VAG-Novelle auch für Rückversicherungen gilt.

16 Das Rechtsgutachten zum DRV beispielsweise (Stand: März 2009) führt folgende Geschäftstypen auf: Basisswap-Geschäft, Anleihetermingeschäft, Anleiheoptions-Geschäft, Edelmetalloptions-Geschäft, Edelmetallswap-Geschäft, Edelmetallgeschäft, Kauf-/Rückverkaufsgeschäft, Cap-Geschäft, Collar-Geschäft, Warenoptions-Geschäft, Warenpreisswap-Geschäft, Bedingtes Kreditausfallswap-Geschäft, Option auf ein Kreditausfallswap-Geschäft, Kreditausfallswap-Geschäft, Kreditderivat auf forderungsbesicherte Wertpapiere, Kreditspannen-Geschäft, Zins-Währungsswap-Geschäft, Währungsoptions-Geschäft, Währungsswap-Geschäft, Geschäft auf wirtschaftsstatistische Kennzahlen, Geschäft über Emissionsberechtigungen, Aktientermingeschäft, Aktienindexoptions-Geschäft, Aktienoptions-Geschäft, Aktienswap- oder Aktienindexswap-Geschäft, Floor-Geschäft, Devisengeschäft, Terminsatzvereinbarung, Frachtgeschäft, Fonds-Optionsgeschäft, Fonds-Termingeschäft, Fonds-Swap Geschäft, Zinssatzswap-Geschäft, Lebenserwartungs-/Sterblichkeitswahrscheinlichkeits-Geschäft, Immobilienpreisindex-Geschäft, Wertpapierpensionsgeschäft, Wertpapierdarlehensgeschäft, Kreditderivat auf Derivateexposure, Swap-Optionsgeschäft, Total Return Swap-Geschäft, Wetter-Geschäft.

17 Zu den Jurisdiktionen, in denen AET empfohlen wird, gehören die Bahamas, Belgien, Brasilien, Deutschland, Japan, Korea, Niederlande, Niederländische Antillen, Norwegen, Südafrika und die Schweiz (vgl *Firth*, Derivatives, Rn 11.106, Stand: April 2009).

passung der Netting-Klauseln an nationale Besonderheiten beziehen können oder auf sonstige Änderungen, die die Rechtssicherheit der Analyse verbessern. Dazu gehören zB Aussagen zum nicht-spekulativen Hintergrund von Transaktionen oder zum Abschluss von Transaktionen im Einklang mit der jeweiligen Satzung oder anderen internen Regeln des Vertragspartners.

§ 24 Ausblick und Zusammenfassung

1 Netting-Vereinbarungen in Rahmenverträgen für Finanzderivate sind **insolvenzfest**. Zu diesem Ergebnis kann man auch ohne ausdrückliche gesetzliche Privilegierung oder konkrete Bestätigung durch die Rechtsprechung gelangen. Trotz solider Argumente bleibt der Weg zu dieser Erkenntnis aber mühsam. Wie bei anderen insolvenzrechtlichen Fragestellungen, führt eine Vielzahl von Literaturmeinungen und Urteilen zu nur partiell vergleichbaren Themen dazu, dass auf allen Prüfungsstufen ein bunter Strauß an Argumentationsvarianten und Lösungsvorschlägen zu analysieren ist. Die Erläuterung der Zusammenhänge zum Thema Netting hat gezeigt, dass eine primär an der Mehrung der Masse orientierte Begründung aufgrund der wirtschaftlichen Besonderheiten und der speziellen Interessen der Beteiligten nicht immer zu angemessenen Ergebnissen führt. Es wäre daher wünschenswert, die Insolvenzfestigkeit von vertraglichen Netting-Vereinbarungen sowie deren eingeschränkte Anfechtbarkeit durch **eindeutige gesetzliche Bestimmungen klarzustellen**, um weitere Diskussionen zu vermeiden und noch mehr Rechtssicherheit zu schaffen.

2 Ein wichtiger Schritt in diese Richtung war die Umsetzung der **Finanzsicherheitenrichtlinie** in Deutschland, die in ihrem Anwendungsbereich für Credit Support Annexe sowie Wertpapierdarlehens- und Repo-Verträge für Rechtssicherheit sorgte und die insolvenzrechtliche Analyse vieler Transaktionen erleichtert. Im Bereich des OTC-Clearings über Clearinghäuser gilt diese Aussage entsprechend für die Umsetzung der **Finalitätsrichtlinie**, die zumindest zwischen Clearing Member und Clearinghaus zu einer verbesserten Einschätzung der Rechtssicherheit beiträgt.

3 Aus **vertraglicher Sicht** haben die Marktorganisationen, die die gängigen Rahmenverträge betreuen, wichtige **Grundlagen geschaffen**. Alle wesentlichen Rahmenverträge (zB ISDA, DRV oder EMA) basieren auf soliden Nettingkonzepten, deren Wirksamkeit für viele Jurisdiktionen durch Nettinggutachten belegt ist.

4 **Während der Finanzkrise** hat sich gezeigt, dass Netting auch in einem außerordentlichen Marktumfeld funktioniert und einen sehr wichtigen Beitrag zur Reduzierung insolvenzbedingter Risiken leisten kann. Trotz Forderungen nach der Behebung einzelner Unzulänglichkeiten in den Rahmenverträgen und der Feststellung, dass es Rechtsstreitigkeiten zu Einzelthemen gab oder noch gibt, haben sich diese Verträge in der Krise bewährt. Neue Themen wie beispielsweise eine Berücksichtigung der Auswirkungen neu geschaffener bankaufsichtsrechtlicher Maßnahmen (zB § 13 KredReorgG oder §§ 48a ff KWG) oder eine weitere Optimierung der Regelungen für Ersatzgeschäfte und Transaktionsbewertung wird der Markt sicherlich analysieren und im Einzelfall oder generell in künftigen Versionen der Rahmenverträge umsetzen.

5 **Nach der Finanzkrise** wurde das Thema OTC-Derivate national und international auf vielen Ebenen diskutiert. Dies betraf ganz besonders das Thema Close-out Netting.[1] In einem der Gutachten der Abteilung „Öffentliches und Privates Wirtschaftsrecht" des 68. Deutschen Juristentages 2010 in Berlin wurde unter anderem diskutiert, **Netting im Vorfeld der Insolvenz** unter Umständen **die rechtliche Anerkennung zu versagen**. Dies sei wegen der destabilisierenden Wirkung des Nettings angebracht, die eintrete, wenn dem in der Krise befindlichen Institut durch vorzeitige Beendigung der offenen Transaktionen Liquidität entzogen werde. Der Möglichkeit, Netting dann bei Insolvenzeröffnung wieder zuzulassen stand man

---

[1] Vgl beispielsweise zu Themen aus Sicht des deutschen Rechts *Zimmer/Fuchs*, Die Bank in Krise und Insolvenz, ZGR 2010, 597 ff (mit Ausführungen zu Close-out Netting auf S. 616 ff); *Paech*, Netting, Finanzmarktstabilität und Bankenrestrukturierung, WM 2010, 1965 ff.

aber positiv gegenüber.² Diese Ansicht unterschätzt zum einen die Schutzbedürftigkeit der Kontrahenten, die wegen der sich täglich ändernden Marktwerte gezwungen werden, auf einem „sinkenden Schiff" zu bleiben. Sich in dieser Situation passiv verhalten zu müssen und erst später uU zu höheren Kosten Ersatzgeschäfte tätigen zu können, bedeutet, um im Bild zu bleiben, dass die Rettungsboote erst benutzt werden dürfen, wenn das Schiff gesunken ist. Zum anderen bedeutet das Verbot eines frühzeitigen Close-out Nettings bei Derivateverträgen mit Besicherungsanhängen (die nach in Kraft treten der EMIR der Standard sein werden), dass sich der Marktwert der Transaktionen zulasten der solventen Partei ändert, während die laufend zu hinterlegenden Sicherheiten in der Krise aber möglicherweise nicht mehr gestellt werden. In diesen Fällen muss dann die solvente Partei zusehen, wie Risiko und Absicherung auseinanderlaufen. Schließlich ist auch das Liquiditätsargument nicht in allen Fällen überzeugend. Einmal ganz davon abgesehen, dass ein Unternehmen in der Krise auch „in-the-money" sein kann und dann bei Close-out Netting eine Zahlung erhält, ist in allen Fällen in denen Besicherungsanhänge existieren, mit Close-out Netting kein weiterer Abfluss von Liquidität mehr verbunden. Zahlungen (je nach Marktwerten, vom oder an das insolvente Unternehmen) werden bereits durch die laufende Margenanpassung vorweggenommen.³ Bei Reformdiskussionen ist zu beachten, dass Close-out Netting von Derivateverträgen mit Besicherungsanhängen unter dem Schutz der Finanzsicherheitenrichtlinie steht.⁴ Wesentliche Änderungen müssten daher schon aus diesem Grund auf europäischer Ebene abgestimmt werden.

Erfreulicherweise gibt es auch Diskussionen auf internationaler Ebene von **UNIDROIT** (*International Institute for the Unification of Private Law*), die in eine andere Richtung gehen. Dort befasst sich eine Arbeitsgruppe (*UNIDROIT Study Group on principles and rules on the netting of financial instruments*) mit der Erstellung von Prinzipien für die Rechtswirksamkeit von Nettingbestimmungen, die weltweit als Vorlage für entsprechende harmonisierte Gesetze dienen sollen. Ziel ist, Netting in der Insolvenz einer Partei rechtswirksam zu ermöglichen.⁵ Eines der wesentlichen von der Arbeitsgruppe diskutierten Prinzipien (*Principle 7*) fordert, dass das jeweilige Recht die **Durchsetzbarkeit von Nettingbestimmungen gemäß**

6

---

2 *Zimmer*, Finanzmarktregulierung – Welche Regelungen empfehlen sich für den deutschen und europäischen Finanzsektor?, Gutachten G in: Verhandlungen des 68. Deutschen Juristentages, Band I, S. G 56 ff. Erwähnenswert ist, dass die Abteilung „Öffentliches und Privates Wirtschaftsrecht" mit großer Mehrheit folgenden Beschluss angenommen hat: „Auf internationaler Ebene sollten Regelungen angestrebt werden, die Abreden zu einer vorzeitigen Fälligstellung von Zahlungspflichten bei systemrelevanten Finanzinstituten die Wirkung nehmen, wenn von diesen destabilisierende Wirkungen für das Finanzsystem ausgehen können.". Vgl auch *Zimmer/Fuchs*, Die Bank in Krise und Insolvenz, ZGR 2010, 597, 645.
3 Bei alledem soll natürlich nicht in Frage gestellt werden, dass Close-out Netting die Situation des Unternehmens in der Krise verschärfen kann, da Close-out Netting über Cross-Default Klauseln eine Beendigung anderer Verträge auslösen kann und jedenfalls (für beide Vertragsparteien) Transaktionen erst einmal wegfallen und ersetzt werden müssen. Bei Verträgen, die zu Absicherungszwecken geschlossen wurden, bedeutet dies, dass erst einmal die Absicherung wegfällt. Die Frage bleibt allerdings, ob diese Nachteile schwerer wiegen als der Schutz der solventen Unternehmen in dieser Situation.
4 Siehe hierzu (und insbesondere zu Art. 7 Finanzsicherheitenrichtlinie) § 17 Rn 16 ff.
5 UNIDROIT Study Group on principles and rules on the netting of financial instruments, UNIDROIT 2012/Study LXXVIII C Doc. 1 bis Doc 13 (Statusreport und Berichte sind abrufbar unter http://www.unidroit.org/english/studies/study78c/main.htm).

der vereinbarten Bedingungen vor und nach Beginn eines Insolvenzverfahrens über das Vermögen einer Partei sicherstellt.[6]

7 Eines der wichtigsten Themen im Derivatebereich ist derzeit aber zweifellos der Auf- und Ausbau der **Marktinfrastruktur für das Clearing von OTC-Derivaten.** Die auf Basis der European Market Infrastructure Regulation (EMIR) zu erwartenden Änderungen werden die wirtschaftlichen und rechtlichen Gegebenheiten für eine Vielzahl von standardisierten (und damit einmal clearingpflichtigen) OTC-Derivate grundlegend ändern. Die neue Marktinfrastruktur wird Netting und Margensicherheiten gleichermaßen betreffen. EMIR macht zudem auch Vorgaben für das Risikomanagement für nicht-geclearte Derivate. Trotz einiger Ansätze, auch insolvenzrechtliche Themen zu regeln, bleibt die Analyse der rechtlichen Durchsetzbarkeit dem jeweils anwendbaren nationalen Recht überlassen. Je nach Konstellation und dank der Verwendung bewährter Mechanismen, kann man auch auf Basis des geltenden Rechts (zB Privilegierungen nach der Finanzsicherheiten- bzw Finalitätsrichtlinie) für Fragen des Nettings, der Verwertung von Margensicherheiten und auch des Portings zu guten Ergebnissen kommen. Angesichts der Systemrelevanz und des rechtlichen Zwangs, Clearinghäuser als zentrale Kontrahenten zu nutzen, wäre jedoch eine ausdrückliche zusätzliche Privilegierung einiger wesentlicher Elemente der neuen Marktinfrastruktur durch den europäischen Verordnungsgeber oder den nationalen Gesetzgeber wünschenswert.

---

[6] Principle 7 (Enforceability of close-out netting) lautet wie folgt: „The law should ensure that a close-out netting provision is enforceable in accordance with its terms, before and after the commencement of an insolvency proceeding in relation to one of the parties. Without limiting the generality of the foregoing – a) The law should not impose enforcement requirements beyond those specified in the close-out netting provision itself. b) A close-out netting provision should remain enforceable even if one or more of the obligations covered are, and remain, unenforceable or ineligible. c) If an insolvency proceeding in relation to one of the parties has been commenced, i. the insolvency administrator or court should not be allowed to demand from the other party performance on only some of the obligations covered by the close-out netting provision, while repudiating the remaining obligations; ii. the operation of the close-out netting provision should not be stayed; iii. the operation of the close-out netting provision should not be impaired on grounds that such operation or the mere fact of entering into such provision violated the principles relating to the equal treatment of creditors; iv. a close-out netting provision and any of the obligations covered by it should not become unenforceable solely on the ground that it was entered into during a prescribed period before, or on the day of but before, the commencement of the proceeding."; vgl hierzu *UNIDROIT*, Draft Principles regarding the Enforceability of Close-out Netting Provisions, Study LXXVIII C – Doc. 13, S. 19 ff.

4. Teil: Aufsichtsrecht und Öffentliches Recht

§ 25 Zum Einsatz von Derivaten bei Pfandbriefbanken

Literatur: *Bellinger/Kerl*, Hypothekenbankgesetz, 4. Aufl., München 1995; *Goedecke/Kerl*, Die deutschen Hypothekenbanken, Frankfurt a. M.; *Pollmann*, Das neue deutsche Pfandbriefrecht, Bremen 2007; *Scharpf/Luz* (Hrsg.), Risikomanagement, Bilanzierung und Aufsicht von Finanzderivaten, 2. Aufl., Stuttgart 2000; *Schimansky/Bunte/Lwowski* (Hrsg.), Bankrechts-Handbuch, 4. Aufl., München 2011; *Schuster/Sester*, Zum Entwurf eines Pfandbriefgesetzes, ZBB 2004, 481–481; *Verband deutscher Hypothekenbanken* (Hrsg.), 100 Jahre Hypothekenbankgesetz, Frankfurt a. M. 1999.

A. Einleitung 1	4. Insolvenzbeständigkeit 35
I. Restriktive Tradition 2	5. Verbriefte Derivate 42
II. Vordringen von Derivaten als Hilfsgeschäfte 4	II. Geeignete Kontrahenten 43
III. Zulassung von Fremdwährungsgeschäften 6	III. Deckungsgrenzen 47
IV. Anerkennung von Derivaten als Nebengeschäfte und Indeckungnahme 10	IV. Rechtsstellung der Kontrahenten in der Insolvenz und Restrukturierung 49
V. Aufgabe des Spezialbankprinzips 12	1. Insolvenz 49
B. Indeckungnahme von Derivaten 14	2. Restrukturierung 54
I. Für die Deckung geeignete Derivate 15	V. Absicherung der Kontrahenten 55
1. Zulässige Derivatetypen 17	1. Eintragung der Derivate 56
2. Risiken des Derivats 31	2. Folge der Eintragung 57
3. Standardisierte Rahmenverträge 33	3. Löschung der Derivate 58
	VI. Besicherung von Deckungsderivaten 59

A. Einleitung

Der Einsatz von Derivaten bei Pfandbriefbanken hat eine wechselvolle Geschichte. Derivategeschäfte der Pfandbriefbanken waren lange Zeit nur unzureichend geregelt. Daher kam es zu Auswüchsen, die vereinzelt in veritablen Schieflagen endeten.[1] Trotz mancher Liberalisierung in den letzten Jahren bleibt die Sicherheit und das Renommé der Pfandbriefe oberste Leitlinie der Pfandbriefaufsicht und damit Richtschnur bei der Auslegung verbleibender Zweifelsfragen. Die heutigen Regelungen im Pfandbriefgesetz sind jedoch nur verständlich, wenn man ihren Hintergrund kennt.

I. Restriktive Tradition

Mit Beginn der bundeseinheitlichen Regelung des Pfandbriefwesens in Deutschland wurden die Hypothekenbanken einem weitreichenden **Spekulationsverbot** unterworfen. So bestimmte bereits § 5 S. 1 Nr. 4 des Hypothekenbankgesetzes vom 13.7.1899 (HBG),[2] dass bei dem kommissionsweisen Ankauf und Verkauf von Wertpapieren Zeitgeschäfte, heute würde man sagen: Termingeschäfte, verboten seien. Damit sollte Wertpapierspekulationen, auch in Form von Umgehungsgeschäften, ein Riegel vorgeschoben werden.[3] Zwar bezog sich diese Regelung, die noch bis zum Inkrafttreten des Pfandbriefgesetzes (PfandBG) am 28.5.2005[4]

---

[1] Vgl v. *Heusinger*, Fluch der Derivate, Die Zeit v. 15.12.2005, 41 zum Hintergrund der AHBR-Krise. Die Beinahe-Insolvenz der Hypo Real Estate-Gruppe 2008/2009, zu der seinerzeit auch zwei deutsche Pfandbriefbanken gehörten, ist indes – soweit bekannt – nicht auf einen unsachgemäßen Einsatz von Derivaten zurückzuführen.
[2] RGBl. I 1899 S. 375 ff.
[3] Vgl die Gesetzesbegründung in RT Drucks. 10/106, S. 25 sowie den Bericht der X. Kommission des Reichstags in RT Drucks. 10/320, S. 6, jeweils zitiert nach Verband deutscher Hypothekenbanken (Hrsg.), 100 Jahre Hypothekenbankgesetz, 1999, S. 31 und 147; dazu auch Bellinger/Kerl, Hypothekenbankgesetz, 4. Aufl. 1995, § 5 Rn 55.
[4] BGBl. I 2005 S. 1373 ff.

praktisch unverändert weiter galt,[5] ausdrücklich nur auf das als Nebengeschäft betriebene Wertpapiergeschäft der Hypothekenbanken. Sie drückt jedoch einen ursprünglichen, auch heute noch Geltung beanspruchenden Grundgedanken des Pfandbriefrechts aus, dass es die Sicherheit des Pfandbriefs verbietet, zulasten der den Pfandbriefgläubigern zur Befriedigung zur Verfügung stehenden Vermögenswerte zu spekulieren.

3 Nun war und ist das Pfandbriefgeschäft selbstverständlich kein risikoloses Geschäft. Hypothekenbanken gingen seit jeher Kredit- und Zinsänderungsrisiken ein. **Zinsänderungsrisiken** resultierten aus inkongruenten Refinanzierungen, Aktiv- oder Passivüberhängen, vorzeitigen Kündigungen von Darlehensnehmern aufgrund gesetzlicher Kündigungsrechte, Aufhebungsverträgen und anderen, dem Pfandbriefgeschäft immanenten Zinsrisiken.[6]

II. Vordringen von Derivaten als Hilfsgeschäfte

4 Mit der Verbreitung und Standardisierung außerbörslicher Derivategeschäfte, vor allem zwischen Kreditinstituten, sahen sich auch die Hypothekenbanken mit Angeboten konfrontiert, ihr Aktiv- und Passivgeschäft durch den Abschluss von Zinsbegrenzungsvereinbarungen zu optimieren. Hiervon machten sie auch zunehmenden Gebrauch. Grenzen ergaben sich vor allem aus dem die Pfandbriefgläubiger schützenden Spezialbankprinzip und der grundsätzlich abschließenden Aufzählung der den Hypothekenbanken gestatteten Haupt- und Nebengeschäfte (§§ 1, 5 HBG). Da Derivategeschäfte nicht als Nebengeschäfte anerkannt waren, musste man auf die gesetzlich nicht abschließend geregelten **Hilfsgeschäfte** ausweichen, die Hypothekenbanken unstreitig abschließen durften und dazu dienten, ein Haupt- oder Nebengeschäft zu fördern.[7] Zudem durften solche Geschäfte das Spezialbankprinzip nicht aufweichen und keine wesentlichen Verlustrisiken begründen.[8]

5 Schon aus diesen in der Aufsichtspraxis entwickelten allgemeinen Vorgaben ließen sich die für den Einsatz von Derivaten wichtigsten Grundsätze ableiten: Mittels von Derivaten sollten zunächst keine Risiken eingegangen werden, die nicht auch mit zulässigen Haupt- oder Nebengeschäften eingegangen werden können (**Spezialbankprinzip**). Untersagt waren danach beispielsweise Derivate auf Basiswerte, in die eine Hypothekenbank unmittelbar nicht hätte anlegen dürfen. Des Weiteren musste der Kontrahent die Gewähr bieten, seine Verpflichtungen auch bei Fälligkeit erfüllen zu können. Es lag nahe, diesbezüglich den Kreis der möglichen Kontrahenten auf „geeignete Kreditinstitute" im Sinne des § 5 Abs. 3 HBG zu begrenzen. Das waren nach Auffassung der Bankenaufsicht nur zum Einlagengeschäft zugelassene deutsche und vergleichbare Sicherheit versprechende ausländische Kreditinstitute (**Vorsichtsprinzip**).[9] Außerdem wurde in der aufsichtlichen Praxis zunehmend darauf gedrängt, dass die Derivategeschäfte tätigenden Hypothekenbanken die hiermit verbundenen Risiken erfassen und sorgfältig steuern, ohne dass diese organisatorischen Anforderungen zunächst näher geregelt gewesen wären.

---

5 Vgl § 5 Abs. 1 Nr. 3 HBG idF von Art. 8 des Gesetzes zur Umsetzung der Richtlinie 2002/47/EG über Finanzsicherheiten v. 5.4.2004, BGBl. I, 2004, S. 502 ff. Zitate des HBG in diesem Beitrag beziehen sich auf diese Fassung, soweit nicht anders kenntlich gemacht.
6 Vgl dazu *Bellinger/Kerl*, Hypothekenbankgesetz, 4. Aufl. 1995, § 5 Rn 20.
7 Vgl das gesetzlich geregelte Hilfsgeschäft des Beteiligungserwerbs in § 5 Abs. 1 Nr. 7 HBG.
8 *Bellinger/Kerl*, Hypothekenbankgesetz, 4. Aufl. 1995, § 5 Rn 11; *Goedecke/Kerl/Scholz*, Die deutschen Hypothekenbanken, S. 225 ff.
9 Bundesaufsichtsamt für das Kreditwesen, Schreiben vom 16.10.1963, früher abgedruckt bei Consbruch/Möller/Bähre/Schneider, Kreditwesengesetz, Loseblatt-Slg, Nr. 8.11; vgl *Bellinger/Kerl*, Hypothekenbankgesetz, 4. Aufl. 1995, § 5 Rn 96 ff.

III. Zulassung von Fremdwährungsgeschäften

Mit Öffnung des Pfandbriefgeschäfts für Ausleihungen in fremder Währung und für die Beleihung von Grundstücken im EG-Ausland und in den damaligen EFTA-Staaten im Jahre 1990[10] kamen **Währungsrisiken** im Aktivgeschäft hinzu. Dies veranlasste den Gesetzgeber, die Hypothekenbanken gleichzeitig zu verpflichten, durch „geeignete Maßnahmen" ein Währungsrisiko auszuschließen, wenn die Währung des Nennwerts der ausgegebenen Pfandbriefe von der Währung der zu ihrer Deckung benutzten Werte abwich.[11] Mit den geeigneten Maßnahmen waren vor allem Währungsswaps gemeint.[12] Damit wurden bestimmte Derivategeschäfte sogar zur Pflicht erhoben, wenn die Hypothekenbank bei ihren Fremdwährungsgeschäften in eine Unterdeckung zu geraten drohte. Im Vorgriff auf das Inkrafttreten dieser Änderungen hatte die Bankenaufsicht die Voraussetzungen für die Anerkennung von Derivategeschäften als Hilfsgeschäfte weiter präzisiert.[13] Danach sollten Derivate nur zur Schließung oder Verminderung offener Positionen im Hauptgeschäft und zur Begrenzung von Adressenausfallrisiken abgeschlossen werden. Derivategeschäfte zu (spekulativen) Handelszwecken waren ebenso unzulässig wie Geschäfte, die Risiken nachbilden sollten, deren Eingehung im Hauptgeschäft unzulässig war. Ebenso unzulässig war die Eingehung von Derivatepositionen mit potenziell unbegrenztem Verlustrisiko, bspw Stillhaltergeschäfte. Die zulässigen Kontrahenten wurden auf die in § 5 Abs. 3 Nr. 1 HBG erwähnten „geeigneten Kreditinstitute" begrenzt. Die aus Derivatepositionen resultierenden Liquiditätsrisiken mussten in die Gesamtliquiditätsplanung der Hypothekenbank einbezogen werden. Zur Verminderung der Rechtsrisiken sollten nur anerkannte Rahmenverträge (Rahmenvertrag für Finanztermingeschäfte; ISDA-Master Agreement) verwandt werden. Ein an den Empfehlungen des Basler Ausschusses für Bankenaufsicht orientiertes Risikomanagementsystem sollte die aus den Geschäften folgenden Risiken erfassen, kontrollieren und steuern. Alle diese vor mehr als zwanzig Jahren eingeführten Grundsätze sind auch heute noch aktuell. Dennoch konnten sie die Ausweitung des Derivatgeschäfts der Hypothekenbanken nicht verhindern und die damit verbundenen Risiken nur unvollkommen begrenzen.

Im Laufe der Zeit hatte sich nämlich – anfänglich durchaus mit Duldung der Bankenaufsicht – die Nutzung von Derivaten über die reine Absicherung von Zins- und Währungsrisiken hinaus zu einer renditeorientierten Optimierung des Aktiv- und Passivgeschäfts der Hypothekenbanken entwickelt.[14] Die steigende Nachfrage der öffentlichen und privaten Schuldner nach flexiblen Finanzierungen mit Sonderkündigungsrechten, variablen Zinsen, Krediten in unterschiedlicher Währung je nach Wechselkurserwartung und ein entsprechender Konkurrenzdruck durch die Universalbanken zwangen die Hypothekenbanken, sich mit ihrem Aktivgeschäft der Marktentwicklung anzupassen und für sie riskantere, weil variablere Finanzierungen anzubieten. Zudem zwang sie der Margendruck im Inlandsgeschäft, sich in den 90er Jahren des 20. Jahrhunderts zunehmend im Ausland zu engagieren. Auch auf der Passivseite musste sich stärker ausdifferenzierenden Wünschen der Pfandbriefanleger Rechnung getragen werden. Was einst als reine Absicherung klassischer Zins- oder Währungsinkongruenzen bei eigentlich standardisiertem Massengeschäft gedacht war, wandelte sich zuneh-

---

10 Eingeführt durch Art. 2 Nr. 3 des Gesetzes über Wertpapier-Verkaufsprospekte und zur Änderung von Vorschriften über Wertpapiere, BGBl. I. 1990, S. 2749, 2752 ff; vgl hierzu *Goedecke/Kerl/Scholz*, Die deutschen Hypothekenbanken, S. 147 ff.
11 § 6 Abs. 6 HBG idF d. Bekanntmachung vom 19.12.1990, BGBl. I 1990, S. 2898 ff.
12 Vgl die Begründung des Finanzausschusses, BT-Drucks. 11/6430, S. 28; *Bellinger/Kerl*, Hypothekenbankgesetz, 4. Aufl. 1995, § 5 Rn 18.
13 Bundesaufsichtsamt für das Kreditwesen, Schreiben vom 1.10.1990, früher abgedruckt bei Consbruch/Möller/Bähre/Schneider, Kreditwesengesetz, Loseblatt-Slg, Nr. 8.27; vgl *Bellinger/Kerl*, Hypothekenbankgesetz, 4. Aufl. 1995, § 5 Rn 20.
14 Vgl die Gesetzesbegründung zur Neuregelung des Hypothekenbankrechts im Jahre 2002, BT-Drucks. 14/8017, S. 133.

mend zu einem komplexen Ausgleich der Gesamtbankrisiken. Mit anderen Worten: Erst der Einsatz von Derivaten ermöglichte „strukturierte" Finanzierungen und Refinanzierungen. Damit wandelte sich das Derivategeschäft vom vereinzelt eingesetzten Absicherungsinstrument zu einem den Marktzutritt sichernden Instrument.[15]

8 Die damit verbundene starke Ausweitung des Derivategeschäfts der Hypothekenbanken führte zu einem politischen Tauziehen. Um Rechtssicherheit und Schutz vor aufsichtlichen Eingriffen besorgt, propagierte der Verband deutscher Hypothekenbanken (VdH) eine präzisierende, aber liberale Regelung des Derivateeinsatzes.[16] Dazu mag in gewissem Umfang auch der Wettbewerbsdruck durch die sog. gemischten Hypothekenbanken beigetragen haben, also Institute, die bereits vor Inkrafttreten des HBG als Universalbanken Pfandbriefgeschäfte betrieben hatten und diese Geschäfte auch fortführen durften.[17] Sie konnten in ihrem Universalbankgeschäft wesentlich offensiver Derivate einsetzen und ihre Gesamtbankrisiken damit steuern, als dies reinen Hypothekenbanken möglich war.[18] Wichtiger noch war die erforderliche Absicherung der Erträge aus Fristentransformationen, also der kurzfristigen, etwas preiswerteren Refinanzierung langfristiger Ausleihungen, sowie des Fremdwährungsgeschäfts.

9 Im Gegensatz hierzu versuchte die Bankenaufsicht, den Einsatz von Derivaten durch Hypothekenbanken zurückzudrängen und zudem quantitative, der Risikotragfähigkeit der jeweiligen Bank entsprechende Grenzen zu setzen. Sie hatte erkannt, dass das Bestreben der Hypothekenbanken, zusätzliche Erträge aus Fristentransformationen zu erzielen und die dadurch entstehenden Zinsänderungsrisiken durch Zinsderivate zu beherrschen, zu immer größeren Derivaterisiken führte.[19] Die Bankenaufsicht musste einräumen, dass ihre traditionelle Linie, Derivategeschäfte anhand des Maßstabs des „risikoarmen Hilfsgeschäfts" danach zu beurteilen, ob sie zulässigerweise aus Haupt- und Nebengeschäften eingegangene Risiken verminderten, nicht mehr durchzuhalten war, da der Maßstab zu vage und Verstöße in der Praxis nur schwer nachweisbar waren. Daher befürwortete auch die Aufsicht eine klare gesetzliche Regelung.[20] Im Vorgriff hierauf verständigten sich der VdH und das damalige Bundesaufsichtsamt für das Kreditwesen (BAKred) auf eine einheitliche Methode, nach der Hypothekenbanken ihre Zinsänderungsrisiken der Aufsicht gegenüber auszuweisen hatten (sog. „**Ampelmodell**"). Im Dezember 2000 legte das BAKred die Einzelheiten dieser Methode fest und teilte zudem mit, welche Bedeutung es der Überschreitung bestimmter Verhältnisse zwischen dem Barwert des Zinsänderungsrisikos und dem haftenden Eigenkapital der Hypothekenbank zumaß.[21] Insbesondere kündigte das BAKred an, die Risikotragfähigkeit einer Hypothekenbank zu überprüfen, sollte der Risikowert 10 % des haftenden Eigenkapitals übersteigen; ab einer Schwelle von 20 % sollte die Eignung der Geschäftsleiter in Frage stehen. Offenbar führten diese klaren Warnsignale dazu, dass einige, vor allem im Staatskreditge-

---

15 Siehe auch *Bellinger/Kerl*, Hypothekenbankgesetz, 4. Aufl. 1995, § 5 Rn 18.
16 Vgl Verband deutscher Hypothekenbanken, Jahresbericht 1998, S. 61 sowie Jahresbericht 2000, S. 58 u. 61.
17 § 46 Abs. 1 HBG. Dies waren ursprünglich 1899 elf Institute, vgl die Liste bei Bellinger/Kerl, Hypothekenbankgesetz, 4. Aufl. 1995, § 46 Rn 7. Davon waren Ende des 20. Jahrhunderts allerdings nach Verschmelzung der Bayerischen Vereinsbank und der Bayerischen Hypotheken- und Wechselbank nur zwei Institute übrig geblieben, nämlich die Bayerische Hypo- und Vereinsbank und die Norddeutsche Hypotheken- und Wechselbank; 2001 nahm dann ein Institut, die aus der Bayerischen Handelsbank hervorgegangene Hypo Real Estate Bank, wieder das gemischte Geschäft auf.
18 Vgl hierzu Äußerungen von *v. Köller*, seinerzeit Präsident des Verbandes deutscher Hypothekenbanken, in Börsen-Zeitung v. 15.2.2000, 23.
19 Vgl Bundesaufsichtsamt für das Kreditwesen, Jahresbericht 1998, S. 51.
20 Vgl Bundesaufsichtsamt für das Kreditwesen, Jahresbericht 1999, S. 52.
21 Rundschreiben 12/2000 v. 7.12.2000, abgedruckt noch in *Reischauer/Kleinhans*, Kreditwesengesetz, Lsbl.-Slg, Kz. 281, Nr. 59; vgl auch Bundesaufsichtsamt für das Kreditwesen, Jahresbericht 2000, S. 80 und zum Hintergrund Börsen-Zeitung v. 21.11.2000, S. 1 und Börsen-Zeitung v. 29.12.2001, S. 47.

schäft tätige Institute ihre offenen Zinspositionen zurückfuhren.[22] Allerdings war schon damals klar, dass dies nur eine Zwischenlösung bis zu einer gesetzlichen Regelung sein konnte.

IV. Anerkennung von Derivaten als Nebengeschäfte und Indeckungnahme

Im Juni 2002 brachte dann das **Vierte Finanzmarktförderungsgesetz**[23] die lange überfällige gesetzliche Neuregelung, die – mit gewissen Anpassungen – bis heute fortwirkt. Mit einer Ausweitung der für Hypothekenbanken zulässigen Hauptgeschäfte[24] ging auch die Einführung einer barwertigen Deckungsrechnung und das Gebot einer sichernden Überdeckung einher. Danach musste von nun an die jederzeitige Deckung der Hypothekenpfandbriefe nach dem Barwert sichergestellt sein sowie der Barwert der eingetragenen Deckungswerte den Gesamtwert der zu deckenden Verbindlichkeiten aus Pfandbriefen und Derivaten um 2 % übersteigen (§ 6 Abs. 2 S. 2 HBG). Diese Änderungen sollten die ebenfalls beschlossene Liberalisierung der Derivategeschäfte absichern.[25]

Mit dem Vierten Finanzmarktförderungsgesetz wurden die Derivategeschäfte auf eine völlig neue Grundlage gestellt. Das Spezialbankprinzip wurde insoweit aufgeweicht, als Derivategeschäfte von ihrer rein dienenden Funktion als Hilfsgeschäfte abgelöst und als zulässige **Nebengeschäfte** anerkannt wurden. Die Beschränkung des Einsatzes von Derivaten zu reinen Absicherungsgeschäften wurde fallen gelassen und betont, dass sie künftig nicht mehr auf bestimmte Zwecke beschränkt sein sollten; lediglich „besonders risikobehaftete Geschäfte" sollten auch künftig unzulässig sein.[26] Somit konnten Derivate fortan ganz legal als integraler Bestandteil strukturierter Finanzierungen und auch zu Handelszwecken, also zur Spekulation, eingesetzt werden. Untersagt waren lediglich Geschäfte, die zu einem nach dem HBG unzulässigen Geschäft verpflichten konnten oder es nachbildeten oder die eine offene Stillhalterposition der Hypothekenbank begründeten.[27] Um die Rechtsstellung der Pfandbriefgläubiger zu stärken, wurde zudem die Indeckungnahme von Ansprüchen der Hypothekenbank aus zulässigerweise abgeschlossenen Derivaten ermöglicht.[28] Denn die Deckungsderivate sollten der Deckungsmasse im Insolvenzfall auch tatsächlich zu Gute kommen und nicht vorher durch automatische Verrechnung (Netting) oder Aufrechnung ihrer Funktion zur Risikosteuerung des in Deckung genommenen Aktivgeschäfts beraubt werden. Komplementär hierzu wurden auch die Verbindlichkeiten der Hypothekenbank aus Deckungsderivaten der Deckungsmasse zugeordnet.[29] Der stärkeren Verhaftung der Ansprüche in der Insolvenz musste eine entsprechende insolvenzrechtliche Privilegierung der Kontrahenten folgen. Ansonsten hätte sich kaum noch ein Kontrahent bereitgefunden, für die Deckungsmasse gedachte Derivate abzuschließen. Denn jedes Derivat kann bei entsprechenden Marktschwankungen für die Deckungsmasse zu einem negativen Barwert und somit zu einer potenziellen Verbindlichkeit führen.[30] Zudem wurden zwei Obergrenzen für in Deckung genommene Derivate eingezogen: Der Barwert der Ansprüche der Hypothekenbank aus sol-

---

22 Vgl Bundesanstalt für Finanzdienstleistungsaufsicht, Geschäftsbericht 2001 des Bundesaufsichtsamtes für das Kreditwesen, S. 35.
23 Gesetz zur weiteren Fortentwicklung des Finanzplatzes Deutschland (Viertes Finanzmarktförderungsgesetz) v. 21.6.2002, BGBl. I 2002, S. 2010 ff.
24 Vor allem durch Erweiterung der kommunalkreditfähigen ausländischen Adressen um die Schweiz, die übrigen G 7-Staaten und alle sonstigen europäischen Vollmitgliedstaaten der OECD und deren unterstaatliche Stellen, sofern diese ein aufsichtsrechtliches Kreditrisikogewicht von höchstens 20 % hatten.
25 Vgl die Gesetzesbegründung in BT-Drucks. 14/8017, S. 134 f.
26 BT-Drucks. 14/8017, S. 133.
27 § 5 Abs. 1 Nr. 4 a HBG.
28 § 6 Abs. 6 S. 1 HBG.
29 § 6 Abs. 6 S. 2 HBG.
30 BT-Drucks. 14/8017, S. 135.

chen Derivaten durfte 12 % der Gesamtdeckung (klassische ordentliche Deckung, Derivate und Ersatzdeckungswerte), der Barwert der Verbindlichkeiten der Hypothekenbank aus Deckungsderivaten 12 % des Gesamtbetrags der im Umlauf befindlichen Pfandbriefe nicht überschreiten.[31] Mit der Indeckungnahme ging konsequenterweise eine Verpflichtung zur Eintragung der betreffenden Derivate in das Hypotheken- bzw Deckungsregister und die Erweiterung der Vollstreckungs- und Insolvenzprivilegien der §§ 34a, 35 Abs. 1 HBG auf diese Derivate einher. Dass es bei „kranken", dh wider Erwarten doch nicht (mehr) volle Deckung gewährenden Deckungsmassen zu einer Anspruchskonkurrenz zwischen Pfandbrief- und Derivategläubigern kommen kann, wurde hingenommen.[32]

V. Aufgabe des Spezialbankprinzips

12 Der Wegfall der Gewährträgerhaftung und die Modifizierung der Anstaltslast zum 18.7.2005 gaben Anlass zu einer grundlegenden Novellierung des Pfandbriefrechts.[33] Wichtigste Neuerung war der Wegfall des Spezialbankprinzips für die privaten Hypothekenbanken. Sie wurden damit den schon bisher nicht an das Spezialbankprinzip gebundenen, aber durch Staatsgarantie abgesicherten öffentlich-rechtlichen Kreditbanken gleichgestellt. Nachdem diese Garantie entfiel, gab es keinen Grund mehr, die privaten Pfandbriefemittenten noch am Spezialbankprinzip festzuhalten. Vielmehr wurde die Emission von Pfandbriefen allen Kreditinstituten eröffnet, die bestimmte gesetzliche Mindestanforderungen erfüllten. Die bewährten qualitätssichernden Elemente des Pfandbriefs, vor allem das Prinzip der nennwertigen und der barwertigen Deckung, das Prinzip der sichernden Überdeckung und das Prinzip der vorsichtigen Beleihung von Hypothekenpfandbriefen, wurden weitgehend unverändert in das PfandBG übernommen.[34]

13 Mit Aufgabe des Spezialbankprinzips entfielen auch die früheren Kategorien der Haupt-, Neben- und Hilfsgeschäfte.[35] Damit hatte sich auch der jahrelange Streit um die Abgrenzung der gerade noch zulässigen Derivategeschäfte von Hypothekenbanken und der schon nicht mehr zulässigen Geschäfte endgültig erledigt. Es blieb aber die Frage, welche Derivate denn deckungsfähig sind. Hierbei wurde im wesentlichen der Rechtszustand vor Juli 2005 fortgeschrieben.[36]

B. Indeckungnahme von Derivaten

14 Mit Wegfall des Spezialbankprinzips stellt sich auch bei den ursprünglichen „reinen" Hypotheken- und Schiffspfandbriefbanken nicht mehr die Frage, ob Derivategeschäfte überhaupt abgeschlossen werden dürfen, sondern nur noch, welche und unter welchen Bedingungen Derivate in Deckung genommen werden können. Die materiell maßgeblichen Regelungen finden sich heute in § 19 Abs. 1 Nr. 4 PfandBG.

---

31 § 6 Abs. 6 S. 3 HBG.
32 BT-Drucks. 14/8017, S. 137.
33 Einführend *Schuster/Sester*, ZBB 2004, 481 ff; *Pollmann*, Das neue deutsche Pfandbriefrecht, 2007, S. 19 f
34 Eine kleine aber wichtige Verschärfung war die Einbeziehung der sichernden Überdeckung in die Grenze von 12 % für die in Deckung genommenen Derivate. § 6 Abs. 1 S. 3 Hs 2 HBG wurde nicht ins PfandBG übernommen. Vgl dazu BT-Drucks. 15/4321, S. 33. Zur Aufgabe des Nennwertprinzips durch das Gesetz zur Fortentwicklung des Pfandbriefrechts vom 20.3.2009, BGBl. I, S. 607, vgl BR-Drucks. 703/08, S. 43.
35 BT-Drucks. 15/4321, S. 27.
36 Hierzu gleich unter Rn 15 ff

I. Für die Deckung geeignete Derivate

Ansprüche aus mit geeigneten Kontrahenten abgeschlossenen Derivategeschäften im Sinne des § 4 Abs. 3 S. 2 PfandBG können in Deckung genommen werden, sofern sichergestellt ist, dass die Ansprüche der Pfandbriefbank nach Maßgabe des Rahmenvertrags im Falle der Insolvenz der Pfandbriefbank oder der anderen Deckungsmassen nicht beeinträchtigt werden können (§ 19 Abs. 1 Nr. 4 S. 1 PfandBG). Die Geschäfte dürfen nur Risiken beinhalten oder nachbilden, welche die Pfandbriefbank auch mit Geschäften über die übrigen nach dem PfandBG zulässigen Deckungswerte eingehen kann; ausgeschlossen sind Optionen und andere Derivate, wenn sie eine offene Stillhalterposition der Pfandbriefbank begründen, sowie Geschäfte, die in vergleichbarer Weise ein einer offenen Stillhalterposition entsprechendes Risiko begründen (§ 19 Abs. 1 Nr. 4 S. 2 PfandBG).

15

Aus diesen – im Rahmen der Pfandbriefnovelle 2009 noch einmal präzisierten – Rahmenbedingungen lassen sich eine Reihe von Anforderungen entwickeln:

16

1. Zulässige Derivatetypen

Zwar nannte das Gesetz vor der Pfandbriefnovelle 2009 als zulässigen Geschäftstyp die Zins- und Währungsswaps, machte jedoch deutlich, dass auch andere Derivategeschäfte im Sinne des § 1 Abs. 11 S. 4 Nr. 1 bis 4 KWG aF erlaubt waren und schränkte alle Geschäftsarten, also auch die Zins- und Währungsswaps dahin gehend ein, dass keine offenen Stillhalterpositionen oder vergleichbare Risiken eingegangen werden dürfen. Dies ist mit der Neuregelung 2009 sprachlich noch deutlicher geworden. In Deckung genommen werden dürfen nun grundsätzlich alle „Ansprüche aus Derivategeschäften im Sinne des § 4 Abs. 3 Satz 2".

17

Der **Kreis der zulässigen Geschäftsarten** ist also grundsätzlich offen, auch wenn der Gesetzgeber vornehmlich Zins- und Währungsswaps im Blick hatte.[37] Allerdings sollte der Verweis auf § 1 Abs. 11 S. 4 Nr. 1 bis 4 KWG aF, dh vor Inkrafttreten des Finanzmarktrichtlinie-Umsetzungsgesetzes (FRUG), zweierlei bewirken. Zum einen sollte die allgemeine **Derivatedefinition des KWG** in Bezug genommen werden. Es sollten also als Festgeschäfte oder Optionsgeschäfte ausgestaltete Termingeschäfte erfasst werden, deren Preis unmittelbar oder mittelbar von bestimmten Basiswerten abhängt. Des weiteren sollte die explizite Bezugnahme auf die Basiswerte des § 1 Abs. 11 S. 4 Nr. 1 bis 4 KWG (und eben nicht auf § 1 Abs. 11 S. 4 Nr. 5 KWG oder andere Basiswerte) die Risiken für die Deckungsmasse begrenzen.[38] Mit Inkrafttreten der Pfandrechtsnovelle 2009 wurde nun in § 4 Abs. 3 S. 2 PfandBG eine Legaldefinition für „Derivategeschäfte" im Sinne des PfandBG geschaffen, nämlich „unter einem standardisierten Rahmenvertrag zusammengefasste Derivate nach § 1 Abs. 11 Satz 4 Nr. 1 des Kreditwesengesetzes einschließlich der unter dem Rahmenvertrag abgeschlossenen Besicherungsanhänge und weiteren Vereinbarungen". Die Novelle verlagert also zum einen das bislang in § 19 Abs. 1 S. 4 Nr. 1 PfandBG enthaltene Erfordernis eines standardisierten Rahmenvertrags auf die Definitionsebene. Zum anderen korrigiert es die mit Inkrafttreten des FRUG überholte Verweisung auf das KWG.

18

Mit Inkrafttreten des FRUG zum 1.11.2007 hatte sich die Definition der Derivate in § 1 Abs. 11 S. 4 KWG geändert, und zwar sowohl hinsichtlich der als Derivate legaldefinierten Geschäftsarten als auch hinsichtlich der erfassten Basiswerte. Gleichwohl mußte man wohl davon ausgehen, dass der Verweis in § 19 Abs. 1 Nr. 4 S. 1 PfandBG aF auf die Legaldefinition der Derivate im KWG nicht als dynamische Verweisung gedacht war und weiterhin vom Sinn und Zweck der Begrenzung der Risiken für die Deckungsmasse her interpretiert werden

19

---

[37] BT-Drucks. 14/8017, S. 135: „In erster Linie kommen Zins- und Währungsswaps in Betracht; für die nach § 6 Absatz 1 Satz 1 erforderliche nennwertige Deckung können praktisch nur diese Arten von Derivategeschäften herangezogen werden.".

[38] Hierzu gleich unter Rn 32

musste. Dies war vor allem für die zulässigen Basiswerte (Risiken) von Bedeutung. Andererseits sprach nichts dagegen, die allgemeine Definition der Derivate des § 1 Abs. 11 S. 4 KWG nach Inkrafttreten des FRUG für das PfandBG anzuwenden. Danach waren und sind Derivate weiterhin als Kauf, Tausch oder anderweitig ausgestaltete Festgeschäfte oder Optionsgeschäfte zu verstehen, die zeitlich verzögert zu erfüllen sind und deren Wert sich unmittelbar oder mittelbar vom Preis oder Maß eines Basiswertes ableitet (**Termingeschäfte**) (§ 1 Abs. 11 S. 4 Nr. 1 KWG nF).

20 Fraglich war indes, ob auch die Ausweitung der Derivatedefinition in § 1 Abs. 11 S. 4 Nr. 3 und 4 KWG auf **finanzielle Differenzgeschäfte** und als Kauf, Tausch oder anderweitig ausgestaltete Festgeschäfte oder Optionsgeschäfte, die zeitlich verzögert zu erfüllen sind und dem Transfer von Kreditrisiken dienen (**Kreditderivate**), für das PfandBG nachvollzogen werden durfte. Bei den finanziellen Differenzgeschäften schien dies grundsätzlich möglich zu sein, sofern sie keine Stillhalterposition der Pfandbriefbank begründeten. Finanzielle Differenzgeschäfte sind Termingeschäfte, bei denen die Parteien vereinbaren, dass die Differenz zwischen einem An- und einem Verkaufspreis bzw einem Eingangs- und einem Abschlusspreis vom Verlierer an den Gewinner in Geld auszuzahlen ist. Letztlich lassen sie sich auf die Grundtypen der Option oder des zeitlich verzögert zu erfüllenden Festgeschäfts zurückführen, mithin auf grundsätzlich zulässige Geschäftstypen. Diese Auslegung dürfte allerdings nach der Pfandbriefnovelle 2009 kaum mehr haltbar sein, hat doch der Gesetzgeber die in Bezug genommenen Derivatetypen nunmehr ausdrücklich auf solche nach § 1 Abs. 11 S. 4 Nr. 1 KWG beschränkt und somit die in § 1 Abs. 11 S. 4 Nr. 3 KWG aufgeführten finanziellen Differenzgeschäfte ausgeschlossen, auch wenn sie rechtsdogmatisch nur eine Fallgruppe der allgemeinen Derivatedefinition des § 1 Abs. 11 S. 4 Nr. 1 KWG darstellen. Die Frage ob Kreditderivate zulässig waren und sind, ist nachfolgend bei den zulässigen Risiken zu erörtern.

21 Sind also grundsätzlich alle zeitlich verzögert zu erfüllenden Festgeschäfte oder Optionsgeschäfte statthaft, erübrigt sich eine ins Einzelne gehende Aufzählung aller denkbaren Derivatetypen, die angesichts des Erfindungsreichtums der Finanzwirtschaft notwendigerweise unvollständig bleiben müsste. Ausgehend von den für Pfandbriefbanken essentiellen Fristentransformationsrisiken hatte das Gesetz verständlicherweise die Zinsswaps in den Vordergrund gestellt. Die Erwähnung der Währungsswaps war der seinerzeitigen Ausweitung des Aktivgeschäfts auf Fremdwährungsgeschäfte geschuldet.[39] Ausweislich der Gesetzesbegründung sollten also insbesondere **Standard-Zinsswaps, Standard-Währungsswaps** und **Zinsterminkontrakte**, wie zB Forward-Rate-Agreements und Zinsfutures, zugelassen werden, ebenso **Optionsgeschäfte**, bei denen das Recht zur Optionsausübung bei der Pfandbriefbank liegt und das damit einhergehende Risiko sich auf den Verlust der von der Pfandbriefbank zu leistenden Optionsprämie beschränkt.[40] Darüber hinaus sind jedoch – immer unter der Voraussetzung, dass die Pfandbriefbank keine offenen Stillhalterposition eingeht – alle denkbaren Termingeschäfte statthaft.

22 Als **Unterfälle der Zinsswaps** wären hierzu beispielsweise der klassische „Plain-Vanilla-Zinsswap" (fixed vs. floating), der Forward-Swap (Verschiebung des Laufzeitbeginns auf einen zukünftigen Zeitpunkt), der Amortisationsswap (mit abnehmendem Nominalbetrag), der Step-up-Swap (mit zunehmendem Nominalbetrag), der „Roller-Coaster-Swap" (mit schwankendem Nominalbetrag), kündbare Swaps (Callable und Puttable Swaps), Yield-Curve-

---

39 Vgl oben unter Rn 6.
40 BT-Drucks. 14/8017, S. 133.

Swaps (mit regelmäßig neu festgesetzten variablen und/oder festen Zinssätzen) und der Spreadlock-Swap (dynamische Anbindung des Festsatzes an einen Benchmarksatz) zu nennen.[41]

Bei den **Währungsswaps** werden üblicherweise Kapitalsummen und die damit verbundenen Zinszahlungen einer Währung in die einer anderen Währung getauscht. Neben klassischen Währungsswaps sind aber auch Abwandlungen denkbar, nur nicht solche, die offene Stillhalterpositionen zulasten der Pfandbriefbank begründen. So können auch Devisenswaps (Währungstausch ohne Zinstausch) oder Zins-/Währungsswaps abgeschlossen werden.[42]

Zu den statthaften Termingeschäften zählen weiterhin die **Zins- oder Währungstermingeschäfte**. Im Gegensatz zu den Swapgeschäften werden hier keine Zinsen oder Beträge getauscht, sondern auf Termin gekauft oder verkauft. Hierzu gehören unter anderem Forward-Forward-Deposits (Einlageverpflichtungen zu einem bestimmten Zins und für eine bestimmte Laufzeit auf Termin), zinsbezogene Indexfutures, klassische Forward-Rate-Agreements (FRAs), also auf einen Abrechnungstag bezogene Ausgleichszahlungen in Höhe der Differenz zwischen dem Referenzzinssatz am Fixingtag und dem vereinbarten Forward-Satz für die betreffende Periode, oder Zinsfutures, dh typischerweise börsengehandelte, standardisierte Zinstermingeschäfte mit täglicher Gewinn- und Verlustermittlung und Sicherheitsleistung (Variation Margin) durch den Ausgleichspflichtigen.[43]

Optionen sind Vereinbarungen, bei denen einem Vertragspartner (Optionskäufer), zumeist gegen Zahlung eines Entgelts (Optionsprämie), das Recht eingeräumt wird, zukünftig innerhalb einer bestimmten Frist bzw zu einem bestimmten Zeitpunkt mit dem anderen Vertragspartner (Stillhalter) ein festgelegten Vertragsverhältnis einzugehen bzw von dem Stillhalter die Zahlung eines hinsichtlich seiner Bestimmungsgrößen festgelegten Geldbetrages (Barausgleich) zu verlangen.[44] Das zugrundegelegte Vertragsverhältnis kann ein Kauf (**Call**) oder Verkauf (**Put**) sein, aber ebenso ein Tausch (Swap), ein Termingeschäft, ein finanzielles Differenzgeschäft oder wiederum eine Option. Daraus lassen sich die verschiedensten Unterformen von Optionen ableiten. Zu den klassischen Optionen mit Absicherungscharakter gehören Caps und Floors, also Vereinbarungen über eine Preis- oder Zinsober- bzw -untergrenze, mithin Optionen auf den Preis des Referenzgegenstandes bzw den Referenzzins. Miteinander kombiniert ergeben Cap und Floor einen **Collar**. Zu dieser Gruppe gehören aber auch **exotische Optionen** wie Average Rate/Strike Options, (Double) Barrier Options, Binary/Digital Options, Compound Options, Forward/Deferred Strike Options, Ladder Options, Power Options, Rachet Options, etc.[45]

Bei Ausübung der Option muss der Stillhalter den vereinbarten Basiswert zu einem im voraus festgelegten Preis liefern oder abnehmen bzw einen Barausgleich zahlen. Das Verlustrisiko des Stillhalters ist theoretisch unbegrenzt, sofern er sich nicht abgesichert hat. Deswegen ist die nicht vollständig abgesicherte, dh „offene" Stillhalterposition nicht deckungsfähig.[46] Die sorgfältig gesicherte Qualität des Pfandbriefs darf nicht durch Inkaufnahme potenziell unbegrenzter Verlustrisiken gefährdet werden.

---

41 Vgl etwa die Darstellung bei *Scharpf/Luz*, Risikomanagement, Bilanzierung und Aufsicht von Finanzderivaten, 2. Aufl. 2000, S. 439 ff.
42 Einzelheiten bei *Scharpf/Luz*, Risikomanagement, Bilanzierung und Aufsicht von Finanzderivaten, 2. Aufl. 2000, S. 456 ff.
43 Einzelheiten bei *Scharpf/Luz*, Risikomanagement, Bilanzierung und Aufsicht von Finanzderivaten, 2. Aufl. 2000, S. 507 ff.
44 BFA 2/1995, WPg 1995, 421; *Scharpf/Luz*, Risikomanagement, Bilanzierung und Aufsicht von Finanzderivaten, 2. Aufl. 2000, S. 340.
45 Vgl im einzelnen *Scharpf/Luz*, Risikomanagement, Bilanzierung und Aufsicht von Finanzderivaten, 2. Aufl. 2000, S. 344 ff.
46 Die Gesetzesbegründung zum Vierten Finanzmarktförderungsgesetz spricht in diesem Zusammenhang auch von „asymmetrischen Risikoprofilen", die nicht zulässig seien. Dieses Kriterium dürfte nicht wirklich zu einer weiteren Abgrenzung geeignet sein.

27 **Stillhalterpositionen** können in verschiedenster Art und Weise abgesichert werden. Abzusichern ist immer das Kurs-, Währungs- bzw Zinsänderungsrisiko, je nach Art des Basiswerts. Die Absicherung hängt von dem jeweiligen Geschäft und Basiswert ab. Der Verkäufer einer Call-Option auf Wertpapiere kann sich im einfachsten Fall dadurch absichern, dass er die Wertpapiere im eigenen Bestand hat oder sich auf Termin beschafft, der Verkäufer einer Put-Option durch einen entsprechenden Verkauf auf Termin an einen Dritten.

28 Die Position des Optionsinhabers ist indes grundsätzlich deckungsfähig.[47] Gleichwohl bleibt die Frage, ob wirklich jedes Optionsrecht oder jedes Festgeschäft in Deckung genommen werden kann oder sollte. Zwar ist den Pfandbriefbanken mit Aufhebung der für die früheren Hilfsgeschäfte üblichen Zweckbindung der Derivate an sich ein sehr weiter Gestaltungsspielraum eröffnet. Zweifellos sind Derivategeschäfte zur Absicherung gegen Zinsänderungs-, Währungs- und Kursschwankungsrisiken oder gegen Risiken von Schwankungen zukünftiger Zahlungsströme (Cash-Flow-Risiken) aus einzelnen Aktiva des Deckungsstocks oder aus einzelnen Pfandbriefen (**Micro-Hedges**) zulässig. Ebenso zulässig sind Absicherungsgeschäfte für die vorbezeichneten Risiken auf Portfoliobasis, dh des gesamten oder eines bestimmten Teils des Deckungsstocks oder der umlaufenden Pfandbriefe (**Macro-Hedges**). Weiterhin können Derivategeschäfte zur Vorbereitung des Erwerbs bestimmter Aktiva für den Deckungsstock eingesetzt werden (**Erwerbsvorbereitungsgeschäfte**).[48] Dazu gehören etwa der Kauf von Kaufoptionen oder der Abschluss von Kaufgeschäften auf Termin, beispielsweise auf Deckungswerte nach § 19 Abs. 1 Nr. 1 und 2 PfandBG oder im Hinblick auf erst noch zu erwerbende deckungsstockfähige Darlehen. Der Verkauf einer Verkaufsoption für Rechnung des Deckungsstocks ist Pfandbriefbanken indes – anders als Versicherungen – nicht möglich, es sei denn, die Stillhalterposition wäre vollständig abgesichert, was den wirtschaftlichen Vorteil (Optionsprämie) in der Regel wieder aufheben dürfte.

29 Pfandbriefbanken sind auch nicht verpflichtet, die für den Deckungsstock erworbenen Derivate für eine bestimmte Mindestdauer zu halten. Änderungen der Marktverhältnisse oder bloß ihrer Einschätzung durch die Pfandbriefbank, Änderungen der Geschäftspolitik oder der Kreditwürdigkeit des Kontrahenten oder andere nachvollziehbare Gründe, die nicht unbedingt etwas mit dem übrigen Deckungsstock oder den begebenen Pfandbriefen zu tun haben müssen, können Anlass sein, erworbene Derivategeschäfte auch kurzfristig wieder zu beenden oder glattzustellen. Die **Grenze** des Zulässigen dürfte erreicht sein, wenn Derivate **ausschließlich zu Spekulationszwecken** erworben werden. Insbesondere diejenigen exotischen Optionen, denen ein Spiel- oder ein übermäßiges Spekulationselement inhärent ist, wie beispielsweise den (Double) Barrier, Binary/Digital, Ladder und den Power Options, dürften – auch bei Vermeidung einer offenen Stillhalterposition – grundsätzlich nicht für die Deckungsmasse geeignet sein. Denn Zweck des Pfandbriefprivilegs ist es nicht, den Pfandbriefbanken für Rechnung der Deckungsmasse reine Finanzwetten zu ermöglichen.

30 Ausweislich der Gesetzesbegründung zum Vierten Finanzmarktförderungsgesetz sollten auch „andere offene derivative Geschäfte mit komplexer Struktur" unzulässig sein.[49] Abgesehen davon, dass sich das Merkmal einer „komplexen Struktur" weder im Gesetz wiederfindet noch wirklich definieren lässt, sollten komplexe Derivate nicht a limine ausgeschlossen werden, sondern die Zulässigkeit solcher Geschäfte von einem geeigneten Risikomanagementsystem der Pfandbriefbank abhängen.[50]

---

47 BT-Drucks. 14/8017, S. 133.
48 Vgl die Parallele bei Derivategeschäften von Versicherungsgesellschaften nach § 7 Abs. 2 S. 2 VAG in R 3/2000, A.II.3.b), VerBAV 1/2001, 4.
49 BT-Drucks. 14/8017, S. 133.
50 Vgl nunmehr die besonderen Anforderungen in § 2 Abs. 1 S. 2 Nr. 3 iVm § 27 PfandBG.

2. Risiken des Derivats

Für die Deckungsmasse abgeschlossene Derivategeschäfte dürfen nur Risiken beinhalten oder nachbilden, welche die Pfandbriefbank auch mit den übrigen zulässigen Deckungswerten eingehen kann (§ 19 Abs. 1 Nr. 4 S. 2 Hs 1 PfandBG). Eigentlich handelt es sich hierbei um eine Selbstverständlichkeit, weshalb die Vorschrift auch eher klarstellenden Charakter hat. Sollte sie früher noch Umgehungen des Spezialbankprinzips verhindern,[51] dient sie heute zur Sicherung der Deckungsmasse.

Eng damit zusammen hängt die Bestimmung, dass nur Derivate im Sinne des § 1 Abs. 11 S. 4 Nr. 1 (bis zur Pfandbriefnovelle 2009 Nr. 1 bis 4) KWG zulässig sind. Wie oben bereits erwähnt, ist der Verweis auf § 1 Abs. 11 S. 4 KWG nach Inkrafttreten des FRUG am 1.11.2007 so zu interpretieren, dass Sinn und Zweck des Umgehungsverbots gewahrt bleiben. Daher lag es nahe, die Vorschrift mit kleineren Einschränkungen als Verweis auf § 1 Abs. 11 S. 4 Nr. 1 a), b), c), d) und e) sowie ggf auf Nr. 3 (bezogen auf bestimmte Basiswerte) und möglicherweise auf Nr. 4 KWG zu verstehen. Als **Basiswerte** für Derivate im Sinne des § 1 Abs. 11 S. 4 Nr. 1 (und vormals ggf auf Nr. 3) KWG kommen sicherlich deckungsstockfähige Wertpapiere und Geldmarktinstrumente, Devisen und Rechnungseinheiten (soweit letztere einen Bezug zu Aktiva oder Passiva des Deckungsstocks haben), Zinssätze und andere, für Deckungsstockanlagen zulässige Erträge, vor allem Cash Flows, Indices der vorgenannten Basiswerte oder Derivate auf die vorgenanten Basiswerte in Betracht. „Andere Finanzindices oder Finanzmessgrößen" als Basiswerte kommen nur dann in Betracht, wenn sie mit anderen zulässigen Deckungsgeschäften in Beziehung stehen. Finanzielle Differenzgeschäfte sollten – nach der Gesetzeslage vor der Pfandbriefnovelle 2009 und im Rahmen der oben erwähnten Einschränkungen bezüglich reiner Finanzwetten – ebenfalls nur zulässig sein, wenn sie auf die vorgenannten Basiswerte lauten. Das gleiche sollte jedenfalls vor Inkrafttreten der Pfandbriefnovelle 2009 auch für Kreditderivate gelten. Sie sollten jedenfalls deckungsfähig gewesen sein, wenn sie Risiken der Deckungsmasse ausplazieren. Es spräche auch einiges dafür, solche Kreditderivate auch zukünftig wieder zuzulassen, können sie doch helfen, dem Deckungsstock Kreditrisiken abzunehmen, ohne den Kredit physisch oder über das Refinanzierungsregister übertragen zu müssen. Ob es umgekehrt ein Bedürfnis und damit auch eine Rechtfertigung dafür gibt, Kreditrisiken von anderen Kontrahenten per Kreditderivat in die Deckungsmasse zu übernehmen, erscheint fraglich, aber gleichwohl nicht ausgeschlossen, denkt man an den Fall einer Übernahme von Deckungsrisiken, bspw von einer anderen Pfandbriefbank, dh Übertragung eines Teils einer Deckungsmasse zwischen Pfandbriefbanken ohne Vollrechtsübertragung oder Refinanzierungsregister. Auch vor der Pfandbriefnovelle 2009 sicher nicht für die Deckungsmasse geeignet waren die seit dem FRUG in § 1 Abs. 11 S. 4 Nr. 2 und 4 KWG erwähnten Derivate mit Bezug auf Waren, Frachtsätze, Emissionsberechtigungen, Klima- und andere physikalische Variablen oder sonstige Vermögenswerte, Indices oder Messwerte sowie die meisten der in Art. 39 der Verordnung (EG) 1287/2006 genannten weiteren Basiswerte. Denkbar wäre es allenfalls gewesen, die in § 1 Abs. 11 S. 4 Nr. 2 KWG ebenfalls erwähnten Derivate mit Bezug auf Inflationsraten oder andere volkswirtschaftliche Variablen (zB einen Grundstückspreisindex oder einen Index für die Staatsverschuldung) für deckungsstockfähig zu halten, sofern sich ein vernünftiger Zusammenhang zu sonstigen zulässigen Deckungswerten herstellen lässt. Auch zukünftig mag es sinnvoll sein, diese Basiswerte wieder einzubeziehen.

---

51 Vgl die heute noch den gleichen Zweck erfüllende Parallelvorschrift für Kapitalanlagegesellschaften in § 2 Abs. 2 der Derivateverordnung.

3. Standardisierte Rahmenverträge

33 Deckungsfähig sind nur „unter einem standardisierten Rahmenvertrag zusammengefasste Derivate ... einschließlich der unter dem Rahmenvertrag abgeschlossenen Besicherungsanhänge und weiteren Vereinbarungen" (§ 4 Abs. 3 S. 2 PfandBG). Da diese Verträge üblicherweise von Bankenverbänden entwickelt und laufend auf Änderungsbedarf im Lichte der Rechtsentwicklung geprüft werden und ihre Rechtswirksamkeit, insbesondere die Wirksamkeit der üblichen Verrechnungsklauseln für gegenseitige Ansprüche (Netting), durch regelmäßig aktualisierte Rechtsgutachten bestätigt wird, bieten sie ein hohes Maß an Rechtssicherheit. Die „Rahmenvertragsklausel" folgt investmentrechtlichen Vorbildern in dem früheren § 8 e Abs. 1 KAGG.[52] Mit der Pfandbriefnovelle 2009 sollte durch ausdrückliche Erwähnung der Besicherungsanhänge zur Beruhigung der Marktteilnehmer klargestellt werden, dass auch Forderungen von Vertragspartnern auf die Übertragung und Rückübertragung von Sicherheiten von den Vollstreckungs- und Insolvenzprivilegien der §§ 29, 30 PfandBG erfasst sind. Daran bestand jedoch auch vor dieser Gesetzesänderung kein vernünftiger Zweifel.

34 In Betracht kommen danach alle im Markt gebräuchlichen Rahmenverträge, insbesondere also der vom Bank-Verlag herausgegebene „**Rahmenvertrag für Finanztermingeschäfte**" von 1993 nebst den für Deckungsgeschäfte entwickelten „**Anhängen für Deckungsgeschäfte**"[53] und das von der International Swap Dealers Association Inc. (ISDA) herausgegebene „**ISDA Master Agreement – Multicurrency – Cross Border** von 1992 oder 2002. Weniger gebräuchlich, aber gleichwohl akzeptabel wären die von der Association Française des Banques propagierte „Convention-Cadre AFB Relative aux Opérations de Marché à Terme" von 1994 und die von der British Bankers Association veröffentlichten Rahmenverträge, namentlich die ICOM Terms (Interbank Currency Options Market Master Agreement von 1992), die IFEMA Terms (International Foreign Exchange Master Agreement von 1993), die FRABBA Terms (Forward Rate Agreement British Bankers Association von 1985), die BBAIRES Master Terms (British Bankers Association Interest Rate Swap von 1985), die SAFEBBA (Synthetic Agreements for Forward Exchange British Bankers Association von 1989) sowie der FEDMA-Rahmenvertrag von 1996 (Foreign Exchange and Options Master Agreement).

4. Insolvenzbeständigkeit

35 Voraussetzung für die Deckungsfähigkeit von Derivaten ist weiter, „dass die Ansprüche der Pfandbriefbank nach Maßgabe des Rahmenvertrags im Falle der Insolvenz der Pfandbriefbank oder der anderen Deckungsmassen nicht beeinträchtigt werden können" (§ 19 Abs. 1 Nr. 4 S. 1 PfandBG). Es soll sichergestellt werden, dass die Deckungsderivate im Falle der Insolvenz der Pfandbriefbank auch tatsächlich der betreffenden Deckungsmasse zu Gute kommen. Dies setzt eine entsprechende Ausgestaltung der Rahmenverträge voraus. Vor allem darf die Insolvenz der Pfandbriefbank nicht automatisch zur Beendigung des in Deckung genommenen Derivategeschäfts führen. Zudem muss eine Verrechnung (Netting) der gegenseitigen Ansprüche aus Deckungsderivaten, einschließlich der Forderungen aus Besicherungsgeschäften unter demselben Rahmenvertrag, mit nicht-deckungsrelevanten Gegenan-

---

[52] Vgl hierzu Scherer, in: *Brinkhaus/Scherer*, KAGG, AuslInvestmG, 2003, § 8 e Rn 12; zu vergleichbaren Rahmenverträge in anderen Ländern siehe *Jahn*, in: Schimanski/Bunte/Lwowski, Bankrechts-Handbuch, 4. Aufl. 2011, § 114 Rn 64.

[53] *Jahn*, in: Schimanski/Bunte/Lwowski, Bankrechts-Handbuch, 4. Aufl. 2011, § 114 Rn 54; vgl hierzu gleich unter Rn 38 ff.

sprüchen sowie mit Gegenansprüchen, die nicht dieselbe Deckungsmasse betreffen,[54] ausgeschlossen sein.[55]

Nur eine Separierung der eine Deckungsmasse betreffenden Geschäfte von den andere Deckungsmassen betreffende Geschäften und den Eigengeschäften der Pfandbriefbank gewährleistet, dass sich das Vollstreckungs- und Insolvenzprivileg der Pfandbrief- und Deckungsderivategläubiger nach §§ 29, 30 Abs. 1 PfandBG durchsetzen kann. Das Insolvenzprivileg sieht vor, dass die in die Deckungsregister eingetragenen Werte, einschließlich der eingetragenen, aber nicht zur Deckung der Pfandbriefe bestimmten Werte (bspw Teilforderungen, die über den Deckungsanteil hinausreichen), sowie die bei der Deutschen Bundesbank unterhaltene Mindestreserve, soweit sie auf Pfandbriefe entfällt, eine vom allgemeinen Vermögen der Pfandbriefbank getrennte Vermögensmasse (sog. **insolvenzfreies Vermögen**) bilden, die nicht in die Insolvenzmasse fällt, wenn über das Vermögen der Pfandbriefbank das Insolvenzverfahren eröffnet wird (§ 30 Abs. 1 S. 1 PfandBG). Die Forderungen der Pfandbrief- und Deckungsderivategläubiger werden von der Eröffnung des Insolvenzverfahrens über das Vermögen der Pfandbriefbank nicht berührt. Sie nehmen daran nur insoweit teil, als sie aus der Deckungsmasse einen Ausfall erleiden (§ 30 Abs. 1 S. 2, Abs. 6 S. 4, Abs. 7 PfandBG).

36

Das insolvenzfreie Vermögen bildet seit der Pfandbriefnovelle 2010[56] für jede Pfandbriefgattung selbstständig eine außerhalb des Insolvenzverfahrens der (bisherigen) Pfandbriefbank fortbestehende sog. „**Pfandbriefbank mit beschränkter Geschäftstätigkeit**", deren Zweck die vollständige und fristgerechte Erfüllung der Pfandbriefverbindlichkeiten und die hierzu notwenige ordnungsgemäße Verwaltung des insolvenzfreien Vermögens ist (§ 30 Abs. 1 S. 3 und 4 PfandBG). Dass aus einer Pfandbriefbank somit im Insolvenzfalle mehrere als Pfandbriefbanken geltende Teilunternehmen hervorgehen können, mag auf den ersten Blick überraschen, ist aber nur konsequente Fortführung des Umstands, dass die Deckungsmassen unterschiedlicher Pfandbriefgattungen insolvenzrechtlich getrennt sind.[57] Verwaltet werden die Pfandbriefbanken mit beschränkter Geschäftstätigkeit durch einen oder zwei vom Gericht auf Antrag der Bundesanstalt für Finanzdienstleistungsaufsicht (BaFin) bestellte **Sachwalter** (§ 30 Abs. 1 S. 5, Abs. 2 PfandBG). Der Sachwalter darf für die Pfandbriefbank mit beschränkter Geschäftstätigkeit alle im Interesse der ordnungsmäßigen Verwaltung der Deckungsmasse und der vollständigen und fristgerechten Erfüllung der Pfandbriefverbindlichkeiten erforderlichen Geschäfte tätigen und Maßnahmen ergreifen (§ 30 Abs. 2 S. 5 PfandBG). Hierzu kann auch der Abschluss neuer Derivategeschäfte gehören, wie der Hinweis in § 30 Abs. 2 S. 8 PfandBG auf § 19 Abs. 1 Nr. 4 PfandBG zeigt. Letztgenannte Vorschrift wird für die Pfandbriefbank mit beschränkter Geschäftstätigkeit abbedungen, was bedeutet, dass der Sachwalter die aktivische und passivische Deckungsgrenze für Deckungsderivate (vgl Rn 47 f unten) nicht mehr einhalten muss. Die Gesetzesbegründung verweist darauf, dass eine auf Abwicklung angelegte Pfandbriefbank mit beschränkter Geschäftstätigkeit die Einhaltung der Deckungsgrenzen nicht mehr durch Zuführung weiterer Deckungswerte sicherstellen kann. Das Pendant dazu ist, dass der Sachwalter neue Derivate nur abschließen darf, wenn dies zur Abwicklung erforderlich ist.[58] Der Begriff der „Erforderlichkeit" umschreibt den besonderen Pflichtenkreis und Haftungsmaßstab des Sachwalters. Allerdings soll der Sachwalter auch nur „für diesen Geschäftskreis" die Pfandbriefbank – ge-

37

---

54 Also ein Netting von Derivateansprüchen aus der Deckungsmasse für Hypothekenpfandbriefe mit Gegenansprüchen aus Derivategeschäften für die Deckungsmasse für Öffentliche Pfandbriefe oder Schiffspfandbriefe, und umgekehrt.
55 BT-Drucks. 14/8017, S. 135. Instruktiv zur Insolvenz von Pfandbriefbanken und Deckungsmassen *Buchmann*, WM 2009, 442 ff.
56 BGBl. I 2010, S. 1609 ff.
57 Vgl dazu *Stöcker*, in: Schimansky/Bunte/Lwowski, Bankrechts-Handbuch, 4. Aufl. 2011, § 87 Rn 65 f.
58 BT-Drucks. 17/1720, S. 50.

meint ist wohl die Pfandbriefbank mit beschränkter Geschäftstätigkeit – gerichtlich und außergerichtlich vertreten können (§ 30 Abs. 2 S. 6 PfandBG). Diese Formulierung ist zumindest missverständlich: Wird aus ihr der Schluss gezogen, der Sachwalter dürfe die Pfandbriefbank mit beschränkter Geschäftstätigkeit nur im Rahmen des für die Abwicklung Erforderlichen vertreten, während er bei allen darüber hinausgehenden Geschäften als vollmachtloser Vertreter handelt, entstünde erhebliche Rechtsunsicherheit hinsichtlich der Wirksamkeit der von ihm abgeschlossenen Geschäfte. Namentlich Kontrahenten von neuen Derivategeschäften könnten von außen gar nicht erkennen, ob ein neuer Abschluss unter einem für die Deckungsmasse bestehenden Rahmenvertrag für die Abwicklung erforderlich ist oder nicht. Dies könnte die Bereitschaft von Kontrahenten, weitere Geschäfte mit der Deckungsmasse zu tätigen, erheblich einschränken oder durch vorherige Einholung von Rechtsgutachten verzögern und verteuern. Daher sollte man diese Formulierung nicht als Beschränkung der Vertretungsmacht verstehen, sondern als Klarstellung, dass der Sachwalter für die Deckungsmasse vertretungsbefugt ist.

Die Deckungsmasse kann allerdings Gegenstand eines eigenen Insolvenzverfahrens sein. Die Bankenaufsicht kann entsprechend §§ 46 und 46 a KWG eigene Maßnahmen zur Gefahrenabwehr in Bezug auf einzelne Deckungsmassen treffen und im Falle der Zahlungsunfähigkeit oder Überschuldung einer Deckungsmasse ein gesondertes Insolvenzverfahren über die Deckungsmasse in Gang setzen (§ 30 Abs. 6 S. 1 u. 2 PfandBG).

38 Der deutsche **Rahmenvertrag** für Finanztermingeschäfte sieht in **Nr. 7 Abs. 2** eine automatische Beendigung aller durch den Rahmenvertrag zusammengefassten Einzelabschlüsse im Insolvenzfall vor. Durch Zusatzvereinbarungen wird bei Geschäften mit Banken als Vertragspartner zumeist sichergestellt, dass diese automatische Beendigung schon früher greift, beispielsweise wenn die Bankenaufsicht zulasten der betroffenen Partei ein Zahlungsverbot oder ein Moratorium oder sonstige Maßnahmen nach §§ 46, 46 a KWG iVm § 30 Abs. 6 PfandBG ergreift. Dadurch würde der Deckungsmasse das Derivat entzogen, das ihr im Falle der Insolvenz der Pfandbriefbank erhalten bleiben soll. Die erforderliche Trennung des Schicksals der Deckungsderivate von der Insolvenz der Pfandbriefbank soll durch spezielle **Anhänge für Deckungsgeschäfte** zu dem Rahmenvertrag sichergestellt werden.[59]

Nr. 1 des Anhangs sieht vor, dass die Rechte und Pflichten aus dem in Bezug genommenen Rahmenvertrag ausschließlich für die im betreffenden Deckungsregister einzutragenden Einzelabschlüsse gelten und dass diese Einzelabschlüsse jeweils untereinander und zusammen mit dem Rahmenvertrag einen einheitlichen Vertrag im Sinne von Nr. 1 Abs. 2 des Rahmenvertrags bilden. Damit soll der einheitliche Vertrag im Sinne des § 104 Abs. 2 S. 3 InsO hergestellt werden. Nach **Nr. 5 S. 1 des Anhangs** soll § 7 Abs. 2 des Rahmenvertrages mit der Maßgabe abgeändert werden, dass an die Stelle des Vermögens der Partei die im betreffenden Deckungsregister eingetragene Deckungsmasse tritt. **Nr. 5 S. 2 des Anhangs** regelt, dass die Insolvenz des Vertragspartners für sich genommen keinen wichtigen Grund im Sinne von Nr. 7 Abs. 1 S. 1 des Rahmenvertrages darstellt. In **Nr. 6 des Anhangs** wird klargestellt, dass Nr. 9 Abs. 2 des Rahmenvertrages nur auf solche Gegenansprüche der Bank Anwendung findet, die durch in das Deckungsregister eingetragene Deckungswerte zu decken sind.

39 Mit Nr. 1 und 5 des Anhangs soll also vertragstechnisch sichergestellt werden, dass im Falle der Insolvenz der Pfandbriefbank der die jeweilige Deckungsmasse betreffende Rahmenvertrag nicht automatisch beendet wird und die betreffenden Ansprüche und Gegenansprüche

---

59 Der Bank-Verlag schlägt drei praktisch wortgleiche Anhänge vor, den „Anhang für Deckungsgeschäfte des Vertragspartners zu dem oben genannten Rahmenvertrag für Finanztermingeschäfte („Rahmenvertrag") – Hypothekenpfandbriefe", den Anhang für Deckungsgeschäfte des Vertragspartners zu dem oben genannten Rahmenvertrag für Finanztermingeschäfte („Rahmenvertrag") – öffentliche Pfandbriefe" und den Anhang für Deckungsgeschäfte des Vertragspartners zu dem oben genannten Rahmenvertrag für Finanztermingeschäfte („Rahmenvertrag") – Schiffspfandbriefe.

nicht verrechnet werden, sondern eine automatische Beendigung nur dann eintritt, wenn die betreffende Deckungsmasse selbst insolvent oder Gegenstand von entsprechenden Maßnahmen der Gefahrenabwehr der Bankenaufsicht nach § 30 Abs. 6 PfandBG wird. Ein **Netting** von Deckungsderivaten soll somit nur auf Ebene einer bestimmten Deckungsmasse stattfinden.

Dieses Vorgehen wirft allerdings die Frage auf, ob der **Ausschluss des Kündigungsrechts** nach Nr. 7 Abs. 2 des Rahmenvertrags für Deckungsderivate wirksam vereinbart werden kann. Denn materiell könnte der Ausschluss des Kündigungsrechts bei Insolvenz oder Insolvenzgefahr des Vertragspartners als ein partieller Ausschluss des Rechts zur Kündigung eines Dauerschuldverhältnisses aus wichtigem Grund (§ 314 Abs. 1 BGB) angesehen werden. Jedenfalls in Allgemeinen Geschäftsbedingungen aber, wie sie der Anhang für Deckungsgeschäfte wohl darstellen dürfte, da die betreffenden Klauseln für die Pfandbriefbank nicht verhandelbar sind, kann nach herrschender Auffassung das Recht zur Kündigung aus wichtigem Grund nicht eingeschränkt werden.[60] Vertragspartner im zivilrechtlichen Sinne bei einem Deckungsderivat ist die Pfandbriefbank, da ihre Deckungsmasse nicht rechtsfähig ist. Typischerweise würde eine wesentliche Verschlechterung der Vermögensverhältnisse des Vertragspartners gegenüber der Lage bei Vertragsschluss den Kontrahenten zu einer Kündigung aus wichtigem Grund berechtigen.[61] Im vorliegenden Fall sollte indes die Insolvenzgefahr bei der Pfandbriefbank nicht ohne Weiteres zu einer Gefährdung der Zahlungsansprüche der Gläubiger von Deckungsderivaten führen, da – wie dargestellt – die Deckungsmasse von der Insolvenz der Pfandbriefbank zunächst nicht erfasst wird und die Bedienung der Ansprüche der Gläubiger der in Deckung genommenen Derivate aufgrund des Deckungsprinzips und der sichernden Überdeckung (§ 4 Abs. 1 u. 2 PfandBG) gesichert sein sollte. Folglich ist festzuhalten, dass – abweichend vom Regelfall – eine Insolvenzgefahr oder -eröffnung bei der Pfandbriefbank nicht automatisch zu einer Vermögensverschlechterung zulasten der Gläubiger von Deckungsderivaten führt und ihnen also allein deswegen kein Recht zur Kündigung aus wichtigem Grund zusteht. Daher stellt sich die Frage der Wirksamkeit des Ausschlusses eines Kündigungsrechts aus wichtigem Grund insoweit nicht und ist die Regelung in Nr. 6 S. 2 des Anhangs eher klarstellender Natur. Damit ist die Frage aber noch nicht erschöpft. Es könnte nämlich argumentiert werden, dass mit der Insolvenz der Pfandbriefbank auch das Vertrauen in die Geschäftsbeziehung, vor allem in die Geschäftsleitung der Pfandbriefbank, nachhaltig erschüttert wird, so dass dem Vertragspartner das Festhalten an dem Derivategeschäft nicht mehr länger zugemutet werden kann. Diese Umstände führen jedoch nach dem Rahmenvertrag nicht zu einer automatischen Beendigung. Vielmehr bleibt es hier bei dem allgemeinen Kündigungsrecht nach § 314 Abs. 1 BGB. Dennoch dürfte ein solches Kündigungsrecht in der Regel nicht gegeben sein. Das Insolvenzgericht hat mit Eröffnung des Insolvenzverfahrens über das Vermögen der Pfandbriefbank auf Antrag der Bankenaufsicht einen oder zwei geeignete natürliche Personen als Sachwalter zu bestellen, die dann alleine befugt sind, über die eingetragenen Werte zu verfügen (§ 30 Abs. 2 S. 1 u. 2 PfandBG). Mit Ernennung der Sachwalter sollte in aller Regel ein möglicher vollständiger Vertrauensverlust in die Geschäftsleitung der Pfandbriefbank aufgefangen und einer diesbezüglichen Kündigung aus wichtigem Grund die Basis entzogen werden. Auch vor Eröffnung des Insolvenzverfahrens, also bei Insolvenzgefahr oder einer sonstigen in § 46 KWG beschriebenen Gefahr, kann die Bankenaufsicht einen Sachwalter bestellen (§ 30 Abs. 5 PfandBG). Damit sollte grundsätzlich auch in der Vorinsolvenzphase eine Kündigung aus wichtigem Grund

---

[60] BGH, NJW 1986, 3134; *Gaier*, in: Münchener Kommentar zum Bürgerlichen Gesetzbuch, 5. Aufl. 2007, § 314 Rn 4; Palandt-*Grünberg*, Bürgerliches Gesetzbuch, 71. Aufl. 2012, § 314 Rn 3. Zur Gestaltungsfreiheit bei der Definition des wichtigen Grundes auch H. Oetker, Das Dauerschuldverhältnis und seine Beendigung, 1994, S. 566 ff.
[61] BGH, NZW 2003, 2674; Palandt-*Grünberg*, Bürgerliches Gesetzbuch, 71. Aufl. 2012, § 314 Rn 9.

wegen vollständigen Vertrauensverlustes in die Geschäftsleitung der Pfandbriefbank ausgeschlossen sein. Kommt es anschließend doch zu Unregelmäßigkeiten bei der Bedienung der Gläubiger der Deckungsderivate, steht es ihnen immer noch frei, aus wichtigem Grund zu kündigen. Trotz aller dieser Sicherungen bleiben Fallgestaltungen denkbar, in denen der Vertragspartner der Pfandbriefbank bei Insolvenz oder in Insolvenznähe aus wichtigem Grund kündigen kann, so beispielsweise bei einem wesentlichen Vertragsbruch der Pfandbriefbank, der etwa in der abredewidrigen Unterdeckung der betreffenden Verbindlichkeiten der Pfandbriefbank oder der Nichtleistung geschuldeter Zahlungen liegen kann.

41 Bei dem 1992 und 2002 **ISDA Master Agreement** sind vor Indeckungnahme entsprechende Anpassungen vorzunehmen. Hierzu werden zwei unterschiedliche Ansätze verfolgt. Zum einen wird vorgeschlagen, für Deckungsderivate ein eigenes ISDA Master Agreement abzuschließen, das ausdrücklich klarstellt, dass nur die Einzelabschlüsse unter diesem Vertrag einen einheitlichen Vertrag nach Section 1(c) des Master Agreements darstellen sollen. Allerdings soll klargestellt werden, dass der Vertragspartner der Pfandbriefbank im Falle einer Unterdeckung auch auf das übrige Vermögen der Pfandbriefbank zugreifen können soll. Damit wird nicht mehr gesagt, als gesetzlich schon in § 30 Abs. 6 S. 4 PfandBG geregelt ist. Außerdem ist durch Anpassungen im Schedule zu regeln, dass bestimmte, auf das Gesamtgeschäft des Kontrahenten (hier: der Pfandbriefbank) bezogene Regelungen des Master Agreements, vor allem Kündigungs- und Aufrechnungsrechte, sich nur auf die betreffende Deckungsmasse beziehen und nicht auf das übrige Geschäft der Pfandbriefbank. Voraussichtlich wird die Pfandbriefbank auch einige zusätzliche Zusicherungen und Gewährleistungen betreffend ihr Pfandbriefgeschäft, zur Einhaltung der Beschränkungen des § 19 Abs. 1 Nr. 4 PfandBG und zur Führung des Deckungsregisters abgeben müssen. Ein anderer Ansatz besteht darin, ein zwischen den Parteien bestehendes Master Agreement unberührt zu lassen und lediglich den Schedule dahin gehend zu ergänzen, dass Einzelabschlüsse, die in das Deckungsregister eingetragen werden, mit anderen solchen Einzelabschlüssen ein eigenes Master Agreement bilden sollen, den Abschluss eines separaten Master Agreements also zu fingieren. Aus Gründen der Rechtsklarheit erscheint indes der erste Weg, nämlich ein eigenes Master Agreement für jede Deckungsmasse abzuschließen, geeigneter.

5. Verbriefte Derivate

42 Weiter stellt sich die Frage, ob Pfandbriefbanken dann, wenn sie **strukturierte Finanzprodukte** in Deckung nehmen möchten, den Beschränkungen des § 19 Abs. 1 Nr. 4 PfandBG unterliegen. Denkbar sind etwa strukturierte Schuldverschreibungen, für die eine der in § 4 Abs. 1 S. 2 Nr. 1 genannten öffentlichen Stellen die Gewährleistung übernommen hat.[62] Für die Einbeziehung verbriefter Derivate spricht der Auffangtatbestand in § 19 Abs. 1 Nr. 4 S. 2 PfandBG. Danach sind auch „Geschäfte" ausgeschlossen, „die in vergleichbarer Weise ein einer offenen Stillhalterposition entsprechendes Risiko begründen." Damit sollten bewusst auch nicht-derivative Geschäfte erfasst werden.[63] Unter die „Geschäfte" wird man auch am Markt erworbene Schuldverschreibungen subsumieren müssen und nicht nur Rechtsgeschäfte.

II. Geeignete Kontrahenten

43 Pfandbriefbanken können Deckungsderivate nur mit „geeigneten Kreditinstituten, Kapitalanlagegesellschaften, Investmentaktiengesellschaften, Finanzdienstleistungsinstituten, Versi-

---

62 Weitere Deckungswerte nach §§ 19 Abs. 1 Nr. 2, 20 Abs. 1 S. 1 Nr. 2, 26 Abs. 1 Nr. 3 und 4 PfandBG.
63 BT-Drucks. 14/8017, S. 133. Nicht vergleichbar sollen danach Risiken sein, die nicht auf einer Vereinbarung beruhen, sondern gesetzlich begründet sind, wie bspw gesetzliche Sonderkündigungsrechte.

cherungsunternehmen, einem zentralen Kontrahenten bei einer Börse, dem Bund oder den Ländern" abschließen (§ 19 Abs. 1 Nr. 4 S. 1 PfandBG).

Der Begriff des „geeigneten" Kredit- oder Finanzdienstleistungsinstituts, den das Investmentänderungsgesetz 2007 um die nicht mehr als Kreditinstitute geltenden Kapitalanlage- und Investmentaktiengesellschaften ergänzt hat, verweist auf § 19 Abs. 1 Nr. 2 PfandBG, wonach die vorgeschriebene Deckung auch durch Guthaben bei „geeigneten Kreditinstituten" dargestellt werden kann. Zu der früheren Parallelvorschrift in § 5 Abs. 3 Nr. 1 HBG hatte das Bundesaufsichtsamt für das Kreditwesen bereits 1988 einen Kriterienkatalog aufgestellt.[64] Das PfandBG selbst definierte aber den Begriff zunächst nicht. Eine Legaldefinition enthält § 2 Abs. 1 Nr. 18 lit. b) der für die Vermögensanlagen von Versicherungsunternehmen geltenden Anlagenverordnung (AnlV).[65] Er bezeichnet ein Kreditinstitut als geeignet, wenn es seinen Sitz in einem Staat des EWR hat, den Anforderungen der Richtlinie 2006/48/EG unterliegt und dem Versicherungsunternehmen schriftlich bestätigt, dass es die an seinem Sitz geltenden Vorschriften über das Eigenkapital und die Liquidität der Kreditinstitute einhält. Diese Definition lässt sich auf Finanzdienstleistungsinstitute übertragen, allerdings unter Bezugnahme auf die Richtlinie 2006/49/EG. Damit wären nicht nur EWR-Institute und deren nach § 53 b KWG tätige deutsche Niederlassungen erfasst, sondern auch deutsche Niederlassungen anderer ausländischer Unternehmen mit eigener Bank- oder Finanzdienstleistungserlaubnis nach §§ 53 Abs. 1 KWG.[66] Seit der Pfandbriefnovelle 2009 wird in § 19 Abs. 1 Nr. 2 PfandBG hinsichtlich der „geeigneten Kreditinstitute" auf eine neue Definition in § 4 Abs. 1 S. 2 Nr. 3 PfandBG verwiesen. Danach muss es sich bei den „geeigneten Kreditinstituten" um solche mit Sitz in einem der in Nummer 1 genannten Staaten (also einem Mitgliedstaat der Europäischen Union, einem anderen Vertragsstaat des Abkommens über den EWR, die Schweiz, die USA, Kanada oder Japan) handeln, denen von international anerkannten Ratingagenturen ein der Bonitätsstufe 1 entsprechendes Risikogewicht nach Tabelle 3 des Anhangs VI der Richtlinie 2006/48/EG nach den nationalen Regelungen zugeordnet worden ist, die zur Umsetzung der Rahmenvereinbarung „Internationale Konvergenz der Kapitalmessung und Eigenkapitalanforderungen" des Basler Ausschusses für Bankenaufsicht vom Juni 2004 (Basel II) gleichwertig zur Richtlinie 2006/48/EG erlassen worden sind. Fraglich ist, ob das Wort „geeignet" in § 4 Abs. 1 S. 3 PfandBG und in dem Verweis in § 19 Abs. 1 Nr. 4 iVm Nr. 2 PfandBG über die § 4 Abs. 1 S. 2 Nr. 3 genannten Sitz- und Ratinganforderungen hinaus noch weitere Eignungsvoraussetzungen aufstellt. Dafür spricht wenig, sind doch die Solvenz sowie die Rechtssicherheit bei der Durchsetzung der Verträge die entscheidenden Kriterien. Konsequenz der Anknüpfung an das Rating ist, dass bei einer Herabstufung des Kontrahenten das betreffende Geschäft aus der Deckung genommen und ggf neu eingedeckt werden muss.

Bei den Finanzdienstleistungsinstituten wird man zudem fordern müssen, dass sie einer umfassenden Solvenzaufsicht unterliegen, also befugt sind sich bei der Erbringung von Finanzdienstleistungen Eigentum oder Besitz an Geldern oder Wertpapieren von Kunden zu verschaffen und auf eigene Rechnung mit Finanzinstrumenten zu handeln. Weiterhin sollten auch öffentlich-rechtliche Kreditinstitute geeignet sein, die nach Art. 2 der Richtlinie 2006/48/EG vom Geltungsbereich dieser Richtlinie ausgenommen sind, sowie – eher theoretisch – die in § 19 Abs. 1 Nr. 2 PfandBG genannten Zentralbanken der Mitgliedstaaten der

---

64 Vgl Schreiben vom 18.8.1988, seinerzeit abgedruckt in *Consbruch/Möller/Bähre/Schneider*, Kreditwesengesetz, LBl.-Slg, Nr. 8.26; auch zitiert bei *Bellinger/Kerl*, Hypothekenbankgesetz, 4. Aufl. 1995, § 5 Rn 97.
65 BGBl. I 2001, S. 3913, zuletzt geändert durch Verordnung vom 11.2.2011, BGBl. I 2011, S. 250.
66 Früher verlangte die Bankenaufsicht, dass ausländische Institute ein haftendes Eigenkapital von mindestens 5 Mio. ECU aufweisen müsse, vgl *Bellinger/Kerl*, Hypothekenbankgesetz, 4. Aufl. 1995, § 5 Rn 99. Es ist indes fraglich, ob dieses Erfordernis heute noch aufrecht erhalten werden kann.

Europäischen Union⁶⁷ und die Europäische Zentralbank sowie die in § 4 Abs. 1 S. 2 Nr. 1 PfandBG genannten internationalen Entwicklungsbanken. In vorsichtiger Weiterentwicklung des Kreises zulässiger Gegenparteien sollte man, über die Legaldefinition des § 4 Abs. 1 S. 2 Nr. 3 PfandBG hinaus, auch Kreditinstitute oder Finanzdienstleistungsinstitute für geeignet ansehen, deren Verbindlichkeiten der KSA-Forderungsklasse Institute nach § 25 Abs. 7 SolvV zuzuordnen sind. Dazu gehörten dann auch die Kredit- und Finanzinstitute mit Sitz in sonstigen Drittstaaten, die dort von der zuständigen Aufsichtsbehörde zugelassen sind und einem Aufsichtssystem unterliegen, das materiell demjenigen des KWG gleichwertig ist, sowie anerkannte Wertpapierhandelsunternehmen aus solchen Drittstaaten (§ 1 Abs. 29 KWG).⁶⁸

Mit den **Kapitalanlage- und Investmentaktiengesellschaften** wird augenscheinlich nur auf legaldefinierte Begriffe des Investmentgesetzes (InvG) verwiesen, also gerade nicht auf ausländische Investmentgesellschaften. Deren genereller Ausschluss dürfte indes weder zweckmäßig noch europarechtskonform sein, verstieße er doch gegen die europarechtlich gewährte Dienstleistungsfreiheit. Somit sollten Organismen für gemeinsame Anlagen in Wertpapieren (OGAW) zulässige Gegenparteien sein, wenn sie ihren Sitz im EWR haben und nach Maßgabe der Richtlinie 2009/65/EG beaufsichtigt werden. Ob daneben auch deren Verwaltungsgesellschaften einbezogen werden sollten, soweit sie für eigene Rechnung und nicht für einen OGAW handeln, scheint weniger eindeutig. Dagegen spricht, dass sie jedenfalls europarechtlich keiner umfassenden Solvenzaufsicht unterliegen.

45 Entsprechend ist mit den geeigneten **Versicherungsunternehmen** zu verfahren. Hier sollten gleichermaßen nach europäischem oder als gleichwertig anerkanntem Drittstaatenrecht errichtete und beaufsichtigte Erst- und Rückversicherungsunternehmen in Betracht kommen.

46 Der Verweis auf geeignete **zentrale Kontrahenten** bei einer Börse war ursprünglich auf Unternehmen wie die Eurex Clearing AG gemünzt, die bei Derivatebörsen zwischen die Käufer und Verkäufer geschaltet werden. Heute wird man dies als Verweis auf die zentralen Kontrahenten nach § 1 Abs. 31 KWG verstehen müssen, sofern sie für eine Börse,⁶⁹ einen geregelten Markt im Sinne von Art. 4 Abs. 1 Nr. 14 der Richtlinie 2004/39/EG (MiFID) oder einen vergleichbar organisierten und beaufsichtigten Markt eines Drittstaates tätig sind. Mit der Neuregelung des OTC-Clearings sollten auch nach europäischem Recht für das Clearing von OTC-Derivaten anerkannte zentrale Kontrahenten zulässige Kontrahenten sein, ohne dass damit ein Clearingzwang über zentrale Kontrahenten impliziert wird.

III. Deckungsgrenzen

47 Der Einsatz von Deckungsderivaten unterliegt einer zweifachen Grenze: Zum einen dürfen die als Deckung verwendeten Ansprüche der Pfandbriefbank aus Derivaten 12 % der Gesamtdeckung, also aller in Deckung genommener Werte, einschließlich der Deckungsderivate, jeweils barwertig berechnet, nicht überschreiten (**aktivische Deckungsgrenze**; § 19 Abs. 1 Nr. 4 S. 3, 1. Alt. PfandBG). Damit soll die Möglichkeit beschränkt werden, durch Indeckungnahme von Derivaten eine erhebliche Überdeckung zu schaffen,⁷⁰ da sich die Ansprüche der Pfandbriefbank aus Derivaten bei einer der Erwartung der Bank gegenläufigen

---

67 Und wohl auch die Zentralbanken der anderen Mitgliedstaaten des EWR.
68 Dies entspricht auch der früheren liberalen Auffassung der Bankenaufsicht zu den als Ersatzdeckung geeigneten Kreditinstituten, vgl *Bellinger/Kerl*, Hypothekenbankgesetz, 4. Aufl. 1995, § 5 Rn 99 unter Verweis auf die geeigneten Zone A- und die ausnahmsweise geeigneten Zone B-Banken.
69 Nach deutschem Recht nunmehr legaldefiniert in § 2 Abs. 2 BörsG.
70 Siehe auch Verband deutscher Hypothekenbanken, Jahresbericht 2001, S. 57.

Marktentwicklung schnell in Verbindlichkeiten der Deckungsmasse verwandeln können.[71] Deckungsderivate lassen sich dann, wenn ihr Barwert negativ wird, sie also zu Verbindlichkeiten der Pfandbriefbank werden, auch nicht ohne Weiteres aus der Deckungsmasse entnehmen.[72] Dieses Risiko muss im Interesse der Sicherheit der Pfandbriefe begrenzt werden. Zum anderen dürfen die Verbindlichkeiten der Pfandbriefbank aus Deckungsderivaten 12 % des Gesamtbetrags der im Umlauf befindlichen Pfandbriefe zuzüglich des Barwerts der Verbindlichkeiten aus den Deckungsderivaten nicht übersteigen (**passivische Deckungsgrenze**; § 19 Abs. 1 Nr. 4 S. 3, 2. Alt. PfandBG). Auf beide Deckungsgrenzen sind seit der Pfandbriefnovelle 2009 – wie schon bei den Schiffspfandbriefen und bei den neu eingeführten Flugzeugpfandbriefen – Ansprüche und Verbindlichkeiten der Pfandbriefbank aus solchen in Deckung genommenen Derivategeschäften nicht mehr anzurechnen, die ausschließlich der Absicherung eines Währungsrisikos von Deckungswerten und Pfandbriefen dienen (§ 19 Abs. 1 Nr. 4 S. 3 Hs 2 PfandBG). Begründet wurde diese Änderung mit der Zunahme der Immobilienfinanzierungen in fremder Währung und der Ungefährlichkeit reiner Währungssicherungsgeschäfte. Wann ein Währungsderivat „ausschließlich" der Absicherung von Währungsrisiken von Deckungswerten und Pfandbriefen dient, dürfte vor allem bei Marco-Hedges gelegentlich Abgrenzungsfragen aufwerfen. Jedenfalls sollten Erwerbsvorbereitungsgeschäfte, also bspw ein im Vorgriff auf eine Indeckungnahme einer Fremdwährungsanleihe abgeschlossener Währungsswap, ebenso aus der Anrechnung fallen wie ein zeitweiliger „Überschuss" eines Portfolio-Swaps über die betreffenden Deckungswerte, wenn beabsichtigt ist, das Portfolio alsbald wieder auf einen planmäßigen Bestand in dieser Währung aufzustocken, also wenn keine Fremdwährungsspekulation beabsichtigt ist.

Gefährlicher ist die Überschreitung der passivischen Deckungsgrenze. Wenn die Pfandbriefbank nicht umgehend neue, vornehmlich nicht-derivative Werte in die Deckungsmasse nehmen und entsprechend weitere Pfandbriefe begeben kann, um den Gesamtbetrag der Passiva zu erhöhen, wird sie nur den mühsamen und wahrscheinlich teuren Weg einer vorzeitigen Beendigung der besonders verlustreichen, für die Bank am weitesten „out of the money" befindlichen Derivate oder – gegen zusätzliche Besicherung – deren Herauslösung aus der Deckungsmasse gehen können. Beides dürfte jedenfalls dann, wenn sich die Pfandbriefbank in einer schwierigen wirtschaftlichen Lage befindet, nur schwer möglich sein. Beide Grenzen sind separat für jede Deckungsmasse, also für Hypothekenpfandbriefe, öffentliche Pfandbriefe und Schiffpfandbriefe, zu berechnen.

Nach dem Willen des Gesetzgebers sollen diese Grenzen als absolute Obergrenzen verstanden und nur so weit ausgeschöpft werden, dass sie auch im Falle größerer Schwankungen der Barwerte der Derivate eingehalten werden können.[73] In der Praxis scheint diese Vorsicht durchweg beachtet zu werden.[74] Von Gesetzes wegen erstreckt sich zwar der nach § 4 der Pfandbrief-Barwertverordnung durchzuführende Stresstest nicht auf die Deckungsgrenzen des § 19 Abs. 1 Nr. 4 S. 3 PfandBG. Doch ist die Pfandbriefbank aufgrund der allgemeinen Risikomanagementvorschriften der §§ 2 Abs. 1 S. 2 Nr. 3, 27 PfandBG gehalten, die dauerhafte Einhaltung der Deckungsgrenzen für Derivate auch durch geeignete Stresstests zu gewährleisten.

48

---

71 BT-Drucks. 14/8917, S. 135. Vgl etwa die Veröffentlichung der Deutschen Hypothekenbank nach § 28 Abs. 1 Nr. 1 PfandBG zum 30.9.2007 unter http://www.deutsche-hypo.de/pfa_rr_derivate.htm.
72 Näher hierzu gleich unter Rn 58.
73 BT-Drucks. 14/8017, S. 135.
74 Zum 30.9.2007 schwankte der barwertige Anteil der Deckungsderivate der im Verband deutscher Pfandbriefbanken (VdP) zusammengeschlossenen Institute zwischen -1,55 % und 4,717 % (Quelle: Eigene Auswertung der Veröffentlichungen der im VbP zusammengeschlossenen Institute nach § 28 Abs. 1 Nr. 1 PfandBG zum 30.9.2007.

IV. Rechtsstellung der Kontrahenten in der Insolvenz und Restrukturierung

1. Insolvenz

49 Wie oben bereits erwähnt, fallen die in den Deckungsregistern eingetragenen Werte, also auch die eingetragenen Deckungsderivate, nicht in die Insolvenzmasse (§ 30 Abs. 1 S. 1 PfandBG). Die Forderungen der Pfandbriefgläubiger und der Gläubiger von Ansprüchen aus Deckungsderivaten werden von der Eröffnung des Insolvenzverfahrens – wie das Gesetz es formuliert – „nicht berührt" (§ 30 Abs. 1 S. 2 PfandBG). Die **Deckungsmasse**, und bei mehreren Deckungsmassen jede für sich, „lebt" also als gesetzlich konstituiertes, nicht-rechtsfähiges **Sondervermögen** in der Pfandbriefbank mit beschränkter Geschäftstätigkeit weiter, auch wenn sie grundsätzlich nur noch abgewickelt werden darf.[75] Die Ansprüche der Pfandbriefgläubiger auf Zins und Tilgung und die Ansprüche der Gläubiger von Deckungsderivaten werden nicht vorzeitig fällig sondern sind unverändert vertragsgemäß zu bedienen. Die Kontrahenten der Deckungsderivate haben zugleich ihre Verbindlichkeiten gegenüber der Deckungsmasse zu erfüllen. Ein Wahlrecht des Insolvenzverwalters nach § 103 InsO ist ausgeschlossen, da er für die Deckungsmasse nicht zuständig ist. Eine Kündigung des Derivategeschäfts bzw des Rahmenvertrages durch den Kontrahenten alleine aufgrund der insolvenzbedingten oder mit der Insolvenz sichtbar gewordenen Verschlechterung der wirtschaftlichen Lage der Pfandbriefbank ist ebenfalls ausgeschlossen.[76]

50 Unsicher ist die **Stellung der Deckungsderivategläubiger** während des Zeitraums **zwischen** dem **Abschluss** eines Einzelabschlusses **und** der **Eintragung** des Einzelabschlusses in das Deckungsregister.[77] Eintragungen in das Deckungsregister erfordern die Zustimmung des Treuhänders (§ 5 Abs. 1 S. 2 Hs 1 PfandBG). Der Treuhänder reagiert meist nicht sofort auf einen Abschluss, sondern nimmt die Eintragungen in der Regel zeitlich verzögert, gelegentlich nur einmal in der Woche, vor. Zwar wird die Pfandbriefbank zur Deckung bestimmte Derivate unverzüglich in ihrer internen Buchführung entsprechend kennzeichnen und voraussichtlich vorsichtshalber auch sofort in ihre Deckungsrechnung, jedenfalls zwecks Ermittlung der passivischen Deckungsgrenze, einbeziehen. Doch ist die Zustimmung des Treuhänders konstitutiv für die rechtswirksame Eintragung; eine Eintragung ohne die erforderliche Zustimmung gilt als nicht erfolgt (§ 5 Abs. 1 S. 2 Hs 2 PfandBG). Theoretisch denkbar ist, dass der Treuhänder vor Insolvenzeröffnung zur Deckung abgeschlossene Derivate auch noch nach Insolvenzeröffnung einträgt, solange noch kein Sachwalter bestellt worden ist (§ 30 Abs. 2 S. 2 bis 4 PfandBG). Ob eine solche nachträgliche Eintragung jedoch wirksam ist, dürfte mehr als zweifelhaft sein, da sie der Insolvenzmasse Vermögen entzieht.

51 Wahrscheinlicher ist der Fall, dass mit Insolvenzeröffnung zugleich auch auf Antrag der Bankenaufsicht ein Sachwalter ernannt wird, der dann allein über die Deckungsmasse verfügungsbefugt ist. „Nachträgliche" eigenmächtige Eintragungen des Treuhänders sind dann ausgeschlossen.

52 Der Insolvenzverwalter kann verlangen, dass eingetragene Werte, die nicht der treuhänderischen Verwaltung des Sachwalters nach § 30 Abs. 3 PfandBG unterliegen und zur Deckung bzw der sichernden Überdeckung offensichtlich nicht notwendig sein werden, vom Sachwalter an die Insolvenzmasse herausgegeben werden (**Herausgabeanspruch bei Überdeckung**; § 30 Abs. 4 S. 1 PfandBG). Fraglich ist, wie bei Deckungsderivaten diese Offensichtlichkeit festgestellt werden kann. Legte man nur den nach derzeitigen Marktverhältnissen ermittelten Barwert zugrunde, würde man dem dynamischen Charakter der Derivate und ihrer Funktion, gerade zukünftige Marktverhältnisse zugunsten der Deckungsmasse abzusichern bzw zu

---

[75] Zu den Grenzen vgl BT-Drucks. 15/1853, S. 19.
[76] Zu Einzelheiten vgl oben unter Rn 40.
[77] Zu den Eintragungsformalitäten vgl unten Rn 56.

optimieren, nicht gerecht. Stattdessen könnte man die bislang von der Pfandbriefbank verwandten Stresstests heranziehen und prüfen, ob eines oder mehrere Derivate auch unter extremen Marktbedingungen voraussichtlich nicht mehr benötigt werden. Doch spricht manches dafür, auch diese Berechnung für zu unsicher zu halten, es sei denn, die Forderungen der Pfandbriefgläubiger und der Gläubiger von Ansprüchen aus in Deckung genommenen Derivaten hätten nur noch eine überschaubare Restlaufzeit und die Volatilitätsrisiken könnten für diesen Zeitraum mit einer an Sicherheit grenzenden Wahrscheinlichkeit vorausberechnet werden. Andernfalls dürfte eine Übertragung der Derivate an die Insolvenzmasse nicht in Betracht kommen. Zudem wäre die Zustimmung des Kontrahenten zu einer Löschung des betreffenden Einzelabschlusses im Deckungsregister erforderlich (§ 8 Abs. 4 S. 3 PfandBG).[78] Eine „Übertragung" auf die Insolvenzmasse käme nur durch Schuldumschaffung (Novation) zustande. Denn das unter einem speziell für die Deckungsmasse abgeschlossenen Rahmenvertrag begründete Derivat kann nicht einseitig zwischen Insolvenzverwalter und Sachwalter auf die Insolvenzmasse übertragen werden. Es scheint wenig wahrscheinlich, dass der Kontrahent dem zustimmt, es sei denn, gegen angemessene Besicherung.

Sollte eine **Deckungsmasse** selbst **insolvent** werden, findet über sie ein gesondertes Insolvenzverfahren statt (§ 30 Abs. 6 S. 2 PfandBG). Fallen Gläubiger von Deckungsderivaten wider Erwarten doch teilweise mit ihrem Anspruch gegen die Deckungsmasse aus, also nach gesonderter Insolvenz der Deckungsmasse, können sie ihre Forderung in Höhe ihres Ausfalls im Insolvenzverfahren über das übrige Vermögen der Pfandbriefbank wie absonderungsberechtigte Gläubiger geltend machen (§ 30 Abs. 6 S. 4 PfandBG). Somit kann das Insolvenzverfahren über das übrige Vermögen der Pfandbriefbank erst nach Fälligkeit und ggf rechtskräftiger Entscheidung über die letzte Forderung eines Deckungsmassegläubigers beendet werden. Ob eine frühere Beendigung durch Übertragung aller oder eines Teils der Deckungswerte und -verbindlichkeiten nach § 34 Abs. 1 S. 1 PfandBG auf eine andere Pfandbriefbank möglich ist, erscheint ebenfalls fraglich, da die übertragende Pfandbriefbank für die übertragenen Verbindlichkeiten weiterhin gesamtschuldnerisch haftet (§ 34 Abs. 1 S. 4 PfandBG). Solange die insolvente Pfandbriefbank aber weiter haftet, müssten die Gläubiger noch ihr Recht nach § 30 Abs. 6 S. 4 PfandBG auf abgesonderte Befriedigung hinsichtlich eines möglichen Ausfalls gegen die insolvente Pfandbriefbank geltend machen können. Auch diese Verzögerung dient letztlich den Pfandbriefgläubigern und erhöht die Sicherheit des Pfandbriefs. Zugleich gefährdet sie aber bei einer Universalbank die berechtigten Ansprüche der Insolvenzgläubiger. Daher sollte überlegt werden, hier eine Beschleunigung zuzulassen.[79]

2. Restrukturierung

Wird eine Pfandbriefbank einem Reorganisationsverfahren nach §§ 7 ff KredReorgG unterworfen, indem bspw ein Reorganisationsplan Teile der Bank ausgliedert (§ 11 KredReorG) oder Forderungen von Gläubigern kürzt (§ 12 Abs. 1 KredReorgG), könnte diese Maßnahme das gesetzliche Modell einer von der Insolvenz – oder hier: Beinaheinsolvenz – einer Pfandbriefbank getrennten Deckungsmasse (vgl dazu oben Rn 36) gefährden. Daher ordnet § 36a Abs. 1 PfandBG an, dass Maßnahmen nach dem KredReorgG keine Anwendung auf die Teile der Pfandbriefbank finden, die nach § 30 Abs. 1 S. 3 PfandBG im Falle einer Insolvenz als Pfandbriefbank mit beschränkter Geschäftstätigkeit fortbestehen würden. Damit soll den §§ 29 ff PfandBG als Spezialnormen Vorrang verschafft werden.[80] Insbesondere darf

---

78 Hierzu vgl unter Rn 58.
79 Der Gesetzgeber empfiehlt dem Insolvenzverwalter der Pfandbriefbank, ggf Rückstellungen zu bilden. Da Bankinsolvenzen meist über Jahre abgewickelt würden, habe die Ausfallhaftung keinen erheblichen Verzögerungseffekt; vgl BT-Drucks. 15/1853, S. 20. Glücklicherweise ist noch kein Fall eingetreten, der diese etwas optimistische Prognose auf den Prüfstand gestellt hätte.
80 BT-Drucks. 17/3024, S. 84.

mittels § 12 KredReorG nicht in Forderungen von Pfandbriefgläubigern oder Gläubigern von Deckungsderivaten eingegriffen werden. Wird ein Reorganisationsverfahren nach § 7 KredReorG eröffnet, gelten für den Bereich des Pfandbriefgeschäfts die §§ 30 bis 36 PfandBG entsprechend. Allerdings soll der Sachwalter die Bestimmungen des Reorganisationsplans beachten, es sei denn, es drohe eine Benachteiligung der Pfandbriefgläubiger (§ 36a Abs. 1 S. 2 und 3 PfandBG). Neben dem Reorganisationsberater ist also auch ein Sachwalter als Garant der Deckungsmasse zu bestellen. Die BaFin kann abweichend von § 30 Abs. 2 PfandBG den Sachwalter auch vorläufig von Amts wegen bestellen (§ 36a Abs. 3 PfandBG). Sieht der Reorganisationsplan bspw eine Spaltung der Bank durch Ausgliederung des Pfandbriefgeschäfts in eine Tochtergesellschaft vor, dann sollen die §§ 30 bis 36 PfandBG entsprechend gelten. Damit scheint bezweckt, dass Deckungsmassen und -verbindlichkeiten nur nach §§ 32 ff PfandBG übertragen werden sollen, nicht aber nach §§ 11, 21 KredReorG. Dies erscheint noch nicht ganz durchdacht. Denn die Spaltung der Übertragungswege verursacht zusätzlichen Koordinierungsaufwand. Die Ausgliederung nach § 11 KredReorG wird mit der gerichtlichen Bestätigung des Reorganisationsplans wirksam (§ 21 Abs. 1 S. 1 KredReorG), die Bestandsübertragung nach §§ 32 ff PfandBG mit Eintragung in das Handelsregister der übertragenden Pfandbriefbank (§ 34 Abs. 1 S. 1 PfandBG). Die gleichen Fragen stellen sich bei dem Erlass einer Übertragungsanordnung gegenüber einer Pfandbriefbank nach § 48a KWG, die im Falle von Pfandbriefen auch nach §§ 30 ff PfandBG vollzogen werden soll (§ 36a Abs. 2 PfandBG). Zudem unterscheiden sich die Haftungsfolgen bei einer Übertragungsanordnung von denen bei einer Bestandsübertragung: Haften der übertragende und der übernehmende Rechtsträger nach § 34 Abs. 1 S. 4 PfandBG für die übertragenen Pfandbriefverbindlichkeiten (und wohl auch für die Verbindlichkeiten aus Deckungsderivaten) gesamtschuldnerisch, ist die gesamtschuldnerische Haftung des übernehmenden Rechtsträgers nach § 48h Abs. 1 KWG subsidiär und auf den Betrag beschränkt, den der Gläubiger im Liquidationsfalle erlöst haben würde. Wird eine Übertragungsanordnung erlassen, hat der Sachwalter indes keinen Spielraum mehr. Er muss das in der Übertragungsanordnung enthaltene Pfandbriefgeschäft auf den in der Anordnung bezeichneten übernehmenden Rechtsträger übertragen.

V. Absicherung der Kontrahenten

55 Wegen der Einschränkung der Verrechnungsmöglichkeiten (Netting) des Vertragspartners bei in Deckung genommenen Derivategeschäften sieht das Pfandbriefgesetz eine Reihe von Schutzvorschriften zugunsten der Vertragspartner vor, die im Folgenden nur knapp zusammengefasst werden sollen.

1. Eintragung der Derivate

56 Deckungsderivate sind in ein besonderes Unterregister des betreffenden Deckungsregister einzutragen (§ 5 Abs. 1 S. 1 PfandBG iVm §§ 4 Abs. 2, 13 DeckRegV). Zur Eintragung eines Derivats ist nicht nur die **Zustimmung** des Treuhänders, sondern auch die **des Vertragspartners** erforderlich (§ 5 Abs, 1 S. 2 PfandBG). Damit soll der Vertragspartner vor einem überraschenden Wechsel der Haftungsmasse geschützt und in die Lage versetzt werden, jeweils im Einzelfall zu überprüfen, ob das Geschäft wirklich für die Deckungsmasse gedacht war.[81] Ist der Vertragspartner ein Kreditinstitut, muss er bei Deckungsderivaten auch die Auswir-

---

[81] BT-Drucks. 14/8017, S. 136.

kungen auf seine aufsichtsrechtliche Eigenmittelunterlegung prüfen können.[82] **Nr. 2 des Anhangs** für Deckungsgeschäfte zum Rahmenvertrag für Finanztermingeschäfte sieht vor, dass der Vertragspartner (gemeint ist hier die Pfandbriefbank) Einzelabschlüsse nur mit Zustimmung der Bank (gemeint ist hier der Kontrahent der Pfandbriefbank) in das Deckungsregister eintragen darf, die Zustimmung auch bei Abschluss des Geschäfts erteilt werden kann und ein Anspruch auf Zustimmung nicht besteht. Zudem wird die Pfandbriefbank verpflichtet, die Eintragung unverzüglich nach Erteilung der Zustimmung vorzunehmen. Der Treuhänder hat zudem darauf zu achten, dass die erfolgte Eintragung dem Kontrahenten unverzüglich mitgeteilt wird (§ 8 Abs. 2 S. 2 PfandBG). Wird dem Kontrahenten die Eintragung des Einzelabschlusses in das Deckungsregister – aus welchem Grund auch immer – nicht binnen drei Bankarbeitstagen nach Erteilung seiner Zustimmung mitgeteilt, so kann er gemäß Nr. 3 des Anhangs zwei Bankarbeitstage nach Benachrichtigung der Bank vom Ausbleiben der Mitteilung die vorzeitige Beendigung und Erfüllung eines Einzelabschlusses durch Ausgleichszahlung verlangen, sofern ihm bis zu diesem Zeitpunkt nicht die Eintragung des Einzelabschlusses in das Deckungsregister mitgeteilt worden ist. Im Ergebnis hat die Pfandbriefbank somit mindestens fünf Bankarbeitstage Zeit, die Eintragung vorzunehmen, ohne dass der Kontrahent fristlos kündigen kann. Dies entspricht der gängigen Praxis der nur periodischen Eintragungen durch die Treuhänder, ist allerdings für Kontrahenten mit den oben beschriebenen Risiken behaftet, was die Attraktivität des Abschlusses von Deckungsgeschäften nicht befördern dürfte.

2. Folge der Eintragung

Einmal in Deckung genommen, muss das Derivat auch mit zulässigen Deckungswerten gedeckt werden, soweit es eine Verbindlichkeit der Pfandbriefbank begründet (§ 4 Abs. 3 PfandBG). Das kann eine anfängliche Verbindlichkeit sein, wie bspw bei einem effektiv zu erfüllenden Währungsswap, oder eine barwertige Verbindlichkeit, wenn ein Derivatgeschäft für die Pfandbriefbank einen negativen Marktwert bekommt. Damit erstrecken sich alle Vorschriften zur Sicherung der Deckungsmasse auch auf die in Deckung genommenen Derivate.

57

3. Löschung der Derivate

Wie bei der Eintragung ist auch bei der Löschung eingetragener und noch nicht vollständig abgewickelter Derivate die **Zustimmung des Vertragspartners** erforderlich und gilt eine ohne seine Zustimmung vorgenommene Löschung als nicht erfolgt. Von der erfolgten Löschung ist dem Vertragspartner unverzüglich Mitteilung zu machen (§ 8 Abs. 4 PfandBG). **Nr. 4 des Anhangs** für Deckungsgeschäfte zum Rahmenvertrag für Finanztermingeschäfte regelt das Löschungsprozedere analog zu dem Verfahren bei der Eintragung. Mit diesen Bestimmungen wird sichergestellt, dass dem Kontrahenten nicht ohne seine Zustimmung die Sicherheit der Deckungsmasse entzogen wird.[83] Ausweislich der Regierungsbegründung soll eine **Löschung eines nicht deckungsfähigen Derivats** auch ohne Zustimmung des Kontrahenten möglich sein.[84] Diese Ansicht ist problematisch, verlagert sie doch das aufsichtsrechtliche Risiko auf den Vertragspartner, der regelmäßig nicht wirklich beurteilen kann, ob ein bestimmtes Derivat nun noch deckungsfähig ist oder gerade nicht mehr. Stimmt er der Eintragung zu und

58

---

82 BT-Drucks. 14/8017, S. 135. Dabei stellt sich auch die Frage, ob der Vertragspartner für Zwecke der Großkreditbestimmungen und zur Ermittlung von Kreditnehmereinheiten Deckungsgeschäfte von sonstigen Geschäften mit der Pfandbriefbank und von Geschäften mit anderen Deckungsmassen trennen kann. Dafür spricht, dass ihm nur die betreffende Deckungsmasse als Haftungssubjekt zur Verfügung steht und die Insolvenz der Pfandbriefbank die Deckungsmasse von Gesetzes wegen unberührt lässt.
83 BT-Drucks. 14/8017, S. 136 f.
84 Bt-Drucks. 14/8017, S. 137.

verzichtet er somit auf eine Besicherung, sollte ihm der Schutz der Deckungsmasse nicht ohne seine Mitwirkung entzogen werden dürfen.

VI. Besicherung von Deckungsderivaten

59 Fraglich ist, ob Gläubiger von Deckungsderivaten ihre Ansprüche gegen die Pfandbriefbank besichern lassen können. Sicherheiten könnten entweder aus der Deckungsmasse oder aus dem sonstigen Vermögen der Pfandbriefbank gestellt werden. Hierzu sind pfandbrief-, zivil- und insolvenzrechtliche Fragen zu unterscheiden.

60 Ein ausdrückliches gesetzliches Verbot der Sicherheitenbestellung besteht nicht. Daher sollte grundsätzlich Vertragsfreiheit gelten. Für die Pfandbriefbanken stellt sich aber die Frage, ob sie bei Gewährung von **Sicherheiten** an Deckungsderivategläubiger **aus der Deckungsmasse** nicht gegen ein Grundprinzip des Pfandbriefrechts verstößt, nämlich den Grundsatz, dass alle Werte der Deckungsmasse allen Pfandbriefgläubigern und alle Deckungsderivategläubigern gleichermaßen und ungeteilt zur Verfügung stehen sollen. Dieses Prinzip steht in der Tat einer Bestellung von Sicherheiten aus der Deckungsmasse an einzelne Deckungsderivategläubiger entgegen und wird auch von den Ratingagenturen für geratete Pfandbriefe grundsätzlich abgelehnt.[85] Theoretisch könnte man sich fragen, ob dieses Prinzip auch dann noch gilt, wenn die Deckungsmasse überdeckt ist, also die sichernde Überdeckung übersteigt. Denn dann bestünde an sich „Luft" für eine Bestellung von Sicherheiten. Immerhin sieht § 4 Abs. 7 S. 2 PfandBG ein Veräußerungs- und Belastungsverbot hinsichtlich der im Deckungsregister eingetragenen Werte nur vor, soweit die Verfügung dazu führt, dass die übrigen im Register eingetragenen Werte zur vorschriftsmäßigen Deckung der entsprechenden Pfandbriefe und der Ansprüche aus Derivaten nicht mehr genügen. Allerdings sind Werte, die zur Deckung, einschließlich der sichernden Überdeckung, nicht gebraucht werden, vom Treuhänder – bzw nach Insolvenzeröffnung vom Sachwalter – herauszugeben (§§ 9 Abs. 2 S. 1, 30 Abs. 4 S. 1 PfandBG). Diese im Interesse der sonstigen Gläubiger der Pfandbriefbank bestehende Pflicht[86] würde vereitelt, wenn der Treuhänder Überdeckungswerte belasten könnte. Hinzu kommt, dass eine Belastung eigentlich zur Herausnahme des betreffenden Wertes aus der Deckung führen müsste, da der Wert den übrigen Deckungsgläubigern nicht mehr unbedingt zur Verfügung steht. Dann aber erscheint es wegen der Publizität des Deckungsregisters sachgerechter, dass der Wert vollständig aus der Deckung genommen wird, als ihn mit einem Recht eines Dritten belastet darin zu belassen.

61 Ob eine gleichwohl – mit Zustimmung des Treuhänders – gewährte Sicherheit wegen Verstoßes gegen ein gesetzliches Verbot (§ 134 BGB) oder wegen Sittenwidrigkeit (§ 138 BGB) nichtig wäre, ist ebenfalls unklar. Nach allgemeinen Grundsätzen verstieße wohl allenfalls die Pfandbriefbank gegen ein sie betreffendes gesetzliches Verbot, so dass die Sicherheit grundsätzlich wirksam bestellt wäre. Trotzdem erscheint es nicht ausgeschlossen, ein Drängen des Kontrahenten auf zusätzliche Sicherheit zulasten der Pfandbriefgläubiger und der Gläubiger der übrigen Deckungsderivate als kollusives Zusammenwirken zu werten und den Sicherheitenvertrag somit nach § 134 BGB oder – sollte die Pfandbriefbank in einer Notlage sein – ggf auch nach § 138 BGB für nichtig zu halten.

62 Pfandbriefrechtlich nicht ausgeschlossen ist hingegen die Bestellung von **Sicherheiten** zugunsten von Deckungsderivategläubigern **aus dem sonstigen Vermögen** der Pfandbriefbank. Die Belange der Pfandbrief- und der übrigen Deckungsderivategläubiger werden hierdurch nicht berührt. Der bloße Umstand, dass der Pfandbriefbank dann weniger freies Vermögen zu-

---

85 Standard & Poor's, Criteria for Swaps Included in the Cover Register of German Pfandbriefe, December 3, 2003, S. 3, unter Hinweis auf enge Ausnahmen.
86 Vgl BT-Drucks. 15/1853, S. 18 f, 20.

steht, das sie notfalls dem Deckungsvermögen zuführen kann, dürfte nicht ausreichen, einer solchen Sicherheitsgewährung pfandbriefrechtlich einen Riegel vorzuschieben. Wünschenswert mag eine solche Sicherheitenbestellung nicht sein, da sie tendenziell ein Misstrauen des Vertragspartners bzw des Marktes in die Sicherheit der Deckungsmasse ausdrückt und damit dem Ruf des Pfandbriefs abträglich sein könnte. Derartige rechtspolitische Erwägungen reichen jedoch nicht aus, insoweit ein gesetzliches Verbot oder einen aufsichtlichen Missstand (§ 6 Abs. 2 u. 3 KWG) zu konstruieren.

Allerdings ist fraglich, ob eine Besicherung von Ansprüchen der Gläubiger von Deckungsderivaten nicht wegen grober Übersicherung nichtig oder jedenfalls im Insolvenzfall wegen Gläubigerbenachteiligung anfechtbar ist. Besteht der Kontrahent von Beginn an darauf, für mögliche Ansprüche aus einem oder mehreren Deckungsderivaten Sicherheiten aus dem sonstigen Vermögen der Pfandbriefbank gestellt zu bekommen, kann der Sicherungsvertrag wegen **anfänglicher Übersicherung** sittenwidrig und damit nichtig (§ 138 BGB) sein. Eine sittenwidrige anfängliche Übersicherung liegt vor, wenn der Wert der Sicherheit das gesicherte Risiko bei Vertragsschluss krass übersteigt und feststeht, dass das auch im Sicherungsfall so sein wird.[87] Ein derart krasses Missverhältnis wird nur ausnahmsweise und dann angenommen, wenn der realisierbare Wert der Sicherheiten das berechtigte Sicherungsinteresse des Kreditgebers in einem Maße übersteigt, dass dies selbst unter voller Berücksichtigung der berechtigten Sicherheitsinteressen des Kreditgebers als unerträglich erscheint und nur den Schluss darauf zulässt, hier habe der Kreditgeber aus eigensüchtigen Gründen jede Rücksichtnahme auf die berechtigten Interessen der Gegenseite vermissen lassen.[88] Pauschalierende Grenzen, ab wann eine derartige Übersicherung vorliegt, werden zwar immer wieder vorgeschlagen, jedoch ebenso regelmäßig abgelehnt.[89]

63

Bei aller gebotenen Vorsicht in dieser Frage wird man doch folgendes feststellen können: Kein Pfandbrief- und Deckungsderivategläubiger hat ein individuelles Sicherungsrecht an bestimmten Gegenständen der Deckungsmasse. Da die Deckungsmasse insolvenzrechtlich grundsätzlich vom sonstigen Vermögen der Pfandbriefbank getrennt ist, wird jedenfalls der Deckungsmasse durch die Bestellung solcher Sicherheiten nichts entzogen, sie wird nicht benachteiligt. Der Pfandbriefbank wird nichts genommen, was sie zum Betrieb des Deckungsgeschäfts benötigt. Benachteiligt werden können nur die sonstigen Gläubiger der Pfandbriefbank. Daher ist diese Lage strukturell mit dem Fall vergleichbar, dass ein Dritter Sicherheit für ein Deckungsderivat stellt. Zwar können grundsätzlich auch Drittsicherheiten sittenwidrig sein, doch typischerweise nicht unter dem Gesichtspunkt der anfänglichen Übersicherung, sondern wegen Ausnutzung einer Zwangs- oder Notlage oder wegen Übervorteilung. Dass dem Schuldner übermäßig Haftungsmasse als Sicherheit für einen bestimmten Gläubiger entzogen wird, also der Gläubiger aus eigensüchtigen Gründen die berechtigten Belange des Schuldners völlig außer Acht lässt, wird man in dieser Konstellation nur schwerlich feststellen können. Daher spricht vieles dafür, solche Sicherheiten aus dem sonstigen Vermögen der Pfandbriefbank für grundsätzlich wirksam zu erachten.

64

Damit ist jedoch noch nicht die Frage beantwortet, ob ein solcher Sicherungsvertrag nicht der **Insolvenzanfechtung** unterliegt. Sofern die Sicherheit von Beginn an vereinbart und konkretisiert wurde,[90] also kein Fall der inkongruenten Deckung (§ 131 InsO) vorliegt, wird man wegen des Ausschlusses der Anfechtung kongruenter Deckung bei den hier regelmäßig gegebenen Finanzsicherheiten (§ 130 S. 2 InsO) die Sicherheit, abgesehen von den Sonderfäl-

65

---

87 BGH WM 1966, 13, 15; BGH NJW 1998, 2047; *Ganter*, in: Schimanski/Bunte/Lwowski (Hrsg.), Bankrechts-Handbuch, 4. Aufl. 2011, § 90 Rn 352.
88 BGH NJW 1998, 2047.
89 Zum Diskussionsstand vgl *Ganter*, in: Schimanski/Bunte/Lwowski (Hrsg.), Bankrechts-Handbuch, 4. Aufl. 2011, § 90 Rn 352 c.
90 *De Bra*, in: Braun (Hrsg.), Insolvenzordnung (InsO), Kommentar, 3. Aufl. 2007, § 131 Rn 19 ff.

len des § 132 InsO, in der Regel nur bei Vorliegen der Voraussetzungen einer Absichtsanfechtung (§ 133 Abs. 1 InsO) angreifen können. Danach ist eine Rechtshandlung anfechtbar, die der Schuldner in den letzten zehn Jahren vor dem Antrag auf Eröffnung des Insolvenzverfahrens mit dem – zumindest bedingtem – Vorsatz vorgenommen hat, seine Gläubiger zu benachteiligen, wenn der andere Teil den Vorsatz des Schuldners kannte, wobei die Kenntnis vermutet wird, wenn der andere Teil wusste, dass die Zahlungsunfähigkeit des Schuldners drohte und dass die Handlung die Gläubiger benachteiligte. Diese Voraussetzungen dürften jedoch regelmäßig nicht vorliegen. Die bloße abstrakte Gefahr, dass dem sonstigen Vermögen der Pfandbriefbank durch Abschluss des Sicherungsvertrages Vermögenswerte entzogen werden, die zur Besicherung sonstiger zukünftiger Verbindlichkeiten oder für einen hypothetischen Insolvenzfall nicht mehr zur Verfügung stehen, genügt offensichtlich nicht.

§ 26 Versicherungsaufsichtsrecht – Einsatz von derivativen Finanzinstrumenten durch Versicherungsunternehmen

Literatur: *Angermayer/Dietz/Scharpf*, Zulässigkeit derivativer Finanzinstrumente bei Versicherungsunternehmen, VW 1996, S. 107; *Prölss*, Versicherungsaufsichtsgesetz, Kommentar, 12. Aufl., München 2005; *Wehling*, Das neue Rundschreiben R 3/2000 des BAV zu Vorkäufen und Derivaten, VW 2000, S. 1754.

A. Grundsätzliche Zulässigkeit des Einsatzes derivativer Finanzinstrumente	1
I. Einleitung	1
II. Definition derivativer Finanzinstrumente	4
III. Arten zulässiger Geschäfte	5
1. Absicherungsgeschäfte	6
2. Erwerbsvorbereitungsgeschäfte	7
3. Ertragsvermehrungsgeschäfte	10
IV. Sonderfälle: Receiver Forward Swaps und Long Receiver Swaptions	12
V. Kombinierte Strategien	17
VI. Indexgeschäfte	19
VII. Glattstellung offener Positionen	20
B. Strukturierte Produkte	21
I. Definition und Anwendbarkeit des Rundschreibens 3/99	21
II. Erwerbbarkeit von „einfach strukturierten Produkten"	22
III. Voraussetzungen für den Erwerb „komplex strukturierter Produkte"	23
1. Zulässige Geschäftszwecke	23
2. Zerlegung und Bewertung von komplex strukturierten Produkten	25
IV. Besondere Regelungen für die Zuordnung strukturierter Produkte zum gebundenen Vermögen	26
1. Einordnung unter die Anlageverordnung	26
2. Weitere Anforderungen	27
a) Sicherheit	28
aa) Vorliegen einer sogenannten Kapitalgarantie	29
bb) Maximale Laufzeit	32
cc) Ausschluss einer Negativverzinsung	33
dd) Liefer- oder Abnahmeverpflichtung	34
ee) Zusätzliche Voraussetzung bei strukturierten Produkten mit Anbindung an Hedge Fonds	35
b) Rentabilität	36
c) Liquidität	37
V. Indexzertifikate	38
VI. Grenzen	41
C. Kreditderivate	42
I. Allgemeines	42
II. Verhältnis des Rundschreibens 1/2002 zu den Rundschreiben 3/99 und 3/2000	43
III. Anwendungsbereich des Rundschreibens 1/2002	45
1. Verbriefte und nicht verbriefte Kreditderivate	45
2. Definition Asset-Backed-Securities und Credit-Linked Notes	47
IV. Voraussetzungen für die Erwerbbarkeit von Kreditderivaten	49
1. Allgemeine Erwerbsvoraussetzungen	49
2. Voraussetzungen für den Erwerb von Verbriefungsprodukten als Kapitalanlage im gebundenen Vermögen	50
a) Sicherheit, Rentabilität und Liquidität gemäß § 54 Abs. 1 VAG	50
aa) Vorliegen eines externen Investment Grade Ratings	51
bb) Ausschluss einer Hebelwirkung	52
cc) Indirekte Investments	53
b) Einordnung in den Anlagekatalog des § 2 Abs. 1 AnlV	54
c) Einordnung von mit derivativen Finanzinstrumenten verbundenen Produkten	56
3. Grenzen für die Anlage im gebundenen Vermögen	57
V. Investmentprozess und Abwicklung bei unverbrieften oder verbrieften Kreditderivaten	58
D. Investmentprozess und Abwicklung bei Derivatetransaktionen von Versicherungsunternehmen	59
I. Grundsätze der Abwicklung von derivativen Geschäften	60
II. Voraussetzungen an das Anlagemanagement und interne Kontrollverfahren	69
1. Entwicklung einer Anlagestrategie	70
2. Anlageprozess	71
3. Anlagerichtlinien	72
4. Risikomanagement und Kontrollverfahren	75
5. Asset-Liability-Management	78
6. Interne Revision	82
E. Erwartete Auswirkungen von Solvency II	84
I. Einführung	84
II. Überblick	86
III. Anwendbarkeit von Risikominderungstechniken im Hinblick auf die Berechnung des Eigenkapitals	88
IV. Einsatz von Finanzderivaten im Rahmen der Kapitalanlage	89
1. Vorgaben der Solvency II-Richtlinie	89
2. Umsetzung ins deutsche Recht	90
3. Weitere Konkretisierung der Vorgaben	91

§ 26 Einsatz von derivativen Finanzinstrumenten durch Versicherungsunternehmen

A. Grundsätzliche Zulässigkeit des Einsatzes derivativer Finanzinstrumente

I. Einleitung

1 Der Einsatz von Derivaten durch Versicherungsunternehmen wird vom Gesetzgeber grundsätzlich als ein dem Versicherungsgeschäft fremdes Geschäft angesehen. Versicherungsunternehmen sind daher beim Einsatz von Derivaten stark beschränkt. Der Einsatz von Derivaten ist ihnen nur dann erlaubt, wenn es sich um sogenannte „**mit dem Versicherungsgeschäft im Zusammenhang stehende Geschäfte**" handelt. Dies gilt sowohl für das freie Vermögen von Versicherungsunternehmen als auch für den Erwerb von Derivaten für das gebundene Unternehmen von Versicherungsunternehmen. Das **gebundene Vermögen** setzt sich aus dem Sicherungsvermögen gemäß § 66 VAG und dem sonstigen gebundenen Vermögen gemäß § 54 Abs. 5 VAG zusammen und dient der Sicherung der Verbindlichkeiten gegenüber den Versicherten. Das restliche Vermögen des Versicherungsunternehmens ist das sogenannte **freie Vermögen**.

2 Wann ein mit dem Versicherungsgeschäft im Zusammenhang stehendes Geschäft vorliegt, wird in § 7 Abs. 2 S. 2 VAG konkretisiert. Danach wird bei Termingeschäften, Geschäften mit Optionen und ähnlichen Finanzinstrumenten ein unmittelbarer Zusammenhang dann angenommen, wenn sie der Absicherung gegen Kurs- oder Zinsänderungsrisiken bei vorhandenen Vermögenswerten oder dem späteren Erwerb von Wertpapieren dienen sollen oder wenn aus vorhandenen Wertpapieren ein zusätzlicher Ertrag erzielt werden soll, ohne dass bei der Erfüllung von Lieferverpflichtungen eine Unterdeckung des gebundenen Vermögens eintreten kann.

Diese Regelung wurde 1990 durch das Gesetz zur Änderung versicherungsrechtlicher Vorschriften[1] in das VAG aufgenommen. Nach der Gesetzesbegründung sind Optionen, Futures und sonstige Finanzinstrumente als immaterielle Vermögensgegenstände anzusehen und können daher nicht als zulässige Anlage im Rahmen der Anlagevorschriften der Versicherungsunternehmen gesehen werden. Die Vorschrift des § 7 Abs. 2 S. 2 VAG soll klarstellen, dass es den Versicherungsunternehmen jedoch erlaubt ist, derivative Geschäfte abzuschließen, die nicht unter die Anlagevorschriften fallen, vorausgesetzt diese Geschäfte erfüllen die in § 7 Abs. 2 S. 2 VAG genannten Kriterien.[2] Nach der Begründung zum Entwurf des Zweiten Durchführungsgesetzes/EWG zum VAG waren diese Geschäfte auch schon nach den damals geltenden Regelungen erlaubt, auf Wunsch der Versicherungsunternehmen sollte jedoch eine klarstellende Regelung ins VAG aufgenommen werden.[3]

3 Die Anlage des gebundenen Vermögens unterliegt den Anlagegrundsätzen des § 54 VAG, die durch die Anlageverordnung[4] konkretisiert wird. Die Anlageverordnung enthält einen Katalog von Produkten, unter die jeder Vermögensgegenstand, der dem gebundenen Vermögen zugeführt werden soll, eingeordnet werden muss und legt die dafür erforderlichen Voraussetzungen fest. Die Vorgaben der Anlageverordnung werden wiederum durch das Rund-

---

1 Gesetz zur Änderung versicherungsrechtlicher Vorschriften, BGBl. vom 17.12.1990, S. 2864.
2 Gesetzesbegründung zum Entwurf eines Gesetzes zur Durchführung versicherungsrechtlicher Richtlinien des Rates der Europäischen Gemeinschaften (Zweites Durchführungsgesetz/EWG zum VAG), BT-Drucks. 11/8321, S. 11.
3 Vgl Entwurf eines Gesetzes zur Durchführung versicherungsrechtlicher Richtlinien des Rates der Europäischen Gemeinschaften (Zweites Durchführungsgesetz/EWG zum VAG), BT-Drucks. 11/6341, S. 23.
4 Verordnung über die Anlage des gebundenen Vermögens von Versicherungsunternehmen (Anlageverordnung – AnlV) vom 20.12.2001, BGBl. I S. 3913, zuletzt geändert durch Verordnung vom 11.2.2011, BGBl. I S. 250.

A. Grundsätzliche Zulässigkeit des Einsatzes derivativer Finanzinstrumente

schreiben 4/2011 (VA)[5] (Kapitalanlagerundschreiben) der Bundesanstalt für Finanzdienstleistungsaufsicht (BaFin) konkretisiert.

Im Hinblick auf den Einsatz derivativer Finanzinstrumente bei der Anlage des gebundenen Vermögens hat die BaFin bzw ihr Vorgänger, das Bundesaufsichtsamt für das Versicherungswesen (BAV) weitere Vorgaben hinsichtlich ihrer Erwerbbarkeit gemacht. Diese sind im Rundschreiben 3/99 zu strukturierten Produkten[6], im Rundschreiben 3/2000 zu Derivaten[7] und im Rundschreiben 1/2002 zu Kreditderivaten[8] enthalten. Neben diesen speziellen Vorschriften muss die Zulässigkeit des Erwerbs von derivativen Finanzinstrumenten nach der allgemeinen Vorschrift des § 7 Abs. 2 S. 2 VAG geprüft werden.

II. Definition derivativer Finanzinstrumente

Die Regelung des § 7 Abs. 2 S. 2 VAG wurde vom BAV, der Vorgängerbehörde der BaFin, durch mehrere **Rundschreiben** konkretisiert. Maßgeblich ist zunächst das **Rundschreiben 3/2000**, das sich speziell auf diese Vorschrift bezieht.

Nach dem Rundschreiben 3/2000 gehören zu den derivativen Finanzinstrumenten im Sinne des § 7 Abs. 2 S. 2 VAG alle Geschäfte, deren Preis sich von einem zugrunde liegenden Handelsgegenstand (Aktien, fest verzinsliche Wertpapiere und Devisen), Referenzpreis, Referenzzins oder Referenzindex ableitet. Dabei kann es sich um Termingeschäfte oder Optionen handeln. Die Definition schließt weiterhin sowohl Geschäfte mit physischer Lieferung als auch bar abgewickelte (*cash settled*) Geschäfte mit ein.

Die vom BAV nach § 7 Abs. 2 S. 2 VAG für zulässig erachteten Finanzinstrumente werden in einer Liste in Anlage 1 des Rundschreibens 3/2000 aufgeführt, die durch Veröffentlichungen in den VerBAV[9] konkretisiert werden kann. Finanzinstrumente, die nicht in dieser Liste genannt sind, müssen im Hinblick auf ihre Zulässigkeit an den im Rundschreiben 3/2000 genannten Kriterien gemessen werden.[10]

Der Anwendungsbereich des Rundschreibens 3/2000 ist auf **Finanzderivate** beschränkt, die Marktrisiken (Zins-, Kurs- und Währungsrisiken) zum Gegenstand haben,[11] er bezieht sich jedoch nicht auf Kreditderivate, wie sie im Rundschreiben 1/2002 definiert sind (siehe Rn 45)[12]. Im Rundschreiben 3/99 gibt das BAV darüber hinaus Regelungen für strukturierte Produkte vor, die sich aus der Verknüpfung eines Kassainstruments mit einem Derivat ergeben (siehe unten Rn 21 ff).

---

[5] Rundschreiben 4/2011 (VA) vom 15.4.2011 mit Hinweisen zur Anlage des gebundenen Vermögens von Versicherungsunternehmen, www.bafin.de/Daten&Dokumente/Rundschreiben/Versicherungsaufsicht/2011 (letzter Zugriff: 30.7.2012), ersetzt das Rundschreiben 15/2005 vom 20.8.2005.

[6] Rundschreiben 3/99 des BAV vom 9.8.1999 zu Hinweisen zu Geschäften mit strukturierten Produkten und zur Anlage strukturierter Produkte im gebundenen Vermögen, VerBAV 1999, 258, siehe auch unter www.bafin.de/Daten&Dokumente/Rundschreiben/Versicherungsaufsicht/Vor 2009 (letzter Zugriff: 30.7.2012).

[7] Rundschreiben 3/2000 des BAV vom 19.10.2000, VerBAV 2001, 3 zu Hinweisen zu den nach § 7 Abs. 2 S. 2 VAG möglichen Geschäften, löst das Rundschreiben 7/95 des BAV (VerBAV 1996, S. 5) ab; siehe unter www.bafin.de/Daten&Dokumente/Rundschreiben/Versicherungsaufsicht/Vor 2009 (letzter Zugriff: 30.7.2012) Versicherungsaufsicht.

[8] Rundschreiben 1/2002 vom 12.4.2002 zu Hinweisen zu Anlagen in Asset-Backed-Securities und Credit-Linked-Notes, VerBAV 2002, 128, siehe auch unter www.bafin.de/Daten&Dokumente/Rundschreiben/Versicherungsaufsicht/Vor 2009 (letzter Zugriff: 30.7.2012).

[9] Veröffentlichungen des Bundesaufsichtsamts für das Versicherungswesen, seit 2003 ersetzt durch die Veröffentlichungen der Bundesanstalt für Finanzdienstleistungsaufsicht („VerBaFin") und diese wiederum seit Januar 2007 ersetzt durch das „BaFinJournal"; siehe www.bafin.de/Publikationen/BaFinJournal.

[10] Rundschreiben 3/2000 unter A. II. 3.

[11] Rundschreiben 1/2002 unter A. I.

[12] Rundschreiben 1/2002 unter A. I.

III. Arten zulässiger Geschäfte

5   Im Rundschreiben 3/2000 gibt das BAV Kriterien vor, die erfüllt sein müssen, damit ein Geschäft mit derivativen Finanzinstrumenten als Absicherungsgeschäft, Erwerbsvorbereitungsgeschäft oder Ertragsvermehrungsgeschäft im Sinne des § 7 Abs. 2 S. 2 VAG gilt.

Das Rundschreiben 3/2000 stellt klar, dass Geschäfte zum Aufbau einer reinen Handelsposition und Leergeschäfte nicht zulässig sind.

1. Absicherungsgeschäfte

6   Absicherungsgeschäfte umfassen Geschäfte **zur Absicherung von Kurs- oder Zinsänderungsrisiken** an aktivierten Vermögensgegenständen, wobei sowohl das Risiko einer Wertänderung als auch das Risiko von Schwankungen künftiger Zahlungsströme abgesichert werden darf. Die Geschäfte können sich darüber hinaus auf die Absicherung der versicherungstechnischen Rückstellungen und Verbindlichkeiten gegen Wechselkursrisiken beziehen.

Ein Absicherungsgeschäft ist jedoch nur dann zulässig, wenn während der Laufzeit des Sicherungsgeschäfts die betreffenden Vermögensgegenstände **im Bestand gehalten** werden. Sobald ein Versicherungsunternehmen abgesicherte Vermögensgegenstände veräußert, muss das Sicherungsinstrument verkauft bzw glatt gestellt werden.

Das Rundschreiben 3/2000 gibt als Beispiele für Absicherungsgeschäfte auf der Aktivseite den Kauf einer Verkaufsoption, die Verkaufsposition bei Futures-Kontrakten sowie Zins-, Währungs- und kombinierte Zins-Währungs-Swaps an. Für die Passivseite kommen der Kauf einer Kaufoption (begrenzt auf Optionen, die zum Zeitpunkt des Erwerbs nicht mehr als 15 % über dem Kassakurs liegen), die Kaufposition bei Futures-Kontrakten sowie Währungs- und kombinierte Zins-Währungs-Swaps in Betracht.

Die Absicherungsgeschäfte sind in ihrem Umfang begrenzt auf die Höhe des Bestands der Kapitalanlagen am letzten Bilanzstichtag sowie auf die Höhe der in Fremdwährung gehaltenen Rückstellungen und Verbindlichkeiten, die nicht durch Kapitalanlagen kongruent bedeckt sind.

2. Erwerbsvorbereitungsgeschäfte

7   Ein Erwerbsvorbereitungsgeschäft liegt dann vor, wenn sich das Versicherungsunternehmen die konkrete Möglichkeit verschafft, bestimmte Wertpapiere (Basiswerte) zu einem in der Zukunft liegenden Zeitpunkt zu erwerben.[13] Als Beispiel nennt das Rundschreiben 3/2000 den Kauf einer Kaufoption (begrenzt auf Optionen, deren Basispreis zum Zeitpunkt des Erwerbs höchstens 15 % über dem Kassapreis liegt) und den Kauf von Zins-, Aktien- oder Währungsfutures.

Ein **Short Put** (Verkauf einer Verkaufsoption) gilt nur dann als Erwerbsvorbereitungsgeschäft, wenn das Versicherungsunternehmen auch tatsächlich den Erwerb der Wertpapiere zum Ziel hat. Dies ist nach Ansicht des BAV dann der Fall, wenn (i) der Basispreis für die Option so gewählt ist, dass mit ihrer Ausübung zu rechnen ist, (ii) der maximale Kurs zu dem das Versicherungsunternehmen bereit ist, die Wertpapiere abzunehmen mindestens dem Basispreis abzüglich der Optionsprämie entspricht und dies auch dokumentiert wird, und (iii) die Abnahmeverpflichtungen durch den zu erwartenden Liquiditätszufluss gedeckt werden können. Eine Glattstellung vor Erreichen des in (ii) genannten Kurses ist unzulässig.

8   Ein spezieller Fall des Erwerbsvorbereitungsgeschäfts, für den das Rundschreiben 3/2000 eigene Regelungen vorsieht, sind die **Vorkäufe**.[14] Das Rundschreiben erfasst lediglich Vorkäu-

---

13 Rundschreiben 3/2000 unter A. II. 3 b.
14 Rundschreiben 3/2000 unter A. I.

fe, die dem Ausgleich unterjähriger Liquiditätsschwankungen, der Vermeidung von Marktstörungen bei hohem Anlagebedarf sowie der Verstetigung der Anlage dienen. Ein Abschluss zu spekulativen Zwecken ist nicht zulässig. Der Handel mit dem Ziel, bei Verkauf einen Gewinn zu erzielen, ist daher ausdrücklich nicht gestattet. Das Rundschreiben definiert Vorkäufe als verbindlich abgeschlossene Geschäfte mit festem Zinssatz, bei denen lediglich der Valutierungszeitpunkt hinausgeschoben ist. Gegenstand eines solchen Vorkaufs können Inhaber- oder Namensschuldverschreibungen, Schuldscheindarlehen oder sonstige festverzinsliche Wertpapiere sein. Der Valutierungszeitpunkt darf nicht mehr als ein Jahr nach dem Abschluss des Vertrags liegen. Bei abweichenden Vereinbarungen ist dies der BaFin anzuzeigen. Der Umfang der Vorkäufe darf den Umfang des erwarteten Liquiditätszuflusses zum Valutierungszeitpunkt nicht übersteigen.

Die Grenze für Erwerbsvorbereitungsgeschäfte liegt bei 7,5 % des Bestands der Kapitalanlagen am letzten Bilanzstichtag. Short Puts dürfen höchstens bis zur Höhe von 1,5 %, sofern ihnen jedoch Aktien zugrunde liegen, höchstens bis zur Höhe von 0,5 % dieses Bestands abgeschlossen werden. Bereits geschlossene Positionen werden bei der Berechnung der Quoten nicht berücksichtigt.

3. Ertragsvermehrungsgeschäfte

Bei Ertragsvermehrungsgeschäften handelt es sich um Geschäfte, bei denen unter Nutzung des Bestands an Wertpapieren ein **Zusatzertrag** durch derivative Finanzinstrumente erzielt werden soll.[15]

Regelmäßig stellt sich in diesem Zusammenhang in der Praxis die Frage, ob im Rahmen eines **Swaps** auch Leistungen getauscht werden dürfen, die einem anderen Risiko unterliegen als Zins- oder Währungsrisiken. Beispielsweise könnte ein Versicherungsunternehmen daran denken, mittels eines Swaps die Zinsleistungen aus den im Bestand befindlichen Wertpapieren gegen die Performance eines Hedge Fonds zu tauschen. Der Wortlaut des Rundschreibens 3/2000 beinhaltet keine weiteren Einschränkungen im Hinblick auf die eingetauschten Leistungen, so dass es grundsätzlich auch möglich sein sollte, ein solches Geschäft abzuschließen. Allerdings muss der Grundgedanke des Rundschreibens 3/2000, nämlich die Wahrung der Sicherheit der Anlage, auch hier berücksichtigt werden. Es muss daher sichergestellt werden, dass durch die eingetauschte Leistung die Kapitalsubstanz des Wertpapierbestands nicht gefährdet wird. Dies dürfte dann nicht der Fall sein, wenn der Rückzahlungsanspruch sicher gestellt ist. Sofern es sich bei der eingetauschten Leistung um ein Risiko handelt, für das gesonderte Anforderungen bestehen, wie zum Beispiel bei Hedge Fonds,[16] so sind diese gesonderten Anforderungen im Rahmen der Anlage ebenfalls zu berücksichtigen.

Der Umfang der derivativen Geschäfte zum Zweck der Ertragsvermehrung darf maximal 7,5 % des Bestandes der Kapitalanlagen am letzten Bilanzstichtag betragen.

IV. Sonderfälle: Receiver Forward Swaps und Long Receiver Swaptions

Um den Versicherungsunternehmen aufgrund des langfristig niedrigen Zinsniveaus die Absicherung der Zahlungsströme der im Bestand befindlichen Vermögenswerte zu erleichtern, lässt die BaFin nun auch den Abschluss von Swap-Geschäften zu, deren Laufzeit die Laufzeit

---

15 Rundschreiben 3/2000 unter A. II. 3 c.
16 Siehe Rundschreiben 7/2004 vom 20.8. 2004 zur Anlage in Hedge Fonds, www.bafin.de/Daten&Dokumente/Rundschreiben/Versicherungsaufsicht/Vor 2009 (letzter Zugriff: 30.7.2012).

der abzusichernden Vermögenswerte übersteigt.[17] Zulässig sind dabei Receiver Forward Swaps und Long Receiver Swaptions, vorausgesetzt, sie erfüllen bestimmte Anforderungen.

13 Die BaFin definiert **Receiver Forward Swaps** als vom Grundgeschäft (Kassainstrument) losgelöste Rechtsgeschäfte über den Tausch eines festen Zinssatzes in einen variablen Zinssatz oder umgekehrt, mithilfe derer bereits heute ein fester Wiederanlagezins für eine in der Zukunft liegende Fälligkeit festgeschrieben werden kann. Der Zinstausch erfolgt für eine in der Zukunft liegende, festgelegte Laufzeit auf Basis eines bestimmten Kapitalbetrags, das heißt ohne Überlassung von Kapital.

14 Bei einer **Long Receiver Swaption** erwirbt der Käufer gegen Zahlung einer Prämie das Recht, am Optionsfälligkeitstag in einen Receiver Swap einzutreten, dh die Zahlung eines festen Zinssatzes zu erhalten. Die Parameter des Swaps werden am Abschlusstag der Swaption festgelegt.

15 Die Receiver Forward Swaps und Long Receiver Swaptions müssen die folgenden Voraussetzungen erfüllen, um als **Absicherungsgeschäfte** eingeordnet zu werden:

- Die Geschäfte dürfen nicht zu Spekulationszwecken abgeschlossen werden. Dies wäre insbesondere der Fall, wenn Positionen in der Absicht aufgebaut werden, sie alsbald wieder glatt zu stellen, um dadurch einen Gewinn zu erzielen.
- Es muss die Absicherung der bisherigen laufenden Erträge aus einer sogenannten Rentenanlage (Inhaberschuldverschreibung oder sonstige Ausleihung) im Mittelpunkt stehen. Die Absicherung darf nicht in erster Linie gegen Marktpreisänderungen erfolgen.
- Der Ausübungspreis einer Long Receiver Swaption oder die festzuschreibende Forward-Rendite eines Receiver Forward Swaps zum Zeitpunkt des Geschäftsabschlusses darf nicht höher sein als die laufende Durchschnittsverzinsung des letzten Geschäftsjahres, die die wieder angelegte Rentenanlage vor der Wiederanlage aufwies.

16 Die Receiver Forward Swaps und Long Receiver Swaptions können nach der Verlautbarung vom 14.9.2005 auch als **Erwerbsvorbereitungsgeschäfte** eingeordnet werden, da sie wirtschaftlich einem Vorkauf gleichkommen und künftige Zahlungsströme aus wieder anzulegenden Rentenanlagen festschreiben. Außerdem dienen sie in Erwartung fallender Zinsen dazu, den späteren Erwerb von Rentenanlagen vorzubereiten. Erfolgt eine solche Einordnung, so müssen die Geschäfte auf die im Rundschreiben 3/2000 festgesetzten Grenzen für Vorkäufe bzw Erwerbsvorbereitungsgeschäfte angerechnet werden. Darüber hinaus darf das Handelsvolumen aus Receiver Forward Swaps und Long Receiver Swaptions zusammen mit dem Handelsvolumen, das sich aus entsprechenden strukturierten Produkten ergibt (multipliziert mit dem Hebel des jeweiligen Handelsvolumens) zu keinem Zeitpunkt den Bestand an Inhaberschuldverschreibungen und sonstigen Ausleihungen übersteigen.

V. Kombinierte Strategien

17 Unter kombinierten Strategien versteht die BaFin die **Kombination verschiedener Geschäftsarten**, die der Verfolgung eines einheitlichen Anlageziels dienen, wie zB ein Zero-Cost-Collar, also die Absicherung mittels eines Put, der durch den Verkauf eines Calls finanziert wird, oder die Kombination von zwei Zinsswaps, durch die eine Laufzeitenänderung zur Absicherung von Zinsänderungsrisiken erreicht wird.[18]

---

17 Verlautbarung der BaFin zu Hinweisen zum Einsatz von Receiver Forward Swaps, Long Receiver Swaptions und Credit Default Swaps bei Versicherungsunternehmen und Pensionsfonds vom 14. September 2005, www.bafin.de/Daten&Dokumente/Merkblätter/Versicherungsaufsicht/Vor 2009 (letzter Zugriff: 30.7.2012).
18 Rundschreiben 3/2000, A. II. 4.

Ein Versicherungsunternehmen darf eine kombinierte Strategie nur dann eingehen, wenn die damit verbundenen wirtschaftlichen Risiken nicht höher sind als ohne den Einsatz derivativer Finanzinstrumente oder bei Einsatz der zur Absicherung, Erwerbsvorbereitung oder Ertragsvermehrung zulässigen Instrumente.

Sofern eine kombinierte Strategie den Verkauf einer Verkaufoption (Short Put) enthält, ist zu berücksichtigen, dass diese lediglich als Erwerbsvorbereitungs- oder als Absicherungsgeschäft eingeordnet werden kann. Sofern die kombinierte Strategie der Erwerbsvorbereitung dienen soll, gelten die oben unter Rn 7 ff genannten Anforderungen. Eine Absicherung mit kombinierten Strategien, die offene Short-Put-Positionen enthalten, ist nicht möglich.

Kombinierte Strategien werden für die Ermittlung der Grenzen für derivative Geschäfte lediglich **einfach angerechnet,** wenn 18

a) die kombinierte Strategie einen Grundbestandteil enthält, dem alle weiteren Bestandteile eindeutig zugeordnet sind. Diese Zuordnung muss für einen Dritten nachvollziehbar sein (zB durch die Bildung einer Bewertungseinheit).

b) die kombinierte Strategie vor Abschluss des Vertrags zerlegt und bewertet wird. Die Zerlegung und Bewertung kann durch ein geeignetes Kreditinstitut, mit dem das Versicherungsunternehmen keine derivativen Geschäfte tätigt, vorgenommen werden.

c) die kombinierte Strategie eindeutig als Absicherungs-, Erwerbsvorbereitungs- oder Ertragsvermehrungsgeschäft eingeordnet werden kann.

Die unter i und iii genannten Anforderungen sind darüber hinaus als Zulässigkeitsvoraussetzungen zu sehen. Erfüllt eine kombinierte Strategie diese nicht, so ist sie nur dann zulässig, wenn jeder ihrer Grundbestandteile zulässig ist. Diese müssen dann einzeln auf die zulässigen volumenmäßigen Begrenzungen angerechnet werden.

VI. Indexgeschäfte

Derivative Geschäfte auf einen **Wertpapierindex** sind nur dann zulässig, wenn bei Absicherungsgeschäften die Wertänderungen des Bestands und bei Erwerbsvorbereitungsgeschäften die zu erwerbenden Wertpapiere nahezu vollständig mit den Änderungen des Wertpapierindexes korrelieren. Bei Erwerbsvorbereitungsgeschäften ist darüber hinaus ein Zusammenhang zwischen dem Abschluss des Indexgeschäfts und dem Erwerb der Wertpapiere erforderlich. 19

Einen Sonderfall stellen Indexzertifikate dar. Siehe dazu die Ausführungen unter Rn 38 ff.

VII. Glattstellung offener Positionen

Offene Positionen können durch den Abschluss eines Gegengeschäfts geschlossen werden, wenn dies aufgrund der Marktentwicklung als sinnvoll erscheint. Der Abschluss solcher Gegengeschäfte ist nach dem Rundschreiben 3/2000 uneingeschränkt möglich, wenn sich die Markteinschätzung durch das Versicherungsunternehmen ändert. 20

B. Strukturierte Produkte

I. Definition und Anwendbarkeit des Rundschreibens 3/99

In den letzten Jahren wurde eine Vielzahl unterschiedlicher Anlageprodukte entwickelt, in die Derivate und Derivaterisiken eingebettet sind. Versicherungsunternehmen dürfen zum Zwecke der Kapitalanlage unter gewissen Voraussetzungen auch in diese Art von Produkten investieren. Die Aufsichtsbehörden haben hierauf zunächst mit dem Rundschreiben 3/99 re- 21

§ 26 Einsatz von derivativen Finanzinstrumenten durch Versicherungsunternehmen

agiert. Dieses Rundschreiben behandelt die Erwerbbarkeit von sogenannten „strukturierten Produkten" für das gebundene Vermögen von Versicherungsunternehmen.

Das **Rundschreiben 3/99** definiert „strukturierte Produkte" als Produkte, bei denen ein Kassainstrument mit einem derivativen Finanzinstrument verknüpft wird.[19] Die **Verknüpfung** muss zu einer festen rechtlichen und wirtschaftlichen Einheit führen. Produkte, die aus der Verknüpfung mehrerer Kassainstrumente (aber ohne ein derivatives Element) bestehen, werden nicht von den Regelungen des Rundschreibens 3/99 erfasst. Diese Geschäfte unterliegen lediglich den Anforderungen an die Anlage des gebundenen Vermögens, dh § 54 VAG und der Anlageverordnung.[20]

Für strukturierte Produkte gelten grundsätzlich die Regelungen des Rundschreibens 3/2000, die durch die Vorgaben des Rundschreibens 3/99 ergänzt werden.[21] Praktisch bedeutet das, dass das betreffende Produkt nur dann von einem Versicherungsunternehmen erworben werden darf, wenn es die Vorgaben des § 7 Abs. 2 S. 2 VAG und des Rundschreibens 3/2000 erfüllt und darüber hinaus den Anforderungen des Rundschreibens 3/99 entspricht.

Das Rundschreiben 3/99 ist nicht auf strukturierte Produkte anwendbar, die im Rahmen fonds- oder aktienindexgebundener Lebensversicherungen gemäß § 54 b VAG verwendet werden.[22]

II. Erwerbbarkeit von „einfach strukturierten Produkten"

Sogenannte „**einfach strukturierte Produkte**" werden nicht von den Regelungen des Rundschreibens 3/2000 erfasst.

Ein strukturiertes Produkt gilt dann als „einfach strukturiertes Produkt", wenn die folgenden Voraussetzungen erfüllt sind:

1. Das Kassainstrument ist lediglich mit einem derivativen Finanzinstrument verknüpft oder, sofern eine Verknüpfung mit mehreren derivativen Finanzinstrumenten besteht, gehören diese derselben Risikokategorie an.[23]
2. Das Produkt ist mit einer Kapitalgarantie ausgestattet.
3. Eine Negativverzinsung ist ausgeschlossen.
4. Es besteht keine Pflicht zur Übernahme von Abnahme- und Lieferverpflichtungen.

Insgesamt gilt, dass das einfach strukturierte Produkt gegenüber einem einfachen Kassageschäft kein erhöhtes Risiko für das Versicherungsunternehmen aufweisen darf. Liegen diese Voraussetzungen vor, so sind die Vorgaben des Rundschreibens 3/2000 und damit die Regelung des § 7 Abs. 2 S. 2 VAG nicht anwendbar. Einfach strukturierte Produkte dürfen demnach grundsätzlich für das freie Vermögen von Versicherungsunternehmen erworben werden. Sofern die vorstehend genannten Voraussetzungen vollständig erfüllt werden, ist auch eine Zuordnung zum gebundenen Vermögen zulässig. Aufgrund der weitgehenden Deckungsgleichheit der vorstehend genannten Voraussetzungen für die Erwerbbarkeit von einfach strukturierten Produkten für das gebundene Vermögen und den unter Rn 26 ff dargestellten besonderen Anforderungen für die Zuordnung komplex strukturierter Produkte zum gebundenen Vermögen können einfach strukturierte Produkte regelmäßig dem gebundenen Vermögen zugeführt werden.

---

19 Rundschreiben 3/99, A. I.
20 Rundschreiben 3/99, Einleitung.
21 Das Rundschreiben 3/99 bezieht sich nach seinem Wortlaut auf das Rundschreiben 7/95, das jedoch durch das Rundschreiben 3/2000 ersetzt wurde. Im Rundschreiben 3/2000 ist ausdrücklich bestimmt, dass sämtliche Verweise des Rundschreibens 3/99 auf das Rundschreiben 7/95 durch Verweise auf das Rundschreiben 3/2000 ersetzt werden.
22 Rundschreiben 3/99, Einleitung.
23 Rundschreiben 3/99, A. II.

Um festzustellen, ob ein Produkt ein einfach strukturiertes Produkt ist, muss das Produkt in seine einzelnen Komponenten zerlegt und diese bewertet werden.

III. Voraussetzungen für den Erwerb „komplex strukturierter Produkte"

1. Zulässige Geschäftszwecke

Strukturierte Produkte, die nicht die Voraussetzungen für einfach strukturierte Produkte erfüllen (im Folgenden „**komplex strukturierte Produkte**"), werden grundsätzlich an § 7 Abs. 2 S. 2 VAG und an dem Rundschreiben 3/2000 gemessen. Dies gilt unabhängig von der Frage, ob die Produkte dem freien Vermögen oder dem gebundenen Vermögen des Versicherungsunternehmens zugeordnet werden sollen. Sofern die Voraussetzungen des § 7 Abs. 2 S. 2 VAG und des Rundschreibens 3/2000 nicht erfüllt sind, verbietet sich ein Erwerb in jedem Fall. 23

Allerdings werden die erlaubten Geschäftszwecke des § 7 Abs. 2 S. 2 VAG, die im Rundschreiben 3/2000 konkretisiert werden, hinsichtlich des Erwerbs von strukturierten Produkten weiter eingeschränkt. Während nach dem Rundschreiben 3/2000 die Absicherung, Erwerbsvorbereitung oder Ertragsvermehrung als erlaubte Geschäftszwecke angesehen werden, führt das Rundschreiben 3/99 aus, dass strukturierte Produkte lediglich als Erwerbsvorbereitungs- oder Ertragsvermehrungsgeschäfte im Sinne des § 7 Abs. 2 S. 2 VAG eingeordnet werden können, nicht jedoch als Absicherungsgeschäfte. Die Absicherung setze voraus, dass ein Wertpapier sich bereits im Bestand des Versicherungsunternehmens befinde, während im Rahmen eines strukturierten Produkts das Kassainstrument und das derivative Finanzinstrument gleichzeitig erworben werden. Dieser Ansicht ist nicht uneingeschränkt zu folgen, da verbriefte Derivate ebenfalls der Absicherung anderer Vermögensgegenstände, die vom Versicherungsunternehmen gehalten werden, dienen können.

Im Hinblick auf Erwerbsvorbereitungs- oder Ertragsvermehrungsgeschäfte erlaubt das Rundschreiben 3/99 anders als noch das Vorgängerrundschreiben 7/95 auch den **Erwerb von Namensschuldverschreibungen** und **Schuldscheindarlehen**.[24] Bei Indexgeschäften lässt das Rundschreiben 3/99 in Abweichung von den Regelungen des Rundschreibens 7/95 zu, dass diese Geschäfte auch als Ertragsvermehrungs- oder Erwerbsvorbereitungsgeschäfte erworben werden können.[25] 24

In der Praxis erfüllen nur wenige Produkte die nachfolgend genannten Voraussetzungen, so dass eine Erwerbbarkeit von komplex strukturierten Produkten hieran regelmäßig scheitert.

2. Zerlegung und Bewertung von komplex strukturierten Produkten

Ein strukturiertes Produkt, das nicht die Voraussetzungen für ein einfach strukturiertes Produkt erfüllt, muss in seine Einzelkomponenten **zerlegt und bewertet werden.** Nur so können die dem Produkt inne wohnenden Risiken angemessen identifiziert werden. Darüber hinaus ist eine Zerlegung auch bereits erforderlich, um fest zu stellen, ob es sich bei einem Produkt um ein einfach oder komplex strukturiertes Produkt handelt (siehe unter Rn 22). 25

Mit der Zerlegung und Bewertung kann auch ein qualifiziertes Kreditinstitut oder Wertpapierdienstleistungsunternehmen beauftragt werden, vorausgesetzt, es weist die nötige Unabhängigkeit auf, dh es hat dem Versicherungsunternehmen das betreffende Produkt nicht angedient und ist auch nicht mit dem andienenden Unternehmen im Sinne der § 15 AktG, § 271 Abs. 2 HGB verbunden.

---

24 Rundschreiben 3/99, A. II 1 a bb).
25 Rundschreiben 3/99, A. II 1 c.

IV. Besondere Regelungen für die Zuordnung strukturierter Produkte zum gebundenen Vermögen

1. Einordnung unter die Anlageverordnung

26 Versicherungsunternehmen sind verpflichtet, ihr Vermögen so zu verwalten, dass die Belange der Versicherten gewahrt werden und sichergestellt ist, dass das Versicherungsunternehmen seinen Verpflichtungen gegenüber den Versicherten jederzeit nachkommen kann. Deshalb unterliegt die Anlage des gebundenen Vermögens, das der Abdeckung der Verpflichtungen aus den Versicherungsverträgen dient, strengen Regeln. Diese sind in § 54 VAG und der Anlageverordnung festgelegt.

Sofern strukturierte Produkte, seien es einfach strukturierte Produkte oder komplex strukturierte Produkte, für das gebundene Vermögen erworben werden sollen, müssen sie in den Katalog der zulässigen Vermögensgegenstände gemäß § 2 Abs. 1 AnlV eingeordnet werden. Die Einordnung richtet sich nach der Rechtsnatur des Kassainstruments.

2. Weitere Anforderungen

27 Die Anlagegrundsätze des § 54 VAG bestimmen, dass möglichst große Sicherheit und Rentabilität bei jederzeitiger Liquidität des Versicherungsunternehmens unter Wahrung angemessener Mischung und Streuung erreicht" werden muss. Jede Anlage, die Teil des gebundenen Vermögens ist, muss daher sicher, rentabel und liquide sein. Diese sogenannten „allgemeinen Anlagegrundsätze" werden im Rundschreiben 4/2011 (VA) präzisiert.

a) Sicherheit

28 Der Grundsatz der Sicherheit muss bei den einzelnen Anlagen und im Hinblick auf den Bestand der Kapitalanlagen als Ganzes beachtet werden. Sicherheit bedeutet, dass in erster Linie der Nominalwert einer Anlage sichergestellt werden muss, aber auch dass die Substanz der Kapitalanlagen erhalten bleibt. Spekulative Anlagen sind unzulässig.

Das Versicherungsunternehmen muss vor dem Erwerb und während der Haltedauer des betreffenden Anlagegegenstandes laufend überprüfen, ob diese Voraussetzungen vorliegen.

Das Rundschreiben 3/99 bestimmt darüber hinaus in Ergänzung der Anlagevorschriften des § 54 VAG und der Anlageverordnung die folgenden Anforderungen, denen ein strukturiertes Produkt entsprechen muss, damit es die Anforderungen an die Sicherheit für Anlagen des gebundenen Vermögens erfüllt.

Sofern ein strukturiertes Produkt nicht die in den folgenden Punkten genannten Voraussetzungen erfüllt, ist es nicht für das gebundene Vermögen eines Versicherungsunternehmens geeignet – auch nicht über die Öffnungsklausel des § 2 Abs. 2 AnlV.[26]

aa) Vorliegen einer sogenannten Kapitalgarantie

29 Unter Kapitalgarantie versteht man in diesem Zusammenhang, dass das investierte Kapital bei Fälligkeit **vollständig und in derselben Währung zurückgezahlt** werden muss. Etwaige Zins-, Bonus- oder sonstige Zahlungen dürfen auf den Rückzahlungsbetrag nicht angerechnet werden.[27] Entgegen dem Wortsinn wird keine Garantie oder Gewährleistung eines Dritten verlangt. Es genügt, dass sich der Emittent oder Vertragspartner zur Einhaltung der oben genannten Parameter verpflichtet hat.

30 In der Praxis sehen die Bedingungen vieler Produkte bei Eintritt bestimmter Ereignisse eine **vorzeitige Fälligkeit** vor oder gewähren der Gegenpartei ein vorzeitiges Kündigungsrecht. In

---

26 Rundschreiben 3/99, B. III.
27 Rundscheiben 3/99, B. I.

diesen Fällen greift die Kapitalgarantie meist nicht, so dass sich die Frage stellt, ob ein Produkt auch dann als kapitalgarantiert gilt, wenn derartige vorzeitige Kündigungsrechte vorgesehen sind, die zu einer Rückzahlung unter pari führen können. Dies kann insbesondere dann als problematisch angesehen werden, wenn die vorzeitige Fälligstellung des Produkts nicht vom Versicherungsunternehmen, sondern von dessen Vertragspartner abhängt. Allerdings hat die BaFin bislang nicht offiziell verlautbart, dass eine Kapitalgarantie auch in diesen Fällen der vorzeitigen Fälligkeit greifen muss.

Zusätzlich fordert die BaFin in ihrem Rundschreiben 4/2011 (VA), dass bei Produkten, die im Verhältnis zur marktüblichen Verzinsung zum Zeitpunkt des Erwerbs lediglich eine geringe Verzinsung aufweisen, der **Barwert der Kapitalgarantie** mindestens 50 % des eingesetzten Kapitals entsprechen muss. 31

bb) Maximale Laufzeit

In ihrem Rundschreiben 4/2011 (VA) fordert die BaFin darüber hinaus, dass Produkte, die im Verhältnis zur marktüblichen Verzinsung zum Zeitpunkt des Erwerbs lediglich eine **geringe Verzinsung** aufweisen, eine **Laufzeit von maximal zwölf Jahren** haben dürfen. Durch diese Voraussetzung soll eine Aushöhlung der wirtschaftlichen Substanz der Vermögensanlage verhindert werden.[28] 32

Nach der Verwaltungspraxis der BaFin ist ausnahmsweise auch eine Zuführung von Produkten mit einer längeren Laufzeit zum gebundenen Vermögen zulässig, wenn dennoch eine Aushöhlung der wirtschaftlichen Substanz ausgeschlossen erscheint. Das soll insbesondere dann der Fall sein, wenn die Verzinsung des Produkts über die Laufzeit gesehen mindestens dem aktuellen Rechnungszins in der Lebensversicherung entspricht. Dies kann durch einen Floor oder durch eine garantierte Mindestverzinsung erreicht werden. Diese Verwaltungspraxis der BaFin, die bereits im Rundschreiben 15/2005 (VA) (dem Vorgängerrundschreiben des Rundschreibens 4/2011) ausgeführt wurde, hat die BaFin ausdrücklich nochmals in einer Bekanntmachung im BaFinJournal 06/2007 bestätigt.[29]

cc) Ausschluss einer Negativverzinsung

Die Produktbedingungen dürfen nicht vorsehen, dass das Versicherungsunternehmen seinerseits Zinsen zahlen muss.[30] 33

dd) Liefer- oder Abnahmeverpflichtung

Im Falle einer **Lieferverpflichtung** müssen sich die zu liefernden Vermögensgegenstände während der gesamten Laufzeit des Produkts im Bestand des Versicherungsunternehmens befinden.[31] 34

Sofern die Bedingungen des Produkts eine **Abnahmeverpflichtung** vorsehen, darf das Produkt für das gebundene Vermögen lediglich dann erworben werden, wenn die abzunehmenden Vermögensgegenstände zu derselben Anlageart gehören und eine ausreichende Liquidität zum Zeitpunkt der Abnahme vorhanden ist.[32]

---

28 Rundschreiben 4/2011 (VA), B. 3.1 a).
29 BaFinJournal, Mitteilungen der Bundesanstalt für Finanzdienstleistungsaufsicht vom Juni 2007, S. 19 unter www.bafin.de/Publikationen/BaFinJournal (letzter Zugriff: 30.7.2012).
30 Rundschreiben 3/99, B. I.
31 Rundschreiben 3/99, B. II.
32 Rundschreiben 3/99, B. II.

ee) Zusätzliche Voraussetzung bei strukturierten Produkten mit Anbindung an Hedge Fonds

35 Bei strukturierten Produkten, die an die Performance eines **Hedge Fonds** gebunden sind, verlangt die BaFin zusätzlich zu den oben genannten Voraussetzungen, dass das Kassainstrument mit einer **kurzen Kündigungsfrist**, die der des § 116 InvG entspricht, ausgestattet ist. Das bedeutet, dass das Produkt mindestens einmal im Kalendervierteljahr kündbar sein muss. Diese Verwaltungspraxis ergibt sich aus einem nicht veröffentlichten Schreiben der BaFin.[33]

Der Begriff „strukturiertes Produkt mit Anbindung an Hedge Fonds" ist weder in dem genannten nicht veröffentlichten Schreiben vom 17.6.2005 noch im Rundschreiben 7/2004 zu Hedge Fonds[34] definiert. Nach der Verwaltungspraxis der BaFin wird dieser Begriff jedoch weit ausgelegt und ein Produkt immer dann als strukturiertes Produkt mit Anbindung an einen Hedge Fonds angesehen, wenn dem Produkt in irgendeiner Weise ein Hedge Fonds Risiko zugrunde liegt.

b) Rentabilität

36 Im Rahmen der Rentabilität muss sichergestellt sein, dass die Vermögensanlagen einen dauerhaften Ertrag erzielen. Dabei macht die BaFin keine Vorgaben hinsichtlich einer Mindestrendite. Dies wäre angesichts der Vielfalt der Produkte auch nicht sinnvoll möglich. Im Rundschreiben 4/2011 (VA) wird allerdings festgelegt, dass ein Produkt, das eine Nullrendite erzielt, für das gebundene Vermögen ungeeignet ist.[35]

Bei strukturierten Produkten, die lediglich eine sehr geringe oder gar keine Basisverzinsung aufweisen und ihren Ertrag aus einem Referenzportfolio ableiten, muss das Versicherungsunternehmen damit rechnen, dass der erwartete Ertrag ausfällt, wenn das Referenzportfolio sich nicht wie erwartet entwickelt. Der ausfallende Ertrag muss dann ggf durch andere Kapitalanlagen erwirtschaftet werden. Die BaFin weist darauf hin, dass daher bei der Anlage in derartige strukturierte Produkte die Risikotragfähigkeit des Versicherungsunternehmens in besonderem Maße berücksichtigt werden muss.[36]

Strukturierte Schuldverschreibungen oder Darlehen, die dem Aussteller (Schuldner) ein einmaliges oder mehrfaches Kündigungsrecht einräumen (Callables), müssen insoweit besonders berücksichtigt werden, als das Wiederanlagerisiko in Betracht zu ziehen ist. Dies gilt insbesondere im Hinblick auf die Erwirtschaftung eines Garantiezinses.[37]

c) Liquidität

37 Auch im Rahmen des gebundenen Vermögens muss das Versicherungsunternehmen ein Liquiditätsmanagement vornehmen. Das gebundene Vermögen muss so angelegt werden, dass das Versicherungsunternehmen in der Lage ist, seinen daraus resultierenden Verbindlichkeiten jederzeit nachzukommen.[38]

Das Rundschreiben 15/2005 (VA) hat daher vorgesehen, dass die Vermögensgegenstände des gebundenen Vermögens grundsätzlich jederzeit liquidierbar sein müssen. Dies gilt allerdings nicht für jeden einzelnen Vermögensgegenstand, sondern das gesamte Portfolio muss

---

33 Schreiben der BaFin vom 17.6.2005, VA 14 – O 1000 – 2005.
34 Rundschreiben 7/2004 (VA) vom 20.8.2004 zu Hinweisen zu Anlagen in Hedge Fonds, siehe unter www.bafin.de/Daten&Dokumente/Rundschreiben/Versicherungsaufsicht/Vor 2009 (letzter Zugriff: 30.7.2012) Versicherungsaufsicht.
35 Rundschreiben 4/2011 (VA), B. 3.2.
36 Rundschreiben 4/2011 (VA), B. 3.2.
37 Rundschreiben 4/2011 (VA), B.3.2.
38 Rundschreiben 4/2011, B. 3.3.

so zusammengesetzt sein, dass jederzeit eine ausreichende Liquidität zur Verfügung steht. Diese Ausführungen sind zwar im Rundschreiben 4/2011 (VA) nicht mehr enthalten, es ist jedoch davon auszugehen, dass die Zusammensetzung des Portfolios im Hinblick auf seine Liquidierbarkeit immer noch durch das Versicherungsunternehmen überwacht werden muss.

V. Indexzertifikate

Indexzertifikate gelten nach Auffassung der BaFin grundsätzlich nicht als derivative Geschäfte und dürfen daher von den Versicherungsunternehmen erworben werden, ohne dass die Anforderungen des Rundschreibens 3/99 eingehalten werden müssen. Dies gilt nicht für Zertifikate, die **zusätzliche derivative Komponenten** enthalten, wie zum Beispiel Discountzertifikate. Auf diese sind nach Ansicht der BaFin die Regelungen des Rundschreibens 3/99 anwendbar. Allerdings soll in Abweichung von diesen Regelungen das Fehlen einer Kapitalgarantie nicht schädlich sein.[39]

38

Im Hinblick auf die Anlagevorschriften des gebundenen Vermögens sieht die BaFin Indexzertifikate grundsätzlich als **Anlage sui generis** an. Der Erwerb von Indexzertifikaten sei explizit nicht in der Anlageverordnung vorgesehen. Insofern verbiete sich grundsätzlich ein Erwerb. Sofern sich der Index allerdings aus Vermögensgegenständen zusammensetzt, die vom Versicherungsunternehmen gemäß § 54 VAG und der Anlageverordnung direkt erworben werden dürfen, hält die BaFin den Erwerb von solchen Zertifikaten mit dem Schutzgedanken der Anlageverordnung für vereinbar. Die Zertifikate sind dann zumindest in der Öffnungsklausel des § 2 Abs. 2 AnlV innerhalb der hierfür geltenden Grenzen erwerbbar.

39

Gegen die Auffassung der BaFin spricht allerdings, dass ein Indexzertifikat in aller Regel eine Inhaberschuldverschreibung darstellt und damit unter § 2 Abs. 1 Nr. 7 oder 8 AnlV eingeordnet werden kann. Folgt man dieser Auffassung, so müssen beim Erwerb von Indexzertifikaten dann aber auch die Vorgaben des Rundschreibens 3/99, (dh zulässiger Geschäftszweck, Zerlegung und Bewertung und die besonderen Regelungen unter Rn 26 ff oder die Voraussetzungen eines einfach strukturierten Produkts) eingehalten werden.

40

VI. Grenzen

Im Hinblick auf die derivativen Bestandteile der strukturierten Produkte gelten grundsätzlich die im Rundschreiben 3/2000 festgelegten Grenzen für Erwerbsvorbereitungs- und Ertragsvermehrungsgeschäfte (siehe oben Rn 9 ff, 11). Einfach strukturierte Produkte sind nicht auf diese Grenzen anzurechnen.

41

Darüber hinaus unterliegen die strukturierten Produkte den in der Anlageverordnung festgelegten Vorgaben zur Mischung und Streuung (§§ 3 und 4 AnlV).

C. Kreditderivate

I. Allgemeines

Vor dem Hintergrund der erheblichen Ausweitung des Kreditderivatemarktes über die letzten Jahre hat sich die BaFin bzw ihr Vorgänger BAV bereits relativ früh explizit zu der Frage des Eingehens von Kreditderivatepositionen durch Versicherungsunternehmen geäußert. Zu diesem Zweck hat das BAV im Jahr 2002 das Rundschreiben 1/2002 veröffentlicht, das Regelungen für den Erwerb von Derivaten, denen Kreditrisiken zu Grunde liegen, festlegt.[40]

42

---

39 *Wehling*, Das neue Rundschreiben R 3/2000 des BAV zu Vorkäufen und Derivaten, VW 2000, 1754, 1756.
40 Rundschreiben 1/2002 vom 12.4.2002, VerBAV 2002, 128, www.bafin.de/Veröffentlichungen.

II. Verhältnis des Rundschreibens 1/2002 zu den Rundschreiben 3/99 und 3/2000

43 Nach Ansicht der Aufsicht werden Kreditderivate nicht von den Rundschreiben 3/2000 und 3/99 erfasst. Der Anwendungsbereich des Rundschreibens 3/2000 ist auf Finanzderivate, die lediglich Marktrisiken (Zins-, Kurs- und Währungsrisiken) zum Gegenstand haben, beschränkt.[41]

Sofern ABS oder CLN jedoch mit einem Finanzderivat im Sinne des Rundschreibens 3/2000 zu einer rechtlichen und wirtschaftlichen Einheit fest verbunden sind, und im Falle mehrerer Finanzderivate diese nicht derselben Risikokategorie zuzuordnen sind (siehe oben Rn 22 zu einfach strukturierten Produkten), gelten zusätzlich die Regelungen des Rundschreibens 3/2000.

44 Weiterhin ist das **Verhältnis zum Rundschreiben 3/99** nicht eindeutig. Die BaFin führt im Rundschreiben 1/2002 aus, dass Anlagegegenstände, die aus einem Kassainstrument mit eingebettetem Kreditderivat bestehen, nicht als strukturierte Produkte im Sinne des Rundschreibens 3/99 gelten. Die dem Rundschreiben 3/99 unterliegenden Produkte sind wie beim Rundschreiben 3/2000 auf Produkte, die Zins-, Kurs- oder Währungsrisiken beinhalten, beschränkt. Dies wird im Rundschreiben 4/2011 (VA) bestätigt, das bstimmt, dass das Rundscheiben 3/99 auf Anlagen nach § 2 Abs. 1 Nr. 10 AnlV nicht anwendbar ist.[42] Es besteht jedoch eine Tendenz in der Verwaltungspraxis der BaFin, das Rundschreiben 1/2002 auch auf andere Arten von Vermögensgegenständen als auf Kreditderivate anzuwenden. Danach findet das Rundschreiben 1/2002 immer dann Anwendung, wenn Verbriefungsstrukturen unter Einschaltung einer Zweckgesellschaft betroffen sind, auch wenn die Verbriefung nicht auf Kreditrisiken, sondern zum Beispiel auf Zins-, Kurs- oder Währungsrisiken referenziert.

III. Anwendungsbereich des Rundschreibens 1/2002

1. Verbriefte und nicht verbriefte Kreditderivate

45 Kreditderivate sind in der im Rundschreiben 1/2002 gegebenen Definition Finanzinstrumente, mittels derer die mit Anleihen, Darlehen oder anderen Aktiva verbundenen Kreditrisiken auf andere Marktteilnehmer (Sicherungsgeber) übertragen werden, ohne dass die bestehende rechtliche Beziehung zwischen dem Gläubiger und dem Schuldner der zugrunde liegenden Kreditbeziehung davon berührt wird.

Zwar adressiert das Rundschreiben 1/2002 in erster Linie **verbriefte Kreditderivatepositionen** in Form von synthetischen Verbriefungen. Jedoch werden, zumindest inzident, auch Aussagen über die Behandlung von nicht verbrieften Kreditderivaten getroffen.

Das Rundschreiben 1/2002 stellt klar, dass die Übernahme von Kreditrisiken durch den Erwerb von Kreditderivaten grundsätzlich als versicherungsfremdes Geschäft nach § 7 Abs. 2 S. 1 VAG unzulässig ist. Insofern kann ein Versicherungsunternehmen ein Kreditderivat grundsätzlich nicht als Sicherungsgeber abschließen.

Eine Ausnahme von diesem Grundsatz ist nur möglich, wenn das Kreditrisiko im Verhältnis zu der zur Kapitalanlage eingegangenen vertraglichen Beziehung **nicht von wesentlicher Bedeutung** ist. Dies spielt bei verbrieften Kreditrisikostrukturen eine Rolle, bei nicht verbrieften Kreditderivaten dürfte dies auf Seiten des Sicherungsgebers regelmäßig nicht der Fall sein. Der Abschluss eines nicht verbrieften Kreditderivats durch ein Versicherungsunternehmen als Sicherungsgeber scheidet daher in der Regel aus.

46 Das Rundschreiben 1/2002 enthält (naturgemäß, da es primär die Erwerbbarkeit von Verbriefungsprodukten behandelt) keine Äußerung der Aufsicht zu der Frage, ob Versicherungs-

---

41 Rundschreiben 3/2000, Einleitung.
42 Rundschreiben 4/2011 (VA), B. 4. 6 (c).

unternehmen als Sicherungsnehmer nicht verbriefte **Kreditderivate** abschließen dürfen. In ihrer Verlautbarung vom 14.9.2005[43] erlaubt die BaFin allerdings die Einordnung von Credit Default Swaps als Absicherungsgeschäfte. Diese Einordnung erfolgte im Hinblick auf die Systematik im Rahmen der internationalen Rechnungslegungsvorschriften, die Finanzderivate und Kreditderivate gleich behandeln. Zu berücksichtigen sei hier, dass im Rahmen eines solchen Geschäfts ein Versicherungsunternehmen sich lediglich gegen vorhandene Risiken absichern wolle.

2. Definition Asset-Backed-Securities und Credit-Linked Notes

Im Rahmen von **synthetischen Asset-Backed-Securities** werden Kreditrisiken, in der Regel Ausfallrisiken aus einem Forderungsportfolio (Referenzaktivum), synthetisch auf Dritte übertragen. Dabei verpflichtet sich eine eigens zu diesem Zweck gegründete Zweckgesellschaft (Sicherungsgeber) mittels eines Credit-Default-Swaps zur Leistung einer Ausgleichszahlung an den Inhaber des Forderungsportfolios (Sicherungsnehmer) bei Eintritt eines bestimmten Kreditereignisses bei dem zugrunde liegenden Forderungsportfolio. Die Zweckgesellschaft erhält dafür eine Prämie und begibt außerdem Schuldverschreibungen oder Schuldscheindarlehen, mit deren Erlös sie verzinsliche Wertpapiere erwirbt, die als Haftungsgrundlage für die Erwerber der Schuldverschreibungen oder Schuldscheindarlehen dienen (Collateral Pool). Diese tragen damit das Ausfallrisiko aus dem Forderungsportfolio und aus dem Collateral Pool.[44]

47

Bei einer **Credit-Linked-Note** handelt es sich um eine vom Sicherungsnehmer begebene Schuldverschreibung oder ein Schuldscheindarlehen, deren Verzinsung und/oder Rückzahlung bei Fälligkeit davon abhängt, dass ein vertraglich definiertes Kreditereignis bei einem Referenzaktivum nicht eintritt. Tritt das Kreditereignis ein, wird die CLN innerhalb der festgesetzten Frist in Höhe des Restwertes des Referenzaktivums zurückgezahlt.

48

Diese Definition der Begriffe, nach der Asset Backed Securities stets tranchiert sein müssen und Credit Linked Notes einen Credit Default Swap enthalten müssen, ist sehr formell. Inzwischen hat die BaFin diese Definition auf alle Arten von Anlagen ausgeweitet, „deren Ertrag oder Rückzahlung an Kreditrisiken gebunden ist oder mittels derer Kreditrisiken eines Dritten übertragen werden. Dies bestätigt das Rundschreiben 4/2011 (VA) in den Ausführungen zu § 2 Abs. 1 Nr. 10 AnlV, der Kategorie in der Anlageverordnung, die ausdrücklich für Asset Backed Securities und Credit Linked Notes vorgesehen ist.[45] Diese Ausweitung gilt auch für den Anwendungsbereich des Rundschreibens 1/2002, da die BaFin im Rundschreiben 4/2011 (VA) ausdrücklich bestimmt, dass die Regelungen des Rundschreibens 1/2002 für die Anlagen des § 2 Abs. 1 Nr. 10 AnlV gelten sollen. Darüber hinaus stellt die Begründung zur Dritten Verordnung zur Änderung der Anlageverordnung klar, dass sämtliche Produkte, die an Kreditrisiken gekoppelt sind, gleich behandelt werden sollen.[46]

---

43 Verlautbarung der BaFin zu Hinweisen zum Einsatz von Receiver Forward Swaps, Long Receiver Swaptions und Credit Default Swaps bei Versicherungsunternehmen und Pensionsfonds vom 14.9.2005, www.bafin.de/Daten&Dokumente/Merkblätter/Versicherungsaufsicht/Vor 2009 (letzter Zugriff: 30.7.2012)..
44 Rundschreiben 1/2002 vom 12.4.2002, Einleitung, S. 2.
45 Rundschreiben 4/2011 (VA) vom 15.4.2011, B. 4. 6 a).
46 Begründung zur Dritten Verordnung zur Änderung der Anlageverordnung in den Ausführungen zu § 2 Abs. 1 Nr. 10 AnlV, nicht mehr auf der Website der BaFin verfügbar.

IV. Voraussetzungen für die Erwerbbarkeit von Kreditderivaten

1. Allgemeine Erwerbsvoraussetzungen

49 Wie oben bereits ausgeführt, stellt die Übernahme von Kreditrisiken grundsätzlich ein **versicherungsfremdes Geschäft** dar (siehe Rn 45). Eine Ausnahme von diesem Grundsatz ist nur möglich, wenn das Kreditrisiko im Verhältnis zu der zur Kapitalanlage eingegangenen vertraglichen Beziehung nicht von wesentlicher Bedeutung ist. Bei Verbriefungen wird vermutet, dass die Bedeutung des Kreditrisikos nicht von wesentlicher Bedeutung ist, wenn das Produkt, in das die Abdeckung des Kreditrisikos eingebettet ist, mindestens über ein **externes Investment-Grade-Rating** einer anerkannten Ratingagentur verfügt oder die Bonität des Collateral Pools bzw des Referenzaktivums sowie das Ausfallrisiko der gesamten Anlage durch das Versicherungsunternehmen nachprüfbar positiv beurteilt werden (letzteres reicht allerdings nicht für die Anlage im gebundenen Vermögen, siehe unten unter Rn 51). Darüber hinaus muss eine **Hebelwirkung** im Hinblick auf die Rückzahlung bei einem Forderungsausfall im Collateral Pool oder beim Eintritt eines Kreditereignisses im Referenzaktivum **ausgeschlossen** sein. Hierunter ist nach vorherrschender Auffassung die Vorgabe zu verstehen, keine Tranchen zu erwerben, bei denen der Ausfall des Investors den tatsächlichen Ausfall im collateral pool oder eines zugewiesenen Referenzaktivums übersteigt. Hingegen soll es sich bei dieser Vorgabe nicht um eine Anforderung handeln, die den ökonomischen Hebeleffekt verbietet, der durch die Subordinierung der einzelnen Tranchen einer Verbriefung zueinander erreicht wird.

Nur sofern die hier geschilderten Voraussetzungen erfüllt sind, können die entsprechenden Verbriefungsprodukte von Versicherungsunternehmen erworben werden. Dies gilt auch für den Fall, dass das entsprechende Produkt lediglich dem freien Vermögen zugeordnet werden soll.

2. Voraussetzungen für den Erwerb von Verbriefungsprodukten als Kapitalanlage im gebundenen Vermögen

a) Sicherheit, Rentabilität und Liquidität gemäß § 54 Abs. 1 VAG

50 Ein Produkt ist grundsätzlich nur dann für das gebundene Vermögen eines Versicherungsunternehmens geeignet, wenn es hinreichend sicher, rentabel und liquide ist.

Im Hinblick auf den **Erwerb von Verbriefungsprodukten für das gebundene Vermögen** gelten besondere Anforderungen an die Sicherheit des jeweiligen Produkts. Diese sind teilweise im Rundschreiben 1/2002, teilweise im Rundschreiben 4/2011 (VA) bestimmt:

Um sicherzustellen, dass diese Anforderungen während der gesamten Zugehörigkeit des Produkts zum gebundenen Vermögen erfüllt sind, muss das Versicherungsunternehmen die **Struktur der Produkte** und deren Bestandteile vor dem Erwerb und laufend während der Haltedauer auf rechtliche und wirtschaftliche Risiken **untersuchen** und dies dokumentieren. Insbesondere muss bei Asset Backed Securities das Risikoprofil der erworbenen Tranche im Verhältnis zur Größe und dem Risiko aller Tranchen analysiert und bewertet werden.

aa) Vorliegen eines externen Investment Grade Ratings

51 ■ Der für das gebundene Vermögen erforderlichen besonderen Sicherheit einer Anlage in Kreditderivate wird nur dann ausreichend Rechnung getragen, wenn für das Kassainstrument mindestens ein **externes Investment Grade Rating** einer anerkannten Ratingagentur vorliegt und das Versicherungsunternehmen nicht aufgrund anderer Umstände oder Risiken zu einer anderen nachteiligen Beurteilung der Sicherheit der Anlage

kommt[47]. Ein solcher anderer Umstand könnte zB ein schlechteres Rating einer anderen Ratingagentur sein. Nach dem Rundschreiben 4/2011 (VA) ist ein Split-Rating grundsätzlich ausreichend, allerdings ist dann das schlechtere Rating maßgebend.[48]

- Liegt kein externes Rating vor, so muss das Versicherungsunternehmen die Bonität des Forderungsbestands und die Sicherheit und die Rentabilität der gesamten Anlage positiv beurteilen und diese Prüfung nachprüfbar dokumentieren, um die Anlage dem gebundenen Vermögen zuführen zu können. Außerdem muss eine Hebelwirkung im Falle des Eintritts eines Kreditereignisses oder eines Forderungsausfalls ausgeschlossen sein.[49]
- Im Falle einer Herabstufung des Ratings während der Laufzeit des Produkts muss dieses aus dem Sicherungsvermögen ausgebucht werden. Eine Einordnung als High Yield Produkt, das lediglich über ein Speculative Grade Rating verfügt und unter bestimmten Voraussetzungen grundsätzlich für das gebundene Vermögen erworben werden darf, ist für Anlagen in Kreditderivate ausgeschlossen.[50]

bb) Ausschluss einer Hebelwirkung

Im Falle des Ausfalls von Forderungen im Collateral Pool oder dem Eintritt eines Kreditereignisses bei dem Referenzaktivum muss eine **Hebelwirkung ausgeschlossen** sein.[51] Eine Hebelwirkung liegt vor, wenn der Ausfall eines Schuldners zu einem überproportionalen Ausfall der Rückzahlung des Kassainstruments führen kann. 52

cc) Indirekte Investments

Die oben dargestellten Regelungen gelten auch bei indirekten Anlagen in Asset Backed Securities und Credit Linked Notes sowie in sonstige Kreditderivate. Investiert das Versicherungsunternehmen über einen Investmentfonds (zB Spezialfonds, FCP oder ähnliche Struktur), der grundsätzlich eine Anlage in Produkte mit Kreditderivaten vorsieht, so muss es sicherstellen, dass die Fondsbedingungen oder Investitionskriterien vorsehen, dass lediglich Anlagen getätigt werden, die mindestens über ein Investment Grade Rating verfügen. 53

b) Einordnung in den Anlagekatalog des § 2 Abs. 1 AnlV

Nach der im Dezember 2007 geänderten Anlageverordnung stellen Asset-Backed-Securities und Credit-Linked-Notes eine eigene Anlagekategorie dar.[52] Diese Kategorie erfasst sämtliche Formen von Asset-Backed-Securities und Credit-Linked-Notes, also sowohl Schuldscheindarlehen als auch Schuldverschreibungen oder entsprechende Anlagen bei geeigneten Kreditinstituten. Darüber hinaus werden sämtliche anderen nach der Anlageverordnung zulässigen Anlagen einbezogen, deren Ertrag oder Rückzahlung an Kreditrisiken gekoppelt ist. Diese Vorschrift wurde durch die Änderung der Anlageverordnung im Jahr 2010 um die Klarstellung ergänzt, dass davon auch Produkte erfasst sind, mittels derer Kreditrisiken eines Dritten übertragen werden.[53] Die Begründung zur Dritten Verordnung zur Änderung der Anlageverordnung stellt ausdrücklich klar, dass sämtliche Produkte, die an Kreditrisiken gekoppelt sind, in die Kategorie des § 2 Abs. 1 Nr. 10 AnlV einzuordnen sind.[54] 54

---

47 Rundschreiben 1/2002, A. II. 1. (c).
48 Rundschreiben 4/2011, B. 3. 1 c).
49 Rundschreiben 4/2011 (VA), B. 4. 6 b).
50 Rundschreiben 4/2011 (VA), B. 4. 6 b).
51 Rundschreiben 1/2002, A. II. 1. (c).
52 Zweite Verordnung zur Änderung der Anlageverordnung vom 21.12.2007, BGBl. I S. 3278.
53 Siehe Dritte Verordnung zur Änderung der Anlageverordnung vom 29.6.2010, BGBl. I S. 841.
54 Begründung zur Dritten Verordnung zur Änderung der Anlageverordnung in den Ausführungen zu § 2 Abs. 1 Nr. 10 AnlV, nicht mehr auf Website der BaFin verfügbar.

§ 26 Einsatz von derivativen Finanzinstrumenten durch Versicherungsunternehmen

Voraussetzung für einen Erwerb einer solchen Anlage ist darüber hinaus, dass die Gegenpartei ihren Sitz in einem Staat des Europäischen Wirtschaftsraums hat oder in einem Staat, der Vollmitglied der OECD ist und dass die Anlage zum Handel zugelassen oder in einen anderen organisierten Markt einbezogen ist oder in einem Staat außerhalb des Europäischen Wirtschaftsraums oder der OECD zum Handel zugelassen oder dort in einen organisierten Markt einbezogen ist.

55 Erfüllen ABS und CLN diese Anforderungen nicht, können sie lediglich der Öffnungsklausel gemäß § 2 Abs. 2 AnlV zugeordnet werden. Dabei ist allerdings zu berücksichtigen, dass die oben in a) genannten Anforderungen an die Sicherheit, Rentabilität und Liquidität auch für Anlagegegenstände gelten, die der Öffnungsklausel zugeordnet werden. Es muss daher in jedem Fall entweder ein externes Investment-Grade-Rating oder eine nachprüfbar positive Beurteilung vorliegen (die hier auch ausreichend ist) und eine Hebelwirkung muss ausgeschlossen sein.

c) Einordnung von mit derivativen Finanzinstrumenten verbundenen Produkten

56 Sind ABS und CLN mit derivativen Finanzinstrumenten im Sinne des Rundschreibens 3/2000 fest zu einer rechtlichen und wirtschaftlichen Einheit verbunden, so gelten zusätzlich die Regelungen des Rundschreibens 3/2000.

Ergibt sich aus dem Kassainstrument eine Abnahmeverpflichtung des Versicherungsunternehmens oder kann sie begründet werden, müssen die abzunehmenden Vermögensgegenstände die oben unter Rn 34 aufgeführten Voraussetzungen erfüllen. Es muss außerdem sichergestellt sein, dass eine ausreichende Liquidität vorhanden ist.

Wird eine Lieferverpflichtung begründet, so ist der Erwerb des Kassainstruments nur möglich, wenn die zu liefernden Vermögenswerte sich bei Vertragsschluss und während der gesamten Laufzeit im Bestand des Versicherungsunternehmens befinden.

3. Grenzen für die Anlage im gebundenen Vermögen

57 Der Anteil an ABS, CLN und ABS-ähnlichen Instrumenten im Sinne des § 2 Abs. 1 Nr. 10 AnlV darf gemäß § 3 Abs. 1 Nr. 1 AnlV 7,5 % des gebundenen Vermögens nicht übersteigen. Darüber hinaus gelten die allgemeinen Anforderungen der Anlageverordnung an die Mischung und Streuung (§§ 3 und 4 AnlV).

V. Investmentprozess und Abwicklung bei unverbrieften oder verbrieften Kreditderivaten

58 Das Rundschreiben 1/2002 enthält spezielle Anforderungen an die Abwicklung der Geschäfte, die über die allgemeinen Anforderungen an die Organisation der Vermögensanlage und das Risikomanagement (siehe Rn 59) hinausgehen.

Jede Anlage muss zur Beurteilung des ihr innewohnenden Risikos in ihre einzelnen Bestandteile zerlegt und bewertet werden. Dies ist auch erforderlich, um zu prüfen, ob das jeweilige Geschäft gemäß § 7 Abs. 2 VAG zulässig ist und ob die Regelungen des Rundschreibens 3/2000 zusätzlich zu den Regelungen des Rundschreibens 1/2002 gelten.[55]

Die Zerlegung und Bewertung kann an ein unabhängiges qualifiziertes Kreditinstitut oder Wertpapierdienstleistungsinstitut übertragen werden.

---

55 Rundschreiben 1/2002, B. I.

D. Investmentprozess und Abwicklung bei Derivatetransaktionen von Versicherungsunternehmen

Die BaFin hat den Versicherungsunternehmen **detaillierte Anforderungen an die Abwicklung** von Geschäften für die Kapitalanlage vorgegeben. Die Grundlagen für die Anforderungen an die Abwicklung der Geschäfte und die internen Kontrollverfahren für Kapitalmarkttransaktionen finden sich in den Rundschreiben 3/99 und 3/2000, die durch das Rundschreiben 1/2002 im Hinblick auf Kreditderivate ergänzt werden. Vor dem Hintergrund von **Solvency II**[56] ergänzt und präzisiert die BaFin diese Grundsätze im Rundschreiben 4/2011[57] im Hinblick auf die Anlage des gebundenen Vermögens. **59**

Darüber hinaus hat die BaFin die allgemeinen Vorgaben für das Risikomanagement in den aufsichtsrechtlichen Mindestanforderungen an das Risikomanagement in ihrem Rundschreiben 3/2009 (MaRisk VA)[58] festgelegt. Diese Grundsätze sind auf sämtliche Geschäfte eines Versicherungsunternehmens anwendbar und gelten daher auch für Derivategeschäfte. Die in den Rundschreiben 3/99, 3/2000 und 1/2002 sowie 4/2011 enthaltenen spezielleren Regelungen gehen jedoch den MaRisk VA vor. Im Folgenden werden lediglich die Regelungen, die speziell für Derivatetransaktionen gelten, dargestellt.

I. Grundsätze der Abwicklung von derivativen Geschäften

Die Abwicklung der Geschäfte und die Anlage des gebundenen Vermögens erfolgt durch das Zusammenspiel der Bereiche Front Office (Handel bzw Anlagemanagement), Back Office (Wertpapiertechnik und sonstige Bereiche, die mit der Überwachung, Abrechnung und Kontrolle von Transaktionen betraut sind), Risikomanagement und interne Revision. Die Versicherungsunternehmen sind verpflichtet, innerbetriebliche Richtlinien für sämtliche Anlagetätigkeiten aufzustellen, die die Anlagestrategie, die Abwicklungsprozesse, die einzuhaltenden Grenzen und Grundsätze und die Verfahren zur Kontrolle des Anlageprozesses vorgeben. Das Rundschreiben 4/2011 schreibt vor, wie der Anlageprozess, die internen Anlagerichtlinien, das Risikomanagement und die interne Revision ausgestaltet sein müssen. **60**

Im einzelnen ist der **Handel** (Front Office) für den Abschluss der Geschäfte und deren Dokumentation verantwortlich. Das Rundschreiben 3/2000 gibt vor, welche Informationen über ein derivatives Geschäft mindestens aufgezeichnet werden müssen. **61**

Die **Wertpapiertechnik** (Back Office) ist mit der Überwachung der vom Handel eingegangenen und abgewickelten Geschäfte betraut. Sie ist dafür verantwortlich, den Anlagezweck (Absicherung, Erwerbsvorbereitung oder Ertragsvermehrung) jedes Geschäfts nachvollziehbar zu dokumentieren und eine Verbindung zu den abzusichernden oder den zu erwerbenden Vermögenswerten bzw zu den Vermögenswerten, mithilfe derer ein Zusatzertrag erzielt werden soll, herzustellen. Außerdem überwacht die Wertpapiertechnik die Einhaltung der internen Grenzen, wie zB der volumenmäßigen Begrenzungen und kontrolliert die Handlungsvollmachten und Zeichnungsbefugnisse der Mitarbeiter. **62**

Dem **Risikomanagement** obliegt die Überwachung der Marktpreis- und Adressenausfallrisiken. Zur Überwachung des Marktpreisrisikos müssen sämtliche Positionen regelmäßig neu bewertet werden. Die Zeitabstände, in denen diese Bewertung erfolgen muss, hängt von dem **63**

---

56 Projekt der Europäischen Union zur Einführung einer risikobasierten Eigenmittelausstattung von Versicherungsunternehmen, die auch detaillierte Anforderungen an ein qualitatives Risikomanagement enthalten soll, siehe unter www.ec.europa.eu/Europäische Kommission/Binnenmarkt/Binnenmarkt für Dienstleistungen/Versicherungen/Solvabilität und Solvabilität II.
57 Rundschreiben 4/2011 (VA), B. 2.
58 Rundschreiben 3/2009 Aufsichtsrechtliche Anforderungen an das Risikomanagement (MaRisk VA) vom 22.1.2009 unter www.bafin.de/.

konkreten Instrument und der Anlagestrategie ab. Bonitätsrisiken müssen grundsätzlich durch „geeignete Maßnahmen" begrenzt werden. Das Rundschreiben 3/2000 verlangt ausdrücklich die Einräumung von Counterparty-Limits. Die grundsätzliche Anforderung zur Festlegung eines Systems von Limiten ist nun auch in den MaRisk VA geregelt.[59]

Das Versicherungsunternehmen kann das Risikomanagement an ein Kreditinstitut auslagern, wenn derivative Geschäfte lediglich in einem sehr geringen Umfang getätigt werden. Das Kreditinstitut muss unabhängig sein (dh es darf nicht Gegenpartei des derivativen Geschäfts sein und das betreffende Produkt dem Versicherungsunternehmen auch nicht angedient haben) und über die notwendigen technischen Systeme verfügen. Die Auslagerung muss zusätzlich die Anforderungen der Rundschreiben 3/2009 MaRisk VA[60] und 4/2011 erfüllen.[61]

64 Die internen Kontrollsysteme werden schließlich durch die **interne Revision** überprüft.

65 Die vorgenannten Grundsätze müssen durch die Geschäftsleitung in **innerbetrieblichen Richtlinien** schriftlich festgehalten werden. Die Einhaltung dieser Richtlinien muss regelmäßig überprüft werden. Sofern ein Versicherungsunternehmen Geschäfte in strukturierten Produkten oder Kreditderivaten tätigt, müssen die innerbetrieblichen Richtlinien auch die für diese Geschäfte geltenden Grundsätze festschreiben. Dies gilt auch, wenn Geschäfte mit Receiver Forward Swaps, Long Receiver Swaptions oder Credit Default Swaps eingegangen werden sollen. In diesem Fall müssen die innerbetrieblichen Richtlinien ausführlich auf das Management der aus diesen Geschäften resultierenden Risiken, insbesondere das Adressenausfallrisiko und das Marktpreisrisiko, eingehen und etwaige Strategien erläutern.

66 Das Rundschreiben 3/2000 schreibt außerdem vor, dass der **Aufsichtsrat** eines Versicherungsunternehmens vor der erstmaligen Aufnahme von Geschäften in derivativen Finanzinstrumenten sowie bei sonstigen grundsätzlichen Fragestellungen im Zusammenhang mit derivativen Finanzinstrumenten informiert werden muss. Der Aufsichtsrat muss darüber hinaus regelmäßig über den Umfang und die wirtschaftlichen Ergebnisse dieser Geschäfte informiert werden. Im Falle der Absicht, Geschäfte mit Receiver Forward Swaps, Long Receiver Swaptions oder Credit Default Swaps abzuschließen, sind der Vorstand und der Aufsichtsrat zu unterrichten.

67 Die im Rundschreiben 3/2000 ausgeführten Grundsätze gelten auch für **strukturierte Produkte** und **Kreditderivate**. Die Möglichkeit der Auslagerung des Risikomanagements auf ein geeignetes, unabhängiges Kreditinstitut ist bei strukturierten Produkten unabhängig vom Umfang der Geschäfte erlaubt. Die Auslagerung muss zusätzlich die Anforderungen des Rundschreibens 3/2009 MaRisk VA an eine Auslagerung erfüllen.[62]

68 Im Hinblick auf den Abschluss von Kreditderivaten ist zusätzlich zu berücksichtigen, dass jede Anlage zur Beurteilung des ihr innewohnenden Risikos in ihre einzelnen Bestandteile **zerlegt und bewertet** werden muss. Die Zerlegung und Bewertung kann an ein unabhängiges qualifiziertes Kreditinstitut oder Wertpapierdienstleistungsinstitut übertragen werden. Darüber hinaus bestimmt das Rundschreiben 1/2002, dass das Rating der Anlage mindestens einmal pro Jahr und bei negativen Marktentwicklungen auch während des Jahres überprüft werden muss.

---

59 Siehe Rundschreiben MaRisk VA unter 7.3.1 Nr. 5.
60 Siehe Rundschreiben 3/2009 MaRisk VA unter 8.
61 Siehe Rundschreiben 4/2011 (VA) unter B. 2. 3. d).
62 Siehe Rundschreiben 3/2009 MaRisk VA unter 8.

II. Voraussetzungen an das Anlagemanagement und interne Kontrollverfahren

Im Rundschreiben 4/2011 hat die BaFin detaillierte Anforderungen an das Anlagemanagement und die internen Kontrollverfahren im Hinblick auf die Anlage des gebundenen Vermögens festgelegt.

Die folgenden Anforderungen gelten grundsätzlich für alle Versicherungsunternehmen, jedoch hängt die Ausgestaltung im Einzelnen von Volumen, Struktur und Art des betriebenen Versicherungsgeschäfts ab. Die grundlegenden Punkte wie die Verantwortlichkeit des Vorstands, die Notwendigkeit einer vorausschauenden Anlagepolitik, die Trennung der Aufgabenbereiche und die Risikosteuerung und -kontrolle sind jedoch für alle Versicherungsunternehmen gültig.[63]

1. Entwicklung einer Anlagestrategie

Jedes Versicherungsunternehmen ist verpflichtet, eine Anlagestrategie festzulegen. Die Anlagestrategie setzt eine detaillierte Analyse der Risiken auf der Aktiv- und Passivseite und des Verhältnisses beider Seiten zueinander (**Asset-Liability-Management**) voraus. Die Analyse beinhaltet unter anderem Stresstests gegenüber einer Reihe von Kapitalmarktszenarien und Investitionsbedingungen sowie die Auswirkungen auf die Bedeckung des gebundenen Vermögens. Die Versicherungsunternehmen können dabei standardisierte Ansätze oder eigene Berechnungsmethoden wählen, die ständig überprüft und ggf angepasst werden müssen.

Die Analyse muss die spezifischen Risiken des jeweiligen Portfolios berücksichtigen. Sofern derivative Instrumente eingesetzt werden, muss dies in der Bewertung der Risikosituation berücksichtigt werden.

Im Einzelnen sind folgende wesentliche Risiken zu beachten: Marktrisiken, Kreditrisiken, Konzentrationsrisiken, Liquiditätsrisiken, Währungsrisiken, operationelle Risiken und Rechtsrisiken.

2. Anlageprozess

Der Anlageprozess muss **mindestens aus den folgenden Schritten** bestehen:

- Definition einer strategischen Anlagepolitik: Festlegung eines Zielportfolios durch den Vorstand. Dies muss auf einer detaillierten Analyse und vorsichtigen Bewertung der Risiken auf der Aktiv- und Passivseite und ihres Verhältnisses zueinander sowie der Risikotragfähigkeit und -bereitschaft des Versicherungsunternehmens beruhen.
- Entwicklung der taktischen Anlagepolitik, dh des zu realisierenden Portfolios.
- Adäquate Ausstattung und Qualifikation des Anlagemanagements, das dieses befähigt, die Anlagepolitik umzusetzen.
- Laufende Kontrolle der Anlagetätigkeit durch das Risikomanagement. Hier sind insbesondere geeignete Systeme erforderlich, die sicher stellen, dass alle wesentlichen Risiken zeitnah erfasst und gemessen werden können, aber auch eine adäquate Ausstattung mit qualifizierten Mitarbeitern, die die Ergebnisse dieser Messungen verstehen.
- Vorhandensein eines adäquaten Back Office (=Wertpapiertechnik und alle Bereiche, die für die Überwachung, Abrechnung und Kontrolle von Transaktionen zuständig sind).
- Angemessene Verfahren zur Messung und Bewertung des Anlageergebnisses.
- Vollständiger und zeitnaher Informationsaustausch über die Anlagetätigkeit zwischen den unterschiedlichen Ebenen und Organen des Versicherungsunternehmens.
- Interne Verfahren zur Überprüfung der Angemessenheit der Anlagepolitik und der angewandten Verfahren.

---

63 Rundschreiben 4/2011 (VA), B. 2. 1 a).

- Interne Revision: Einrichtung von geeigneten Verfahren, um die Abhängigkeit und Anfälligkeit in Bezug auf wichtige Mitarbeiter und Systeme zu identifizieren und zu kontrollieren.
- Mindestens einmal jährlich eine Überprüfung der Angemessenheit der strategischen Anlagepolitik im Hinblick auf das Geschäft des Versicherungsunternehmens und seine gesamte Risikobereitschaft sowie die Anforderungen an das einzugehende Risiko und den Ertragsbedarf.

3. Anlagerichtlinien

72 Jedes Versicherungsunternehmen muss seine Anlagepolitik durch interne Anlagegrundsätze präzisieren. Die internen Anlagerichtlinien müssen dabei insbesondere die Anlageziele und die Bezugsgrößen für die Messung des Kapitalanlageerfolgs (Benchmark; total return) festlegen. Darüber hinaus müssen sie Einzelheiten zu den zugelassenen Vermögensanlagen, den Grenzen der Zusammensetzung der Kapitalanlagen unter Berücksichtigung der Wirtschaftsräume, Länder, Märkte, Sektoren und Währungen sowie den qualitativen und quantitativen Voraussetzungen für den Erwerb von Anlageprodukten (zB nur Wertpapiere, die an bestimmten Börsen notiert sind, Ratings, Mindestgröße der Emissionen, in die investiert werden darf, Anforderungen an die Marktkapitalisierung von Unternehmen, Kurs-Gewinn-Verhältnis sowie weitere zu beachtende Kriterien, wie zB Risikogrenzen innerhalb der allgemeinen Anlagepolitik, Laufzeitbegrenzungen von festverzinslichen Wertpapieren, zugelassene Kontrahenten etc.) enthalten.

73 Für eine Anlage in neuartige Produkte müssen die Kriterien für den Einsatz dieser Produkte und die Prinzipien zur Messung der ihnen innewohnenden Risiken und ihrer Bewertung festgelegt werden. Darüber hinaus müssen die Anforderungen des Rundschreibens 3/2009 MaRisk VA an die Aufnahme neuer Kapitalmarktprodukte erfüllt werden.[64] Es muss sichergestellt sein, dass die Risiken dieser Produkte sorgfältig analysiert werden und die erforderlichen Kontrollen vorgenommen werden. Außerdem müssen die Kriterien zur Auswahl von neuen Kontrahenten und Anlagevermittlern (wie zB Mindest-Rating, Verlässlichkeit, Qualität der Dienstleistung) festgelegt werden.

74 Im Hinblick auf die interne Organisation der Kapitalanlage müssen die internen Anlagerichtlinien die mit der Kapitalanlage befassten Organisationseinheiten einschließlich ihrer funktionalen Trennung, die erforderliche Qualifikation der Mitarbeiter des Anlagemanagements, die Umsetzung der Anlagestrategie durch die interne oder externe Anlageverwaltung sowie die Einhaltung des Vier-Augen-Prinzips zwischen Front- und Back Office vorgeben. Außerdem müssen Vorgaben für die interne Berichterstattung gemacht werden.

Es müssen des Weiteren die Methoden zur Bewertung, Steuerung und Kontrolle der den jeweiligen Anlagearten innewohnenden Anlagerisiken, zur Sicherstellung der Beachtung der Anlagegrenzen (Eskalationsprozess) und die Weiterentwicklung bestehender Risikokontrollverfahren angegeben werden.

4. Risikomanagement und Kontrollverfahren

75 Der Vorstand des Versicherungsunternehmens ist dafür verantwortlich, **angemessene interne Berichts- und Kontrollverfahren** einzusetzen, um sicher zu stellen, dass das Vermögen im Rahmen der festgelegten Anlagepolitik und den gesetzlichen und aufsichtsbehördlichen Vorgaben angelegt und verwaltet wird. Diese müssen aus einem internen Berichts- und Kontroll-

---

[64] Siehe Rundschreiben 3/2009 MaRisk VA unter 7.2.2.1.

system sowie einer internen Revision bestehen. Auch hier müssen die allgemeinen Anforderungen des Rundschreibens 3/2009 MaRisk VA erfüllt werden.[65]

Dies gilt auch wenn die Vermögensverwaltung auf einen externen Vermögensverwalter übertragen wird. In diesem Falle muss das Versicherungsunternehmen entsprechende vertragliche Vereinbarungen treffen und die Anforderungen des Rundschreibens 3/2009 an eine Auslagerung erfüllen.

Aufgaben des Kapitalanlagerisikomanagements sind

- Die Überwachung der Einhaltung der beschlossenen Anlagepolitik.
- Die förmliche Feststellung von Verstößen und die sofortige Berichterstattung gegenüber dem Vorstand.
- Die Überprüfung des Aktiv-Passiv-Verhältnisses sowie der Liquiditätslage.

Weitere wichtige Aufgaben des Risikomanagements sind die Bewertung der Angemessenheit der internen Anlagegrenzen sowie die Bewertung der Frage, ob die Versicherungsverträge unter Berücksichtigung der vorhandenen Risikotragfähigkeit und Risikovorgaben jederzeit erfüllt werden können. Zu diesem Zweck müssen mindestens vierteljährlich Stresstests durchgeführt werden. Sofern durch den Einsatz von derivativen Finanzinstrumenten in Investmentvermögen ein erhöhtes Marktrisikopotential vorliegt, muss dieses in die Stresstests einbezogen werden. Das Rundschreiben 4/2011 (VA) gibt weitere Details zu den Methoden an, mit denen die einzelnen Anlagerisiken gemessen werden können[66]. Diese werden ergänzt durch die Vorgaben des Rundschreibens 1/2002, das bestimmt, dass das Rating einer Anlage in ABS oder CLN mindestens einmal pro Jahr und bei negativen Marktentwicklungen auch während des Jahres überprüft werden muss.[67]

Eine Auslagerung des Kapitalanlagerrisikomanagements auf ein anderes Unternehmen ist grundsätzlich möglich, vorausgesetzt, dieses Unternehmen ist in fachlicher sowie organisatorischer und personeller Hinsicht dafür geeignet. Eine Auslagerung ist auch auf ein Konzernunternehmen im Sinne des § 18 AktG möglich. Der Dienstleister muss jedoch fachlich unabhängig sein, dh er oder ein mit ihm im Sinne der § 15 AktG und § 271 Abs. 2 HGB verbundenes Unternehmen dürfen dem Versicherungsunternehmen keine Kapitalanlagen angedient haben oder schulden. Sofern der Bestand der durch den Dienstleister oder dessen verbundenes Unternehmen angedienten oder geschuldeten Kapitalanlagen die Höhe von 5 % des gebundenen Vermögens nicht übersteigt, ist eine Auslagerung dennoch möglich. Diese Ausnahme gilt allerdings nicht wenn es sich bei diesen Kapitalanlagen um solche handelt, die den Rundschreiben 3/99 oder 1/2002 unterliegen. Die Auslagerung muss zusätzlich die Anforderungen des Rundschreibens 3/2009 MaRisk VA an eine Auslagerung erfüllen.[68]

Um sicher zu stellen, dass die Anlage des Vermögens im Rahmen der vom Vorstand vorgegebenen Anlagegrundsätze und Verfahren erfolgt, müssen adäquate interne Kontrollverfahren eingerichtet sein, die die einzelnen Abwicklungsprozesse und die Zusammenarbeit der einzelnen Bereiche im Rahmen des Anlageprozesses überwachen. Das Rundschreiben 4/2011 gibt auch hierzu Einzelheiten vor.[69]

Schließlich ist das Risikomanagement verpflichtet, der Leitung des Bereichs Anlagemanagement und dem Vorstand regelmäßig Bericht zu erstatten.

---

65 Siehe Rundschreiben 3/2009 MaRisk VA unter 7.3.
66 Siehe Rundschreiben 4/2011 (VA), B. 2. 3. c).
67 Rundschreiben 1/2002, B. II.
68 Siehe Rundschreiben 3/2009 MaRisk VA unter 8.
69 Rundschreiben 4/2011 (VA) unter B. 2. 3 e).

5. Asset-Liability-Management

78 Das Kapitalanlagemanagement erfordert nicht nur eine genaue Analyse der Aktiv- und der Passivseite des Versicherungsunternehmens, sondern auch eine Analyse des Verhältnisses beider Seiten zueinander (Asset-Liability-Management – ALM). Damit wird sichergestellt, dass die Vermögensanlagen im Verhältnis zu den Verbindlichkeiten und dem Risikoprofil des Unternehmens angemessen sind.[70] Dafür muss ein Prozess aufgesetzt werden, der in einen festen Ablauf einzubetten ist und adäquate Schnittstellen und Berichtspflichten enthalten muss.

79 Die Zielsetzung des ALM-Prozesses ist dabei aus den Vorgaben der Risikostrategie abzuleiten. In Abhängigkeit von den betriebenen Versicherungssparten müssen unternehmensspezifische Ziel- bzw Steuerungsgrößen festgelegt werden.

80 Das ALM muss alle wesentlichen Risiken, die sich aus den Aktiva und den Passiva ergeben, erfassen und deren Ursachen und Wechselwirkungen identifizieren. Sodann ist in der Regel eine Prognose zu erstellen, um eine nicht nur vergangenheitsorientierte Betrachtung vorzunehmen. Bei der anschließenden Risikoanalyse wird der Grad der Risikogefährdung gemessen. Dabei sind auch die Auswirkungen des Einsatzes alternativer Anlagemöglichkeiten sowie risikopolitischer Instrumente auf die Zielgrößen zu untersuchen. Die ALM-Methodik ist regelmäßig zu überprüfen und ggf anzupassen.

Das Ergebnis der ALM-Analyse muss konkrete Handlungsalternativen aufzeigen oder ggf Empfehlungen beinhalten. Diese sind an die zuständigen Vorstandsmitglieder gerichtet. Diese treffen dann eine Entscheidung im Hinblick auf die zu treffenden Maßnahmen.

81 Der ALM-Prozess und die Ergebnisse der Analyse sowie die getroffenen Maßnahmen sind zu dokumentieren. Außerdem wird der ALM-Prozess einer angemessenen Kontrolle unterworfen.

Das Versicherungsunternehmen darf die ALM-Funktion unter den Voraussetzungen, die für die Auslagerung des Risikomanagements gelten, auf einen Dritten übertragen.[71]

6. Interne Revision

82 Das Versicherungsunternehmen ist verpflichtet, in den Organisationsrichtlinien die Aufgaben, Verantwortung, organisatorische Einbindung, Befugnisse sowie die Berichtspflichten der internen Revision festzulegen. Die mit der internen Revision betrauten Personen müssen **unabhängig** sein, in ihrer Funktion von der Vermögensanlage getrennt sein und außerdem die Möglichkeit zu umfassender Information haben. Sie müssen außerdem über die geeignete Fachkunde verfügen, um die Prüfungen adäquat durchführen zu können. Zusätzlich gelten die Regelungen des Rundschreibens 3/2009 MaRisk VA.[72]

83 Die interne Revision muss auch das Anlagemanagement des Versicherungsunternehmens umfassen und dessen Unabhängigkeit vom Risikomanagement und Kontrollverfahren und dem Asset-Liability-Management sowie die allgemeine Effektivität des Anlagemanagements bewerten[73].

Die Prüfungen müssen in einer Weise erfolgen, die die zeitnahe Identifizierung von Schwachpunkten der internen Kontrolle und Mängeln der Betriebssysteme gewährleistet. Über die Prüfung ist ein Bericht zu erstellen, der dem für die Kapitalanlage zuständigen Vorstandsmitglied vorgelegt wird. Die Beseitigung von festgestellten Mängeln muss überwacht werden.

---

70 Rundschreiben 4/2011 unter B. 2. 4.
71 Rundschreiben 4/2011 (VA) unter B. 2. 4 g).
72 Rundschreiben 3/2009 MaRisk VA unter 7.4.
73 Rundschreiben 4/2011 (VA) unter B. 2. 5.

Eine Auslagerung der internen Revision auf einen Dritten, zB den Abschlussprüfer oder ein Konzernunternehmen des Versicherungsunternehmens im Sinne des § 18 des Aktiengesetzes, ist zulässig. Im Übrigen gelten die Anforderungen an eine Auslagerung des Risikomanagements (siehe oben Rn 77) entsprechend.

E. Erwartete Auswirkungen von Solvency II
I. Einführung

Die Richtlinie 2009/138/EG betreffend die Aufnahme und Ausübung der Versicherungs- und der Rückversicherungstätigkeit (Solvabilität II) vom 25.11.2009 (Solvency II-Richtlinie) dient der weiteren Harmonisierung der Versicherungs- und Rückversicherungsaufsicht. Sie enthält Regelungen zur Solvabilität, insbesondere den Eigenmittelanforderungen der Versicherungsunternehmen. Das bisherige System, das weitgehend auf quantitativen Vorgaben beruhte, soll durch ein risikobasiertes System ersetzt werden, das es den Versicherungsunternehmen erlaubt, ihre Risiken auf der Basis individueller, interner Systeme zu bewerten. Bei der Bewertung müssen die Versicherungsunternehmen jedoch einen umfassenden Risikoansatz verfolgen und sämtliche Risiken berücksichtigen.

84

Die Richtlinie muss nach ihrer derzeitigen Fassung bis zum 31.10.2012 durch die Mitgliedstaaten umgesetzt werden. Derzeit gibt es jedoch Bestrebungen auf europäischer Ebene, diese Frist zu verlängern.

85

Die Richtlinie muss bis zum 31.10.2012 durch die Mitgliedstaaten umgesetzt werden, allerdings werden hier noch Übergangsregelungen diskutiert. Aufgrund der Tatsache, dass die Umsetzungsmaßnahmen der Solvency II-Richtlinie sich derzeit lediglich in der Entwurfsphase befinden, können noch keine endgültigen Aussagen zur Verwendung von Finanzderivaten durch Versicherungen getroffen werden. Der hier folgende Abschnitt soll jedoch einen ersten Überblick über die im Rahmen von Solvency II zu erwartenden neuen Regelungen geben.

II. Überblick

Die Solvency II-Richtlinie besteht im Wesentlichen aus drei Säulen:

86

Säule 1 beinhaltet die Anforderungen an die Berechnung der Aktiva und Passiva zur Ermittlung der versicherungstechnischen Rückstellungen und des Eigenkapitals. Für das Eigenkapital werden zwei verschiedene Arten von Kapitalanforderungen festgelegt: eine Solvenzkapitalanforderung (SCR) und eine Mindestkapitalanforderung (MCR). Während die SCR die regulatorischen Anforderungen an das Eigenkapital bestimmt, handelt es sich bei der MCR um eine Art Untergrenze, die in jedem Fall eingehalten werden muss, um eine Schließung des Unternehmens zu verhindern.

Die **zweite Säule** umfasst qualitative Anforderungen und Anforderungen an die Aufsicht. Dies beinhaltet zum einen eine gestärkte Governance, in der Kontrolle, Risikomanagement und unternehmenseigene Risiko- und Solvenzprüfung (ORSA) festgelegt werden und zum anderen eine gestärkte aufsichtliche Überprüfung, harmonisierte Aufsichtsstandards und Aufsichtspraktiken.

Die **Säule 3** beinhaltet Vorschriften für eine höhere Transparenz gegenüber der Aufsichtsbehörde und gegenüber den Versicherten.

Bei der Bewertung der Risiken der Versicherungsunternehmen als Grundlage für die Berechnung des Eigenkapitals muss nach der Solvency II-Richtlinie nicht wie bisher im Wesentlichen lediglich das Versicherungsrisiko, sondern es müssen auch das Marktrisiko, das Kreditrisiko und das operationelle Risiko berücksichtigt werden. Darüber hinaus soll den Versicherungsunternehmen mehr Eigenverantwortung bei der Überwachung ihrer Risiken eingeräumt werden. Dies erfordert allerdings steigende Anforderungen an das Risikomanagement.

87 Die Umsetzung der Solvency II-Richtlinie erfolgt nach dem sogenannten Lamfalussy-Verfahren der Europäischen Union, nach der der Rechtsrahmen zuerst auf allgemeiner Ebene durch eine Rahmenrichtlinie festgelegt wird und die weitere Umsetzung im Wege von Durchführungsmaßnahmen erfolgt. Dies werden insbesondere die von EIOPA erlassenen bzw zu erlassenden bindenden technischen Standards und Leitlinien und Empfehlungen zur Anwendung des Unionsrechts sein. Außerdem soll eine Europäische Verordnung zur Solvabilität der Versicherungsunternehmen verabschiedet werden.

Die Bundesregierung hat am 18.4.2012 einen Gesetzentwurf zur Änderung des Versicherungsaufsichtsgesetzes vorgelegt. [74]

III. Anwendbarkeit von Risikominderungstechniken im Hinblick auf die Berechnung des Eigenkapitals

88 Im Rahmen der Berechnung der Solvenzkapitalanforderungen sieht Art. 101 Abs. 5 Solvency II-Richtlinie auch die Berücksichtigung von Risikominderungstechniken vor. Neben der Rückversicherung und der Nutzung von Zweckgesellschaften beinhaltet dies auch den Einsatz von derivativen Finanzinstrumenten. Entsprechend enthalten die von EIOPA veröffentlichten technischen Standards im Rahmen der QIS 5 Auswirkungsstudie Ausführungen zu finanziellen Risikominderungstechniken. Diese beinhalten insbesondere die folgenden Instrumente: Put Optionen zur Absicherung von Preisschwankungen in Vermögensgegenständen, Kreditderivate, Währungsswaps und -Optionen und Swaptions.

Die technischen Bedingungen sehen bereits konkrete Vorgaben im Hinblick auf den Einsatz von Finanzderivaten zur Risikominderung vor.

IV. Einsatz von Finanzderivaten im Rahmen der Kapitalanlage

1. Vorgaben der Solvency II-Richtlinie

89 Im Hinblick auf die Kapitalanlagen der Versicherungsunternehmen gilt nach der Solvency II-Richtlinie der Grundsatz der Anlagefreiheit (Art. 133 Solvency II-Richtlinie). Es sollen den Versicherungsunternehmen keine Vorgaben hinsichtlich der Anlage in bestimmte Vermögensgegenstände oder Kategorien von Vermögensgegenständen gemacht werden. Die Anlage des Vermögens unterliegt dem Grundsatz der unternehmerischen Vorsicht (Prudent Person Principle – Art. 132 Solvency II-Richtlinie). Danach müssen alle Anlagen den folgenden Voraussetzungen entsprechen:

- Das Versicherungsunternehmen muss die Risiken, die sich aus den Vermögensgegenständen ergeben, angemessen erkennen, messen, überwachen, managen, steuern und berichten sowie bei der Beurteilung des Gesamtsolvabilitätsbedarfs angemessen berücksichtigen.
- Es muss die Sicherheit, die Qualität, die Liquidität und die Rentabilität des gesamten Portfolios gewährleistet sein.
- Die Anlage muss auf eine Art und Weise erfolgen, die der Wesensart und der Laufzeit der Versicherungs- und Rückverbindlichkeiten angemessen ist und im besten Interesse der Versicherungsnehmer ist. Außerdem müssen die Anlagen angemessen gestreut sein.

---

[74] Gesetzentwurf der Bundesregierung, Entwurf eines Zehnten Gesetzes zur Änderung des Versicherungsaufsichtsgesetzes vom 18.4.2012, abrufbar unter http://dipbt.bundestag.de/dip21/btd/17/093/1709342.pdf.

Die Solvency II-Richtlinie sieht somit keine quantitativen Beschränkungen für die Kapitalanlage der Versicherungsunternehmen vor, sondern setzt stattdessen auf die Eigenverantwortung der Versicherungsunternehmen.

Im Hinblick auf die Verwendung derivativer Finanzinstrumente im Rahmen der Kapitalanlage bestätigt die Solvency II–Richtlinie, dass dies zulässig ist, wenn es der Verringerung von Risiken dient oder zur Erleichterung einer effizienten Portfolioverwaltung beiträgt (Art. 132 Abs. 4 Solvency II-Richtlinie).

2. Umsetzung ins deutsche Recht

Der Referentenentwurf der Bundesregierung gibt im Einklang mit den Regelungen der Solvency II-Richtlinie lediglich allgemeine Anforderungen für die Kapitalanlage der Versicherungsunternehmen vor. Versicherungsunternehmen müssen dem Grundsatz der unternehmerischen Vorsicht folgen. Bei der Anlage ihrer Vermögenswerte müssen sie sicherstellen, dass sie die Risiken hinreichend identifizieren, bewerten, überwachen, steuern, kontrollieren und in ihre Berichterstattung einbeziehen können sowie bei der Beurteilung ihres Gesamtsolvabilitätsbedarfs hinreichend berücksichtigen können. Bei der Anlage muss die Sicherheit, Qualität, Liquidität und Rentabilität des Portfolios als Ganzes sichergestellt sein. Diese allgemeine Regelung wird die Anlageverordnung ersetzen. Während die neue Regelung den Versicherungsunternehmen viel Flexibilität und damit Eigenverantwortlichkeit gibt, werden gleichzeitig die Anforderungen an das Risikomanagement und die Steuerung der Risiken erhöht.

Die Anlage in derivative Finanzinstrumente ist gemäß § 115 Abs. 1 Nr. 5 VAG-Entwurf zulässig, sofern diese zur Verringerung von Risiken oder zur Erleichterung einer effizienten Portfolioverwaltung beitragen. Der Entwurf präzisiert, dass Arbitragegeschäfte und Leergeschäfte nicht zulässig sind.

3. Weitere Konkretisierung der Vorgaben

Es wird erwartet, dass die sehr allgemeinen Anforderungen der Solvency II-Richtlinie und des VAG-Entwurfs durch die europäische Verordnung und durch den deutschen Gesetzgeber bzw die BaFin weiter konkretisiert werden. Gemäß § 122 Abs. 1 Nr. 2b und 3 VAG-Entwurf kann der Gesetzgeber die Risiken, die aus den Anlagen in derivative Finanzinstrumente entstehen und die Anforderungen, die speziell an Verbriefungen zu stellen sind, im Wege einer Verordnung konkretisieren. Die Anforderungen an Verbriefungen können Regelungen mit qualitativen Vorgaben vorsehen, die Originatoren und Versicherungsunternehmen erfüllen müssen, um den Versicherungsunternehmen einen Erwerb der emittierten Instrumente zu erlauben, beinhalten. Originatoren müssen dabei wenigstens 5 % des Nettoanteils der Verbriefungen einbehalten.

§ 27 Kapitalanlagegesellschaften – Einsatz von derivativen Finanzinstrumenten in Investmentvermögen

Literatur: *Beckmann/Scholtz/Vollmer (Hrsg.)*, Investment, Ergänzbares Handbuch für das gesamte Investmentwesen, Berlin, Loseblatt, Stand Ergänzungslieferung 2/2012; *Berger/Steck/Lübbhüsen (Hrsg.)*, Investmentgesetz, Investmentsteuergesetz, Kommentar, München 2010; *Haisch/Helios (Hrsg.)*, Rechtshandbuch Finanzinstrumente, München 2011; *Kempf (Hrsg.)*, Novellierung des Investmentrechts 2007, Ein Praxishandbuch, Frankfurt/Main 2008, *Schimansky/Bunte/Lwowski (Hrsg.)*, Bankrechts-Handbuch, 4. Aufl. 2011.

Verlautbarungen: BAFin: Begründung zur Ersten Verordnung zur Änderung der Derivateverordnung, Datum: 30.6.2011; Erläuterungen zur Derivateverordnung in der Fassung vom 28.6.2011, Datum: 30.6.2011; Erläuterungen zur InvMaRisk in der Fassung vom 30.6.2011, Datum: 30.6.2011; Fragenkatalog zu erwerbbaren Vermögensgegenständen (Eligible Assets), Stand 15.10.2009 (alle Verlautbarungen sind abrufbar unter www.bafin.de).

ESMA: CESR's guidelines concerning eligible assets for investment by UCITS (CESR/07-044b), März 2007 (Stand September 2008); CESR's Guidelines on Risk Measurement and the Calculation of Global Exposure and Counterparty Risk for UCITS (CESR/10-788), 28.7.2010; ESMA Guidelines to competent authorities and UCITS management companies on risk measurement and the calculation of global exposure for certain types of structured UCITS (ESMA/2011/112), 14.4.2011 (alle Verlautbarungen abrufbar unter www.esma.europa.eu).

A. Investmentrechtliche Rahmenbedingungen des Einsatzes von derivativen Finanzinstrumenten 1	I. Wertpapiere 40
B. Zivilrechtliche Konsequenzen einer Verletzung der investmentrechtlichen Vorgaben ... 6	1. Allgemeines 40
I. OTC-Derivate 6	2. Voraussetzungen 43
II. Strukturierte Produkte 7	a) Keine Nachschusspflicht 43
C. Voraussetzungen des Einsatzes von Derivaten 8	b) Ausreichende Liquidität 44
I. Generelle Zulässigkeit eines Derivatgeschäfts 10	c) Verlässliche Bewertbarkeit 49
1. Zulässigkeit des Basiswerts 10	d) Transparenz 50
a) Grundsatz und OGAW-Fonds 10	e) Handelbarkeit 52
b) Nicht richtlinienkonforme Sondervermögen 15	f) Sonstige Anforderungen 54
2. Zulässigkeit der Art des Derivats 19	II. Wertpapiercharakter der Anteile an geschlossenen Fonds und von Referenzprodukten 55
3. Grenzauslastung 22	1. Anteile an geschlossenen Fonds 57
4. Anrechnung auf die Ausstellergrenzen 26	2. Referenzprodukte 60
5. Einhaltung der Kontrahentengrenzen 28	III. Derivative Komponente 63
II. Angemessene Bewertung der Derivate 30	1. Allgemeine Definition 63
III. Abbildung der Derivate im Risikomanagement- und Risikomesssystem 34	2. Beurteilung spezifischer Finanzinstrumente 66
D. Strukturierte Produkte mit derivativer Komponente 38	a) ABS und CDOs 67
	b) Maßgeschneiderte, hybride Finanzinstrumente 72
	c) Sonstige strukturierte Produkte 73

A. Investmentrechtliche Rahmenbedingungen des Einsatzes von derivativen Finanzinstrumenten

1 Das Investmentgesetz – **InvG** – enthält in seinen §§ 46 ff eine abschließende Aufzählung der zulässigen Vermögensgegenstände sowie spezifische Anlagegrenzen für richtlinienkonforme

Sondervermögen (OGAW-Fonds).[1] Sie sind europarechtskonform auszulegen, wobei den CESR's guidelines concerning eligible assets for investment by UCITS (CESR/07-044b) vom März 2007 („**CESR Guidelines Eligible Assets**") trotz ihrer fehlenden Normativität praktisch eine wichtige Rolle zukommt. Für die anderen im InvG geregelten Investmentvermögen – mit Ausnahme der in §§ 112 ff InvG geregelten Sondervermögen mit besonderen Risiken (Hedgefonds), die einem eigenständigen Regelungsregime unterliegen – wird jeweils zunächst hierauf verwiesen, um sodann Abweichungen und Ergänzungen anzuordnen, siehe nur §§ 66 (Immobilien-Sondervermögen), 83 (Gemischte Sondervermögen), 87 Abs. 1 (Altersvorsorge-Sondervermögen), 90a, 66 (Infrastruktur-Sondervermögen), 90g (Sonstige Sondervermögen), 90l Abs. 2 (Mitarbeiterbeteiligungs-Sondervermögen), 91 Abs. 1 (Spezial-Sondervermögen).

Die Zulässigkeit des Einsatzes von Derivaten und von strukturierten Produkten mit derivativer Komponente ist für richtlinienkonforme Sondervermögen in § 51 InvG und der Verordnung über Risikomanagement und Risikomessung beim Einsatz von Derivaten in Sondervermögen nach dem Investmentgesetz – **DerivateV** – geregelt.[2] Weitere Vorgaben ergeben sich aus den allgemeinen Organisationspflichten des § 9a InvG – die durch die Mindestanforderungen an das Risikomanagement für Investmentgesellschaften (**InvMaRisk**) administrativ konkretisiert werden[3] – und aus der Investment-Verhaltens- und Organisationsverordnung[4] (**InvVerOV**). § 51 InvG gibt dabei in materieller Hinsicht lediglich die zulässigen Basiswerte für Derivate vor, in die „zu Investmentzwecken investier[t]" werden darf – wodurch klargestellt ist, dass ein solcher Derivateeinsatz nicht auf Absicherungsgeschäfte beschränkt ist –,[5] stellt „Finanzinstrumente mit derivativer Komponente" insoweit den Derivaten gleich,[6] und ordnet eine quantitative Grenze für den Einsatz von Derivaten an.[7] Im Übrigen sind die materiellen Regelungen des Derivateeinsatzes ganz überwiegend der auf der Grundlage der Verordnungsermächtigung des § 51 Abs. 3 DerivateV – die das BMF auf die BAFin weiterge-

---

1 Publikums-Sondervermögen, die den Anforderungen der sog. OGAW-Richtlinie (Richtlinie 85/611/EWG des Rates vom 20.12.1985 zur Koordinierung der Rechts- und Verwaltungsvorschriften betreffend bestimmte Organismen für gemeinsame Anlagen in Wertpapieren (OGAW) (ABl.EG 1985 Nr. L 375/3), neu gefasst durch die Richtlinie 2009/65/EG des Europäischen Parlaments und des Rates vom 13. Juli 2009 zur Koordinierung der Rechts- und Verwaltungsvorschriften betreffend bestimmte Organismen für gemeinsame Anlagen in Wertpapieren (OGAW) (ABl.EG 2009 Nr. L 302/32), ergänzt durch die Richtlinie 2010/43/EU der Kommission vom 1.7.2010 zur Durchführung der Richtlinie 2009/65/EG des Europäischen Parlaments und des Rates im Hinblick auf organisatorische Anforderungen, Interessenkonflikte, Wohlverhalten, Risikomanagement und den Inhalt der Vereinbarung zwischen Verwahrstelle und Verwaltungsgesellschaft (ABl.EG 2010 Nr. L 176/42) und die Richtlinie 2010/42/EU der Kommission vom 1.7.2010 zur Durchführung der Richtlinie 2009/65/EG des Europäischen Parlaments und des Rates in Bezug auf Bestimmungen über Fondsverschmelzungen, Master-Feeder-Strukturen und das Anzeigeverfahren (ABl.EG 2010 Nr. L 176/28) genügen. Die Richtlinie 2007/16 der Kommission vom 19.3.2007 zur Durchführung der Richtlinie 85/611/EWG des Rates zur Koordinierung der Rechts- und Verwaltungsvorschriften betreffend bestimmte Organisationen für gemeinsame Anlagen in Wertpapieren (OGAW) im Hinblick auf die Erläuterung gewisser Definitionen bezieht sich nunmehr gemäß Art. 117 Abs. 2 der Richtlinie 2009/65 auf diese; zur ihr etwa *Brümmer*, in: Berger/Steck/Lübbehüsen, Vorbemerkungen zu § 46 InvG Rn 15-21.
2 Derivateverordnung vom 6.2.2004, BGBl. I S. 153, geändert durch Art. 1 der Verordnung vom 28.6.2011, BGBl. I S. 1278.
3 Diese Verwaltungsvorschrift gibt allerdings lediglich die Konkretisierung unbestimmter Rechtsbegriffe durch die BAFin wieder und ist für die Zivilgerichte – die unbestimmte Rechtsbegriffe in eigener Verantwortung methodengerechte zu konkretisieren haben – nicht bindend, da eine Rechtssetzung durch Verwaltungsschreiben im Investmentrecht nicht vorgesehen ist. Die BAFin ist nach den Grundsätzen über die Selbstbindung der Verwaltung an sie gebunden.
4 Verordnung zur Konkretisierung der Verhaltensregeln und Organisationsregeln nach dem Investmentgesetz vom. 28.6.2011 BGBl. I S. 1288, Geltung seit 1.7.2011.
5 § 51 Abs. 1 S. 1 InvG.
6 § 51 Abs. 1 S. 2 InvG.
7 § 51 Abs. 2 InvG.

reicht hat – erlassenen DerivateV zu entnehmen. Diese regelt insbesondere Art[8] und Inhalt[9] zulässiger Derivate sowie die Grenzen für das Marktrisiko[10] und für Emittenten- bzw. Kontrahenten,[11] die fortlaufende Bewertung und Risikomessung,[12] die zu adressierenden Interessenkonflikte,[13] das Risikomanagement[14] und fortlaufende Stresstests.[15] Wenn auch die vormals in § 1 DerivateV enthaltenen allgemeinen Aussagen zum Risikomanagementsystem mittlerweile entfallen sind – da dieses Erfordernis sich bereits aus § 9a InvG und der InvMaRisk ergibt –, enthält die DerivateV doch weiterhin zahlreiche Vorgaben zu Detailregelungen des Risikomanagementprozesses.

3 Diese Vorschriften implementieren im Wesentlichen die Anforderungen des Art. 50 Abs. 1 Buchst. g und die derivatebezogenen Vorgaben der Art. 51 und 52 der Richtlinie 2009/65/EG zur Koordinierung der Rechts- und Verwaltungsvorschriften betreffend bestimmte Organismen für gemeinsame Anlagen in Wertpapieren[16] (**OGAW IV-Richtlinie**) sowie der Richtlinie 2007/16 der Kommission vom 19.3.2007 zur Durchführung der Richtlinie 85/611/EWG des Rates zur Koordinierung der Rechts- und Verwaltungsvorschriften betreffend bestimmte Organisationen für gemeinsame Anlagen in Wertpapieren (OGAW) im Hinblick auf die Erläuterung gewisser Definitionen (**Richtlinie 2007/16**) und der Richtlinie 2010/43/EU der Kommission vom 1.7.2010 zur Durchführung der OGAW IV-Richtlinie im Hinblick auf organisatorische Anforderungen, Interessenkonflikte, Wohlverhalten, Risikomanagement und den Inhalt der Vereinbarung zwischen Verwahrstelle und Verwaltungsgesellschaft (**Richtlinie 2010/43**). Die DerivateV setzt zudem die CESR's Guidelines on Risk Measurement and the Calculation of Global Exposure and Counterparty Risk for UCITS (CESR/10-788) vom 28.7.2010 (**CESR Guidelines Risk Measurement**) sowie die ESMA Guidelines to competent authorities and UCITS management companies on risk measurement and the calculation of global exposure for certain types of structured UCITS (ESMA/2011/112) vom 14.4.2011 (**ESMA Guidelines Structured UCITS**) um.[17]

4 Obwohl die **nicht richtlinienkonformen Sondervermögen** des InvG nicht den Anforderung der OGAW IV-Richtlinie unterliegen, verweist das InvG insoweit für den Derivateinsatz grundsätzlich auf § 51 InvG in Verbindung mit der DerivateV, siehe nur §§ 66 (Immobilien-Sondervermögen), 83 (Gemischte Sondervermögen), 87 Abs. 1 (Altersvorsorge-Sondervermögen), 90a, 66 (Infrastruktur-Sondervermögen), 90g (Sonstige Sondervermögen), 90l Abs. 2 (Mitarbeiterbeteiligungs-Sondervermögen), 91 Abs. 1 (Spezial-Sondervermögen). Die Regelungen der DerivateV gelten daher, mit Ausnahme der **Infrastruktur-Sondervermögen**,[18] im Grundsatz auch für die **nicht richtlinienkonformen Sondervermögen**.[19] Für **Immobilien-Sondervermögen** ist dies allerdings durchaus zweifelhaft, da ein Einsatz von Derivaten für In-

---

8 § 6 Abs. 3 DerivateV zu den im einfachen Ansatz zulässigen Derivaten.
9 § 2 Abs. 2 DerivateV zu den zulässigen Basiswerten.
10 §§ 8 ff DerivateV (einfacher Ansatz), §§ 15 ff DerivateV (qualifizierter Ansatz).
11 §§ 18, 20 DerivateV.
12 § 14 DerivateV.
13 § 5 DerivateV.
14 § 1 Abs. 1 DerivateV.
15 §§ 23 ff DerivateV.
16 ABl. L 375 vom 31.12.1985, 3. Richtlinie zuletzt geändert durch die Richtlinie 2005/1/EG des Europäischen Parlamentes und des Rates, ABl. L 79 vom 24.3.2005, 9.
17 BAFin, Begründung zur Ersten Verordnung zur Änderung der Derivateverordnung, zu A.
18 § 90 a InvG verweist gerade nicht auf die Regelung des § 51 InvG oder die DerivateV. Mangels spezieller Vorgaben ist Risikomanagement und -messung des Derivateinsatzes in Infrastruktur-Sondervermögen an den allg. Organisationsvorgaben für die Verwaltungsgesellschaft zu messen, insb. gilt § 9 a InvG.
19 Die folgenden §§ verweisen auf die Regelung des § 51 Abs. 3 iVm der DerivateV: § 66 InvG für Immobilien-Sondervermögen, § 87 InvG für Altersvorsorge-Sondervermögen, § 83 InvG für Gemischte Sondervermögen, § 90 g InvG für Sonstige Sondervermögen, § 90 l Abs. 2 InvG für Mitarbeiterbeteiligungs-Sondervermögen, § 91 Abs. 2 InvG für Spezial-Sondervermögen.

vestmentzwecke dort nicht zulässig und der Anwendungsbereich der DerivateV daher nicht eröffnet ist (§ 1 Abs. 2 DerivateV).[20] Die DerivateV ist auch insoweit richtlinienkonform auszulegen; eine „gespaltene Auslegung" dahingehend, dass die richtlinienkonforme Auslegung nur für den harmonisierten Bereich maßgeblich sein soll, findet nicht statt. Besonderheiten ergeben sich insoweit im Wesentlichen nur im Hinblick auf die jeweils zulässigen Basiswerte (§§ 1 Abs. 2, 2 Abs. 2 DerivateVO). Auf **Hedgefonds** finden § 51 InvG und die DerivateV allerdings keine Anwendung (§ 1 Abs. 2 DerivateV). Die Zulässigkeit des Derivateeinsatzes ist insoweit in § 112 Abs. 1 InvG in Verbindung mit § 2 Abs. 4 Nr. 8 und Nr. 9 InvG normiert. Für Dach-Hedgefonds findet sich zudem eine Sonderregelung in § 113 Abs. 2 InvG. § 119 InvG enthält eine eigene Verordnungsermächtigung für die Regelung der Beschaffenheit von Risikomesssystemen bei der Verwaltung von Hedgefonds. Die Verordnungsermächtigung wurde auf die BAFin übertragen. Bislang hat die BAFin von der Ermächtigung keinen Gebrauch gemacht. Die Bundesanstalt nimmt in ihrer Verwaltungspraxis hinsichtlich des geforderten Risikomanagement- und Risikomesssystems auf den sogenannten qualifizierten Ansatz der DerivateV Bezug.

Die Umsetzung der in der Richtlinie 2010/43/EU und den CESR Guidelines Risk Measurement und ESMA Guidelines Structured UCITS enthaltenen Regelungen zur Bestimmung der Marktrisikogrenze, zur Anrechnung von Derivaten auf die Anlagegrenzen sowie zur Bestimmung des Kontrahentenrisikos durch die Erste Verordnung zur Änderung der Derivateverordnung vom 28.6.2011[21] führt gegenüber der bisherigen Fassung der DerivateV zu einer Reihe von sachlichen Änderungen, die – soweit sie nicht schon vorher im Wege richtlinienkonformer Auslegung zu berücksichtigen waren – für richtlinienkonforme Sondervermögen zum 1.7.2011 wirksam werden, während sie gemäß § 30 DerivateV auf zu diesem Zeitpunkt bestehende nicht-richtlinienkonforme Sondervermögen erst ab dem 1.1.2013 angewendet werden müssen.

B. Zivilrechtliche Konsequenzen einer Verletzung der investmentrechtlichen Vorgaben

I. OTC-Derivate

Tätigt die Kapitalanlagegesellschaft für Rechnung eines von ihr verwalteten Investmentvermögens Geschäfte in OTC-Derivaten, die den investmentrechtlichen Vorgaben an den Derivateinsatz nicht genügen, so kann die Kapitalanlagegesellschaft – die gemäß § 31 Abs. 2 InvG im Verhältnis zur Gegenpartei des Derivatgeschäfts allein schuldet und haftet (zur Technik des Vertragsschlusses bei OTC-Geschäften siehe § 6 Rn 134 ff)[22] – sich insoweit nicht gemäß §§ 675, 670 BGB, 31 Abs. 3 InvG aus dem Investmentvermögen befriedigen.[23] Die übliche Abtretung dieser Ansprüche an die Gegenpartei geht dementsprechend ins Leere. Für die Gegenpartei des Derivatgeschäfts bedeutet dies unter Umständen, dass sie mit ihren Ansprüchen ausfällt, wenn und soweit die Kapitalanlagegesellschaft nicht aus anderen Quellen über hinreichende Mittel zu ihrer Befriedigung verfügt. Da die Gegenpartei die – insbesondere laufende, wenn man mit der Aufsicht bei nachträglicher Überschreitung der Anlage-

---

20 Vgl hierzu die Ausführungen von *Zöll* in: Beckmann/Scholtz, aaO, Kz 410 Vor § 66 Rn 14, der § 51 InvG und die DerivateV bei Immobilien-Sondervermögen für nicht anwendbar hält, weil § 51 InvG und die DerivateV ausschließlich den Derivateeinsatz zu Investmentzwecken, nicht jedoch denjenigen zu bloßen Absicherungszwecken regelten und diese Regelungen nach ihrem Sinn und Zweck auf den Einsatz von Derivaten zu bloßen Absicherungszwecken nicht passten.
21 BGBl. I S. 1278.
22 Siehe auch *Jahn*, in: Schimansky/Bunte/Lwowski, § 114 Rn 34 ff.
23 Siehe etwa *Schmitz*, in: Berger/Steck/Lübbehüsen, § 31 InvG Rn 23.

grenzen eine Rückführungspflicht annehmen möchte[24] – Überwachung der Einhaltung der investmentrechtlichen Vorgaben an den Derivateeinsatz durch die Kapitalanlagegesellschaft in der Regel nicht sinnvoll zu leisten vermag, kann sie die Durchsetzung ihrer Ansprüche aus dem OTC-Derivat nur dadurch effektiv sichern, dass sie sich Sicherheiten an Gegenständen des jeweiligen Investmentvermögens bestellen lässt. Zwar erlaubt § 31 Abs. 5 S. 2 InvG – der alle nach dem InvG zulässigen Verpflichtungsgeschäfte mit hinausgeschobenem Erfüllungstermin erfasst und es der Kapitalanlagegesellschaft insbesondere ermöglicht, durch Übereignung oder Verpfändung von Wertpapieren die bei Options- und anderen Terminkontrakten üblicherweise zu leistende Initial Margin und Maintenance Margin leisten[25] – eine solche Sicherheitenbestellung nur für „Geschäfte nach Maßgabe des § 51" InvG und macht damit die Einhaltung der investmentrechtlichen Vorgaben an den Derivateinsatz zur Voraussetzung der Ausnahme vom Belastungsverbot des § 31 Abs. 5 S. 1 InvG. Dies ist für die Gegenpartei jedoch insoweit unschädlich, als das Belastungsverbot des § 31 Abs. 5 S. 1 InvG – das ausweislich seines Wortlauts „gegenüber den Anlegern unwirksam" eine relative Verfügungsbeschränkung im Sinne des § 135 Abs. 1 BGB darstellt – richtigerweise durch die Vorschriften über den gutgläubigen Erwerb überwunden wird (§ 135 Abs. 2 BGB).[26] Dass die Möglichkeit gutgläubigen Erwerbs in § 31 Abs. 5 InvG – anders als in § 26 Abs. 2 S. 4 InvG – nicht ausdrücklich vorbehalten ist, spricht nicht gegen sie, weil es in § 26 InvG gerade nicht um eine relative Verfügungsbeschränkung, sondern um eine zur Wirksamkeit der Verfügung erforderliche Zustimmung geht: Während es für die Fälle des Fehlens einer zur Wirksamkeit der Verfügung erforderlichen Zustimmung nach bürgerlichem und Handelsrecht[27] allgemein bei dem Grundsatz bewendet, dass der gute Glaube an die Verfügungsbefugnis nicht geschützt ist, ist dort für die Fälle einer relativen Verfügungsbeschränkung die Anwendbarkeit der Gutglaubensvorschriften in allgemeiner Form angeordnet (§ 135 Abs. 2 BGB). Aus diesem Grunde bedurfte es im Kontext des § 31 Abs. 5 InvG – anders als in demjenigen des § 26 InvG – keines speziellen Vorbehalts nach Art des § 26 Abs. 2 S. 4 InvG, und ein Gegenschluss aus dieser Vorschrift ist logisch und systematisch unzulässig.[28] In den im Zusammenhang mit OTC-Derivaten üblichen Konstellationen einer Sicherheitsleistung durch Geld oder Wertpapiere wird man in aller Regel von einem gutgläubigen Erwerb ausgehen können, weil grob fahrlässige Unkenntnis von der Verfügungsbeschränkung (§§ 932 Abs. 2, 1207 BGB) kaum jemals anzunehmen sein wird:[29] Es dürfte sich der Gegenpartei nur in höchst außergewöhnlichen Konstellationen aufdrängen, dass das der Sicherheitenbestellung zugrundeliegende Derivatgeschäft den Anforderungen des § 51 InvG nicht genügt, zumal eine Verpflichtung der Gegenpartei zu einer Prüfung vor dem Hintergrund der investmentrechtlichen Zuständigkeitsverteilung nicht angenommen werden kann.

---

24 Wogegen die spezielle Rechtsfolgenregelung des § 22 Abs. 1 S. 3 DerivateV spricht, *Böhringer/Funck*, in: Haisch/Helios, Finanzinstrumente, § 13 Rn 144.
25 Gesetzesbegründung, BT-Drucks. 13/8933 S. 111; *Schmitz*, in: Berger/Steck/Lübbehüsen, § 31 InvG Rn 34.
26 *Schmitz*, in: Berger/Steck/Lübbehüsen, § 31 InvG Rn 31 lässt die Anwendbarkeit der Gutglaubensvorschriften offen, *Beckmann*, in: Beckmann/Scholtz/Vollmer, § 31 InvG Rn 28 verneint aus nicht haltbaren Gründen, dazu sogleich.
27 Da § 366 HGB den guten Glauben in die Verfügungsbefugnis des Kaufmanns nur im Hinblick auf Verfügungen über bewegliche Sachen schützt, ist die überwiegende Anzahl der in § 26 Abs. 1 InvG geregelten Fälle von ihm jedenfalls nicht erfasst. Nach seinem Wortlaut, der die Fremdheit der Sache voraussetzt, ist § 366 BGB zudem nur auf Fälle der investmentrechtlichen Miteigentumslösung, nicht jedoch auf solche der Treuhandlösung anwendbar, weshalb eine ausdrückliche Regelung im Sinne des § 26 Abs. 2 S. 4 InvG auch zwecks Vermeidung von Wertungswidersprüchen erforderlich war.
28 Unzutreffend daher *Beckmann*, in: Beckmann/Scholtz/Vollmer, § 31 InvG Rn 28.
29 Insoweit zu defensiv *Schmitz*, in: Berger/Steck/Lübbehüsen, § 31 InvG Rn 31.

II. Strukturierte Produkte

Strukturierte Produkte unterscheiden sich von OTC-Derivaten ganz entscheidend dadurch, dass die Zahlungspflicht des Erwerbers auf den Kauf- bzw. Emissionspreis beschränkt ist. Erwirbt die Kapitalanlagegesellschaft für Rechnung eines von ihr verwalteten Investmentvermögens strukturierte Produkte, die den investmentrechtlichen Vorgaben an den Derivateinsatz nicht genügen, so ist das für den Verkäufer bzw. Emittenten des strukturierten Produkts in aller Regel irrelevant, sobald er den Kauf- bzw. Emissionspreis vereinnahmt hat. Erleidet das Investmentvermögen in der Folge einen Verlust, weil das einstrukturierte Derivat zu einer Minderung der von dem Emittenten des strukturierten Produkts geschuldeten Zahlungen – und damit notwendig auch zu einem geringeren Marktwert des strukturierten Produkts – führt, so beschränken die Konsequenzen der Unzulässigkeit des Erwerbs des strukturierten Produkts sich auf das Verhältnis zwischen der Kapitalanlagegesellschaft und dem Investmentvermögen.

C. Voraussetzungen des Einsatzes von Derivaten

Beim Einsatz von Derivaten in Investmentvermögen stellen sich grundsätzlich drei Fragen. Zunächst ist die Frage nach der **generellen Zulässigkeit** des Derivates für Rechnung des Investmentvermögens zu klären. Ist diese zu bejahen, ist die Frage der **angemessenen Bewertbarkeit** des Derivates zu prüfen. Schließlich ist die **angemessenen Abbildbarkeit im Risikomanagement- und Risikomesssystem** der Verwaltungsgesellschaft zu prüfen. Bei strukturierten Produkten ist zunächst zu prüfen, ob sie eine derivative Komponente enthalten. Ist dies der Fall so gelten für die Derivatkomponenten grundsätzlich die gleichen Voraussetzungen wie für eigenständige Derivate.[30]

Die Frage nach der generellen Zulässigkeit des Derivats lässt sich dabei aufgliedern in die Fragen nach der Zulässigkeit des **Basiswerts**, nach der Zulässigkeit der **Art des Derivats**, nach der Einhaltung der Gesamtgrenze der §§ 51 Abs. 2, 6 Abs. 1 S. 1 DerivateV („**Grenzauslastung**"), nach der Anrechnung des Basiswerts auf die **Ausstellergrenzen** für die Emittenten von Wertpapieren und Geldmarktinstrumenten gemäß §§ 60 InvG, 18, 20 DerivateV, und nach der Einhaltung der **Kontrahentengrenzen** gemäß §§ 21 f DerivateV.

I. Generelle Zulässigkeit eines Derivatgeschäfts

1. Zulässigkeit des Basiswerts

a) Grundsatz und OGAW-Fonds

§ 51 Abs. 1 InvG regelt, welche Derivatgeschäfte generell für Rechnung eines OGAW-Fonds abgeschlossen werden dürfen. Hiernach sind – entsprechend der Vorgabe des Art. 8 Abs. 1 der Richtlinie 2007/16 – grundsätzlich alle Arten von Derivaten zulässig, die sich von einem dort genannten **Basiswert** ableiten. Basiswerte in diesem Sinne sind nach dem InvG und den jeweiligen Vertragsbedingungen zulässige Wertpapiere, Geldmarktinstrumente,[31] Investmentanteile gemäß § 50 InvG, Finanzindizes im Sinne des Art. 9 Abs. 1 der Richtlinie 2007/16,[32] Zinssätze, Wechselkurse und Währungen (siehe auch § 2 Abs. 2 DerivateV). Aus der von § 51 Abs. 1 InvG verwendeten Formulierung „abgeleitet" folgt, dass auch Derivate

---

[30] § 51 Abs. 1 S. 2 InvG.
[31] Da § 51 Abs. 1 S. 1 InvG diesen Begriff – anders etwa denjenigen des Investmentanteils – nicht qualifiziert sollten neben den Geldmarktinstrumenten des § 48 InvG auch diejenigen des § 52 Nr. 2 InvG zulässige Basiswerte darstellen, siehe etwa *Böhringer/Funck*, in: Haisch/Helios, Finanzinstrumente, § 13 Rn 59.
[32] Solche Finanzindizes müssen nicht mehr notwendig auch „anerkannt" sein, siehe nur *Böhringer/Funck*, in: Haisch/Helios, § 13 Rn 62.

zweiter und höherer Ordnung (die ein Derivat eines zulässigen Basiswerts als Basiswert haben) zulässig sind.[33]

11 § 51 Abs. 1 S. 1 InvG bezieht sich nicht ausdrücklich auf **Kreditderivate**; dies ist allerdings auch nicht erforderlich, da die Regelung offen lässt, ob das Derivat vom Marktrisiko oder vom Kreditrisiko der Basiswerte abgeleitet ist. Die Zulässigkeit von Kreditderivaten ist in §§ 16 Abs. 2 Nr. 7, 20 Abs. 2 DerivatV vorausgesetzt und folgt explizit auch aus Art. 8 Abs. 2 der Richtlinie 2007/16.[34] Die frühere – bis zum 30.6.2011 geltende – Fassung des § 6 Abs. 2 Nr. 1 DerivateV nannte **Credit Default Swaps**, die der Absicherung des Kreditrisikos genau zuordenbarer Vermögensgegenstände des Sondervermögens dienen, ausdrücklich als unter dem einfachen Ansatz der DerivateV zulässige Derivate. Die Zulässigkeit des Kreditderivats setzt voraus, dass das Kreditrisiko eines nach der OGAW IV Richtlinie zulässigen Vermögensgegenstandes oder Zinssatzes, Wechselkurses oder Finanzindizes unabhängig von den sonstigen Risiken, die mit dem Vermögenswert verbunden sind, übertragen wird. Das Risiko eines nach der OGAW IV Richtlinie unzulässigen Vermögensgegenstandes darf weder durch Lieferung noch durch Barausgleich auf das Investmentvermögen übertragen werden. CESR führt hierzu in Abschnitt 21 der CESR Guidelines Eligible Assets aus, dass die Risikoanalyse der Produkte mit der höchst möglichen Sorgfalt ausgeführt werden muss, wenn der Kontrahent des **OTC-Kreditderivates** eine mit dem OGAW **verbundene Partei** ist oder wenn der Kontrahent auch Emittent des Basiswerts ist. CESR sieht also in diesen Konstellationen nicht von vorneherein einen Interessenkonflikt, der zum Ausschluss des Produktes führt.

12 Derivate auf **Finanzindizes**, die die Anforderung des Art. 9 Abs. 1 der Richtlinie 2007/16 erfüllen, dh,

- hinreichend **diversifiziert**[35] sind,
- eine adäquate Bezugsgrundlage für den Markt darstellen, auf den sie sich beziehen und
- bei denen eine angemessene Information über die Indexzusammensetzung und -berechnung gewährleistet ist,

sind ausdrücklich zugelassen. Dies gilt auch für Indizes, die auf einer in der Richtlinie nicht ausdrücklich genannten Art von Vermögenswerten basieren, eine Durchschau findet insoweit nicht statt.[36] Für **Hedgefonds-Indizes** gilt das allerdings nur, soweit diese zusätzlich die folgenden Bedingungen erfüllen:[37]

- Der Index wird auf Basis festgelegter Regeln und objektiver Kriterien berechnet.
- Der Index Anbieter nimmt keine Zahlungen von Hedgefonds als Gegenleistung für die Aufnahme in den Index an.
- Die Berechnungsmethode des Index erlaubt keine retrospektive Änderung bereits veröffentlichter Wertangaben.

13 In Abschnitt 22 der CESR Guidelines Eligible Assets ist festgehalten, dass auch **Indizes auf Derivate**, die sich von **Waren** oder **Immobilienvermögen** ableiten, grundsätzlich zulässige Vermögenswerte darstellen, wenn sie die – vorstehend genannten – Voraussetzungen an einen zulässigen Index erfüllen. Bei Indizes erfolgt grundsätzlich keine Durchschau. Ein Derivat auf einen **Warenderivateindex** ist hiernach ein für OGAW zulässiger Vermögensgegenstand, während die Unzulässigkeit von **Warenderivaten** in Art. 8 Abs. 5 der Richtlinie 2007/16 klargestellt ist.

---

33 Siehe etwa *Böhringer/Funck*, in: Haisch/Helios, Finanzinstrumente, § 13 Rn 60.
34 Vgl hierzu auch die Ausführung der Kommission in der Vorbemerkung (10) der Durchführungsrichtlinie.
35 Zur Frage, unter welchen Voraussetzungen ein Finanzindex hinreichend diversifiziert ist, s. Teil 1 Nr. 5 FAQ Eligible Assets sowie die Ausführungen von *Plaschke* in: Beckmann/Scholtz, Kz § 51/§ 27 DerivateV, Rn 36.
36 Vgl hierzu auch die Ausführung der Kommission in der Vorbemerkung (11) der Richtlinie 2007/16.
37 Vgl im Einzelnen CESR/07-434.

C. Voraussetzungen des Einsatzes von Derivaten

Soweit die einem Derivat zugrunde liegenden Vermögenswerte nicht die Voraussetzungen an einen Finanzindex im Sinne der OGAW IV-Richtlinie erfüllen, ist das Derivat nur zulässig, wenn es sich auf einen **Korb zulässiger Vermögenswerte** bezieht.[38]

14

b) Nicht richtlinienkonforme Sondervermögen

Für **Immobilien-Sondervermögen** sind Derivate in der Aufzählung der zulässigen Vermögensgegenstände nicht benannt.[39] Nach hM dürfen Derivate für diesen Fondstyp, im Rahmen des § 51 Abs. 1 S. 1 InvG,[40] nur zur Absicherungszwecken eingesetzt werden, insbesondere zur Absicherung von Währungsrisiken.[41] Die BAFin lässt auch den Einsatz von Credit Linked Notes und Credit Default Swaps zur Absicherung von Mietausfallrisiken zu.[42] Für **Altersvorsorge-Sondervermögen** bestimmt das InvG[43] ausdrücklich, dass Derivatgeschäfte nur zur Absicherung von im Portfolio gehaltenen Vermögensgegenständen gegen Wertverlust getätigt werden dürfen. Darüber hinaus ist nur der Abschluss sog. Gegengeschäfte erlaubt.[44] Letzteres ist erforderlich, um die zur Absicherung eingesetzten Derivate glattstellen zu können, wenn und soweit eine Übersicherung vorliegt, etwa durch Marktwertschwankungen der abgesicherten Vermögensgegenstände oder infolge einer Umstrukturierung des Portfolios. Im Rahmen der Zweckbestimmung des InvG sind Derivate nach § 51 Abs. 1 S. 1 InvG[45] zulässig.[46] Die zulässigen Derivate für **Gemischte Sondervermögen** bestimmen sich uneingeschränkt nach § 51 Abs. 1 S. 1 InvG.[47] Für Infrastruktur-Sondervermögen sind zwar grundsätzlich alle Arten von Derivaten, unabhängig vom Basiswert, zulässig;[48] Derivatgeschäfte dürfen aber nur zur Absicherung von im Portfolio gehaltenen Vermögensgegenständen gegen Wertverlust abgeschlossen werden. Für sog. **Sonstige Sondervermögen** dürfen bis zur Obergrenze des § 90 h Abs. 5 InvG[49] auch Derivate erworben werden, die den Anforderungen des § 51 Abs. 1 S. 1 InvG an den Basiswert nicht genügen („sonstige Derivate").[50] Auf diese Anlagegrenze wird, neben dem Wert der sonstigen Derivate, der Wert der im Portfolio gehaltenen Edelmetalle und unverbrieften Darlehensforderungen angerechnet. Nach Ansicht der BAFin sind die sonstigen Derivate mit ihrem Basiswertäquivalent auf die 30-Pro-

15

---

38 Art. 9 Abs. 2 der Richtlinie 2007/16.
39 §§ 67 ff InvG.
40 § 66 InvG verweist für Immobilien-Sondervermögen auf die Regelung des § 51 Abs. 1 S. 1 InvG.
41 Vgl § 67 Abs. 4 InvG, der für das Währungsrisiko eine Höchstgrenze bestimmt. Der Wert der Währungsrisiken unterliegenden Vermögensgegenstände darf maximal 30 Prozent des Wertes des Sondervermögens betragen. Vermögensgegenstände, deren Währungsrisiko zum Beispiel durch Devisentermingeschäfte abgesichert wurde, müssen nicht auf diese Höchstgrenze angerechnet werden.
42 Vgl Baustein 8 der Muster-Bausteine für „Besondere Vertragsbedingungen" für ein Immobilienvermögen, das keinen Einschränkungen gegenüber den nach dem InvG zugelassenen Anlagemöglichkeiten unterliegt (Variante ohne Anteilsklassen), Stand 25. April 2008, abgedr. in: Beckmann/Scholtz, aaO, Kz 410 vor § 66 Anh. 2.
43 § 88 Abs. 6 S. 1 InvG.
44 § 88 Abs. 6 S. 2 InvG.
45 § 87 InvG verweist für Altersvorsorge-Sondervermögen auf die Regelung des § 51 Abs. 1 S. 1 InvG.
46 Vgl hierzu auch *Hackländer/Iken* in: Beckmann/Scholtz, aaO, Kz 410 § 88 Rn 22 f, die anscheinend zusätzlich fordern, dass Basiswert der Derivate ein im Sondervermögen vorhandener Vermögensgegenstand ist. Grundsätzlich ist denkbar, dass ein Derivat zur Absicherung eines im Portfolio gehaltenen Vermögensgegenstandes eingesetzt wird, ohne dass dieser auch Basiswert des Derivats ist. Die Muster-Bausteine für „Besondere Vertragsbedingungen" für Altersvorsorge-Sondervermögen (vgl den Bearbeiterhinweis zu Baustein 2) sehen insofern diese weitere Einschränkung der zulässigen Basiswerte auch nicht vor.
47 § 83 InvG verweist für Gemischte Sondervermögen auf die Regelung des § 51 Abs. 1 S. 1 InvG.
48 § 90 b Abs. 1 Nr. 1 iVm Abs. 8, § 2 Abs. 4 Nr. 3 InvG.
49 30 Prozent des Wertes des Sondervermögens.
50 Dies ergibt sich aus § 90 h Abs. 1 Nr. 1 InvG.

zent-Grenze anzurechnen.[51] Derivate, die sich auf Basiswerte iSd § 51 Abs. 1 S. 1 InvG beziehen, müssen nicht auf die 30-Prozent-Grenze angerechnet werden. Für **Mitarbeiterbeteiligungs-Sondervermögen** dürfen nur Derivate, die die Voraussetzungen des § 51 Abs. 1 InvG erfüllen,[52] erworben werden. Für **Spezial-Sondervermögen** gelten hinsichtlich des Derivateinsatzes die Vorgaben für OGAW,[53] wenn und soweit die Verwaltungsgesellschaft keine abweichende Vereinbarung in den Vertragsbedingungen nach Maßgabe des § 91 Abs. 3 InvG trifft.[54] Mit Zustimmung der Anleger darf die Verwaltungsgesellschaft mithin Derivate einsetzen, die den Voraussetzungen des § 51 Abs. 1 S. 1 InvG nicht entsprechen.[55]

16 Sogenannte Sondervermögen mit zusätzlichen Risiken (**Single-Hedgefonds**) dürfen per definitionem grundsätzlich in alle Derivattypen investieren.[56] Damit sind auch **Terminkontrakte auf Waren**, die nicht an einem organisierten Markt gehandelt werden, also OTC-Derivate auf Waren, zulässig.[57]

17 Dach-Sondervermögen mit zusätzlichen Risiken (**Dach-Hedgefonds**) dürfen lediglich zur Währungskurssicherung Devisenterminkontrakte verkaufen und Verkaufsoptionsrechte (Puts) auf Devisenterminkontrakte oder Devisen derselben Währung kaufen.[58] Ein weiterer Leverage auf Ebene des Dach-Hedgefonds ist nicht gewollt.

18 Auch bei Fondstypen, für die das InvG keine Einschränkung der Derivate auf **Absicherungszwecke** festlegt, ist die Verwaltungsgesellschaft beim Einsatz der (zulässigen) Derivate nicht völlig frei. Insoweit löst die **Zweckbestimmung in den Vertragsbedingungen** Sorgfaltspflichten aus, durch deren Nichtbeachtung sich die Verwaltungsgesellschaft ggf schadensersatzpflichtig macht.[59] Grundlegend ist insoweit das Urteil des OLG Celle vom 13.5.2009.[60] In dem diesem Urteil zugrunde liegenden Sachverhalt war in den Vertragsbedingungen für das (Spezial-)Sondervermögen vereinbart worden, dass die Derivate „zum Zweck der Absicherung, der effizienten Portfoliosteuerung und der Erzielung von Zusatzerträgen" eingesetzt werden. Das OLG Celle sah in dieser vertraglichen Zweckbestimmung eine Konkretisierung der allgemeinen Pflicht der Verwaltungsgesellschaft das Sondervermögen mit der Sorgfalt eines ordentlichen Kaufmannes zu verwalten. **Reine Risikogeschäfte** seien hiernach im Ver-

---

51 Teil 3 Nr. 2 der FAQ Eligible Assets. Offen bleibt, wie zu verfahren ist, wenn kein (sinnvolles) Delta für den Basiswert berechnet werden kann. Das Delta kann als Sensitivitätskennzahl nur dann sinnvoll interpretiert werden, wenn ein linearer Zusammenhang zwischen dem Wert des Basiswerts und dem Wert des Derivats besteht. Aus diesem Grund beschränkt § 6 Abs. 1 DerivateV den Basiswertäquivalenzansatz auf eine definierte Anzahl einfacher Derivate.
52 § 90 m Abs. 1 Nr. 3 InvG verweist für Mitarbeiterbeteiligungs-Sondervermögen auf die Regelung des § 51 Abs. 1 S. 1 InvG.
53 § 91 Abs. 1 InvG verweist für Spezial-Sondervermögen grundsätzlich auf die Regelung des § 51 InvG.
54 Der gesetzliche Ausnahmefall ist in der Praxis die Regel. Das Muster für „Allgemeine Vertragsbedingungen" für Spezial-Sondervermögen, Stand 7.3.2008, abgedr. in: Beckmann/Scholtz, aaO, Kz 410 vor § 91 Anh. 1, macht von den Möglichkeit des § 91 Abs. 3 InvG Gebrauch und sieht standardmäßig vor, dass Vermögensgegenstände nach § 2 Abs. 4 InvG, ohne die Einschränkungen der §§ 46 ff InvG, für die Sondervermögen erworben werden dürfen, vgl § 5 der Musterbedingungen. Weiterhin ist vorgesehen, dass die Aussteller- und Anlagegrenzen des InvG von der Verwaltungsgesellschaft nicht zu beachten sind, vgl § 7 der Musterbedingungen. In den Besonderen Vertragsbedingungen werden ggf die Einschränkungen für richtlinienkonforme Sondervermögen wieder eingeführt, vgl zB § 4 des Musters für „Besondere Vertragsbedingungen" für ein Spezial-Sondervermögen (OGAW-Vermögensgegenstände), Stand 4.4.2008, abgedr. in: Beckmann/Scholtz, aaO, Kz 410 vor § 91 Anh. 2.
55 Die BAFin hat insofern klar gestellt, dass sie unter den „gesetzlich zulässigen Vermögensgegenständen iSd § 91 Abs. 3 Nr. 2 InvG die in § 2 Abs. 4 InvG genannten Vermögensgegenstände versteht. § 2 Abs. 4 Nr. 3 InvG benennt Derivate ohne weitere Einschränkungen; vgl Teil 2 Nr. 1 der FAQ Eligible Assets.
56 § 112 Abs. 1 S. 1 iVm § 2 Abs. 4 Nr. 3 InvG.
57 Die entsprechende Einschränkung in §§ 112 Abs. 1 iVm 2 Abs. 4 Nr. 10 InvG in der Vorfassung ist durch Inkrafttreten des InvestmentänderungsG vom 21.12.2007 entfallen.
58 § 113 Abs. 2 S. 2 InvG.
59 Gem. §§ 280 Abs. 1, 675 BGB.
60 Abgedr. in WM 2009, 1652–1655.

hältnis der Parteien zu vermeiden. Unter reinen Risikogeschäften versteht das OLG Celle nach den Entscheidungsgründen Derivatgeschäfte, die „mit einem besonderen, nur schwer kalkulierbaren Risiko verbunden" sind. Im konkreten Fall hatte das OLG Optionsgeschäfte, durch die das Sondervermögen (aufgrund der besonderen Umstände des Falls), ohne dass die Verwaltungsgesellschaft „dies hätte verhindern oder beeinflussen können, in die Gefahr einer durch den vorhandenen Aktienbestand nicht gedeckten Lieferverpflichtung und damit in eine Situation, deren Eingehung § 59 InvG verbietet" geriet, als ein solches reines Risikogeschäft eingestuft.

2. Zulässigkeit der Art des Derivats

§ 6 Abs. 1 DerivateV sieht für den Fall, dass die Verwaltungsgesellschaft den sogenannten **einfachen Ansatz** (§§ 15 ff DerivateV) zur Messung des mit den Derivaten verbundenen Risikos verwendet, eine Einschränkung der ihrer Art nach zulässigen Derivatgeschäfte vor. Anders als die bis zum 30.6.2011 geltende Fassung des § 6 Abs. 2 DerivateV[61] enthält die heute geltende Fassung allerdings keine Aufzählung der im einfachen Ansatz regelmäßig zulässigen Arten von Derivaten.[62] Es wird vielmehr nur noch gesagt, dass eine über einen vernachlässigbaren Anteil („Schmutzgrenze")[63] hinausgehende Investition in komplexe Derivate im einfachen Ansatz nicht zulässig ist. Als komplex bzw. exotisch sind dabei solche Derivate anzusehen, für die der einfache Ansatz keine hinreichend genaue Risikomessmethode darstellt, weil eine korrekte Berechnung des zugehörigen Deltas[64] im Regelfall nicht möglich bzw. das Delta sehr volatil ist.[65] Im einfachen Ansatz nicht abbildbar sind daher Derivate auf Investmentanteile[66] und Derivate auf Aktienkörbe und sonstige Baskets.[67]

19

Der einfache Ansatz steht dem sogenannten qualifizierten Ansatz gegenüber. Während der einfache Ansatz (§§ 15 ff DerivateV) den **Basiswertäquivalenzansatz** des seinerzeitigen KAGG weiterführt, erfolgt beim **qualifizierten Ansatz** (§§ 8 ff DerivateV) eine **Value at Risk** (VaR) Messung. Im qualifizierten Ansatz können sich Einschränkungen der ihrer Art nach zulässigen Derivate allenfalls aus der Leistungsfähigkeit der von der Verwaltungsgesellschaft verwendeten Bewertungs-und Risikomanagementsysteme ergeben.[68]

20

Die nunmehr in § 6 Abs. 3 DerivateV geregelte Zulässigkeit im einfachen Ansatz von über einen vernachlässigbaren Anteil („Schmutzgrenze") (s. Rn 19) nicht hinausgehende Investitionen in komplexe Derivate führt zu einem sog. **„mixed approach"**. Danach ist es der Ver-

21

---

61 Danach durften unter dem einfachen Ansatz ausschließlich Terminkontrakte und plain vanilla Optionen sowie Optionsscheine auf zulässige Basiswerte mit Ausnahme von Investmentanteile, Zinsswaps, Währungsswaps und Zins-Währungsswaps und Swaptions erworben werden, sowie Credit Default Swaps zur Absicherung eines einzelnen und genau zuordenbaren Vermögensgegenstandes des Investmentvermögens.
62 Zu § 6 Abs. 2 DerivateV a.F. als Regelvermutung und dem dadurch erzielten Gewinn an Rechtssicherheit siehe etwa *Böhringer/Funck*, in: Haisch/Helios, § 13 Rn 97f.
63 Von einem vernachlässigbaren Anteil kann nach Auffassung der BAFin regelmäßig dann nicht mehr ausgegangen werden, wenn der Anteil komplexer Derivate – unter Zugrundelegung des maximalen Verlustes – 1% des Wertes des Sondervermögens übersteigt, siehe nur Erläuterungen zur Derivateverordnung, zu § 6 Abs. 3 DerivateV, Abs. 1 a.E.
64 Als Delta wird in der Finanzmathematik die Sensitivität des Wertes eines Derivats gegenüber Veränderungen des Preises seines Basiswerts bezeichnet, siehe nur § 17 Abs. 1 DerivateV.
65 BAFin Erläuterungen zur Derivateverordnung, zu § 6 Abs. 3 DerivateV, Abs. 1.
66 Weil diese ihrerseits derivative Komponenten enthalten könnten, die dann nicht hinreichend abgebildet würden, BAFin Erläuterungen zur Derivateverordnung, zu § 6 Abs. 3 DerivateV, Abs. 3.
67 Weil die Berechnung des Deltas Korrelationseffekte der einzelnen Basketbestandteile berücksichtigen müsste und dadurch zu komplex würde, BAFin Erläuterungen zur Derivateverordnung, zu § 6 Abs. 3 DerivateV, Abs. 4.
68 Siehe etwa *Böhringer/Funck*, in: Haisch/Helios, § 13 Rdnr. 57.

waltungsgesellschaft erlaubt, den einfachen Ansatz in Kombination mit zusätzlichen Sicherungsmaßnahmen fortzuführen, wenn sie in geringem Umfang komplexe Derivate einsetzt.[69]

3. Grenzauslastung

22   Hinsichtlich des mit den Derivaten verbundenen **Marktrisikos** gilt gemäß § 51 Abs. 2 InvG, dass sich das Marktrisikopotential des Investmentvermögens durch den Einsatz von Derivaten höchsten verdoppeln darf. Ein **Leverage** des Investmentvermögens durch Derivate ist somit erlaubt. Die Auslastung der Marktrisikogrenze des § 51 Abs. 2 InvG (**Grenzauslastung**) ist gemäß § 6 Abs. 1 DerivateV mindestens auf täglicher Basis zu ermitteln. Zur Ermittlung der Grenzauslastung werden in § 6 Abs. 2 DerivateV zwei alternative Methoden zur Verfügung gestellt: der qualifizierte und der einfache Ansatz (s. Rn 19 f). Während der qualifizierte (Value-at-Risk) Ansatz auf der Messung des potenziellen Risikobetrages für das Marktrisiko des Sondervermögens basiert, geht der einfache Ansatz auf das Konzept eines Investitionsgrads zurück, welcher mittels der Hebelwirkung von Derivaten auf über 100% angehoben werden kann. Absatz 2 spezifiziert, dass die Kapitalanlagegesellschaft selbst für die Wahl des geeigneten Ansatzes verantwortlich ist. Dies soll auf der Basis einer Risikoanalyse sowie einer Betrachtung der eingesetzten Derivate erfolgen.[70]

23   Bei **nicht richtlinienkonformen Sondervermögen** bestimmt die Marktrisikogrenze für den Einsatz von Derivaten sich mit zwei Ausnahmen ebenfalls nach § 51 Abs. 2 InvG.[71] Für Immobilien-Sondervermögen ist entgegen § 51 Abs. 2 InvG ein Leverage durch Derivate nicht erlaubt. Auch in Infrastruktur-Sondervermögen ist ein Leverage durch Derivate nicht zulässig. Dies ergibt sich jeweils aus der Beschränkung des Derivateinsatzes auf einen reinen Absicherungszweck.

24   Der **qualifizierter Ansatz** (§§ 8 ff DerivateV) beruht auf proprietären stochastischen Modellen der Verwaltungsgesellschaft, die den Vorgaben des § 11 DerivateV – der sich an § 315 SolvV anlehnt – genügen müssen. Er unterteilt sich in zwei Methoden, nämlich den absoluten (§ 8 Abs. 1 DerivateV) und den relativen Value-at-Risk Ansatz (§ 8 Abs. 2 DerivateV). Bei Anwendung des relativen Value-at-Risk Ansatzes ist § 9 DerivateV, der das zugehörige Vergleichsvermögen regelt, irrelevant, die Vergleichsgröße ist hier vielmehr der Wert des Sondervermögens selbst. Bei Anwendung des absoluten Value-at-Risk Ansatzes muss für die Messung des Marktrisikos der VaR des Investmentvermögens dem VaR eines nach bestimmten Vorgaben zu bildenden, fiktiven derivatfreien Vergleichsvermögens gegenübergestellt werden. Die eigentliche Schwierigkeit besteht hierbei in der Bildung des Vergleichsvermögens, das grundsätzlich keine Hebeleffekte aufweisen und somit insbesondere keine Derivate oder derivativen Komponenten enthalten darf, und denselben Marktwert haben muss wie das zugehörige Sondervermögen um vergleichbar zu sein.[72] Für Sondervermögen, die Long/Short-Strategien nutzen und für währungsgesicherten Sondervermögen kann allerdings von dem Erfordernis des derivatfreien Vergleichsvermögens abgewichen werden.[73] Unter Umständen kann auch ein Index als Vergleichsvermögen gewählt werden.[74]

25   Beim **einfachen Ansatz** ist der Anrechnungsbetrage für das Marktrisiko zu ermitteln (§ 16 DerivateV) und dem Nettoinventarwert des Sondervermögens (Net Asset Value) gegenüber-

---

69 Siehe auch Teil 1 Nr. 6 der FAQ Eligible Assets.
70 BAFin, Erläuterungen zur Derivateverordnung in der Fassung vom 28.6.2011, zu § 6 Abs. 2, Abs. 1.
71 Die folgenden §§ verweisen auf die Regelung des § 51 Abs. 2 InvG: § 66 InvG für Immobilien-Sondervermögen, § 87 InvG für Altersvorsorge-Sondervermögen, § 83 InvG für Gemischte Sondervermögen, § 90 g InvG für Sonstige Sondervermögen, § 90 l Abs. 2 InvG für Mitarbeiterbeteiligungs-Sondervermögen, § 91 Abs. 2 InvG für Spezial-Sondervermögen.
72 BAFin, Erläuterungen zur Derivateverordnung in der Fassung vom 28.6.2011, zu § 9 Abs. 1, Abs. 1.
73 BAFin, Erläuterungen zur Derivateverordnung in der Fassung vom 28.6.2011, zu § 9 Abs. 1, Abs. 2.
74 BAFin, Erläuterungen zur Derivateverordnung in der Fassung vom 28.6.2011, zu § 9 Abs. 1, Abs. 1.

zustellen (§ 15 Abs. 1 DerivateV). § 16 DerivateV regelt im Einzelnen, wie für verschiedene Arten von Derivaten über das zugehörige Delta (§ 17 DerivateV) das sogenannten Basiswertäquivalent zu ermitteln ist. Bestimmte Derivate dürfen dabei unberücksichtigt bleiben (§ 16a DerivateV). Der Anrechnungsbetrags für das Marktrisiko von Absicherungsgeschäfte kann dazu nach Maßgabe des § 17a DerivateV mit einem negativen Vorzeichen versehen und verrechnet werden, wodurch **Nettingeffekte** eintreten.[75]

4. Anrechnung auf die Ausstellergrenzen

Hinsichtlich des **Emittentenrisikos** gelten die Ausstellergrenzen der §§ **60 und 61 InvG**. Zu diesem Zweck ist gemäß §§ 18, 20 DerivateV jedenfalls – auch wenn zur Ermittlung der Grenzauslastung nach § 51 Abs. 2 InvG der qualifizierte Ansatz verwendet wird – der einfache Ansatz heranzuziehen und die Derivate mit ihrem Basiswertäquivalent – unter Berücksichtigung bestimmter Nettingeffekte (§ 20 Abs. 1 S. 3 DerivateV) – auf diese Ausstellergrenzen anzurechnen. Es erfolgt eine zweifache Prüfung:[76] Zum einen müssen die Basiswertäquivalente der marktkonformen Derivate aufsummiert werden. Hiervon darf die Summe der Basiswertäquivalente der marktgegenläufigen Derivate, denen § 17a DerivateV eine Absicherungswirkung zuerkennt, abgezogen werden (§ 20 Abs. 1 S. 3 DerivateV). Das Ergebnis muss den jeweils geltenden Ausstellergrenzen des InvG genügen. Zum anderen ist die Summe der marktgegenläufigen Derivate, denen gemäß §§ 17a, 20 Abs. 1 S. 3 DerivateV keine Absicherungswirkung zuerkannt wird, den jeweils geltenden Ausstellergrenzen des InvG gegenüber zu stellen.

26

Bei Derivaten auf Indices ist es nach Abschnitt 22 der CESR Guidelines Eligible Assets grundsätzlich ausreichend, wenn im Hinblick auf den Index als solchen die **Emittentengrenzen** gewahrt werden. Die einzelnen Index-Komponenten müssen dagegen nicht auf die Emittentengrenzen angerechnet werden, es erfolgt also auch insoweit keine Durchschau.[77] Da es einen Aussteller im eigentlichen Sinn bei Indizes nicht gibt, ist für die Anrechnung wohl auf den konkreten Index (zB DAX oder NASDAQ 100) als solchen abzustellen.[78]

27

5. Einhaltung der Kontrahentengrenzen

Die Grenzen für das **Kontrahentenrisiko** werden in der DerivateV in § **22 Abs. 1 DerivateV** festgelegt,[79] konzernangehörige Unternehmen im Sinne des § 290 HGB gelten dabei als ein Unternehmen (§ 22 Abs. 8 DerivateV). Sie betreffen praktisch nur **OTC-Derivate**, weil § **27 Abs. 2 DerivateV** die Anrechnung der Derivatkomponente **strukturierter Produkte** (unter dem einfachen Ansatz) lediglich auf die Ausstellerlimite und die Marktrisikoobergrenze vorsieht, nicht jedoch auch auf die Kontrahentenlimite. Die Anrechnung der Derivate für die ein Kontrahentenrisiko besteht – da keine Clearingstelle zwischen geschaltet ist und kein täglicher Margenausgleich stattfindet – ist unabhängig davon, ob die Verwaltungsgesellschaft den einfachen oder den qualifizierten Ansatz verwendet. Die Derivate sind mit ihrem **positiven Wiederbeschaffungswert** zuzüglich eines **Sicherheitszuschlages** auf die Grenze für das Kontrahentenrisiko anzurechnen. Aufrechnungsvereinbarungen und Schuldumwandlungs-

28

---

[75] Im Einzelnen – allerdings noch zur bis zum 30.6.2011 gültigen Fassung der DerivateV – *Böhringer/Funck*, in: Haisch/Helios, § 13 Rn 100 ff.; *Plaschke,* in: Beckmann/Scholtz, aaO, Kz 410 § 51/§§ 15–17 DerivateV.
[76] Vgl. BAFin, Erläuterungen zur Derivateverordnung in der Fassung vom 28.6.2011, zu § 20 Abs. 1, a.E.
[77] So nunmehr auch BAFin, Erläuterungen zur Derivateverordnung in der Fassung vom 28.6.2011, zu § 20.
[78] S. hierzu im Einzelnen *Plaschke* in: Beckmann/Scholtz, Kz 410 § 51/§ 27 DerivateV, Rn 73 f.
[79] OTC-Derivate sind gemäß § 21 Abs. 2 DerivateV nur auf Grund standardisierter Rahmenverträge, für die eine hinreichende Markttiefe gegeben ist, und nur mit einem geeignetem Kreditinstitut oder Finanzdienstleistungsinstitut als Vertragspartner zulässig.

verträge sowie vom Kontrahenten gestellte **Sicherheiten** dürfen unter bestimmten Umständen bei der Anrechnung berücksichtigt werden.[80]

29 Für Sonstige Sondervermögen, Mitarbeiterbeteiligungs-Sondervermögen und Spezial-Sondervermögen sind insoweit spezifische Regeln zu beachten. Für **Sonstige Sondervermögen** gilt, dass weder Derivate nach § 51 Abs. 1 S. 1 InvG, noch sonstige Derivate bestimmten, gesetzlich festgelegten aussteller- oder kontrahentenbezogenen Anlagegrenzen unterliegen.[81] Mithin sind die auf das Kreditrisiko bezogenen Vorgaben der DerivateV auf die Verwaltung Sonstiger Sondervermögen nicht anwendbar. Für den Fall, dass die Verwaltungsgesellschaft ihre Verwaltungstätigkeit für das Sonstige Sondervermögen darauf beschränkte, **ein einziges OTC-Derivat** auf, iSd § 51 Abs. 1 S. 1 InvG, zulässige Basiswerte abzuschließen, hat die BAFin allerdings zusätzliche Zulässigkeitsvoraussetzungen formuliert. Die BAFin setzt für diesen Fall voraus, dass die Basiswerte risikodiversifiziert sind und der Vertragspartner des OTC-Derivats Sicherheiten iSd § 22 Abs. 6 und 7 DerivateV stellt.[82] Zur Frage, wann **Risikodiversifikation** (Risikomischung) angenommen werden darf, hat die BAFin im Rahmen des § 1 InvG Richtlinien entwickelt. Hiernach ist der Grundsatz der Risikomischung idR gewahrt, wenn in mindestens vier Vermögensgegenstände (quantitatives Element) mit unterschiedlichen Anlagerisiken (qualitatives Element) investiert wurde. Die BAFin betont jedoch, dass es sich um eine Einzelfallentscheidung handele, für die letztendlich die Verwaltungsgesellschaft die Verantwortung trage. Im Einzelfall könne eine Risikodiversifikation infolge einer besonderen Gewichtung der Vermögensgegenstände zu verneinen sein, obwohl das quantitative und qualitative Element eingehalten ist.[83] Für die Ermittlung der Auslastung der Marktrisikoobergrenze durch Derivate und strukturierte Produkte mir derivativer Komponente in Sonstigen Sondervermögen gelten die Vorgaben der DerivateV; die Anforderungen an das Risikomanagement gem. § 1 DerivateV[84] und sonstigen allgemeinen Ordnungsvorschriften der DerivateV gelten uneingeschränkt für Sonstige Sondervermögen.[85] Für **Spezial-**

---

80 Zur Begrenzung des Kontrahentenrisikos s. im Einzelnen *Plaschke*, in: Beckmann/Scholtz, aaO, Kz 410 § 51/§§ 21, 22 DerivateV, *Böhringer/Funck*, in: Haisch/Helios, § 13 Rn 139 ff.
81 § 90 g InvG kann entnommen werden, dass § 90 h InvG eine abschließende Sonderregelung hinsichtlich der für Sonstige Sondervermögen geltenden Streuungsvorschriften trifft. Für Derivate gilt hier die in § 90 h Abs. 5 InvG getroffene Streuungsvorgabe. Die §§ 60, 61 InvG sind nicht anwendbar. Insofern laufen die §§ 18 ff, 22 Abs. 8 DerivateV iVm 51 Abs. 3 InvG ins Leere. Die kontrahentenbezogene Anlagegrenze des § 22 Abs. 1 DerivateV iVm § 51 Abs. 3 InvG wird durch die abschließende Sonderregelung des § 90 h InvG verdrängt. Im Ergebnis so auch *Krause/Angsten* in: Beckmann/Scholtz, aaO, Kz 410 § 90 h, Rn 8, Stand 8/09. Der Begründung von *Krause/Angsten* ist jedoch nur teilweise zu folgen. Richtig ist, dass die DerivateV hinsichtlich des Emittentenrisikos keine Anlagegrenzen, sondern lediglich das Anrechnungsverfahren regelt (vgl auch § 51 Abs. 3 Nr. 2 InvG). Entgegen der Ansicht von *Krause/Angsten* deckt die Ermächtigungsgrundlage des § 51 Abs. 3 Nr. 3 InvG jedoch die Regelung der kontrahentenbezogenen Anlagegrenze in § 22 Abs. 1 DerivateV. Der Begriff „nähere Bestimmungen" in § 51 Abs. 3 Nr. 3 InvG ist nicht so zu verstehen, dass die DerivateV für OTC Derivate nur Modalitäten zur Umsetzung der §§ 60, 61 InvG treffen darf. Insofern dürfte § 51 Abs. 3 Nr. 3 InvG nicht von der Bestimmung der Anlagegrenzen für OTC Derivate sprechen, sondern lediglich von einer Anrechnung auf Anlagegrenzen. „Nähere Bestimmungen" ist vielmehr im Sinne von „spezifischen Regelungen" für OTC Derivate in Abgrenzung zu Derivaten, die keinem bzw einem vernachlässigbaren Kontrahentenrisiko unterliegen, zu verstehen. Nur diese Auslegung ist konform mit der OGAW IV Richtlinie. Der Gesetzgeber hat durch § 22 Abs. 1 DerivateV (iVm § 51 Abs. 3 InvG) Art. 52 Abs. 1 S. 2 der OGAW IV Richtlinie umgesetzt.
82 Teil 3 Nr. 3 der FAQ Eligible Assets.
83 Vgl hierzu Abschnitt IV des Schreibens der BAFin vom 28.7.2009 an den BVI zum Grundsatz der Risikomischung, abgedr. in: Beckmann/Scholtz, aaO, Kz 412, Nr. 66.
84 AA *Krause/Angsten* die § 1 DerivateV nur insoweit anwenden wollen, als es um die Einhaltung der Marktrisikoobergrenze des § 51 Abs. 2 InvG geht. Dem ist nicht zu folgen, da § 1 DerivateV eine allgemeine Organisationsvorgabe enthält. § 1 DerivateV bezieht sich neben dem Markt- und Kreditrisiko auf alle mit dem Derivateinsatz verbundenen Risiken, zB auch auf das operationale Risiko.
85 Teil 3 Nr. 2 der FAQ Eligible Assets, sowie § 9 der Musterbedingungen für Allgemeine Vertragsbedingungen für Sonstige Sondervermögen, Stand 26.3.2008, abgedr. in Beckmann/Scholtz, aaO, Kz 410 vor § 90 g Anh. 1.

Sondervermögen darf die Verwaltungsgesellschaft vereinbaren, dass die für richtlinienkonforme Sondervermögen geltenden aussteller- und kontrahentenbezogenen[86] Anlagegrenzen nicht beachtet werden müssen.[87] Für den Fall, dass die Verwaltungsgesellschaft einen **Total Return Swap** abschließt, dh sämtliche Erträge des Spezialfonds werden mit einem Vertragspartner gegen einen anderen Zahlungsstrom getauscht, fordert die BAFin jedoch als zusätzliche Sicherungsmaßnahme, dass der Vertragspartner Sicherheiten nach § 22 Abs. 5 und 6 DerivateV stellt. Außerdem verlangt die BAFin, dass die Erträge, die in das Sondervermögen fließen, aus einem risikodiversifizierten Vermögenspool stammen.[88] Von der Begrenzung des Leverage gem. § 51 Abs. 2 InvG darf die Verwaltungsgesellschaft auch mit Zustimmung der Anleger nicht abweichen.[89] Unklar ist derzeit die Verwaltungsauffassung zu der Frage, ob die Verwaltungsgesellschaft mit Zustimmung der Anleger von den Vorgaben der DerivateV für das Risikomanagement und die Risikomessung abweichen darf. Die gesetzlichen Vorgaben ließen mE eine abweichende Vereinbarung zu.[90] Für **Mitarbeiterbeteiligungs-Sondervermögen** gelten die Vorgaben der DerivateV mit der Besonderheit, dass die Vorgaben der DerivateV zum Kreditrisikomessung entsprechend auf die in § 90 m Abs. 2 S. 3 und S. 4 und Abs. 4 S. 2 InvG definierten spezifischen Anlagegrenzen anzuwenden sind.[91]

---

86 Gem. §§ 91 Abs. 2, 51 Abs. 3 InvG iVm § 22 Abs. 1 DerivateV.
87 Das Muster für „Allgemeine Vertragsbedingungen" für Spezial-Sondervermögen, Stand 7.3.2008, abgedr. aaO, regelt in § 7 Nr. 1 nur die Unbeachtlichkeit der Aussteller- (und Anlagengrenzen) nach InvG. Da § 22 Abs. 1 DerivateV eine zusätzliche kontrahentenbezogene Anlagegrenze für OTC-Derivate normiert (anders als die § 18 ff DerivateV, die lediglich die Anrechnung der Derivate auf die im InvG definierten Ausstellergrenzen regelt), müsste § 7 Nr. 1 der Musterbedingungen mE um die Angabe der § 51 Abs. 3 InvG iVm § 22 Abs. 1 DerivateV ergänzt werden.
88 Zur Frage, unter welchen Voraussetzungen ein risikodiversifizierter Vermögenspool angenommen werden darf, s. oben die Ausführungen zu den Sonstigen Sondervermögen.
89 § 91 Abs. Abs. 3 Nr. 3 InvG.
90 Nach den Musterbedingungen für „Allgemeine Vertragsbedingungen" für Spezial-Sondervermögen, Stand 7. März 2008, abgedr. aaO, sind die Vorgaben der DerivateV iVm § 51 Abs. 3 InvG von der Verwaltungsgesellschaft zu beachten, vgl § 6 der Musterbedingungen.
91 § 90 m Abs. 2 S. 6 und Abs. 4 S. 4 InvG.

§ 27 Kapitalanlagegesellschaften - Einsatz von derivativen Finanzinstrumenten

	Zulässige Derivattypen	Einschränkung der Zweckbestimmung	Leverage	Risikomessung und -management
Immobilien-Sondervermögen	Gem. § 51 Abs. 1 InvG auf zulässige Basiswerte	Nur zu Absicherungszwecken	Kein Leverage durch Derivate erlaubt	Gem. § 51 Abs. 3 InvG iVm DerivateV; str. (aA § 80 b InvG)
Gemischte Sondervermögen	Gem. § 51 Abs. 1 InvG auf zulässige Basiswerte	Keine gesetzl. Einschränkungen	Gem. § 51 Abs. 2 InvG	Gem. § 51 Abs. 3 InvG iVm DerivateV
Altersvorsorge-Sondervermögen	Gem. 51 Abs. 1 InvG auf zulässige Basiswerte	Nur zur Absicherung im Portfolio gehaltener Vermögensgegenstände gegen Wertverlust + Gegengeschäfte	Gem. § 51 Abs. 2 InvG	Gem. § 51 Abs. 3 InvG iVm der DerivateV
Infrastruktur-Sondervermögen	Ohne Einschränkung gem. § 2 Abs. 4 Nr. 3 InvG	Nur zur Absicherung im Portfolio gehaltener Vermögensgegenständen gegen Wertverlust	Kein Leverage durch Derivate erlaubt	Gem. allgemeiner Organisationsvorgaben der Verwaltungsgesellschaft, insb. § 9 a InvG
Sonstige Sondervermögen	Gem. § 51 Abs. 1 InvG auf zulässige Basiswerte + Ohne Einschränkung gem. § 2 Abs. 4 Nr. 3 InvG bis zur 30-Prozent-Grenze des § 90 h Abs. 5 InvG	Keine gesetzl. Einschränkungen	Gem. § 51 Abs. 2 InvG	

C. Voraussetzungen des Einsatzes von Derivaten

	Zulässige Derivattypen	Einschränkung der Zweckbestimmung	Leverage	Risikomessung und -management
Mitarbeiterbeteiligungs-Sondervermögen	Gem. § 51 Abs. 1 InvG auf zulässige Basiswerte	Keine gesetzl. Einschränkungen	Gem. § 51 Abs. 2 InvG	
Spezial-Sondervermögen	Grundsätzlich gem. § 51 Abs. 1 InvG, **mit Zustimmung** des Anlegers ohne Einschränkung gem. § 2 Abs. 4 Nr. 3 InvG	Keine gesetzl. Einschränkungen	Gem. § 51 Abs. 2 InvG	Grundsätzlich gem. § 51 Abs. 3 InvG iVm der DerivateV, mit Zustimmung des Anlegers mE auch Abweichungen erlaubt

II. Angemessene Bewertung der Derivate

30 Für jeden Vermögensgegenstand eines Investmentvermögens gilt, dass für diesen eine angemessene Bewertung möglich sein muss. Anderenfalls könnte der grundsätzlich börsentäglich[92] zu ermittelnde **Nettoinventarwert (Net Asset Value)**[93] bzw der Anteilswert des Sondervermögens nicht korrekt berechnet werden. Für die Zulässigkeit von OTC-Derivaten stellt die OGAW IV Richtlinie unter anderen die Voraussetzung auf, dass die Finanzinstrumente einer „**zuverlässigen und überprüfbaren Bewertung auf Tagesbasis** unterliegen" und jederzeit vom OGAW „zum angemessenen Zeitwert veräußert, liquidiert oder durch ein Gegengeschäft glattgestellt werden können",[94] was in § 21 Abs. 2 S. 4 DerivateV aufgenommen ist. § 36 InvG enthält allgemeine Vorgaben für die Bewertung der Vermögensgegenstände eines Sondervermögens, Einzelheiten sind in der auf § 36 Abs. 5 InvG beruhenden Investment-Rechnungslegungs- und Bewertungsverordnung (**InvRBV**) geregelt. § 24 Abs. 2 S. 4 InvRBV bestimmt, dass die Bewertung eines OTC-Derivats gemäß Art. 8 Abs. 4 Buchst. b der Richtlinie 2007/16/EG zu überprüfen ist. Die Bewertungsregeln des § 36 InvG gelten für **OGAW** und grundsätzlich auch für **nicht richtlinienkonforme Sondervermögen**.[95] Die Bewertung ist grundsätzlich von der Depotbank unter Mitwirkung der Verwaltungsgesellschaft oder von der Verwaltungsgesellschaft selbst durchzuführen.[96]

31 Nach § 36 Abs. 1 S. 2 InvG sind die Vermögensgegenstände des Investmentvermögens grundsätzlich mit dem **Kurswert** zu bewerten. An eine Clearingstelle geleistete **Marginzahlungen** auf börsengehandelte Derivate sind für Bewertungszwecke dem Investmentvermögen zuzurechnen.[97] Für die Ermittlung der Kurswerte der zum Investmentvermögen gehörenden Optionsrechte und -verbindlichkeiten sind die jeweils zuletzt festgestellten Schlusskurse, zu denen zumindest ein Teil der Geschäfte ausgeführt wurde, maßgeblich.[98] Sind die Derivate oder strukturierten Produkte mit Derivatkomponente nicht an einem organisierten Markt zum Handel zugelassen (OTC-Derivate, § 21 Abs. 1 DerivateV) oder ist für sie kein handel-

---

[92] An gesetzlichen Feiertagen im Geltungsbereich des InvG sowie am 24. und 31. Dezember jeden Jahres darf von einer Ermittlung des NAV bzw Anteilswerts abgesehen werden (vgl § 36 Abs. 1 S. 3 InvG bzw, für Immobilien-Sondervermögen, § 79 Abs. 3 S. 2 InvG). Darüber hinaus darf für Infrastruktur-Sondervermögen und Mitarbeiterbeteiligungs-Sondervermögen in den Vertragsbedingungen vereinbart werden, dass die Ermittlung des Anteilswertes nur zu bestimmten Terminen, jedoch mindestens einmal monatlich, erfolgt, §§ 90 d Abs. 1 und 90 o Abs. 1 InvG. Für Spezial-Sondervermögen dürfen grundsätzlich (von der Regelung in § 36 Abs. 1 S. 2 und 3 InvG) abweichende Termine für die Anteilwertermittlung vereinbart werden. Eine Rückausnahme gilt dann, wenn eine andere Kapitalanlagegesellschaft für Rechnung eines Publikums-Sondervermögens in die Anteile des Spezial-Sondervermögens investiert hat, §§ 91 Abs. 2 und 3, 95 Abs. 4 S. 1 InvG.
[93] Wert des Sondervermögens; dieser ergibt sich aus dem Wert (Kurswert oder Verkehrswert) der zum Sondervermögen gehörenden Vermögensgegenstände abzüglich der aufgenommenen Kredite und sonstigen Verbindlichkeiten, vgl § 36 Abs. 1 S. 2 InvG.
[94] Art. 50 lit. g (iii) der OGAW IV Richtlinie.
[95] § 36 InvG gilt, wenn und soweit sich aus den besonderen Vorgaben für die einzelnen Fondstypen des Kapitels 2 InvG nichts anderes ergibt. Für Immobilien-Sondervermögen ist vorrangig § 79 InvG als lex specialis zu beachten. Methode und Termine der Anteilwertermittlung bestimmen sich auch für Immobilien-Sondervermögen über den Verweis in § 79 Abs. 3 InvG nach § 36 InvG. Die Vermögensgegenstände der Immobilien-Sondervermögen sind nach Maßgabe der §§ 79 Abs. 1 und 70 InvG zu bewerten. Ein Überblick über die Bewertungsregeln nach dem Investmentänderungsgesetz vom 21.12.2007 geben *Handrick/Strücker/Sundermann*, Modernisierung der Immobilien-Sondervermögen, in: Kempf, aaO, 165, 168, 177 ff. Für die Bewertung der im Immobilien-Sondervermögen zu Absicherungszwecken eingesetzten Derivate ist, mangels spezifischer Vorgaben in § 79 InvG, auf § 36 InvG zurückzugreifen. Für Spezial-Sondervermögen dürfen, nach Maßgabe der §§ 91 Abs. 2 und 3, 95 Abs. 4 S. 1 InvG, von § 36 InvG abweichende Bewertungsregeln vereinbart werden.
[96] § 36 Abs. 1 S. 2 InvG.
[97] § 36 Abs. 4 S. 2 InvG.
[98] § 36 Abs. 4 S. 1 InvG.

barer Kurs verfügbar, sind sie mit dem **Verkehrswert**,[99] „der bei sorgfältiger Einschätzung nach geeigneten Bewertungsmodellen unter Berücksichtigung der aktuellen Marktgegebenheiten angemessen ist" anzusetzen.[100] Nach gängiger Marktpraxis bieten die Emittenten bzw Kontrahenten von OTC-Derivaten den Verwaltungsgesellschaften die fortlaufende Bewertung der Finanzinstrumente als zusätzliche Dienstleistung an.[101] Für **OTC-Derivate** fordert § 21 Abs. 2 DerivateV ausdrücklich, dass es möglich sein muss, den Wert an jedem Bewertungstag zu bestimmen. Vor Abschluss des OTC-Derivats ist also zu prüfen, ob die angemessene Bewertung des Finanzinstruments über dessen gesamte Laufzeit sichergestellt werden kann. Bestehen hieran Zweifel, darf das OTC-Derivat nicht für Rechnung des Investmentvermögens abgeschlossen werden. Das für die Bewertung des OTC-Derivats herangezogene Bewertungsverfahren muss nachvollziehbar, das heißt für einen Dritten überprüfbar, dokumentiert werden.

Die Richtlinie 2007/16 definiert in Art. 8 Abs. 3 den „**angemessenen Zeitwert**" als den Betrag, „zu dem ein Vermögensgegenstand in einem Geschäft zwischen sachverständigen, vertragswilligen und unabhängigen Geschäftspartnern ausgetauscht bzw eine Verbindlichkeit beglichen werden könnte". Unter einer „zuverlässigen und überprüfbaren Bewertung" ist nach Art. 8 Abs. 4 der Richtlinie 2007/16 eine Bewertung zum angemessenen Zeitwert zu verstehen, die **32**

- sich nicht ausschließlich auf die Marktnotierung des Kontrahenten stützt;
- auf dem verlässlichen, aktuellen Marktwert oder, soweit dieser nicht verfügbar ist, auf einem Preismodell mit anerkannter, adäquater Methodik, basiert;
- entweder von einer Einheit innerhalb des OGAW, die von der Vermögensverwaltung unabhängig ist oder von einem Dritten, der vom Kontrahenten des OTC-Geschäftes unabhängig ist, überprüft wird.

CESR stellt in Abschnitt 21 der CESR Guidelines Eligible Assets für den Fall, dass der **Bewertungscheck von einem Dritten** durchgeführt wird, klar, dass der OGAW für die Richtigkeit der Bewertung verantwortlich bleibt. Das vom Dritten verwendete Bewertungsmodell müsse vom OGAW nachgeprüft werden. Es dürften keine Daten wie zB Korrelationen und Volatilitäten für die Bewertung verwendet werden, die vom OGAW nicht qualifiziert wurden.

Wichtig ist die Feststellung, dass das europäische Regelwerk eine Praxis, nach der sich die Verwaltungsgesellschaft lediglich auf die **Bewertung des Kontrahenten** des OTC-Derivatgeschäfts bezieht, als nicht angemessen ansieht. Die Verwaltungsgesellschaft muss über eigene technische und personelle Ressourcen für die Bewertung der OTC-Derivate verfügen. Dem Hinweis CESRs, dass der OGAW (die Verwaltungsgesellschaft) in jedem Fall für die Bewertung verantwortlich bleibt, lässt sich entnehmen, dass es sich bei der Inanspruchnahme eines Dritten für den Bewertungscheck um eine wesentliche Auslagerung handelt, die entsprechende Auslagerungskontrollen erfordert. Diese Anforderungen des europäischen Regelwerks sind nunmehr in § 24 Abs. 2 S. 2 InvRBV[102] umgesetzt. **33**

---

99 § 24 Abs. 1 S. 2 InvRBV sieht eine Definition des Verkehrswerts als den Betrag vor, „zu dem der jeweilige Vermögensgegenstand in einem Geschäft zwischen sachverständigen, vertragswilligen und unabhängigen Geschäftspartnern ausgetauscht werden könnte". Dies entspricht der Definition des „angemessenen Zeitwerts" von OTC-Derivaten in Art. 8 Abs. 3 der Durchführungsrichtlinie 2007/16/EG; vgl hierzu auch die Ausführungen in Rn 32 f.
100 § 36 Abs. 3 S. 1 InvG.
101 Die InvRBV sieht insofern eine klarstellende Regelung vor, nach der der Verkehrswert auch vom Emittenten, Kontrahenten oder einem sonstigen Dritten ermittelt werden kann. Die Depotbank bzw Verwaltungsgesellschaft darf sich in diesem Fall auf eine (zu dokumentierende) Plausibilitätskontrolle beschränken, vgl § 24 Abs. 3 InvRBV. Für OTC-Derivate gelten zusätzlich die Vorgaben des Art. 8 Abs. 4 lit. b der Richtlinie 2007/16/EG iVm § 24 Abs. 2 S. 2 InvRBV.
102 § 24 Abs. 2 S. 2 InvRBV.

III. Abbildung der Derivate im Risikomanagement- und Risikomesssystem

34 Die **DerivateV** enthält eine Reihe detaillierter Anforderungen an die Risikomessung und das Risikomanagement beim Einsatz von Derivaten. Die konkreten Anforderungen hängen davon ab, ob die Verwaltungsgesellschaft lediglich plain vanilla Derivate einsetzt und den **einfachen Ansatz** für die Risikomessung heranzieht oder ob sie das volle Spektrum an grundsätzlich zulässigen Derivaten (s. Rn 9 f) nutzen möchte und somit den qualifizierten, **VaR-Ansatz** erfüllen muss.[103] Für **synthetische Leerverkaufspositionen** sieht § 4 Abs. 2 DerivateV eine unbedingte Verpflichtung zu ausreichender Deckung des derivativen Geschäfts vor.

35 Generell gilt nach § 9a InvG und **InvMaRisk**, dass die Verwaltungsgesellschaft über ein Risikomanagement verfügen muss, das die Risiken des Sondervermögens – und damit sind alle auftretenden Risikoarten, also zum Beispiel auch das operationelle Risiko, gemeint – unter Verwendung von hinreichend **fortgeschrittenen Risikomanagementtechniken** fortlaufend erfasst, misst und steuert. Wesentliche Merkmale eines solchen angemessenen Risikomanagements ist ein auf das Risikoprofil des Sondervermögens abgestimmtes **Limitsystem**[104] sowie regelmäßige, **geeignete Stresstests**.[105]

36 Werden Derivate ausschließlich zu Absicherungszwecken eingesetzt, darf das Risikomanagement von der Verwaltungsgesellschaft im Rahmen der DerivateV entsprechend einfach gehalten werden.

37 Bei **Hedgefonds** und **Dach-Hedgefonds** wird das Risikomanagement nach gegenwärtiger Rechtslage lediglich durch allgemeine Organisationspflichten der Verwaltungsgesellschaft reguliert, die sich insbesondere aus § 9 a S. 2 Nr. 1 InvG ergeben. Die BAFin fordert in ihrer **Verwaltungspraxis** allerdings zumindest einen VaR Ansatz für das Risikomanagement von Hedgefonds. Spezifische Vorgaben für die Berücksichtigung von Derivaten und strukturierten Produkten mit Derivatkomponente im Risikomanagement und in der Risikomessung für Hedgefonds existieren nicht.[106]

D. Strukturierte Produkte mit derivativer Komponente

38 Gemäß § 27 Abs. 1 DerivateV[107] dürfen **strukturierte Produkte mit derivativer Komponente** für ein Investmentvermögen nur erworben werden, wenn sichergestellt ist, dass keine Komponente, die nicht auch direkt für den Fonds erworben werden dürfte, Einfluss auf das Risikoprofil und die Preisbildung des Produktes hat. Daraus folgt, dass strukturierte Produkte für Zwecke der Zulässigkeitsprüfung in ihre wirtschaftlichen Komponenten zu zerlegen sind. **Derivative Komponenten** strukturierter Produkte müssen den Vorgaben des § 51 Abs. 1 und Abs. 3 InvG in Verbindung mit § 6 DerivateV an die Zulässigkeit von Derivaten genügen, insbesondere erfolgt im gleichen Umfang wie bei Derivaten eine Durchschau auf den Basiswert.

39 Unter welchen Voraussetzungen ein strukturiertes Produkt mit derivativer Komponente anzunehmen ist, wird von der DerivateV nicht definiert. § 27 Abs. 1 a.E. DerivateV stellt lediglich klar, dass nur solche Derivatkomponenten relevant sind, die Einfluss auf **die Preisbildung** und **das Risikoprofil** des gesamten Produktes haben. Die DerivateV verweist im Übrigen implizit – *qua* Anknüpfung an die dort verwendeten Begriffe – auf die Richtlinie 2007/16. Diese spezifiziert den **Begriff des Wertpapieres** und stellt Kriterien für die Annah-

---

103 § 6 DerivateV.
104 BaFin, Erläuterungen zur InvMaRisk, S. 16, 24.
105 Die qualitativen und quantitativen Vorgaben für die Stresstests sind in §§ 23 ff DerivateV geregelt.
106 Vgl im Einzelnen *Kayser/Lindemann*, in: Beckmann/Scholtz, aaO, Kz 410 § 119.
107 Zur Anwendbarkeit der DerivateV auf nicht richtlinienkonforme Sondervermögen s. die Ausführungen in Rn 15.

D. Strukturierte Produkte mit derivativer Komponente

me eines „**Wertpapieres und Geldmarktinstrumentes in die ein Derivat eingebettet ist**" im Sinne der OGAW IV-Richtlinie auf. Dort erfolgt die Abgrenzung zunächst einmal primär negativ: Was danach als (einfaches) „**Wertpapier**" erwerbbar ist, unterliegt nicht den Anforderungen an strukturierte Produkte mit derivativer Komponente.

I. Wertpapiere

1. Allgemeines

Die Richtlinie 2007/16 spezifiziert den **Begriff des Wertpapieres** und stellt Kriterien für die Annahme eines „**Wertpapieres und Geldmarktinstrumentes in die ein Derivat eingebettet ist**" im Sinne der OGAW IV-Richtlinie auf. 40

Die Richtlinie 2007/16 und CESR stellen für den Begriff des Wertpapieres auf eine **formalrechtliche Betrachtungsweise** ab. Als Wertpapiere qualifizierte Finanzinstrumente dürfen **ohne weitere Durchschau** innerhalb der geltenden Anlagegrenzen für ein Sondervermögen erworben werden. Für Finanzinstrumente (Wertpapiere und Geldmarktinstrumente) mit eingebettetem Derivat, nach der Terminologie der DerivateV „**strukturierte Produkte mit derivativer Komponente**" gilt dagegen, dass durch den Einsatz von Derivate die Regelungen der OGAW IV-Richtlinie nicht umgangen werden dürfen. Eine Durchschau auf den Basiswert der derivativen Komponente ist in diesem Fall für die Zulässigkeitsprüfung erforderlich. § 51 Abs. 1 S. 2 InvG bestimmt insoweit ausdrücklich, dass die Regelung des § 51 Abs. 1 S. 1 zur Zulässigkeit von Derivaten auch für Finanzinstrumente mit derivativer Komponente im Sinne der Durchführungsrichtlinie gilt. Gemeint ist damit, dass die Zulässigkeitsvoraussetzung des § 51 Abs. 1 S. 1 InvG auch für die derivative Komponente der relevanten Produkte gilt. 41

Nach der Richtlinie 2007/16 sollen bei Erfüllung der nachstehend dargestellten Voraussetzungen (einfache) „**Wertpapiere**" im Sinne der OGAW IV-Richtlinie vorliegen. Leider unterscheidet die Richtlinie 2007/16 nicht klar zwischen den Kriterien, die „Wertpapiere" von sonstigen Finanzinstrumenten abgrenzen und den Voraussetzungen für den Erwerb der Wertpapiere. Die Richtlinie 2007/16 ist daher für die Zwecke einer eindeutigen Abgrenzung des Begriffs „Wertpapiere" im Sinne der OGAW IV-Richtlinie nur bedingt geeignet. 42

2. Voraussetzungen

a) Keine Nachschusspflicht

Nach Art. 2 Abs. 1 Unterabs. 1 lit. a der Richtlinie 2007/16 kann der potenzielle Verlust, der dem OGAW-Fonds durch die das Halten solcher Instrumente entstehen kann, den dafür gezahlten Betrag nicht übersteigen. Die CESR Guidelines Eligible Assets stellen hierzu klar, dass dies auch für teilweise eingezahlte Wertpapiere gilt. 43

b) Ausreichende Liquidität

Gemäß Art. 2 Abs. 1 Unterabs. 1 lit. b der Richtlinie 2007/16 beeinträchtigt die Liquidität des Finanzinstrumentes nicht die Fähigkeit des OGAW-Fonds zur Rücknahme oder Auszahlung der Anteile, stellt also hinreichende **Portfolioliquidität** sicher. Eine Ausnahme von der **Rücknahme- und Auszahlungsverpflichtung** besteht dann, wenn außergewöhnliche Umstände eine Aussetzung erfordern (**§ 37 InvG**). Für Finanzinstrumente, die an einem organisierten Markt gehandelt werden oder zum Handel zugelassen sind, stellt die Richtlinie 2007/16 die Vermutung auf, dass ausreichende Liquidität gegeben ist. Die Vermutung ist durch entgegenstehende Informationen, die dem OGAW-Fonds vorliegen, widerlegbar. 44

Die CESR Guidelines Eligible Assets fassen das Erfordernis des Art. 2 Abs. 1 Unterabs. 1 lit. b der Richtlinie 2007/16 klarer. Der OGAW müsse das Liquiditätsrisiko eines Finanzinstrumentes berücksichtigen, um in Übereinstimmung mit dem Erfordernis der Portfolioliqui- 45 dität zu sein. Eine **aktive Pflicht zur Analyse** der Liquidität fordert CESR jedoch nur, wenn dem OGAW-Fonds Informationen vorliegen, nach denen ein Finanzinstrument die Portfolioliquidität beeinträchtigen könnte. Explizit stellt CESR hierzu fest, dass für Wertpapiere, die nicht zum Handel an einem organisierten Markt zugelassen sind, die ausreichende Liquidität vom OGAW positiv festgestellt werden muss, um dem Erfordernis der Portfolioliquidität genüge zu tun.

46 Das **Liquiditätsrisiko** werde durch das Handelsvolumen und den Umsatz des Wertpapieres beeinflusst sowie – vorausgesetzt der Preis des Finanzinstrumentes bestimmt sich nach Angebot und Nachfrage – durch das Emissionsvolumen und den Anteil daran, den die Verwaltungsgesellschaft zu kaufen beabsichtigt; ebenso durch die Möglichkeit das Finanzinstrument zu kaufen oder zu verkaufen und den Zeitplan für den Kauf oder Verkauf.[108]

47 Als Folge für den Fall, dass ein Wertpapier als nicht ausreichend liquide beurteilt wird, sieht CESR **kein zwangsläufiges Erwerbsverbot** für das Finanzinstrument vor. Vielmehr dürfe das nicht ausreichend liquide Finanzinstrument gekauft und gehalten werden, soweit das Portfolio ausreichend liquide Wertpapiere enthalte.

48 Die Ausführungen von CESR sind unter mehreren Gesichtspunkten interessant. Zum einen wird klar, dass CESR „ausreichende Liquidität" nicht als ein Definitions- sondern als ein Erwerbskriterium für Wertpapiere sieht. Zum anderen schließt sich CESR der **formalen Betrachtungsweise** an, nach der Liquidität eines Wertpapieres bereits aufgrund einer Zulassung zum Handel an einem organisierten Markt vermutet werden kann. Restriktiver als bis dato in der bisherigen Verwaltungspraxis üblich, ist jedoch die Forderung, dass die ausreichende Liquidität positiv festgestellt werden muss, wenn der Verwaltungsgesellschaft entgegenstehende Anhaltspunkte vorliegen.

c) Verlässliche Bewertbarkeit

49 Nach Art. 2 Abs. 1 Unterabs. 1 lit. c der Richtlinie 2007/16 ist eine verlässliche Bewertung der Instrumente verfügbar. Für Wertpapiere, die an einem organisierten Markt gehandelt werden oder zumindest zum Handel zugelassen sind, fordert Art. 2 Abs. 1 Unterabs. 1 lit. c Nr. i der Richtlinie 2007/16 dass „exakte, verlässliche und gängige Preise" verfügbar sind, die entweder Marktpreise sind oder von einem **emittentenunabhängigen Bewertungssystem** gestellt werden.[109] Für andere Wertpapiere (Art. 2 Abs. 1 Unterabs. 1 lit. c Nr. ii der Richtlinie 2007/16) müsse eine regelmäßige Bewertung durchgeführt werden, die aus Informationen des Wertpapieremittenten oder einer kompetenten Finanzanalyse abgeleitet sind. Die CESR Guidelines Eligible Assets sehen keine Spezifikation dieses Kriteriums vor.

d) Transparenz

50 Nach Art. 2 Abs. 1 Unterabs. 1 lit. d der Richtlinie 2007/16 sind angemessene Informationen über diese Finanzinstrumente verfügbar. Für Wertpapiere, die an einem organisierten Markt gehandelt werden oder zumindest zum Handel zugelassen sind, fordert die Kommission, dass im Markt „regelmäßige, exakte und umfassende" Informationen über das Wertpapier oder ggf das zugehörige Portfolio zur Verfügung stehen. Für andere Wertpapiere reiche es aus, dass das OGAW „regelmäßige und exakte" Informationen über das Wertpapier oder

---

[108] S. zu weiteren Kriterien, nach denen das Liquiditätsrisiko zu bestimmen ist, die CESR Guidelines Eligible Assets, Abschnitt 17, Artikel Referenz 2 (1).

[109] § 23 Abs. 1 InvRBV greift diese Anforderung insofern auf, als er fordert, dass, für die Bewertung der an einem organisierten Markt gehandelten Vermögensgegenstände, der letzte verfügbare handelbare Kurs zugrunde zulegen ist, der eine im Sinne des Art. 2 Abs. 1 (Unterabs. 1) lit. c Nr. i der Richtlinie 2007/16/EG verlässliche Bewertung gewährleistet.

ggf das zugehörige Portfolio erhalte. Die CESR Guidelines Eligible Assets sehen keine Spezifikation dieses Kriteriums vor.

Die Informationen über das zugehörige Portfolio dürften in den Fällen relevant sein, in denen die Entwicklung des Wertpapieres an die Entwicklung anderer Vermögenswerte gekoppelt ist. 51

e) Handelbarkeit

Das in Art. 2 Abs. 1 Unterabs. 1 lit. e der Richtlinie 2007/16 geforderte Kriterium der Handelbarkeit wird von den CESR Guidelines Eligible Assets nicht weiter ausgeführt. CESR stellt hierzu lediglich fest, dass für Wertpapiere, die nicht zum Handel an einem organisierten Markt zugelassen sind, die Handelbarkeit vom OGAW-Fonds positiv festgestellt werden müsse. 52

f) Sonstige Anforderungen

53

Schließlich steht der Erwerb der Finanzinstrumente nach Art. 2 Abs. 1 Unterabs. 1 lit. f der Richtlinie 2007/16 in Einklang mit den Anlagezielen oder der Anlagestrategie oder beidem entsprechend der OGAW IV-Richtlinie und nach Art. 2 Abs. 1 Unterabs. 1 lit. g der Richtlinie 2007/16 werden die Risiken der Finanzinstrumente durch das Risikomanagement des OGAW in angemessener Weise erfasst. Diese Anforderungen wiederholen lediglich die allgemeinen Grundsätze der OGAW IV-Richtlinie für die Verwaltung der Investmentvermögen.

Wenn die Durchführungsrichtlinie auch klar stellt, dass für Zwecke des Investmentrechts von einem formaljuristischen Begriff des Wertpapieres auszugehen ist, der keine Durchschau auf die wertbildenden Faktoren voraussetzt, hat das europäische Regelwerk dennoch die Anforderungen an die Zulässigkeit des Erwerbs von Wertpapieren für Rechnung von Sondervermögen verschärft. **§ 47 Abs. 1 S. 2 InvG** verweist in einer „eins-zu-eins" Umsetzung der Richtlinie 2007/16 direkt auf die dargestellten Maßgaben des Art. 2 der Richtlinie 2007/16. Ggf muss die Verwaltungsgesellschaft **materiell** prüfen, ob für das Papier eine angemessene Transparenz, eine verlässliche Bewertbarkeit und eine ausreichende Liquidität gegeben sind. 54

II. Wertpapiercharakter der Anteile an geschlossenen Fonds und von Referenzprodukten

Die Regelung des Art. 2 Abs. 2 der Richtlinie 2007/16 zu Anteilen an geschlossenen Fonds und zu Finanzinstrumenten, die „durch andere Vermögenswerte besichert oder an die Entwicklung anderer Vermögenswerte gekoppelt" sind (**Referenzprodukte**) stellt klar, dass der Wertpapierbegriff der OGAW IV-Richtlinie grundsätzlich auch Anteile an geschlossenen Fonds sowie Referenzprodukte umfasst. 55

Nach der der Richtlinie 2007/16 zugrunde liegenden formalen Betrachtungsweise können diese Produkte damit grundsätzlich **ohne Durchschau** auf die zugrunde liegenden Werte, innerhalb der für Wertpapiere geltenden Anlagegrenzen erworben werden. Unerheblich ist also, ob sich das Portfolio des geschlossenen Fonds aus für den OGAW-Fonds zulässigen Werten zusammensetzt. Für Referenzprodukte hat die Kommission in Art. 2 Abs. 2 lit. c der Richtlinie 2007/16 explizit festgestellt, dass die Vermögenswerte, die das Finanzinstrument besichern oder an deren Wertentwicklung das Finanzinstrument gekoppelt ist, von den für einen OGAW-Fonds zulässigen Vermögenswerten abweichen können. Gleichzeitig fordert die Kommission jedoch, dass, soweit in die Referenzprodukte eine **Derivatkomponente eingebettet** ist, für diese Komponente die Vorgaben der OGAW IV-Richtlinie für Derivate anzuwenden sind. Hier gilt jedoch, dass durch Derivate die Regelungen der OGAW IV-Richtlinie nicht umgangen werden dürfen. In dem Zusammenspiel dieser beiden Vorgaben – einer- 56 seits formaljuristische Betrachtung der Referenzprodukte als Wertpapiere, andererseits aber auch materielle Prüfung eingebetteter Derivatkomponenten auf die Zulässigkeit der Basiswerte – liegt nunmehr die Crux bei der Überprüfung der Zulässigkeit eines Referenzproduktes für Rechnung eines Investmentfonds.

1. Anteile an geschlossenen Fonds

57 Voraussetzung für die Qualifikation der Anteile an geschlossenen Fonds als Wertpapier ist, dass die in Rn 40 ff dargelegten allgemeinen Kriterien für Wertpapiere vorliegen. Zudem muss die verwaltende Gesellschaft einer **Unternehmenskontrolle** und den einzelstaatlichen **Vorschriften für den Anlegerschutz** unterliegen. Letzteres gilt auch für das Auslagerungsunternehmen für den Fall, dass die Vermögensverwaltung ausgelagert wurde.

58 CESR spezifiziert grundlegende Mindeststandards für die Unternehmenskontrolle. Diese beziehen sich zum einen auf die Rechte der Anteilsinhaber, zum anderen auf die Verwahrung der Vermögensgegenstände des Portfolios und den Fall der Liquidation. So sollte der Anteilinhaber Mitbestimmungsrechte bei den wesentlichen Entscheidungen, die den Fonds betreffen, haben, wie zum Beispiel die Einsetzung und Abbestellung des Vermögensverwalters, die Änderung der Statuten sowie der Anlagerichtlinien, die Verschmelzung oder Liquidation des Fonds. Weiterhin sollten dem Anteilinhaber angemessene Mittel zur Verfügung stehen, die Einhaltung der Anlagerichtlinie zu kontrollieren. Die Vermögensgegenstände des Portfolios sollten von denen des Vermögensverwalters getrennt sein. Die auf den geschlossenen Fonds anwendbaren Liquidationsregeln sollten den Anteilinhaber angemessen schützen.

59 Zudem führt CESR in den CESR Guidelines Eligible Assets zu Art. 2 Abs. 2 der Durchführungsrichtlinie aus, dass ein OGAW-Fonds nicht in Anteile an geschlossenen Fonds investieren darf, um die nach der OGAW IV-Richtlinie geltenden Anlagegrenzen zu umgehen. Hieraus lässt sich schließen, dass hinsichtlich geschlossener Fonds zwar nicht für die Prüfung der Zulässigkeit des Anteilserwerbs auf das zugrunde liegende Portfolio „durchzuschauen" ist, wohl aber für die Frage, ob das zugrunde liegende Portfolio **hinreichend diversifiziert** ist. Mit dem Verweis auf die geltenden Anlagegrenzen bezieht sich CESR sicherlich nicht auf die Marktrisikoobergrenze – Finanzinstrumente, die eine Nachschusspflicht vorsehen, sind ja vom Erwerb ausgeschlossen – sondern auf die Ausstellergrenzen.

2. Referenzprodukte

60 Für die Qualifikation als Wertpapier fordert die Richtlinie 2007/16 grundsätzlich lediglich, dass die in Rn 40 ff dargelegten allgemeinen Kriterien für Wertpapiere vorliegen.

61 Eine wichtige Einschränkung ergibt sich jedoch aus Art. 2 Abs. 3 der Richtlinie 2007/16. Hiernach sind zusätzlich die Anforderung der OGAW IV-Richtlinie für Derivate zu beachten, wenn und soweit in das Referenzprodukt eine **Derivatkomponente eingebettet** ist. In **Art. 10 der Durchführungsrichtlinie** stellt die Kommission Kriterien für das Vorliegen einer eingebetteten Derivatkomponente auf (s. Rn 103 ff).

62 Durch das InvestmentänderungsG vom 21.12.2007 wurden die Anteile an geschlossenen Fonds[110] und die Referenzprodukte[111] in den **Katalog der grundsätzlich zulässigen Wertpapiere** des § **47 InvG** aufgenommen. Für die Erwerbsvoraussetzungen wird direkt auf die dargestellten Vorgaben der Durchführungsrichtlinie verwiesen.[112]

---

110 § 47 Abs. 1 Nr. 7 InvG.
111 § 47 Abs. 1 Nr. 8 InvG.
112 Vgl auch Teil 1 Nr. 13 und 14 FAQ Eligible Assets.

D. Strukturierte Produkte mit derivativer Komponente

III. Derivative Komponente

1. Allgemeine Definition

Die Richtlinie 2007/16 trifft die einleitende Feststellung, dass die Einbettung einer Derivatkomponente in ein Wertpapier oder Geldmarktinstrument nicht dazu führt, dass das gesamte Finanzinstrument zu einem Finanzderivat wird.[113] 63

Gemäß **Art. 10 Abs. 1 der Richtlinie 2007/16** ist bei Vorliegen der folgenden Voraussetzungen eine derivative Komponente in ein Wertpapier oder Geldmarktinstrument eingebettet. 64

- **Die Komponente erzeugt Cashflows, die von einer spezifischen Variable abhängen**

  Gemäß Art. 10 Abs. 1 lit. a der Richtlinie 2007/16 werden einige oder alle Cashflows, die bei dem als Trägerinstrument ("Host") fungierenden Wertpapier/Geldmarktinstrument andernfalls erforderlich wären, in Abhängigkeit von einem spezifischen Zinssatz, Finanzinstrumentspreis, Wechselkurs, Preis- oder Kursindex, Kreditrating oder -index oder einer sonstigen Variablen verändert und variieren daher in ähnlicher Weise wie ein eigenständiges Derivat.

- **Lose Verbindung zwischen Komponente und Basisvertrag**

  Gemäß Art. 10 Abs. 1 lit. b der Richtlinie 2007/16 sind die wirtschaftlichen Merkmale und Risiken der Komponente nicht eng mit den wirtschaftlichen Merkmalen und Risiken des Basisvertrages verbunden.

- **Einfluss auf Risikoprofil und Preisgestaltung des Finanzinstrumentes**

  Gemäß Art. 10 Abs. 1 lit. c der Richtlinie 2007/16 hat die Komponente einen signifikanten Einfluss auf das Risikoprofil und die Preisgestaltung des Wertpapieres oder des Geldmarktinstrumentes.

- **Die Komponente ist nicht frei vertraglich transferierbar**

  Art. 10 Abs. 3 der Richtlinie 2007/16 bestimmt, dass keine eingebettete Derivatkomponente vorliegt, wenn die Komponente unabhängig vom Trägerinstrument vertraglich transferierbar ist. In diesem Fall sei die Komponente vielmehr als eigenes Finanzinstrument zu betrachten.

Die zweite und dritte der in Rn 64 aufgelisteten Voraussetzungen scheinen sich zu widersprechen. Der Widerspruch kann aufgelöst werden, indem man die zweite Voraussetzung in erster Linie auf die **Dokumentation des strukturierten Produktes** bezieht, die dritte Komponente auf die **materielle Auswirkung** der Komponente auf das Risikoprofil und die Preisgestaltung des strukturierten Produktes. 65

2. Beurteilung spezifischer Finanzinstrumente[114]

CESR führt in Abschnitt 23 der CESR Guidelines Eligible Assets beispielhaft aus, für welche „strukturierten Finanzinstrumente" nach den Kriterien der Durchführungsrichtlinie eine Derivatkomponente angenommen werden kann. 66

a) ABS und CDOs

Asset Backed Securities (ABS) und **Collaterized Debt Obligations** (CDO) sind hiernach – unabhängig davon ob sie einem aktiven Management unterliegen oder nicht – grundsätzlich 67

---

113 Begründungserwägung (12) der Durchführungsrichtlinie.
114 Für eine ausführliche Darstellung der aufsichtsrechtlichen Behandlung bestimmter Arten von Referenzprodukten wie zB Inflationsanleihen, Zertifikate auf Edelmetalle oder Hedgefonds-Indizes etc. s. *Plaschke* in: Beckmann/Scholtz, Kz § 51/§ 27 DerivateV, Rn 24–45 sowie *Böhringer/Funck*, in: Haisch/Helios, § 13 Rn 187 ff.

keine strukturierten Produkte mit Derivatkomponente, es sei denn die folgenden Voraussetzungen lägen vor:
- Das Investment in die ABS oder CDOs enthält Leverage (einen Hebel) und es kann eine Nachschusspflicht für die Investoren entstehen.
- Das zugrunde liegende Portfolio ist nicht hinreichend diversifiziert.

68 **Bedeutung:**[115] Vor dem europäischen Regelwerk wurde in der Verwaltungspraxis der BAFin zwischen true sale und synthetischen ABS unterschieden. Bei synthetischen ABS wurde ein strukturiertes Produkt mit derivativer Komponente angenommen. Das zugrunde liegende Portfolio musste grundsätzlich aus für Investmentvermögen zulässigen Vermögensgegenständen bestehen. CDOs schieden vom Erwerb für Rechnung eines Investmentvermögens regelmäßig aus, da hier ein Pool aus unverbrieften Forderungen zugrunde liegt. Ein Erwerb kam lediglich dann in Betracht, wenn das Produkt durch so genanntes „Credit Enhancement" (insbesondere durch Tranchenbildung) vom zugrunde liegenden Portfolio entkoppelt war. Unsicherheit bestand bei der der Behandlung von true sale ABS. Jedenfalls bei true sale ABS mit nur einer Tranche musste das verbriefte Portfolio überprüft werden. Wies dieses für ein Investmentvermögen unzulässige Vermögensgegenstände auf – typischerweise Forderungen – durfte das Produkt nicht für Rechnung eines Fonds erworben werden.

69 Bei ABS-Produkten **ausländischer Emittenten** wurde zudem diskutiert, ob das Produkt als Anteil an ausländischen Fonds zu qualifizieren sei. Eine Qualifizierung des Produktes als Fondsanteil kam – da der Begriff des ausländischen Investmentvermögens vor Inkrafttreten des InvestmentänderungsG materiell definiert worden war[116] – in Betracht, wenn das verbriefte Portfolio einem aktiven Management unterliegt. Eine Erwerbbarkeit des Produktes für Rechnung eines Investmentvermögens wurde bei Annahme eines Fondsanteiles regelmäßig verneint, da das ABS Produkt vom Inhaber nicht jederzeit an den Emittenten zurückgegeben werden konnte.

70 Diese Diskussionen gehören seit Inkrafttreten des InvestmentänderungG vom 21.12.2007 der Vergangenheit an. ABS und CDOs werden nach aktueller Rechtslage grundsätzlich als **Wertpapiere** qualifiziert. Damit ist entschieden, dass für die Frage der Zulässigkeit der Produkte nicht auf das verbriefte Portfolio „durchgeschaut" werden muss. Dies gilt unabhängig davon, ob es sich um ein **true sale** oder um ein **synthetisches Produkt** handelt, ob das zugrunde liegende Portfolio aktiv verwaltet wird oder nicht oder ob Methoden zum „Credit Enhancement" eingesetzt werden oder nicht. Das europäische Regelwerk sieht zu diesem Grundsatz für einen Fall eine Ausnahme vor. Dieser Fall bezieht sich auf **maßgeschneiderte Verbriefungsprodukte** (s. Rn 71). Die BaFin hat diese Auffassung in den FAQ Eligible Assets bestätigt.[117]

71 Allerdings ist zu beachten, dass das europäische Regelwerk gleichzeitig strengere Voraussetzungen für den Erwerb von Wertpapieren für Rechnung eines Fonds formuliert hat (s. Rn 40 ff). **Mangelnde Liquidität** könnte für einige ABS oder CDO Produkte zur Unzulässigkeit führen. Außerdem muss die Verwaltungsgesellschaft die technischen und personellen Ressourcen haben, um die **Bewertung der Produkte** nachvollziehen zu können. Insbesondere für Produkte die komplexe Portfolien verbriefen, dürfte diese Voraussetzung zu einer Erwerbsbeschränkung führen. Schließlich muss die Verwaltungsgesellschaft prüfen, ob das Produkt der Anlagestrategie oder den Anlagezielen des Fonds entspricht sowie das Produkt

---

115 Für eine ausführliche Darstellung der seinerzeitigen Diskussion zur investment-aufsichtsrechtlichen Behandlung von ABS s. *Plaschke* in: Auerbach/Zerey, Handbuch Verbriefungen, 2005, 133; für die aktuelle investment-aufsichtsrechtliche Regulierung von ABS s. *Plaschke* in: Beckmann/Scholtz, Kz 410 § 51/§ 27 DerivateV, Rn 50 ff.
116 Vgl zur aktuellen Definition des ausländischen Investmentanteils § 2 Abs. 9 InvG.
117 Teil 1 Nr. 17 FAQ Eligible Assets.

im Risikomanagement abbilden. Hierfür dürfte regelmäßig eine Analyse des verbrieften Portfolios erforderlich sein.

b) Maßgeschneiderte, hybride Finanzinstrumente

CESR stellt den Grundsatz auf, dass Produkte die – als Alternative zu einem OTC-Derivat – auf die finanziellen Bedürfnisse des OGAW hin entwickelt werden, regulatorisch wie OTC-Derivate zu behandeln sind. Als Beispiel führt CESR für den OGAW maßgeschneiderte **single tranch CDOs** an. In diesem Fall sollen die CDOs als ein strukturiertes Produkt mit derivativer Komponente angesehen werden. 72

c) Sonstige strukturierte Produkte

Beispielhaft zählt CESR die folgenden strukturierten Produkte auf, für die angenommen werden könne, dass sie eine derivative Komponente enthalten: Credit Linked Notes, Wandelanleihen, Aktienanleihen, Bond-Indexzertifikate, Indexzertifikate bezogen auf einen Aktienkorb unabhängig davon, ob der Aktienkorb aktiv verwaltet wird oder nicht oder ob die Rückzahlung des Kapitalbetrages garantiert wird oder nicht. **Aktien-Indexzertifikate** sind in dieser Aufzählung strukturierter Produkte mit potentieller Derivatkomponente nicht benannt. 73

Hierdurch wird klargestellt, dass Art. 2 Abs. 2 lit. c der Richtlinie 2007/16, nach dem Vermögenswerte, die das Finanzinstrument besichern oder an deren Wertentwicklung das Finanzinstrument gekoppelt ist, von den für einen OGAW-Fonds zulässigen Vermögenswerten abweichen können, nicht gilt, wenn die **Koppelung an den Basiswert über ein Derivat** hergestellt wird.[118] 74

Hinsichtlich der derivativen Komponente sind die für Derivate geltenden Vorgaben zu beachten, insbesondere dürfen die Grundsätze und Regeln der OGAW IV-Richtlinie durch die derivative Komponente nicht umgangen werden. Nach CESR sind vor allem die folgenden Vorgaben hinsichtlich der **Derivatkomponente** zu beachten: 75

- Es muss ein Risikomanagement-Prozess implementiert werden, der zu jedem Zeitpunkt das Risiko der Derivatpositionen und deren Beitrag zum Risikoprofil des Portfolios überwacht und misst.
- Das mit den Derivaten insgesamt verbundene Risikopotential darf den Wert (Net Asset Value) des Portfolios nicht überschreiten.
- Einhaltung der für Derivate geltenden Anlagegrenzen – insofern verweist CESR auf die Empfehlung der Kommission vom 27.4.2004 hinsichtlich des Einsatzes von Derivaten in OGAW (2004/383/EC).

CESR betont jedoch, dass eingebettete Derivate bei der Berechnung der Auslastung der **Kontrahentenlimite** grundsätzlich nicht zu berücksichtigen sind. Dementsprechend sieht die DerivateV in § 27 Abs. 2 die Anrechnung der Derivatkomponente (unter dem einfachen Ansatz) lediglich auf die Ausstellerlimite und die Marktrisikoobergrenze vor, nicht jedoch auch auf die Kontrahentenlimite und entspricht insofern den Leitlinien. Eine Ausnahme gilt dann, wenn der Emittent des strukturierten Produktes das Kontrahentenrisiko zugrunde liegender Derivate an den OGAW weitergeben kann. Grundsätzlich liege es in der Verantwortung des OGAW die Einhaltung dieser Anforderungen bezüglich der strukturierten Produkte mit Derivatkomponente zu kontrollieren. Die Art und das Ausmaß der Maßnahmen sind dabei auf das mit der Derivatkomponente verbundene Risiko abzustimmen. Bei Derivatkomponenten ohne signifikantes Risiko dürfen die Maßnahmen entsprechend reduziert werden. 76

---

118 Vgl hierzu auch die Ausführung der Kommission in der Vorbemerkung (8) der Durchführungsrichtlinie.

77 Es ist jedenfalls nicht anzunehmen, dass CESR bei jedem **Bond-Indexzertifikat** oder **Zertifikat bezogen auf einen Aktienkorb** eine Derivatkomponente als gegeben sieht. Dies entspräche einer früheren Ansicht des Branchenverbandes nach der die Referenzierung auf einen Index oder Korb von Vermögensgegenständen stets über einen eingebetteten „Future" hergestellt werde. Anderenfalls würden die Vorgaben der Durchführungsrichtlinie nach denen Referenzprodukte grundsätzlich auch mit unzulässigen Vermögensgegenständen unterlegt sein dürfen, soweit sie die allgemeinen Voraussetzungen für Wertpapiere erfüllen, weitgehend ausgehöhlt werden.

78 Nach einer in der Praxis anerkannten Ansicht ist bei Produkten, die den zugrunde liegenden Index oder Aktienkorb „eins-zu-eins" abbilden, also einer **Direktinvestition** in den (nicht-derivativen) Basiswert entsprechen (sog. **1:1-Produkte**), keine derivative Komponente anzunehmen. Lediglich wenn der Investitionsgrad in den Basiswert – oder Teile des Basiswertes – **gehebelt** ist, sei von einem eingebetteten Termingeschäft auszugehen. Dies steht in Einklang mit der CESR Definition einer Derivatkomponente, nach der die Komponente (hier der Hebel) signifikanten Einfluss auf das Risikoprofil und die Preisbildung des strukturierten Produktes haben muss. Zudem bietet die Ansicht eine handhabbare Methode die Durchführungsrichtlinie und die CESR Guidelines Eligible Assets in Einklang zu bringen. Die BAFin hat die oben dargelegte Ansicht in ihren FAQ Eligible Assets im Grundsatz bestätigt.[119] Gleichwohl ist die BAFin der Auffassung, dass ein Derivat auf ein 1:1-Produkt nur dann zulässig ist, wenn auch der Basiswert des 1:1-Zertifikats für ein Sondervermögen erworben werden darf. Eine **Option auf ein 1:1-Zertifikat auf Rohöl** sei also unzulässig.[120] Weiterhin vertritt die BAFin die Ansicht, dass die wirtschaftlichen Komponenten der „Kapitalgarantie" bei **kapitalgarantierten Zertifikaten** und der „Währungssicherung" bei sog. **Quanto-Zertifikaten** nicht als Derivatkomponenten zu qualifizieren sind.[121] Für die Frage der Behandlung von Indexderivaten wird auf Rn 12 f verwiesen.

79 Der ebenfalls in der Praxis vertretenen Ansicht, nach der Derivatkomponenten durch eine **Kapitalgarantie** gleichsam verpackt werden, so dass das strukturierte Produkt als Wertpapier erworben werden kann, erteilt CESR eine Absage. Die Annahme einer Derivatkomponente sei unabhängig davon, ob die Rückzahlung des Zertifikates zum Nennwert garantiert sei oder nicht.

80 **Wandelanleihen, Aktienanleihen** und **Credit Linked Notes** waren, wenn dies auch von den beaufsichtigten Instituten teilweise kritisiert wurde, bereits vor dem europäischen Regelwerk von der BAFin als strukturierte Produkte mit derivativer Komponente qualifiziert worden. In den FAQ Eligible Assets stellt die BAFin darüber hinaus klar, dass sie auch **Bonuszertifikate, Discountzertifikate**[122] sowie sog. **Cat-Bonds**,[123] dh Hochzinsanleihen über die der Emittent das Risiko finanzieller Schäden durch Naturkatastrophen absichert, als Finanzinstrumente mit derivativer Komponente ansieht.

---

119 Teil 1 Nr. 1, 3 und 4 FAQ Eligible Assets.
120 Teil 1 Nr. 12 FAQ Eligible Assets.
121 Teil 1 Nr. 8 FAQ Eligible Assets.
122 Teil 1 Nr. 9 FAQ Eligible Assets.
123 Teil 1 Nr. 15 FAQ Eligible Assets. Nach ihrer aktuellen Ansicht (Juni 2009) geht die BAFin davon aus, dass Cat-Bonds kein nach § 51 Abs. 1 S. 1 InvG zulässiger Basiswert zugrunde liegt; s. hierzu auch die Ausführungen von *Plaschke* in: Beckmann/Scholtz, Kz § 51/§ 27 DerivateV, Rn 46 ff.

§ 28 Öffentliche Hand

Literatur: *Altmeppen*, Die Einflussrechte der Gemeindeorgane in einer kommunalen GmbH, NJW 2003, 2561 ff; *Birkholz*, Kommunales Debt Management in Deutschland, KWI-Arbeitshefte 12 (2006); *Birkholz/Maaß/von Maravić/Siebart (Hrsg.)*, Public Management – Eine neue Generation in Wissenschaft und Praxis, Festschrift für Christoph Reichard, Potsdam 2006; *Bracht*, Kommunen als geeignete Gegenparteien im Handel mit Derivaten nach dem Finanzmarkt-Richtlinie-Umsetzungsgesetz, WM 2008, 1386 ff; *Bücker*, Finanzinnovationen und kommunale Schuldenwirtschaft, Baden-Baden 1993; *Byok/Jaeger* (Hrsg.), Kommentar zum Vergaberecht, 3. Aufl., Heidelberg 2011; *Dreher/Opitz*, Die Vergabe von Bank- und Finanzdienstleistungen, WM 2002, 413 ff; *Elster*, Anmerkung zu LG Ulm, Urt. v. 22. August 2008, EWiR 2009, 73 f; *Fox*, Derivateeinsatz im öffentlichen Bereich nicht durch überbordende Regelungen ersticken, Blick durch die Wirtschaft, 14.7.1998, 4; *Freiling*, Derivative Finanzgeschäfte der öffentlichen Hand, ZKF 1998, 272 ff; *ders.*, Mindestanforderungen an den Einsatz derivater Finanzierungsgeschäfte durch die öffentliche Hand, Blick durch die Wirtschaft, 18.5.1998, 7; *Frischmuth*, Kommunales Finanzmanagement: Einstufung der Kommunen bei Wertpapierdienstleistungsunternehmen, ZKF 2010, 209 f; *Fuchs* (Hrsg.), Wertpapierhandelsgesetz (WpHG) Kommentar, München 2009; *Gehrmann/Lammers*, Kommunale Zinsswapgeschäfte und strafrechtliches Risiko, KommJur 2011, 41 ff; *Gern*, Deutsches Kommunalrecht, 3. Aufl., Baden-Baden 2003; *Gröpl* (Hrsg.), BHO/LHO Staatliches Haushaltsrecht Kommentar, München 2011; *Hailbronner*, Die Anwendbarkeit des öffentlichen Vergaberechts auf die Vergabe von Finanzdienstleistungen durch öffentlich-rechtliche Kreditinstitute, WM 2002, 1674 ff; *Hashagen/Sommer/Steitz*, Zinsrisikosteuerung und Performancemessung, VM 1999, 107 ff; *Heinze*, Haftung des Wertpapierdienstleisters beim Vertrieb von Zinssatz- und Währungsswaps an kommunale Eigengesellschaften, ZBB 2005, 367 ff; *Henneke/Pünder/Waldhoff* (Hrsg.), Recht der Kommunalfinanzen, München 2006; *Jaskulla*, Verletzung von Beratungs- und Informationspflichten der Bank bei Abschluss eines Swaps mit Tochterunternehmen einer Kommune, WuB I G 1 Anlageberatung 3.05; *Kewenig/Schneider*, Swap-Geschäfte der öffentlichen Hand in Deutschland, WM Sonderbeilage 2/1992, 2 ff; *P. Kirchhof*, Die Steuerung des Verwaltungshandelns durch Haushaltsrecht und Haushaltskontrolle, NVwZ 1983, 505 ff; *Krämer*, Finanzswaps und Swapderivate in der Bankpraxis, München 1999; *Kulartz/Kus/Portz* (Hrsg.), Kommentar zum GWB-Vergaberecht, 2. Aufl., Köln 2009; *Kunze/Bronner/Katz* (Hrsg.), Gemeindeordnung für Baden-Württemberg, B. 1, Stuttgart, Stand März 2011; *dies.* (Hrsg.), Gemeindeordnung für Baden-Württemberg, B. 2, Stuttgart, Stand März 2011; *Lehmann*, Zinsswaps der öffentlichen Hand: Vertragswirksamkeit und Beratungspflichten, BKR 2008, 488 ff; *Morlin*, Die Befugnis kommunaler Unternehmen in Privatrechtsform zu Spekulationsgeschäften am Beispiel von Zinsswaps, NVwZ 2007, 1159 ff; *Müller/v. Stechow*, Einsatz neuer Instrumente bei der Finanzierung – Risiken und Chancen von Zinsderivaten in öffentlichen Haushalten, VOP (heute: Innovative Verwaltung) 1997, 24 ff; *Müller-Wrede* (Hrsg.), GWB-Vergaberecht Kommentar, Köln u.a. 2009; *Noll*, Einsatz derivativer Finanzinstrumente in öffentlichen Haushalten, Finanzwirtschaft 2000, 245 ff, 271 ff; Finanzwirtschaft 2001, 49 ff, 76 ff; *Palandt/Bassenge*, Bürgerliches Gesetzbuch, 70. Aufl., München 2011; *Piduch* (Hrsg.), Bundeshaushaltsrecht, Stuttgart, Stand Januar 2011; *Podewils/Reisich*, Haftung für „Schrott"-Zertifikate? – Aufklärungs- und Beratungspflichten nach BGB und WpHG beim Erwerb von Zertifikaten, NJW 2009, 116 ff; *Pünder/Schellenberg* (Hrsg.), Vergaberecht Handkommentar, Baden-Baden 2011; *Rehn/Cronauge/von Lennep/Knirsch* (Hrsg.), Gemeindeordnung NRW Kommentar, B. 2, Siegburg, Stand Januar 2011; *Reidt/Stickler/Glahs* (Hrsg.), Vergaberecht, 3. Aufl., Köln 2011; *Reinhardt*, Neue kommunale Finanzierungsmodelle und ihre Bewertung durch die Obersten Kommunalaufsichtsbehörden der Bundesländer, LKV 2005, 333 ff; *Rinker*, Der Erwerb von Wetterderivaten als Maßnahme des modernen Risikomanagements für Städte und Gemeinden?, NVwZ 2004, 1452 ff; *Roller/Elster/Knappe*, Spread-abhängige Constant Maturity (CMS) Swaps – Funktionsweise, Risikostruktur und rechtliche Bewertung, ZBB 2007, 345 ff; *Schmidt-Bleibtreu/Hofmann/Hopfauf*, GG, Kommentar zum Grundgesetz, 12. Aufl., Köln 2011; *Schimansky/Bunte/Lwowski* (Hrsg.), Bankrechts-Handbuch, B. 2, 4. Aufl., München 2011; *Schwarz*, Steuerung der Zinsausgaben durch Zinsderivate, Wiesbaden 2001; *Schwintek*, Zur Anlageberatung bei juristischen Personen, EWiR 2005, 661 f; *Städte- und Gemeindebund NRW* (Hrsg.), Finanz- und Zinsmanagement für Kommunen, Handreichung, Oktober 2007, www.kommunen-in-nrw.de (zuletzt abgerufen am 12.6.2012); *Steiner* (Hrsg.), Besonderes Verwaltungsrecht, 8. Aufl., Heidelberg 2006; *Wagner/Steinkemper*, Zum Zusammenspiel von Kartellvergaberecht und Haushaltsvergaberecht. Insbesondere: Die subsidiäre Anwendbarkeit des Haushalts-Vergaberechts auf Vergaben oberhalb der Schwellenwerte, NZBau 2006, 550 ff; *Willenbruch/Bischoff* (Hrsg.), Kompaktkommentar Vergaberecht, 2. Aufl., Köln 2011; *Ziekow*, Die Wirkung von Bereichsausnahmen vom Vergaberecht, VergabeR 2007, 711 ff.

A. Einleitung	1
B. Bund und Länder	8
I. Rechtsgrundlagen für den Abschluss von Derivatgeschäften	8
II. Zulässigkeitsvoraussetzungen	17
1. Grundsätze öffentlichen Haushaltens – Wirtschaftlichkeit und Sparsamkeit	18
2. Konnexität und Spekulationsverbot	21
a) Direkte Konnexität	24
aa) Sachliche Konnexität	27
bb) Übereinstimmung hinsichtlich des zu sichernden Betrags	28
cc) Zeitliche Konnexität	29
b) Weite Konnexität	34
c) Überwachung von Risiken	39
aa) Festlegung der erforderlichen Bonität der Vertragspartner	42
bb) Implementierung von Risikolimits	43
cc) Festlegung von Arten zulässiger derivativer Finanzinstrumente	46
dd) Sicherstellung ausreichenden Know-hows	48
ee) Trennung von Handel und Kontrolle	49
ff) Einrichtung eines Controllings und Berichtwesens	50
3. Formelle Anforderungen	52
III. Vergaberecht	56
IV. Folgen von Verstößen gegen die Haushaltprinzipien auf abgeschlossene Geschäfte	60
1. Grundsatz: Wirksamkeit der Geschäfte	61
2. Ausnahmen: Verstoß gegen ein Verbotsgesetz, offensichtliche Überschreitung der Vertretungsmacht oder Kollusion	64
a) Verstoß gegen § 134 BGB	65
b) Verstoß gegen § 138 BGB	66
c) Missbrauch der Vertretungsmacht	67
V. Haftung von Banken aufgrund Verletzung von Beratungspflichten	71
1. Anlegergerechte Beratung	73
a) Aufklärung über öffentlich-rechtliche Beschränkungen?	74
b) Wissensstand des öffentlichen Vertragspartners	75
2. Anlage- oder objektgerechte Beratung	76
3. Neufassung des WpHG bzgl der Aufklärungspflichten	77
VI. Regressansprüche gegen Amtsträger	78
C. Einsatz von Derivaten in den Kommunen	79
I. Rechtliche Rahmenbedingungen	82
1. Gesetzliche Regelungen	83
2. Runderlasse der Ministerien	86
II. Zulässigkeitsvoraussetzungen	87
1. Allgemeine Haushaltsgrundsätze	88
a) Spekulationsverbot und Konnexität	89
b) Anforderungen aus Runderlassen	90
aa) Beschränkungen auf bestimmte Derivatgeschäfte	91
bb) Besonderheiten bei variablen Zinsverpflichtungen	92
cc) Beschränkungen auf bestehende Kreditgeschäfte	93
dd) Zulassung strukturierter Darlehen	94
ee) Beschränkung bei der Auswahl der Vertragspartner	95
ff) Verschärfung der Voraussetzungen?	96
2. Formelle Vorgaben	97
a) Zuständigkeit	97
b) Anzeige- und Genehmigungspflicht	99
c) Form	108
3. Informations-, Kontroll- und Risikomanagement	110
III. Folgen von Rechtsverstößen auf abgeschlossene Geschäfte	112
1. Nichtigkeit unrechtmäßiger Derivatgeschäfte?	113
a) Handeln „ultra vires"	114
b) Offensichtlicher Missbrauch der Vertretungsmacht und Kollusion	116
c) Fehlende Genehmigung	117
2. Aufsichtsrechtliche Maßnahmen/Rückabwicklung unzulässiger Derivatgeschäfte?	119
3. Haftung der Banken aufgrund Verletzung von Beratungspflichten	122
IV. Anwendung der haushaltsrechtlichen Vorgaben der Gemeindeordnungen auf kommunale Gesellschaften	123

A. Einleitung

Händlern von Derivaten weht der Zeitgeist heftig ins Gesicht: Derivatgeschäfte mit Kommunen sorgen nicht nur für Negativschlagzeilen,[1] sondern beschäftigen inzwischen auch den Bundesgerichtshof.[2] Dabei scheuen die obersten Richterinnen und Richter nicht vor griffigen Formulierungen wie „spekulative Wette"[3] und „Glücksspiel"[4] zurück, um den Charakter der streitgegenständlichen Derivate zu beschreiben.

Im April 2011 debattierte der Finanzausschuss des Deutschen Bundestags über die Frage, ob den Kommunen der Einsatz von Derivaten ganz verboten werden sollte. In diese Richtung zielte auch die aktualisierte Empfehlung zum Einsatz von Finanzderivaten, die die Präsidentinnen und Präsidenten der Rechnungshöfe von Bund und Ländern im Mai 2011 beschlossen haben: „Die Zulässigkeit des Einsatzes von Zinsderivaten in kommunalen Körperschaften sollte vom Gesetz- und Verordnungsgeber grundsätzlich hinterfragt werden."[5]

Indes gilt zu differenzieren: In den Schlagzeilen und vor den Gerichten landeten fast ausschließlich „Spread-Ladder-Swaps" „Memory-Swaps" oder „Spread-Sammler-Swaps" – hochkomplexe Finanzinstrumente, deren Entwicklung schwer zu prognostizieren ist und die daher als besonders riskant gelten. In der Gesamtschau des Schuldenmanagements der öffentlichen Hand stellen dies jedoch spektakuläre Einzelfälle dar. Die meisten der von Gemeinden eingesetzten Derivate sind „plain vanilla" – einfach strukturierte Zinstauschgeschäfte.[6] Von Bund und Ländern wiederum sind Verlustgeschäfte mit Derivaten nicht bekannt. Schon aus ökonomischen Gründen ist es sachgerecht, dass Bund, Länder und Kommunen auch weiterhin Derivatgeschäfte abschließen, um ihre Zinszahlungen abzusichern. Die Bundesvereinigung der kommunalen Spitzenverbände erklärte denn auch in ihrer Stellungnahme zur Anhörung im Finanzausschuss des Bundestages, der Einsatz von Derivaten sei „vor dem Hintergrund hoher Kreditbelastungen" auch in Zukunft erforderlich. Umso wichtiger wird es für die öffentliche Hand, die engen haushaltsrechtlichen Vorgaben im Auge zu behalten: Werden beim Abschluss der Geschäfte Spekulationsverbot und Konnexitätsgebot beachtet und wird der Geschäftshergang gewissenhaft dokumentiert, reduzieren sich die Risiken aus Derivaten auf ein wirtschaftlich vertretbares Maß.

Die Finanzierung öffentlicher Leistungen und staatlicher Einrichtungen insbesondere der Daseinsvorsorge führt seit vielen Jahren zu einem gewaltigen Finanzbedarf der öffentlichen Hand. Die notwendigen Mittel – in den Jahren 2010 und 2011 betrugen die öffentlichen Ausgaben jeweils über 1.100 Mrd. EUR[7] – kann der Staat bislang mit „eigenen" Einnahmen wie Steuern, Gebühren und Beiträgen nicht decken. Damit hat sich die **Verschuldung** der öffentlichen Haushalte zu einem regulären Finanzinstrument entwickelt.[8] Selbst im Boomjahr 2010 betrug das Finanzierungsdefizit der öffentlichen Haushalte (Bund, Länder, Gemeinden,

---

1 „Regelrecht angefixt", Spiegel vom 3.3.2010; „Zocker vom Amt", Spiegel vom 21.3.2011.
2 Über die Entscheidung in BGH 22.3.2011 – XI ZR 33/10, ZIP 2011, 756 hinaus sind mindestens sieben weitere Verfahren betreffend Derivatgeschäfte beim BGH anhängig, darunter auch mehrere mit Kommunen als Beteiligten, siehe Anm. zu BGH ZIP 2011, 762, Fn 1.
3 Vorsitzender Richter Ulrich Wiechers in der mündlichen Verhandlung zu BGH XI ZR 33/10 vom 8.2.2011, zitiert in: „Zocker vom Amt", Spiegel vom 21.3.2011, S. 80.
4 OLG Stuttgart 27.10.2010 – 9 U 148/08, BB 2011, 139.
5 Beschluss der Präsidentinnen und Präsidenten der Rechnungshöfe des Bundes und der Länder vom 6.5.2011: Empfehlungen für den Einsatz derivativer Finanzinstrumente bei Ländern und Kommunen.
6 Bei einer Untersuchung des Deutschen Sparkassen- und Giroverbands fanden sich „Spread-Ladder-Swaps" bei gerade einmal sieben von 552 untersuchten kommunalen Schuldenportfolios, vgl Stellungnahme der Bundesvereinigung der kommunalen Spitzenverbände bei der Öffentlichen Anhörung zu Zinsswap-Geschäften im Finanzausschuss des Deutschen Bundestags, 1.4.2011, S. 5.
7 Quelle (auch im Folgenden): Statistisches Bundesamt, Pressemitteilung Nr. 131, 31.3.2011; Pressemitteilung Nr. 119, 30.3.2012
8 *Birkholz* in: FS Reichard, S. 257.

Sozialversicherung sowie Sonderhaushalte) fast 78 Mrd. EUR.[9] Trotz Schuldenbremse und allgemeinen Stabilisierungsbemühungen ist ein völliger Verzicht auf eine Verschuldung gegenwärtig kaum denkbar. Zinsausgaben sind daher ein gewichtiger Ausgabenfaktor für die öffentlichen Haushalte geworden: 2011 gab die öffentliche Hand schätzungsweise 62 Mrd. EUR zur Tilgung von Zinsverbindlichkeiten aus.[10]

3 Gegen Ende der 80er Jahre bewog der wachsende haushaltsrechtliche Druck die Länder zu einem aktiveren **Schulden- und Zinsmanagement** unter Einbeziehung von Derivaten. Der Bund bedient sich solcher Instrumente erst seit Ende der 90er Jahre. Galten Derivatgeschäfte der öffentlichen Hand zunächst als „reines Hilfsinstrument der ‚Quasi-Bankrotteure'",[11] werden sie heute sowohl auf Bundes- und Landesebene als auch von einer erheblichen Anzahl von Kommunen genutzt. Die jüngsten negativen Erfahrungen einiger Kommunen im Zusammenhang mit derivativen Instrumenten haben zwar zu höherer Aufmerksamkeit der öffentlichen Hand – sowie bisweilen zu strengeren (Verwaltungs-)Vorschriften zum Einsatz der Derivate[12] – geführt; ein nennenswerter Rückgang von Derivatgeschäften ist indes nicht zu verzeichnen. Im Gegenteil: Die Bundesvereinigung der kommunalen Spitzenverbände hat Zinsderivate als einen gewichtigen Faktor dafür identifiziert, dass der Anteil der Zinsausgaben in den Kommunalhaushalten in den letzten Jahren trotz steigender Gesamtverschuldung rückläufig ist.[13]

4 Anders als ein Privater ist die öffentliche Hand in der Entscheidung über das „Ob" und „Wie" der Nutzung derivativer Finanzinstrumente jedoch nicht frei, sondern bei ihrem Einsatz an das Haushaltsrecht und seine leitenden Prinzipien, vor allem die Grundsätze der wirtschaftlichen und sparsamen Mittelverwendung, gebunden. So gibt das **Haushaltsrecht** Bund, Ländern und Gemeinden zum einen die Zielrichtung eines Derivateinsatzes vor. Zwar eignen sich derivative Instrumente nicht nur dazu, am Finanzmarkt bestimmte Risiken zu isolieren und abzusichern, sondern ermöglichen eben auch, an zukünftigen Kursentwicklungen zu partizipieren und damit bewusst Spekulationsgeschäfte einzugehen.[14] Die öffentliche Hand ist jedoch auf Derivate im Rahmen eines Kredit- und Zinsmanagements beschränkt, deren Ziel es ist, Zinsausgaben auf einer erträglichen Bandbreite und langfristig in Relation zu den Steuereinnahmen (Zinssteuerquote) und zu den bereinigten Gesamtausgaben (Zinsausgabenquote) zu steuern.[15] Die öffentliche Hand ist daher in besonderem Maße auf zielgerichtete und risikominimierte Instrumente angewiesen; aus der Bandbreite möglicher derivativer Instrumente kommen somit regelmäßig nur sog. Zinsderivate, also etwa Zinsswaps, kombinierte Zins- und Währungsswaps, Zinsoptionen oder Forward Rate Agreements in Betracht.

5 Haushaltsprinzipien, insbesondere das **Spekulationsverbot**, bestimmen zum anderen die Art und Weise des Derivateinsatzes. Nach allgemeiner Auffassung ist die öffentliche Hand auf die Nutzung solcher Derivate beschränkt, die in einem ausreichenden Zusammenhang

---

9 Statistisches Bundesamt, Pressemitteilung Nr. 131, 31.3.2011.
10 Schätzung des Bunds der Steuerzahler, Stand: 31.1.2011.
11 *Noll* Finanzwirtschaft 2000, 271.
12 ZB in Bayern, Nordrhein-Westfalen, Rheinland-Pfalz, Sachsen und Thüringen betreffend den Einsatz von Derivaten in Kommunen, s. auch Rn 86 ff. Für den Einsatz auf Länderebene wurden vereinzelt zur Risikoreduzierung die Höchstquoten für den Einsatz derivativer Finanzmittel herabgesetzt, vgl Begründung des § 3 Abs. 4 Haushaltsgesetz Sachsen-Anhalt 2010/2011, Haushaltsplan 2010/2011 Sachsen-Anhalt, S. 21. Vereinzelt wurden die Höchstquoten aber ebenso deutlich heraufgesetzt, vgl zB § 2 Abs. 8 Haushaltsgesetz Berlin 2010/2011 ggü § 2 Abs. 7 Haushaltsgesetz Berlin 2008/2009.
13 Stellungnahme der Bundesvereinigung der kommunalen Spitzenverbände bei der Öffentlichen Anhörung zu Zinsswap-Geschäften im Finanzausschuss des Deutschen Bundestags, 1.4.2011, S. 11 f.
14 Vgl anstatt vieler: *Noll* Finanzwirtschaft 2000, 245, 246.
15 Vgl etwa Landesrechnungshof Rheinland-Pfalz, Jahresbericht 1999, 3.1.; Derivatmanagement der Stadt München, Beschluss des Finanzausschusses vom 4.5.2006, S. 20.

mit einem Kreditgeschäft[16] (und seinen spezifischen Risiken) stehen, nach der gebräuchlichen Terminologie damit also „konnex" sind. Bund, Länder und Gemeinden sind haushaltsrechtlich zudem zu einer materiellen Steuerung und Überwachung der Zinsänderungsrisiken aus den Finanzderivaten verpflichtet, was nicht zuletzt Anforderungen an eine angemessene Verwaltungsorganisation mit sich bringt.[17]

Die staatliche Nutzung derivativer Instrumente stellt indes nicht allein die öffentliche Hand vor Herausforderungen, sie führt auch für die Vertragspartner zu Besonderheiten. Zwar werden Derivatvereinbarungen fiskalisch in privatrechtlicher Form abgeschlossen[18] und wird die **Wirksamkeit** solcher Verträge durch die Verletzung von Haushaltsprinzipien in aller Regel nicht berührt. Doch können sich die haushaltsrechtlichen Vorgaben auf die **Beratung** durch die Banken auswirken und damit haftungsrechtliche Folgen haben, wenn der entsprechende Beratungsstandard nicht beachtet wird. Die kürzlich ergangenen Entscheidungen des XI. Zivilsenats des BGH[19] sowie des OLG Stuttgart[20] haben die Position der Anleger gestärkt und lassen für die nahe Zukunft weitere Schadensersatzklagen von Kommunen gegen die sie beratenden Banken erwarten.[21]

Das folgende Kapitel soll einen Überblick über Grundlagen, Voraussetzungen und Grenzen des Einsatzes von Derivaten durch Bund, Länder und Gemeinden geben. Nach einer kurzen Darstellung des rechtlichen Rahmens wird unter dem Stichwort Zulässigkeitsvoraussetzungen auf das die öffentlich-rechtliche Zulässigkeit prägende haushaltsrechtliche Spekulationsverbot und das Konnexitätserfordernis eingegangen. Ein weiterer Abschnitt widmet sich den Rechtsfolgen von Verstößen gegen die zuvor dargestellten Haushaltsprinzipien und den damit zusammenhängenden Haftungsfragen.

B. Bund und Länder

I. Rechtsgrundlagen für den Abschluss von Derivatgeschäften

Der Rahmen für die Inanspruchnahme derivativer Finanzinstrumente durch Bund und Länder wird jährlich, ggf für einen Zeitraum von zwei Jahren, durch die **Haushaltsgesetze** festgelegt. In § 2 Abs. 6 des Bundeshaushaltsgesetzes 2012[22] heißt es etwa:

Das Bundesministerium der Finanzen wird ermächtigt, im Rahmen der Kreditfinanzierung und der Kassenverstärkungskredite im laufenden Haushaltsjahr ergänzende Verträge zur Optimierung der Zinsstruktur und zur Begrenzung von Zinsänderungsrisiken mit einem Vertragsvolumen von höchstens 80 000 000 000 Euro sowie ergänzende Verträge zur Begrenzung des Zins- und Währungsrisikos von Fremdwährungsanleihen mit einem Vertragsvolumen von bis zu 30 000 000 000 Euro abzuschließen. Auf diese Höchstgrenzen werden zusätzliche Verträge nicht angerechnet, die Zinsrisiken aus bereits bestehenden Verträgen verringern oder ausschließen.

In den Haushaltsgesetzen der Länder finden sich überwiegend vergleichbare Formulierungen, die die Landesfinanzminister ermächtigen, derivative Vereinbarungen einzugehen, die

---

16 Kreditgeschäfte in diesem Sinne sind alle Arten der Beschaffung von Fremdkapital, insbesondere auch Schuldverschreibungen.
17 Vgl nur *Freiling* ZKF 1998, 272, 273, 275; Beschluss der Präsidentinnen und Präsidenten der Rechnungshöfe des Bundes und der Länder vom 6.5.2011: Empfehlungen für den Einsatz derivativer Finanzinstrumente bei Ländern und Kommunen, Nr. 3.
18 Vgl schon *Kewenig/Schneider* WM Sonderbeilage 2/1992, 2, 4.
19 BGH 22.3.2011 – XI ZR 33/10, ZIP 2011, 765.
20 OLG Stuttgart 27.10.2010 – 9 U 148/08, BB 2011, 139.
21 Der Freistaat Sachsen hat seinen Städten und Kreisen Schadensersatzklagen wegen riskanter Zinswetten empfohlen; in Sachsen sollen etwa 70 derartige Derivatgeschäfte mit Kommunen abgeschlossen worden sein, FAZ vom 29.8.2011, S. 13.
22 Gesetz über die Feststellung des Bundeshaushaltsplans für das Haushaltsjahr 2012, 22.12.2011, BGBl. I 2011, 2938.

"der Steuerung von Liquiditäts- und Zinsänderungsrisiken sowie der Erzielung günstiger Konditionen bei neuen Krediten und bestehenden Schulden" dienen.[23] Verbreitet sind quoten- oder volumenmäßige Begrenzungen.[24] Darüber hinaus sehen einige Haushaltsgesetze der Länder Sonderregelungen für Wechselkurssicherungsgeschäfte (Fremdwährungsswaps) vor und machen die Aufnahme von Fremdwährungskrediten von einer entsprechenden Absicherung des Wechselkursrisikos abhängig.[25]

10 Eine Ermächtigung zum Abschluss von Derivatgeschäften in den Haushaltsgesetzen ist schon deshalb notwendig, weil das Grundgesetz und die Landesverfassungen sowie die Bundes- und Landeshaushaltsordnungen die **"Vollständigkeit"** des Haushaltsplans gebieten (vgl nur Art. 110 GG, § 11 Abs. 2 BHO).[26]

11 Aus der Sicht des Vertragspartners der öffentlichen Hand mag es ausreichen, wenn diese ihre Kompetenz zur Vereinbarung eines Derivatgeschäfts mit Hinweis auf das jeweilige Haushaltsgesetz legitimieren kann. Öffentlich-rechtlich bedarf die haushälterische Zulassung derivativer Finanzinstrumente aber – wie für vergleichbare Verpflichtungsgeschäfte – ihrerseits einer gesetzlichen Ermächtigung; sie steht unter dem sog. **Gesetzesvorbehalt**.

12 Eine solche gesetzliche Grundlage war lange nicht einfach auszumachen. Verfassungen und Haushaltsordnungen behandeln noch heute überwiegend nur die Kreditaufnahme durch die öffentliche Hand, also eine Begründung von Finanzschulden zur Geldbeschaffung, die mit einer Rückzahlungspflicht verbunden ist.[27] Derivativen Geschäften fehlen indes diese Eigenschaften, weshalb sie nach allgemeiner Auffassung nicht als Kredite oder kreditähnliche Geschäfte gelten.[28] Dennoch stehen Derivatgeschäfte der öffentlichen Hand offensichtlich in engem Zusammenhang mit der Kreditaufnahme, da sie ihrer Bestimmung nach, die Zinsstruktur zu verändern und/oder Zinsänderungsrisiken zu begrenzen, auf die Kreditmodalitäten jedenfalls mittelbar zurückwirken. Aus diesem Grund wird das Recht zur Vereinbarung von derivativen Finanzinstrumenten vielfach als **"Annexkompetenz"** hergeleitet, also als ein zulässiges "Hilfsgeschäft" zur Kreditaufnahme gesehen.[29] Für den Bund findet sich deren Ermächtigungsgrundlage in Art. 115 Abs. 1 GG, § 13 HGrG und § 18 BHO. Für die Länder gibt es entsprechende Vorschriften. Teilweise gehen Literatur und die Landesministerien auch davon aus, eine entsprechende Ermächtigung folge bereits aus den Vorschriften über die Wirtschaftlichkeit der Haushaltsführung (vgl § 7 BHO und § 7 der LHOen).[30]

13 Nachdem sich der Einsatz von Derivatgeschäften durch die öffentliche Hand zunehmend etabliert hat, sind in den letzten Jahren dafür auch ausdrückliche gesetzliche Regelungen geschaffen worden. Für den Bund heißt es in § 4 Abs. 2 des Gesetzes zur Regelung des Schul-

---

23 Vgl zB § 2 Abs. 8 S. 1 Haushaltsgesetz Berlin 2010/2011; § 13 Abs. 3 S. 2 Haushaltsgesetz Bremen 2012; § 13 Abs. 5 S. 3 Haushaltsgesetz Hessen 2010; § 2 Abs. 4 S. 1 Haushaltsgesetz Nordrhein-Westfalen 2011.
24 ZB Festlegung eines Volumens in: § 13 Abs. 3 S. 3 Haushaltsgesetz Bremen 2011; Quote in: § 2 Abs. 6 S. 2 Haushaltsgesetz Rheinland-Pfalz 2011; § 2 Abs. 8 S. 2 Haushaltsgesetz Berlin 2010/2011; ohne Begrenzung in: § 2 Abs. 5 Haushaltsgesetz Mecklenburg-Vorpommern 2010/2011.
25 So zB § 2 Abs. 3 S. 2 Haushaltsgesetz Schleswig-Holstein 2011/2012: "Eine Aufnahme von Fremdwährungskrediten ist zulässig, wenn das damit verbundene Wechselkursrisiko bezüglich Kapital und Zinsen in voller Höhe durch Wechselkurssicherungsgeschäfte ausgeschlossen wird." Ebenso: § 13 Abs. 1 S. 3 Haushaltsgesetz Hessen 2011.
26 Ebenso der Beschluss der Präsidentinnen und Präsidenten der Rechnungshöfe des Bundes und der Länder vom 6.5.2011: Empfehlungen für den Einsatz derivativer Finanzinstrumente bei Ländern und Kommunen, Punkt 2.1. Gemäß Punkt 2.2 empfehlen die Rechnungshöfe zudem, dass für die sich aus Derivatgeschäften ergebenden Einnahmen und Ausgaben eigene Haushaltstitel einzurichten sind.
27 So die Definition etwa bei *Nebel* in: Piduch (Hrsg.) Art. 115 BHO Rn 8.
28 Vgl nur *Noll* Finanzwirtschaft 2000, 271, 272.
29 Vgl nur *Kewenig/Schneider* WM Sonderbeilage 2/1992, 2, 6 ff, 11.
30 Vgl Antwort der Niedersächsischen Landesregierung auf die Kleine Anfrage des MdL Klein (GRÜNE), 10.6.2008, Drucks. 16/269, 4; Landesrechnungshof Rheinland-Pfalz, Jahresbericht 1999, S. 133; dazu zB auch *Freiling* ZKF 1998, 272; *Noll* Finanzwirtschaft 2000, 271, 272.

denwesens des Bundes (BSchuWG), dass *„im Rahmen des jeweiligen Haushaltsgesetzes (…) an den Finanzmärkten eingeführte derivative Finanzierungsinstrumente eingesetzt werden"* können. Ähnlich lautende Ermächtigungen finden sich in vielen Landeshaushaltsordnungen.[31] So gestattet § 18 Abs. 7 der LHO Baden-Württemberg dem Finanzministerium, „Vereinbarungen mit dem Ziel der Optimierung von Kreditkonditionen oder der Steuerung von Zinsänderungsrisiken abzuschließen. Dies gilt für bereits bestehende Kredite, einschließlich deren Anschluss- oder Umfinanzierung, sowie für die im Haushaltsplan vorgesehenen neuen Kredite."[32] Die Landeshaushaltsordnungen von Niedersachsen (§ 34b) und Sachsen (§ 18 Abs. 11) sowie die Landesschuldenordnung von Sachsen-Anhalt (§ 1 Abs. 2) ermächtigen das jeweilige Finanzministerium, „im Rahmen der Kreditfinanzierung ergänzende Vereinbarungen zu treffen, die der Steuerung von Liquiditäts- und Zinsänderungsrisiken sowie der Erzielung günstiger Konditionen und ähnlichen Zwecken bei neuen Krediten oder bestehenden Schulden dienen".

Die jährlichen Haushaltsgesetze konkretisieren die überwiegend in den Haushaltsordnungen getroffenen (speziellen) Regelungen. Deren Anforderungen lassen sich zusammenfassend wie folgt beschreiben:

- Der Abschluss eines Derivatgeschäfts muss in **Beziehung zur Kreditfinanzierung** stehen („im Rahmen der Kreditfinanzierung", „ergänzende Verträge").
- Die öffentliche Hand ist bei der Auswahl der Derivatgeschäfte auf bestimmte **Zwecke** beschränkt; zulässig ist danach die Absicherung des Zinsrisikos, oftmals auch die Optimierung der Zinskosten. Die Vorgaben sind unterschiedlich formuliert *(„Begrenzung/Steuerung von Zinsänderungsrisiken", „Begrenzung des Zins- und Währungsrisikos"* auf der einen, *„Optimierung der Zinsstruktur" und „Optimierung der/Erzielung günstiger Kreditkonditionen"* auf der anderen Seite).
- Für alle oder für bestimmte derivative Finanzinstrumente sind ggf **Höchstgrenzen** zu beachten, die teils als Quoten, teils als nominale Grenzen, bezogen auf den Gesamtbetrag der entsprechenden Kreditgeschäfte, festgeschrieben sind.

Das Haushaltsgesetz 2011/2012 von Schleswig-Holstein enthält darüber hinaus ausdrückliche und ausführliche Festlegungen zur Errichtung und Arbeitsweise eines „Kredit- und Zinsmanagements" (§ 3 Abs. 1 – 5), die vor allem die Verwaltungsorganisation beim Abschluss von Derivatgeschäften betreffen. Diese ähneln den später zu kommentierenden (rein internen) Verwaltungsvorschriften, wie sie auch in anderen Bundesländern bestehen.

Mit den genannten Vorschriften gibt es für die öffentliche Hand verhältnismäßig detaillierte und gesetzliche Regelungen zum Abschluss von Derivatgeschäften. Die Anforderungen an die Abwicklung und das Risikomanagement beim Einsatz derivativer Produkte finden sich hingegen vor allem in verwaltungsinternen Vorschriften.

II. Zulässigkeitsvoraussetzungen

Für den Abschluss von Derivatgeschäften durch den Bund und die Länder werden verschiedene **Zulässigkeitsvoraussetzungen** diskutiert, die folgend zu behandeln sind. Dies sind neben der Konnexität von Kredit- und Derivatgeschäft vor allem verwaltungsinterne Anforderungen an eine Risikosteuerung. Im Weiteren werden neben vergaberechtlichen Aspekten auch die formellen Voraussetzungen an den Abschluss von Derivatgeschäften erörtert.

---

31 § 18 Abs. 7 LHO Baden-Württemberg; § 18 Abs. 6 LHO Schleswig-Holstein; § 34b LHO Niedersachsen; § 18 Abs. 11 LHO Sachsen; für Sachsen-Anhalt greift § 1 Abs. 2 S. 4 Schuldenordnung Sachsen-Anhalt.
32 Ähnlich auch § 18 Abs. 7 LHO Thüringen, nach dem Zinsänderungsrisiken allerdings nicht „gesteuert", sondern „begrenzt" werden sollen.

§ 28 Öffentliche Hand

1. Grundsätze öffentlichen Haushaltens – Wirtschaftlichkeit und Sparsamkeit

18 Als haushaltsrelevante Maßnahmen haben Derivatgeschäfte den Grundsatz der **Wirtschaftlichkeit und Sparsamkeit** der öffentlichen Hand zu beachten (§ 6 Abs. 1 HGrG, § 7 BHO bzw § 7 der LHOen, VV-LHO). Dessen Ziel ist es, ein bestimmtes Ergebnis mit möglichst geringem Mitteleinsatz (Minimalprinzip) oder mit einem bestimmtem Mitteleinsatz das bestmögliche Ergebnis zu erreichen (Maximalprinzip).[33]

19 Die Wirtschaftlichkeit der Mittelverwendung verbietet grundsätzlich nicht, Risiken zu übernehmen, diese müssen aber – wie allgemein – im öffentlichen Interesse liegen.[34] Diese Zweckbindung schließt einen rein spekulativen Einsatz öffentlicher Mittel aus und verbietet die Übernahme unbeschränkter Risiken, verlangt also eine Gewichtung von Nutzen und Risiko des angestrebten Geschäfts. Dies macht nicht zuletzt der eigentlich mit Blick auf ÖPP-Projekte eingeführte § 7 Abs. 2 S. 2 BHO deutlich, nach dem bei der Durchführung einer Wirtschaftlichkeitsuntersuchung *„die mit den Maßnahmen verbundene Risikoverteilung zu berücksichtigen"* ist. Insbesondere für die Kommunen wird die Bindung der öffentlichen Hand an das Gemeininteresse zumeist unter dem Schlagwort des „Spekulationsverbotes" zusammengefasst. Entsprechend wird allgemein gefordert, die Derivatgeschäfte müssten einen ausreichenden Zusammenhang mit den Kreditgeschäften der jeweiligen Körperschaft aufweisen, mithin „konnex" sein. Besteht diese **Konnexität**, soll ein Derivatgeschäft nicht als spekulativ angesehen werden können. Entsprechend heißt es in den Empfehlungen der Rechnungshöfe des Bundes und der Länder:

„Zeitliche und inhaltliche Konnexität, d.h. der materielle Sicherungszusammenhang zwischen Grund- und Derivatgeschäft, sollen gewahrt werden."[35]

20 Welche Anforderungen an die Konnexität konkret zu stellen sind, ist indes Gegenstand zahlreicher Diskussionen. Das Meinungsspektrum reicht von der Forderung einer restriktiven Verwendung von Derivaten für die Absicherung nur jeweils einzelner Kredite mit enger sachlicher und zeitlicher Konnexität bis hin zur Auffassung, nur ein „aktives Debt Management" unter Einbeziehung umfassender Derivatgeschäfte bei weit verstandener Konnexität könne den Prinzipien der Wirtschaftlichkeit und Sparsamkeit gerecht werden.[36] Um den mit dem Abschluss derivativer Geschäfte betrauten Mitarbeitern der Ministerialverwaltung eine Orientierungshilfe zu geben, haben einige Länder die jeweils geltenden Grundsätze in Richtlinien oder Verwaltungsvorschriften spezifiziert.[37]

Den sich aus Spekulationsverbot und Konnexitätserfordernis ergebenden Voraussetzungen an die Nutzung derivativer Finanzinstrumente durch die öffentliche Hand soll im Folgenden näher nachgegangen werden.

---

33 Vgl auch die Verwaltungsvorschrift zu § 7 BHO und die entsprechenden Ländervorgaben.
34 Entsprechend ebenfalls der Grundsatz der Notwendigkeit für die Übernahme von Ausgaben durch die öffentliche Hand in § 6 BHO, sowie die Vorgaben für den Erwerb von Vermögensgegenständen und die Beteiligung an privatrechtlichen Unternehmen der öffentlichen Hand, §§ 63, 65 BHO sowie die wortgleichen Landesvorschriften.
35 Beschluss der Präsidentinnen und Präsidenten der Rechnungshöfe des Bundes und der Länder vom 6.5.2011: Empfehlungen für den Einsatz derivativer Finanzinstrumente bei Ländern und Kommunen, Punkt 1.3.
36 Vgl einerseits *Kewenig/Schneider* WM Sonderbeilage 2/1992, 2, 9 ff; vor allem für Kommunen andererseits *Birkholz* KWI-Arbeitshefte 12 (2006), 29.
37 Beispielsweise für das Saarland: Richtlinien für den Einsatz derivativer Finanzinstrumente im Kreditmanagement des Ministeriums für Finanzen und Bundesangelegenheiten vom 1.9.2004; Mecklenburg-Vorpommern und Berlin (jeweils nicht veröffentlicht).

2. Konnexität und Spekulationsverbot

Das haushaltsrechtliche Spekulationsverbot beruht auf der Erwägung, dass die öffentliche Hand – anders als ein Privater – über die von ihr zwangsvereinnahmten Gelder nicht frei verfügen kann, sondern diese ausschließlich zur Erfüllung ihrer Aufgaben und damit im Gemeinwohlinteresse einzusetzen hat. Dem hat nicht nur die Aufnahme von Krediten zu genügen, die im Hinblick darauf erfolgen muss, die öffentlich-rechtliche Aufgabenerfüllung sicherzustellen. Auch ein spekulativer Charakter von Sicherungsinstrumenten ist auszuschließen. Für Derivatgeschäfte soll diese Voraussetzung über die Kreditaufnahme vermittelt werden. Dem kann nach allgemeiner Auffassung nur dann Genüge getan werden, wenn Kredit- und Derivatgeschäft konnex sind. 21

Die erforderliche Konnexität von Kredit- und Derivatgeschäft wird allgemein durch Anforderungen objektiver und subjektiver Natur beschrieben. **Objektiv konnex** sind die Geschäfte, wenn zwischen ihnen ein gegenständlicher Bezug hinsichtlich Währung, Fälligkeit und Bezugsbetrag besteht, sie also zeitlich, sachlich und volumenmäßig kongruent sind. **Subjektive Konnexität** soll bestehen, wenn das derivative Finanzgeschäft in der Absicht abgeschlossen wird, das Zins- und/oder Währungsrisiko eines bestimmten Kredits zu gestalten.[38] 22

Die Konnexität von Kredit- und Derivatgeschäft kann unterschiedlich stark ausgeprägt sein, ohne zwangsläufig die Grenze zu einer haushaltsrechtlich unzulässigen Spekulation zu überschreiten. Als Grundsatz gilt jedoch: Je enger die Konnexität ist, desto weniger Raum bleibt für den Vorwurf einer Spekulation der öffentlichen Hand. Ob die durch ein derivatives Finanzinstrument eingegangenen Risiken in einem angemessenen Verhältnis zum erwarteten Nutzen stehen und im Gemeininteresse geboten sind, kann letztlich jedoch nur im Einzelfall und abhängig von seiner konkreten Ausgestaltung beurteilt werden. 23

a) Direkte Konnexität

Unproblematisch ist ein derivatives Geschäft der öffentlichen Hand unter dem Gesichtspunkt des Spekulationsverbots jedenfalls dann, wenn es objektiv einen nachweisbaren unmittelbaren Bezug zu einem einzelnen, bereits abgeschlossenen oder zeitgleich abzuschließenden Kreditgeschäft hat und die (Rest-)Laufzeit des Kredits sowie den Kreditbetrag nicht überschreitet (sog. **Micro-Hedging**). Subjektiv muss hinzukommen, dass der Abschluss des Derivatgeschäfts mit dem Ziel erfolgt, die sich aus dem betroffenen Kredit ergebenden Zinsrisiken zu begrenzen. Das eingesetzte derivative Finanzinstrument soll subjektiv also keine neuen Risiken schaffen, sondern allein die bestehenden Risiken minimieren. 24

Erfasst werden damit typischerweise **Zinsänderungsrisiken**. Diese betreffen insbesondere Kredite, für die eine variable Verzinsung vereinbart ist (unbedingtes Zinsänderungsrisiko). Zudem können in die Gruppe des Micro-Hedging solche Geschäfte einbezogen werden, bei denen wegen der Aufnahme von Fremdwährungskrediten **Wechselkursrisiken** bestehen. Dementsprechend erlauben zahlreiche Formulierungen der Haushaltsgesetze und Haushaltsordnungen dem Bund und den Ländern, derivative Finanzinstrumente zur Begrenzung und Steuerung von Zinsänderungsrisiken einzusetzen. 25

Eine direkte Konnexität wird allgemein als gegeben angesehen, wenn das Derivatgeschäft folgenden – kumulativ zu verstehenden – Maßgaben folgt, innerhalb derer Raum für verschiedene Gestaltungsmöglichkeiten bleibt: 26

---

[38] Vgl zB *Jahn* in: Schimansky/Bunte/Lwowski (Hrsg.) Bankrechts-Handbuch, § 114 Rn 110b; *Freiling* ZKF 1998, 272; *Noll* Finanzwirtschaft 2000, 271, 274; *Kewenig/Schneider* WM Sonderbeilage 2/1992, 2, 9 f.

aa) Sachliche Konnexität

27 **Sachlich konnex** ist ein derivatives Geschäft dann, wenn es konkret auf die Risiken eines oder mehrerer konkreter Kredite angepasst ist.

Bei **variabel verzinsten** Krediten der öffentlichen Hand kommen dafür beispielsweise Caps in Betracht, die die öffentliche Hand gegen eine Überschreitung bestimmter Zinsgrenzen absichern. Denkbar sind auch Zinsswaps oder Swaptions zum (späteren) Tausch variabler in feste Zinssätze, zum Tausch verschiedener variabler (aber auch fester) Zinssätze oder Kombinationen verschiedener Instrumente, wobei hinsichtlich der haushaltsrechtlichen Konformität insbesondere auch der erwarteten Entwicklung der variablen Zinssätze Bedeutung zukommt. Zur Begrenzung von Zinsänderungsrisiken genügt den Anforderungen an eine wirtschaftliche und sparsame Haushaltsführung grundsätzlich ein Geschäft, mit dem ein variabler gegen einen festen Zinssatz getauscht wird, der unter dem variablen liegt. Die gebotene Verhältnismäßigkeit zwischen Sicherungsinteresse und Kosten lässt sich dabei regelmäßig nur im Einzelfall feststellen.

Bei einer **Kopplung von Derivatgeschäften**, wie der Kombination zweier Zinsswaps, wird die direkte sachliche Konnexität auf den ersten Blick fraglich, wenn das zweite Geschäft nicht unmittelbar auf den Kredit, sondern auf den ersten Swap Bezug nimmt und dessen wirtschaftliche Folgen „neutralisieren" soll. Wirtschaftlich dient dies nicht mehr der Zinssicherung des originären Kredits; der enge gegenständliche Zusammenhang von Derivat- und Kreditgeschäft wird daher aufgehoben. Derartig gestaltete, in der Praxis vielfach vorgenommene Derivatkopplungen werden im Ergebnis gleichwohl den Anforderungen des Haushaltsrechts genügen, da es möglich sein muss, nicht mehr benötigte oder ökonomisch nicht mehr sinnvolle Geschäfte auch wieder aufzuheben und Risiken aus einer Vertragsposition zu streuen.

bb) Übereinstimmung hinsichtlich des zu sichernden Betrags

28 Direkt konnex sind Grund- und Derivatgeschäft grundsätzlich dann, wenn ihre **Nominalbeträge** identisch sind, oder auch, wenn das Derivat einen geringeren als den Kreditbetrag umfasst. Letzteres ergibt sich schon daraus, dass, von einzelnen Ausnahmen abgesehen, Kreditaufnahmen auch ganz ohne Absicherungsgeschäfte vorgenommen werden dürfen. Nicht mehr konnex sind nach weit überwiegender Auffassung hingegen Überschreitungen. Denn geht die Absicherung durch ein Derivatgeschäft über das existierende Risiko hinaus (sog „Overhedging"), ist das Geschäft potentiell spekulativ.

cc) Zeitliche Konnexität

29 Überschreitet die **Laufzeit** des Derivats die des zugrundeliegenden Kreditgeschäfts nicht, sind beide zeitlich konnex. Ein Derivatgeschäft kann dementsprechend auch für die Restlaufzeit eines laufenden Kredits eingegangen werden. Nicht erforderlich ist es also, dass Derivat- und Kreditgeschäft zeitgleich abgeschlossen werden.[39] Auch derivative Finanzinstrumente für zukünftige Kredite können unter bestimmten, teilweise in Verwaltungsvorschriften näher geregelten Umständen noch den Anforderungen an die zeitliche Konnexität entsprechen. Gemäß den für das Kreditmanagment des saarländischen Finanzministeriums geltenden Derivatrichtlinien ist dies beispielsweise der Fall, wenn „es sich innerhalb des Finanzplanzeitraums um eine Anschlussfinanzierung fällig werdender Kredite oder um die Sicherung von Konditionen für im laufenden Haushaltsjahr neu aufzunehmende Kredite" handelt. Die Landeshaushalts-

---

39 Statt vieler: *Kewenig/Schneider* WM Sonderbeilage 2/1992, 2, 10.

ordnung Schleswig-Holstein nimmt demgegenüber auf Anschlusskredite für die „im Finanzplanungszeitraum fälligen Darlehen" Bezug.[40]

Direkt konnex ausgestalteten Zinssicherungsgeschäften ist gemeinsam, dass sie grundsätzlich ein haushaltsrechtlich unzulässiges spekulatives Element ausschließen. Dementsprechend gelten für diese Geschäfte oftmals keine gesetzlichen **Höchstgrenzen**, jedenfalls soweit „zusätzliche Verträge (…), die Zinsrisiken aus bereits bestehenden Verträgen verringern oder ausschließen", betroffen sind.[41] Dennoch sehen Haushaltsgesetze (und im Einzelfall auch die Haushaltsordnungen) von Bund und Ländern teilweise auch für konnexe derivative Instrumente quotenmäßige oder nominale Begrenzungen vor.[42] 30

Besonderheiten sind bei der Absicherung von **Währungsrisiken** zu beachten. Für diese gelten nach den Haushaltsordnungen bzw. Haushaltsgesetzen vielfach Spezialregelungen. In der Regel schreiben diese einen obligatorischen Einsatz sichernder Derivatgeschäfte ausdrücklich vor, sofern die Aufnahme von Fremdwährungskrediten überhaupt für zulässig erachtet wird. Daraus folgt, dass ein entsprechendes Derivat notwendigerweise die gesamte Dauer der Kreditlaufzeit und die Höhe des gesamten Kreditbetrags abdecken muss. Dies schließt neben dem eigentlichen Kreditbetrag auch die zu leistenden Zinszahlungen mit ein.[43] 31

Gleichfalls gesondert zu beantworten ist die Frage, ob Kreditvereinbarungen mit **fester Verzinsung** ebenfalls Zinsrisiken bergen, die durch Derivatgeschäfte gesichert werden können. In der Praxis der Bundesländer ist hier vor allem an den Tausch fester in variable Zinssätze mit dem Ziel der Reduzierung des Zinsbetrags zu denken.[44] Streng genommen werden Zinsrisiken in dieser Variante nicht gesichert, es sei denn, man argumentiert, dass feste Zinssätze wegen der sich ändernden Marktbedingungen „relativen Zinsschwankungen" unterliegen, die durch entsprechende Derivate ausgeglichen werden können. 32

Ausweislich der Formulierungen in den Haushaltsgesetzen bzw Haushaltsordnungen („Optimierung der Kreditkonditionen", „Erzielung günstiger Konditionen") verstehen Bund und Länder derartige Geschäfte nicht als Zinssicherungs-, sondern als **Zinsoptimierungsinstrumente**, die unter dem Gesichtspunkt ökonomischer Effizienz sinnvoll und auch haushaltsrechtlich zulässig sein können. Den Anforderungen an eine direkte Konnexität zu den zugrunde liegenden Kreditgeschäften kann zeitlich und volumenmäßig genügt werden. In sachlicher Hinsicht liegt das Problem hingegen darin, dass mit Zinsoptimierungsgeschäften, die unmittelbar der Erzielung von Zusatzerträgen dienen, die ursprüngliche Risikosituation nicht abgeschwächt, sondern sogar verstärkt werden kann und der erwirtschaftete Zinsvorteil auch nicht unmittelbar einem oder mehreren spezifizierten Krediten zugutekommt. Auch wenn man solche derivativen Instrumente nicht mehr als strikt konnex ansehen möchte, sagt dies – wie schon die gesetzlichen Ermächtigungen zeigen – noch nichts über ihre haushaltsrechtliche Zulässigkeit aus. Insofern ist nicht zuletzt im Auge zu behalten, dass Bund und Länder auch Kreditverbindlichkeiten mit einem variablen Zinssatz eingehen könnten. Eine Achtung des Spekulationsverbots wird ungeachtet der Art der eingesetzten Instrumente je- 33

---

40 § 18 Abs. 6 S. 2 LHO Schleswig-Holstein.
41 So das (aktuelle) Bundeshaushaltsgesetz 2012 (§ 2 Abs. 6 S. 2). Ähnlich lautend zB auch § 4 Abs. 4 S. 2 Staatshaushaltsgesetz 2010/2011 Baden-Württemberg.
42 Beispielsweise sieht § 3 Abs. 4 S. 2 Haushaltsgesetz 2010/2011 Sachsen-Anhalt eine Gesamtquote für derivative Geschäfte von 10 % bezogen auf den Schuldenstand vor; das Haushaltsgesetz 2010/2011 von Berlin geht in § 2 Abs. 8 von 50 % aus. In Schleswig-Holstein gilt nach § 18 Abs. 6 LHO, dass der Vertragsbestand an derivativen Schuldgeschäften den Gesamtschuldenstand am Ende des vorangegangenen Haushaltsjahres nicht übersteigen darf. Andere Gesetze, wie etwa auch das Haushaltsgesetz 2011/2012 von Bayern, kennen solche Grenzen nicht.
43 ZB ausdrücklich § 2 Abs. 1 S. 2 Haushaltsgesetz 2010/2011 Berlin; § 4 Abs. 1 S. 4 Haushaltsgesetz 2010/2011 Baden-Württemberg; § 13 Abs. 1 S. 3 Haushaltsgesetz 2010 Hessen.
44 In der Vergangenheit durchgeführt beispielsweise in Niedersachsen, Rheinland-Pfalz und im Saarland.

denfalls davon abhängen, dass sich die (potentielle) Belastung der öffentlichen Hand durch diese (insgesamt) minimiert.

b) Weite Konnexität

34 Weniger eindeutig lässt sich das Konnexitätsprinzip auf Instrumente anwenden, die mit dem Ziel einer **Gesamtoptimierung** des Kreditportfolios eingesetzt werden (Macro-Hedging oder Portfolioansatz). Denn bei ihnen fehlt es gerade an der Beziehung zu einem näher spezifizierten Kredit als Grundgeschäft des Derivats und den ihm eigenen Risiken; die Sicherung von konkreten Zinsrisiken rückt also in den Hintergrund.

35 Derivative Finanzinstrumente, die dem Macro-Hedging dienen, werden vor dem Hintergrund der haushaltsrechtlichen Vorgaben im Schrifttum daher skeptisch beurteilt und mitunter auch als haushaltsrechtlich unzulässig angesehen.[45] Einige Landesrechnungshöfe haben sich ausdrücklich gegen eine Aufweichung des Konnexitätserfordernisses ausgesprochen.[46] Während die Präsidenten der Rechnungshöfe in ihren ursprünglichen Empfehlungen zum Einsatz von Finanzderivaten Abweichungen von der zeitlichen und/oder inhaltlichen Konnexität zulassen wollten, „soweit sie eine der Konnexität vergleichbare Risikoabsicherung gewährleisten",[47] wird in der im Mai 2011 aktualisierten Fassung eine solche Ausnahme nicht mehr empfohlen: „Zeitliche und inhaltliche Konnexität [...] sollen gewahrt bleiben."[48] Andererseits erfährt die limitierende Wirkung des Konnexitätsprinzips unter Hinweis auf das haushaltsrechtliche **Wirtschaftlichkeitsgebot** gerade auch Kritik: Dieses rufe vielmehr nach einer umfassenden Würdigung des Kreditmanagements und dessen Optimierung, der Einzelkredit dürfe also nicht alleinige Richtschnur der Betrachtung sein. Vor einem uferlosen und rein spekulativen Einsatz von Derivaten könne auch die haushaltsrechtliche Bindung der öffentlichen Hand an die Erfüllung öffentlicher Zwecke ausreichend Schutz bieten.[49]

36 Die haushaltsrechtlichen Vorschriften des Bundes und der Länder befassen sich überwiegend nicht mit der Zulässigkeit eines Macro-Hedging. In § 18 Abs. 6 S. 1 der Landeshaushaltsordnung Schleswig-Holstein ist von derivativen Finanzierungsgeschäften *„zur Optimierung der Zinsausgaben aus den Kreditmarktschulden"* und somit des Kreditportfolios insgesamt die Rede; Macro-Hedging ist damit – unter Wahrung des Spekulationsverbots – zugelassen. Entsprechend heißt es in der hessischen Ermächtigung, dass *„der Bezug eines Derivatgeschäfts auf mehrere Kreditgeschäfte"* zulässig ist.[50] Der Entwurf des Haushaltsgesetzes 2012/2013 des Landes Sachsen-Anhalt ermächtigt in § 3 Abs. 3 u.a. zum Einsatz von Derivaten zum Zweck „der Zinssteuerung des Verhältnisses zwischen fester und variabler Verzinsung für Schuldenportfolio (Portfolioderivate)". In eine ähnliche Richtung argumentiert auch die Begründung zu § 2 Abs. 6 des Haushaltsgesetzes des Bundes 2012, in der es heißt:

„Die wirtschaftliche Wirkung von Zins-Swap-Geschäften besteht in der Begrenzung von Zinsrisiken, der Optimierung von Zinszahlungsströmen und der Senkung von Zinsausgaben. Die Gesamtstrategie zur Steuerung des Schuldenportfolios ist auf eine langfristige Verbesserung der Risikostruktur des gesamten

---

45 *Kewenig/Schneider* WM Sonderbeilage 2/1992, 2, 10; *Müller/v. Stechow* VOP 1997, 24; *Freiling* Blick durch die Wirtschaft, 18.5.1998, 7.
46 Rechnungshof von Berlin, Jahresbericht 2011, S. 47, 48 sowie Landesrechnungshof Sachsen, Jahresbericht 2010, S. 270 f; anders Rechnungshof Bremen, Jahresbericht 2011 – Land, Rn 778 ff, insb. 781, der eine weite Konnexität zwischen Derivat und Schuldenportfolio zulässt.
47 Empfehlungen für den Einsatz derivativer Finanzinstrumente, Beschluss der Präsidentenkonferenz der Landesrechnungshöfe vom 28. bis 30.9.1998, Punkt 1.2.
48 Beschluss der Präsidentinnen und Präsidenten der Rechnungshöfe des Bundes und der Länder vom 6.5.2011: Empfehlungen für den Einsatz derivativer Finanzinstrumente bei Ländern und Kommunen, Punkt 1.3.
49 Vgl *Noll* Finanzwirtschaft 2000, 271, 274; *Hashagen/Sommer/Steitz* VM 1999, 107 ff; *Fox* Blick durch die Wirtschaft, 14.7.1998, 4.
50 Vgl § 13 Abs. 5 S. 4 Haushaltsgesetz 2010 Hessen.

Schuldenportfolios und auf ein mittelfristig angelegtes aktives Kosten-/Risikomanagement ausgerichtet."[51]

Enthalten die Haushaltsordnungen und Haushaltsgesetze damit weit überwiegend keine explizite Ermächtigung zum Macro-Hedging, lässt sich umgekehrt aus ihrem Wortlaut auch **kein Verbot** solcher Geschäfte entnehmen. Die Praxis der Bundesländer ist dementsprechend unterschiedlich. Während einige Länder, beispielsweise das Saarland,[52] Schleswig-Holstein[53] oder Sachsen-Anhalt [54] Derivatgeschäfte auch im Sinne eines Portfolioansatzes zulassen und dem Konnexitätsprinzip damit bei der Auslegung des Spekulationsverbots nur nachrangige Bedeutung zuschreiben, sehen andere Länder wie Nordrhein-Westfalen in der Praxis derzeit vom Macro-Hedging ab. Teils verbieten interne Verwaltungsvorschriften den Einsatz nicht (eng) konnexer derivativer Instrumente auch explizit. Die wohl überwiegende Zahl der Landesfinanzministerien dürfte indes der Auffassung sein, dass auch ein Macro-Hedging haushaltsrechtlich grundsätzlich zulässig ist. 37

Aber auch bei grundsätzlicher haushaltsrechtlicher Unbedenklichkeit lässt sich die Zulässigkeit einer konkreten Portfolio-Transaktion nur im Einzelfall anhand der folgenden **Maßstäbe** beurteilen: 38

- Die öffentliche Hand hat die ihr übertragenen Aufgaben und Befugnisse **gemeinwohlorientiert** auszuführen. Ziel des Geschäfts ist daher nicht die Gewinnmaximierung, sondern die sparsame Erfüllung der notwendigen Aufgaben.[55]
- Der Abschluss eines Derivatgeschäfts darf den bestehenden Krediten grundsätzlich **kein wesentliches zusätzliches Risiko** hinzufügen. Aus dem Wirtschaftlichkeitsgebot ist jedenfalls die Notwendigkeit einer hinsichtlich der bestehenden Risiken adäquaten Handhabung abzuleiten.
- Vor dem Hintergrund einer Risikoadäquanz sind **begleitende Regelungen** und Maßnahmen unerlässlich, um das mit der Anforderung der Konnexität verbundene Ziel, den Einsatz von derivativen Produkten zur spekulativen Einnahmeerzielung zu verhindern und die Risiken zu beherrschen, auf anderem Wege zu erreichen. Dies erfolgt in der Praxis durch Festlegung der Typen von erlaubten Derivatgeschäften durch (interne) Verwaltungsvorschriften, einer Risikobegrenzung (etwa durch prozentuale Begrenzungen solcher Geschäfte im Vergleich zur Gesamtkreditaufnahme) sowie Detailregelungen zum Controlling, die immer verbreiteter werden.
- Aus dem Spekulationsverbot folgt schließlich weiter, dass zwischen Derivat- und Kreditgeschäften eine zumindest weite Beziehung bestehen muss. Dies begrenzt vor allem die möglichen Typen von Derivatgeschäften auf solche mit **Kredit- und Zinsbezug bzw Währungsbezug**, sofern der zu Grunde liegende Kredit in einer Fremdwährung aufgenommen worden ist. Eine weitergehende Korrektivwirkung dürfte einem so verstandenen Konnexitätsprinzip indes kaum zukommen.

---

51 Entwurf des Bundeshaushaltsgesetzes 2012, 12.8.2011, BT-Drucks. 17/6600, S. 15.
52 Saarland, Richtlinien für den Einsatz derivativer Finanzinstrumente im Kreditmanagement des Ministeriums für Finanzen und Bundesangelegenheiten vom 1.9.2004, Nr. 2.2.
53 Schleswig-Holsteinischer Landtag, Bericht der Investitionsbank Schleswig-Holstein 2010, 1.7.2011, Drucks. 17/1657, S. 85.
54 Landtag von Sachsen Anhalt, Antwort der Landesregierung auf eine Kleine Anfrage zur schriftlichen Beantwortung, 23.9.2011, Drucks. 6/424, Antwort zu Frage 5.
55 *Kewenig/Schneider* WM Sonderbeilage 2/1992, 2, 8.

c) Überwachung von Risiken

39 Der Grundsatz einer – fortlaufend – sparsamen und wirtschaftlichen Haushaltsführung verlangt von der öffentlichen Hand, die mit Derivatgeschäften verbundenen Risiken[56] nach ihrem Abschluss zu überwachen. Die Notwendigkeit einer verfahrensrechtlichen Sicherung der haushaltsrechtlichen Anforderungen gilt umso mehr, als die offenen Begriffe des Haushaltsrechts nur Anhaltspunkte für die Handhabung derivativer Finanzinstrumente geben.

40 Bund und Länder haben in der Vergangenheit verschiedene, zum Teil noch unzureichende Maßnahmen zur **Risikosteuerung** ergriffen, die nur in wenigen Fällen gesetzlich oder durch Verwaltungsvorschriften konkretisiert worden sind.[57] Eine Ausnahme bildet insofern Schleswig-Holstein, in dessen Haushaltsgesetz detaillierte Regelungen aufgenommen wurden. In § 3 Abs. 4 des Haushaltsgesetzes 2011/2012 heißt es beispielsweise:

Die mit dem Abschluss derivativer Finanzierungsgeschäfte verbundenen Kreditrisiken sind durch geeignete Verfahren, die die Bonität der Vertragspartner und die Risikostruktur der abgeschlossenen Geschäfte berücksichtigen, zu begrenzen. Betriebs- und Abwicklungsrisiken sind durch organisatorische und personalwirtschaftliche Maßnahmen sowie durch eine funktionale Trennung des Abschluss- und Abwicklungsbereichs zu begrenzen.

41 Grundsätze zur Organisation des Schuldenmanagements, die auf die öffentliche Hand übertragbar sind, finden sich auch in den Mindestanforderungen der Bundesanstalt für Finanzdienstleistungen (BaFin), insbesondere in deren Rundschreiben über die Mindestanforderungen an das Risikomanagement (MaRisk).[58] Zu den von Bund und Ländern eingesetzten Mechanismen der Risikosteuerung gehören:[59]

aa) Festlegung der erforderlichen Bonität der Vertragspartner

42 Die Kreditreferate der Länder schließen in aller Regel nur mit solchen Vertragspartnern Derivatgeschäfte ab, deren **Bonitätsbewertung** „erstrangig" ist. Im Ergebnis vergleichbar schreiben beispielsweise die saarländischen Richtlinien zum Einsatz von Derivaten im Kreditmanagement des Finanzministeriums vor, dass Derivatgeschäfte „nur mit Partnern zulässig" sind, „die über eine langfristige Bonitätsbewertung von mindestens ‚A' einer der drei international anerkannten Ratingagenturen" verfügen.

bb) Implementierung von Risikolimits

43 Sowohl Bund als auch Länder nehmen in ihre Haushaltsgesetze regelmäßig **Risikolimits** auf; seltener finden sich solche bereits in den Landeshaushaltsordnungen.[60] Sowohl Nominallimits als auch Quoten sind verbreitet, ggf auch mit Margin-Vereinbarungen, sog. Collated Security Agreements.

44 Zur Risikolimitierung gehört auch die Orientierung an einem **Referenzportfolio**, das Zinsänderungsrisiken operational und sachgerecht definiert und die Basis für die Festlegung von Höchstbeträgen für Zinsänderungsrisiken bildet.[61]

---

56 Vgl dazu etwa die Zusammenstellung bei *Noll* Finanzwirtschaft 2001, 49, 50.
57 Land Sachsen-Anhalt, Entwurf Haushaltsgesetz 2012/2013, § 3 Abs. 3 UAbs. 2 S. 3 spricht davon, dass „das Ministerium der Finanzen [...] die Einhaltung der Risikolimite durch ein internes Risikosteuerungs- und Risikoüberwachungssystem sicher[stellt]".
58 Zuletzt Rundschreiben BaFin 11/2010 vom 15.12.2010.
59 Vgl auch zum Folgenden etwa *Noll* Finanzwirtschaft 2001, 76, 77; Rechnungshof Rheinland-Pfalz, Jahresbericht 1999, S. 5; *Freiling* ZKF 1998, 272, 273 ff; Beschluss der Präsidentinnen und Präsidenten der Rechnungshöfe des Bundes und der Länder vom 6.5.2011: Empfehlungen für den Einsatz derivativer Finanzinstrumente bei Ländern und Kommunen, Punkt 3.
60 Siehe bereits Fußnote 22 ff.
61 Vgl etwa § 3 Abs. 3 Haushaltsgesetz 2011/2012 Schleswig-Holstein.

Des Weiteren können **Zinsausgleichsrücklagen** gebildet werden, denen die Einnahmen aus dem Verkauf von Zinsoptionen zur Risikovorsorge zugeführt und die ggf zweckgebunden zum Ausgleich von Zinsmehrausgaben verwendet werden.[62]

cc) Festlegung von Arten zulässiger derivativer Finanzinstrumente

Durch interne Richtlinien kann der **Kreis der zulässigen Derivatinstrumente** hinsichtlich der Art der Instrumente und/oder Märkte näher beschrieben werden. Die saarländischen Derivatrichtlinien[63] nennen beispielsweise FRAs, Zinsswaps, Währungsswaps und Zinsoptionen (Swaptions, Caps, Floors, Collars) als einsetzbare Derivatgeschäfte. Zinsderivate sollen nach diesen Vorgaben nur in einfacher Form („plain vanilla") eingesetzt werden.

Als Maßnahme einer Risikosteuerung lässt sich grundsätzlich auch § 4 Abs. 2 BSchuWG ansehen, der den Bund auf den Abschluss solcher Finanzinstrumente beschränkt, die „an den Finanzmärkten eingeführt" sind, wenngleich dem wegen der Weite des Begriffs kaum risikobeschränkende Wirkung zukommen wird.

dd) Sicherstellung ausreichenden Know-hows

Jede Risikoüberwachung verlangt ein ausreichendes **Know-how**, das die Risiken der Geschäfte sichtbar macht. Dies verlangt neben geeigneten EDV-Systemen insbesondere eine ausreichende personelle Ausstattung, die beispielsweise durch eine entsprechende Fortbildung von Mitarbeitern und/oder Einstellungen von qualifizierten Analysten zu gewährleisten ist. Der Bund hat seine Risikoüberwachung auf die Bundesrepublik Deutschland-Finanzagentur GmbH ausgelagert, die „mit einem hohen Maß an Expertenwissen, Marktkenntnissen und umfangreichen Verwaltungserfahrungen ausgestattet ist".[64] Zum Bereich des Knowhows gehört weiterhin, dass standardisierte Verfahren und Methoden zu Marktbeobachtung, Risikoermittlung und -bewertung etc. tatsächlich zur Anwendung gelangen. Die Präsidentinnen und Präsidenten der Rechnungshöfe von Bund und Ländern haben bereits im Jahr 1998 empfohlen, ein System zur Steuerung, Messung und Überwachung der Risikopositionen und zur Analyse des Verlustpotentials einzurichten.

ee) Trennung von Handel und Kontrolle

Kreditaufnahme und Abschluss von Derivatgeschäften einerseits und deren Verwaltung andererseits sollen nach allgemeiner Auffassung funktional und organisatorisch getrennt sein. Das „**Vier-Augen-Prinzip**" ist zu gewährleisten.

ff) Einrichtung eines Controllings und Berichtwesens

Zur effektiven Trennung von Geschäftsabschluss, Abwicklung und Risikoüberwachung gehört schließlich die Einrichtung eines leistungsfähigen **Controllings**. Eine materielle Risikosteuerung und -überwachung setzt voraus, dass die Einhaltung der vorgegebenen Limits etc. ständig überprüft wird. Wesentlich für Risikomanagement und -controlling ist daher eine sachgerechte Dokumentation bzw die Institutionalisierung eines Berichtssystems. Zu dokumentieren sind vor allem Umfang, wirtschaftliche Ergebnisse und Risiken der einzelnen Geschäftsarten sowie die Marktbedingungen zum Zeitpunkt des jeweiligen Geschäftsabschlusses. Üblicherweise wird eine monatliche Berichterstattung für angemessen gehalten.

---

62 So etwa in § 3 Abs. 5 Haushaltsgesetz 2011/2012 Schleswig-Holstein; Rechnungshof Rheinland-Pfalz, Jahresbericht 1999, 2.5.
63 Saarland, Richtlinien für den Einsatz derivativer Finanzinstrumente im Kreditmanagement des Ministeriums für Finanzen und Bundesangelegenheiten vom 1.9.2004, Nr. 3.
64 Monatsbericht des Bundesministeriums für Finanzen – August 2006: Zur Auflösung der Bundeswertpapierverwaltung: Ein Rückblick auf die Schuldenverwaltung in Deutschland von 1820 bis 2006, 91.

51 In den Richtlinien der Länder finden sich häufig noch weitere Vorgaben, die auch unmittelbar Auswirkungen auf die Vertragsgestaltung haben können. So ist in der saarländischen Derivatrichtlinie[65] geregelt, dass die Vertragsunterlagen in deutscher Sprache vorliegen sollen und hinsichtlich möglicher Streitigkeiten deutsches Recht sowie als Gerichtsort Saarbrücken (Sitz der Landesregierung) zu vereinbaren ist.

3. Formelle Anforderungen

52 Neben der Einhaltung materieller Anforderungen ist der Abschluss von Derivatgeschäften durch die öffentliche Hand nur zulässig, wenn auch die formellen Voraussetzungen erfüllt werden. Insbesondere ist die **Zuständigkeit** des jeweilig vertretungsbefugten Amtsträgers zu wahren. Wird ein derivatives Finanzgeschäft von einer unzuständigen Person abgeschlossen, besteht das Risiko, dass die öffentliche Hand rechtlich an das Geschäft nicht gebunden ist.

53 Für Bund und Länder sind nach den Haushaltsgesetzen im Grundsatz die Finanzministerien, dh der jeweilige Finanzminister bzw sein Staatssekretär zuständig.[66] Für den Bund ist jedoch zu beachten, dass er die Vornahme solcher Geschäfte kraft Rechtsverordnung[67] der Bundesrepublik Deutschland-Finanzagentur GmbH übertragen hat. Vertretungsbefugt sind gesellschaftsrechtlich grundsätzlich ihre Geschäftsführer (§ 35 Abs. 1 GmbHG) sowie Prokuristen (§ 49 Abs. 1 HGB). Bestehen und Umfang der Vollmacht sind in das Handelsregister aufzunehmen (§§ 10 Abs. 1, 39 Abs. 1 GmbHG bzw § 53 Abs. 1 HGB), das insofern nach außen hin eine Richtigkeitsgewähr bietet (§ 15 HGB). Die Bundesrepublik Deutschland-Finanzagentur GmbH kann beim Abschluss von Derivatgeschäften aber auch von anderen Personen vertreten werden, sofern diese dazu von den Vertretungsberechtigten ermächtigt worden sind. Der Vertragspartner sollte sich die Vertretungsbefugnis in diesem Fall durch eine (schriftliche) Vollmacht der laut Handelsregister vertretungsberechtigten Personen nachweisen lassen.

54 Auch in den Ländern haben die Finanzminister den Abschluss der Geschäfte regelmäßig speziell beauftragten Mitgliedern des Kreditreferats übertragen. Eine entsprechende Vertretungsbefugnis ist jeweils nachzuweisen.

55 Weitere denkbare Formerfordernisse, insbesondere die Schriftform, spielen im Zusammenhang mit derivativen Geschäften auf Bundes- und Landesebene praktisch keine Rolle; die Schriftlichkeit der Vereinbarungen ist zu Dokumentationszwecken üblich und wird zudem im Interesse beider Vertragsparteien sein, auch wenn der Vertragsschluss vielfach telefonisch erfolgt.

III. Vergaberecht

56 Nach überwiegender Auffassung haben Bund und Länder beim Abschluss eines Derivatgeschäfts nicht das **Vergaberecht** anzuwenden. Solche Transaktionen werden dementsprechend grundsätzlich auch dann nicht nach den §§ 97 ff GWB europaweit ausgeschrieben, wenn sie den für Dienstleistungsaufträge relevanten Schwellenwert von derzeit 200.000 EUR in vier Jahren überschreiten. Die Ausnahme von der Vergabepflicht wird regelmäßig über § 100 Abs. 2 lit. m GWB aF/§ 100a Abs. 2 Nr. 2 GWB nF begründet. Nach dieser Vorschrift sind Verträge nicht ausschreibungspflichtig, wenn sie „finanzielle Dienstleistungen im Zusammenhang mit Ausgabe, Verkauf, Ankauf oder Übertragung von Wertpapieren oder anderen

---

65 Saarland, Richtlinien für den Einsatz derivativer Finanzinstrumente im Kreditmanagement des Ministeriums für Finanzen und Bundesangelegenheiten vom 1.9.2004, Nr. 3.
66 Vgl schon Art. 65 S. 2 GG.
67 Verordnung zur Übertragung von Aufgaben nach dem Bundesschuldenwesengesetz vom 12.7.2006, BGBl. I 2006, 1700.

Finanzinstrumenten" betreffen. Derivate werden hier unter die „anderen Finanzinstrumente" im Sinne dieses Ausnahmetatbestands, zu denen etwa Termingeschäfte, Optionsgeschäfte und Swaps gehören, subsumiert.[68]

Gerichtliche Entscheidungen deutscher Gerichte oder des Europäischen Gerichtshofs zur Anwendung des Vergaberechts auf die Beauftragung von Derivatgeschäften liegen derzeit nicht vor. Die Ausnahme von der Vergabepflicht für die Geld- und Kapitalbeschaffung der öffentlichen Hand lässt sich jedoch mit der Erwägung begründen, dass für die Aufnahme von Krediten auf den Geldmärkten, die von **kurzfristigen Zinssatzänderungen** beeinflusst werden, die Durchführung von Vergabeverfahren unzweckmäßig wäre.[69] Zudem soll ein für finanzielle Dienstleistungen typisches besonderes Vertrauensverhältnis[70] zwischen den Parteien einer Ausschreibungspflicht und der Vergabe nach rein objektiven, wirtschaftlichen Gesichtspunkten einem formalisierten Verfahren entgegenstehen; ein eher zweifelhaftes Argument.[71] 57

Nicht abschließend beantwortet ist die Frage, ob und inwieweit auch sonstige Dienstleistungen, die in Verbindung zu diesen Finanzgeschäften stehen, von der Ausnahme erfasst werden.[72] Bei Derivatgeschäften der öffentlichen Hand stellt sich diese Frage vor allem im Hinblick auf eine umfassende **Beratung** im Rahmen von Debt Management, Portfolio-Verwaltung sowie Risikomanagement und -controlling. Richtigerweise wird diesbezüglich entscheidend sein, in welchem Zusammenhang die fraglichen Leistungen zu dem abgeschlossenen Derivatgeschäft stehen. Während eine klassische Beratung bezogen auf das konkrete Derivat nicht vergabepflichtig ist, kann bei unabhängig angebotenen Leistungen eine Ausschreibungspflicht durchaus in Betracht kommen.[73] 58

Auch eine haushaltsrechtlich begründete Ausschreibungsverpflichtung des Derivatgeschäfts nach § 55 BHO und den entsprechenden Landesvorschriften[74] scheidet aus. 59

Zwar sollen nach dem Willen des Gesetzgebers[75] die haushaltsrechtlichen Normen in den Fällen, in denen nach § 100 Abs. 2 aF GWB/§ 100a Abs. 2 Nr. 2 GWB nF eine freihändige Vergabe möglich ist, subsidiär anwendbar sein.[76] Begründet wird dies u.a. über die unterschiedlichen Zielrichtungen von Haushalts- und Kartellvergaberecht: Ersteres diene neben der Sicherstellung einer wirtschaftlichen und effizienten Beschaffung auch dem Schutz des

---

68 Vgl *Diehr* in: Reidt/Stickler/Glahs (Hrsg.) § 100 GWB Rn 82; *Hailbronner* in: Byok/Jaeger (Hrsg.) § 100 GWB Rn 59; vgl auch Finanzdienstleistungsbericht der Europäischen Kommission vom 26.10.1999; *Dreher/Opitz* WM 2002, 413, 422. Die Literatur verweist dabei auf die Definition in Art. 1 Nr. 5 Richtlinie 93/6/EWG. Diese Richtlinie wurde durch Richtlinie 2004/39/EG ersetzt. Dort findet sich eine entsprechende Begriffsbestimmung zu Finanzinstrumenten in Anhang I, Abschnitt C. Diese Richtlinie wurde im Juli 2007 durch das Finanzmarkt-Richtlinie-Umsetzungsgesetz (BGBl. I, 1330) in deutsches Recht umgesetzt.
69 *Röwekamp* in: Kulartz/Kus/Portz (Hrsg.) § 100 GWB Rn 62 mwN und unter Hinweis auf die Begründung des Berichterstatters Zopolla für die 2. EP-Lesung der Vergabekoordinierungsrichtlinie.
70 VK Stuttgart 30.11.2001 – 1 VK 40/01, NZBau 2003, 61, 63; vgl hierzu auch *Hailbronner* in: Byok/Jaeger (Hrsg.), § 100 GWB Rn 60.
71 So auch *Dreher/Opitz* WM 2002, 413.
72 Für eine weite Auslegung einerseits: *Hailbronner* WM 2002, 1674, 1676; vgl auch *Röwekamp* in: Kulartz/Kus/Portz (Hrsg.) § 100 GWB Rn 65; für eine enge Auslegung andererseits: Europäische Kommission, Finanzdienstleistungsbericht vom 26.10.1999, 5; *Dreher/Opitz* WM 2002, 413, 419.
73 So etwa auch die Auffassung Nordrhein-Westfalens, vgl insoweit *Hamacher/Wohland* in: Städte- und Gemeindebund NRW (Hrsg.), S. 12.
74 § 55 BHO sieht eine solche Ausnahme selbst vor, sofern diese durch „die Natur des Geschäfts oder besondere Umstände" gerechtfertigt ist.
75 BT Drucks. 16/10117, S. 19.
76 HM, OVG Koblenz 25.5.2005 – 7 B 10356/05; *Pache* in: Pünder/Schellenberg (Hrsg.) § 55 BHO Rn 115; *Sterner* in: Müller-Wrede (Hrsg.) § 100 GWB Rn 9; *Groß* in: Gröpl (Hrsg.) BHO/LHO § 55 Rn 82; aA: *Arzt-Mergemeier* in: Willenbruch/Bischoff (Hrsg.) § 55 BHO Rn 9 mit der Begründung, das GWB verdränge als neuere und speziellere Rechtsmaterie die Regelungen des Haushaltsrechts.

Staatshaushalts, Letzteres schütze primär den Wettbewerb.[77] Indes stellt § 55 BHO/LHO Aufträge von der Ausschreibungspflicht frei, wenn dies „durch die Natur des Geschäfts oder besondere Umstände" gerechtfertigt ist. Dies wäre im Einzelfall zu prüfen,[78] aber in der Regel zu bejahen, auch um mögliche Wertungswidersprüche zum Kartellvergaberecht zu vermeiden.[79]

Die öffentliche Hand agiert damit jedoch nicht in einem rechtsfreien Raum, sondern bleibt an den allgemeinen, gleichheitsrechtlichen Grundsatz des Art. 3 Abs. 1 GG gebunden.[80] Danach hat sie jedenfalls das Willkürverbot zu beachten,[81] nach Auffassung des OVG Berlin-Brandenburg folgt aus Art. 3 Abs. 1 GG zudem die Pflicht zu „transparenter und diskriminierungsfreier Vergabe".[82] Eine solche Pflicht besteht in jedem Fall gemäß den europäischen Grundfreiheiten.[83]

Ohne indes an formelle Anforderungen gebunden zu sein, hat die öffentliche Hand dabei den verschiedenen Interessenten kurzfristig die Möglichkeit zu geben, ein Angebot abzugeben. Die Praxis zeigt, dass Einholung und Vergleich solcher Angebote regelmäßig innerhalb eines sehr kurzen Zeitraums erfolgen, wodurch den Grundstandards eines wettbewerblichen Verfahrens genügt werden kann. Ein Verstoß gegen diese Verfahrensvorgaben stellt anders als bei der de-facto-Vergabe nicht die Wirksamkeit des Derivatgeschäfts in Frage.

IV. Folgen von Verstößen gegen die Haushaltsprinzipien auf abgeschlossene Geschäfte

60 Der folgende Abschnitt befasst sich mit der Frage, welche Rechtsfolgen ein Verstoß insbesondere gegen das haushaltsrechtliche Wirtschaftlichkeitsgebot für den Abschluss eines Derivatgeschäfts haben kann.

1. Grundsatz: Wirksamkeit der Geschäfte

61 Wird ein Derivatgeschäft unter Verstoß gegen die erörterten Haushaltsprinzipien abgeschlossen, ist es öffentlich-rechtlich rechtswidrig. Aus der Rechtswidrigkeit eines Geschäfts folgt indes nicht zwingend seine zivilrechtliche Unwirksamkeit. Im Gegenteil bleiben solche Derivatgeschäfte in aller Regel **rechtswirksam**. Dies begründet sich wie folgt:

Beim Abschluss von Derivatgeschäften handelt die öffentliche Hand in privatrechtlicher Form. Damit bestimmt sich die Wirksamkeit solcher Verträge grundsätzlich nach dem Privatrecht. Bei den beschriebenen haushaltsrechtlichen Prinzipien handelt es sich hingegen um sog. **Binnenrecht**, das sich ausschließlich an die öffentliche Hand richtet und den Vertragspartner nicht bindet.[84] Die Beachtung des Haushaltsrechts nicht allgemein zur Wirksamkeitsvoraussetzung zu erklären, leuchtet schon deshalb ein, weil die privaten Vertragspartner zu den häufig nichtöffentlichen Vorschriften (Verwaltungsverordnungen, Rahmenkonzepte, Dienstanweisungen), die die haushaltsrechtlichen Prinzipien konkretisieren, keinen Zugang haben und daher Verletzungen der in Rede stehenden Haushaltsprinzipien nicht oder jeden-

---

77 Vgl *Wagner/Steinkemper* NZBau 2006, 550, 553; *Pache* in: Pünder/Schellenberg (Hrsg.) § 55 BHO Rn 115.
78 *Pache* in: Pünder/Schellenberg (Hrsg.) § 55 BHO Rn 115.
79 So *Ziekow* Vergaberecht 2007, 711, 720.
80 Vgl nur *Kannengießer* in: Schmidt-Bleibtreu/Hofmann/Hopfauf (Hrsg.) Art. 3 GG Rn 14ff; BVerfG, 13.6.2006 – 1 BvR 1160/03.
81 BVerfG 27.2.2008 – 1 BvR 437/08.
82 OVG Berlin-Brandenburg 30.11.2010 – 1 S 107.10, KommJur 2011, 263.
83 Und zwar auch bei Geltung der Ausnahmen nach § 100 Abs. 2 GWB, vgl *Ziekow* VergabeR 2007, 711, 719.
84 *P. Kirchhof* NVwZ 1983, 505, 507.

falls nur schwer erkennen können. Dies betrifft insbesondere auch die Einhaltung volumenmäßiger Grenzen für den Abschluss von Derivatgeschäften. Aufgrund allgemein zugänglicher Informationen ist es zumeist nicht möglich zu überprüfen, ob das in den Haushaltsgesetzen vorgesehene Volumen für den Abschluss von Derivaten oder bestimmter Derivatformen bereits ausgeschöpft ist; selbst die Kenntnis des Volumens der bisherigen Transaktionen wäre wenig aussagekräftig, weil diese auch Gegengeschäfte zur Glattstellung enthalten könnten. Auch die geforderte konkrete Beziehung zwischen Kredit- und Derivatgeschäft ist für den Vertragspartner nicht notwendigerweise ersichtlich; dies gilt in gesteigertem Maße für die subjektive Konnexität.

Darüber hinaus widerspräche es der Risikoverteilung zwischen den Parteien und dem Gebot der **Transaktionssicherheit**, wenn die Banken das Risiko der Einhaltung öffentlich-rechtlicher Vorschriften durch die öffentliche Hand übernehmen müssten.[85]

62

Auch wenn sich die öffentliche Hand daher gegenüber dem Vertragspartner in aller Regel nicht auf eine Verletzung der Haushaltsprinzipien berufen kann, kann es für beide Vertragsparteien sinnvoll sein, die Konnexität (soweit wie möglich) in die **Dokumentation** des Derivatgeschäfts aufzunehmen.[86]

Derivatgeschäfte, die gegen haushaltsrechtliche Konnexitätserfordernisse verstoßen, sind auch nicht in Anwendung der „**ultra-vires-Lehre**" nichtig. Nach diesem Prinzip sind alle Rechtsgeschäfte, die eine juristische Person des öffentlichen Rechts durch ihre Organe außerhalb des durch Gesetz oder Satzung bestimmten Wirkungskreises vornimmt, rechtsunwirksam.[87] Im deutschen Recht gibt es dafür – wenn überhaupt – nur wenige Anwendungsbeispiele. Im Zusammenhang mit dem Abschluss von Derivatgeschäften durch Bund oder Länder kann das Prinzip indes nicht greifen. Denn der Abschluss nicht konnexer Derivatgeschäfte überschreitet zwar die gesetzlich gezogenen Grenzen der Aufgabenwahrnehmung der Finanzminister, steht aber damit noch nicht außerhalb ihres Wirkungskreises. Dieser erfasst nicht allein das unter allen Umständen rechtmäßige Handeln, sondern im Grundsatz die Vornahme aller Finanzierungsgeschäfte im Geltungsbereich des Bundes bzw des jeweiligen Landes.[88] Ein Handeln „ultra vires" beim Abschluss von Derivatgeschäften durch Bund und Länder ist folglich deshalb nicht vorstellbar, weil diesen Gebietskörperschaften die Abschlusskompetenz grundsätzlich zusteht. Auch die Vertretungsmacht der handelnden Vertreter des Bundes und der Länder ist dementsprechend nach außen nicht auf ihr rechtliches „Dürfen", dh die Vornahme konnexer und nicht spekulativer Derivatgeschäfte beschränkt, sondern folgt dem weitergehenden „Können" des jeweiligen Finanzministers.[89]

63

2. Ausnahmen: Verstoß gegen ein Verbotsgesetz, offensichtliche Überschreitung der Vertretungsmacht oder Kollusion

Die Verletzung öffentlich-rechtlicher Vorschriften des Haushaltsrechts kann über zivilrechtliche „Schaltnormen" jedoch ausnahmsweise auch für privatrechtliche Verträge relevant sein und ggf deren Unwirksamkeit nach sich ziehen. Insoweit lassen sich drei Fallgestaltungen unterscheiden: der Verstoß gegen ein Verbotsgesetz gem. § 134 BGB, Kollusion sowie die of-

64

---

85 Zu den Folgen für die Ausgestaltung der bankrechtlichen Beratung aber sogleich unter V.
86 *Kewenig/Schneider* WM Sonderbeilage 2/1992, 2, 10.
87 Vgl insofern erstmals BGHZ 20, 119 ff.
88 Andernfalls würde die im öffentlichen Recht angelegte Differenzierung rechtswidrigen und (ausnahmsweise) nichtigen Handelns gerade für den Bereich der Gleichordnung mit Privaten in Frage gestellt; das haushaltsrechtliche Binnenrecht erlangte damit Außenwirkung. Vgl auch *Jahn* in: Schimansky/Bunte/Lwowski (Hrsg.) Bankrechts-Handbuch, § 114 Rn 110b ff.
89 *Kewenig/Schneider* WM Sonderbeilage 2/1992, 2, 14; vgl für Kommunen dazu auch *Seewald* in: Steiner (Hrsg.), S. 98 Rn 219.

fensichtliche Überschreitung der Vertretungsmacht.[90] Relevanz hat vor allem die letzte Fallgruppe.

a) Verstoß gegen § 134 BGB

65 Die Voraussetzungen des § 134 BGB, nach dem ein Geschäft dann nichtig ist, wenn es gegen ein gesetzliches Verbot verstößt, dürften regelmäßig nicht erfüllt sein. Denn aufgrund der gesetzlichen Ermächtigungen zum Abschluss von Derivatgeschäften besteht Übereinstimmung darüber, dass die erörterten Haushaltsprinzipien nicht als Verbotsgesetze iSd § 134 BGB in Betracht kommen.[91] Das OLG Bamberg hat in einer Entscheidung aus dem Jahr 2009 dementsprechend ausgeführt, diese Prinzipien seien zu unbestimmt, um als Verbotsgesetze gelten zu können.[92] Darüber hinaus wird auch die gelegentlich im Schrifttum erörterte Frage, ob ein Verstoß gegen interne Runderlasse zu einer Nichtigkeit nach § 134 BGB führen könnte, schon mangels Außenwirkung dieser Erlasse zu verneinen sein.[93]

Noch ungeklärt ist, ob der mit Wirkung vom 27.7.2010 neu eingeführte § 30j WpHG, der die Verwendung von ungedeckten Kreditausfallversicherungen (Kreditsicherungsswaps/Kreditausfallswaps) verbietet, Verbotsgesetz im Sinne des § 134 BGB sein kann.[94] Derartige Kreditausfallversicherungen, die im Übrigen nur verboten sind, soweit sie sich auf Kreditausfälle im Euroraum beziehen, dürften indes in den Portfolien der öffentlichen Hand kaum vorhanden sein.

b) Verstoß gegen § 138 BGB

66 Auch ein Verstoß gegen § 138 Abs. 1 BGB wegen kollusiven Zusammenwirkens von öffentlicher Hand und der Bank ist in aller Regel nicht gegeben. Es ist unwahrscheinlich, dass Amtswalter und die privaten Geschäftspartner im Bewusstsein und mit dem Ziel kollusiv zusammenwirken, die öffentliche Hand zu schädigen. Die Sittenwidrigkeit wird auch unter dem Gesichtspunkt eines auffälligen Missverhältnisses von Leistung und Gegenleistung regelmäßig zu verneinen sein. Selbst wenn im Einzelfall ein nicht unerhebliches Risiko zu Lasten der öffentlichen Hand besteht, dürfte dies im Regelfall mit entsprechenden Gewinnchancen korrespondieren.[95]

c) Missbrauch der Vertretungsmacht

67 Schließlich kann aber der handelnde Amtswalter seine Vertretungsmacht offensichtlich überschreiten. In einem solchen Fall wird die öffentliche Körperschaft durch die Willenserklärungen des Amtswalters zivilrechtlich nicht wirksam gebunden, Vertragspartner wird vielmehr der handelnde Beamte.[96] Im Innenverhältnis ergeben sich bei einer solchen Sachlage schwierige Probleme der Freistellung des handelnden Beamten.[97] Bislang ist kein Fall bekannt, in

---

90 Eine solche Prüfung nimmt auch OLG Naumburg 24.3.2005 – 2 U 111/04, WM 2005, 1313, vor.
91 Dies gilt selbst für Kommunen, vgl OLG Naumburg 24.3.2005 – 2 U 111/04, WM 2005, 1313, Ziffer II 1 c und d; LG Würzburg 31.3.2008 – 62 O 661/07, WM 2008, 977; LG Wuppertal 16.7.2008 – 3 O 33/08, WM 2008, 1637; LG Ulm 22.8.2008 – 4 O 122/08, ZIP 2008, 2009. Aus der Literatur vgl *Jahn* in: Schimansky/Bunte/Lwowski (Hrsg.) Bankrechts-Handbuch, § 114 Rn 95, 110d.
92 OLG Bamberg 11.5.2009 – 4 U 92/08, ZIP 2009, 1209.
93 *Lehmann* BKR 2008, 488, 489.
94 *Jahn* in: Schimansky/Bunte/Lwowski (Hrsg.) Bankrechts-Handbuch, § 114 Rn 95.
95 Vgl OLG Bamberg 11.5.2009 – 4 U 92/08, ZIP 2009, 1209; LG Wuppertal 16.7.2008 – 3 O 33/08, WM 2008, 1637.
96 Vgl §§ 177 ff BGB. Eine Genehmigung der Behörde für die unzulässige Handlung und Willenserklärung des Amtswalters zum Derivatvertrag (und damit die Wirksamkeit des Vertrages ihr gegenüber) dürfte ausgeschlossen sein.
97 Gegebenenfalls ist dann auch die Abtretung eines solchen Freistellungsanspruchs zu prüfen.

dem die Rechtsprechung einen **Missbrauch der Vertretungsmacht** bejaht hat. Allerdings hat sich das OLG Naumburg in einer Entscheidung, die im Wesentlichen Fragen der Bankenhaftung betrifft,[98] mit den Voraussetzungen einer offensichtlichen Überschreitung der Vertretungsmacht beschäftigt und dafür sehr hohe Anforderungen gestellt, die nur in Ausnahmefällen erfüllt sein werden. Ein Missbrauch der Vertretungsmacht setzt danach voraus, dass

- der Amtswalter eine Pflichtverletzung begeht, zu der auch ein Verstoß gegen die Prinzipien der Wirtschaftlichkeit und Sparsamkeit und des Spekulationsverbots einschließlich der Anforderungen an die Konnexität derivativer Finanzierungsgeschäfte zählt,
- die Rechtsverletzung offensichtlich und zwingend ist und
- der private Vertragspartner diese Verletzung nicht nur erkennen, sondern sich diese ihm geradezu aufdrängen musste.[99]

Von zentraler Bedeutung ist dabei, wann eine Rechtsverletzung aus der Sicht des privaten Vertragspartners **offensichtlich** ist. Dies hängt vom Einzelfall ab. Wegen des Charakters des Haushaltsrechts als Binnenrecht und der vertraglichen Risikoverteilung zwischen den Parteien ist die Bank grundsätzlich nicht verpflichtet nachzuforschen, ob den haushaltsrechtlichen Prinzipien Genüge getan ist, ob also eine ausreichende Konnexität zu einem Kreditgeschäft besteht oder Macro-Hedging gestattet ist (dazu bereits Rn 61 ff).

Eine Rückfrageobliegenheit entsteht aber dann, wenn es deutliche **Hinweise** auf eine Nichteinhaltung der genannten Grundsätze gibt, die anzeigen, dass die Konnexitätserfordernisse nicht gewahrt sind oder das Geschäft augenfällig spekulative Züge trägt. Entsprechende Hinweise wären zB das Fehlen einer Ermächtigung zum Abschluss von Derivatgeschäften im jährlichen Haushaltsgesetz oder die Vereinbarung von derivativen Instrumenten ohne jeglichen Kredit- und Zinsbezug, die evident rein spekulativen Charakter aufweisen. Ferner wird ein offensichtlicher Verstoß gegen das Spekulationsverbot uU dann anzunehmen sein, wenn die öffentliche Gebietskörperschaft Geschäfte eingeht, die für diese (hinsichtlich Volumen und/oder Dauer) völlig untypisch sind. Zweifel wären beispielhaft dann angebracht, wenn die öffentliche Hand Fremdwährungsswaps abschließt, ohne Fremdwährungskredite aufgenommen zu haben, also zu sichernde Fremdwährungsrisiken überhaupt nicht existieren.[100] Eine längerfristige Geschäftsverbindung zwischen den Parteien kann dem privaten Vertragspartner auch eine detaillierte Einsicht in die rechtlichen Beschränkungen der kontrahierenden Gebietskörperschaft vermitteln und damit zu einer Verschärfung möglicher Obliegenheiten führen.[101]

Auch wenn in den bisher entschiedenen Fällen Derivatgeschäfte der öffentlichen Hand stets als wirksam angesehen wurden, ist es – um das Risiko der Unwirksamkeit zu minimieren – für den privaten Partner ratsam, vom öffentlichen Vertragspartner **Aufklärung** über alle ungewöhnlichen, ggf spekulativen Anhaltspunkte im Zusammenhang mit der Transaktion zu verlangen.

V. Haftung von Banken aufgrund Verletzung von Beratungspflichten

Die Nichtbeachtung haushaltsrechtlicher Vorschriften kann aber **haftungsrechtliche Konsequenzen** haben. Einer ersten, in der Literatur zT kritisch aufgenommenen Entscheidung des OLG Naumburg im Jahr 2005,[102] in der erstmals eine Schadensersatzpflicht einer Bank we-

---

98 OLG Naumburg 24.3.2005 – 2 U 111/04, WM 2005, 1313. Dazu sogleich ausführlicher Rn 71 ff.
99 Vgl Palandt/*Ellenberger* § 164 BGB Rn 14.
100 *Heinze* ZBB 2005, 367, 369 f; vgl auch OLG Naumburg 24.3.2005 – 2 U 111/04, WM 2005, 1313.
101 Vgl dazu auch OLG Naumburg 24.3.2005 – 2 U 111/04, WM 2005, 1313; OLG Stuttgart 27.10.2010 – 9 U 148/08, BB 2011, 139.
102 OLG Naumburg 24.3.2005 – 2 U 111/04, WM 2005, 1313 ff; dazu zB *Heinze* ZBB 2005, 367 ff.

gen Falschberatung hinsichtlich eines Derivatgeschäfts mit der öffentlichen Hand anerkannt wurde, sind inzwischen weitere Urteile gefolgt, die sich mit den Beratungspflichten von Banken auseinandersetzen. Während es zunächst so aussah, als wären andere Oberlandesgerichte[103] nicht willens, der Argumentation des OLG Naumburg zu folgen, schlug das Pendel zuletzt wieder zurück: Das OLG Stuttgart sah in Bezug auf einen „Spread-Sammler-Swap" falsche Beratung seitens der Bank und erkannte der betroffenen Kommune Schadensersatz zu.[104] Der BGH musste bisher kein Urteil zu kommunalen Derivatgeschäften fällen – und wird dies auch in naher Zukunft nicht tun: Zwei zunächst anhängige Revisionen, u.a. auch gegen die Entscheidung des OLG Stuttgart, sind inzwischen durch Vergleich beendet worden.[105] Allerdings lässt sich die vieldiskutierte Entscheidung des XI. Zivilsenats vom 22.3.2011, die auf weitgehende Aufklärungspflichten der Banken erkennt, als richtungsweisend auch für Derivatgeschäfte mit Kommunen deuten.[106]

Zu beachten ist, dass die bisher ergangenen Urteile ausschließlich Derivategeschäfte mit Kommunen und kommunalen Unternehmen zum Gegenstand hatten. Es gilt daher zu differenzieren: Soweit die Bank eine *anleger*gerechte Beratung schuldet – also der Wissensstand des Anlegers den Umfang der Beratung konturiert –, hat sie bei Kommunen grundsätzlich umfassendere Aufklärungspflichten als bei Bund und Ländern. Was indes die *anlage*gerechte Beratung betrifft – die Aufklärung über die Risiken des Produkts –, dürften sich die dargestellten Grundsätze auch auf die Beratungspflichten gegenüber Bund und Ländern übertragen lassen.

72 Der BGH und die Oberlandesgerichte gehen in ständiger Rechtsprechung davon aus, dass bei Anlagegeschäften konkludent ein Beratungsvertrag zwischen Bank und Anleger geschlossen wird und in diesem Rahmen eine anleger- sowie eine anlage- (oder objekt-)gerechte Beratung geschuldet ist (sog. „Bond-Rechtsprechung").[107] Die aufsichtsrechtlichen Beratungspflichten, die in §§ 31 ff WpHG[108] sowie in der Wertpapierdienstleistungs-Verhaltens- und Organisationsverordnung[109] enthalten sind, gelten nach hM nicht unmittelbar, sie können aber im Einzelfall den vertraglichen Beratungspflichten Kontur geben.[110]

1. Anlegergerechte Beratung

73 Im Hinblick auf eine anlegergerechte Beratung sollen Inhalt und Umfang der konkreten Beratungspflicht entscheidend von der Person des Kunden und den Umständen des Einzelfalls abhängen. Zu berücksichtigen sind danach insbesondere

- der Wissensstand über Anlagegeschäfte der vorgesehenen Art,
- die Risikobereitschaft,

---

103 Sowohl OLG Frankfurt 4.8.2010 – 23 U 230/08, als auch OLG Bamberg 11.5.2009 – 4 U 92/08, erkannten keine Pflichtverletzungen seitens der Bank.
104 OLG Stuttgart 27.10.2010 – 9 U 148/08, BB 2011, 139.
105 OLG Stuttgart 27.10.2010 – 9 U 148/08, zunächst als BGH XI ZR 66/10 anhängig, ist durch Vergleich beendet worden, vgl. u.a. DIE WELT vom 12.12.2011; ebenso OLG Frankfurt 4.8.2010 – 23 U 230/08, zunächst als BGH XI ZR 292/10 anhängig.
106 BGH 22.3.2011 – XI ZR 33/10, ZIP 2011, 765.
107 BGHZ 123, 126 ff; so auch OLG Bamberg 11.5.2009 – 4 U 92/08, ZIP 2009, 1209.
108 Wertpapierhandelsgesetz idF der Bekanntmachung vom 9.9.1998, BGBl. I 1998, 2708, das zuletzt durch Gesetz vom 22.12.2011 (BGBl. I, 3044) geändert worden ist.
109 Verordnung zur Konkretisierung der Verhaltensregeln und Organisationsanforderungen für Wertpapierdienstleistungsunternehmen vom 20.7.2007, BGBl. I 2007, 1432.
110 *Jahn* in: Schimansky/Bunte/Lwowski (Hrsg.) Bankrechts-Handbuch, § 114 Rn 33; BGH 19.2.2008 – XI ZR 170/07, NJW 2008, 1734; OLG Koblenz 14.1.2010 – 6 U 170/09, WM 2010, 453, 457.

- die Erfahrung und das einschlägige Fachwissen des Kunden (allgemein und in Bezug auf das konkrete Produkt) sowie
- das Anlageziel des Kunden.[111]

Bei der Beratung von Derivaten haben sich hierzu in der Rechtsprechung zwei Themenschwerpunkte herausgebildet:

a) Aufklärung über öffentlich-rechtliche Beschränkungen?

Dies betrifft zum einen die Frage, ob Banken bei Derivatgeschäften mit der öffentlichen Hand diese selbst auf die bindenden rechtlichen Beschränkungen des Haushaltsrechts hinzuweisen haben. Das OLG Naumburg hatte diese Frage noch bejaht und war dafür vielfach kritisiert worden. In dem der Entscheidung des OLG Naumburg zugrunde liegenden Sachverhalt war zwischen der Bank und den Stadtwerken ein Rahmenvertrag für Finanztermingeschäfte geschlossen worden, auf dessen Grundlage die Parteien einen für die Stadtwerke im Ergebnis nachteiligen Zins- und Währungsswap vereinbarten, obwohl Fremdwährungsverbindlichkeiten nicht bestanden. Das Gericht verurteilte die Bank zu einer Schadensersatzleistung, weil sie vor dieser Vereinbarung

74

„nicht in den Mittelpunkt der Beratung gerückt hat, dass Währungs-Swaps in der Regel zur Absicherung von Währungsrisiken eingesetzt werden" und *„bei der Beratung den kommunal-rechtlichen Bindungen (…), insbesondere dem Spekulationsverbot und dem hieraus folgenden Gebot der strengen Beachtung der Konnexität zwischen dem Swap-Geschäft und einem konkreten Grundgeschäft, keine Bedeutung beigemessen hat"*.

Eine Prüfungspflicht, ob diese Beschränkungen des Haushaltsrechts tatsächlich vorlagen, treffe die Bank jedoch nicht.

Die nachfolgend ergangene Rechtsprechung ist dieser Auffassung des OLG Naumburg zunächst nicht gefolgt. So hat das OLG Bamberg – das anders lautende Urteil des erstinstanzlichen LG Würzburg[112] aufhebend – entschieden, dass bei einer Beratung der öffentlichen Hand der Aspekt des Spekulationsverbots nicht untersucht werden müsse.[113] Dies sei Aufgabe der Rechtsaufsicht.[114]

Das OLG Stuttgart hat hingegen jüngst differenzierter geurteilt: Das Spekulationsverbot solle insofern Bedeutung haben, als dass die beratende Bank daraus auf das Risikoprofil der anlegenden Kommune schließen kann. Ist der Bank das Spekulationsverbot bekannt – tritt sie gar, wie im entschiedenen Fall, als Expertin für kommunales Schuldenmanagement auf – und verkauft sie der Kommune dennoch ein hochspekulatives Produkt, erfolgt die Beratung nicht anlegergerecht.[115] Das OLG Stuttgart wollte indes ausdrücklich den konkreten Fall entscheiden und keine Aussage darüber treffen, inwieweit die Bank im Allgemeinen über öffentlich-rechtliche Beschränkungen ihres Gegenübers aufzuklären hat. Der BGH hat zu dieser Frage bisher nicht rechtsverbindlich entschieden, ein Indiz für seine eher ablehnende Haltung ist der Beschluss des XI. Zivilsenats über die Nichtzulassungsbeschwerde im *Urteil des OLG Naumburg*, wo er erklärt, der Beratungsfehler *„besteht im Kern nicht in einem unterbliebenen Hinweis auf kommunalrechtliche Bindungen der Stadtwerke, sondern darin, dass*

---

111 ZB BGHZ 123, 126; vgl auch die entsprechende Richtlinie der BaFin.
112 LG Würzburg 31.3.2008 – 62 O 661/07, WM 2008, 977 ff.
113 OLG Bamberg 11.5.2009 – 4 U 92/08, BKR 2009, 288 ff. So auch LG Wuppertal 16.7.2008 – 3 O 33/08, WM 2008, 1637 ff; LG Ulm 22.8.2008 – 4 O 122/08, ZIP 2008, 2009 ff; so wohl auch BGH 21.3.2006 – XI ZR 116/05.
114 Vgl zB *Lehmann* BKR 2008, 488, 492; *Schwintek* EWiR 2005, 661 ff; zustimmend dagegen *Jaskulla*, WuB I G 1 3.05.
115 OLG Stuttgart 27.10.2010 – 9 U 148/08, WM 2010, 2169, 2177.

die Bekl. nicht ausreichend über den spekulativen Charakter des konkreten Swapgeschäfts aufgeklärt hat".[116]

b) Wissensstand des öffentlichen Vertragspartners

75 Die zweite Frage, die regelmäßig Gegenstand gerichtlicher Auseinandersetzungen ist, betrifft den Umfang der Beratungspflicht im Hinblick auf den vorhandenen Wissenstand des öffentlichen Vertragspartners. Denn nur, wenn der Vertragspartner über das für das Anlagegeschäft notwendige Wissen verfügt, kann nach den Maßstäben des BGH von einer anlegergerechten Beratung gesprochen werden.[117]

Der gebotene Beratungsumfang ist dabei vom Einzelfall abhängig. Soweit die Vertreter der öffentlichen Hand sich schon intensiv mit Derivatgeschäften auseinandergesetzt oder hochriskante Anlagegeschäfte getätigt haben,[118] darf die Bank von der notwendigen Sachkenntnis des Gegenübers ausgehen.[119] Insbesondere wenn die öffentliche Hand besondere Kompetenzen im Schuldenmanagement nachweist[120] und entsprechend professionell agiert, wie beispielsweise die Bundesfinanzagentur-Deutschland GmbH, wird eine Aufklärungspflicht (in Übereinstimmung mit den Richtlinien der BaFin) faktisch entfallen. Dies bedeutet, dass insbesondere im Umgang mit jedenfalls kleineren Kommunen eine höhere Beratungsintensität erforderlich werden dürfte. Banken sind grundsätzlich gut beraten, dies angemessen zu dokumentieren. Dabei ist es auch unerheblich, ob die Vertreter des Gegenübers eine besondere Ausbildung (zB Studium der Volkswirtschaftslehre) genossen haben. Es gibt keine Vermutung der besonderen Sachkenntnis, diese muss vielmehr tatsächlich festgestellt werden. Die Erkundigungspflicht entfällt nur dann, wenn der beratenden Bank aus langjähriger Geschäftsbeziehung der Kunde und dessen Anlageverhalten bekannt ist.[121]

2. Anlage- oder objektgerechte Beratung

76 Neben der anlegergerechten Beratung muss nach ständiger Rechtsprechung des BGH auch eine anlagegerechte, dh eine auf die Aufklärung produktspezifischer Risiken abzielende Beratung durch die Banken erfolgen. Von der Rechtsprechung sind hier unterschiedlich strenge Maßstäbe an den Darlegungsumfang bei Derivatgeschäften gestellt worden. Bei „spread ladder swaps" war das LG Würzburg der Auffassung, es müsse über in der Vergangenheit aufgetretene Risiken über einen Zeitraum von mehreren Jahrzehnten hinweg aufgeklärt werden.[122] Das in zweiter Instanz entscheidende OLG Bamberg erachtete hingegen eine Aufklärung anhand von Präsentationen, in denen verschiedene Verlaufsszenarien dargestellt werden[123] sowie den Hinweis, dass ein der Höhe nach unbegrenztes Verlustrisiko besteht, als ausreichend, um die Durchführung einer anlagegerechten Beratung zu bejahen.[124]

Die jüngsten Entscheidungen von BGH, OLG Stuttgart und OLG Koblenz[125] haben sich weitestgehend auf Fehler in der anlagegerechten Beratung gestützt, dh auf die fehlerhafte Aufklärung über die Risiken des angebotenen Derivats. Insofern bestehen kaum Unterschiede, ob Vertragspartner der Bank ein mittelständisches Unternehmen oder eine Kommune ist.

---

116 BGH 21.3.2006 – XI ZR 116/05.
117 BGHZ 123, 126, 128.
118 LG Ulm 22.8.2008 – 4 O 122/08, ZIP 2008, 2009 ff.
119 Vgl zB *Lehmann* BKR 2008, 488, 492.
120 LG Wuppertal 16.7.2008 – 3 O 33/08, WM 2008, 1637 ff.
121 BGH 22.3.2011 – XI ZR 33/10, ZIP 2011, 756, 758.
122 LG Würzburg 31.3.2008 – 62 O 661/07, WM 2008, 977 ff.
123 So auch LG Ulm 22.8.2008 – 4 O 122/08, ZIP 2008, 2009 ff.
124 LG Wuppertal 16.7.2008 – 3 O 33/08, WM 2008, 1637 ff; LG Magdeburg 21.1.2008 – 9 O 1989/06, BKR 2008, 166 ff; OLG Bamberg 11.5.2009 – 4 U 92/08, BKR 2009, 288 ff.
125 OLG Koblenz 14.1.2010 – 6 U 170/09, WM 2010, 453.

Laut BGH[126] und OLG Stuttgart[127] müssen die Banken im Rahmen der anlagegerechten Beratung über den negativen Marktwert des Produkts aufklären, insbesondere dann, wenn es sich um derart komplexe Produkte wie die streitgegenständlichen Swaps handelt.

3. Neufassung des WpHG bzgl der Aufklärungspflichten

Die Umsetzung der Finanzmarkt-Richtlinie[128] durch das Finanzmarkt-Richtlinie-Umsetzungsgesetz (FRUG)[129] hat hinsichtlich der Aufklärungspflichten von Banken umfassende Änderungen und Ergänzungen des WpHG mit sich gebracht. § 31a WpHG enthält nunmehr eine Klassifizierung der Vertragspartner in Privatkunden (§ 31a Abs. 3 WpHG) und professionelle Kunden (§ 31a Abs. 2 WpHG). Ein Unterfall der professionellen Kunden sind die sog. geeigneten Gegenparteien (§ 31a Abs. 4 WpHG), zu denen ausweislich der Gesetzesbegründung auch Bund, Länder und Kommunen[130] gehören.[131] Dies führt zu einem grundsätzlich reduzierten Umfang der Beratungs- und Aufklärungspflichten, da bei diesen Kundengruppen von Gesetzes wegen von einer geringen Schutzbedürftigkeit ausgegangen wird.[132] Per Rundschreiben vom 25.6.2010, gerichtet an die Verbände der Finanzdienstleistungsunternehmen, hat die BaFin indes klargestellt, dass „Gemeinden, Landkreise und kreisfreie Städte als Privatkunden im Sinne des § 31a Abs. 3 WpHG gelten". Dies ergebe sich aus der „Auslegung der EU-Kommission in ihren Fragen und Antworten zur MiFID vom 7.7.2007 (Question No. 83) [..]. Gemäß Auslegung der EU-Kommission zählen Gemeinden und Stadtverwaltungen nicht zu den ‚regionalen Regierungen'."[133] Dies gelte daher im Wege europarechtskonformer Auslegung auch in Deutschland. Die Bundesregierung hat die Auslegung der BaFin schließlich übernommen und sieht keinen weiteren Handlungsbedarf.[134]

Während also die Bank gemäß § 31b Abs. 1 WpHG gegenüber Bund und Ländern von ihren Informations- und Aufklärungspflichten einschließlich der Angemessenheitsprüfung nach § 31 Abs. 2, 3 sowie 5 bis 7 WpHG befreit wird,[135] sofern sie mit diesen ein Derivatgeschäft abschließen will, hat sie gegenüber Kommunen besondere Wohlverhaltens-, Informations- und Protokollpflichten.

Die Regelungen im WpHG und der konkretisierenden Verordnung[136] sind zunächst nur aufsichtsrechtlicher Natur, sie dürften sich indes zumindest mittelbar auf das Vertragsverhältnis zwischen Anleger und Bank auswirken. So hatte der BGH für §§ 31 ff WpHG a.F. angenommen, die aufsichtsrechtlichen Bestimmungen könnten zur Konkretisierung vertraglich bestehender Aufklärungs- und Beratungspflichten herangezogen werden.[137] Andererseits hatte der BGH bisher nur vor dem Hintergrund der alten Fassung des WpHG zu entscheiden. Daher ist bisher ungeklärt, ob der weitgehende Gleichlauf zwischen aufsichtsrechtlichen und vertraglichen Pflichten erhalten bleibt, oder ob nicht die Bond-Rechtsprechung im Lichte des WpHG bzw. der Finanzmarktrichtlinie anzupassen ist. In jedem Fall sollte man sich darauf

---

126 BGH 22.3.2011 – XI ZR 33/10, ZIP 2011, 756 Rn 28 ff.
127 OLG Stuttgart 27.10.2010 – 9 U 148/08, ZIP 2010, 2189 Rn 61 ff.
128 Richtlinie 2004/39/EG des Europäischen Parlaments und des Rates vom 21.4.2004 über Märkte für Finanzinstrumente.
129 BGBl. 2007 I, 1330.
130 Kritisch *Bracht* WM 2008, 1386; *Fuchs* in: ders. (Hrsg.) § 31a WpHG Rn 22.
131 BT-Drucks. 16/4028, S. 66; *Fuchs* in: ders. (Hrsg.) § 31a WpHG Rn 22.
132 Vgl *Fuchs* in: ders. (Hrsg.) § 31 WpHG Rn 2.
133 Schreiben der BaFin, Gz. WA 31-Wp 2002-2007/0127, zitiert nach: *Frischmuth* ZKF 2010, 209.
134 Antwort der Bundesregierung auf die Kleine Anfrage der Fraktion BÜNDNIS 90/DIE GRÜNEN, 27.7.2010, BT-Drucks. 17/2683, Frage 7.
135 Vgl *Bracht* WM 2008, 1386.
136 S. Fn 108.
137 BGH 19.2.2008 – XI ZR 170/07, NJW 2008, 1734; vgl. auch OLG Koblenz 14.1.2010 – 6 U 170/09, WM 2010, 453, 457.

einstellen, dass die neuen aufsichtsrechtlichen Vorgaben – so sie strenger sind als nach der bisherigen BGH-Rechtsprechung – auf Inhalt und Reichweite der zivilrechtlichen Beratungspflichten durchschlagen können.[138]

VI. Regressansprüche gegen Amtsträger

78 Der Abschluss derivativer Vereinbarungen durch einen Vertreter der öffentlichen Hand kann auch für diesen haftungsrechtliche Folgen haben. Insofern ist zu differenzieren:

Im **Innenverhältnis** kann der Dienstherr uU bei dem Verantwortlichen nach den Vorgaben der Beamtenhaftung des § 839 BGB iVm Art. 34 GG Regress nehmen. Zwar ist nach Art. 34 S. 1 GG im Grundsatz die öffentliche Hand für Pflichtverletzungen der öffentlich Bediensteten verantwortlich. Bei Vorsatz oder grober Fahrlässigkeit ist dieser gem. Art. 34 S. 2 GG iVm § 75 BBG bzw den entsprechenden Landesbeamtengesetzen jedoch ein Rückgriffsanspruch gegen den Beamten vorbehalten.[139] Gegenüber Angestellten und Beamten sind auch disziplinarrechtliche Maßnahmen bis hin zur Entfernung aus dem Amt nach Maßgabe des jeweiligen Disziplinarrechts denkbar.

Unberührt von den öffentlich-rechtlichen Haftungsbegrenzungen bleibt zudem eine **strafrechtliche Verantwortlichkeit**. So kann bei vorsätzlich pflichtwidrigem Umgang mit Finanzmitteln der Tatbestand der Untreue gemäß § 266 StGB verwirklicht sein.[140]

C. Einsatz von Derivaten in den Kommunen

79 Hoher Verschuldungsgrad, steigende Zinsausgaben und zunehmender Kostendruck veranlassen auch **Kommunen**[141] dazu, derivative Instrumente einzusetzen oder ihren Einsatz zu erwägen. Die damit verbundenen erheblichen Abweichungen von den „traditionellen" Finanzierungsformen stellen insbesondere das Haushaltsmanagement kleinerer Kommunen vor besondere Herausforderungen.

80 Ende 2005 führte *Birkholz* mit Unterstützung des Deutschen Städtetags eine empirische Untersuchung zum Zinsmanagement und dem Einsatz von Derivaten bei Kommunen durch. Dabei ergab sich folgendes Bild:[142]

Kommunale Kredite enthalten mehrheitlich langfristige Zinsbindungen (über 5 Jahre) mit einem Zinssatz von durchschnittlich 4,7 %. Derivate wurden von 37 % der befragten Kommunen eingesetzt. 48 % der Kommunen, die derzeit noch keine Derivate besitzen, wollen diese in absehbarer Zeit nutzen.[143] Der Einsatz von Derivaten erfolgt umso eher, je höher der Schuldenstand ist. Am häufigsten wird der Swap genutzt; nach der Befragung machen demgegenüber nur wenige Kommunen von Fremdwährungskrediten Gebrauch (etwa 13 %).

---

138 Vgl dazu *Podewills/Reisich* NJW 2009, 116 ff.
139 Gegenüber Nichtbeamten erfolgt der Rückgriff aus dem Vertragsverhältnis. Vgl dazu *Pieper* in: Schmidt-Bleibtreu/Hofmann/Hopfauf (Hrsg.) Art. 34 GG Rn 47. Bei Gemeinderatsmitgliedern ist die Haftung gegenüber der Gemeinde teilweise ausdrücklich in den Gemeindeordnungen geregelt (vgl zB Art. 20 Abs. 4 S. 2 und Art. 51 Abs. 2 S. 2 GO Bayern); vgl auch *Seewald* in: Steiner (Hrsg.), S. 99 Rn 222.
140 Vgl BGH 7.11.1990 – 2 StR 439/90, NJW 1991, 990; LG Stuttgart 24.1.1996 – 14 K 184/95; zum Ganzen: *Gehrmann/Lammers* KommJur 2011, 41 ff.
141 Gleiches gilt für Landkreise, die hier nicht eigenständig behandelt werden, für die im Grundsatz aber die gleichen Regelungen Anwendung finden wie für Kommunen. Denkbar sind darüber hinaus unter Vorliegen weiterer Voraussetzungen zudem Derivatgeschäfte kommunaler Zweckverbände, die an dieser Stelle ebenfalls nicht genauer betrachtet werden.
142 *Birkholz* KWI-Arbeitshefte 12 (2006).
143 Als Gründe für eine Ablehnung von Derivaten werden insbesondere angegeben: Kritische Haltung der Verwaltung, Einsatz nicht notwendig oder mit zu hohem Risiko verbunden, Volumen Kredite/Schuldportfolio unzureichend, aber auch fehlende rechtliche Legitimation.

C. Einsatz von Derivaten in den Kommunen

Nach einer im Jahr 2010 durchgeführten Untersuchung, in die 552 kommunale Schuldenportfolios einbezogen waren, setzten 28% der teilnehmenden Kommunen Derivate im Schuldenmanagement ein. Im Bundesdurchschnitt betrug der Derivateanteil (Derivatevolumen im Verhältnis zum Verschuldungsvolumen) 10%, wobei die Werte zwischen 3 und 16% je nach Bundesland variierten. Zu 87% sind Derivate mit Zinssicherungscharakter abgeschlossen worden; unter 910 analysierten Derivaten fanden sich nur neun CMS-Ladder-Swaps.[144]

Aus der Sicht der möglichen Vertragspartner sind aufgrund fehlender gesetzlicher Grundlagen, divergierender Verwaltungsvorschriften sowie der unterschiedlichen Handhabung in den einzelnen Kommunen die rechtlichen Rahmenbedingungen indes oftmals unübersichtlich. Hinzu kommt, dass den Gemeinden verfassungsrechtlich zwar eine Selbstverwaltungskompetenz zukommt, sie als Verwaltungseinheiten der Länder aber auch der Aufsicht des jeweiligen Bundeslandes unterliegen und damit schon bei der Kreditaufnahme ein erweiterter Abstimmungsbedarf entsteht.

Im Folgenden soll ein Überblick über die rechtlichen Grundlagen von Derivatgeschäften von Gemeinden gegeben und ihre haushaltsrechtlichen Besonderheiten im Vergleich zu Bund und Ländern erörtert werden. Ein besonderer Abschnitt widmet sich Derivatgeschäften kommunaler Unternehmen.

I. Rechtliche Rahmenbedingungen

Divergierende Rahmenregelungen der Länder und die Tatsache, dass jede Gemeinde eigene Festsetzungen zu Umfang und Einsatzbedingungen von Derivaten treffen kann, erschweren allgemeingültige Aussagen über Grundlagen und Bedingungen von Derivatgeschäften im kommunalen Bereich. Immerhin besteht heute Einigkeit darüber, dass der Einsatz von Derivaten auch diesen Gebietskörperschaften rechtlich erlaubt ist. Zu beachten sind die folgenden Bestimmungen:

1. Gesetzliche Regelungen

Die rechtlichen **Grundlagen** der Haushaltswirtschaft der Gemeinden finden sich in den landesweit geltenden Kommunalverfassungen/Gemeindeordnungen (GO) sowie in den diese konkretisierenden Gemeindehaushaltsverordnungen (GemHVO).

Die Gemeindeordnungen und Gemeindehaushaltsverordnungen enthalten ähnlich wie die Bundes- und Landeshaushaltsordnungen in der Regel keine spezialgesetzlichen Vorgaben für Derivatgeschäfte, ermächtigen aber gleichermaßen zur Aufnahme von Krediten. Während Einigkeit darüber besteht, dass grundsätzlich auch den Kommunen der Einsatz derivativer Finanzinstrumente gestattet ist, wird vereinzelt bezweifelt, dass dafür als Rechtsgrundlage die kommunalrechtlichen Bestimmungen über die Kreditaufnahme in Betracht kommen. Insoweit wird darauf verwiesen, dass es sich bei den kommunalrechtlichen Bestimmungen anders als bei Bund und Ländern nicht um „echte" Ermächtigungsgrundlagen, sondern um reine haushaltsrechtliche Ordnungsvorschriften handele. Indes wird auch durch diese Stimmen nicht in Frage gestellt, dass die Finanzhoheit der Gemeinden als Kernbereich kommunaler Selbstverwaltung verfassungsrechtlich in Art. 28 Abs. 2 GG garantiert ist. Von dieser Garantie ist neben der Kreditaufnahme auch die Gestaltung der Kreditkonditionen durch Derivatgeschäfte erfasst.[145]

Im Unterschied zur Praxis des Bundes und der Länder, die die Zulässigkeit zum Abschluss derivativer Vereinbarungen in ihren Haushaltsgesetzen regeln, wird die Ermächtigung zur

---

144 Projekt Kommunale Verschuldungsdiagnose des Deutschen Sparkassen- und Giroverbands, ausgewertet in: Der Kämmerer, Ausgabe 2, Mai 2011, 9.
145 So *Krämer*, S. 321 f.

Endler

Eingehung von Derivatgeschäften in Gemeinden nur in Einzelfällen und mit unterschiedlicher Regelungstiefe zusätzlich in den entsprechenden Haushaltssatzungen verankert.[146] In den meisten Gemeinden gibt es (ggf zusätzlich) jedoch einen Beschluss der Gemeindevertretung oder auch des Finanzausschusses, der die Verwaltung zu den entsprechenden Geschäften ermächtigt und die dabei zu beachtenden Bestimmungen festlegt.

2. Runderlasse der Ministerien[147]

86 Für Derivatgeschäfte der Gemeinden sind neben den Gemeindeordnungen auch spezielle Verwaltungsvorschriften (sog. Derivaterlasse) von Bedeutung, die in den meisten Bundesländern von den jeweiligen Innenministerien herausgegeben worden sind, um die Gemeinden bei Abschluss und Durchführung von derivativen Vereinbarungen anzuleiten. Diese internen Vorgaben sind zumeist (allein) für die Gemeinden verbindlich, können aber auch nur Hinweise oder Empfehlungen[148] enthalten. Inzwischen finden sich die Vorgaben zum Einsatz von Derivaten oftmals als Teil von umfassenderen Verwaltungsvorschriften, die die Kreditaufnahme von Gemeinden zum Gegenstand haben.[149]

Derivaterlasse formulieren die zu beachtenden Vorgaben und Grenzen eines zulässigen Derivatgeschäfts. Sie treffen Aussagen zur Frage der Genehmigungsbedürftigkeit und zu bestehenden Anzeigepflichten, betonen das Spekulationsverbot und leiten daraus (unterschiedliche) Anforderungen an die Konnexität ab. Sie begrenzen darüber hinaus die zulässigen Derivatformen und weisen auf Risikomanagement und Dokumentationspflichten hin. Die sich aus dem Haushaltsrecht und den Runderlassen ergebenden wesentlichen Anforderungen an Derivatgeschäfte durch die Gemeinden werden nachfolgend näher beschrieben.

II. Zulässigkeitsvoraussetzungen

87 Die Zulässigkeitsvoraussetzungen eines kommunalen Derivatgeschäfts lassen sich wie folgt zusammenfassen:

1. Allgemeine Haushaltsgrundsätze

88 Die im Zusammenhang mit Derivatgeschäften des Bundes und der Länder ausführlich erörterten Haushaltsgrundsätze gelten auch für das kommunale Wirtschaften. Beispielsweise formuliert § 75 Abs. 1 S. 2 GO Nordrhein-Westfalen, dass die Haushaltswirtschaft „wirtschaftlich, effizient und sparsam zu führen" ist; vergleichbar wird in anderen Ländern wie Bayern darauf abgestellt, die Gemeinde habe ihren Haushalt „sparsam und wirtschaftlich zu planen

---

146 Vgl etwa Haushaltssatzung der Stadt Trier für das Jahr 2011, § 8 (grundsätzliche Ermächtigung für Vereinbarungen zur Steuerung von Zinsänderungsrisiken und Erzielung günstiger Kredite); Haushaltssatzung der Großen Kreisstadt Coswig für 2010/2011, § 5 (für neue und Umschuldungskredite können Vertragsformen entsprechend dem sächsischen Derivaterlass angewandt werden); Haushaltssatzung der Stadt Münster für das Haushaltsjahr 2011, § 2 S. 2 (Optimierung Zinsstruktur und Begrenzung von Zinsänderungsrisiken; Begrenzung für Fremdwährungskredite in CHF auf 15 % und nicht gesicherte, variable Abschlüsse auf 30 % des Schuldenstandes am Jahresende).
147 Einen kurzen Überblick gibt zB *Heinze* ZBB 2005, 367, 368.
148 Vgl Sachsen-Anhalt, Hinweise und Empfehlungen hinsichtlich des Einsatzes von derivativen Finanzierungsinstrumenten, 31.5.2005.
149 Vgl Thüringen, Bekanntmachung über das Kreditwesen der Gemeinden und Landkreise, 22.1.2010; vgl NRW, Runderlass: Kredite und kreditähnliche Rechtsgeschäfte der Gemeinden (GV), 9.10.2006, das mit dem Runderlass vom 4.9.2009 um Regelungen bzgl. der Zinsderivate ergänzt wurde; vgl Sachsen, Verwaltungsvorschrift über die Grundsätze der kommunalen Haushalts- und Wirtschaftsführung und die rechtsaufsichtliche Beurteilung der kommunalen Haushalte zur dauerhaften Sicherung der kommunalen Aufgabenerledigung (VwV KommHHWi) idF vom 20.12.2010, unter A) II. 2.; vgl Bayern, Bekanntmachung: Aufstellung und Vollzug der Haushaltspläne der Kommunen, 10.3.2010, Punkt 6.2 Derivative Finanzierungsinstrumente, unter Verweis auf die älteren Derivat-Erlasse.

C. Einsatz von Derivaten in den Kommunen

und zu führen".¹⁵⁰ Aus den Haushaltsprinzipien der **Sparsamkeit und Wirtschaftlichkeit** der Mittelverwendung folgt ein Spekulationsverbot, nach dem es auch den Gemeinden untersagt ist, unbeschränkte Risiken zu übernehmen. In Bezug auf den Abschluss von Derivatgeschäften wird das Spekulationsverbot im Konnexitätserfordernis umgesetzt; der Zinsbezug derivativer Geschäfte ist auch auf Gemeindeebene erforderlich.¹⁵¹

a) Spekulationsverbot und Konnexität

Für Kommunen gilt ein striktes **Spekulationsverbot**. Vereinzelt wird dies nicht nur aus dem Gebot der Wirtschaftlichkeit und Sparsamkeit abgeleitet, sondern mit der kommunalen Aufgabenstellung der Wahrnehmung aller Aufgaben des örtlichen Wirkungskreises begründet, die „aufgabenbezogen und zielgerichtet ist" und damit Finanzierungsgeschäfte zur „Erwirtschaftung separater Gewinne" verbiete.¹⁵² Zudem werden zur Konkretisierung des Spekulationsverbots die Vorschriften zum Erwerb und der Verwaltung von Vermögen herangezogen. Die Gemeinden sollen zum einen nur Vermögensgegenstände erwerben, soweit dies zur Erfüllung ihrer Aufgaben erforderlich ist; derivative Finanzinstrumente sind nicht als allgemeines „Mittel der Vermögensverwaltung" anzusehen.¹⁵³ Zum anderen ist „bei Geldanlagen (…) auf eine ausreichende Sicherheit zu achten; sie sollen einen angemessenen Ertrag bringen."¹⁵⁴ Der Begriff der sicheren Anlage soll danach entsprechend seiner Bedeutung im Bankenverkehr verstanden werden und zumindest spekulative Anlagen, insbesondere alle Anlageformen, die einen Totalverlust nach sich ziehen können, ausschließen.¹⁵⁵ Als Konsequenz wird daraus zumeist eine besonders strenge Bindung an die Konnexität gefordert.

b) Anforderungen aus Runderlassen

Den Kommunen kommen in der Handhabung der haushaltsrechtlichen Vorgaben bei Derivatgeschäften vor allem deshalb weniger Freiheiten zu als Bund und Ländern, weil die Bundesländer mit ihren Derivaterlassen das offen formulierte Haushaltsrecht bereits ausformen und damit bestehende Beurteilungsspielräume verengen. Dies geschieht nicht zuletzt vor dem Hintergrund geringerer sachlicher Kompetenzen und Erfahrungen vieler Kommunen. Den Anforderungen der Derivaterlasse kommt damit auch die Funktion zu, Gemeinden vor dem Abschluss wirtschaftlich nachteiliger Geschäfte zu bewahren. Die Vertragspartner sind wegen der unterschiedlichen Vorgaben der Derivaterlasse gehalten, sich im Einzelfall über die geltenden Beschränkungen der Kommune zu informieren. Beispiele sind:

aa) Beschränkungen auf bestimmte Derivatgeschäfte

In mehreren Runderlassen wird – zur Sicherung des Spekulationsverbots – die Art der zulässigen Derivate festgelegt, indem der Abschluss auf die als **bekannt und kalkulierbar** angese-

---

150 Art. 61 Abs. 2 S. 1 GO Bayern.
151 Vgl aber *Rinker* NVwZ 2004, 1452 ff, der die Möglichkeit eines Abschlusses von Wetterderivaten bejaht.
152 Baden-Württemberg, Derivaterlass: Haushaltsrechtliche Genehmigungspflicht für Swap- und Capverträge der Kommunen, 17.8.1998, IV.
153 So ausdrücklich Bayern, Schreiben: Derivative Finanzierungsinstrumente für Kommunen, insbesondere SWAP-Geschäfte, 8.11.1995, unter 5.2.
154 Vgl etwa § 89 Abs. 2 S. 2 GO Brandenburg. Die Verpflichtung, auf ausreichende Sicherheit zu achten, kann sowohl für Geldanlagen im Allgemeinen in den Gemeindeordnungen (zB § 91 Abs. 2 GO BW) als auch für Rücklagen im Besonderen im Gemeindehaushaltsrecht (zB § 23 GemHVO BW) vorgesehen sein; vgl *Richter* in: Henneke/Pünder/Waldhoff (Hrsg.) Recht der Kommunalfinanzen, § 38 Rn 58.
155 Vgl *Richter* in: Henneke/Pünder/Waldhoff (Hrsg.) Recht der Kommunalfinanzen, § 38 Rn 58; zum Verbot des Erwerbs von Aktien, soweit diese der Geldanlage und nicht der Aufgabenerfüllung dienen: § 38 Rn 83.

henen Geschäfte, wie Zinsswaps, Forwards, Forward-Swaps und Caps, beschränkt wird.[156] Gelegentlich, wie in Bayern, verstehen sich diese Aufzählungen allerdings als Empfehlungen oder als schlichte Wiedergabe der praktizierten Derivatgeschäfte.[157] Baden-Württemberg hat demgegenüber keine konkreten Festlegungen getroffen, sondern empfiehlt seinen Gemeinden, selbst einen enumerativen Katalog der zum Abschluss zugelassenen Derivate aufzustellen und einen betragsmäßigen Rahmen festzulegen.[158]

bb) Besonderheiten bei variablen Zinsverpflichtungen

92 Der Derivaterlass von Brandenburg beschränkt das Eingehen von **variablen Zinsverpflichtungen** der Kommunen.[159] Als haushaltsrechtlich unzulässig werden dort „längerfristige" (dh länger als zwei Jahre) variable Zinsverpflichtungen angesehen. Der Erlass enthält aber auch Beschränkungen für den Einsatz entsprechender Derivatgeschäfte mit kürzerer Laufzeit: „diese bedürfen der ständigen Kontrolle, da sie bei einer unerwartet ungünstigen Zinsentwicklung den Haushaltsausgleich innerhalb eines Haushaltsjahres gefährden können."

cc) Beschränkungen auf bestehende Kreditgeschäfte[160]

93 Teilweise beschränken die Derivaterlasse den Kreis der abzusichernden Kreditgeschäfte ausdrücklich auf solche, die bereits bestehen bzw für die eine **Kreditgenehmigung** erteilt wurde, und schließen zinsbezogene Derivate für erst künftig geplante, noch nicht abgeschlossene Kreditverträge aus; in anderen Ländern sind auch solche zugelassen.[161]

dd) Zulassung strukturierter Darlehen

94 In den Runderlassen ist auch die Zulassung **strukturierter Darlehen** angedeutet, insofern dort von gleichzeitigem Abschluss von Kredit- und Derivatgeschäft gesprochen wird. Strukturierte Geschäfte werden in vielen Kommunen praktiziert, teils jedoch nur innerhalb bestimmter, zuvor festgesetzter Quoten.[162]

ee) Beschränkung bei der Auswahl der Vertragspartner

95 Wie Bund und Länder sehen auch einzelne kommunale Regelungen Beschränkungen bei der Wahl der Vertragspartner aus Bonitätsgründen vor. Dies folgt bereits aus dem Wirtschaftlichkeitsgebot, wird aber bisweilen ausdrücklich angewiesen. So soll etwa in Bayern auf das Rating der Geschäftspartner sowie die Teilnahme an einem Sicherungssystem geachtet werden.[163] In Brandenburg kommen als Vertragspartner nur Banken in Betracht, die der gesetz-

---

156 Vgl Brandenburg, Runderlass in kommunalen Angelegenheiten des Ministeriums des Innern Nr. 2/2000: Einsatz von Zinsderivaten in der kommunalen Kreditwirtschaft, 28.1.2000, unter II.
157 Derivaterlass Bayern 1995; vgl auch Saarland, Schreiben: Derivative Finanzierungsinstrumente für Kommunen, insbesondere Swap-Geschäfte, 12.11.1998; Derivaterlass Sachsen-Anhalt 2005.
158 Derivaterlass Baden-Württemberg 1998, unter V.; vgl auch Derivaterlass Brandenburg 2000, der unter II. von „außerbörslichen Geschäften" spricht; vgl als Beispiel einer professionellen kommunalen Festlegung: Derivatemanagement München, Beschluss des Finanzausschusses vom 4.5.2006.
159 Derivaterlass Brandenburg 2000, unter III. 1. 1.
160 Die besondere Frage von Derivatgeschäften im Zusammenhang mit sog (kurzfristigen) Kassenkrediten wird hier nicht behandelt.
161 Vgl einerseits Derivaterlass Baden-Württemberg 1998; Derivaterlass Brandenburg 2000, unter III., Rheinland-Pfalz, Verwaltungsvorschriften zur Durchführung der Gemeindeordnung (GemO-VV) in der Fassung vom 30.4.2009, zu § 103 GO, 6.2. sowie andererseits Derivaterlass Sachsen 2010, unter A) II. Nr. 2 lit. b, wobei der Bezug auf ein Kreditgeschäft gegeben sein muss; weitergehend auch *Schwarz*, S. 59, mit dem Hinweis darauf, dass die öffentliche Hand noch auf absehbare Zeit Schuldner sein wird.
162 Vgl Derivatmanagement München, Beschluss des Finanzausschusses vom 4.5.2006, 3.8: dort mit Quote von 15 % im Verhältnis zum jeweiligen Schuldenstand.
163 Derivaterlass Bayern 1995, aktualisiert 2009.

lichen Banken- und Börsenaufsicht unterliegen. Auch ist von Seiten der Kommune „auf eine einwandfreie Bonität des Geschäftspartners zu achten".[164] In Sachsen dürfen derivative Zinsgeschäfte nur eingegangen werden, „wenn Bonität und Vertrauenswürdigkeit des Geschäftspartners gegeben sind".[165]

ff) Verschärfung der Voraussetzungen?

Als Reaktion auf die finanziellen Einbußen einzelner Kommunen bei Derivatgeschäften ist es zu einer tendenziellen Verschärfung der Voraussetzungen für den Abschluss von Zins-Derivatverträgen in den Runderlassen gekommen. Häufig wurden Runderlasse geändert oder detaillierte Regelungen zu Derivaten in Verwaltungsvorschriften zur Kreditaufnahme aufgenommen. Diese verschärfen in der Regel die Anforderungen an das Verfahren und das Finanzmanagement, aber nur in wenigen Fällen die materiellen Zulassungsvoraussetzungen. Beispielsweise hat das Land Nordrhein-Westfalen 2009 und 2010 Änderungen seines Runderlasses zu Krediten und kreditähnlichen Rechtsgeschäften der Gemeinden beschlossen[166] und gibt damit erstmals ausführliche Hinweise zum Umgang mit Derivaten. Es wird ausdrücklich eine Verpflichtung zum sorgfältigen Umgang mit Zinsderivaten statuiert. Die Gemeinden sind aufgefordert, ihr Wissen zu Wirkungsweise und Risiken des jeweiligen Derivatgeschäfts konkret zu belegen und zu dokumentieren. Falls erforderlich, soll sich die Gemeinde einer spezialisierten Fachberatung bedienen. Darüber hinaus sollen die Gemeinden örtliche Dienstanweisungen zum Umgang mit Zinsderivaten erlassen.

96

Bayern betont im Runderlass von 2009 das Erfordernis unabhängiger Berater, eines eigenen Finanzmanagements sowie die Wahrung des Konnexitätserfordernisses, zudem schließt es hybride Produkte aus.[167] Auch Thüringen erklärt Geschäfte, bei denen „unterschiedliche Multiplikatoren mit Marktannahmen kombiniert werden" – wie Ladder Swaps – ausdrücklich für unzulässig. Ferner sollen die Gemeinden von ihren Geschäftspartnern Marginzahlungen als Sicherheit verlangen und das gesamte Derivatvolumen solle 20% des aktuellen Schuldenportfolios nicht übersteigen.[168]

Die Verwaltungsvorschriften zur Durchführung der Gemeindeordnung (GemO-VV) von Rheinland-Pfalz beinhalten in der Fassung von 2009 erstmals Vorschriften zu Zinsderivaten und stellen insbesondere personelle und organisatorische Anforderungen an das Zinsmanagement beim Abschluss von Zinsderivatgeschäften.[169] Während die Verwaltungsvorschriften zur kommunalen Haushaltswirtschaft in Sachsen von 2007[170] die Zulassungsvoraussetzungen für derivative Zinssicherungsgeschäfte im Grundsatz angesprochen haben, enthalten die Verwaltungsvorschriften von 2010[171] Ausführungen dazu, wann ein derivatives Zinsgeschäft als spekulativ gilt und wann diese Zinsgeschäfte eingegangen werden können, zusätzlich statuieren sie Dokumentations- und Anzeigepflichten.

---

164 Derivaterlass Brandenburg 2000, unter IV. 5.
165 Derivaterlass Sachsen 2010, unter A) II. 2. b) cc).
166 Runderlass des Innenministeriums über Kredite und kreditähnliche Rechtsgeschäfte der Gemeinden (GV) vom 4.9.2009, MBl. NRW 2009, 428 und vom 13.12.2010, MBl. NRW 2010, 897.
167 Derivaterlass Bayern 1995, aktualisiert 2009.
168 Derivaterlass Thüringen 2010, Nr. 11.2.
169 Vgl Rheinland-Pfalz, Verwaltungsvorschriften zur Durchführung der Gemeindeordnung (GemO-VV) in der Fassung vom 30.4.2009, zu § 103 GO, in Nr. 6.6.
170 Vgl Derivaterlass Sachsen idF vom 14.12.2007, unter I. 1. a) ii).
171 Vgl Derivaterlass Sachsen 2010, unter A) II. 2.–4.

2. Formelle Vorgaben

a) Zuständigkeit

97 Die Gemeinden werden nach den Gemeindeordnungen regelmäßig von ihren **Bürgermeistern** nach außen vertreten; er vollzieht auch die Beschlüsse des Gemeinderats. Diese Vertretungsmacht besagt jedoch noch nichts darüber, welches Gemeindeorgan für die Entscheidung über den Abschluss eines Derivatgeschäfts zuständig ist. Vielmehr folgt dies aus der Aufgabenverteilung zwischen Gemeindevertretung und Bürgermeister, wie sie im Einzelnen in den Gemeindeordnungen geregelt ist. Nach den weitgehend übereinstimmenden Vorschriften kommt dem Bürgermeister danach vor allem das originäre Recht zu, „Geschäfte der laufenden Verwaltung" eigenständig zu führen, so dass die Frage aufgeworfen worden ist, ob der Abschluss von Derivatgeschäften als ein solches Geschäft qualifiziert werden kann. Von einzelnen Gemeinden wird dies angenommen, in der Praxis der Länder und im Schrifttum jedoch weit überwiegend abgelehnt. Denn Geschäfte der laufenden Verwaltung sind nur solche, die regelmäßig und häufig auftreten und nach feststehenden Regeln beurteilt werden.[172] Das ist bei Derivaten nicht der Fall. Einige Runderlasse regeln ausdrücklich, dass ein Derivatgeschäft kein Geschäft der laufenden Verwaltung ist.[173]

98 Die Zuständigkeit für einen Beschluss über ein Derivatgeschäft liegt dementsprechend bei der **Gemeindevertretung**. Diese kann ihre Zuständigkeit jedoch auf einen Ausschuss (Finanzausschuss) oder den Bürgermeister oder einen Hauptverwaltungsbeamten übertragen und diese(n) zum Abschluss solcher Geschäfte ermächtigen. Häufig geschieht dies durch einen Grundsatzbeschluss der Gemeindevertretung, der Festlegungen zur Art der beabsichtigten derivativen Finanzgeschäfte und zur maximalen Höhe im laufenden Haushaltsjahr enthält.

b) Anzeige- und Genehmigungspflicht

99 Anders als Bund und Länder sind die Gemeinden in der Entscheidung über die Aufnahme von Krediten nicht frei,[174] sondern müssen die Genehmigungsbehörden beteiligen. Genehmigungspflichtig ist nach fast allen Gemeindeordnungen indes grundsätzlich nur der Gesamtbetrag der in der Haushaltssatzung der Gemeinde vorgesehenen **Kreditaufnahmen** sowie der Verpflichtungsermächtigungen, soweit in den Jahren, in denen voraussichtlich Ausgaben aus den Verpflichtungsermächtigungen zu leisten sind, Kreditaufnahmen vorgesehen sind. Das einzelne Kreditgeschäft, das unter den Gesamtbetrag fällt, bedarf in aller Regel keiner Genehmigung.

100 Derivatgeschäfte werden demgegenüber nicht als Kredite, kreditähnliche Rechtsgeschäfte oder Verpflichtungen aus Gewährverträgen angesehen.[175] Sie bedürfen daher auch keiner aufsichtsrechtlichen Genehmigung.[176] Viele Länder verlangen eine Genehmigung aber dann, wenn ein Geschäft von den Vorgaben des Derivaterlasses abweicht und daher „**gewährver-**

---

[172] Dazu zB *Sixt* in: Kunze/Bronner/Katz (Hrsg.) B. 1 § 44 GO BW Rn 14 ff.
[173] So etwa in Derivaterlass Brandenburg 2000, unter IV.1.; Derivaterlass Thüringen 2010, unter IV. 11.5.
[174] Die Gemeindeordnungen sehen die Möglichkeit der Kreditaufnahme zudem nur vor, wenn eine andere Ausgabenfinanzierung nicht möglich ist oder wirtschaftlich unzweckmäßig wäre; grundsätzlich soll der Finanzbedarf im Wege der Innenfinanzierung über Steuern, Gebühren und Beiträge etc. sowie Zuweisungen und Zuschüsse gedeckt werden. Dies ist in der Praxis jedoch in den Hintergrund getreten. Eine Kreditaufnahme ist strikt an die Durchführung von Investitionsmaßnahmen gebunden. Vgl auch *Gern*, S. 434 Rn 680; *Dreher/Opitz* WM 2002, 413, 415; *Fromme* in: Henneke/Pünder/Waldhoff (Hrsg.) Recht der Kommunalfinanzen, § 31 Rn 37.
[175] Vgl Bayern, Schreiben: Einsatz derivativer Finanzierungsinstrumente, 14.9.2009, S. 2.
[176] Vgl auch *Reinhardt* LKV 2005, 333, 337.

tragsähnlichen Charakter" hat.¹⁷⁷ Dementsprechend sind Kommunen, die von bindenden Vorgaben eines Derivaterlasses abweichen, grundsätzlich gehalten, vor Abschluss des Derivatgeschäfts bei der zuständigen Aufsichtsbehörde eine Genehmigung einzuholen. Nach den vom Bundesgerichtshof in der Oderwitz-Entscheidung¹⁷⁸ entwickelten Maßstäben der Amtshaftung einer Rechtsaufsichtsbehörde gegenüber der Gemeinde begründet die Einbindung der Aufsichtsbehörde für diese allerdings auch besondere Überprüfungs- und Hinweispflichten. Erweist sich das genehmigte Geschäft für die Gemeinde im Ergebnis als nachteilig, kann sie sich gegenüber der Aufsichtsbehörde unter Umständen auf die Zahlung von Schadensersatz berufen.

Die in den Derivaterlassen ausgesprochene Genehmigungspflicht bestimmter Derivatgeschäfte ist indes fragwürdig. In jedem Fall bedarf eine Genehmigungspflicht einer **Rechtsgrundlage**. Dabei ist es fraglich, aus welcher Vorschrift der jeweiligen Gemeindeordnung die Länder eine solche Genehmigungsbedürftigkeit herleiten; aus den internen Verwaltungsvorschriften kann diese – jedenfalls mit Außenwirkung – grundsätzlich nicht begründet werden. Geschäfte der Gemeinde sind nämlich grundsätzlich genehmigungsfrei und unterliegen damit ausschließlich einer nachträglichen Aufsicht, es sei denn, in der jeweiligen Gemeindeordnung ist ein Genehmigungserfordernis ausdrücklich festgelegt. 101

Einzelgenehmigungspflichten bestehen nach den Gemeindeordnungen nur in besonderen Fällen, beispielsweise bei der Aufnahme bestimmter Kredite in Abweichung von einer bundesrechtlich angeordneten Kreditsperre (§ 19 des Gesetzes zur Förderung der Stabilität und des Wachstums der Wirtschaft), der Begründung von Zahlungsverpflichtungen, die einer Kreditaufnahme gleichkommen, oder einer Übernahme von Bürgschaften und Verpflichtungen aus Gewährverträgen und vergleichbaren Geschäften.¹⁷⁹ 102

Neben diesem „Grundbestand" an Genehmigungserfordernissen unterscheiden sich die Gemeindeordnungen der Länder im Einzelfall; ein **allgemeines Genehmigungserfordernis** für das Eingehen von (potentiellen) Zahlungsverpflichtungen besteht jedoch nirgends. 103

Auch fällt die Vereinbarung derivativer Finanzinstrumente unter keine der aufgezählten **Fallgruppen**. Die Vereinbarung derivativer Geschäfte ist insbesondere keine Kreditaufnahme, da mit ihnen keine mit einer verzögerten Rückzahlungspflicht verbundenen Geldschulden begründet werden. Die Konnexität des Derivatgeschäfts ändert daran nichts.¹⁸⁰ Derivative Vereinbarungen kommen einer Kreditaufnahme auch nicht wirtschaftlich gleich, denn sie beinhalten keine kreditähnliche Zahlungsverpflichtung der Gemeinde, wie dies beispielsweise für das Leasing und leasingähnliche Rechtsgeschäfte, atypische langfristige Mietverträge ohne Kündigungsmöglichkeiten oder kommunale ÖPP-Projekte angenommen wird.¹⁸¹ 104

Für den Abschluss derivativer Vereinbarungen besteht damit nach gegenwärtiger Rechtslage regelmäßig **keine Einzelgenehmigungspflicht**. Sollten die Länder eine Genehmigung bestimmter Derivatgeschäfte für notwendig erachten, wäre dies in den Gemeindeordnungen durch den Landesgesetzgeber ausdrücklich klarzustellen. Wegen anderslautender Derivaterlasse 105

---

177 Vgl Derivaterlass Baden-Württemberg 1998; Derivaterlass Brandenburg 2000; Derivaterlass Thüringen 2010 stellt unter 11.4. fest: Es obliegt der Gemeinde, die Frage der Genehmigungsbedürftigkeit des Rechtsgeschäfts hinsichtlich der Regelung des § 64 Abs. 2 ThürKO bzw. § 15 Abs. 2 ThürKDG selbst zu prüfen; vgl dazu *Reinhardt* LKV 2005, 333, 337.
178 BGHZ 153, 198. Diese Maßstäbe dürften auf die Genehmigung von Derivatgeschäften übertragbar sein.
179 Vgl mit einer Übersicht zB *Rehn/Cronauge* in: Rehn/Cronauge/von Lennep/Knirsch (Hrsg.) B. 2 § 130 GO NRW Ziff. II.; *Katz* in: Kunze/Bronner/Katz (Hrsg.), B. 2 § 117 GO BW Rn 7.
180 Vgl für Swapgeschäfte OLG Naumburg 24.3.2005 – 2 U 111/04, WM 2005, 1313 ff, mit Hinweis auf *Krämer*, S. 148; so auch *Heinze* ZBB 2005, 367.
181 So ausdrücklich Rheinland-Pfalz, GemO-VV zu § 103 GemO, Nr. 6.5: „In der Vereinbarung von Zinsderivaten liegt daher weder eine Kreditaufnahme […] noch die Begründung einer Zahlungsverpflichtung, die wirtschaftlich einer Kreditaufnahme gleichkommt".

sollten sich die Banken jedoch des Vorliegens einer Genehmigung der Rechtsaufsicht versichern, sofern das geplante Derivatgeschäft von den im Erlass gemachten Vorgaben abweicht.

106 Besondere Genehmigungs- und Abstimmungserfordernisse ergeben sich zudem, wenn die Gemeinde keinen ausgeglichenen Haushalt hat und daher einem **Haushaltssicherungskonzept** unterliegt. In diesem Fall *kann* sich die Aufsichtsbehörde in der Genehmigung des Haushaltssicherungskonzepts vorbehalten, auch einzelne Kredite zu genehmigen.[182] Die Genehmigung erstreckt sich dann auch auf solche Derivatgeschäfte, die zusammen mit den betroffenen Krediten abgeschlossen werden. In der Untersuchung von *Birkholz* zum Zinsmanagement der Gemeinden unterlagen etwa 40 % der befragten Kommunen einer Haushaltssicherung.[183]

107 Darüber hinaus wird in den Runderlassen oder den Beschlüssen der Gemeindevertretung vereinzelt festgelegt, dass und in welchem Umfang über beabsichtigte oder vorgenommene Derivatgeschäfte **Bericht** erstattet werden muss.[184]

c) Form

108 Die Gemeindeordnungen enthalten keine einheitlichen Anforderungen an die Form der Derivatverträge. Derivative Vereinbarungen unterfallen den Vorschriften über die Abgabe von Verpflichtungserklärungen, wenn die Gemeindeordnungen solche enthalten.[185] In aller Regel wird die **Schriftform** angeordnet, teils sind Dienstsiegel zu verwenden.[186] Vorgaben bestehen darüber hinaus hinsichtlich des Kreises der Vertretungsberechtigten. In der Regel ist dies der Bürgermeister. Schließt dieser das Geschäft ab, verlangen einige Gemeindeordnungen zusätzlich die Unterschrift eines zweiten Vertretungsberechtigten.[187] Gestattet die Gemeindeordnung, dass ein ausdrücklich Bevollmächtigter das Geschäft abschließt, wird oftmals zusätzlich die Unterzeichnung auch des Bürgermeisters oder seines Stellvertreters verlangt.

109 Die genannten Vorschriften sind auch für die Vertragspartner von Bedeutung, weil die Gemeindeordnungen anweisen, dass Erklärungen, die nicht den Formvorgaben entsprechen, die Gemeinden nicht binden,[188] also unmittelbare Auswirkungen auf die Wirksamkeit des abgeschlossenen Derivatgeschäfts haben. Soweit es sich bei den Vorschriften nicht um Formvorschriften, sondern Vertretungsregelungen handelt, sind fehlerhaft abgeschlossene Geschäfte nicht nichtig, sondern schwebend unwirksam.[189] Der Mangel ist somit heilbar.

3. Informations-, Kontroll- und Risikomanagement

110 Hinsichtlich der Anforderungen an das **Informations-, Kontroll- und Risikomanagement** kann auf die Ausführungen zu Bund und Ländern verwiesen werden, die auch für Gemeinden gelten und in den Runderlassen zum Derivatmanagement Ausdruck gefunden haben. So empfiehlt etwa der baden-württembergische Derivaterlass exemplarisch eine „ständige Überwachung der abgeschlossenen Verträge durch ein Risikoüberwachungs- und Risikomanage-

---

182 Vgl etwa § 74 Abs. 4 Nr. 3 Kommunalverfassung Brandenburg (BbgKVerf).
183 *Birkholz* KWI-Arbeitshefte 12 (2006), 25.
184 ZB Anzeigepflicht: vgl Derivaterlass Thüringen 2010, unter 11. 4; Derivaterlass Brandenburg 2000, unter IV. 6.
185 Vgl etwa § 64 GO NRW.
186 Vgl zB § 70 Abs. 1 S. 2 GO Sachsen-Anhalt.
187 Vgl zB § 71 Abs. 2 S. 2 GO Hessen sowie § 64 Abs. 1 S. 2 GO NRW.
188 Vgl auch BGH 16.11.1978 – III ZR 81/77, DVBl. 1979, 514 ff zur Nichtigkeit wegen Fehlens eines erforderlichen Dienstsiegels und den Voraussetzungen einer Unbeachtlichkeit nach § 134 BGB.
189 Zur schwebenden Unwirksamkeit (nicht aber Nichtigkeit) bei fehlender zweiter Unterschrift VGH Hessen 6.12.1979 – V OE 111/76 mit Hinweis auf BGHZ 32, 375; VGH Hessen 15.2.1996 – 5 UE 2836/95, NVwZ 1997, 618 ff.

mentsystem" sowie „die Einrichtung einer lückenlosen Kontrolle durch einen Bediensteten, der von Abschluss, Abwicklung und Risikomanagement organisatorisch getrennt ist";[190] auch die Bildung von Rücklagen wird thematisiert.[191] Die Arbeitsgruppe Finanzmanagement/Treasury beim Deutschen Städtetag hat die bereits erwähnten Mindestanforderungen an das Risikomanagement der BaFin in eine Musterdienstanweisung für die Aufnahme von Krediten und die Umschuldung von Krediten von Gemeinden aufgenommen.[192] In Thüringen ist der Erlass einer Dienstanweisung zwingende organisatorische Voraussetzung für den Derivate-Einsatz der Kommune.[193]

In der Praxis ist nach den Untersuchungen von *Birkholz* das Risikomanagement häufig nicht ausreichend. Bei 40 % der befragten Kommunen gab es keine Trennung von Handel und Abwicklung nach dem Vier-Augen-Prinzip; 55 % nehmen keine organisatorische Trennung vor. 91 % der befragten Gemeinden verfügen über keine Risikorücklage.[194] Mitunter haben die Gemeinden nicht die notwendigen Ressourcen, um ein sachgerechtes Derivatmanagement umsetzen zu können. Einige Derivaterlasse, wie der des saarländischen Innenministeriums, ziehen daraus den Schluss, dass derivative Finanzinstrumente nur für größere Kommunen in Frage kommen, da in diesen ein entsprechendes Finanzmanagement existiert oder aufgebaut werden kann.[195] Die Mehrzahl der Mitgliedstädte der Arbeitsgruppe Finanzmanagement/Treasury beim Deutschen Städtetag hält es für erforderlich, ihr Schuldenmanagement von auf diesem Gebiet tätigen und nach Möglichkeit unabhängigen Banken oder Finanzdienstleistern begleiten zu lassen.[196] Aus der kommunalen Verantwortung der Kommunen für die Abwicklung von Kreditgeschäften werden mitunter aber auch Grenzen einer Verlagerung des Derivatmanagements „nach außen" hergeleitet.[197]

III. Folgen von Rechtsverstößen auf abgeschlossene Geschäfte

Mögliche Rechtsverstöße können die Wirksamkeit eines Derivatgeschäfts in Frage stellen oder ein aufsichtsrechtliches Einschreiten nach sich ziehen. Darin besteht der wesentliche Unterschied von Derivatgeschäften der Kommunen gegenüber Vereinbarungen mit Bund und Ländern.

1. Nichtigkeit unrechtmäßiger Derivatgeschäfte?

Auch bei Kommunen führen Verstöße gegen öffentlich-rechtliche (interne) Haushaltsprinzipien nach allgemeinen Grundsätzen regelmäßig nicht zur Nichtigkeit dieser Geschäfte. Dazu müssen vielmehr besondere Tatbestände erfüllt sein, die einen auch zivilrechtlichen Rechtsverstoß begründen. Neben den bei Bund und Ländern diskutierten Fallgruppen kommt bei Derivatgeschäften von Kommunen ein weiterer Tatbestand unwirksamer Verträge in Be-

---

190 Derivaterlass Baden-Württemberg 1998, unter V.
191 Besonders ausführlich sind etwa die Regelungen in Derivaterlass Brandenburg 2000, unter IV. 2; speziell zur Rücklagen: Brandenburg, Runderlass des Ministeriums des Innern in kommunalen Angelegenheiten Nr. 8/2001: Anlage von Mitteln der Rücklagen sowie vorübergehend nicht benötigte Kassenbestände; vgl dazu auch den Überblick bei *Schwarz*, S. 59; *Noll* Finanzwirtschaft 2001, 76 ff.
192 Stellungnahme der Bundesvereinigung der kommunalen Spitzenverbände bei der Öffentlichen Anhörung zu Zinsswap-Geschäften im Finanzausschuss des Deutschen Bundestags, 1.4.2011, Anlage 1.
193 Derivaterlass Thüringen 2010, unter 12.
194 *Birkholz* KWI-Arbeitshefte 12 (2006), 27 ff.
195 Derivaterlass Saarland 1998, unter 2; vgl auch Derivaterlass Bayern 1995, unter 4 bzw in den ergänzenden Hinweisen idF von 2009, S. 3.
196 Vgl Vorbericht für die 149. Sitzung des Finanzausschusses des Deutschen Städtetages vom 6.4.2005.
197 *Hopfe/Kummerow* in: Städte- und Gemeindebund NRW (Hrsg.), S. 17, mit Hinweis auf Derivaterlass NRW 2006, MBl. 2006, 505 ff.

tracht: die Unwirksamkeit wegen fehlender Genehmigung der Rechtsaufsichtsbehörde. Im Einzelnen:

a) Handeln „ultra vires"

114 Fraglich ist zunächst, ob für Gemeinden, anders als für Geschäfte von Bund und Ländern, die Grundsätze der **„ultra-vires-Lehre"** eingreifen und ob daher die im Abschluss nicht konnexer, spekulativer Derivatgeschäfte liegende Kompetenzüberschreitung zu ihrer Nichtigkeit führt. In der juristischen Literatur wird dies teilweise mit dem Argument vertreten, dass Gemeinden kein umfassendes Wirkungsrecht zukomme, sondern ihr Handeln auf die ausdrücklich benannten Kompetenzen beschränkt sei.[198] Zu diesen gehöre aber allein der Abschluss konnexer, nicht spekulativer Derivatgeschäfte. Hinsichtlich der Vertretungsmacht der handelnden Amtswalter wird dementsprechend vorgetragen, diese könne ebenfalls nur auf den Abschluss rechtmäßiger Vereinbarungen gerichtet sein; ein über diese Grenzen hinausgehendes Geschäft binde die Gemeinde daher nicht.

115 Gegen diese Auffassung spricht jedoch das Recht der Gemeinden zur Selbstverwaltung im eigenen Wirkungskreis, wie es in Art. 28 Abs. 2 GG garantiert ist und das auch ihre **Finanzhoheit** umfasst.[199] „Ultra vires" kann eine Gemeinde höchstens handeln, wenn sie außerhalb ihres Gemeindegebiets und damit ihres Wirkungskreises tätig zu werden versucht.[200] Dies ist bei dem Abschluss von Derivatvereinbarungen, die sich als Finanzgeschäfte im Rahmen der Finanzhoheit bewegen, nicht der Fall. Zöge man unter Anwendung der „ultra-vires-Lehre" die Wirksamkeit sämtlicher öffentlich-rechtlich rechtswidriger Geschäfte der Gemeinde in Zweifel, kämen die Kommunen als Vertragspartner von Privaten kaum mehr in Betracht.

b) Offensichtlicher Missbrauch der Vertretungsmacht und Kollusion

116 Eine Unwirksamkeit der Derivatgeschäfte für die vertretene Körperschaft wegen offensichtlicher **Überschreitung der Vertretungsmacht** kommt entsprechend den obigen Ausführungen bei Bund und Ländern nur in seltenen Einzelfällen in Betracht. Auch eine Nichtigkeit wegen **kollusiven Zusammenwirkens** von Amtswalter und privatem Geschäftspartner ist unwahrscheinlich.

c) Fehlende Genehmigung

117 Eine fehlende, aber erforderliche Einzelgenehmigung führt nach den maßgeblichen Vorgaben der Gemeindeordnungen[201] und in ständiger Rechtsprechung zur schwebenden Unwirksamkeit und – bei Verweigerung der erforderlichen Genehmigung – auch zur **Nichtigkeit** eines Vertrags. Der Abschluss von Derivatgeschäften unterliegt zwar grundsätzlich keiner Genehmigungspflicht. Eine Genehmigungspflicht kann sich aber zum einen ergeben, wenn die Gemeinde einem Haushaltssicherungskonzept unterliegt. Zum anderen droht die schwebende Unwirksamkeit und Nichtigkeit eines Derivatgeschäfts auch bei fehlenden Genehmigungen, die aufgrund eines Derivaterlasses für die Gemeinden verpflichtend angeordnet sind.

---

198 So *Krämer*, S. 322 ff; *Morlin* NVwZ 2007, 1159 f; in diese Richtung auch *Kewenig/Schneider* WM Sonderbeilage 2/1992, 2, 6 für Bundesbahn und Treuhand als Teile der mittelbaren Staatsverwaltung.

199 So iE auch *Jahn* in: Schimansky/Bunte/Lwowski (Hrsg.) Bankrechts-Handbuch, § 114 Rn 110d; *Bücker*, S. 188 ff; vgl auch *Elster* EWiR 2009, 73, 74.

200 Wie etwa der Beschluss einer Gemeindevertretung über die Abschaffung von Atomwaffen/eine atomwaffenfreie Zone, ohne dass im Gemeindegebiet solche Waffen stationiert sind: dazu OVG Rheinland-Pfalz 19.5.1987 – 7 A 71/35, NVwZ 1988, 466 ff.

201 Vgl § 117 Abs. 1 GO Baden-Württemberg; Art. 117 Abs. 2 GO Bayern, § 111 Abs. 1 BbgKVerf; § 134 Abs. 1 GO Hessen; § 176 Abs. 1 NKomVG; § 120 Abs. 1 GO Sachsen; § 140 Abs. 1 GO Sachsen-Anhalt; § 118 Abs. 1 GO Schleswig-Holstein; § 123 Abs. 2 KO Thüringen.

Gegen die (schwebende) Unwirksamkeit solcher Derivatgeschäfte, denen es an einer Genehmigung mangelt, die sich aus einem Derivaterlass ergibt, wäre zwar der **Einwand** zu erheben, dass sich entsprechende Genehmigungspflichten aus den Gemeindeordnungen nicht ableiten lassen und sich damit nicht auf die eigentlich erforderliche gesetzliche Grundlage stützen können. Zudem könnte vorgebracht werden, dass ihr jeweiliger Geltungsbereich nicht mit der notwendigen Eindeutigkeit zu bestimmen ist, um daraus eine schwebende Unwirksamkeit des Derivatgeschäfts zu rechtfertigen. Andererseits ist zweifelhaft, ob sich der Vertragspartner auf eine Genehmigungsfreiheit des Derivatgeschäfts berufen kann, wenn er die Abweichungen von den Vorgaben selbst kannte oder kennen musste. Einschlägige Entscheidungen der Gerichte liegen zu dieser Frage noch nicht vor. Der Abschluss eines Derivatgeschäfts ohne die notwendige Genehmigung ist daher in solchen Fällen für beide Vertragsparteien mit erheblichen Risiken behaftet.

2. Aufsichtsrechtliche Maßnahmen/Rückabwicklung unzulässiger Derivatgeschäfte?

Alle Gemeindeordnungen räumen den jeweiligen Aufsichtsbehörden das Recht ein, rechtswidrige Beschlüsse und Verfügungen der Gemeinde zu beanstanden und ihre Aufhebung oder Änderung zu verlangen, indem sie die Gemeinde dazu verpflichten, die zur Beseitigung des Rechtsverstoßes notwendigen Maßnahmen vorzunehmen. Dem steht auch nicht entgegen, dass ein entsprechender (Gemeindevertretungs-)Beschluss schon vollzogen ist, da ein durch Abwicklung eines Rechtsgeschäfts vollzogener Beschluss aufgehoben werden kann. Eine Rückabwicklungsverpflichtung stößt indes dort an ihre Grenzen, wo sie aussichtslos erscheint oder rechtlich unmöglich ist.[202]

Bei rechtswidrigen Derivatgeschäften wirft die kommunalaufsichtsrechtliche Anordnung zur Rückabwicklung des Geschäfts schwierige und noch unbeantwortete Fragen auf. Das rechtswidrige Derivatgeschäft ist in der Regel zivilrechtlich wirksam. Die Gemeinde könnte sich daher nur durch **Kündigung** vom Vertrag lösen. Ein ordentliches Kündigungsrecht gibt es bei Derivatgeschäften regelmäßig nicht, es sei denn, die Gemeinde hat sich ein solches für den Fall einer dahingehenden aufsichtsrechtlichen Anordnung vertraglich vorbehalten. In Frage käme also nur eine außerordentliche Kündigung. Nach allgemeinen Grundsätzen muss der Grund für eine außerordentliche Kündigung aber aus dem Rechtsverhältnis zwischen den Parteien stammen. Für die Anordnung einer Aufsichtsbehörde gegenüber der Gemeinde trifft dies nicht zu. Auch ein außerordentliches Kündigungsrecht der Gemeinde unter dem Gesichtspunkt der Gesetzmäßigkeit der Verwaltung ist, soweit ersichtlich, bisher nicht anerkannt worden. Hinzu kommt, dass der BGH Kündigungsgründen, die aus der Sphäre des öffentlichen Rechts stammen, für den Bereich des Zivilrechts grundsätzlich eine Absage erteilt hat. Begibt sich die öffentliche Hand bei ihren Geschäften auf die privatrechtliche Ebene, soll sie sich nicht zu ihrem Vorteil auf öffentlich-rechtliche Beschränkungen berufen können. Vor diesem Hintergrund ist das Bestehen eines außerordentlichen Kündigungsrechts zugunsten der Gemeinde äußerst zweifelhaft. Allerdings hat das Landgericht München einem öffentlichen Auftraggeber ein Kündigungsrecht in einem Fall zugestanden, in dem die Europäische Kommission und der EuGH nachträglich die Fehlerhaftigkeit des Vergabeverfahrens beanstandet hatten.[203] Eine Übertragbarkeit dieser umstrittenen Rechtsprechung auf Derivatgeschäfte der Gemeinde kommt schon aufgrund des mangelnden Gemeinschaftsbezugs dieses Rechtsbereichs nicht in Betracht. Indes verdeutlicht das Urteil, dass die Gerichte in besonderen Fällen eine Kündigung ausnahmsweise auch durch außerhalb des Vertragsverhältnisses liegende Gründe zu rechtfertigen bereit sind.

---

202 Vgl OVG Münster 6.5.1986 – 15 A 1479/82, NVwZ 1987, 155 f; *Steger* in: Kunze/Bronner/Katz (Hrsg.) B. 2 § 121 GO BW Rn 13.
203 Vgl LG München 20.12.2005 – 33 O 16465/04, VergabeR 2006, 268.

121 Möglich bleibt eine **einverständliche Rückabwicklung**, etwa durch Vertragsaufhebung oder den Abschluss eines entsprechenden Gegengeschäfts. Dies wird aber zumeist mit beträchtlichen Kosten verbunden sein.

3. Haftung der Banken aufgrund Verletzung von Beratungspflichten

122 Die Voraussetzungen möglicher Schadensersatzansprüche der öffentlichen Hand wegen der Verletzung von **Beratungspflichten** sind im Zusammenhang derivativer Geschäfte mit Bund und Ländern bereits erörtert worden. Bei gemeindlichen Finanzgeschäften wird es häufig naheliegen, an die Anforderungen an eine anlegergerechte Beratung, die den Grundsätzen der §§ 31 Abs. 1 und 2, 32 Abs. 1 WpHG genügt, strengere Maßstäbe anzulegen, als dies im Verhältnis zu Bund und Ländern der Fall ist. Oftmals verfügen Gemeinden schon wegen ihrer Größe, Personalausstattung und dem geringeren Umfang der abzusichernden Kreditvolumina nicht über einen vergleichbaren Wissensstand und entsprechende Erfahrungen im Umgang mit den beabsichtigten Geschäften. Auch im Verhältnis zu Kommunen bleibt es jedoch im Regelfall dabei, dass die Vertragspartner auf die geltenden haushaltsrechtlichen Einschränkungen nicht hinweisen müssen.

IV. Anwendung der haushaltsrechtlichen Vorgaben der Gemeindeordnungen auf kommunale Gesellschaften

123 Nicht nur Kommunen, sondern auch **kommunale Gesellschaften** nutzen Derivate zur Sicherung und/oder Optimierung von Kreditrisiken. Solche Gesellschaften agieren in unterschiedlichen Rechtsformen des öffentlichen und privaten Rechts. Ihre unmittelbare Bindung an die erörterten Haushaltsgrundsätze ist damit von der jeweiligen rechtlichen Ausgestaltung der Gesellschaft abhängig. Vor allem in öffentlich-rechtlicher Rechtsform geführte kommunale Unternehmen unterliegen im Wesentlichen denselben Anforderungen wie die Kommunen.[204] Im Folgenden sind allein Unternehmen des privaten Rechts, beispielsweise Stadtwerke in der Rechtsform einer GmbH oder einer AG, näher zu behandeln.

124 Für diese Unternehmen stellt sich die Frage, ob und inwieweit auch sie den haushaltsrechtlichen Beschränkungen der Gemeindeordnungen unterworfen sind. Hier ist zu differenzieren: Unmittelbarer **Adressat** der gesetzlichen Vorschriften (wie auch der Runderlasse der Ministerien) sind die Gemeinden, dh die Gemeindevertreter, nicht aber die – rechtlich selbständigen – kommunalen Gesellschaften. Dementsprechend binden diese Regelungen etwa den vertretungsberechtigten Geschäftsführer einer kommunalen GmbH weder direkt noch mit Außenwirkung, sondern allein über Abreden und Vertretungsbefugnisse im Innenverhältnis. Dies folgt schon daraus, dass der Kommunalgesetzgeber keine (außen-)wirksamen Regelungen schaffen kann, die dem bundesrechtlich geregelten Gesellschafts-(und Wertpapier-)recht entgegenstehen.[205] Mittelbar findet eine Bindung der kommunalen Gesellschaften an die Gemeindeordnungen allerdings dadurch statt, dass die gemeindlichen Vertreter im Aufsichtsrat deren Vorgaben zu beachten haben.

125 Für die privaten Vertragspartner kommunaler Unternehmen folgt daraus zweierlei: Beim Einsatz von Derivaten haben im Ergebnis auch selbständige kommunale Gesellschaften die Beschränkungen des Haushaltsrechts zu beachten. Insofern gelten dieselben Beratungspflichten wie gegenüber Kommunen (vgl. Rn 71 ff). Demgegenüber berühren Verstöße gegen das

---

204 Bei einer Überschreitung ihrer Befugnisse ist im Unterschied zu Gemeinden auch eine Nichtigkeit der Geschäfte nach den Grundsätzen der „ultra-vires-Lehre" in Betracht zu ziehen.
205 Vgl schon BGHZ 36, 296, 306; BGH 13.10.1977 – II ZR 123/76, NJW 1978, 104, 105; unmittelbar im Zusammenhang mit Derivatgeschäften: OLG Naumburg 24.3.2005 – 2 U 111/04, WM 2005, 1313 ff; *Altmeppen* NJW 2003, 2561 ff; ohne schlüssige Begründung anders hingegen *Morlin* NVwZ 2007, 1161.

Haushaltsrecht die Wirksamkeit von derivativen Vereinbarungen mit kommunalen Gesellschaften unstreitig nicht. Eine Unwirksamkeit der Geschäfte für das vertretene Unternehmen wegen offensichtlicher Überschreitung der Vertretungsmacht wird nur in seltenen Einzelfällen anzunehmen sein. Auch eine (unmittelbare) Rechtsaufsicht über kommunale Gesellschaften findet nicht statt. Die Aufsichtsbehörde kann eine Auflösung des rechtswidrigen Geschäfts ggf aber über eine dahingehende Anweisung der in den Aufsichtsgremien vertretenen Gemeindemitglieder durchzusetzen versuchen.

§ 29 Kreditderivate und Kartellrecht: Aktuelle Untersuchungen der EU-Kommission

Literatur: *Bechtold/Bosch/Brinker/Hirsbrunner*, EG-Kartellrecht Kommentar, 2. Aufl., München 2009; *Collender,* Enterprise Credit Default Swaps and Market Discipline, Preliminary Analysis, OFHEO Working Papers, 2008; *Dreher,* Ordnungswidrigkeitenrecht statt Strafrecht im Kartellrecht – Folgerungen für die Regulierung und Kontrolle der Finanzmärkte, in: Kempf/Lüderssen/Volk, Ökonomie versus Recht im Finanzmarkt?, Berlin/Boston 2011, S. 217; *Eggers*, Wettbewerbs- und kartellrechtliche Probleme von Ratings, Berlin 2010; *Hertig*, Trading and Clearing Reforms in the EU, A Story of Interest Groups with Magnified Voice, ZBB 2011, 329; *Immenga/Mestmäcker*, Wettbewerbsrecht Kommentar EG, Teil 1, 4. Aufl., München 2007; *F. Kübler*, Die Finanzmarktreform in den USA, in: Kempf/Lüderssen/Volk, Ökonomie versus Recht im Finanzmarkt?, Berlin/Boston 2011, S. 5; *Raunig/Scheicher*, A Value at Risk Analysis of CDS, ECB Working Paper No. 968, 2008; *Schimansky/Bunte/Lwowski*, Bankrechts-Handbuch, 4. Aufl., München 2011; *Wiedemann* (Hrsg.), Handbuch des Kartellrechts, 2. Aufl., München 2008; *Wagner*, Credit Default Swaps und Informationsgehalt, 2010; *Weistroffer*, Credit Default Swaps, Deutsche Bank Research 2010; *Wittinghofer*, Fachbegriffe aus M&A und Corporate Finance – Credit Default Swaps als Instrument zur Absicherung von Kreditrisiken, NJW 2010, 1125; *Zeller/Koch*, Beratungspflichten einer Bank bei Abschluss eines Spread-Ladder-Swap-Vertrages: Was kommt nach dem Urteil des BGH vom 22.3.2011?, Recht der Finanzinstrumente 4 (2011), 246 ff.

A. Einleitung 1	I. Markit-Verfahren 29
B. Grundlagen 8	1. Kollusion der Banken im Hinblick auf CDS-Informationen? 31
I. Der Markt für Credit Default Swaps 8	a) Möglicher Verstoß gegen Art. 101 Abs. 1 AEUV 32
II. Effizienz- und Transparenzprobleme im CDS-Markt 12	b) Möglicher Verstoß gegen Art. 102 AEUV 36
III. Kartellrechtliche Grundlagen 18	2. Marktmachtmissbrauch durch Markit (Art. 102 AEUV)? 41
1. Allgemeines 18	II. ICE-Verfahren 44
2. Verbot wettbewerbsbeschränkender Vereinbarungen, Art. 101 AEUV 19	1. Möglicher Verstoß gegen Art. 101 AEUV 45
3. Verbot des Missbrauchs einer marktbeherrschenden Stellung, Art. 102 AEUV 21	2. Möglicher Verstoß von ICE Clear gegen Art. 102 AEUV 47
C. Verfahren der EU-Kommission 22	
I. Verfahren gegen Banken und Markit 23	
II. Verfahren gegen Banken und ICE Clear .. 27	
D. Kartellrechtliche Einschätzung 29	E. Ausblick 48

A. Einleitung

1 Das Kartellrecht hat sich für nahezu alle Wirtschaftsbereiche zu einem einflussreichen Rechtsgebiet entwickelt. Für die Banken- und Finanzindustrie hat sich dieser „Trend" seit Beginn des Jahres 2011 erheblich verstärkt: Mehrere nationale Kartellbehörden und insbesondere auch die Europäische Kommission (EU-Kommission) haben das Verhalten von Banken und anderen auf den Finanzmärkten tätigen Unternehmen einer kritischen Prüfung unterzogen:

2 Nach Untersuchungen in den USA hinsichtlich des Verdachts auf Absprachen zwischen Banken zur Manipulation des Londoner Interbankensatzes (**LIBOR** = London Interbank Offered Rate), einer der wichtigsten Referenzzinssätze im globalen Interbankengeschäft, hat die EU-Kommission im Oktober 2011 bestätigt, dass sie unangekündigte Durchsuchungen bei mehreren Banken im Zusammenhang mit möglichen Absprachen zum **EURIBOR** (European Interbank Offered Rate), ebenfalls wegen des Verdachts auf Manipulation, durchgeführt hat.[1] Ermittelt wird inzwischen im Hinblick auf LIBOR, EURIBOR und **TIBOR** (Tokyo Interbank Office Rate) – nicht nur durch die Behörden in den USA (Finanzmarktaufsicht SEC,

---

[1] Memo/11/711 vom 19.11.2011.

Commodity Futures Trading Commission und Department of Justice) und die EU-Kommission, sondern auch durch die britische Finanzmarktaufsicht FSA, die japanische Finanzmarktaufsicht und die Schweizer Wettbewerbsbehörde (WEKO). Erste Zweifel an der Richtigkeit des LIBOR-Satzes waren während der Finanzmarktkrise 2007/2008 aufgekommen. Die Banken sollen demnach die Zinssätze systematisch zu niedrig angegeben haben, um die Märkte zu beruhigen. Inzwischen gehen die Behörden jedoch dem Verdacht nach, dass die Banken mithilfe eines Kartells die LIBOR-Zinssätze jedenfalls für den japanischen Yen abgesprochen haben, um höhere Gewinne mit den eigenen Handelspositionen zu erzielen. Es wird erwartet, dass die Ermittlungen auf weitere Bereiche ausgeweitet werden.

Schon länger andauernde Untersuchungen der Antitrust Division des US-amerikanischen Department of Justice zu kartellrechtswidrigen **Submissionsabsprachen bei Kommunalanleihen** fanden einen ersten Höhepunkt im Mai 2011: Dem Vernehmen nach hat die Behörde mit einem beteiligten Unternehmen ein Settlement in Höhe von 160 Mio. USD geschlossen, während 18 Individuen und ein weiteres Unternehmen wegen der Verstöße angeklagt worden sind.

Die EU-Kommission hatte schon im Jahr 2009 wettbewerbsrechtliche Bedenken gegenüber der Ratingagentur **Standard & Poor's** und dem Informationsdienstleister **Thomson Reuters** wegen des Verdachts des Missbrauchs einer marktbeherrschenden Stellung geäußert. Während Standard & Poor's verdächtigt wurde, exzessive Preise für den Vertrieb der International Securities Identification Numbers der ISO (International Organisation for Standardisation) zu erheben, wird Thomson Reuters vorgeworfen, die sog. Reuters Instruments Codes (RIC) restriktiv anzuwenden, dh nicht allen Unternehmen gleichermaßen zugänglich zu machen und diese in der Verwendung unzulässig zu beschränken. Die EU-Kommission hat die von Standard & Poor's angebotenen Verpflichtungszusagen zur Abschaffung der Lizenzgebühren für die Verwendung seiner US-amerikanischen ISIN im November 2011 für verbindlich erklärt.[2] Die von Thomson Reuters angebotene Verpflichtungszusage, seinen Kunden zu gestatten, RIC-Lizenzen für einen Anbieterwechsel zu erwerben und die RICs gegen eine Lizenzgebühr zur Abfrage von Daten anderer Anbieter zu verwenden, wurden von der EU-Kommission einer Marktprüfung unterzogen[3] und für nicht ausreichend erachtet; das von Thomson Reuters daraufhin vorgelegte neue Angebot wird derzeit erneut von der EU-Kommission geprüft.

Zu erwähnen ist außerdem das von der EU-Kommission im Februar 2012 verhängte Verbot des geplanten **Zusammenschlusses der Deutschen Börse mit NYSE Euronext**; es wird mit der Gefahr der Entstehung einer marktbeherrschenden Stellung für den Handel mit wichtigen börsengehandelten Finanzderivaten begründet.[4]

Im Zusammenhang mit **Credit Default Swaps (CDS)** sind die Behörden sowohl in den USA als auch in Europa aktiv geworden. CDS als außerbörslich (over the counter = OTC) gehandelte Derivate werden wegen der Intransparenz des Handels als problematisch erachtet. Intransparente Märkte sind kartellgeneigt, weil wettbewerbsbeschränkende Absprachen zwischen den beteiligten Unternehmen zum einen in der Regel weniger auffallen und zum anderen – je nach den konkreten Umständen – eher gerechtfertigt sein können, als in transparenten, homogenen Märkten. In den USA hatte die Antitrust Division des DoJ im Jahr 2009 eine Untersuchung von Markit im Zusammenhang mit CDS begonnen, bislang sind aber offenbar keine formellen Vorwürfe erhoben worden. Im Hinblick auf die mangelnde Transparenz sind allerdings mit dem sehr umfangreichen **Dodd-Frank Wall Street Reform and Consumer Protection Act** von 2010, der als unmittelbare Reaktion auf die Finanzkrise erlassen

---
2 Vgl IP/11/1354 vom 15.11.2011.
3 IP/11/1540 vom 14.12.2011.
4 Memo/12/60 vom 1.2.2012; siehe dazu auch Kommissar *Almunia* Speech 12/52.

worden ist,[5] unter anderem Regelungen für OTC-Derivate dahin gehend vorgesehen worden, dass sie grundsätzlich nur noch zentralisiert über Clearingstellen abgewickelt werden dürfen (Title VII des Dodd-Frank Act: **Wall Street Transparency and Accountability Act**). Im Frühjahr 2011 hat die EU-Kommission die CDS-Märkte und deren Beteiligte ebenfalls unter die Lupe genommen und zwei Kartellverfahren eingeleitet.

7 Im Folgenden wird den Kartelluntersuchungen der EU-Kommission im Zusammenhang mit CDS genauer nachgegangen (unten C. Rn 22 ff und D. Rn 29 ff); voranzustellen sind einige Erläuterungen zum Markt für CDS und zu den kartellrechtlichen Grundregeln (B.).

B. Grundlagen

I. Der Markt für Credit Default Swaps

8 CDS sind Kontrakte zur **Minderung oder Absicherung eines Kreditausfallrisikos**: Der Sicherungskäufer (auch „Sicherungsnehmer" oder „Protection Buyer") zahlt eine Gegenleistung (zT auch als CDS Spread bezeichnet) dafür, dass der Sicherungsverkäufer (auch „Sicherungsgeber" oder „Protection Seller") für einen bestimmten Zeitraum das Ausfallsrisiko aus dem vom Sicherungskäufer an einen Dritten gewährten Kredit („Referenzaktivum" oder „Referenzverbindlichkeit") übernimmt. Beim CDS wird also nicht der Anspruch aus dem Referenzaktivum selbst, sondern nur das Risiko übertragen („synthetische Übertragung"). Die Gegenleistung setzt sich aus der regelmäßig zu entrichtenden Prämie und einer Einmalzahlung zusammen. Die Prämie ist standardisiert; in Europa beläuft sie sich meist auf 100 oder 500 Basispunkte (bp). Das verbleibende Risiko wird durch die Einmalzahlung ausgeglichen.[6] Sie kann je nach den konkreten Umständen bzw dem Umfang des Risikos auch dem Sicherungsnehmer geschuldet sein. Wann ein den Anspruch auslösender Kreditausfall vorliegt („Kreditereignis"), definieren die Parteien in ihrem Kontrakt: Neben dem klassischen Ausfall durch Insolvenz kommen auch Ausfälle etwa durch Nichtzahlung, Vorfälligkeit, Nichtanerkennung oder Restrukturierung[7] in Betracht.

9 Der **Markt für CDS** ist zunächst dadurch gekennzeichnet, dass CDS-Kontrakte direkt zwischen zwei Vertragsparteien ausgehandelt werden, die die vertraglichen Details, insbesondere die Definition des Kreditereignisses, individuell vereinbaren. CDS werden deshalb außerbörslich (OTC) zwischen Investoren gehandelt, allerdings in der Regel über im Wesentlichen standardisierte Verträge (die CDS-Kontrakte orientieren sich häufig an den Standards der International Swaps and Derivatives Association (ISDA)).[8] CDS, die vor allem auch für Staatsanleihen vereinbart werden, werden hauptsächlich unter Banken, Hedgefonds und „Kapitalsammelstellen" gehandelt, die Geschäfte bislang aber nicht von einer zentralen Clearing-Stelle für CDS abgewickelt. Die EU-Kommission hat hierzu allerdings im Herbst 2010 konkrete Vorschläge vorgelegt (siehe dazu Rn 16). CDS-Kontrakte laufen in der Regel fünf Jahre, allerdings werden auch Verträge über drei, sieben oder zehn Jahre abgeschlossen.

10 Im Ergebnis werden auf dem CDS-Markt **Kreditrisiken gehandelt**: Entscheidend ist für die Bewertung eines Produkts und damit für die angebotene bzw verlangte Gegenleistung, wie hoch die Ausfallwahrscheinlichkeit im Verhältnis zur Laufzeit und zu der Höhe des Referenzaktivums ist. Das Kreditrisiko ist dabei eng verknüpft mit der Bonität des Kreditneh-

---

5 Dazu *F. Kübler*, S. 5 ff.
6 *Weistroffer*, S. 4 f.
7 Vgl im Einzelnen dazu § 8 Rn 75 ff. Die Restrukturierung wird nur in Europa und nicht in den USA als „credit event" vereinbart (*Deutsche Bank Research* aaO). Sie ist für den Sicherungsgeber ein Problem, weil sie ohne seine Mitwirkung zwischen dem Kreditnehmer und dem Referenzschuldner vereinbart werden kann. Die amerikanische Praxis sieht sich mit dem Problem konfrontiert, dass der Sicherungsnehmer keinerlei Interesse hat, sich an einer Restrukturierungsvereinbarung zu beteiligen.
8 Siehe *Wittinghofer* NJW 2010, 1125.

mers bzw Emittenten der Anleihe, dh mit dessen Schuldentilgungsfähigkeit, die wiederum von Ratingagenturen bewertet wird. Bei einer schlechteren Bonität ist ein niedrigeres Rating und dementsprechend eine höhere Gegenleistung die Folge.

Von den CDS als OTC-Derivaten ist der börsengehandelte CDS-Index als standardisiertes Portfolio-Produkt zu unterscheiden, der aufgrund der regelmäßig geringen Differenz zwischen Kauf- und Verkaufskurs sehr liquide ist. **11**

II. Effizienz- und Transparenzprobleme im CDS-Markt

Kreditmärkte sind mit signifikanten Informationsproblemen behaftet. Das zeigt sich insbesondere, wenn eine unter Liquiditätsproblemen leidende Bank einen von ihr gewährten Kredit verkaufen will. Dies wird ihr in der Regel nur möglich sein, wenn sie einen erheblichen Abschlag gegenüber dem Nominalwert akzeptiert. In ihm spiegelt sich nicht nur das generelle Risiko eines Ausfalls des Kreditnehmers,[9] sondern auch ein spezifisches Informationsgefälle wider: Die den Kredit verkaufende Bank kennt ihren Schuldner sehr viel besser als der erwerbende Zessionar. Diese **Informationsineffizienz** der Kreditmärkte wird durch die Verwendung von CDS signifikant reduziert.[10] Das beruht vor allem auf der Spezialisierung der im CDS-Handel engagierten Universalbanken: Angesichts der Menge der von ihnen getätigten Transaktionen gewinnen sie Informationsvorsprünge, die eine präzisere Risikoeinschätzung erlauben und damit unter den Bedingungen funktionierenden Wettbewerbs zu einer Minderung der von dem Sicherungsnehmer zu entrichtenden Gegenleistung führen. Auf diese Weise werden illiquide Kreditrisiken einer (zumindest ansatzweise) marktgerechten Bewertung unterzogen; und zugleich erfolgt eine Annäherung von Kredit- und Kapitalmärkten.[11] **12**

Es besteht Grund zu der Annahme, dass die Funktionseffizienz der Kreditmärkte zusätzlich verbessert wird, wenn die am CDS-Markt aktiven Banken die durch ihre Geschäftstätigkeit gewonnenen **Informationen austauschen**.[12] Einschlägige Presseberichte erwecken den Eindruck, dass das über die Firma Markit geschieht. Diese betont jedoch in ihrer eigenen Außendarstellung, dass sie keine „transaction data" sammelt und weitergibt, die sich aus spezifischen Vertragsabschlüssen ergeben.[13] Die relevanten Informationen, die sie über das Internet verbreitet, beziehen sich nach ihrer Darstellung auf die spätere Bewertung der CDS, die vor allem für die Rechnungslegung maßgeblich ist, wo diese Ansätze zum Verkehrswert („marking to market") verlangt. Wenn es zutrifft, dass die 16 in die Kartellermittlung der EU-Kommission einbezogenen Banken die Preisinformationen untereinander austauschen, aber nicht an andere Interessenten weitergeben, verschaffen sie sich Vorteile, die den **Verdacht wettbewerbswidrigen Verhaltens** aufdrängen (dazu näher unten C. Rn 22 ff). Sehr viel weniger eindeutig ist, ob die involvierten Banken je für sich verpflichtet sein könnten, die aus ihrer je eigenen Geschäftstätigkeit resultierenden Daten allen Interessierten zur Verfügung zu stellen. Dagegen spricht prima facie der Umstand, dass diese Daten zunächst in den Verfügungsbereich der sie generierenden Unternehmen fallen. Unklar ist auch, inwieweit die eventuelle Nichtweitergabe von für die spätere Bewertung und die Rechnungslegung relevanten Daten geeignet ist, den Wettbewerb zwischen konkurrierenden Finanzunternehmen zu beeinflussen. **13**

---

9 Es kann allein durch die Verwendung eines CDS gemindert werden; der Value at Risk (VaR) ist für einen CDS in der Regel geringer als für die gesicherte Position; vgl *Raunig/Scheicher*, S. 17 ff.
10 Dazu eingehend *Wagner*, S. 1 ff.
11 *Wagner*, S. 1 ff.
12 Dazu zählt auch die Stärkung der Marktdisziplin; vgl *Collender*, S. 18.
13 http://www.markit.com/assets/en/docs/faqs/Markit_FAQs.pdf – Markit Frequently Asked Questions (Mai 2011), S. 2.

14 Für den Sicherungsnehmer (oder -käufer) ergibt sich ein weiteres Problem: Für ihn hängt der Wert des mit dem CDS erworbenen Schutzes nicht zuletzt davon ab, dass der Sicherungsgeber (oder -verkäufer) bei Eintritt des Kreditereignisses in der Lage ist, die zugesagte Leistung zu erbringen; das ist insbesondere dann nicht der Fall, wenn der Sicherungsgeber zahlungsunfähig und/oder überschuldet ist. Auch dabei handelt es sich partiell um ein Informationsproblem: Es geht um die Frage, auf welche Weise und um welchen Preis sich der Sicherungsnehmer hinreichende Kenntnis von der **finanziellen Lage seiner Gegenpartei** verschaffen kann, um das Ausfallrisiko zu minimieren.

15 Zusammenfassend kann festgehalten werden, dass der CDS-Markt mit erheblichen Transparenzproblemen behaftet ist, die die **asymmetrische Verteilung von Information** zur Folge haben und damit die Effizienz des Marktes tangieren und zudem Anreize zu wettbewerbswidrigem Verhalten generieren können. Dabei ist freilich zu unterscheiden: Die Ungleichgewichte der Verteilung von Informationen, die den Inhalt der CDS-Vereinbarung bestimmen, lassen sich zwar reduzieren, aber nicht völlig eliminieren; wo Weitergabe von Daten angeordnet wird, bleibt jedenfalls ein zeitlicher Vorsprung des Marktteilnehmers, der den unmittelbaren Zugang zu den relevanten Vorgängen hat. Eine nicht allzu gravierende Asymmetrie kann sich zudem transaktionsfördernd auswirken: Sie wirkt für beide Seiten als Anreiz zum Abschluss der CDS-Vereinbarung. Anders verhält es sich mit dem Risiko, dass die Gegenpartei, dh der Sicherungsgeber, ausfällt: Die Stabilität des CDS-Marktes würde verbessert, wenn es ganz eliminiert werden könnte.

16 Diese Problematik hat die Aufmerksamkeit nicht nur der Generaldirektion Wettbewerb der EU-Kommission auf sich gezogen. Vor dem Hintergrund der Finanzkrise hat die Generaldirektion Binnenmarkt festgestellt: „Derivatives play an important role in the economy but are associated with certain risks. The crisis has highlighted that these risks are not sufficiently mitigated in the over-the-counter (OTC) part of the market, especially as regards credit default swaps (CDS)."[14] Im Oktober 2008 forderte Kommissar *McCreevy*, dass die Risiken bei Kreditderivaten durch legislatorische Maßnahmen reduziert werden müssten. Im September legte die EU-Kommission[15] **Vorschläge für zwei einschlägige Verordnungen** vor:

- Dabei handelt es sich zum einen um den „Vorschlag für eine Verordnung des Europäischen Parlaments und des Rates über Leerverkäufe und bestimmte Aspekte von Credit Default Swaps" vom 15.9.2010.[16] Die Kommission hat die mit diesem Vorschlag verfolgten Regelungsziele in zwei zusammen mit ihm veröffentlichten Dokumenten – der „Zusammenfassung der Folgenabschätzung"[17] und den „Frequently Asked Questions"[18] – dargelegt. Gegenstand der Regelung sind zunächst ungedeckte Leerverkäufe; mit ihnen zielt der Verkäufer auf fallende Kurse, ohne sich beim Verkauf mit dem Wertpapier einzudecken. Dieselbe Strategie lässt sich mit einem „ungedeckten Credit Default Swap" verfolgen, bei dem der Käufer die Sicherung erwirbt, ohne im Besitz des Referenzpapiers zu sein. Derartige Transaktionen sind nicht unter allen Umständen zu beanstanden: Leerverkäufe können die Marktliquidität einschließlich der Preisanpassung fördern. Auf der Gegenseite steht die durch die Finanzkrise verdeutlichte Gefahr einer negativen Kursspirale und zudem das Risiko, dass das zur Erfüllung benötigte Wertpapier nicht beschafft werden kann. Erschwerend kommt der Mangel an Transparenz der ein-

---

14 http://ec.europa.eu/internal_market/financial-markets/derivatives/index_en.htm, 14.5.2012.
15 Genauer: die Direktion G (Finanzinstitute) der Generaldirektion Binnenmarkt, die derzeit von *Emil Paulis* geleitet wird, der zuvor in der Generaldirektion Wettbewerb tätig war.
16 KOM (2010) 482 endgültig.
17 SEK (2010) 1056 vom 15.9.2010.
18 MEMO/10/409 vom 15.9.2010.

- Daneben steht der „Vorschlag für eine Verordnung des Europäischen Parlaments und des Rates über OTC-Derivate, zentrale Gegenparteien und Transaktionsregister" vom 15.9.2010.[19] Hier sind die Regelungsabsichten in der Begründung der Kommission[20] sowie dem „Summary of the Impact Assessment"[21] dargelegt. Im Mittelpunkt steht zunächst der Grundsatz, dass alle „standardisierten OTC-Derivate" mit einer zentralen Gegenpartei (Central Counter Party, CCP) abzuschließen und mit ihr abzuwickeln sind. In diesen Fällen tritt die der kapitalmarktrechtlichen Zulassung und Kontrolle unterworfene CCP zwischen die traditionellen Kontrahenten eines CDS: Der Sicherungsnehmer und der Sicherungsgeber schließen mit ihr getrennte Vereinbarungen, die auch über sie abzuwickeln sind. Das bedeutet, dass die CCPs als Käufer für jeden Verkäufer und als Verkäufer für jeden Käufer fungieren. Zweck dieser Regelung ist es, das Gegenparteirisiko zu eliminieren und auf diese Weise die Stabilität des CDS-Marktes zu fördern. Zugleich soll die Transparenz des Derivatemarktes verbessert werden. Deshalb ist eine Meldepflicht für Transaktionen mit OTC-Derivaten vorgesehen. Dafür sollen Transaktionsregister (trade repositories) eingerichtet werden, denen die relevanten Informationen mitzuteilen sind. Die Zulassung und Beaufsichtigung dieser Register soll der European and Securities Markets Authority (ESMA) übertragen werden. Die Register sollen primär anderen Aufsichtsinstanzen zur Weitergabe der ihnen gemeldeten Transaktionen verpflichtet sein.

Neben diesen Bemühungen der Kommission im Bereich der Gesetzgebung wird mit den eingeleiteten Kartellverfahren der Druck auf die im Markt tätigen Unternehmen erhöht. Wettbewerbs-Kommissar *Joaquín Almunia* hat nach **Einleitung der Kartelluntersuchungen** bestätigt, dass das grundsätzliche Ziel, mehr Transparenz und Stabilität im CDS-Markt zu etablieren, nicht nur über regulatorische Maßnahmen erreicht werden könne, die sich mit den strukturellen Aspekten des Marktes befassen. Vielmehr müssten diese Maßnahmen durch die kartellrechtliche Sanktionierung von wettbewerbsbeschränkenden Verhaltensweisen flankiert werden.[22]

III. Kartellrechtliche Grundlagen

1. Allgemeines

Das Kartellrecht verbietet **wettbewerbsbeschränkende Vereinbarungen** und abgestimmte Verhaltensweisen (Art. 101 Abs. 1 des Vertrages über die Arbeitsweise der Europäischen Union, „AEUV") und den **Missbrauch einer marktbeherrschenden Stellung** (Art. 102 AEUV). Dass es keine Ausnahme für die Kreditwirtschaft gibt und auch die Finanzmärkte den kartellrechtlichen Regeln unterliegen, hat die Europäische Kommission schon mit der Einleitung der Verfahren unmissverständlich deutlich gemacht.[23] Eine wettbewerbsbeschränkende Absprache oder Verhaltenskoordinierung zwischen Banken ist grundsätzlich nach Art. 101 AEUV verboten, wenn die Voraussetzungen für eine ausnahmsweise Freistellung

---

19 Kom (2010) 484 endgültig.
20 2010/02520 (COD).
21 SEC (2010) 1059.
22 Speech/11/337, „Competition Policy Issues in Financial Markets" vom 16.5.2011.
23 Vgl außerdem „Towards More Responsibility and Competitiveness in the European Financial Sector", http://ec.europa.eu/internal_market/finances/docs/leaflet/financial_services_en.pdf (Stand 2010, letzter Zugriff: 14.5.2012).

nicht vorliegen. Ebenso unterliegen Unternehmen, die im Finanzmarkt tätig sind und über eine marktbeherrschende Stellung verfügen, dem Missbrauchsverbot nach Art. 102 AEUV.[24]

2. Verbot wettbewerbsbeschränkender Vereinbarungen, Art. 101 AEUV

19 **Grundsätzlich** sind wettbewerbsbeschränkende Vereinbarungen und abgestimmte Verhaltensweisen zwischen Unternehmen **verboten** (Art. 101 Abs. 1 AEUV). Eine wettbewerbsbeschränkende Vereinbarung kann nach Art. 101 Abs. 3 AEUV oder durch eine sog. Gruppenfreistellungsverordnung von diesem Verbot freigestellt sein. Voraussetzung für eine **Freistellung** nach Art. 101 Abs. 3 AEUV ist, dass

1. die Vereinbarung zu einer Verbesserung der Warenerzeugung oder -verteilung oder zum technischen oder wirtschaftlichen Fortschritt beiträgt (Effizienzen),
2. die Verbraucher an dem entstehenden Gewinn angemessen beteiligt werden,
3. keine für Erreichung der Ziele unerlässlichen Beschränkungen vereinbart werden und
4. der Wettbewerb nicht ausgeschaltet wird.

20 Diese gesetzlichen Voraussetzungen hat die EU-Kommission in mehrfacher Hinsicht konkretisiert: Zum einen hat sie – unmittelbar anwendbare – „**Gruppenfreistellungsverordnungen**" (GVO) erlassen, nach denen bestimmte Gruppen von Vereinbarungen, zB Vertriebsvereinbarungen, bei Erfüllung der in der jeweiligen GVO genannten Voraussetzungen automatisch vom Verbot wettbewerbsbeschränkender Vereinbarungen freigestellt sind.[25] Zum anderen hat sie – nichtverbindliche – Leitlinien zur Bewertung typischer Sachverhalte formuliert, die die bestehenden GVOen kommentieren, aber auch über deren Anwendungsbereich hinaus Hilfestellung für die Beantwortung der Frage geben, wann eine Vereinbarung, die außerhalb des Anwendungsbereichs einer GVO liegt, die Freistellungsvoraussetzungen des Art. 101 Abs. 3 AEUV erfüllt.[26] Die Leitlinien legen dabei zum Teil zunächst die „theories of harm", also die wettbewerbsschädlichen Aspekte, bestimmter Arten wettbewerbsbeschränkender Vereinbarungen dar und erläutern dann mögliche Effizienzen, die eine Freistellung rechtfertigen können. Die Leitlinien sind dabei an der bisherigen Rechtsprechung der Europäischen Gerichte ausgerichtet.

3. Verbot des Missbrauchs einer marktbeherrschenden Stellung, Art. 102 AEUV

21 Nach Art. 102 AEUV ist der Missbrauch einer marktbeherrschenden Stellung verboten. Nicht das Innehaben einer **starken Marktstellung** als solche, sondern nur ihre **missbräuchliche Ausnutzung** ist danach kartellrechtlich sanktioniert. Nach den gesetzlichen Fallbeispielen kann eine missbräuchliche Ausnutzung in der Behinderung eines Wettbewerbers, der Ausbeutung eines Lieferanten oder der Diskriminierung eines Abnehmers liegen. Eine Freistellung von diesem Verbot gibt es nicht, allerdings sind bei der Frage der Missbräuchlichkeit eines Verhaltens des Marktbeherrschers dessen Interessen zu berücksichtigen und es ist eine Abwägung dieser Interessen mit den Interessen des behinderten Unternehmens vorzunehmen. In ihrer Mitteilung zu den Prioritäten bei der Anwendung von Art. 82 EG-Vertrag (jetzt Art. 102 AEUV) auf Fälle von Behinderungsmissbrauch[27] stellt die EU-Kommission für

---

24 Vgl *Kiecker*, in: Wiedemann § 33 Rn 134.
25 ZB VO (EU) Nr. 330/2010 zu Gruppen von vertikalen Vereinbarungen und abgestimmten Verhaltensweisen („Vertikal-GVO"), ABl. 2010 L 102/1; VO (EU) Nr. 1217/2010 zu Gruppen von Vereinbarungen über Forschung und Entwicklung („F&E-GVO"), ABl. 2010 L 335/36; VO (EG) Nr. 772/2004 zu Gruppen von Technologietransfer-Vereinbarungen („TT-GVO"), ABl. 2004 L 123/11.
26 ZB Leitlinien für vertikale Beschränkungen, ABl. 2010 C 130/01 („Vertikal-Leitlinien"); Leitlinien für Vereinbarungen über horizontale Zusammenarbeit, ABl. 2011 C 11/01 („Horizontal-Leitlinien"); Leitlinien für Technologietransfer-Vereinbarungen, ABl. 2004 C 101/02 („TT-Leitlinien").
27 Insbesondere Ausschließlichkeitsvereinbarungen, Rabatte, Koppelung und Bündelung, Kampfpreise, Lieferverweigerung und Preis-Kosten-Schere.

die Bewertung auf die wirtschaftlichen Auswirkungen des potenziell marktverschließenden Verhaltens ab.[28] Die Europäischen Gerichte verfolgen dagegen weiterhin den sog. „per se"-Ansatz: Verhaltensweisen marktbeherrschender Unternehmen sind dann als missbräuchlich und damit als Verstoß gegen Art. 102 AEUV anzusehen, wenn sie „per se" geeignet sind, marktabschottende bzw wettbewerbsbeschränkende Wirkungen zu entfalten. Auf eine ökonomische Analyse der tatsächlich eintretenden Wirkung kommt es nicht an.[29]

C. Verfahren der EU-Kommission

Die EU-Kommission hat Ende April 2011 zwei Prüfverfahren im Zusammenhang mit dem Markt für CDS wegen des Verdachts auf Verstöße gegen das Kartellrecht – Art. 101 und 102 AEUV – eingeleitet.[30]

I. Verfahren gegen Banken und Markit

Das erste Verfahren betrifft die für den Handel mit CDS erforderlichen Finanzinformationen. Die Kommission hat den Verdacht, dass die 16 betroffenen internationalen Großbanken diese Finanzinformationen ausschließlich an den Informationsdienstleister Markit weitergeben (im folgenden „Markit-Verfahren").

Die **Banken** treten als **Händler auf dem CDS-Markt** auf, dh sie kaufen oder bieten die Ausfallsicherung für einen Kredit und stellen dazu Informationen zur Verfügung. Ihnen wird vorgeworfen, dass sie alle oder einen wesentlichen Teil der für den Handel relevanten Tagesinformationen, etwa zu Preisen, oder Indizes etc., nur an Markit weiterleiten. Dabei wird vermutet, dass es entweder Absprachen zwischen den Banken dahin gehend gibt, dass sie alle ausschließlich mit Markit kooperieren, oder dass die Banken insoweit zumindest kollusiv handeln, also ihr Verhalten abstimmen, und damit die Finanzinformationen über die gehandelten CDS kontrollieren. Damit würde nicht nur verhindert, dass Dritte entsprechende Daten zur Verfügung stellen bzw aufgearbeitet verkaufen, dh dass Dritte in den Markt für CDS-Informationen eintreten könnten, sondern auch dass Dritte gleichermaßen am CDS-Handel teilnehmen können, da sie von den relevanten Informationen ausgeschlossen werden.

Markit ist ein **Dienstleistungsunternehmen für globale Finanzinformationen,** das ursprünglich gegründet worden war, um mehr Transparenz in den CDS-Markt zu bringen. Markit sammelt Informationen von Derivate-Händlern und verkauft diese Informationen, die täglich zur Verfügung gestellt werden, an seine Kunden.[31] Markit gilt als Marktführer für diese Dienstleistungen. Die Informationen betreffen u.a. den CDS Spread, dh die Gegenleistung, die ein Sicherungsgeber für einen bestimmten CDS-Kontrakt verlangt, bzw die ein Sicherungsnehmer für einen bestimmten CDS-Kontrakt bereit ist zu bezahlen.[32] Markit bearbeitet diese von den CDS-Händlern zur Verfügung gestellten Informationen, indem sie nach bestimmten Testverfahren um Fehler bereinigt werden.[33] Dem Unternehmen wird vorgeworfen, dass seine Lizenz- bzw Vertriebsvereinbarungen Klauseln enthalten, die missbräuchlich sind und den Wettbewerb im Markt für CDS-Informationen beschränken.

---

28 Mitteilung der Kommission – Erläuterungen zu den Prioritäten der Kommission bei der Anwendung von Art. 82 des EG-Vertrags auf Fälle von Behinderungsmissbrauch durch marktbeherrschende Unternehmen, ABl. 2009 C 45/02.
29 Vgl etwa EuG 9.9.2010 – T-155/06 (Tomra), Tz. 289 mwN.
30 Vgl IP/11/509 vom 29.4.2011.
31 Ein Beispiel findet sich bei *Collender*, S. 9.
32 *Collender*, S. 9.
33 *Collender*, S. 9.

26 In Branchenkreisen wird vermutet, dass sich eine Bank, die vergeblich versucht hat, im Handel mit den CDS zum Zuge zu kommen, bei der EU-Kommission beschwert und damit das Verfahren der EU-Komission losgetreten hat.

II. Verfahren gegen Banken und ICE Clear

27 Das zweite Verfahren betrifft neun internationale Großbanken, die allesamt auch am Markit-Verfahren beteiligt sind, und das **Clearingunternehmen ICE Clear Europe** (im Folgenden „ICE-Verfahren"). ICE Clear Europe (im Folgenden „ICE Clear") ist eine Tochtergesellschaft von Intercontinental Exchange (ICE) und agiert als neutrale Clearing-Stelle u.a. für OTC-Derivate wie insbesondere CDS.

28 Die betroffenen neun Banken hatten zuvor ihre Beteiligungen an The Clearing Corporation an ICE verkauft, sich im Zuge dieses Verkaufs aber – so der Verdacht der EU-Kommission – sowohl Vorzugskonditionen für die ICE Clear-Leistungen als auch einen **Profit-Beteiligungs-Mechanismus** gesichert. Das könnte nach Einschätzung der Kommission zur Folge haben, dass alle neun Banken faktisch nur mit ICE Clear operieren (oder sogar eine entsprechende Exklusivitätsvereinbarung getroffen haben) und damit der Markt für dritte Anbieter entsprechender Clearing-Leistungen abgeschottet würde. Umgekehrt könnten die von ICE Clear gegenüber den neun Banken gewährten Vorzugskonditionen nach Auffassung der Kommission eine ungerechtfertigte Schlechterbehandlung von anderen Derivate-Händlern, also Wettbewerbern der neun Banken, und damit der Missbrauch einer marktbeherrschenden Stellung darstellen.

D. Kartellrechtliche Einschätzung
I. Markit-Verfahren

29 Im Markit-Verfahren wird den beteiligten Banken vorgeworfen, dass sie ihre **CDS-Handelsdaten**, also Preis- und Transaktionsinformationen zu CDS-Kontrakten, ausschließlich an Markit weitergeben. Die EU-Kommission schließt nicht aus, dass die Konzentration der Informationen bei Markit auf eine entsprechende Absprache zwischen den Banken oder den Missbrauch einer etwaigen kollektiven marktbeherrschenden Stellung der Banken zurückzuführen ist. Darüber hinaus deuten nach Auffassung der EU-Kommission einige Klauseln in den Lizenz- und Vertriebsvereinbarungen von Markit – das könnten beispielsweise Exklusivitätsvereinbarungen zugunsten der die CDS-Informationen liefernden Banken sein – auf den Missbrauch einer marktbeherrschenden Stellung durch Markit hin. Zu unterscheiden sind danach mögliche kartellrechtliche Verstöße der Banken einerseits und solche von Markit andererseits.

30 Die nachfolgende Einschätzung muss sich – schon wegen der nur sehr begrenzt öffentlich verfügbaren Informationen – auf eine Erläuterung der Anwendbarkeit der einschlägigen kartellrechtlichen Regelungen auf die genannten Verfahren und einige bewertende Überlegungen beschränken.

1. Kollusion der Banken im Hinblick auf CDS-Informationen?

31 Eine **Absprache** oder auch nur **abgestimmte Verhaltensweise** der Banken dahin gehend, dass sie ihre CDS-Handelsdaten ausschließlich Markit zur Verfügung stellen, hätte in zweierlei Hinsicht wettbewerbsbeschränkende Wirkung: Zum einen wird Wettbewerbern von Markit wie Thomson Reuters, Bloomberg oder Standard & Poor's der Zugang zum Markt für CDS-Informationen verwehrt. Zum zweiten ist bei den betroffenen Banken der Großteil an CDS-Transaktionen konzentriert, so dass die Informationen dieser Banken das klarste Bild des CDS-Marktes zeichnen. CDS-Händler außerhalb des Markit-Systems erhalten danach kein

vergleichbares Bild des CDS-Marktes und können deswegen ihre Chancen und Risiken schlechter einschätzen bzw an wesentlichen Teilen des CDS-Handelsmarktes nicht teilnehmen.

a) Möglicher Verstoß gegen Art. 101 Abs. 1 AEUV

In Betracht kommt hier demnach zunächst ein Verstoß gegen Art. 101 AEUV wegen horizontaler – also zwischen Wettbewerbern stattfindender – Absprachen bzw abgestimmter Verhaltensweisen. Eine Absprache zwischen den Banken, ihre CDS-Informationen ausschließlich an Markit zu liefern, würde den Wettbewerb im Hinblick auf Dritte, die CDS-Informationsdienstleistungen anbieten, beschränken und unter Umständen auch den Wettbewerb beim Handel mit CDS als solchen behindern. Fraglich ist, ob es hier tatsächlich zu einer kartellrechtlich **unzulässigen Absprache** zwischen den Banken gekommen ist, oder ob ihr Verhalten als kartellrechtlich **zulässiges Parallelverhalten** zu bewerten ist, also gerade keine Abstimmung stattgefunden hat. Mit anderen Worten: Die EU-Kommission wird hier entsprechende Belege für eine Abstimmung finden müssen, um einen Verstoß sanktionieren zu können. Soweit die Banken jeweils individuell entschieden haben, Markit als CDS-Informationsdienstleister zu verwenden, trägt der Vorwurf der kartellrechtswidrigen Kollusion nicht. 32

Darüber hinaus wäre denkbar, dass auch eine abgestimmte Kooperation zwischen den Banken im Hinblick auf die gemeinsame Nutzung von Markit als zentralem Dienstleister für CDS-Informationen unter dem Gesichtspunkt der durch diese Zentralisierung entstehenden **Effizienz** nach Art. 101 Abs. 3 AEUV **gerechtfertigt** sein könnte. Dafür würde jedenfalls sprechen, dass die Regulierungsansätze der Kommission gerade ein zentrales Transaktionsregister (trade repositories) vorsehen, an das Informationen über Transaktionen mit OTC-Derivaten zu melden sind.[34] Voraussetzung für eine solche Freistellung wäre dementsprechend allerdings, dass die Informationen allen Marktbeteiligten zugänglich gemacht werden. 33

Ein weiterer kartellrechtsrelevanter Aspekt liegt in der Dreieckskonstellation zwischen den Banken und Markit: Auch ohne eine Abstimmung zwischen den Banken wäre denkbar, dass CDS-Informationen über Markit als Mittler unter Ausschluss von dritten Banken ausgetauscht werden und damit ein **wettbewerbsbeschränkender Informationsvorsprung** bei den beteiligten Banken erreicht wird. Hier wird deutlich, dass die Frage der Zugänglichkeit bzw Transparenz der relevanten CDS-Informationen, die bereits in den regulatorischen Überlegungen der EU-Kommission aufgegriffen worden ist, bei der kartellrechtlichen Bewertung eine zentrale Rolle spielt. 34

Neben Vorwürfen hinsichtlich horizontaler Wettbewerbsbeschränkungen steht auch der Verdacht **wettbewerbsbeschränkender Vereinbarungen im Vertikalverhältnis**, also zwischen Unternehmen, die auf unterschiedlichen Wirtschaftsstufen agieren, im Raum: Soweit die Banken und Markit vereinbart haben, dass (i) die Banken die relevanten CDS-Informationen nur an Markit liefern, und/oder (ii) Markit die aufbereiteten Informationen nur an die Informationen liefernden Vertragspartner und nicht auch – in gleicher Art und Weise – an Dritte verkauft, wäre eine solche Vereinbarung nur dann nach der Vertikal-GVO[35] freigestellt, wenn die Marktanteile der Beteiligten 30% nicht überschreiten. Ohne an dieser Stelle konkrete Überlegungen zur Abgrenzung des relevanten Marktes[36] anzustellen, dürfte das für Markit zumindest zweifelhaft sein. Denkbar wäre aber auch hier eine Freistellung nach 35

---

34 Vgl Rn 16.
35 Vgl Rn 20.
36 Dazu Rn 37 f.

Art. 101 Abs. 3 AEUV über die durch das System entstehenden Effizienzen. Diese wären allerdings wiederum potenziellen Marktabschottungswirkungen gegenüber zu stellen.[37]

b) Möglicher Verstoß gegen Art. 102 AEUV

36 Soweit die Banken – wie von der EU-Kommission vermutet – tatsächlich als kollektiv marktbeherrschend auf dem Markt für CDS-Informationen einzuschätzen wären, kommt auch ein Verstoß gegen das Verbot des Missbrauchs einer marktbeherrschenden Stellung nach Art. 102 AEUV in Betracht.

37 Für die Frage, ob ein Verhalten gegen das Verbot des Missbrauchs einer marktbeherrschenden Stellung verstößt, muss zunächst beurteilt werden, ob eine solche marktbeherrschende Stellung auf einem für diese Zwecke zu definierenden „relevanten Markt" vorliegt. Die **Definition des relevanten Marktes** dient damit der genauen Abgrenzung des Gebiets – sowohl in sachlicher als auch in räumlicher Hinsicht –, auf dem Unternehmen miteinander im Wettbewerb stehen.[38] Hierfür wird nach dem sog. Bedarfsmarktkonzept vor allem darauf abgestellt, welche Produkte bzw Dienstleistungen aus Sicht der Marktgegenseite austauschbar sind (Nachfragesubstituierbarkeit). Darüber hinaus sind aber auch die Angebotssubstituierbarkeit (Umstellungsflexibilität eines Herstellers auf die konkret nachgefragten Produkte) und der potenzielle Wettbewerb (Akteure, die bisher auf dem relevanten Markt nicht tätig sind, in diesen aber ohne größeren Aufwand eintreten könnten) zu berücksichtigen.[39] Alle diese Faktoren wirken disziplinierend auf die Wettbewerbsverhältnisse in einem Markt und sind deshalb bei der Abgrenzung des relevanten Marktes heranzuziehen. Die Marktabgrenzung erfolgt dabei vor dem Hintergrund des normativen Zweckbegriffs der Marktbeherrschung, so dass immer auch die Schutzbedürftigkeit des nach Art. 102 AEUV geschützten Personenkreises bei der Abgrenzung mit einzubeziehen ist.[40] Das hat zur Folge, dass die Abgrenzung eines relevanten Marktes je nach Bezugssystem unterschiedlich ausfallen kann; regelmäßig fällt sie deshalb im Rahmen der Missbrauchskontrolle enger aus als im Rahmen der Fusionskontrolle.[41]

38 Im Hinblick auf **Finanzderivate** unterscheidet die EU-Kommission zwischen einerseits Derivaten, die an Börsen, und andererseits solchen, die außerbörslich (OTC) gehandelt werden. Im Rahmen der Prüfung des geplanten Zusammenschlusses der Deutschen Börse mit NYSE Euronext kam die Kommission nach einer Marktuntersuchung zu dem Ergebnis, dass börsengehandelte Derivate und OTC-Geschäfte von den Kunden in der Regel nicht als austauschbar betrachtet werden, da sie zu unterschiedlichen Zwecken und unter verschiedenen Umständen eingesetzt werden.[42] Börsengehandelte Derivate sind standardisierte Kontrakte, die sich durch einen vergleichsweise geringen Umfang (ca. 100.000 EUR pro Transaktion) auszeichnen. Im Gegensatz hierzu handelt es sich bei OTC-Derivaten um individuell gestaltete Kontrakte mit in der Regel erheblich größerem Umfang (ca. 200 Mio. EUR pro Abschluss). Nicht allen Marktteilnehmern ist es zudem aus Gründen der Risikosteuerung erlaubt, auf dem OTC-Markt zu agieren. Die EU-Kommission berücksichtigt neben dem Grad der Standardisierung auch das dem Derivat zugrundeliegende Asset. Vor diesem Hintergrund dürfte hier von einem separaten Markt für den Handel mit CDS ausgegangen werden.

---

37 Vgl Bekanntmachung der Kommission „Leitlinien zur Anwendung von Artikel 81 Absatz 3 EG-Vertrag" [heute Art. 101 Abs. 3 AEUV], ABl. 2004 C 101/97.
38 Siehe dazu Bekanntmachung der Kommission über die Definition des relevanten Marktes im Sinne des Wettbewerbsrechts der Gemeinschaft, ABl. 1997 C 372/5.
39 *Bechtold/Bosch/Brinker/Hirsbrunner,* Art. 82 Rn 6 ff.
40 *Möschel,* in: Immenga/Mestmäcker, Art. 82 Rn 39 ff.
41 *Möschel,* in: Immenga/Mestmäcker, Art. 82 Rn 41.
42 Siehe Memo/12/60 vom 1.2.2012.

Davon zu unterscheiden ist der – wenngleich eng verbunden – Markt für Dienstleistungen zu CDS-Informationen, auf dem Markit tätig ist.

Hinsichtlich der Banken kommt im Rahmen des Markit-Verfahrens allenfalls eine **kollektive Marktbeherrschung** auf dem Markt für den Handel mit CDS in Betracht. Erforderlich wäre dafür, dass zwischen den Banken kein wesentlicher Wettbewerb im Hinblick auf ihre CDS-Transaktionen herrscht; eine nur oligopolistische Prägung des Marktes und nicht besonders intensiver Wettbewerb zwischen den Unternehmen reicht dafür aber nicht aus.[43] Soweit allerdings tatsächlich kollusives Verhalten der Banken hinsichtlich der Einschaltung von Markit vorliegt, wäre von einer kollektiven Marktbeherrschung auszugehen.

Ein missbräuchliches Verhalten könnte dann in einer **Ausschließlichkeitsvereinbarung** zwischen den jeweiligen Banken und Markit liegen, wonach sie im Zusammenhang mit CDS-Daten nicht oder nicht in gleicher Weise mit Dritten kontrahieren. Durch eine solche Ausschließlichkeitsbindung könnten Wettbewerber der Banken einerseits und Wettbewerber von Markit andererseits vom Markt ferngehalten werden und die Vereinbarungen damit marktverschließende Wirkung haben.

2. Marktmachtmissbrauch durch Markit (Art. 102 AEUV)?

Für Markit kommt ein Missbrauch von Marktmacht im Hinblick auf den Markt für Dienstleistungen zu CDS-Informationen in Betracht. Soweit Markit tatsächlich einziger oder mit Abstand größter Anbieter von CDS-Marktinformationen ist, wäre Markit **Normadressat** des Missbrauchsverbots.

Als Kehrseite der von der EU-Kommission vermuteten **Exklusivitätsvereinbarung** zwischen den Banken und Markit würden hier Wettbewerber von Markit von diesem Dienstleistungsmarkt für CDS-Informationen ferngehalten, der Wettbewerb auf diesem Markt also verhindert. Auf der Marktgegenseite würde darüber hinaus – wie soeben dargelegt – dritten Banken der Zugang zu den relevanten Informationen versperrt. Grundsätzlich kann zwar auch ein marktbeherrschendes Unternehmen seine Handelspartner frei auswählen und Belieferungen bzw Geschäftsabschlüsse ablehnen.[44] Exklusivitätsvereinbarungen durch marktbeherrschende Unternehmen bzw eine damit einhergehende Geschäftsverweigerung gegenüber Dritten bedürfen aber einer sachlichen Rechtfertigung. Für die Beurteilung, ob eine solche sachliche Rechtfertigung vorliegt, sind die Interessen des Marktbeherrschers gegenüber denen der behinderten Unternehmen abzuwägen. Bei dieser **Abwägung** sind neben den unternehmerischen Interessen der Beteiligten im konkreten Einzelfall auch regulatorische Wertungen mit einzubeziehen. Auch insoweit dürfte den Bemühungen der EU-Kommission zur Regulierung des CDS-Marktes also besondere Bedeutung zukommen.

Für das gesamte Verfahren wird die Frage nach der **Qualität der** von Markit gesammelten und dann verkauften **Informationen** relevant werden. Handelt es sich um sensible, dh vertrauliche – und damit kartellrechtlich geheim zu haltende – Informationen, darf Markit nicht als „Umschlagplatz" solcher Informationen fungieren, soweit sie die Informationen nicht in der Form weiterverarbeitet, dass sie nicht mehr individuellen CDS-Kontrakten bzw beteiligten Banken zugeordnet werden können. Handelt es sich nicht um sensible Informationen, stellt sich die von der EU-Kommission im regulatorischen Prozess bereits aufgeworfene Frage nach der Zugänglichkeit der Informationen für alle, da der CDS-Markt ohne diese Transparenz – insbesondere nach den Erfahrungen der Finanzmarktkrise – kritisch eingeschätzt wird.

---

43 *Bechtold/Bosch/Brinker/Hirsbrunner*, Art. 82 Rn 25.
44 Vgl EuGH 14.2.1978 – 27/76 (United Brands), 207.

II. ICE-Verfahren

44 Das zweite Verfahren betrifft eine Reihe von Vereinbarungen zwischen Banken und ICE Clear, nach denen die Banken besondere **Vorzugskonditionen** im Hinblick auf die Leistungen von ICE Clear und eine Gewinnbeteiligung erhalten. Damit besteht zum einen die Gefahr, dass Wettbewerber von ICE Clear, wie zB Eurex Clearing oder LCH Clearnet, vom Markt für Settlementleistungen für CDS abgeschottet werden. Zum zweiten besteht die Befürchtung, dass dritte CDS-Händler die Leistungen von ICE Clear nur zu schlechteren Konditionen erhalten, ohne dass für diese Schlechterbehandlung eine sachliche Rechtfertigung ersichtliche wäre.

1. Möglicher Verstoß gegen Art. 101 AEUV

45 Die (vertikalen) Vereinbarungen zwischen den Banken und ICE Clear könnten – so die Vermutung der EU-Kommission – wettbewerbsbeschränkende Klauseln enthalten: Es besteht der Verdacht, dass die Vereinbarungen für die Banken starke Anreize vorsehen, die eine parallele oder gar alternative Einschaltung einer anderen Clearing-Stelle für die gleiche Clearing-Leistung verhindern. Faktisch hätten diese Vereinbarungen damit den Charakter einer **Exklusivvereinbarung**, die den Wettbewerbern von ICE Clear ihre Aktivitäten erschweren würden. Neben der Frage, ob die Parteien die Marktanteilsschwellen der Vertikal-GVO erfüllen und insoweit eine Freistellung der Vereinbarungen in Betracht käme, wäre im Hinblick auf die Konzentration des Clearings auf eine einzige Clearing-Stelle zu prüfen, ob ein derart zentralisiertes Clearing nicht für die Effizienz von CDS-Transaktionen wesentliche Vorteile bietet. Dafür könnte sprechen, dass Derivate der gleichen Parteien bei einer Clearingstelle gegeneinander „gematched" werden können, dh, wenn zwei Banken sich gegenseitig aus verschiedenen Kontrakten schulden, kann durch Rückführung der beiden Kontrakte auf den Nettowert das verbleibende Risiko minimiert werden. Je mehr Geschäfte in der gleichen Clearing-Stelle abgewickelt werden, umso effektiver kann die sog. „**portfolio compression**" eingesetzt werden.

46 Bei der Bewertung durch die EU-Kommission wird allerdings auch von Bedeutung sein, ob bzw inwieweit die beteiligten Banken das System für den eigenen Vorteil aufgesetzt haben – zumal sie offenbar am Profit der Clearing-Stelle partizipieren – und inwieweit Dritten gleichermaßen Zugang zu ICE Clear ermöglicht wird.

2. Möglicher Verstoß von ICE Clear gegen Art. 102 AEUV

47 Insoweit ICE Clear den neun Banken (bei gleichzeitiger Benachteiligung anderer Händler) über seine Entgeltstruktur Vorzugskonditionen einräumt, könnte nach Auffassung der EU-Kommission der Missbrauch einer marktbeherrschenden Stellung durch ICE Clear vorliegen. ICE Clear müsste dafür auf dem – hier angenommenen – **Markt für CDS-Clearing-Leistungen** über eine marktbeherrschende Stellung verfügen. Sollte das der Fall sein, müsste die Vorzugsbehandlung der neun Banken gegenüber Dritten, die die Leistung nur zu schlechteren Konditionen in Anspruch nehmen können, sachlich gerechtfertigt sein. Ob eine solche Rechtfertigung besteht, wird anhand der konkreten Umstände abzuwägen sein.

E. Ausblick

48 Die von der EU initiierten Ermittlungsverfahren sind ein deutliches Zeichen, dass die Bedeutung des Kartellrechts für die Finanzmärkte zunimmt; und das gilt insbesondere auch für Märkte, auf denen derivative Finanzinstrumente vertrieben werden. Das sind Märkte, die infolge der Finanz- und Verschuldenskrisen zugleich dem regulierenden Zugriff der (europäischen) Gesetzgebung ausgesetzt sind. Dieser Befund konfrontiert mit der Frage, wie die le-

gislative Regulierung und die – ebenfalls regulierende – Kartellaufsicht miteinander abzustimmen sind. Versuche, darauf definitive Antworten zu geben, erscheinen derzeit verfrüht; es ist abzuwarten, was die von der EU-Kommission angestrengten Verfahren ergeben. Es besteht aber Grund zu der Annahme, dass sich das im AEUV verankerte Recht gegen Wettbewerbsbeschränkungen auch auf stärker regulierten Finanzmärkten als ein unverzichtbares Element staatlicher Einflussnahme erweisen wird. Dafür spricht nicht zuletzt der Umstand, dass sich die Gesetzgebung immer wieder als Einfallstor für die Durchsetzung von Partikularinteressen erweist,[45] die sich die Verbesserung ihrer Renditechancen von Beschränkungen des Wettbewerbs erhoffen.

---

45 Dazu *Hertig* insbes. S. 330 ff und 336 f.

5. Teil: Ausgewählte Rechtsfragen zu Finanzderivaten nach luxemburgischen, österreichischem und Schweizer Recht

§ 30 Finanzderivate nach luxemburgischem Recht

Literatur: *Armstrong-Cerfontaine,* The European Master Agreement: the premature death of a mysterious master, in: Droit bancaire et financier au Luxembourg, B. 2, ALJB, 2004, Larcier, 939 ff; *Bénabent,* Contrats aléatoires, in: Jurisclasseur Civil Code, 2008, Heft 20; *Duarte,* Le contrat de garantie financière: une sécurité juridique consacrée, in: Bulletin Droit & Banque, Nr. 46, 2010, S. 7 ff; *Fontaine,* Droit des assurances, 3. Aufl., Brüssel 2006, Larcier; *Herinckx,* Les dérivés de crédit, in: Produits dérivés, Cahiers AEDBF/EVVFR Belgium, Bruylant, Brüssel 1999, S. 115 ff; *Nejman,* Les contrats de produits dérivés, Les dossiers du journal des tribunaux Nr. 21, De Boeck & Larcier, Brüssel 1999, S. 63 ff; *Sedlo,* Les dérivés de crédit: ni jeu (ou pari) ni contrat d'assurance, Bulletin du Cercle François Laurent, 2003, 96 ff; *Sedlo,* Le régime des contrats de swap au grand-duché de Luxembourg, in: Bulletin Droit & Banque, Hors Série, 2001, S. 7 ff; *Wiwinius,* Le droit international privé au grand-duché de Luxembourg, 3. Aufl., Luxemburg 2011, Editions Bauler.

A. Vertragsrecht 3	III. Einfluss der EU-Regulierungen 44
I. Rechtswahl und Benutzung von Rahmenverträgen 3	IV. Finanzsicherheiten 47
II. Sicherheiten 7	V. Rückkaufvereinbarungen 51
III. Rückkaufvereinbarungen 14	VI. Aufrechnung 54
IV. Besonderheiten bei Umbrella-Fonds und Verbriefungsorganismen mit Teilvermögen 19	C. Aufsichtsrecht 59
	I. Allgemeine Regeln 59
	II. Derivate und Pfandbriefbanken 65
V. Finanzderivate: Spieleinwand 26	III. Finanzderivate, Rückkaufvereinbarungen und Wertpapierverleihgeschäfte für Verbriefungsorganismen 79
B. Insolvenzrecht 38	
I. Allgemeine Regeln 38	
II. Anfechtbare Handlungen und Zahlungen 40	IV. Finanzderivate: Versicherungsvertrag? 85

Gegenstand dieses Kapitels sind einige ausgewählte Aspekte im Zusammenhang mit der Verwendung von Finanzderivaten, Rückkaufvereinbarungen und Wertpapierverleihgeschäften im Grossherzogtum Luxemburg. Eine umfassende Darstellung aller bei diesen Geschäften in Luxemburg in Betracht zu ziehenden Bestimmungen würde den Umfang dieses Beitrages sprengen. Im Nachhinein werden einige vertragsrechtliche, insolvenzrechtliche sowie aufsichtsrechtliche Punkte angesprochen. 1

Es gibt in Luxemburg keine Gesetzgebung, welche Finanzderivate, Rückkaufvereinbarungen und Wertpapierverleihgeschäfte umfassend regulieren würde. Vielmehr finden sich allgemein anwendbare Regeln im generellen Korpus des luxemburgischen Rechtes, während einige spezifische Aspekte der Finanzderivate, Rückkaufvereinbarungen und Wertpapierverleihgeschäfte in besonderen Gesetzestexten geregelt sind. 2

A. Vertragsrecht

I. Rechtswahl und Benutzung von Rahmenverträgen

Aufgrund der internationalen Ausrichtung der luxemburgischen Wirtschaft und insbesondere des luxemburgischen Finanzzentrums (jedoch auch wegen der Größe des Landes) werden Finanzderivate, Rückkaufvereinbarungen und Wertpapierverleihgeschäfte meistens zwischen einer luxemburgischen und einer nichtluxemburgischen Partei abgeschlossen. In der Regel folgen die Parteien der Marktpraxis und einigen sich darauf, einen der in der Finanzwelt üblichen Rahmenverträge zu benutzen. Finanzderivate, Rückkaufvereinbarungen und Wertpapierverleihgeschäfte werden demnach meistens nicht unter luxemburgischem Recht abge- 3 schlossen, obwohl sich dem im Prinzip nichts entgegenstellt, sondern unterliegen meistens dem Recht, welches in den Rahmenverträgen vorgesehen ist.[1]

4 So wird im Zusammenhang mit Finanzderivatgeschäften in Luxemburg in der Praxis sehr häufig das Master Agreement der International Swaps and Derivatives Association oder ISDA (im Folgenden ISDA MA) und die dazugehörige Masterdokumentation benutzt. Abhängig von der Vertragspartei wird ggf das englische Recht oder New Yorker Recht als auf die Finanzderivatgeschäfte anwendbares Recht gewählt.

5 Betreffend Wertpapierverleihgeschäfte wird in der Praxis oft auf das Global Master Securities Lending Agreement[2] der International Securities Lending Association oder ISLA (im Folgenden ISLA GMSLA) zurückgegriffen, während das Global Master Repurchase Agreement[3] der International Capital Market Association oder ICMA und der Securities Industry and Financial Markets Association oder SIFMA (im Folgenden ICMA/SIFMA GMRA) für Rückkaufvereinbarungen angewendet wird.

6 Abhängig von den Vertragsparteien[4] werden jedoch in der Praxis auch manchmal „nationale Rahmenverträge" benutzt,[5] wie zB der deutsche Rahmenvertrag für Finanztermingeschäfte oder der französische Rahmenvertrag für Derivatgeschäfte.[6] Obwohl der European Master Agreement die Wahl des luxemburgischen Rechts erlauben würde, wird dieser Rahmenvertrag unserer Kenntnis nach in der Praxis selten verwendet.[7]

II. Sicherheiten

7 Wie oben beschrieben, werden Finanzderivate, Rückkaufvereinbarungen und Wertpapierverleihgeschäfte eher selten unter luxemburgischem Recht abgeschlossen, insbesondere wenn eine der beiden Vertragsparteien keine luxemburgische Partei ist.

8 Gemäß der Verordnung (EG) Nr. 593/2008 des Europäischen Parlaments und des Rates vom 17.6.2008 über das auf vertragliche Schuldverhältnisse anwendbare Recht (Rom I-VO), können die Parteien gegebenenfalls auch das auf die im Zusammenhang mit Finanzderivaten, Rückkaufvereinbarungen und Wertpapierverleihgeschäften abgeschlossenen Sicherheitenverträge anwendbare Recht frei wählen.

9 Während die dem englischen Recht unterliegenden ISLA GMSLA und ICMA/SIFMA GMRA eine Sicherheitenübertragung im Korpus des Mastervertrages selbst vorsehen, ist dies beim ISDA MA nicht der Fall. Beim ISDA MA besteht jedoch die Möglichkeit, auf verschiedene standardisierte Sicherheitenverträge zurückzugreifen, wie zB den ISDA Credit Support Annex unter englischem Recht, den ISDA Credit Support Deed unter englischem Recht oder den ISDA Credit Support Annex unter dem Recht von New York. Während es sich bei den Credit Support Annexes um eine Sicherheitenübereignung wie bei den ISLA GMSLA und

---

1 Gemäß der Verordnung (EG) Nr. 593/2008 des Europäischen Parlaments und des Rates vom 17.6.2008 über das auf vertragliche Schuldverhältnisse anwendbare Recht (Rom I-VO), können die Parteien das Recht, dem die Finanzderivate, Rückkaufvereinbarungen und Wertpapierverleihgeschäfte unterliegen sollen, frei wählen; das gewählte Recht ist auch anzuwenden, wenn es nicht das Recht eines EU-Mitgliedstaats ist.
2 Januar 2010 Version: http://www.isla.co.uk/images/PDF/MasterAgreements/gmsla%202010%20final3.pdf, 25.6.2012.
3 Mai 2011 Version: http://www.icmagroup.org/assets/documents/Legal/GMRA-2011/GMRA-2011/GMRA%202011_2011.04.20_formular.pdf, 25.6.2012.
4 Manchmal ist dies auch bedingt durch die Praxis im Herkunftsland der Gesellschaftsgruppe, zu welcher die luxemburgische Vertragspartei gehört.
5 Da jedoch ein Großteil dieser Transaktionen mit in London ansässigen Vertragsparteien abgeschlossen wird, sind diese Fälle nach unserer Kenntnis in der Praxis selten.
6 Convention cadre FBF relative aux opérations sur instruments financiers à terme: http://www.fbf.fr/fr/files/882BQX/Convention_cadre_FBF_operations_instruments_financiers_2007.doc, 25.6.2012.
7 *Armstrong-Cerfontaine*, S. 976 ff.

ICMA/SIFMA GMRA handelt, entspricht der ISDA Credit Support Deed unter englischem Recht eher einem Verpfändungsvertrag unter luxemburgischem Recht.

Gemäß Art. 3 des luxemburgischen Code civil unterliegen Immobilien, welche im Grossherzogtum Luxemburg gelegen sind, dem luxemburgischen Recht. Diese Bestimmung wird so ausgelegt, dass Immobilien, welche in einem anderen Staat liegen, dann auch durch das Recht dieses Staates geregelt werden. Die französische Rechtsprechung, welcher man, da es hierzu keine spezifische luxemburgische Rechtsprechung gibt, traditionell auch in Luxemburg folgen würde, hat diese Regel auf bewegliche Güter ausgeweitet, so dass das Recht des Staates, in welchem sich ein bewegliches Gut befindet, regelt, welche dinglichen (*in rem*) Rechte, wie zB Sicherheitenrechte, auf dieses Gut anzuwenden sind.[8] Dies beinhaltet unter anderem auch den Rang dieser dinglichen (*in rem*) Rechte und ob und wie sie Dritten gegenüber wirksam sind. 10

Diese Rechtslage ist insofern relevant, als die Vermögenswerte, welche unter einem Sicherheitenvertrag im Zusammenhang mit einem Finanzderivat, einer Rückkaufvereinbarung oder einem Wertpapierverleihgeschäft als Sicherheit bestellt werden, sich vielleicht in Luxemburg befinden (zB auf einem Konto bei einer luxemburgischen Bank) und dadurch die dinglichen (*in rem*) Rechte dem luxemburgischen Recht unterliegen. Falls die Vermögenswerte sich in einem anderen Staat befinden, so würden, gemäß luxemburgischem Recht, die Regeln dieses Staates für die dinglichen (*in rem*) Rechte gelten. Wenn die Vermögenswerte jedoch in Luxemburg belegen sind und es sich hierbei um Geldforderungen gegen einen luxemburgischen Schuldner oder um in einem luxemburgischen Bankkonto gehaltene und durch Kontobuchung übertragbare Wertpapiere handelt, findet das luxemburgische Gesetz vom 5.8.2005 über Finanzsicherheitenverträge Anwendung. 11

Das Gesetz vom 5.8.2005 über Finanzsicherheitenverträge hat unter anderem die Richtlinie Nr. 2002/47/EG des Europäischen Parlaments und des Rates vom 6.6.2002 über Finanzsicherheiten in luxemburgisches Recht umgesetzt. Dieses Gesetz wird unter anderem auf Verpfändungen sowie auf Eigentumsübertragungen als Sicherheit (oder, wie in der Richtlinie benutzt, Finanzsicherheiten in Form der Vollrechtsübertragung) von Geldforderungen sowie von Finanzinstrumenten angewendet. 12

Im Falle eines solchen Sicherheitenvertrages, welcher nicht dem luxemburgischen Recht unterliegt, sich jedoch auf Vermögenswerte bezieht, die in Luxemburg belegen sind, würde das Gesetz vom 5.8.2005 über Finanzsicherheitenverträge Anwendung finden und das dingliche (*in rem*) Recht des besicherten Gläubigers, insbesondere die Wirksamkeit der Sicherheitenbestellung Drittpersonen gegenüber (zB im Insolvenzfall) und auch die Verwertungsmöglichkeiten und Verwertungsbedingungen, regeln. 13

III. Rückkaufvereinbarungen

Auch wenn Rückkaufvereinbarungen meistens einem anderen Recht als dem luxemburgischen Recht unterliegen, so gibt es im luxemburgischen Recht doch einige spezifischen Bestimmungen. Diese sind u.a. im Gesetz vom 5.8.2005 über Finanzsicherheitenverträge enthalten. 14

Gemäß dem Gesetz über Finanzsicherheitenverträge versteht man unter einer Rückkaufvereinbarung ein Geschäft, bei welchem ein Verkäufer einem Käufer einen Gegenstand gegen Zahlung eines Preises verkauft und die Verpflichtung oder Option einer späteren Rückübertragung dieses Gegenstandes oder eines gleichwertigen Gegenstandes an den Verkäufer zu einem schon vereinbarten Preis vorgesehen ist. Die Rückkaufvereinbarung kann über alle Arten von körperlichen oder unkörperlichen Gegenstände abgeschlossen werden. 15

---
[8] *Wiwinius*, Rn 527 ff.

16 Wenn es sich um eine Rückkaufvereinbarung über in Konten eingetragene Finanzinstrumente handelt, wird diese mit Eintragung der Finanzinstrumente in ein im Namen des Käufers oder eines für den Käufer handelnden Dritten aufgemachtes Konto oder durch deren Bezeichnung als Eigentum des Käufers in einem im Namen des Verkäufers aufgemachten Konto den Parteien und auch Drittparteien gegenüber wirksam. Diese Regel findet auch Anwendung, wenn die Rückkaufvereinbarung nicht luxemburgischem Recht unterliegt, jedoch die Finanzinstrumente/die Konten sich in Luxemburg befinden.

17 Das Gesetz schreibt die Pflicht des Verkäufers fest, den Gegenstand oder einen gleichwertigen Gegenstand zurückzunehmen; den Parteien der Rückkaufvereinbarung wird jedoch freigestellt, festzulegen, ob der Käufer die Verpflichtung oder eine Option hat, den Gegenstand oder einen gleichwertigen Gegenstand zurückzuübertragen.

18 Das Gesetz legt ausdrücklich fest, dass der Verkauf und die Rückübertragung unter einer Rückkaufvereinbarung wirksame Eigentumsübertragungen sind. Die Vertragsparteien können vorsehen, dass die ursprünglich übertragenen Gegenstände durch andere Gegenstände ersetzt werden können (Substitution). Die Regel, dass es sich um wirksame Eigentumsübertragungen handelt, findet auch auf diese Gegenstände Anwendung, es sei denn, die Parteien haben etwas anderes vereinbart. Das Gleiche gilt für die während der Laufzeit der Rückkaufvereinbarung als Deckung der Rückübertragungsforderung an den Verkäufer übertragenen Gegenstände. Das Eigentum, welches der Käufer während der Laufzeit der Rückkaufvereinbarung hatte, wird durch die Rückübertragung nicht rückwirkend in Frage gestellt.

IV. Besonderheiten bei Umbrella-Fonds und Verbriefungsorganismen mit Teilvermögen

19 Prinzipiell gilt in Luxemburg, dass das Vermögen eines Schuldners das gemeinschaftliche Unterpfand seiner Gläubiger ist.[9] Dies bedeutet, dass ein Gläubiger generell auf das gesamte Vermögen seines Schuldners Rückgriff hat und er für den Fall, dass seine Forderung nicht bedient wird, auswählen kann, welchen Vermögenswert er pfänden will, um mit dem Verkaufserlös seine Forderung zu begleichen. Außerdem gibt es im Prinzip keine zweckbestimmten Vermögensmassen (*patrimoines d'affection*).

20 Dieses Prinzip kennt jedoch einige Ausnahmen, die in den letzten Jahren zahlreicher geworden sind. So besteht die Möglichkeit, Organismen für gemeinsame Anlagen als Umbrella-Fonds mit einzelnen Teilfonds zu gründen, wobei die Teilfonds jeweils einen separaten Teil des Vermögens des Organismus für gemeinsame Anlagen umfassen.[10] Diese Möglichkeit von Teilfonds oder Teilvermögen besteht auch für die sogenannten Spezialfonds (Specialised Investment Funds oder SIF), welche sich an qualifizierte Anleger in alternative Investments richten,[11] und für Verbriefungsorganismen, welche dem Gesetz vom 22.3.2004 über Verbriefung unterliegen.

21 Spezielle gesetzliche Bestimmungen sehen für diese Organismen vor, dass die Rechte der Anleger und Gläubiger, die sich auf einen Teilfonds/ein Teilvermögen beziehen bzw im Zusammenhang mit dessen Gründung, Verwaltung oder Liquidation stehen, auf die Vermögenswerte des betreffenden Teilfonds/Teilvermögens beschränkt sind. Diese Regelung gilt vorbehaltlich einer anderen Regelung in den Gründungsunterlagen. Des Weiteren ist ausdrücklich in den gesetzlichen Bestimmungen vorgesehen, dass die Vermögenswerte eines Teilfonds/Teilvermögens, vorbehaltlich einer anderen Regelung in den Gründungsunterlagen, aus-

---

9 Art. 2093 des luxemburgischen Code civil: „Les biens du débiteur sont le gage commun de ses créanciers...".
10 Art. 181 des Gesetzes vom 17.12.2010 betreffend Organismen für gemeinsame Anlagen.
11 Gesetz vom 13.2.2007 betreffend Spezialfonds.

schließlich zur Befriedigung der Forderungen der Anleger in diesen Teilfonds/diesem Teilvermögen sowie der Gläubiger, deren Forderungen im Zusammenhang mit dessen Gründung, Verwaltung oder Liquidation entstanden sind, zur Verfügung stehen. Vorbehaltlich anderslautender Regelungen in den Gründungsunterlagen ist jeder Teilfonds/jedes Teilvermögen im Verhältnis der Anleger zueinander als separate eigenständige Einheit anzusehen.

Wenn nun ein Organismus für gemeinsame Anlagen, der ein Umbrella-Fonds ist oder ein Spezialfonds mit einzelnen Teilfonds oder ein Verbriefungsorganismus mit einzelnen Teilvermögen, in einen Finanzderivatevertrag, eine Rückkaufvereinbarung oder ein Wertpapierverleihgeschäft eintritt, muss die vertragliche Dokumentation genau festlegen, in Bezug auf welchen Teilfonds/welches Teilvermögen der Vertrag eingegangen wurde. In der Praxis findet man präzisierende Wortlaute, wie zB: 22

„Dieser Vertrag ist abgeschlossen zwischen [der Investmentgesellschaft X (wenn es sich um einen Organismus für gemeinsame Anlagen in Gesellschaftsform handelt)] [der Verwaltungsgesellschaft Y handelnd als Verwaltungsgesellschaft für Rechnung des Investmentfonds Z (wenn es sich um einen Organismus für gemeinsame Anlagen in Vertragsform handelt)] bezüglich [des Teilfonds A] [eines jeden der in der Anlage (wie von Zeit zu Zeit zwischen den Vertragsparteien einvernehmlich abgeändert) aufgeführten Teilfonds] und... [12]*"*

oder – bezüglich Verbriefungsorganismen –

„Dieser Vertrag ist abgeschlossen zwischen der Verbriefungsgesellschaft B bezüglich des Teilvermögens B 1 und... ".

Die vertragliche Dokumentation sollte ausdrücklich vorsehen, dass die Verträge (Rahmenvertrag, Einzelabschluss, ggf Sicherheitenverträge) hinsichtlich eines Teilfonds/Teilvermögens als selbstständige Verträge anzusehen sind, die sich nur auf die Vermögenswerte und Verpflichtungen dieses Teilfonds/Teilvermögens beziehen und die getrennt von den Verträgen des Organismus für gemeinsame Anlagen, Spezialfonds oder Verbriefungsorganismen zugunsten anderer Teilfonds/Teilvermögen Anwendung finden. 23

Da die Teilfonds/Teilvermögen getrennte Vermögensmassen darstellen, die nicht füreinander haften (vorbehaltlich der Gründungsunterlagen), werden Beendigungsgründe hinsichtlich der Verträge auch getrennt betrachtet und festgelegt, da ein Beendigungsgrund hinsichtlich der Verträge mit einem Teilfonds/Teilvermögen nicht unbedingt ein solcher für andere Teilfonds/Teilvermögens sein muss. Dies schließt natürlich nicht aus, dass verschiedene Beendigungsgründe für alle Teilfonds/Teilvermögen für anwendbar erklärt werden. Beispielsweise hat die Liquidation eines Teilfonds/Teilvermögens nicht die Liquidation eines anderen Teilfonds/Teilvermögen zur Folge, so dass zB die freiwillige Liquidation eines Teilfonds/Teilvermögens ein Beendigungsgrund der Verträge mit diesem Teilfonds/Teilvermögen sein kann, während die Liquidation der Investmentgesellschaft oder der Verbriefungsgesellschaft ein für alle Teilfonds/Teilvermögen gültiger Beendigungsgrund sein würde. 24

Insbesondere Netting- und Aufrechnungklauseln können nur (vorbehaltlich anderer Regelungen in den Gründungsunterlagen) auf Teilfonds-/Teilvermögenbasis abgeschlossen werden, da ansonsten die gesetzlich vorgesehene strikte Trennung der Vermögenswerte und Verbindlichkeiten der Teilfonds/Teilvermögen in Frage gestellt werden würde. 25

---

12 Siehe zB auch in diesem Zusammenhang den Anhang für Kapitalanlagegesellschaften des Bundesverbandes Deutscher Banken.

V. Finanzderivate: Spieleinwand

26 Der luxemburgische Code civil sieht in Art. 1965 vor, dass „das Gesetz keine Klage für Spiel- oder Wettschulden gewährt".[13] Diese Bestimmung entspricht in etwa dem in § 762 BGB vorgesehenen Spieleinwand.[14]

27 Der Spielvertrag ist ein Vertrag, in dem sich zwei oder mehrere Personen verpflichten, dem Gewinner einen bestimmten Sachgegenstand oder eine bestimmte Geldsumme auszuhändigen, die den Einsatz für das Spiel, an dem die Spieler persönlich teilnehmen, darstellen. Der Ausgang des Spieles hängt demnach von den Parteien selbst ab.

28 Eine Wette hingegen ist ein Vertrag, in dem zwei oder mehrere Personen, die einer gegensätzlichen Meinung sind, sich gegenüber dem, dessen Meinung als richtig anerkannt wird, verpflichten, etwas zu tun oder ihm eine gewisse Geldsumme zu zahlen. Im Gegensatz zum Spiel ist der Ausgang der Wette unabhängig von der Einwirkung der beiden Parteien.[15]

29 Beide Verträge haben als gemeinsames Merkmal, dass sie ein aleatorisches Element beinhalten, das beeinflusst, welche Partei Gewinner oder Verlierer sein wird.

30 Ende des 19. und Anfang des 20. Jahrhunderts hatte die luxemburgische Rechtsprechung auf Basis dieses Artikels entschieden, dass gewisse Termingeschäfte unter den Spieleinwand (*exception de jeu*) fallen können.[16] Da der Ausgang eines Termingeschäfts ja nicht von den Parteien selbst abhängt, sondern von äußeren Gegebenheiten, die von den Vertragsparteien unabhängig sind, entschied die Rechtsprechung, dass Termingeschäfte als Wette angesehen werden könnten, wenn diesbezüglich die gemeinsame und ursprüngliche Absicht der Vertragsparteien nicht die zukünftige Lieferung der Waren oder Wertpapiere sowie die Zahlung des Kaufpreises war, sondern ausschließlich in der Zahlung der Differenz zwischen dem vereinbarten Kaufpreis und dem höheren bzw niedrigeren Wert der Waren oder Wertpapiere am Erfüllungstag bestand.[17] Die Folge war, dass der Gläubiger unter einem solchen Termingeschäft seine Forderung nicht einklagen konnte.

31 Obwohl eine Regulierung der Termingeschäfte schon im Zusammenhang mit der Gründung der Luxemburgischen Börse im Jahr 1927 ins Auge gefasst worden war, sollte es bis zum Gesetz vom 21.6.1984 betreffend Termingeschäfte[18] dauern, bis bestimmte Termingeschäfte, die auch Differenzgeschäfte sein können, wie im Gesetz explizit vorgesehen, ausdrücklich vom Risiko des Spieleinwandes befreit wurden. Der Gesetzgeber strich hierbei hervor, dass Termingeschäfte im Gegensatz zu Spiel und Wette in einem nicht zu vernachlässigenden Umfang zur Kursstabilität beitragen, obwohl sie ein gewisses spekulatives Element beinhalten.[19] Dieses Gesetz schloss nicht alle Termingeschäfte vom Risiko des Spieleinwandes aus, sondern nur diejenigen, die an der Luxemburgischen Börse oder von einem Kreditinstitut getätigt wurden. Der Gesetzeswortlaut wurde zwischenzeitlich mehrere Male abgeändert und findet sich derzeit in Art. 39 des Gesetzes vom 13.7.2007 betreffend Märkte für Finanzinstrumente wieder.[20]

---

13 „*La loi n'accorde aucune action pour une dette de jeu ou pour le paiement d'un pari.*".
14 „*Durch Spiel oder durch eine Wette wird eine Verbindlichkeit nicht begründet.*".
15 *Bénabent*, Rn 1 und 2.
16 Hiermit stand die luxemburgische Rechtsprechung nicht alleine. Auch die französische sowie die belgische Rechtsprechung haben Art. 1965 (der in allen drei Code civil gleichlautend ist) auf Termingeschäfte angewendet. In Frankreich wurden Termingeschäfte erstmals vom Anwendungsbereich des Art. 1965 in den 1880er Jahren ausgeschlossen, während dies in Belgien erstmals in den 1930er Jahren geschah.
17 Cour 20.3.1934, luxemburgische Pasicrisie (Pas.) 13, S. 300; Lux. 25.6.1927, Pas. 11, S. 463. Die Entscheidung (Lux. 6.2.1907, Pas. 8, S. 487) hat sehr klar dargelegt, dass Art. 1965 auch bei „Börsenwetten" Anwendung findet.
18 Luxemburgisches Amtsblatt Mémorial A (Mémorial) Nr. 61 vom 28.6.1984, S. 1032.
19 Gesetzesentwurf Nr. 2801, Einleitung, Absatz 4.
20 Mémorial Nr. 116 vom 16.7.2007, S. 2076.

Gemäß Art. 39 des Gesetzes betreffend Märkte für Finanzinstrumente ist die Anwendung des Art. 1965 Code civil bei Termingeschäften ausgeschlossen, die auf einem geregelten Markt oder einem MTF[21] getätigt werden oder bei denen eine der Vertragsparteien ein Gewerbetreibender der Finanzwelt gemäß Gesetz vom 5.8.2005 über Finanzsicherheitenverträge ist.[22] Der Wortlaut der Bestimmung wurde unter anderem den neuen Definitionen der Börsenmärkte gemäß Richtlinie Nr. 2004/39/EG des Europäischen Parlaments und des Rates vom 21.4.2004 betreffend Märkte für Finanzinstrumente angepasst und der Anwendungsbereich wurde durch die Einführung einer neuen Definition von Gewerbetreibenden der Finanzwelt erweitert. So werden jetzt zum Bespiel Verbriefungsorganismen ausdrücklich aufgeführt. Des Weiteren muss sich das Termingeschäft entweder auf eine bestimmte Menge von Vermögenswerten, wie Devisen, Edelmetalle, Handelsgüter, Rechte oder irgendwelche anderen Werte, oder auf Forderungen, Wertpapiere, Rechte[23] oder andere Finanzinstrumente im weitesten Sinne beziehen.

32

Die weite Definition von Termingeschäften sollte es erlauben, von Gewerbetreibenden der Finanzwelt abgeschlossene Finanzderivate *per se* aus dem Anwendungsbereich des Spieleinwandes auszuschließen. Bedingte Termingeschäfte, deren Erfüllung an bestimmte Bedingungen geknüpft ist, sowie auch unbedingte Termingeschäfte können unter diese Definition von Termingeschäften fallen.

33

Als Beispiel kann ein Credit Default Swap (CDS) dienen. Die Bank B will einen Kredit von 100 an die Gesellschaft G ausreichen, möchte jedoch das Ausfallrisiko an die Investmentbank I weiterreichen und kauft deshalb eine Absicherung (*protection*) über 100 von I. Gegen Zahlung der Prämie des CDS wird B bei Ausfall der Gesellschaft G 100 von I erhalten. B und I könnten jedoch auch vorsehen, dass bei Ausfall der Gesellschaft G, B eine festgelegte Anleihe von G an I liefert, gegen Zahlung von 100 durch I. Es handelt sich hierbei um ein Termingeschäft, da die Erfüllung des Geschäftes erst zu einem vorher vereinbarten Zeitpunkt in der Zukunft stattfindet. Das Termingeschäft fällt unter Art. 39 des Gesetzes betreffend Märkte für Finanzinstrumente, da es zwischen einer Bank und einer Investmentbank geschlossen wird und sich im ersten Fall auf eine Forderung (die Forderung, die B gegen I bei Realisierung des Ausfallrisikos hat und die gemäß der vorgesehenen Formel berechnet wird) und im zweiten Fall auf eine Forderung und ein Wertpapier (die Anleihe) bezieht.

34

Sollte ein Termingeschäft nicht in den Anwendungsbereich des Art. 39 des Gesetzes betreffend Märkte für Finanzinstrumente fallen, müssten, damit der Spieleinwand angeführt werden könnte, gemäß ständiger Rechtslehre und Rechtsprechung, beide Parteien *ab initio* die gemeinsame und ursprüngliche Absicht gehabt haben, eine Wette einzugehen, dh ein Ter-

35

---

21 Die Definitionen „geregelter Markt" und „MTF" schließen nicht nur EU-Märkte mit ein, sondern auch solche in Drittländern, die den im Gesetz vom 13.7.2007 betreffend Märkte für Finanzinstrumente vorgesehenen Bedingungen entsprechen.
22 Mémorial Nr. 128 vom 16.8.2005, S. 2212. Als „Gewerbetreibender der Finanzwelt (*professionnel de la finance*)" werden angesehen eine öffentliche Behörde, einschließlich Organismen des öffentlichen Sektors, welche die öffentlichen Schulden verwalten oder in diesem Bereich tätig sind sowie Organismen des öffentlichen Sektors, welche berechtigt sind, Konten für ihre Kunden zu halten; eine Zentralbank, die Europäische Zentralbank, die Bank für Internationalen Zahlungsausgleich, eine multilaterale Entwicklungsbank, der Internationale Währungsfonds, die Weltbank, die Europäische Investitionsbank sowie andere nationale oder internationale öffentliche Organismen, welche im Finanzsektor tätig sind; ein Finanzinstitut, einschließlich ein Kreditinstitut, eine Wertpapierfirma, ein Versicherungs- oder Rückversicherungsunternehmen, ein Organismus für gemeinsame Anlagen, eine Verwaltungsgesellschaft von einem oder mehreren Organismen für gemeinsame Anlagen, eine zentrale Vertragspartei, eine Verrechnungsstelle oder Clearingstelle; ein kaufmännischer oder industriellen Betrieb, welcher einen Zugang zum professionellen Finanzmarkt hat; ein Pensionsfonds; ein Verbriefungsorganismus oder eine juristische Person oder ein Organismus, welche an einer Verbriefung teilnehmen; sonstige Gewerbetreibende des Finanzsektors.
23 Das Wort „Rechte" wurde durch das Gesetz vom 13.7.2007 betreffend Märkte für Finanzinstrumente hinzugefügt. Auch wurde die Bedingung, dass die dem Termingeschäft zugrunde liegenden Vermögenswerte austauschbar (*fongible*) sein müssen, gelöscht.

mingeschäft ohne irgendwelche ökonomische Rechtfertigung, ausschließlich zu Spekulationszwecken.[24] Davon ausgehend, dass Termingeschäfte generell mindestens von einer Person zu Absicherungszwecken eingegangen werden,[25] sollte dieses Risiko nur marginal auftreten.

36 Da im in Luxemburg vorherrschenden internationalen Umfeld die meisten Finanzderivatverträge einem anderen Recht als dem luxemburgischen unterliegen, stellt sich die Frage, inwiefern Art. 1965 Code civil als internationale Vorbehaltsklausel („*clause d'ordre public international*") anzusehen ist. Gemäß französischer und belgischer Rechtsprechung[26] ist Art. 1965 nicht als internationale Vorbehaltsklausel anwendbar. Mit anderen Worten: Der Spieleinwand gemäß Art. 1965 wird bei Finanzderivatverträgen nicht angewendet werden, wenn diese nicht luxemburgischem Recht unterliegen; dies schließt natürlich nicht aus, dass das anwendbare Recht ähnliche Regeln kennen kann.

37 Abschließend sei darauf hingewiesen, dass die obigen Auslegungen auch auf verbriefte Termingeschäfte wie Zertifikate oder andere Wertpapiere (zB credit linked notes) anwendbar sind. So fallen Wertpapiere, die von einem luxemburgischen Verbriefungsvehikel emittiert werden und dem luxemburgischen Recht unterliegen, unter den Schutz von Art. 39 des Gesetzes betreffend Märkte für Finanzinstrumente, während Wertpapiere, die einem anderen Recht unterliegen, generell nicht von der Bestimmung des Art. 1965 Code civil erfasst werden.

B. Insolvenzrecht

I. Allgemeine Regeln

38 Von besonderem Interesse für nicht luxemburgische Vertragsparteien ist die Frage, welche Auswirkungen die Insolvenz einer luxemburgischen Vertragspartei auf die mit ihr abgeschlossenen Verträge hat.

39 Gemäß den allgemeinen Regelungen des luxemburgischen Handelsgesetzbuches (Code de commerce) sind luxemburgische Gerichte dafür zuständig, die Insolvenz einer luxemburgischen Handelsgesellschaft zu erklären. Außerdem würde nach den allgemein gültigen Normen das luxemburgische Recht die Insolvenz dieser Handelsgesellschaft regeln; die Insolvenz nach luxemburgischem Recht hätte eine universelle Wirkung über die Grenzen von Luxemburg hinaus. Es gibt jedoch einige Ausnahmen bzw Anpassungen: zB im europäischen Umfeld aufgrund der VO (EG) Nr. 1346/2000 oder der in luxemburgisches Recht umgesetzten EU-Richtlinien Nr. 2001/24/EG betreffend die Sanierung und Liquidierung von Kreditinstituten oder Nr. 2011/17/EG betreffend die Sanierung und Liquidierung von Versicherungsunternehmen (die hier jedoch nicht weiter beleuchtet werden können).

II. Anfechtbare Handlungen und Zahlungen

40 Gemäß den generellen Insolvenzregeln des luxemburgischen Handelsgesetzbuches sind gewisse Handlungen und Zahlungen, die die insolvent gewordene Handelsgesellschaft getätigt hat, den Insolvenzgläubigern gegenüber null und nichtig oder können von den Insolvenzgläubigern angefochten werden. Die relevanten Bestimmungen sind in Art. 445, 446 und 448 Code de Commerce enthalten.

---

24 *Nejman*, Rn 40. Siehe auch: Cour 20.3.1934, luxemburgische Pasicrisie (Pas.) 13, S. 300; Lux. 25.6.1927, Pas. 11, S. 463. Die Entscheidung (Lux. 6.2.1907, Pas. 8, S. 487) hat sehr klar dargelegt, dass Art. 1965 auch bei „Börsenwetten" Anwendung findet.
25 *Sedlo*, S. 117.
26 *Sedlo*, S. 114. *Nejman*, *Rn* 41.

Art. 445 Code de Commerce betrifft folgende Handlungen und Zahlungen, die während der vom Handelsgericht festgelegten Periode – maximal sechs Monate zwischen Zahlungseinstellung und Insolvenzverfahrenseröffnung (sog. *période suspecte*) bzw innerhalb von zehn Tagen davor – vom Schuldner vorgenommen wurden: 41

- Rechtsgeschäfte, durch die der Schuldner Eigentum an beweglichen oder unbeweglichen Vermögenswerten ohne Gegenleistung überträgt, sowie entgeltliche Rechtsgeschäfte und Verträge, bei denen der Wert der vom Schuldner übertragenen Vermögenswerte merklich den Wert der von ihm erhaltenen Vermögenswerte übersteigt;
- Zahlungen in bar, per Scheck, Aufrechnung oder anders von noch nicht fälligen Forderungen sowie Zahlungen für fällige Forderungen, die nicht in bar oder durch Wechsel getätigt werden;
- Bestellungen von Hypotheken und Pfandrechten für zuvor bestehende Schulden.

Art. 446 Code de Commerce sieht weiter vor, dass alle anderen Zahlungen für fällige Schulden sowie alle anderen entgeltlichen Geschäfte des Schuldners, die in der oben genannten *période suspecte* getätigt wurden, angefochten werden können, wenn sie von der Vertragspartei des Schuldners in Kenntnis der Zahlungsunfähigkeit des Schuldners getätigt wurden. 42

Schlussendlich legt Art. 448 Code de Commerce fest, dass alle Zahlungen und Handlungen, die in betrügerischer Absicht zum Nachteil der Insolvenzmasse der Gläubiger getätigt wurden, unabhängig vom Zeitpunkt, wann sie getätigt wurden, als null und nichtig erklärt werden können. 43

III. Einfluss der EU-Regelungen

In diesem Zusammenhang sollte erwähnt werden, dass die Regelungen von Art. 445, 446 und 448 Code de Commerce jedoch gegebenenfalls keine Anwendung finden, sollte sich das Insolvenzverfahren im Anwendungsbereich der VO (EG) Nr. 1346/2000 befinden oder ein Kreditinstitut oder ein Versicherungsunternehmen betreffen, und durch den durch eine solche Handlung oder Zahlung begünstigten Gläubiger nachgewiesen werden, dass für die betroffene Handlung oder Zahlung das Recht eines anderen EU-Mitgliedstaates als Luxemburg maßgeblich ist und die Handlung oder Zahlung in keiner Weise nach diesem Recht angreifbar ist. Jedoch können, falls eine betrügerische Absicht zum Nachteil der Insolvenzmasse der Gläubiger den Handlungen oder Zahlungen zugrunde lag, diese immer noch nach den allgemeinen Bestimmungen von Art. 1167 Code civil angefochten werden. 44

Des Weiteren enthalten sowohl die vorher erwähnte Verordnung wie auch die zwei Richtlinien (und natürlich auch die luxemburgischen Umsetzungsgesetze der Richtlinien) Bestimmungen, die gewisse Handlungen dem Einflussbereich des luxemburgischen Insolvenzrechts entziehen. Hierzu gehören insbesondere dingliche (*in rem*) Rechte Dritter an körperlichen oder unkörperlichen, beweglichen oder unbeweglichen Gegenständen des Schuldners, die sich zum Zeitpunkt der Eröffnung des Insolvenzverfahrens in einem anderen EU-Mitgliedstaat befinden. Diese dinglichen (*in rem*) Rechte werden im Prinzip von der Eröffnung des Insolvenzverfahrens nicht berührt. Eine ähnliche Regelung besteht für das Recht eines Gläubigers, seine Forderung gegen eine Forderung des Schuldners aufzurechnen, wenn die Aufrechnung nach dem für die Forderung des insolventen Schuldners maßgeblichen Recht zulässig ist. Bei einem luxemburgischen Insolvenzverfahren sind jedoch gegebenenfalls die Regelungen für anfechtbare und nichtige Handlungen und Zahlungen der Art. 445, 446, 448 Code de Commerce anwendbar, es sei denn, der begünstigte Gläubiger kann nachweisen, dass für das dingliche (*in rem*) Recht oder die Aufrechnung das Recht eines anderen EU-Mitgliedstaates maßgeblich ist und das dingliche (*in rem*) Recht oder die Aufrechnung in keiner Weise nach diesem Recht angreifbar ist. 45

46 Der luxemburgische Gesetzgeber hat bei der Umsetzung der Richtlinie Nr. 2002/47/EG über Finanzsicherheiten die Möglichkeit genutzt, Finanzsicherheiten, jedoch auch die Aufrechnung, im Insolvenzfall einer luxemburgischen Vertragspartei weitgehend unangreifbar zu machen. Diese Bestimmungen finden sich im Gesetz über Finanzsicherheiten vom 5.8.2005.

IV. Finanzsicherheiten

47 Unter Finanzsicherheiten versteht man in diesem Zusammenhang insbesondere Verpfändungen sowie Eigentumsübertragungen als Sicherheit für Forderungen oder Finanzinstrumente im weitesten Sinne, aber auch Rückkaufvereinbarungen. Der Anwendungsbereich des Gesetzes über Finanzsicherheiten vom 5.8.2005 ist generell und nicht auf Kaufleute beschränkt.

48 Dieses Gesetz entzieht die Finanzsicherheiten weitgehend der Einwirkung von Insolvenzverfahren. In der Tat sieht dieses Gesetz für Verträge über Finanzsicherheiten, die luxemburgischem Recht unterliegen, vor, dass diese sowie die darin vorgesehenen Ereignisse, die die Verwertung der Finanzsicherheit nach sich ziehen,[27] nicht durch die Existenz von Insolvenzverfahren betroffen sind. Unbeschadet der Existenz von luxemburgischen oder ausländischen Sanierungs- oder Liquidationsverfahren oder anderen Konkursverfahren sind sie Drittparteien, Kommissaren, Verwaltern, Liquidatoren sowie allen ähnlichen Organen gegenüber wirksam und können ihnen entgegengehalten werden. Die Bestimmungen des luxemburgischen Rechts (mit der Ausnahme der Bestimmungen betreffend die Überschuldung von Privatpersonen) sowie die ausländischen Bestimmungen, die Sanierungs- oder Liquidationsverfahren und andere Konkurssituationen aber auch Beschlagnahmungen[28] regeln, sind gemäß dem Gesetz nicht auf Finanzsicherheitenverträge anwendbar und verhindern weder deren Ausführung noch die Erfüllung ihrer Verpflichtungen durch die Vertragsparteien. Finanzsicherheitenverträge, die am Tag der Eröffnung eines Konkursverfahrens abgeschlossen werden, sind wie oben beschrieben wirksam, sofern sie vor dem Urteil, das das Konkursverfahren eröffnet, abgeschlossen wurden, oder der Sicherheitengläubiger beweisen kann, dass er keine Kenntnis von der Eröffnung des Verfahrens hatte oder angemessenerweise nicht haben konnte.

49 Das Gesetz sieht ausdrücklich vor, dass die Verwertung einer Finanzsicherheit, sowie die Wertfeststellung der Finanzsicherheit, die aufgrund einer Vollstreckungshandlung oder einer Sicherungsmaßnahme (insbesondere einer Beschlagnahmung, ob zivilrechtlicher, strafrechtlicher oder gerichtlicher Natur) vorgenommen werden, als vor diesen Handlungen und Maßnahmen durchgeführt angesehen werden.

50 Da jedoch zahlreiche Finanzsicherheitenverträge nicht nach luxemburgischem Recht abgeschlossen werden, hat der luxemburgische Gesetzgeber eine spezielle Bestimmung aufgenommen, um Gläubigern von luxemburgischen Schuldnern, die Finanzsicherheiten unter nicht luxemburgischem Recht bestellen, die gleichen Vorteile zukommen zu lassen, wie Gläubigern von ausländischen Schuldnern, die Finanzsicherheiten unter luxemburgischem Recht bestellen. Art. 24 des Gesetzes über Finanzsicherheiten sieht vor, dass die luxemburgischen Bestimmungen, die die Sanierungs- oder Liquidationsverfahren sowie andere Konkurssituationen regeln (mit der Ausnahme der Bestimmungen zur Überschuldung von Privatperso-

---

27 Das Gesetz sieht vor, dass dieses Ereignis eine Nichterfüllung oder ein sonstiges zwischen den Parteien vereinbartes Vorkommnis sein kann, dessen Eintreten, gemäß dem Finanzsicherheitenvertrag oder dem Vertrag, der die besicherte Verbindlichkeit begründet (diese Verbindlichkeit kann entweder eine Zahlungsverpflichtung oder eine Verpflichtung zur Lieferung von Finanzinstrumenten oder von Finanzinstrumenten unterliegenden Vermögenswerten sein), oder per Gesetz den Sicherheitengläubiger ermächtigt, die Finanzsicherheit zu verwerten oder sich anzueignen.
28 Siehe in diesem Zusammenhang ein Urteil vom 14.10.2010 (Chambre du conseil du tribunal d'arrondissement de et à Luxembourg, Nr. 2131/10), erwähnt in *Duarte*, S. 10.

nen), keine Anwendung auf ausländischem Recht unterliegende Finanzsicherheitenverträge finden, wenn der Besteller der Finanzsicherheit eine luxemburgische Gesellschaft oder in Luxemburg ansässig ist. Im Zusammenhang mit Finanzderivaten, Rückkaufvereinbarungen sowie Wertpapierverleihgeschäften, wo die Sicherheitenverträge sehr häufig ausländischem Recht unterliegen, bringt das Gesetz den Vertragsparteien eine signifikante Reduzierung ihres Kreditrisikos.

V. Rückkaufvereinbarungen

Das Gesetz vom 5.8.2005 über Finanzsicherheiten, das Rückkaufvereinbarungen auch als Finanzsicherheiten ansieht, hat die schon 1994 eingeführten Bestimmungen zu den Rückkaufvereinbarungen weitgehend beibehalten, sie jedoch etwas flexibler gestaltet und den auf Finanzsicherheiten anwendbaren Regelungen angepasst. 51

Das Gesetz sieht vor, dass die Eröffnung eines Sanierungs- oder Liquidationsverfahrens oder eine andere nationale oder ausländische Konkurssituation betreffend die eine oder andere Partei der Rückkaufvereinbarung die Parteien nicht von der Rückübertragung zu den vorgesehen Bedingungen entbindet. Jedoch sind beide Parteien hiervon freigestellt, falls und insofern die Rückübertragung nicht mehr zu den vorgesehen Bedingungen oder in anderer Weise nach den von den Parteien vorgesehenen Aufrechnungsregeln möglich ist. Auch ist es den Parteien überlassen, vertraglich etwas anderes für den Fall der Eröffnung eines Sanierungs- oder Liquidationsverfahrens oder eine andere nationale oder ausländische Konkurssituation betreffend die eine oder andere Partei der Rückkaufvereinbarung vorzusehen. 52

Die in den vorherigen Absätzen beschriebenen speziellen Bestimmungen zu Auswirkungen von Konkurssituationen auf die Finanzsicherheitenverträge finden auch auf Rückkaufgeschäfte Anwendung. 53

VI. Aufrechnung

Das Gesetz vom 5.8.2005 über Finanzsicherheiten enthält auch spezielle Bestimmungen bezüglich Aufrechnungsklauseln und Aufrechnungsvereinbarungen. So sind Aufrechnungen zwischen Forderungen und Finanzinstrumenten, die aufgrund einer bilateralen oder multilateralen Aufrechnungsklausel oder Aufrechnungsvereinbarung durchgeführt werden, auch im Falle eines Sanierungs- oder Liquidationsverfahrens oder einer anderen Konkurssituation wirksam und gemäß dem Gesetz über Finanzsicherheiten auch gegenüber Drittparteien, Kommissaren, Verwaltern, Liquidatoren oder ähnlichen Organen durchsetzbar, unabhängig von ihrem Fälligkeitsdatum, ihrem Objekt oder der Währung, in der sie ausgedrückt sind. 54

Der Gesetzgeber wollte sicherstellen, dass Vereinbarungen, wie zB Derivateverträge, Rückkaufvereinbarungen oder auch Wertpapierverleihgeschäfte, so weit wie möglich nicht durch Konkurssituationen in Frage gestellt werden können. Deshalb hat das Gesetz über Finanzsicherheiten spezifisch bestätigt, dass Klauseln, die eine Verbindung zwischen Forderungen herstellen (*connexité*), Auflösungsklauseln, Rücktrittsklauseln, Unteilbarkeitsklauseln (*single agreement* Klauseln), Klauseln betreffend die Forderung von Deckungsbeträgen, Klauseln betreffend den Austausch von Vermögenswerten, die als Sicherheit dienen, Netting- und Aufrechnungsklauseln aber auch gesetzliche Netting- und Aufrechnungsregeln, Bestimmungen zur Wertfestlegung der Forderungen und zur Aufrechnung, sowie alle anderen Klauseln, die im Zusammenhang mit Aufrechnungsklauseln oder Aufrechnungsvereinbarungen oder zu deren Durchführung benötigt werden, im Falle eines Sanierungs- oder Liquidationsverfahrens wirksam sind und Dritten, Kommissaren, Verwaltern, Liquidatoren und anderen ähnlichen Organen gegenüber durchsetzbar sind. In diesem Zusammenhang ist es gleichgültig, wann diese Klauseln abgeschlossen oder ausgeführt wurden. 55

56 Das Gesetz sieht außerdem vor, dass Beschlagnahmen (ob zivilrechtlicher, strafrechtlicher oder gerichtlicher Natur) diese Klauseln und Bestimmungen nicht in Frage stellen und die Klauseln ihre Wirkung auch in diesem Falle zeigen. Der Rücktritt von einem Vertrag, die Wertfestlegung sowie die Aufrechnung, die als Folge einer Vollstreckungshandlung oder einer Sicherungsmaßnahme durchgeführt werden, werden vom Gesetz als vor dieser Handlung oder Maßnahme durchgeführt angesehen.

57 Wie schon oben im Zusammenhang mit den Finanzsicherheiten beschrieben, werden auch Aufrechnungen, die luxemburgischem Recht unterliegen, nicht von den Bestimmungen des luxemburgischen Rechts (mit der Ausnahme der Bestimmungen betreffend die Überschuldung von Privatpersonen) oder eines ausländischen Rechts, die Sanierungs- oder Liquidationsverfahren sowie andere Konkurssituationen aber auch Beschlagnahmen regeln, behindert.

58 Auch schützt das Gesetz Aufrechnungsvereinbarungen, die nicht dem luxemburgischen Recht unterliegen, wenn jedoch der säumige Schuldner eine luxemburgische oder in Luxemburg ansässige Gesellschaft ist, indem es die Anwendung der luxemburgischen Bestimmungen, die Sanierungs- oder Liquidationsverfahren sowie andere Konkurssituationen regeln (mit der Ausnahme der Bestimmungen betreffend die Überschuldung von Privatpersonen), ausschließt.

C. Aufsichtsrecht

I. Allgemeine Regeln

59 In Luxemburg regelt das Gesetz vom 5.4.1993 über den Finanzsektor[29] den Finanzsektor im Allgemeinen, wobei spezifische Gesetze und großherzogliche Verordnungen bestimmte Aspekte des Finanzsektors weiter gehend regulieren. Das Gesetz über den Finanzsektor findet auf Kreditinstitute (im Sinne von Art. 4, Punkt (1) der Richtlinie Nr. 2006/48/EG des Europäischen Parlaments und des Rates vom 14.6.2006 über die Aufnahme und Ausübung der Tätigkeit der Kreditinstitute) und Gewerbetreibende im Finanzsektor Anwendung.

60 Das Gesetz ist auf alle natürlichen Personen, die beruflich in Luxemburg niedergelassen sind, sowie auf alle juristischen Personen, die luxemburgischem Recht unterliegen, anzuwenden, wenn deren gewöhnliche Beschäftigung oder Tätigkeit in der gewerblichen Ausübung einer Beschäftigung des Finanzsektors oder einer damit zusammenhängenden oder ergänzenden Beschäftigung besteht. Gewerblich einer solchen gewöhnlichen Beschäftigung oder Tätigkeit darf nur nachgehen, wer hierzu eine Genehmigung vom für die *Commission de Surveillance du Secteur Financier* (CSSF) zuständigen Minister erhalten hat. Wenn eine Tätigkeit des Finanzsektors also nicht gewöhnlich ausgeübt wird (zB nur einmal), ist eine Genehmigung nicht notwendig; sollte die Tätigkeit jedoch mehrfach ausgeübt werden, kann dies einer gewerblichen Ausübung entsprechen, die eine Genehmigung des für die CSSF zuständigen Ministers voraussetzt.

61 Der Anhang I, Abschnitt C zu der Richtlinie Nr. 2004/39/EG des Europäischen Parlaments und des Rates vom 21.4.2004 über Märkte für Finanzinstrumente führt Derivate im Allgemeinen sowie Wertpapiere als Finanzinstrumente auf. Bestimmte Dienstleistungen und Anlagetätigkeiten, die in Anhang I, Abschnitt A zu der Richtlinie Nr. 2004/39/EG aufgeführt sind, können gewerblich als gewöhnliche Beschäftigung oder Tätigkeit nur von einer speziellen Kategorie von Gewerbetreibenden, den Wertpapierunternehmen, getätigt werden. Davon betroffen ist auch der Handel mit Finanzinstrumenten auf eigene Rechnung. Die in der

---

29 Englische Übersetzung des Gesetzes vom 5.4.1993 in einer am 25.6.2012 gültigen Fassung (N.B. nur der im Mémorial veröffentlichte Text ist bindend): http://www.cssf.lu/fileadmin/files/Lois_reglements/Legislation/Lois/L_050493_lfs_upd281011.pdf, 25.6.2012.

Richtlinie Nr. 2004/39/EG enthaltenen Bestimmungen sind in das Gesetz über den Finanzsektor übernommen worden.

Laut dem Gesetz über den Finanzsektor sind jedoch bestimmte Personen generell von dessen Anwendungsbereich ausgeschlossen. Einige sollen hier erwähnt werden. Es handelt sich hierbei zB um Verbriefungsorganismen, Versicherungs- oder Rückversicherungsunternehmen sowie Organismen für gemeinsame Anlagen. Während es sich bei Letzteren um regulierte Gesellschaften handelt, muss ein Verbriefungsorganismus nach dem Verbriefungsgesetz vom 22.3.2004 nicht unbedingt der Aufsicht der CSSF unterliegen;[30] in jedem Fall unterliegt er nicht dem Gesetz über den Finanzsektor. 62

Handelt es sich um Kreditinstitute oder Wertpapierunternehmen aus Mitgliedstaaten des Europäischen Wirtschaftsraumes, können diese ihre Aktivitäten in Luxemburg durch eine Niederlassung oder durch grenzüberschreitende Dienstleistungen verfolgen, solange ihre Aktivitäten durch die Genehmigung in ihrem Herkunftsstaat genehmigt sind und in den oben beschriebenen Abschnitten A und C des Anhangs I der Richtlinie Nr. 2004/39/EG aufgeführt sind. Kreditinstitute oder Wertpapierunternehmen, die nicht aus Mitgliedstaaten des Europäischen Wirtschaftsraumes stammen, müssen für eine Niederlassung in Luxemburg dieselben Regeln befolgen, wie luxemburgische Kreditinstitute oder Wertpapierunternehmen und eine Genehmigung einholen. Eine solche Genehmigung benötigen auch Kreditinstitute und andere Personen, die nicht aus Mitgliedstaaten des Europäischen Wirtschaftsraumes stammen und eine Aktivität im Finanzsektor ausüben, sobald sie gelegentlich und vorübergehend zur Ausübung dieser Tätigkeiten nach Luxemburg kommen. 63

Es gibt in Luxemburg jedoch auch besondere Regelungen für spezifische Tätigkeiten im Finanzsektor. So wurde durch ein Gesetz vom 2.8.2003 eine besondere Kategorie von Gewerbetreibenden im Finanzsektor eingeführt: Gewerbetreibende, die Wertpapierverleihgeschäfte tätigen. Dies sind Gewerbetreibende, die Wertpapiere auf eigene Rechnung verleihen oder ausleihen. Nur juristische Personen können die Genehmigung für dieses Gewerbe erhalten und müssen ein Gesellschaftskapital von mindestens 730.000 EUR vorweisen. Eine luxemburgische Gesellschaft, die einmal in ein Wertpapierverleihgeschäft eintritt, sollte nach Meinung des Autors nicht unter diese Bestimmung fallen; bei mehreren Wertpapierverleihgeschäften kann sich ggf die Frage stellen, ob dies als gewerbliche Beschäftigung angesehen werden kann. Diese Frage ist von Fall zu Fall genau zu analysieren. 64

II. Derivate und Pfandbriefbanken

In Luxemburg wurden Pfandbriefbanken durch das Gesetz betr Pfandbriefbanken vom 21.11.1997 eingeführt, welches durch zwei Gesetze vom 22.6.2000 und vom 24.10.2008 abgeändert wurde. Die Regelungen zu Pfandbriefbanken wurden in das Gesetz über den Finanzsektor einbezogen und finden sich in dessen Art. 12-1 bis 12-9 wieder. 65

Der luxemburgische Gesetzgeber hat sich bei den Regelungen der Pfandbriefbanken stark an die zu jener Zeit in Deutschland geltenden Bestimmungen des Hypothekenbankgesetzes vom 13.7.1899 angelehnt, hat aber auch einige spätere Entwicklungen in Deutschland vorweggenommen. Anders als in Deutschland besteht in Luxemburg auch heute noch das Spezialbankprinzip. Derzeit gibt es in Luxemburg sechs Pfandbriefbanken, die überwiegend zu deutschen Bankengruppen gehören. 66

Das luxemburgische Pfandbriefbankengesetz teilt das Geschäft der Pfandbriefbanken in unterschiedliche Kategorien ein: 67

---

30 Ein Verbriefungsorganismus, der dem Verbriefungsgesetz vom 22.3.2004 unterliegt, benötigt eine Genehmigung der CSSF, wenn er fortwährend Wertpapiere an die Öffentlichkeit emittiert.

- Hauptgeschäft: Dieses besteht darin, Darlehen zu gewähren, die (i) direkt oder indirekt durch dingliche Rechte oder Sicherheiten an Grundstücken besichert sind, (ii) an Körperschaften des öffentlichen Rechts ausgegeben werden oder von diesen direkt oder indirekt garantiert werden oder (iii) durch dingliche Rechte oder Sicherheiten an beweglichen Vermögensgegenständen (zB Schiffe, Flugzeuge...) besichert sind. Das luxemburgische Pfandbriefbankengesetz macht keinen Unterschied, ob diese Geschäfte ein ausländisches Element beinhalten oder nicht (zB Darlehen an eine französische Körperschaft des öffentlichen Rechts oder ein in Italien belegenes Grundstück); in jedem Fall gehören diese Geschäfte zu dem Hauptgeschäft der Pfandbriefbank.
- Neben- und Hilfsgeschäfte, die nicht explizit durch das Gesetz definiert werden. Das Gesetz enthält jedoch eine Aufzählung von Nebengeschäften, die allerdings (im Gegensatz zu der damals im deutschen Hypothekenbankgesetz enthaltenen Aufzählung) nicht abschließend ist. Die parlamentarischen Vorarbeiten zum Gesetz von 1997[31] beschreiben die Hilfsgeschäfte als Geschäfte, die die Haupt- und Nebengeschäfte fördern, jedoch kein Verlustrisiko beinhalten. Neben- und Hilfsgeschäfte sollen auch nicht gegen das Grundprinzip des Pfandbriefbankengesetzes verstoßen, das die Sicherheit der Pfandbriefe garantieren will.[32]

68 Luxemburgische Pfandbriefbanken können in der Regel Finanzderivate, Rückkaufvereinbarungen und Wertpapierverleihgeschäfte bezüglich ihres Hauptgeschäfts sowie ihres Nebengeschäfts abschließen. Gemäß den parlamentarischen Vorarbeiten zum Gesetz vom 22.6.2000, welches einige spezifische Bestimmungen betr Pfandbriefbanken abändert, können Finanzderivate entweder als Nebengeschäfte oder als Hilfsgeschäfte eingegangen werden.[33] Aus dem Spezialbankprinzip kann man ableiten, dass der Einsatz von Finanzderivaten, Rückkaufvereinbarungen und Wertpapierverleihgeschäften allerdings nicht zur reinen Spekulation führen darf, sondern als Absicherungsgeschäft oder Hilfsgeschäft im Zusammenhang mit den Deckungsstocks oder der verantwortlichen Verwaltung des Vermögens der Pfandbriefbank, das nicht Teil der Deckungsstocks ist, zu erfolgen hat.

69 Da das luxemburgische Pfandbriefgeschäft von vornherein als internationales Geschäft verstanden wurde, hatte schon der Gesetzgeber in der ursprünglichen Version des Pfandbriefbankengesetzes von 1997 vorgesehen, dass Pfandbriefbanken geeignete Maßnahmen treffen müssen, um Nichtübereinstimmungen bei Währungen oder Zinssätzen zwischen den begebenen Pfandbriefen und den zu ihrer Deckung benutzten Werten auszuschließen. Schon die ursprüngliche Version des Pfandbriefbankengesetzes sah vor, dass die Werte, die aus diesen Maßnahmen entstehen, in den vom Gesetz vorgesehenen Deckungsstock eingetragen werden müssen.

70 In den parlamentarischen Vorarbeiten zum Pfandbriefbankengesetz von 1997 wurde festgehalten, dass die Wortwahl im Gesetz – „geeigneten Maßnahmen" – es den Pfandbriefbanken unter anderem erlauben sollte, Techniken des Kapitalmarktes (wie Swaps, Futures, usw) anzuwenden, die Benutzung dieser Techniken jedoch auf die Ausschaltung der sich aus Nichtübereinstimmungenergebenden Risiken begrenzt sein müsste. Insbesondere wurde darauf hingewiesen, dass diese Maßnahmen nicht zu einer Umgehung des Prinzips der integralen Deckung der Pfandbriefe führen dürfen.[34]

71 Durch das Gesetz vom 22.6.2000, das einige spezifische Bestimmungen betr Pfandbriefbanken abändert, wurde das Recht der Pfandbriefbanken, Finanztermininstrumente zu benutzen noch klarer im Pfandbriefbankengesetz verankert.

---

31 Gesetzesentwurf Nr. 4090 betreffend Pfandbriefbanken, S. 10.
32 Gesetzesentwurf Nr. 4090-6, S. 6.
33 Gesetzesentwurf Nr. 4632, S. 3 und Nr. 4632-2, S. 2.
34 Gesetzesentwurf Nr. 4090-6, S. 8.

Art. 12-5 (4) Abs. 2 des Pfandbriefbankengesetzes bestimmt jetzt, dass Pfandbriefbanken geeignete Maßnahmen treffen müssen, um die Gesamtdeckung der sich im Umlauf befindlichen Pfandbriefe betreffend Hauptverbindlichkeit und Zinsen sowie der anderen Verbindlichkeiten, die von dem in Art. 12-8 vorgesehenen Vorrecht (siehe nächster Absatz) profitieren, zu gewährleisten, und dabei insbesondere auf Finanztermininstrumente zurückgreifen können. Diese Bestimmung ist weiter gefasst als die ursprüngliche von 1997, die nur Nichtübereinstimmungen bei Währungen oder Zinssätzen behandelte. Nach dem neuen Text hat die Pfandbriefbank demnach bei der Risikosteuerung in Bezug auf ihr Pfandbriefbankgeschäft betreffend die Gesamtdeckung die Möglichkeit, auf Finanztermininstrumente zurückgreifen. Diese Möglichkeit ist im Sinne eines Hilfsgeschäfts zur Gesamtdeckung der Risiken zu verstehen, nicht jedoch als Einsatz der Finanztermingeschäfte als Ersatz zu den im Pfandbriefgesetz aufgezählten Hauptgeschäften. Das Gesetz sieht weiter vor, dass die Werte, die aus den Maßnahmen entstehen, in den relevanten Deckungsstock eingetragen werden müssen; das luxemburgische Gesetz sieht jedoch keinen ausdrücklichen maximalen Betrag oder Prozentsatz vor, den die Finanztermininstrumente nicht überschreiten dürfen. 72

Nach dem Gesetz vom 22.6.2000, das einige spezifische Bestimmungen betr Pfandbriefbanken abändert, werden Verbindlichkeiten, die durch Finanztermininstrumente entstehen, gegebenenfalls nach Aufrechnung, auch von dem in Art. 12-8 vorgesehenen Vorrecht besichert. Dieses besteht darin, dass durch Eintragung der Deckungswerte in ein Deckungsregister (Deckungsstock) die Pfandbriefhalter ein Vorrecht über die so eingetragenen Deckungswerte erhalten, das über jedweden anderen Rechten, Vorrechten oder Prioritätsrechten steht und diesen ohne weitere Schritte oder Formalitäten vorgeht. Die Vertragsparteien, die mit der Pfandbriefbank ein Finanztermininstrument im Zusammenhang mit einem Deckungsstock abschließen, kommen in den Genuss desselben Vorrechts über den relevanten Deckungsstock wie die Pfandbriefinhaber selbst. Gegebenenfalls entsteht hierdurch Anspruchskonkurrenz. Das Gesetz sieht keine besonderen Bedingungen für die Finanztermininstrumente, für die Vertragsparteien oder für die Führung des Deckungsregisters im Zusammenhang mit Finanztermininstrumenten vor. 73

Wenn es sich um ein Finanztermingeschäft handelt, das nicht im Zusammenhang mit einem Deckungsstock abgeschlossen wird, sondern als Nebengeschäft (oder zur Absicherung eines im Gesetz erwähnten Nebengeschäfts), legt Art. 12-5 (4) Abs. 2 des Pfandbriefbankengesetzes fest, dass die aufgrund von diesen Finanztermingeschäften geschuldeten Beträge nicht vom Vorrecht des Art. 12-8 des Pfandbriefbankengesetzes über die Werte eines Deckungsstocks abgedeckt sind. Bei der Nutzung von Finanzderivaten legt das Gesetz eine ausdrückliche Einschränkung fest: Der kommissionsweise Ankauf und Verkauf von Wertpapieren ist erlaubt, jedoch mit Ausnahme von Termingeschäften. Diese Regelung scheint direkt dem deutschen Hypothekenbankgesetz vom 13.7.1899 § 5 S. 1 Nr. 4 entnommen („den kommissionsweisen Ankauf und Verkauf von Wertpapieren, jedoch unter Ausschluss von Zeitgeschäften"). Wie oben gesagt, ist aber der Einsatz anderer Finanzderivate nicht vom Gesetz verboten. 74

Diese vom Gesetz vorgeschriebene klare Abtrennung und unterschiedliche Behandlung schließt jedoch nicht aus, dass Finanztermingeschäfte, die ursprünglich als Nebengeschäfte eingegangen wurden, später in einen der Deckungsstocks für Pfandbriefe aufgenommen werden können und dadurch gemäß Art. 12-5 (4) Abs. 2 von dem oben beschriebenen Vorrecht profitieren. Andererseits ist es auch möglich, dass Finanztermingeschäfte aus einem Deckungsstock herausgenommen werden und dann nicht mehr vom Vorrecht profitieren können. Eine solche Löschung von Vermögenswerten aus einem Deckungsstock muss schriftlich vom speziellen Treuhänder genehmigt werden. Dies kann er nur auf Wunsch der Pfandbriefbank tun und wenn sichergestellt ist, dass genügend andere Vermögenswerte in diesen De- 75 ckungsstock eingetragen sind, um die Rückzahlung der sich im Umlauf befindlichen Pfandbriefe integral zu garantieren.

76 Rückkaufvereinbarungen und Wertpapierverleihgeschäfte werden vom Gesetz nicht behandelt, können aber sicherlich als Hilfsgeschäft zum Hauptgeschäft oder als Nebengeschäft angesehen werden und werden in der Praxis auch von Pfandbriefbanken getätigt. Auch wenn man davon ausgehen kann, dass Rückkaufvereinbarungen und Wertpapierverleihgeschäfte prinzipiell zugelassen sind, kann man die Bestimmung, dass eine Pfandbriefbank ihre frei verfügbaren Geldsummen benutzen darf, um, unter gewissen Bedingungen, Beleihungen von Wertpapieren vorzunehmen, sicherlich auch als gesetzliche Grundlage für einen Verleih in der Form einer Rückkaufvereinbarung sehen.

77 Wenn eine luxemburgische Pfandbriefbank in ein Finanzderivat, eine Rückkaufvereinbarung oder ein Wertpapierverleihgeschäft eintritt, ist es für die Vertragspartei wichtig zu wissen, ob sie dies in Bezug auf ihr Hauptgeschäft, dh mit dem Zweck das Geschäft in einen Deckungsstock zu buchen, macht oder nicht. Wenn das Finanzderivat, die Rückkaufvereinbarung oder das Wertpapierverleihgeschäft nicht in Bezug auf das Hauptgeschäft getätigt wird, können die oben beschriebenen Master- oder Modellverträge ohne besondere Änderungen benutzt werden. Das Geschäft wird dann durch die Pfandbriefbank, wie es jede Universalbank tätigen würde, in Bezug auf ihr Gesamtvermögen abgeschlossen und unterliegt unter anderem dem Insolvenzrisiko der Pfandbriefbank und den in diesem Fall anwendbaren Bestimmungen.

78 Falls es sich um ein Finanzderivat, eine Rückkaufvereinbarung oder ein Wertpapierverleihgeschäft hinsichtlich des Hauptgeschäfts der Pfandbriefbank handelt, sollten einige Änderungen in den Master- oder Modellverträgen vorgenommen werden. So werden nach Art. 12-8 (6) Pfandbriefbankengesetz im Falle einer Liquidation einer Pfandbriefbank die Pfandbriefe sowie auch die anderen Forderungen, die von dem Vorrecht auf einen Deckungsstock profitieren, nicht fällig. Da die CSSF per Gesetz die Funktion eines Verwalters der sich im Umlauf befindlichen Pfandbriefe sowie der diesbezüglichen Deckungsstocks ausübt oder die CSSF diese an eine Pfandbriefbank oder ein Hypothekenkreditinstitut auslagern kann, werden Verträge, die sich im Deckungsstock befinden, weitergeführt und nicht von der Liquidation berührt. Dies bedeutet, dass alle automatischen Beendigungsklauseln für den Fall der Insolvenz der Pfandbriefbank, die man generell in Verträgen über Finanzderivate, Rückkaufvereinbarungen und Wertpapierverleihgeschäfte findet, gelöscht werden müssen. Des Weiteren müssen die Verträge insofern abgeändert werden, als dass die Wirkung von Netting- und Aufrechnungsklauseln in Bezug auf das Hauptgeschäft auf den relevanten Deckungsstock beschränkt ist (da die anderen Deckungsstocks nicht für Geschäfte, die sich in einem anderen Deckungsstock befinden, haften können).

III. Finanzderivate, Rückkaufvereinbarungen und Wertpapierverleihgeschäfte für Verbriefungsorganismen

79 Luxemburgische Organismen werden seit den 2000er Jahren regelmäßig zu Verbriefungszwecken eingesetzt, ob es sich hierbei um Verbriefungen von Forderungen (Darlehen, Kreditkarten, Autoloans usw) oder von Wertpapieren handelt.

80 In Luxemburg können Verbriefungsorganismen unter verschiedenen Formen aufgesetzt (zB als Fonds oder als Gesellschaft) und auch unterschiedlichen Gesetzgebungen unterworfen werden. So können zB Verbriefungsorganismen in Fonds- oder Gesellschaftsform aufgesetzt werden und dem spezifischen Verbriefungsgesetz vom 22.3.2004[35] unterworfen werden.

---

35 Siehe auch Rn 19 ff betreffend Teilvermögen von luxemburgischen Verbriefungsorganismen.

Man kann sie aber auch als ganz normale Gesellschaft aufsetzen, die nur der allgemein gültigen Gesetzgebung für Handelsgesellschaften unterliegt.

Verbriefungsorganismen, die dem Verbriefungsgesetz unterliegen, sind ausdrücklich vom Anwendungsbereich des Gesetzes über den Finanzsektor ausgeschlossen und fallen deshalb nicht aufgrund einer Finanzderivate-, Rückkaufvereinbarungs- oder Wertpapierverleihgeschäftetätigkeit unter die Aufsicht der CSSF und benötigen diesbezüglich auch keine spezielle Genehmigung. Falls diese Verbriefungsorganismen jedoch fortlaufend Wertpapiere an die Öffentlichkeit begeben, müssen sie aufgrund dieser Emissionsaktivität von der CSSF zugelassen sein und von der CSSF überwacht werden. Für solche überwachten Verbriefungsorganismen hat die CSSF Richtlinien bezüglich Finanzderivate, Rückkaufvereinbarungen und Wertpapierverleihgeschäfte erlassen.[36] 81

Zuerst wird festgestellt, dass diese Geschäfte als Nebengeschäfte in Bezug auf das Hauptgeschäft der Verbriefungsorganismen (das Verbriefungsgeschäft an sich) getätigt werden. Als Beispiele werden Finanzderivate zur Absicherung oder effizienten Verwaltung der Portfolios von Aktiva oder Rückkaufvereinbarungen zur Wertsteigerung der Aktiva erwähnt. Die CSSF legt fest, dass Verbriefungsorganismen, aufgrund des Spezialitätsprinzips Finanzderivate, Rückkaufvereinbarungen und Wertpapierverleihgeschäfte nur insofern tätigen können, als sie zur Durchführung ihrer Verbriefungstransaktionen notwendig sind oder ein integraler Bestandteil hiervon sind. 82

In der Praxis erlaubt dies die Absicherung von Währungsrisiken in einer Verbriefungsstruktur durch einen einfachen Währungsswap, jedoch auch Verbriefungstransaktionen, bei denen das Risiko durch einen Swap teilweise oder insgesamt an die Verbriefungsstruktur übertragen wird (das Verbriefungsgesetz selbst sieht vor, dass die Risiken von dem Verbriefungsorganismus auf jedwede Art übernommen werden können). Dies wäre zB der Fall, wenn der Verbriefungsorganismus gewisse Schuldverschreibungen hält, die er mit dem Verkaufserlös seiner eigenen Wertpapiere gekauft hat, jedoch das Einkommen und die Rückzahlungen dieser Schuldverschreibungen gemäß einem Swap an eine Swapcounterparty weiterleitet, um im Gegenzug von dieser Swapcounterparty die Beträge zu bekommen, die der Verbriefungsorganismus an die Inhaber seiner eigenen Wertpapiere zahlen muss. Das Risiko, das hier in den Wertpapieren des Verbriefungsorganismus verbrieft ist, beinhaltet u.a. das Risiko bezüglich des Swaps. Das Finanzderivat ist deshalb in diesem Fall integraler Bestandteil der Verbriefungstransaktion. 83

Handelt es sich bei dem Verbriefungsorganismus um eine Gesellschaft, die nicht unter das Verbriefungsgesetz fällt, muss vermieden werden, dass die Gesellschaft eine Genehmigung gemäß dem Gesetz über den Finanzsektor benötigt. Werden Finanzderivate und Rückkaufvereinbarungen nicht als Gewerbe, sondern nur als striktes Nebengeschäft und zur Absicherung oder als Bestandteil einer Verbriefungstransaktion getätigt, sollte dies generell nicht zur Genehmigungspflicht führen. Betreffend Wertpapierverleihgeschäfte muss allerdings beachtet werden, dass diese Tätigkeit ausdrücklich im Gesetz als genehmigungspflichtige Aktivität vorgesehen ist; demnach muss die Verbriefungsstruktur vermeiden, ein Gewerbe zu betreiben, das im Verleihen oder Ausleihen von Wertpapieren auf eigene Rechnung besteht. 84

IV. Finanzderivate: Versicherungsvertrag?

Bezüglich Finanzderivatverträge, und insbesondere Kreditderivatverträge, wird immer wieder die Frage aufgeworfen, ob diese vielleicht als Versicherungsverträge anzusehen sind. Die 85

---

36 Siehe Jahresbericht 2007 der CSSF, S. 103. Die CSSF überprüft momentan bestimmte der im Jahresbericht 2007 aufgeführten generellen Prinzipien und hat mitgeteilt, dass sie hierzu ein Q&A auf ihrer Internetseite veröffentlichen wird.

belgische Rechtslehre, die für Luxemburg relevant ist – das luxemburgische Gesetz über den Versicherungsvertrag vom 27.7.1997 ist dem belgischen Gesetz über den Landversicherungsvertrag vom 25.6.1992 sehr ähnlich –, neigt dazu, dies zu verneinen.[37] Die wenige verfügbare luxemburgische Rechtslehre schließt eine Einstufung der Finanzderivatverträge und Kreditderivatverträge als Versicherungsverträge aus.[38]

86 Die Frage ist insofern von Interesse, als dass für Versicherungsverträge ein spezieller (und oft obligatorischer) gesetzlicher Rahmen besteht.[39] So sieht Art. 2 des luxemburgischen Gesetzes über den Versicherungsvertrag vor, dass jeder Versicherungsvertrag, der in Luxemburg belegene Risiken (außer große Risiken, wie zB Transportgut, Flugzeuge uÄ) abdeckt, null und nichtig ist, wenn er nicht von einer zugelassenen Versicherungsgesellschaft getätigt wurde. Des Weiteren kann eine Person strafrechtlich verfolgt werden, wenn sie als Versicherer Versicherungsgeschäfte in Luxemburg oder aus Luxemburg heraus tätigt, ohne die entsprechende Genehmigung zu haben.

87 In diesem Zusammenhang interessieren hier insbesondere die Unterschiede zum Versicherungsvertrag, die in Bezug auf Kreditderivate (*credit default swap, credit linked note, total rate of return swap*...) ausgemacht werden können, da in beiden Fällen ja die Verwirklichung eines Risikos zu einer Zahlung führt.

88 Der Art. 1 des luxemburgischen Gesetzes über den Versicherungsvertrag beschreibt den Versicherungsvertrag für Schäden[40] als Vertrag, durch den sich eine Partei (der Versicherer) gegenüber einer anderen Partei (dem Versicherungsnehmer) gegen Zahlung einer festgelegten oder variablen Prämie verpflichtet, im Falle eines ungewissen Ereignisses, an dessen Vorkommnis der Versicherte kein Interesse hat, eine im Vertrag vorgesehene Leistung zu erbringen.

89 Auf den ersten Blick könnte man meinen, dass ein Kreditderivat wie ein *credit default swap* ggf unter diese Definition des Versicherungsvertrages fällt. Jedoch ist ein Kreditderivat kein Versicherungsvertrag.

90 Der erste Unterschied besteht darin, dass eines der dem Versicherungsvertrag inhärenten Elemente das versicherbare Interesse ist: Der Versicherte erleidet durch das Eintreten eines Ereignisses einen Schaden, den er durch die Versicherung abdecken will. Dieses Prinzip ist in Art. 48 des Gesetzes über den Versicherungsvertrag enthalten, welcher verlangt, dass der Versicherte ein wirtschaftliches Interesse an der Erhaltung des versicherten Sachwertes oder der Unversehrtheit seines Vermögens hat. Bei einem Kreditderivat besteht keine solche Bedingung, obwohl ggf ein Kreditderivat zum Zwecke der Abdeckung eines solchen Schadens strukturiert werden kann.[41]

91 Der zweite Unterschied liegt im sogenannten Entschädigungsprinzip, auf dem nach Art. 63 des luxemburgischen Gesetzes über den Versicherungsvertrag jede Schadensversicherung beruhen muss: Somit kann die Leistung der Versicherung den Wert des erlittenen Schadens nicht überschreiten.[42] Im Gegensatz zu der Zahlung unter einem Kreditderivatevertrag kann die Leistung der Versicherung demnach nicht schon abschließend bei Abschluss des Versi-

---

37 *Nejman*, Rn 42 ff.
38 *Sedlo*, S. 120 ff.
39 Aus steuerrechtlicher Sicht unterliegen Versicherungsverträge auch den speziellen Bestimmungen des Versicherungssteuergesetzes vom 9.7.1939 (das auf dem deutschen Versicherungssteuergesetzes vom 9.7.1937 basiert), das Versicherungsprämien einer Steuer von 4% unterwirft.
40 Die andere Kategorie sind die Personenversicherungen, welche sich im Prinzip klar von den Kreditderivaten abgrenzen lassen.
41 Siehe hierzu Art. 9.1. (b)(i) der 2003 ISDA Credit Derivatives Definitions, in dem festgehalten wird, dass die Vertragsparteien keinen Schaden erlitten haben müssen, um eine Zahlung unter dem Kreditderivatevertrag zu erhalten.
42 *Fontaine*, Rn 145. Siehe auch Art. 50 des Gesetzes vom 27.7.1997 über den Versicherungsvertrag.

cherungsvertrages bestimmt werden, sondern wird erst bestimmt, nachdem der Schaden vom Versicherten erlitten wurde. Bei einem Kreditderivat wird in der Praxis der zu zahlende Betrag bei der Erfüllung der dem Derivat zugrunde liegenden Bedingung schon bei Abschluss des Vertrages festgelegt. Dieser könnte in gewissen Fällen in der Tat genau dem entstandenen Schaden entsprechen, diesen jedoch auch überschreiten; der Betrag ist demnach nicht durch die Weite des Schadens bedingt (wie bei der Versicherung) sondern schon absolut im Voraus bestimmt.

Obwohl diese nicht von verschiedenen Autoren zu den einen Versicherungsvertrag definierenden wesentlichen Elementen gezählt wird,[43] kann die Risikostreuung als von dem Versicherungswesen angewandtes Prinzip auch als Unterscheidungsargument dienen.[44]

---

43 *Fontaine*, Rn 134.
44 *Sedlo*, S. 125; *Herinckx*, S. 126 ff.

§ 31 Ausgewählte Fragen zu Finanzderivaten in Österreich

Literatur: *Angst* (Hrsg.), Kommentar zur Exekutionsordnung, 2008; *Chini/Frölichsthal*, Praxiskommentar zum Bankwesengesetz[2], 1997; *Dellinger*, Bankwesengesetz – Kommentar, 2007; *Dellinger*, Bankwesengesetz – Kommentar, 2007; *Diwok/Göth*, Bankwesengesetz – Kommentar, 2005; *Duursma-Kepplinger/Duursma/Chalupsky* (Hrsg.), Europäische Insolvenzordnung, Kommentar, 2002; *Ebner/Gapp*, Neuer Rechtsrahmen für Warenderivate, ecolex 2008, 20; *Fuchs/Kammel*, Derivate im österreichischen Recht – Ausgewählte vertrags- und aufsichtsrechtliche Aspekte, ÖBA 2010, 598 ff; *Gruber*, Der Differenzeinwand – Neues vom OGH und vom Gesetzgeber, ÖBA 1999, 851; *Hammerer*, Der Differenzeinwand bei Spekulationsgeschäften – Anmerkungen zur Entscheidung des OGH vom 26. 11. 1996, 1Ob 639/95, ÖBA 1997, 415 ff; *Jergitsch*, Finalität als Schutz vor systemischen Risiken in Zahlungs- und Wertpapierliefersystemen – Zur „Finalitätsrichtlinie" und zum Entwurf des „Finalitätsgesetzes", ÖBA 1999, 537 ff; *Kesting*, Baseler Eigenkapitalvorschriften: Die Standardverfahren bezüglich der Marktrisiken bei Optionen, ÖBA 1996, 848 ff; *Koch*, Nettingvereinbarungen und das österreichische Konkursrecht – Am Beispiel von Swap-Rahmenverträgen, ÖBA 1995, 495 ff; *Konecny/Schubert* (Hrsg.), Kommentar zu den Insolvenzgesetzen, 2011; *Laurer/Borns/Strobl/M. Schütz/O. Schütz*, Bankwesengesetz – Kommentar[3], 2008; *Macher/Buchberger/Kalss/Oppitz* (Hrsg.), Kommentar zum Investmentfondsgesetz, 2008; *Moss/Wessels*, EU Banking and Insurance Insolvency, 2006; *OeNB/FMA*, Leitfaden zum Kreditrisiko, Best Practice im Risikomanagement von Verbriefungen, 2004; *OeNB/FMA*, Leitfaden zum Kreditrisiko, Appendix B zu Band 1: Die Behandlung von Verbriefungen nach Basel II – ein Überblick, 2004; *OeNB*, Leitfadenreihe zum Marktrisiko Band 1[2] – Allgemeines Marktrisiko bei Schuldtiteln, 1999; *OeNB*, Leitfadenreihe zum Marktrisiko, Band 4 – Berücksichtigung von Optionsrisiken, 1999; *OeNB*, Leitfadenreihe zum Marktrisiko, Band 6 – Sonstige Risiken des Wertpapier-Handelsbuchs, 1999; *Oppitz*, Der Differenzeinwand bei Swapverträgen, ÖBA 1991, 782 ff; *ders.*, Haftung und Risiken bei Geschäften in (OTC-)Derivaten, ÖBA 1999, 949 ff; *Prinker/Adam*, Kreditderivate und Securitisation in Basel II, in: Bruckner/Schmoll/Stickler, Basel II – Konsequenzen für das Kreditrisikomanagement, 2003, 299; *Rummel*, Kommentar zum Allgemeinen bürgerlichen Gesetzbuch, Band 2[3], 2007; *Schwimann*, ABGB Praxiskommentar, Band 5[3], 2006; *Trettnak*, Forderungsverbriefungen nach US-amerikanischem und österreichischem Recht, ÖBA 2003, 397 ff.

Judikatur: OGH vom 26.11.1996, 1 Ob 639/95; OGH vom 25.8.1998, 1 Ob 81/98 p.

A. Close-out Netting-Vereinbarungen und ihre Durchsetzbarkeit im Insolvenzfall ... 3	(Insolvenz-)Recht einer anderen Rechtsordnung ... 30
I. Definition und Elemente einer „Close-out Netting-Vereinbarung" ... 3	5. Ergebnis ... 37
II. Allgemeines zur Durchsetzbarkeit/Zulässigkeit von Close-out Netting-Vereinbarungen ... 7	V. Standardverträge und ihre Qualifikation als Netting-Vereinbarung iSd österreichischen Insolvenzrechts ... 38
III. Durchsetzbarkeit von Close-out Netting-Vereinbarungen in Binnen-Sachverhalten ... 13	1. ISDA Master Agreement ... 38
1. Ausnahmen von allgemeinen insolvenzrechtlichen Beschränkungen für bestimmte Derivatgeschäfte ... 13	2. (Deutscher) Rahmenvertrag für Finanztermingeschäfte ... 44
2. Problemstellungen ... 18	3. (Österreichischer) Rahmenvertrag für Finanztermingeschäfte ... 48
IV. Durchsetzbarkeit von Close-out Netting-Vereinbarungen in grenzüberschreitenden Sachverhalten ... 20	B. Close-out Netting im Zusammenhang mit „Sondermassen" ... 51
	I. Allgemeines ... 51
	II. Covered bonds ... 56
1. Allgemeines zur Privilegierung von Close-out Netting in internationalen Sachverhalten durch § 233 IO ... 20	1. Hypothekenpfandbriefe ... 56
	2. Kommunalschuldverschreibungen ... 60
2. Der personelle Anwendungsbereich von § 233 IO ... 24	3. Fundierte Bankschuldverschreibungen ... 64
	4. Conclusio ... 66
3. Sachlicher Anwendungsbereich von § 233 IO ... 26	III. Deckungsstöcke von Versicherungen ... 67
	IV. Investmentfonds ... 70
4. Rechtsverweis in § 233 IO als Verweis auf das materielle	C. Derivatgeschäfte als Sicherungsinstrumente bei synthetischen ABS und CDOs – aufsichtsrechtlicher Rahmen ... 73
	I. Rückblick ... 73

A. Close-out Netting-Vereinbarungen und ihre Durchsetzbarkeit im Insolvenzfall

II. Bankaufsichtliche Überlegungen	76
1. Säule I	76
2. Säule II	77
3. Säule III	78
a) Qualitative Offenlegung	80
b) Quantitative Offenlegung	82
c) Qualitative Offenlegung zum Risikomanagement	84
III. Dokumentation	85
1. Vorbemerkung	85
2. Effektiv übertragenes Kreditrisiko	86
a) Wesentlicher Risikotransfer	86
b) Sonstige Anforderungen nach der SolvaV	88
3. Zur Besicherung eingesetzte Derivate – bankaufsichtliche Anforderungen	89
IV. Zusammenfassung	96
D. Solvabilitätsvorschriften – Behandlung von Finanzderivaten	97
I. Überblick	97
II. Kreditrisiko	101
1. Finanzderivate als außerbilanzmäßige Geschäfte der Anlage 1 zu § 22 BWG	104
a) Überblick	104
b) Forderungswert	106
c) Risikogewichtung	109
2. Finanzderivate im Anwendungsbereich der Anlage 2 zu § 22 BWG	110
a) Überblick	110
b) Forderungswert	111
aa) Marktbewertungsmethode	112
bb) Ursprungsrisikomethode	115
cc) Standardmethode	119
dd) Internes Modell	123
III. Marktrisiko	125
1. Risikoarten des Handelsbuchs	126
2. Bestimmung des Positionsrisikos bei Derivaten	128
a) Grundlagen	128
b) Behandlung von Derivaten	134
aa) Zinsterminkontrakte	134
bb) Swaps	135
cc) Optionen	136
dd) Kreditderivate	139
3. Mindesteigenmittelerfordernis für das allgemeine Positionsrisiko	140
4. Mindesteigenmittelerfordernis für das spezifische Positionsrisiko	144
5. Mindesteigenmittelerfordernis für sonstige mit Optionen verbundene Risiken und nach der Szenario-Matrix-Methode behandelte Optionen	146
E. (OTC-)Derivate als (unklagbare/s) Spiel/Wette	149
I. Differenzgeschäfte	149
1. Definition	152
2. Rechtsfolge der Qualifikation als Differenzgeschäft	154
II. Legislative Entwicklungen	157
III. Entwicklungen in der Rspr des OGH	159

Gegenstand dieses Kapitels betreffend die Verwendung von Finanzderivaten in Österreich sind wenige ausgewählte Fragen insolvenzrechtlicher, aufsichtsrechtlicher und vertragsrechtlicher Natur.

Eine umfassende Darstellung aller bei Derivatgeschäften in Österreich zu beachtenden Bestimmungen würde den Umfang des Beitrags bei Weitem sprengen. Die Autoren verstehen diesen Beitrag gleichsam als Rumpfkapitel zu ausgewählten Praxisthemen.

A. Close-out Netting-Vereinbarungen und ihre Durchsetzbarkeit im Insolvenzfall

I. Definition und Elemente einer „Close-out Netting-Vereinbarung"

Die österreichische Rechtsordnung enthält keine einheitliche Definition des Begriffs der Netting-Vereinbarung oder Close-out Netting-Vereinbarung. Sowohl das BWG[1] als auch andere Bestimmungen des österreichischen Rechts nehmen verschiedentlich Bezug auf Netting-Vereinbarungen und beinhalten teils für ihren Wirkungsbereich autonome Definitionen oder Beschreibungen.[2]

Bei der (insolvenzrechtlichen) Beurteilung von Close-out Netting wird regelmäßig von Bedeutung sein, wie das anwendbare Insolvenzrecht eine Netting-Vereinbarung definiert. Dies insb. deswegen, weil die Durchsetzbarkeit von Close-out Netting-Vereinbarungen im Insol-

---

[1] Bankwesengesetz; Bundesgesetz über das Bankwesen, BGBl. Nr. 532/1993 idF BGBl. I Nr. 145/2011.
[2] § 2 Z. 71 BWG definiert bspw „vertragliche Netting-Vereinbarungen" (für bankaufsichtliche Zwecke) als „bilaterale Schuldumwandlungsverträge und sonstige bilaterale Aufrechnungsvereinbarungen", bei denen „gegenseitige Forderungen und Verbindlichkeiten automatisch so zusammengefasst werden, dass sich bei jeder Schuldumwandlung ein einziger Nettobetrag ergibt und ein einziger rechtsverbindlicher Vertrag geschaffen wird, der die früheren Verträge erlöschen lässt".

venzfall lange Zeit umstritten oder gar gänzlich unklar war[3] und auch noch heute – wie in weiterer Folge diesem Beitrag zu entnehmen ist – verschiedene Rechtsfragen in diesem Zusammenhang nicht abschließend durch österreichische Gerichte geklärt sind.[4]

5 Ohne ausdrücklich von „Close-out Netting-Vereinbarungen" zu sprechen, enthält die Insolvenzordnung (IO[5]) in § 20 Abs. 4 eine Indikation, welche inhaltlichen Voraussetzungen nach Maßgabe des österreichischen Gesetzgebers (für Zwecke des Insolvenzrechts) an eine Netting-Vereinbarung zu knüpfen sind. Gem. dieser Bestimmung ist eine Vereinbarung substanziell dann als Netting-Vereinbarung zu qualifizieren, wenn „vereinbart wurde, dass die Verträge bei Eröffnung des Insolvenzverfahrens über das Vermögen eines Vertragspartners aufgelöst werden oder vom anderen Teil aufgelöst werden können und dass alle wechselseitigen Forderungen aufzurechnen sind". An anderer Stelle, § 233 IO, verwendet der Gesetzgeber zwar ausdrücklich den Begriff der „Netting-Vereinbarung"[6], ohne jedoch für Zwecke der Insolvenzordnung eine autonome Definition bereitzustellen (und ohne erkennen zu lassen, dass eine solche Netting-Vereinbarung zwingend den Voraussetzungen in § 2 Z 71 BWG oder § 20 Abs. 4 IO entsprechen müsste[7]).

6 Eine genauere Eingrenzung des Begriffs scheint möglich, wenn die wiederum bankaufsichtlichen Bestimmungen der SolvaV[8] herangezogen werden.[9] Im Wesentlichen scheint sich eine Vereinbarung nach den verschiedenen gesetzlichen Anhaltspunkten dann als Netting-Vereinbarung zu qualifizieren, wenn:

anlässlich eines zu definierenden Ereignisses sämtliche ausstehenden Transaktionen eines (Rahmen-)Vertrags gekündigt oder aufgelöst werden (entweder automatisch oder auf Betreiben einer der Parteien);

diese Transaktionen im Wege von zwischen den Parteien zu vereinbarenden Regelungen glattgestellt und bewertet werden (üblicherweise sehen die Vereinbarungen vor, dass die glattgestellten Transaktionen mit ihrem Marktwert bewertet bzw die Kosten für Ersatztransaktionen in Anschlag gebracht werden) und

infolge dieser Verrechnung der unter einem (Rahmen-)Vertrag abgeschlossenen Einzeltransaktionen anstelle der Ansprüche aus den Einzeltransaktionen ein „neuer" Netto-Betrag tritt.[10]

---

3 Siehe zB *Koch,* ÖBA 1995, 495, 496 ff; *Maderbacher,* in: Konecny/Schubert, Insolvenzgesetze, KO § 233 Rn 1 und *Jergitsch,* ÖBA 1999, 537, 541.
4 Zu den relevanten Bestimmungen der IO findet sich in der durch das Bundeskanzleramt geführten Datenbank der österreichischen Justiz kein einziger Eintrag.
5 Insolvenzordnung; RGBl. Nr. 337/1914 idF BGBl. I Nr. 111/2010.
6 Als Synonym für eine „Aufrechnungs- und Schuldumwandlungsvereinbarung".
7 IdS auch *Maderbacher,* in: Konecny/Schubert, Insolvenzgesetze, KO § 233 Rn 4 f.
8 Verordnung der Finanzmarktaufsichtsbehörde (FMA) über die Solvabilität von Kreditinstituten (Solvabilitätsverordnung – SolvaV), BGBl. II Nr. 374/2006 idF BGBl. II Nr. 460/2011.
9 § 257 Abs. 1 SolvaV unterteilt Netting-Vereinbarungen in bilaterale Schuldumwandlungsvereinbarungen, sonstige bilaterale Aufrechnungsvereinbarungen und vertragliche produktübergreifende Netting-Vereinbarungen. Gem. § 256 Abs. 1 SolvaV ist unter einer „produktübergreifenden Netting-Vereinbarung eine schriftliche bilaterale Vereinbarung zwischen dem Kreditinstitut und einem Kontrahenten" zu verstehen, „durch die eine einzige rechtskräftige Verpflichtung geschaffen wird, die alle eingeschlossenen bilateralen Rahmenvereinbarungen und Transaktionen abdeckt, die unterschiedliche Produktkategorien betreffen".
10 Diese Qualifikation deckt sich auch weitgehend mit der Darstellung in *Fuchs/Kammel,* ÖBA 2010, 598, 601.

A. Close-out Netting-Vereinbarungen und ihre Durchsetzbarkeit im Insolvenzfall

II. Allgemeines zur Durchsetzbarkeit/Zulässigkeit von Close-out Netting-Vereinbarungen

Close-out Netting außerhalb von Insolvenzszenarien sollte generell auf Grundlage des Prinzips der Vertragsfreiheit durchsetzbar sein, wobei das auf den Vertrag anwendbare Recht – allenfalls unter Beachtung von zwingenden Bestimmungen österreichischen Rechts – die Zulässigkeit von Close-out Netting bzw deren Grenzen vorgibt.[11] Das österreichische Recht enthält keine Spezialbestimmung zwingender Natur zur Schadensbemessung bzw -ermittlung, die in diesem Zusammenhang die Durchsetzbarkeit von Close-out Netting-Vereinbarungen grds. beeinträchtigen würde.

Im Falle eines in Österreich eröffneten Insolvenzverfahrens wäre – ohne die im Weiteren zu erläuternden Sonderregeln – die Durchsetzbarkeit von Close-out Netting-Vereinbarungen mit erheblichen Rechtsunsicherheiten verbunden.[12] Dies ergibt sich aus verschiedenen allgemeinen insolvenzrechtlichen Grundsätzen.

Die Kernfrage – die vor Einführung der Sonderregeln für Netting Vereinbarungen nicht abschließend geklärt war – ist dabei, ob die den glattgestellten Einzeltransaktionen entstammenden Ausgleichsforderungen (die anschließend durch einen Aufrechnungsmechanismus zu einem neuen Netto-Betrag zusammengefasst werden) als vor oder nach Insolvenzeröffnung erworben gelten. Dies ist deshalb von so grundlegender Bedeutung, weil § 20 Abs. 1 IO die Aufrechnung für unzulässig erklärt, wenn der Insolvenzgläubiger die betreffende Forderung erst nach Insolvenzeröffnung erworben hat (bzw erst nach Insolvenzeröffnung Masseschuldner geworden ist).

Wenn nun ein Close-out Netting der Einzeltransaktionen durch die Insolvenzeröffnung über das Vermögen einer der Parteien ausgelöst wird (sei es automatisch [*automatic early termination*] oder durch Ausübung eines Kündigungsrechts der nicht insolventen Partei), liegt *prima facie* die Vermutung nahe, dass die durch die Auflösung der Einzeltransaktionen entstandenen Ausgleichsforderungen als erst nach Insolvenzeröffnung erworben zu qualifizieren sein könnten. Das frühere Schrifttum hat versucht, dieses Ergebnis durch Analogieschlüsse zu anderen Rechtsgebieten in Abrede zu stellen,[13] freilich ohne dass dies eine gerichtliche Bestätigung erfahren hätte.

Das österreichische Insolvenzrecht sieht in § 21 Abs. 1 IO überdies ein Recht des Insolvenzverwalters vor, zweiseitige Verträge, die vom Schuldner und seiner Gegenpartei im Zeitpunkt der Eröffnung des Insolvenzverfahrens noch nicht (oder nicht vollständig) erfüllt wurden, entweder selbst zu erfüllen und von der Gegenpartei Erfüllung zu verlangen oder vom Vertrag zurückzutreten. Dieses Kündigungsrecht könnte es dem Insolvenzverwalter ermöglichen, für den insolventen Schuldner günstige Derivate unter einem Rahmenvertrag aufzulösen, aufgrund der Marktbewertung ungünstige jedoch weiterlaufen zu lassen (sog. *cherry picking*).[14] Es empfiehlt sich daher, in einen Rahmenvertrag für Derivatgeschäfte eine sog. *single agreement*-Klausel aufzunehmen, wonach der Rahmenvertrag sowie sämtliche unter ihm laufenden Einzeltransaktionen einen einheitlichen Vertrag bilden. Wir meinen, dass eine sol-

---

11 Vgl *Koch,* ÖBA 1995, 495, 496.
12 Vgl auch *Fuchs/Kammel,* ÖBA 2010, 598, 601.
13 So *Koch,* ÖBA 1995, 495, 496 ff, der versucht, durch analoge Heranziehung von OGH-Judikatur zu Fragen des Auseinandersetzungsguthabens eines ausscheidenden GmbH-Gesellschafters die, aus den Einzeltransaktionen entstammenden Forderungen als vor Insolvenzeröffnung dem Grunde nach entstanden zu qualifizieren.
14 Hätte nur die Gegenpartei des insolventen Schuldners ihre Verpflichtungen vollständig erfüllt, nicht jedoch der Schuldner, stünde dem Insolvenzverwalter zwar kein Rücktrittsrecht zu, die Gegenpartei wäre jedoch mit ihrem Rückzahlungsanspruch auf das (idR nicht hinreichend große) Massevermögen verwiesen. Hat hingegen nur der Schuldner vollständig erfüllt, nicht jedoch die Gegenpartei, ist die Gegenpartei verpflichtet, ihren Teil noch in die Insolvenzmasse einzuzahlen.

che Klausel nach österreichischem Recht anerkannt werden sollte und auch mit § 25b IO kompatibel ist, der Vereinbarungen für unwirksam erklärt, die die Anwendung von *inter alia* § 21 IO im Voraus ausschließen.

12 Seit Änderung des Insolvenzrechts im Sommer 2010 finden sich weitere Bestimmungen in der IO, die potenziell Hürden für die Durchsetzbarkeit von Close-out Netting-Vereinbarungen sein könnten. § 25a IO enthält die allgemeine Bestimmung, dass Verträge innerhalb der ersten sechs Monate nach Insolvenzeröffnung nur noch aus wichtigem Grund aufgelöst werden können, wenn die Auflösung den Fortbestand des schuldnerischen Unternehmens gefährden würde. Die Verschlechterung der wirtschaftlichen Situation des Schuldners und der Verzug mit der Erfüllung von Verbindlichkeiten zählt *expressis verbis* nicht zu den die Auflösung rechtfertigenden wichtigen Gründen. § 25b Abs. 1 IO erklärt Vereinbarungen für unwirksam, durch die die Anwendung der §§ 21 bis 25a IO im Voraus ausgeschlossen oder beschränkt wird.

III. Durchsetzbarkeit von Close-out Netting-Vereinbarungen in Binnen-Sachverhalten

1. Ausnahmen von allgemeinen insolvenzrechtlichen Beschränkungen für bestimmte Derivatgeschäfte

13 Wie unter Rn 7 ff dargestellt, stößt die Durchsetzbarkeit von Netting-Vereinbarungen nach allgemeinen insolvenzrechtlichen Bestimmungen an gewisse Grenzen. Um diese Unsicherheiten zu beseitigen, hat der österreichische Gesetzgeber bereits 1998 § 20 Abs. 4 IO (damals KO) eingeführt. § 20 Abs. 4 IO ist in seiner Systematik als Ausnahme vom generellen Aufrechnungsverbot in § 20 Abs. 1 IO konzipiert. Insb. wollte der Gesetzgeber die unter Rn 9 f beschriebene Unsicherheit in Bezug auf den Zeitpunkt des Entstehens der aus den Einzeltransaktionen entstammenden Ausgleichsforderungen umgehen.[15]

14 Darüber hinaus ermöglicht § 20 Abs. 4 IO den Parteien in Bezug auf gewisse Kategorien von Geschäften im Vorhinein – und entgegen der Grundregeln der §§ 25a und 25b Abs. 1 IO – zu vereinbaren, dass der Rahmenvertrag (und die unter ihm abgeschlossenen Einzelabschlüsse) mit Insolvenzeröffnung automatisch aufgelöst werden oder der nicht insolventen Partei ein Kündigungsrecht zustehen soll.

15 Nach § 20 Abs. 4 IO sind bestimmte Typen von Geschäften vom Aufrechnungsverbot des § 20 Abs. 1 IO ausgenommen, wenn „vereinbart wurde, dass die Verträge bei Eröffnung des Insolvenzverfahrens über das Vermögen eines Vertragspartners aufgelöst werden oder vom anderen Teil aufgelöst werden können und dass alle wechselseitigen Forderungen aufzurechnen sind".[16] Unter diesen Geschäften finden sich u.a. die in Anlage 2 zu § 22 BWG genannten Derivatgeschäfte, Kreditderivate, verschiedene Optionsarten, Optionen auf börsennotierte Waren und Rohstoffe, Pensionsgeschäfte, umgekehrte Pensionsgeschäfte und Wertpapier(ver)leihgeschäfte.

16 Die Einführung von § 20 Abs. 4 IO war historisch geprägt durch die Notwendigkeit, die Durchsetzbarkeit von Close-out Netting im Insolvenzfall zumindest bei jenen Derivatge-

---

15 Der Gesetzgeber weist in den Erläuternden Bemerkungen zu § 20 Abs. 4 IO ausdrücklich darauf hin, dass diese Bestimmung der „Vermeidung der Abgrenzungsproblematik, ob eine Forderung aus einer vertraglichen Netting-Vereinbarung vor oder mit Konkurseröffnung entstanden ist" dient (369 der Beilagen zu den Stenographischen Protokollen des Nationalrates XX. GP).

16 § 20 Abs. 4 IO erfasst somit sowohl die *automatic early termination* als auch die Auflösung auf Betreiben der nicht insolventen Partei.

schäften sicherzustellen, die Kreditinstitute für Solvabilitätszwecke berücksichtigen können.[17]

Auch im Zuge der Reform des Insolvenzrechts im Jahr 2010 wurde die Sonderstellung der Geschäfte des § 20 Abs. 4 IO beibehalten. Gem. § 25b Abs. 2 IO ist die Vereinbarung eines – ansonsten unwirksamen – Rücktrittsrechts für den Insolvenzfall einer der Parteien im Fall von Geschäften nach § 20 Abs. 4 IO zulässig und durchsetzbar.

Durch die Zulässigkeit von Close-out Netting-Vereinbarungen wird auch das Problem des *cherry picking*-Rechts des Insolvenzverwalters in § 21 Abs. 1 IO entschärft (s. Rn 11). Da unter einem Rahmenvertrag idR viele Einzeltransaktionen geschlossen werden, führt eine funktionierende und durchsetzbare Close-out Netting-Vereinbarung dazu, dass der Insolvenzverwalter nicht mehr willkürlich wählen kann,[18] welche der Einzeltransaktionen er nach § 21 Abs. 1 IO auflösen möchte (nämlich jene, bei denen der Schuldner *in the money* ist) und welche nicht (jene, bei denen der Schuldner *out of the money* ist, dh, wo die Gegenpartei auf eine bloße Masseforderung mit Quotenbefriedigung verwiesen wäre).

2. Problemstellungen

Auch wenn die Liste der von § 20 Abs. 4 IO erfassten Transaktionen einen Gutteil der marktgängigen Derivatgeschäfte umfasst, ist dennoch nicht auszuschließen, dass bestimmte unter einem Rahmenvertrag abgeschlossene Einzeltransaktionen nicht von § 20 Abs. 4 IO erfasst sind. Ob eine Close-out Netting-Vereinbarung unter diesen Vorzeichen durchsetzbar bliebe, ist bislang ungeklärt.

Der Wortlaut des Gesetzes scheint die Wirksamkeit einer Close-out Netting-Vereinbarung in diesem Fall nicht *per se* zu beeinträchtigen. Jedoch wird der Close-out Netting-Mechanismus nur in Hinblick auf unter § 20 Abs. 4 IO fallende Geschäfte funktionieren (und keine darüber hinausgehenden Transaktionen umfassen).[19]

Es wäre somit nach den verwendeten Verträgen (bzw dem anwendbaren Recht) zu beurteilen, ob diese überhaupt eine bloß partielle Auflösung aller Einzeltransaktionen (also ein partielles Close-out Netting) vorsehen. Sollte dies nicht der Fall sein, besteht uE die Gefahr, dass der Netting-Mechanismus in diesem Fall *ex contractu* nicht mehr wie intendiert funktionieren und damit im Insolvenzfall nicht durchsetzbar sein könnte.

Im Zweifelsfall empfiehlt es sich daher, besonderes Augenmerk darauf zu legen, ob die unter einem Rahmenvertrag getätigten Einzeltransaktionen in den Katalog des § 20 Abs. 4 IO fallen.

---

17 Vgl auch die Ausführungen des Gesetzgebers hierzu in den Erläuternden Bemerkungen zu § 20 Abs. 4 IO (369 der Beilagen zu den Stenographischen Protokollen des Nationalrates XX. GP).
18 Sofern der Rahmenvertrag eine sog. *single agreement*-Klausel enthält, wonach der Rahmenvertrag sowie sämtliche unter ihm laufenden Einzeltransaktionen einen einheitlichen Vertrag bilden.
19 Vgl dazu die Ausführungen des Gesetzgebers in den Erläuternden Bemerkungen zu § 20 Abs. 4 IO: „[...] wird die Aufrechenbarkeit von Forderungen und Verbindlichkeiten aus solchen Verträgen ausdrücklich festgelegt" (369 der Beilagen zu den Stenographischen Protokollen des Nationalrates XX. GP; Hervorhebung durch die Autoren).

IV. Durchsetzbarkeit von Close-out Netting-Vereinbarungen in grenzüberschreitenden Sachverhalten

1. Allgemeines zur Privilegierung von Close-out Netting in internationalen Sachverhalten durch § 233 IO

20 Für grenzüberschreitende Sachverhalte enthält die Insolvenzordnung einen besonderen Abschnitt,[20] der Abweichungen vom grds. vorherrschenden Prinzip des *lex forum concursus* enthält.[21]

21 Auch wenn der Anwendungsbereich dieser Bestimmungen durch die vorrangige Geltung der EuInsVO[22] in der Praxis eingeschränkt sein dürfte,[23] gewinnt dieser besondere Abschnitt im gegenständlichen Zusammenhang maßgebliche Bedeutung. Die EuInsVO enthält nämlich keine allgemein gültige Privilegierung von Netting Vereinbarungen. Art. 6 EuInsVO behandelt lediglich die Aufrechnung und somit nur einen „Teilbereich" von Close-out Netting. Darüber hinaus regelt Art. 6 EuInsVO nur die Aufrechnung von Forderungen, die bereits vor Insolvenzeröffnung entstanden waren,[24] was, wie bereits erwähnt, bei Forderungen, die aus Anlass der Insolvenzeröffnung „kristallisieren", nicht klar ist. Folglich ist Art. 6 EuInsVO nach uE richtiger Ansicht nicht auf Netting-Vereinbarungen anwendbar.[25] Ebenso wenig lässt sich aus Art. 9 EuInsVo eine allgemeine Privilegierung von Netting-Vereinbarungen ableiten, weil dieser lediglich eine Sonderbehandlung von Netting-Vereinbarungen im Rahmen von Zahlungs- und Abwicklungssystemen bezweckt.[26]

22 In Bezug auf Netting-Vereinbarungen in grenzüberschreitenden Sachverhalten (und das nicht bloß in grenzüberschreitenden Sachverhalten mit Drittstaaten) gewinnen daher die Bestimmungen der IO maßgebliche Bedeutung. In Umsetzung von Art. 25 RL 2001/24/EG[27] enthält die Insolvenzordnung in § 233 IO die Bestimmung, dass für Aufrechnungs- und Schuldumwandlungsvereinbarungen (*netting agreements*) ausschließlich das Recht maßgebend ist, das auf derartige Vereinbarungen anzuwenden ist.

23 Ab welchem Grad von Auslandsbezug ein Sachverhalt als grenzüberschreitend einzustufen ist, ist nicht gänzlich geklärt. Der Wortlaut des Gesetzes scheint es jedenfalls zuzulassen, dass auch bei Binnen-Sachverhalten (dh, zwei österreichische Vertragsparteien schließen Derivatgeschäfte unter einem ausländischem Recht unterliegenden Vertrag) § 233 IO anzuwenden wäre. § 233 IO findet sich zwar im siebenten Teil der IO betreffend „Internationales Insolvenzrecht", dies bedeutet uE jedoch nicht zwangsläufig, dass § 233 IO nur auf grenzüberschreitende Sachverhalte Anwendung finden soll. Dies ermöglicht somit auch österreichischen Parteien durch *forum shopping* die vom österreichischen Gesetzgeber aufgestellten Regeln zu Derivatgeschäften durch Rechtswahl zu umgehen.[28] Wiederum gilt jedoch, dass diese Frage durch zuständige Gerichte bislang noch nicht beurteilt wurde. Treten in einen Binnen-

---

20 Siebenter Teil, Erstes Hauptstück, §§ 221 bis 251 IO.
21 Dies wird dadurch deutlich, dass sich gem. § 221 Abs. 1 IO die Ausnahmen in den §§ 222 bis 235 IO *expressis verbis* auf „Insolvenzverfahren, die Voraussetzungen für ihre Eröffnung und ihre Wirkungen" beziehen.
22 VO (EG) Nr. 1346/2000 des Rates vom 29.5.2000 über Insolvenzverfahren.
23 Vgl auch *Oberhammer,* in: Konecny/Schubert, Insolvenzgesetze, KO § 217 Rn 1 f.
24 Vgl *Duursma-Kepplinger,* in: Duursma-Kepplinger/Duursma/Chalupsky, EuInsVO, Art. 6 Rn 9.
25 *Maderbacher,* in: Konecny/Schubert, Insolvenzgesetze, EuInsVO, Art 6 Rn 19.
26 *Maderbacher,* in: Konecny/Schubert, Insolvenzgesetze, EuInsVO, Art 9 Rn 9.
27 RL 2001/24/EG des Europäischen Parlaments und des Rates vom 4.4.2001 über die Sanierung und Liquidation von Kreditinstituten.
28 Zu diesem Ergebnis scheint auch *Maderbacher,* in: Konecny/Schubert, Insolvenzgesetze, KO § 233 Rn 2 f, zu kommen. *Maderbacher* widerspricht sich jedoch selbst, weil er in „reinen" Binnen-Sachverhalten die Bestimmung des § 233 IO nicht anwenden, sondern die §§ 19 ff IO zur Anwendung kommen lassen möchte. Eine Erklärung dafür, wann ein Binnen-Sachverhalt, bei dem *Maderbacher forum shopping* zulässt, zu einem „reinen" Binnen-Sachverhalt werden soll, bleibt dieser schuldig.

A. Close-out Netting-Vereinbarungen und ihre Durchsetzbarkeit im Insolvenzfall

Sachverhalt grenzüberschreitende Elemente abseits der bloßen Rechtswahl hinzu (unterhält bspw eine (oder beide) Parteien im Ausland Zweigniederlassungen oder besitzt im Ausland belegenes Vermögen), dürfte die Anwendbarkeit von § 233 IO freilich leichter zu argumentieren sein, als wenn der einzige Auslandsbezug die Rechtswahl wäre.

2. Der personelle Anwendungsbereich von § 233 IO

Teile des österreichischen Schrifttums wollen den Anwendungsbereich von § 233 IO in vorgeblich richtlinienkonformer Interpretation auf Vereinbarungen zwischen den in Art. 2 lit. b) Finalitäts-RL[29] genannten Instituten (Kreditinstitute, Wertpapierfirmen und öffentlich-rechtliche Körperschaften) beschränken.[30] Dieser Versuch muss freilich ins Leere laufen, weil er weder im Gesetzestext noch in den Materialien Deckung findet. Sowohl durch die Finalitäts-Richtlinie als auch durch RL 2001/24/EG werden die Mitgliedstaaten lediglich verpflichtet, die Zulässig- und Durchsetzbarkeit von Netting-Vereinbarungen in deren Anwendungsbereich gesondert (und uU abweichend vom sonstigen nationalen Recht) zu regeln. Daraus lässt sich jedoch im Umkehrschluss uE nicht ableiten, dass nicht auch andere (juristische) Personen von einer solchen Privilegierung profitieren sollen.[31]

Insgesamt ist somit nicht ersichtlich, wieso eine eingeschränkte Interpretation von § 233 IO in Hinblick auf Art. 2 lit. b) Finalitäts-RL geboten sein sollte. Dem Wortlaut entsprechend ist § 233 IO auf Vereinbarungen zwischen insolventen Schuldnern (ob nun natürliche oder juristische Personen, Kreditinstitute, Wertpapierfirmen, Versicherungsunternehmen, Kapitalgesellschaften oder Personengesellschaften etc.) mit ihren Gegenparteien anwendbar.

3. Sachlicher Anwendungsbereich von § 233 IO

Bislang (mangels in Österreich eröffneter Insolvenzverfahren über Kreditinstitute oder Versicherungsunternehmen) nicht gerichtlich bestätigt ist der Umfang der Wirkungen von § 233 IO. Insb. ist nicht gerichtlich bestätigt, dass die Regelung des § 233 IO sonstigen Regelungen der österreichischen IO (wie zB Fragen der Anfechtung von gläubigerbenachteiligenden Rechtsgeschäften oder § 20 IO) derogiert.[32]

Da § 233 IO in erster Linie Art. 25 RL 2001/24/EG umsetzt, muss eine Interpretation des Geltungsbereichs von § 233 IO ihren Ausgang im Wortlaut der Richtlinie nehmen. Art. 25 RL 2001/24/EG behandelt Netting-Vereinbarungen und enthält keine Regelung, wonach diese Sonderbestimmung durch am Ort der Insolvenzeröffnung geltende Bestimmungen zur Anfechtbarkeit oder Nichtigkeit von Rechtsakten berührt/beeinträchtigt werden soll. Diese an sich recht banale Erkenntnis gewinnt im gegebenen Zusammenhang dann an nicht zu vernachlässigender Bedeutung, wenn man parallel dazu auch Art. 23 RL 2001/24/EG liest.

Art. 23 RL 2001/24/EG beschäftigt sich mit der Aufrechnung im Insolvenzfall (die, wie oben erörtert, lediglich einen Teilaspekt einer Close-out Netting-Vereinbarung betrifft und somit Art. 23 auf solche Vereinbarungen keine Anwendung findet). Im Gegensatz zu Art. 25 RL 2001/24/EG enthält Art. 23 Abs. 2 den eindeutigen Hinweis, dass die Sonderanknüpfung

---

29 RL 98/26/EG des Europäischen Parlaments und des Rates vom 19.5.1998 über die Wirksamkeit von Abrechnungen in Zahlungs- sowie Wertpapierliefer- und -abrechnungssystemen idF RL 2009/44/EG des Europäischen Parlaments und des Rates vom 6.5.2009 zur Änderung der RL 98/26/EG über die Wirksamkeit von Abrechnungen in Zahlungs- sowie Wertpapierliefer- und -abrechnungssystemen und der RL 2002/47/EG über Finanzsicherheiten im Hinblick auf verbundene Systeme und Kreditforderungen.
30 *Maderbacher*, in: Konecny/Schubert, Insolvenzgesetze, KO § 233 Rn 7.
31 Vor allem ist dabei zu bedenken, dass jene Vertragsparteien, die in den Anwendungsbereich der Finalitäts-Richtlinie fallen, ohnehin bereits durch das Netting-Privileg des Finalitätsgesetzes profitieren und daher § 233 IO als allgemeine Regel hinter die *lex specialis* Norm des § 12 Finalitätsgesetzes zurücktritt.
32 Unzweifelhaft verhindert die Privilegierung von Netting-Vereinbarungen in § 20 Abs. 4 IO nicht die Anfechtung solcher Rechtsgeschäfte, wenn die Voraussetzungen der §§ 28 ff IO erfüllt sind.

von Art. 23 nicht die Geltendmachung der Nichtigkeit, Anfechtbarkeit oder relativen Unwirksamkeit einer Rechtshandlung hindert. Auch das internationale Schrifttum erkennt in dieser ungleichen Textierung eine intendierte Sonderbehandlung von Netting-Vereinbarungen.[33]

29 Die IO trägt dem dadurch Rechnung, dass § 233 IO keinerlei Beschränkungen seiner Anwendung enthält, während § 229 Abs. 2 IO festlegt, dass § 224 IO (der Art. 23 RL 2001/24/EG umsetzt) der Anfechtung nicht entgegensteht. Auch das österreichische Schrifttum sieht offenbar im Anwendungsbereich von § 233 IO keine Anknüpfung für die Anfechtungsregeln nach §§ 28 ff IO.[34]

4. Rechtsverweis in § 233 IO als Verweis auf das materielle (Insolvenz-)Recht einer anderen Rechtsordnung

30 Mit den in Rn 26 ff dargestellten Fragestellungen geht auch die Frage einher, ob der Rechtsverweis in § 233 IO lediglich als Verweis auf das materielle Recht jener Rechtsordnung, dem die Netting-Vereinbarung unterliegt, zu verstehen ist oder ob vielmehr (auch) das Insolvenzrecht jener Rechtsordnung Anwendung finden soll,[35] dh, ob Fragen der Durchsetzbarkeit dieser Netting-Vereinbarung im Insolvenzfall nach den insolvenzrechtlichen Bestimmungen jener Rechtsordnung oder nach österreichischem Recht (zB § 20 Abs. 4 IO, § 21 Abs. 1 IO oder §§ 25a IO und 25b IO) zu beurteilen sind.

31 Die besseren Gründe sprechen uE dafür, den Verweis auf die fremde Rechtsordnung auch als Verweis auf die dort geltenden insolvenzrechtlichen Bestimmungen im Zusammenhang mit Netting-Vereinbarungen zu verstehen. IdS wäre § 233 IO somit als Ausnahme vom grds. Prinzip der *lex forum concursus* zu verstehen.[36] Diese Interpretation wird auch von einer Wortinterpretation der Bestimmung gestützt, wonach „ausschließlich" das Recht des Vertrags auf Netting-Vereinbarungen und somit gem. § 221 Abs. 1 IO auf die Auswirkungen einer Insolvenzeröffnung maßgeblich ist.

32 § 233 IO ist somit nicht bloß auf nach § 20 Abs. 4 IO privilegierte (Derivat-)Geschäfte anzuwenden, sondern privilegiert Netting-Vereinbarungen betreffend sämtliche Arten von Rechtsgeschäften, sofern nach dem Recht jener Rechtsordnung, dem die Netting-Vereinbarung unterliegt, ein solches Close-out Netting im Insolvenzfall durchsetzbar ist. Diese Ansicht wird offenbar auch von *Maderbacher* geteilt, der anerkennt, dass Parteien durch die Wahl ausländischen Rechts (außer in „reinen" Binnensachverhalten[37]) die österreichisch-insolvenzrechtlichen Aufrechnungsbeschränkungen umgehen könnten.[38]

33 Eine andere Interpretation würde auch mit der durch den Gesetzgeber gewählten Regelungssystematik in Widerspruch stehen. Würde man § 233 IO lediglich als Verweis auf das materielle Recht der fremden Rechtsordnung verstehen, müsste man dem Gesetzgeber unterstel-

---

33 *Moss/Wessels*, EU Banking and Insurance Insolvency, Rn 2.138.
34 *Maderbacher*, in: Konecny/Schubert, Insolvenzgesetze, KO § 233 Rn 8.
35 Ein Thema, das auch auf europäischer Ebene nicht unumstritten ist; siehe zB Seite 2 und 3 der Stellungnahme von ISDA zur Konsultation der Europäischen Kommission zur Sanierung und Liquidation von Kreditinstituten: https://circabc.europa.eu/d/d/workspace/SpacesStore/94c19fea-7632-4730-b002-7201afd4a92e/ISDA_International_Swaps_and_Derivatives_Association.pdf (letzter Zugriff: 24.5.2012).
36 Was auch konsistent mit dem Wortlaut von § 221 Abs. 1 IO wäre, wonach für Insolvenzverfahren und ihre Wirkungen das Recht des Staates gilt, in dem das Verfahren eröffnet wird, außer die §§ 222 bis 235 IO bestimmen anderes. Diese Interpretation teilen auch *Moss/Wessels*, EU Banking and Insurance Insolvency, Rn 2.132, 2.138.
37 Siehe dazu auch Rn 23.
38 *Maderbacher*, in: Konecny/Schubert, Insolvenzgesetze, KO § 233 Rn 2.

A. Close-out Netting-Vereinbarungen und ihre Durchsetzbarkeit im Insolvenzfall

len, eine grds. sinnentleerte Regelung geschaffen zu haben.[39] Dass auf eine vertragliche Vereinbarung jenes Recht anwendbar ist, dem die Parteien des Vertrags die vertragliche Vereinbarung unterstellt haben, ergibt sich bereits aus Rom I[40], ohne dass es dafür in der IO einer Sonderregelung bedarf. Auch eine Insolvenzeröffnung ändert nichts an dem auf einen Vertrag kraft Parteienvereinbarungen anzuwendenden Recht.

Darüber hinaus würde eine Beschränkungen der Wirkungen von § 233 IO durch die Anwendung allgemeiner österreichisch-insolvenzrechtlicher Grundsätze (zB §§ 20, § 21, § 25a und 25b, 28 ff IO) dazu führen, dass auch in internationalen und grenzüberschreitenden Sachverhalten dieselben Beschränkungen wie in Binnen-Sachverhalten gelten würden. Eine solche Interpretation würde jedoch § 233 IO gänzlich obsolet erscheinen lassen. Will man daher § 233 IO einen rechtlichen Sinn geben, muss die Interpretation des Rechtsverweises zum Ergebnis führen, dass der Verweis sowohl auf die materiellrechtlichen als auch insolvenzrechtlichen Bestimmungen der fremden Rechtsordnung abstellt. Diese Ansicht vertritt offensichtlich auch *Maderbacher*, der Fragen der Anfechtung von gläubigerbenachteiligenden Rechtsgeschäften im Anwendungsbereich von § 233 IO dem Recht jener Rechtsordnung unterstellt, der die Vereinbarung unterliegt.[41]

Darüber hinaus erscheint es im Hinblick auf den internationalen Geschäftsverkehr zweckmäßig, für Zwecke von § 233 IO eben nicht jene Beschränkungen wie zB unter § 20 Abs. 4 IO anwenden zu wollen. Während der österreichische Gesetzgeber mit § 20 Abs. 4 IO zum Ausdruck bringt, dass er in Binnen-Sachverhalten lediglich bestimmte Derivate auch in Bezug auf Close-out Netting privilegieren möchte, ist keineswegs gesagt, dass die Gesetzgeber anderer Rechtsordnungen einen ebenso strikten Weg einschlagen wollen. Daher kann gerade bei Derivatgeschäften zwischen österreichischen und ausländischen Vertragsparteien nicht ausgeschlossen werden, dass diese Derivatgeschäfte außerhalb des Anwendungsbereichs von § 20 Abs. 4 IO abschließen. Würde der österreichische Gesetzgeber die Durchsetzbarkeit von Close-out Netting-Vereinbarungen in internationalen Rahmenverträgen in grenzüberschreitenden Sachverhalten auf die in § 20 Abs. 4 IO genannten Geschäfte beschränken, würde das dem in § 233 IO zum Ausdruck kommenden Bedarf nach gesteigerter Rechtssicherheit bei internationalen Geschäften zuwider laufen.

Die hier vertretene Interpretation des Anwendungsbereichs von § 233 IO scheint auch im Hinblick auf § 221 Abs. 1 IO die einzig mögliche zu sein. Gem. dieser Bestimmung bezieht sich die Ausnahmebestimmung des *inter alia* § 233 IO auch auf die Wirkungen, die ein in Österreich eröffnetes Insolvenzverfahren auf Netting-Vereinbarungen entfaltet.

5. Ergebnis

Die Frage der Durchsetzbarkeit einer Close-out Netting-Vereinbarung im Anwendungsbereich des § 233 IO auch bei Eröffnung eines österreichischen Insolvenzverfahrens über eine der involvierten Parteien ist daher gem. dem Recht jener Rechtsordnung zu beantworten, der der Vertrag entweder durch ausdrückliche Rechtswahl oder gem. den Regeln von Art. 4 Rom I-VO unterliegt. Nach den Regeln dieser Rechtsordnung bestimmt sich auch, in Bezug auf welche Art von Transaktionen ein Close-out Netting im Insolvenzfall durchsetzbar ist (so dass im Anwendungsbereich des § 233 IO keine Beschränkung auf die in § 20 Abs. 4 IO genannten Geschäfte geboten ist). Überdies finden die besonderen Kündigungsbeschränkun-

---

39 Nach allgemeinen Grundsätzen des österreichischen Verfassungsrechts ist eine Gesetzesstelle jedoch grds. nicht derart zu interpretieren, dass dem Gesetzgeber die Schaffung einer sinnlosen Bestimmung unterstellt würde.
40 VO (EG) Nr. 593/2008 des Europäischen Parlaments und des Rates vom 17.6.2008 über das auf vertragliche Schuldverhältnisse anzuwendende Recht (Rom I).
41 *Maderbacher*, in: Konecny/Schubert, Insolvenzgesetze, KO § 233 Rn 8.

gen der §§ 25a und 25b IO in diesem Fall keine Anwendung und die Anfechtbarkeit bestimmt sich im Anwendungsbereich von § 233 IO nicht nach österreichischem Insolvenzrecht.

V. Standardverträge und ihre Qualifikation als Netting-Vereinbarung iSd österreichischen Insolvenzrechts

1. ISDA Master Agreement

38 Die 1987, 1992 und 2002 ISDA Master Agreements sind wohl die Prototypen der international anerkannten Derivatrahmenverträge.[42] Typischerweise schließen die Parteien ein ISDA Master Agreement als Rahmenvertrag für ihre (Derivat-)Geschäftsbeziehung ab. Die einzelnen Derivatgeschäfte werden anschließend zT nur noch mündlich abgeschlossen[43] (und in *Confirmations* schriftlich bestätigt, oft nur mehr in elektronischer Form) und unterliegen kraft Parteienvereinbarung den Regelungen des ISDA Master Agreement und subsidiär entweder englischem oder New Yorker Recht.

39 Section 5 des 2002 ISDA Master Agreement enthält eine Reihe von *Termination Events*, die entweder zur automatischen Auflösung des ISDA Master Agreement und aller unter dem Vertrag abgeschlossenen Einzelabschlüsse führen sollen oder der *Non-defaulting Party* das Recht zur Auflösung geben. Ein wesentlicher *Termination Event* ist hierbei *Bankruptcy* in Section 5 (a) (vii).

40 Section 6 des 2002 ISDA Master Agreement beinhaltet eine Close-out Netting-Abrede, die umfangreiche Bewertungs-, Auflösungs- und Aufrechnungsmechanismen enthält. Der in Section 6 (a)–(e) vorgesehene Prozess endet mit Berechnung des *Early Termination Amounts*, der die zwischen den Vertragsparteien bestehenden Forderungen aus dem ISDA Master Agreement (und den Einzelabschlüssen) zu einem neuen Netto-Betrag zusammenfasst.

41 Zusätzlich zu den Rahmenvereinbarungen im ISDA Master Agreement haben die Parteien durch den Schedule zum ISDA Master Agreement die Möglichkeit, nähere Regelungen zu treffen. Im Hinblick auf die Close-out Netting-Vereinbarung in Section 6 können die Parteien bspw zwischen Automatic Early Termination oder einem Kündigungsrecht für die nicht insolvente Vertragspartei wählen. Außerdem können die Parteien durch den Schedule auch die im Vertrag vorgesehenen Kündigungsgründe erweitern (oder aber auch einschränken).

42 Unter Berücksichtigung der in Rn 3 ff dargelegten Erkenntnisse qualifiziert sich Section 6 (a)–(e) des ISDA Master Agreement als Netting-Vereinbarung für Zwecke des § 233 IO als auch des § 20 Abs. 4 IO.

43 Zu beachten ist, dass Section 6 (f) des 2002 ISDA Master Agreement nicht mehr vom Netting-Privileg der §§ 233 oder 20 Abs. 4 IO erfasst ist. Section 6 (f) sieht eine dem eigentlichen Close-out Netting nachgelagerte Aufrechnung (Set-off) des *Early Termination Amounts* mit anderen zwischen den Parteien allenfalls bestehenden Forderungen (*Other Amounts*) vor. Ob diese Aufrechnung möglich ist, hängt u.a. von der Natur dieser *Other Amounts* ab und von der Frage, ob der *Early Termination Amount* unter Section 6 (e) des ISDA Master Agreement als vor oder nach Insolvenzeröffnung entstanden gilt. Zu beachten sind hierbei die generellen Aufrechnungsbeschränkungen des § 20 Abs. 1 IO unter Berücksichtigung allenfalls anwendbarer Sonderanknüpfungen bei grenzüberschreitenden Sachverhalten in § 223 IO oder Art. 6 EuInsVO.

---

42 Vgl auch *Fuchs/Kammel*, ÖBA 2010, 598, 600.
43 So auch *Fuchs/Kammel*, ÖBA 2010, 598, 600.

A. Close-out Netting-Vereinbarungen und ihre Durchsetzbarkeit im Insolvenzfall

2. (Deutscher) Rahmenvertrag für Finanztermingeschäfte

Besonders bei deutschen (Groß-)Banken erfreut sich auch der vom Bundesverband deutscher Banken zur Verfügung gestellte (und deutschem Recht unterliegende) „Rahmenvertrag für Finanztermingeschäfte" (der **Deutsche Rahmenvertrag**) großer Beliebtheit.

Der Deutsche Rahmenvertrag ist im Vergleich zum ISDA Master Agreement deutlich schlanker, enthält jedoch ebenfalls in den Punkten 7, 8 und 9 (1) eine Close-out Netting-Vereinbarung. Neben der Kündigung aus wichtigem Grund sieht der Deutsche Rahmenvertrag in Punkt 7 (2) die automatische Auflösung des Deutschen Rahmenvertrags und aller darunter abgeschlossenen Einzelabschlüsse im Insolvenzfall einer der Parteien vor. Jedoch steht es den Parteien natürlich ebenfalls frei, diese Bestimmung anzupassen und die automatische Auflösung einem Wahlrecht weichen zu lassen.

Punkt 8 regelt – ähnlich Section 6 (3) des ISDA Master Agreement, aber in deutlich einfacherer Terminologie – die Auflösung aller Einzelabschlüsse, deren Bewertung und Aufrechnung zu einem neuen Netto-Betrag, der „Ausgleichsforderung" (Punkt 9 [1]). Die Punkte 7, 8 und 9 (1) des Deutschen Rahmenvertrags erfüllen somit uE die Anforderungen an eine Netting-Vereinbarung iSd §§ 233 und 20 Abs. 4 IO.

Die Besonderheit von Punkt 9 (2) des Rahmenvertrags liegt darin, dass er – wie Section 6 (f) des ISDA Master Agreement – eine dem Close-out Netting nachgelagerte Aufrechnung der Ausgleichsforderung mit sonstigen zwischen den Parteien bestehenden Ansprüchen vorsieht. Aus unserer Sicht ist diese Bestimmung nicht mehr vom Netting-Privileg des § 233 IO (und § 20 Abs. 4 IO) umfasst (siehe dazu auch die Ausführungen zu Section 6 [f] des ISDA Master Agreement unter Rn 38 ff).

3. (Österreichischer) Rahmenvertrag für Finanztermingeschäfte

Praktisch geringere Bedeutung hat der Österreichische Rahmenvertrag für Finanztermingeschäfte (der **Österreichische Rahmenvertrag**) erlangt.

Der Österreichische Rahmenvertrag basiert im Wesentlichen auf dem Deutschen Rahmenvertrag, unterliegt jedoch davon abweichend österreichischem Recht. Für den Österreichischen Rahmenvertrag gilt daher grds. das für den Deutschen Rahmenvertrag Gesagte. Aus den in Rn 13 ff dargelegten Gründen wäre es zwischen den Vertragsparteien wohl grds. zu überlegen, ob es erstrebenswert ist, österreichisches Recht zur Anwendung zu bringen. Dies könnte dann Sinn machen, wenn bspw das österreichische Anfechtungsrecht weniger restriktiv als jenes einer alternativen Rechtsordnung wäre.[44]

Obwohl der Österreichische Rahmenvertrag für Zwecke des § 233 IO als Netting-Vereinbarung zu qualifizieren ist, sind internationale Vertragspartner österreichischer Gegenparteien gut beraten, nicht ohne besondere Prüfung Derivatgeschäfte unter dem Österreichischen Rahmenvertrag abzuschließen. Durch den Verweis auf das auf den Vertrag anwendbare Recht in § 233 IO ist nämlich im Fall des Österreichischen Rahmenvertrags auch bei grenzüberschreitenden Sachverhalten letztlich österreichisches (materielles) Insolvenzrecht anwendbar. Dies bedeutet, dass die Durchsetzbarkeit der Close-out Netting-Vereinbarung in Punkt 7, 8 und 9 (1) des Österreichischen Rahmenvertrags wohl auf die in § 20 Abs. 4 IO genannten Transaktionen beschränkt ist.

---

44 Im Fall der Wahl ausländischen Rechts würden sich Fragen der Anfechtung ja nach dem Insolvenzrecht dieser Rechtsordnung richten, siehe Rn 37.

B. Close-out Netting im Zusammenhang mit „Sondermassen"
I. Allgemeines

51 Auch wenn die Durchsetzbarkeit von Netting-Vereinbarungen im Insolvenzfall nach österreichischem Recht (entweder gestützt auf § 20 Abs. 4 IO oder bei grenzüberschreitenden Sachverhalten § 233 IO) grds. außer Zweifel steht, werden Netting-Vereinbarungen in Rahmenverträgen wie dem ISDA Master Agreement, dem Deutschen Rahmenvertrag oder dem Österreichischen Rahmenvertrag dort an ihre Grenzen stoßen, wo gesetzlich angeordnete Sondermassen bestehen.

52 Solche Sondermassen verhindern in der Regel, dass aufgrund von Forderungen eines Gläubigers, die außerhalb der Sondermasse gegen einen Schuldner bestehen mögen, auf Vermögenswerte aus der Sondermasse gegriffen werden kann. Andererseits bedeutet das Vorliegen einer Sondermasse nicht automatisch, dass eine Close-out Netting-Vereinbarung generell nicht mehr durchsetzbar wäre.

Vielmehr wird im Fall, dass gesetzlich angeordnete Sondermassen bestehen, darauf zu achten sein, dass jeweils ein separater Rahmenvertrag pro Sondermasse abgeschlossen wird. Dies führt freilich dazu, dass ein umfassendes Close-out Netting mit einigen Vertragspartnern nicht mehr möglich ist.

53 Eine Begründung, wieso auch Close-out Netting-Vereinbarungen im Fall des Bestehens einer Sondermasse nicht mehr durchsetzbar sein könnten, liegt u.a. in § 293 Abs. 3 EO[45]. Gem. dieser Bestimmung ist die Aufrechnung gegen den der Exekution entzogenen Teil einer Forderung grds. nicht möglich; durch Sondermassen wird regelmäßig die Exekution auf bestimmte Vermögenswerte – und sei es nur in Bezug auf bestimmte Forderungen – beschränkt. Die einzige Ausnahme im Anwendungsbereich von § 293 Abs. 3 EO bilden Fälle, bei denen die aufzurechnenden Forderungen in einem „rechtlichen Zusammenhang" stehen. Das Schrifttum versteht darunter auch Forderungen, die einem einheitlichen Vertrag entstammen.[46]

54 Daher sind Close-out Netting-Vereinbarungen in Rahmenverträgen trotz § 293 Abs. 3 EO im Fall des Bestehens von Sondermassen dann (und nur dann „innerhalb" der Sondermasse) durchsetzbar, wenn der Rahmenvertrag eine entsprechende Klausel enthält, wonach der Rahmenvertrag sowie sämtliche unter ihm abgeschlossenen Einzelabschlüsse einen einheitlichen Vertrag bilden. Section 1 (c) des 2002 ISDA Master Agreement und Punkt 1 (2) des Deutschen und Österreichischen Rahmenvertrags beinhalten entsprechende Bestimmungen.

55 Im Folgenden möchten wir einen kurzen Überblick über die im Zusammenhang mit Derivatgeschäften praktisch bedeutsamsten Sondermassen nach österreichischem Recht geben:

II. Covered bonds
1. Hypothekenpfandbriefe

56 Für Kreditinstitute, deren Geschäftsbereich in der hypothekarischen Beleihung von Grundstücken und der Ausgabe von Schuldverschreibungen (Hypothekenpfandbriefen) aufgrund der erworbenen Hypotheken besteht (Hypothekenbanken), enthält das HypBG[47] Sonderregelungen, die u.a. auch Derivatgeschäfte betreffen.

Grds. haben Hypothekenbanken den Gesamtbetrag der im Umlauf befindlichen Hypothekenpfandbriefe durch Hypotheken zu decken. Neben der Gewährung von hypothekarischen

---

[45] Exekutionsordnung; Gesetz vom 27.5.1896, RGBl. Nr. 79/1896, über das Exekutions- und Sicherungsverfahren idF BGBl. I Nr. 139/2011.
[46] *Oberhammer*, in: Angst, EO § 293 Rn 7.
[47] Hypothekenbankgesetz; Gesetz vom 13.7.1899 (HypBG), dRGBl. Nr. 375/1899 idF BGBl. I Nr. 29/2010.

Darlehen sind Hypothekenbanken *inter alia* auch zum Handel mit bestimmten Derivaten befugt (deren Umfang nicht deckungsgleich mit den in § 20 Abs. 4 IO aufgeführten Geschäften ist). Diese Derivatgeschäfte sind jedoch lediglich zur Absicherung gegen künftige Zins-, Währungs- und Schuldnerrisiken zulässig (Hedging-Derivatgeschäfte). Sofern die gesetzlichen Voraussetzungen erfüllt sind, kann die Hypothekenbank auch Hedging-Derivatgeschäfte zur vorzugsweisen Deckung heranziehen. Das HypBG bestimmt, dass die Gegenpartei des Hedging-Derivatgeschäfts hinsichtlich der Verbindlichkeiten des emittierenden Instituts aus diesem Hedging-Derivatgeschäft bezüglich der im Hypothekenregister eingetragenen Vermögenswerte den Pfandbriefgläubigern gleichgestellt ist. Da die gesetzliche Regelung der Rechtsposition von Gegenparteien von Hedging-Derivatgeschäften im Detail nicht immer unzweideutig ist, bleibt der Vertragsgestaltung hier – in diesem Bereich, der von Standardverträgen der Bankenverbände dominiert ist – ein ungewöhnlich weiter Spielraum.[48]

Jede Hypothekenbank hat ein eigenes Hypothekenregister zu führen, dem (ähnlich einem Deckungsstock bei Versicherungen) Vermögenswerte zugeordnet werden. Im Fall von Hypothekenbanken handelt es sich bei solchen Werten *inter alia* um die Hypothekarkredite und die erwähnten Hedging-Derivatgeschäfte. Das Hypothekenregister bildet im Insolvenzfall der Hypothekenbank eine Sondermasse, auf die nur zur Einbringung von Forderungen aus den Hypothekenpfandbriefen und Hedging-Derivatgeschäften Exekution geführt werden kann. Außerdem ist die Aufrechnung gegen Werte des Hypothekenregisters ausgeschlossen, es sei denn, dass Forderungen und Verbindlichkeiten aus Derivatgeschäften aufgerechnet werden sollen.

Im Zusammenhang mit Rahmenverträgen wie dem ISDA Master Agreement bedeutet dies, dass in Bezug auf Derivatgeschäfte, die in das Hypothekenregister einer Hypothekenbank eingetragen werden sollen, ein eigener Rahmenvertrag abgeschlossen werden sollte. Eine Close-out Netting-Vereinbarung, die sowohl Forderungen aus dem Hypothekenregister als auch sonstige Forderungen der bzw gegenüber der Hypothekenbank miteinschließt, wäre uE nicht durchsetzbar, weil ein Close-out Netting über die Grenzen des Hypothekenregisters nicht möglich scheint. Sofern jedoch sichergestellt ist, dass sämtliche Einzelabschlüsse unter einem Rahmenvertrag ein und demselben Hypothekenregister zugeordnet werden, sollte eine – entsprechend den gesetzlichen Vorgaben modifizierte – Close-out Netting-Vereinbarung auch gegenüber Hypothekenbanken durchsetzbar sein.

Für öffentlich-rechtliche Kreditanstalten enthält das PfandbriefG[49] inhaltlich gleich lautende Regelungen, wobei das Hypothekenregister diesfalls als Deckungsregister bezeichnet wird.

2. Kommunalschuldverschreibungen

Das PfandbriefG und das HypBG kennen neben Hypothekenpfandbriefen auch Kommunalschuldverschreibungen, für welche ausgewählte Bestimmungen des PfandbriefG und HypBG für anwendbar erklärt werden.

Solchen Kommunalschuldverschreibungen liegen Darlehen zugrunde, die an inländische Körperschaften des öffentlichen Rechts oder an einen anderen Mitgliedstaat des Europäischen Wirtschaftsraums als Österreich oder an die Schweiz sowie an deren Regionalregierungen und örtliche Gebietskörperschaften, für welche die zuständigen Behörden nach

---

[48] Siehe zB den von ISDA zur Verfügung gestellten *Covered Bonds Rider*, der verschiedene Änderungen eines Standard ISDA-Schedule vorsieht.
[49] Pfandbriefgesetz; Gesetz vom 21.12.1927 über die Pfandbriefe und verwandten Schuldverschreibungen öffentlich-rechtlicher Kreditanstalten (Pfandbriefgesetz – PfandbriefG), dRGBl. Nr. 492/1927 idF BGBl. I Nr. 29/2010.

Art. 43 Abs. 1 lit. b Z 5 RL 2000/12/EG[50] eine Gewichtung von höchstens 20 % festgelegt haben, oder gegen Übernahme der Gewährleistung durch eine solche Körperschaft, gewährt werden.

62 Jedes Kommunalschuldverschreibungen ausgebende Institut hat zur Deckung der Ansprüche aus den Kommunalschuldverschreibungen und den mit solchen Instrumenten verbundenen Hedging-Derivatgeschäften ein Deckungsregister zu führen, in das *inter alia* die Rückzahlungsansprüche aus den Darlehen an die genannten Gebietskörperschaften und die Hedging-Derivatgeschäfte einzutragen sind. Die Rechtsposition der Gegenparteien unter den Hedging-Derivatgeschäften entspricht der Position im Bereich der Hypothekenpfandbriefe.[51]

63 Damit eine – entsprechend den gesetzlichen Vorgaben modifizierte – Close-out Netting-Vereinbarung eines Rahmenvertrags durchsetzbar ist, muss wiederum für jedes Deckungsregister ein gesonderter Rahmenvertrag abgeschlossen werden.

3. Fundierte Bankschuldverschreibungen

64 Ein weiteres Deckungsregister ist für fundierte Bankschuldverschreibungen gem. den Vorschriften des FBSchVG[52] zu führen. Kreditinstitute, die fundierte Bankschuldverschreibungen ausgeben, haben für die vorzugsweise Deckung (Fundierung) der Ansprüche aus den Schuldverschreibungen eine Kaution zu hinterlegen. Die als Kaution dienenden Vermögenswerte, einschließlich Hedging-Derivatgeschäfte, sind in ein eigenes Deckungsregister einzutragen, das wiederum im Insolvenzfall des Kreditinstituts eine Sondermasse bildet. Die Regelungen des HypBG und des PfandbriefG sind im FBSchVG entsprechend nachgebildet und auch die Rechtsposition der Gegenparteien unter den Hedging-Derivatgeschäften entspricht der Position im Bereich der Hypothekenpfandbriefe.[53]

65 Damit eine – entsprechend den gesetzlichen Vorgaben modifizierte – Close-out Netting-Vereinbarung eines Rahmenvertrags durchsetzbar ist, muss wiederum für jedes Deckungsregister ein gesonderter Rahmenvertrag abgeschlossen werden.

4. Conclusio

66 Bei Gegenparteien, die sowohl Hypothekenpfandbriefe als auch Kommunalschuldverschreibungen oder fundierte Pfandschuldverschreibungen ausgeben, ist darauf zu achten, dass für jeden Typus von Schuldverschreibung/Pfandbrief sowie für das „freie Vermögen" der Emittentin ein eigener Rahmenvertrag abgeschlossen wird. Keinesfalls sollten unter ein und demselben Rahmenvertrag Derivatgeschäfte abgeschlossen werden, die verschiedenen Typen von Schuldverschreibungen/Pfandbriefen zugeordnet sind oder werden sollen bzw die für das sonstige Vermögen des Kreditinstituts abgeschlossen werden. Während das PfandbriefG, das HypBG und das FBSchVG den Schutz der Anleihegläubiger bezwecken,[54] werden auch die Gegenparteien unter den dem jeweiligen Deckungsstock gewidmeten Hedging-Derivatgeschäften bevorzugt behandelt (dh ähnlich den Schuldverschreibungsgläubigern „besichert"). Zu beachten ist, dass, um eine Deckungsstockfähigkeit von Hedging-Derivatgeschäften für

---

50 RL 2000/12/EG des Europäischen Parlaments und des Rates über die Aufnahme und Ausübung der Tätigkeit der Kreditinstitute.
51 Siehe Rn 56.
52 Gesetz vom 27.12.906, betreffend fundierte Bankschuldverschreibungen – FBSchVG, RGBl. Nr. 213/1905 idF BGBl. I Nr. 29/2010.
53 Siehe Rn 56.
54 *Laurer*, in: Laurer/Borns/Strobl/M. Schütz/O. Schütz, BWG § 1 Rn 17.

B. Close-out Netting im Zusammenhang mit „Sondermassen"

Zwecke des PfandbriefG, HypBG und FBSchVG zu erreichen, verschiedene Änderungen der üblicherweise verwendeten Derivativ-Rahmenverträge vorzunehmen sind.[55]

III. Deckungsstöcke von Versicherungen

Für bestimmte Versicherungszweige[56] haben Versicherungsunternehmen einen gesonderten Deckungsstock bzw untergeordnete Abteilungen zu bilden. Jede Abteilung eines Deckungsstocks bildet für sich eine gesetzliche Sondermasse. Darüber hinaus bestimmt das VAG[57], dass eine Exekution gegen Deckungsstockwerte nur zugunsten von Versicherungsforderungen möglich ist. Das VAG enthält demnach keine Privilegierung von Gegenparteien unter Derivatgeschäften.[58]

Folgend der in Rn 53 f beschriebenen Argumentation zu § 293 Abs. 3 IO ist eine Close-out Netting-Vereinbarung unter bestimmten Voraussetzungen auch gegen Deckungsstockwerte durchsetzbar. Zum einen müssen die betroffenen Derivatgeschäfte den Anforderungen des VAG und KAVO[59] entsprechen.[60] Zum anderen müssen die Derivatgeschäfte derselben Abteilung eines Deckungsstocks gewidmet sein und zusammen einen einheitlichen Vertrag bilden.[61] Ein Netting über die Grenzen einer Sondermasse (dh, einer Abteilung des Deckungsstocks) hinweg ist auch aus allgemeinen (insolvenz-)rechtlichen Überlegungen nicht durchsetzbar.

Unter diesem Gesichtspunkt erscheint es für die Durchsetzbarkeit einer Netting-Vereinbarung notwendig, je einen gesonderten Rahmenvertrag (samt allfälligem Besicherungsanhang) für die verschiedenen Abteilungen eines Deckungsstocks abzuschließen.

IV. Investmentfonds

OGAWs können nach österreichischem Recht nur als Investmentfonds auf vertragsrechtlicher Grundlage errichtet werden.[62] OGAWs besitzen nach InvFG 2011[63] keine eigene Rechtspersönlichkeit. Sie werden vielmehr durch die sie administrierende Verwaltungsgesellschaft vertreten, die im eigenen Namen, aber auf Rechnung der Anteilsinhaber des OGAW handelt. Dies bedeutet, dass Vertragspartner bei Derivatgeschäften mit OGAWs vertragsrechtlich die Verwaltungsgesellschaft ist und auch diese allein berechtigt ist, über die Vermögenswerte des OGAW zu verfügen. Der einzelne Anteilshaber, auf dessen Rechnung die Verwaltungsgesellschaft tätig wird, hat kein Verfügungsrecht über die ihm wirtschaftlich zurechenbaren Vermögenswerte des OGAW.[64]

---

55 Siehe zB den von ISDA zur Verfügung gestellten *Covered Bonds Rider*, der verschiedene Änderungen eines Standard ISDA-Schedule vorsieht.
56 Darunter *inter alia* verschiedene Arten der Lebensversicherung.
57 Versicherungsaufsichtsgesetz; Bundesgesetz vom 18.10.1978 über den Betrieb und die Beaufsichtigung der Vertragsversicherung (Versicherungsaufsichtsgesetz – VAG), BGBl. Nr. 569/1978 idF BGBl. I Nr. 145/2011.
58 Wie sie im PfandbriefG, FBSchVG und HypBG enthalten ist.
59 Kapitalanlageverordnung; Verordnung der Finanzmarktaufsichtsbehörde (FMA) über Kapitalanlagen zur Bedeckung der versicherungstechnischen Rückstellungen durch Unternehmen der Vertragsversicherung (Kapitalanlageverordnung – KAVO), BGBl. II Nr. 383/2002 idF BGBl. II Nr. 272/2011.
60 Derivatgeschäfte können gem. § 2 Abs. 1 Z. 8 KAVO nur einem Deckungsstock (oder einer Abteilung) gewidmet werden, um einzelne oder mehrere Vermögenswerte gemeinsam gegen Wertänderungen abzusichern, wobei die Absicherungsinstrumente (Derivatgeschäfte) dort zuzuordnen sind, wo sich die abzusichernden Vermögenswerte befinden (dh, der jeweiligen Deckungsstockabteilung zu widmen sind).
61 Der Rahmenvertrag muss also eine *single agreement*-Klausel enthalten.
62 Vgl *Kammel*, in: Macher/Buchberger/Kalss/Oppitz, Kommentar zum InvFG § 1 Rn 1.
63 Investmentfondsgesetz 2011; Bundesgesetz über Investmentfonds (Investmentfondsgesetz 2011 – InvFG 2011), BGBl. I Nr. 77/2011 idF BGBl. I Nr. 112/2011.
64 Vgl *Kammel*, in: Macher/Buchberger/Kalss/Oppitz, Kommentar zum InvFG § 3 Rn 17 f.

71 Die Exekution auf Vermögenswerte eines OGAW ist nur zur Einbringung von Verbindlichkeiten möglich, die die Verwaltungsgesellschaft für diesen OGAW eingegangen ist. Die Vermögenswerte eines OGAW bilden somit eine Sondermasse. Eine Exekution gegen Vermögenswerte der Verwaltungsgesellschaft und das Privatvermögen der Anteilsinhaber zur Einbringung von Verbindlichkeiten, die für einen OGAW eingegangen wurden, scheidet aus.[65]

72 Da Verwaltungsgesellschaften nach österreichischem Recht Kreditinstitute sind, kommt dem Thema Sondermasse nach InvFG 2011 in der Praxis durchaus große Bedeutung zu, weil somit eine strikte Unterscheidung zwischen Derivatgeschäften mit dem österreichischen Kreditinstitut als solchem und Geschäften des Kreditinstituts als Verwaltungsgesellschaft geboten ist. Es genügt auch nicht, bloß einen Rahmenvertrag mit dem Kreditinstitut in seiner Eigenschaft als Verwaltungsgesellschaft iSd InvFG 2011 abzuschließen, wenn das Kreditinstitut mehrere OGAWs in seiner Verwaltung hat. Sollen daher Rahmenverträge „mit OGAWs" einer Verwaltungsgesellschaft abgeschlossen werden (*de jure* also Verträge mit einer Verwaltungsgesellschaft auf Rechnung von Anteilsinhabern bestimmter OGAWs), ist für jeden OGAW ein gesonderter Rahmenvertrag (allenfalls samt Besicherungsanhang) abzuschließen.

C. Derivatgeschäfte als Sicherungsinstrumente bei synthetischen ABS und CDOs – aufsichtsrechtlicher Rahmen

I. Rückblick

73 Der österreichische Verbriefungsmarkt war über mehrere Jahre von True-Sale-Strukturen dominiert, die nur zT der bankaufsichtlichen Eigenmittelentlastung österreichischer Banken dienten. Der andere Teil betraf Handelsforderungen, andere Forderungen von Nichtbanken und typische CDO-Strukturen amerikanischer Herkunft, die keinen österreichischen bankaufsichtlichen Hintergrund hatten. In dieser Phase (die noch in den zeitlichen Anwendungsbereich von Basel I fällt) lag das bankaufsichtliche Interesse auf typischen strukturellen Fragen des True Sale wie der Konzessionspflicht für das SPV, dem Bankgeheimnis, der insolvenzfesten Forderungsübertragung und der Behandlung von Verbriefungspositionen durch österreichische Kreditinstitute als Investoren.

74 Nur vereinzelt wurden Aspekte synthetischer Strukturen aufsichtsrechtlich diskutiert. Die noch unter Basel I etablierte Behandlung bestimmter synthetischer Strukturen nahm einige Aspekte des gesetzlichen Verbriefungsregimes nach Basel II vorweg. Zum einen war es etwa Praxis, die Risikogewichte der einzelnen in einem Basket vertretenen Referenzforderungen als Grundlage der Berechnung der Eigenmittelunterlegung eines solchen Basket-CDS heranzuziehen; dies entsprach der für „Haftungen" gesetzlich vorgesehenen Heranziehung des Risikogewichts des „Hauptschuldners", die gedanklich die Einordnung des CDS als außerbilanzmäßiges Geschäft mit hohem Kreditrisiko voraussetzt. Zum anderen wurde eine Nullgewichtung für Referenzforderungen, die durch den Erlös aus einer CLN besichert wurden, prinzipiell anerkannt: Dies erfolgte unter Hinweis auf die privilegierte Risikogewichtung von Forderungen, die durch eine Bareinlage beim kreditgebenden Institut besichert waren. Eine gewisse Synchronizität mit den Referenzforderungen (insb. hinsichtlich der Laufzeiten) war erforderlich.

75 Die Rechtsunsicherheit und die fehlende Durchschau etwa beim Sicherungsgeber unter der CLN sollten jedoch dazu führen, dass die österreichische Marktpraxis synthetische Verbriefungsstrukturen zum Zweck der Eigenmittelentlastung erst mit dem Inkrafttreten der Umsetzung von Basel II (und insb. den Vorschriften für IRB-Banken im Hinblick auf die Behandlung von Verbriefungspositionen) stärker beachtete.

---

[65] Vgl *Kalss*, in: Macher/Buchberger/Kalss/Oppitz, Kommentar zum InvFG § 9 Rn 11.

II. Bankaufsichtliche Überlegungen

1. Säule I

Im Hinblick auf Entlastungseffekte nach der Säule I werden regelmäßig folgende Überlegungen anzustellen sein:

- Welches Ausmaß soll die angestrebte Eigenmittelentlastung haben?
- Wie hoch werden/können die mit der angestrebten Eigenmittelentlastung verbundenen Kosten sein? Dies wird u.a. davon abhängen, in welchem Ausmaß das Referenzportfolio effektiv besichert sein soll (und im Hinblick auf den angestrebten Risikotransfer sein muss), welche Sicherheiten eingesetzt werden sollen (persönliche, finanzielle), ob Verbriefungspositionen extern geratet werden sollen (was wiederum von den ausplatzierten Tranchen und ggf der IRB-Methodenhierarchie abhängt) und ob ein abgeleitetes Rating verwendet werden kann/soll. Inwieweit soll eine Eigenmittelentlastung im Weg der CRM erreicht werden?
- Soll (oder muss: Dies kann aus Überlegungen zum Risikotransfer geboten sein) das First Loss Piece ausplatziert werden[66] und welche Kosten werden/können damit verbunden sein? Auf welche Weise soll der mit CRD II eingeführte materielle Nettoanteil berücksichtigt werden?
- Im IRB: Welche ist die nach der IRB-Methodenhierarchie angestrebte Berechnung? Der ratingbasierte Ansatz verlangt ein externes Rating, der aufsichtliche Formelansatz verlangt dieses nicht. Die beabsichtigte Verwendung eines abgeleiteten Ratings wirft Strukturierungsfragen auf.

2. Säule II

Originator und Investor (sofern der Investor den bankaufsichtlichen Bestimmungen unterliegt) müssen die angestrebte Verbriefungsstruktur in ihrem Risikomanagement ausreichend abbilden können. Dabei sind transaktionstypische operationelle Risiken (Rechtsrisiko; Identifizierung von Kreditereignissen), Reputationsrisiken, Aspekte struktureller Liquidität (Laufzeiten)[67] und (nur bei entsprechender Struktur) der Sphäre des SPV zuzuordnende Risiken (insb. *default* des SPV gegenüber Dritten) besonders hervorzuheben. Allenfalls ist nach interner Beurteilung erforderliches ökonomisches Kapital zu halten.

Die Verletzung von Pflichten im Zusammenhang mit dem materiellen Nettoanteil und damit verbundener „due diligence"-Anforderungen kann dazu führen, dass die FMA erhöhte Risikogewichte hinsichtlich der betroffenen Verbriefungspositionen vorschreibt (§ 70 Abs. 4b BWG).

3. Säule III

Verbriefungen sind unter der bankaufsichtlichen Offenlegung (§ 26 BWG, OffV)[68] zu berücksichtigen. Dies gilt für Originatoren wie Investoren.

---

[66] Vgl die in der RL 2009/111/EG (CRD II) vorgesehene Einfügung eines neuen Art. 122 a RL 2006/48/EG (Einbehaltung eines materiellen Nettoanteils (*net economic interest*) durch den Originator), nunmehr umgesetzt in § 22 f Abs. 3 BWG. Das Erfordernis der Einbehaltung eines materiellen Nettoanteils verhält sich gegenläufig zum Erfordernis des wesentlichen Risikotransfers.

[67] Laufzeiten sind freilich auch unter der Säule I zu beachten (§§ 157 Abs. 1 Z. 1 und 3, 151, 158 Abs. 1 SolvaV).

[68] Offenlegungsverordnung; Verordnung der Finanzmarktaufsichtsbehörde (FMA) zur Durchführung des Bankwesengesetzes betreffend die Veröffentlichungspflichten von Kreditinstituten, BGBl. II Nr. 375/2006 idF BGBl. II Nr. 462/2011.

79 Österreichische Kreditinstitute[69], die gewichtete Forderungsbeträge für verbriefte Forderungen als Originator, Investor oder Sponsor berechnen, haben die in der OffV abschließend aufgeführten Informationen offenzulegen. Hinsichtlich des Einsatzes von Derivaten zur Erreichung eines synthetischen Risikotransfers sind folgende Angaben hervorzuheben:

a) Qualitative Offenlegung

80 Angewendete Ansätze zur Berechnung der gewichteten Forderungsbeträge (Kreditrisiko-Standardansatz, ratingbasierter Ansatz, interner Bemessungsansatz, aufsichtlicher Formelansatz);

81 Zusammenfassung der Rechnungslegungsleitlinien des Kreditinstituts einschließlich der Behandlung synthetischer Verbriefungen, wenn diese nicht unter andere Rechnungslegungsleitlinien fallen; von Bedeutung ist in diesem Zusammenhang der Umgang mit Risiken, die sich aus einbehaltenen Positionen ergeben (Vorgehensweise bei der Bewertung einbehaltener Anteile),[70] was für den Risikotransfer von Bedeutung sein kann.

b) Quantitative Offenlegung

82 Summe ausstehender Forderungsbeträge, die vom Kreditinstitut verbrieft werden, aufgeschlüsselt nach traditionellen und synthetischen Verbriefungen und nach der Art[71] der verbrieften Forderungen.

83 Summe der einbehaltenen oder erworbenen Verbriefungspositionen (untergliedert nach der Art der Forderung und in eine aussagekräftige Anzahl von Risikogewichtungsbändern; ein Kapitalabzug ist gesondert offenzulegen).

c) Qualitative Offenlegung zum Risikomanagement

84 Österreichische Kreditinstitute haben die Risikomanagementziele und -leitlinien u.a. für die Risikokategorie der Verbriefungspositionen[72] gesondert offenzulegen.

III. Dokumentation

1. Vorbemerkung

85 Sofern synthetische Verbriefungen den gewünschten bankaufsichtlichen Effekt (Eigenmittelentlastung) beim Originator bewirken sollen, müssen die zur Besicherung eingesetzten Instrumente (Derivate oder Garantien)[73] die Anforderungen der SolvaV erfüllen. Gestaltungsfreiheit hinsichtlich der Dokumentation besteht diesbezüglich nur im aufsichtsrechtlich vorgegebenen Rahmen. Während die eingesetzten Derivate als schuldrechtliche Vereinbarungen grds. privatautonom gestaltet werden können, hat ein österreichisches Kreditinstitut als Originator eine Forderung, deren Risiko nicht effektiv übertragen wurde, bei der Berechnung des Eigenmittelsolls so zu berücksichtigen, als wäre diese Forderung nicht verbrieft worden.[74] Wie auch in anderen Bereichen des Bankaufsichtsrechts (etwa bei den Eigenmittelvor-

---

69 Sofern ein übergeordnetes Kreditinstitut mit Sitz im EWR auf Grundlage der konsolidierten Finanzlage offenlegt, entfällt die Offenlegung durch das betreffende österreichische Kreditinstitut (§ 26 a Abs. 3 BWG).
70 *Urbanek,* in: Dellinger, BWG § 15 OffV Rn 10.
71 Zu denken ist etwa an eine Aufschlüsselung nach Branchen; eine Angabe iSv „SME" oder „LC" wird insb. dann nicht ausreichen, wenn dies für den Verbriefungspool insgesamt kennzeichnend ist, sodass damit keine „Aufschlüsselung" iSd OffV verbunden wäre. Das Bankgeheimnis ist zu wahren, worauf bei der Aufschlüsselung Bedacht zu nehmen ist.
72 § 2 erster Satz iVm § 15 OffV.
73 Finanzielle Sicherheiten bleiben vorliegend außer Betracht.
74 § 22 d Abs. 3 BWG.

C. Derivatgeschäfte als Sicherungsinstrumente bei synthetischen ABS und CDOs

schriften) kommt es zu einer rechtsgestaltenden Interaktion von Marktpraxis und Aufsichtsrecht.

2. Effektiv übertragenes Kreditrisiko

a) Wesentlicher Risikotransfer

Damit das Kreditrisiko aus Forderungen im Rahmen einer synthetischen Verbriefung als effektiv übertragen gilt und die Anwendbarkeit des bankaufsichtsrechtlichen Verbriefungsregimes für Zwecke der Solvabilität erreicht wird, muss ein wesentlicher Teil des Kreditrisikos aus den verbrieften Forderungen mittels Besicherung auf eine dritte Partei übertragen werden (wesentlicher Risikotransfer).

In Umsetzung der in RL 2009/83/EG enthaltenen technischen Ausführungsbestimmungen hinsichtlich des wesentlichen Risikotransfers wurde in Österreich mit BGBl. II Nr. 335/2010 eine Definition des wesentlichen Risikotransfers in die SolvaV aufgenommen. Seit 31.12.2010 kommen nunmehr folgende Formen eines wesentlichen Risikotransfers in Betracht (§ 157 Abs. 2 iVm § 156 Abs. 2 SolvaV):

Der Originator hält nicht mehr als 50 % der Mezzanintranchen – gemessen an den risikogewichteten Forderungsbeträgen der jeweiligen Verbriefungsposition.

Es gibt keine mezzanine Verbriefungsposition und der Originator weist nach, dass der Forderungswert der Verbriefungspositionen, die mit 1250 % zu gewichten wären, den auf die verbrieften Forderungen entfallenden erwarteten Verlust erheblich übersteigt – in diesem Fall darf er selbst nicht mehr als 20% dieser Forderungswerte halten.

Die quantitativ-strukturellen Anforderungen an den wesentlichen Risikotransfer können jedoch im Einzelfall über die in § 157 Abs. 2 iVm § 156 Abs. 2 SolvaV normierten Regelungen hinausgehen. Eine rein formale Erfüllung dieser neuen Regelungen über den Risikotransfer wird nach der österreichischen bankwesenrechtlichen Tradition (§§ 39, 39a BWG) vor allem bei aggressiver Strukturierung unter Umständen nicht genügen. Der eigenen, im Hinblick auf die bankbetrieblichen und bankgeschäftlichen Risiken plausiblen Beurteilung durch die Geschäftsleiter (§ 39 BWG; diese Beurteilung ist als gesetzliche Sorgfaltspflicht ausgestaltet) wird auch nach Inkrafttreten der ausdrücklichen Vorgaben weiterhin konkrete Bedeutung zukommen.[75]

Darüber hinaus wird das Erfordernis der Einbehaltung eines materiellen Nettoanteils (*net economic interest*) mit dem Erfordernis des wesentlichen Risikotransfers strukturell-quantitativ in Einklang zu bringen sein.

b) Sonstige Anforderungen nach der SolvaV

Neben der Übertragung eines wesentlichen Teiles des Kreditrisikos[76] aus den verbrieften Forderungen sind folgende weitere Anforderungen[77] an eine synthetische Verbriefung einzuhalten, sofern eine Behandlung der verbrieften Risikopositionen nach dem Verbriefungsregime des BWG (insb. zum Zweck der Eigenmittelentlastung beim Originator) erreicht werden soll:[78]

---

75 *Gapp/Blume,* in: Dellinger, BWG, § 157 SolvaV Rn 8f.
76 § 157 Abs. 1 Z. 1 SolvaV.
77 § 157 Abs. 1 Z. 2 bis 5 SolvaV.
78 Ein österreichisches Kreditinstitut als Originator hat eine Forderung, deren Kreditrisiko nicht effektiv übertragen wurde, bei der Ermittlung der Bemessungsgrundlage für das Kreditrisiko so zu berücksichtigen, als wäre sie nicht verbrieft worden (§ 22 d Abs. 3 BWG).

- aus den Unterlagen der Verbriefung muss der wirtschaftliche Gehalt der Transaktion hervorgehen;
- die zur Übertragung des Kreditrisikos eingesetzten Besicherungen entsprechen den Anforderungen gem. §§ 83 bis 118 SolvaV (CRM), wobei Verbriefungsspezialgesellschaften nicht als geeignete Bereitsteller von persönlichen Sicherheiten anerkannt werden;
- es liegt ein Rechtsgutachten vor, in dem die rechtliche Durchsetzbarkeit der Sicherungsinstrumente in allen relevanten Rechtsordnungen bestätigt wird, und
- die zur Übertragung des Kreditrisikos eingesetzten Besicherungen enthalten keine Bedingungen, die (i) wesentliche Materialitätsschwellen vorsehen, vor deren Erreichen das Sicherungsinstrument bei Eintritt eines Kreditereignisses bei den verbrieften Forderungen nicht in Anspruch genommen werden kann, (ii) eine Beendigung der Besicherung infolge Verschlechterung der Kreditqualität der zugrunde liegenden Forderungen zulassen, (iii) den Originator verpflichten, Verbriefungspositionen zu verbessern, ausgenommen Klauseln über die vorzeitige Rückzahlung, und/oder (iv) als Folge einer Verschlechterung der Kreditqualität der verbrieften Forderungen die Kosten für die Besicherung oder den an die Halter von Risikopositionen zu zahlenden Zins erhöhen.

3. Zur Besicherung eingesetzte Derivate – bankaufsichtliche Anforderungen

89 Besicherungen, die zur Übertragung des Kreditrisikos eingesetzt werden, müssen den betreffenden Anforderungen des CRM-Regimes an solche Sicherheiten entsprechen. Im vorliegenden Zusammenhang ist neben Garantien insb. an CDS oder CLNs zu denken. Beide werden in § 98 Abs. 1 SolvaV als kreditrisikomindernde Technik anerkannt.

90 Strukturell ist anzumerken, dass neben unmittelbar mit dem Originator abgeschlossenen CDS und unmittelbar vom Originator begebenen CLN auch mehrstufige Strukturen denkbar sind. CLNs werden aus Gründen der Insolvenzferne bevorzugt über ein SPV begeben.[79] In diesem Fall muss aber der Erlös aus der CLN eingesetzt werden, um beim Originator eine finanzielle Sicherheit nach Maßgabe der CRM zu bestellen, weil das SPV kein tauglicher Sicherungsgeber[80] hinsichtlich persönlicher Sicherheiten ist.

91 CDS und Garantien haben den Vorschriften über persönliche Sicherheiten im Allgemeinen und ggf über Kreditderivate zu entsprechen, um als Besicherung iSd CRM (und in der Folge iSv § 157 Abs. 1 Z. 3 SolvaV) anerkannt zu werden.

92 Die SolvaV stellt folgende allgemeine Anforderungen an persönliche Sicherheiten (diese gelten daher etwa für CDS, nicht jedoch für CLN):[81]
- die Besicherung ist unmittelbar;
- der Besicherungsumfang ist eindeutig festgelegt;
- die Besicherung ist in allen zum Zeitpunkt des Kreditabschlusses relevanten Rechtsordnungen rechtswirksam und rechtlich durchsetzbar; und
- der Besicherungsvertrag enthält keine Bedingung, deren Erfüllung sich dem direkten Einfluss des Kreditgebers entzieht, und die (i) dem Sicherungsgeber die einseitige Kündigung der Kreditabsicherung ermöglichen würde, (ii) bei einer Verschlechterung der Kreditqualität der abgesicherten Forderung die tatsächlichen Kosten der Besicherung erhöhen würde, (iii) den Sicherungsgeber für den Fall, dass der ursprüngliche Schuldner seinen Zahlungsverpflichtungen nicht nachkommt, davor schützen könnte, unverzüglich zahlen zu müssen oder (iv) es dem Sicherungsgeber ermöglichen könnte, die Laufzeit der Besicherung zu verkürzen.

---

79 Vgl dazu CRDTG, ID 696.
80 § 96 Abs. 1 SolvaV; § 157 Abs. 1 Z. 3 letzter Halbsatz SolvaV.
81 § 111 SolvaV. Zusätzliche Anforderungen für persönliche Sicherheiten, die keine Kreditderivate sind, sind in § 114 SolvaV enthalten.

C. Derivatgeschäfte als Sicherungsinstrumente bei synthetischen ABS und CDOs

In operationeller Hinsicht[82] haben österreichische Kreditinstitute (i) über Systeme zu verfügen, mit denen durch den Einsatz von persönlichen Sicherheiten bedingte Risikokonzentrationen gesteuert werden können und (ii) um das Zusammenwirken der beim Einsatz von persönlichen Sicherheiten verfolgten Strategie mit dem Management des Gesamtrisikoprofils nachvollziehbar darzustellen.

Bei der Dokumentation von Kreditderivaten sind ferner folgende Bestimmungen zu beachten (dies gilt für CDS und CLN), wobei der Definition und Behandlung von Kreditereignissen naturgemäß besondere Bedeutung zukommt:[83]

- Die im Vertrag vereinbarten Kreditereignisse haben jedenfalls zu umfassen: (i) das Versäumnis, die fälligen Zahlungen nach den zum Zeitpunkt des Versäumnisses geltenden Konditionen des zugrunde liegenden Aktivums zu erbringen *(failure to pay)*; (ii) die Insolvenz, die Zahlungsunfähigkeit oder die Unfähigkeit des Schuldners zur Bedienung seiner Schulden oder dessen schriftliche Erklärung, generell nicht mehr zur Begleichung fällig werdender Schulden in der Lage zu sein, sowie ähnliche Ereignisse *(insolvency)* und (iii) die Neustrukturierung der zugrunde liegenden Forderung, verbunden mit einem Erlass oder einer Stundung der Darlehenssumme, der Zinsen oder der Gebühren, die zu einem Verlust[84] auf Seiten des Kreditgebers führt *(restructuring)*.
- Bei Kreditderivaten, die einen Barausgleich ermöglichen, muss ein solides Bewertungsverfahren für zuverlässige Verlustschätzungen vorhanden sein, für die Bewertung des zugrunde liegenden Aktivums nach dem Kreditereignis muss ein klar definierter Zeitraum gegeben sein.
- Setzt die Erfüllung des Vertrags das Recht und die Fähigkeit des Sicherungsnehmers zur Übertragung des zugrunde liegenden Aktivums an den Sicherungsgeber voraus, so hat aus den Konditionen des zugrunde liegenden Aktivums hervorzugehen, dass eine ggf erforderliche Einwilligung zu einer solchen Übertragung nicht ohne angemessenen Grund versagt werden kann.
- Es muss eindeutig festgelegt sein, wer darüber entscheidet, ob ein Kreditereignis eingetreten ist, wobei diese Entscheidung nicht allein dem Sicherungsgeber obliegen darf.
- Der Käufer der Besicherung muss das Recht haben, den Sicherungsgeber über den Eintritt eines Kreditereignisses zu informieren.

Umfassen die im Vertrag vereinbarten Kreditereignisse keine Neustrukturierung *(restructuring)* des zugrunde liegenden Aktivums, hindert dies zwar nicht den Einsatz des Kreditderivats, der Besicherungswert ist allerdings begrenzt. In diesem Fall gelangen *haircuts* von 40 bis 60% des Besicherungswerts zur Anwendung.[85] Im Gegensatz zu den Bestimmungen betreffend Kreditderivate enthält die SolvaV keine Regelungen darüber, welche Kreditereignisse von einer *Garantie* umfasst sein müssen.[86]

IV. Zusammenfassung

Kreditderivate können für Zwecke des Risikotransfers und zur Tranchenbildung bei ABS/CDO-Strukturen eingesetzt werden. Sofern eine solche Struktur kapitalentlastende Effekte

---

82 § 112 SolvaV.
83 § 116 SolvaV.
84 Ein Verlust iSd Bestimmung liegt vor, wenn eine Wertberichtigung oder ähnliche Buchung in der GuV-Rechnung vorgenommen wird (*FMA*, Begründung zum Entwurf der SolvaV zu § 117; vgl auch Anhang VIII Teil 2 Nr. 20 lit. a sublit. iii RL 2006/48/EG).
85 § 116 Abs. 2 iVm § 146 SolvaV.
86 Diesfalls ist aber § 114 SolvaV zu beachten. Vgl zum Thema *Gapp/Blume*, in: Dellinger, BWG, § 157 SolvaV Rn 19.

bei originierenden Kreditinstituten haben soll, sind die entsprechenden aufsichtsrechtlichen Voraussetzungen in der Dokumentation zu berücksichtigen.

D. Solvabilitätsvorschriften – Behandlung von Finanzderivaten[87]

I. Überblick

97 Die durch BGBl. Nr. 753/1996[88] und BGBl. I Nr. 33/2000[89] in das bankaufsichtliche Solvabilitätsregime eingeführte, explizite Behandlung von Marktpreisrisiken brachte eine gesetzliche Kategorisierung von Finanzderivaten für diesen Regelungsbereich mit sich. Der für den Konzessionsumfang von Kreditinstituten geltende Finanzderivatebegriff[90] ist älter. Beide Konzepte wurden durch die Umsetzung der RL 2004/39/EG[91] nur zT berührt, insb. durch die nunmehr auch hinsichtlich der Konzessionsbestimmungen erfassten (hier nicht behandelten) Warenderivate (und bestimmte andere exotische Derivate).[92]

98 Nach geltendem Recht haben österreichische Kreditinstitute[93] Finanzderivate zum einen in die Bemessungsgrundlage für das Kreditrisiko[94] (Adressenausfallsrisiko) einzubeziehen, zum anderen Marktrisikopositionen aus Geschäften mit Finanzderivaten bei der Ermittlung ihres Mindesteigenmittelerfordernisses zu berücksichtigen.[95] Der Einsatz von Finanzderivaten schlägt freilich auch auf die (hier nicht näher behandelte) Berechnung des operationellen Risikos und des entsprechenden Eigenmittelerfordernisses[96] durch.

99 Während für Forderungen im Allgemeinen unternehmensrechtliche Ansätze zur Bestimmung des Forderungswerts heranzuziehen sind (Buchwert),[97] sind für den Forderungswert von Derivaten bankaufsichtliche Berechnungsmethoden[98] maßgeblich.

100 Für in der Anlage 1 zu § 22 BWG genannten Derivate (das sind insb. CDS, die nicht im Handelsbuch gehalten werden) ist der in § 22 a Abs. 2 vorgesehene Prozentsatz ihres Wertes maßgeblich.[99] Die Prozentsätze (Umrechnungsfaktoren) für bestimmte außerbilanzmäßige Geschäfte waren bereits aus Basel I bekannt; Kreditderivate wurden erst mit der Umsetzung von Basel II ausdrücklich in die gesetzliche Liste der Anlage 1 zu § 22 BWG aufgenommen; davor waren sie – sofern überhaupt von der Anlage 1 zu § 22 BWG erfasst – richtigerweise als Garantie zu behandeln. Der Forderungswert für in der Anlage 2 zu § 22 BWG genannte Derivate ist nach einer der in § 22 Abs. 5 BWG vorgesehenen Methoden zu berechnen. Die Ursprungsrisikomethode und die Marktbewertungsmethode sind bereits aus Basel I bekannt. Mit der Umsetzung von Basel II stehen ferner die Standardmethode sowie die Berechnung über ein (der behördlichen Genehmigung unterliegendes) internes Modell zur Verfügung.

---

87 Der folgende Abschnitt D berücksichtigt nicht die durch BGBl. I Nr. 145/2011 umgesetzten Vorgaben von „Basel 2.5" im Bereich des Handelsbuchs und von bestimmten Verbriefungspositionen.
88 Umsetzung der RL 93/6/EG (CAD), ABl. L 1993/141, 1.
89 Umsetzung der RL 98/31/EG (CAD II), ABl. L 1998/204, 13.
90 § 1 Abs. 1 Z. 7 und Z. 19 BWG (Letztere bis zum Inkrafttreten der Umsetzung der RL 2004/39/EG).
91 RL 2004/39/EG des Europäischen Parlaments und des Rates v. 21.4.2004 über Märkte für Finanzinstrumente, ABl. L 2004/145, 1.
92 Vgl *Ebner/Gapp*, ecolex 2008, 20 f.
93 Dies gilt freilich nur, soweit diese den Solvabilitätsvorschriften unterliegen; dies ist im Hinblick auf den weiten österreichischen Kreditinstitutsbegriff nicht durchgehend der Fall, siehe § 3 Abs. 1 Z. 7, 9, 10 und Abs. 4, Abs. 4 a, Abs. 7 BWG.
94 § 22 Abs. 1 Z. 1 BWG.
95 § 22 Abs. 1 Z. 2 BWG.
96 § 22 Abs. 1 Z. 4 BWG.
97 § 22 Abs. 3 BWG; vgl auch § 29 a BWG (Wahlrecht hinsichtlich internationaler Rechnungslegungsstandards).
98 Vgl *Kesting*, ÖBA 1996, 848.
99 Vgl für den KSA § 22 a Abs. 2 Z. 2 BWG; für den IRB § 65 Abs. 11 SolvaV.

II. Kreditrisiko

Die Forderungswerte von Derivaten, die im Bankbuch gehalten werden, fließen in die Bemessungsgrundlage für das Kreditrisiko (§ 22 Abs. 1 Nr. 1 BWG) ein. Zu berücksichtigen sind auch die Forderungswerte von Derivaten, die Kreditinstitute nach § 22 q BWG (kleines Handelsbuch) der Bemessungsgrundlage für das Kreditrisiko zuordnen.

Ferner ist für nicht börsengehandelte Derivate und Kreditderivate das Kontrahentenausfallsrisiko für Handelsbuchpositionen zu berechnen. Dieses fließt allerdings in die „Handelsbuch-Bemessungsgrundlage"[100] nach § 22 Abs. 1 Nr. 2 BWG, nicht in die allgemeine Bemessungsgrundlage für das Kreditrisiko, ein.

Die Bestimmung des für die Risikogewichtung nach KSA oder IRB maßgeblichen Forderungswerts richtet sich danach, ob das betreffende Derivat als außerbilanzmäßiges Geschäft iSd Anlage 1 zu § 22 BWG (im Wesentlichen Eventualverbindlichkeiten und unwiderrufliche Verpflichtungen, die Anlass zu einem Kreditrisiko geben;[101] vgl Anhang II RL 2006/48/EG) oder Derivat (nach der Terminologie vor der Umsetzung von Basel II: besondere außerbilanzmäßige Geschäfte; vgl Anhang IV RL 2006/48/EG) iSd Anlage 2 zu § 22 BWG zu qualifizieren ist.

1. Finanzderivate als außerbilanzmäßige Geschäfte der Anlage 1 zu § 22 BWG

a) Überblick

Eine Legaldefinition von (Finanz-)Derivaten für Zwecke der Kreditrisikounterlegung im Bankbuch existiert nicht. Die Definition des § 2 Abs. 3 Z. 1 SolvaV legt nicht fest, was ein Derivat ist, sondern bestimmt vielmehr, dass der 5. Teil der SolvaV (betreffend das Kontrahentenausfallsrisiko von Derivaten allgemein, die Berechnungsmethoden und die Vorschriften betreffend Netting) insb. für Derivate iSd Anlage 2 zu § 22 gilt.

Es ist entscheidend, Derivate der Anlage 1 oder 2 zu § 22 BWG zuordnen zu können. Tendenziell werden typische Derivate (mit Options-, Termin- oder Swapcharakter) unter der Anlage 2 zu § 22 BWG zu erfassen sein. Im Anwendungsbereich der Anlage 1 zu § 22 BWG erscheinen Terminkäufe auf Aktivposten, verkaufte Put-Optionen und bestimmte Kreditderivate vorliegend von Relevanz. Diese Zuordnung ist auch deshalb wesentlich, weil die Netting-Privilegien des österreichischen Insolvenzrechts (noch in Konkursordnung und Ausgleichsordnung, nach Inkrafttreten des Insolvenzrechtsänderungsgesetzes in der neuen Insolvenzordnung) auf die aufsichtsrechtliche Behandlung der Instrumente abstellen und insb. die in Anlage 2 zu § 22 BWG genannten Instrumente für nettingfähig erklären.

b) Forderungswert

Wie unter Basel I ist der Forderungswert eines in Anlage 1 zu § 22 genannten außerbilanziellen Geschäfts ein prozentualer Anteil seines Wertes,[102] der von der Höhe des gesetzlich zugeordneten Kreditrisikos abhängt. Für sämtliche oben genannten Finanzderivate ist ein Prozentsatz von 100 anzuwenden (Posten mit hohem Kreditrisiko).

Sicherheiten können den Forderungswert eines der Anlage 1 zu § 22 BWG zuzuordnenden Derivats nach Maßgabe des CRM-Regimes für den KSA mindern.

Auch im IRB ist der Forderungswert der in Frage kommenden außerbilanzmäßigen Geschäfte regelmäßig nach den im KSA verwendeten Risikokategorien und Prozentsätzen zu berech-

---

100 *Blume,* in: Dellinger, BWG § 22 Rn 29.
101 *Göth,* in: Diwok/Göth, BWG § 22 Rn 66.
102 Im KSA sind Rückstellungen sofort (dh, noch vor Anwendung der gesetzlichen Prozentsätze) in Abzug zu bringen; vgl *Blume,* in: Dellinger, BWG § 22a Rn 6.

nen. Auf Terminkäufe auf Aktivposten, verkaufte Put-Optionen und Kreditderivate (soweit unter der Anlage 1 zu §§ 22 BWG zu erfassen) wäre demnach ein Prozentsatz von 100 anzuwenden.[103]

c) Risikogewichtung

109 Im KSA ist der ermittelte Forderungswert mit dem betreffenden Risikogewicht zu multiplizieren. Die Risikoklasse und der konkrete Gewichtungssatz hängen bei Terminkäufen auf Aktivposten vom betreffenden Aktivum,[104] bei verkauften Put-Optionen vom betreffenden Basiswert[105] und bei Kreditderivaten vom Referenzaktivum ab. N^{th}-to-default-Kreditderivate sind nach § 28 SolvaV zu gewichten, wonach die für Verbriefungspositionen maßgeblichen Risikogewichte zu verwenden sind, wenn für die Besicherung ein anerkanntes Rating vorliegt.[106]

2. Finanzderivate im Anwendungsbereich der Anlage 2 zu § 22 BWG

a) Überblick

110 Finanzderivate, die nicht der Anlage 1 zuzuordnen sind, können in den meisten Fällen unter der Anlage 2 zu § 22 BWG erfasst werden. Hinsichtlich exotischer Basiswerte, die keine Waren sind, wurde dies durch den Verweis auf die in Anhang I Abschnitt C Nr. 10 RL 2004/39/EG genannten Finanzinstrumente erleichtert.[107] Es ist jedoch für jedes Finanzderivat eine Subsumtion vorzunehmen; eine automatische Klassifizierung als „Derivat" gibt es nicht.

b) Forderungswert

111 Der Forderungswert für Finanzderivate iSd Anlage 2 zu § 22 BWG ist durchgängig und einheitlich[108] nach den folgenden im Einzelnen vorgestellten Methoden zu berechnen:

aa) Marktbewertungsmethode

112 Nach § 234 SolvaV ist zunächst ein gegenwärtiger Marktwert zu ermitteln (Fiktion der Glattstellung).[109] Die Summe aller Geschäfte mit positiven Marktwerten ergibt den potenziellen Eindeckungsaufwand.

113 Zusätzlich ist für jedes Geschäft zur Erfassung des zukünftigen potenziellen Kreditrisikos ein allgemeiner Zuschlag zu ermitteln, der sich aus der Multiplikation der Nominalwerte aller Geschäfte mit gesetzlich festgelegten Hundertsätzen errechnet. Maßgeblich ist bei Geschäften mit Options- oder Termincharakter das Volumen des Underlyings bei Ausübung/Fälligkeit, bei Swaps die Bezugsgröße für das Fixing der Zinszahlungen.[110] Die maßgeblichen Prozentsätze hängen von der jeweiligen Restlaufzeit ab.

---

103 § 65 Abs. 11 SolvaV.
104 *Göth,* in: Diwok/Göth, BWG § 22 Anlage 1 Rn 10; siehe auch der in § 27 SolvaV ausgedrückte Gedanke.
105 *Göth,* in: Diwok/Göth, BWG § 22 Anlage 1 Rn 15; siehe auch der in § 27 SolvaV ausgedrückte Gedanke.
106 Vgl *Steinböck,* in: Dellinger, BWG § 28 SolvaV, Rn 1 bis 3.
107 Siehe dazu *Ebner/Gapp,* ecolex 2008, 20, 21.
108 § 22 Abs. 6 Z. 1 BWG. Zum Methodenwechsel siehe *Blume,* in: Dellinger, BWG § 22 Rn 40, 41.
109 *Göth,* in: Diwok/Göth, BWG § 22 Rn 77.
110 *Göth,* in: Diwok/Göth, BWG § 22 Rn 80.

D. Solvabilitätsvorschriften – Behandlung von Finanzderivaten

Restlaufzeit	Zinssatz-derivate	Wechsel-kursderivate und Geschäfte auf Goldbasis	Verträge in Substanz-werten	Edelmetall-verträge, ausgenommen Geschäfte auf Goldbasis	Warenver-träge und Verträge gem. Z. 6 der Anlage 2 zu § 22 BWG
höchstens ein Jahr	0,0 %	1,0 %	6,0 %	7,0 %	10,0 %
über ein Jahr bis fünf Jahre	0,5 %	5,0 %	8,0 %	7,0 %	12,0 %
über fünf Jahre	1,5 %	7,5 %	10,0 %	8,0 %	15,0 %

Um den Forderungswert des Derivats zu erhalten, sind der potenzielle Eindeckungsaufwand und der allgemeine Zuschlag zu addieren.[111] 114

bb) Ursprungsrisikomethode

Bei der Anwendung der (vergleichsweise einfachen) Ursprungsrisikomethode nach § 235 SolvaV berechnet sich der Forderungswert des Derivats durch die Multiplikation des Nominalwerts[112] eines jeden Vertrags mit den folgenden Prozentsätzen: 115

Ursprungslaufzeit	Zinssatzderivate	Wechselkursderivate und Geschäfte auf Goldbasis
höchstens ein Jahr	0,5 %	2,0 %
mehr als ein Jahr und nicht mehr als zwei Jahre	1,0 %	5,0 %
Zusätzliche Berücksichtigung eines jeden weiteren Jahres	1,0 %	3,0 %

Bei Zinssatzderivaten kann die Ursprungs- oder die Restlaufzeit gewählt werden. Die gewählte Laufzeitmethode ist im bankaufsichtlichen Meldewesen (Ordnungsnormenausweis)[113] anzumerken. Dies ist offenbar als Referenz auf die maßgebliche Laufzeit innerhalb der Ursprungsrisikomethode zu verstehen, nicht als Methodenwechsel. 116

Die Ursprungsrisikomethode darf für die Berechnung des Forderungswerts für die in Z. 3 bis 6 der Anlage 2 zu § 22 BWG genannten Geschäfte nicht verwendet werden.[114] 117

Kreditinstitute, die ein großes Handelsbuch (§ 22 o BWG) führen, dürfen die Ursprungsrisikomethode generell nicht verwenden.[115] Das gilt auch für Derivate, die solche Institute im Bankbuch halten. 118

---

111 § 22 Abs. 5 Z. 2 BWG.
112 Siehe dazu oben Rn 113.
113 § 74 Abs. 2 BWG, Verordnung der Finanzmarktaufsichtsbehörde (FMA) zum Ordnungsnormenausweis (Ordnungsnormenausweis-Verordnung – ONA-V), BGBl. II Nr. 472/2006.
114 § 22 Abs. 6 Z. 5 BWG.
115 § 22 Abs. 6 Z. 4 BWG.

cc) Standardmethode

119 Nach der Standardmethode ist für jedes Geschäft einschließlich allfälliger Sicherheiten eine Risikoposition zu bestimmen. Risikopositionen, die Geschäften des gleichen Netting-Satzes zugeordnet sind, werden zu Hedging-Sätzen saldiert.[116] Ein Netting-Satz ist eine Gruppe von Geschäften mit einem einzigen Kontrahenten, die einer rechtlich durchsetzbaren Netting-Vereinbarung unterliegen und für die das Netting nach den anwendbaren Bestimmungen[117] anerkannt wird.[118]

120 Je Hedging-Satz wird eine Nettorisikoposition[119] berechnet. Die Nettorisikopositionen sind mit einem von der SolvaV vorgegebenen Multiplikator zu multiplizieren.

121 Zur Bestimmung des Forderungswerts ist die Summe der so erhaltenen Produkte mit einem Faktor von 1,4 zu skalieren; dies gilt nur, wenn diese Summe größer ist als die Differenz der aktuellen Marktwerte der einem Netting-Satz zugeordneten Geschäfte und der Summe der aktuellen Marktwerte der dem Netting-Satz zugeordneten Sicherheiten.[120] Es kommt daher materiell zu einem Vergleich von Nettomarktwerten und Nettorisikopositionen, die mit gesetzlich vorgegebenen Prozentsätzen multipliziert werden.

122 Insb. die Bestimmung der Hedging-Sätze und der Nettorisikopositionen ist komplex, so dass auf eine ausführlichere Beschreibung hier verzichtet wird. Angemessene interne Verfahren sind einzurichten.

dd) Internes Modell

123 Um den Forderungswert eines Derivats nach der Anlage 2 zu § 22 BWG zu bestimmen, können österreichische Kreditinstitute mit Genehmigung der Finanzmarktaufsicht (§ 21 f BWG) ein internes Modell verwenden. Es ist zulässig, das interne Modell ausschließlich für solche Derivate zu verwenden.[121]

124 Die Bestimmung der Forderungswerte hängt vom konkret eingesetzten und genehmigten Modell ab und ist insgesamt komplex, so dass auf eine ausführlichere Beschreibung hier verzichtet wird. Es ist zulässig, den Skalierungsfaktor selbst zu schätzen.[122]

III. Marktrisiko

125 Österreichische Kreditinstitute, die ein großes Handelsbuch führen (§ 22 o BWG), haben das Marktrisiko derivativer Positionen nach den für das Handelsbuch geltenden Regeln zu bemessen. Kreditinstitute, die ein kleines Handelsbuch führen (§ 22 q BWG), können das Marktrisiko der Bemessungsgrundlage für das Kreditrisiko zuordnen und das entsprechende Eigenmittelerfordernis nach den für das Kreditrisiko geltenden Regeln (siehe oben) berechnen.[123]

---

116 § 236 SolvaV.
117 Stimmt weitgehend mit den aus Basel I bekannten Bestimmungen überein.
118 § 2 Abs. 3 Z. 2 SolvaV.
119 Absolutbetrag der Differenz zwischen der Summe der aus Geschäften resultierenden Risikopositionen und der Summe der aus Sicherheiten resultierenden Risikopositionen (§ 240 Abs. 1 SolvaV).
120 § 242 Abs. 1 Z. 3 SolvaV. Ist die Summe der nach § 242 Abs. 1 Z. 2 erhaltenen Differenz größer, ist dieser größere Wert zu skalieren.
121 § 21 f. Abs. 2 Z. 1 BWG.
122 § 246 SolvaV.
123 § 22 q Abs. 1 BWG.

D. Solvabilitätsvorschriften – Behandlung von Finanzderivaten

1. Risikoarten des Handelsbuchs

In § 22 o Abs. 2 BWG werden folgende Marktrisikoarten[124] des Handelsbuchs genannt:
- spezifisches Positionsrisiko in zinsbezogenen Instrumenten;
- allgemeines Positionsrisiko in zinsbezogenen Instrumenten;
- spezifisches Positionsrisiko in Substanzwerten;
- allgemeines Positionsrisiko in Substanzwerten;
- Risiko aus Aktien-Terminkontrakten;
- sonstige mit Optionen verbundene Risiken;
- nach der Szenario-Matrix-Methode behandelte Optionen;
- Warenpositionsrisiko;
- Fremdwährungsrisiko einschließlich des Risikos aus Goldpositionen.

Dazu kommen das oben zu Rn 102 behandelte Kontrahentenausfallrisiko, das ebenfalls bonitätsbezogene Abwicklungsrisiko[125] und das Risiko aus Investmentfondsanteilen.

2. Bestimmung des Positionsrisikos bei Derivaten

a) Grundlagen

Die Systematik (Risikoarten; allgemeines und spezifisches Positionsrisiko), die Behandlung (Aufspaltung) von Derivaten sowie die Aufrechnungsmöglichkeiten wurden weitgehend aus den Marktrisikobestimmungen von Basel I übernommen. Es ist nicht zu übersehen, dass diese Bestimmungen durchweg jüngeren Datums[126] sind als das Kreditrisikoregime und daher bereits interne Modelle vorsahen.

Österreichische Kreditinstitute haben jede dem Handelsbuch zugeordnete Position mindestens täglich zu Marktpreisen zu bewerten.[127]

§ 203 Abs. 1 SolvaV ermöglicht die Aufrechnung hinsichtlich gleichartig ausgestalteter Instrumente. Der Überschuss der Kaufpositionen über die Verkaufspositionen sowie der Verkaufspositionen über die Kaufpositionen in den gleichen Substanzwerten, Schuldtiteln, Wandelschuldverschreibungen, Finanzterminkontrakten, Optionen, Optionsscheinen ist demnach die Nettoposition in jedem dieser Instrumente.[128]

Die Nettopositionen sind je Instrument und je Währung zu ermitteln.[129] Positionen in Fremdwährung sind zum jeweiligen Devisenkassakurs in Euro umzurechnen.

Zur Berechnung des allgemeinen Positionsrisikos[130] können gleichartige Kauf- und Verkaufspositionen in derivativen Zinspositionen aufgerechnet werden, wenn bestimmte gesetzliche Anforderungen erfüllt sind (Matched-Pairs-Ansatz).[131] Insb. geht es um bestimmte Grenzen hinsichtlich der Fälligkeitsstruktur (Fixing bzw Restlaufzeit) und der Zinssätze. Dieser Aufrechnungsschritt geht über § 203 Abs. 1 SolvaV hinaus und ist nur in derselben Währung zulässig.

---

124 Vgl auch § 2 Z. 57 e BWG.
125 Vgl *OeNB*, Leitfadenreihe zum Marktrisiko, Band 6, 1999, 2 bis 4.
126 RL 93/6/EG (Kapitaladäquanz) ABl. L 1993/141, 1; RL 96/10/EG (Netting), ABl. L 1996/85, 17; BGBl. Nr. 753/1996; RL 98/31/EG (Optionsrisiko), ABl. L 1998/204, 13.
127 § 22 Abs. 4 BWG; § 198 SolvaV.
128 Vgl *Göth,* in: Diwok/Göth, BWG § 22 d, Rn 1 bis 9.
129 § 203 Abs. 4 SolvaV.
130 Nicht alle durch Aufspaltung erhaltenen Positionen eines Derivats haben ein spezifisches Positionsrisiko; das allgemeine Positionsrisiko ist durchweg zuzuordnen.
131 § 203 Abs. 3 SolvaV.

133 Positionen von Derivaten sind bei der Ermittlung der Nettopositionen nach den in § 204 SolvaV niedergelegten Verfahren als Positionen der zugrunde liegenden oder der fiktiven Wertpapiere zu behandeln.

b) Behandlung von Derivaten
aa) Zinsterminkontrakte

134 Zinsterminkontrakte, Zinstermingeschäfte sowie Terminpositionen bezüglich des Kaufes oder Verkaufs von Schuldtiteln sind als Kombination von Kauf- und Verkaufspositionen zu behandeln.

- Eine Kaufposition in einem Zinsterminkontrakt ist als Kombination einer Kreditaufnahme mit Fälligkeit zum Liefertag und dem Halten eines Vermögenswerts mit dem Fälligkeitstermin des Basiswerts zu behandeln.
- Ein verkauftes Termingeschäft ist als Kaufposition mit einem Fälligkeitstermin zu behandeln, der dem Abwicklungstermin zuzüglich des Vertragszeitraums entspricht, und als Verkaufsposition mit einem Fälligkeitstermin zu behandeln, der dem Abwicklungstermin entspricht.
- Eine Terminposition für den Kauf eines Schuldtitels ist als Kombination einer Kreditaufnahme, die zum Liefertag fällig wird, und einer (Kassa-)Kaufposition in den Schuldtitel selbst zu behandeln.

bb) Swaps

135 Swaps sind wie fiktive bilanzwirksame Instrumente zu behandeln. Bei Zinsswaps sind die jeweiligen Bezugsnominalia zu beachten.[132]

cc) Optionen

136 Sofern nicht die Szenario-Matrix-Methode[133] verwendet wird, können Optionen zum Zweck der Berechnung des Mindesteigenmittelerfordernisses wie Positionen behandelt werden, deren Wert dem Wert des zugrunde liegenden Instruments (multipliziert mit dessen Delta-Faktor)[134] entspricht. Darüber hinaus haben Kreditinstitute sonstige mit Optionen verbundene Risiken (Gamma- und Vegarisiko)[135] bei der Berechnung des Mindesteigenmittelerfordernisses zu berücksichtigen (Delta-Plus-Verfahren).[136] Die Sensitivitäten hat das Kreditinstitut in eigener Verantwortung nach einem geeigneten Optionsbewertungsmodell zu messen.[137]

137 Die Anwendung der Szenario-Matrix-Methode (§ 221 SolvaV) ersetzt die Berechnung des Delta-Risikos nach § 204 Abs. 3 SolvaV.

138 Dies gilt auch für titrierte Optionen (Optionsscheine). Die errechneten Positionen können gegen jede entgegengesetzte Position in dem gleichen zugrunde liegenden Wertpapier oder abgeleiteten Instrument aufgerechnet werden.

---

[132] *Göth*, in: Diwok/Göth, BWG, § 22 e Rn 17.
[133] § 2 Z. 56 BWG; § 221 SolvaV; zu den theoretischen Grundlagen siehe *Kesting* ÖBA 1996, 848, 853 bis 854.
[134] § 2 Z. 49 BWG.
[135] § 2 Z. 54 bis 55 BWG; §§ 219 bis 220 SolvaV.
[136] § 218 SolvaV.
[137] § 218 SolvaV iVm § 39 BWG.

D. Solvabilitätsvorschriften – Behandlung von Finanzderivaten

dd) Kreditderivate

Das Kreditinstitut hat für Kreditderivate den Nominalwert des Kreditderivatekontrakts zugrunde zu legen. Für die Ermittlung des Mindesteigenmittelerfordernisses des spezifischen Positionsrisikos ist mit Ausnahme des *Total Return Swap* die Laufzeit des Kreditderivats heranzuziehen und nicht die Laufzeit der Verbindlichkeit. Für die Ermittlung des Mindesteigenmittelerfordernisses für das allgemeine und das spezifische Positionsrisiko des Sicherungsgebers enthält § 204 Abs. 6 SolvaV detaillierte Vorschriften;[138] § 204 Abs. 7 betrifft den Sicherungsnehmer (Spiegelbildprinzip). 139

3. Mindesteigenmittelerfordernis für das allgemeine Positionsrisiko

Positionen des Wertpapierhandelsbuchs sind grds. in zinsbezogene Instrumente und Substanzwerte aufzuteilen. Die nach § 203 SolvaV in zinsbezogene Instrumente und Substanzwerte ungerechneten Komponenten von Derivaten sind entsprechend zuzuordnen.[139] 140

Die Berechnung des Mindesteigenmittelerfordernisses – dieses ist getrennt für jede Währung zu berechnen – erfolgt für die aufgespaltenen und zugeordneten Komponenten von Derivaten nicht anders als für originäre zinsbezogene Instrumente oder Substanzwerte. 141

Bei zinsbezogenen Instrumenten ist das Mindesteigenmittelerfordernis für das allgemeine Positionsrisiko, wie bereits unter Basel I, laufzeitbezogen oder anhand der modifizierten Duration zu berechnen.[140] Der Sensitivitätsansatz steht seit dem Inkrafttreten von BGBl. I Nr. 33/2000 (Umsetzung der RL 98/31/EG)[141] nicht mehr zur Verfügung. 142

Das Mindesteigenmittelerfordernis für das allgemeine Positionsrisiko in Substanzwerten beträgt 8% der Nettogesamtposition.[142] 143

4. Mindesteigenmittelerfordernis für das spezifische Positionsrisiko

Die Nettopositionen für bestimmte Kategorien von Schuldtiteln sind den gesetzlich vorgesehenen Risikogewichten zuzuordnen.[143] 144

Das Mindesteigenmittelerfordernis für das spezifische Positionsrisiko in Substanzwerten beträgt 4% der Bruttogesamtposition. Bestimmte Substanzwerte sind einer privilegierten Risikogewichtung von 2% zugänglich.[144] 145

5. Mindesteigenmittelerfordernis für sonstige mit Optionen verbundene Risiken und nach der Szenario-Matrix-Methode behandelte Optionen

Während das Deltarisiko unter den instrumentenbezogenen Kategorien für das allgemeine und spezifische Positionsrisiko erfasst wird,[145] sind die sonstigen mit Optionen verbundenen, nach der Säule I zu berücksichtigenden Risiken[146] (dazu zählen das in § 204 Abs. 4 genannte Gamma- und Vegarisiko)[147] gesondert mit Eigenmitteln zu unterlegen.[148] 146

---

138 § 204 Abs. 6 SolvaV.
139 § 206 iVm § 204 SolvaV; *Göth,* in: Diwok/Göth, BWG § 22f Rn 4 bis 7.
140 § 208 Abs. 1 iVm Abs. 3 und 4 SolvaV; zu den Methoden siehe *OeNB,* Leitfadenreihe zum Marktrisiko, Band 1, 9 bis 12.
141 ABl. L 1998/204, 13.
142 § 209 Abs. 3 iVm Abs. 1 SolvaV.
143 § 207 Abs. 1 SolvaV.
144 § 209 Abs. 2 SolvaV; vgl *Chini/Frölichsthal,* BWG² § 22i Rn 2.
145 § 204 Abs. 3 SolvaV (deltagewichteter Positionswert); vgl *Kesting,* ÖBA 1996, 848, 850.
146 § 22 o Abs. 2 Z. 7 BWG.
147 Zu den quantitativen Aspekten siehe *Kesting,* ÖBA 1996, 848, 849 bis 850.
148 § 22 o Abs. 2 Z. 7 BWG iVm § 204 Abs. 4 SolvaV; vgl *Göth,* in: Diwok/Göth, BWG § 22b Rn 3.

147 Ebenso gesondert zu unterlegen ist das mithilfe der Szenario-Matrix-Methode berechnete Eigenmittelerfordernis.[149] Da in diesem Fall keine Berechnung des Deltarisikos nach den allgemeinen Regeln erfolgt, gibt es auch keine Unterlegung des Deltarisikos im Rahmen der instrumentenbezogenen Kategorien für das allgemeine und spezifische Positionsrisiko.

148 Hinsichtlich des Gamma- und Vegarisikos sind die Legaldefinitionen des Gamma-Effekts und Vega-Effekts für die Berechnung des Eigenmittelerfordernisses maßgeblich.[150] Auch im Anwendungsbereich der Szenario-Matrix-Methode bestehen gesetzliche Vorgaben für die Berechnung des Eigenmittelerfordernisses.[151]

E. (OTC-)Derivate als (unklagbare/s) Spiel/Wette

I. Differenzgeschäfte

149 Die §§ 1267 ff ABGB (Allgemeines Bürgerliches Gesetzbuch) fassen eine Reihe von (durchaus verschiedenartigen) Verträgen zur Kategorie der „Glücksverträge" zusammen. Gemeinsames Tatbestandsmerkmal der Glücksverträge ist ein aleatorisches Element,[152] das im Gegensatz zu anderen Verträgen Vertragsinhalt (dh unmittelbarer Vertragsgegenstand oder Hauptzweck des Vertrags) ist. Dieses aleatorische Element betrifft entweder das Eintreten oder Nichteintreten einer Bedingung oder auch die Existenz des Vertragsgegenstands selbst.

150 Abhängig davon, ob ein Vertrag ausschließlich den Zweck verfolgt, einen Gewinn oder Verlust von einem bei Vertragsabschluss ungewissen Ereignis oder Umstand abhängig zu machen oder ob dieser Zweck noch mit einem anderen Zweck verbunden ist, spricht man vom „Glücksvertrag ieS" oder „Glücksvertrag iwS".

151 Abgrenzungsprobleme (die im Hinblick auf die weitreichenden Rechtsfolgen von erheblicher Bedeutung sind) ergeben sich in diesem Zusammenhang insb. in Hinblick auf sog. Differenzgeschäfte, auf die als Folge der damit verbundenen spekulativen Absicht häufig Spiel- und Wettgrundsätze angewendet wurden.

1. Definition

152 Nach hA[153] liegt ein Differenzgeschäft dann vor, wenn die Absicht beider Parteien oder doch die dem anderen Teil erkennbare Absicht einer Partei von vornherein nicht darauf gerichtet ist, einen (Kauf-)Vertrag durch Lieferung der Waren oder Wertpapiere und Zahlung des Kaufpreises effektiv zu erfüllen, sondern darauf, dass vom Käufer bzw Verkäufer nur die Differenz zwischen dem vereinbarten Preis und dem niedrigeren bzw höheren Preis am Erfüllungstag zu zahlen ist. Die Rspr hat eine Reihe von Indizien[154] für das Vorliegen eines Differenzgeschäfts entwickelt. Diese Indizien betreffen u.a. Unvermögen zur Abnahme/Lieferung der Naturalleistung, geringe Barleistung (im Verhältnis zum Umfang des abzuwickelnden Geschäfts), „Lebensberuf" der Parteien, Umsatzhöhe, Abwicklung bei länger dauernder Geschäftsbeziehung idR ohne tatsächliche Lieferung, sondern nur durch Verrechnung der Differenz und wiederholte Prolongation.

153 Auch wenn in Bezug auf eine Reihe von (OTC-)Derivaten argumentiert werden kann, dass diese gar nicht den Begriff des Differenzgeschäfts erfüllen würden,[155] ist nicht von der Hand zu weisen, dass (OTC-)Derivate häufig auch spekulativen Zwecken dienen.

---

149 § 22 o Abs. 2 Z. 8 BWG iVm § 221 SolvaV.
150 §§ 219 bis 220 SolvaV.
151 § 221 Abs. 4 SolvaV.
152 *Krejci*, in: Rummel, ABGB, Band 2³ §§ 1267 bis 1274 Rn 2.
153 Siehe für viele *Oppitz*, ÖBA 1991, 782, 786.
154 *Binder*, in: Schwimann, ABGB, Band 5³ § 1269 Rn 3.
155 Siehe zB *Oppitz*, ÖBA 1991, 782, 789 in Bezug auf Swaps.

2. Rechtsfolge der Qualifikation als Differenzgeschäft

Gemeinsam ist allen Glücksverträgen u.a., dass Ansprüche daraus nicht klagbar sind (es sei denn, der „bedungene Preis" wurde bei Vertragsabschluss entrichtet oder hinterlegt). Obwohl Differenzgeschäfte weder den Glücksverträgen ieS noch den Glücksverträgen iwS klar zuordenbar sind, war dieser Fragenkreis v.a. in den 1990er Jahren Gegenstand einer Reihe von Rechtsstreitigkeiten in Bezug auf Derivate. 154

Die Einrede der mangelnden Durchsetzbarkeit, die im Fall des Rechtsstreits von der beklagten Partei (ja selbst im Verfahren betreffend Anerkennung und Vollstreckung ausländischer [Schiedsgerichts-]Urteile von der verpflichteten Partei) erhoben werden kann (konnte), wird idR als „Differenzeinwand" bezeichnet. 155

Der aus dieser Rechtsfolge resultierenden Rechtsunsicherheit in Bezug auf eine Reihe von Derivativen wurde nicht nur durch gesetzgeberische Klarstellungen, sondern schlussendlich auch durch die Rspr des OGH Rechnung getragen (siehe dazu im Folgenden). 156

II. Legislative Entwicklungen

Im hier interessierenden Bereich der (OTC-)Derivate[156] ist seit 1.8.1998 § 1 Abs. 5 BWG zu beachten. Gem. dieser Bestimmung kann der Differenzeinwand in Bezug auf als Bankgeschäft zu beurteilende (OTC-)Derivate dann nicht erhoben werden, wenn eine der Vertragsparteien in Bezug auf das konkrete Geschäft[157] entweder eine inländische Bankkonzession hat oder im Wege der Niederlassungs- oder Dienstleistungsfreiheit tätig ist und nach dem maßgeblichen Recht des Heimatstaats für den betreffenden Geschäftstyp die erforderliche Berechtigung hat. Das Abstellen auf die grds. Konzessionspflicht des betreffenden Geschäfts hat insb. im Bereich der Warenderivate, wo es im Zusammenhang mit der Umsetzung von MiFID zu einer erheblichen Ausweitung des Katalogs der beaufsichtigten Geschäfte gekommen ist,[158] für erhöhte Rechtssicherheit betreffend die Durchsetzbarkeit der Ansprüche aus (OTC-)Derivaten geführt. 157

Zu beachten ist, dass gem. § 100 Abs. 2 BWG sich die Partei des Geschäfts, die das betreffende Bankgeschäft ohne die erforderliche Konzession betreibt, nicht auf vorerwähnte Ausnahmebestimmung berufen kann. Diese bleibt also in Bezug auf spekulative Geschäfte (siehe im Folgenden) weiterhin dem Risiko des Differenzeinwands ausgesetzt. 158

III. Entwicklungen in der Rspr des OGH

Gerade in den Bereichen, in denen das konkrete Geschäft kein Bankgeschäft ist oder aber die Parteien nicht über die erforderlichen aufsichtsrechtlichen Genehmigungen verfügen, ist die Mitte der 1990er Jahre eingeleitete und mit der Entscheidung 1 Ob 81/98 p[159] im Wesentlichen abgeschlossene Judikaturwende beachtlich. 159

Hatte das Höchstgericht bis dahin die Klagbarkeit von Ansprüchen aus Differenzgeschäften unabhängig von deren wirtschaftlicher Rechtfertigung versagt und diese als bloße Naturalobligationen qualifiziert, folgte es in dieser Entscheidung dem Drängen der Lehre (und Praxis) nach verstärkter gerichtlicher Durchsetzbarkeit von Differenzgeschäften. Der OGH schränkt in dieser Entscheidung den Schutzzweck der Bestimmungen betreffend Spiel und Wette (§§ 1270 ff ABGB) auf Geschäfte ein, die ohne wirtschaftliche Berechtigung (zB nur 160

---

156 Sonderregelungen in § 28 BörseG und § 67 Abs. 8 WAG 2007 betreffend an der Börse oder an einem multilateralen Handelssystem gehandelte Kontrakte werden hier nicht behandelt.
157 *Laurer*, in: Laurer/Borns/Strobl/M. Schütz/O. Schütz, BWG³ § 1 Rn 35.
158 Siehe *Ebner/Gapp*, ecolex 2008, 20, 21.
159 OGH vom 25.8.1998.

aus spekulativen Gründen als Spiel und Wette) abgeschlossen würden. Im Gegensatz dazu sollen wirtschaftlich gerechtfertigte Transaktionen (zB Hedging-Geschäfte) klagbar sein (und zwar sowohl für die Partei, die ein Risiko abzusichern sucht, als auch den Marktteilnehmer, der das Risiko übernimmt).

§ 32 Finanzderivate in der Schweiz

Literatur *Bertschinger*, Zur Neuregelung des Eintrittsrechts der Konkursverwaltung in synallagmatische Verträge des Gemeinschuldners (Art. 211 Abs. 2bis SchKG) – Gleichzeitig ein Beitrag zum bilateralen Netting, AJP 1995, S. 889 ff; *Dubacher*, Close-out-Bestimmungen und das Eintrittsrecht der Konkursverwaltung, Ein Rechtsvergleich zwischen der Schweiz, Deutschland und Österreich, in: Zobl/Giovanoli/Hertig (Hrsg.), Schweizer Schriften zum Bankrecht, Band 57, Zürich 1999; *Giger*, Der OTC Handel mit Finanzderivaten aus rechtlicher Sicht (1998); *Häusler*, Die vertraglichen Grundlagen im Bereich des Handels mit derivaten Finanzinstrumenten: unter besonderer Berücksichtigung des Schweizer Rahmenvertrages für Over the Counter (OTC) Derivate, Zürich 1996; *Hunkeler* (Hrsg.), Kurzkommentar Schuldbetreibungs- und Konkursrecht, Basel 2009 (zit. KUKO-SchKG-Autor, Art. 38 N 45); *Plenio*, „Netting" und „Automatic Termination" – Segen oder Fluch?, SZW 2011, S. 135 ff; *Pulver/Schott*, Das Insolvenzrecht für Banken und Effektenhändler – Überblick über die Sonderregelung und ausgewählte Fragen, S. 237 ff; *Rayroux*, Neuere Aspekte der Vertragsausgestaltung bei derivativen Finanzinstrumenten, SZW 1996, S. 11 ff; *Staehelin/Bauer/Staehelin* (Hrsg.), Kommentar zum Bundesgesetz über Schuldbetreibung und Konkurs unter Einbezug der Nebenerlasse – SchKG II, Basel 1998 (zit. SchKG-Autor, Art. 38 N 45); *Staub*, Instrumente des Kreditrisikotransfers im schweizerischen Bankaufsichtsrecht, SZW 2009, S. 323 ff; *Weydmann*, Zweiseitige Verträge im Konkurs einer Vertragspartei, Diss. Zürich 1958; *Zobl/Werlen* 1992 ISDA-Master Agreement unter besonderer Berücksichtigung der Swapgeschäfte, in: Zobl/Giovanoli/Hertig (Hrsg.), Schweizer Schriften zum Bankrecht, Band 33, Zürich 1995 (zit. Zobl/Werlen, ISDA, S.); *dies.*, Rechtsprobleme des bilateralen Netting, in: Zobl/Giovanoli/Hertig (Hrsg.), Schweizer Schriften zum Bankrecht, Band 18, Zürich 1994 (zit. Zobl/Werlen, Netting, S.).

A. Netting-Vereinbarungen	1
I. Das Netting	1
II. Payment Netting und Close-out Netting	3
III. Elemente des Close-out Netting-Systems	6
IV. Arten von Close-out Bestimmungen	7
V. Zulässigkeit des Close-out Netting	9
1. Close-out Netting	9
2. Berechnung des Ausschlussbetrages	19
3. Zahlung des Ausschlussbetrages (close-out amount)	23
4. Optional Close-out/optional early termination	25
VI. Multibranche Netting	33
VII. Anerkennung des Netting im Bankenrecht	36
VIII. Mögliche Maßnahmen zur Reduktion des Kreditrisikos innerhalb einer Unternehmensgruppe	40
B. Kreditderivate im Bankenaufsichtsrecht	41
I. Einleitung	41
II. Eigenmittelunterlegung von Kreditrisiken und Marktrisiken	42
III. Kreditderivate als kreditrisikomindernde Maßnahmen	43
IV. Eigenmittelunterlegung der Marktrisiken von Kreditderivaten im Handelsbuch	50
V. Einsatz von Kreditderivaten bei der Kreditrisikoverteilung	55
C. Einsatz von derivativen Finanzinstrumenten bei Versicherungen	56
I. Einleitung	56
II. Einsatz von derivativen Finanzinstrumenten ohne Hebelwirkung	62
III. Zulässige Derivate zur Absicherung von Zahlungsströmen aus versicherungstechnischen Verpflichtungen	67
IV. Zulässige Derivate zur Erwerbsvorbereitung oder Replikation eines Basiswertes	69
V. Zulässige Derivate zur Ertragsvermehrung	73
D. Schweizer Rahmenvertrag für OTC-Derivate (2003)	75
I. Einleitung	75
II. Anwendungsbereich	78
III. Aufbau	79
IV. Rahmenvertrag und Bestätigungen als „Einheitsvertrag"	82
V. Form	87
VI. Bestätigung bzw Zusicherung für spezifische Parteien	89
VII. Erfüllung	91
VIII. Erfüllungsstörung und Auflösungsgründe	93
1. Folgen für die Einzeltransaktion	94
2. Folgen für das Einheitsvertragsverhältnis	98
IX. Verrechung	102
1. Automatische Verrechnung unter einer bestimmten Transaktion	102
2. Verrechnung unter verschiedenen Transaktionen	103
X. Anwendbares Recht	104

§ 32 Finanzderivate in der Schweiz

Gegenstand dieses Kapitels sind einige ausgewählte Aspekte bei der Verwendung von Finanzderivaten in der Schweiz. Eine umfassende Darstellung aller bei Derivatgeschäften in der Schweiz relevanten privat- und öffentlich-rechtlichen Bestimmungen würde den Umfang des Beitrags sprengen. Daher werden im Folgenden die Zulässigkeit von Netting-Vereinbarungen unter dem Schweizerischen Recht, die Behandlung von Kreditderivaten im Bankenaufsichts- und Bankeninsolvenzrecht sowie der Einsatz von derivativen Finanzinstrumenten bei Versicherungen angesprochen und abschließend der Schweizer Rahmenvertrag für OTC-Derivate kurz vorgestellt.

A. Netting-Vereinbarungen

I. Das Netting

1   Die Wirksamkeit der in Rahmenverträgen im Bereich von außerbörslich (OTC) gehandelten Finanzderivaten verwendeten Netting-Klauseln ist von größter praktischer Bedeutung. Unter einem ISDA-Master-Agreement können grundsätzlich eine unbegrenzte Anzahl von Einzeltransaktionen bzw -geschäften abgeschlossen werden. Aus jeder dieser Einzeltransaktionen bzw -geschäfte resultiert eine Forderung einer Partei gegenüber der anderen Partei. Letztlich können sich mehrere Forderungen zwischen den Parteien gegenüberstehen.

2   Gestützt auf eine Netting-Vereinbarung sollen nun die sich gegenüberstehenden Bruttoforderungen zweier Parteien aus Transaktionen, die unter einem Rahmenvertrag abgeschlossen wurden, zu einem Nettobetrag verrechnet („genettet") werden. Dadurch sollen Erfüllungsrisiken vermindert bzw das Kreditrisiko der Einzelgeschäfte reduziert und die Abwicklung von Transaktionen und der Zahlungsverkehr vereinfacht werden. Zudem soll das Netting zu einer Verminderung der Eigenmittelanforderungen bei Banken führen.

II. Payment Netting und Close-out Netting

3   Es werden grundsätzlich zwei Arten von Netting-Klauseln unterschieden, das Payment Netting (Zahlungsnetting) und das Close-out Netting (Liquidationsnetting). Während es beim Payment Netting um die Verrechnung von Zahlungsverpflichtungen aus Transaktionen unter einem Rahmenvertrag geht, welche ordentlich beendet werden, geht es beim Close-out Netting um Transaktionen, die aufgrund des Eintritts eines bestimmten Ereignisses (zB Insolvenz (bankruptcy) einer Partei) vorzeitig beendigt werden. Anders als beim Close-out Netting erfolgt die Verrechnung beim Payment Netting nur am (ordentlichen) Fälligkeitstag. Das Close-out Netting bezweckt demgegenüber die gleichzeitige vorzeitige Beendigung und Bewertung noch laufender Transaktionen unter einem Rahmenvertrag bei Eintritt gewisser Ereignisse sowie die Verrechnung der aus den vorzeitig beendeten Transaktionen resultierenden Bruttoforderungen zu einer Nettoforderung, des sog. Netto-Ausschlussbetrages (close-out amount). Gegenstand des Close-out Netting ist nicht die Aufrechnung bereits fälliger Ansprüche, sondern die Verrechnung von Bruttoforderungen, die erst als Folge der vorzeitigen Beendigung ausstehender Transaktionen fällig werden.

4   Solche das Close-out Netting auslösende Ereignisse werden zwischen den Parteien definiert und sind beispielsweise Liquiditätsschwierigkeiten, Konkurs oder aufsichtsrechtliche Maßnahmen gegen eine Vertragspartei.

5   Das primäre wirtschaftliche Ziel des Close-out Netting ist letztlich die Reduktion des Kreditrisikos aber auch die Senkung der Eigenmittelanforderungen der Bank. Um dieses Ziel zu erreichen, ist insbesondere auch der Ausschluss des Wahlrechts der Konkursverwaltung nach Art. 211 Abs. 2 SchKG im Konkurs einer Partei zu gewährleisten.

III. Elemente des Close-out Netting-Systems

Das Close-out Netting-System im ISDA Master Agreement – aber auch im Swiss Master Agreement – besteht grundsätzlich aus den folgenden vier Elementen (vgl. dazu im Detail § 14 Rn 8 ff):
1. Einheitsvertragsklausel (Single Agreement Klausel)
2. Vertragsbeendigungsklausel (Close-out Klausel)
3. Positionenbewertung
4. Netting bzw Verrechnung und Abschluss- bzw Ausgleichszahlung

IV. Arten von Close-out Bestimmungen

Unter dem ISDA Master Agreement könnten die Parteien vereinbaren, ob sie die Automatic Early Termination oder die Optional Early Termination wollen. Die Automatic Early Termination löst beim Eintritt des Close-out-Ereignisses (zB Insolvenz (bankruptcy) einer Partei) das Nettingverfahren direkt bzw automatisch aus, dh, der Eintritt des Close-out-Ereignisses hat hinsichtlich aller ausstehenden Transaktionen die automatische vorzeitige Beendigung und Aufrechnung auf den Zeitpunkt unmittelbar vor Eintritt des Event of Default zur Folge.

Bei der zweiten Variante, der Optional Early Termination, steht es der vom Close-out-Ereignis nicht betroffenen Partei (non-affected party) frei, einen Termin (early termination date) für die Kündigung bzw Beendigung und damit der Auslösung des Nettingverfahrens zu bestimmen. Sie hat es in der Hand, die Beendigung der gegenseitigen Transaktionen auszulösen.[1]

V. Zulässigkeit des Close-out Netting

1. Close-out Netting

Während das Payment Netting aufgrund der Vertragsfreiheit unter Schweizer Recht grundsätzlich wenig problematisch und zulässig ist, stellt sich beim Close-out Netting die Frage nach der gesetzlichen Zulässigkeit einer solchen Vereinbarung, weil das Close-out Netting insbesondere bei Eintritt der Insolvenz bzw des Konkurses einer Partei zur Anwendung gelangt.

Mittels des vertraglich festgelegten Verrechnungsmodus soll einer allfälligen gesetzlichen Regelung, wonach die Konkursverwaltung ein Wahlrecht hat, einen laufenden Vertrag zu erfüllen oder nicht, zuvorgekommen werden. Ein allfälliges Wahlrecht erlaubt es der Konkursverwaltung diejenigen Verträge bzw Transaktionen herauszupicken und zu erfüllen, welche profitabel sind, das sogenannte cherry picking, was zu einer Schädigung der Gegenpartei führen könnte, wenn diese bei für sie profitablen Verträgen mit der Konkursdividende abgefunden wird. Mittels der Close-out Vereinbarung wollen die Vertragsparteien den Konkursverwalter daran hindern, zwischen vorteilhaften und nachteiligen Geschäften auswählen zu können. Das Recht der Konkursmasse, jene Transaktionen zu erfüllen, die die für sie günstigen sind, während die Gegenpartei für die übrigen Transaktionen die Verluste hinnehmen muss, soll ausgeschlossen werden.[2]

In der Schweiz hat die Konkursverwaltung gestützt auf Art. 211 Abs. 2 SchKG das Recht, die Verpflichtungen des Schuldners, die zur Zeit der Konkurseröffnung nicht oder nur teilweise erfüllt sind, anstelle des Schuldners zu erfüllen. Vor in Kraft treten des Art. 211 Abs. 2bis SchKG am 1.1.1997 stellte sich somit die Frage, ob die Parteien durch vertragliche

---

1 Vgl Dubacher, S. 35; Zobl/Werlen, ISDA, S. 145.
2 Vgl Dubacher, S. 35.

Vereinbarung das gesetzlich verankerte Wahlrecht der Konkursverwaltung grundsätzlich ausschließen dürfen oder ob eine solche Vertragsabrede gegen materielles Konkursrecht verstößt und sich daher im Fall des Konkurses nicht durchsetzen lässt.

12 Ausgehend davon, dass die Konkursverwaltung einen Vertrag so zu übernehmen hat, wie er im Zeitpunkt der Konkurseröffnung besteht, dass sie, m.a.W., bei Eintritt in den Vertrag, die aus dem Vertrag fließenden Rechte nur in dem Maß geltend machen kann, wie sie bei der Konkurseröffnung noch bestehen,[3] muss Art. 211 Abs. 2 SchKG als eine verfahrensrechtliche Anordnung betrachtet werden, welche regelt, wie die Konkursverwaltung einen noch ausstehenden Vertrag zu behandeln hat.[4] Den Vertrag muss die Konkursverwaltung aber grundsätzlich so hinnehmen wie er ist, mit allen darin enthaltenen Vereinbarungen auch mit Bezug auf den Konkurs. Art. 211 SchKG ist daher eine Norm des Verfahrensrechts und ist nicht als materiell-rechtliche Norm im Sinn einer Gebots- oder Verbotsnorm zu verstehen, welche auch bei Vorliegen einer vertraglichen Regelung angewendet werden muss. Entsprechend qualifiziert die Doktrin Art. 211 Abs. 2 SchKG als dispositive Gesetzesbestimmung, die einer vertraglichen Regelung zugänglich ist.[5] Besteht eine Netting-Vereinbarung zwischen den Parteien, so ist diese nach der Lehre trotz Art. 211 Abs. 2 SchKG zulässig und durchsetzbar.

13 Zur Frage des dispositiven Charakters des gesetzlich vorgesehenen Wahlrechts der Konkursverwaltung gemäß Art. 211 Abs. 2 SchKG gibt es keinen expliziten Bundesgerichtsentscheid. Das Bundesgericht hat sich aber für die verfahrensrechtliche Natur von Art. 211 SchKG ausgesprochen.[6] Da das Wahlrecht der Konkursverwaltung damit nicht Teil des materiellen Konkursrechts bildet, müsste das Bundesgericht konsequenterweise die vertragliche Ausschlussmöglichkeit des Wahl- bzw Eintrittsrechts der Konkursverwaltung anerkennen. Diese Schlussfolgerung entspricht denn auch der herrschenden Lehre.[7]

14 Entsprechend ist es zulässig, das Wahl- bzw Eintrittsrecht der Konkursverwaltung gemäß Art. 211 Abs. 2 SchKG vertraglich auszuschließen. Ausgehend von dieser Erkenntnis ist die herrschende Lehre weiter der Auffassung, dass Vereinbarungen, wonach Verträge bei Konkurseröffnung über eine Partei aufgelöst werden, zulässig seien. Diese Auffassung wird damit begründet, dass mangels einer materiellrechtlichen Bedeutung von Art. 211 Abs. 2 SchKG das Schuldbetreibungs- und Konkursrecht die Vertragsfreiheit der Parteien mit Bezug auf die Zulässigkeit einer solchen Auflösungsvereinbarung nicht einschränkt; es gilt mithin die Vertragsfreiheit.[8] Daraus folgt wiederum, dass die Netting-Vereinbarung in Rahmenverträgen für OTC-Derivate zulässig und damit auch im Konkurs der Gegenpartei durchsetzbar ist.[9]

15 Die Vereinbarkeit der Netting-Klauseln im ISDA Master Agreement mit dem Schweizer Obligationenrecht sowie dem schweizerischen Schuldbetreibungs- und Konkursrecht wurde denn auch in dem von der ISDA in Auftrag gegebenes Ländergutachten für die Schweiz fest-

---

3 Weydmann, S. 35.
4 SchKG-Schwob, Art. 211 N 27.
5 Vgl Zobl/Werlen, ISDA, S. 119; Zobl/Werlen, Netting, S. 87; Dubacher, S. 66; SchKG-Schwob, Art. 211 N 27 f.
6 BGE 104 III 84 ff, 90 f.
7 Zobl/Werlen, ISDA, S. 100 f mit weiteren Hinweisen.
8 Vgl Zobl/Werlen, ISDA, S. 106.
9 AA KUKO-SchKG-Bürgi, Art. 211 N 8 wonach Art. 211 Abs. 2 für bei Konkurseröffnung noch nicht aufgelöste Verträge zwingend ist und eine vertragliche vereinbarte Auflösung nur für den Fall zulässig ist, dass die Auflösung in einer „logischen Sekunde" vor Konkurseröffnung stattfindet, dh, dass in der vertraglichen Vereinbarung auf einen objektiv feststellbaren Zeitpunkt, zB denjenigen der Konkursandrohung, für die Auflösung abzustellen ist.

gestellt.¹⁰ Das hatte zur Folge, dass sich das international maßgebende ISDA Master Agreement ab 1994 auch in der Schweiz einer größeren Akzeptanz erfreute.

Mit der Ergänzung von Art. 211 SchKG durch Abs. 2bis per 1.1.1997 hat der Gesetzgeber der Problematik um die Zulässigkeit des Netting im Konkurs Rechnung getragen. Abs. 2bis von Art. 211 SchKG schließt das Wahlrecht der Konkursverwaltung gemäß Art. 211 Abs. 2 SchKG für Finanztermin-, Swap- und Optionsgeschäfte aus, falls der Wert der vertraglichen Leistung zum Zeitpunkt der Konkurseröffnung aufgrund von Markt- oder Börsenpreisen bestimmbar ist. Diese Vorschrift stellt eine Ausnahme dar vom Recht der Konkursverwaltung, einen Vertrag des Gemeinschuldners zu erfüllen. Dieses Wahl- bzw Eintrittsrecht ist damit von Gesetzes wegen bei den in Abs. 2bis von Art. 211 SchKG namentlich genannten Geschäften ausgeschlossen, dh, eine Erfüllung von Finanztermin-, Swap- und Optionsgeschäfte durch die Konkursverwaltung ist ausgeschlossen, sofern der Wert der vertraglichen Leistung zum Zeitpunkt der Konkurseröffnung aufgrund von Markt- oder Börsenpreisen bestimmbar ist. Entsprechend braucht es mit Bezug auf die von Art. 211 Abs. 2bis SchKG erfassten Geschäfte keiner Close-out Vereinbarung zwischen den Parteien. 16

Außerhalb des Anwendungsbereiches von Art. 211 Abs. 2bis SchKG hat die Konkursverwaltung aber nach wie vor ein Wahl- bzw Eintrittsrecht. Verträge, die zur Zeit der Konkurseröffnung nicht oder nur teilweise erfüllt sind, unterliegen deshalb grundsätzlich dem cherry picking durch die Konkursverwaltung. Daher sind Lehre und Rechtsprechung zu Art. 211 Abs. 2 SchKG immer noch relevant, soweit es um Transaktionen geht, die außerhalb des Anwendungsbereiches von Art. 211 Abs. 2bis SchKG liegen, aber eine (vertragliche) Close-out Vereinbarung aufweisen. 17

Nicht unter den Anwendungsbereich des Abs. 2bis von Art. 211 SchKG fallen beispielsweise Transaktionen, deren Kontraktwert sich nicht durch einen Markt- oder Börsenpreis bestimmen lässt.¹¹ Mit Bezug auf solche Transaktionen ist die zu Art. 211 Abs. 2 SchKG entwickelte Doktrin relevant, welche die Zulässigkeit und Durchsetzbarkeit der vertraglichen Wegbedingung des Wahl- bzw Eintrittsrechts der Konkursverwaltung bejaht.¹² 18

2. Berechnung des Ausschlussbetrages

Auch mit Bezug auf Geschäfte, die grundsätzlich unter Abs. 2bis von Art. 211 SchKG fallen, stellen sich nach wie vor gewisse Fragen. Treffen beispielsweise die Parteien eine Vereinbarung bezüglich der Bewertung von Transaktionen, die von einem Close-out betroffen sind, welche nicht auf den Markt- oder Börsenpreis abstellt, stellt sich die Fragen, ob solche Vereinbarungen mit Art. 211 Abs. 2bis SchKG vereinbar sind. Eine solche vertragliche Regelung hat ja zur Folge, dass Transaktionen, die grundsätzlich unter den Anwendungsbereich von Art. 211 Abs. 2bis SchKG fallen würden, von dieser gesetzlichen Regelung ausgenommen werden. 19

Meines Erachtens muss es aufgrund der im schweizerischen Recht geltenden Vertragsfreiheit zulässig sein, dass die Parteien eine von Art. 211 Abs. 2bis SchKG abweichende Bewertungs- bzw Berechnungsmethode für die Ausgleichsforderung vertraglich vorsehen. Ziel von Abs. 2bis von Art. 211 SchKG ist „nur", aber immerhin, für bestimmte Geschäfte ein gesetzliches Close-out Netting für den Fall zu statuieren, dass die Parteien keine vertragliche Rege- 20

---

10 Vgl Zobl/Werlen, Summary of the Swiss Legal Opinion on the ISDA – Master Agreement 1992, 29.4.1994; siehe zum Ganzen: Häusler, S. 176.
11 Damit einen Transkation unter Art. 211 Abs. 2 SchKG fällt, wird nicht vorausgesetzt, dass das Finanzinstrument auf einem liquiden Markt gehandelt wird bzw regelmäßig Preise gestellt werden. Bei OTC-Derivaten trifft dies ja eben nicht zu. Für die Anwendbarkeit von Art. 211 Abs. 2bis SchKG genügt es aber, dass der Wert des Finanzinstruments bzw der vertraglichen Leistung objektiv bestimmbar ist.
12 Rayroux, S. 14.

lung vorgesehen haben. Der Gesetzgeber will damit aber nicht in die Vertragsfreiheit der Parteien eingreifen, sondern eine angemessene gesetzliche Regelung für den Fall treffen, dass die Parteien selber keine Regelung vorgesehen haben. Entsprechend können die Parteien eine andere als die in Art. 211 Abs. 2bis SchKG statuierten Bewertungs- bzw Berechnungsmethode gültig vereinbaren.[13]

21 Ein von Art. 211 Abs. 2bis SchKG abweichende Bewertungs- bzw Berechnungsmethode darf aber nicht zu einer Ungleichbehandlung der Gläubiger im Konkurs führen, dh, die Bewertungs- bzw Berechnungsmethode darf nicht derart ausgestaltet werden, dass die Ausgleichsforderung für den Fall des Konkurses höher ausfällt als im Falle einer vorzeitigen Beendigung der Transaktion ausgelöst durch ein anderes Ereignis als den Konkurs. Solange die Ausgleichszahlung bezweckt, die von der (infolge Konkurseröffnung) abrupten Beendigung der ausstehenden Transaktion betroffenen Partei so zu stellen, wie wenn die Transaktion vertragsgemäß erfüllt worden wäre, verstößt eine von Art. 211 Abs. 2bis SchKG abweichende Bewertungs- bzw Berechnungsmethode nicht gegen materielles Konkursrecht und muss zulässig sein.

22 Entsprechend sind beide unter dem 1992 ISDA Master Agreement zur Verfügung gestellten Methoden (Market Quotation und Loss) für die Berechnung des Ausschlussbetrages zulässig. Die in Art. 211 Abs. 2bis SchKG vorgesehene Berechnungsmethode basiert auf einer abstrakten Schadensberechnungsmethode, die der Market Quotation unter dem 1992 ISDA Master Agreement entspricht und auf einer Schätzung des Marktpreises beruht. Zulässig ist aber auch eine vertragliche Regelung, den Ausschlussbetrag basierend auf einer konkreten Schadensberechnungsmethode aufgrund der tatsächlich erlittenen Verluste und Kosten der Parteien (Loss Method) zu berechnen.[14]

3. Zahlung des Ausschlussbetrages (close-out amount)

23 Das 1992 ISDA Master Agreement sieht vor, dass die Parteien durch Auswahl der entsprechenden Bestimmungen vereinbaren können, dass, im Fall der vorzeitigen Beendigung aufgrund einer Vertragsverletzung (Event of Default), nach Errechnung des Netto-Ausschlussbetrages, dieser Ausschlussbetrag nur zu bezahlen ist, wenn dieser Betrag zugunsten der sich vertragsgemäß verhaltenden Partei (non-defaulting party) lautet (sogenannte First Method). Sofern der Ausschlussbetrag zugunsten der sich nicht vertragsgemäß verhaltenden Partei (defaulting party) lautet, ist der Ausschlussbetrag nicht zu bezahlen (sogenannte Ausstiegsklausel bzw Walk-away-clause).

24 Sehen die Partei eine Regelung vor, wonach der Ausschlussbetrag, welcher infolge des Konkurses einer Partei berechnet wurde, nur zu leisten ist, wenn der Ausschlussbetrag zugunsten der nicht konkursiten Partei lautet, stellt sich die Frage deren Zulässigkeit unter Schweizerischem Schuldbetreibungs- und Konkursrecht. Die Folge einer solchen Regelung ist, dass die konkursite Partei zum Voraus auf eine als Folge der vorzeitigen Beendigung der ausstehenden Transaktionen entstehende Forderung verzichtet. Ein rechtsgültiger Verzicht setzt aber voraus, dass die verfügende Partei im Zeitpunkt der Entstehung der Forderung die Verfügungsmacht über diese Forderung hat. Ein infolge des Konkurses einer Partei ausgelöster und berechneter Ausschlussbetrag entsteht aber erst auf den Zeitpunkt des Konkurses. Da mit der Konkurseröffnung die Verfügungsmacht über das Vermögen der konkursiten Partei auf die Konkursverwaltung über geht, kann die konkursite Partei nicht mehr über ihr zustehende Forderungen verfügen bzw auf Forderungen rechtsgültig verzichten, dh, die konkursite Partei kann nicht auf den ihr zustehenden Ausschlussbetrag zulasten ihrer Gläubiger verzichten. Ein solcher Verzicht auf den Konkurs hin ist mithin nur rechtsgültig, wenn die Kon-

---

13 *Bertschinger*, S. 895.
14 SchKG-*Schwob*, Art. 211 N 40 f.

kursverwaltung einem solchen Verzicht (nachträglich) zustimmt. Damit ist die Durchsetzbarkeit einer entsprechenden Regelung im Konkurs in der Schweiz in Frage gestellt.[15]

4. Optional Close-out/optional early termination

Während beim Automatic Early Termination der Eintritt eines Event of Default automatisch die vorzeitige Beendigung (close-out) aller ausstehenden Transaktionen zur Folge hat, kommt es bei einem Optional Early Termination nur dann zu einer vorzeitigen Beendigung, wenn die nicht betroffene Partei (non-affected party) eine Beendigung verlangt. Entsprechend hat die nicht betroffenen Partei bei Konkurseröffnung über die Gegenpartei ein Kündigungs- bzw Beendigungsrecht mit Bezug auf alle noch ausstehenden Transaktionen., dh, für den Fall des Konkurseintritts wird der nicht betroffenen Partei ein außerordentliches Kündigungs- bzw Beendigungsrecht kraft Vereinbarung eingeräumt. Die Erfüllung der Transaktionen bzw die vorzeitige Beendigung liegt damit im Belieben der nicht betroffenen Partei. 25

Ein solches Kündigungs- bzw Beendigungsrecht ist gemäß herrschender Lehre mit Art. 211 Abs. 2 SchKG vereinbar. Wenn der Ausschluss des Wahlrechts der Konkursverwaltung bei einer automatische Beendigung zulässig ist, so muss auch eine Optional Early Termination zulässig sein, dh, es muss zulässig sein, einerseits das Wahlrecht der Konkursverwaltung auszuschließen und andererseits der nicht betroffenen Partei ein Kündigungs- bzw Beendigungsrecht einzuräumen. Eine solche Vereinbarung ist im Rahmen von Art. 211 Abs. 2 SchKG zulässig. 26

Auch Abs. 2bis von Art. 211 SchKG steht einer solche Vereinbarung nicht entgegen. Ausgehend davon, dass es sich bei Art. 211 Abs. 2 SchKG um eine verfahrensrechtliche Norm handelt, liegt es nah, konsequenterweise auch Abs. 2bis von Art. 211 SchKG als verfahrensrechtliche Norm und damit als eine dispositive Gesetzesbestimmung zu qualifizieren. Entsprechend ist es zulässig, die gesetzlich vorgesehene automatische Liquidierung von Finanztermin-, Swap- und Optionsgeschäfte im Konkurs vertraglich auszuschließen. 27

Die Zulässigkeit einer solchen vertraglichen Regelung ist in der Lehre nicht unumstritten. So wird auch die Meinung vertreten, dass die automatische Liquidierung der durch Art. 211 Abs. 2bis SchKG erfassten Geschäfte zwingend sei. Entsprechend wären Klauseln, welche ein Optional Early Termination für den Konkursfall vorsehen, seit Inkrafttreten von Abs. 2bis von Art. 211 SchKG nicht mehr gültig.[16] 28

Meines Erachtens war es nicht die Absicht des Gesetzgebers, die Vertragsfreiheit durch die Einführung von Art. 211 Abs. 2bis SchKG einzuschränken. Vielmehr wollte der Gesetzgeber „nur" eine angemessene Regelung vorsehen, welche im Konkurs einer Partei zur Anwendung kommt, wenn die Parteien selber keine diesbezügliche Vereinbarung getroffen haben. Daher ist ein vertraglicher Ausschluss der automatischen Beendigung im Konkurs meines Erachtens zulässig. Ganz generell muss ein vertraglicher Ausschluss der Anwendbarkeit von Abs. 2bis von Art. 211 SchKG ebenso zulässig sein, wie ein Ausschluss der Anwendbarkeit des Wahlrechts der Konkursverwaltung nach Abs. 2 von Art. 211 SchKG. 29

Im Zusammenhang mit dem Kündigungs- bzw Beendigungsrecht gilt es aber noch zu erwähnen, dass das Recht der nicht betroffenen Partei (non-affected party) eine Beendigung infolge des Konkurses der Gegenpartei zu verlangen, zeitlich befristet werden sollte. Eine fehlende zeitliche Befristung erscheint unhaltbar vor dem Hintergrund angebracht, dass die konkursi- 30

---

15 *Zobl/Werlen*, ISDA, S. 140 f.
16 *Rayroux*, S. 14.

te Partei bzw die Konkursmasse innerhalb angemessener Frist Gewissheit über das Schicksal der noch ausstehenden Transaktionen haben muss.[17]

31 Mit dem schweizerischen Schuldbetreibungs- und Konkursrecht nicht vereinbar wäre hingegen eine Bestimmung, wonach trotz Konkurses der Gegenpartei noch eine Lieferungspflicht besteht und Realerfüllung verlangt werden kann.

32 Mit Konkurseröffnung werden alle Forderungen, die nicht eine Geldzahlung zum Gegenstand haben, in eine Geldforderung von entsprechendem Wert umgewandelt (sog. Umwandlungsprinzip) (vgl Art. 211 Abs. 1 SchKG). Das Schuldbetreibungs- und Konkursrecht verlangt aus Gründen der Gleichbehandlung der Gläubiger zwingend, dass Realforderungen in Geldforderungen umgewandelt werden.

VI. Multibranche Netting

33 Das ISDA Master Agreement erlaubt es den Parteien, Transaktionen im Namen von Zweigniederlassungen abzuschließen. Die „zulässigen" bzw vom ISDA Master Agreement erfassten Zweigniederlassungen werden zu diesem Zweck im Schedule genannt. Dies hat den Vorteil, dass bei global tätigen Unternehmen, welche über ein breit angelegtes Netz von Zweigniederlassungen in verschiedenen Ländern verfügen, diese Zweigniederlassungen bei einer vorzeitigen Beendigung in das Netting einbezogen werden können. Dieser Vorteil wird insbesondere bei einer vorzeitigen Beendigung wegen Insolvenz bzw Konkurses einer Partei relevant.

34 Voraussetzung für die Wirksamkeit der Einbeziehung der Zweigniederlassungen ist, dass das auf die jeweilige Zweigniederlassung anwendbare Recht eine solche Einbeziehung zulässt. Andernfalls kann es zu widersprüchlichen Resultaten zwischen den betroffenen Jurisdiktionen bzw hinkenden Rechtsgeschäften kommen. Eine unhaltbare Situation entstünde insbesondere dann, wenn die Gegenpartei im Insolvenzverfahren zB in der Jurisdiktion der Zweigniederlassung verpflichtet würde, gegen sie gerichteten Forderungen der Zweigniederlassung ungeachtet des Close-out Nettings zu erfüllen, während sie umgekehrt im Insolvenzverfahren in der Jurisdiktion des Hauptsitzes berechtigt wäre, nur den genetteten Ausschlussbetrag im Konkurs einzugeben.

35 Während sich die Frage der Zulässigkeit des Multibranche Netting bei ausländischen Zweigniederlassungen einer schweizerischen Partei grundsätzlich nach dem anwendbaren Recht des Staates, in dem die jeweiligen Zweigniederlassung liegt, beurteilt werden muss, ist Schweizerisches Recht auf die Frage anzuwenden, wenn es um die in der Schweiz gelegenen Zweigniederlassung einer ausländischen Partei geht. Die schweizerische Zweigniederlassung einer ausländischen Partei hat unter Schweizer Recht zwar in wirtschaftlicher Hinsicht eine gewisse Selbständigkeit gegenüber dem ausländischen Hauptsitz, sie bleibt aber rechtlich Bestandteil des Gesamtunternehmens. Die Zweigniederlassung verfügt damit nicht über eine eigene Rechtsfähigkeit und stellt kein selbständiges Rechtssubjekt dar. Daraus folgt letztlich, dass das Multibranche Netting in der Schweiz anerkannt und beachtet würde.[18]

VII. Anerkennung des Netting im Bankenrecht

36 Für Banken ist insbesondere auch die aufsichtsrechtliche Anerkennung des Netting von besonderer Bedeutung. Banken müssen zum Schutz der Gläubiger und der Stabilität des Finanzsystems entsprechend ihrer Geschäftstätigkeit und Risiken über angemessene Eigenmit-

---

17 *Zobl/Werlen*, ISDA, S. 148.
18 Vgl *Zobl/Werlen*, ISDA, S. 158 f.

tel verfügen.¹⁹ Bei den Eigenmittelvorschriften werden Eigenmittelanforderungen einerseits und Eigenmittelanrechnung andererseits unterschieden. Die anrechenbaren Eigenmittel müssen die erforderlichen Eigenmittel dauernd übersteigen.²⁰ Mit Eigenmittel unterlegt werden müssen die Kreditrisiken sowie die Marktrisiken und operationelle Risiken.²¹ Die erforderlichen Eigenmittel für die Kreditrisiken werden aufgrund der Höhe der risikogewichteten Aktiven berechnet, dh, die Aktiven der Bank sind nach Risiko zu gewichten, sofern sie ein Kreditrisiko aufweisen, und mit Eigenmittel zu unterlegen. Bei der Gewichtung der einzelnen Positionen können risikomindernde Maßnahmen berücksichtig werden. Gemäß Art. 47 Abs. 1 ERV können als risikomindernde Maßnahme bei der Berechnung der mit Eigenmittel zu unterlegenden Positionen unter anderem die gesetzliche und vertragliche Verrechnung (Netting) berücksichtigt werden. Wenn Derivatetransaktionen miteinander verrechnet werden können und nur die Nettoposition für die Berechnung der Eigenmittelunterlegung relevant ist, können die Eigenmittelanforderungen reduziert werden.

Voraussetzung für die Anerkennung des Netting im Rahmen der Berechnung der Eigenmittelunterlegung ist, dass die verrechnende Bank nachweisen kann, dass die Verrechnung in den betroffenen Rechtsordnungen rechtlich durchsetzbar ist. Auf Verlangen der Prüfgesellschaft oder der Aufsichtsbehörde müssen die Banken dies nachweisen können.²² 37

Ergänzend zum Angebot von Verbänden wie zum Beispiel der ISDA holt die Schweizerische Bankiervereinigung Gutachten zu ausgewählten Vertragswerken ein und unterhält eine Liste mit den maßgebenden von der ISDA und von ihr selbst eingeholten Gutachten.²³ Diese Gutachten können als Grundlage für die Beurteilung der Zulässigkeit des Netting von den Banken herangezogen werden. Letztlich sind die Banken aber verantwortlich für den Nachweis der Zulässigkeit des Netting. 38

Das Netting bei Banken dient aber nicht nur als risikomindernde Maßnahme bei der Berechnung der mit Eigenmitteln zu unterlegenden Aktiven, sondern liegen ganz generell im Interesse der Systemstabilität im Finanzsektor, da durch ein Netting das Risiko sinkt, dass ein gefährdetes Bankeninstitut andere Finanzmarktteilnehmer ebenfalls in finanzielle Schwierigkeiten bringt. Mit dem Close-out-Netting lässt sich das Risiko senken, dass aufgrund des Ausfalls eines Finanzmarktteilnehmers auch andere Finanzmarktteilnehmer ihren Verpflichtungen nicht mehr nachkommen können und – im schlimmsten Fall – eine eigentliche Kettenreaktion ausgelöst wird.²⁴

In Art. 27 BankG werden verschiedene Systemschutz-Maßnahmen statuiert. Eine dieser Systemschutz-Maßnahmen ist die gesetzliche Anerkennung der rechtlichen Verbindlichkeit im Voraus geschlossener Aufrechnungsvereinbarungen (vgl. Art. 27 Abs. 3 BankG). Mit „Aufrechnungsvereinbarungen" sind insbesondere die Close-out-Netting-Vereinbarungen unter dem ISDA Master Agreement und dem Schweizer Rahmenvertrag für OTC-Derivate gemeint aber auch alle anderen Aufrechnungs-, Netting- und Verrechnungsvereinbarungen die von einer Bank abgeschlossen werden.²⁵ Die rechtliche Verbindlichkeit von Aufrechnungsvereinbarungen bleibt von sämtlichen Anordnungen unter dem elften und zwölften Abschnitt des Bankengesetzes unberührt, d.h. dass Close-out-Netting-Vereinbarungen in allen Fällen von

---

19 Art. 1 Abs. 1 der Verordnung über die Eigenmittel und Risikoverteilung für Banken und Effektenhändler vom 29.9.2006 (Eigenmittelverordnung, ERV).
20 Art. 33 Abs. 1 ERV.
21 Art. 1 Abs. 2 ERV.
22 Art. 47 Abs. 2 ERV.
23 Neben den Gutachten für die ISDA Master Agreements gibt es unter anderem auch ein Gutachten für den Schweizerischen Rahmenvertrag für OTC-Derivate und für den (deutschen) Rahmenvertrag für Finanztermingeschäfte.
24 Plenio, S. 137.
25 Pulver/Schott, S. 268; Bankeninsolvenzverordnung-FINMA-Erläuterungsbericht, 16. Januar 2012, S. 39.

Schutzmaßnahmen iSv Art. 26 BankG sowie im Sanierungs- und Konkursverfahren nach Bankengesetz gilt.

Im Rahmen der Änderungen des Bankinsolvenzrechts zur Stärkung der Stabilität im Finanzsektor wurde neu die Möglichkeit geschaffen, dass nicht mehr nur die Sanierung der Gesamtbank in Frage kommt, sondern auch lediglich die Weiterführung einzelner wesentlicher bzw. systemrelevanter Bankdienstleistungen. Diese Bankdienstleistungen können im Rahmen des Sanierungsplanes auf einen anderen Rechtsträger übertragen werden, wobei es sich bei diesem Rechtsträger um eine bestehende Bank, aber auch um eine „Übergangsbank" (*bridge bank*) handeln kann. Dabei werden die zum „Betrieb" dieser Bankdienstleistungen notwendigen Aktiven, Passiven und Vertragsverhältnisse übertragen. Die zu übertragenden Aktiven, Passiven und Vertragsverhältnisse müssen im Sanierungsplan bezeichnet werden und mit Genehmigung des Sanierungsplans durch die FINMA tritt der Übernehmer an die Stelle der betroffenen Bank. Eine solche Weiterführung kann nun aber durch die Anerkennung von Aufrechnungsklauseln bzw der vorgelagerten (automatischen) Vertragsbeendigung erschwert bzw verhindert werden. Vertragliche Close-out-Netting-Vereinbarung bzw die Vertragsbeendigungsregeln stehen einer Übertragung von Vertragsverhältnissen zwecks Weiterführung entgegen, weil eine solche Übertragung ja im Rahmen des Bankensanierungsverfahrens erfolgt und in diesem Zeitpunkt bereits ein Vertragsbeendigungsgrund bzw eine (automatische) Vertragsbeendigung stattgefunden hat. Entsprechend können Rahmenverträge und Finanzderivate, die Gegenstand einer Aufrechnungsklausel sind, nicht mehr übertragen werden, weil diese Rahmenverträge und Finanzderivate in der Regel mit der Einleitung des Sanierungsverfahrens durch die FINMA aufgrund der vertraglichen Vereinbarung (automatisch) terminiert wurden.[26]

39 Das Problem, dass die vorbehaltslose Durchsetzbarkeit von Aufrechnungs- bzw Vertragsbeendigungsklauseln die Weiterführung von wesentlichen bzw systemrelevanten Bankdienstleistungen gefährden könnte, wurde erkannt und wird auch international diskutiert.[27] Die vom Basler Ausschuss für Bankenaufsicht eingesetzte Cross-border Bank Resolution Group (CBRG) hat das Problem aufgegriffen und empfiehlt, dass die nationalen Aufsichtsbehörden die Kompetenz haben sollten, Close-out-Netting-Vereinbarungen bzw. vertragliche Vertragsbeendigungsrecht für eine kurze Zeit außer Kraft setzen zu können, um eine Übertragung im Rahmen des Sanierungsverfahrens zu ermöglichen (sog. Temporary stay on early termination rights). Verschiedene Länder sind zurzeit mit der Anpassung ihrer nationalen Gesetze zur Bankeninsolvenz beschäftigt oder haben diese kürzlich abgeschlossen. Eine einheitliche internationale Regelung betreffend die Vertragsbeendigungsrechte wurde bisher aber nicht erreicht.

In der Schweiz wird die Empfehlung des CBRG im Rahmen der Bankeninsolvenzverordnung der FINMA umgesetzt. Der Entwurf der Bankeninsolvenzverordnung-FINMA sieht vor, dass die FINMA befugt ist, Gegenparteien von Verträgen, die von einer betroffenen Bank auf einen anderen Rechtsträger übertragen werden, die Ausübung von Vertragsbeendigungsrechten einstweilen zu untersagen (Art. 56 E-BIV-FINMA).[28] Eine solche Aufschiebung der Vertragsbeendigungsrechtedarf aber nur für 48 Stunden und nur mit Bezug auf Verträge angeordnet werden, die ein Vertragsbeendigungsrecht an die Anordnung von Insolvenzmaßnahmen knüpfen (Art. 56 lit. c und d E-BIV-FINMA). Damit hat die FINMA die Möglich-

---

26 Vgl Basel Committee on Banking Supervision, Report and Recommendations of the Cross-border Bank Resolution Group, September 2009, S. 39 f. und Financial Stability Board, Key of the Attributes of Effective Resolution Regimes for Financial Institutions, October 2011, S. 10 und 41 ff. •
27 Vgl Plenio, S. 139.
28 Vgl Bankeninsolvenzverordnung FINMA, Erläuterungsbericht, 16. Januar 2012, S. 40.

keit, vertragliche Beendigungsrechte vorübergehend außer Kraft zu setzen um damit eine Sanierungsmöglichkeit aufrechtzuerhalten.²⁹

Ob eine solche hoheitliche Anordnung von einem ausländischen Gericht anerkannt würde, ist nicht klar. Es fehlt zurzeit an einer entsprechenden internationalen Vereinbarung. Weil aber verschiedene ausländische Rechtordnungen eine ähnliche Regelung kennen und sich international der Grundsatz durchzusetzen scheint, dass (Insolvenz-)Maßnahmen der Aufsichtsbehörde des Heimatlandes der betroffenen Bank international anerkannt werden sollen, dürften die Chancen gut stehen, dass ein ausländisches Gericht die Anordnung der einstweiligen Aufschiebung von Vertragsbeendigungsrechten anerkennen würde.³⁰

VIII. Mögliche Maßnahmen zur Reduktion des Kreditrisikos innerhalb einer Unternehmensgruppe

Um die Reduktion des Kreditrisikos mittels einer Netting-Vereinbarung möglichst effizient zu machen, müssen möglichst alle Transaktionen unter demselben Rahmenvertrag abgeschlossen werden. Dies gilt es insbesondere auch dann zu beachten, wenn innerhalb einer Unternehmensgruppe mehrere Gruppengesellschaften Transaktionen unter ISDA Master Agreements abschließen. Schließt jede dieser mehreren Gruppengesellschaften ein eigenes ISDA Master Agreement ab um sodann unter diesem ISDA Master Agreement Transaktionen abzuschließen, hat das zur Folge, dass ein Netting von Transaktionen von verschiedenen Gruppengesellschaften mit derselben Gegenpartei nicht möglich ist. Damit ist eine Aufrechnung aller von der Unternehmensgruppe mit derselben Gegenpartei abgeschlossenen Transaktionen mangels einer entsprechenden vertraglichen Vereinbarung nicht zulässig. Um die Position der Unternehmensgruppe gegenüber der Gegenpartei zu verbessern, kann innerhalb der Unternehmensgruppe eine einzige Gruppengesellschaft bestimmt werden, welche alle Transaktionen mit einer Gegenpartei unter einem ISDA Master Agreement abschließt. Diese designierte Gruppengesellschaft muss sodann mit den verschiedenen Gruppengesellschaften je ein ISDA Master Agreement abschließen und für jede Transaktion, welche sie mit einer Gegenpartei abschließt, muss eine entsprechende Transaktion mit der jeweiligen Gruppengesellschaft abgeschlossen werden. Innerhalb der Unternehmensgruppe muss entschieden werden, wer einen allfälligen Schaden bei einem Konkurs einer Gegenpartei zu tragen hat. Ein solcher Schaden fällt direkt bei der designierten Gruppengesellschaft an, welche alleine Partei der Transaktionen mit der konkursiten Gegenpartei ist. Mittels entsprechender vertraglicher Regelung kann dieser Schaden an die entsprechende Gruppengesellschaft „weitergegeben" werden.

B. Kreditderivate im Bankenaufsichtsrecht

I. Einleitung

Kreditderivate sind Instrumente des Kreditrisikotransfers (Credit Risk Transfer) und werden insbesondere von Banken aber auch von Hedge Funds und Versicherungsunternehmen eingesetzt. Kreditderivate erlauben es einer Partei, Kreditrisiken³¹ an eine andere Partei zu übertragen. Die wichtigsten Anwendungsmöglichkeiten von solchen Instrumenten sind das Handelsgeschäft, die Absicherung (Hedging), das Kreditportfoliomanagement sowie die Opti-

---

29 Bankeninsolvenzverordnung FINMA, Erläuterungsbericht, 16. Januar 2012, S. 40.
30 Plenio, S. 145.
31 Art. 36 der Eigenmittelverordnung definiert Kreditrisiko als die Gefahr eines Verlustes [...], der dadurch entsteht, dass: (a) eine Gegenpartei ihren vertraglich vereinbarten Verpflichtungen nicht nachkommt; oder (b) sich der Wert von Finanzinstrumenten vermindert, die von einer Drittpartei ausgegeben wurden, namentlich von Beteiligungstiteln, Zinsinstrumenten oder Anteilen von kollektiven Kapitalanlagen.

mierung des regulatorischen Eigenkapitals. Die letztgenannte Anwendungsmöglichkeit steht im Zusammenhang mit den Eigenmittelanforderungen, die von Banken erfüllt werden müssen.

II. Eigenmittelunterlegung von Kreditrisiken und Marktrisiken

42 Schweizer Banken müssen zum Schutz der Gläubiger und der Stabilität des Finanzsystems entsprechend ihrer Geschäftstätigkeit und Risiken über angemessene Eigenmittel verfügen und ihre Risiken angemessen begrenzen (Art. 1 ERV). Mit Eigenmittel unterlegt werden müssen neben den operationellen Risiken und den nicht gegenparteibezogenen Risiken insbesondere die Kreditrisiken sowie die Marktrisiken.[32]

III. Kreditderivate als kreditrisikomindernde Maßnahmen

43 Die Höhe der erforderlichen Eigenmittel für die Kreditrisiken werden aufgrund der Höhe der risikogewichteten Aktiven berechnet, dh, die Aktiven der Bank sind nach Risiko zu gewichten,[33] sofern sie ein Kreditrisiko aufweisen, und mit Eigenmittel zu unterlegen, wobei die erforderlichen Eigenmittel dauernd von den anrechenbaren Eigenmittel gedeckt sein müssen. Bei der Gewichtung der einzelnen Positionen, die mit Eigenmittel zu unterlegen sind, können risikomindernde Maßnahmen wie zB eine Netting-Vereinbarung aber auch der Einsatz von Kreditderivaten berücksichtigt werden.

44 Bis zum Erlass des Rundschreibens EBK-RS 03/2 „Auswirkungen des Einsatzes von Garantien und Kreditderivaten auf die erforderlichen Eigenmittel", welches auf den 31.3.2004 in Kraft gesetzt wurde, gab es keine generellen aufsichtsrechtlichen Vorschriften zum Einsatz von Kreditderivaten als risikomindernde Maßnahmen bei der Berechnung der erforderlichen Eigenmittel. Die Aufsichtsbehörde hat die risikomindernde Wirkung solcher Instrumente im Einzelfall und auf Anfrage hin beurteilt oder sie wurde von der betreffenden Bank zusammen mit deren Revisionsstelle erarbeitet. Im Rahmen der Umsetzung von Basel II wurden die aufsichtsrechtlichen Bestimmungen über den Einsatz von Kreditderivaten sodann in die neuen Rundschreiben FINMA-RS 08/19 „Kreditrisiken Banken" und FINMA-RS 08/20 „Marktrisiken Banken" übernommen.

45 Mittels Kreditderivate kann eine Bank als Sicherungsnehmer[34] ihr Kreditrisiko gegenüber einer oder mehreren Gegenparteien reduzieren. Als grundsätzlich zulässige Kreditderivate gelten Credit Default Swaps, Total Return Swaps, First- und Second-to-Default-Instrumente sowie Credit Linked Notes. Die risikomindernde Wirkung von Kreditderivaten wird erzielt, indem anstelle des Kreditrisikos der Gegenpartei das Risikogewicht des Sicherungsgebers angewendet wird, wie bei einer direkten Forderung gegenüber dem Sicherungsgeber. Die Forderung des Sicherungsnehmers gegenüber dem Sicherungsgeber aus dem Kreditderivate ist jedoch nicht noch separat mit Eigenmittel zu unterlegen.

46 Damit die Absicherungswirkung eines Kreditderivats bei der Bestimmung der erforderlichen Eigenmittel mit dem Substitutionssatz (dh, mit der Risikogewichtung des Sicherungsgebers anstelle der Risikogewichtung der Gegenpartei) bzw durch eine Anpassung der Risikokomponenten anerkannt werden kann, müssen die Kreditrisiken effektiv auf den Sicherungsgeber übertragen werden. Eine Eigenmittelerleichterung wird nur dann gewährt, wenn sicherge-

---

32 Art. 33 Abs. 2 ERV.
33 Die Risikogewichtung der einzelnen Positionen muss nach einem von drei Ansätzen vorgenommen werden: nach dem Schweizerischen Standardansatz, dem internationalen Standardansatz oder dem Internal Ratings Based Approach (IRB) (Art. 38 ERV).
34 Als Sicherungsnehmer wird diejenige Partei bezeichnet, die das Kreditrisiko abgibt; als Sicherungsgeber wird diejenige Partei bezeichnet, die das Kreditrisiko übernimmt.

stellt ist, dass im Fall des Eintretens eines Kreditereignisses der Sicherungsgeber den Ausfall auch wirklich übernimmt. Zudem müssen die Kreditderivate gewisse Mindestanforderungen erfüllen. Letztlich wird die Absicherungswirkung in jedem Fall höchstens im Umfang des maximalen Auszahlungsbetrags anerkannt.

Die Mindestanforderungen, welche ein Kreditderivat zu erfüllen hat, damit auf das Gegenparteirisiko des Sicherungsgebers anstelle des Kreditrisikos der abgesicherten Forderung abgestellt werden kann, werden im Rundschreiben FINMA-RS 08/19 „Kreditrisiken Banken" festgehalten. Ein Kreditderivat bzw der Vertrag über das Kreditderivat muss (i) eine unmittelbare Forderung an den Sicherungsgeber darstellen, (ii) ausdrücklich an bestimmte Forderungen[35] gebunden sein, (iii) unwiderruflich und (iv) unbedingt sein. Die Absicherungswirkung kann nur anerkannt werden, wenn der Sicherungsgeber einer gewissen Kategorie von Emittenten angehört.[36] Neben bestimmten Zentralregierungen, Zentralbanken, BIS, IWF und multilateralen Entwicklungsbanken sind insbesondere öffentlich-rechtliche Körperschaften sowie Banken und Effektenhändler, die mindestens ein Rating der Ratingklasse 3 haben oder denen ein kleineres Risikogewicht als dem Referenzschuldner (dh der Schuldner der Referenzforderung) zuzuordnen ist, als Sicherungsgeber zu qualifizieren sowie alle übrigen Schuldner mit einem Rating der Ratingklasse 3 oder besser.[37] Eine weiteres Erfordernis ist, dass zu den vertraglich spezifizierten Kreditereignissen (Credit Events), welche die Fälligkeit des Kreditderivats auslösen, mindestens (i) der Zahlungsverzug der abzusichernden Forderung, (ii) die Insolvenz des Referenzschuldners und (iii) die Restrukturierung der abzusichernden Forderung durch Erlass oder Zahlungsaufschub von Kapital oder Zins zählen.[38]

47

Hält eine Bank ein Kreditderivat, das alle Anforderungen zur Anerkennung der Absicherungswirkung erfüllt, kann für die abzusichernde Forderung grundsätzlich auf das Risikogewicht des Sicherungsgebers abgestellt werden. Handelt es sich beim Kreditderivat um eine Credit Linked Note so kann eine Risikogewichtung von 0% angewendet werden, dh, dass wenn eine Bank eine Credit Linked Notes emittiert, die Forderung wie eine durch Barsicherheit unterlegte Forderung behandelt wird, da ja der Sicherungsgeber im Rahmen der Liberierung der Credit Linked Notes bereits seinen maximalen Verpflichtungen nachgekommen ist.

48

Wird die Absicherung einer Position mittels eines Kreditderivats mit der eigenen Handelsabteilung durchgeführt, so kann die Absicherungstransaktion nur dann anerkannt werden, wenn die Handelsabteilung diesen internen Risikotransfer mit einer exakt gegenläufigen Transaktion an eine externe Drittpartei weitergegeben hat. Dabei gelangt für die abgesicherte Forderung das Risikogewicht der Drittpartei zur Anwendung.

49

IV. Eigenmittelunterlegung der Marktrisiken von Kreditderivaten im Handelsbuch

Im Rundschreiben FINMA-RS 08/20 „Marktrisiken Banken" hält die Aufsichtsbehörde unter anderem fest, wie Kreditderivate im Handelsbuch der Bank bei der Messung und Eigenmittelunterlegung von Marktrisiken zu behandeln sind.

50

Mit Marktrisiko wird die Gefahr eines Verlustes aus Wertschwankungen einer Position bezeichnet, die durch eine Veränderung der ihren Preis bestimmenden Faktoren wie Aktien- oder Rohstoffpreise, Wechselkurse und Zinssätze und deren jeweilige Volatilität ausgelöst

51

---

35 Die bestimmte, dem Kreditderivat zugrundeliegende Forderung, wird als Referenzforderung bezeichnet.
36 Diese Einschränkung gilt aber nicht für Credit Linked Notes. Credit Linked Notes stellen aus der Sicht des Sicherungsnehmers keinen Kredit dar, da der Sicherungsnehmer beim Kauf bzw der Liberierung der Credit Linked Notes bereits seiner maximalen Verpflichtung nachgekommen ist und der Sicherungsnehmer keine Forderung gegen den Sicherheitsgeber (mehr) hat.
37 FINMA-RS 08/19 „Kreditrisiken Banken", Rn 212 ff.
38 FINMA RS 08/19 „Kreditrisiken Banken", Rn 221 ff.

wird.[39] Mit Eigenmittel zu unterlegen sind unter anderem Finanzinstrumente, die im Handelsbuch geführt werden.[40] Das Ziel der Eigenmittelvorschriften für Marktrisiken besteht darin sicherzustellen, dass die Banken über ausreichende Eigenmittel zur Abdeckung potentieller Wertveränderungen bzw Verluste aufgrund von Veränderungen der Markpreise verfügen.

52 Banken können Kreditderivate im Handelsbuch halten, wenn eine Handelsabsicht besteht. Eine Handelsabsicht besteht, wenn die Bank beabsichtigt, die Positionen auf kurze Sicht zu halten, von kurzfristigen Marktpreisschwankungen zu profitieren oder Arbitragegewinne zu erzielen.[41] Kreditderivate werden im Handelsbuch in der Regel mit der Absicht gehalten, von Marktpreisschwenkungen zu profitieren. Diese Kreditderivate haben in der Regel keinen Bezug zu den Kreditpositionen im Bankenbuch und dienen nicht der Minderung der Kreditrisiken der Bank.[42]

53 Die Kreditderivate im Handelsbuch müssen wie die übrigen Positionen im Handelsbuch aktiv verwaltet und häufig und exakt bewertet werden.[43] Bevor Kreditderivate im Handelsbuch zum Einsatz gelangen dürfen, muss die Bank jedoch sicherstellen, dass die damit verbundenen Risiken vollständig erkannt und verstanden sowie angemessene durch die Systeme für die Messung Bewirtschaftung und Überwachung der Risiken erfasst werden.[44]

54 Das Marktrisiko dieser Kreditderivate muss mit Eigenmitteln unterlegt werden. Dabei ist insbesondere das Zinsänderungsrisiko relevant. Bei der Berechnung der Eigenmittelunterlage kann die Bank entweder den Marktrisiko-Standard- oder den Marktrisiko-Modelansatz verwenden. Beim Standardansatz werden die zu unterlegenden Eigenmittel für jede Risikofaktorkategorie (Zinsänderung-, Aktienkurs-, Währungs- und Rohstoffrisiko) separat nach vordefinierten Verfahren gemäß FINMA-RS 08/20 „Marktrisiken Banken" berechnet und addiert. Beim Modelansatz werden die erforderlichen Eigenmittel mittels institutsspezifischer, von der Aufsichtsbehörde zu bewilligender Risikoaggregationsmodelle, die auf dem Value-at-Risk (VaR) basieren, berechnet.

V. Einsatz von Kreditderivaten bei der Kreditrisikoverteilung

55 Kreditderivate können auch mit Bezug auf die Risikoverteilung zur Vermeidung von Klumpenrisiken[45] eingesetzt werden. Das FINMA-RS 08/23 „Risikoverteilung Banken" enthält Bestimmungen, wie Kreditderivate in der Risikoverteilung berücksichtig werden. Wenn eine Bank Sicherungsnehmer ist, tritt der Sicherungsgeber an die Stelle des Forderungsschuldners. Entsprechend können anerkannte abgesicherte Forderungen von der Gesamtposition des Forderungsschuldners bei der Berechnung der Kreditrisikoverteilung bzw -risikokonzentration in Abzug gebracht werden.

---

39 Art. 69 ERV.
40 Art. 68 Abs. 1 ERV.
41 Art. 5 Abs. 1 ERV.
42 Staub, Instrumente des Kreditrisikotransfers, S. 330.
43 Art. 5 Abs. 1 ERV.
44 FINMA-RS 08/20 „Marktrisiken Banken", Rn 200. Die Finanzkrise lässt jedoch gewisse Zweifel aufkommen, ob die Risikomanagementsysteme der Banken die Kreditderivate richtig messen und überwachen können. Der Untersuchungsbericht der Aufsichtsbehörde zu den Ursachen der Wertberichtigungen der UBS AG, Bern 2008, stellt als Ursache für die hohen Verluste der Bank in der Finanzkrise unter anderem ein Versagen der Risikomessungs- und Risikosteuerungssysteme sowie die Unvollständigkeit der Risikomodelle fest.
45 Ein Klumpenrisiko liegt gemäß Art. 83 Abs. 1 ERV vor, wenn die Gesamtposition gegenüber einer Gegenpartei oder einer Gruppe verbundener Gegenparteien 10% der anrechenbaren Eigenmittel einer Bank erreicht oder überschreitet.

C. Einsatz von derivativen Finanzinstrumenten bei Versicherungen
I. Einleitung

Die der Aufsicht der FINMA unterstehenden Versicherungsunternehmen müssen zur Sicherstellung der Versicherungsansprüche bestimmte Vermögenswerte bilden, dh das sogenannte „gebundene Vermögen" bestellen.[46] Der Sollbetrag des gebundenen Vermögens wird durch die Höhe der versicherungstechnischen Rückstellungen und einem angemessenen Zuschlag[47] bestimmt. Vermögenswerte in der Höhe des Sollbetrages werden durch Zuweisung bestellt und mit der Bezeichnung „gebundenes Vermögen" erfasst und gekennzeichnet, so dass jederzeit nachgewiesen werden kann, welche Werte zum gebundenen Vermögen gehören und dass der Sollbetrag des gebundenen Vermögens gedeckt ist.[48]

Die Werte des gebundenen Vermögens werden für die durch das gebundene Vermögen sicherzustellenden Ansprüche verwendet.[49] Damit erhalten die Versicherten mit dem gebundenen Vermögen ein Haftungssubstrat, welches sicherstellt, dass ihre Ansprüche vorrangig vor denen sämtlicher übriger Gläubiger im Konkursfall des Versicherungsunternehmens befriedigt werden.[50]

Damit ein Vermögenswert bzw eine Anlage dem gebunden Vermögen zugewiesen werden kann und als zulässige Kapitalanlage gilt, müssen grundsätzlich die folgenden Kriterien erfüllt sein:
1. Die Anlage entspricht der Anlagestrategie des Versicherungsunternehmens.[51]
2. Die Anlage ist in der Regel problemlos bewertbar und verfügt im Verhältnis zu der entsprechenden Anlagekategorie über eine hohe Liquidität.
3. Das Versicherungsunternehmen verfügt über das notwendige Fachwissen und wendet angemessene Prozesse und Systeme an, welche für die professionelle Selektion, Verwaltung und Kontrolle der getätigten Anlagen notwendig sind.
4. Das Versicherungsunternehmen verfügt über ein Risikomanagement, das dem Geschäftsumfang und der Komplexität der Anlagetätigkeit angepasst ist, um die Auswirkungen der Anlagen und deren einzelnen Risikokomponenten verstehen und jederzeit die finanziellen, rechtlichen und operationelle Risiken einschätzen zu können.

Die Anlagen sind in erster Linie unter dem Gesichtspunkt der Sicherheit, der Rentabilität, der Diversifikation und der Liquidität auszuwählen.[52] Das Versicherungsunternehmen hat ein entsprechendes Anlagereglement zu erlassen, welches die Einhaltung dieser Grundsätze gewährleisten soll. Im Anlagereglement wird der ganze Anlageprozess definiert und festgehalten.

Beim Einsatz von derivativen Finanzinstrumenten ist insbesondere eine Anlagestrategie für diese Instrumente festzulegen. In der Anlagestrategie müssen die Rahmenbedingungen für den Einsatz der Derivate festgelegt werden, insbesondere die Grenzen der Risikoexposition und die Grundsätze der Risikoanalyse. Die Grenzen der Risikoexposition sind entsprechend

---

46 Art. 17 Abs. 1 Bundesgesetz betreffend die Aufsicht über Versicherungsunternehmen vom 17.12.2004 (Versicherungsaufsichtsgesetz, VAG).
47 Vgl Art. 1 Verordnung der Eidgenössischen Finanzmarktaufsicht über die Beaufsichtigung von privaten Versicherungsunternehmen vom 9.11.2005 (Versicherungsaufsichtsverordnung-FINMA, AVO-FINMA).
48 Art. 76 Verordnung über die Beaufsichtigung von privaten Versicherungsunternehmen (Aufsichtsverordnung, AVO).
49 Art. 19 Abs. 1 VAG.
50 Art. 54 Abs. 4 VAG.
51 Die Anlagestrategie trägt unter anderem der finanziellen Lage des Versicherungsunternehmens, dessen Verbindlichkeiten, dem Risiko- und Ertragsprofil des Versicherungsunternehmen sowie der Art des Versicherungsgeschäfts Rechnung.
52 Art. 72 Abs. 2 AVO.

der finanziellen und organisatorischen Kapazitäten des Versicherungsunternehmens festzulegen. Ein entsprechendes Kontrollsystem, das dem Geschäftsumfang und der Komplexität der derivativen Finanzinstrumente angepasst ist, muss vorhanden sein und die Verwaltung der derivativen Finanzinstrumente und die Kontrolle müssen jeweils durch voneinander unabhängigen Personen, welche über die erforderlichen besonderen Kenntnisse und Qualifikationen verfügen und die Wirkungsweise der eingesetzten Derivate jederzeit verstehen und nachvollziehen können, ausgeführt werden.[53]

61 Dem gebundenen Vermögen können neben Bareinlagen, Anleihensobligationen, Aktien, Immobilien, Anteilen an kollektiven Kapitalanlagen und alternativen Finanzanlagen unter anderem auch derivative Finanzinstrumente, die der Absicherung dienen und keine Hebelwirkung auf das gebundene Vermögen haben.[54] Unter bestimmten Voraussetzungen und in einem bestimmten Umfang können dem gebundenen Vermögen auch derivative Finanzinstrumente zum Zweck der Erwerbsvorbereitung, Ertragsvermehrung und der Absicherung von Zahlungsströmen aus versicherungstechnischen Verpflichtungen zugewiesen werden.[55] Eine genaue Umschreibung, was unter derivativen Finanzinstrumenten im Sinne der Aufsichtsverordnung zu verstehen ist, fehlt.

II. Einsatz von derivativen Finanzinstrumenten ohne Hebewirkung

62 Versicherungsunternehmen dürfen derivative Finanzinstrumente grundsätzlich nur einsetzen, um die Risiken auf den Kapitalanlagen oder auf ihren Verpflichtungen gegenüber den Versicherten zu vermindern[56] oder um die Kapitalanlagen effizient zu bewirtschaften. Dabei müssen alle Verpflichtungen, welche sich aus den derivativen Finanzinstrumenten ergeben können, gedeckt sein.[57] Entsprechend müssen eingegangene Verpflichtungen entweder durch die den Derivaten zugrundeliegenden Basiswert (bei Derivaten mit Verkaufsverpflichtung) oder durch Liquidität (bei Derivaten mit Kaufverpflichtung) jederzeit und in vollem Umfang gedeckt sein. Die Anforderung der jederzeitigen und vollumfänglichen Deckung der Verpflichtung ist erfüllt, wenn (i) die Liquidität bzw geldnahe Mittel vorhanden sind oder (ii) die Basiswerte im Vermögen des Versicherungsunternehmens vorhanden und uneingeschränkt verfügbar sind. Dabei muss der Verkehrswert der geldnahen Mittel bzw die Anzahl der Basiswerte die gesamte Verpflichtung abdecken. Eine doppelte Verwendung der Liquidität oder der Basiswerte zur Abdeckung mehrerer Derivate ist nicht zulässig. Zudem sind nur Derivate zulässig, deren Basiswert als eine zulässige Anlage im Sinne der Aufsichtsverordnung qualifizieren. Entsprechend gelten als zulässige Basiswerte insbesondere Aktien und Anleihensobligationen aber auch Indizes, die sich aus zulässigen Basiswerten zusammensetzen.

63 Konkret können die folgenden Instrumente im Rahmen einer Absicherungsstrategie eingesetzt werden:[58]
   1. Long Put Optionen
   2. Short Futures
   3. Short Forwards
   4. **Swaps**

---

53 Art. 106 AVO.
54 Art. 79 Abs. 1 lit. i AVO.
55 Art. 79 Abs. 2 AVO.
56 Die Absicherungsstrategie (Hedging-Strategie) dient dazu, den Wert der Kapitalanlagen beispielsweise gegenüber Kurs- oder Fremdwährungsrisiken ganz oder teilweise abzusichern., dh, die aus Kurs- oder Währungsschwankungen resultierenden möglichen Risiken auf den Kapitalanlagen zu vermindern oder vollständig zu eliminieren.
57 Art. 100 Abs. 2 AVO.
58 Vgl FINMA-RS 08/18 „Anlagerichtlinien Versicherer", Rn 411.

C. Einsatz von derivativen Finanzinstrumenten bei Versicherungen 32

Voraussetzung für den Einsatz eines derivativen Finanzinstruments ist aber immer, dass das eingesetzte Instrument eine effektive Kursabsicherung des Basiswertes bzw der Kapitalanlage ermöglicht, dh, die absolute Kursveränderung des Basiswertes bzw der Kapitalanlage wird mit der absoluten Kursveränderung des Absicherungsinstruments kompensiert. Durch den Einsatz von Derivaten dürfen netto, dh, nach Aufrechnung der Basiswerte- und Derivatebestände, keine Short-Positionen (Leerverkäufe) aufgebaut werde, dh, es darf kein „Overhedging" betrieben werden.[59] 64

Die zu Absicherungszwecken eingesetzten Derivate dürfen höchstens zum Marktwert an das gebundene Vermögen angerechnet werden. In der Regel gilt der Wiederbeschaffungswert als Marktwert. Entsprechend wird dem gebundenen Vermögen der positive oder negative Wiederbeschaffungswert angerechnet. Sind die Derivate nicht kotiert bzw gibt es keinen Marktwert, so wird eine marktübliche Bewertungsmethode angewendet.[60] 65

Ein Netting aller unter einem Rahmenvertrag wie dem ISDA Master Agreement abgeschlossener Derivategeschäfte ist nur dann zulässig, wenn für jedes einzelne gebundene Vermögen[61] ein solcher Rahmenvertrag separat abgeschlossen wurde und mittels eines entsprechenden Gutachtens (Legal Opinion) bestätigt wird, dass die Netting-Vereinbarung zulässig und durchsetzbar ist.[62] Ein Versicherungsunternehmen, welches mehrere gebundene Vermögen bestellt hat, muss daher mehrere Rahmenverträge bzw mehrere ISDA Master Agreements abschließen und in der jeweiligen Confirmation klarstellen, auf welches ISDA Master Agreement sich die jeweilige Confirmation bezieht.[63] Im ISDA Master Agreement muss sodann festgehalten werden, dass die Gegenpartei auf eine Verrechnung mit Forderungen verzichtet, welche nicht unter dem ISDA Master Agreement entstanden sind bzw aus diesem resultieren. Dieser Verrechnungsverzicht ist notwendig, weil die Vermögenswerte des gebundenen Vermögens grundsätzlich unbelastet und frei von einer Verrechnung sein müssen.[64] Zulässig ist nur die vorerwähnte Verrechnung von Geschäften unter einem ISDA Master Agreement. Die Aufsichtsbehörde kann bezüglich der Ausgestaltung der Rahmenverträge Auflagen machen.[65] Bisher hat die FINMA von dieser Kompetenz aber keinen Gebrauch gemacht. 66

III. Zulässige Derivate zur Absicherung von Zahlungsströmen aus versicherungstechnischen Verpflichtungen

Derivate dürfen unter Umständen eingesetzt werden, um die langfristigen Zahlungsströme aus den versicherungstechnischen Verpflichtungen abzusichern.[66] Dazu sind Synthetische Anleihen und Optionen zugelassen.[67] Diese Instrumente können zur Absicherung eingesetzt werden, wenn unter anderem der Einsatz dieser Instrumente auf eine nachhaltige Wirkung ausgerichtet ist und nicht mit der Absicht erfolgt, kurzfristige Gewinne zu erzielen. 67

---

59 Vgl FINMA-RS 08/18 „Anlagerichtlinien Versicherer", Rn 409.
60 Vgl Art. 110 Abs. 6 AVO.
61 Gemäß Art. 77 AVO haben Versicherungsunternehmen separate gebundene Vermögen zu bestellen für (i) die Versicherung der beruflichen Vorsorge und (ii) den Sparanteil der Versicherungsverträgen von bestimmten anteilgebundenen Lebensversicherungen.
62 Art. 91 Abs. 3 AVO.
63 Ein Close-out-Netting von Derivatgeschäften, die verschiedenen gebundenen Vermögen angehören ist wohl nicht zulässig. Ebenfalls nicht zulässig ist ein Close-out-Netting von Derivatgeschäften aus dem gebundenen Vermögen mit Derivatgeschäften aus dem freien Vermögen.
64 Art. 84 Abs. 2 AVO.
65 Art. 91 Abs. 3 AVO.
66 Art. 79 Abs. 2 AVO.
67 FINMA-RS 08/18 „Anlagerichtlinien Versicherer", Rn 437.

68 Umfangmäßig ist der Einsatz von Derivaten zur Absicherung von Zahlungsströmen aus versicherungstechnischen Verpflichtungen insofern begrenzt, als die offenen derivativen Finanzinstrumente 5% des Sollbetrages des gebundenen Vermögens nie übertreffen dürfen.[68]

IV. Zulässige Derivate zur Erwerbsvorbereitung oder Replikation eines Basiswertes

69 Die vom Versicherungsunternehmen verfolgte Anlagestrategie kann den Einsatz von Derivaten zum Zweck des Erwerbs von Basiswerten in einem in der Zukunft liegenden Zeitpunkt (Erwerbsvorbereitung) oder zur Replikation eines Basiswertes zum Ziel haben.

70 Für die Erwerbsvorbereitung sind nur Long-Call-Optionen und Short-Put-Optionen zulässig. Zudem muss die Verpflichtung unter den Optionen jederzeit gedeckt sein.

71 Für die Replikation eines Basiswertes bzw einer Strategie sind nur Derivate zugelassen, sofern durch deren Einsatz ein ähnliches Marktrisikoprofil und mindestens dieselbe Liquidität wie die replizierte Anlage erreicht werden. Zudem müssen die Verpflichtungen aus den Derivaten jederzeit gedeckt sein und die Transaktionskosten für die Replikation dürfen nicht höher sein als bei einer direkten Anlage in den replizierten Basiswert. Konkret können Long Futures, Long Forwards und Swaps eingesetzt werden. Zudem sind zum Zweck der Replikation einer Anleihe bzw eines Portfolios von Anleihen auch Credit Default Swaps zulässig.

72 Die offenen derivativen Finanzinstrumente zu Erwerbszwecken sind auf 10% des Sollbetrages des gebundenen Vermögens begrenzt. Die Begrenzung von 10% bezieht sich auf die offenen Kontraktvolumen[69] oder die Nominalwerte der Basiswerte. Nicht unter dieses Limit fallen Derivate zur Replikation eines Basiswertes bzw einer Strategie.[70]

V. Zulässige Derivate zur Ertragsvermehrung

73 Wird mit dem Einsatz von Derivaten eine Ertragsvermehrung bezweckt, dh, werden Derivate eingesetzt um einen Zusatzertrag auf den bestehenden Vermögenswerten zu generieren, sei es durch taktische Umsetzung der Anlagestrategie im Hinblick auf Marktchancen oder -risiken oder durch Prämieneinnahmen durch Verschreibung von Optionen, sind folgende Instrumente zulässig, wobei die Verpflichtungen aus den Instrumenten jederzeit gedeckt sein muss:
1. Call- und Put-Optionen und
2. Credit Default Swaps, die nicht als Absicherung qualifizieren.

74 Die offenen derivativen Finanzinstrumente zu Erwerbszwecken bzw die offenen Kontraktvolumen oder die Nominalwerte der Basiswerte dieser Finanzinstrumente dürfen die Schwelle von 10% des Sollbetrages des gebundenen Vermögens nicht überschreiten.

D. Schweizer Rahmenvertrag für OTC-Derivate (2003)

I. Einleitung

75 Im Zuge eines allgemeinen Selbstregulierungstrends[71] fanden auch in der Schweiz Bestrebungen zur Selbstregulierung bzw Standardisierung statt, die 1994 zu einem ad hoc erarbeiteten Formular Schweizer Banken führten, dem Schweizer Rahmenvertrag für Over the Counter-

---

[68] Vgl FINMA-RS 08/18 „Anlagerichtlinien Versicherer", Rn 474.
[69] Der Betrag des Kontraktvolumens ergibt sich durch die Multiplikation des Verkehrswertes des Basiswertes, der Anzahl Kontrakte und des Multiplikators.
[70] Vgl FINMA-RS 08/18 „Anlagerichtlinien Versicherer", Rn 475 f.
[71] Vgl *Häusler*, S. 168 f.

(OTC-)Derivate (1994).⁷² Dieser Schweizer Rahmenvertrag wurde insofern durch das damals international maßgebende 1992 ISDA Master Agreement in den Schatten gestellt, als sich das 1992 ISDA Master Agreement ab 1994 größerer Akzeptant erfreute, als ein von der ISDA in Auftrag gegebenes Gutachten die Vereinbarkeit der Close-out-Netting-Vereinbarung mit dem Schweizer Obligationenrecht und dem Schweizerischen Schuldbetreibungs- und Konkursrecht feststellte.⁷³ Somit erübrigte sich für das internationale Derivategeschäft eine Schweizer Dokumentation. Eine solche war lediglich für Binnenbeziehungen besonders angezeigt.⁷⁴ Daher wurde der Schweizer Rahmenvertrag für Over the Counter-(OTC-)Derivate (1994) auch nicht für Cross-Border Netting ausgestaltet.⁷⁵

Da der Schweizer Rahmenvertrag aber in Binnenbeziehungen eine gewisse Akzeptanz erreicht hat und in der Praxis verwendet wird, wurde der Schweizer Rahmenvertrag von der Schweizerischen Bankiervereinigung überarbeitet um den heutigen Bedürfnissen gerecht zu werden und als „Schweizer Rahmenvertrag für OTC-Derivate (2003)"⁷⁶ offiziell herausgegeben.

Auch wenn sich der Schweizer Rahmenvertrag für OTC-Derivate (2003) an der Praxis der Weltmärkte orientiert, folgt er letztlich schweizerischem Recht und schweizerischer Darstellungsweise. Angestrebt wurde gute Lesbarkeit zur Förderung der Verständlichkeit beim Kunden.⁷⁷ Die Formulierungen des Vertragswerkes wurden so gewählt, dass eine Bank den Vertrag nicht nur mit einer anderen Bank oder einem institutionellen Kunden, sondern auch mit einem Privatkunden abschließen kann.⁷⁸

II. Anwendungsbereich

Der Schweizer Rahmenvertrag für OTC-Derivate (2003) regelt außerbörsliche Transaktionen in Derivaten und findet generell auf OTC-Derivate Anwendung, dh, es werden keine speziellen Instrumente im Rahmenvertrag genannt. Die in der 1994er Version enthaltene Aufzählung der Instrumente wich einer offenen Formulierung. Der Schweizer Rahmenvertrag findet auf in den Anhängen definierte Transaktionen Anwendung, aber auch auf alle Transaktionen, in deren Bestätigungen auf den Rahmenvertrag verwiesen wird. Dies erlaubt eine gewisse Anpassungsfähigkeit an künftige Entwicklungen, indem entweder zusätzliche Anhänge ausgearbeitet werden oder in einer einzelnen Transaktion direkt auf den Rahmenvertrag verwiesen wird.⁷⁹ Gerade die Anhänge sind in der Praxis von großer Wichtigkeit. Zusätzliche Bestimmungen technischer wie materiell-rechtlicher Natur werden in diese Anhänge eingefügt, um den Marktanforderungen und den Anforderungen an die Rechtssicherheit gerecht werden zu können.⁸⁰

III. Aufbau

Ursprünglich war der Schweizer Rahmenvertrag in einen allgemeinen und einen besonderen Teil unterteilt. Aus dieser Zweiteilung im Schweizer Rahmenvertrag für OTC-Derivate

---

72 Siehe eingehend *Tom Häusler*, S. 182 ff sowie den Rahmenvertrag in Anhang A.
73 Vgl *Zobl/Werlen*, Summary of the Swiss Legal Opinion on the ISDA-Master Agreement 1992, 29. April 1994; siehe zum Ganzen Häusler, S. 176.
74 Vgl *Häusler*, S. 182.
75 Vgl *Häusler*, S. 189.
76 Online auf http://www.swissbanking.org/home/shop.htm.
77 Vgl Änderungen Schweizer Rahmenvertrag für OTC-Derivate (2003), 2. Mai 2003, S. 1.
78 Vgl *Häusler*, S. 194; zur Definition und Terminologie vgl *Peter Giger*, Der OTC-Handel mit Finanzderivaten aus rechtlicher Sicht (1998), S. 2 ff (Begriff OTC-Handel), 21 ff (Arten von OTC-Produkten).
79 Vgl Änderungen Schweizer Rahmenvertrag für OTC-Derivate (2003), 2. Mai 2003, S. 1.
80 Vgl *Rayroux*, S. 12.

(1994) wurde in der Version des Schweizer Rahmenvertrages für OTC-Derivate (2003) eine Unterteilung in Rahmenvertrag und Anhänge. Der Schweizer Rahmenvertrag ist daher sehr kurz und allgemein gefasst und ist lediglich 10 Seiten lang, wobei allein die Definitionen rund 3 Seiten ausfüllen.

80 In den Anhängen, die ebenfalls relativ kurz gehalten sind, sind die produktspezifischen Bedingungen enthalten. Es gibt je einen Anhang für Optionen, Swaps und Zinsbegrenzungsgeschäfte sowie für Devisen- und Edelmetallgeschäfte. Zur Lösung allfälliger Konflikte zwischen den allgemeinen Bestimmungen des Rahmenvertrages und den produktspezifischen Bestimmungen der Anhänge enthält der Rahmenvertrag eine Kollisionsregelung, die der entsprechenden Regelung im ISDA Master Agreement nachempfunden ist und den Vorrang der produktspezifischen Bestimmungen der Anhänge gegenüber den Bestimmungen im Rahmenvertrag statuiert.

81 Die Bedingungen der einzelnen Transaktionen unter dem Schweizer Rahmenvertrag werden in der sogenannten Bestätigung spezifiziert. Diese bildet einen integrierenden Bestandteil des zwischen den Parteien abgeschlossenen Rahmenvertrages, welcher wiederum zusammen mit den übrigen Bestätigungen einen Einheitsvertrag bildet. Die Bestätigung selbst sollte nur die Transaktionsspezifikationen enthalten. Entsprechend sollte es auch nie zu einem Widerspruch zwischen den Bestimmungen des Rahmenvertrages und Anhängen einerseits und der Bestätigung andererseits kommen. Im Gegensatz zum ISDA Master Agreement ist der besondere Fall eines solchen Widerspruchs im Schweizer Rahmenvertrag aber dennoch explizit geregelt. Eine solche Kollision wird zugunsten der Bestimmung der Bestätigung aufgelöst, dh auch hier treten die „allgemeinen Bestimmungen" zurück. In der Praxis dürften solche Widersprüche gar nicht vorkommen, sofern es sich bei der Bestätigung in der Tat lediglich um eine Spezifikation der einzelnen Transaktion handelt, die keine vertragsrechtlichen Bestimmungen enthält.[81]

IV. Rahmenvertrag und Bestätigungen als „Einheitsvertrag"

82 Die Unterzeichnung des Rahmenvertrages verpflichtet nicht zum Abschluss einer Transaktion, sondern regelt die Bedingungen einer nicht unbeschränkten Anzahl künftiger Transaktionen.[82] Die einzelne Transaktion wird formfrei abgeschlossen, woraufhin der Calculation Agent eine Bestätigung erstellt. Dabei soll die Gesamtheit aller Bestätigungen zusammen mit dem Rahmenvertrag einen einzigen Vertrag bilden (sog „Single Agreement",[83] „Einheitsvertrag"[84] oder „einheitliches Vertragsverhältnis"[85] Diese Konstruktion geht auf das vom Basler Ausschuss für Bankenaufsicht 1993 bei der Anerkennung von Netting-Vereinbarungen aufgestellte Erfordernis eines einheitlichen Vertragsverhältnisses zurück, das die Gesamtheit der Transaktionen enthalten soll. In der Folge kann bei Insolvenz der Gegenpartei nur noch Zahlung des Saldos der positiven Marktwerte verlangt bzw muss ein Saldo der negativen Marktwerte geleistet werden.[86] So soll ein „Cherry-Picking" verhindert werden. Übernommen wurde die sogenannte „Einheitskonzeption" aus dem anglo-amerikanischen Recht.[87]

83 Dem Schweizer Recht ist die Konstruktion des Einheitsvertrages unbekannt. Wenn im entsprechenden Vertragswerk ein entsprechender Parteiwille klar zum Ausdruck kommt, wonach für bestimmte Tatbestände mit Bezug auf bestimmte Transaktionen, die vom Vertrags-

---

81 Vgl *Häusler*, S. 197 f.
82 Vgl *Rayroux*, S. 11 ff, 13.
83 Vgl ISDA 2002 und 1992 Master Agreement, Ziff. 1(c).
84 Vgl *Häusler*, S. 221.
85 Vgl *Zobl / Werlen*, ISDA, S. 8.
86 Vgl *Häusler*, S. 221; *Zobl / Werlen*, ISDA, S. 8.
87 Vgl *Rayroux*, S. 11 ff, 13.

werk erfasst werden, die Parteien sich dem Konzept des Einheitsvertrages unterwerfen, so wird dieser Parteiwille im Rahmen der Vertragsfreiheit von der Rechtsordnung aber respektiert.

Für den Schweizer Rahmenvertrag bedeutet dies, dass der „Rahmenvertrag" alle Einzelabschlüsse in einer Weise zusammenfasst, dass sie im Konkursfall nicht wieder einzeln behandelt werden können.[88] Dieser Parteiwille geht klar aus dem Schweizer Rahmenvertrag hervor und wird insofern indirekt bestätigt, als keine Bestimmungen im Rahmenvertrag enthalten sind, die dem Einheitskonzept widersprechen.[89] 84

Das Konzept des Einheitsvertrages wird im Schweizer Rahmenvertrag umgesetzt, indem in Ziff. 1 statuiert wird, dass alle Transaktionen unter dem Rahmenvertrag unter der Bedingung abgeschlossen werden, dass der Rahmenvertrag zusammen mit allen Bestätigungen, welche die einzelnen Transaktionen betreffen, einen einzigen Vertrag bildet. Sodann finden sich implizite Bestätigungen des Konzepts des Einheitsvertrages in den einzelnen vertragsrechtlichen Bestimmungen. So statuiert Ziff. 3(3) eine Verrechnung bei der Zahlung der verschiedenen Einzeltransaktionen. Weiter sieht Ziff. 5.3 ein Recht zur vorzeitigen Vertragsauflösung vor und meint dabei mit „Vertrag" den „Einheitsvertrag", dh den Rahmenvertrag und alle Bestätigungen. Dies wird in Ziff. 5.3(d) verdeutlicht, indem dort zur Bezeichnung des Rahmenvertrages der Begriff „Rahmenvertrag" verwendet wird und nicht wie in allen übrigen Teilen von Ziff. 5.3., die auf den Einheitsvertrag abstellen, der Begriff „Vertrag". Dieser Einheitsvertragsgedanke setzt sich unter Einhaltung der Terminologie in Ziff. 5.4 (Ausübung des Auflösungsrechts und Folgen), Ziff. 5.5 (Konkurs der Gegenpartei), Ziff. 5.6 (Liquidation der offenen Transaktionen), Ziff. 6 (Verrechnungsrecht für den Liquidationsfall) fort. Dem Einheitsvertragskonzept widersprechende Bestimmungen finden sich in der 2003er Version des Schweizer Rahmenvertrages keine. 85

Somit kann festgehalten werden, dass der Schweizer Rahmenvertrag dem Konzept des Einheitsvertrages folgt und dies klar zum Ausdruck bringt. 86

V. Form

Der Abschluss des Rahmenvertrages und auch alle Änderungen und Ergänzungen desselben[90] unterstehen dem Formerfordernis der einfachen Schriftlichkeit. 87

Die einzelnen Transaktionen werden hingegen formfrei abgeschlossen. Das in der 1994er Version des Rahmenvertrages noch bestehende Erfordernis der einfachen Schriftlichkeit für die Bestätigung wurde im Zuge der Erneuerung gestrichen und ist in der 2003er Version nicht mehr enthalten. Abweichende Parteivereinbarungen sind aber ausdrücklich vorbehalten,[91] dh, die einfache Schriftlichkeit kann zB in allgemeinen Transaktionsbestimmungen einer Bank vorgesehen werden. Vorbehältlich einer abweichenden Regelung muss die Bestätigung einer Transaktion daher von der Gegenpartei nicht (mehr) unterzeichnet zurückgesandt werden. 88

VI. Bestätigung bzw Zusicherung für spezifische Parteien

Der Schweizer Rahmenvertrag enthält gewisse Bestätigungen bzw Zusicherungen mit Bezug auf spezifische Arten von Gegenparteien. Der Rahmenvertrag enthält eine Bestimmung für den Fall, dass eine der Parteien eine Institution des öffentlichen Rechts ist, deren Vermögen 89

---

88 Vgl *Häusler*, S. 224.
89 Vgl *Häusler*, S. 226.
90 So ausdrücklich Ziff. 10.
91 Vgl Ziff. 1(Abs. 3) Satz 3 Abs. 3 „Die Parteien können die Modalitäten der Bestätigung hiervon abweichend regeln.".

in Finanz- und Verwaltungsvermögen unterteilt ist. In einem solchen Fall bestätigt die betreffende Partei, dass die investierten Vermögenswerte dem Finanz- und nicht dem Verwaltungsvermögen zugehören. Diese Zusicherung ist in einem solchen Fall sehr zentral, weil öffentlich-rechtliche Institutionen grundsätzlich nur mit Bezug auf ihr Finanz- nicht aber mit Bezug auf das Verwaltungsvermögen OTC-Derivate abschließen dürfen. Zudem haftet der Gegenpartei nur das Finanz- nicht aber das Verwaltungsvermögen der öffentlich-rechtlichen Institution.

90 Da es unter anderem für Anlagefonds, Pensionskassen, Krankenkassen und Versicherungen sowie für öffentlich-rechtliche Körperschaften und Anstalten gesetzliche Anlagevorschriften gibt, die den Einsatz aller oder auch nur gewisser Derivate einschränken oder sogar verbieten, enthält der Schweizer Rahmenvertrag eine Bestimmung, wonach die Partei, für die solche besonderen Anlagevorschriften Gültigkeit haben, bestätigt, die für sie gültigen Vorschriften zu kennen und einzuhalten. Welches die Konsequenz einer Verletzung der besonderen Anlagevorschriften mit Bezug auf die Gültigkeit der Transaktion hat, muss im Einzelfall basierend auf der konkreten Verletzung beurteilt werden. In der Regel hat aber eine Verletzung der besonderen Anlagevorschriften nicht zwingend die Ungültigkeit der Transaktion zur Folge. Wird eine besondere Anlagevorschrift verletzt, so hat dies aber immer eine Verletzung der Zusicherung unter dem Rahmenvertrag und damit eine Schadenersatzpflicht zur Folge.

VII. Erfüllung

91 Der Schweizer Rahmenvertrag wird, wie erwähnt, vom Konzept des Einheitsvertrages beherrscht. Auch beim Vorliegen eines Einheitsvertrages ist aber festzuhalten, dass die einzelnen Transaktionen auf gesonderten Vertragsabschlüssen beruhen und, zumindest außerhalb des Insolvenzfalles einer Vertragspartei, ein eigenes rechtliches Schicksal haben. Das Einheitsvertragskonzept greift im Insolvenzfall einer Vertragspartei. Außerhalb des Insolvenzfalles gilt aber eine individuelle Betrachtung der Einzeltransaktionen im Hinblick auf ihre Erfüllung. Entsprechend sind bezüglich der Erfüllung als auch hinsichtlich der Folgen der Erfüllungsstörung zunächst immer die einzelnen Transaktionen für sich zu betrachten.[92]

92 Der Schweizer Rahmenvertrag enthält allgemeine Bestimmungen zur Erfüllung. Es sind dies die Regelung von Zahlungen (Ziff. 3), Fälligkeitstage (Ziff. 4) und Erfüllungsort (Ziff. 13). Detailliert geregelt ist sodann die nicht ordnungsgemäße Erfüllung, dh die Erfüllungsstörungen (Ziff. 5). „Besondere Bestimmungen" für gewisse Arten von Derivaten finden sich in den Anhängen des Rahmenvertrages (vgl Anhang A für Optionen, Anhang B für Swaps und Zinsbegrenzungsgeschäfte, Anhang C für Devisen- und Edelmetallgeschäfte). Dabei handelt es sich aber auch um „allgemeine Bestimmungen" in dem Sinne, dass sie für alle Einzeltransaktionen der jeweiligen Art gelten. Die „besonderen Bestimmungen" ieS enthalten die Bestätigungen der Einzeltransaktionen, namentlich die genaue Bezeichnung des Leistungsgegenstandes.

VIII. Erfüllungsstörung und Auflösungsgründe

93 Ziff. 5 ist juristisch das Herzstück des Rahmenvertrages. Gemäß Ziff. 5.1 gelten bei Erfüllungsstörungen grundsätzlich die Bestimmungen des Schweizer Obligationenrechts[93] sowie allfällige Regelungen der Referenzbörsen. Vorbehalten bleiben aber die im Schweizer Rahmenvertrag enthaltenen spezifischen Bestimmungen, die sich mit Konsequenzen einer Erfüllungsstörung mit Bezug auf die Einzeltransaktion einerseits (vgl Ziff. 5.2) und das Einheits-

---

92 Vgl *Häusler*, S. 239 f.
93 Bundesgesetz vom 30. März 1911 betreffend die Ergänzung des Schweizerischen Zivilgesetzbuches (Fünfter Teil: Obligationenrecht), SR 220.

vertragsverhältnis andererseits (vgl Ziff 5.3 ff), befassen. Entsprechend sind die Folgen der Erfüllungsstörung bzw des Verzugs für die Einzeltransaktion von denjenigen im Hinblick auf das gesamte Einheitsvertragsverhältnis auseinanderzuhalten.

1. Folgen für die Einzeltransaktion

Bei den unter dem Schweizer Rahmenvertrag abgeschlossenen Transaktionen handelt es sich um relative Fixgeschäfte, dh, dem Gläubiger stehen bei Verzug des Schuldners die Ausübung der Rechte nach Art. 107 Abs. 2 OR ohne Nachfristsetzung zur Verfügung. Der Gläubiger kann gemäß Art. 107 Abs. 2 OR zwischen folgenden drei Möglichkeiten mit Bezug auf die Einzeltransaktion wählen: 94

- Erfüllung und Ersatz des Verspätungsschadens;
- Verzicht auf Erfüllung und Schadenersatz wegen Nichterfüllung (positives Vertragsinteresse);
- Verzicht auf Erfüllung und Rücktritt (negatives Vertragsinteresse).

95

Durch die Bestimmungen im Schweizer Rahmenvertrag wird keine dieser drei möglichen Folgen einer Erfüllungsstörung explizit ausgeschlossen. Entsprechend steht der Partei, welche die Erfüllungsstörung nicht verursacht hat, mit Bezug auf die fragliche Transaktion ein Wahlrecht zu. 96

Bei Verzug mit der Lieferung von Basiswerten räumt Ziff. 5.2 Abs. 2 dem Gläubiger explizit das Recht zur Tätigung eines Deckungskaufs ein. Zudem hat der Gläubiger Anspruch auf Schadenersatz, wobei die Berechnung immer nach dem konkreten Deckungsgeschäft und bei Nichtvornahme eines solchen anhand eines abstrakten Deckungsgeschäfts erfolgt. Weiter ersatzfähig sind alle mit der Ersatzbeschaffung verbundenen Kosten. 97

2. Folgen für das Einheitsvertragsverhältnis

Ziff. 5.3 listet abschließend (zusammen mit Ziff. 5.5) die Gründe auf, die zur Auflösung des gesamten Einheitsvertragsverhältnisses berechtigen („Event of Default"): 98

- Verletzung von Zahlungs- bzw Lieferpflichten aus Einzeltransaktionen genügen erst nach einer dreitägigen Nachfrist (a);
- Verletzung anderer Pflichten aus dem Einheitsvertragsverhältnis nach nichterfolgter Heilung innerhalb zwanzigtägiger Frist (b);
- Verletzung einer unter einem anderen Vertrag zwischen den Parteien eingegangenen Pflicht nach nichterfolgter Heilung innerhalb zwanzigtägiger Frist (c);
- Erreichen dieses Schwellenwertes durch Verletzung von Leistungspflichten aus Verträgen mit einem Dritten, sofern von den Parteien ein Schwellenwert festgesetzt wurde („Cross Default") (d);
- Entzug der Bewilligung oder Verbot der Geschäftstätigkeit durch eine Behörde bzw ein Gericht (e);
- Veränderung der juristischen bzw ökonomischen Struktur einer Partei (zB Fusion oder Restrukturierung) unter maßgeblicher Beeinträchtigung ihrer Kreditfähigkeit (f).

Bei Vorliegen eines Auflösungsgrundes (Event of Default) darf die „vertragstreue" Partei das „Auflösungsrecht" ausüben, dh, das Einheitsvertragsverhältnis auflösen. Dies muss sie durch schriftliche Mitteilung an die Gegenpartei tun, solange der Auflösungsgrund andauert. Dabei kann sie die Auflösung per sofort oder auf einen bestimmten Termin verlangen. 99

Im Unterschied zu den Auflösungsgründen nach Ziff. 5.3 statuiert Ziff. 5.5 eine automatische, sofortige Vertragsauflösung bei Eröffnung des Konkurses, eines Stundungs-, Sanierungsverfahrens oder eines anderen Aktes des Insolvenzrechts mit vergleichbarer Wirkung. 100

101 Die Folgen einer Auflösung sind, dass an die Stelle aller Leistungen, die am Tag der Auflösung oder später fällig geworden wären, die Pflicht zur Leistung eines Liquidationswerts tritt.

IX. Verrechnung

1. Automatische Verrechnung unter einer bestimmten Transaktion

102 Der Schweizer Rahmenvertrag sieht eine automatische Verrechnung von gegenseitigen Zahlungsverpflichtungen der Parteien unter einer Transaktion vor, sofern beide Zahlungsverpflichtungen an demselben Tag und in gleicher Währung fällig werden. Eine Verrechnungserklärung im Einzelfall ist nicht erforderlich. Der Calculation Agent teilt den zu zahlenden Differenzbetrag der betreffenden Partei einfach rechtzeitig vor Fälligkeit mit. Diese Regelung entspricht in der Substanz der entsprechenden Regelung im ISDA Master Agreement.

2. Verrechnung unter verschiedenen Transaktionen

103 Der Schweizer Rahmenvertrag sieht genau gleich wie das ISDA Master Agreement eine Close-out Netting vor. Die Parteien sind berechtigt, den sich infolge einer vorzeitigen Auflösung des Einheitsvertragsverhältnisses errechneten Liquidationswert ihrer Forderungen mit Forderungen aus anderen Transaktionen ohne Rücksicht auf deren Fälligkeit zu verrechnen.

X. Anwendbares Recht

104 Das auf den Rahmenvertrag wie auch auf die einzelnen unter dem Rahmenvertrag abgeschlossenen Transaktionen anwendbare Recht ist in jedem Fall Schweizer Recht, denn der Schweizer Rahmenvertrag sieht im Gegensatz zum ISDA Master Agreement keine Klausel vor, die eine andere Rechtswahl zulassen würde. Da der Schweizer Rahmenvertrag allein in Binnenverhältnissen, dh zwischen Schweizer Parteien zur Anwendung kommt, ist die Wahl des Schweizer Rechts natürlich und sinnvoll. Daher wurde im Schweizer Rahmenvertrag auf eine Rechtswahlklausel wie sie im Schedule des ISDA Master Agreements vorgesehen ist, bewusst verzichtet.

6. Teil: Bilanz- und Steuerrecht

§ 33 Rechnungslegung von Derivaten

Literatur: *Adler/Düring/Schmaltz (ADS)*, Rechnungslegung und Prüfung der Unternehmen, 7. Teillieferung, 2011; *Auerbach/Fischer*, Bilanzierung von Kreditderivaten nach HGB, in: Burghof et al., Kreditderivate, 2. Aufl. 2005, S. 237 ff; *Auerbach/Klotzbach*, Bilanzierung von Kreditderivaten nach IFRS, in: Burghof et al., Kreditderivate, 2. Aufl. 2005, S. 261 ff; *Gelhausen/Frey/Kämpfer*, Rechnungslegung und Prüfung nach dem Bilanzrechtsmodernisierungsgesetz, 2009; Hashagen/Auerbach, Bilanzierung und Bewertung von Kreditderivaten, Die Bank 10/1998; *Helke/Wiechens/Klaus*, Zur Umsetzung der HGB-Modernisierung durch das BilMoG: Die Bilanzierung von Finanzinstrumenten, in: DB, Beilage 5/2009; *IDW*, Rechnungslegungshinweis zu Anhangangaben nach § 285 Satz 1 Nr. 18 und 19 HGB zu bestimmten Finanzinstrumenten (IDW RH HFA 1.005), Stand: 24.11.2010; *IDW*, Ausweis- und Angabepflichten für Zinsswaps in IFRS-Abschlüssen (IDW RH HFA 2.001), Stand: 19.9.2007; *IDW*, Stellungnahme zur Rechnungslegung: Bilanzierung von Finanzinstrumenten des Handelsbestandes bei Kreditinstituten (IDW RS BFA 2), Stand: 3.3.2010; *IDW*, Stellungnahme zur Rechnungslegung: Handelsrechtliche Bilanzierung von Financial Futures und Forward Rate Agreements bei Instituten (IDW RS BFA 5), Stand: 18.8.2011; *IDW*, Stellungnahme zur Rechnungslegung: Handelsrechtliche Bilanzierung von Optionsgeschäften bei Instituten (IDW RS BFA 6), Stand: 18.8.2011; *IDW*, Stellungnahme zur Rechnungslegung: Bilanzierung von Kreditderivaten (IDW RS BFA 1), Stand 4.12.2001; *IDW*, Stellungnahme zur Rechnungslegung: Einzelfragen zur Bilanzierung von Finanzinstrumenten nach IFRS (IDW RS HFA 9), Stand: 12.4.2007; *IDW*, Zur einheitlichen oder getrennten handelsrechtlichen Bilanzierung strukturierter Finanzinstrumente (IDW RS HFA 22), Stand: 2.9.2008; *IDW*, Positionspapier zu Bilanzierungs- und Bewertungsfragen im Zusammenhang mit der Subprime-Krise, 2007; *IDW*, Stellungnahme zur Rechnungslegung: Handelsrechtliche Bilanzierung von Bewertungseinheiten (IDW RS HFA 35), Stand: 10.6.2011; *KPMG*, Bilanzierung strukturierter Finanzinstrumente nach HGB und IFRS, 2008; *KPMG*, Insights into IFRS, 8. Auflage 2011/12; *KPMG*, Offenlegung von Finanzinstrumenten und Risikoberichterstattung nach IFRS 7, 2007; *Krumnow/Sprißler et al.*, Rechnungslegung der Kreditinstitute, Kommentar, 2. Aufl. 2004; *Kuhn/Scharpf*, Rechnungslegung von Financial Instruments nach IFRS, 3. Aufl. 2006; *Löw*, Ausweisfragen in der Bilanz und Gewinn- und Verlustrechnung bei Financial Instruments, in: KoR Beilage 1/2006; *Löw*, Verlustfreie Bewertung antizipativer Sicherungsgeschäfte nach HGB – Anlehnung an internationale Rechnungslegungsvorschriften –, WPg 20/2004; *Löw/Lorenz*, Ansatz und Bewertung von Finanzinstrumenten, in: Löw, Rechnungslegung für Banken nach IFRS, 2. Aufl. 2005, S. 415–604; *Löw/Scharpf/Weigel*, Auswirkungen des Regierungsentwurfs zur Modernisierung des Bilanzrechts auf die Bilanzierung von Finanzinstrumenten, WPg, 21/2008; *Mujkanovic*, Die Bewertung von Finanzinstrumenten zum Fair Value nach BilMoG, StuB, 9/2009; *Patek*, Bewertungseinheiten nach dem Referentenentwurf des Bilanzrechtsmodernisierungsgesetzes, KoR 6/2008; *Prahl*, Bilanzierung von Financial Instruments – quo vadis?, in: Lange/Löw, Rechnungslegung, Steuerung und Aufsicht von Banken, 2004; *Prahl/Naumann*, Financial Instruments (Derivate), in: Wysocki, Handbuch des Jahresabschlusses in Einzeldarstellungen, 2007; *Scharpf*, Bilanzierung von Bewertungseinheiten in der Fünften Jahreszeit, DB 07/2012; *Scharpf*, Finanzinstrumente, in: Küting/Pfitzer/Weber, Das neue deutsche Bilanzrecht, 2. Auflage 2009; *Scharpf*, Kommentierung zu § 254 in: Küting/Weber, Handbuch der Rechnungslegung – Einzelabschluss, 5. EL (Stand: 3/2010); *Scharpf/Schaber*, Handbuch Bankbilanz, 2011; *Scharpf/Weigel/Löw*, Bilanzierung von Finanzgarantien und Kreditzusagen nach IFRS, WPg 23/2006.

A. Einleitung 1	3. Ansatz und Ausweis von Termingeschäften 14
B. Rechnungslegung nach den Vorschriften des HGB 5	4. Ansatz und Ausweis von Optionen ... 18
I. Einordnung der Rechnungslegung von Derivaten in die allgemeinen Regelungen des HGB 5	5. Ansatz und Ausweis von Credit Default Swaps 21
II. Ansatz und Ausweis von Derivaten 10	III. Bewertung 24
1. Allgemeine Regelungen 10	1. Allgemeine Regelungen 24
a) Ansatz 10	2. Bewertungseinheiten 29
b) Ausweis 11	a) Einführung 29
2. Ansatz und Ausweis von Zinsswaps .. 12	b) Arten von Bewertungseinheiten ... 35

§ 33 Rechnungslegung von Derivaten

	c) Voraussetzungen zur Bildung einer Bewertungseinheit	38	III. Bewertung	81
	d) Folgen der Bildung von Bewertungseinheiten	49	1. Allgemeine Regelungen	81
	e) Vorzeitige Auflösung einer Bewertungseinheit	57	2. Abbildung von Sicherungszusammenhängen nach IAS 39	87
IV.	Offenlegung	58	a) Fair Value Hedge	91
V.	Sonderfall: Strukturierte Produkte am Beispiel einer kapitalgarantierten Schuldverschreibung, deren Verzinsung von möglichen Kreditausfällen in einem Referenzportfolio abhängt	61	b) Cash Flow Hedge	92
			IV. Ausweis und Offenlegung	93
			V. Sonderfall strukturierte Produkte am Beispiel einer kapitalgarantierten Schuldverschreibung, deren Verzinsung von möglichen Kreditausfällen in einem Referenzportfolio abhängt	102
C.	Rechnungslegung nach den Vorschriften der International Financial Reporting Standards (IFRS)	69	VI. Ausblick auf das Projekt „IAS 39 Replacement (IFRS 9)" und die Neuerungen durch IFRS 13	108
I.	Vorbemerkungen	69		
II.	Ansatz und Ausbuchung	71	D. Zusammenfassung	112

A. Einleitung

1 Die Rechnungslegung von Derivaten ist bis heute ein stark umstrittenes Diskussionsfeld mit einer Vielzahl offener Fragestellungen, in neuester Zeit insbesondere bezüglich der Fair Value Ermittlung bei nicht standardisierten Instrumenten[1] sowie die Diskussion zum Hedge Accounting insbesondere nach IFRS.[2]

Die Diskussionen um die sachgerechte Abbildung von Derivaten resultiert aus den unterschiedlichen Intentionen, mit denen Geschäfte in Derivaten abgeschlossen werden. Zum einen geschieht dies aus Gründen der langfristigen Positionierung, zur Generierung von Zusatzerträgen oder der Absicherung von Zinsänderungs-, Währungs-, Kredit- und sonstigen Preisrisiken, zum anderen aber auch zu Handelszwecken, dh mit der Intention der kurzfristigen Gewinnerzielungsabsicht.

Derivate können sowohl in Form von freistehenden, als auch in Form von in anderen Finanzinstrumenten eingebetteten Derivaten abgeschlossen werden.

2 Für die Rechnungslegung der Finanzinstrumente hat das am 28.5.2009 veröffentlichte Bilanzrechtsmodernisierungsgesetz (BilMoG) die Abbildung von Bewertungseinheiten in § 254 HGB kodifiziert und Kreditinstitute durch § 340 e Abs. 3 S. 1 HGB verpflichtet, Finanzinstrumente des Handelsbestandes mit ihrem beizulegenden Zeitwert abzüglich eines Risikoabschlages zu bewerten. Diese Regelungen gelten für Geschäftsjahre, die nach dem 31.12.2009 beginnen. Der Gesetzgeber intendierte mit dieser Gesetzesänderung, die bisher schon angewendeten Grundsätze zur Abbildung von Bewertungseinheiten und der Handelsaktivitäten der Kreditinstitute zu kodifizieren.

3 Während im Handelsgesetzbuch (HGB) allgemeine Grundsätze zur Bilanzierung und Offenlegung von Angaben von Derivaten als schwebende Geschäfte kodifiziert sind, die durch Interpretationen u.a. durch das IDW[3] ergänzt werden, hat das International Accounting Standards Board (IASB) mit IAS 39 zur Bilanzierung und Bewertung von Finanzinstrumenten de-

---

[1] Vgl. zu diesen Diskussionen insbesondere die Veröffentlichung von IFRS 13, Fair Value Measurement, der ab dem 1.1.2013 anzuwenden ist, und die Regelungen der Bankenaufsicht zur Prudent Valuation, geregelt in § 1a Abs. 8 KWG für Instrumente des Handelsbestandes, und Art. 31 des Vorschlags für eine VERORDNUNG DES EUROPÄISCHEN PARLAMENTS UND DES RATES über Aufsichtsanforderungen an Kreditinstitute und Wertpapierfirmen (CRD IV.).

[2] Das IASB hat den Entwurf zum Hedge Accounting im Dezember 2010 veröffentlicht. Auf Grund der Kommentare hat sich das IASB zu einer Neueinschätzung des Themas entschlossen. Dazu http://www.ifrs.org/Current+Projects/IASB+Projects/Financial+Instruments+A+Replacement+of+IAS+39+Financial+Instruments+Recognitio/Financial+Instruments+Replacement+of+IAS+39.htm (Stand: 6.5.2012).

[3] Z.B. IDW, Stellungnahme zur Rechnungslegung: Handelsrechtliche Bilanzierung von Bewertungseinheiten (IDW RS HFA 35), Stand: 10.6.2011.

taillierte und weitgehend konkrete Regelungen zur Rechnungslegung von Derivaten geschaffen. IFRS 7 enthält die Offenlegungspflichten, die allgemein zu Finanzinstrumenten und insbesondere zu Derivaten zu beachten sind.

Die Kritik an der Rechnungslegung auch von Derivaten während der Finanzmarktkrise hat dazu geführt, dass das IASB ein Projekt zur Ablösung des IAS 39 auf den Weg gebracht hat, das IAS 39 Replacement Projekt, in dessen Zuge am 12.11.2009 IFRS 9, Financial Instruments, zur Klassifikation und Bewertung von Finanzinstrumenten veröffentlicht wurde.[4] Im Laufe des Jahres 2009 wurden ein Exposure Draft zu den Ausbuchungsvorschriften von Finanzinstrumenten[5] veröffentlicht, dessen Kommentare allerdings zur Beibehaltung der Regelungen zur Ausbuchung und deren Übernahme in IFRS 9 führten. Auch das Thema Wertberichtigungen ist sehr umstritten: Ein Exposure Draft zum Thema Wertberichtigungen[6] wurde herausgegeben, der Reexposure-Draft angekündigt. Ein Exposure Draft zum Hedge Accounting wurde im Dezember 2010 veröffentlicht. Dies betraf die Regelungen zu einem sog. General Hedge Accounting.[7] Zu dem wichtigen Themengebiet des Macro-Hedging wird für das zweite Halbjahr 2012 ein Standardentwurf erwartet.

Darüber hinaus hat das IASB im Mai 2011 den IFRS 13, Fair Value Measurement veröffentlicht, in dem die Regelungen zur Fair Value Bewertung gebündelt werden und Fragen im Zusammenhang mit der Bestimmung des Fair Values von Finanzinstrumenten auf inaktiven Märkten adressiert werden.

Im Folgenden wird die Rechnungslegung von Finanzderivaten, nach HGB und IFRS für Unternehmen und Kreditinstitute dargestellt und auf die spezifischen Fragestellungen im Rahmen der Rechnungslegung eingebetteter Derivate eingegangen.

B. Rechnungslegung nach den Vorschriften des HGB

I. Einordnung der Rechnungslegung von Derivaten in die allgemeinen Regelungen des HGB

Die im Folgenden dargestellten Regelungen zum Ansatz und zur Bewertung von Derivaten gelten für alle Unternehmen. Rechtsformspezifische Besonderheiten ergeben sich bei Kreditinstituten im Hinblick auf den Ausweis der Derivate in der Bilanz und deren Ergebnisausweis in der Gewinn- und Verlustrechnung auf Grund der spezifischen Regelungen der RechKredV und bezüglich der Bewertung von Derivaten auf Grund der rechtsformspezifischen Vorschrift des § 340 e Abs. 3 und 4 HGB zur Bewertung von Derivaten des Handelsbestandes zum beizulegenden Zeitwert abzüglich eines Risikoabschlags.

Für die Bilanzierung von Derivaten im HGB sind **die allgemeinen Grundsätze der Bilanzierung von Vermögenswerten und Schulden (Grundsätze ordnungsmäßiger Buchführung (GoB)) gem. § 246 ff HGB** maßgeblich.[8] Insbesondere sind die Ansatzvorschriften der §§ 246 bis 251 HGB und die Bewertungsvorschriften der §§ 252 bis 255 HGB für die Rechnungslegung von Derivaten einschlägig. **Kreditinstitute haben darüber hinaus die spezifi-**

---

[4] Die EU-Kommission hat den Endorsement-Prozess für IFRS 9, der zu einer Anwendung dieses Standards in der EU führen würde, ausgesetzt, um zu einem späteren Zeitpunkt die Änderung der Bilanzierung von Finanzinstrumenten nach IFRS in seiner Gesamtheit würdigen zu können, da erst im Zusammenspiel der Ansatz- und Bewertungsregelungen mit den Vorschriften zum Hedge Accounting die Effizienz der Rechnungslegungsregelungen beurteilt werden kann.
[5] Veröffentlichung: 31.3.2009, ED/2009/3 "Derecognition", veröffentlicht unter www.iasb.org.
[6] Veröffentlichung: 5.11.2009, ED/2009/12 „Financial Instruments: Amortised Cost and Impairment", veröffentlicht unter www.iasb.org.
[7] Veröffentlicht am 9.12.2010, ED/2010/13 „Hedge Accounting", veröffentlicht unter www.iasb.org. Eine Review Draft wurde für 2012 angekündigt.
[8] Für Kreditderivate vgl. *Hashagen/Auerbach*, S. 626.

schen Vorschriften der §§ 340 bis 340 h HGB zu beachten, insbesondere § 340 e HGB zur Bewertung von Vermögensgegenständen, und die Regelungen der RechKredV zu Ausweis- und Offenlegungsfragen.

7 Neben diesen allgemeinen Grundsätzen des HGB hat sich der Berufsstand der Wirtschaftsprüfer über das Institut der Wirtschaftsprüfer in Deutschland e.V. zu spezifischen Fragestellungen im Rahmen der Rechnungslegung von Derivaten geäußert:

Abkürzung	Bezeichnung
RS HFA 22	Zur einheitlichen oder getrennten handelsrechtlichen Bilanzierung strukturierter Finanzinstrumente
RS HFA 32	Anhangangaben nach §§ 285 Nr. 3, 314 Abs. 1 Nr. 2 HGB zu nicht in der Bilanz enthaltenen Geschäften
RS HFA 35	Handelsrechtliche Bilanzierung von Bewertungseinheiten
RH HFA 1.005	Anhangangaben nach § 285 S. 1 Nr. 18 und 19 HGB zu bestimmten Finanzinstrumenten
RS BFA 2	Bilanzierung von Finanzinstrumenten des Handelsbestands bei Kreditinstituten
ERS BFA 3	Einzelfragen der verlustfreien Bewertung von zinsbezogenen Geschäften des Bankbuchs (Zinsbuchs)
RS BFA 5[9]	Handelsrechtliche Bilanzierung von Financial Futures und Forward Rate Agreements bei Instituten
RS BFA 6[10]	Handelsrechtliche Bilanzierung von Optionsgeschäften bei Instituten

8 Der Begriff des Derivats ist in den Rechnungslegungsvorschriften des deutschen Handelsrechts nicht konkretisiert, so dass regelmäßig auf die Definition in anderen Gesetzen zurückgegriffen wird. Das Kreditwesengesetz (KWG) und das Wertpapierhandelsgesetz (WpHG) definieren in § 1 Abs. 11 S. 4 KWG und § 2 Abs. 2 WpHG den Begriff des Derivates. Diese gesetzliche Abgrenzung eines Derivates ist sehr kasuistisch und regelt umfassend auf welche Arten von Geschäften oder auf welche zu Grunde liegenden Basiswerte sich Derivate beziehen können. Eingeschlossen werden neben den „klassischen" Derivaten auf Zinssätze, Indices oder Ausfallrisiken (Kreditderivate) auch „Termingeschäfte mit Bezug auf Waren, Frachtsätze, Emissionsberechtigungen, Klima- oder andere physikalische Variablen, Inflationsraten oder andere volkswirtschaftliche Variablen oder sonstige Vermögenswerte, Indizes oder Messwerte als Basiswerte", sofern sie die weiteren dort genannten Voraussetzungen erfüllen.

9 Hingegen definiert IDW RS BFA 2,[11] eine Stellungnahme des IDW zur Interpretation des § 340 e HGB als spezifische Vorschrift für Kreditinstitute, Derivate allgemeingültig als

---

9 Die am 18.8.2011 veröffentlichte Stellungnahme löst die Stellungnahme des Bankenfachausschusses zur Bilanzierung und Prüfung von Financial Futures und Forward Rate Agreements (IDW BFA 2/1993) ab.
10 Die am 18.8.2011 veröffentlichte Stellungnahme löst die Stellungnahme des Bankfachausschusses: Bilanzierung von Optionsgeschäften (IDW BFA 2/1995) ab.
11 IDW Stellungnahme zur Rechnungslegung: Bilanzierung von Finanzinstrumenten des Handelsbestandes bei Kreditinstituten (IDW RS BFA 2), Tz. 5 ff.

- „ein Vertragsverhältnis,
- dessen Wert auf Änderungen des Wertes eines Basisobjekts – z.B. eines Zinssatzes, Wechselkurses, Rohstoffpreises, Preis- oder Zinsindexes, der Bonität, eines Kreditindexes oder einer anderen Variablen – reagiert,
- bei dem Anschaffungskosten nicht oder nur in sehr geringem Umfang anfallen und
- das erst in der Zukunft erfüllt wird."

Diese Definition entspricht in den Grundsätzen der Definition eines Derivates in IAS 39.9.[12]

II. Ansatz und Ausweis von Derivaten

1. Allgemeine Regelungen

a) Ansatz

Ein Charakteristikum von Derivaten ist, dass Vertragsabschluss und Vertragserfüllung zeitlich auseinander fallen. Aus diesem Grund zählen sie zu den **schwebenden Geschäften,** die gemäß den Rechnungslegungsvorschriften des HGB für alle Kaufleute grundsätzlich erst bei einem Verpflichtungsüberhang bilanzwirksam werden (bilanzunwirksame Geschäfte). Trotz dieser Bilanzunwirksamkeit von Derivaten ist das rechnungslegende Unternehmen verpflichtet, diese Geschäfte in einer Nebenbuchhaltung zu dokumentieren.

Aus Derivaten resultierende **Prämien- und Sicherheitenzahlungen** zur Kompensation von Marktwertänderungen, die Erfassung von Zinsansprüchen und -verpflichtungen sowie drohende Verluste aus schwebenden Geschäften, d.h. Verpflichtungsüberhänge aus Finanzderivaten, sind jedoch bilanzwirksam.

Eine Ausnahme von der Nichtbilanzierung als schwebende Geschäfte ergibt sich für Kreditinstitute aus § 340 e Abs. 3 HGB im Rahmen des Ansatzes von Derivaten des Handelsbestandes, da nach § 340 e HGB Finanzinstrumente des Handelsbestandes, zu denen die Derivate zählen, die dem Handelsbestand zugeordnet wurden, zum beizulegenden Zeitwert abzüglich eines Risikoabschlages zu bewerten sind.[13] Die Zuordnung eines Finanzinstruments zum Handelsbestand richtet sich im Rahmen des erstmaligen Ansatzes nach der Zwecksetzung, die mit diesem Geschäft verfolgt wird. Handelsabsicht liegt vor, wenn der Bilanzierende es erworben hat in der Absicht, mit diesem Geschäft einen kurzfristigen Eigenhandelserfolg zu erzielen. Häufig werden Finanzinstrumenten dem Handelsbestand zugeordnet und nur die Risiken des Instruments weiter an den Kapitalmarkt transferiert. Weiterführende Kriterien zur Abgrenzung des Handelsbestandes enthält IDW RS BFA 2: Hiernach zeichnet sich Handelsbestand u.a. dadurch aus, dass er der Verantwortung des Bereiches „Handel" unterliegt und das Handelsmotiv in Übereinstimmung mit den Anforderungen der MaRisk zu dokumentieren ist.[14]

Die Festlegung, ob ein Finanzinstrument zu Handelszwecken gehalten wird, hat im Zugangszeitpunkt zu erfolgen und ist bei Geschäftsabschluss zu dokumentieren. Fehlt zu diesem Zeitpunkt die Handelsabsicht, kommt eine nachträgliche Einbeziehung in den Handelsbestand aufgrund des Umwidmungsverbots des § 340 e Abs. 3 S. 2 HGB nicht in Frage. Dies gilt auch für eine Umgliederung aus dem Handelsbestand, es sei denn, außergewöhnliche Umstände, insbesondere schwerwiegende Beeinträchtigungen der Handelbarkeit der Finanz-

---

12 Vgl. zu einer ausführlichen Differenzierung im Hinblick auf die Definition des Finanzinstrumentes, IDW Stellungnahme zur Rechnungslegung: Bilanzierung von Finanzinstrumenten des Handelsbestandes bei Kreditinstituten (IDW RS BFA 2), Rn 5 ff.
13 Vgl. dazu auch IDW, IDW Stellungnahme zur Rechnungslegung: Bilanzierung von Finanzinstrumenten des Handelsbestands bei Kreditinstituten (IDW RS BFA 2) (Stand: 3.3.2010), Rn 35.
14 Vgl. dazu auch IDW, IDW Stellungnahme zur Rechnungslegung: Bilanzierung von Finanzinstrumenten des Handelsbestands bei Kreditinstituten (IDW RS BFA 2) (Stand: 3.3.2010), Rn 12.

instrumente, wie sie im Rahmen der Finanzmarktkrise aufgetreten sind, führen zu einer Aufgabe der Handelsabsicht durch das Kreditinstitut. Allerdings ist es möglich, nach § 340 e Abs. 3 S. 4 HGB Finanzinstrumente des Handelsbestandes nachträglich in eine Bewertungseinheit einzubeziehen, wobei das entsprechende Finanzinstrument nach Beendigung der Absicherung wieder zwingend dem Handelsbestand zuzuordnen ist.

b) Ausweis

11 Da Derivate als schwebende Geschäfte, mit Ausnahme der Sonderregel für den Handelsbestand der Kreditinstitute, nicht anzusetzen sind, erfolgt nur ein Bilanzausweis eines negativen Überhangs aus der Bewertung des Derivats als Rückstellung für drohende Verluste im Posten sonstige Rückstellungen. Daneben sind gezahlte bzw. erhaltene Optionsprämien als sonstige Vermögensgegenstände bzw. sonstige Verbindlichkeiten auszuweisen.[15]

Für Kreditinstitute gelten für den Ausweis in Bilanz und Gewinn- und Verlustrechnung die durch Rechtsverordnung erlassenen Formblätter und die anderen Vorschriften der RechKredV. Der Ausweis der Derivate des Handelsbestandes bei Kreditinstituten in der Bilanz gem. Formblatt RechKredV erfolgt im Aktivposten „6 a. Handelsbestand" sowie im Passivposten „3 a. Handelsbestand". § 340 c Abs. 1 HGB verlangt darüber hinaus, dass Aufwendungen und Erträge aus Geschäften mit Finanzinstrumenten des Handelsbestands und dem Handel mit Edelmetallen im Nettoergebnis des Handelsbestandes[16] ausgewiesen werden. Derivate des Anlagebestandes werden nur im Rahmen der Bildung einer Rückstellung für drohende Verluste aus schwebenden Geschäften bilanziell erfasst.[17] Realisierte Zahlungsströme aus Derivaten des Anlagebestandes werden im Regelfall dem Posten zugeordnet, in dem auch Erträge/Aufwendungen des entsprechenden Basiswertes erfasst werden, so ist z.B. bei Zinsswaps die **Nettogröße** aus den beiden Zinszahlungsströmen saldiert im Posten „Zinsaufwendungen"[18] respektive „Zinserträge"[19] zu erfassen.[20]

Im Folgenden werden die grundsätzlichen Regelungen zur Rechnungslegung ausgewählter Finanzderivate dargestellt, die weder dem Handelsbestand eines Kreditinstituts zugeordnet sein sollen noch Teil einer Sicherungsbeziehung als Sicherungsinstrument.[21]

2. Ansatz und Ausweis von Zinsswaps

12 Bei Zinsswapvereinbarungen werden typischerweise feste gegen variable Zinszahlungsströme getauscht. Die Kapitalbeträge dienen als Berechnungsgrundlage, werden jedoch nicht ausgetauscht.

13 Der Marktwert eines einfachen Zinsswaps ist – einen Abschluss zu marktgerechten Konditionen vorausgesetzt – bei Vertragsabschluss im Regelfall Null. Das Geschäft ist bilanzunwirksam, da keine Anschaffungskosten mit dem Abschluss verbunden sind und die Erfüllung erst durch den Tausch der Zinszahlungen in der Zukunft erfolgt. Die Zinszahlungsströme im Rahmen der planmäßigen Erfüllung der Swapvereinbarung sind als **Nettogröße** saldiert im Posten „Zinsen und ähnliche Aufwendungen" bzw. „Zinsaufwendungen"[22] respektive

---

15 Vgl. ausführlich zur Rechnungslegung von Optionen, Ansatz und Ausweis Abschnitt 4.
16 Der Ausweis erfolgt im Posten Aufwandsposten Nr. 3, Nettoaufwand des Handelsbestandes, und Ertragsposten 5, Nettoertrag des Handelsbestandes im Formblatt 2 bzw. im Posten 7, Nettoertrag/Nettoaufwand des Handelsbestandes im Formblatt 3.
17 Vgl. zur Behandlung von Prämienzahlungen bei Optionen Abschnitt 4.
18 § 275 Abs. 2 Nr. 13 bzw. für Kreditinstitute gem. § 29 RechKredV.
19 § 275 Abs. 2 Nr. 11 bzw. für Kreditinstitute gem. § 28 RechKredV.
20 Vgl. ausführlich den folgenden Abschnitt 2.
21 Vgl. hierzu insbesondere die Ausführungen in Abschnitt III.
22 § 275 Abs. 2 Nr. 13 bzw. für Kreditinstitute gem. § 29 RechKredV.

B. Rechnungslegung nach den Vorschriften des HGB

„Zinsen und ähnliche Erträge" bzw. „Zinserträge"[23] zu erfassen. Anteilige Zinsen sind abzugrenzen und im Rechnungsabgrenzungsposten als sonstige Vermögensgegenstände bzw. Verbindlichkeiten auszuweisen.[24]

Erfüllt eine Vertragspartei ihre Verpflichtungen ganz oder teilweise mittels **Einmalzahlung** zu Beginn der Laufzeit des Swaps (**Up-front payment**), so ist der Einmalbetrag als „sonstiger Vermögensgegenstand" bzw. „sonstige Verbindlichkeit" auszuweisen und entsprechend der Laufzeit und der Zahlungsweise des Swaps ergebniswirksam aufzulösen.[25]

Wird die Swapvereinbarung durch die Vertragsparteien vorzeitig gegen Zahlung des positiven oder negativen Marktwertes aufgelöst, so sind alle aus der abgewickelten Transaktion resultierenden Erfolgsbeiträge, einschließlich der bei Auflösung ggf. bestehenden Abgrenzungen, ergebniswirksam zu realisieren, wenn der Zinsswap dem Handelsbestand zugeordnet wurde. Bei Zuordnung des Zinsswaps zum Nicht-Handelsbestand wird in der Literatur eine Abgrenzung des Auflösungseffektes diskutiert, da eine Absicherungswirkung bei Abschluss des Zinsswaps intendiert war.[26] Hier erfolgt der Ausweis der abgegrenzten Zinsen aus dem vorzeitigen Auflösungsbetrag entsprechend im Zinsergebnis.

3. Ansatz und Ausweis von Termingeschäften

Termingeschäfte können sowohl als Direktgeschäfte zwischen den Vertragsparteien („OTC", "over-the counter"), als auch über die Börse als standardisierte Future-Kontrakte abgeschlossen werden. **14**

Auch bei Termingeschäften ist der Marktwert zum Zeitpunkt des Geschäftsabschlusses bei marktgerechten Konditionen zum Handelszeitpunkt Null. Termingeschäfte sind im Abschlusszeitpunkt bilanzunwirksam und ausschließlich in der Nebenbuchhaltung zu führen.

Termingeschäfte werden am Ende ihrer Laufzeit vielfach mit einer Ausgleichszahlung erfüllt bzw. durch Aufhebung vor Fälligkeit mit einer Zahlung glattgestellt. Die Ergebnisbeiträge eines derartigen cash-settlements eines Termingeschäftes werden in der Gewinn- und Verlustrechnung unter dem Posten „sonstige betriebliche Erträge" bzw „sonstige betriebliche Aufwendungen" ausgewiesen. Bei Kreditinstituten werden Ergebnisbeiträge aus Termingeschäften, die dem Handelsbestand zugeordnet wurden, im Nettoergebnis aus Handelsgeschäften ausgewiesen. Termingeschäfte des Anlagebestandes dienen regelmäßig der Absicherung von Anlagebestandspositionen, so dass der Ausweis der Ergebnisse im gleichen Posten erfolgt, in dem die des gesicherten Grundgeschäftes ausgewiesen werden. **15**

Im Fall der Lieferung des Geschäftsgegenstandes („underlying") am Fälligkeitstag (sog. „physisches settlement") bucht der Verkäufer den gelieferten Gegenstand aus – das Abgangsergebnis ist die Differenz zwischen Buchwert und empfangenem Terminpreis unter Berücksichtigung einer ggf. gebildeten Drohverlustrückstellung, die aufzulösen ist.[27] Der Ausweis des Erfolges erfolgt abhängig von der Art des gelieferten Geschäftsgegenstandes im entsprechenden Posten der Gewinn- und Verlustrechnung. **16**

Der Käufer hat den gelieferten Vermögensgegenstand anzusetzen – dem Grundsatz der Erfolgsneutralität des Anschaffungsvorganges folgend, ergeben sich die Anschaffungskosten für den Käufer aus dem zu leistenden Terminpreis.[28] Der Bilanzausweis erfolgt entsprechend

---

23 § 275 Abs. 2 Nr. 11 bzw. für Kreditinstitute gem. § 28 RechKredV.
24 § 266 Abs. 2 C bzw. Abs. 3 D HGB; Formblatt 1, Aktivposten 16 bzw. Passivposten 6 RechKredV.
25 Vgl. *Prahl/Naumann* in: Wysocki, Rn 98.
26 *Krumnow*, u.a., § 340 e HGB, Rn 393 f.
27 Hierzu ausführlich *Prahl/Naumann* in: Wysocki, Rn 135 ff.
28 Ist der gezahlte Terminpreis höher als der Marktpreis des underlyings am Erfüllungstag, so ist im Rahmen der Folgebewertung zu prüfen, ob Wertberichtigungsbedarf vorliegt. Vgl. dazu Abschnitt Bewertung.

der Art des Vermögensgegenstandes und der Intention des Käufers und ist im Einzelfall zu prüfen.

Ist der gezahlte Terminpreis oder die Optionsprämie einschließlich des Optionspreises höher als der Marktpreis bzw. der beizulegende Wert des Vermögensgegenstandes am Erfüllungstag, so ist im Rahmen der Folgebewertung zu prüfen, ob Wertberichtigungsbedarf vorliegt. Wird der gelieferte Vermögensgegenstand dem Umlaufvermögen zugeordnet, so ist dieser im Rahmen des strengen Niederstwertprinzips nach § 253 Abs. 4 HGB bzw. für Kreditinstitute nach § 340 a i.V.m. § 253 Abs. 4 HGB auf den Marktwert oder beizulegenden Wert abzuschreiben. Erfolgt hingegen die Zuordnung zum Anlagevermögen, so kommt das gemilderte Niederstwertprinzip des § 253 Abs. 3 HGB bzw. für Kreditinstitute nach § 340 a i.V.m. § 253 Abs. 3 HGB zur Anwendung, wonach der Vermögensgegenstand bei einer voraussichtlich dauerhaften Wertminderung auf den beizulegenden Wert abzuschreiben ist.

17 Bei börsengehandelten, standardisierten Future-Kontrakten ist für bilanzielle Zwecke die Verbuchung der Marginleistungen zu betrachten. Bei der Initial Margin handelt es sich um eine Sicherheitsleistung für mögliche Erfüllungsrisiken, die in Form von Geld, Avalen oder verpfändeten Wertpapieren zu hinterlegen sind. Der Sicherungsgeber verbucht den Zahlungsmittelabfluss erfolgsneutral als „sonstige Vermögensgegenstände". Erfolgt die Sicherheitsleistung für die Initial Margin nicht in bar, sondern in Form von verpfändeten Wertpapieren, so verbleiben diese in ihrem ursprünglichen Posten in der Bilanz als zur Sicherheit gegebene Wertpapiere.

Die Variation Margin dient quasi als Vorleistung zum täglichen Ausgleich von Marked-to-Market wertschwankungen in dem Termingeschäft. Da die Variation Margin nicht als Erfüllung der Verpflichtung aus dem Termingeschäft an sich zu qualifizieren ist, ist die Marginleistung in einem ersten Schritt erfolgsneutral als „sonstiger Vermögensgegenstand" bei gezahlten und als „sonstige Verbindlichkeit" bei erhaltenen Marginzahlungen abzubilden.[29]

4. Ansatz und Ausweis von Optionen

18 Der Optionskäufer erwirbt das Recht, einen Vermögensgegenstand in der Zukunft zu einem vorher vereinbarten Preis zu kaufen oder zu verkaufen.

Optionen besitzen ein asymmetrisches Risikoprofil,[30] da der mögliche Verlust für den Optionskäufer sich auf die Höhe der gezahlten Prämie beschränkt, während der Verkäufer ein im Grundsatz unbegrenztes Verlustpotential übernimmt.

19 Optionsrechte werden regelmäßig dem Umlaufvermögen zugeordnet. Nur in begründeten Ausnahmefällen ist eine Zuordnung zum Anlagevermögen sachgerecht,[31] beispielsweise wenn die Option zur Sicherung einer Position des Anlagevermögens dienen soll. Die beim Vertragsabschluss **zu leistende Prämie ist beim Optionskäufer** als „sonstiger Vermögensgegenstand" zu Anschaffungskosten gemäß § 253 Abs. 1 S. 1 HGB bzw. für Kreditinstitute gem. § 340 a Abs. 1 i.V.m. § 253 Abs. 1 S. 1 HGB anzusetzen.[32] Wird die Prämie nicht bei Vertragsabschluss in ihrer Gesamtheit geleistet, sondern ratierlich über die Laufzeit, so ist die gesamte Prämie als Vermögensgegenstand anzusetzen und gleichzeitig die Verpflichtung zur Zahlung der Prämie zu passivieren.

Der **Optionsverkäufer** hat die erhaltene Prämie als „sonstige Verbindlichkeit" zu passivieren, die erst bei Ausübung oder Verfall der Option ergebniswirksam vereinnahmt wird. Die

---

29 Vgl. *IDW*, Handelsrechtliche Bilanzierung von Financial Futures und Forward Rate Agreements bei Instituten (IDW RS BFA 5) (Stand: 18.8.2011), Rn 4 ff.
30 Hierzu ausführlich *Prahl/Naumann* in: Wysocki, Rn 113 ff.
31 So *Krumnow* u.a., § 340 e HGB, Rn 454.
32 Vgl. *IDW*, Handelsrechtliche Bilanzierung von Optionsgeschäften bei Instituten (IDW RS BFA 6) (Stand: 18.8.2011), Rn 12.

Ergebnisbeiträge aus Optionen werden im sonstigen betrieblichen Ergebnis ausgewiesen.[33] Bei Optionen bei Kreditinstituten im Handelsbestand erfolgt in der Bilanz der Ausweis im Aktivposten „6 a. Handelsbestand" sowie im Passivposten „3 a. Handelsbestand", der Ausweis der Ergebnisbeiträge im Nettoergebnis des Handelsbestandes.

Wird eine Option durch den **Optionskäufer** ausgeübt, so erfolgt entweder ein Barausgleich in Höhe des Marktwertes der Option zu diesem Zeitpunkt oder die physische Lieferung des underlyings. Eine Ausgleichszahlung wird auch im Fall der vorzeitigen Glattstellung der Option geleistet. Handelt es sich um eine Kaufoption, so ist im Fall des physischen settlements die aktivierte Optionsprämie als **Anschaffungsnebenkosten den Anschaffungskosten des Vermögensgegenstandes hinzuzurechnen**.[34] Liegt hingegen eine Verkaufsoption vor, so ist die gezahlte Optionsprämie mit dem erhaltenen **Veräußerungserlös zu verrechnen**. Spiegelbildlich ist die Situation beim Stillhalter der Option. Bei Ausübung der Kaufoption durch den Optionsberechtigten erhöht die Prämie den Veräußerungserlös des Stillhalters, im Fall der Verkaufsoption mindert die Prämie die Anschaffungskosten des Stillhalters für den Vermögensgegenstand. 20

Bezüglich der Bewertung von Optionen ergibt sich auf Grund der aktivierten bzw. passivierten Prämienzahlung sowohl für den Käufer der Option als auch für den Verkäufer die Notwendigkeit zu prüfen, wie sich der Marktwert der Option im Vergleich zum Zeitpunkt des Vertragsabschlusses entwickelt hat.

Liegt am Bilanzstichtag der Marktwert der Option unter dem Buchwert der aktivierten Prämie, so muss der Optionskäufer gemäß dem **strengen Niederstwertprinzip** zu Lasten der „sonstigen Aufwendungen" eine **Abschreibung auf die gezahlte und als Vermögensgegenstand aktivierte Prämie** vornehmen. Liegt aus Sicht des Optionsverkäufers ein negativer Marktwert der Option vor, so hat dieser eine **Rückstellung für drohende Verluste** aus schwebenden Geschäften zu Lasten der „sonstigen Aufwendungen" zu bilden.

5. Ansatz und Ausweis von Credit Default Swaps

Credit Default Swaps (CDS) sind eine **garantieähnliche Form** von Kreditderivaten, bei denen der Sicherungsgeber eine Prämie erhält und das vom Sicherungsnehmer abzugebende Kreditrisiko übernimmt. Bei Credit Default Swaps ist bei Kreditinstituten für bilanzielle Zwecke zu unterscheiden, ob es sich um einen Posten des Handelsbestandes oder des Anlagebestandes handelt.[35] 21

Bei Credit Default Swaps des **Anlagebestandes** wird die vorschüssig geleistete bzw. erhaltene Prämie vom Sicherungsnehmer aktiviert („sonstiger Vermögensgegenstand") und beim Sicherungsgeber passiviert („sonstige Verbindlichkeit") und **erfolgswirksam über die Laufzeit des CDS vereinnahmt**.[36] Hier wird in der Bilanzierung von der betriebswirtschaftlichen Annahme ausgegangen, dass das Ausfallrisiko, das mit dem CDS verbunden ist, ähnlich wie bei einem Versicherungsvertrag, über die Laufzeit des Vertrages gleichverteilt ist. Der Sicherungsgeber weist in Höhe des übernommenen Risikos eine **Eventualverbindlichkeit** gemäß § 251 HGB bzw. gem. § 340 a HGB i.V.m. § 35 RechKredV und den entsprechenden Formblättern aus, solange mit einer Inanspruchnahme nicht zu rechnen ist. Da der Sicherungsnehmer bei Geschäften im Anlagebestand das Kreditrisiko in Form eines Vermögensgegenstan- 22

---

33 Vgl. *Prahl/Naumann* in: Wysocki, Rn 142 ff. und IDW, Bilanzierung von Finanzinstrumenten des Handelsbestands bei Kreditinstituten (IDW RS BFA 2) (Stand: 3.3.2010), Rn 68.
34 Vgl. ADS, Kommentar zu § 255 HGB, Rn 74 und IDW RS BFA 6 (Stand: 18.8.2011), Rn 22.
35 Zur Entscheidung über die Zuordnung von Kreditderivaten zum Handelsbestand vgl. Ausführungen Abschnitt II 1 a).
36 Vgl. *Auerbach/Fischer* in: Burghof et al, S. 242 f; IDW RS BFA 1, Rn 4.

des im Regelfall auf den Büchern hat, wird er den CDS als **Sicherheit** im Rahmen der Bewertung des abgesicherten Vermögensgegenstandes berücksichtigen.

23 Im Gegensatz zu dem in der Praxis anzutreffenden Ausweis der Prämie in der Gewinn- und Verlustrechnung unter Zinsertrag/Zinsaufwand ist u.E. der **Ausweis als Provisionsertrag/Provisionsaufwand** sachgerecht, da es sich bei dem gesicherten Risiko nicht um ein Zinsrisiko und somit nicht um einen Zinsertrag oder Zinsaufwand handelt, sondern um eine Sicherung des Kreditrisikos.[37]

III. Bewertung

1. Allgemeine Regelungen

24 Für die Bewertung von Derivaten gelten die im HGB verankerten, für alle Kaufleute anzuwendenden **Bewertungsgrundsätze** der §§ 252 bis 256 a HGB, insbesondere § 252 Abs. 1 HGB. Im Rahmen der Bilanzierung von Derivaten sind im Besonderen das Prinzip der **Einzelbewertung** (§ 252 Abs. 1 Nr. 3 HGB) und das **Vorsichtsprinzip**, vor allem in seinen Ausprägungen des Realisationsprinzips und des Imparitätsprinzips (§ 252 Abs. 1 Nr. 4 HGB) zu beachten. Darüber hinaus muss die in § 264 Abs. 2 HGB kodifizierte Generalnorm beachtet werden, nach der der Jahresabschluss – und gem. 297 Abs. 2 HGB gilt dies auch für den Konzernabschluss – „ein den tatsächlichen Verhältnissen entsprechendes Bild der Vermögens-, Finanz- und Ertragslage zu vermitteln" hat.

25 Aufgrund des **Imparitätsprinzips**, das u.a. die unmittelbare Berücksichtigung drohender Verluste aus schwebenden Geschäften vorsieht, ist ein Verpflichtungsüberhang bilanziell zu erfassen. Auch bei der Ermittlung eines Verpflichtungsüberhangs aus abgesicherten Geschäften ist der Grundsatz der **Einzelbewertung** im Regelfall zu befolgen, so dass eine Verrechnung von Wertminderungen, z.B. aus dem gesicherten Geschäft, mit Werterhöhungen, z.B. aus dem Sicherungsgeschäft, verhindert wird. Das Realisationsprinzip stellt auf den sachgerechten Zeitpunkt der Realisation der Erfolgsbeträge ab, d.h. ein Gewinnüberhang ist erst bei Veräußerung oder Fälligkeit des Derivats zu erfassen.

Zusätzlich ist das **Niederstwertprinzip** zu beachten, wonach negative Marktwertänderungen bilanzierter Vermögenswerte in Form einer Abschreibung ergebniswirksam werden; Marktwertänderungen von Verbindlichkeiten werden hingegen auf Grund des Höchstwertprinzips ergebniswirksam.

26 § 340 e Abs. 3 HGB schreibt für Kredit- und Finanzdienstleistungsinstitute vor, dass Finanzinstrumente des Handelsbestandes zum beizulegenden Zeitwert abzüglich eines Risikoabschlages zu bewerten sind.[38] Hierdurch wird eines der Grundprinzipien der handelsrechtlichen Bilanzierung – das Realisationsprinzip als Ausfluss des Vorsichtsprinzips – neu interpretiert, denn die erfolgswirksame Vereinnahmung von durch einen Umsatzakt realisierter Gewinne, wird zugunsten einer (teilweisen) Vereinnahmung „realisierbarer" Gewinne aufgegeben. Mithin sind nun alle Wertänderungen unabhängig von ihrer tatsächlichen Realisierung durch einen Umsatzakt in der Gewinn- und Verlustrechnung – vorbehaltlich des Risikoabschlags und des in einem Sonderposten zu erfassenden Teils – zu erfassen. Darüber hinaus wird für den Handelsbestand das Anschaffungskostenprinzip nach § 253 HGB aufgegeben, denn die Anschaffungskosten bilden nicht mehr die Obergrenze für den Wertansatz bzw. mögliche Zuschreibungen.

---

37 Vgl. IDW RS BFA 1, Rn 18.
38 Vgl. dazu und zum Folgenden BT-Drucks. 16/12407, S. 92 f; IDW, IDW Stellungnahme zur Rechnungslegung: Bilanzierung von Finanzinstrumenten des Handelsbestandes bei Kreditinstituten (IDW RS BFA 2) (Stand: 3.3.2010), Rn 1 ff, 32 ff.

Die Ermittlung des beizulegenden Zeitwerts richtet sich nach § 255 Abs. 4 S. 1 und 2 HGB, wonach der beizulegende Zeitwert den Börsen- oder Marktpreis auf einem aktiven Markt widerspiegelt. Wenn kein aktiver Markt besteht, ist der beizulegende Zeitwert durch adäquate Bewertungsmodelle zu ermitteln.

Wenn auch durch Bewertungsmodelle kein beizulegender Zeitwert bestimmt werden kann, so ist nach § 255 Abs. 4 S. 3 HGB eine Fortführung der Anschaffungskosten nach § 253 Abs. 4 HGB vorzunehmen.

Die Höhe des auf den Zeitwert vorzunehmenden Risikoabschlags ist auf der Grundlage der internen Risikosteuerung des jeweiligen bilanzierenden Instituts zu ermitteln. Zur Berechnung des Abschlags sind die im Rahmen bankaufsichtsrechtlicher Anforderungen genutzten finanzmathematischen Verfahren zu verwenden, typischerweise handelt es sich um die zur Ermittlung der Kapitalunterlegung für bankaufsichtliche Zwecke verwendeten internen Value-at-Risk-Modelle. Durch § 35 Abs. 1 Nr. 6 a RechKredV ist die Berechnung des Risikoabschlages und der Gesamtbetrag des Risikoabschlages im Anhang offenzulegen, dabei sind insbesondere Haltedauer, Beobachtungszeitraum und Konfidenzniveau anzugeben. 27

Darüber hinaus wird durch das BilMoG eine Verpflichtung zur Bildung eines antizyklisch wirkenden Sonderpostens (§ 340 e Abs. 4 HGB) als Puffer für die aus der Zeitwertbewertung des Handelsbestandes resultierenden Wertänderungsrisiken kodifiziert. Hierdurch muss dem Sonderposten „Fonds für allgemeine Bankrisiken" nach § 340 g HGB in jedem Geschäftsjahr ein Betrag zugeführt werden, der mindestens 10 % der Nettoerträge des Handelsbestands entspricht. Dieser Posten darf nur zum Ausgleich von Nettoaufwendungen des Handelsbestands oder – soweit er 50 % des Durchschnitts der letzten fünf jährlichen Nettoerträge des Handelsbestands übersteigt – aufgelöst werden. Eine Auflösung ist auch dann sachgerecht, wenn das Institut seine Handelsaktivitäten aufgibt.

Die Diskussionen zur Anwendung der allgemeinen Grundsätze bei der Bewertung von Derivaten steht auf Grund der Besonderheiten von Derivaten in einem Spannungsfeld, denn der engen Interpretation der genannten Grundsätze stehen die wirtschaftliche Realität und die Intention des Unternehmens mit dem Abschluss von Derivaten mit Sicherungsabsicht entgegen. Daher wurden die Rechnungslegungsgrundsätze vor der Verabschiedung und dem Inkrafttreten des Bilanzrechtsmodernisierungsgesetzes weiter interpretiert, indem z.B. der Grundsatz der Einzelbewertung unter strengen Voraussetzungen auf die Bilanzierung von **bilanzobjektübergreifenden Bewertungseinheiten**, d.h. auf die Bilanzierung einer spezifischen, abgegrenzten Gruppe von Finanzinstrumenten, angewendet wurde.[39] 28

2. Bewertungseinheiten

a) Einführung

Die gesetzliche Regelung zur Bildung von Bewertungseinheiten wurde im Rahmen des Gesetzes zur Modernisierung des Bilanzrechts (Bilanzrechtsmodernisierungsgesetz- BilMoG), welches am 29.5.2009 in Kraft getreten und grundsätzlich ab dem 1.1.2010 anzuwenden ist, geschaffen. 29

Die Notwendigkeit einer konkreten Regelung zur Bildung von Bewertungseinheiten ergibt sich daraus, dass bei strenger Auslegung des Einzelbewertungsgrundsatzes (i.V.m. dem Vorsichtsprinzip in Form des Realisations- und Imparitätsprinzips) des HGB, eine isolierte Bewertung von Grund- und Sicherungsgeschäft das tatsächliche Bild der Vermögens- und Ertragslage verfälschen kann. Dies resultiert daraus, dass ein drohender Verlust, z.B. aus dem derivativen und daher i.d.R. schwebenden Geschäft, antizipiert werden muss, aber die ge- 30

---

39 Vgl. ausführlich zu diesen Bewertungseinheiten *Prahl/Naumann* in: Wysocki, Rn 176 ff. und *Krumnow* u.a., § 340 e HGB, Rn 108 ff.

genläufige Entwicklung in der abgesicherten Position aufgrund des Anschaffungskostenprinzips nicht ergebniswirksam werden darf, obwohl aus wirtschaftlicher Sicht das Sicherungsgeschäft die Wertänderungen des Grundgeschäftes ausgleicht und somit kein Verlust entsteht.

31 Diese Problematik wird durch § 254 HGB vermieden, denn § 249 Abs. 1 (Bildung von Rückstellungen), § 252 Abs. 1 Nr. 3 (Einzelbewertung von Vermögensgegenständen und Schulden) und § 252 Abs. 1 Nr. 4 (Berücksichtigung von allen vorhersehbaren Risiken und Verlusten), § 253 Abs. 1 S. 1 (Prinzip der fortgeführten Anschaffungskosten) und § 256 a (Pflicht zur Währungsumrechnung) sind bei Vorliegen der im folgenden dargestellten Voraussetzungen[40] in dem Umfang und für den Zeitraum nicht anzuwenden, in dem sich die gegenläufigen Wertänderungen oder Zahlungsströme von Grund- und Sicherungsgeschäft ausgleichen.[41] Durch die Stellung der Regelung im HGB gilt § 254 HGB für alle Kaufleute, so dass diese Regelung nicht nur von Kreditinstituten, sondern von allen Unternehmen in ihren HGB-Abschlüssen, anzuwenden ist.

Im Rahmen der Kodifizierung der Regelungen zu Bewertungseinheiten hat der Gesetzgeber die Konsequenzen in der Rechnungslegung an die Entscheidungen der Unternehmenssteuerung geknüpft, Risiken aus Grundgeschäften abzusichern. Besteht der Wille des Bilanzierenden zur handelsbilanziellen Berücksichtigung der Absicherung, ist dies zu dokumentieren. Insoweit spricht das IDW von der Möglichkeit der Einbeziehung des Finanzinstrumentes in die Bewertungseinheit („dürfen").[42] In der Literatur wird jedoch auch die Meinung vertreten, dass es sich bezüglich der Bilanzierung von Bewertungseinheiten nach § 254 HGB um eine Pflicht zur Bilanzierung von Bewertungseinheiten handelt.[43]

32 Als im Rahmen einer Bewertungseinheit absicherungsfähige Grundgeschäfte nennt der § 254 HGB explizit Vermögensgegenstände, Schulden, schwebende Geschäfte oder mit hoher Wahrscheinlichkeit erwartete Transaktionen. Als Grundgeschäfte finanzieller Art kommen bspw. Forderungen, Verbindlichkeiten oder Wertpapiere in Betracht. Als Grundgeschäfte nicht-finanzieller Art kommen Rohstoffe, Edelmetalle und Sachanlagen in Frage.[44] Ferner können derivative Finanzinstrumente Grundgeschäfte einer Sicherungsbeziehung darstellen.[45] Durch die Aufzählung der absicherungsfähigen Grundgeschäfte und der Einbeziehung erwarteter Transaktionen in den Kreis der möglichen Grundgeschäfte hat der Gesetzgeber zugleich Rechtssicherheit geschaffen, indem zukünftig – wie auch in der Praxis in der Vergangenheit schon vereinzelt vorzufinden – erwartete Transaktionen in Sicherungsbeziehungen einbezogen werden können.[46]

33 Als mögliche Sicherungsinstrumente nennt § 254 S. 1 HGB grundsätzlich Finanzinstrumente, ohne den Begriff des Finanzinstrumentes zu definieren. Dabei handelt es sich um Vermögensgegenstände und Schulden, die auf vertraglicher Basis zu Geldzahlungen oder zum Zugang und Angang von anderen Finanzinstrumenten führen.[47] Auch hier kann daher zu Zwecken der Abgrenzung auf die Definition in anderen Gesetzen abgestellt werden. § 1 a Abs. 3 KWG definiert in Anlehnung an IAS 39 als Finanzinstrument „alle Verträge, die für eine der beteiligten Seiten einen finanziellen Vermögenswert und für die andere Seite eine finanzielle

---

[40] Vgl. Abschnitt 23.
[41] Vgl. allgemein hierzu auch BT-Drucks. 16/12407, S. 85 f.
[42] IDW RS HFA 35 Rn 4.
[43] So explizit *Scharpf/Schaber*, S. 373 f.; anders IDW RS HFA 35 Rn 4: „dürfen". Hinsichtlich des IDW RS HFA Tz. 4 geht *Scharpf*, S. 358, von einem „redaktionellen Versehen" aus.
[44] Vgl. IDW RS HFA 35 Rn 29.
[45] Vgl. IDW RS HFA 35 Rn 31.
[46] Siehe zur Bilanzierung antizipativer Sicherungsgeschäfte auch *Löw*, S. 1117.
[47] Vgl. IDW RS HFA Rn 34.

Verbindlichkeit oder ein Eigenkapitalinstrument schaffen".[48] Daraus geht hervor, dass als Finanzinstrumente sowohl originäre als auch derivative Finanzinstrumente in Betracht kommen.[49]

Entscheidend für die Anerkennung einer Bewertungseinheit ist, dass der Sicherungsgeber nicht ausfallgefährdet ist, denn die Sicherungswirkung kommt nur zustande, wenn der Sicherungsgeber wirtschaftlich in der Lage ist, den potentiell zu entrichtenden Ausgleichsbetrag an den Sicherungsnehmer zu zahlen.[50]

b) Arten von Bewertungseinheiten

Die Arten möglicher Bewertungseinheiten werden vom Gesetzgeber nicht vorgegeben, so dass sowohl Mikro- und Makro-, als auch Portfoliobewertungseinheiten möglich sind.[51]

Bei einer Vielzahl an Finanzinstrumenten mit **gleichartiger Risikostruktur**, die im Risikomanagement des rechnungslegenden Unternehmens in einer Gesamtheit gemanagt werden, z.B. als ein Portfolio, ist die Herstellung eines Sicherungszusammenhanges auf Einzelgeschäftsebene und die Bilanzierung als Mikro-Bewertungseinheit weder praktikabel, noch bildet sie die wirtschaftliche Realität ab.

Aus diesem Grund wurde in der bisherigen Bilanzierungspraxis bei einer für Unternehmenssteuerungszwecke erfolgten instrumentenübergreifenden Absicherung auf Makro-Ebene die Bewertungseinheit auf gleicher Ebene in der Rechnungslegung akzeptiert.

Den rechnungslegenden Unternehmen steht im Rahmen des § 254 HGB die Möglichkeit offen, Bewertungseinheiten auf Makro- bzw. auf Portfolio Ebene zu bilden. Ein **Portfolio-Hedge** liegt vor, wenn die Risiken gleichartiger Grundgeschäfte durch ein oder mehrere Sicherungsinstrumente kompensiert werden. Von einem **Makro-Hedge** wird dann gesprochen, wenn die risikokompensierende Wirkung ganzer Gruppen von Grundgeschäften zusammengefasst abgesichert wird.

Sowohl beim Makro- als auch beim Portfolio-Hedge werden im Bestand befindliche risikobehaftete Positionen auf Nettobasis zusammengefasst. Die Nettobasis resultiert aus einer Aufrechnung aller zwischen den einzelnen Instrumenten vorliegenden gegenläufigen Effekte bezüglich der Entwicklung des jeweiligen Risikos. Diese offene Position wird dann durch ein oder mehrere Sicherungsinstrumente abgesichert, d.h., dass erst nach Berücksichtigung der kompensatorischen Effekte in einem Portfolio die Absicherungswirkung eintritt.

c) Voraussetzungen zur Bildung einer Bewertungseinheit

Die Anwendbarkeit des § 254 HGB ist an die folgenden **kumulativ zu erfüllenden Voraussetzungen** geknüpft, d.h. bei Nichterfüllung eines Kriteriums kann die Bewertungseinheit nicht gebildet werden. Erfüllt die Bewertungseinheit während der Laufzeit ein Kriterium nicht mehr, so ist die Bewertungseinheit zu diesem Zeitpunkt aufzulösen.[52] Grundsätzlich ist es nicht erforderlich, dass die Voraussetzungen schon zum Zeitpunkt des Abschlusses beispielsweise des Sicherungsgeschäftes erfüllt sind, denn auch eine spätere Einbeziehung in eine Bewertungseinheit ist möglich.

§ 254 HGB stellt klar, dass das Sicherungsinstrument **vergleichbaren Risiken** wie das Grundgeschäft ausgesetzt sein muss, d.h. sowohl das Grund- als auch das Sicherungsgeschäft müs-

---

48 So auch für Zwecke des IDW RS BFA 2.
49 Vgl. IDW RS HFA 35 Rn 34. Derivate kommen dabei als Sicherungsinstrumente auch in Betracht, wenn sie nach IDW RS HFA 22 aus strukturierten Finanzinstrumenten herausgetrennt worden sind. Vgl. IDW RS HFA 35 Rn 35.
50 *Scharpf/Schaber*, S. 386; *Scharpf* in: Küting u.a., S. 210.
51 Vgl. BT-Drucks. 16/10067, S. 58; IDW RS HFA 35 Rn 16.
52 Vgl. zu den Folgen bei Auflösung der Bewertungseinheit *Scharpf*, 2010, Rn 382 ff.

sen im Hinblick auf das abgesicherte Risiko eine homogene Risikostruktur[53] aufweisen (z.B. Risiko aus einer bestimmten Fremdwährung).[54] Liegen einem Grund- und Sicherungsgeschäft unterschiedliche Risikostrukturen zugrunde, dann ist der Ausgleich von Gewinnen und Verlusten innerhalb der Bewertungseinheit nicht mehr in jedem Fall sichergestellt, da Wertänderungen u.U. nur bedingt oder gar nicht in einem sachlichen Zusammenhang zueinander stehen müssen. In diesen Fällen fehlt die Sicherungsbeziehung, so dass die Bilanzierung als Bewertungseinheit nicht in Frage kommt.

40 Eine vollständige **Übereinstimmung der Beträge** von Grund- und Sicherungsgeschäft ist zur Begründung einer Bewertungseinheit grundsätzlich nicht erforderlich. Allerdings kann die Bilanzierung der Bewertungseinheit nur in dem Umfang erfolgen, in dem sich die Wertänderungen bezogen auf das gesicherte Risiko ausgleichen.[55] Eine Absicherung von Teilbeträgen bzw. Teilvolumina wird als zulässig erachtet, z.B. für den betragsmäßig übereinstimmenden Teil von Grund- und Sicherungsgeschäft.[56] Dabei ist dann zu beachten, dass der überschießende Betrag, d.h. die Über- bzw. Untersicherung des Grundgeschäfts, zu einer offenen Position führt, was eine imparitätische Bewertung des Differenzbetrags zur Folge hat.[57]

41 Zusätzlich muss das abzusichernde Risiko eindeutig ermittelt werden können bzw. gegenüber anderen Risiken abgrenzbar sein. Als absicherbare Risken können z.B. Zins-, Währungs-, Rohpreis,- und Ausfallrisiken[58] genannt werden, wohingegen die Absicherung des allgemeinen Unternehmensrisikos als nicht sachgerecht angesehen wird.[59]

Werden im Rahmen eines Makro- oder Portfolio Hedges mehrere Grundgeschäfte abgesichert, so müssen die in den Geschäften enthaltenen Risiken einen hohen Grad an Homogenität[60] aufweisen. Dies gilt auch für Sicherungsinstrumente, falls diese gleichzeitig bzw. parallel zur Absicherung eines Portfolios an Grundgeschäften eingesetzt werden. Die Bilanzierung als Bewertungseinheit setzt somit ein angemessenes und wirksames Risikomanagementsystem voraus,[61] mit dem die Homogentität der Risiken und auch die Sicherungswirkung des Hedge-Zusammenhangs nachgewiesen werden kann.

42 Eine weitere Voraussetzung für die Bildung von Bewertungseinheiten ist deren **Dokumentation**.[62] Als Nachweis der Absicht der Absicherung des jeweils zugrunde gelegten Grundgeschäftes durch das Sicherungsinstrument bedarf es einer dokumentierten, von Dritten nachvollziehbaren Sicherungsstrategie. Die Dokumentation der Sicherungsabsicht hat im Zeitpunkt des Geschäftsabschlusses des Sicherungsinstruments zu bestehen[63] und endet erst, wenn die Bewertungseinheit nicht mehr besteht. Da jedoch auch ein zu spekulativen Zwecken erworbenes Derivat nachträglich in eine Sicherungsbeziehung designiert werden kann, hat die Dokumentation spätestens zum Zeitpunkt der erstmaligen Einbeziehung zu erfolgen.
Folgende Elemente sind zu dokumentieren:

- Identifikation von Grund- und Sicherungsgeschäft(en),
- Art des abgesicherten Risikos,
- Art und Weise des Risikomanagement bzw. die Risikomanagementstrategie,

---

53 So auch *Scharpf*, 2010, Rn 41.
54 Vgl. IDW RS HFA Rn 25.
55 Vgl. *Gelhausen*, u.a., Kommentar zu § 254 Rn 82.
56 So *Gelhausen*, u.a., Kommentar zu § 254 Rn 83; IDW RS HFA 35 Rn 33.
57 Vgl. IDW RS HFA 35 Rn 66, 82–85.
58 Vgl. So auch *Scharpf*, 2010, Rn 163; IDW RS HFA 35 Rn 28.
59 Vgl. *Scharpf*, in: Das neue deutsche Bilanzrecht, S. 206 f.; IDW RS HFA 35 Rn 26.
60 So auch *Scharpf*, 2010, Rn 43.
61 Vgl. *Gelhausen*, u.a., Kommentar zu § 254 Rn 79 und Rn 92.
62 Siehe auch *Scharpf/Schaber*, S. 390; *Scharpf*, 2010, Rn 142.
63 Vgl. *Prahl/Naumann* in: Wysocki, Rn 184; so auch *Scharpf*, 2010, Rn 151 mwN insbesondere in Rn 157.

- Nachweis über die voraussichtliche Wirksamkeit der Sicherungsbeziehung,
- Angaben zur prospektiven Wirksamkeit der Sicherungsbeziehung,
- Methode zur Beurteilung der Effektivität der Sicherungsbeziehung,
- Methoden zur rechnerischen Ermittlung des Betrages der bisherigen Unwirksamkeit bezogen auf das abgesicherte Risiko,
- eindeutige Willensbekundung des Unternehmens über die handelsbilanzielle Zusammenfassung von Grundgeschäft und Sicherungsinstrument[64]

Ferner muss im Rahmen eines Portfolio-Hedges der Nachweis erbracht und dokumentiert werden, dass die abgesicherten Risiken der Grundgeschäfte gleichartig sind. Bei Macro-Hedges muss dokumentiert werden, aus welchen Gruppen von Grundgeschäften sich das resultierende Nettorisiko ergibt und dass dieses Risiko durch adäquate Finanzinstrumente abgesichert worden ist.[65]

Die Dokumentation soll eine willkürliche Definition von Sicherungsbeziehungen vermeiden helfen[66] und die **Durchhalteabsicht** der Sicherungsbeziehung dokumentieren. Diese muss über einen im Voraus festgelegten Zeitraum gegeben sein. Die Durchhalteabsicht ist auch dann als gegeben anzunehmen, wenn das Grundgeschäft nicht über seine gesamte Laufzeit mit einem Sicherungsgeschäft besichert werden soll, sondern nur über den beabsichtigten, wirtschaftlich sachgerechten Zeitraum. Unterschiede in Bezug auf die Laufzeit können insbesondere bei sehr langfristigen Grundgeschäften auftreten, für die keine laufzeitadäquaten Gegengeschäfte abgeschlossen werden können. Fristenkongruenz ist auch bei Makro- oder Portfoliobewertungseinheiten nicht zwingend erforderlich, da die im Portfolio enthaltenen Finanzinstrumente i.d.R. unterschiedliche Laufzeiten haben werden. Hier bezieht sich die Durchhalteabsicht zusätzlich auf die Absicht des rechnungslegenden Unternehmens, entsprechende Anschlusssicherungsgeschäfte abzuschließen, die die Erfüllung des Kriteriums „Durchhalteabsicht" gewährleisten. Dies wird i.d.R. durch entsprechende organisatorische Regelungen, z.B. durch die Festlegung eines Verlustlimits sichergestellt werden.[67] Um für einen sachverständigen Dritten (z.B. Abschlussprüfer) die Durchhalteabsicht zu dokumentieren, hat das rechnungslegende Unternehmen den geplanten Sicherungszeitraum schriftlich festzuhalten.[68]

Hat das rechnungslegende Unternehmen in der Vergangenheit häufig vorzeitig Bewertungseinheiten ohne plausible und wirtschaftlich nachvollziehbare Gründe aufgelöst, so ist die Durchhalteabsicht für zukünftige Bewertungseinheiten in Frage gestellt – mit der Konsequenz, dass die Bildung von Hedge-Beziehungen nicht mehr als sachgerecht anzusehen ist.[69]

Das Unternehmen hat des Weiteren zu dokumentieren, welches Ziel durch die Absicherung verfolgt und welches Risiko abgesichert wird. Sowohl das Grundgeschäft (bzw. das Portfolio an Grundgeschäften) als auch das Sicherungsinstrument (bzw. die Sicherungsinstrumente) sind detailliert zu beschreiben. Um die Designation des Sicherungszusammenhanges in der Buchführung zu dokumentieren, wird eine getrennte Bestandsführung von Grund- und Sicherungsgeschäft als erforderlich angesehen, die durch die Führung von Deckungsverzeichnissen oder anderen Verweistechniken erreicht werden kann.[70]

---

64 Vgl. ausführlich *Scharpf*, 2010, Rn 145; IDW RS HFA 35 Rn 41–43.
65 Vgl. IDW RS HFA 35 Rn 44.
66 So auch *Scharpf*, 2010, Rn 144.
67 Vgl. *Scharpf*, 2010, Rn 227 f.
68 Vgl. *Scharpf/Schaber*, S. 404 f; *Scharpf* in: Küting/Pfitzer/Weber, S. 216 f; *Gelhausen*, u.a., Kommentar zu § 254 Rn 40 ff.
69 Siehe auch *Scharpf* in: Küting/Pfitzer/Weber, S. 218.
70 So auch *Prahl/Naumann*, Financial Instruments, Rn 185.

45 Die objektive Eignung des Sicherungsinstrumentes, Verluste aus dem Grundgeschäft (bzw. aus den Grundgeschäften) kompensieren zu können, ist ebenfalls zu dokumentieren. Dies bedingt, dass Grund- und Sicherungsgeschäft eine gegenläufige Wertentwicklung aufweisen, wodurch negative Marktwertänderungen aus dem Grundgeschäft durch positive Marktwertänderungen des Sicherungsgeschäftes und vice versa ausgeglichen werden. Um eine solche Wirkung zu erreichen, dürfen die Gewinne und Verluste aus dem Grund- und Sicherungsgeschäft nicht mit unterschiedlichen Wahrscheinlichkeiten eintreten, d.h. Gewinnchance und Verlustrisiko müssen einer homogenen Beeinflussung unterliegen.

46 Die Effektivität des Sicherungszusammenhanges muss laufend überwacht und dokumentiert werden. Dies ergibt sich einerseits aus der gesetzlichen Regelung, wonach nur bei effektiven Sicherungsbeziehungen die genannten Ausnahmetatbestände zur Anwendung kommen und andererseits aus der Pflicht, umfangreiche Anhangangaben nach § 285 Nr. 23 lit b bzw. § 314 Abs. 1 Nr. 15 lit b HGB zu machen. Die genannte Vorschrift schreibt vor, dass das Unternehmen anzugeben hat, welche Risiken aus welchen Gründen abgesichert werden und für welchen Zeitraum sich die gegenläufigen Wertänderungen oder Zahlungsströme künftig voraussichtlich ausgleichen werden. Somit hat das rechnungslegende Unternehmen zu jedem (Zwischen-)Abschlussstichtag prospektiv zu beurteilen, ob und in welchem Umfang die Sicherungswirkung eintritt. Nur bezüglich des effektiven Teils einer Sicherungsbeziehung treten die Rechtsfolgen des § 254 HGB ein. Dies hat der Gesetzgeber in der Formulierung explizit so festgelegt, da er die Anwendung der GoB in dem Umfang und für den Zeitraum aussetzt, in dem sich die gegenläufigen Wertänderungen oder Zahlungsströme ausgleichen.

47 Der Gesetzgeber macht zur Methode der Messung der Effektivität keine Vorschriften. Die Auswahl des Verfahrens zur Messung der Effektivität hängt von der Art der zu einer Bewertungseinheit zusammengefassten Grundgeschäfte sowie Sicherungsinstrumente, der Bedeutung der abzusichernden Risiken und der Existenz eines dokumentierten, angemessenen und funktionsfähigen Risikomanagementsystems ab.[71] In Betracht kommen bspw. die Critical Terms match-Methode oder Sensitivitätsanalysen. Insbesondere ist zu beachten, dass handelsrechtlich die nach IFRS für eine wirksame Bewertungseinheit einzuhaltenden Effektivitätsspannen (Bandbreite 80–125 %) keine Bedeutung haben.[72] Die Vorgabe einer obligatorischen Effektivitätsspanne ist in der Hinsicht nicht erforderlich,[73] da nur der effektive Teil der Sicherungsbeziehung in die Beurteilung deren Wirksamkeit mit den entsprechenden Rechtsfolgen einzubeziehen ist. Somit gilt die Ausnahmeregelung bezüglich der allgemeinen Bewertungsgrundsätze nur für den effektiven Teil der Bewertungseinheit. Der ineffektive Teil ist zwingend imparitätisch zu behandeln.

48 Da durch das BilMoG nun auch Transaktionen abgesichert werden können, die mit hoher Wahrscheinlichkeit eintreten werden (antizipative Absicherungen) und somit noch nicht bilanzwirksam geworden sind, stellt der Gesetzgeber diesbezüglich besondere Anforderungen. Es soll verhindert werden, dass unrealisierte Verluste aus spekulativen Derivatepositionen durch Erklärung eines Absicherungszusammenhanges mit nur zum Schein geplanten zukünftigen Transaktionen verdeckt werden können.[74] Hohe Wahrscheinlichkeit ist nicht mit der Eintrittswahrscheinlichkeit „größer 50 Prozent" zu verwechseln. Die Transaktion muss als sehr sicher gelten, nur außergewöhnliche Umstände, die der Bilanzierende nicht zu verantworten hat, können als Hindernis für ein Nichtzustandekommen der Transaktion angesehen werden.[75] Nach § 285 Nr. 23 lit c bzw. § 314 Abs. 1 Nr 15 lit b HGB muss im Anhang nach-

---

71 Vgl. IDW RS HFA 35 Rn 53.
72 Vgl. BT-Drucks. 16/12407, S. 112; *Scharpf*, 2010, Rn 127.
73 So auch *Scharpf*, 2010, Rn 289 ff.
74 Vgl. *Patek*, S. 461 f.
75 Vgl. *Scharpf*, 2010, Rn 249 ff, insbesondere Rn 252. Zu den detaillierten Kriterien Rn 250.

vollziehbar dargestellt werden, weshalb am Bilanzstichtag das Vorliegen des Kriteriums „hohe Wahrscheinlichkeit" gegeben war. Sofern ein bereits bestehendes Derivat in einen antizipativen Hedge einbezogen wird, so ist das Derivat vor der Designation in die Sicherungsbeziehung zum Fair Value zu bewerten und sind sich ggf. ergebende Verluste ergebniswirksam zu erfassen.

d) Folgen der Bildung von Bewertungseinheiten

Sofern die genannten Voraussetzungen erfüllt sind und die Bildung der Bewertungseinheit zulässig ist, sind § 249 Abs. 1 (Bildung von Rückstellungen), § 252 Abs. 1 Nr. 3 (Einzelbewertung von Vermögensgegenständen und Schulden) und Nr. 4 (Berücksichtigung von allen vorhersehbaren Risiken und Verlusten), § 253 Abs. 1 S. 1 (Prinzip der fortgeführten Anschaffungskosten) und § 256 a (Pflicht zur Währungsumrechnung) in dem Umfang und für den Zeitraum nicht anzuwenden, in dem sich die gegenläufigen Wertänderungen oder Zahlungsströme von Grund- und Sicherungsgeschäft ausgleichen (§ 254 S. 1 HGB). 49

Zur Ermittlung der effektiven und der ineffektiven Teile der Sicherungsbeziehung für Zwecke der Bestimmung des imparitätisch zu behandelnden Teils der Bewertungseinheit wird ein zweistufiges Verfahren in der Literatur diskutiert.[76] Dabei werden die Wertänderungen des Grund- und des Sicherungsgeschäftes aufgeteilt in Wertänderungen aus dem gesicherten Risiko und aus Wertänderungen aus dem ungesicherten Risiko. Die Wertänderungen aus Grund- und Sicherungsgeschäft, die auf das gesicherte Risiko zurückzuführen sind, werden in der ersten Stufe saldiert und ein negativer Differenzbetrag, der aus Ineffektivitäten der Sicherung resultiert, ist imparitätisch ergebniswirksam zu berücksichtigen. Positive Überhänge bleiben hingegen unberücksichtigt. Darüber hinausgehende Wertänderungen, die auf Wertänderungen aus dem ungesicherten Risiko zurückzuführen sind, sind in der zweiten Stufe unsaldiert nach den allgemeinen handelsrechtlichen Bewertungsregelungen zu behandeln, d.h. imparitätisch zu berücksichtigen.[77] Auch hier bleiben positive Überhänge unberücksichtigt. 50

Der Gesetzgeber legt sich bezüglich der bilanziellen Behandlung von Bewertungseinheiten nicht fest: „Da § 254 HGB keine Vorschriften zur Art und Weise der bilanziellen Erfassung von Bewertungseinheiten enthält, bleibt es den Unternehmen weiterhin selbst überlassen, die gegenläufigen Wertänderungen oder Zahlungsströme entweder „durchzubuchen" oder die Bilanzierung „einzufrieren". Beides gilt jedoch nur für die wirksamen Teile der Bewertungseinheit.[78] Hieraus folgt, dass nur die „Durchbuchungsmethode" sowie die „Einfrierungsmethode" als zulässig erachtet werden können. 51

Kennzeichen der Einfrierungsmethode ist, dass der effektive Teil einer Sicherungsbeziehung, d.h. der Teil der Wertänderungen von Grund- und Sicherungsgeschäft, der auf die effektive Sicherung zurückzuführen ist, bilanziell und insbesondere im Ergebnis nicht erfasst wird, d.h. unberücksichtigt bleibt. Im Rahmen der Durchbuchungsmethode wirken sich ausgleichende Wertänderungen sowohl beim Grundgeschäft als auch beim Sicherungsgeschäft bilanziell aus. 52

In der Literatur wird die Durchbuchungsmethode sehr kritisch diskutiert. Eine Durchbuchungsmethode in der Art, dass Marktwertänderungen, die auf dem gesicherten Risiko beruhen, vollständig ergebniswirksam erfasst werden, wird abgelehnt.[79] Hingegen wird eine auf das Nebenbuch beschränkte Durchbuchung der Wertänderungen mit imparitätischer Be- 53

---

76 Vgl. *Löw/Scharpf/Weigel*, WPg 2008, S. 1018. Vgl. auch *Scharpf*, 2010, Rn 177 ff.
77 *Scharpf*, 2010, Rn 177 ff.
78 BT-Drucks. 16/10067, S. 211.
79 So *Scharpf*, 2010, Rn 304 ff. mit einer ausführlichen Begründung. AA *Gelhausen*, u.a., Kommentar zu § 254 Rn 124.

handlung des Saldos befürwortet.⁸⁰ Letztlich führt diese Variante der Durchbuchungsmethode jedoch zu gleichen Ergebnissen wie die Einfrierungsmethode.

Ob nun zukünftig die Einfrierungs- oder die nach den Internationalen Rechnungslegungsvorschriften anzuwendende Durchbuchungsmethode⁸¹ als Marktstandard anzusehen ist, wird im Berufsstand ausführlich diskutiert. Das IDW folgt dem Regierungsentwurf zum BilMoG und geht von der Zulässigkeit beider Methoden aus, wobei grundsätzlich die Anwendung der Einfrierungsmethode empfohlen wird, da sich nach Auffassung des IDW diese Methode als Standard durchgesetzt hat.⁸² Die Einfrierungsmethode ist in den Fällen nicht zulässig, in denen handelsrechtliche Normen die Bewertung von Vermögensgegenständen zu beizulegendem Zeitwert vorschreiben.⁸³ Dagegen kann die Durchbuchungsmethode dann nicht angewendet werden, wenn ein Verstoß gegen § 246 Abs. 1 S. 1 HGB vorliegen würde.⁸⁴ Unabhängig davon, für welche Methode sich der Bilanzierende entscheidet, ist die von ihm einmal gewählte Methode gemäß dem Stetigkeitsprinzip beizubehalten. Nur in Ausnahmefällen ist ein Wechsel zwischen den Methoden zulässig.⁸⁵

54 Unabhängig von der verwendeten Methode müssen zunächst der effektive und der ineffektive Teil der Bewertungseinheit ermittelt werden. Nur für den effektiven Teil der Sicherungsbeziehung bleibt die Anwendung der in § 254 HGB genannten Grundsätze ordnungsmäßiger Buchführung ausgenommen. Dies bedeutet, dass ineffektive Teile aus der Wertänderung des Grund- und des Sicherungsgeschäftes imparitätisch in der Gewinn- und Verlustrechnung zu berücksichtigen sind. Wird aus der Bestimmung der ineffektiven Wertänderungen ein Verlustüberhang festgestellt, ist dieser aufwandswirksam zu erfassen. Bei Portfolien kann der drohende Verlust i.d.R. nicht den einzelnen Geschäften zugeordnet werden, so dass dieser insgesamt als „Rückstellung für Bewertungseinheiten" ausgewiesen werden muss.

55 Handelt es sich um einen Mikro-Hedge, so kann eine Abschreibung des Grundgeschäftes nach § 253 HGB bzw. gem. § 340 a iVm § 253 HGB für Kreditinstitute u.U. ebenfalls sachgerecht sein. Ein Gewinn, der aus dem ineffektiven Teil der Sicherungsbeziehung resultiert oder ein Gewinnüberhang aus der Bewertungseinheit, sind aufgrund des im HGB verankerten Vorsichtsprinzips auch bei Mikro-Hedges nicht erfolgswirksam zu erfassen.⁸⁶

56 Handelt es sich bei dem Grundgeschäft um eine noch nicht bilanzwirksame Transaktion, so sind alle Wertänderungen des Sicherungsinstruments in der Nebenbuchhaltung zu erfassen. Ist für den ineffektiven Teil der Sicherungsbeziehung ein Verlustüberhang zu erkennen, so ist für diesen eine Drohverlustrückstellung zu bilden. Wird das Grundgeschäft bilanzwirksam, so sind die in der Nebenbuchhaltung erfassten Wertänderungen und ggf. die durch die Sicherungsinstrumente induzierten Zahlungen ergebniswirksam zu buchen.⁸⁷

---

80 Vgl. *Scharpf*, 2010, Rn 304 ff. AA *Gelhausen*, u.a., Kommentar zu § 254 Rn 124.
81 IAS 39.89. Da es bei antizipativen Hedges (Cash Flow Hedges) kein bilanziell abgebildetes Grundgeschäft gibt, wird nach IAS 39.95 der Gewinn oder Verlust aus dem Sicherungsinstrument in der Neubewertungsrücklage (other comprehensive income) ausgewiesen.
82 Vgl. IDW RS HFA 35 Rn 76.
83 Vgl. IDW RS HFA 78. Dabei handelt es sich vor allem um Vermögensgegenstände (sog. Deckungsvermögen), die dem Zugriff aller Gläubiger entzogen sind und ausschließlich der Erfüllung von Altersvorsorgeverpflichtungen gegenüber Arbeitnehmern dienen (§ 246 Abs. 2 S. 2 HGB i.V.m. § 253 Abs. 1 S. 4 HGB).
84 Vgl. IDW RS HFA 35 Rn 77. Zum Verstoß gegen § 246 Abs. 1 S. 1 HGB kommt es bspw., wenn der erwartete Vorteil aus einer mit hoher Wahrscheinlichkeit erwarteten Transaktion aktiviert wird, obwohl es sich dabei weder um einen Vermögensgegenstand noch um einen (aktiven) Rechnungsabgrenzungsposten handelt.
85 Vgl. IDW RS HFA 35 Rn 79.
86 Vgl. *Helke/Wiechens/Klaus*, S. 31.
87 Vgl. *Helke/Wiechens/Klaus*, S. 31, *Scharpf/Schaber*, S. 413.

e) Vorzeitige Auflösung einer Bewertungseinheit

Das vorzeitige Auflösen einer Bewertungseinheit steht grundsätzlich dem Kriterium der Durchhalteabsicht entgegen. Jedoch ist das vorzeitige Auflösen einer gebildeten Bewertungseinheit unter bestimmten Voraussetzungen möglich. Nach dem Gesetzgeber „müssen für eine vorzeitige Beendigung einer Bewertungseinheit plausible wirtschaftliche Gründe vorliegen".[88] Wird eine Bewertungseinheit nur aus Gründen der Ergebnissteuerung aufgelöst, so ist dies nicht mit den Vorschriften des HGB vereinbar; insbesondere verstößt die Auflösung der Bewertungseinheit gegen das Willkürverbot (§ 243 Abs. 1 HGB) und gegen den Grundsatz der Bewertungsstetigkeit (§ 252 Abs. 1 Nr. 6 HGB), so dass Investoren und Gläubiger keinen zutreffenden Einblick in die Vermögens-, Finanz- und Ertragslage des jeweiligen Unternehmens erhalten.[89]

Als Gründe für die vorzeitige Beendigung kommen somit nur der Wegfall des Grund- oder des Sicherungsinstrumentes bzw. der drohende Ausfall des Sicherungsgebers in Betracht. Auch wenn die prospektive Sicherungswirkung nicht mehr nachgewiesen, der Betrag der Unwirksamkeit nicht mehr zuverlässig bestimmt werden kann oder der festgelegte, dokumentierte Sicherungszeitraum abgelaufen ist, ist die Bewertungseinheit aufzulösen.[90]

IV. Offenlegung

Zur Erhöhung der Transparenz haben die Unternehmen verschiedene Angaben zum Derivategeschäft in Anhang und Lagebericht bzw. im Konzernanhang und Konzernlagebericht offenzulegen.

Im Anhang sind gem. § 284 Abs. 2 Nr. 1 HGB bzw. im Konzernanhang nach § 313 Abs. 1 Nr. 1 HGB die angewandten **Bilanzierungs- und Bewertungsmethoden anzugeben**. Angabepflichten existieren darüber hinaus bei **Methodenänderungen** nach § 284 Abs. 2 Nr. 3 HGB bzw. im Konzernanhang nach § 313 Abs. 1 Nr. 3 HGB.

Unter den Bilanzierungsmethoden ist der erstmalige Ansatz (Ansatz dem Grunde nach) von Vermögensgegenständen und Schulden zu verstehen, während sich die Bewertungsmethoden auf die Ermittlung der Höhe des Wertansatzes (Bilanzierung der Höhe nach) beziehen. Im Besonderen ist hier für derivative Finanzinstrumente deren Zweckbestimmung im Unternehmen anzugeben. Zusätzlich sind die grundsätzlichen Methoden ihrer Bewertung – im Besonderen die Bewertungsmethoden zur Erfüllung der Angabepflichten des § 285 Nr. 19 HGB bzw. § 314 Nr. 11 HGB – offenzulegen und Angaben zur Behandlung unrealisierter Gewinne und Verluste, d.h. im Speziellen zum Ansatz von Rückstellungen für drohende Verluste aus derivativen Geschäften zu machen. Daneben sind Art und Zweck sowie Risiken von nicht in der Bilanz enthaltenen Geschäften anzugeben, soweit diese für die Darstellung der Finanzlage von Bedeutung sind (§ 285 Nr. 3 bzw. § 314 Nr. 2 HGB).

Bei Kreditinstituten sind die Angaben des § 285 Nr. 20 HGB und des § 314 Nr. 12 HGB zu machen. Dabei sind die grundlegenden Annahmen zur Bestimmung des beizulegenden Zeitwertes bei Verwendung von Bewertungsmodellen anzugeben, sowie Angaben zu Umfang und Art der Derivate einschließlich der Bedingungen, die die Höhe, den Umfang und die Sicherheit der zukünftigen Zahlungsströme beeinflussen.

Darüber hinaus gelten besondere **Offenlegungsanforderungen**, wenn das rechnungslegende Unternehmen von der Bildung von Bewertungseinheiten Gebrauch macht.

---

88 BR-Drucks. 344/08, S. 127.
89 Vgl. auch *Scharpf/Schaber*, S. 405 f.; *Löw/Scharpf/Weigel*, WPg 2008, S. 1017.
90 Vgl. IDW RS HFA 35 Rn 47.

Insbesondere sind für die Anhangsangaben die §§ 285 Nr. 23, 314 Abs. 1 Nr. 15 HGB relevant.

Nach § 285 Nr. 23 HGB ist im Anhang bzw. im Lagebericht anzugeben, mit welchem Betrag welche Grundgeschäfte zur Absicherung welcher Risiken in welche Arten von Bewertungseinheiten einbezogen sind. Gleichzeitig muss die Höhe der mit Bewertungseinheiten abgesicherten Risiken angegeben werden. Nach den einzelnen Risiken getrennt angegeben werden muss, warum, in welchem Umfang und für welchen Zeitraum sich die gegenläufigen Wertänderungen oder Zahlungsströme künftig voraussichtlich ausgleichen werden. Dies schließt die Methode zur Ermittlung der Effektivität ein. Da an antizipative Hedges besondere Anforderungen gestellt werden, ist zu erläutern, warum die Transaktionen mit hoher Wahrscheinlichkeit eintreten werden und somit deren Einbeziehung in Bewertungseinheiten sachgerecht ist. Gleichlautende Angabepflichten ergeben sich aus § 314 Abs. 1 Nr. 15 HGB für den Konzernanhang.

Im Rahmen der Berichterstattung im Lagebericht muss das Unternehmen die Risikomanagementstrategie sowie die damit verbundenen Kontrollsysteme gem. § 289 Abs. 2 Nr. 2 lit a HGB bzw. § 315 Abs. 2 Nr. 2 lit a HGB darstellen, einschließlich einer Beschreibung der Methoden zur Absicherung von Transaktionen. Nach § 289 Abs. 2 Nr. 2 lit b HGB bzw. § 315 Abs. 2 Nr. 2 lit b HGB hat das Unternehmen einzugehen auf Preisänderungsrisiken, Ausfall- und Liquiditätsrisiken, denen das Unternehmen bzw. der Konzern ausgesetzt ist. Für die Lageberichterstattung von kapitalmarktorientierten Kapitalgesellschaften sind ergänzend die §§ 289 Abs. 5, 315 Abs. 2 Nr. 5 HGB einzuhalten und die Merkmale des internen Kontroll- und Risikomanagementsystems im Hinblick auf den Rechnungslegungsprozess zu beschreiben.

Neben diesen Anforderungen des HGB bestehen die rechsformspezifischen Angabepflichten der Kreditinstitute zu einzelnen Arten von Finanzderivaten, beispielsweise die Angabe zu Termingeschäften gem. § 36 RechKredV.

60 Ergänzt werden diese gesetzlichen Angabepflichten durch diejenigen des Deutschen Rechnungslegungs Standards Committee e.V. (DRSC), die als Grundsätze ordnungsmäßiger Konzernrechnungslegung im Konzernabschluss des bilanzierenden Unternehmens beachtet werden müssen. In Bezug auf die Risikoberichterstattung sind die Deutschen Rechnungslegungs-Standards Nr. 5 (DRS 5), Nr. 5–10 und Nr. 5–20 zur Risikoberichterstattung der Unternehmen (DRS 5), Kreditinstitute (DRS 5–10) und Versicherungen (DRS 5–20) zu nennen. Während DRS 5 sehr allgemein die Berichterstattung über Risiken beschreibt, geht der besonders für Kreditinstitute spezifische DRS 5–10 auf die einzelnen Risikokategorien, die für Derivate bedeutsam sind, ein. Danach sind die Risiken und Risikokategorien neben allgemeinen Ausführungen zum Gesamtrisikomanagement des Konzerns darzustellen und zu erläutern. Die Erläuterungen in Bezug auf Risiken aus Derivaten umfassen vor allem **Marktrisiken, Liquiditätsrisiken – im Besonderen das Marktliquiditätsrisiko – und Ausfallrisiken.** Innerhalb der Risikokategorien hat der Risikobericht neben der Darstellung der Risikokategorien und der Beschreibung des Risikomanagements u.a. eine Quantifizierung der einzelnen Risikokategorien und die Darstellung der angewandten Verfahren zur Quantifizierung zu enthalten.

V. Sonderfall: Strukturierte Produkte am Beispiel einer kapitalgarantierten Schuldverschreibung, deren Verzinsung von möglichen Kreditausfällen in einem Referenzportfolio abhängt

61 Unter dem Begriff der **strukturierten** Produkte werden Finanzinstrumente mit Forderungscharakter und entsprechende Verbindlichkeiten zusammengefasst, die im Vergleich zu den nicht strukturierten Finanzinstrumenten hinsichtlich ihrer Verzinsung, ihrer Laufzeit oder ih-

rer Rückzahlung besondere Ausstattungsmerkmale aufweisen, d.h. die Instrumente bestehen aus einem **Basisvertrag**, einem Zinsprodukt, wie bspw. einer festverzinslichen Anleihe, und aus **einem oder mehreren Derivate** bestehen. Zielsetzung aus Sicht der Investoren ist häufig die Erzielung einer über dem aktuellen Marktzins liegenden Verzinsung. Dazu werden besondere Komponenten, die i.d.R. die Merkmale eines Finanzderivats erfüllen, dem Produkt hinzugefügt.

Für diese Finanzinstrumente enthält das HGB keine spezifischen Regelungen zur Rechnungslegung. Allerdings hat das IDW zur Bilanzierung strukturierter Produkte Ende 2008 die „Stellungnahme zur einheitlichen oder getrennten handelsrechtlichen Bilanzierung strukturierter Finanzinstrumente" (IDW RS HFA 22) veröffentlicht.

Vom Grundsatz her geht das IDW vom Regelfall einer einheitlichen Bilanzierung des strukturierten Produktes aus. Allerdings ist dieses für bilanzielle Zwecke dann in seine Komponenten – Basisvertrag und eingebettete Derivat – aufzuspalten, wenn das strukturierte Finanzinstrument aufgrund des eingebetteten Derivats im Vergleich zum Basisinstrument wesentlich erhöhte oder zusätzliche (andersartige) Risiken oder Chancen aufweist. 62

Gemäß IDW RS HFA 22[91] liegt eine Pflicht zur getrennten Bilanzierung beispielsweise vor, wenn

- das Basisinstrument mit einem Derivat verbunden ist, das einem über das Zinsrisiko hinausgehenden Marktpreisrisiko unterliegt;
- das Basisinstrument mit einem Derivat verbunden ist, das neben dem Bonitätsrisiko des Emittenten weiteren Risiken unterliegt;
- aufgrund des eingebetteten Derivats die Möglichkeit einer Negativverzinsung (z.B. Reverse Floater ohne Mindestverzinsung) besteht;
- das eingebettete Derivat, bei dem die Basisvariable (underlying) ein Zinssatz oder ein Zinsindex ist, kann sich die anfängliche Rendite des Basisinstruments des Erwerbers mindestens verdoppeln und zu einer Rendite führen, die mindestens doppelt so hoch ist wie die Marktrendite für einen Vertrag mit den gleichen Bedingungen wie das Basisinstrument;
- das eingebettete Derivat bedingte oder unbedingte Abnahmeverpflichtungen für weitere Finanzinstrumente zu festgelegten Konditionen vorsieht, sodass die Möglichkeit besteht, dass die Abnahme der weiteren Finanzinstrumente nicht zum künftigen beizulegenden Zeitwert erfolgt;
- das eingebettete Derivat Vereinbarungen zur Verlängerung der Laufzeit vorsieht, ohne dass die Verzinsung an die aktuellen Marktkonditionen im Zeitpunkt der Verlängerung angepasst wird;
- das eingebettete Derivat eingebettete Kauf-, Verkaufs-, Verzichts- oder Vorfälligkeitsoptionen betrifft, wobei der Ausübungspreis der Option am jeweiligen Ausübungstag nicht annähernd den fortgeführten Anschaffungskosten bzw. dem Buchwert des Basisinstruments entspricht.

Obwohl das strukturierte Produkt erhöhte und/oder andersartige Risiken aufweist, ist eine einheitliche Bilanzierung dann sachgerecht, wenn das Finanzinstrument dem Umlaufvermögen zugeordnet wurde und somit am Abschlussstichtag mit dem niedrigeren Wert aus beizulegendem Wert und fortgeführten Anschaffungskosten bewertet wurde (strenges Niederstwertprinzip), und die Bewertung auf einer Notierung des strukturierten Finanzinstruments auf einem aktiven Markt basiert oder das Finanzinstrument zu Handelszwecken erworben wurde. Dies gilt auch für Finanzinstrumente, die dem Anlagebestand zugeordnet sind und deren Bewertung zum strengen Niederstwertprinzip erfolgt. 63

---

91 Vgl. IDW RS HFA 22, Rn 16.

In diesen beiden Fällen führt die einheitliche Bilanzierung nicht zu einer unzutreffenden Darstellung der Vermögens-, Finanz- und Ertragslage des Erwerbers/Gläubigers des Instruments, weil die besonderen Risiken des strukturierten Finanzinstruments durch die Marktbewertung zutreffend dargestellt werden.

Darüber hinaus ist eine getrennte Bilanzierung nicht erforderlich, wenn eine vertraglich vereinbarte unbedingte Kapitalgarantie des Emittenten, mit der das eingesetzte Kapital zum Fälligkeitszeitpunkt garantiert wird, existiert und der Erwerber/Gläubiger die Absicht und die Fähigkeit nachweist, das strukturierte Finanzinstrument bis zur Endfälligkeit zu halten, und somit das strukturierte Finanzinstrument gemäß § 247 Abs. 2 HGB zulässigerweise dem Anlagevermögen zugeordnet wird. In diesem Fall werden die Risiken aus dem Finanzinstrument durch die Kapitalgarantie auf das Bonitätsrisiko des Emittenten reduziert. Sollten die Risiken aus dem eingebetteten Derivat dazu führen, dass der Erwerber/Gläubiger keine oder nur eine reduzierte Zinszahlung erhält, so sind in diesem Fall die Regelungen zur Behandlung unterverzinslicher Forderungen anzuwenden und eine Abschreibung im Fall der voraussichtlich dauerhaften Wertminderung vorzunehmen.

64 Ausgangspunkt für die Prüfung, ob ein strukturiertes Produkt mit eingebettetem Derivat vorliegt, ist eine sog. plain vanilla-Anleihe, d.h. ein Schuldinstrument, mit einer Verzinsung, die die Marktgegebenheiten **im Zeitpunkt der Emission** im Hinblick auf die Verzinsung (fest oder variabel) und die Bonität des Emittenten sachgerecht widerspiegelt. Ergeben sich aus der Analyse der Ausgestaltungsmerkmale des Schuldinstrumentes Hinweise auf besondere Vereinbarungen, so ist das Finanzprodukt im Hinblick auf die Bilanzierung unter Berücksichtigung der o.g. Kriterien zu überprüfen.

65 Das Kriterium des über das Zinsrisiko hinausgehenden Marktrisikos verlangt eine getrennte Bilanzierung genau dann, wenn neben dem **Zinsrisiko weitere Risiken**, beispielsweise Aktienkursrisiken wie bei Optionsanleihen, vorliegen. In diesem Fall ist eine getrennte Bilanzierung von Schuldinstrument und Option sachgerecht. Werden hingegen in einen Basisvertrag weitere Zinsrisiken eingebettet, ist eine getrennte Bilanzierung nur dann erforderlich, wenn sich aus dieser Komponente die Möglichkeit einer Negativverzinsung ergeben könnte oder die Verzinsung sich auf mehr als das zweifache der Marktverzinsung unter gleichen Bedingungen erhöhen kann (Leverage). Beispiele für strukturierte Zinsprodukte, die einer einheitlichen Bilanzierung unterliegen können, enthalten zumeist einen Cap und einen Floor, und können z.B. als Reverse Floater mit Zinsuntergrenze (Floor) bei Null, als Schuldinstrumente, deren Verzinsung an Constant Maturity Swapsätze (CMS) anknüpft, als Anleihen mit Kündigungsrechten oder als Schuldinstrumente, deren Verzinsung eine Kombination aus verschiedenen festen und variablen Zinssätzen ggf. mit Caps und Floors, ausgestaltet sein.[92]

66 Werden die genannten Kriterien des HFA 22 zur getrennten Bilanzierung auf ein Schuldinstrument angewandt, dessen Performance an die Kreditausfälle in einem Referenzportfolio anknüpft, wie beispielsweise über die Einbettung eines Kreditderivats mit Anknüpfung an den CDS-Index „iTraxx", einem Kreditderivate-Index, so werden keine weiteren Marktpreisrisiken, sondern **weitere Kreditrisiken** eingebettet, die das eingesetzte Kapital gefährden können. Über diese Anbindung werden Kreditrisiken der Referenzschuldner aus dem Index in das Schuldinstrument eingebettet und das strukturierte Produkt enthält neben dem Kreditrisiko des Emittenten weitere Kreditrisiken, die im Grundsatz die Voraussetzungen zur getrennten Bilanzierung erfüllen. Allerdings werden diese strukturierten Produkte häufig mit einer **Kapitalgarantie des Emittenten** ausgestattet. Auf Grund der Verpflichtung des Emittenten, das eingesetzte Kapital bei Fälligkeit vollständig zurück zu zahlen, ist das eingesetzte Kapital durch die Einbettung der weiteren Kreditrisiken nicht gefährdet und die getrennte

---

92 Siehe zur Untersuchung der Trennungspflicht bei verschiedenen Finanzinstrumenten KPMG (2008), S. 33 ff.

Bilanzierung des strukturierten Produktes nicht notwendig. Die Risiken aus dem eingebetteten Kreditderivat im o.g. Beispielfall führen bei Verlusten im Kreditderivat im Extremfall nur zu einem Ausfall der Verzinsung. In diesem Fall sind die Bilanzierungsregeln für **unterverzinsliche Schuldinstrumente** zu prüfen.

Ein weiteres Kriterium des HFA 22 zur getrennten Bilanzierung fordert die Vermeidung einer **Negativverzinsung**: in allen Fällen, in denen die Möglichkeit einer Negativverzinsung besteht, d.h. der Gläubiger zahlt „Zinsen" an den Schuldner für einen negativen Ergebnisbetrag aus dem eingebetteten Derivat, ist eine getrennte Bilanzierung erforderlich. Dieses kann durch die Einbettung eines Floors in das strukturierte Produkt ausgeschlossen werden. 67

Sind die Kriterien des IDW RS HFA 22 zur getrennten Bilanzierung gegeben und ist ein strukturiertes Produkt nicht als einheitlicher Vermögensgegenstand zu bilanzieren, sondern getrennt, so hat das rechnungslegende Unternehmen ein Schuldinstrument mit einer marktgerechten Verzinsung (plain vanilla-Schuldinstrument) und ein derivatives Finanzinstrument zu erfassen, jeweils nach den für das jeweilige Finanzinstrument geltenden Regelungen. Beim erstmaligen Ansatz sind die Anschaffungskosten des strukturierten Finanzinstrumentes im Verhältnis der beizulegenden Zeitwerte der einzelnen Bestandteile (Basisinstrument und eingebettetes Derivat) zuzuordnen. 68

C. Rechnungslegung nach den Vorschriften der International Financial Reporting Standards (IFRS)

I. Vorbemerkungen

Im Gegensatz zum deutschen Handelsrecht existieren mit IAS 32, IAS 39 und IFRS 7 umfassende und detaillierte Vorschriften zur Bilanzierung und Offenlegung von Derivaten nach IFRS. Während IAS 39 Ansatz und Bewertung von Finanzinstrumenten regelt, behandelt IAS 32 Fragen der Darstellung von Finanzinstrumenten, beispielsweise die Abgrenzung von Eigenkapital zu Fremdkapital, und IFRS 7 die Regelungen zur Offenlegung von Finanzinstrumenten. Die Standards des IASB bestehen häufig aus dem eigentlichen Standard und den Anwendungsrichtlinien, der Application Guidance, sowie der Darstellung der Entscheidungsgrundlagen, der Basis for Conclusions, Guidance on Implementing und Illustrative Examples. 69

Die Entstehungsgeschichte des IAS 39 und die Diskussion um die Fair Value Bewertung in der Finanzmarktkrise mit der daraus resultierendenDiskussionen um das Replacement von IAS 39 sind nur ein Indikator für die Diskussionen über die sachgerechte Abbildung von Derivaten im Jahres- und Konzernabschluss nach IFRS.[93] Hier ist die Abbildung von Sicherungszusammenhängen ein strittiges Thema, d.h. die Bilanzierung von Derivaten, bei denen das Unternehmen die Absicht der Absicherung von Marktpreisrisiken auf Micro- oder Macro-Ebene verfolgt.

Die Diskussionen über die sachgerechte Abbildung von Derivaten entstehen, da gemäß der „goldenen Regel" des IASB sämtliche Derivate angesetzt und ergebniswirksam zum **Fair Value** bilanziert werden müssen. Dies gilt somit auch für **Sicherungsderivate**. Im Gegensatz dazu wird eine Vielzahl der Grundgeschäfte nach IFRS zu fortgeführten Anschaffungskosten bewertet, so dass heraus eine zeitliche Verschiebung der Realisation der Ergebnisbeiträge von Grund- und Sicherungsgeschäft in der Gewinn- und Verlustrechnung resultiert und nur durch komplizierte Vorschriften zum Hedge Accounting ausgeglichen werden kann. Alternativ gestattet IAS 39 bei Vorliegen bestimmter Voraussetzungen[94] die Anwendung der sog. 70

---

93 Vgl. *Kuhn/Scharpf*, S. 3 ff.
94 Vgl. zu den Voraussetzungen IAS 39.9.

Fair Value Option, nach der auch das Grundgeschäft – wie das Derivat – ergebniswirksam zum Fair Value bilanziert werden kann. Wird dieses Wahlrecht in Anspruch genommen, kommt es zu einem Ausgleich der Ergebnisbeiträge aus Grund- und Sicherungsgeschäft in der Gewinn- und Verlustrechnung. Allerdings muss bei der Bilanzierung zum Fair Value der vollständige Marktwert angesetzt werden und somit werden auch Fair Value-Schwankungen aus dem Grundgeschäft **ergebniswirksam,** die nicht auf das gesicherte Risiko zurückzuführen sind, das durch das Derivat ausgeglichen wird. Dies sei am Beispiel eines im Hinblick auf Zinsänderungsrisiken gesicherten Kredites verdeutlicht, bei dem bei Anwendung der Fair Value Option neben dem abgesicherten Zinsänderungsrisiko die Änderungen der Bonität des Schuldners (Kreditrisiko) unmittelbar ergebniswirksam zu berücksichtigen sind.

II. Ansatz und Ausbuchung

71 IAS 39 beinhaltet die Regelungen der IFRS zum Ansatz und zur Bewertung von Finanzinstrumenten, d.h. von finanziellen Vermögenswerten und finanziellen Verbindlichkeiten. Auch können sich aus Verträgen über den Kauf oder Verkauf nicht finanzieller Posten, z.B. dem Kauf von Rohstoffen auf Termin, Derivate ergeben, die in den Anwendungsbereich des IAS 39 fallen.

IAS 39.8 i.V.m. IAS 32.11, definieren ein **Finanzinstrument** als einen Vertrag, der gleichzeitig bei einem Unternehmen zu einem finanziellen Vermögenswert und bei einem anderen Unternehmen zu einer finanziellen Verbindlichkeit oder einem Eigenkapitalinstrument führt. Ein **Derivat** ist gemäß IAS 39.9 „ein Finanzinstrument oder ein anderer Vertrag, der die folgenden Merkmale aufweist:[95]

- Sein Wert ändert sich infolge einer Änderung eines bestimmten Zinssatzes, Preises eines Finanzinstrumentes, Rohstoffpreises, Wechselkurses, Preis- oder Zinsindexes, Bonitätsratings oder Kreditindexes oder einer anderen Variablen, vorausgesetzt, dass im Fall einer nicht-finanziellen Variablen die Variable nicht spezifisch für eine Partei des Vertrages ist.
- Es erfordert keine Anschaffungsauszahlung oder eine, die im Vergleich zu anderen Vertragsformen, von denen zu erwarten ist, dass sie in ähnlicher Weise auf Änderungen der Marktbedingungen reagieren, geringer ist und
- Es wird zu einem späteren Zeitpunkt beglichen."

72 Darüber hinaus können Derivate in ein anderes originäres Finanzinstrument oder einen anderen Vertrag eingebettet sein. Diese **strukturierten Produkte** sind vor ihrem erstmaligen Ansatz daraufhin zu prüfen, ob sie eingebettete Derivate enthalten, die nach den Regelungen des IASB einer ergebniswirksamen Marktbewertung unterliegen müssen. Das eingebettete Derivat lässt die Zahlungsströme des strukturierten Produktes in einer ähnlichen Art und Weise schwanken wie die eines freistehenden Derivats.[96]

73 Das bilanzierende Unternehmen hat **Derivate** dann anzusetzen, wenn das Unternehmen Vertragspartei wird. Somit hat das bilanzierende Unternehmen vertragliche Rechte und vertragliche Verpflichtungen im Zusammenhang mit Derivaten am Handelstag (**Trade Date Accounting**)[97] in der Bilanz anzusetzen.

74 Im Hinblick auf die Folgebilanzierung von Finanzinstrumenten, müssen diese beim erstmaligen Ansatz einer der vier, in IAS 39.9 genannten **Kategorien von Finanzinstrumenten** zugeordnet werden. Die genaue Kategorie bestimmt sich zum einem durch die Natur des Finanz-

---

[95] Vgl. auch KPMG (2011/12), Rn 7.2.20.10 ff.
[96] Vgl. IAS 39.10.
[97] Vgl. KPMG (2011/2012), Rn 7.5.20.10.

instruments, zum anderen durch die vom bilanzierenden Unternehmen verfolgte Anlagestrategie. Als Kategorien sind zu nennen:
- die erfolgswirksam zum Fair Value bewerteten finanziellen Finanzinstrumente (**Financial Instruments at Fair Value through Profit or Loss**) mit den beiden Unterkategorien:
  - freiwillig als „at Fair Value through Profit or Loss" designiert.
  - zu Handelszwecken gehaltene Finanzinstrumente (Held for Trading).
- die bis zur Endfälligkeit gehaltenen Finanzinstrumente (**Held to Maturity**);
- Kredite und Forderungen (**Loans and Receivables**);
- die zur Veräußerung verfügbaren Finanzinstrumente (**Available-for-Sale**).

Auf der Passivseite kennt IAS 39 nur die Kategorien:
- die erfolgswirksam zum Fair Value bewerteten finanziellen Verbindlichkeiten (**Financial Instruments at Fair Value through Profit or Loss**) ebenfalls mit den beiden Unterkategorien:
  - freiwillig als „at Fair Value through Profit or Loss" designiert.
  - zu Handelszwecken gehaltene Finanzinstrumente (Held for Trading).
- **sonstige finanzielle Verbindlichkeiten**.

Nach IAS 39.9 zählt ein **Derivat grundsätzlich zur Kategorie der zu Handelszwecken** gehaltenernfinanziellen Vermögenswerte oder als zu Handelszwecken gehaltene finanzielle Verbindlichkeiten, die im Rahmen der Folgebilanzierung ergebniswirksam zum Fair Value bilanziert und als Handelsbestand ausgewiesen werden.[98] Eine Ausnahme bilden die Derivate, die als Sicherungsinstrumente in einem effektiven Sicherungszusammenhang designiert wurden. 75

Vom Anwendungsbereich des IAS 39 ausgeschlossen sind nach IAS 39.2 folgende vertragliche Vereinbarungen, die im Grundsatz die Definition eines Finanzderivats erfüllen können, aber nach anderen Standards bilanziert werden, u.a. 76

- bestimmte Vereinbarungen im Rahmen eines **Unternehmenszusammenschlusses**;
- **Kreditzusagen**, die nicht in bar erfüllt werden können.[99]

Finanzgarantien,[100] d.h. vertragliche Vereinbarungen, die bestimmen, dass der Garantiegeber für einen entstandenen Verlust eine Zahlung leistet, da der Schuldner eine fällige Zahlung in einem Schuldinstrument nicht geleistet hat, fallen zwar unter den Anwendungsbereich des IAS 39 und sind vom Sicherungsgeber bei ihrem erstmaligen Ansatz zum Fair Value zu bewerten, in der Folgebewertung nach IAS 37 als Eventualverbindlichkeiten. Der Sicherungsnehmer kann eine Finanzgarantie, die einen integralen Teil des abzusichernden Schuldinstrumentes darstellt, im Rahmen der Bewertung des gesicherten Finanzinstrumentes als Sicherheit bei der Bestimmung der Höhe des Wertberichtigungsbedarfs berücksichtigen.

Vom Grundsatz her können Credit Default Swaps (CDS) die Definitionsmerkmale einer Finanzgarantie erfüllen, jedoch sind Verträge über CDS, die unter den Rahmenverträgen der ISDA abgeschlossen wurden, regelmäßig als Kreditderivate nach IAS 39 zu qualifizieren und ergebniswirksam zum beizulegenden Zeitwert zu bewerten. 77

Dies ergibt sich aus den standardisierten Definitionen der Kreditereignisse, die nicht in allen Fällen ausschließlich an den Eintritt eines tatsächlichen Zahlungsausfalls im abgesicherten Schuldinstrument anknüpfen, sondern auch an Kreditereignisse, die z.B. eine Restrukturierung einschließen können. Zumeist referenzieren CDS für Zwecke der Feststellung eines Kreditereignisses und zur Bestimmung der Höhe der Ausgleichszahlung auf Schuldinstru-

---

[98] Aus diesem Grund werden die anderen Kategorien hier nicht weiter betrachtet.
[99] IAS 39.4, der Kreditzusagen als Derivate definiert, die durch Ausgleich in bar erfüllt werden können.
[100] Zur Unterscheidung von Finanzgarantie und Derivat siehe auch *Scharpf/Weigel/Löw*, S. 1495 und KPMG (2011/12), Rn 7.1.60.10.

mente, aus denen der Sicherungsgeber keinem Verlustrisiko ausgesetzt ist, da er sie nicht bilanziert. Meist referenzieren sie auf ein anderes Schuldinstrument des gleichen Emittenten, das marktgängig und liquide ist. Die Definition der Finanzgarantie stellt jedoch auf einen tatsächlich erlittenen Verlust ab. Eine Bestimmung der Ausgleichszahlung aus einem CDS auf Basis der Marktwertänderung des gesicherten Schuldinstruments wird nicht als tatsächlich entstandener Schaden angesehen, und führt somit unmittelbar zur Bilanzierung eines Kreditderivats.

Insgesamt betrachtet erfüllen nur speziell gestaltete CDS-Verträge die Kriterien der Finanzgarantie.

78 Eine vertragliche **Vereinbarung zum Kauf oder Verkauf von nicht finanziellen Vermögenswerten**, z.B. von **Rohstoffen**, muss dann nicht als Derivat bilanziert werden, wenn das Unternehmen bezweckt, die gelieferten Waren im eigenen Geschäftsbetrieb einzusetzen. Die Regelungen des IAS 39 zu Derivaten finden dann Anwendung, wenn das Unternehmen üblicherweise solche Verträge in bar oder anderen Finanzinstrumenten erfüllt, oder wenn bei früheren Verträgen die Ware geliefert und kurze Zeit später weiterveräußert wurde.

79 Für **eingebettete Derivate** enthält IAS 39 separate Regelungen, die festlegen, in welchen Fällen ein Derivat als freistehendes Derivat getrennt vom Basisvertrag zu bilanzieren ist und wann die Risiken und Chancen des Derivats klar und eng mit dem Basisvertrag verbunden sind, so dass das strukturierte Finanzinstrument als einheitlicher Vermögenswert zu bilanzieren ist.[101] Für die getrennt vom Basisvertrag zu bilanzierenden derivativen Finanzinstrumente gelten die gleichen bilanziellen Regelungen des IAS 39 wie für freistehende Finanzderivate; sie sind ergebniswirksam zum Fair Value zu bilanzieren. Zudem können sie im Rahmen des Hedge Accountings zur Absicherung eines Grundgeschäftes verwendet werden.

Zusammenfassend kann festgehalten werden, dass im Gegensatz zu den Regelungen des HGB (ausgenommen Derivate des Handelsbestandes bei Instituten), Derivate in der Rechnungslegung nach IFRS angesetzt werden müssen. Eine Differenzierung nach Produktarten, z.B. Swaps bzw. Optionen entfällt auf Grund der einheitlichen Bilanzierungsvorschriften.

80 Als einzige Ausnahme von der Ansatzpflicht sind diejenigen Derivate zu nennen, die als **Vertragsbestandteil bei Übertragungen** dazu führen, dass finanzielle Vermögenswerte oder finanzielle Verbindlichkeiten **nicht ausgebucht werden** und der ursprüngliche Vermögenswert oder die Verbindlichkeit in der Bilanz ganz oder in Teilen angesetzt bleiben, beispielsweise im Rahmen des Verkaufs finanzieller Vermögenswerte mit einer Vereinbarung zu einem Rückkauf der Finanzinstrumente zu einem festen Betrag. Diese Derivate werden in Übereinstimmung mit den spezifischen Regelungen des IAS 39 für Ausbuchungen bilanziert. Derivate werden ausgebucht, wenn sie auslaufen, beglichen oder übertragen werden.

III. Bewertung

1. Allgemeine Regelungen

81 Beim **erstmaligen Ansatz** ist das Derivat nach IFRS zum **Fair Value** anzusetzen, wobei **Transaktionskosten unberücksichtigt** bleiben. Da Transaktionskosten keine Anschaffungsnebenkosten bei dem Kauf von Derivaten darstellen, werden diese aufwandswirksam erfasst. Der Fair Value entspricht im Zeitpunkt des erstmaligen Ansatzes in der Regel den Anschaffungskosten. Für **Zwecke der Folgebewertung** ist gemäß IAS 39 in einem ersten Schritt der finanzielle Vermögenswert oder die finanzielle Verbindlichkeit einer der in Abschnitt 3.2. beschriebenen Kategorien zu zuordnen. Derivate werden durchgängig der Kategorie als zu Handelszwecken gehaltene finanzielle Vermögenswerte und finanzielle Verbindlichkeiten

---

101 Vgl. dazu auch ausführlich Abschnitt 35.

eingruppiert und gem. IAS 39.46 bzw. IAS 39.47 zu ihrem Fair Value bewertet,[102] wobei Fair Value Änderungen unmittelbar ergebniswirksam werden. Ein Gewinn oder Verlust aus der Fair Value Bewertung des Derivats am Tag der Anschaffung (Day-One Gain) kann nur dann ergebniswirksam vereinnahmt werden, wenn sich ein zur Fair Value Bewertung des Finanzinstrumentes auch von anderen Marktteilnehmern heranzuziehender Marktparameter verändert hat.[103]

Im Vergleich zur Bilanzierung nach HGB ergibt sich hieraus, dass sowohl realisierte als auch unrealisierte Ergebnisbeiträge der Derivate uneingeschränkt im Ergebnis der Periode erfasst werden.

IAS 39.9 definiert den **Fair Value** als den „Betrag, zu dem zwischen sachverständigen und vertragswilligen und voneinander unabhängigen Geschäftspartnern ein Vermögenswert getauscht oder eine Schuld beglichen werden könnte." Diese Definition des Fair Values basiert auf einem Verkauf unter fremden Dritten zu marktüblichen Konditionen ohne Zwang, d.h. dem Fair Value liegt die Prämisse der Fortführung des Unternehmens (Going Concern) zugrunde, wobei sämtliche **Marktparameter** einschließlich des Kontrahentenrisikos in der Wertfindung zu berücksichtigen sind. IAS 39.AG 71 führt dazu weiter aus, dass „das Vorhandensein öffentlich notierter Marktpreise auf einem aktiven Markt[104] der bestmögliche objektive Hinweis für den beizulegenden Zeitwert (ist) und, falls existent, für die Bewertung des finanziellen Vermögenswertes oder der finanziellen Verbindlichkeit verwendet" werden muss.[105] Falls ein solcher Marktwert nicht existent ist, ist der Marktwert aus aktuellen Transaktionen abzuleiten, allerdings mit der Einschränkung, dass sich das wirtschaftliche Umfeld seither nicht wesentlich verändert hat. Hat sich das wirtschaftliche Umfeld wesentlich geändert, so ist dies durch entsprechende Anpassungen des Fair Values zu berücksichtigen. Grundsätzlich gilt, dass der Marktpreis um zwischenzeitlich veränderte Marktparameter (wie eine Änderung des risikolosen Zinssatzes oder des Kontrahentenrisikos) anzupassen ist. Je nachdem, ob es sich um einen Kauf oder um einen Verkauf handelt, sind Geld- oder Briefkurse zu verwenden. Auch die Heranziehung von Mittelkursen kann bei Finanzierungsinstrumenten mit sich kompensierenden Marktrisiken sachgerecht sein.[106] Unabhängig davon dürfen **keine Auf- oder Abschläge auf Grund von Blocktransaktionen** vorgenommen werden. IAS 39.AG 72 stellt klar, dass der Marktwert eines Portfolios immer das Produkt aus der Anzahl der Anteile an Finanzinstrumenten und dem Marktpreis auf einem aktiven Markt darstellt.

82

Falls ein solcher öffentlich notierter Marktpreis auf einem aktiven Markt nicht vorhanden ist, ist der Fair Value dieser anhand von **Bewertungsmodellen** unter größtmöglicher Berücksichtigung von Marktparametern zu bestimmen. Bewertungsmodelle berücksichtigen alle Faktoren, die andere Marktteilnehmer auch zur Bewertung des Finanzinstrumentes verwenden würden, und sind konsistent mit allgemein anerkannten wirtschaftlichen Methoden zur Bewertung. Zudem erfolgt durch das Unternehmen eine Abstimmung und Kalibrierung des Bewertungsmodells durch den Vergleich mit beobachtbaren aktuellen Markttransaktionen für dasselbe Finanzinstrument.[107] Zu den Bewertungsmodellen zählen beispielsweise Barwert- und Optionspreismodelle. Als Input-Parameter, die am Markt beobachtet bzw. aus Markttransaktionen abgeleitet werden können, und in Bewertungsmodelle einfließen sollten, nennt IAS 39.AG 82 den risikolosen Zinssatz, das Ausfallrisiko, die Wechselkurse und Wa-

83

---

102 Zu Ausnahmen vgl. IAS 39.46 c.
103 Vgl. IAS 39.AG 76 a, der somit die Vereinnahmung eines sog. Day-One Gains/Losses einschränkt.
104 Zur Abgrenzung eines aktiven Marktes siehe IDW RS HFA 9, Rn 63 ff.
105 Siehe zu Fragen der Ermittlung des beizulegenden Zeitwertes im Rahmen der Finanzmarktkrise auch das Positionspapier des IDW, S. 5.
106 Vgl. IAS 39.AG 72.
107 Vgl. IAS 39.AG 76.

renpreise, Volatilitäten, eine Schätzung des Auf-/Abschlags auf Grund des Risikos der vorzeitigen Rückzahlung, Verwaltungs- und Abwicklungsgebühren.

84 Die Bewertung von Finanzinstrumenten, insbesondere von Eigenkapitalinstrumenten, zum Fair Value ist immer dann ausgeschlossen, wenn kein aktiver Markt vorliegt und die Schwankungsbreite der Fair Value Schätzungen signifikant ist und eine Beurteilung der Eintrittswahrscheinlichkeit der einzelnen Werte nicht angemessen möglich ist. Auf solche Finanzinstrumente bezogene Derivate, bei denen eine Lieferung des underlyings vereinbart wurde, können ggf zu Anschaffungskosten bewertet werden.[108]

85 Diese **Bewertungsregelungen** bedeuten beispielsweise für einen Zinsswap, der zu marktüblichen Konditionen abgeschlossen wurde und regelmäßig bei Abschluss und somit bei seinem erstmaligen Ansatz einen Marktwert von Null hat, dass dieser mit dem Wert von Null angesetzt wird. In den Folgeperioden wird der Zinsswap als OTC-Derivat i.d.R. mit Hilfe von Barwertmodellen (Discounted-Cash-Flow-Methoden) mittels aktueller Zinsstrukturkurven bewertet.

86 In diese Bewertung des Zinsswaps hat sowohl die Bewertung der fixen (fix leg) als auch der variablen (variable leg) Seite des Zinsswaps einzugehen, da nur im Moment der Zinsfestlegung die variable Seite des Zinsswaps einen Wert von Null aufweist. Der Ansatz des Zinsswaps in der Bilanz erfolgt als Barwert (Present Value) einschließlich der Zinsabgrenzungen (Dirty Present Value). Die Wertänderungen zwischen dem erstmaligen Ansatz und der ersten Folgebewertung sind ergebniswirksam zu vereinnahmen. In der Praxis wird hierzu der Saldo der laufenden Zinszahlungen (Nettoverbuchung) als Zinsertrag respektive Zinsaufwand in der Gewinn- und Verlustrechnung verbucht, während die Fair Value Änderung auf Grund geänderter Marktbedingungen im Handelsergebnis erfasst wird.[109]

2. Abbildung von Sicherungszusammenhängen nach IAS 39

87 Die Bewertung von Derivaten nach IAS 39 erfolgt, wie beschrieben, ergebniswirksam zum Fair Value, mit Ausnahme der **Sicherungsderivate** in einem effektiven Cash Flow Hedge, die erfolgsneutral verbucht werden. Derivate dienen im Unternehmen in wenigen Fällen der Erzielung kurzfristiger Gewinne (Handelsabsicht). Im Gegenteil: In einer Vielzahl der Fälle dienen sie als Instrumente zur Absicherung gegen Risiken, wie beispielsweise gegen das Zinsänderungsrisiko in zinstragenden Positionen und/oder dem Ausfallrisiko in diesen zinstragenden Finanzinstrumenten, z.B. in denm Forderungen. Die abzusichernden Grundgeschäfte werden häufig nicht ergebniswirksam zum Fair Value bilanziert, sondern zu fortgeführten Anschaffungskosten oder ergebnisneutral zum Fair Value. In allen aufgeführten Fällen ergibt sich eine asymmetrische Ergebnisvereinnahmung, da Marktwertänderungen entweder als vollständig irrelevant betrachtet werden (Anschaffungskostenbilanzierung) und unbilanziert bleiben oder die Buchung der Marktwertänderungen erfolgt nicht in der Gewinn- und Verlustrechnung, sondern in einem separaten Posten im Eigenkapital (Neubewertungsrücklage).[110] Um eine **synchrone Vereinnahmung der Marktwertveränderungen** in Grund- und Sicherungsgeschäft zu erreichen – und so einen Gleichklang mit der Abbildung im Risikomanagement zu erzielen – ist die Anwendung der Regelungen zum **Hedge Accounting** angezeigt.

88 An das Hedge Accounting nach IAS 39 stellt das IASB strenge Anforderungen, die kumulativ erfüllt sein müssen. Dazu zählen umfassende **Dokumentationsanforderungen,**[111] wie beispielsweise die Darstellung der Strategie des Unternehmens zum Risikomanagement, die ein-

---

108 IAS 39.AG 81.
109 Vgl. IDW Rechnungslegungshinweis: Ausweis- und Angabepflichten für Zinsswaps in IFRS-Abschlüssen (IDW RH HFA 2.001), Rn 9.
110 Vgl. *Auerbach/Klotzbach* in: Burghof et al, S. 273.
111 Vgl. IAS 39.88.

deutige Identifikation von Grund- und Sicherungsgeschäft, die Definition des gesicherten Risikos und die Art, wie die Effektivität der Sicherungsbeziehung geprüft werden soll, die zu Beginn der Sicherungsbeziehung vorliegen müssen,

Grundgeschäfte können nach IAS 39.78 ff bilanzwirksame Vermögenswerte und Verbindlichkeiten sowie bilanzunwirksame feste Verpflichtungen und erwartete – hier höchstwahrscheinlich eintretende – Geschäftsvorfälle sein. Vermögenswerte, die der Kategorie „Held to Maturity" zugeordnet wurden, eignen sich hingegen nicht als Grundgeschäft im Rahmen des Hedge Accountings. Als **Sicherungsinstrumente** dienen Derivate. Nur im Rahmen der Absicherung von Fremdwährungspositionen können nicht-derivative Finanzinstrumente als Sicherungsinstrumente designiert werden.

Häufig scheitert die Anwendung des Hedge-Accountings nach IAS 39 an den Anforderungen des Standards, vor allem bezüglich der Effektivität der Sicherungsbeziehung, denn im Hinblick auf das abgesicherte Risiko muss die Effektivität der Sicherungsbeziehung an jedem Bilanzstichtag als hoch wirksam beurteilt werden, und zwar sowohl im vorhinein – für die kommende Periode – als auch bei der Überprüfung im nachhinein – für die vergangene Periode.[112]

Die Hedge Beziehung wird dann als hoch wirksam eingestuft, wenn

- die Kompensation der Risiken aus Änderungen des Fair Values **zu Beginn der Hedge-Beziehung** und für die folgenden Perioden (**prospektiver Effektivitätstest**) als in hohem Maße wirksam angesehen wird und
- die **retrospektive Prüfung** der Effektivität eine Effektivität der Sicherungsbeziehung ergibt, die zwischen 80 % und 125 % liegt.

Der Anforderung für den prospektiven Effektivitätstest kann beispielsweise durch den Nachweis einer hohen Korrelation zwischen der Fair Value-Änderung im Grundgeschäft und derjenigen im Sicherungsinstrument oder durch einen Vergleich der sog. critical terms, d.h. der Übereinstimmung der wesentlichen Parameter wie Laufzeit, Nominalbetrag, Art des Risikos etc., nachgekommen werden.

Für den retrospektiven Effektivitätstest schreibt IAS 39 keine anzuwendende **Methode** explizit vor, häufig wird die Methode des Vergleichs der Wertänderungen aus dem gesicherten Grundgeschäft mit denen des Sicherungsinstrumentes angewandt (Dollar-Offset-Methode).[113]

Die Prüfung der Effektivität hat mindestens an jedem Bilanzstichtag zu erfolgen und somit auch an Stichtagen für die Erstellung von Zwischenabschlüssen. IAS 39 gewährt insoweit ein Wahlrecht, als dass die Effektivität nur für eine Periode gemessen werden kann oder alternativ für die Gesamtlaufzeit der Sicherungsbeziehung (kumulativ).

IAS 39[114] kennt im Grunde zwei verschiedene Methoden der Abbildung von Sicherungsbeziehungen: den **Fair Value Hedge**[115] und den **Cash Flow Hedge**. Beide Methoden kommen bei sog. Mikro-Bewertungseinheiten zur Anwendung. Daneben hat das IASB – um der Kritik an den komplexen und nicht die Unternehmensrealität abbildenden Regelungen zum Hedge Accounting nachzukommen – den Standard um eine Möglichkeit zur Anwendung des Fair Value Hedges auf Nettopositionen (Portfolio-Hegde) erweitert. Diese Möglichkeit bezieht sich ausschließlich auf die Absicherung gegen Zinsänderungsrisiken auf Portfoliobasis.[116]

---

112 Vgl. IAS 39.88.
113 Vgl. *Löw/Lorenz* in: Löw, S. 568.
114 Vgl. IAS 39.86.
115 Die Absicherung von Nettopositionen.
116 Vgl. ausführlich zum Portfolio-Hedge IDW RS HFA 9 Rn 358 ff.

Im Folgenden werden der Fair Value und der Cash Flow Hedgezur Abbildung von Sicherungsbeziehungen nach IAS 39 vorgestellt.

a) Fair Value Hedge

91 Beim **Fair Value Hedge Accounting** wird der Vermögenswert oder die Verbindlichkeit ganz oder in Teilen gegen das **Risiko aus Marktänderungen** abgesichert, beispielsweise wird ein Schuldinstrument mit einem festen Zinssatz gegen das Zinsänderungsrisiko gesichert. Das mit dem Instrument ebenfalls verbundene Ausfallrisiko (Kreditrisiko) kann ungesichert bleiben. Als Grundgeschäfte eignen sich bilanzierte **Vermögenswerte und Schulden sowie feste Verpflichtungen**, als Sicherungsinstrumente kommen **Derivate** oder ein Anteil **eines Derivats**, z.B. 50 % des Nominalvolumens, in Frage.

Ist der Sicherungszusammenhang **effektiv** und sind die weiteren Kriterien des IAS 39 zum Fair Value Hedge Accounting erfüllt, so werden die Wertänderungen des gesicherten **Grundgeschäftes**, die auf das gesicherte Risiko, z.B. das Zinsänderungsrisiko, zurückzuführen sind, **ergebniswirksam in der Gewinn- und Verlustrechnung** berücksichtigt. Wertänderungen im Grundgeschäft, die sich über das gesicherte Risiko hinaus ergeben, wie z.B. eine Änderung der Bonität, bleiben im Rahmen des Hedge Accountings unberücksichtigt. Insgesamt betrachtet, erfolgt im Rahmen des Fair Value Hedges, bezogen auf das zu Anschaffungskosten bilanzierte Grundgeschäft, eine partielle Fair Value Bewertung des gesicherten Bilanzpostens. Bei Available for Sale Wertpapieren hingegen erfolgt die vollständige Fair Value Bewertung des Bilanzpostens, jedoch werden die Wertänderungen, bezogen auf das gesicherte Risiko, nicht in der Neubewertungsrücklage im Eigenkapital verbucht, sondern in der Gewinn- und Verlustrechnung. Da die Wertänderungen des **Derivats** ebenfalls **ergebniswirksam** in der Gewinn- und Verlustrechnung zu vereinnahmen sind, erfolgt somit der **Ausgleich der Wertänderungen** in der Gewinn- und Verlustrechnung.

b) Cash Flow Hedge

92 Mit dem **Cash Flow Hedge** kann die Absicherung von Risiken in **zukünftigen Zahlungsströmen und erwarteten Transaktionen** in der Rechnungslegung abgebildet werden. Beispielsweise können die zukünftigen variablen Zinszahlungsströme eines Schuldinstrumentes gegen Zinsänderungsrisiken abgesichert werden.

Soll die Abbildung der Sicherungsbeziehung als Cash Flow Hedge dargestellt werden, so sind auch hier die **Voraussetzungen** des IAS 39 zum Hedge Accounting zu erfüllen. Da im Rahmen des Cash Flow Hedges erwartete Zahlungsströme abgesichert werden, ist das gesicherte Grundgeschäft noch nicht bilanziert. Die Wertänderungen des Sicherungsderivats, die auf den **effektiven Hedge** zurückzuführen sind, werden ergebnisneutral in einem separaten Posten im Eigenkapital, der Hedge Reserve, gebucht. Der **ineffektive Teil** des Sicherungsinstrumentes wird hingegen ergebniswirksam in der Gewinn- und Verlustrechnung erfasst. Wird das gesicherte Grundgeschäft bzw. der Cash Flow, beispielsweise die Zinszahlungen, bilanz- bzw. ergebniswirksam, so ist der hierauf entfallende Teil der **Hedge-Reserve ebenfalls ergebniswirksam in der Gewinn- und Verlustrechnung zu erfassen**, so dass sich im Endergebnis die Sicherungsbeziehung in der Ergebnisrechnung widerspiegelt.

IV. Ausweis und Offenlegung

93 Das IASB nennt nur sehr wenige Anforderungen an den Ausweis von Finanzinstrumenten in der Bilanz und in der Gewinn- und Verlustrechnung, die in IAS 1 – **Darstellung des Abschlusses** – sowie in diversen Einzelstandards dargelegt sind. Für den Bereich der Offenlegung in den Notes existieren mit IFRS 7 – Finanzinstrumente: **Angaben** – sehr weitgehende

Offenlegungsanforderungen im Hinblick auf derivative und nicht derivative Finanzinstrumente.

Für den Bilanzausweis verlangt IAS 1 eine Gliederung nach Fristigkeit und nur in Ausnahmefällen, beispielsweise für Kreditinstitute, kommt eine **Gliederung nach Liquidität** in Frage (IAS 1.60). Vermögenswerte und Schulden sind stets als kurzfristig zu klassifizieren, wenn sie für Handelszwecke gehalten werden (vgl. IAS 1.66 (b) und IAS 1.69 (b)). Da derivative Finanzinstrumente nach IAS 39 qua Definition zum Handelsbestand zugehörig sind, werden sie auch dort in der Bilanz als „**Handelsaktiva**" bzw. „**Handelspassiva**" ausgewiesen. Gegebenenfalls kommt – wenn der Handel mit Derivaten nicht intendiert ist wie u.U. bei Nichtbanken – der Ausweis im Posten „**Positive Marktwerte aus derivativen Finanzinstrumenten**" auf der Aktivseite und entsprechend „**Negative Marktwerte aus derivativen Finanzinstrumenten**" auf der Passivseite in Betracht.[117]

Ergebnisse aus Wertänderungen gehen entsprechend ins „**Handelsergebnis**" ein, bei Nichtbanken kommt ggf. der Ausweis der Ergebnisse im „**Derivateergebnis**" in Frage.[118]

Zahlungen aus Zinsswaps werden in der Gewinn- und Verlustrechnung im **Zinsergebnis** gezeigt, d.h. sie werden als Zinsertrag respektive als Zinsaufwand ausgewiesen.[119]

Für Derivate, die als Sicherungsinstrumente in einer effektiven Sicherungsbeziehung designiert sind, ist in der Bilanz der Posten „**Derivate in Sicherungsbeziehungen**" (aktivisch und passivisch) und in der Gewinn- und Verlustrechnung eine gesonderte Zeile „**Ergebnis aus Sicherungsbeziehungen**" aufzunehmen.[120]

IFRS 7 fordert Angaben zu Finanzinstrumenten und deren Bedeutung für die Vermögens-, Finanz- und Ertragslage. Darüber hinaus werden Informationen **zum Risikomanagement der Unternehmen sowie die Offenlegung von Angaben zu den spezifizierten Risikoarten, insbesondere zum Kreditrisiko, zu den Liquiditäts- und Marktrisiken** verlangt. Diese Angaben haben sowohl in qualitativer als auch in quantitativer Hinsicht zu erfolgen. In Bezug auf die qualitativen Informationen haben die Unternehmen die Ziele, die verabschiedeten Leitlinien und die Prozesse ihres Risikomanagements offenzulegen. In quantitativer Hinsicht haben die Unternehmen zu beschreiben, in welchem Ausmaß das Unternehmen den Risiken ausgesetzt ist. Diese Angaben basieren auf den Angaben der internen Risikosteuerung.

Die in IFRS 7.6 ff. beinhalteten Anforderungen verlangen eine **Aufteilung der Finanzinstrumente in Klassen sowie spezifische Angaben nach Bewertungskategorien**. Die hier behandelten Derivate und strukturierten Produkte mit eingebetteten trennungspflichtigen Derivaten gehören zur Klasse der ergebniswirksam zum Fair Value bewerteten Finanzinstrumente. Offenlegungspflichtig ist bei diesen Finanzinstrumenten der **Buchwert**, entweder in der Bilanz oder im Anhang, getrennt nach den beiden Unterkategorien, der Handelsinstrumente bzw. der Finanzinstrumente, die in die Kategorie „At Fair Value through Profit or Loss" designiert wurden. Dies gilt getrennt sowohl für finanzielle Vermögenswerte auf der Aktivseite als auch für finanzielle Verbindlichkeiten auf der Passivseite.

Das bilanzierende Unternehmen hat ferner entweder in der Gewinn- und Verlustrechnung oder im Anhang **Angaben zu den Nettogewinnen oder Nettoverlusten** aus ergebniswirksam zum Fair Value bewerteten Vermögenswerten und Verbindlichkeiten vorzunehmen. Auch hier ist zu differenzieren in diejenigen, die aus zu Handelszwecken gehaltenen Finanzinstru-

---

117 Vgl. KPMG 2007, S. 29 mit Gliederungsbeispielen in Bezug auf Finanzinstrumente bei Banken und Nichtbanken.
118 Vgl. Löw, 2006, S. 29. Bezüglich des Ausweises von Zinsderivaten IDW Rechnungslegungshinweis: Ausweis- und Angabepflichten für Zinsswaps in IFRS-Abschlüssen (IDW RH HFA 2.001) (Stand: 19.9.2007), Rn 23.
119 Siehe ausführlich IDW RH HFA 2.001.
120 Vgl. KPMG, 2007, S. 18.

menten resultieren, und denen, die aus der Designation der Finanzinstrumente in die Kategorie „At Fair Value through Profit or Loss" stammen.

98 Zu den nach IFRS erforderlichen Angaben zu Finanzinstrumenten zählt auch eine Erläuterung der angewandten **Bilanzierungs- und Bewertungsmethoden**, u.a. Angaben zur Eingruppierung von Finanzinstrumenten in die jeweilige Kategorie von Finanzinstrumenten und die Art und Weise der Erfüllung der Voraussetzungen zur Anwendung der Fair Value Option, Angaben zur Ermittlung des Nettogewinns- bzw. Nettoverlustes und die Angabe, ob in diesen Posten Zins- und Dividendenerträgen aus derivativen Finanzinstrumenten eingehen. Da die Ermittlung des Fair Values nach IFRS auf einer dreistufigen Hierarchie beruht, bei der der Fair Value zunächst aus öffentlich ermittelbaren Marktpreisen abgeleitet wird und nur wenn dies nicht möglich ist, der Fair Value aus ähnlichen Transaktionen oder Bewertungsmodellen abgeleitet wird, ist für jede Klasse von Vermögenswerten und Verbindlichkeiten offenzulegen wie der Fair Value ermittelt wird. Insbesondere sind die Methoden und Modelle zu erläutern, die zur Fair Value Bewertung herangezogen werden.

99 Auch nach IFRS hat das Unternehmen Angaben zur Bilanzierung von **Absicherungen** als Fair Value Hedge bzw. als Cash Flow Hedge in der Art zu machen, dass neben der Beschreibung der **Art der Sicherungsbeziehung** und des **gesicherten Risikos** auch umfassende Angaben u.a. zu den Fair Value Änderungen des derivativen Finanzinstrumentes bzw. dem ergebnisneutral gebuchten Betrag bei Cash Flow Hedges und der Auswirkungen der Absicherung auf die Entwicklung zukünftiger Gewinne- und Verluste erfolgen.[121]

100 In einem eigenständigen **Risikobericht** verlangt das IASB eine umfassende Darstellung der aus Finanzinstrumenten resultierenden Risiken, so dass dem Jahresabschlussleser verdeutlicht wird, wie das bilanzierende Unternehmen seine Risiken aus Finanzinstrumenten steuert. Im Hinblick auf die Art und das Ausmaß von Risiken, die sich aus Finanzinstrumenten ergeben, hat das bilanzierende Unternehmen sowohl **qualitative Angaben** zu Zielen, Strategien und Verfahren zur Steuerung von Risiken und die Methoden zur Messung des Risikos offenzulegen als auch die Risiken aufgeteilt nach Risikoarten in **quantitativer Form** anzugeben. Dies umfasst zum einen die Angabe, welche Risiken aus Ausfall-, Liquiditäts- und Marktpreisrisiken resultieren und zum anderen welchen Risikokonzentrationen das Unternehmen ausgesetzt ist.

101 Für Marktpreisrisiken hat das Unternehmen mittels Sensitivitätsanalyse darzulegen, welche **Auswirkungen** sich aus der **Übernahme von Zins-, Währungs- und anderen Marktrisiken** für das Unternehmen ergeben. Diese Angabe ist getrennt für jede Art von Marktrisiko vorzunehmen. Angaben in Bezug auf Zinsänderungsrisiken, zu Zinsstrukturkurven und den Auswirkungen aus deren Veränderung auf die Zinserträge und Zinsaufwendungen, auf das Handelsergebnis und das Eigenkapital sind offenzulegen.

V. Sonderfall strukturierte Produkte am Beispiel einer kapitalgarantierten Schuldverschreibung, deren Verzinsung von möglichen Kreditausfällen in einem Referenzportfolio abhängt

102 IAS 39.10 versteht unter strukturierten Finanzprodukten regelmäßig Finanzinstrumente, bei denen mindestens ein Derivat mit einem nicht derivativen Basisvertrag zu einer rechtlich untrennbaren Einheit verbunden ist. Das **eingebettete Derivat** (**embedded derivative**) hat zur Folge, dass zumindest einzelne Zahlungsströme des **Basisvertrags** (**host contract**) vergleichbaren (Wert-)Schwankungen ausgesetzt sind wie bei einem freistehenden Derivat. Dieses eingebettete Derivat ist dann vom Basisvertrag zu trennen und nach Maßgabe des IAS 39 als

---

121 Vgl. dazu umfassend KPMG, 2007, S. 98 ff.

eigenständiges freistehendes Derivat zu bilanzieren, wenn die folgenden Voraussetzungen gegeben sind:[122]
- die wirtschaftlichen Merkmale und Risiken des eingebetteten Derivats sind nicht eng („**clearly and closely related**") mit den wirtschaftlichen Merkmalen und Risiken des Basisvertrages verbunden,
- ein eigenständiges Instrument mit den gleichen Bedingungen wie das eingebettete Derivat die **Definition des Derivats erfüllt,** und
- das strukturierte Finanzinstrument **nicht zum beizulegenden Zeitwert** bewertet wird, dessen Änderungen erfolgswirksam erfasst werden.

Ist der Bilanzierende nach IAS 39 verpflichtet, ein eingebettetes Derivat getrennt zu erfassen, aber eine gesonderte Bewertung des eingebetteten Derivats ist nicht möglich, dann ist das strukturierte Produkt in seiner Gesamtheit wie ein zu Handelszwecken gehaltenes Finanzinstrument zu behandeln und ergebniswirksam zum Fair Value zu bilanzieren.[123] **103**

Für Zwecke der Bilanzierung eines Schuldinstrumentes nach IFRS, dessen Verzinsung von möglichen Ausfällen in einem Referenzportfolio, z.B. einer definierten iTRAXX Tranche,[124] abhängt, ist vor dem erstmaligen Ansatz zu prüfen, ob es sich um ein strukturiertes Produkt handelt, das nach den Regelungen des IAS 39, als **einheitlicher Vermögenswert** zu bilanzieren ist oder ob eine **getrennte Bilanzierung** eines eingebetteten derivativen Finanzinstrumentes und eines unstrukturierten Schuldinstrumentes nach IFRS notwendig ist. Eine getrennte Bilanzierung von Grundgeschäft und derivativem Finanzinstrument ist immer dann nicht notwendig, wenn der Investor Handelsabsichten mit dem Produkt verfolgt oder es freiwillig in die Kategorie „Financial Instruments at Fair Value through Profit and Loss" designiert. Ein strukturiertes Produkt, das ein eingebettetes Derivat enthält, kann im Rahmen der Fair Value Option ergebniswirksam zum Fair Value bilanziert werden, es sei denn (a) das eingebettete Derivat hat keinen signifikanten Einfluss auf den Cashflow des Vertrags (b) eine getrennte Bilanzierung von Derivat und Basisvertrag ist offensichtlich ohnehin unzulässig. IAS 39.11A ist vom IASB ausdrücklich als Erleichterung gedacht, da die Identifikation und Bepreisung eingebetteter Derivate tendenziell mit einem hohen Kosten- und Zeitaufwand für die Unternehmen verbunden ist. In beiden Fällen – zum einen der Bilanzierung als Handelsinstrument und zum anderem bei Designation „at Fair Value through Profit and Loss" – wird das Gesamtinstrument ergebniswirksam zum Fair Value bewertet. **104**

IAS 39 gibt im Rahmen der sog. Application Guidance (AG) weiterführende Hinweise und Beispiele, wann eine **eingebettete derivative Komponente** eng mit dem Basisvertrag verbunden ist und wann nicht. Beispielsweise führt IAS 39.AG 30 h aus, dass ein **Kreditderivat**, das in den Basisvertrag eingebettet ist und einer Vertragspartei die Möglichkeit einräumt, das Ausfallrisiko eines bestimmten Referenzvermögenswertes auf eine andere Partei zu übertragen, nicht eng mit dem Basisvertrag verbunden ist und daher zu trennen ist. **105**

Unter Berücksichtigung dieser Regelungen und Anwendungshinweise ist zu untersuchen, ob bei dem strukturierten Produkt, dessen Verzinsung an die Kreditausfälle in einem Referenzportfolio anknüpft, eine getrennte Bilanzierung erforderlich ist oder nicht. Im Grundsatz besteht ein strukturiertes Produkt, bei dem in ein Schuldinstrument zusätzlich die Performance aus einem iTRAXX-Index[125] eingebettet wurde, aus einem Schuldinstrument mit eingebette- **106**

---
122 Vgl. IAS 39.11, KPMG (2011/12, Rn 7.2.130.10 ff.
123 Vgl. IAS 39.12.
124 Itraxx ist der Name einer Familie von Credit-Default-Indizes, die verschiedene Regionen abbilden. Beispielsweise basiert der Itraxx Europe-Index auf den 125 liquidesten europäischen Referenzschuldnern mit guter Bonität für Credit-Default-Swaps (CDS).
125 Z.B. iTraxx Europe: Credit-Default-Index, welcher die Entwicklung des europäischen Kreditderivatemarktes repräsentativ dokumentiert.

tem Kreditderivat, hier einem Credit Default Swap(CDS). Die eingebettete Komponente erfüllt die Merkmale eines derivativen Finanzinstrumentes nach IAS 39.9, da sich die Wertänderung der eingebetteten Komponente an der Wertänderung eines Kreditderivate-Indezes ausrichtet.

Im Rahmen der Analyse strukturierter Produkte im Hinblick auf trennungspflichtige eingebettete Derivate ist daher das Vorliegen der weiteren Voraussetzung für das Vorliegen einer engen Verbindung („Clearly and closely related") der Risiken in dem Produkt zu untersuchen. Das Kriterium des IAS 39.AG 30 h nimmt Stellung zu eingebetteten Kreditrisiken und regelt, dass Kreditrisiken nicht clearly and closely mit dem Basisvertrag verbunden sind, wenn eine Vertragspartei das Kreditrisiko eines Referenzaktivums auf eine andere Vertragspartei überträgt. Es ist hierbei nicht erforderlich, dass der Verkäufer das Referenzaktivum auch tatsächlich besitzt, entscheidend ist, dass nur das Risiko, nicht aber die Vermögenswerte bzw. Verbindlichkeiten transferiert werden. Man spricht hierbei von einer synthetischen Transaktion. Durch die Einbettung des CDS besteht ein über das Bonitätsrisiko des Emittenten (i.d.R. eine Zweckgesellschaft) hinausgehendes Risiko hinsichtlich des Referenzaktivums, auf welches sich der CDS bezieht.

107 Somit sind die Voraussetzungen für eine **Aufspaltungspflicht** als erfüllt anzusehen und das derivative Finanzinstrument ist getrennt vom Basisvertrag zu bilanzieren. Die Vereinbarung einer expliziten **Kapitalgarantie** – wie nach HGB – ist für die Bilanzierung nach IFRS nicht geeignet, die Trennungspflicht zu vermeiden, da es hier in der Bilanzierung nur auf die Einbettung weiterer Risiken ankommt, die über das Zinsänderungsrisiko und das Kreditrisiko des Emittenten hinausgehen.

VI. Ausblick auf das Projekt „IAS 39 Replacement (IFRS 9)" und die Neuerungen durch IFRS 13

108 Das Projekt „IAS 39 Replacement (IFRS 9)" zur Änderung der Bilanzierung von Finanzinstrumenten wurde in drei Phasen[126] gegliedert:

- Phase I: Klassifizierung und Bewertung,
- Phase II: Wertminderungen,
- Phase III: Hedge Accounting.

Bisher hat das IASB die Phase I mit der Veröffentlichung des IFRS 9 mit den Regelungen zur Klassifikation und Bewertung von Finanzinstrumenten beendet. Der neue Standard ist ab dem 1.1.2015 verpflichtend anzuwenden.[127] Jedoch hat die EU-Kommission diesen noch nicht als in der EU anwendbaren Standard freigegeben (Endorsement).

Nach den Regelungen des IFRS 9, Klassifikation und Bewertung, werden die Finanzinstrumente auf Basis der Zugehörigkeit zu einem Geschäftsmodell und der Art des Vertrages der Kategorie Fortgeführte Anschaffungskosten oder Fair Value zugeordnet. Dies soll zu einer Vereinfachung bezüglich der Zuordnung und Bewertung der Finanzinstrumente führen.[128]

Im Detail kann ein finanzieller Vermögenswert zu fortgeführten Anschaffungskosten bewertet werden, wenn die folgenden zwei Voraussetzungen kumulativ erfüllt sind, und das bilanzierende Unternehmen sich nicht entscheidet, die Fair Value Option anzuwenden und das Finanzinstrument zum Fair Value zu bilanzieren:

---

126 Vgl. IFRS 9.IN12.
127 Als Erstanwendungszeitpunkt war der 1.1.2013 vorgesehen. Aufgrund von Teilprojektverschiebungen innerhalb des IFRS 9-Gesamtprojekts und aufgrund von Widerständen der Banken, wurde der zu Beginn vorgesehene Erstanwendungszeitpunkt verschoben.
128 Vgl. IFRS 9.IN11.

C. Rechnungslegung nach den Vorschriften der IFRS

- Das Geschäftsmodell des Bilanzierenden ist darauf ausgerichtet, die Vermögenswerte zu halten, um die vertraglichen Cash Flows des finanziellen Vermögenswerts zu vereinnahmen

  Hiervon abzugrenzen sind Geschäftsmodelle, die auf die Erzielung von Gewinnen durch Ausnutzung von Fair Value-Schwankungen des finanziellen Vermögenswerts ausgerichtet sind. Die Abgrenzung erfolgt dabei nicht auf Basis eines einzelnen Instruments, sondern vielmehr auf Portfolio-Ebene.

- und die Vertragsbedingungen eine Zahlung von Cash Flows zu genau spezifizierten Zeitpunkten vorsehen, wobei die Cash Flows ausschließlich aus Zinsen und Tilgung auf den ausstehenden Betrag bestehen dürfen.

Variable Zinszahlungen, die ausschließlich den Zeitwert des Geldes sowie das Adressenausfallrisiko kompensieren, sind hierbei nicht schädlich. Eine Zinszahlung, die Leverage-Bestandteile aufweist, schließt eine Bilanzierung zu fortgeführten Anschaffungskosten aus. Zudem qualifizieren Finanzinstrumente mit Vertragsklauseln, wodurch sich die Laufzeit oder die Höhe der Zahlung verändert, nur unter den restriktiven Bedingungen des IFRS 9 für eine Bilanzierung zu fortgeführten Anschaffungskosten.

Die Bewertungskategorie Fair Value ist immer dann anzuwenden, wenn die Voraussetzungen der Bewertungskategorie fortgeführte Anschaffungskosten kumulativ nicht erfüllt sind.

Derivate werden weiterhin als Finanzinstrumente des Handelsbestandes der Fair Value Kategorie zugeordnet, d.h. wie bisher nach IAS 39 ergebniswirksam zum Fair Value bewertet. Auf Grund der restriktiven Voraussetzungen zur Klassifikation von Finanzinstrumenten in die Kategorie fortgeführte Anschaffungskosten werden zukünftig nahezu alle strukturierten Vermögenswerte und Verbindlichkeiten (z.B. Credit Linked Notes, eingebettete Kreditderivate mit Bezug zu einem iTraxx) der Kategorie Fair Value zugeordnet. Eine Prüfung auf eine mögliche Trennungspflicht ist dann nicht mehr erforderlich, da das Gesamtinstrument zum Fair Value bilanziert wird.

Zudem hat das IASB den Unternehmen das Wahlrecht eröffnet, die Bewertungsergebnisse aus Eigenkapitalinstrumenten, die nicht zu Handelszwecken gehalten werden, beim erstmaligen Ansatz im sonstigen Ergebnis (Other Comprehensive Income, OCI) zu erfassen (at fair value through other comprehensive income). Die Buchung dieser Ergebnisse, einschließlich eines Veräußerungsgewinns/-verlustes erfolgt immer im sonstigen Ergebnis und wird nicht in der Gewinn- und Verlustrechnung gezeigt (kein sog. Recycling). Nur laufende Ergebnisse, wie Dividenden werden in der Gewinn- und Verlustrechnung verbucht. Die Wahlmöglichkeit kann pro Vermögenswert ausgeübt werden.

Phase 2 befasst sich mit fortgeführten Anschaffungskosten und Wertberichtigungen von Finanzinstrumenten. Derzeit liegt ein Exposure Draft (ED/2009/12) vor, der IASB hat jedoch einen sog. Re-Exposure Draft angekündigt. Wesentliche Neuerung ist die Abschaffung des Impairment-Triggers und der Übergang auf ein Risikovorsorge-Modell auf Basis der erwarteten Verluste (Expected Loss Model). Somit soll eine zeitnähere Erfassung von Kreditverlusten erreicht und den wirtschaftlichen Gegebenheiten bei der Kreditvergabe besser Rechnung getragen werden. Da Derivate und strukturierte Produkte zum Fair Value bewertet werden, sind die Regelungen zu den Wertberichtigungen hier nicht einschlägig.

109

Phase 3 umfasst die bilanzielle Abbildung von Sicherungsbeziehungen (Hedge Accounting). Das IASB hat mit dem Exposure Draft (ED 2010/13)[129] einen ersten Vorschlag zur bilanziellen Abbildung von Sicherungsbeziehungen unterbreitet, der jedoch noch nicht die Abbildung von Macro-Sicherungsbeziehungen umfasst. Für die Abbildung von Macro-Sicherungsbeziehungen ist ein Exposure Draft für das zweite Halbjahr des Jahres 2012 angekündigt.

110

---

129 Ein Review Draft wurde vom IASB angekündigt.

Mit der Überarbeitung der Regelungen zum Hedge Accounting, sollen die Regelungen zu den Sicherungsbeziehungen mehr am Risikomanagement der Unternehmen ausgerichtet werden, weniger regelorientierte und mehr prinzipienorientierte Vorschriften geschaffen werden sowie die Regelungen für externe Bilanzadressaten nachvollziehbar gestaltet werden.

Gemäß des Exposure Drafts kommen als Sicherungsinstrumente grundsätzlich sämtliche Vermögenswerte und Verbindlichkeiten, die zum Zeitwert bewertet werden, in Betracht. Im Gegensatz zum IAS 39 sollen auch nicht-derivative Finanzinstrumente, die aufwandswirksam zum Zeitwert bewertet worden sind, als Sicherungsinstrument in Betracht kommen. Als Sicherungsinstrumente kommen – wie auch nach den bisherigen Regelungen – nur Instrumente von nicht-konzernangehörigen Vertragspartnern in Betracht.[130]

Als Grundgeschäfte, die abgesichert werden können, kommen bilanziell erfasste Vermögenswerte oder Verbindlichkeiten, Verpflichtungen (Commitments), Transaktionen, die mit hoher Wahrscheinlichkeit eintreten werden und Nettoinvestitionen in ausländische Geschäftseinheiten in Betracht.

Eine Gruppe (Portfolio) von den oben dargestellten möglichen Grundgeschäften kommt als Gesamtheit ebenfalls als Grundgeschäft in Betracht, wenn

- sie aus Komponenten besteht, die einzeln betrachtet geeignete Grundgeschäfte darstellen,
- die Steuerung der Komponenten für Zwecke des Risikomanagements auf Portfoliobasis erfolgt und
- bei Cashflow-Hedges sich gegenläufige Cashflows ausschließlich in denselben Perioden in der GuV auswirken.

Nach den vorgeschlagenen Regelungen ist es nicht mehr erforderlich, dass einzelne Positionen des Portfolios im Verhältnis zum Gesamtportfolio annähernd proportionale Änderungen des Zeitwerts aufweisen.

Des Weiteren kann auch eine einzelne Teilmenge der Gruppe als Grundgeschäft in Betracht kommen. Im Gegensatz zum IAS 39 können Risikopositionen, die sich als Kombination einer „gewöhnlichen" Risikoposition und einem Derivat ergeben, ebenfalls als Grundgeschäft in Betracht kommen. Voraussetzung ist jedoch, dass dadurch eine andere Risikoposition entsteht, welche dann vom Unternehmen explizit gesteuert und abgesichert wird.

Aufgrund der fehlenden Auswirkung auf die GuV kommen Eigenkapitalinstrumente, deren Zeitwertänderungen im sonstigen Ergebnis erfasst werden, wie bereits nach IAS 39, nicht als Grundgeschäfte in Betracht.

Die Anwendung des Hedge Accounting setzt eine geeignete Dokumentation voraus, die bspw. Risikomanagementziele sowie die Sicherungsstrategie erläutert, das Grund- und Sicherungsgeschäft eindeutig bestimmt, die abgesicherte Risiken benennt sowie erläutert, ob Effektivitätsanforderungen erfüllt sind.

Die bisherige Regelung, nach der eine Sicherungsbeziehung wirksam war, wenn eine Effektivität zwischen 80–125% vorlag, soll entfallen. Nach den vorgeschlagenen Neuregelungen ist eine Sicherungsbeziehung effektiv, wenn

- keine lediglich zufällige Kompensationswirkung zwischen dem Grund- und Sicherungsgeschäft eintritt und
- unverzerrte Sicherungsergebnisse gewährleistet sind sowie Ineffektivitäten minimiert worden sind.

---

[130] Bisher sieht IAS 39.80 bzw. gegenwärtig der ED/2010/13, ED 17 für den Konzernabschluss eine Ausnahme bei Absicherungen gegen Wechselkursrisiken vor.

Eine Methode zur Effektivitätsmessung wird vom IASB nicht explizit vorgeschrieben. Zur Anwendung dürften die gängigen Methoden (Critical Terms, Dollar-Offset etc.) kommen.

Werden die oben genannten Voraussetzungen bezüglich der Effektivität nicht erfüllt oder ändert sich die Zielsetzung des Risikomanagements, muss die Sicherungsbeziehung beendet werden.

Mit dem IFRS 13 hat der IASB Regelungen zur Fair Value-Bewertung in einem zentralen Standard verankert, da sie nicht nur Finanzinstrumente betreffen, sondern auch andere Vermögenswerte zum Fair Value bewertet werden. Regelungen, die bisher in mehreren Standards verankert und teilweise widersprüchlich waren, wurden somit abgeschafft bzw. vereinheitlicht. Der IFRS 13 enthält lediglich Regelungen, wie der Fair Value ermittelt wird und ist somit auch für die Ermittlung des Fair Values von Finanzinstrumenten, d.h. finanziellen Vermögenswerten, Eigenkapitalinstrumenten und Schulden, einschlägig. Welche Instrumente mit dem Fair Value zu bewerten sind, wird in dem jeweiligen einschlägigen Standard geregelt, für Finanzinstrumente IAS 39/IFRS 9. IFRS 13 ist für Geschäftsjahre anzuwenden, die nach dem 1.1.2013 beginnen, allerdings noch nicht von der EU-Kommission zur Anwendung freigegeben wurden Dieses wird für das zweite Halbjahr 2012 erwartet.

IFRS 13 definiert den Fair Value als den Exit Price, d.h. der Preis, der erzielt werden würde, wenn Vermögenswerte veräußert würden, bzw. der Preis, der gezahlt werden müsste, um sich von einer Schuld zu befreien. Zur Preisfindung wird eine gewöhnliche Transaktion zwischen zwei Marktteilnehmern unterstellt, die voneinander unabhängig sind.

Bei der Ermittlung des Fair Value können drei verschiedene Ebenen unterschieden werden (Fair Value Hierarchie). Auf Ebene 1 können Preise direkt an den Märkten beobachtet werden. Auf Ebene 2 wird der Fair Value mittels Bewertungsmodell, allerdings auf Basis ausschließlich am Markt beobachtbarer Parameter ermittelt. Auf Ebene 3 werden im Unterschied zu Ebene 2 – teilweise – am Markt nicht beobachtbare Parameter verwendet. Verschiedene Bewertungsmodelle zur Ermittlung des Fair Values können angewendet werden.

Während die Bewertung von gewöhnlichen (plain vanilla) Finanzinstrumenten in der Regel einfach verläuft, gestaltet sich die Bewertung von Derivaten aufgrund ihrer besonderen Eigenschaft in der Praxis häufig schwierig. Nach den Regelungen des IFRS 9 sind Derivate mit dem Fair Value zu bewerten. Dabei sind bei Verwendung von Bewertungsmodellen nach IFRS 13.B13 (d) marktübliche Risikoprämien zu berücksichtigen. Bei Derivaten stellt die Bestimmung der Risikoprämie für Unternehmen häufig eine Herausforderung dar.

Allgemein gängige Bewertungsverfahren verwenden bei der Ermittlung des Zeitwerts von Derivaten allgemeingültige Risikoparameter (z.B. Zinsstrukturkurven). Bei Derivaten besteht ein wesentliches Risiko im Gegenparteirisiko, das zusätzlich zu den derivatimmanenten Parametern zu berücksichtigen ist. Fällt die Gegenpartei aus, muss sich das Unternehmen bei einem aus seiner Sicht positiven Marktwert des Derivats das Derivat wiederbeschaffen, da idR ein Kaufpreis in Höhe des Marktwertes zu zahlen ist. Da nicht jeder Kontraktpartner dieselbe Bonität aufweist und nicht mit jedem Kontrahenten Sicherungsabreden getroffen wurden, müssen für jeden Kontraktpartner unterschiedliche Kreditrisikozuschläge bestimmt werden. Hier lässt IFRS 13 nun eine Vereinfachung zu, indem die Berücksichtigung von Kreditrisikozuschlägen auf Ebene eines Portfolios bei Einhaltung der Voraussetzungen zulässig sind.

Zusammenfassend betrachtet, sind die Grundsätze der Bewertung von Finanzinstrumenten, insbesondere von Derivaten, zum Fair Value nahezu unverändert.

D. Zusammenfassung

112 Die Gegenüberstellung der Rechnungslegung nach HGB und IFRS hat gezeigt, dass die Bilanzierung von derivativen Finanzinstrumenten nach IFRS in nahezu allen Fällen ergebniswirksam zum Fair Value erfolgt, während dies nach deutschem Handelsrecht (noch) eher die Ausnahme darstellt. Durch die Neuregelung zur Bilanzierung von Finanzinstrumenten im Handelsbestand der Kreditinstitute und im Rahmen der Bilanzierung von Bewertungseinheiten schuf der Gesetzgeber neben den Offenlegungsanforderungen erstmals gesetzliche Vorschriften zum Ansatz und der Bewertung von Derivaten.

§ 34 Bilanzierung von Wertpapierpensionsgeschäften/ Wertpapierleihgeschäften nach HGB, IAS 39 und IFRS 9

A. Einleitung	1
B. Wertpapierpensionsgeschäfte	9
I. Bilanzierung nach HGB	9
1. Allgemeines	9
2. Bilanzielle Abbildung echter Pensionsgeschäfte	10
a) Bilanzierung beim Pensionsgeber – Ansatz und Bewertung.............	10
b) Bilanzierung beim Pensionsnehmer – Ansatz und Bewertung...........	14
3. Bilanzielle Abbildung unechter Pensionsgeschäfte	18
a) Bilanzierung beim Pensionsgeber – Ansatz und Bewertung.............	18
b) Bilanzierung beim Pensionsnehmer – Ansatz und Bewertung...........	24
II. Bilanzierung nach IFRS	26
1. Allgemeines	26
2. Bilanzierung nach IAS 39	28
a) Ausbuchung von finanziellen Vermögenswerten nach IAS 39	28
b) Bilanzielle Abbildung echter Pensionsgeschäfte – Ansatz und Bewertung	30
c) Bilanzielle Abbildung unechter Pensionsgeschäfte	34
aa) Ansatz und Bewertung..........	34
bb) Anhangangaben	39
3. Bilanzierung nach IFRS 9	40
a) Neuregelung der bilanziellen Abbildung von Finanzinstrumenten durch IFRS 9	40
b) Bilanzielle Abbildung echter Wertpapierpensionsgeschäfte	47
c) Bilanzielle Abbildung unechter Wertpapierpensionsgeschäfte – Geschäftsmodell..................	52
C. Wertpapierleihe.............................	54
I. Bilanzierung nach HGB..................	54
II. Bilanzierung nach IFRS..................	58
1. IAS 39	58
2. IFRS 9	60
D. Ausblick.....................................	61

A. Einleitung

In Zeiten knapper Liquidität sind viele Kreditinstitute auf eine schnelle und effiziente Liquiditätsbeschaffung angewiesen. Ein Instrument zur Liquiditätssteuerung stellen Pensionsgeschäfte dar.[1] Dabei verschafft sich der Pensionsgeber liquide Mittel, indem er das zivilrechtliche Eigentum an bestimmten Wertpapieren an einen Dritten überträgt und Barmittel erhält. Neben der Liquiditätssteuerung hat der Pensionsgeber durch den Einsatz von Pensionsgeschäften und der damit einhergehenden Stellung von Sicherheiten die Möglichkeit, Fremdkapitalkosten durch konkrete Besicherung der idR kurzfristigen Verbindlichkeiten zu senken. Der Pensionsnehmer kann durch das Eingehen von Wertpapierpensionsgeschäften Lieferverpflichtungen aus Leerverkäufen erfüllen und Zinserträge generieren, (nahezu) ohne auf das Kreditrisiko des Kreditnehmers (Pensionsgebers) abstellen zu müssen. Die enorme Relevanz von Wertpapierpensionsgeschäften wird durch die folgende Darstellung deutlich (Quelle: Bundesbank), die das steigende Volumen der Wertpapierpensionsgeschäfte widerspiegelt:

1

---

[1] Vgl. *Scharpf/Schaber*, Handbuch Bankbilanz, 2011, S. 37.

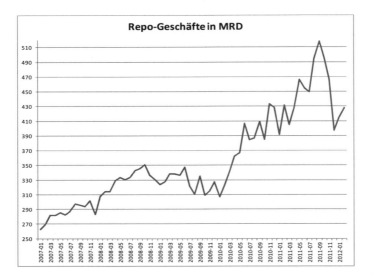

2 Der Begriff des Pensionsgeschäfts ist in § 340b HGB legaldefiniert. Pensionsgeschäfte sind Verträge, durch die ein Kreditinstitut oder ein Kunde eines Kreditinstituts ihm gehörende Vermögensgegenstände einem anderen Kreditinstitut oder einem seiner Kunden gegen Zahlung eines Betrages überträgt und gleichzeitig vereinbart wird, dass die Vermögensgegenstände später gegen Entrichtung des empfangenen oder eines anderen im Voraus vereinbarten Betrages an den Pensionsgeber zurückübertragen werden müssen oder können. Es ist zu differenzieren zwischen echten und unechten Pensionsgeschäften. Bei einem echten Pensionsgeschäft (im internationalen Raum regelmäßig auch Repurchase Agreements (Repos) genannt) übernimmt der Pensionsnehmer die Verpflichtung, die Vermögensgegenstände zu einem bestimmten oder vom Pensionsgeber zu bestimmenden Zeitpunkt zu übertragen (§ 340b Abs. 2 HGB). Ist der Pensionsnehmer jedoch nur berechtigt, aber nicht verpflichtet, die Vermögensgegenstände zu einem vorher bestimmten oder von ihm noch zu bestimmenden Zeitpunkt an den Pensionsgeber zurück zu übertragen, handelt es sich gemäß § 340b Abs. 3 HGB um ein unechtes Pensionsgeschäft. Somit unterscheiden sich echte von unechten Pensionsgeschäften lediglich hinsichtlich der Verpflichtung (echt) bzw. Berechtigung des Pensionsnehmers (unecht) zur Rückgabe der übertragenen Vermögensgegenstände.

3 § 340b HGB stellt klar, dass Pensionsnehmer bzw. Pensionsgeber sowohl Kreditinstitute als auch Nicht-Kreditinstitute sein können. Als Pensionsgüter kommen Wertpapiere (z.B. Aktien), Darlehensforderungen oder Wechsel in Betracht.[2] Zu beachten gilt es dabei, dass nur dieselben Pensionsgüter bzw. gleichartige Pensionsgüter zurück übertragen werden dürfen.[3] Insbesondere handelt es sich nicht um Pensionsgeschäfte, wenn lediglich gleichwertige Wertpapiere[4] übertragen werden, da es sich hierbei um einen tauschähnlichen Vorgang handelt. Eine weitere Voraussetzung für das Vorliegen von Pensionsgeschäften ist ein im Voraus festgelegter Rücknahmebetrag. Dem IDW ERS HFA 13 Tz. 22 folgend, kann dieser im Kaufvertrag oder in einem separaten Vertrag festgelegt werden. Die Vermögensgegenstände dürfen nur gegen Zahlung eines Geldbetrages in Pension gegebenen werden; die Rückübertragung darf ebenfalls nur gegen Entrichtung eines Geldbetrages erfolgen. Wird die Rückübertragung

---

2 Vgl. m.w.N. *Böcking/Becker/Helke*, § 340b HGB Rz. 8, Münchener HGB-Kommentar.
3 Vgl. *Bieg*, Bankbilanzierung nach HGB und IFRS, 2010, S. 130.
4 Als Beispiel können Aktien von zwei Unternehmen genannt werden, die nahezu denselben Wert aufweisen.

der Vermögensgegenstände mit gleichwertigen Vermögensgegenständen abgegolten, handelt es sich nicht um Pensionsgeschäfte i.S.d. § 340b HGB.[5]

Eine dem Wertpapierpensionsgeschäft verwandte Geschäftsart ist die Wertpapierleihe. Bei einer Wertpapierleihe werden bestimmte Wertpapiere vom Verleiher übereignet, wobei sich der Entleiher verpflichtet, Wertpapiere gleicher Art, Güte und Menge nach Ablauf einer bestimmten Frist zurück zu übertragen. Rechtlich gesehen handel es sich nach h.M. bei der Wertpapierleihe um ein Sachdarlehen i.S.d. § 607 BGB.[6] Der Terminus „Leihe" ist aus rechtlicher Sicht unzutreffend, da der Verleiher in der Regel nicht exakt die gleichen Wertpapiere zurückgibt und für die Überlassung der Wertpapiere ein Entgelt entrichten muss, obwohl die Leihe gerade durch die Unentgeltlichkeit charakterisiert wird (§ 598 BGB).

Der Entleiher wird für die Dauer des Wertpapiergeschäfts zivilrechtlicher Eigentümer der Wertpapiere. Ihm stehen sämtliche mit dem Eigentum verbundenen Rechte (Dividendenrechte, Stimmrechte usw.) zu. Er kann die Wertpapiere an Dritte veräußern, selbst verleihen oder auch verpfänden. Als Kompensation für die leihweise Überlassung der Wertpapiere verpflichtet sich der Verleiher an den Entleiher ein Entgelt zu entrichten. Des Weiteren muss der Entleiher i.d.R eine Ausgleichszahlung entrichten, wenn dem Verleiher während der Dauer des Wertpapiergeschäfts Dividendenzahlungen entgehen.

Die Wertpapierleihe unterscheidet sich vom echten Pensionsgeschäft dahin gehend, dass für die geliehenen Wertpapiere kein Gegenwert an den Verleiher übertragen wird.[7] Da der Verleiher keine Sicherheit erhält, ist er bezüglich der Rückübertragung der Wertpapiere dem Ausfallrisiko des Entleihers ausgesetzt, was beim echten Wertpapierpensionsgeschäft nicht der Fall ist, da beim echten Wertpapierpensionsgeschäft Barmittel als Sicherheit hinterlegt werden. Vertreter der traditionellen Bilanzierungsweise betonen jedoch als Differenzierungsmerkmal die Veräußerung und anschließende Rückveräußerung der Wertpapiere beim echten Wertpapierpensionsgeschäft, die stets entgeltlich erfolgt, während bei der Wertpapierleihe kein Veräußerungsvorgang stattfindet, sondern die Wertpapiere gegen Entgelt lediglich zur Nutzung überlassen werden.[8]

Von unechten Pensionsgeschäften unterscheidet sich die Wertpapierleihe dadurch, dass für die geliehenen Wertpapiere kein Gegenwert[9] hinterlegt wird und der Pensionsnehmer lediglich berechtigt ist, die Wertpapiere zurück zu übertragen, während der Entleiher im Falle der Wertpapierleihe zur Rückübertragung verpflichtet ist. Ziel der Leihe ist daher der Besitz spezifizierter Wertpapiere, um z.B. Lieferverpflichtungen nachkommen zu können. Für den Entleiher stellt die Wertpapierleihe ein Instrument zur Ausnutzung von Marktpreisschwankungen dar, um im Rahmen von Leerverkäufen Gewinne erzielen zu können. Zudem eröffnet sich dem Verleiher aufgrund der erhaltenen Leihgebühr die Möglichkeit zur Verbesserung der Rendite seines Portfolios.

Bei Pensionsgeschäften werden in der Regel unterschiedliche Hingabe- und Rücknahmepreise vereinbart, wobei die Differenz regelmäßig der Finanzierung entspricht (Reposatz). Bei Wertpapierleihgeschäften setzt sich das zu entrichtende Entgelt regelmäßig aus einer Leihgebühr und aus einer Ausgleichszahlung für vereinnahmte Erträge aus den entliehenen Wertpapieren zusammen.

---

5 Vgl. *Bieg/Waschbusch/Käufer*, ZBB 2008, 65.
6 Vgl. ADS § 246 HGB, Rz. 353; *Oho/Hülst*, DB 1992, 2583.
7 Von der Stellung von Barsicherheiten wird an dieser Stelle abgesehen.
8 Vgl. BdF, DStR 1990, 713.
9 Von der Stellung von Barsicherheiten wird an dieser Stelle abgesehen.

B. Wertpapierpensionsgeschäfte
I. Bilanzierung nach HGB
1. Allgemeines

9   Die Bilanzierung von Pensionsgeschäften ist in den ergänzenden Vorschriften für Kreditinstitute und Finanzdienstleistungsinstitute des Handelsgesetzesbuches (§ 340b HGB) explizit geregelt. Die Verankerung dieser Regelungen in branchenspezifischen Vorschriften bedeutet jedoch nicht, dass die Grundsätze zur Bilanzierung von Pensionsgeschäften nur auf Kreditinstitute anzuwenden sind. Vielmehr stellen die Regelungen geschäftsspezifische Grundsätze ordnungsmäßiger Bilanzierung dar, die von allen in Pensionsgeschäfte involvierten Kaufleuten zu beachten sind. Zudem hat das Institut der Wirtschaftsprüfer (IDW) mit dem IDW ERS HFA 13 die bilanzielle Abbildung der Wertpapierpensionsgeschäfte entsprechend näher konkretisiert. Wie sich im Folgenden zeigen wird, steht bei der Bilanzierung der wirtschaftliche Gehalt des Pensionsgeschäfts im Vordergrund. Auf die zivilrechtliche Ausgestaltung kommt es primär nicht an. Entscheidendes Merkmal für die Art und Weise der bilanziellen Abbildung ist die Differenzierung zwischen echten und unechten Pensionsgeschäften.

2. Bilanzielle Abbildung echter Pensionsgeschäfte
a) Bilanzierung beim Pensionsgeber – Ansatz und Bewertung

10 Gemäß § 340b Abs. 4 S. 1 HGB sind im Falle von echten Pensionsgeschäften die übertragenen Vermögensgegenstände weiterhin in der Bilanz des Pensionsgebers zu erfassen. Der Pensionsnehmer wird durch die Übertragung der Vermögensgegenstände zivilrechtlicher Eigentümer der übertragenen Vermögensgegenstände. Insofern könnte man vermuten, dass er die Vermögensgegenstände in seiner Bilanz abbilden muss. Dies würde jedoch dem Risikocharakter des echten Pensionsgeschäfts widersprechen. Durch die unbedingte Rückgabepflicht des Pensionsnehmers bzw. die unbedingte Rücknahmepflicht des Pensionsgebers, trägt der Pensionsgeber sämtliche Chancen (Risiken) aus der Wertsteigerung (Wertminderung) der übertragenen Vermögensgegenstände. Handelt es sich beim übertragenen Vermögensgegenstand bspw. um eine Aktie und sinkt der Aktienkurs unter den Rücknahmebetrag, so trägt der Pensionsgeber die Verluste aus der Wertminderung, da er die Aktie zu einem gegenüber dem Aktienkurs am Rückgabetag höheren Kurs zurücknehmen muss. Steigt dagegen der Aktienkurs, kommt der Pensionsgeber in den Genuss der Wertsteigerung, da er die Aktie zum vereinbarten Termin zurücknehmen und dafür den geringeren Rücknahmebetrag entrichten muss.

11 Als Passivposten hat der Pensionsgeber in Höhe des für die Übertragung erhaltenen Betrages eine Verbindlichkeit gegenüber dem Pensionsnehmer auszuweisen (§ 340b Abs. 4 S. 2 HGB), da ein mit Wertpapieren besichertes Kreditgeschäft zu bilanzieren ist. Wurde im Rahmen des Pensionsgeschäfts ein höherer oder niedrigerer Rücknahmebetrag vereinbart, so muss die Differenz zum Betrag, der bei Hingabe der Vermögensgegenstände geleistet worden ist (Hingabebetrag), als Unterschiedsbetrag über die Laufzeit des Pensionsgeschäfts verteilt werden (§ 340b Abs. 4 S. 3 HGB). Ist der Rücknahmebetrag höher als der Hingabebetrag, stellt sich die Frage, mit welchem Wert die Verbindlichkeit in der Bilanz des Pensionsgebers anzusetzen ist. Gemäß § 340b Abs. 4 S. 2 HGB hat der Pensionsgeber den vom Pensionsnehmer erhaltenen Betrag zu passivieren (Nettomethode), dagegen postuliert § 253 Abs. 1 S. 2 HGB, dass Verbindlichkeiten mit dem Erfüllungsbetrag anzusetzen sind. Geht man davon aus, dass § 340b HGB eine Spezialvorschrift für Kreditinstitute ist (§ 340 Abs. 1 HGB), muss die Verbindlichkeit der Nettomethode folgend im Jahresabschluss eines Kreditinstituts lediglich mit dem Hingabebetrag angesetzt werden, da § 340b HGB eine Passivierung nur in Höhe des er-

haltenen Betrages fordert.[10] In der Literatur finden sich auch Stimmen, die die Bruttomethode präferieren und die Verbindlichkeit gemäß § 253 Abs. 1 S. 2 HGB mit dem Erfüllungsbetrag angesetzt sehen wollen, wobei der Unterschiedsbetrag als aktiver Rechnungsabgrenzungsposten zu erfassen ist.[11] Folglich kann die Verbindlichkeit mit dem Hingabebetrag (Nettomethode) bzw. nach § 253 Abs. 1 S. 2 HGB zum Erfüllungsbetrag (Bruttomethode) passiviert werden, sie müsste dann zu jedem Bilanzstichtag um den Zinsanteil erhöht werden. Etwas anderes kann konsequenterweise nicht gelten, wenn der Hingabe- den Rücknahmebetrag überschreitet. Auch in diesem Fall kann die Verbindlichkeit nach der Nettomethode mit dem erhaltenen Betrag angesetzt werden und müsste dann in der Folgezeit ertragswirksam vermindert werden.[12] In der Literatur wird auch die Auffassung vertreten, dass die Verbindlichkeit nach der Bruttomethode und somit mit dem geringeren Rücknahmebetrag zu passivieren ist, wobei der Unterschiedsbetrag in den passiven Rechnungsabgrenzungsposten aufzunehmen ist.[13] Hinsichtlich der Bewertung des übertragenen Vermögensgegenstands gelten in der Bilanz des Pensionsgebers weiterhin die allgemeinen Bewertungsprinzipien.

Da der Pensionsgeber die übertragenen Vermögensgegenstände bilanziert, sind daraus resultierende Erträge von ihm erfolgswirksam zu erfassen, selbst dann, wenn diese aufgrund des zivilrechtlichen Eigentums dem Pensionsnehmer zustehen. Die dem Pensionsnehmer zustehenden Erträge sind als Zinsen für die vom Pensionsgeber ausgewiesene Verbindlichkeit (Übertragungsbetrag) in der GuV aufwandswirksam zu erfassen. Eine Verrechnung findet aufgrund des § 246 Abs. 2 S. 1 HGB nicht statt. Bei Vorhandensein eines Unterschiedsbetrags erhöhen (vermindern) die verteilten Beträge die Zinszahlungen. 12

Der Pensionsgeber hat den Buchwert der in Pension gegebenen Vermögensgegenstände im Anhang anzugeben (§ 340b Abs. 4 S. 4 HGB). 13

b) Bilanzierung beim Pensionsnehmer – Ansatz und Bewertung

Gemäß § 340b Abs. 4 S. 5 HGB darf der Pensionsnehmer die in Pension gegebenen Vermögensgegenstände nicht in seiner Bilanz ausweisen; vielmehr hat er in Höhe des für die Übertragung geleisteten Betrags eine Forderung gegenüber dem Pensionsgeber zu aktivieren. Die Bewertung der Forderung hat dabei die Bonität des Pensionsgebers und den Wert der in Pension genommen Vermögensgegenstände als Sicherheit zu berücksichtigen. Ist davon auszugehen, dass der Pensionsgeber den hingegebenen Betrag nicht zurückzahlen wird, wird der Sicherungscharakter der übertragenen und nicht im Wert geminderten Vermögensgegenstände dadurch berücksichtigt, dass die Forderung nicht abgewertet wird. 14

Bei einem höheren oder niedrigeren Rücknahmebetrag ist der Unterschiedsbetrag zum Übertragungsbetrag gemäß § 340b Abs. 4 S. 6 HGB über die Laufzeit des Pensionsgeschäfts zu verteilen. Ist der Rücknahmebetrag höher als der Hingabebetrag so ist die Forderung in Übereinstimmung mit dem Wortlaut des § 340b Abs. 4 S. 5 Hs 2 HGB und korrespondierend zur bilanziellen Abbildung beim Pensionsgeber nach der Nettomethode mit dem Hingabebetrag zu aktivieren. Die Forderung ist über die Laufzeit des Pensionsgeschäfts zuzuschreiben.[14] Dagegen wird von Teilen der Literatur die Bruttomethode bevorzugt und die Bilanzierung der Forderung mit dem Rückzahlungsbetrag bei Passivierung des Unterschiedsbetrags als Rechnungsabgrenzungsposten gefordert.[15] Die Forderung ist auch nach der Nettometho- 15

---

10 So auch *Bieg/Waschbusch/Käufer*, ZBB 2008, 66.
11 Vgl. *Krumnow ua* § 340b HGB, Rz. 2; *Scharpf/Schaber*, Handbuch Bankbilanz, 2011, S. 48 f., die es auch als zulässig erachten, wenn die Verbindlichkeit in Höhe des Hingabebetrags angesetzt wird.
12 Vgl. *Bieg*, Bankbilanzierung nach HGB und IFRS, 2010, S. 168.
13 Vgl. *Krumnow ua* § 340b HGB, Rz. 24; *Scharpf/Schaber*, Handbuch Bankbilanz, 2011, S. 48.
14 Vgl. *Bieg/Waschbusch/Käufer*, ZBB 2008, 67.
15 Vgl. *Krumnow ua* § 340b HGB, Rz. 22.

de zu aktivieren und teilweise abzuschreiben, wenn der Rücknahmebetrag niedriger ist als der Hingabebetrag.[16] Auch hier wird von Teilen der Literatur die Bruttomethode bevorzugt.[17] Die Forderung würde in diesem Fall mit dem Rücknahmebetrag bilanziert; der Unterschiedsbetrag wäre als aktiver Rechungsabgrenzungsposten über die Laufzeit zu verteilen.

16 Erträge aus den übertragenen Vermögensgegenständen stellen beim Pensionsnehmer keine Erträge aus den Vermögensgegenständen selbst (z.B. Dividendenerträge), sondern Zinserträge aus der aktivierten Forderung gegenüber dem Pensionsgeber dar. Die Verteilung eines eventuellen Unterschiedsbetrags vermindert bzw. erhöht die Zinserträge.

17 Das HGB sieht keine Anhangsangaben beim Pensionsnehmer vor.

3. Bilanzielle Abbildung unechter Pensionsgeschäfte

a) Bilanzierung beim Pensionsgeber – Ansatz und Bewertung

18 Im Falle von unechten Pensionsgeschäften sind die Vermögensgegenstände zwingend beim Pensionsnehmer zu bilanzieren (§ 340b Abs. 5 S. 1 HGB). Diese Art der Bilanzierung entspricht der bilanziellen Abbildung von Verkaufsgeschäften, da es sich ökonomisch betrachtet um einen Verkauf mit einer Put-Option handelt, bei der der Verkäufer Stillhalter in Geld ist. Der Pensionsnehmer wird sowohl zivilrechtlicher als auch wirtschaftlicher Eigentümer der übertragenen Vermögensgegenstände. Der bilanziellen Abbildung beim Pensionsnehmer liegt der Gedanke zugrunde, dass dieser den Pensionsgeber von der wirtschaftlichen Einwirkung auf die übertragenen Vermögensgegenstände ausschließen kann, da er nicht verpflichtet ist, die übertragenen Vermögensgegenstände zurückzuübertragen. Folglich liegen die übertragenen Vermögensgegenstände in der Dispositionsmacht des Pensionsnehmers. Dieser wird die Vermögensgegenstände nur dann zurückgeben, wenn deren Wert den Rücknahmebetrag unterschreitet. Er verfügt somit über die Chancen der Wertsteigerung bezüglich der übertragenen Vermögensgegenstände. Bei unechten Pensionsgeschäften erfolgt eine Bilanzierung beim Pensionsgeber nur dann, wenn bei sorgfältiger Würdigung aller relevanten Umstände schon bei Vertragsabschluss ersichtlich ist, dass der Pensionsnehmer die Vermögensgegenstände zurückübertragen wird (IDW ERS HFA 13 Tz. 25). Im Folgenden wird davon ausgegangen, dass dieser Fall nicht vorliegt.

19 Da der Pensionsgeber die übertragenen Vermögensgegenstände nicht bilanzieren darf, muss er diese ausbuchen. In diesem Zusammenhang stellt sich die Frage, ob ein Gewinn realisiert werden kann, wenn der Hingabebetrag (entspricht dem Rücknahmebetrag) den Buchwert der übertragenen Vermögensgegenstände überschreitet. Unstrittig ist, dass bei einer negativen Differenz der Pensionsgeber einen Verlust ausweisen muss. Ist die Differenz jedoch positiv, kommt gemäß IDW ERS HFA 13 Tz. 24 eine Gewinnrealisation nicht in Betracht, da der Pensionsgeber weiterhin das Risiko der Wertminderung trägt. Die Transaktion wird zwar wie ein Verkauf abgebildet, es bleibt dennoch unklar, ob es endgültig beim Verkauf bleibt. Werden die Vermögensgegenstände zurückübertragen, liegt kein endgültiger Verkauf vor. Folglich kann auch kein Gewinn realisiert werden. Die Differenz zwischen Hingabebetrag und Buchwert wird in diesem Fall als Verbindlichkeit verbucht, solange das Risiko der Wertminderung beim Pensionsgeber besteht (IDW ERS HFA 13 Tz. 24).

20 Übersteigt der Rücknahmebetrag den Hingabebetrag und sind beide Beträge höher als der Buchwert, ist in Höhe der Differenz zwischen dem Buchwert und dem Hingabebetrag gemäß IDW ERS HFA 13 Tz. 24 eine Verbindlichkeit zu passivieren. In Höhe der Differenz zwischen Rücknahme- und Hingabebetrag ist eine Rückstellung für schwebende Rücknahmeverpflichtungen zu bilden, da in dieser Höhe der Kaufmann einen Verlust realisieren würde,

---

16 Vgl. *Bieg/Waschbusch/Käufer*, ZBB 2008, 67.
17 Vgl. *Krumnow ua* § 340b HGB, Rz. 24.

wenn es zur Rücknahme kommen sollte. Sollte der Wert der übertragenen Vermögensgegenstände am Bilanzstichtag unter den ursprünglichen Buchwert sinken, ist in Höhe der Differenz zwischen dem Marktpreis und dem ursprünglichen Buchwert eine Drohverlustrückstellung nach § 249 Abs. 1 S. 1 Alt. 2 HGB zu bilden, um die Vermögensgegenstände bei Rücknahme auf den niedrigeren Tageswert abzuschreiben.[18]

Ist der Rücknahmebetrag niedriger als der Hingabebetrag und sind beide Beträge höher als der Buchwert der übertragenen Vermögensgegenstände, wird ein Gewinn in Höhe der Differenz zwischen Hingabebetrag und Rücknahmebetrag realisiert; in Höhe der Differenzen zwischen Rücknahmebetrag und Buchwert wird eine Verbindlichkeit passiviert (IDW ERS HFA 13 Tz. 24). Bei Sinken des Werts der Vermögensgegenstände unter den ursprünglichen Buchwert, ist eine Drohverlustrückstellung in Höhe des Differenzbetrages zwischen Marktpreis und ursprünglichem Buchwert zu bilden, da zu erwarten ist, dass der Pensionsnehmer die Vermögensgegenstände zurückgeben wird.

Gemäß § 340b Abs. 5 S. 2 HGB hat der Pensionsgeber unter der Bilanz den für den Fall der Rückübertragung vereinbarten Betrag anzugeben. Dieser Betrag ist um eventuell gebildete Rückstellungen für schwebende Rücknahmeverpflichtungen und/oder Drohverlustrückstellungen zu reduzieren (§ 24 RechKredV). Gemäß § 35 Abs. 6 RechKredV hat der Pensionsgeber im Anhang Art und Höhe der Rücknahmeverpflichtungen anzugeben, soweit dies für die Gesamttätigkeit des Kreditinstituts von wesentlicher Bedeutung ist.

Werden die Vermögensgegenstände nicht zurückgegeben, muss der Pensionsgeber eventuell gebildete Verbindlichkeiten und/oder Rückstellungen ertragswirksam auflösen. Gibt der Pensionsnehmer die Vermögensgegenstände zurück, sind eventuell gebildete Verbindlichkeiten/Rückstellungen (bei höherem Rücknahmepreis) zu verwenden, um die Vermögensgegenstände auf die ursprünglichen Anschaffungskosten zu bewerten.[19]

b) Bilanzierung beim Pensionsnehmer – Ansatz und Bewertung

Gemäß § 340b Abs. 5 S. 1 HGB sind die übertragenen Vermögensgegenstände in der Bilanz des Pensionsnehmers auszuweisen. Die Bewertung erfolgt nach § 253 Abs. 1 S. 1 HGB mit den Anschaffungskosten. Diese stellen den Hingabebetrag dar.[20]

Bei der Bewertung der Vermögensgegenstände ist die Rücknahmeverpflichtung des Pensionsgebers zu berücksichtigen, da diese Sicherungscharakter hat. Solange der Rücknahmebetrag höher ist als der Hingabebetrag, darf der Pensionsnehmer – bei unterstellter Bonität des Pensionsgebers – keine Abschreibung vornehmen, wenn der Wert der Vermögensgegenstände unter die Anschaffungskosten fällt. Eine Abschreibung kommt nur dann in Betracht, wenn der Pensionsgeber den Rücknahmebetrag nicht zahlen kann (Bonität des Pensionsgebers) oder der Pensionsnehmer die Vermögensgegenstände aus unterschiedlichen Gründen behalten will und der Marktpreis unter den Hingabebetrag gesunken ist.[21] Ist der Pensionsgeber zahlungskräftig und sinkt der Marktpreis der Vermögensgegenstände, stellt der Rücknahmebetrag die Wertuntergrenze bei der eventuellen Abschreibung dar.

II. Bilanzierung nach IFRS

1. Allgemeines

Die International Financial Reporting Standards/International Accounting Standards (IFRS/IAS) behandeln im Rahmen der Ausbuchungsvorschriften die bilanzielle Abbildung von Pen-

---

18 Vgl. *Bieg*, Bankbilanzierung nach HGB und IFRS, 2010, S. 147.
19 Vgl. *Bieg*, Bankbilanzierung nach HGB und IFRS, 2010, S. 144.
20 Vgl. *Bieg*, Bankbilanzierung nach HGB und IFRS, 2010, S. 147.
21 *Krumnow ua* § 340b HGB, Rz. 40.

sionsgeschäften und Wertpapierleihgeschäften im IAS 39. IAS 39 regelt den Ansatz und die Bewertung von Finanzinstrumenten und ist daher für die Wertpapierpensionsgeschäfte/Wertpapierleihgeschäfte anwendbar, denen Finanzinstrumente zugrunde liegen. Um die bilanzielle Abbildung von Pensionsgeschäften nach IAS 39 beurteilen zu können, gilt es zuerst auf die allgemeinen Ausbuchungsregelungen einzugehen.

27 Nach den Ausführungen zu der bilanziellen Abbildung von Pensionsgeschäften nach IAS 39 wird im Weiteren dargestellt, ob sich durch IFRS 9, der ab 2015 den IAS 39 ablösen soll,[22] Implikationen auf die Bilanzierung von Pensionsgeschäften ergeben. Dabei stellt sich die Frage, ob der Eintritt in ein Pensionsgeschäft oder Wertpapierleihgeschäft Einfluss auf die Klassifizierungsentscheidung hat.

2. Bilanzierung nach IAS 39

a) Ausbuchung von finanziellen Vermögenswerten nach IAS 39

28 Gemäß IAS 39.17 darf ein Unternehmen finanzielle Vermögenswerte nur dann ausbuchen, wenn die vertraglichen Rechte an den Cashflows abgelaufen sind oder das Unternehmen seine Rechte auf den Bezug von Zahlungsströmen aus dem Vermögenswert übertragen hat bzw. das Unternehmen eine Verpflichtung zur Zahlung der Zahlungsströme aus dem Vermögenswert übernommen hat, welche die Bedingung des IAS 39.19 erfüllt.[23] Sind zudem im Wesentlichen alle Chancen und Risiken übertragen worden, ist der Vermögenswert auszubuchen (IAS 39.20 (a)).

29 Liegt eine Übertragung vor, ohne dass im Wesentlichen alle mit den finanziellen Vermögenswerten verbundenen Chancen und Risiken auf einen Dritten übertragen worden sind, darf das Unternehmen den finanziellen Vermögenswert nicht ausbuchen (IAS 39.20 (b)). Wenn das Unternehmen alle mit dem finanziellen Vermögenswert verbundenen Chancen und Risiken weder überträgt noch behält, hat es zu bestimmen, ob es die Verfügungsgewalt über den Vermögenswert behalten hat. Eine Ausbuchung erfolgt gemäß IAS 39.20 (c) nur, wenn das Unternehmen nicht mehr die Verfügungsgewalt über die finanziellen Vermögenswerte innehat. Verfügt das Unternehmen weiterhin über die Verfügungsgewalt, erfolgt eine Bilanzierung im Umfang des anhaltenden Engagements des Unternehmens. Ein anhaltendes Engagement des Unternehmens ist in dem Maße gegeben, in dem es Wertänderungen des übertragenden Vermögenswertes ausgesetzt ist (IAS 39.30).

b) Bilanzielle Abbildung echter Pensionsgeschäfte – Ansatz und Bewertung

30 Eine Übertragung i.S.d. IAS 39.18 hat beim echten Pensionsgeschäft stattgefunden, da dem Pensionsnehmer als zivilrechtlichem Eigentümer die Rechte auf den Bezug der Cashflows aus den finanziellen Vermögenswerten zustehen. Daher ist in einem nächsten Schritt zu prüfen, ob wesentliche Chancen und Risiken auf den Pensionsnehmer übertragen worden sind. Bei einem Geschäft zu marktgerechten Konditionen spiegelt die Differenz zwischen dem aktuellen Marktwert und dem Rücknahmepreis den Zeitwert des Geldes wider. Daher verbleiben aufgrund der Rückgabepflicht des Pensionsnehmers und der Rücknahmepflicht des Pensionsgebers im Wesentlichen sämtliche Chancen und Risiken beim Pensionsgeber. Folglich sind die in Pension gegeben Vermögenswerte nicht auszubuchen und weiterhin beim Pensionsnehmer in der jeweiligen Kategorie als verliehene Vermögenswerte bilanziell zu erfassen (IAS 39.AG51 (a)). In Höhe des erhaltenen Betrages hat das Unternehmen eine finanzielle Verbindlichkeit auszuweisen (IAS 39.29). Eine etwaige Differenz zwischen dem Hingabe-

---

22 Eine vorzeitige Anwendung des IFRS 9 ist zulässig. Zu beachten gilt es, dass IFRS 9 noch nicht zur Anwendung in der EU freigegeben wurde (Endorsement).
23 Vgl. ausführlich zu den Ausbuchungsregelungen IDW RS HFA 9 Tz. 113 f.

und dem Rücknahmebetrag ist beim Pensionsgeber mittels Effektivzinsmethode über die Laufzeit des Pensionsgeschäfts zu verteilen und korrespondierend dazu die Verbindlichkeit zu erhöhen bzw. zu vermindern (IDW RS HFA 9.Tz. 208).

Erträge aus den in Pension gegebenen Vermögenswerten werden gemäß IAS 39.29 vom Pensionsgeber erfasst. Des Weiteren hat er Zinsaufwendungen aus der Verbindlichkeit gegenüber dem Pensionsnehmer zu erfassen. 31

Der Pensionsnehmer bilanziert eine Forderung in Höhe des hingegebenen Betrages. Bei einem Pensionsgeschäft kann er diese Forderung gemäß IAS 39.AG50 der Kategorie „Loans and Receivables" zuordnen. In diesem Fall ist ein eventueller Unterschiedsbetrag über die Laufzeit des Pensionsgeschäfts zu verteilen bei gleichzeitiger Zu- oder Abschreibung der Forderung nach der Effektivzinsmethode (IDW RS HFA 9 Tz. 209). Der Pensionsnehmer hat Zinserträge aus der Forderung gegenüber dem Pensionsgeber zu verbuchen. 32

Bei abweichendem Rücknahmepreis ist zu analysieren, für welche Leistung die Differenz gezahlt wurde. Entsprechend der Risiko- und Chancenverteilung bzw. der Verfügungsmacht ist dann die Ausbuchung der Vermögenswerte zu behandeln. 33

c) Bilanzielle Abbildung unechter Pensionsgeschäfte
aa) Ansatz und Bewertung

Bei unechten Pensionsgeschäften liegt ebenfalls eine Übertragung vor, da die Rechte auf den Bezug der Cashflows auf den Pensionsnehmer übertragen werden. Das Recht des Pensionsnehmers auf die Rückübertragung der finanziellen Vermögenswerte gleicht einer Verkaufsoption (IDW RS HFA 9 Tz. 210), wobei sich der Pensionsgeber in der Position des Stillhalters befindet. Um die Erfüllung der Abgangsvoraussetzungen zu prüfen ist die Ausübungswahrscheinlichkeit der Option ausschlaggebend. Ist die Option bei Vertragsabschluss weit aus dem Geld, d.h. ist der Marktwert der in Pension gegebenen Vermögenswerte (weitaus) höher als der Rücknahmebetrag und ist davon auszugehen, dass diese aus dem Geld bleiben wird, d.h. die Ausübung ist unwahrscheinlich, sind alle wesentlichen Chancen und Risiken aus dem Vermögenswert auf den Pensionsnehmer übertragen worden (IAS 39.AG51(g)). Folglich sind die Vermögenswerte beim Pensionsnehmer bilanziell abzubilden (IDW RS HFA 9 Tz. 211). 34

Ist die Option jedoch weit im Geld, d.h. liegt der Marktwert der Vermögenswert deutlich unter dem Rücknahmebetrag, ist davon auszugehen, dass der Pensionsnehmer die Option ausüben wird. In diesem Fall sind die mit den Wertpapieren verbundenen Chancen und Risiken nicht weitergegeben worden. Die Vermögenswerte sind beim Pensionsgeber zu bilanzieren (IAS 39.AG51(f), IDW RS HFA 9 Tz. 212). 35

Ist die Option weder weit im noch weit aus dem Geld, hat der Pensionsgeber weder im Wesentlichen alle Chancen und Risiken zurückbehalten noch hat er diese auf den Pensionsgeber übertragen. In einem nächsten Schritt ist dann zu prüfen, ob der Pensionsgeber die Verfügungsmacht über die Wertpapiere verloren hat. Handelt es sich bei den übertragenen Vermögenswerten um Wertpapiere, die auf einem aktiven Markt[24] gehandelt werden, verfügt der Pensionsnehmer über die tatsächliche Fähigkeit zur Veräußerung und zum Rückkauf der Wertpapiere. Folglich hat der Pensionsgeber die Verfügungsmacht verloren und muss die Vermögenswerte ausbuchen und eine Stillhalterverpflichtung einbuchen (IAS 39.AG51(h) i.V.m. IAS 39.AG42, IDW RS HFA 9, Tz. 219). Spiegelbildlich muss der Pensionsnehmer die Vermögenswerte einbuchen. Der Pensionsnehmer bilanziert neben den übertragenen Ver- 36

---

24 Bei der Beurteilung der Marktgängigkeit darf nicht nur auf die abstrakte Handelbarkeit der Vermögenswerte abgestellt werden. Ferner ist notwendig, dass die Anzahl der in Pension gegebenen Wertpapiere mit dem am Markt gehandelten Volumen korrespondiert (IDW RS HFA 9, Tz. 220).

mögenswerten die erhaltene Option, die ergebniswirksam zum beizulegenden Zeitwert zu bewerten ist.

37 Handelt es sich in diesem Fall bei den Vermögenswerten um keine marktgängigen Wertpapiere und verliert der Pensionsgeber nicht die Verfügungsmacht, bilanziert dieser gemäß IAS 39.AG51(i) die in Pension gegebenen Vermögenswerte in Höhe des anhaltenden Engagements, wenn die Verkaufsoption hinreichend werthaltig ist, um den Pensionsnehmer vom Verkauf abzuhalten. Ist die Option nicht werthaltig genug um einen Verkauf durch den Pensionsnehmer zu verhindern, werden die Vermögenswerte ausgebucht (IAS 39.AG51(i)).

38 Ist die Ausbuchung der Vermögenswerte bei einem unechten Wertpapierpensionsgeschäft sachgerecht, muss der Pensionsgeber eine Stillhalterverpflichtung aus dem Optionsgeschäft erfassen. In Höhe der Differenz zwischen dem Buchwert der in Pension gegebenen Vermögenswerte und der Summe aus dem erhaltenen Entgelt, der Stillhalterverpflichtung und zuvor in der Neubewertungsrücklage erfassten Gewinne oder Verluste, weist der Pensionsgeber einen Gewinn oder Verlust erfolgswirksam aus (IAS 39.26). Werden die in Pension gegebenen Vermögenswerte nicht ausgebucht, muss der Pensionsgeber in Höhe des erhaltenen Entgelts eine Verbindlichkeit ausweisen (IAS 39.29).

bb) Anhangangaben

39 Der Pensionsgeber hat im Falle der Nichtausbuchung die Art der Vermögenswerte, die Art der mit dem Eigentum verbundenen Risiken und Chancen, den Buchwert der Vermögenswerte und der damit verbundenen Verbindlichkeiten sowie bei einem Ansatz nach Maßgabe des anhaltenden Engagements den Gesamtbetrag der ursprünglichen Vermögenswerte, den Betrag der weiterhin angesetzten Vermögenswerte sowie den Buchwert der dazugehörigen Verbindlichkeit anzugeben (IFRS 7.13).

3. Bilanzierung nach IFRS 9

a) Neuregelung der bilanziellen Abbildung von Finanzinstrumenten durch IFRS 9

40 Im Zuge der Finanzkrise geriet der IASB zunehmend unter Druck, da allgemein die Ansicht vertreten wurde, dass die bilanzielle Abbildung von Finanzinstrumenten nach IAS 39 zu komplex sei und somit die Rechnungslegungsadressaten nicht in der Lage wären, die bilanzielle Abbildung von Finanzinstrumenten zu interpretieren. Forderungen nach Schaffung klarer und einfacherer Regelungen kam der IASB mit dem Projekt „IFRS 9 Finanzinstrumente" nach. Das Projekt unterteilt sich in drei Phasen:
- Phase I: Klassifikation und Bewertung von finanziellen Vermögenswerten;
- Phase II: Impairment;
- Phase III: Hedge Accounting.

41 Gemäß IFRS 9.7.1.1. wäre IFRS 9 verpflichtend für Geschäftsjahre anzuwenden, die nach dem 1.1.2013 beginnen. Da es mehrmals Verschiebungen im Projektplan zur Ablösung des IAS 39 gab und der IFRS 9 somit nicht komplett verabschiedet werden konnte und sich u.a. die Umsetzung der neuen Regelungen für die Kreditinstitute in der Praxis oft als schwierig und zeitaufwendig gestaltete, wurde der Erstanwendungszeitpunkt auf den 1.1.2015 verschoben.[25] Die EU-Kommission hat das Endorsement aus IFRS 9 verschoben und plant, nach Beendigung des gesamten Replacementprojekts des IAS 39 alle Regelungen im ihrer Gesamtheit zu würdigen.

---

25 Vgl. IASB: http://www.ifrs.org/Alerts/PressRelease/IFRS9+effective+date+Dec+2011.htm (Datum des letzten Zugriffs: 09.07.2012).

Im Gegensatz zum IAS 39 enthält IFRS 9 zwei anstatt vier Kategorien zur Klassifikation von finanziellen Vermögenswerten. Bei erstmaliger Anwendung müssen Kreditinstitute die in der Bilanz erfassten Finanzinstrumente einer der beiden Kategorie („Fortgeführte Anschaffungskosten" oder „Fair Value") zuordnen. Im Rahmen der Erfassung der Marktwertänderungen bei At Fair Value bewerteten Vermögenswerten ergibt sich ein einmaliges Wahlrecht zur Erfassung der Ergebnisse in der Neubewertungsrücklage (Other Comprehensive Income), wenn es sich um Eigenkapitalinstrumente handelt, die nicht dem Handelsbestand zuzuordnen sind. 42

Gemäß IFRS 9.4.1.2 hat ein Unternehmen finanzielle Vermögenswerte, die 43
- im Rahmen eines Geschäftsmodells gehalten werden, dessen Zielsetzung die Vereinnahmung von vertraglichen Zahlungsströmen ist (IFRS 9.4.1.2(a)) und
- die nur Zins- und Tilgungszahlungen auf den ausstehenden Nominalbetrag an vorgegebenen Zeitpunkten vorsehen (IFRS 9.4.1.2(b))

der Kategorie „Fortgeführte Anschaffungskosten" zuzuordnen. Alle anderen finanziellen Vermögenswerte sind zwingend der Kategorie „Fair Value" zuzuordnen.

Die Bestimmung des Geschäftsmodells, das die Zielsetzung in der Erzielung von Erträgen aus Zinszahlungen hat, muss nicht auf Ebene des Gesamtunternehmens erfolgen. Andererseits ist ein explizites Abstellen auf einzelne Vermögenswerte ebenfalls nicht vorgesehen. Vielmehr hat das Unternehmen die Beurteilung auf einer aggregierten Zwischenebene vorzunehmen (IFRS 9 App.B4.1.2). Die Ziele des Geschäftsmodells werden vom Management in Schlüsselpositionen festgelegt. 44

Eine weitere Voraussetzung für die Klassifikation der finanziellen Vermögenswerte in die Kategorie „Fortgeführte Anschaffungskosten" ist, dass die finanziellen Vermögenswerte vertraglich vereinbarte Zahlungsströme zu bestimmten Zeitpunkten generieren. Die Zahlungen dürfen ausschließlich Zins- und Tilgungszahlungen auf den ausstehenden Nominalbetrag darstellen. IFRS 9.4.1.3 definiert Zins als Entgelt für den Zeitwert des Geldes und das Kreditrisiko bezogen auf den noch ausstehenden Betrag. Spiegeln die Zahlungen andere Faktoren als den Zeitwert des Geldes sowie das Kreditrisiko wider, sind die finanziellen Vermögenswerte zwingend der Kategorie „Fair Value" zuzuordnen. 45

Es stellt sich die Frage, in welche Kategorie die in Pension gegebenen bzw. verliehenen Wertpapiere zu klassifizieren sind. Des Weiteren gilt es zu hinterfragen, ob bei veränderten Gegebenheiten, eine Umklassifikation zu einem späteren Zeitpunkt erfolgen muss. Zu beachten gilt es, dass an vorliegender Stelle nur allgemeine Ausführungen erfolgen können. Die bilanzielle Abbildung eines jeden Wertpapierpensionsgeschäfts muss stets auf vertraglicher Grundlage individuell geprüft werden. 46

b) Bilanzielle Abbildung echter Wertpapierpensionsgeschäfte

Da die Regelungen zur Ausbuchung von Vermögenswerten nach IAS 39 in den IFRS 9 übernommen wurden, gelten die Ausführungen zu den Ausbuchungsregelungen nach IFRS, insb. IAS 39 analog. 47

Bei Vermögenswerten, die im Rahmen eines auf die vertragliche Vereinnahmung von Zahlungsströmen ausgerichteten Geschäftsmodells gehalten werden und deren Zahlungen lediglich den Zeitwert des Geldes sowie das Kreditrisiko abgelten, stellt sich die Frage, ob die Inpensiongabe und der damit einhergehende Verkauf dieser Vermögenswerte dazu führt, dass die Vermögenswerte der Kategorie „Fair Value" zugeordnet werden müssen. Da die Inpensionsgabe in der Regel nicht zu einer Ausbuchung der Vermögenswerte führt, bleiben die Vermögenswerte, die ökonomisch gesehen eine Sicherheit darstellen, in der Bilanz des Pensionsgebers. Während der Laufzeit des Pensionsgeschäfts erhält der Pensionsgeber Zahlungen, die 48 den Zahlungen, die der Pensionsnehmer aus der übertragenen Vermögenswerten erhält, entsprechen. Ein Unternehmen, das ein Portfolio von Finanzinstrumenten bis zur Endfälligkeit halten will und die Voraussetzungen des IFRS 9.4.1.2 erfüllt, kann durchaus einige Finanzinstrumente dieses Portfolios im Rahmen von Wertpapierpensionsgeschäften übertragen, ohne dass die Kriterien des IFRS 9.4.1.2 verletzt werden und das Portfolio der Kategorie „Fair Value" zugeordnet werden müsste. Dies gilt jedoch nur dann, wenn es zu keinem bilanziellen Abgang der Finanzinstrumente kommt, das übertragende Unternehmen sich verpflichtet, die Finanzinstrumente zurück zu erwerben und sämtliche Zahlungen aus den in Pension gegebenen Finanzinstrumenten vom Pensionsnehmer an das übertragende Unternehmen weitergeleitet werden.[26] Unseres Erachtens ist dann eine Inpensionsgabe mit dem Geschäftsmodell, das auf die Vereinnahmungen vertraglich vereinbarter Zins-und Tilgungszahlungen ausgerichtet ist, vereinbar, so dass die Klassifikation und Bewertung der Vermögenswerte unverändert bleibt.

49 Führt die Inpensionsgabe zur Ausbuchung der Vermögenswerte, ist zu überprüfen, ob der Verkauf die verbliebenen Vermögenswerte infiziert. Ein Verkauf von Vermögenswerten, die innerhalb eines bestimmten Geschäftsmodells gehalten werden, führt nicht zwingend zu einer anderen Änderung des Geschäftsmodells. Verkäufe von Vermögenswerten sind vor allem zulässig, wenn

- die Finanzinstrumente nicht mehr den Anlagerichtlinien des Unternehmens genügen,
- ein Versicherer sein Portfolio aufgrund einer geänderten zeitlichen Struktur der Zahlungsströme anpasst,
- ein Unternehmen Investitionen finanzieren muss (IFRS 9 App.B4.1.3).

50 Somit dürfte allein die Inpensiongabe nicht unbedingt dazu führen, dass sich das Geschäftsmodell ändert und die Halteabsicht nicht mehr gegeben ist. Werden die Vermögenswerte jedoch sehr oft und in einer sehr hohen Anzahl veräußert (more than infrequent number of sales) bzw. in Pension gegeben, könnte das ein Indiz dafür sein, dass das Kreditinstitut die Halteabsicht nicht mehr verfolgt (IFRS 9 App.B4.1.3) oder die Erzielung von Zahlungsströmen, die Zins- und Tilgungsleistungen verkörpern, nicht mehr im Vordergrund steht. Problematisch erweist sich in diesem Zusammenhang vor allem die Frage, was unter einer hohen Anzahl an Verkäufen zu verstehen ist (absolute Anzahl der Verkäufe oder ein relatives Volumen). Bei fehlender Halteabsicht müsste das Kreditinstitut die Finanzinstrumente umkategorisieren. Dabei gilt es zu beachten, dass dies eher ein Ausnahmefall bleiben sollte, da der IASB klarstellt, dass eine Umkategorisierung nur in seltenen Fällen vorkommen könnte (IFRS 9 App.B4.4.1).

51 Im Falle einer Einbuchung der Vermögenswerte beim Pensionsnehmer, muss sich dieser stets die Frage stellen, innerhalb welches Geschäftsmodells die Wertpapiere gehalten werden. Diese Frage dürfte sich in der Praxis als schwierig erweisen, da für den Pensionsnehmer bei Vertragsabschluss u.U. nicht klar ist, ob er die Vermögenswerte überhaupt behalten wird. Ob die Vermögenswerte behalten werden oder nicht, hängt vom Rücknahmepreis und von der Preisentwicklung des zugrunde liegenden Vermögenswertes ab. Beabsichtigt der Pensionsnehmer die Vermögenswerte im Rahmen eines Geschäftsmodells dauerhaft zu halten und aus ihnen regelmäßige Zahlungsströme zu generieren, spricht nichts dagegen, die Vermögenswerte der Kategorie „Fortgeführte Anschaffungskosten" zuzuordnen, wenn die dem Vermögenswert zugrunde liegenden Zahlungsströme lediglich Zinscharakter haben bzw. Tilgungszahlungen darstellen. Daran sollte auch eine eventuelle Rückgabe der Vermögenswerte nichts ändern, da sie lediglich dann erfolgen wird, wenn der Marktpreis der Vermögenswerte unter den Rückgabebetrag fällt. Die Rückgabe würde dann lediglich eine optimale und ra-

---

26 Vgl. *KPMG*, Insights to IFRS 2011/2012, 7A.60.20.

tionale Unternehmensentscheidung reflektieren, dürfte dann nicht dazu führen, dass dem Kreditinstitut eine fehlende Halteabsicht unterstellt werden kann. Des Weiteren verlangt IFRS 9 nicht unbedingt ein Halten sämtlicher Finanzinstrumente des betroffenen Portfolios bis zur Endfälligkeit (IFRS 9 B4.1.3).

c) Bilanzielle Abbildung unechter Wertpapierpensionsgeschäfte – Geschäftsmodell

Sollte der Pensionsgeber die in Pension gegebenen Finanzinstrumente bei einem unechten Wertpapierpensionsgeschäft doch in seiner Bilanz abbilden, gelten für ihn die Ausführungen zur Kategorisierung bei echten Wertpapierpensionsgeschäften. 52

Beabsichtigt das Kreditinstitut jedoch bei Vertragsabschluss, Marktpreisschwankungen durch Veräußerungen der Vermögenswerte auszunutzen, ist davon auszugehen, dass eher Halteabsicht gegeben ist. Infolgedessen müssen die Vermögenswerte der Kategorie „Fair Value" zugeordnet werden. Nichts anderes sollte gelten, wenn das Kreditinstitut bei Vertragsabschluss zwar die Halteabsicht verfolgt, jedoch die in Pension genommenen Vermögenswerte aufgrund von Marktpreiserhöhungen regelmäßig in hohem Maße veräußert werden. 53

C. Wertpapierleihe
I. Bilanzierung nach HGB

Im Gegensatz zu Wertpapierpensionsgeschäften ist die Bilanzierung von Wertpapierleihgeschäften nicht explizit im HGB geregelt. Im Laufe der Zeit wurden im Schrifttum, unterstützt durch Veröffentlichungen von Fachgremien, Grundsätze zur Bilanzierung von Wertpapierleihgeschäften entwickelt. Anhand dieser soll die bilanzielle Abbildung von Wertpapierleihgeschäften dargestellt werden. 54

Nach der von den Vertretern der traditionellen Bilanzierungsweise der Wertpapierleihe vertretenen Ansicht wird die Wertpapierleihe aufgrund des fehlenden Gegenwerts für den Verleih der Papiere nach den Grundsätzen für Sachdarlehen behandelt.[27] Demzufolge sind die Wertpapiere beim Entleiher zu bilanzieren. Der Verleiher hat die Wertpapiere auszubuchen und eine dem Buchwert der Wertpapiere äquivalente Sachdarlehensforderung auszuweisen. 55

Nach der herrschenden Meinung verbleibt das wirtschaftliche Eigentum wie beim echten Pensionsgeschäft auch bei der Wertpapierleihe in Übereinstimmung mit § 246 Abs. 1 S. 2 Hs 2 HGB beim Verleiher. Die Literatur hat den Begriff wirtschaftlicher Eigentümer dahingehend präzisiert, dass das derjenige ist, dem dauerhaft (für die wirtschaftliche Nutzungsdauer) Besitz, Nutzen, Lasten und Gefahren zustehen, der über das Verwaltungsrecht verfügt und in den Genuss der Wertsteigerung kommt bzw. das Risiko der Wertminderung trägt.[28] Der Verleiher wird nicht von der Einwirkung auf die Wertpapiere dauerhaft ausgeschlossen, sondern nur während der Dauer des Wertpapierleihgeschäfts. Chancen und Risiken sind ebenfalls nicht auf den Entleiher übergegangen, da diese – bis auf das Bonitätsrisiko des Entleihers – beim Verleiher verbleiben. Zu beachten gilt es zudem, dass Zinsen und Dividenden aus den verliehenen Wertpapieren ebenfalls dem Verleiher zustehen. Bei der Beurteilung des Übergangs des wirtschaftlichen Eigentums ist auf das unmittelbare Risiko aus den Wertpapieren abzustellen und nicht auf das Bonitätsrisiko des Entleihers. Folglich findet kein Übergang des wirtschaftlichen Eigentums statt. Die Bilanzierung der Wertpapierleihe sollte dann der Bilanzierung echter Wertpapierpensionsgeschäfte entsprechen.[29] 56

---
27 Vgl. *Scharpf/Schaber*, Handbuch Bankbilanz 2011, S. 359.
28 Vgl. ADS § 246 HGB, Rz. 263.
29 Vgl. MüKoHGB/*Böcking/Becker/Helke*, § 340b, Rz. 41; *Scharpf/Schaber*, Handbuch Bankbilanz, 2011, S. 360 f.

57 Bezüglich erhaltener Leihgebühren sowie etwaiger Ausgleichszahlungen hat der Verleiher diese ertragswirksam zu erfassen, wobei u.U. Rechnungsabgrenzungsposten zu bilden sind. Leihgebühren sind als Provisionsertrag zu erfassen, Ausgleichszahlungen werden als Erfolge aus den verliehenen Wertpapieren ausgewiesen. Spiegelbildlich erfolgt die Buchung beim Entleiher.

II. Bilanzierung nach IFRS

1. IAS 39

58 Die bilanzielle Erfassung der Wertpapierleihe wird im IAS 39 geregelt. So führen IAS 39.AG40(b), IAS 39.AG51(a) und IAS 39.AG51(b) die Wertpapierleihe als Beispiel für Fälle auf, bei denen ein Unternehmen im Wesentlichen alle mit dem Eigentum verbundenen Chancen und Risiken zurückbehalten hat. Insofern findet nach den Ausbuchungsregelungen kein bilanzieller Abgang der Vermögenswerte statt. Die Wertpapiere sind entsprechend ihrer Kategorisierung weiterhin zu bewerten. Aufgrund des dem Entleiher zustehenden Rechtes, die Wertpapiere zu veräußern, muss der Verleiher gemäß IAS 39.AG51(a) die Vermögenswerte in der Bilanz z.B. in „ausgeliehener Vermögenswert" oder „ausstehender Rückkauf" umgliedern.

59 Die Stellung von Barsicherheiten hat keine Auswirkungen auf die Ausbuchung der Vermögenswerte. Die Art der Transaktion ist grundsätzlich als besichertes Kreditgeschäft zu erfassen. Die Wertpapiere sind entsprechend ihrer Kategorie zu bilanzieren und bewerten. Wurde die Transaktion nicht vollständig besichert, muss der Verleiher bei der Bewertung der Wertpapiere neben dem Emittentenrisiko auch das Kontrahentenrisiko berücksichtigen (IDW RS HFA 9 Tz. 214). Gemäß IAS 39.AG49 i.V.m. IAS 39.AG34 scheidet die Bilanzierung des Rückerwerbsanspruchs als Derivat aus. Im Rahmen der Bilanzierung als besichertes Kreditgeschäft werden erhaltene Barsicherheiten vom Verleiher als Verbindlichkeit klassifiziert; geleistete Sicherheiten werden vom Entleiher als Forderungen bilanziert (IAS 39.IGD.1.1). Im Falle von Leerverkäufen muss der Entleiher die Rückgabeverpflichtung gemäß IAS 39.AG15(c) als „zu Handelszwecken gehaltene finanzielle Verbindlichkeit" erfassen und zum beizulegenden Zeitwert bewerten.

2. IFRS 9

60 Das Eingehen von Wertpapierleihgeschäften führt – analog zur bilanziellen Abbildung echter Wertpapierpensionsgeschäfte nach IFRS 9 – nicht zu einer Änderung des Geschäftsmodels, das auf die Vereinnahmung vertraglich vereinbarter Zins- und Tilgungsleistungen ausgerichtet ist, da es bei Wertpapierleihgeschäften nicht zu einer Ausbuchung der verliehenen Vermögenswerte kommt. Insofern sollten sich für den Verleiher keine bilanziellen Besonderheiten durch die Neuregelungen nach IFRS 9 ergeben.

D. Ausblick

61 Gegenwärtig ist zu beobachten, dass Kreditinstitute strukturierte Wertpapierpensionsgeschäfte vermehrt zum Einsatz bringen. Diese enthalten neben dem zugrundeliegenden Basisinstrument stets eine derivative Komponente. So können bspw. durch strukturierte Wertpapierpensionsgeschäfte Gewinne aus Wechselkursänderungen bei Fremdwährungen erzielt werden. Im Rahmen einer solchen Struktur erhält der Pensionsnehmer in der Regel (Staats)Anleihen, die in EUR notiert sind und zahlt dafür in US$. Steigt der Wert des USD gegenüber dem EUR, wird der Pensionsnehmer Gewinne aus Währungskursschwankungen erzielen. Aus Marktzinsschwankungen lassen sich mithilfe von strukturierten Wertpapierpensionsgeschäften, die jederzeit kündbar sind, für Kreditinstitute ebenfalls Gewinne erzie-

len. Ein Kreditinstitut nimmt dabei für einen bestimmten Zeitraum Wertpapiere gegen Geldzahlung an und erhält dafür einen bestimmten Prozentsatz als Zinsprämie. Für das Kreditinstitut besteht bei steigendem Marktzins die Möglichkeit, das Wertpapierpensionsgeschäft zu beenden. Die aus der Beendigung des Wertpapierpensionsgeschäfts „freigesetzten" liquiden Mittel werden anschließend am Markt zu einem höheren Zins reinvestiert und somit höhere Zinserlöse generiert. Zudem können bei strukturierten Wertpapierpensionsgeschäften CDS-Derivate zum Einsatz kommen. Bei solchen Strukturen veräußert der Pensionsgeber neben dem Pensionsgut einen CDS auf ein ähnliches Referenzaktivum. Im Falle eines Kreditereignisses wird die Rückgabeverpflichtung des Pensionsnehmers mit der Verpflichtung des Pensionsgebers aus dem CDS-Kontrakt verrechnet.

Strukturierte Wertpapierpensionsgeschäfte können bezüglich ihrer bilanziellen Auswirkungen von denen der unstrukturierten Art abweichen, da ggf. eingebettete derivative Komponenten gegeben sind, die abhängig vom Rechnungslegungssystem und der jeweiligen Zwecksetzung der Transaktion separat bilanziert werden müssen.[30] Somit müssen bei Eingehen strukturierter Wertpapierpensionsgeschäfte stets die bilanziellen Besonderheiten beachtet werden.

---

[30] Die bilanzielle Abbildung strukturierter Finanzinstrumente nach HGB und IFRS wird im IDW RS HFA 22, IAS 39.10 – IAS 39.13, IAS 39.AG27 – IAS 39.AG33. Strukturierte Finanzinstrumente, die z.B. dem Handelsbestand zugeordnet sind, werden aufgrund der Zeitwertbilanzierung nicht separat bilanziert.

§ 35 Steuerrecht

Literatur: *Bertsch*, Bilanzierung strukturierter Produkte, KoR 2003, 550; *Bitz,* in: Littmann/Bitz/Pust, EStG, § 15 Rn 183; *Berger/Matuszewski*, Dividendenstripping im Fokus der Finanzverwaltung, BB 2011, 3097; *Bödecker/Geitzenauer*, Kapitalrückzahlungsgarantie kraft Ausgestaltung – Abgesicherte Kapitalanlagen und ihre steuerliche Behandlung im System von § 20 Abs. 1 Nr. 7 EStG, FR 2003, 1209; *Bordewin,* in: Lademann, EStG, § 20 Rn 516; Clausen, Struktur und Rechtsfolgen des § 42 AO, DB 2003, 1589; *Dahm/Hamacher*, Neues Einkommensteuerrecht für moderne Finanzinstrumente, WM 1994, Sonderbeilage 3, 15; *dies.*, Termingeschäfte und Abgeltungsteuer, DStR 2008, 1910; *Delp*, Besteuerung von Wertpapierkombinationen, BB 2003, 1594; *Dörfler/Adrian*, Steuerbilanzpolitik nach BilMoG, DB 2009, Beilage 5, 58; *Dötsch/Pung/Werner*, in: Dötsch/Jost/Pung/Witt, Die Körperschaftsteuer, § 20 EStG Rn 121; *Eibelshäuser*, Wirtschaftliche Betrachtungsweise im Steuerrecht – Herkunft und Bedeutung, DStR 2002, 1426; *Feyerabend*, Besteuerung privater Kapitalanlagen, 3. Aufl. 2010; *ders.*, in: Erle/Sauter, KStG, § 15 Rn. 49 sowie § 8b Rn 436; *Feyerabend/Patzner/Kieninger*, in: Kreditderivate, 2. Aufl. 2005; *Feyerabend/Vollmer*, Investmentfondsbesteuerung und Abgeltungsteuer, BB 2008, 1088; *Fleischmann*, Besteuerung von Inhaberschuldverschreibungen mit Aktien-Andienungsrecht des Emittenten, NWB F.3, 10659; *Geurts*, in: Bordewin/Brandt, EStG, § 20 Rn 336, 458; *Grabbe/Simonis*, Investmentsteuerrecht: Jahressteuergesetz 2009 und andere aktuelle Änderungen, DStR 2009, 837; *Groh*, Hände weg von Optionsanleihen?, DB 2002, 860; *Günkel*, Bewertungseinheiten in der Steuerbilanz beim Einsatz von Finanzinstrumenten zur Abdeckung finanzieller Risiken, RdF 2011, 59; *Häuselmann*, Die kapitalertragsteuerliche Erfassung von Wertpapierleih- und Wertpapierpensionsgeschäften, FR 2010, 200; *ders.*, Das Ende des „Steuerschlupflochs" Wertpapierleihe, DStR 2007, 1379; *ders.*, Die Einordnung von Kapitalüberlassungsverhältnissen für Zwecke der Zinsschranke, FR 2009, 506; *Hahne*, Neue Entwicklungen bei der Bilanzierung von Bewertungseinheiten in der Steuerbilanz, DStR 2005, 843; *Hagen*, Kein Ansatz von Verlusten bei Aktienanleihen? – Anmerkungen zur Kurzinformation der OFD Rheinland vom 21.1.2008, BB 2008, 759; *Hagen/Remmel*, Besteuerung von knock-out-Zertifikaten – Ungewollte und ungeahnte Folgen des Beschlusses des Hessischen FG?, BB 2011, 2718; *Haisch*, Steuerliche Beurteilung von Swapgeschäften, DStZ 2004, 511; *ders.*, Grundfragen der Besteuerung von Finanzinnovationen, DStZ 2005, 102; *ders.*, in: Herrmann/Heuer/Raupach, EStG § 5; *ders.*, in: Haisch/Helios, Rechtshandbuch Finanzinstrumente; 2011, § 1, S. 3–40; *Haisch/Danz*, Verluste aus Termingeschäften im Betriebsvermögen, DStZ 2005, 850; *dies.*, Grundsätze der Besteuerung von Zertifikaten im Privatvermögen, DStR 2005, 2108; *dies.*, JStG 2009 – Beabsichtigte Änderungen bei der Vermögensanlage, DStZ 2008, 392; *Haisch/Helios*, Rechtshandbuch Finanzinstrumente, 2011; *Hamacher*, Reverse Convertible Bonds, Umtauschanleihen und Partizipationsscheine, DB 2000, 2396; *ders.*, Termingeschäfte im privaten Bereich nach neuem Steuerrecht, WM 2000, 1721; *ders.*, in: Korn, EStG, § 20 Rn 126; *Harenberg*, in: Herrmann/Heuer/Raupach, EStG/KStG, § 20 EStG Anm. 822 sowie § 23 EStG Anm. 182; *Harenberg/Irmer*, Die Besteuerung privater Kapitalanlagen, NWB F. 3, 9825; *Häuselmann/Wagner*, Grenzen der Einbeziehung von Aktienderivaten in das Halbeinkünfteverfahren, BB 2002, 2170; *dies.*, Pensions- und Wertpapierleihgeschäfte unter dem Halbeinkünfteverfahren, FR 2003, 331; *Hennig/Bengard*, Steuerliche Änderungen des Investmentrechts durch das „Steuerentlastungsgesetz 1999/2000/2002", BB 1999, 1901; *Herrmann*, Garantie- und Zertifikatefonds nach dem Jahressteuergesetz 2009, BB 2009, 188; *Herzig*, Hybride Finanzinstrumente im nationalen und internationalen Steuerrecht, IStR 2000, 482; *Herzig/Briesemeister*, Steuerliche Konsequenzen des BilMoG – Deregulierung und Maßgeblichkeit, DB 2009, 926; *dies.*, Steuerliche Konsequenzen der Bilanzrechtsmodernisierung für Ansatz und Bewertung, DB 2009, 976; *dies.*, Steuerliche Problembereiche des BilMoG-RegE, Ubg 2009, 157; *Jacobs-Soyka*, in: Littmann/Bitz/Pust, § 23 EStG Rn 41; *Johannemann*, Die Besteuerung von Aktienswaps, BB 2004, 2438; *Kirchhof*, EStG, Kommentar, 11. Aufl. 2012; *Köhler/Hahne*, BMF-Schreiben zur Anwendung der steuerlichen Zinsschranke und zur Gesellschafter-Fremdfinanzierung bei Kapitalgesellschaften – Wichtige Verwaltungsregelungen, strittige Punkte und offene Fragen nach dem BMF-Schreiben vom 4.7.2008, IV C 7 – S 2742-a/07/1001, DStR 2008, 505; *Lohr*, Besteuerung von Finanzinnovationen und sonstigen Kapitalforderungen i.S. von § 20 Abs. 1 Nr. 7 EStG, DB 2000, 643; *Kohlrust-Schulz*, Besteuerung privater Veräußerungsgewinne, NWB, F.3, 10755; KPMG (Hrsg.), Financial Instruments, 117; *Kreft/Schmitt-Homann*, Die steuerliche Behandlung des Zins-Swaps, BB 2009, 2404; *Meurer*, Der Maßgeblichkeitsgrundsatz im BilMoG, FR 2009, 117; *Mutter/Schwarz*, Keine Angst vor der Selbstanzeige, IStR 2009, 807; *Oho/Remmel*, Die Besteuerung von Hedge-Fonds-Zertifikaten im Privatvermögen, BB 2002, 1449; *Patzner/Döser/Kempf*, Handkommentar Investmentrecht, 1. Aufl. 2012; *Petersen/Zwirner/Froschhammer*, in: Petersen/Zwirner, Bilanzrechtsmodernisierungsgesetz, BilMoG 1. Auflage, 2009; *Philipowski*, Verfall wertlos gewordener Kauf- und Verkaufsoptionen, DStR 2004, 978; *Pfüller/Schmitt*, in: Brinkhaus/Scherer, AIG, § 1 Rn 29; *Rau*, Leerverkäufe und doppelte Anrechnung von Kapitalertragsteuer, DStR 2010, 1267; *ders.*, Pensionsgeschäfte, BB 2000, 2338; ders. Aktienanleihe, DStR 2006, 627; *Reiß*, in: Kirchhof, EStG, 6. Aufl., § 15; *Prahl/Naumann*, Wertpapierleihe, WM 1992, 1173; *Rüping*, Selbstanzeige und Steuermoral, DStR 2010, 1768; *Sagasser/Schüppen*, Änderungen im Ertragsteuerrecht durch das Mißbrauchsbekämpfungs- und Steuerbereinigungsgesetz, DStR 1994, 265; *Schlüter*, Der Anwendungsbereich des § 23 Abs. 1 Satz 1 Nr. 4 EStG bei der Besteuerung von Optionsgeschäften, DStR 2000, 226; *Schmid/Renner*, Bilanzielle und steuerliche Behandlung einer Kaufoption (long call), DStR 2005, 815; Schmidt, EStG, Kommentar, 30. Aufl. 2011; *Schmitt-Homann*, Abgeltungsteuer: Verlustanteil, Forderungsausfall, Bezugsrecht und Wertpapierleihe, BB 2010, 351; *Schmittmann/Wepler*, Voraussetzungen der Verlustausgleichsbeschränkung bei Termingeschäften im Betriebsvermögen, DStR 2001, 1783; *Schnitger/Bildstein*, Wertpapierpensionsgeschäfte und Wertpapierleihe – Wirtschaftliches Eigentum und UntStRefG 2008, IStR 2008, 202; *Schultze/Spudy*, Auswirkungen des BFH-Urteils vom 24.10.2000 (VII R 28/99) auf die Besteuerung von Finanzinnovationen, DStR 2001, 1143; *Schumacher*, Gestaltungsmöglichkeiten bei der privaten Kapitalanlage, DStR 1996, 1505; *ders.*, Die Besteuerung von Compound Instruments beim Privatanleger am Beispiel von Reverse Convertibles, DStR 2000, 416; *ders.*, StbJb 2002/2003, 467 ff; *Sorgenfrei*, Zur Neuregelung der Besteuerung von Verlusten aus betrieblichen Termingeschäften, DStR 1999, 1928; *Terhürne/Otto*, Der Ertragsausgleich im Investmentsteuerrecht – Problemfall Substanzbesteuerung, DB 2011, 325; *Tibo*, Die Besteuerung von Termingeschäften im Betriebsvermögen gem. § 15 Abs. 4 EStG, DB 2001, 2369; *Udo*, Obliegenheiten, versteckte Risiken und Rechte der Kapitalanleger unter der Abgeltungsteuer, DB 2010, 526; *ders.* Aktuelle Gestaltungs- und Problemzonen der Abgeltungsteuer, DB 2011, 196; *ders.*, Die Anlegerseite der Abgeltungsteuer; DB 2008, 2381; *von Beckrath*, in: Kirchhof, EStG, 5. Aufl., § 20; *Wacker*, in: Schmidt, EStG, 30. Aufl., Rn 904; *Wagner*, Das Verlustausgleichs- und abzugsverbot nach § 15 Abs. 4 EStG, insbesondere bei Termingeschäften und bei stillen Gesellschaften, DStZ 2003, 789; *Wagner*, Die Besteuerung von Finanzinnovationen im Privatvermögen, StBp 2002, 331; *Weber/Tietz-Weber*, in: Haisch/Helios, Rechtshandbuch Finanzinstrumente, 2011, S. 118–165; *Weber-Grellet*, in: Schmidt, 30. Aufl., § 17 EStG Rn 42; *Wendt*, in: Herrmann/Heuer/Raupach, Steuerreform I, § 15 EStG Anm. R.; *Wendt*, Steuerentlastungsgesetz 1999/2000/2002 Änderungen bei betrieblichen und privaten Veräußerungsgeschäften, FR 1999, 333; *Wiese/Dammer*, Zusammengesetzte Finanzinstrumente der AG, DStR 1999, 867; *Zülch/Hoffmann*, Die Modernisierung des deutschen Handelsbilanzrechts durch das BilMoG: Wesentliche Alt- und Neuregelungen im Überblick, DB 2009, 745.

A. Derivate im Steuerrecht	1
I. Einführung	1
II. Abgeltungsteuer	2
1. Im Privatvermögen	2
2. Im Betriebsververmögen	6
a) Allgemeines	6
b) Kapitalertragsteuer	7
B. Termingeschäfte	9
I. Begriff und Abgrenzung	9
II. Besteuerung im Betriebsvermögen	12
1. Maßgeblichkeitsgrundsatz	13
2. Bildung von Bewertungseinheiten	15
3. Verlustausgleichs- und -abzugsverbot für Termingeschäfte	19
a) Allgemeines	19
b) Beschränkung auf Termingeschäfte mit Differenzausgleich, Geldbetrag oder Vorteil	20
c) Verluste aus Termingeschäften	22
d) Ausnahmen und Rückausnahme	23
III. Besteuerung im Privatvermögen	26
1. Termingeschäfte mit Differenzausgleich, Geldbetrag oder Vorteil	27
2. Veräußerung von Termingeschäften	30
C. Zertifikate	32
I. Begriff und Abgrenzung	32
II. Besteuerung im Betriebsvermögen	34
III. Besteuerung im Privatvermögen	37
IV. Keine Anwendung des InvStG auf Zertifikate	41
D. Strukturierte Produkte	42
I. Begriff und Abgrenzung	42

II. Besteuerung im Betriebsvermögen	43		2. Wertpapierleihgeschäfte im Betriebsvermögen	72
III. Besteuerung im Privatvermögen	44		3. Wertpapierleihgeschäfte im Privatvermögen	76
1. Keine Zerlegung von strukturierten Produkten im Privatvermögen für steuerliche Zwecke	44	G.	Einsatz von Derivaten bei Investmentfonds	78
			I. Hintergrund	78
2. Besteuerung einzelner echter strukturierter Produkte	46		1. Wirtschaftliche Entwicklung	79
a) Aktienanleihen	46		2. Allgemeine Besteuerungsgrundsätze	80
aa) Privatvermögen	47		II. Rechtslage bis 31.12.2008	81
bb) Betriebsvermögen	48		III. Rechtslage seit 1.1.2009	84
b) Umtauschanleihen	50		1. Änderungen durch die Abgeltungsteuer	84
aa) Privatvermögen	51		
bb) Betriebsvermögen	52		2. Neuer Termingeschäftsbegriff auf Ebene des Investmentvermögens	86
c) Wandelschuldverschreibungen	53		
aa) Privatvermögen	54		a) Devisentermingeschäfte mit Barausgleich (cash-settlement)	90
bb) Betriebsvermögen	55		
E. Produktkombinationen	56		b) Devisentermingeschäfte mit physischer Lieferung	92
I. Begriff und Abgrenzung	56		
II. Besteuerung im Betriebsvermögen	57		c) Unterschiedliche Besteuerung von Devisentermingeschäften	94
III. Besteuerung im Privatvermögen	58		
1. § 20 Abs. 1 Nr. 7 S. 2 EStG als Rechtsgrundlage einer Zusammenfassung	58		3. Thesaurierungsprivileg	97
			a) Kapitalforderungen iSd § 20 Abs. 2 S. 1 Nr. 7 EStG, die nicht zu ausschüttungsgleichen Erträgen führen	99
2. Voraussetzungen einer Zusammenfassung	59		
a) Sachlicher Zusammenhang	60		b) Abgrenzung eines Termingeschäfts von einer Kapitalforderung	100
b) Zeitlicher Zusammenhang	61		
c) Personeller Zusammenhang	62		c) Umqualifizierung eines Termingeschäfts in eine Kapitalforderung	106
F. Wertpapierleihe und Wertpapierpensionsgeschäfte	64		
			4. Vorteile gegenüber Zertifikaten	110
I. Wertpapierpensionsgeschäfte (Repos)	64		5. Übergangsregelungen	111
1. Echte Wertpapier-Pensionsgeschäfte	64		a) Bestandsschutz auf Investmentebene	112
2. Unechte Wertpapier-Pensionsgeschäfte	67		
			b) Bestandsschutz auf Anlegerebene	114
3. Repogeschäfte	70	IV.	Verlustverrechnungsbeschränkung gem. § 8 Abs. 7 InvStG	120
II. Wertpapierdarlehen/Wertpapierleihe	71		
1. Allgemeines	71	V.	Gestaltungsmöglichkeiten und Ausblick	132

A. Derivate im Steuerrecht

I. Einführung

1 Der Begriff **Derivate** wird im deutschen Steuerrecht nicht näher definiert. Bei Derivaten handelt es sich um Instrumente, deren Kurs von einem bestimmten Basiswert abhängt. Der Basiswert kann ein Zinssatz, der Preis eines Finanzinstruments, ein Rohstoffpreis u.a.m. sein. Der Preis des Derivats wird von diesem Basiswert abgeleitet. Derivate sind sowohl im Betriebs- als auch im Privatvermögen Gegenstand der Besteuerung. Die rechtlichen Grundlagen für die Besteuerung finden sich verstreut über das gesamte Einkommensteuer-, Körperschaftsteuer- und Bilanzrecht. Das nachfolgende Kapitel ist daher nicht nach Steuerrechtsnormen gegliedert. Stattdessen wird die steuerliche Behandlung anhand einzelner Gruppen bzw Anwendungen von Derivaten sowohl im Betriebs- als auch im Privatvermögen dargestellt, wobei keine Vollständigkeit angestrebt wird. Nach einem einführenden Überblick über die wesentlichen Regelungen der Abgeltungsteuer werden steuerliche Fragestellungen bei Termingeschäften, Zertifikaten, strukturierten Produkten, Produktkombinationen sowie Derivaten im Investmentfondsbereich behandelt.

II. Abgeltungsteuer

1. Im Privatvermögen

Das **UntStRefG 2008**[1] führte zum 1.1.2009 eine einheitliche Abgeltungsteuer für Kapitaleinkünfte im Privatvermögen ein. Die Abgeltungsteuer wird im Wesentlichen von folgenden Vorschriften geregelt:

Das zentrale Element der Abgeltungsteuer ist die Zusammenführung der Einkünfte aus Kapitalvermögen und der Einkünfte aus privaten Veräußerungsgeschäften in einen neu gefassten § 20 EStG. Der Umfang der Kapitaleinkünfte wurde dabei erheblich erweitert. Die Einkünfte aus Kapitalvermögen umfassen neben den Dividenden- und Zinserträgen unter anderem auch Erträge aus sonstigen Kapitalforderungen jeder Art, wenn die Rückzahlung des Kapitalvermögens oder ein Entgelt für die Überlassung des Kapitalvermögens zur Nutzung zugesagt oder geleistet worden ist, auch wenn die Höhe der Rückzahlung oder des Entgelts von einem ungewissen Ereignis abhängt sowie diverse Veräußerungstatbestände und Erträge. Insbesondere sind im vorliegenden Zusammenhang zu nennen: Stillhalterprämien, die für die Einräumung von Optionen vereinnahmt werden sowie der Gewinn bei Termingeschäften, durch die der Steuerpflichtige einen Differenzausgleich oder einen durch den Wert einer veränderlichen Bezugsgröße bestimmten Geldbetrag oder Vorteil erlangt, und der Gewinn aus der Veräußerung eines als Termingeschäft ausgestalteten Finanzinstruments. Das frühere Halbeinkünfteverfahren und die steuerfreie Veräußerung von bestimmten Kapitalforderungen im Privatvermögen innerhalb der Jahresfrist wurden abgeschafft.

Der Werbungskosten-Pauschbetrag und der Sparerfreibetrag sind zum neuen **Sparer-Pauschbetrag** in Höhe von 801 EUR pro Person zusammengefasst worden. Bis zu dieser Höhe muss keine Abgeltungsteuer einbehalten werden und, da sich der Betrag auch in der Höhe nicht ändert, müssen eingereichte Freistellungsaufträge nicht geändert werden. Der Werbungskostenabzug wird hingegen gestrichen, dh eine steuermindernde Wirkung über die Berücksichtigung des Sparer-Pauschbetrages hinaus ist ausgeschlossen (§ 20 Abs. 9 EStG). Lediglich die Bankspesen bei An- und Verkauf von Wertpapieren können im Rahmen der Anschaffungs- bzw Veräußerungsnebenkosten die Verkaufserlöse verringern.

Auf diese erweiterten Kapitaleinkünfte wird gemäß § 32d Abs. 1 EStG der Abgeltungsteuersatz von 25% zzgl 5,5 % Solidaritätszuschlag (Solz) und ggf Kirchensteuer (KiSt) erhoben. Bei Konfessionszugehörigkeit des Anlegers beträgt die KiSt 9 % bzw 8 % (in Bayern und Baden-Wüttemberg) bezogen auf den Abgeltungsteuersatz. Die Gesamtsteuerbelastung für Kapitalerträge liegt somit zwischen 26,38 % und 27,99 %. Die Einführung der Abgeltungsteuer führte nicht zwangsläufig zu einer Steuervereinfachung.[2] Steuerpflichtige, deren persönlicher Einkommensteuer-Tarif unter diesen Werten liegt, können ihre Kapitaleinkünfte i.R.d. **Günstigerprüfung** zu diesem Steuersatz versteuern (§ 32 d Abs. 6 EStG). Die Abgeltungsteuer ist auf die meisten Kapitaleinkünfte anzuwenden. Dennoch gibt es Ausnahmetatbestände, in denen andere Regelungen gelten. In diesen Fällen gilt der Grundsatz, dass die Kapitalerträge dem individuellen Steuersatz des Steuerpflichtigen unterliegen und das ansonsten geltende Werbungskostenabzugsverbot über den Sparerpauschbetrag hinaus sowie die speziellen Verlustabzugsbeschränkungen nicht eingreifen.

Diese Ausnahmen liegen insbesondere vor, wenn

- die Kapitaleinkünfte unter eine andere Einkunftsart subsumiert werden;
- es sich um Altersvorsorgeprodukte wie zB Rürup- oder Riester-Produkte oder bestimmte Lebensversicherungen oder Bausparprodukte handelt;
- wesentliche Beteiligungen iSd § 17 EStG veräußert werden;

---

[1] Vgl 14.8.2007, BGBl. I 2007, 1912.
[2] *Udo,* DB 2010, 526–532; *ders.,*DB 2011, 196 ff.

- Fremdwährungsgewinne erzielt werden, die nicht unter § 20 EStG fallen;
- Gestaltungen vorliegen, die auf die Ausnutzung des Steuersatzgefälles zwischen Einkünften aus Kapitalvermögen und betrieblichen Einkünften abzielen (§ 32d Abs. 2 EStG).[3]

4 Die Abgeltungsteuer wird gemäß §§ 43 ff EStG durch die depotführenden Institute und auszahlenden Stellen im Rahmen des Kapitalertragsteuerabzugs einbehalten. Die Einkommensteuer ist mit dem Steuerabzug abgegolten (§ 43 Abs. 5 EStG), dh die Kapitalerträge sind grds.nicht mehr in der Einkommensteuererklärung zu deklarieren. Zur Veranlagung der Kapitaleinkünfte kommt es nur noch in Ausnahmefällen (§ 32 d EStG). Diese treten in der Praxis bspw auf, wenn

- eine Günstigerprüfung beantragt wird (sog. **große Veranlagungsoption**);
- die besondere Veranlagung zum pauschalen Steuersatz (sog. **kleine Veranlagungsoption**) gewählt wird, da zB Verlustvorträge noch nicht steuermindernd berücksichtigt wurden, Altverluste verrechnet werden sollen, die Kirchensteuer noch nicht abgezogen wurde, der Sparer-Pauschbetrag nicht vollständig ausgeschöpft wurde, die Ersatzbemessungsgrundlage angewandt wurde etc.;
- das **verpflichtende Veranlagungsverfahren zum individuellen Steuersatz** geboten ist oder
- das **verpflichtende Veranlagungsverfahren zum pauschalen Steuersatz** eingreift, da zB Kapitalerträge im Ausland erzielt wurden und diese mangels Zahlstelle im Inland nicht der Abgeltungsteuer unterlagen, Zinszahlungen zwischen privaten Personen vorliegen oder aus anderen Gründen keine Abgeltungsteuer auf Erträge einbehalten wurde.

Lang laufende Derivate und Zertifikate können auch eine bedeutende Rolle bei der Rückkehr von Anlegern zur Steuerehrlichkeit spielen. Um die steuerrechtliche Festsetzungsverjährung bzw die strafrechtliche Verjährung zu überbrücken, investieren Anleger hierbei in Derivate mit langer Laufzeit und sind in den Folgejahren „steuerehrlich", sofern es keine steuerrechtliche Realisierung von Erträgen oder Gewinnen aus den Derivaten gibt.

5 Alternativ ermöglicht es eine Selbstanzeige iSd § 371 AO Straffreiheit für eine nach § 370 AO begangene Steuerhinterziehung zu erlangen.[4] Ziel des Gesetzgebers ist dabei die Vermehrung des Steueraufkommens und die Einräumung der Möglichkeit für den Steuersünder wieder zur Steuerehrlichkeit zurückzufinden. Die Festsetzungsverjährung beträgt im Fall einer Steuerhinterziehung zehn Jahre. Voraussetzungen für die Straffreiheit sind unter anderem, dass

- alle Angaben, die zuvor unrichtig waren bzw unterlassen wurden, angegeben und korrigiert werden,
- alle Mittäter und Gehilfen, wie beispielsweise Ehegatte, Steuerberater, Mitgesellschafter o.Ä. die Selbstanzeige gleichzeitig stellen,
- die nachzuentrichtende Steuer nebst 6% Hinterziehungszinsen p.a. fristgerecht bezahlt wird,
- die Selbstanzeige vor Entdeckung der Tat erfolgt und
- noch keine Anordnung zur Steuerprüfung versandt worden ist.

Weiterhin ist die Straffreiheit nur gewährleistet, wenn alle erforderlichen Angaben zur vollständigen Rückkehr zur Steuerehrlichkeit getätigt werden und die Finanzbehörden ohne lange Nachforschungen den Sachverhalt aufklären können.[5]

Im Falle einer Schweizer Auslandsbankverbindung im Zuge der aufgedeckten, teilweise gestohlenen Steuerdaten deutscher Anleger, wird es für die Steuerschuldner aller Wahrscheinlichkeit nach zwei Möglichkeiten geben, ihre Steuerschuld zu regularisieren. Zum einen

---

3 *Feyerabend/Kieninger*, Besteuerung privater Kapitalanlagen, Kap. F Rn 48.
4 *Rüping*, DStR 2010, 1768.
5 *Mutter/Schwarz*, IStR 2009, 807.

kann eine pauschale Einmalzahlung von maximal 34 % des Vermögens geleistet und zum anderen eine Selbstanzeige gestellt werden.

2. Im Betriebsververmögen

a) Allgemeines

Für Dividendenausschüttungen und Veräußerungsgewinne, die von Kapitalgesellschaften vereinnahmt werden, gilt weiterhin, dass diese gem. § 8b Abs. 1, 2 KStG zu 95 % steuerfrei vereinnahmt werden können; 5 % jeweils gelten als nichtabzugsfähige Betriebsausgaben (§ 8b Abs. 3, 5 KStG). Darüber hinaus sind Betriebsausgaben voll abzugsfähig. Diese weitgehende Steuerbefreiung gilt nicht für Kreditinstitute, Finanzdienstleistungsunternehmen und Finanzunternehmen, soweit die fraglichen Anteile dem Handelsbuch zuzurechnen sind bzw im Fall der Finanzunternehmen zur kurzfristigen Erzielung eines Eigenhandelserfolgs erworben werden (§ 8b Abs. 7 KStG). Gleiches gilt für die Lebens- und Krankenversicherungsunternehmen bezüglich der Anteile, die den Kapitalanlagen zuzurechnen sind (§ 8b Abs. 8 KStG).

6

Für Veräußerungsgewinne aus wesentlichen Beteiligungen nach § 17 EStG und Anteilen in nicht körperschaftsteuerlichen Betriebsvermögen gilt das sog. **Teileinkünfteverfahren** (TEV) nach § 3 Nr. 40 iVm § 3 c Abs. 2 EStG. Die Steuerbefreiung reduziert sich beim TEV auf 40 % und ist auf Kapitaleinkünfte im betrieblichen Bereich von Einzel- und Personenhandelsunternehmen sowie auf die Veräußerung von Anteilen iSd § 17 EStG beschränkt. 60 % der Einkünfte unterliegen der Steuerpflicht. Der berücksichtigungsfähige Anteil der Werbungskosten liegt entsprechend bei 60 % der mit den Einkünften in unmittelbarem Zusammenhang stehenden Kosten. Die ESt richtet sich beim TEV nach dem regulären ESt-Tarif (bis zu 42 %) zzgl 5,5 % SolZ und ggf KiSt.

b) Kapitalertragsteuer

Kapitaleinkünfte, die im Betriebsvermögen anfallen, werden grds. ebenfalls von der Abgeltungsteuer erfasst. Im Gegensatz zum privaten Anleger entfaltet der Steuerabzug jedoch **keine** abgeltende Wirkung. Die in Abzug gebrachte **Kapitalertragsteuer** (Abgeltungsteuer) stellt lediglich eine Vorauszahlung auf die im Rahmen der Steuerfestsetzung zu zahlende Einkommen- bzw Körperschaftsteuer dar. Analog zum privaten Anleger unterliegen grds. sämtliche Erträge, die über eine inländische Zahlstelle ausgezahlt werden, der Abgeltungsteuer. Dies sind insbesondere Zinserträge, in- und ausländische Dividenden, Erträge aus der Veräußerung von Aktien, Investmentfonds und anderen Kapitalforderungen sowie **Erträge aus Termingeschäften** (zB Optionsgeschäften, Swap-Vereinbarungen, Zinsbegrenzungs-Vereinbarungen) und **Stillhaltergeschäften**. Im Betriebsvermögen kann der Abzug durchaus einen bedeutenden Liquiditätsnachteil darstellen. Daher gibt es für bestimmte Unternehmen Ausnahmeregelungen, wonach vom Steuerabzug abzusehen ist.

7

Ist der Empfänger von Kapitalerträgen ein inländisches Kredit- oder Finanzdienstleistungsinstitut oder eine Kapitalanlagegesellschaft unterbleibt der Einbehalt von Kapitalertragsteuer (Abgeltungsteuer) nach § 43 Abs. 2 S. 2 EStG auf ausländische Dividenden, Zinsen, Stillhaltergeschäfte sowie Veräußerungsgeschäfte. In diesen Fällen liegen sog. **Interbankengeschäfte** vor, die aus Vereinfachungsgründen vom Steuerabzug ausgenommen werden. Der Kapitalertragsteuerabzug würde durch die Masse der Geschäfte einen unangemessenen Verwaltungsaufwand erfordern.

Für andere **unbeschränkt steuerpflichtige Körperschaften**, Personenvereinigungen und Vermögensmassen (AG, GmbH, eG etc.), die keiner Steuerbefreiung unterliegen, gilt die Befreiungsvorschrift des § 43 Abs. 2 S. 3 Nr. 1 EStG. Hiernach ist auf ausländische Dividenden und Kapitalerträge aus verschiedenen Veräußerungsgeschäften kein Steuerabzug vorzuneh-

8

men. Die Unternehmen müssen ihrem Kreditinstitut eine entsprechende Bescheinigung vorlegen, die vom Finanzamt erteilt wird.

Für andere betriebliche Anleger wie zB **Einzelunternehmen** oder **Personengesellschaften** (OHG, KG) entfällt der Steuerabzug ebenfalls auf bestimmte Kapitalerträge, wenn es sich dabei um Kapitalanlagen des Betriebsvermögens handelt und gegenüber der auszahlenden Stelle eine entsprechende **Erklärung zur Freistellung vom Kapitalertragsteuerabzug** gem. § 43 Abs. 2 S. 3 Nr. 2 EStG abgegeben wird. Die Freistellung von inländischen Dividendenerträgen und laufenden Zinserträgen kann allerdings nicht gewährt werden.

	Kapitalertragsteuerabzug bei Kapitalanlagen im Betriebsvermögen				
	Dividenden Inlandsbeteiligung	Dividenden Auslandsbeteiligung	Zinserträge	Gewinne aus Wertpapierveräußerungen	Gewinne aus Termingeschäften
GmbH, AG eG	25 % + 5,5 % SolZ	0 %	25 % + 5,5 % SolZ	0 %	0 %
Einzelunternehmen, PersGes	25 % + 5,5 % SolZ	0 % bei Freistellungserklärung, sonst 25 % + 5,5 % SolZ	25 % + 5,5 % SolZ	0 % bei Freistellungserklärung, sonst 25 % + 5,5 % SolZ	0 % bei Freistellungserklärung, sonst 25 % + 5,5 % SolZ

B. Termingeschäfte

I. Begriff und Abgrenzung

9 Obgleich der Gesetzgeber den Begriff „Termingeschäfte" mehrfach im EStG verwendet, gibt es hierfür keine Legaldefinition. In den Gesetzesmaterialien zu § 23 Abs. 1 Nr. 4 EStG aF wird zumindest auf § 2 Abs. 2 WpHG und § 1 Abs. 11 S. 4 KWG Bezug genommen.[6] Diese Bestimmungen enthalten jedoch ebenfalls keine Legaldefinition des Terminus „Termingeschäfte", sondern setzen ihn im Rahmen der **Definition** des Begriffs „Derivate" als Oberbegriff voraus.[7]

10 Die Verwaltungsansicht knüpft an die oben erwähnte Definition des Begriffs „Derivate" in § 2 Abs. 2 WpHG an. Nach ihrer Ansicht umfasst der Terminus „Termingeschäfte" damit sämtliche als Options- oder Festgeschäft ausgestattete Finanzinstrumente, deren Preis unmittelbar oder mittelbar von den Börsen- oder Marktpreisen von Wertpapieren, Geldmarktinstrumenten, Waren oder Edelmetallen, dem Kurs von Devisen, Rechnungseinheiten, von Zinssätzen oder anderen Erträgen abhängt. Nach überwiegender Ansicht kann die von der Finanzverwaltung herangezogene Definition des Begriffs „Derivate" aus dem WpHG jedoch nicht für die Definition des Termingeschäftsbegriffs genutzt werden, da im WpHG der Anlegerschutz im Vordergrund steht, während § 23 Abs. 1 Nr. 4 EStG eine Eingriffsnorm darstellt.[8] Stattdessen werden im Wesentlichen zwei Ansätze zur **Abgrenzung** von Termingeschäften vertreten:

---

6 BT-Drucks. 14/443, 28 f.
7 *Sorgenfrei*, DStR 1999, 1928, 1930; *Tibo*, DB 2001, 2369, 2370; *Wagner*, DStZ 2003, 789, 799.
8 *Geurts*, in: Bordewin/Brandt, EStG, § 20 Rn 336 und 458; *Hamacher*, WM 2000, 1721, 1722 f; *Harenberg*, in: H/H/R, EStG/KStG, § 23 EStG Anm. 182.

- Eine Ansicht zieht die **Handelstechnik** zur Abgrenzung heran. Danach sind Termingeschäfte Verträge über Wertpapiere, vertretbare Waren oder Devisen uä, die von beiden Seiten erst zu einem späteren Zeitpunkt zu erfüllen sind.[9] Den Gegenbegriff zu den Termingeschäften bildet im Hinblick auf die Handelstechnik der Terminus „Kassageschäfte", welche gleichtägig oder nach den aktuellen Börsenusancen innerhalb einer Frist von wenigen Tagen abzuwickeln sind.
- Nach einer weiteren Ansicht kann der Begriff des Termingeschäftes unabhängig von der verwendeten Handelstechnik auch als **Typusbegriff** aufgefasst werden, der insbesondere durch die Risiken einer Hebelwirkung, eines Totalverlustes des eingesetzten Kapitals und der Gefahr, planwidrig zusätzliche Mittel einsetzen zu müssen, gekennzeichnet ist.[10]

Beide Definitionen können auch kombiniert werden[11] und sind der Verwaltungsansicht vorzuziehen. Nach der hier vertretenen Ansicht sind u.a. folgende Derivate als Termingeschäfte zu **klassifizieren**: (i) Futures und Forwards, (ii) Optionsgeschäfte und Optionsscheine, (iii) Swaps sowie (iv) Wertpapierpensionsgeschäfte. Nicht als Termingeschäfte qualifizieren sich unseres Erachtens strukturierte Produkte, Wertpapierleihgeschäfte und Zertifikate.

Maßgeblich ist die Auslegung des Merkmals Termingeschäft im Sinne des § 20 Abs. 2 Nr. 3 EStG (§ 23 Abs. 1 S. 1 Nr. 4 EStG aF) auch für § 15 Abs. 4 S. 3–5 EStG, da diese Norm eine Folgeänderung des ehemaligen § 23 Abs. 1 S. 1 Nr. 4 EStG darstellt.[12] § 15 Abs. 4 S. 3–5 EStG begründet ein **Verlustausgleichs- und -abzugsverbot** für bestimmte Termingeschäfte im Betriebsvermögen. Diese Regelung steht auch im Mittelpunkt der Betrachtung der Besteuerung von Termingeschäften im Betriebsvermögen.

II. Besteuerung im Betriebsvermögen

Die Besteuerung von Termingeschäften im **Betriebsvermögen** ist ganz wesentlich eine Frage ihrer Bilanzierung und Bewertung. Insofern wird auf das obige Kapitel zum Bilanzrecht verwiesen.

1. Maßgeblichkeitsgrundsatz

Die Erfolgsbesteuerung gewerblicher Unternehmen richtet sich nach dem Gewinn, der gem. § 4 Abs. 1 S. 1 EStG grds durch Betriebsvermögensvergleich zu ermitteln ist. Für Gewerbetreibende, die gesetzlich zur Buchführung verpflichtet sind oder die freiwillig Bücher führen, ist gem. § 5 Abs. 1 EStG für die steuerliche Gewinnermittlung das Betriebsvermögen anzusetzen, das nach den handelsrechtlichen Grundsätzen ordnungsgemäßer Buchführung auszuweisen ist (sog. **Maßgeblichkeitsgrundsatz**). Die Bewertung und Bilanzierung in der Handelsbilanz ist maßgeblich für die Steuerbilanz. An dem vom BFH ergangenen Beschluss[13] aus dem Jahr 1969 wird selbst nach der Einführung des **BilMoG**[14] festgehalten.[15]

Der Gleichklang von handels- und steuerrechtlicher Gewinnermittlung kann dennoch zunehmend in Frage gestellt werden. Mit dem BilMoG wurden neue Ansatz- und Bewertungsvorschriften für Vermögensgegenstände und Schulden in der Handelsbilanz eingeführt.

---

9 *Geurts*, in: Bordewin/Brandt, EStG, § 20 Rn 610; *Hamacher*, WM 2000, 1721, 1722.
10 *Schmittmacher/Wepler*, DStR 2001, 1783, 1785; *Wagner*, DStZ 2003, 789, 799.
11 Vgl BGH v. 13.7.2004, NJW 2004, 2947.
12 BT-Drucks. 14/443.
13 BFH v. 3.2.1969, BStBl. II 1969, 291.
14 BGBl. I 2009, 1102.
15 Siehe hierzu BMF v. 12.3.2010, BStBl. I 2010, 239.

14 Das BilMoG ist ausweislich der Regierungsbegründung „grundsätzlich auf Steuerneutralität" ausgerichtet.[16] Dennoch wurden einerseits handelsrechtliche Wahlrechte, die zum Gleichklang von Handels- und Steuerbilanz geführt haben, gestrichen. Andererseits wurde die **umgekehrte/formelle Maßgeblichkeit** (§ 5 Abs. 1 S. 2 EStG) abgeschafft, wonach steuerliche Wahlrechte in Übereinstimmung mit der Handelsbilanz auszuüben waren.[17] Dies führt insgesamt zu weiteren Abweichungen von Handels- und Steuerbilanz und zur zunehmenden Bedeutung von latenten Steuern.

§ 5 Abs. 1 S. 1 EStG idF des BilMoG gewährt nun die Möglichkeit, steuerliche Wahlrechte unabhängig von der Handelsbilanz auszuüben, wodurch die materielle Maßgeblichkeit stark eingeschränkt wird. Nach der **materiellen Maßgeblichkeit** waren die handelsrechtlichen Gebote und Verbote hinsichtlich Aktivierung und Passivierung auch in der steuerlichen Gewinnermittlung zu beachten.

2. Bildung von Bewertungseinheiten

15 Vermögensgegenstände, Schulden und Chancen bzw Risiken sind grundsätzlich einzeln zu bewerten, sog. **Einzelbewertungsgrundsatz** (§ 252 Abs. 1 Nr. 3 HGB). Nach dem **Saldierungsverbot** (§ 246 Abs. 2 HGB) dürfen Posten der Aktivseite nicht mit Posten der Passivseite verrechnet werden. Das **Imparitätsprinzip** (§ 252 Abs. 1 Nr. 4 HGB) besagt, dass nicht realisierte Verluste auszuweisen sind, nicht realisierte Gewinne hingegen nicht ausgewiesen werde dürfen. Diesen Grundsätzen vorangestellt steht der Grundsatz des „true and fair view". Der Jahresabschluss soll einen zutreffenden Einblick in die Vermögens-, Finanz- und Ertragslage des Unternehmens bieten.[18]

Finanzinstrumente sind Wirtschaftsgüter, die häufig aus mehreren Bestandteilen zusammengesetzt werden. Sie bestehen aus einem Bündel von Rechten und Pflichten, die unter Zugrundelegung finanzierungstheoretischer Modelle isoliert werden können und insoweit einer selbstständigen Bewertung zugänglich sind. Darüber hinaus werden im Zusammenhang mit bestimmten Grundgeschäften sog. Sicherungsgeschäfte abgeschlossen, die dazu dienen, die damit zusammenhängenden Risiken zumindest teilweise zu eliminieren. Der „true and fair view" kann bei strenger Betrachtung der Bilanzierungsgrundsätze verloren gehen, wenn die Sicherungsgeschäfte in der Bilanz isoliert betrachtet werden.[19]

16 Mit dem **BilMoG**[20] werden in § 254 HGB erstmals **Regelungen zur Bildung von Bewertungseinheiten** in der Handelsbilanz festgelegt. Was steuerlich schon seit April 2006 mit § 5 Abs. 1 a EStG[21] umgesetzt wurde und nach internationalen Rechnungslegungsvorschriften schon seit Jahren geregelt ist und sich in der allgemeinen Bilanzierungspraxis durchgesetzt hat, ist nun im HGB gesetzlich verankert.[22] Handelsrechtlich wurde für die Bildung von Bewertungseinheiten zeitlich nachgelagert mit § 254 HGB[23] die gesetzliche Grundlage geschaffen. Im Folgejahr 2010 hat das Bundesfinanzministerium erstmals zu Einzelaspekten von Bewertungseinheiten im Rahmen der steuerlichen Gewinnermittlung Stellung bezogen.[24] Mit Einführung der gesetzlichen Vorschrift sollen – so die Regierungsbegründung – keine Änderungen der bisherigen Bilanzierungspraxis eingeführt werden.[25]

---

16 BT-Drucks. 10/16007, 41, 45.
17 Vgl *Herzig/Briesemeister*, DB 2009, 926 ff.
18 *Günkel*, RdF 2011, 60.
19 Siehe ausführlich *Günkel*, RdF 2011, 60.
20 BGBl. I 2009, 1102.
21 IdF des Gesetzes zur Eindämmung missbräuchlicher Steuergestaltungen v. 28.4.2006, BGBl. I 2006, 1095.
22 *Helke/Wiechens/Klaus* in DB 2009, Beilage 5, S. 61.
23 BilMoG v. 25.5.2009.
24 DB 2010, 2024.
25 Reg.-Begründung, BT-Drucks. 16/10067, 57.

Eine Bewertungseinheit wird definiert als Zusammenfassung von Vermögensgegenständen, Schulden, schwebenden Geschäften oder mit hoher Wahrscheinlichkeit erwarteter Transaktionen zum Ausgleich gegenläufiger Wertveränderungen oder Zahlungsströme aus dem Eintritt vergleichbarer Risiken mit Finanzinstrumenten. Als Finanzinstrumente gelten auch Termingeschäfte über den Erwerb oder die Veräußerung von Waren (§ 254 S. 2 HGB). Wird eine Zusammenfassung in dieser Art vorgenommen, ordnet § 254 HGB an, dass § 249 Abs. 1 HGB (Drohverlustrückstellungen), § 252 Abs. 1 Nr. 3 und 4 HGB (Einzelbewertungsgrundsatz und Imparitätsprinzip), § 253 Abs. 1 S. 1 HGB (Anschaffungskosten- und Niederstwertprinzip) sowie § 256 a HGB (Währungsumrechnung zum Abschlußstichtag) in dem Umfang und für diesen Zeitraum keine Anwendung finden, in dem die gegenläufigen Wertänderungen oder Zahlungsströme sich ausgleichen. Gleichen sich diese nicht aus, sind die vorgenannten Prinzipien ohne Einschränkung anzuwenden.[26]

In der Bilanzierungspraxis sind Bewertungseinheiten in Form von Micro Hedges, Macro Hedges, Portfolio Hedges oder auch das antizipative Hedging bekannt. Ein **Micro Hedge** liegt vor, wenn das Risiko eines einzelnen Grundgeschäfts durch ein einzelnes Sicherungsgeschäft abgedeckt wird. Werden indes mehrere gleichartige Grundgeschäfte durch mehrere Sicherungsinstrumente abgedeckt, handelt es sich um einen **Portfolio Hedge**. Bei einem **Marco Hedge** wird eine Gruppe von Grundgeschäften zusammengefasst und eine sich ergebende Netto-Risikoposition durch ein oder mehrere Sicherungsgeschäfte abgesichert.[27] Ein identifizierbarer Zusammenhang zwischen Grund- und Sicherungsgeschäft ist nicht mehr darstellbar. Im Bereich von Finanzinstituten sind Micro-Hedges von untergeordneter Bedeutung, da die dazu erforderlichen Einzelabsicherungsgeschäfte zu aufwendig sind. Stattdessen weicht man vielmehr auf Macro-Hedges aus, in deren Rahmen die Risiken insgesamt begrenzt werden. Beim **antizipativen Hedging**, das ebenfalls ein Anwendungsfall des § 254 HGB ist, werden die Risiken einer zukünftigen Transaktion abgesichert. Das Grundgeschäft ist zum Zeitpunkt der Absicherung noch nicht abgeschlossen, sein Abschluss wird jedoch erwartet. Aufgrund der **formellen Maßgeblichkeit** des § 5 Abs. 1a EStG wirken sich die handelsrechtlichen Regelungen unmittelbar auf die Steuerbilanz aus. Nach § 5 Abs. 1a EStG sind die gebildeten Bewertungseinheiten zur Absicherung finanzwirtschaftlicher Risiken in die Steuerbilanz zu übernehmen.[28] § 5 Abs. 1a EStG idF des BilMoG gilt erstmals für Wirtschaftsjahre, die nach dem 31.12.2008 beginnen, unter der Voraussetzung, dass das Wahlrecht nach Art. 66 Abs. 3 S. 6 des Einführungsgesetzes zum HGB idF des Art. 2 des BilMoG ausgeübt wird (§ 52 Abs. 12e EStG).[29]

Mit der Einführung des § 5 Abs. 1a EStG wurde § 5 Abs. 4a EStG[30] (**Drohverlustrückstellungen**) insoweit ergänzt, dass das steuerliche Ansatzverbot von Rückstellungen für drohende Verluste nicht für **Ergebnisse aus Bewertungseinheiten** gilt. Die Ergebnisse der in der handelsrechtlichen Rechnungslegung zur Absicherung **finanzwirtschaftlicher Risiken** gebildeten Bewertungseinheiten sind gem. § 5 Abs. 1a S. 2 EStG in die steuerliche Gewinnermittlung zu übernehmen.

Werden Vermögensgegenstände, Schulden, schwebende Geschäfte oder mit hoher Wahrscheinlichkeit erwartete Transaktionen (= Grundgeschäfte) zum Ausgleich gegenläufiger Wertänderungen oder Zahlungsströme aus dem Eintritt vergleichbarer Risiken mit Finanzin-

---

26 *Dörfler/Adrian,* DB 2009, Beilage 5, 58, 61.
27 BR-Drucks. 244/08, 126; s. auch *Petersen/Zwirner/Froschhammer,* in: Petersen/Zwirner, S. 424 f.
28 Zu möglichen Abweichungen zwischen § 254 HGB und § 5 Abs. 1 a EStG s. *Herzig/Briesemeister,* Ubg 2009, 158; *Meurer,* FR 2009, 117, 119.
29 Zur früheren Regelung s. *Danz/Kieninger/Patzner* in: Zerey, Außerbörsliche Finanzderivate, 2008, § 22 Rn 12 ff.
30 Gesetz zur Eindämmung missbräuchlicher Steuergestaltungen v. 28.4.2006, BGBl. I 2006, 1095; geändert durch BilMoG v. 25.5.2009.

strumenten (= Sicherungsgeschäft/Hedging) zusammengefasst, handelt es sich um eine sog. **Bewertungseinheit** gem. § 254 S. 1 HGB. In diesem Fall sind für diesen Zeitraum, in dem sich die gegenläufigen Wertänderungen oder Zahlungsströme ausgleichen, die §§ 249 Abs. 1 (Nichtbilanzierung schwebender Geschäfte), 252 Abs. 1 Nr. 3 und 4, 253 Abs. 1 S. 1 und 256a HGB nicht anzuwenden. Die Sicherungsgeschäfte werden vollständig oder teilweise zur Absicherung von Risikopositionen gegen die nachteiligen Entwicklungen von Warenpreisen, Zinssätzen, Währungskursen, Aktienkursen eingegangen. Eine Fremdwährungsforderung kann somit zB durch einen Devisenterminverkauf oder den Kauf einer Währungsputoption abgesichert werden. Das Hedging – bzw die Sicherung – besteht darin, dass der Wert des derivativen Finanzinstruments steigt, während der Wert des Grundgeschäfts (in diesem Beispiel der Währungskurs) fällt und umgekehrt.

Die handelsbilanzielle Behandlung ist für die steuerliche Gewinnermittlung konkret maßgeblich. Ist in der Handelsbilanz die Bildung einer Bewertungseinheit unterblieben, gilt dies auch für die steuerliche Gewinnermittlung. Wurde handelsbilanziell hingegen eine Bewertungseinheit gebildet, ist diese ebenfalls in der Steuerbilanz abzubilden.

Können Grund- und Sicherungsgeschäft einander konkret zugeordnet werden, kommt der Micro-Hedge zum Einsatz. Beide Geschäfte werden kompensatorisch bewertet. Dabei kann es zu unterschiedlichen Endergebnissen kommen. Die beiden Geschäfte können sich vollständig aufheben, so dass letztendlich weder ein Ertrag noch ein Verlust verbleibt. Die unrealisierten Verluste können die unrealisierten Gewinne übersteigen. In diesem Fall ist die Differenz antizipativ durch die Bildung einer Drohverlustrückstellung nach § 249 Abs. 1 HGB zu erfassen. Übersteigen die unrealisierten Gewinne die unrealisierten Verluste, bleibt die Differenz vorerst unberücksichtigt.

Soweit das Hedging nicht vollständig gelingt und somit ein Verpflichtungsüberhang verbleibt, führt dies grundsätzlich zur Durchbrechung des Ansatzverbotes von Drohverlustrückstellungen (§ 5 Abs. 4a S. 2 EStG). In diesem Fall darf das negative Ergebnis aus der Bewertungseinheit – das nichts anderes als eine Drohverlustrückstellung ist – in die Steuerbilanz übernommen werden (§ 5 Abs. 4a S. 2 EStG). Diese Ausnahmeregelung erschließt sich nicht unbedingt einer Logik, dürfte jedoch der Praktikabilität dienen.

Handelsrechtlich gibt es zwei Darstellungsmethoden der bilanziellen Abbildung von Bewertungseinheiten. Zum einen die sog. **Nettomethode** (= saldierter Ansatz) und zum anderen die sog. **Durchbuchungsmethode** (= unsaldierter Ansatz von Grund- und Sicherungsgeschäft in der Bilanz sowie GuV). Die Finanzverwaltung spricht sich für den Vorrang der Nettomethode aus, untersagt jedoch nicht die Durchbuchungsmethode, so dass diese im Zweifel ebenfalls möglich sein sollte.

Zu beachten bleibt, dass Verluste und Gewinne, die zu einem späteren Zeitpunkt tatsächlich realisiert werden, nicht mehr Bestandteil der Bewertungseinheit sein können. Die zuvor gebildete Bewertungseinheit fällt im **Realisierungszeitpunkt** auseinander und jeder Geschäftsvorfall ist gesondert zu beurteilen. In diesem Zusammenhang sind insbesondere die §§ 3 Nr. 40, 3c und 15 Abs. 4 EStG und § 8b KStG strikt zu trennen, da diese Regelungen auf tatsächliche Betriebsvermögensmehrungen und -minderungen abstellen.

Fraglich erscheint, inwieweit die Anwendungsbereiche der steuerrechtlichen Vorschrift (§ 5 Abs. 1a EStG) und der handelsrechtlichen Vorschrift (§ 254 HGB) voneinander abweichen. § 5 Abs. 1a EStG bezieht sich ausdrücklich auf „finanzwirtschaftliche Risiken", die vor allem Währungskurse, Zinssätze und Wertpapierkurse beinhaltet. § 254 HGB hingegen umfasst auch Bewertungseinheiten für realwirtschaftliche Risiken (wie zB Warenpreise durch Warentermingeschäfte) zulässig.[31] Der handelsrechtliche Anwendungsbereich könnte somit

---

31 *Günkel*, RdF 2011, 64; *Hick*, in: Herrmann/Heuer/Raupach (Stand März 2012), § 5 Rn 1645.

weitreichender sein als der steuerrechtliche Anwendungsbereich. In dieser Hinsicht sollte vom Gesetzgeber Klarheit geschaffen werden bzw die Angleichung der Anwendungsbereiche erfolgen.[32]

Es gibt bislang noch keine höchstrichterlichen Entscheidungen zur steuerlichen Bilanzierung des Hedge Accounting. Das Revisionsverfahren zum Urteil FG Schleswig-Holstein v. 15.3.2000,[33] hat damals – vor Einführung des § 5 Abs. 1a EStG – lediglich zu einem Gerichtsbescheid des BFH[34] geführt, der durch einen Abhilfebescheid durch das Finanzamt gegenstandslos geworden ist. In diesem Gerichtsbescheid hat der BFH lediglich den Micro-Hedge als zulässige Bewertungseinheit angesehen.

Aktuell ist beim BFH[35] ein Verfahren anhängig, in welchem über die Frage entschieden werden soll, wie ein nach § 8b Abs. 2 KStG steuerfreier Gewinn aus Anteilsveräußerungen zu ermitteln ist, wenn der Veräußerer im Zusammenhang mit dem Erwerb bzw. der Veräußerung der Anteile jeweils Optionsgeschäfte als Stillhalter einging und die Geschäfte über den Erwerb und die Veräußerung der Anteile mit den absichernden Optionsgeschäften handelsrechtlich zu einer Bewertungseinheit zusammengefasst wurden.

3. Verlustausgleichs- und -abzugsverbot für Termingeschäfte

a) Allgemeines

Eine eigenständige steuerliche Regelung zu Termingeschäften im Betriebsvermögen stellt das **Verlustausgleichs- und -abzugsverbot** gemäß § 15 Abs. 4 S. 3–5 EStG dar. Diese Regelung bestimmt, dass Verluste aus Termingeschäften, durch die der Steuerpflichtige einen Differenzausgleich oder einen durch den Wert einer veränderlichen Bezugsgröße bestimmten Geldbetrag oder Vorteil erlangt, weder mit anderen Einkünften aus Gewerbebetrieb noch mit Einkünften aus anderen Einkunftsarten ausgeglichen werden können, soweit die Geschäfte nicht zum gewöhnlichen Geschäftsbetrieb bei Kreditinstituten, Finanzdienstleistungsinstituten und Finanzunternehmen im Sinne des KWG gehören oder soweit sie nicht der Absicherung von voll oder teilweise steuerpflichtigen Geschäften des gewöhnlichen Geschäftsbetriebs dienen.

19

Ziel dieses Verlustausgleichs- und -abzugsverbotes ist eine missbräuchliche Verlagerung von privaten Veräußerungsverlusten in den betrieblichen Bereich zu verhindern.[36]

b) Beschränkung auf Termingeschäfte mit Differenzausgleich, Geldbetrag oder Vorteil

§ 15 Abs. 4 S. 3 EStG erfasst ausschließlich solche Termingeschäfte, durch die der Steuerpflichtige „einen **Differenzausgleich**[37] oder einen durch den Wert einer veränderlichen Bezugsgröße bestimmten **Geldbetrag**[38] oder **Vorteil**[39] erlangt." Ein Termingeschäft, das durch physische Lieferung des Basiswertes am Ende der Laufzeit abgeschlossen wird, fällt also nach dem Wortlaut des Gesetzes nicht unter die Regelung des § 15 Abs. 4 S. 3 EStG. Den-

20

---

32 S. ebenso *Herzig/Briesemeister*, Ubg 2009, 157; *Günkel*, RdF 2011, 64, 65.
33 EFG 2000, 1057.
34 BFH, I R 87/00, DStR 2003, 264.
35 BFH, I R 18/12, Lexinform 0928964, Vorinstanz FG Düsseldorf v. 13.12.2011, 6 K 1209/09 F.
36 Vgl *Sorgenfrei*, DStR 1999, 1928, 1933.
37 Unter Differenzausgleich ist eine Abrechnungsweise zu verstehen, bei der anstelle der physischen Lieferung des *underlying* die Differenz zwischen Basispreis und aktuellem Kurswert des *underlying* in Geld gezahlt wird (*cash settlement*).
38 Dieses Merkmal erfasst über den Differenzausgleich hinaus jede auf in- oder ausländische Währung gerichtete (bedingte) Forderung, deren Bestehen dem Grunde oder der Höhe nach von einer veränderlichen Bezugsgröße abhängt.
39 Mit diesem Kriterium sollen sämtliche (bedingte) geldwerte Vorteile im Sinne des § 8 Abs. 1 EStG erfasst werden, deren Bestehen dem Grunde oder der Höhe nach von einer veränderlichen Bezugsgröße abhängen.

noch soll nach Verwaltungsanweisungen von dem *Vorteilsbegriff* in § 15 Abs. 4 S. 3 EStG auch die Lieferung von Wirtschaftsgütern erfasst werden.[40] Damit stellt sich die Finanzverwaltung gegen die ganz herrschende Meinung im Schrifttum, die Termingeschäfte mit Lieferung des *underlying* nicht von § 15 Abs. 4 S. 3 EStG erfasst sieht.[41]

21 Die Auslegung der **Finanzverwaltung** beruht auf der einseitigen Anknüpfung an den Begriff „Vorteil". Sie lässt außer Acht, dass es nach § 15 Abs. 4 S. 3 EStG nicht ausreicht, dass irgendein Vorteil erlangt wird.[42] Vielmehr muss der Vorteil vom Wert einer veränderlichen Bezugsgröße bestimmt sein, woraus sich ergibt, dass es sich bei dem Vorteil einerseits und der veränderlichen Bezugsgröße andererseits um zwei verschiedene Dinge handeln muss.[43] Diese Auffassung entspricht auch dem Willen des Gesetzgebers. Denn ausweislich der Gesetzesbegründung stellt § 15 Abs. 4 S. 3 EStG eine Folgeänderung zur Besteuerung von privaten Termingeschäften im Sinne des § 23 EStG aF[44] dar.[45] § 23 Abs. 1 S. 1 Nr. 4 EStG in der früheren Gesetzesfassung[46] erfasste aber gerade keine Termingeschäfte, die auf Lieferung des *underlying* gerichtet waren, was bezüglich des § 23 aF EStG auch von der Finanzverwaltung so gesehen wird.[47] Die Verwaltungsschreiben zu § 15 Abs. 4 S. 3 EStG setzen sich hierzu in einen argumentativ nicht aufzulösenden Widerspruch[48] (siehe auch weiter unten bei Besteuerung im Privatvermögen). Bemerkenswert ist, dass im Rahmen der Beratungen zum Jahressteuergesetz 2010[49] vom Bundesrat vorgeschlagen wurde, § 15 Abs. 4 S. 3 EStG insoweit klarzustellen, dass Geschäfte mit physischer Lieferung ebenfalls von der Vorschrift erfasst werden sollten. Dieser Vorschlag wurde allerdings vom Finanzausschuss nicht übernommen. Eine Begründung, weshalb eine Klarstellung obsolet sei, wurde nicht aufgeführt. Insoweit bleibt die Unsicherheit des Einbezugs von Termingeschäften mit Lieferung des *underlying* zunächst bestehen.

c) Verluste aus Termingeschäften

22 Weiteres zentrales Tatbestandsmerkmal des § 15 Abs. 4 S. 3 EStG ist die Erzielung eines Verlustes aus einem Termingeschäft. Unter **Verlusten aus Termingeschäften** ist dabei der Saldo der Gewinne und Verluste aller Termingeschäfte zu verstehen,[50] wobei insbesondere folgende Positionen zu berücksichtigen sind:

- laufende Betriebseinnahmen und Betriebsausgaben aus Termingeschäften;
- zulässige Teilwertabschreibungen, Wertberichtigungen und Aufstockungen von Verbindlichkeiten aus laufenden Termingeschäften[51] und
- Aufwendungen aufgrund der Ausbuchung von Optionen auf Ebene des Erwerbers der Optionen.[52]

---

40 BMF-Schrb. v. 23.9.2005, DStR 2005, 1900; OFD Magdeburg v. 19.6.2006, DStR 2006, 1752.
41 *Feyerabend*, in: Erle/Sauter, KStG, § 15 EStG Rn 22, 26 und 35; *Häuselmann/Wagner*, BB 2002, 2170; *Haisch/Danz*, DStZ 2005, 850, 852; *Schmid/Renner*, DStR 2005, 815, 818; *Schmittmann/Wepler*, DStR 2001, 1783, 1785; *Tibo*, DB 2001, 2369, 2370.
42 *Haisch/Danz*, DStZ 2005, 850, 852.
43 Vgl *Hamacher*, WM 2000, 1721, 1724; *Tibo*, DB 2001, 2369, 2371.
44 I.d. Fassung vor dem UntStRefG 2008.
45 BT-Drucks. 14/443, 27.
46 I.d. Fassung vor dem UntStRefG 2008.
47 BMF-Schr. v. 27.11.2001, BStBl. I 2001, 986, Tz. 15 f, 20 f, 24 und 35 f.
48 S. *Haisch/Danz*, DStZ 2005, 850, 852.
49 v. 8.12.2010, BGBl. I, 1768.
50 *Wendt*, in: H/H/R, Steuerreform I,(Loseblattsammlung, Stand: August 2001) § 15 EStG Anm. R 7; *Bitz*, in: Littmann/Bitz/Pust, EStG, § 15 Rn 183.
51 *Wagner*, DStZ 2003, 798, 801.
52 *Wagner*, DStZ 2003, 798, 801.

Dagegen stellen unseres Erachtens Verluste **aus der Veräußerung** von Termingeschäften keine Verluste aus Termingeschäften im Sinne des § 15 Abs. 4 S. 3 EStG dar.[53] Solche Verluste beruhen nicht auf dem Rechtsverhältnis der Parteien des Termingeschäfts, sondern auf dem Veräußerungsgeschäft. Nach dem Gesetzeswortlaut müssen die Verluste aber aus Termingeschäften selbst resultieren. Da § 15 Abs. 4 S. 3 EStG als eine den Steuerpflichtigen belastende Ausnahmevorschrift restriktiv auszulegen ist, bleibt für eine andere, weitere Interpretation kein Raum. Gleiches sollte für Verluste aus einer beendenden[54] Glattstellung von Termingeschäften gelten.[55]

d) Ausnahmen und Rückausnahme

§ 15 Abs. 4 S. 4 EStG enthält zwei **Ausnahmen**: Hintergrund der ersten Ausnahme für Kreditinstitute, Finanzdienstleistungsinstitute und Finanzunternehmen ist § 8b Abs. 7 KStG, der die Anwendung der § 8b Abs. 1 bis Abs. 6 KStG für **Anteile** ausschließt, die dem **Handelsbuch** zuzurechnen sind. Die zweite Ausnahme ist rein funktional gestaltet und betrifft auch andere Unternehmen als die oben genannten. Ob Geschäfte zum gewöhnlichen Geschäftsbetrieb gehören und deren Absicherung dienen, kann im Einzelfall zweifelhaft sein. Gelegenheitsgeschäfte sollen damit jedenfalls nicht gemeint sein.[56] Weiterhin muss ein unmittelbarer Zusammenhang mit dem Grundgeschäft bestehen.[57]

23

Als **Rückausnahme** lebt die **Verlustausgleichsbeschränkung** allerdings wieder für Verluste aus solchen Termingeschäften auf, die der **Absicherung von Aktiengeschäften** dienen, bei denen der Veräußerungsgewinn nach § 3 Nr. 40 EStG zu 40% steuerfrei ist, oder die nach § 8b Abs. 2 KStG bei der Ermittlung des Einkommens außer Betracht bleiben. Damit soll verhindert werden, dass die im Zusammenhang mit der Absicherung entstehenden Aufwendungen steuerlich abziehbar sind und andererseits die Erträge steuerfrei bleiben. Obwohl der Veräußerungsgewinn im Fall des § 3 Nr. 40 EStG nur zu 40% steuerfrei ist, greift die Verlustausgleichsbeschränkung vollumfänglich ein. Die Verlustausgleichsbeschränkung ist somit ausgeschlossen, wenn die Erträge der Anteile nach § 8b Abs. 7 KStG steuerpflichtig sind. Dies sind insbesondere Anteile bzw Aktien, die bei Kreditinstituten uÄ dem **Handelsbuch** zuzuordnen sind. Sind die Anteile hingegen dem **Anlagebuch** zuzuordnen, greift die Verlustausgleichbeschränkung ein.

24

Soweit in der Handelsbilanz eine Bewertungseinheit nach § 5 Abs. 1a EStG zwischen Grund- und Termingeschäft gebildet wurde, liegt die Vermutung nahe, dass auch eine **Absicherung** iSd § 15 Abs. 4 S. 4 Alt. 2 EStG gegeben ist.[58] Ist hingegen im Vorfeld keine Bewertungseinheit gebildet worden, kann hieraus nicht geschlossen werden, dass es zwingend an einer Absicherung im Sinne des § 15 Abs. 4 S. 4 Alt. 2. EStG fehlt. Die Nichtbildung einer Bewertungseinheit dürfte daher unerheblich für die Anwendung des § 15 Abs. 4 S. 4 EStG sein.

25

Im Rahmen der Bildung von Bewertungseinheiten (§ 5 Abs. 1a EStG) ist für die Anwendung des § 15 Abs. 4 S. 3 f EStG nur wenig Raum. Soweit sich Grund- und Sicherungsgeschäft kompensieren, wird gerade kein Verlust ausgewiesen an den die Rechtsfolge des § 15 Abs. 4 S. 4 EStG knüpfen könnte. Etwas anderes gilt jedoch, wenn sich aus einem Makro- oder Portfolio Hedge ein Gesamtrisiko ergibt, das idR als Rückstellung ausgewiesen wird. Diese

---

53 *Haisch/Danz*, DStZ 2005, 850, 853; *Wagner*, DStZ 2003, 798, 801.
54 Zur Unterscheidung zwischen einfacher und beendender Glattstellung s. *Haisch*, DStZ 2004, 511, 518 mwN.
55 *Haisch/Danz*, DStZ 2005, 850, 853; *Tibo*, DB 2001, 2369, 2370. AA wohl *Reiß*, in: Kirchhof, EStG, (11. Aufl.) 2012, § 15 Rn 418.
56 *Wacker*, in: Schmidt EStG, 31. Aufl., § 15, Rn 904.
57 *Schmittmann/Wepler*, DStR 2001, 1783; *Sorgenfrei*, DStR 1999, 1928, 1931; *Wacker*, in: Schmidt EStG, 31. Aufl., Rn 904.
58 *Feyerabend*, in: Erle/Sauter, KStG, § 15 EStG Rn 59.

Rückstellung darf auch steuerlich nachvollzogen werden (s. § 5 Abs. 4a S. 2 EStG). Dieser Verlust kann nicht konkret zugeordnet werden. Die Finanzverwaltung[59] verneint die Anwendung der §§ 3 Nr. 40, 3c EStG sowie § 8b KStG, bejaht jedoch eine Anwendung der Verlustverrechnungsbeschränkung des § 15 Abs. 4 S. 3 bis 5 EStG für diesen Fall.

III. Besteuerung im Privatvermögen

26 Gewinne aus Termingeschäften gehören gemäß § 20 Abs. 2 S. 1 Nr. 3 lit. a EStG zu den Einkünften aus Kapitalvermögen. Erfasst werden Gewinne aus unbedingten Termingeschäften, durch die der Steuerpflichtige einen Differenzausgleich oder einen durch den Wert einer veränderlichen Bezugsgröße bestimmten Geldbetrag oder Vorteil erlangt und die bisher durch § 23 Abs. 1 Nr. 4 S. 1 EStG erfasst wurden (Differenzgeschäfte, zB Financial Futures, Swaps).

Darüber hinaus werden auch Gewinne aus der Veräußerung von als Termingeschäft ausgestalteten Finanzinstrumenten erfasst (§ 20 Abs. 2 Nr. 3 lit. b EStG). Dies betrifft insbesondere bedingte Termingeschäfte wie Optionen, die nach Rechtsprechung des BFH[60] vor dem UntStRefG 2008 im Veräußerungsfall durch § 23 Abs. 1 Nr. 2 EStG steuerlich erfasst wurden.[61]

1. Termingeschäfte mit Differenzausgleich, Geldbetrag oder Vorteil

27 § 20 Abs. 2 S. 1 Nr. 3 lit. a EStG umfasst Termingeschäfte, durch die der Steuerpflichtige einen **Differenzausgleich** oder einen durch den Wert einer veränderlichen Bezugsgröße bestimmten **Geldbetrag oder Vorteil** erlangt.[62] Unter einem Differenzausgleich versteht man eine Abrechnungsweise, bei der anstelle der physischen Lieferung des Basiswertes die Differenz zwischen Basispreis und aktuellem Kurswert des Basiswertes in Geld bezahlt wird (*cash settlement*). Mit dem Kriterium des „Geldbetrages, der durch den Wert einer veränderlichen Bezugsgröße bestimmt ist", wird über den Differenzausgleich hinaus jede auf in- oder ausländische Währung gerichtete Forderung, deren Bestehen dem Grunde oder der Höhe nach von einer veränderlichen Bezugsgröße abhängt, erfasst.[63] Mit dem Tatbestandsmerkmal des „Vorteils, der durch den Wert einer veränderlichen Bezugsgröße bestimmt ist", sollen weiterhin sämtliche geldwerte Vorteile im Sinne des § 8 Abs. 1 EStG einbezogen werden, deren Bestehen dem Grunde und der Höhe nach von einer veränderlichen Bezugsgröße abhängt.[64] Es werden jedoch nur Termingeschäfte erfasst, die durch Erlangung eines Differenzausgleiches, eines bestimmten Geldbetrages oder Vorteils beendet werden.

28 Die **Lieferung des Basiswertes** stellt jedoch nach bisheriger Verwaltungsauffassung[65] und herrschender Meinung[66] keinen solchen Vorteil dar. Ein Termingeschäft, das auf Lieferung des *underlying* gerichtet ist, wird nicht nach § 20 Abs. 2 S. 1 Nr. 3 lit. a EStG besteuert. Diese Auslegung widerspricht nicht dem Gesetzeszweck, wonach alle Wertänderungen von Derivaten der Besteuerung unterworfen werden sollen, da die Differenz zwischen dem Markt-

---

59 OFD Rheinland, DB 2011, 737.
60 BFH BStBl. II 2003, 752; BFH BB 2004, 1862.
61 BT-Drucks. 16/4841, 96.
62 *Feyerabend*, in: Erle/Sauter, KStG, 2. Aufl., § 15 EStG Rn 20; *Reiß*, in: Kirchhof, EStG,(11. Aufl.) 2012, § 15 Rn 609; aA wohl *Wendt*, in: H/H/R, Steuerreform I, (Loseblattsammlung, Stand: August 2001) § 15 EStG Anm. R 16 jeweils zu § 15 Abs. 4 S. 3 EStG.
63 *Haisch/Danz*, DStZ 2005, 850, 851 mit Beispielen.
64 *Geurts*, in: Bordewin/Brandt, EStG, § 20 Rn 614.
65 BMF-Schr. v. 27.11.2001, BStBl. 2001, 986, Tz. 15 f, 20 f, 24 und 35 f.
66 *Delp*, INF 1999, 584, 585; *Hamacher*, WM 2000, 1721, 1724; *Hennig/Bengard*, BB 1999, 1901, 1902 f; *Schlüter*, DStR 2000, 226, 228.

wert und dem Basispreis bei einer späteren Veräußerung des Basispreises gemäß § 20 Abs. 2 EStG bzw § 23 Abs. 1 EStG besteuert wird. Damit kommt es lediglich zu einer Steuerstundung, die aber bei Transaktionen mit Sachlieferungen ausweislich des § 20 Abs. 4 a EStG vom Gesetzgeber akzeptiert wird.[67]

Von wesentlicher praktischer Bedeutung ist die Frage, ob § 20 Abs. 2 S. 1 Nr. 3 lit. a EStG voraussetzt, dass der Steuerpflichtige aus dem Termingeschäft tatsächlich einen Differenzausgleich, Geldbetrag oder Vorteil erlangt, oder ob es ausreicht, dass das Termingeschäft auf das **Erlangen** einer solchen Position gerichtet ist. Wichtig ist dies für die Frage, ob Verluste aus dem **Verfall** von **Optionen** im Privatvermögen beim Inhaber steuerlich abzugsfähig sind. Die Finanzverwaltung erkennt solche Verluste nicht an, weil der Steuerpflichtige bei einem Verfall der Optionen tatsächlich keinen Differenzausgleich, Geldbetrag oder Vorteil erlangt habe.[68]

29

Die Frage lässt sich aus dem Gesetzeswortlaut nicht eindeutig beantworten. Nach der Gesetzesbegründung zur Vorgängervorschrift erfasst § 23 Abs. 1 Nr. 4 EStG aF allgemein Geschäfte, die ein Recht auf Zahlung eines Geldbetrages oder sonstigen Vorteils einräumen, der sich nach anderen Bezugsgrößen bestimmt.[69] Nicht das tatsächliche Erlangen eines Differenzausgleiches, Geldbetrags oder Vorteils steht damit im Vordergrund, sondern der Vorgang des Einräumens eines solchen Rechtes. Hierfür spricht auch der Gesetzeszweck. Termingeschäfte sind nämlich Risikogeschäfte und beinhalten als solche Rechte, die erst beim Eintritt der bei Abschluss der Termingeschäfte vereinbarten Bedingungen voll entstehen.[70]

Der BFH hat diese Auffassung allerdings wiederholt abgelehnt und entschieden, dass der Verfall von Optionen im Privatvermögen nicht den Tatbestand des § 23 Abs. 1 Nr. 4 S. 1 EStG aF erfüllt.[71] Der BFH begründet dies mit dem seines Erachtens eindeutigen Wortlaut des § 23 Abs. 1 S. 1 Nr. 4 EStG aF, der ein tatsächliches Erlangen eines Differenzausgleiches, Geldbetrages oder Vorteils erfordere. Außerdem erfasse § 23 Abs. 1 S. 1 Nr. 4 EStG aF nur Vorteile aus den Basisgeschäften und setze daher die Durchführung der Basisgeschäfte voraus.[72] Der BFH geht nicht auf die Problematik ein, dass seine Auslegung dazu führt, dass bei der Ermittlung der steuerlichen Bemessungsgrundlage nur die erfolgreich verlaufenden Optionsgeschäfte erfasst werden, die erfolglos verbleibenden Geschäfte hingegen unberücksichtigt bleiben, was dem Leistungsfähigkeitsprinzip widerspricht.[73]

2. Veräußerung von Termingeschäften

Gewinne aus der Veräußerung von als Termingeschäfte ausgestalteten Finanzinstrumenten sind steuerbar.

30

Die Vorschrift des § 20 Abs. 2 S. 1 Nr. 3 lit. b EStG erfasst nicht nur Termingeschäfte mit Differenzausgleich, Zahlung eines Geldbetrages oder Vorteils, sondern sämtliche Termingeschäfte.[74] Zusätzlich verlangt die Vorschrift, dass diese Termingeschäfte gleichzeitig Finanzinstrumente sind, wobei der Begriff des Finanzinstruments im Gesetz nicht definiert und wohl sehr weit auszulegen ist, so dass er keine eigenständige Bedeutung entfaltet.

---

67 *Haisch/Helios*, Ubg 2009, 250, 256.
68 BMF-Schr. v. 27.11.2001, BStBl. I 2001, 986 Tz. 18 und 23; in diesem Sinne auch BMF-Schr. v. 22.12.2009, BStBl. I 2010, 94, Tz. 27 und 32.
69 BT-Drucks. 14/443, 19.
70 *Philipowski*, DStR 2004, 978, 979.
71 BFH v. 19.12.2007, IX R 11/06, BStBl. II 2008, 519; vom 9.10.2008, IX R 69/07, BFH/NV 2009, 152.
72 Vgl auch BFH v. 17.4.2007, IX R 40/06, BStBl. II 2007, 608, 609.
73 Vgl FG Münster v. 7.12.2005, BeckRS 2005 26020826; *Philipowski*, DStR 2004, 978.
74 Siehe auch *Haisch*, DStZ 2007, 762, 766.

Dem Veräußerungstatbestand gleichgestellt ist die sog. rechtliche Glattstellung. Nach der BFH-Rechtsprechung[75] und der Verwaltungsansicht[76] zu § 23 Abs. 1 S. 1 Nr. 2 EStG aF soll eine rechtliche Glattstellung an der EUREX und vergleichbaren, auch ausländischen, Terminbörsen eine Veräußerung darstellen. Da an der EUREX und an anderen Terminbörsen Gewinne nur mittels rechtlicher Glattstellung realisiert werden können, ist eine Gleichstellung der rechtlichen Glattstellung mit dem Veräußerungstatbestand mit Sinn und Zweck des § 20 Abs. 2 EStG, alle Gewinne aus der Veräußerung oder anderweitigen Beendigung von privaten Finanzprodukten zu erfassen, vereinbar und geboten.

Gleiches sollte uE auch für nicht börsengehandelte Termingeschäfte gelten, da OTC Termingeschäfte zwar grundsätzlich auch an Dritte veräußert werden können, aber aufgrund ihrer individuellen Ausgestaltung oft nur im Wege der vorzeitigen Beendigung gegenüber dem ursprünglichen Vertragspartner wirtschaftlich sinnvoll beendet werden können.

31 Umgekehrt sind Veräußerungsverluste aus Termingeschäften ausgestalteten Finanzinstrumente steuerlich zu berücksichtigen. Allerdings hat die OFD Münster in einer Kurzinformation vom 13.7.2009[77] mitgeteilt, dass bei Veräußerung von Optionsscheinen am letzten Handelstag vor dem Verfall zu einem Preis von nahe 0 EUR, eine Anwendung des allgemeinen Missbrauchstatbestandes gemäß § 42 Abs. 1 AO zu prüfen ist. Durch die Veräußerung werde lediglich ein Bruchteil der ursprünglichen Anschaffungskosten erzielt, so dass idR ein zu vernachlässigender Schutz des Vermögens gegeben sei. Der Optionsscheininhaber verkaufe den Schein lediglich, um die erzielten Verluste steuerlich geltend machen zu können. Deshalb sei in der Regel in solchen Konstellationen bei wirtschaftlicher Betrachtungsweise von einem Verfall des Optionsrechts auszugehen, so dass der entstandene Verlust steuerlich unbeachtlich sei.

U.E. ist die Auffassung der OFD Münster aus mehreren Gründen unzutreffend: (i) Die Erzielung eines Veräußerungserlöses, auch wenn er noch so gering ist, stellt immer einen beachtlichen außersteuerlichen Grund dar, da er teilweise das Vermögen des Steuerpflichtigen schützt. (ii) Ein simpler Veräußerungsvorgang kann kaum als „unangemessene rechtliche Gestaltung" iSd. § 42 Abs. 2 AO gewertet werden und führt (iii) auch nicht zu einem gesetzlich nicht vorgesehenen Steuervorteil im Vergleich zu einer angemessenen Gestaltung. Nach Ansicht der OFD Münster ist die angemessene „Gestaltung" in ihrem Szenario das Verfallenlassen des Optionsscheines, was sich schon begrifflich nur schwer unter Gestaltung subsumieren lässt. Der steuerliche „Vorteil" soll wohl darin bestehen, dass der Steuerpflichtige im Ergebnis nach dem Leistungsfähigkeitsprinzip besteuert wird, seine Verluste aus Optionsscheingeschäften also genauso behandelt werden wie seine Gewinne aus solchen Geschäften. Der Inhalt der OFD Kurzinformation lässt sich im Grunde nur dadurch erklären, dass das Rechtsstaatsprinzip durch das Prinzip Besteuerung nach Kassenlage ersetzt worden ist.

C. Zertifikate

I. Begriff und Abgrenzung

32 „Zertifikate" ist eine Sammelbezeichnung für Finanzprodukte in Form von Schuldverschreibungen, mit deren Hilfe der Anleger an der Wertentwicklung eines oder mehrerer Basisgüter (*underlying*) teilnimmt. Als *underlying* können alle Asset-Klassen in allen Kombinationen dienen, seien es Aktien, Anleihen, Währungen, Rohstoff-Futures, Körbe dieser Basisgüter, Indizes oder Gruppen von Indizes. So verschieden die Referenzwerte sind, so unterschiedlich

---

75 BFH v. 24.6.2003, IX R 2/02, BStBl. II 2003, 752; v. 29.6.2004, IX R 26/03, BStBl. II 2004, 955; v. 14.12.2004 – VIII R 81/03 und VIII R/02, BStBl. II 739 und 746, jeweils mwN.
76 BMF v. 27.11.2001, IV C 3 – S 2256-265/01, BStBl. I 2001, 986, Tz. 17 und 22.
77 OFD Münster 13.7.2009, Kurzinfo ESt Nr. 021/2009, Beck-Online, BeckVerw NRW 162216.

können die Zertifikatsbedingungen ausgestaltet sein: mit Kapitalgarantie oder ohne, mit laufender Vergütung oder ohne, mit begrenzter oder unbegrenzter Laufzeit, mit Zahlung eines Geldbetrages oder Lieferung des *underlying* am Ende der Laufzeit, mit Währungsabsicherung oder ohne, mit Hebelwirkung oder ohne, etc.[78]

Zertifikate selbst stellen keine Derivate dar, sondern sind schlichte **Schuldverschreibungen**. Die Emittenten von Zertifikaten sichern sich jedoch regelmäßig durch den Abschluss von Gegengeschäften (*hedge*) bezüglich der gegenüber den Anlegern eingegangenen Verpflichtungen ab.[79] Dies geschieht in der Regel dadurch, dass die Emittenten einen **Total Return Swap** mit einer Gegenpartei (*counterparty*) abschließen,[80] die ihrerseits das *underlying* hält oder die Performance des *underlying* wiederum auf dem Kapitalmarkt einkauft. Je nach Ausgestaltung des Zertifikats handelt es sich bei dem *underlying* selbst schon um ein Derivat (zB bei einem Zeritfikat auf einen Öl-Futures) und/oder die Absicherung erfolgt durch Derivate, (zB in Form eines Total Return Swaps). Deshalb werden Zertifikate auch als verbriefte Derivate bezeichnet. Im Privatkundensektor stellen sie die mit Abstand bedeutendste Anlageform dar, mit deren Hilfe Privatanleger in den Derivatemarkt investieren,[81] weshalb Zertifikate im Zusammenhang mit diesem Buch behandelt werden.[82] 33

Mit der Finanzkrise haben Zertifikate, die auf einen Lieferanspruch auf **Gold** oder andere Edelmetalle gerichtet sind, sehr an Bedeutung gewonnen. Bei diesen Zertifikaten handelt es sich ebenfalls um Schuldverschreibungen bzw Wertpapiere, deren Veräußerung oder Einlösung unter die Vorschrift des § 20 Abs. 2 S. 1 Nr. 7 EStG fallen.[83]

II. Besteuerung im Betriebsvermögen

Zertifikate sind ein typisches Anlageprodukt für Privatanleger, weshalb ihre Besteuerung im Betriebsvermögen kaum besprochen wird. In der Praxis werden Zertifikate aber auch von Unternehmen erworben, zum Beispiel zur Zwischenanlage von vorübergehend nicht benötigten Betriebsmitteln. Die Einkünfte aus den im Betriebsvermögen gehaltenen Zertifikaten sind Einkünfte aus Gewerbebetrieb und unterliegen im vollen Umfang der Körperschaft- sowie der Gewerbesteuer. 34

Für Verluste aus Zertifikaten im Betriebsvermögen ist zu beachten, dass diese nach Auffassung der Finanzverwaltung unter das gesetzliche **Ausgleichs- und Abzugsverbot** für Termingeschäfte im gewerblichen Bereich fallen. Deshalb dürfen nach Auffassung der Finanzverwaltung solche Verluste nur mit gleichartigen Gewinnen des Vorjahres und künftiger Jahre ausgeglichen werden. Eine höchstrichterliche Klärung, ob und inwieweit Zertifikate als Termingeschäft im Sinne dieser Verrechnungsbeschränkung anzusehen sind, steht jedoch noch aus. 35

Im Übrigen gelten die allgemeinen Regelungen. Während der Laufzeit des Zertifikats findet jeweils zum Bilanzstichtag eine **Bewertung** im Rahmen des Jahresabschlusses statt. Sofern das Zertifikat eine Verzinsung gewährt, unterliegen die bis zum Bilanzstichtag aufgelaufenen Zinsen vollständig der Steuerpflicht. Eventuell bei Erwerb gezahlte Stückzinsen mindern im Jahr des Erwerbs den steuerlichen Gewinn. Zum Bilanzstichtag angefallene Buchgewinne dürfen nicht ausgewiesen werden; Buchverluste nur, wenn der Börsenkurs des Zertifikats 36

---

78 Hierzu eingehend *Haisch/Danz*, DStR 2005, 2108 ff.
79 *Haisch/Danz*, DStR 2005, 2108, 2109.
80 Zur Funktionsweise eines Total Return Swaps und dessen steuerliche Behandlung vgl *Haisch*, DStZ 2004, 511, 512 ff.
81 Privatanleger hatten laut Marktbericht des Deutschen Derivate Verbandes im Juni 2009 ca. 88,7 Mrd. EUR in den deutschen Zertifikatemarkt investiert (www.deutscher-derivate-verband.de).
82 Näheres zur Einordnung *Hagen/Remmel*, BB 2011, 2718.
83 Ebenso BMF v. 22.12.2009, BStBl. I 2010, 94 Tz. 57.

unter dem Kurs des Erwerbs liegt und diese Wertminderung voraussichtlich dauerhaft ist. Steigt der Kurs des entsprechenden Zertifikates in den Folgejahren wider Erwarten wieder an, ist eine entsprechende Zuschreibung vorzunehmen, jedoch höchstens bis auf die ursprünglichen Anschaffungskosten des Zertifikats.

III. Besteuerung im Privatvermögen

37 Für Zwecke der Besteuerung von Zertifikaten beim Privatanleger vor dem UntStRefG 2008 war zu unterscheiden, ob das Zertifikat als sogenannte **Finanzinnovation** einzustufen ist oder anderenfalls ein reines Spekulationspapier darstellt, das im Rahmen der Vorschrift zu privaten Veräußerungsgeschäften (§ 23 EStG) erfasst wird. Kursgewinne aus Spekulationspapieren konnten grundsätzlich nach Ablauf der Jahresfrist steuerfrei veräußert werden. Mit Einführung der Abgeltungsteuer unterliegen grundsätzlich sämtliche Kursgewinne aus Zertifikaten – unabhängig von der Haltedauer und unabhängig davon, ob ein Kapitalschutz besteht oder nicht – der Abgeltungsteuer iHv 25 % zzgl 5,5 % Solidaritätszuschlag.

38 Für Kapitalforderungen, die bislang nach § 23 EStG aF und nicht nach § 20 EStG aF steuerpflichtig waren – also für Zertifikate ohne Kapitalschutz – gilt eine besondere Regelung (§ 52a Abs. 10 S. 8 f). Nicht nur die erzielten Veräußerungserlöse von neu angeschafften Wertpapieren nach Einführung der Abgeltungsteuer – also nach dem 1.1.2009 – fallen unter die pauschale Abgeltungsteuer, sondern vielmehr auch bereits vor dem 1.1.2009 erworbene Zertifikate.

Wurden die Zertifikate bis zum **14.3.2007**[84] erworben, können diese noch nach den alten Regelungen besteuert werden. In diesen Fällen können Veräußerungsgewinne außerhalb der Jahresfrist des § 23 EStG noch steuerfrei vereinnahmt werden (voller Bestandsschutz).

Bei Anschaffungen im Zeitraum vom **14.3.2007** bis **31.12.2008** ist der Bestandsschutz stark eingeschränkt: Eine steuerfreie Veräußerung kommt nur noch dann in Betracht, wenn die Zertifikate bis zum **30.6.2009** außerhalb der Jahresfrist veräußert wurden. Diese Regelung wurde während des Gesetzgebungsverfahrens durch den Finanzausschuss eingebracht, um der Tendenz am Kapitalmarkt auszuweichen, dass vermehrt Zertifikate mit einer sehr langen oder unbegrenzten Laufzeit auf den Markt gebracht werden, die der Steuerpflichtige noch bis zum 31.12.2008 zu alten Konditionen hätte erwerben können, womit die Veräußerungsgewinnbesteuerung umgangen worden wäre.

39 Diese Grundregel ist durch eine Stellungnahme des BMF v. 14.12.2007 noch erweitert worden. Wird die Endfälligkeit eines nach dem 15.3.2007 angeschafften Risikozertifikats mit einer Haltedauer von über einem Jahr und einem Laufzeitende vor dem 1.7.2009 bei einem sich abzeichnenden Verlust hinausgeschoben, handelt es sich um einen Gestaltungsmissbrauch. Als Rechtsfolge ist in derartigen Fällen nicht von einer – steuerwirksamen – Endfälligkeit nach dem 30.6.2009 auszugehen. Der Verlust bleibt im Rahmen der ESt-Erklärung unberücksichtigt. Sind Risikozertifikate mit Zahlungen während der Laufzeit ausgestattet, so sind diese ab dem 1. 1. 2009 steuerpflichtig, § 52a Abs. 10 S. 8 EStG ist nicht anzuwenden.

Soweit bestimmte Partizipationsscheine vor Einführung des UntStRefG 2008 zu den Finanzinnovationen zählten, greifen die Regelungen zur Abgeltungsteuer für alle Gewinne aus der Veräußerung bzw Einlösung, die nach dem 31.12.2008 erfolgen (§ 52a Abs. 10 S. 6 u. 7 EStG). Die Bestandsschutzregelung gilt in diesem Fall nicht. Die Unterscheidung zwischen Finanzinnovationen und Spekulationsinstrument ist nur noch für Zertifikate relevant, die bis zum 14.3.2007 erworben wurden. Da aus praktischer Sicht diese Unterscheidung kaum

---

84 Kabinettsbeschluss zum Entwurf eines Unternehmensteuerreformgesetzes 2008.

mehr von Bedeutung ist, wird sie anders als in der Vorauflage nicht mehr ausführlich dargestellt.

Für ab dem **1.1.2009** angeschaffte Papiere gilt, dass alle Gewinne aus der Veräußerung bzw Endeinlösung durch den Erst- oder jeden Folgeerwerber der **Abgeltungsteuer** unterliegen (§§ 20 Abs. 2 S. 1 Nr. 7, 20 Abs. 2 S. 2, 52a Abs. 10 S. 6 EStG). Dies gilt unabhängig davon, ob die Kapitalanlage einen Kapitalschutz bietet oder nicht. Die Abgeltungsteuer beträgt 25 % zzgl 5,5 % SolZ und ggf KiSt (§§ 32d Abs. 1, 43 Abs. 1 Nr. 10 iVm § 43a Abs. 1 Nr. 1 EStG). 40

Werden dem Anleger am Ende der Laufzeit anstelle der Rückzahlung des vereinbarten Kapitals Wertpapiere (Aktien o.Ä.) angedient, kommt eine **Neuregelung** zur Anwendung, wenn die Andienung nach dem 31.12.2009 erfolgt und die Zertifikate nach dem 14.3.2007 erworben wurden. Die Regelung wurde mit dem JStG 2010[85] in § 20 Abs. 4a S. 3 EStG aufgenommen. Im Falle der Aktienandienung wird der Erwerbspreis des Zertifikats als Veräußerungspreis und als Anschaffungskosten der erhaltenen Wertpapiere fingiert. Dies hat zur Folge, dass zunächst im Zeitpunkt der Einbuchung der Wertpapiere kein Gewinn oder Verlust entsteht. Die Besteuerung des Gewinns oder Verlusts erfolgt erst im Zeitpunkt der Veräußerung der gelieferten Wertpapiere.

Bei einer Wertpapierandienung, die für den Anleger idR mit einem Verlust verbunden ist, kann der Verlust nur durch die Veräußerung der Wertpapiere realisiert werden. Handelt es sich bei den Wertpapieren um Aktien, können realisierte Verluste nur dem Topf für Aktienverluste zugeschrieben werden und folglich auch nur mit Gewinnen aus Aktien verrechnet werden.

Diese eingeschränkte Verlustverrechnung gilt nicht, wenn ein Barausgleich erfolgt oder wenn der Verlust vorzeitig durch Verkauf des Zertifkates realisiert wird.

IV. Keine Anwendung des InvStG auf Zertifikate

Nach Verwaltungsansicht ist ein Zertifikat, das von einem Dritten ausgegeben wird und die Ergebnisse eines ausländischen Investmentvermögens, mehrerer solcher Vermögen oder eines Index auf solche Vermögen nur nachvollzieht, nicht als (ausländischer) Investmentanteil einzustufen.[86] Dieser Ansicht ist zuzustimmen, weil Zertifikate kein Recht auf einen Teil des Vermögens des Emittenten, sondern lediglich einen regelmäßig bedingten **schuldrechtlichen Zahlungsanspruch** gegen den Emittenten verbriefen.[87] Das zeigt sich insbesondere im Insolvenzfall darin, dass die Anleger keinerlei bevorrechtigten Zugriff auf vom Emittenten gehaltenes Vermögen haben, sondern ihnen mit allen anderen Insolvenzgläubigern nur ein gleichrangiger Insolvenzanspruch zusteht.[88] Mangels mitgliedschaftsrechtlicher Qualität stellt ein Zertifikat auch keine Beteiligung im Sinne des § 7 Abs. 1, Abs. 2 u. 6 AStG dar.[89] 41

D. Strukturierte Produkte

I. Begriff und Abgrenzung

Mit **strukturierten Produkten** (*combined instruments*) werden hier anleihemäßig ausgestaltete Instrumente mit eingebetteten derivativen Elementen bezeichnet. Gebräuchlich sind auch 42

---

85 JStG v. 8.12.2010, BGBl. I, 1768.
86 BMF-Schr. v. 2.6.2005, BStBl. I 2005, 728, Tz. 9, sowie BMF-Schr. (IV C1-S1980-1/08/1019) v. 18.8.2009, Tz. 9.
87 *Haisch/Danz*, DStR 2005, 2108, 2112.
88 Vgl hierzu *Pfüller/Schmidt*, in: Brinkhaus/Scherer, AIG, § 1 Rn 29; *Oho/Remmel*, BB 2002, 1449, 1451 ff; *Schumacher*, StbJb 2002/2003, S. 467.
89 *Harenberg*, in: H/H/R, EStG/KStG § 23 EStG Anm. 210.

die Begriffe „**zusammengesetzte Instrumente**" oder *compound instruments*.[90] Man unterscheidet zwischen unechten und echten strukturierten Produkten.[91] Als **unechte strukturierte Produkte** werden hierbei Instrumente bezeichnet, die als ein Instrument emittiert werden, aber von dem Inhaber ohne Mitwirkung des Emittenten in zwei oder mehr handelbare Instrumente zerlegt werden können (zB Optionsanleihen). Demgegenüber wird die Bezeichnung **echte strukturierte Produkte** für diejenigen Instrumente verwendet, die rechtlich nicht in ihre Einzelelemente zerlegt werden können (zB Aktien- und Umtauschanleihen).

II. Besteuerung im Betriebsvermögen

43 Unechte strukturierte Produkte können in ihre Bausteine zerlegt werden. Dementsprechend sind die einzelnen Bausteine unter den entsprechenden Bilanzpositionen zu erfassen.[92]

Die handelsbilanzielle Abbildung von echten strukturierten Produkten wird in der Literatur kontrovers diskutiert. Einerseits wird der **Einheitsansatz** verfolgt, nachdem das Produkt als Einheit unter einer Bilanzposition ausgewiesen wird, andererseits wird unter bestimmten Voraussetzungen der **Zerlegungsansatz** diskutiert. Die steuerbilanzielle Behandlung von strukturierten Produkten wurde bislang eher selten thematisiert. Weder von der Rechtsprechung noch seitens der Finanzverwaltung liegen konkrete Äußerungen zur steuerbilanziellen Behandlung strukturierter Produkte vor. Durch Urteile, die zu anderen Bilanzierungsfragen ergangen sind, dürften uE echte strukturierte Produkte in der Steuerbilanz als Einheit unter der entsprechenden Bilanzposition zu erfassen sein.[93] Dies entspricht dem Grundsatz, dass verbundene Objekte ein einheitliches Wirtschaftsgut bilden, wenn sie als **einheitliches Ganzes in Erscheinung** treten.[94] Ein echtes strukturiertes Produkt wird regelmäßig unter Ausgabe einer einzigen (nicht mehrerer) Wertpapierkennnummer(n) emittiert, was die Erscheinung als einheitliches Ganzes ohne Zweifel lässt. Darüber hinaus besteht zwischen den einzelnen Komponenten eines strukturierten Produktes ein **Nutzungs- und Funktionszusammenhang**, dh die Produktbausteine wirken in abgestimmter Weise aufeinander. Die Erscheinung als einheitliches Ganzes liegt insbesondere vor, wenn ein Nutzungs- und Funktionszusammenhang gegeben ist.[95]

Zu weiteren steuerlichen Aspekten siehe auch die Ausführungen zu Termingeschäften.[96]

III. Besteuerung im Privatvermögen

1. Keine Zerlegung von strukturierten Produkten im Privatvermögen für steuerliche Zwecke

44 Auch für die Besteuerung von strukturierten Produkten im Privatvermögen ist es von Bedeutung, ob diese zerlegt werden können oder nicht. Nach Einführung der Abgeltungsteuer stellt sich die Frage zwar nicht mit der gleichen Dringlichkeit; für Zwecke der Übergangsregelung ist sie jedoch nach wie vor bedeutsam. Anders als im Bereich des Betriebsvermögens gibt es bislang jedoch nur einige wenige Arbeiten, die sich grundlegend mit der Frage auseinandergesetzt haben, ob im Privatvermögen der **Einheits- oder der Zerlegungsansatz** anzu-

---

90 Vgl KPMG (Hrsg.), Financial Instruments, 117; *Bertsch*, KoR 2003, 550, 552.
91 *Herzig*, IStR 2000, 482, 484; *Wiese/Dammer*, DStR 1999, 867, 869.
92 *Haisch*, in: Herrmann/Heuer/Raupach, EStG (Loseblattsammlung, Stand März 2012), § 5 Rn 1086.
93 Ebenso *Haisch*, in: Herrmann/Heuer/Raupach EStG (Loseblattsammlung, Stand März 2012), § 5 Rn 1087.
94 BFH v. 16.12.1958, BStBl. III 1959, 77.
95 BFH v. 9.8.2001, BStBl. II 2001, 842; vgl hierzu ausführlich *Haisch*, in: Herrmann/Heuer/Raupach, EStG (Loseblattsammlung, Stand März 2012), § 5 Rn 1087.
96 Zu diversen Kreditderivaten vgl ausführlich *Feyerabend/Patzner/Kieninger*, in: Kreditderivate, 2. Aufl., 2005, 277 ff.

wenden ist. Nach unserer Ansicht stellt das Gesetz grundsätzlich auf das einzelne Wirtschaftsgut bzw Rechtsverhältnis[97] ab und zwar sowohl bei den Einkünften aus Kapitalvermögen als auch für die Einkünfte nach § 17 Abs. 1 EStG.[98]

Demzufolge sind unechte strukturierte Produkte auch im Privatvermögen in ihre Einzelteile zu zerlegen und dementsprechend einzeln zu besteuern. Diese Ansicht stellt die ganz herrschende Meinung zur Besteuerung von bestimmten unechten strukturierten Produkten dar.[99]

Echte strukturierte Produkte, die nach ihrer Definition nicht in ihre physische Einzelteile zerlegt werden können, sind demgegenüber auch für Zwecke der Besteuerung im Privatvermögen nicht zu zerlegen, sondern als Einheit zu besteuern. Diese Ansicht wird von der herrschenden Meinung im Schrifttum geteilt,[100] von Teilen des Schrifttums abgelehnt.[101] Eine Anwendung des Zerlegungsgrundsatzes ist jedoch unseres Erachtens für Zwecke der Besteuerung im Privatvermögen nicht möglich, da es hierzu schlicht an einer entsprechenden Rechtsgrundlage fehlt:

Eine Rechtsnorm, die als Grundlage für eine Zerlegung von echten strukturierten Produkten dienen könnte, existiert nicht. Die **wirtschaftliche Betrachtungsweise** kann **keine Rechtsgrundlage** für eine Zerlegung von echten strukturierten Produkten bilden. Nach ständiger Rechtsprechung des BFH handelt es sich bei der wirtschaftlichen Betrachtungsweise um eine anerkannte juristische Interpretationsmethode für die Auslegung von Rechtsnormen und die Qualifizierung von Sachverhalten, auf welche die Rechtsnormen angewandt werden. Sie rechtfertigt allerdings keine außerrechtliche, wirtschaftliche Betrachtung rechtlicher Sachverhalte, sondern fordert vielmehr die an den spezifischen Regelungszielen einer Rechtsnorm und deren Terminologie auszurichtende steuerliche Beurteilung, ob der bewirkte wirtschaftliche Erfolg einen Steuertatbestand erfüllt.[102] Damit bietet die wirtschaftliche Betrachtungsweise keine Grundlage, die gewählten zivilrechtlichen Vereinbarungen zu ignorieren und einen nicht bestehenden Sachverhalt zu fingieren.[103] Die Anwendung des Zerlegungsansatzes ist auch nicht wünschenswert, da er nicht in der Lage ist, Rechtssicherheit und Rechtsklarheit zu gewährleisten, weil seine Anwendung von Subjektivität des Rechtsanwenders abhängt. Der Zerlegungsansatz ist nämlich hinsichtlich der Art und Tiefe der Zerlegung unbestimmt und kaum zu objektivieren.[104] Nach allgemeiner Ansicht hat eine wirtschaftliche Betrachtungsweise aber dann keinen Anwendungsbereich, wenn sie unvereinbar mit den Erfordernissen der Rechtssicherheit und -klarheit ist.[105]

2. Besteuerung einzelner echter strukturierter Produkte

a) Aktienanleihen

Aktienanleihen (Reverse Convertible Bonds) sind hochverzinsliche kurz laufende Schuldverschreibungen, bei welchen der Emittent am Ende der Laufzeit die Anleihe bar oder durch Übertragung einer im Voraus festgelegten Anzahl von Aktien eines bestimmten Unternehmens zurückzahlt.[106] Im Gegensatz zur Wandelanleihe erhält der Anleger nicht Aktien des

---

97 BFH v. 27.6.1989, BStBl. II 1989, 934, 936.
98 *Weber-Grellet*, in: Schmidt, EStG, 31. Aufl. § 17 EStG Rn 1.
99 BFH v. 1.7.2003, BStBl. II 2003, 883; BFH v. 16.5.2001, BStBl. II 2001, 710; *Groh*, DB 2002, 860 ff.
100 FG Berlin v. 22.4.2004, EFG 2004, 1450; BMF-Schr. v. 2.3.2001, BStBl. I 2001, 206; *Delp*, BB 2001, 1438, 1439; *Geurts*, in: Bordewin/Brandt, EStG, § 20 Rn 603; *Hamacher*, DB 2002, 2396; *Rau*, DStR 2006, 627, 629; *Schumacher*, DStR 2000, 416, 417.
101 *Fleischmann*, NWB F. 3, 10659, 10662; *Schultze/Spudy*, DStR 2001, 1143, 1146.
102 BVerfG v. 27.12.1991, BStBl. II 1992, 212.
103 BFH v. 26.2.1970, BStBl. II 1970, 419, 421; BFH v. 3.2.1987, BStBl. II 1987, 492, 493.
104 Vgl *Herzig*, IStR 2000, 482, 484.
105 Vgl *Eibelshäuser*, DStR 2002, 1426, 1427.
106 Näheres zum Ansatz von Verlusten bei Aktienanleihen: *Hagen*, BB 2008, 759.

Anleihe-Emittenen, sondern Aktien oder Finanzinstrumente anderer Unternehmen. Die Anleihe ist regelmäßig mit einer überdurchschnittlich hohen Zinszahlung ausgestattet.

aa) Privatvermögen

47 Die laufenden Zinsen unterliegen der Abgeltungsteuer iHv 25 % zzgl 5,5 % SolZ und ggf KiSt (§ 20 Abs. 1 Nr. 7 iVm § 32 d Abs. 1 EStG). Bei Zwischenveräußerung unterliegt der erzielte Kapitalertrag ebenfalls der Abgeltungsteuer von 25 % zzgl 5,5 % SolZ (§ 20 Abs. 2 Nr. 7 iVm § 32 d Abs. 1 EStG). Ein Verlust vor Endfälligkeit kann innerhalb den Grenzen des Verlustverrechnungstopfes (§ 43a Abs. 3 EStG) mit anderen positiven Kapitaleinnahmen verrechnet werden. Eine Verrechnung mit anderen Einkunftsarten ist nicht möglich. Vor Einführung der Abgeltungsteuer wurden Aktienanleihen als „Finanzinnovationen" klassifiziert. Daher gilt für die vor dem 1.1.2009 erworbenen Anleihen kein Bestandsschutz für die Veräußerungsgewinne. Sämtliche Veräußerungen fallen ab 1.1.2009 unter die Regelungen der Abgeltungsteuer.

Liefert der Emittent bei **Endfälligkeit Aktien**, gilt hinsichtlich der Besteuerung dieses Vorgangs die Besonderheit der Vorschrift des § 20 Abs. 4a S. 3 EStG. In diesem Fall wird der Anschaffungspreis der Aktienanleihe auf die gelieferten Aktien übertragen. Das Entgelt für den Erwerb der Aktienanleihe gilt als Einlösungspreis und somit als Anschaffungskosten der erhaltenen Aktien. Es ermittelt sich zunächst kein Kapitalertrag bzw kein Verlust, der steuerlich berücksichtigt werden kann.

Die Realisierung eines Einlösungsverlusts wird erst im Zeitpunkt der tatsächlichen Weiterveräußerung der Aktien in den Verlusttopf übernommen. Hierbei ist zu berücksichtigen, dass die realisierten Verluste nur mit Erträgen aus der Veräußerung von Aktien verrechnet werden können. Eine Verlustverrechnung mit anderen positiven Kapitalerträgen ist nicht möglich. Für den Anleger bleibt insoweit die Überlegung interessant, die Aktienanleihe gegebenenfalls vor Endfälligkeit mit Verlust zu verkaufen, so dass der Verlust mit anderen Gewinnen aus Kapitalerträgen verrechnet werden kann.

Werden bei der Aktienandienung Bruchteile in bar ausgeglichen, ist diese Zahlung grds. ein Kapitalertrag nach § 20 Abs. 1 Nr. 7 EStG und unterliegt der Abgeltungsteuer. Die Anschaffungskosten der gelieferten Aktien orientieren sich an den ursprünglichen Anschaffungskosten der Aktienanleihe. Etwas anderes gilt, wenn von vornherein Bestimmungen über Tilgung in bar und in Stücken getroffen werden. In diesem Fall werden die Anschaffungskosten der Anleihe prozentual aufgespalten und entsprechend den eingebuchten Stücken zugewiesen.[107]

bb) Betriebsvermögen

48 Beim bilanzierenden Erwerber ist die Anleihe als einheitliches Wirtschaftsgut mit den Anschaffungskosten zu aktivieren, da eine Trennung in Anleihe und Stillhalterposition ggf zwar mathematisch nicht jedoch physisch möglich ist.[108]

49 Kommt es am Ende der Laufzeit zur Aktienandienung, liegt ein tauschähnlicher Vorgang nach § 6 Abs. 6 S. 1 EStG vor, der zur Verlustrealisierung führt, der sich aus der Differenz zwischen den Anschaffungskosten der Aktienanleihe und dem gemeinen Wert der gelieferten Aktien ermittelt.

---

107 Siehe hierzu BMF v. 22.12.2009, BStBl. I 2010, 94 Tz. 107.
108 Ebenso *Haisch*, in: Herrmann/Heuer/Raupach, EStG (Loseblattsammlung, Stand März 2012), § 5 Rn 1091; *Häuselmann/Wagner*, BB 2002, 2431; aA *Rau*, DStR 2006, 627.

b) Umtauschanleihen

Umtauschanleihen unterscheiden sich von klassischen Wandelanleihen dadurch, dass der Anleger bei Fälligkeit das **Wahlrecht** hat, statt der Rückzahlung des überlassenen Kapitals die Lieferung einer im Voraus bestimmten Anzahl von Wertpapieren einer bestimmten Gesellschaft – also nicht des Emittenten – zu beziehen.

aa) Privatvermögen

Die laufenden Zinsen aus Umtauschanleihen werden pauschal mit 25 % zzgl 5,5 % SolZ (und ggf KiSt) besteuert (§ 20 Abs. 1 Nr. 7 EStG iVm 32d EStG). Die Veräußerung vor Endfälligkeit bzw die Endeinlösung durch den Erst- oder jeden Folgeerwerber unterliegt ebenfalls der Abgeltungsteuer (§ 20 Abs. 2 Nr. 7 EStG iVm § 32d EStG). Dies gilt erstmals für nach dem 31.12.2008 zufließende Kapitalerträge aus der Veräußerung sonstiger Kapitalforderungen (§ 52a Abs. 10 EStG). Mit Einführung des § 20 Abs. 4a EStG durch das JStG 2009 gilt für die Aktienlieferung bei Endeinlösung Folgendes: Der Umtauschvorgang selbst ist steuerneutral. Die erhaltenen Aktien werden mit den Anschaffungskosten der Umtauschanleihe eingebucht. Verkauft der Anleger später die Aktien mit Gewinn, unterliegt dieser der Abgeltungsteuer. Ein Veräußerungsverlust wird ebenso erst im Zeitpunkt der Veräußerung der Aktien in den Verlusttopf übernommen, wobei zu beachten ist, dass diese Veräußerungsverluste nur mit Veräußerungsgewinnen aus Aktien verrechnet werden können.

Umtauschanleihen gehörten vor Einführung der Abgeltungsteuer dem Kreis der „Finanzinnovationen" an. Ein Bestandsschutz für vor dem 1.1.2009 angeschaffte Anleihen gibt es daher nicht.

bb) Betriebsvermögen

Beim bilanzierenden Erwerber ist die Umtauschanleihe als einheitliches Wirtschaftsgut mit den Anschaffungskosten zu aktivieren da eine Trennung in Anleihe und Optionsrecht möglicherweise mathematisch nicht jedoch physisch möglich ist.[109] Wählt der Erwerber am Ende der Laufzeit die Aktienlieferung, dürfte dies – anders als bei der klassischen Wandelanleihe – zu einem tauschähnlichen Vorgang nach § 6 Abs. 6 S. 1 EStG führen, mit der Folge der Gewinnrealisierung in Höhe der Differenz zwischen gemeinem Wert der gelieferten Aktien und Anschaffungskosten der Umtauschanleihe.

c) Wandelschuldverschreibungen

Wandelschuldverschreibungen iSd § 221 AktG (auch Wandelanleihen genannt) sind Anleihen, die von Aktiengesellschaften ausgegeben werden. Die Anleihen zeichnen sich dadurch aus, dass dem Erwerber neben der Zahlung eines Zinses das Recht eingeräumt wird, die Anleihe (das **Stammrecht**) innerhalb einer bestimmten Frist nach festgelegten Konditionen in Aktien des Emittenten umzutauschen. Der wesentliche Unterschied zur Umtauschanleihe besteht darin, dass die zu liefernden Wertpapiere am Ende der Laufzeit direkt vom Emittenten und nicht von einer fremden Gesellschaft stammen.

aa) Privatvermögen

Die laufenden Zinseinkünfte fallen unter die Abgeltungsteuer. Diese beträgt 25 % zzgl 5,5 % SolZ und ggf KiSt (§ 20 Abs. 1 Nr. 7 EStG iVm § 32 d EStG). Für nach 2008 erworbene Anleihen kommt es unabhängig von der Haltefrist bei Verkauf oder Fälligkeit über den Kursertrag zu steuerpflichtigen Kapitaleinnahmen (§ 20 Abs. 2 Nr. 7 EStG).

---

109 Ebenso *Haisch*, in: Herrmann/Heuer/Raupach, EStG (Loseblattsammlung, Stand März 2012), § 5 Rn 1090 mwN.

Der Wandlungsvorgang an sich bleibt zunächst steuerfrei, obwohl die Einlösung bzw Rückzahlung gemäß § 20 Abs. 2 S. 2 EStG allgemein als Veräußerung gilt. In diesem Fall wird der Anschaffungspreis der Wandelanleihe auf die gelieferten Aktien übertragen. Das Entgelt für den Erwerb der Wandelanleihe gilt somit als Einlösungspreis und somit als Anschaffungskosten der erhaltenen Aktien. Somit ermittelt sich zunächst kein Kapitalertrag bzw kein Verlust, der steuerlich berücksichtigt werden kann. Die Besteuerung erfolgt erst bei Veräußerung der gelieferten Aktien.

Für vor dem 1.1.2009 erworbenen Forderungen gilt, dass Kursgewinne weiterhin steuerfrei bleiben (§ 52a Abs. 10 S. 7 EStG).

bb) Betriebsvermögen

55   Beim bilanzierenden Erwerber ist die Wandelanleihe uE als einheitliches Wirtschaftsgut mit den Anschaffungskosten zu aktivieren, da eine Trennung in Anleihe und Optionsrecht möglicherweise mathematisch, nicht jedoch physisch möglich ist. Das Wandlungsrecht ist untrennbar mit der Anleihe verbunden und kann nicht selbstständig an der Börse gehandelt werden. Macht der Erwerber von seinem Wandlungsrecht Gebrauch, geht die Wandelanleihe unter und er tritt in die Aktionärsstellung ein. Im Gegensatz zur Umtauschanleihe liegt hier jedoch kein tauschähnlicher Vorgang vor. Der Kauf der Wandelanleihe und der Umtausch in Aktien desselben Unternehmens stellen einen wirtschaftlich und steuerrechtlich einheitlichen Vorgang dar.[110] Der Wandlungsvorgang betrifft alleine die Vermögensebene des Erwerbers, für ihn ändern sich wirtschaftlich nur die Zinsbedingungen. Somit führt die Wandlung an sich nicht zur Gewinnrealisierung. Die im Wandlungszeitpunkt erhaltenen Aktien sind mit den Anschaffungskonten der Wandelanleihe zuzüglich eventueller Zuzahlungen zu aktivieren.

E. Produktkombinationen

I. Begriff und Abgrenzung

56   Für den Derivatemarkt ist es nicht untypisch, dass Kombinationen von Derivaten eingesetzt werden, um ein bestimmtes Anlageziel zu erreichen. Kombinationen von Derivaten finden sich u.a. in den oben beschriebenen unechten und echten strukturierten Produkten, verpackt in Zertifikaten, im Portfolio von Investmentfonds (siehe unten) oder als zivilrechtliche selbstständige Finanzinstrumente im Betriebs- oder Privatvermögen des Anlegers. Vorliegend werden mit **Produktkombinationen** zivilrechtlich selbstständige Instrumente bezeichnet, bei denen zumindest eines der Instrumente ein Derivat ist. Im weiteren Verlauf wird dargestellt, unter welchen Voraussetzungen solche Produktkombinationen einzeln oder zusammen besteuert werden.

II. Besteuerung im Betriebsvermögen

57   Die Besteuerung von Produktkombinationen im Betriebsvermögen enthält keine Besonderheiten. Hier gilt der Grundsatz der **Einzelbetrachtung**. Ob die Besteuerung der Produkte einzeln oder zusammen erfolgt, ist im Betriebsvermögen in der Regel unerheblich, da die Produktbestandteile einzeln genauso steuerpflichtig sind wie eine Produktkombination zusammen betrachtet.[111]

---

110   RFH v. 24.8.1944, I 21/44, RFHE 53, 128; BFH v. 20.11.1999, IX R 70/96, BStBl. II 2000, 262 mwN.
111   Zu diversen Kreditderivaten vgl ausführlich *Feyerabend/Patzner/Kieninger,* in: Kreditderivate, 2. Aufl., 2005, 277 ff.

III. Besteuerung im Privatvermögen

1. § 20 Abs. 1 Nr. 7 S. 2 EStG als Rechtsgrundlage einer Zusammenfassung

Die Frage, ob Finanzprodukte einzeln oder zusammen besteuert werden, hat nach Einführung der Unternehmenssteuerreform 2008 an Bedeutung verloren, ist aber in bestimmten Konstellationen nach wie vor aktuell; beispielsweise dann, wenn die **Übergangsregelung** Anwendung findet. (Vor dem 1.1.2009 erworbene Produkte genießen einen Bestandsschutz und können entsprechend der bisherigen Besteuerungsgrundlagen veranlagt werden (§ 52a Abs. 10 EStG)).

Ausgangspunkt für die Überlegung, ob Produktkombinationen für steuerliche Zwecke zusammengefasst werden können, ist für den Bereich des Privatvermögens § 20 Abs. 1 Nr. 7 S. 2 EStG. Diese Vorschrift erklärt die zivilrechtliche Ausgestaltung einer Kapitalanlage für steuerlich unbeachtlich. Bei § 20 Abs. 1 Nr. 7 S. 2 EStG handelt es sich um eine spezielle **Missbrauchsvorschrift**, deren Anwendungsbereich nachfolgend dargelegt wird.[112]

58

2. Voraussetzungen einer Zusammenfassung

§ 20 Abs. 1 Nr. 7 S. 2 EStG enthält keine expliziten Tatbestandsvoraussetzungen und bedarf deshalb der Konkretisierung. Verfassungsrechtlich geklärt ist, dass der Steuerpflichtige einen Sachverhalt vertraglich beliebig gestalten kann, es ihm aber nicht möglich ist, die steuerlichen Konsequenzen zu bestimmen, die an eine bestimmte Gestaltung geknüpft sind.[113] Aus dieser Rechtsprechung destilliert der BFH den Grundsatz, dass es nicht im Belieben des Steuerpflichtigen stehe, ein objektiv zusammengehörendes Rechtsgeschäft mit steuerlicher Wirkung aufzuspalten.[114] Maßgebend für die steuerliche Behandlung ist vielmehr das von den Beteiligten gewollte Ergebnis, das durch die zivilrechtliche Gestaltung bewirkt wird.[115] Ob ein Rechtsgeschäft objektiv zusammengehörig ist, lässt sich in sachlicher, zeitlicher und personeller Hinsicht prüfen.

59

a) Sachlicher Zusammenhang

Für eine Gesamtbetrachtung gemäß § 20 Abs. 1 Nr. 7 S. 2 EStG ist erforderlich, dass das einzelne Instrument nicht ohne das jeweils andere erworben worden wäre und die Instrumente bei objektiver Betrachtungsweise darauf angelegt sind, als Einheit abgewickelt zu werden.[116] Für das Vorliegen eines solchen **einheitlichen Finanzprodukts** dürfte es sprechen, wenn die in Frage kommenden Instrumente gemeinsam am Markt angeboten werden,[117] sie nur gemeinsam erworben und/oder veräußert werden können,[118] oder die Instrumente bei einer Einzelbetrachtung wirtschaftlich unausgewogen sind.[119] Solche Umstände können jedoch nur ein Anhaltspunkt für ein Zusammenfassen der in Frage stehenden Instrumente sein. Dient der Erwerb von zwei oder mehr zivilrechtlich selbstständigen Finanzprodukten beispielsweise der gegenseitigen Sicherung oder der Risikooptimierung eines Portfolios, so rechtfertigt dies keine Gesamtbetrachtung der involvierten Instrumente. Zum einen sind die Grundsätze zur Bildung von Bewertungseinheiten im Privatvermögen mangels Betriebsvermögensvergleichs nicht anwendbar, zum anderen würde eine solche „Portfoliobetrachtung" dazu führen, dass die Finanzverwaltung ex post aus einem beliebigen Portfolio von Spekulationsinstrumenten

60

---

112 *Delp*, BB 2003, 1591, 1595; *Schumacher*, DStR 1996, 1505, 1507.
113 BVerfG v. 27.12.1991, BStBl. II 1992, 212.
114 BFH v. 5.2.1992, BStBl. 1992, 357.
115 Vgl BVerfG v. 27.12.1991, BStBl. II 1992, 357.
116 Vgl FG Rheinland-Pfalz v. 26.8.2002, ZIP 2002, 1983.
117 Vgl *Delp*, BB 2003, 1594, 1597.
118 Vgl *Bödecker/Gleitzenauer*, FR 2003, 1209, 1216.
119 Vgl BFH v. 19.2.1974, BFHE 112, 135 ff.

eine Finanzinnovation konstruieren könnte. Dies wäre mit dem verfassungsrechtlichen Gebot der Tatbestandsmäßigkeit der Besteuerung nicht vereinbar.[120]

b) Zeitlicher Zusammenhang

61 Eine Zusammenfassung mehrerer Rechtsverhältnisse gemäß § 20 Abs. 1 Nr. 7 S. 2 EStG setzt darüber hinaus einen engen **zeitlichen Zusammenhang** voraus. Die herrschende Meinung verlangt sogar eine vollständige Synchronität der Laufzeiten der Instrumente.[121] Die Verwaltungsansicht ist unklar;[122] die Rechtsprechung hatte bislang nur einen Fall mit synchroner Haltedauer zu entscheiden.[123] Es spricht vieles dafür, mit der herrschenden Meinung eine Gesamtbetrachtung nur dann anzunehmen, wenn bezüglich der Laufzeit der Instrumente vollständige **Synchronität** herrscht.

c) Personeller Zusammenhang

62 Nach Ansicht der Finanzverwaltung[124] und der Finanzgerichte[125] ist eine Gesamtbetrachtung auch dann möglich, wenn die Instrumente von verschiedenen Emittenten ausgegeben werden. Der überwiegende Teil der Literatur hält dies für nicht möglich.[126] Die herrschende Meinung begründet ihre generelle Ablehnung einer Gesamtbetrachtung bei mehreren Emittenten unter anderem mit dem Fehlen einer Kapitalforderung iSd § 20 Abs. 1 Nr. 7 EStG.[127] Allerdings gibt es Fälle, in denen bereits ohne Zusammenfassung eine Kapitalforderung besteht. Auch ist zu bedenken, dass selbst in den Fällen, in denen ohne eine Zusammenfassung der Instrumente keine Kapitalforderung vorliegt, dies nur aus der Perspektive der jeweiligen Emittenten so ist. Aus der insoweit maßgeblichen Sicht des Privatinvestors liegt bei wirtschaftlicher Betrachtungsweise sehr wohl eine Kapitalforderung vor.[128]

63 Es kann jedoch nicht abgestritten werden, dass infolge der grundsätzlichen Anerkennung einer Verklammerung von Instrumenten mehrerer Emittenten das Erfordernis einer bipolaren Kapitalforderung als Grundvoraussetzung von Kapitaleinkünften im Sinne des § 20 Abs. 1 Nr. 7 S. 1 EStG in Frage gestellt und damit in das System der Besteuerung von Kapitaleinkünften eingegriffen wird. Ein solcher systemwidriger Eingriff ist nach der Rechtsprechung des BFH nur dann gerechtfertigt, wenn der Eingriff streng begrenzt ist.[129] Deshalb muss neben dem oben erörterten sachlichen und zeitlichen Zusammenhang auch ein **personeller Zusammenhang** zwischen den Emittenten vorhanden sein. Ein solcher Zusammenhang zwischen den Emittenten kann beispielsweise gegeben sein, wenn eines der zivilrechtlich selbstständigen Instrumente auf Anweisung, Veranlassung oder auf Rechnung des Emittenten des anderen Instrumentes emittiert wird,[130] eine Rückdeckung oder -sicherung zwischen den Emittenten besteht, Vereinbarungen zwischen dem Privatanleger und den Emittenten zur Verknüpfung der Instrumente existieren oder ein objektiv abgestimmtes Verhalten auf Seiten

---

120 *Bödecker/Geitzenauer*, FR 2003, 1209, 1215.
121 *Delp*, BB 2003, 1594, 1595; *Sagasser/Schüppen*, DStR 1994, 265, 269; *Schumacher*, DStR 1996, 1505, 1509 f.
122 BMF-Schr. v. 30.4.1993, BStBl. I 1993, 343; BMF-Schr. v. 10.11.1994, BStBl. I 1994, 816, 818, Tz. 22; OFD Kiel v. 3.7.2003, StEK EStG § 20 „capped warrants".
123 Vgl FG Rheinland-Pfalz v. 26.8.2002, ZIP 2002, 1983 ff.
124 OFD Frankfurt aM v. 4.5.2000, FR 2000, 848 ff.
125 BFH v. 19.4.2005, VIII R 80/02, BeckRS 2005, 30335498; FG Rheinland-Pfalz v. 26.8.2002, ZIP 2002, 1983 ff.
126 *Harenberg*, in: H/H/R, EStG/KStG, § 20 EStG Anm. 822; *Dahm/Hamacher*, WM 1994, Sonderbeil. 3, S. 15; *Harenberg/Irmer*, NWB F. 3, 9825, 9831; *Schumacher*, DStR 1996, 1505, 1509.
127 *Dahm/Hamacher*, WM 1994, Sonderbeil. 3, 15; *Schumacher*, DStR 1996, 1505, 1509.
128 *Delp*, BB 2003, 1594, 1595.
129 BFH v. 24.10.2000, BStBl. II 2001, 97.
130 *Bödecker/Geitzenauer*, FR 2003, 1209, 1216.

der Emittenten besteht.[131] Diese typisierenden Beispiele bilden kein abgeschlossenes System zur Beurteilung der Frage, wann eine Zusammenfassung von zivilrechtlich selbstständigen Instrumenten steuerrechtlich vorzunehmen ist. Auch hier sind letztlich die Umstände des Einzelfalls maßgeblich.

F. Wertpapierleihe und Wertpapierpensionsgeschäfte
I. Wertpapierpensionsgeschäfte (Repos)
1. Echte Wertpapier-Pensionsgeschäfte

Beim sog. **echten Wertpapier-Pensionsgeschäft** werden Wertpapiere schuldrechtlich und dinglich auf den Pensionsnehmer übertragen. Der Pensionsnehmer zahlt an den Pensionsgeber hierfür ein Entgelt. Gleichzeitig verpflichtet er sich, die Wertpapiere zu einem festgelegten oder vom Pensionsgeber noch zu bestimmenden Zeitpunkt und zu einem im Voraus vereinbarten Betrag auf den Pensionsgeber zurück zu übertragen (§ 340b Abs. 2 HGB). Die Verpflichtung der Rückübertragung bezieht sich auf Wertpapiere der gleichen Gattung. Wir gehen im Folgenden davon aus, dass es sich bei den Wertpapieren um vertretbare Sachen iSd § 91 BGB handelt.

64

Zur Zuordnung des wirtschaftlichen Eigentums der hingegebenen Wertpapiere gibt es unterschiedliche Rechtsauffassungen. Einerseits wird die Meinung vertreten, dass sich die handelsrechtliche Zurechnung der in Pension gegebenen Wertpapiere nach § 340b Abs. 4 HGB richtet, mit der Folge, dass die Wertpapiere weiterhin unverändert in der Bilanz des Pensionsgebers auszuweisen sind. Diese Regelung, die für den Bereich der Kreditinstitute geschaffen wurde, könnte entsprechend auf andere Unternehmen Anwendung finden.[132] Die Verwaltung stellt in einer Verfügung vom 20.7.2010 ebenfalls fest, dass die übertragenen Wertpapiere ununterbrochen in der Bilanz des Pensionsgebers auszuweisen sind.[133] Inwieweit dieser Ansatz hinnehmbar ist, erscheint fraglich. Um die Zurechnung des wirtschaftlichen Eigentums auf alle Kaufleute nach den Vorschriften des § 340b Abs. 2 u. 4 HGB auszuweiten, müsste es sich bei der Vorschrift um ein GoB handeln. Der Begriff der GoB ist ein unbestimmter Rechtsbegriff. Nach § 238 HGB werden alle Kaufleute in die Pflicht genommen, diese Grundsätze einzuhalten, wenngleich es keine umfassende Definition gibt. Da die Vorschriften des § 340b Abs. 2 u. 4 HGB jedoch gerade nicht auf alle Kaufleute gleichermaßen abzielen, sondern vielmehr für die Kreditwirtschaft geschaffen wurden, erscheint es eher unwahrscheinlich, dass es sich hierbei um ein GoB handelt.[134]

Demgegenüber gibt es Stimmen, die das wirtschaftliche Eigentum an den verpensionierten Wertpapieren dem Pensionsnehmer zuzuordnen sei.[135] Für die Zuordnung maßgebend sind die allgemeinen steuerlichen Zurechnungsgrundsätze des § 39 AO. Nach § 39 AO sind Wirtschaftsgüter dem Eigentümer zuzurechnen. Da nach den Bestimmungen des Rahmenvertrags der Pensionsnehmer unbeschränkter Eigentümer der Wertpapiere wird, erlangt er eine tatsächliche Dispositionsverfügung über die Wertpapiere und hat eine gesicherte Rechtsposition. Dementsprechend werden die Wertpapiere nach dieser Auffassung dem Pensionsnehmer zugeordnet. Dies dürfte uE die weitaus praktischere und korrektere Vorgehensweise sein. Verbleiben die Wertpapiere hingegen in der Bilanz des Pensionsgebers und verfügt der Pensi-

---

131 *Delp*, BB 2003, 1594, 1597; *Haisch*, DStZ 2004, 511, 517.
132 Ebenso *Dötsch/Pung/Werner*, in Dötsch/Jost/Pung/Witt (Stand 1.11.2011), § 20 EStG, Rn 121, mwN.
133 BayLfSt, Verf. v. 20.7.2010, S 2134.1.1-5/2 St32, DB 2010, 1672.
134 Ebenfalls verneinend Haisch, in: Herrmann/Heuer/Raupach § 5 EStG (Loseblattsammlung, Stand März 2012) Rn1560.
135 *Haisch*, in: Herrmann/Heuer/Raupach § 5 EStG (Loseblattsammlung, Stand März 2012) Rn 1560; *Häuselmann/Wagner*, FR 2003, 331, 334; *Rau*, BB 2000, 2338, 2339.

onsnehmer über die Wertpapiere und veräußert sie weiter, wird es unweigerlich zu einem doppelten Ausweis der Papiere kommen. Zum einen werden sie in der Bilanz des Pensionsgebers noch enthalten sein und zum anderen wird der Dritte, der Käufer, den Posten ebenfalls aktivieren.

65 Die Diskussion um die steuerliche **Zurechnung der Erträge** aus den verpensionierten Wirtschaftsgütern wird gleichermaßen streitig geführt. Zur steuerlichen Zurechnung der Wertpapiere bzw der Erträge aus den Wertpapieren sind nach BFH-Rechtsprechung während der Dauer der Pension die Wertpapiere dem Pensionsnehmer zuzurechnen, da der Pensionsnehmer zivilrechtlicher Inhaber der Wertpapiere auf Zeit ist.[136] Der Pensionsnehmer bezieht die Erträge aus eigenem Recht, so dass diese ihm auch steuerlich zuzurechnen sind.

Unseres Erachtens dürfte es in der Steuerbilanz des Pensionsgebers nach Geschäftsabschluss zum Abgang der Wertpapiere und zur Einbuchung einer Sachwertforderung gegenüber dem Pensionsnehmer kommen. Der Pensionsnehmer hingegen hat die Wertpapiere zum Teilwert zu aktivieren und eine Verbindlichkeit in gleicher Höhe auf die Rückübertragung der Wertpapiere zu passivieren. Die Erträge aus den Wertpapieren fließen dem Pensionsnehmer als zivilrechtlichem Inhaber zu. Der Pensionsgeber erhält vom Pensionsnehmer Ausgleichszahlung und Zinsen, die beim Pensionsgeber ertragswirksam zu erfassen sind.

Die Ausgleichszahlung des Pensionsnehmers an den Pensionsgeber ist beim Pensionsnehmer nach § 8b Abs. 10 S. 4 KStG außerbilanziell hinzuzurechnen, es sei denn, es liegt einer der Ausnahmetatbestände des § 8b Abs. 10 KStG vor. Im Ergebnis kann die Ausgleichszahlung nicht als Betriebsausgabe abgezogen werden. Es liegen vielmehr steuerlich nichtabzugsfähige Betriebsausgaben vor.

66 Mit der Einführung des Abs. 10 in § 8b KStG durch das UntStRefG 2008 (zu Ausnahmen siehe Rn 60) wollte der Gesetzgeber steuergestalterischen Maßnahmen im Zusammenhang mit Wertpapierdarlehens- und Pensionsgeschäften entgegenwirken. Vor Einführung der Vorschrift konnte der Pensionsgeber die Kompensationszahlungen vollumfänglich als Betriebsausgaben abziehen. Demgegenüber standen die vereinnahmten Dividenden, die nach § 8b Abs. 1 KStG grds. steuerfrei sind. Es gelten lediglich 5 % davon fiktiv als nicht abzugsfähige Betriebsausgaben (§ 8b Abs. 3 KStG). Im Ergebnis erzielte der Pensionsnehmer somit stets einen steuerlich abzugsfähigen Verlust, der fiskalisch nicht gewollt war. Die Regelung des § 8b Abs. 10 KStG verhindert den uneingeschränkten Abzug von Betriebsausgaben und lässt diesen nur für bestimmte Ausnahmefälle zu. Die Vorschrift ist erstmals ab den VZ 2007 anzuwenden (§ 34 Abs. 7 S. 9 KStG).

Mit in die Regelung des § 8b Abs. 10 KStG eingeschlossen werden auch **Repo-Geschäfte** oder **Buy/Sell-Back-Geschäfte**, die durch § 340b Abs. 2 HGB erfasst werden. Eine Ausdehnung der Regelung des § 8b Abs. 10 KStG auf **unechte Wertpapierpensionsgeschäfte** dürfte durch den eindeutigen Gesetzeswortlaut **nicht** in Betracht kommen.[137]

2. Unechte Wertpapier-Pensionsgeschäfte

67 Ein **unechtes Wertpapier-Pensionsgeschäft** (§ 340b Abs. 3 u. Abs. 5 HGB) liegt vor, wenn der Pensionsnehmer zur Rückübertragung lediglich berechtigt, aber nicht verpflichtet ist. Der Pensionsnehmer wird zivilrechtlicher und wirtschaftlicher Eigentümer der Wertpapiere, so dass ihm die Erträge aus der Kapitalüberlassung zuzurechnen sind.[138] Die Zurechnung

---

136 BFH GrS 1/91 v. 29.11.1982, BStBl II 1983, 272; BMF v. 12.7.1983, BStBl I 1993, 392 – weitere Anwendbarkeit bestätigt durch BdF, IV C 6 – O-1000 / 07 / 0018 v. 29. 3. 2007 (koordinierter Ländererlass – „Schreiben zur Eindämmung der Normenflut").
137 *Feyerabend*, in: *Erle/Sauter*, KStG, § 8b KStG Rn 436.
138 Gleichlautender Ländererlass v. 10.10.1969, BStBl. I 1969, 652.

der Erträge beim Pensionsnehmer waren ebenfalls in einem nicht veröffentlichen BMF-Entwurfschreiben[139] vorgesehen.

Das wirtschaftliche Eigentum verbleibt ausnahmsweise dann beim Pensionsgeber, wenn mit an Sicherheit grenzender Wahrscheinlichkeit davon auszugehen ist, dass der Pensionsnehmer das Recht auf Rückübertragung ausüben wird.[140]

Bilanziell kommt es nach dem Geschäftsabschluss beim **Pensionsgeber** zum Abgang der Wertpapiere und zur Einbuchung des vom Pensionsnehmer erhaltenen Betrags. Dieser kann höher oder niedriger sein als der Buchwert der Wertpapiere und somit einen Gewinn bzw. Verlust auslösen. Ein eventueller Gewinn ist im Hinblick auf die Verpflichtung zum Rückerwerb zunächst durch die Einstellung einer Verbindlichkeitenrückstellung zu neutralisieren. Dies entspricht der BFH-Rechtsprechung zu Verkäufen mit Rücktrittsrecht des Erwerbers.[141] Die Rückstellung ist nach Beendigung des Geschäfts erfolgswirksam auszubuchen.[142] 68

Der **Pensionsnehmer** aktiviert die Wertpapiere mit den Anschaffungskosten. Da die Rückübertragungsmöglichkeit am Ende der Laufzeit ähnlich einer Wertgarantie wirkt, dürfte es – selbst bei dauerhafter Wertminderung – für eine Teilwertabschreibung auf die Wertpapiere keinen Anlass geben. Ist der Rückübertragungswert höher als der Buchwert der Wertpapiere, realisiert der Pensionsnehmer am Ende der Laufzeit einen steuerpflichtigen Gewinn. Ist der Rückübertragungswert hingegen kleiner als der Buchwert, wird der Pensionsnehmer sein Rückübertragungsrecht nicht ausüben. 69

Die Erträge aus den Wertpapieren fließen dem Pensionsnehmer als dem zivilrechtlichen Inhaber zu. Der Pensionsgeber erhält vom Pensionsnehmer eine Ausgleichszahlung und Zinsen, die beim Pensionsgeber ertragswirksam zu erfassen sind.

3. Repogeschäfte

Die sog. **Repos** stehen für „sale and repurchase agreement" und kommen aus dem angelsächsischen Raum. Repos sind Rückkaufvereinbarungen, wonach mit dem Repo-Käufer vereinbart wird, die vertretbaren Wertpapiere, die auf den Repo-Käufer übertragen wurden, zu einem späteren Zeitpunkt gegen Entrichtung eines bestimmten Betrags auf den Repo-Verkäufer zurück zu übertragen. Der Repo-Käufer hat am Ende der Laufzeit Wertpapiere in gleicher Menge, Art und Güte zu liefern. Der Termin der Rückübertragung sowie der Betrag werden bereits im Voraus bei Geschäftsabschluss festgelegt. Zivilrechtlich liegt dem Repogeschäft ein Kassaverkauf mit Termin-Rückkauf auf vertretbare Sachen zugrunde.[143] Wirtschaftlich und steuerlich betrachtet handelt es sich im Wesentlichen um ein echtes Pensionsgeschäft. Insoweit kann auf das oben Gesagte verwiesen werden. 70

Hinsichtlich der Abgeltungsteuer werden Repogeschäfte den Wertpapierpensionsgeschäften (siehe Rn 56) und den Wertpapierleihegeschäften gleichgestellt.[144] Unabhängig von der zivilrechtlichen Einordnung liegt bei der Durchführung von Repogeschäften ein Depotübertrag auf den Repokäufer vor. Es wird grds. eine Veräußerung angenommen (§ 43 Abs. 1 S. 4 EStG), die der Abgeltungsteuer unterliegt. Bei entsprechender Mitteilung an das Betriebsstättenfinanzamt kann der Vorgang auch als unentgeltlicher Depotübertrag abgewickelt werden (§ 43 Abs. 1 S. 5 und 6 EStG). Repozinsen an den **Pensionsgeber**, der die Wertpapiere im Pri-

---

139 BMF-Entwurfschreiben v. 25.7.2002, IV C 3 – S 2256 – /02, nicht veröffentlicht.
140 IDW ERS HFA 13, WPg Supplement 1/2007, 69 Tz. 25 f; BFH v. 26.1.1970, BStBl. II 1970, 264.
141 BFH v. 25.1.1996, BStBl. II 1997, 382; zur Passivierung einer Verbindlichkeit i.R.d. Fahrzeugleasings siehe BFH v. 11.10.2007, BStBl. II 2009, 705.
142 Vgl *Haisch*, in: Herrmann/Heuer/Raupach, § 5 EStG (Loseblattsammlung, Stand März 2012) Rn 1567.
143 *Haisch*, in: Haisch/Helios, Rechtshandbuch Finanzinstrumente § 1 Rn 143, mwN.
144 BMF v. 22.12.2009, BStBl I 2010, 94 Rn 170 ff.

vatvermögen hält, sind als Einkünfte aus sonstigen Leistungen iSd § 22 Nr. 3 EStG steuerpflichtig.[145]

II. Wertpapierdarlehen/Wertpapierleihe

1. Allgemeines

71 Bei einem **Wertpapierdarlehen** – das regelmäßig untechnisch als „**Wertpapierleihe**" benannt wird – überträgt der Verleiher dem Entleiher Wertpapiere. Nach Ablauf der Leihfrist ist der Entleiher nicht zur Rückgabe derselben, sondern vielmehr zur Rückgabe von Wertpapieren gleicher Menge, Art und Güte verpflichtet. Der Entleiher entrichtet hierfür eine Leihgebühr an den Verleiher.

Zivilrechtlich handelt es sich bei der Wertpapierleihe nicht um eine Leihe iSd § 598 BGB, sondern vielmehr um ein **Sachdarlehen** gem. §§ 607 ff BGB. Zivilrechtlich und wirtschaftlich kommt es zur Übertragung des Eigentums an den Wertpapieren auf den Entleiher an.[146] Der Entleiher ist als zivilrechtlicher Eigentümer auch berechtigt, die Aktien weiter zu verleihen, zu verkaufen oder zu verpfänden. Demgemäß sind die Erträge aus den Wertpapieren steuerrechtlich nach § 39 Abs. 1 AO (bei Dividendenpapieren iVm § 20 Abs. 5 EStG) dem Entleiher zuzurechnen.[147] Dies setzt voraus, dass das Darlehen über den Tag des Zuflusses der Erträge besteht und der Entleiher die Papiere nicht schon an einen Dritten weiterveräußert hat.[148]

Das vom Entleiher zu entrichtende Entgelt an den Verleiher setzt sich regelmäßig aus der Leihgebühr (Lendingfee) und den Kompensationszahlungen zusammen, die betragsmäßig grds. mit den anteiligen Einnahmen aus Kapitalvermögen übereinstimmen.[149]

2. Wertpapierleihgeschäfte im Betriebsvermögen

72 Bei Wertpapierleihgeschäften führt die Übertragung des rechtlichen Eigentums an den Wertpapieren auch zum Übergang des wirtschaftlichen Eigentums.[150] Für den **Verleiher** kommt es bilanzsteuerrechtlich auf der Aktivseite der Bilanz zu einem Abgang der Wertpapiere und zu einem Zugang einer Sachdarlehensforderung gegenüber dem Entleiher (Aktivtausch).[151] Betragsmäßig verhalten sich die Posten in gleicher Höhe. Bei Beendigung des Wertpapierleihgeschäfts werden die Wertpapiere zurück übertragen und die Sachdarlehensforderung ausgebucht.

73 Der **Verleiher** erhält während der Laufzeit die Leihgebühr und die Kompensationszahlung für eventuell entgangene Dividenden oder Zinsen. Diese Einnahmen fallen nicht unter die Steuerbefreiung des § 8b KStG.[152] Die Zinsausgleichszahlungen dürften nicht unter die **Zinsschranke** nach § 4h Abs. 3 S. 3 EStG fallen. Die Zinsschranken-Grundregel beschränkt grundsätzlich die Abziehbarkeit von Zinsaufwendungen. Dieser Umstand gibt gelegentlich Anlass Gestaltungen einzusetzen, die im Ergebnis zu einer Verringerung des Nettozinsaufwands führen, indem zusätzliche Zinserträge generiert werden. Im Endergebnis wirken sich die meisten der Modelle nicht auf den Gewinn aus, sondern sind vielmehr ergebnisneutral.

---

145 OFD Frankfurt v. 25.6.1996, DB 1996; BMF v. 22.12.2009, BStBl. I 2010, 94 Rn 173.
146 OFD Frankfurt v. 15.3.1995, EStK 3 2 EStG Karte 7.
147 Ebenso BMF-Entwurfschreiben v. 25.7.2002, IV C 3 – S 2256 – /02.
148 BMF v. 3.4.1990, BB 1990, 1802; OFD Frankfurt v. 25.6.1996, DB 1996, 1702.
149 Näheres zur Wertpapierleihe: *Schnitger/Bildstein*, IStR 2008, 202; *Schmitt-Homann*, BB 2010, 351.
150 Ebenso BFH v. 17.10.2001, I R 97/00, BFH/NV 2002, 240.
151 BMF v. 3.4.1990, DB 1990, 863; aA *Prahl/Naumann*, WM 1992, 1173, 1178; *Weber/Tietz-Weber*, in: *Haisch/Helios* Rechtshandbuch Finanzinstrumente, § 3 Rn 233 mwN.
152 BMF v. 28.4.2003, BStBl. I 203, 292 Rn 9.

Um dem entgegen zu wirken hat die Finanzverwaltung hierzu im BMF-Schreiben[153] kurz Stellung bezogen. Hiernach können Geschäfte, mit dem Ziel beim Entleiher künstlich Zinseinnahmen zu erzeugen und dadurch die Abzugsmöglichkeit für anfallende Zinsaufwendungen zu erhöhen, einen Missbrauch rechtlicher Gestaltungsmöglichkeiten (§ 42 AO) darstellen.[154]

Beim **Entleiher** kommt es aufgrund des Übergangs des wirtschaftlichen Eigentums zu einem Zugang der Wertpapiere. Diese sind mit dem Verkehrs- bzw. Teilwert zu aktivieren. Auf der Passivseite ist für die Rückübertragung eine Verbindlichkeit in gleicher Höhe zu passivieren. Die laufenden Erträge aus den Wertpapieren sind während der Laufzeit des Darlehens dem Entleiher zuzurechnen, da dieser zivilrechtlicher und wirtschaftlicher Eigentümer ist.

Nach dem UntStRefG 2008 gelten für die ausgehenden Zahlungsströme des Entleihers neue Regelungen, die bereits in den VZ 2007 hineinwirkten (§ 34 Abs. 7 S. 9 KStG), wenn auf Seiten des Verleihers keine Steuerfreistellung in Betracht kommt (zB durch § 8b Abs. 7 oder 8 KStG oder durch ausländische Vorschriften). Nach § 8b Abs. 10 KStG sind Entgelte im Zusammenhang mit bestimmten Wertpapierleihgeschäften (wie Leihgebühren oder Kompensationszahlungen) beim Entleiher grds. nicht mehr als Betriebsausgabe abzugsfähig. Die Beträge sind für steuerliche Zwecke außerbilanziell wieder hinzuzurechnen. Die Regelung über die 5%-Pauschalierung ist in diesem Fall nicht anzuwenden. Die Ausgleichszahlung wird somit zu 100 % heraus gerechnet. Mit der Vorschrift wollte man der Praxis vorbeugen, dass der Entleiher Dividendenerträge während der Leihe steuerfrei vereinnahmt und die Kompensationszahlungen an den Verleiher steuermindernd abzieht, so dass im Endergebnis steuerlich immer ein Verlust entsteht.

Für die praktische Umsetzung erscheint es fraglich, inwieweit vom Entleiher festgestellt werden kann, ob die schädlichen Voraussetzungen beim Verleiher vorliegen. Tritt bspw. ein Kreditinstitut als Verleiher auf, kann der verliehene Bestand aus dem Handels- oder auch Anlagebuch stammen, so dass nicht konkret bestimmt werden kann, ob § 8b Abs. 7 KStG eingreift. Darüber hinaus werden Wertpapierbestände vielfach über die Börse anonym abgewickelt, dh der Entleiher kennt seinen Counterpart nicht und kann nicht beurteilen, welcher Besteuerung die Anteile beim Verleiher unterliegen.

Das Abzugsverbot gilt grds. auch in den Fällen, in denen der Entleiher keine Kompensationszahlung im eigentlichen Sinne leisten muss, sondern im Gegenzug eine Einkunftsquelle – wie zB eine Schuldverschreibung – überlässt.

§ 8b Abs. 10 KStG gilt **ausnahmsweise nicht**, wenn

der Entleiher **keine Einnahmen** oder Bezüge aus den überlassenen Anteilen erzielt oder

beim Verleiher § 2 Nr. 2 Hs 2 KStG oder § 5 Abs. 2 Nr. 1 KStG anzuwenden ist. D.h. bei den Verleihern handelt es sich zB um Gebietskörperschaften und sonstige Körperschaften des öffentlichen Rechts außerhalb eines BgA und bestimmte steuerbefreite Körperschaften. In diesen Fällen wurden die Ausgleichszahlungen aus dem Kreis der steuerbefreiten Einkünfte herausgenommen, um Missbrauchsfällen vorzubeugen.[155]

Die **Ausnahmeregelung** greift generell nur, wenn keinerlei Einnahmen in Verbindung mit den Wertpapieren stehen. Werden die Wertpapiere durch den Entleiher zB weiterverliehen und dieser erhält selbst eine Kompensationszahlung dürften die Einnahmen der Kompensationszahlung, die von den verliehenen Wertpapieren ausgeht, ausreichend sein, dass die Aus-

---

153 BMF v.4.7.2008, BStBl I 2008, 718 Rn 24 mit beispielhafter Nennung der Wertpapierleihe.
154 Kritisch hierzu *Häuselmann*, FR 2009, 506, 514; *Köhler/Hahne*, DStR 2008, 1505, 1510.
155 S. hierzu ausführlich *Feyerabend*, in: Erle/Sauter, KStG, § 8b KStG, Rn 443, 444. Nach § 32 Abs. 3 KStG unterliegt die Kompensationszahlung einem KapESt-Abzug iHv 15 %, der abgeltende Wirkung hat (§ 32 Abs. 1 Nr. 2 KStG).

nahmeregelung **nicht** eingreift. Es bleibt demnach beim Betriebsausgabenabzugsverbot. Hierzu werden im Schrifttum jedoch durchaus andere Auffassungen vertreten.[156] Bejaht man die Anwendung der Ausnahmeregelung im Falle von weiterverliehenen Wertpapieren, könnte die Regelung über mehrstufige Wertpapierleihegeschäfte vollständig ausgeschaltet werden. Dies ist sicherlich vom Gesetzgeber nicht gewollt. Die Vorschrift findet gem. § 8b Abs. 10 S. 5 KStG ebenfalls Anwendung, wenn die Wertpapierleihe über zwischengeschaltete Personengesellschaften abgewickelt wird. Die Regelung des § 8b Abs. 10 KStG wird ohne Zweifel noch die Gerichte beschäftigen.

Für **einkommensteuerpflichtige** Wertpapierentleiher gilt das Werbungskostenabzugsverbot von Kompensationszahlungen im Zusammenhang mit Wertpapierleihgeschäften sinngemäß (§ 3c Abs. 2 S. 4 iVm § 8b Abs. 10 KStG). Der Abzug ist in diesen Fällen zu 40 % ausgeschlossen.[157]

3. Wertpapierleihgeschäfte im Privatvermögen

76 Im Rahmen der Abgeltungsteuer werden Wertpapierleihegeschäfte den Wertpapierpensionsgeschäften (siehe Rn 56) und Repogeschäften gleichgestellt.[158]

Für **Entleiher, die natürliche Personen** sind und ihre Anteile im Privatvermögen halten gilt die Nichtabzugsfähigkeit der Kompensationszahlung ebenfalls über § 3c Abs. 2 S. 3 EStG, der auf § 8b Abs. 10 KStG verweist. Für den privaten Anleger sind Werbungskosten seit Einführung der Abgeltungsteuer nach dem 1.1.2009 ohnehin nur noch beschränkt im Rahmen des Sparerpauschbetrags (801 EUR/1.602 EUR) abzugsfähig. Darüber hinausgehende Werbungskosten können nicht mehr berücksichtigt werden. Ausnahmen hierzu gelten jedoch für das verpflichtenden Veranlagungsverfahren.

Erzielt der Entleiher während der Laufzeit Dividenden, stellen diese Einnahmen aus Kapitalvermögen dar (§ 20 Abs. 1 Nr. 1 EStG). Diese unterliegen ab dem 1.1.2009 der Abgeltungsteuer iHv 25 % zzgl. 5,5 % SolZ.

77 Hinsichtlich der Wertpapierübertragung ist zu berücksichtigen, dass unabhängig jeglicher zivilrechtlicher Einordnung einkommensteuerrechtlich grundsätzlich ein **Depotübertrag** auf einen anderen Gläubiger vorliegt, der nach § 43 Abs. 1 S. 4 EStG als Veräußerung gilt und somit der Abgeltungsteuer unterliegt.[159] Wird eine entsprechende Mitteilung gemacht, kann der Vorgang auch als unentgeltlicher Depotübertrag mit Meldung an das Finanzamt abgewickelt werden (§ 43 Abs. 1 S. 5 u. 6 EStG).

Ist das depotführende Kreditinstitut als Entleiher oder Verleiher in den Vorgang eingebunden, kann dies steuerlich neutral behandelt werden, § 43 Abs. 1 S. 4 bis 6 EStG finden dann keine Anwendung.

Veräußert der private Entleiher die Wertpapiere im Zeitraum des Leihgeschäfts, ist zur Ermittlung des Veräußerungsgewinns die Ersatzbemessungsgrundlage heranzuziehen (§ 43a Abs. 2 S. 7 EStG). Wenn sich der Entleiher zur Rückübertragung erneut eindeckt, sind diese Anschaffungskosten nachträglich noch dem vorhergehenden Veräußerungsgeschäft zuzuordnen. Die Ersatzbemessungsgrundlage darf somit direkt korrigiert werden. Kann das Eindeckungsgeschäft hingegen aus irgendeinem Grund nicht zugeordnet werden, gilt die Rückübertragung als entgeltlicher Depotübertrag, der Abgeltungsteuer iHv 25 % zzgl 5,5 % SolZ u. ggf KiSt auslöst. Als Veräußerungserlös wird ersatzweise der Börsenkurs herangezogen. Der Entleiher hat im Rahmen der persönlichen Veranlagung zur Einkommensteuer die

---

156 U.a. *Wagner*, DK 2007, 505, 511; *Häuselmann*, DStR 2007, 1379, 1382.
157 S. auch *von Beckerath* in: Kirchhof, (11. Aufl.) 2012 EStG, § 3c Rn 35.
158 BMF v. 22.12.2009, BStBl I 2010, 94 Rn 170 ff.
159 BMF v. 22.12.2009, BStBl. I 2010, 94 Rn 170 ff.

Chance, das Eindeckungsgeschäft der vorangegangenen Veräußerung zuzuordnen und somit die zu viel gezahlte Abgeltungsteuer wieder zu eliminieren.

Zinsen an den **Verleiher,** der die Wertpapiere im Privatvermögen hält, sind als Einkünfte aus sonstigen Leistungen iSd § 22 Nr. 3 EStG steuerpflichtig.[160]

G. Einsatz von Derivaten bei Investmentfonds

I. Hintergrund

Derivate Fonds sind Investmentfonds, die hauptsächlich oder ausschließlich in Derivate wie zB Optionen, Futures, Swaps[161] oder ähnliche Terminmarktinstrumente investieren. Die Anlage in Derivate Fonds kann einerseits sehr spekulativ sein, da die Derivate oftmals wesentlich stärkere Kursschwankungen als die ihr zugrundeliegenden Basiswerte aufweisen. Andererseits werden Derivate in Investmentfonds aber häufig auch genutzt, um diese nach unten abzusichern.[162]

78

1. Wirtschaftliche Entwicklung

„Konvergenz statt Konkurrenz" ist eine beliebte Zeitungsüberschrift, wenn die Vor- und Nachteile einer Investition in Investment**fonds** mit denen in Derivaten verglichen werden. Tatsächlich verschwimmt die Grenze zwischen diesen beiden Anlageklassen zunehmend. Konnte man zunächst vor allem beobachten, dass Investmentfonds in Zertifikate „verpackt" und an Anleger verkauft wurden (zum Beispiel Hedgefondszertifikate), hat die Fondsindustrie nachgezogen und nutzt verstärkt Derivate für ihre eigenen Zwecke. Steuerlich haben Derivate gegenüber dem Investmentfonds regelmäßig den Vorteil, dass eine Besteuerung erst bei Realisierung der Erträge auf Anlegerebene stattfindet, während bei Investmentfonds eine vorgezogene Besteuerung sog. ausschüttungsgleicher Erträge bei Thesaurierung eintritt. Umgekehrt hat der Investmentfonds gegenüber dem Zertifikat den Vorteil, dass die Besteuerung nach dem sog. Transparenzprinzip eintritt, bestimmte Steuervorteile für den Anleger mithin verfügbar sind, als wäre er direkt an den Anlagegegenständen des Investmentfonds beteiligt. Dieses Transparenzprinzip war über viele Jahre das steuerliche Merkmal des Investmentfonds und hat die Anleger neben weiteren Argumenten von der regulierten Anlagekategorie „Investmentanteil" überzeugt. Völlig unverständlich sind vor diesem Hintergrund aktuelle Überlegungen, das Transparenzprinzip aufzugeben und den Investmentfondsanteil steuerlich dem Zertifikat anzunähern und ihn dann auch noch gegenüber dem unregulierten Produkt Zertifikat schlechter zu stellen.[163] Entsprechend hat die Bund-Länder-Arbeitsgruppe zur Neukonzeption diese Pläne nicht zuletzt vor dem Hintergrund des einhelligen Widerstandes aller Verbände[164] vorläufig auf Eis gelegt.

79

Zum einen werden Derivate eingesetzt um „**Themenfonds**" zu konstruieren, beispielsweise sind Fonds am Markt, die nur in Bonuszertifikate investieren. Sie sind vor allem für Anleger interessant, die schon Erfahrung mit der Investition in Zertifikate haben, das Management ihres Zertifkatedepots jedoch zukünftig einem Fondsmanager überlassen möchten. Ein anderer Anwendungsbereich besteht darin, Derivate zur Darstellung einer partiellen oder vollen Kapitalgarantie, zB eines Aktienfonds, zu nutzen oder passgenaue Auszahlungsprofile abzubilden. Chancen und Risiken von Aktienfonds können nämlich durch den Einsatz von Deri-

---

160 OFD Frankfurt v. 25.6.1996, DB 1996; BMF v. 22.12.2009, BStBl. I 2010, 94 Rn 173.
161 *Kreft/Schmitt-Homann,* BB 2009, 2404.
162 *Herrmann,* BB 2009, 188.
163 Schreiben des Hessischen Ministeriums der Finanzen vom 15.12.2011 zu einer geplanten Neukonzeption der Investmentbesteuerung.
164 *Patzner/Döser/Kempf,* Handkommentar Investmentbesteuerung, InvStG, Einleitung Rn. 10.

vaten einerseits erhöht andererseits aber auch gesenkt werden. So wird bei sog. Garantiefonds das Verlustrisiko durch einen garantierten Rückkaufswert zu einem festen Datum reduziert. Diese Absicherung von Garantiefonds erfolgt dabei entweder statisch durch Optionen oder dynamisch durch ein mathematisches Wertsicherungsmodell.[165] Eine einfache Form einer Absicherungsstrategie ist zum Beispiel die Anlage des größten Teils des Anlagebetrags in festverzinslichen Wertpapieren (Nullkuponanleihen), und zwar so viel, dass deren Wert mit dem Zinsertrag am Laufzeitende die garantierte Rückzahlung erreicht. Der Teil des Investmentvermögens, der nicht in Anleihen angelegt wird, kann in Call-Optionen auf die risikoreichere Anlageklasse (zB Aktien oder Rohstoffe) angelegt werden.[166] Solche Strukturen sind sowohl für private als auch für institutionelle Investoren interessant, da sie es diesen ermöglichen, mit festen Erträgen zu kalkulieren und gleichzeitig das angelegte Kapital als Investmentvermögen konkurssicher zu schützen.

2. Allgemeine Besteuerungsgrundsätze

80 Ein weiterer sehr wesentlicher Aspekt ist die **steuerliche Optimierung** der Fondsanlage auf Ebene des Investors. Investmentfonds sind sachlich steuerbefreit (§ 11 Abs. 1 S. 2 und 3 InvStG).[167] Nach dem Investmentsteuerrecht wird der Anleger in einem Investmentvermögen im Wesentlichen so gestellt, als ob er direkt in die Vermögensgegenstände des Fonds investiert hätte. Voraussetzung dafür ist, dass der Fonds bzw der Fondsadministrator die steuerlichen **Berichts- und Veröffentlichungspflichten** nach § 5 InvStG erfüllt und der Investmentfonds damit steuerlich transparent wird.[168] Ist ein Verbraucher der Ansicht, dass eine Fondsgesellschaft gegen Vorschriften des Investmentgesetzes verstoßen hat, kann er die Ombudsstelle für Investmentfonds beim Bundesverband für Investment und Asset management (BVI) kostenlos einschalten.[169]

II. Rechtslage bis 31.12.2008

81 Wie dargestellt ist die steuerliche Behandlung von Derivaten für Privatanleger günstig, so lange sie sich als Spekulationsinstrumente qualifizieren. Investmentfonds genossen bis zum 31.12.2008 das Privileg („Fondsprivileg"), dass sie ohne die Beachtung der Einjahresfrist Veräußerungsgeschäfte tätigen und somit für ihre Anleger steuerfreie Veräußerungsgewinne generieren konnten (§ 2 Abs. 3 S. 1 Nr. 1 InvStG).

82 Es war somit denkbar, dass **Geldmarkt- und Rentenfonds** ihre Zinseinnahmen nicht nur durch das unmittelbare Halten von Bonds einnehmen, sondern im Rahmen ihrer Anlagegrenzen Zinseinnahmen unter Zuhilfenahme von Derivaten auch synthetisch generieren. Dies geschieht in der Praxis dadurch, dass eine Position durch zwei gegenläufige Instrumente dargestellt wird, beispielsweise mithilfe eines Discount-Zertifikates und einer Put-Option. Ob die Finanzverwaltung diese Spekulationsinstrumente zu einer Finanzinnovation zusammen fassen kann, richtet sich generell nach oben beschriebenen Kriterien zu den Produktkombinationen und speziell nach der Ausgestaltung im Einzelfall.

83 Auch **Garantiefonds** nutzen diese Möglichkeiten, ihre Garantieverpflichtung abzusichern. Hier ist die Möglichkeit der Steuerverwaltung den Absicherungsmechanismus als missbräuchlich anzugreifen, besonders gering. Wie der Bundesfinanzhof mehrfach ausgeführt hat, ist der Steuerpflichtige nicht verpflichtet, zur Erreichung seines Ziels den steuerungüns-

---

165 *Herrmann*, BB 2009, 188.
166 *Herrmann*, BB 2009, 190.
167 *Patzner/Döser/Kempf*, Handkommentar Investmentrecht, § 11 InvStG, Rn 1.
168 *Patzner* in: Feyerabend, Besteuerung privater Kapitalanlagen, S. 129; *Feyerabend/Vollmer*, BB 2008, 1088 f.
169 Vgl DB 2011, 26 sowie DB 2011, 20.

G. Einsatz von Derivaten bei Investmentfonds

tigen Weg zu wählen, in diesem Fall also die Kapitalsicherung mittels Halten von zinstragenden Instrumenten herzustellen. Denn es steht grundsätzlich jedermann frei, seinen Lebensbereich so zu gestalten, dass er die Steuer vermeidet oder den Steueranspruch minimiert.[170]

III. Rechtslage seit 1.1.2009

1. Änderungen durch die Abgeltungsteuer

Mit der Einführung der **Abgeltungsteuer** zum 1.1.2009 ergaben sich jedoch auch im Investmentfondsbereich weitreichende Änderungen.[171] Nach dem im Investmentsteuerrecht zugrunde liegenden **Transparenzprinzip** sollen die vom Investmentvermögen erzielten Erträge grundsätzlich die gleichen Folgen auf Ebene des Anlegers auslösen, wie dies bei der Direktanlage der Fall ist. Dieses wurde durch eine Anpassung des **Investmentsteuergesetzes** an das geänderte Einkommensteuergesetz erreicht. Angesichts der Besteuerung der Gewinne aus der Veräußerung von Wertpapieren bzw aus Termingeschäften beim Direktanleger ohne jede Haltefrist musste die Begünstigung der Investmentfonds gem. § 2 Abs. 3 Nr. 1 InvStG, also die Steuerfreiheit des privaten Fondsanlegers mit dem Teil der Ausschüttung, der auf Wertpapierveräußerungs- oder Termingeschäftsgewinnen des Fonds beruht („**Fondsprivileg**"), folgerichtig ebenso gestrichen werden.[172]

84

Seit dem 1.1.2009 unterliegen demnach – analog zur Direktanlage – auch die entsprechenden Einnahmen des Investmentfonds der Abgeltungsteuer. In Übereinstimmung mit dem neuen umfassenderen § 20 EStG werden die entsprechenden Erträge der Investmentfonds, also auch aus Derivaten entsprechend der obigen Darstellungen zu den einzelnen Arten, bei Ausschüttung an den Privatanleger in den Anwendungsbereich dieser Steuer mit einbezogen. Dies bedeutet, dass praktisch sämtliche Einkünfte des Fonds im Falle der Ausschüttung bei der depotführenden Stelle mit einem 25%igen **Abgeltungsteuer-Einbehalt** belegt werden.

85

2. Neuer Termingeschäftsbegriff auf Ebene des Investmentvermögens

Eine weitere Änderung in diesem Zusammenhang ist die Anpassung des investmentsteuerlichen Termingeschäftsbegriffes an den der Direktanlage.[173] Ziel des Gesetzgebers war es, wie zuvor dargestellt, eine weitgehende Gleichstellung zwischen Direktanleger und Fondsanleger zu erzielen.[174] Der neue an das EStG angepasste Termingeschäftsbegriff führt jedoch zu einer unseres Erachtens nicht beabsichtigten unterschiedlichen Behandlung von Gewinnen aus Devisentermingeschäften[175] für Fondsanleger im Vergleich zu Direktanlegern. Dies soll im Folgenden näher dargestellt werden.

86

Nach alter Rechtslage war der Begriff Termingeschäft im InvStG weit zu verstehen und umfasste nicht nur private Veräußerungsgeschäfte nach § 23 Abs. 1 S. 1 Nr. 4 EStG aF, sondern

87

---

170 BFH v. 12.9.1995, IX R 54/93, BStBl. II 1996, 158 = DStR 1996, 99; BFH v. 12. 7. 1988, IX R 149/83, BStBl. II 1988, 942 = DStR 1988, 677.
171 *Haisch/Danz*, DStZ 2008, 392 ff; *Feyerabend/Vollmer*, BB 2008, 1088 ff; *Herrmann*, BB 2009, 188 ff; *Grabbe/Simonis*, DStR 2009, 837 ff.
172 *Udo*, DB 2008, 2381.
173 *Dahm/Hamacher*, DStR 2008, 1910.
174 *Patzner* in: Feyerabend, Besteuerung privater Kapitalanlagen, S. 121; *Feyerabend/Vollmer*, BB 2008, 1088.
175 Devisentermingeschäfte sind verbindliche Vereinbarungen, eine Währung gegen eine andere Währung zu einem im Moment des Geschäftsabschlusses vereinbarten Termin und festgelegten Kurs zu tauschen.

zB auch Optionsgeschäfte und Swaps.[176] Darüber hinaus wurden Devisentermingeschäfte und Leerverkäufe[177] mit Devisen steuerlich wie Termingeschäfte iSd InvStG behandelt.[178]

88 Nach neuer Rechtslage soll der Begriff des Termingeschäftes nunmehr ausdrücklich an § 20 Abs. 2 S. 1 Nr. 3 EStG anknüpfen und daher ein weiteres Verständnis des Termingeschäftes nicht mehr zulassen.[179] Dh, dass unter steuerlichen Aspekten Devisentermingeschäfte und sonstige Geschäfte mit Devisen nicht zwangsläufig wie „einfache" Termingeschäfte behandelt werden können. Auf Ebene des InvStG sind daher zukünftig die einkommensteuerrechtlichen Besonderheiten bei Devisentermingeschäften zu beachten.

89 Dies bedeutet Folgendes:

Beim Direktanleger ist bei Devisentermingeschäften danach zu unterscheiden, ob das Wirtschaftsgut (Devise bzw Fremdwährungsguthaben) geliefert wird oder nicht.[180] In den Fällen, in denen das Wirtschaftsgut geliefert wird, liegt ein Geschäft nach § 23 EStG vor (Anschaffung oder Veräußerung eines Wirtschaftsgutes iSd § 23 Abs. 1 S. 1 Nr. 2 EStG). Im Falle der Zahlung eines Differenzausgleichs oder glattstellenden Gegengeschäfts liegt ein Termingeschäft iSd § 20 Abs. 2 S. 1 Nr. 3 EStG vor.

a) Devisentermingeschäfte mit Barausgleich (cash-settlement)

90 Fraglich ist, ob Gewinne aus nach dem 31.12.2008 auf Fondsebene abgeschlossenen Devisentermingeschäften mit Barausgleich nach § 1 Abs. 3 S. 3 Nr. 2 InvStG ausschüttungsgleiche Erträge darstellen. Dies wäre dann der Fall, wenn es sich um Erträge aus Vermietung und Verpachtung von Grundstücken (VuV), sonstige Erträge oder Gewinne aus privaten Veräußerungsgeschäften (VG) iSd § 23 Abs. 1 S. 1 Nr. 1, Abs. 2 und 3 EStG handeln würde. Erträge aus VuV liegen nicht vor. Selbiges gilt für sonstige Erträge unter die nach Auffassung der Finanzverwaltung zB Kompensationszahlungen oder Gewinne aus gewerblichen Personengesellschaften fallen.[181] Auch Gewinne aus privaten VG iSd § 23 Abs. 1 S. 1 Nr. 1 EStG liegen nicht vor, da hierunter nur Immobilienveräußerungen fallen. Da Devisentermingeschäfte mit Barausgleich zukünftig aber unter § 20 Abs. 2 S. 1 Nr. 3 EStG fallen, sind diese gemäß § 1 Abs. 3 S. 3 Nr. 1 InvStG von den ausschüttungsgleichen Erträgen ausgenommen und somit im Falle der Thesaurierung zunächst steuerfrei.

91 Im Falle der Ausschüttung hingegen liegen steuerpflichtige Gewinne aus Veräußerungsgeschäften nach § 1 Abs. 3 S. 2 InvStG vor. Die alte Steuerbefreiung für Gewinne aus (Devisen-)Termingeschäften gemäß § 2 Abs. 3 S. 1 Nr. 1 InvStG aF wurde mit Wirkung zum 1.1.2009 aufgehoben und gilt gemäß § 18 Abs. 1 S. 2 InvStG nur noch für (Devisen-)Termingeschäfte, die von dem Investmentvermögen vor dem 1.1.2009 abgeschlossen wurden.

b) Devisentermingeschäfte mit physischer Lieferung

92 Devisentermingeschäfte mit physischer bzw effektiver Lieferung des Fremdwährungsbetrages fallen unter § 23 Abs. 1 S. 1 Nr. 2 EStG (Anschaffung oder Veräußerung eines anderen Wirtschaftsgutes).[182] Im Falle der Thesaurierung können unseres Erachtens daher Gewinne aus Devisen (Fremdwährungsguthaben) zunächst steuerfrei vereinnahmt werden, da die Veräu-

---

176 BMF-Schr. v. 2.6.2005, BStBl. I 2005, 728, Rn 15.
177 Näheres zu Leerverkäufen: *Rau*, DStR 2010, 1267, sowie *Berger/Matuszewski*, BB 2011, 3097.
178 BMF-Schr. v. 2.6.2005, BStBl. I 2005, 728, Rn 19.
179 BMF-Schr. v. 18.8.2009, IV C 1 – S 1980-1/08/10019, Rn 15 a.
180 BMF-Schr. v. 15.8.2008, IV C 1 – S 2000/07/0009, III. 1; BMF-Entwurf-Schr. v. 21.7.2009, Einzelfragen zur Abgeltungsteuer, Rn 29.
181 BMF-Schr. v. 18.8.2009, IV C 1 – S 1980-1/08/10019, Rn 14.
182 BMF-Schr. v. 15.8.2008, IV C 1 – S 2000/07/0009, III. 1; BMF-Schr. v. 22.12.2009, Einzelfragen zur Abgeltungsteuer, Rn 39.

ßerung von Devisen nicht von den ausschüttungsgleichen Erträgen gemäß § 1 Abs. 3 S. 3 InvStG erfasst wird. Denn es fallen, wie zuvor dargestellt, nur Gewinne aus privaten Veräußerungsgeschäften iSd § 23 Abs. 1 S. 1 Nr. 1 EStG (Immobilienveräußerungen) gemäß § 1 Abs. 3 S. 3 Nr. 2 InvStG unter die ausschüttungsgleichen Erträge. Gewinne aus privaten Veräußerungsgeschäften iSd § 23 Abs. 1 S. 1 Nr. 2 EStG (Veräußerung anderer Wirtschaftsgüter) hingegen werden nicht von dieser Norm erfasst.

Im Falle der Ausschüttung von Gewinnen aus nach dem 31.12.2008 abgeschlossenen Devisentermingeschäften über den Fonds hingegen gelten diese gemäß § 1 Abs. 3 S. 2 InvStG – wie alle Veräußerungsgeschäfte – als ausgeschüttete Erträge. Vor dem 1.1.2009 erworbene Devisen genießen jedoch Bestandsschutz und können noch steuerfrei veräußert werden. Dieser Bestandsschutz ergibt sich aus dem sog. „argumentum a maiore ad minus". D.h., da bis zum 31.12.2008 ein weiter Termingeschäftsbegriff[183] galt unter dem sogar Leerverkäufe mit Devisen steuerfrei sind bzw waren,[184] galt dies erst Recht für die „einfache" Veräußerung von Fremdwährungsguthaben. Ab 1.1.2009 erworbene Währungen sind wegen des Wegfalles von § 2 Abs. 3 S. 1 Nr. 1 InvStG aF bei Ausschüttung jedoch auch beim privaten Fondsanteilsscheininhaber steuerpflichtig. 93

c) Unterschiedliche Besteuerung von Devisentermingeschäften

Für Anleger in Investmentvermögen erscheint die vorgenannte Unterscheidung somit zunächst unbeachtlich. Denn sowohl bei einem Devisentermingeschäft mit Barausgleich nach § 20 Abs. 2 S. 1 Nr. 3 EStG als auch einem Devisentermingeschäft mit effektiver Lieferung iSd § 23 Abs. 1 S. 1 Nr. 2 EStG sind die hieraus erzielten Erträge im Falle der Thesaurierung zunächst steuerfrei beim Privatanleger. Gewinne mit ab dem 1.1.2009 erworbenen Devisenpositionen oder -guthaben sind jedoch im Falle der Ausschüttung auch beim Privatanleger steuerpflichtig. 94

Im Vergleich zur Direktanlage kommt man aber zu dem etwas überraschendem Ergebnis, dass diese bei Investition in Devisentermingeschäfte und Devisen im Falle der physischen Lieferung steuerliche Vorteile gegenüber der Anlage über Investmentvermögen haben. Denn bei Vorliegen eines Devisengeschäftes iSd § 23 Abs. 1 S. 1 Nr. 2 EStG kann der hieraus erzielte Veräußerungsgewinn nach Ablauf der Spekulationsfrist von einem Jahr vom Direktanleger grundsätzlich steuerfrei vereinnahmt werden. Eine steuerfreie Vereinnahmung dieser Gewinne auf Ebene des Investmentvermögens ist jedoch nicht mehr möglich. Denn mit Einführung der Abgeltungsteuer ist die Steuerbefreiung für (Devisen-)Termingeschäfte für ab dem 1.1.2009 erworbene Devisenpositionen gemäß § 2 Abs. 3 S. 1 Nr. 1 InvStG aF bei Investition über Investmentvermögen weggefallen und eine Steuerbefreiung für Erträge aus privaten Veräußerungsgeschäften (Devisentermingeschäften im Falle der physischen Lieferung) nach § 23 Abs. 1 S. 1 Nr. 2 EStG ist nach neuem Recht nicht vorgesehen (vgl Wortlaut des § 2 Abs. 3 InvStG). 95

Unseres Erachtens ist diese unbeabsichtigte unterschiedliche Behandlung von Fonds- und Direktanleger dahin gehend zu vermeiden, dass auch auf Ebene des Investmentvermögens Veräußerungsgewinne aus Devisentermingeschäften iSd § 23 Abs. 1 S. 1 Nr. 2 EStG stets steuerfrei vereinnahmt werden können. Dies ist mittels ergänzender Auslegung des § 2 Abs. 3 InvStG möglich, der dann wie folgt gelesen werden könnte: „Die ausgeschütteten Erträge auf Investmentanteile sind insoweit steuerfrei, als sie Gewinne aus der Veräußerung von Grundstücken und grundstücksgleichen Rechten *sowie Gewinne aus der Veräußerung anderer Wirtschaftsgüter* enthalten, es sei denn, dass es sich um Gewinn aus privaten Veräußerungs- 96

---

183 Nach BMF-Schr. v. 18.8.2009, IV C 1 – S 1980-1/08/10019, Rn 15 a, gilt der weite Termingeschäftsbegriff für vor dem 01. Januar 2009 abgeschlossene Termingeschäfte fort.
184 BMF-Schr. v. 2.6.2005, BStBl. I 2005, 728, Rn 19, 37.

geschäften iSd § 23 Abs. 1 S. 1 Nr. 1 *und Nr. 2*, Abs. 2 und 3 des EStG handelt oder dass die Ausschüttungen Betriebseinnahmen des Steuerpflichtigen sind." Mittels vorgenannter Formulierung wäre der steuerliche Gleichlauf (inkl. Haltefristen) zwischen Direktanlage und Investmentvermögen gewahrt, was auch unter steuersystematischen Aspekten zu begrüßen wäre.

3. Thesaurierungsprivileg

97 Im Falle der **Thesaurierung**[185] werden grundsätzlich sämtliche Erträge des Investmentfonds dem Anleger zugerechnet und unterliegen beim Privatanleger im Falle eines deutschen Investmentfonds der Abgeltungsteuer durch Abzug auf Fondsebene und im Falle eines ausländischen Fonds dem Abgeltungsteuersatz im Rahmen der Veranlagung (§ 2 Abs. 1 InvStG).[186] Veräußerungsgewinne (sog. außerordentliche Erträge) aus Wertpapieren (zB Aktien und Renten) sowie Gewinne aus Termingeschäften werden dem Anleger bei Thesaurierung indessen nicht zugerechnet (§ 1 Abs. 3 S. 3 Nr. 1 InvStG) und unterliegen damit erst bei Ausschüttung bzw Rückgabe/Veräußerung der Fondsanteile der Besteuerung.

98 Nach dem neuen § 1 Abs. 3 S. 3 InvStG werden nämlich unter anderem Stillhalterprämien (§ 20 Abs. 1 Nr. 11 EStG), Veräußerungsgewinne aus Anteilen an einer Körperschaft/Kapitalgesellschaft (§ 20 Abs. 2 S. 1 Nr. 1 EStG), Veräußerungsgewinne aus Termingeschäften (§ 20 Abs. 2 S. 1 Nr. 3 EStG) und Veräußerungsgewinne aus Kapitalforderungen iSd § 20 Abs. 2 S. 1 Nr. 7 EStG, die bestimmte Voraussetzungen erfüllen (zB Emissionsrendite oder feste/variabel Verzinsung, siehe unter Rn 84) von den sog. ausschüttungsgleichen Erträgen ausgenommen.[187] Dh, diese Veräußerungsgewinne werden nicht zum Fondsjahresgeschäftsende, sondern erst bei Ausschüttung bzw Rückgabe/Veräußerung des Fondsanteils der Besteuerung unterworfen. Hieraus ergibt sich ein Zinsvorteil bzw eine Art Steuerstundungseffekt, der als „Thesaurierungsprivileg" bezeichnet wird.[188]

a) Kapitalforderungen iSd § 20 Abs. 2 S. 1 Nr. 7 EStG, die nicht zu ausschüttungsgleichen Erträgen führen

99 Soweit Veräußerungsgewinne aus sonstigen Kapitalforderungen iSd § 20 Abs. 2 S. 1 Nr. 7 EStG nicht zu ausschüttungsgleichen Erträgen nach § 1 Abs. 3 S. 3 InvStG führen, können diese zunächst steuerfrei thesauriert werden. Daher ist für eine Anlage in Derivate Fonds entscheidend, welche Kapitalforderungen insoweit begünstigt sind. Hierunter fallen gemäß § 1 Abs. 3 S. 3 Nr. 1 InvStG[189]

a) Kapitalforderungen mit Emissionsrendite (zB Nullkuponanleihe);
b) Kapitalforderungen mit einem festen oder variablen nach dem Bruchteil des Kapitals bemessenen Zins, wenn die Rückzahlung in derselben Höhe zugesagt oder gewährt wird, in der es überlassen wurde (zB „normale" Anleihen und unverbriefte Forderungen mit festem Kupon, Floater, Reverse-Floater, Down-Rating Anleihen);
c) Risiko-Zertifikate, die den Kurs einer Aktie oder eines Aktien-Index im Verhältnis 1:1 abbilden (zB Delta 1 Zertifikate auf Aktien oder Aktienindizes);
d) Kapitalforderungen mit Umtauschrecht (zB Aktien-, Umtausch- oder Wandelanleihen);

---

[185] Vgl hierzu Neudefiniton der ausschüttungsgleichen Erträge gemäß § 1 Abs. 3 S. 3 u. S. 4 InvStG.
[186] Vgl OFD Frankfurt/M, Anrechnung von KapESt bei Anteilen an Investmentfonds, Verf. v. 31.8.2010, S 2400 A – 36 – St 54, ESt-Kartei § 45a Karte 14; Lexinform Nr. 5233645.
[187] *Herrmann*, BB 2009, 189; *Grabbe/Simonis*, DStR 2009, 838.
[188] *Feyerabend/Vollmer*, BB 2008, 1090.
[189] Vgl hierzu Änderungsanträge der Fraktionen CDU/CSU und SPD zum JStG 2009, zu Artikel 14 Nr. 1.

e) Gewinnobligationen oder Genussrechte iSd § 43 Abs. 1 S. 1 Nr. 2 EStG (zB ohne gesonderten Stückzinsausweis (flat) gehandelte Gewinnobligationen und Fremdkapital Genussrechte);
f) Anleihen mit abtrennbaren Optionsrecht (zB Optionsanleihen bei denen der Optionsschein von der Anleihe abgetrennt ist).

Thesaurierte Erträge aus der Veräußerung vorbezeichneter „privilegierter" Kapitalforderungen werden allerdings nur insoweit nicht beim Anleger besteuert, als sie keine Ertragskomponenten enthalten. Dh, die vom Investmentfonds in den Veräußerungsentgelten mit vereinnahmten Stückzinsen werden dem Anleger als ausschüttungsgleiche Erträge zugerechnet und entsprechend versteuert.

b) Abgrenzung eines Termingeschäfts von einer Kapitalforderung

Da Gewinne aus Termingeschäften iSd § 20 Abs. 2 S. 1 Nr. 3 EStG stets und Gewinne aus sonstigen Kapitalforderungen iSd § 20 Abs. 2 S. 1 Nr. 7 EStG nur innerhalb der vorgenannten „engen" Ausnahmefälle von den ausschüttungsgleichen Erträgen ausgenommen sind, spielt die Abgrenzung dieser beiden Finanzinstrument in der Praxis eine erhebliche Rolle. 100

Der Begriff des Termingeschäftes ist nicht legal definiert. Nach Auffassung der Finanzverwaltung[190] umfasst dieser sämtliche als Options- oder Festgeschäft ausgestaltete Finanzinstrumente sowie Kombinationen zwischen Options- und Festgeschäften, deren Preis unmittelbar oder mittelbar abhängig ist von 101

- dem Börsen- oder Marktpreis von Wertpapieren,
- dem Börsen- oder Marktpreis von Geldmarktinstrumenten,
- dem Kurs von Devisen oder Rechnungseinheiten,
- Zinssätzen oder anderen Erträgen oder
- dem Börsen- oder Marktpreis von Waren oder Edelmetallen.

Die praxisrelevante Abgrenzung von sog. (Vollrisiko-)Zertifikaten und Optionen ist dabei nicht immer leicht vorzunehmen. Der Begriff „Optionen" beschreibt eine bestimmte Art von Termingeschäften die (ausschließlich) von § 20 Abs. 1 Nr. 11 und Abs. 2 S. 1 Nr. 3 EStG erfasst werden.[191] Zertifikate dagegen stellen grundsätzlich keine Termingeschäfte in Form von Optionen dar, sondern sind Wertpapiere in der Rechtsform einer Schuldverschreibung bzw Anleihe iSd § 20 Abs. 1 Nr. 7 EStG und zählen zu den Derivaten.[192] In Einzelfällen können bestimmte Zertifikate aber auch als Termingeschäfte nach § 20 Abs. 2 S. 1 Nr. 3 EStG ausgestaltet sein. So handelt es sich bei Discountzertifikaten regelmäßig um Terminkonstruktionen (verbriefte Optionsgeschäfte), bei der eine Kauf-Option verkauft wird, die durch einen Basiswert (Underlying) gedeckt ist.[193] Als Faustregel zur Unterscheidung von Optionen und Zertifikaten kann man sich also merken, dass Optionen ein Recht beinhalten, das ausgeübt werden muss. Zertifikate hingegen sind Festgeschäfte, bei denen der Inhaber kein derartiges Ausübungswahlrecht (Gestaltungsrecht) besitzt. 102

Ob und inwieweit eine bestimmtes Finanzinstrument somit als Termingeschäft qualifiziert werden kann, bleibt der jeweiligen Einzelfallbetrachtung anhand der oben genannten Kriterien vorbehalten.

---

190 BMF-Schr. v. 27.11.2001, BStBl. I 2001, 986, Rn 1; BMF-Entwurf-Schr. v. 21.7.2009, Einzelfragen zur Abgeltungsteuer, Rn 10.
191 *Dahm/Hamacher*, DStR 2008, 1911.
192 *Schmidt/Weber-Grellet*, EStG-Kommentar, 28. Auflage 2009, § 20 Rn 163.
193 *Feyerabend* in: Feyerabend, Besteuerung privater Kapitalanlagen, S. 89.

103 In diesem Zusammenhang soll noch kurz auf die Abgrenzungsproblematik von Swaps[194] (grundsätzlich Termingeschäfte iSd § 20 Abs. 2 S. 1 Nr. 3 a) EStG) zu Kapitalforderungen jeder Art iSd § 20 Abs. 1 Nr. 7 EStG eingegangen werden. Unter § 20 Abs. 1 Nr. 7 EStG fallen Erträge aus sonstigen Kapitalforderungen jeder Art, wenn die Rückzahlung des Kapitalvermögens oder ein Entgelt für die Überlassung des Kapitalvermögens zur Nutzung zugesagt oder geleistet worden ist, auch wenn die Höhe der Rückzahlung oder des Entgelts von einem ungewissen Ereignis abhängt. Kapitalforderung ist dabei jede auf eine Geldleistung gerichtete Forderung ohne Rücksicht auf die Dauer der Kapitalüberlassung oder den Rechtsgrund des Anspruchs.[195] Eine Kapitalforderung nach § 20 Abs. 1 Nr. 7 EStG setzt somit als Tatbestandsmerkmal unter anderem die „Überlassung des Kapitalvermögens gegen Entgelt" (sog. „Kapitalüberlassungsverhältnis") voraus. Dies ist bei typischen Swapvereinbarungen gerade nicht der Fall, da der Swap lediglich den Austausch von (fiktiven) Erträgen vorsieht. Denn ein Swap ist eine Vereinbarung zwischen zwei Vertragsparteien, bestimmte Zahlungen an mehreren zukünftigen Terminen auszutauschen. Die den Erträgen zugrunde liegenden Vermögensgegenstände bzw der zugrunde liegende Vermögensstamm werden hingegen nicht übertragen. Insofern liegt dem Swap schon kein Kapitalüberlassungsverhältnis vor, welches Voraussetzung für eine Umqualifizierung der Swaperträge in eine sonstige Kapitalforderung iSd § 20 Abs. 1 Nr. 7 EStG und insofern in Zinsen wäre. Bei den typischen Swapvereinbarungen (Zins- oder Währungsswaps) handelt es sich daher grundsätzlich um unbedingte Termingeschäfte deren Besteuerung sich nach § 20 Abs. 2 S. 1 Nr. 3 a) EStG richtet.[196]

104 Da Swapvereinbarungen jedoch individuell zwischen den Vertragsparteien vereinbart werden können, haben sich am Markt verschiedene Varianten dieser Finanzprodukte entwickelt. In der Praxis sind sog. fully funded swaps in der Diskussion. Bei einem fully funded swap wird dem Vertragspartner des Swapvertrages (Counterparty) Kapital über den Swap vorab zur Verfügung gestellt. Im Gegenzug wird das Kreditrisiko dieses Swaps dadurch minimiert, dass die Counterparty geeignete Sicherheiten in Form von Einlagen oder Wertpapieren zur Verfügung stellt. Liegt nun ein fully funded swap vor, stellt sich die Frage, ob die anfängliche Kapitalüberlassung dazu führt, dass dieses Produkt als eine sonstige Kapitalforderung zu qualifizieren ist.[197] Denn nach § 20 Abs. 1 Nr. 7 S. 2 EStG ist die zivilrechtliche Ausgestaltung der Kapitalanlage irrelevant. Entscheidend ist die wirtschaftliche Betrachtung. So hat bereits der BFH mit Urteil vom 19.4.2005 bei einem anderen Kapitalanlagemodell (sog. Zwei-Banken-Modell) auf das wirtschaftliche Ergebnis der Kapitalüberlassung abgestellt und in dem zugrunde liegenden Fall die als „Devisentermingeschäft" bezeichnete Vereinbarung als sonstige Kapitalforderung iSd § 20 Abs. 1 Nr. 7 EStG bewertet.[198] Unseres Erachtens ist das vorgenannte Urteil jedoch nicht auf fully funded swaps zu übertragen. Denn allein die „anfängliche Kapitalüberlassung" führt noch nicht zu einem „Kapitalüberlassungsverhältnis" iSd § 20 Abs. 1 Nr. 7 EStG.[199] Denn dieser setzt seinem Wortlaut nach „ein **Entgelt** für die Überlassung des Kapitalvermögens" voraus. D.h., dass die Swaperträge das wirtschaftliche Nutzungsentgelt für die zeitlich begrenzte Überlassung des Kapitals darstellen müssten. Dies ist jedoch auch bei einem fully funded swap nicht der Fall, da die Zahlungen nicht aufgrund der anfänglichen Kapitalüberlassung, sondern aufgrund des Austausches

---

194 Swapvereinbarungen sind unbedingte zweiseitige Verträge, durch die sich die Kontrahenten verpflichten, bestimmte feste oder variable Zahlungsströme gegeneinander auszutauschen (Zinsen, Währungen, Erträge aus definierten Portfolien etc.).
195 *Schmidt/Weber-Grellet*, EStG-Kommentar, 28. Auflage 2009, § 20 Rn 121.
196 *Meinhardt* in: Feyerabend, Besteuerung privater Kapitalanlagen, S. 320; *Johannemann*, BB 2004, 2438.
197 *Herrmann*, BB 2009, 191.
198 BFH v. 19.4.2005 VIII R 80/02 (NV), BeckRS 2005 25009125.
199 *Johannemann*, BB 2004, 2438.

der Zahlungsströme erfolgt.[200] Mit anderen Worten: Die Countertparty wäre auch ohne die anfängliche Kapitalüberlassung zur zukünftigen Zahlung entsprechend der Swapvereinbarung verpflichtet. Somit handelt es sich nach unserer Auffassung auch bei fully funded swaps um unbedingte Termingeschäfte iSd § 20 Abs. 2 S. 1 Nr. 3 a) EStG.[201]

Rechtsfolge der Umqualifizierung der Erträge aus Termingeschäften iSd § 20 Abs. 2 S. 1 Nr. 3 EStG in Erträge aus sonstigen Kapitalforderungen iSd § 20 Abs. 1 Nr. 7 EStG wäre, dass diese dann auf Ebene des Investmentvermögens regelmäßig als ausschüttungsgleiche Erträge iSd § 1 Abs. 3 S. 3 Nr. 1 InvStG zu behandeln sind (vgl hierzu Ausführungen unter c)). 105

c) Umqualifizierung eines Termingeschäfts in eine Kapitalforderung

Fraglich und noch nicht abschließend geklärt ist die Problematik, wann aufgrund einer speziellen Konstellation von einzelnen Optionskontrakten eine Umqualifizierung der Termingeschäftserträge in Einkünfte aus Kapitalforderungen befürchtet werden muss. Rechtsfolge hieraus ist, dass derartige Erträge dann nach § 20 Abs. 1 Nr. 7 EStG (Zinsen) bzw im Falle der Veräußerung nach § 20 Abs. 2 S. 1 Nr. 7 EStG steuerbar sind[202] und folgerichtig auf Investmentfondsebene von den ausschüttungsgleichen Erträgen erfasst werden. Eine zunächst steuerfreie Thesaurierung, wie bei Gewinnen aus Termingeschäften gemäß § 1 Abs. 3 S. 3 Nr. 1 InvStG iVm § 20 Abs. 2 S. 1 Nr. 3 EStG, wäre dann nicht möglich. 106

Derartige Konstellation werden in der Praxis unter anderem bei den sog. „Capped Warrants" angetroffen. Hierbei handelt es sich um eine Kombination von zwei Optionsscheinen, bei denen durch den gleichzeitigen Erwerb einer Kauf- und einer Verkaufsoption zu demselben Basispreis dem Steuerpflichtigen im Ergebnis ein vorher bestimmter Ertrag zugesichert wird, wenn er beide Optionsscheine bis zum Verfallstag hält.[203] 107

Die genauen Voraussetzungen und die steuerliche Behandlung von gekoppelten Call- und Put-Optionsscheinen ist umstritten. Wann derartige Optionskontrakte als einheitliches Kapitalanlagemodell anzusehen sind und mithin Kapitaleinkünfte nach § 20 Abs. 1 Nr. 7 bzw im Falle der Veräußerung nach § 20 Abs. 2 S. 1 Nr. 7 EStG vorliegen, ist daher anhand der jeweiligen Konstruktion zu beurteilen. 108

Für den Anleger ist die Umqualifizierung eines Termingeschäfts in eine Kapitalforderung iSd § 20 Abs. 1 Nr. 7 EStG auf Ebene des Investmentvermögens ungünstig. Dies deshalb, weil es sich bei dem jeweils umqualifizierten Finanzinstrument regelmäßig nicht um eine „privilegierte" Kapitalforderung handelt. Folgerichtig greift dann das „Thesaurierungsprivileg" nicht und die erzielten Erträge sind als ausschüttungsgleiche Erträge zu qualifizieren. Dies hat dann zur Folge, dass die Erträge am Fondsgeschäftsjahresende (§ 2 Abs. 1 S. 2 InvStG) dem Anleger als zugeflossen gelten und bei diesem entsprechend zu versteuern sind. 109

4. Vorteile gegenüber Zertifikaten

Investmentfonds, insbesondere risikoreduzierte Garantie- oder Zertifikatefonds[204], erfreuen sich vor dem Hintergrund der jüngsten Finanzkrisen zunehmender Beliebtheit. Für den jeweiligen Investor ist dabei insbesondere entscheidend, das derartige Derivate Fonds gegenüber der Direktanlage in Zertifikate ein erheblich geringeres Kreditrisiko aufweisen. Denn Derivate Fonds werden üblicherweise als richtlinienkonforme Investmentvermögen aufgelegt (§§ 46 ff InvG), was bedeutet, dass Anlagen in bestimmte risikoreiche Produkte (Edelmetalle 110

---

200 *Johannemann*, BB 2004, 2438.
201 *Patzner/Döser/Kempf*, Handkommentar Investmentrecht, § 1 InvStG, Rn. 32.
202 BMF-Schr. v. 27.11.2001, BStBl. I 2001, 986, Rn 30 geändert durch BMF-Schr. v. 16.2008, BStBl. I, 715; Entwurf-BMF-Schr. v. 21.7.2009, Einzelfragen zur Abgeltungsteuer, Rn 9.
203 *Feyerabend* in: Feyerabend, Besteuerung privater Kapitalanlagen, S. 86 f.
204 Siehe auch: *Herrmann*, BB 2009, 188.

oder Zertifikate über Edelmetalle gemäß § 46 S. 2 InvG) nicht möglich ist. Darüber hinaus sind seitens der KAG verschiedene Diversifikationsanforderungen zu erfüllen sind, wodurch der mögliche Verlust aus einem Zertifikat besser kompensiert werden kann.

5. Übergangsregelungen

111 Ebenfalls große Bedeutung bei der Fondsanlage spielen die **Übergangsregelungen**. Hierbei ist zwischen Alt-Anlegern und Neu-Anlegern einerseits und dem Zeitpunkt des Erwerbs der zugrundeliegenden Wertpapiere durch den Fonds andererseits zu unterscheiden.

a) Bestandsschutz auf Investmentebene

112 Auf Fondsebene unterliegen grundsätzlich alle laufenden (ordentlichen) Erträge wie Zinsen, Dividenden, Mieten und sonstige Erträge, die dem Investmentvermögen ab dem 1.1.2009 zufließen, der Abgeltungsteuer (§ 18 Abs. 1 S. 1 InvStG).

Die Gewinne aus Wertpapier- und Termingeschäften, die erst **nach dem 1.1.2009** durch den Investmentfonds erworben wurden, sind sowohl für Alt- als auch Neuanleger bei Ausschüttung steuerpflichtig und unterliegen bei Privatanlegern der Abgeltungsteuer.

113 Veräußerungsgewinnen und Gewinnen aus Termingeschäften, die der Fonds **vor dem 1.1.2009** erworben hat, sind auch im Falle der Ausschüttung beim Privatanleger zunächst steuerfrei (§ 18 Abs. 1 S. 2 InvStG). Sie erhöhen indessen einen ggf steuerpflichtigen späteren Veräußerungsgewinn mit den Fondsanteilen. Hierzu ist es bei Privatanlegern entscheidend, ob der Anleger selbst die Anteile am Investmentfonds vor oder nach dem 1.1.2009 erworben hat.

b) Bestandsschutz auf Anlegerebene

114 Für **Altanleger**, dh solche die ihre Fondsanteile **vor dem 1.1.2009** erworben haben, bleiben die entsprechenden Gewinne nach wie vor steuerfrei, sofern die Anteile sich mindestens 12 Monate im Besitz des Anlegers befinden. Bei Veräußerung innerhalb der Spekulationsfrist erfolgt eine Besteuerung im Rahmen des § 23 Abs. 1 S. 1 Nr. 2 EStG aF. Davon ausgenommen ist jedoch der Zwischengewinn (bei Alt- als auch Neu-Anlegern), welcher nach wie vor besteuert wird.

115 Für **Neu-Anleger**, dh Anteilserwerb **nach dem 1.1.2009**, sind die ausgeschütteten Wertpapierveräußerungs- und Termingeschäftsgewinne zwar zunächst auch steuerfrei. Jedoch wird bei Verkauf bzw Rückgabe der Anteile durch den Privatanleger der entsprechende steuerfreie Teil der vorausgegangenen Ausschüttung(en) dem Rückgabe- bzw Veräußerungsgewinn auf Anlegerebene hinzugerechnet (§ 8 Abs. 5 S. 5 InvStG). Auf diesen gesamten Gewinn wird dann der Abgeltungsteuersatz in Höhe von 25 % (zuzüglich SolZ und ggf KiSt) angewendet.

116 In diesem Zusammenhang ist jedoch zu beachten, dass die neue Kursgewinnbesteuerung des § 8 Abs. 5 InvStG für bestimmte Fondsarten bereits ab einem früheren Stichtag vorgenommen wird.

117 So besteht für sog. **Spezial- und „Individualfonds"** („**Millionärsfonds"**) eine Sonderregelung im § 18 Abs. 2 a InvStG, wonach die Kursgewinnbesteuerung für Privatanleger gemäß § 8 Abs. 5 InvStG bereits für **nach dem 9.11.2007** erworbene Fondsanteile greift. Von dieser Regelung sind inländische Spezial-Sondervermögen, inländische Spezial-Investment-Aktiengesellschaften, ausländische Spezial-Investmentvermögen und sog. Millionärsfonds (dh besondere Sachkunde der Anleger und Mindesteinlagesumme von 100.000 EUR erforderlich) betroffen.[205]

---

[205] Vgl zur Auslegung des § 18 Abs. 2 a S. 2 InvStG das BMF-Schr. v. 22.10.2008, DStR 2008, 2217, mit kritischen Anmerkungen von Schmidt/Krause.

Des Weiteren wurden mit dem JStG 2009 in seiner finalen Fassung gemäß § 18 Abs. 2 b InvStG kurzfristig noch sog. **steueroptimierte Geldmarktfonds** vom Bestandsschutz ausgenommen.[206] Hierbei handelt es sich um Fonds, deren Anlagepolitik auf die Erzielung einer Geldmarktrendite ausgerichtet ist und deren außerordentliche Erträge die ordentlichen Erträge aus Kapitalvermögen überschreiten. Gemäß § 18 Abs. 2 b S. 1 InvStG gelten als sog. steueroptimierte Geldmarktfonds somit solche, bei denen die nachfolgend aufgeführten Voraussetzungen erfüllt sind:

- Es handelt sich um ein Publikums-Investmentvermögen.
- Die Anlagepolitik dieses Publikums-Investmentvermögens ist auf die Erzielung einer Geldmarktrendite gerichtet.
- Gemäß dem Jahresbericht des letzten vor dem 19.9.2008 endenden Geschäftsjahres übersteigen die Termingeschäfts- und Wertpapierveräußerungsgewinne nach Verrechnung mit entsprechenden Verlusten vor Aufwandsverrechnung und ohne Ertragsausgleich[207] die ordentlichen Erträge vor Aufwandsverrechnung ohne Ertragsausgleich.

118

Für diese steueroptimierten Geldmarktfonds gilt:

119

- Für **ab dem 19.9.2008** (Datum des Bundesratsbeschlusses)[208] erworbene Anteile gilt bereits die Abgeltungsteuer und die entsprechende Kursgewinnbesteuerung nach § 8 Abs. 5 InvStG.
- Für **vor dem 19.9.2008** erworbene Anteile wird gemäß § 18 Abs. 2 b S. 2 InvStG für Zwecke des § 8 Abs. 5 InvStG eine Veräußerung und ein Erwerb **am 10.1.2011** fingiert und damit „lediglich" der Wertzuwachs nach dem 10.1.2011 bei Verkauf bzw Rückgabe besteuert.

IV. Verlustverrechnungsbeschränkung gem. § 8 Abs. 7 InvStG

Der Einsatz von Derivaten im Investmentfonds kann zu Verlusten führen. Wenn sich spiegelbildlich hierzu bei etwaigen abgesicherten Aktien oder ausländischen Immobilien ein (über den Aktien- oder Immobiliengewinn teilweise steuerfreier) Gewinn ergibt, so stellt sich die Frage, ob hinsichtlich des über den Investmentfonds mittelbar erzielten Derivateverlusts eine steuerliche Verlustverrechnungsbeschränkung gilt. Da Derivategewinne nicht Bestandteil der sog. ausschüttungsgleichen Erträge sind (§ 1 Abs. 3 S. 3 InvStG) und Derivateverluste als solches nicht ausschüttbar und damit Bestandteil der ausgeschütteten Erträge sein können, kommt eine Verlustrealisierung auf der Ebene des Fondsanlegers erst im Zeitpunkt der Veräußerung, Rückgabe oder einer etwaigen Teilwertabschreibung auf die Fondsanteile in Betracht.

120

Gem. § 8 Abs. 7 InvStG iSd. Jahressteuergesetzes 2010 ist auf Verluste aus der Rückgabe oder Veräußerung von Investmentanteilen oder aus Teilwertabschreibungen auf Investmentfondsanteile **§ 15b EStG sinngemäß anzuwenden**. Dies bedeutet, dass eine sog. Rechtsgrundverweisung vorliegt, die Tatbestandsmerkmale des § 15b Abs. 1 S. 1 EStG also erfüllt sein müssen, damit die von dieser Vorschrift angeordnete Rechtsfolge eintreten kann. Der Grund für die ausdrückliche Ausdehnung der bisher vor allem auf geschlossene Fonds abzielenden Regelung liegt darin, dass Investmentvermögen am Markt vertreten waren, die darauf ausgerichtet waren, dem Anleger steuerliche Verluste zu vermitteln.

Tatbestandliche Voraussetzung des § 15b EStG ist, dass Verluste in Zusammenhang mit einem Steuerstundungsmodell erzielt werden. Ein Steuerstundungsmodell liegt nach der Legaldefinition des § 15b Abs. 2 S. 1 EStG vor, wenn aufgrund einer modellhaften Gestaltung

121

---
206 JStG 2009 v. 19.12.2008, BGBl. I 2008, 2798.
207 Näheres zum Ertragsausgleich: *Terhürne/Otto* DB 2011, 325.
208 BR-Drucks. 545/08.

steuerliche Vorteile in Form von negativen Einnahmen erzielt werden sollen. Dies ist der Fall, wenn dem Steuerpflichtigen mittels eines vorgefertigten Konzepts die Möglichkeit geboten werden soll, zumindest in der Anfangsphase der Investition Verluste mit den anderen Einkünften zu verrechnen (§ 15b Abs. 2 S. 2 EStG). Diese Verlustverrechnungsbeschränkung kommt nur zur Anwendung, wenn innerhalb der Anfangsphase das Verhältnis der Summe der prognostizierten Verluste zur Höhe des gezeichneten und nach dem Konzept aufzubringenden Kapitals oder bei Einzelinvestoren des eingesetzten Eigenkapitals zehn Prozent übersteigt (§ 15b Abs. 3 EStG).

122 Fraglich ist, wann es sich bei Investmentfonds, um ein **vorgefertigtes Konzept** handelt. Ein solches liegt vor, wenn sowohl der Geschäftsgegenstand des Modells, die Art der vorzunehmenden Investition und auch die Konstruktion des Modells selbst, nicht von den Beteiligten im Einzelnen ausgehandelt werden, sondern bereits vorher festgelegt sind.[209] Im Verkaufsprospekt bzw den Emissionsbedingungen sind die Anlagebedingungen und der vertragliche Rahmen festgelegt. Ein Anleger, der Investmentanteile von der Investmentgesellschaft erwirbt, wird typischerweise keine Möglichkeit haben, die vertraglichen Rahmenbedingungen zu ändern. Er wird lediglich die Möglichkeit haben, zu den festgelegten Bedingungen die Investmentanteile ausgegeben zu bekommen. Dies wird von der Literatur als typischer Fall eines vorgefertigten Konzepts gesehen.[210] Als Zwischenergebnis ist festzuhalten, dass ein Investmentvermögen im Regelfall ein vorgefertigtes Anlagekonzept darstellt. Dies gilt zumindest dann, wenn dem Anleger keine wesentliche Möglichkeit der Gestaltung der Anlagebedingungen eingeräumt wurde.

123 **Weitere Tatbestandsvoraussetzung** ist, dass dem Anleger die Möglichkeit geboten werden soll, zumindest in der Anfangsphase der Investition Verluste mit den übrigen Einkünften zu verrechnen. Derartige Verluste kommen etwa dann in Betracht, wenn die steuerliche Bemessungsgrundlage des Anlegers dadurch gekürzt werden soll, dass der aus der Anlage erzielte besitzzeitanteilige Aktiengewinn wesentlich höher ist als die, aus der Fondsanlage erzielte, durch Termingeschäftsverluste reduzierte, Wertentwicklung. Die steuerliche Bemessungsgrundlage muss also durch Steuerbefreiungsregelungen (zB die Regelungen der § 8 Abs. 1 InvStG, § 8b KStG oder 3 Nr. 40 EStG) stärker vermindert werden als diese durch die Wertentwicklung erhöht wird.

124 Nach § 15b Abs. 2 S. 2 EStG greift die Verlustverrechnungsbeschränkung nur dann, wenn dem Anleger die Möglichkeit der Verlustverrechnung geboten werden soll. Neben einem prognostizierten steuerlichen Verlust beinhaltet diese Formulierung ein subjektives Element („soll").

In diesem Zusammenhang stellen sich zunächst die Fragen, wer **Kenntnis von der Verlustverrechnungsmöglichkeit** haben muss, sowie wann und bei wem die Verluste in welcher Art und Weise entstehen müssen.

Eine ausdrückliche Bestimmung, wer Kenntnis bzw Wissen um die Möglichkeit der Verrechnung der steuerlichen Verluste haben muss, damit die Rechtsfolge der Beschränkung der Verlustverrechnungsbeschränkung eintritt, liegt nicht vor. Nach dem Wortlaut der Formulierung muss diese zumindest bei dem Steuerstundungsmodell bzw dem Investmentfonds vorliegen. Fraglich ist allerdings, ob selbige Kenntnis bzw Absicht bei dem Anleger gefordert werden kann.

Eine Absicht oder auch ein Wissen des Anlegers von der Möglichkeit der Verlustverrechnung wird bei wortlautgetreuer Auslegung (**Wortlaut-Auslegung**) nicht vorausgesetzt.

---

209 Vgl *Reiß*, in: Kirchhof, EStG(11. Auflage) 2012, § 15b Rn 38; BMF vom 17.7.2007, IV B 2 – S – 2241b/07/0001 „Anwendungsschreiben § 15b EStG", Rn 10.
210 Vgl *Reiß*, in: Kirchhof, EStG (11. Auflage), § 15b Rn 38.

G. Einsatz von Derivaten bei Investmentfonds

Gegen dieses Ergebnis könnte die **historische Auslegungsmethode** sprechen. Grund für die Verlustverrechnungsbeschränkungsnorm des § 15 b EStG waren Entwicklungen bei geschlossenen Fonds, die Anleger mit einem Versprechen von Steuervorteilen bewusst angeworben haben. Deshalb wird auch zum Teil von der Kommentarliteratur erwähnt, dass eine Anwerbung der Steuerpflichtigen gerade mit dem Versprechen einer Erlangung eines steuerlichen Vorteils geschieht bzw eine Vermarktung gegenüber dem Anleger erfolgt, also ein Inaussichtstellen des Vorteils erforderlich sei.[211] Dies sei „jedenfalls" für den Erfolg der Anlegerwerbung erforderlich.[212] Auch von Vertretern dieser Ansicht wird jedoch eingeräumt, dass dafür nicht nur die Verkaufsprospekte oder Anlagewerbung, sondern auch eine gezielte mündliche Ansprache ausreichend ist.[213] Für diese Auslegung würde auch sprechen, dass eine belastende Eingriffsnorm im Zweifel restriktiv ausgelegt werden muss. Die historische Auslegung kann aber nicht als alleinige Auslegungsmethode zur Geltung kommen. Vielmehr ist nur die im Gesetz objektivierte Auffassung des Gesetzgebers maßgebend. Hinzu kommt, dass der Gesetzgeber sich mit der Verweisung in § 8 Abs. 7 InvStG von der ursprünglichen Zielsetzung, mit § 15b EStG eine Norm für geschlossene Fonds zu schaffen, gelöst hat und die Neuregelung gerade offene Investmentfonds erfassen soll.[214] Deshalb haben die ursprünglichen Vorstellungen des Gesetzgebers von einem typischen Verhalten eines geschlossenen Fonds nur noch eingeschränkte Geltungskraft.

125

Mitentscheidend ist auch die **teleologische Auslegungsmethode**, die nach Sinn und Zweck der Norm fragt. Sinn und Zweck ist es, steuerliche Vorteile aus Anlagemodellen, die der Gesetzgeber als nicht berechtigt ansieht, teilweise durch eine Verlustverrechnungsbeschränkung wieder zu neutralisieren. Hierbei erscheint es nicht sinnvoll, diese steuerliche Wirkung von einem Wissens- oder gar Wollenselement beim Anleger abhängig zu machen. Eine Besteuerungsnorm ist in der Regel bei Vorliegen des objektiven Tatbestands verwirklicht. § 15b EStG ist unseres Erachtens auch keine „Strafnorm" zulasten des Anlegers, sondern dient bei Vorliegen der übrigen Voraussetzungen des § 15b EStG dazu, die als nicht berechtigt angesehenen steuerlichen Vorteile beim Anleger wieder auszugleichen. So führt auch Hallerbach aus, dass anders als in § 2b EStG aF das vorgefertigte Konzept nicht Auslöser der Investitionsentscheidung des Steuerpflichtigen sein muss und die Voraussetzungen des § 15b EStG auch dann vorliegen können, wenn der Anleger das Konzept nicht kannte.[215] Auch das BMF spricht davon, dass das Konzept zwar typischerweise, jedoch nicht zwingend vermarktet wird.[216]

126

Somit könnte aufgrund der wortgenauen Gesetzesauslegung, die auch mit dem Sinn und Zweck des Gesetzes vereinbar ist, argumentiert werden, dass eine Absicht oder auch ein Wissen des Anlegers von den Verlustverrechnungsmöglichkeiten nicht vorausgesetzt wird. Dem steht jedoch die historische Auslegung sowie die derzeitige Praxis bei Direktanlagen entgegen, die den Anleger mit in die Betrachtung einbeziehen. Der historischen Auslegung ist zu Gute zu halten, dass der Anleger den Verlust grunds. im Rahmen seiner Steuerdeklaration angeben muss, damit überhaupt eine Auswirkung auf die steuerlichen Bemessungsgrundlage in Betracht kommt.

Dem Anleger muss auch zumindest in der Anfangsphase die Möglichkeit zur Verlustverrechnung geboten werden. Zweifelhaft könnte sein, ob § 15b EStG anwendbar ist, wenn es zwar zu diesen prognostizierten Verlusten kommt, mithin gar **kein Steuerstundungsmodell** im

127

---

211 Vgl *Reiß*, in: Kirchhof, EStG (11. Auflage) 2012, § 15b Rn 49 und 47.
212 Vgl *Reiß*, in: Kirchhof, EStG (11. Auflage) 2012, § 15b Rn 47.
213 Vgl *Reiß*, in: Kirchhof, EStG (11. Auflage) 2012, § 15b Rn 49.
214 BR-Drucks. 318/1/10, 28.
215 *Hallerbach*, in: Herrmann/Heuer/Raupach, EStG (Loseblattsammlung, Stand März 2012), § 15b Rn 35.
216 BMF vom 17.7.2007, IV B 2 – S – 2241b/07/0001 „Anwendungsschreiben § 15b EStG", Rn 10.

Wortsinne vorliegt. Für eine Nichtanwendung in diesem Fall würde zwar die amtliche Überschrift der Norm sprechen. Dem stehen jedoch die Legaldefinitionen in § 15 Abs. 2 S. 1 und 2 EStG entgegen, die diese Einschränkungen nicht aufweisen. Es muss nur „zumindest in der Anfangsphase" zu den prognostizierten Verlusten kommen. Argumentum a majore ad minus könnte erst recht von einer Verlustverrechnungsbeschränkung auszugehen sein, wenn über die gesamte Investitionsdauer hinweg nur Verluste auftreten, was allerdings in Anbetracht des Wortlauts der Norm („Anfangsphase") zurecht zweifelhaft ist. Allerdings kann es in diesen Fällen bereits an einer Einkünfteerzielungsabsicht fehlen, die auch zur steuerlichen Nichtberücksichtigung der Verluste führt. Es muss jedoch untersucht werden, ob die Anfangsphase mit der Auflage der Investmentvermögen, dem Anteilserwerb der Anleger oder mit dem Zeitpunkt des Eintritts von Volatilitäten, die in positive besitzzeitanteilige Aktiengewinne umgewandelt werden können, beginnt. Relevant ist diese Frage insbesondere für den Fall, dass in dem die Investmentvermögen erst nach einem gewissen Zeitraum dem Anleger die Möglichkeit der Verlustverrechnung eröffnen. Nach einer Meinung der Kommentarliteratur kommt es auf den Zeitpunkt des Beitritts zum Steuerstundungsmodell bzw des Erwerbs der Investmentanteile an.[217]

128 Die Verlustverrechnungsbeschränkung wird oftmals an der **Nichtaufgriffsgrenze** des § 15b Abs. 3 EStG scheitern. Die Verweisung des § 8 Abs. 7 InvStG umfasst den gesamten § 15b EStG. Die Verlustverrechnungsbeschränkung greift nur dann ein, wenn innerhalb der Anfangsphase das Verhältnis der Summe der prognostizierten Verluste zur Höhe des aufzubringenden Kapitals bzw bei Einzelinvestoren des eingesetzten Eigenkapitals zehn Prozent übersteigt.

Die **prognostizierten Verluste** müssten jedoch in der Anfangsphase eingetreten sein. Anfangsphase ist der Zeitraum, bei dem konzeptionell zunächst Verluste erzielt werden sollen.[218] Der Begriff der Anfangsphase ist dabei ebenso wie in § 15b Abs. 2 S. 2 EStG zu verstehen.[219]

Fraglich ist, wie der Begriff der prognostizierten Verluste zu verstehen ist. Eine Prognose (wörtlich: Vorwissen) ist eine Annahme über das Eintreten von zukünftigen Tatsachen. Fraglich ist, ob die Prognose der Verluste einer Kommunikation mit dem Anleger bedarf, die Verluste also ihm gegenüber in Aussicht gestellt werden müssen, oder ob es genügend ist, dass auf Fondsebene diese Prognose getroffen wird.

Bei diesem Tatbestandsmerkmal greift der Gesetzgeber die Voraussetzungen des § 15b Abs. 2 EStG bezüglich der Einräumung der Möglichkeit zur Verlustverrechnung wieder auf. Dies geschieht auch deshalb, da es sich bei § 15b Abs. 3 EStG lediglich um eine Nichtaufgriffsgrenze und um eine Bagatellregelung[220] handelt, die keine von § 15b Abs. 2 EStG abweichende tatbestandliche Definition des Steuerstundungsmodell vornehmen will. Es stellt sich auch hier die Frage, ob eine Prognose nur bei den Investmentfonds getroffen werden oder daneben auch dem Anleger zur Kenntnis gelangt sein muss.

129 Für das Erfordernis einer Kundgabe der Prognose an den Anleger könnte die historische Auslegungsmethode sprechen. Grund für diese Verlustverrechnungsbeschränkungsnorm waren Entwicklungen bei geschlossenen Fonds, die Anleger mit einem Versprechen dieser Steuervorteile bewusst angeworben haben. Deshalb wird auch zum Teil von der Kommentarliteratur erwähnt, dass eine Anwerbung der Steuerpflichtigen gerade mit dem Versprechen einer Erlangung eines steuerlichen Vorteils geschieht, bzw eine Vermarktung gegenüber dem Anle-

---

217 *Seeger*, in: Schmidt, EStG (31. Auflage), § 15b Rn 15.
218 Vgl *Reiß*, in: Kirchhof, EStG (11. Auflage) 2012, § 15b Rn 55; *Seeger*, in: Schmidt, EStG (31. Auflage), § 15b Rn 12; BMF vom 17.7.2007, IV B 2 – S – 2241b/07/0001 „Anwendungsschreiben § 15b EStG", Rn 15.
219 *Hallerbach*, in: Herrmann/Heuer/Raupach, EStG (Loseblattsammlung, Stand März 2012), § 15b Rn 45.
220 Vgl *Reiß*, in: Kirchhof, EStG (11. Auflage) 2012, § 15b Rn 54.

ger erfolgt, also ein Inaussichtstellen des Vorteils erforderlich sei.²²¹ Dies sei „jedenfalls" für den Erfolg der Anlegerwerbung erforderlich.²²² Auch von Vertretern dieser Ansicht wird jedoch eingeräumt, dass dafür nicht nur die Verkaufsprospekte oder Anlagewerbung, sondern auch eine gezielte mündliche Ansprache ausreichend ist.²²³ Für diese Auslegung würde auch sprechen, dass eine belastende Eingriffsnorm im Zweifel restriktiv ausgelegt werden muss. Die historische Auslegung kann aber nicht als alleinige Methode zur Geltung kommen. Vielmehr ist nur die im Gesetz objektivierte Auffassung des Gesetzgebers maßgebend. Hinzu kommt, dass der Gesetzgeber sich mit der Verweisung in § 8 Abs. 7 InvStG von der ursprünglichen Zielsetzung mit § 15b EStG, eine Norm für geschlossene Fonds zu schaffen, gelöst hat und gerade die Neuregelung diese vorliegenden Anlagemodelle betreffen soll.²²⁴ Deshalb haben die ursprünglichen Vorstellungen des Gesetzgebers von einem typischen Verhalten eines geschlossenen Fonds nur noch eingeschränkte Geltungskraft.

Die Verluste müssen des Weiteren auf dem vorgefertigten Konzept basieren und insoweit jedenfalls dem Grunde nach den prognostizierten Verlusten entsprechen.²²⁵ Entscheidend für die Anwendung des § 15 b EStG sind also nicht tatsächliche Ergebnisse, sondern die projektierten, die sich aus dem Konzept des Modells ergeben.²²⁶ Dies kann auch damit begründet werden, dass die Nichtaufgriffsgrenze des § 15 Abs. 3 EStG den Anwendungsbereich der Norm steuert. Insbesondere kann der Normanwender lediglich dann beurteilen, ob die Voraussetzung der 10 %-Grenze des § 15 Abs. 3 EStG erfüllt ist oder nicht und ob ein Steuerstundungsmodell vorliegt, wenn eine Ex-ante-Berechnung dieser Grenze im konkreten Einzelfall vorgenommen werden kann, die unter normalen Kapitalmarktbedingungen wahrscheinlich realisiert wird. Nur unter dieser Voraussetzung erscheint § 15b EStG im Sinne des Art. 20 Abs. 3 GG hinreichend bestimmt. 130

Zusammenfassend lässt sich konstatieren, dass die Anwendung des § 15 b EStG im Rahmen der Investmentfondsanlage in Betracht kommt, wenn 131

1. die Verluste objektiv im Vorhinein bestimmbar und damit prognostizierbar sind,²²⁷
2. die Verlustprognose innerhalb der Anfangsphase oder (argumentum a majore ad minus) innerhalb der gesamten geplanten Laufzeit oder Investitionsdauer 10 % überschreitet und
3. eine solche Verlustprognoserechnung dem Anleger zu Marketingzwecken im Vorhinein zur Verfügung gestellt wurde (Literaturmeinung) oder zumindest von der Investmentgesellschaft angestellt wurde.

V. Gestaltungsmöglichkeiten und Ausblick

Aus dem Vorstehenden ergeben sich bei der Investition von Investmentfonds in Derivate interessante **Gestaltungsmöglichkeiten** für die Ausschüttungspolitik der Fonds: 132

Investmentfonds, die Derivate bereits vor dem 1.1.2009 erworben haben, können hieraus resultierende Gewinne an Privatanleger ausschütten, wobei diese Gewinne für Privatanleger, die die Fondsanteile bereits vor dem 1.1.2009 erworben haben, endgültig und für Privatanleger, die die Fondsanteile ab dem 1.1.2009 erworben haben, bis zur Rückgabe bzw Veräuße-

---

221 Vgl *Reiß*, in: Kirchhof, EStG (11. Auflage) 2012, § 15b Rn 49 und 47.
222 Vgl *Reiß*, in: Kirchhof, EStG (11. Auflage) 2012, § 15b Rn 47.
223 Vgl *Reiß*, in: Kirchhof, EStG (11. Auflage) 2012, § 15b Rn 49.
224 BR-Drucks. 318/1/10, 28.
225 Vgl *Reiß*, in: Kirchhof, EStG (11. Auflage) 2012, § 15b Rn 53; wohl auch *Hallerbach*, in: Herrmann/Heuer/Raupach, EStG (Loseblattsammlung, Stand März 2012), § 15b Rn 40 aA insoweit BMF vom 17.7.2007, IV B 2 – S – 2241b/07/0001 „Anwendungsschreiben § 15b EStG", Rn 19.
226 *Brandner/Lechner/Schmidt*, BB 2007, 1922, 1925; *Heuermann* in: Blümich, EStG § 15 EStG Rn 15.
227 *Patzner/Döser/Kempf*, Handkommentar Investmentrecht, § 8 InvStG, Rn 22.

rung der Fondsanteile steuerfrei sind. Gewinne aus Derivaten in Form von Termingeschäften (Futures, Forwards, Swaps, Optionsgeschäfte), die der Investmentfonds ab dem 1.1.2009 erworben hat, sollten tendenziell thesauriert werden, da sie dann für Privatanleger, die die Fondsanteile bereits vor dem 1.1.2009 erworben haben endgültig und für Privatanleger, die die Fondsanteile ab dem 1.1.2009 erworben haben, bzw für betriebliche Anleger bis zur Rückgabe oder Veräußerung der Fondsanteile steuerfrei sind („Thesaurierungsprivileg").

133 Aus steuerlicher Sicht kann es vorteilhaft sein, wenn diejenige Anlagestrategie gewählt wird, die eine Qualifizierung der Kapitaleinkünfte als ausschüttungsgleiche Erträge zu vermeiden versucht. Unter Nutzung des Thesaurierungsprivilegs wird daher vermehrt auf Termingeschäfte (insbesondere Optionen und Swaps) sowie von den ausschüttungsgleichen Erträgen ausgenommene Kapitalforderungen (§ 1 Abs. 3 S. 3 Nr. 1 a) bis f) InvStG) gesetzt werden.

Stichwortverzeichnis

Fette Zahlen bezeichnen die Paragraphen, magere die Randnummern.

1992 ISDA Master Agreement **7** 9, 11, 24
1999 ISDA Credit Derivatives Definitions **8** 3
2001 ISDA Margin Bestimmungen **7** 86
2002 ISDA Master Agreement **7** 11, 24
2003 ISDA Credit Derivatives Definitions **8** 3
2005 ISDA Commodity Definitions **10** 4 f, 90, 106 f, 120, 125 f
Abgeltungsteuer
– Ausnahmen **35** 3
– Betriebsvermögen **35** 6
– Erklärung zur Freistellung vom Kapitalertragsteuerabzug **35** 6
– Interbankgeschäfte **35** 6
– Körperschaften **35** 6
– Privatvermögen **35** 3
Abgeltungsteuersatz **35** 3
Abschluss **25** 50
Absicherer **1** 12
Absicherung **9** 13
Absicherungsgeschäft **26** 6
Absicherungsstrategie **12** 7
Abtretung **11** 32 f
Abwicklungsmethoden **8** 84 ff
Abwicklungsvoraussetzungen **8** 16 ff
Additional Termination Event **7** 61
Affected Party **7** 32
Aktienanleihen **27** 80, **35** 46 ff
– Unternehmensteuerreform 2008 **35** 50
Aktien-Indexzertifikat **27** 73
Aktivische Deckungsgrenze **25** 47
Allgemeine Geschäftsbedingungen **11** 16 f, 30
– ESMA **11** 2
Ampelmodell **25** 9
Anfängliche Übersicherung **25** 9, 63
Anfechtung von Rechtsakten **31** 27 ff
Anhang **34** 13, 17
Anhänge für Deckungsgeschäfte **25** 34
Anhang für Emissionsrechte **10** 16 ff, 108 f, 120
Anhang für Kapitalanlagegesellschaften zu dem Rahmenvertrag für Finanztermingeschäfte
– KAG-Anhang **6** 134
Anhang für Kreditderivate **8** 13
Anhang für Rohwarengeschäfte **10** 13 f, 141, 158
Anlageberatung **11** 22
Anlagebestand
– Prämie **33** 22
Anlagemanagement
– interne Kontrollverfahren **26** 69

Anlageprodukt **5** 2
Anlageprozess **26** 71
Anlagerichtlinien **26** 72
Anlagestrategie **26** 70
Anlagevermögen **11** 41
Anlageverordnung **26** 26
Anleger
– sachkundiger **11** 16
Anlegergruppe **11** 1
Annexkompetenz **28** 12
Anrechnungswerte **13** 14
Anschaffungskosten **11** 41
Anteile an geschlossenen Fonds **27** 55 ff
Anteile Handelsbuch **35** 23
anticipatory breach **7** 64
Anzeigepflicht **28** 95
Arbitrage-Möglichkeiten **12** 9
Arbitrageure **1** 14
– Beispiel **1** 15
Asset Backed Securities **27** 67 ff
Asset Backed Securitisation
– Mortgage Backed Securitisation, True Sales **9** 5
Asset-Liability-Management **26** 78
Auction Settlement **8** 11, 102 f
Auffangbestimmungen, fallbacks **10** 154
Aufgenommene Gelder **8** 37
Auflösung
– automatische **31** 10
Aufrechnung **6** 134, **13** 12
– Luxemburger Recht **30** 54 ff
Aufrechnungsverbot **31** 9, 15
Aufsichtsrat **26** 66
Aufsichtsrecht
– Luxemburger Recht **30** 59 ff
Aufwendungsersatzanspruch **12** 19
Aufwendungsersatzanspruch der Kapitalanlagegesellschaft
– Grenzen **27** 6
– Voraussetzungen **27** 6
Ausbuchung nach IAS 39 **34** 28 f
Ausfallrisiko des Referenzschuldners **8** 19
Ausgabeaufschlag **5** 7
Ausgleichsanspruch **12** 27
Ausgleichsforderung **12** 20, **13** 17, **31** 9 f
Ausgleichszahlung **8** 56, **13** 22
Ausnahmen **13** 37
Ausnahmeregelungen **13** 42
Ausschlussbetrag **32** 19 ff
– First Methode **32** 23 ff

749

Stichwortverzeichnis

- Loss 32 22
- Market Quotation 32 22

Ausschluss des Kündigungsrechts 25 40
Ausstiegsklausel 32 23 f
Ausübung von Stimmrechten 12 25
Auszahlungsvoraussetzungen 11 44
Automatic Early Termination 7 25, 31 10
Automatic Termination 7 62

BaFin 11 34 ff
Bankerlaubnis 11 35
Bankgeschäft 31 157
- grenzüberschreitende 11 35

Bankruptcy 8 56
Barausgleich 8 16 ff, 84, 86
Barausgleichstag 8 23, 87 ff
Barings 1 52
Barrier-Optionen 3 3, 10
- Erweiterungsmöglichkeiten 3 16

Barwert der Kapitalgarantie 26 31
Basel II
- Grundregeln für Verbriefungen 9 7

Basisprospekt 11 9
- endgültige Bedingungen 11 10

Basisrisiko 10 15, 41 f
Basiswert 25 32, 27 10 ff, 19, 20, 21
Basket Credit Default Swap 3 27 f
Basket-Derivate 27 14
BdB 12 2, 13 2
Beendigung des Wertpapierdarlehens 12 24
Beendigungs-, Bewertungs- und Nettingprozess 12 27
Begriffsbestimmungen zum Anhang für Kreditderivate 8 13
Beratung 28 6
Beratungspflicht 28 6, 71 ff, 122
- anlegergerechte Beratung 28 73 ff

Berechnungsbetrag 8 86
Berechnungsstelle 8 105 f
Berichtigungsaktien 12 17
Beschränkter ungedeckter Leerverkauf 13 36
Besicherung 12 5
Besicherungsanhänge
- Ausfallrisiko 17 10
- Berechnungstage, Freibeträge, Mindesttransferbeträge 17 9
- Funktionsweise 17 8

Bestellung von Sicherheiten an Gegenständen des Investmentvermögens
- Gutgläubiger Erwerb 27 6

Bestimmungstag 8 16 f, 20, 23, 24, 96
Bewertungseinheiten 35 18
- Realisierungszeitpunkt 35 18
- steuerrechtlich 35 16

Bewertungstag 8 23, 89 f

Bezugsrechte 12 17
Bilanzierung 11 41
- Angabepflichten 33 93
- Ausweis 33 93
- Bewertungseinheit 33 45
- Cash Flow Hedge 33 92
- credit default swap 33 21 f
- Definition Derivat 33 8
- Definition Derivat IFRS 33 71
- erstmaliger Ansatz 33 81
- Folgebewertung 33 81
- front payment 33 13
- IFRS 33 93
- IFRS Bewertung 33 81
- Makro Bewertungseinheit 33 36
- Margin 33 17
- Nettoergebnis aus Handelsgeschäften 33 11
- Option 33 18
- strukturiertes Produkt 33 61
- Swap 33 12
- Transaktionskosten 33 81

Bilanzierung, Optionskäufer
- Prämie 33 19

Bilanzierung beim Pensionsgeber 34 10 ff, 18 ff
Bilanzierung beim Pensionsnehmer 34 14 ff, 24 f
Bilanzierung Derivate
- Bewertung 33 24
- Bewertung; strenges Niederstwertprinzip 33 24
- strenges Niederstwertprinzip 33 24

Bilanzierung echter Pensionsgeschäfte 34 10 ff, 30 ff
Bilanzierung echter Wertpapierpensionsgeschäfte 34 47 ff
Bilanzierung IFRS
- Ausnahmen vom Anwendungsbereich 33 76 ff
- Ausweis 33 94
- Bewertung 33 85
- Definition Fair Value 33 82
- Effektivitätstest 33 89
- embedded Derivates 33 105
- Fair Value Hedge 33 91
- Finanzgarantien 33 76
- Handelsabsicht 33 75
- IFRS 7 33 97
- Kategorien von Finanzinstrumenten 33 74
- Risikobericht 33 100
- Sicherungsderivate 33 87
- strukturierte Produkte 33 104, 105
- Trade Date Accounting 33 73
- Voraussetzungen Hedge Accounting 33 89

Bilanzierung nach HGB 34 9 ff, 54 ff
Bilanzierung nach IAS 39 34 28 ff
Bilanzierung nach IFRS 34 26 ff, 58 ff
Bilanzierung nach IFRS 9 34 40 ff
Bilanzierung Option
- Abschreibung 33 20
- Drohverlustrückstellung 33 20
- physische Lieferung 33 20

Stichwortverzeichnis

Bilanzierung unechter Pensionsgeschäfte   34 18 ff, 34 ff
Bilanzierung unechter Wertpapierpensionsgeschäfte   34 52 f
Bilanzkreis   10 26, 167
Billigung   11 7
Bond-Indexzertifikat   27 77
Bond Market Association   7 22
Bonität   5 32
Bonuszertifikat   27 80
Borrowed Money   7 52
Börsenordnung   11 18
Branches   7 78
Breach of Agreement   7 49
Break-Even-Inflation   4 4 f
Bridge   7 23
Bridge-Lösung   9 12
British Bankers Association   7 6
BSK   s. Börsensachverständigenkommission
Buy/Sell Back-Transaktionen   13 19

Calculation Agent   8 105 f
Call   25 25
Cash Settlement   8 56
Cash Settlement Date   8 89 f
Cat-Bonds   27 80
CDO
– Synthetischer   3 32
– Synthetischer CDO2   3 38
CDS   s. Credit Default Swap
CER, Certified Emission Reductions   10 64 f
CESR's Guidelines on Risk Measurement and the Calculation of Global Exposure and Counterparty Risk for UCITS   27 3
Chapter 11   7 53
Charge   7 82
Cherry-picking   7 19, 31 11, 17
Chicago Mercantile Exchange   7 1
Clearing-Haus   8 11
CLN   31 89 f, 92, 94
Close Out   7 18, 31 f, 62
Close-Out Netting   8 4, 32 9 ff
Close-out Netting-Vereinbarung
– anwendbares Recht   31 22
– außerinsolvenzliche Durchsetzbarkeit nach österr. Recht   31 7
– Beschränkung der Durchsetzbarkeit nach österr. Recht   31 9, 11, 12
– Deckungsstock   31 67 ff
– Definition nach österr. Recht   31 6
– Durchsetzbarkeit in grenzüberschreitenden Insolvenzszenarien nach österr. Recht   31 20 ff, 37
– Durchsetzbarkeit in Insolvenzszenarien nach österr. Recht   31 13 ff
– Investmentfonds   31 70 ff

– materielle Abgrenzung nach österr. Recht   31 5
– Sondermassen   31 51 ff
Coal Annex (ISDA)   10 165 f
Coal Credit Annex (EFET)   10 164
Collar   25 25
Collateralized Debt Obligation   27 67 ff
– Cash CDO, synthetisches CDO   1 43
– Collateralized loan obligation, collateralized bond obligation   1 42
– Motive   1 46
– Risikoprofile   1 45
– Single tranche   27 72
– Tranchierung   1 44
Combined instruments
– Besteuerung   35 42
Commodity Definitions, 2005 ISDA   10 106 f
Confirmations   7 13
Constant Maturity Swap   3 21
Counterparty risk   1 10
Credit Default Swap   1 37, 5 32, 8 1 f, 9 1, 31 89 ff, 94
– Beispiel   2 7
– Kartellrecht   29 6 ff, 22 ff
– Praktische Risiken   1 37
– Risikomanagement   1 38
Credit Derivatives Determinations Committees   8 11, 24, 102 f
Credit Event Notice   8 51
Credit Event Upon Merger   7 25, 60
Credit Linked Note   1 39, 27 80
– Beispiel   2 8
Credit Support Anhang   7 26
Credit Support Annex   7 80
Credit Support Deed   7 80, 84
Credit Support Documents   7 49
Credit Support Provider   7 49
Cross Default   7 25, 52
Cross-Product Master Agreement (CPMA)   10 42 f

Darlehensentgelt   12 16
Daueremissionen   11 9
Daylight Exposure   7 33
Deckungsmasse   25 49, 53, 60
Defaulting Party   7 47, 66
Definitions   7 15, 8 3
Depotbank   6 141 f
Derivate   1 1, 7 1, 11 3, 14, 18, 20
– bedingte   2 5 ff
– Grundformen   1 4
– Historische Beispiele   1 2, 3
– Luxemburger Recht   30 65 ff
– Marktvolumen   1 11
– unbedingte   2 1 ff
Derivatedefinition des KWG   25 18
Derivateerlass   28 86

Stichwortverzeichnis

Derivateinsatz in Investmentvermögen
- 1:1-Produkte 27 78
- Absicherungszweck 27 18
- Aktienanleihen 27 80
- Aktienindex-Zertifikat 27 73
- Asset Backed Securities 27 67 ff
- Ausstellergrenzen 27 9
- Bewertung d. Derivate 27 8, 30 f
- Bond-Indexzertifikat 27 77
- Bonuszertifikat 27 80
- Cat-Bonds 27 80
- Collateralized Debt Obligation 27 67 ff
- Credit Linked Note 27 80
- Discount-Zertifikat 27 80
- Emittentenrisiko 27 26, 27 f
- Generelle Zulässigkeit 27 8 f
- Grenzauslastung 27 9, 22, 24, 25
- Kapitalgarantierte Zertifikate 27 78
- Kontrahentengrenzen 27 9
- Kontrahentenrisiko 27 28, 76
- Kreditderivate 27 11 f
- Leverage 27 22, 24, 25
- Marktrisiko 27 22 ff
- Nettingeffekte 27 25
- nicht richtlinienkonforme Sondermögen 27 23 f
- Option auf ein 1:1-Zertifikat auf Rohöl 27 78
- Quanto-Zertifikat 27 78
- Referenzprodukte 27 73 ff
- Regulatorische Anforderungen; Einsatz für Investmentzweck; Einsatz für Absicherungszwecke 27 2
- Risikomanagement und -messsystem 27 8, 34 ff
- strukturierte Produkte mit derivativer Komponente 27 38 ff
- strukturierte Produkte mit Derivatkomponente 27 8
- Wandelanleihen 27 80
- Warenderivate 27 13
- Zertifikat auf einen Aktienkorb 27 77
- Zulässigkeit der Art des Derivats 27 9
- Zulässigkeit des Basiswerts 27 9

Derivate Kodex 11 2, 20

DerivateV 6 134, 27 19, 20, 21, 22 ff, 23 ff, 24 ff, 25 ff, 34, 39 f
- einfacher Ansatz 27 19 f, 20, 21, 22 ff, 25 ff, 34
- Europarechtliche Grundlagen 27 3
- europarechtskonforme Auslegung 27 5, 39
- keine gespaltene Auslegung 27 4
- „Mixed Approach" 27 19, 21
- nicht richtlinienkonforme Sondervermögen 27 4
- qualifizierter Ansatz 27 20, 22 ff, 24, 34
- Regelungsgehalt 27 2
- „Schmutzgrenze" 27 19, 21
- Übergangsvorschrift zur Ersten Änderungsverordnung vom 28.6.2011 27 5
- Zeitlicher Anwendungsbereich der Ersten Änderungsverordnung vom 28.6.2011 27 5

Derivateverordnung s. DerivateV
Derivatgeschäfte 8 1
Derivative Finanzinstrumente
- Finanzderivate; 26 4
Derivative Komponente 27 38, 39, 75 ff
Derivative Wertpapiere 11 3, 24
Derivatkomponente 27 8, 40 f, 55 f, 63 ff
- Referenzprodukte 27 55 f, 60 ff
Deutscher Derivate Verband (DDV) 11 2, 20
Deutscher Rahmenvertrag 31 44 ff
Devisenswap 1 27
Differenzeinwand 31 155
Differenzgeschäfte 31 151
Direkte Darlehensbeteiligung 8 94
Discount-Zertifikat 27 80
Dokumentation 9 15
Dokumentationsanforderungen
- Solvabilitätsverordnung 9 8
Drohverlustrückstellung 34 20, 21, 35 18
Duration
- Macaulay Duration; modifizierte Duration 1 20
Durchbuchungsmethode 35 18
Durchführungsrichtlinie 2007/16/EG 27 39
- Eingebettetes Derivat 27 39 f, 40 f, 61, 63 ff
- Formal-rechtliche Betrachtungsweise 27 41, 56
- Wertpapierbegriff 27 39, 40
- Zulässige Finanzindizes 27 12

Early Termination Date 7 62
Early Termination Event 7 68
ECB Repo Facilities 13 3
Echtes Pensionsgeschäft
- Risikocharakter 34 10
EFET-Masternettingvertrag 10 42 f
Effektivzinsmethode 34 30, 32
Eigenkapitalanforderungsermittlung 9 10
Eigenkapitalmanagement
- Risikomanagement 9 2
Eigenkapitalrichtlinie
- Adressenausfallrisiko 9 6
Eigenmittelentlastung 31 75
Einbeziehung von Marktstandarddokumentationen 6 91
Eindeckungsaufwand 31 112
Einfach strukturierte Produkte 26 22
Eingebettete Derivate 11 1, 24 ff, 41 ff
Einheits-/Zerlegungsansatz 35 44
Einheitsansatz 35 43
Einlagengeschäft 11 34
Einlagensicherung 11 40
Einsatz zu Absicherungszwecken
- Risikomanagementtechniken 27 29, 36
Eintragung 25 50

Stichwortverzeichnis

Einzelabschluss 6 1, 26, 139, 142, 145, 150, 151, 154, 162
Einzelbewertungsgrundsatz 33 1
EMA 6 154
Emissionsberechtigungen 10 67 ff
– Rechtsnatur 10 67 ff
Emissionshandelsregister 10 60 f
Emissionsrechte 10 60
– Übertragung 10 74
Emissionszertifikate 19 14
Emittentenrisiko
– einfacher Ansatz 27 26
Emittentenunabhängiges Bewertungssystem 27 47
Endgültige Bedingungen 11 9
Energie
– Primärenergie 10 3 ff
– Sekundärenergie 10 3 ff
Erfüllung
– durch Auktion 8 11, 102 f
Erfüllung durch Lieferung 8 16 ff, 91 ff
Erfüllungszeitraum 8 23
Erklärung der Inanspruchnahme 8 16
Ersatzberechtigte Partei 6 42
Erträge 12 26
Ertragsvermehrungsgeschäft 26 10
ERU, Emission Reduction Units 10 64
Erwerbsvorbereitungsgeschäft 25 28, 26 7
ESMA 13 38
– Allgemeine Geschäftsbedingungen 11 2
ESMA Guidelines to competent authorities and UCITS management companies on risk measurement and the calculation of global exposure for certain types of structured UCITS 27 3
ETMA (IETA) 10 90
EU 11 23
EuInsVO 31 21
EURIBOR
– Kartellrecht 29 2
Europäischer Pass 11 11, 36 ff
European Banking Federation 7 21
European Federation of Energy Traders (EFET) 10 8, 20 ff
European Master Agreement (EMA) 6 1, 76, 136, 7 21, 10 10
EU-Verordnung über Leerverkäufe 13 33
Event Determination Date 8 96
Event of Default 7 31
Eventualverbindlichkeit
– Sicherheitenbilanzierung 33 22
Exotische Optionen 25 25
Exposure 7 83
Failure to Deliver 7 48
Failure to Pay 7 48, 31 94

Financial Engineering 5 19
Financial Futures Contract 7 1
Finanzielle Differenzgeschäfte 25 20
Finanzielle Vermögenswerte 34 40, 42 f, 45
– Fair Value 34 42, 45
– Fortgeführte Anschaffungskosten 34 42, 45
Finanzindizes 27 12 ff
– Hedgefonds-Indizes 27 12
– Indizes auf Derivate 27 13
– keine Durchschau 27 13
Finanzkrise 2007-2009 1 47
– Akteure 1 50
– Bilanzierungsrichtlinien 1 50
– Diversifikation 1 50
– Eigenkapitalrichtlinien 1 50
– Fehlanreize 1 49
– Ursprung 1 48
Finanzleistungen iSd § 104 Abs. 2 InsO 19 9
– Derivate, Inflationsderivate 19 13
– Emissionszertifikate 19 14
– Gegenseitige Verträge 19 19
– Kreditderivate 19 15
– oder Börsenpreis 19 16
– oder Fristbestimmung 19 17
– Warenlieferungen 19 11
– Wetterderivate, Erdbebenderivate, Lebenserwartungsderivate 19 12
Finanzmarkt-Richtlinie 28 77, 96
Finanzsicherheiten
– Art der Sicherheit 17 21
– Aufrechnung infolge Beendigung, Netting 17 16
– Parteien 17 20
– Privilegierung nach § 96 Abs. 2 InsO 17 30
– Privilegierung von Margensicherheiten 17 26
– Schutz normaler Unternehmen 17 23
– Sicherheitenaustausch, Insolvenzanfechtung 17 27
– Sicherungsgegenstand 17 22
– Umfang nach § 1 Abs. 17 KWG 17 17
Finanzsicherheiten, Netting
– Insolvenzfestigkeit von Aufrechnungen, Finanzsicherheiten 17 28
Finanzsicherheitenrichtlinie 17 1
– Ausdehnung auf Netting 17 31
– Ausdehnung auf normale Unternehmen 17 32
– Beendigungszeitpunkt bei Rahmenverträgen 19 24
– EU Bewertungsbericht 17 2
Finanztermingeschäft 6 12
First-to-default-basket 1 41
Fixed Rate Payer 8 15 f
Fixgeschäfte 19 33
Force Majeure 7 57
Forderungsbeträge (gewichtete) 31 80
Forderungswert 31 106, 111
Form 28 52 ff, 108 f
Forum shopping 31 23

753

Stichwortverzeichnis

Forward 1 5, 26
Forward Rate 1 22
Forward Rate Agreement
– Beispiel 2 2
Fremdwährungsrisiko 28 9, 25, 31
Frustration 7 61
Fundierte Bankschuldverschreibungen 31 64
Funding 5 33
Fundingspread 5 33
Future 1 6, 7 1

Garantien als Verbindlichkeit 8 41 ff
Gebundenes Vermögen 11 33
Geeignetes Finanzdienstleistungsinstitut 25 44
Geeignetes Kreditinstitut 25 44
Geeignetes Versicherungsunternehmen 25 45
Gekündigt oder Fällig 8 94 ff
Genehmigungserfordernis 28 93
Genehmigungspflicht 28 99 ff, 103 f
– Eigengeschäfts-/Eigenhandelsprivileg 10 56
– Einzelgenehmigung 28 102, 105
– Haushaltssicherung 28 106
– Konzernprivileg 10 53 f
– Terminbörsenprivileg 10 54
– Warenprivileg 10 55
– § 32 KWG 10 47 ff
Gerichtsstandvereinbarung 7 79
Geschäftsherr 7 45
Gesetzliche Nettingbestimmung 6 4
Gesetz über Kapitalanlagegesellschaften
– KAGG 6 135
Gewinnrealisation 34 19
Glattstellung offener Positionen 26 20
Global Physical Coal Annex (ISDA) 10 165 f
Glücksverträge 31 149
GMRA 13 18
Grace Period 8 21
Grenzüberschreitende Bankgeschäfte 11 35
Gross-up 7 38
Grundsätze ordnungsgemäßer Buchführung 33 6, 28
Gültigkeitsdauer 11 9
Günstigerprüfung 35 3

Haftung 28 6, 71 ff, 122
Handel 26 61
Handelbarkeit 11 21
Handelsgesetzbuch 11 41
Handelsüberwachungsstelle 11 19
Haushaltsrecht 28 4
– Derivaterlass 28 86 f, 90 ff
– Gesetzesvorbehalt 28 11
– Haushaltsgesetz, Rechtsgrundlage 28 8
– Haushaltssatzung 28 85
– Rechtsgrundlage 28 8, 82
Hebelprodukt 5 2

Hedge Accounting 33 87
Hedge Fonds 26 35
– Bewertung d. Derivate 27 37
– Dach-Hedgefonds 27 17
– Risikomanagement 27 37
– Single-Hedgefonds 27 16 f
Hedgefonds-Indizes 27 12
Hedging-Satz 31 119
Herausgabeanspruch bei Überdeckung 25 52
Hilfsgeschäfte 25 4
Höchstlaufzeit 8 94
HÜSt s. Handelsüberwachungsstelle
Hypothekenbank 31 56 ff
Hypothekenpfandbriefe 31 56 ff

IAS 34 26
IAS 39 34 58 f
ICE Clear Europe 29 27 f, 44 ff
ICMA 13 2
IETA Rahmenvertrag 10 90, 92 ff
IETMA (IETA) 10 90
IFEMA, International Foreign Exchange Master Agreement 10 132
IFRS 11 41, 34 26
IFRS 9 34 60
Illegality 7 48, 56
Indexderivat 27 12 ff
– Anrechnung auf Emittentengrenzen 27 27 f
– keine Durchschau 27 27
Indexgeschäfte 26 19
Indexzertifikate
– Gebundenes Vermögen 26 38
Inflation Cap 4 8
Inflation Collar 4 10
Inflation Floor 4 9
Inflation Futures 4 7
Inflationsderivate 4 1 ff
– Akteure 4 4
– Beispiele 4 13 ff
– inflationsgebundene Aktienoption 4 14
– inflationsgebundene CDO 4
– inflationsgebundene CDS 4 15
– reale Rendite 4 3
Inflation Spread Opitionen 4 11
Inflation Swaps 4 6 f
Inhaberschuldverschreibung 11 14
Innerbetriebliche Richtlinien 26 65
Insolvency 31 94
Insolvent 25 53
Insolvenz 6 3
– Automatische Beendigung 6 8, 29
– Beendigung des Rahmenvertrags 6 37
– Wahlrecht des Insolvenzverwalters 6 21
Insolvenz, Emissionsrechte 10 84

Insolvenzanfechtung 20 1, 25 65
- Anfechtungstatbestände 20 4
- Anfechtungsvoraussetzungen 20 2
- Gläubigerbenachteiligung 20 13
- inkongruente Deckung 20 10
- kongruente Deckung 20 5
- Kreditinstitute (Sonderbestimmungen) 20 11
- Leitbild des § 104 Abs. 2 InsO 20 19
- Rechtshandlung 20 3
- Rechtswirkungen 20 12
- Zeitpunkt der Rechtshandlung 20 8
Insolvenzfreies Vermögen 25 36
Insolvenzrecht
- Luxemburger Recht 30 38 ff
Institutionalisiertes Wertpapierleihesystem 13 46
Institutionelle Investoren 11 1
International Accounting Standards s. IAS
Internationales Insolvenzrecht 31 21 ff
- Anknüpfung bei Insolvenzanfechtung 21 10
- Anknüpfung für Aufrechnungsvereinbarungen 21 4
- Bad Branches 21 19
- Kreditinstitute innerhalb EU 21 18
- Sachverhalte außerhalb EU, Anknüpfung für Aufrechnungsvereinbarungen 21 6
- Sachverhalte innerhalb EU 21 3
- Universalitätsprinzip 21 17
- Vereinbarungen, Lex Fori Concursus Prinzip, Lex Contractus Prinzip 21 1
International Financial Reporting Standards s. IFRS
International Securities Lenders Association (ISMA) 7 10
International Swaps and Derivatives Association, Inc 7 6
Interne Revision 26 64, 82
Investmentänderungsgesetz 27 41, 62, 70
Investmentfonds 31 70 ff
- Unternehmensteuerreform 2008 35 132
Investmentgesetz s. InvG
Investmentprozess
- Abwicklung 26 59
Investmentvermögen
- Altersvorsorge-Sondermögen 27 1
- gemischte Sondervermögen 27 1
- Immobilien-Sondervermögen) 27 1
- Infrastruktur-Sondervermögen 27 1
- Mitarbeiterbeteiligungs-Sondervermögen 27 1
- OGAW-Fonds 27 1
- richtlinienkonforme Sondervermögen 27 1
- Sondervermögen mit besonderen Risiken (Hedgefonds) 27 1
- sonstige Sondervermögen 27 1
- Spezial-Sondervermögen 27 1
Investoren
- Regulierung 9 3
Investorenkreis 11 1

InvG 6 134 f, 137, 140 f, 143 f, 147, 150, 152 f, 27 1 ff
InvMaRisk 27 2, 29, 35, 36
InvRBV 27 30, 33
InvVerOV 27 2
IPR, Emissionsrechte 10 85 ff
ISDA 31 38 ff, 58
ISDA Credit Support Annex 7 49
ISDA Master Agreement 10 9, 106 f, 25 41
ISDA Master Agreement – Multicurrency – Cross Border 25 34
ISLA 12 2
KAG 6 134, 137 ff, 148, 150 ff
KAG-Anhang 6 134 f, 137, 140 f, 143 f, 147, 150, 152 f
KAGG 6 135, 141
Kapitalanlagegesellschaft 6 134
Kapitalertragsteuer 35 6
Kapitalgarantie 26 29
Kapitalschutz 5 30
Kartellrecht 29 1 ff
- Credit Default Swaps 29 6 ff, 22 ff
- EURIBOR 29 2
- Grundlagen 29 18 ff
- LIBOR 29 2
- TIBOR 29 2
- Verbot des Missbrauchs einer marktbeherrschenden Stellung (Art. 102 AEUV) 29 21
- Verbot wettbewerbsbeschränkender Vereinbarungen (Art. 101 AEUV) 29 19 f
- Verfahren der EU-Kommission 29 22 ff
Kassamarkt 12 3
Katastrophenderivate 10 161
Käufer des Schutzes 8 15 f
Kaufleute 11 32 ff
Kaufpreis und Pensionsentgelt 13 11
Kein Inhaberpapier 8 94
Kirchensteuer 35 3
Knock-in Optionen 3 6
Knock-out Optionen 3 5
Kohärenz 11 7
Kohle 10 162 ff
Kombinierte Strategien 26 17
- Anrechnung 26 18
Kommunale Gesellschaften 28 123
- Bindung an Haushaltsrecht 28 124
Kommunalschuldverschreibungen 31 60 ff
Komplex strukturierte Produkte 26 23
- Zerlegung 26 25
Konnexität 28 5, 19, 21 ff, 89
- Direkte Konnexität 28 28 ff
- Hedging 28 24, 34 ff
- Objektive Konnexität 28 22
- Sachliche Konnexität 28 27
- Subjektive Konnexität 28 22

Stichwortverzeichnis

- Zeitliche Konnexität 28 29
- Zinsoptimierung 28 33

Kontrahentenrisiko
- OTC-Derivate 27 28
- strukturierte Produkte 27 28

Konzessionspflicht 31 157

Kreditderivate 25 20, 27 11 f
- Alternative Formen 1 32
- Anlageverordnung; gebundenes Vermögen 26 50
- Backed-Securities; Credit-Linked-Notes 26 42
- Bankenaufsichtsrecht 32 41 ff
- Beispiele 2 7 f
- Eigenmittelunterlegung 32 42 ff
- Flexibilität 1 34
- Handelsbuch 32 50
- Investmentprozess; Abwicklung 26 58
- komplexe 3 27 f
- Kreditrisiko 1 31
- Kreditrisikoverteilung 32 55
- Marktentwicklung 1 36
- Portfoliomanagement 1 35
- Risikotransfer 1 33

Kreditereignisse 8 1, 16 ff, 18, 87, 113

Kreditinstitut 11 36

Kreditrisiko 8 1 f, 31 101

Kreis der zulässigen Geschäftsarten 25 18

Kühlungsgradtage, CDDs 10 149

Kündigung 28 116

Kündigung des Rahmenvertrags 6 35

Kündigungsbeschränkungen 31 12

Kündigungsgründe 7 47, 12 27

Kündigungsrecht 31 14, 16
- gesetzliches 11 29

Kupfer, Halbedelmetall 10 122

Kurswert 27 31

Kyoto-Protokoll 10 58

Latente Steuern 35 13

Laufzeit 8 18

Laufzeitunterdeckung 9 8

LBMA, London Bullion Market Association 10 123 ff

Leerverkauf 13 35
- beschränkter ungedeckter 13 36
- ungedeckter 13 40

Leerverkäufe 12 8, 27 34

Legitimation 11 26

Leihgebühren 34 57

Leistungsbedingungen 8 35

Leistungspflichten aufgrund der Einzelabschlüsse 6 28

Leverage 27 22, 23, 24, 25

LIBOR
- Kartellrecht 29 2

Lieferbare Verbindlichkeiten 8 35

Lieferungen 7 30

Lieferverpflichtung 26 34

Limited Price Index Swap 4 12
- periodisch 4 12

Limitsystem 27 35

Liquidationsnetting 6 3, 41

Liquidationsverrechnung 8 4

Liquidität 26 37

Liquiditätsbeschaffung 13 7

Liquiditätsrisiko 27 46

Loans and Receivables 34 32

Long Form Confirmation 7 28, 8 3

Long Term Capital Management 1 53

Long Term Force Majeure
- EFET 10 30

Lookback-Optionen 3 17 f

Löschung eines nicht deckungsfähigen Derivats 25 58

Loss 7 70

LPI Swap s. Limited Price Index Swap

LPPM, London Platinum and Palladium Market 10 124

Luxemburger Recht 30 1 ff
- anfechtbare Handlungen und Zahlungen 30 40 ff
- Aufrechnung 30 54 ff
- Aufsichtsrecht 30 59 ff
- Derivate 30 65 ff
- EU-Regelungen zum Insolvenzverfahren 30 44 ff
- Finanzsicherheiten (InsR) 30 47 ff
- Insolvenzrecht 30 38 ff
- Insolvenzrecht, Finanzsicherheiten 30 47 ff
- Pfandbriefbanken 30 65 ff
- Rahmenverträge 30 3 ff
- Rückkaufvereinbarung 30 14 ff
- Rückkaufvereinbarungen 30 51 ff, 79 ff
- Sicherheiten 30 7 ff
- Spieleeinwand 30 26 ff
- Umbrella-Fonds 30 19 ff
- Verbriefungsorganismen 30 79 ff
- Verbriefungsorganismen mit Teilvermögen 30 19 ff
- Vertragsrecht 30 3 ff

Mantelvereinbarung 6 134 ff, 145 f, 150, 154 f, 162 f

Mantelvereinbarung für Finanzgeschäfte mit Kapitalanlagegesellschaften
- Mantelvereinbarung 6 134

Margensicherheiten 17 26

Marginzahlungen 27 31

MaRisk 6 1, 10 45

Market Quotation 7 69

Markit 29 25 f, 29 ff

Marktbewertungsmethode 31 100

Marktrisiko 31 125

Stichwortverzeichnis

Marktstörung, settlement disruption event 10 114
Marktwert **12** 15, **13** 14
Maßgeblichkeit
- formelle **35** 17
- materielle **35** 14
- umgekehrte **35** 13, 14

Maßgeblichkeitsgrundsatz **35** 13
Master Confirmation Agreement **8** 107 f
Master-Netting-Agreements **10** 42 f, **22** 1
Matched-Pairs-Ansatz **31** 132
Matrix Approach **8** 92
Maximale Laufzeit **26** 32
Merger without Assumption **7** 54
Metallgesellschaft **1** 51
Micro-Hedges **25** 28
MiFID **11** 2, **12** f, 15, 23
Misrepresentation **7** 50
Mit dem Versicherungsrecht im Zusammenhang stehende Geschäfte **26** 1
Miteigentumslösung
- Sondervermögen **6** 137, 143

Mitgliedstaat **11** 11
Mitteilungs- und Veröffentlichungspflichten **13** 43
Mitteilung über Eintritt eines Kreditereignisses **8** 51
Mitteilung über Erfüllung durch Lieferung **8** 54
Modifizierte Restrukturierung **8** 81
Modifiziert modifizierte Restrukturierung **8** 83
Monoline Insurers **8** 9
Moratorium **8** 22
Moratorium-Bestimmungstag **8** 20
Multibranche Netting **32** 33 ff

Nachfolgereignis **8** 27
Nachfrist **7** 49
Nachschusspflicht **27** 43
Naked credit default swaps **8** 11
Namensschuldverschreibung **11** 24 ff, 29 ff, 34, 37 ff, 40 f, 48
- Übertragung **11** 25

Naturalobligation **31** 160
NBP 1997 **10** 7
Nebengeschäfte **25** 11
Negativverzinsung **26** 33
Net Asset Value **27** 30
Net Exposure **7** 31
Netting **7** 8, **10** 46, **13** 22, **25** 39, **32** 1 ff
- Affiliate-Netting, Cross-Entity-Netting **22** 3
- Anfechtbarkeit **20** 1
- Anfechtungsrechtliche Argumentationsansätze **18** 8
- Aufsichtsrechtliche Anerkennung **6** 5, **32** 36 ff
- away-Klauseln, Automatische Beendigung **23** 14
- Bad Branches **21** 19
- Besicherungsanhänge **17** 11
- Branch-Netting **21** 15
- Close-out Netting **32** 3 ff
- Deemed Master Agreements **19** 30
- Definition **17** 31
- Eigenmittelvorschriften **32** 36 ff
- Fixgeschäfte **19** 33
- Gemischte Rahmenverträge **19** 28
- Gesetzgebungsgeschichte **19** 2
- Insolvenzrechtliche Argumentationsansätze **18** 4
- Liquidationsnetting **32** 3 ff
- Netting-Agreements **22** 1, 6
- Netting Opinions **23** 1
- Netting-Vereinbarung **32** 1 ff
- Netting von Einzeltransaktionen **19** 27
- Payment Netting **32** 3 ff
- Prüfungsumfang **19** 4
- Rechtsprechung **19** 3
- Tatbestände **20** 2
- Übersicht zu Argumentationslinien **18** 9
- Vereinbarkeit mit § 103 InsO **19** 37
- Vereinbarkeit mit § 104 Abs. 1 InsO **19** 31
- Vereinbarkeit mit § 104 Abs. 2 InsO **19** 6, 21
- Vermeidung von Anfechtungsrisiken, Leitbild des § 104 Abs. 2 InsO **20** 19
- Wahlrecht des Insolvenzverwalters **18** 1
- Zahlungsnetting **6** 30, **32** 3 ff

Netting Opinions **23** 1
- Aktualität **23** 8
- Assumptions **23** 10
- Aufsichtsrechtliche Zielsetzung **23** 3
- Automatische Beendigung **23** 14
- Checkliste **23** 5
- Jurisdiktionen **23** 6
- Parteitypen **23** 12
- Qualifications **23** 11
- Transaktionstypen **23** 13

Nettingprivilegien **31** 105
Netting-Satz **31** 119
Nettoausfallrisiko **6** 63
Netto-Leerverkaufspositionen **13** 34
Nettomethode **35** 18
Nettoposition **31** 130
Neuregelung durch IFRS 9 **34** 40 ff
Nichtanerkennung/Moratorium **8** 74
Nichtanerkennungs-Bestimmungstag **8** 20, 28 70
Nicht fristgemäßer Lieferung oder Zahlung **13** 13
Nichtfristgemäße Rücklieferungen **12** 19
Nichtlieferung **7** 48
Nicht richtlinienkonforme Sondervermögen
- Altersvorsorge-Sondervermögen **27** 1, 4, 15
- Bewertung d. Derivate **27** 30 f
- gemischte Sondervermögen **27** 1, 4, 15

757

Stichwortverzeichnis

- Immobilien-Sondervermögen 27 1, 4, 15
- Infrastruktur-Sondervermögen 27 1, 4, 15
- Mitarbeiterbeteiligungs-Sondervermögen 27 1, 4, 15
- Sondervermögen mit besonderen Risiken (Hedgefonds) 27 1, 4, 15
- sonstige Sondervermögen 27 1, 4, 15
- Spezial-Sondervermögen 27 1, 4, 15
- zulässige Derivate 27 15

Nichtzahlung 7 48, 8 56
Nominalgarantie 27 79
Non-affected Party 7 32
Non-defaulting Party 7 47, 62
Non-Payment 8 56
Notice of Physical Settlement 8 96
Notice of Publicly Available Information 8 52
Notierung 8 38
Notifizierung 11 11
Novationsnetting 10 131 ff

Obligation Default 8 56
Offenlegungsanforderungen für Finanzderivate 33 8
Offenlegungsangaben
- DRS 5 33 60

Öffentliche Informationsquellen 8 52
Öffentlicher Vertrieb 5 14
Öffentliches Angebot 11 4, 8, 10, 11

OGAW
- Begriff 27 1
- Bewertung d. Derivate 27 30 f
- Risikomanagement und -messsystem 27 34 ff
- Zulässige Derivate 27 19, 20, 21

OGAW-Fonds
- Richtlinienkonforme Sondervermögen 27 1

OGAW III Richtlinie
- Wertpapierbegriff 27 42 ff

OGAW IV-Richtlinie 27 3
Ohne Bedingung 8 94
Operationelle Anforderungen 9 9
Option 1 8, 3 1
Optional Early Termination 32 28 ff
Optionen 25 25
- Verfall 35 29

Optionsgeschäfte 25 21
Optionsgeschäfte auf Börsenindizes oder Wertpapiere, DRV-Anhang 6 18
Optionsscheine 5 2, 11 2 f, 10, 14, 18, 23
Organisierter Markt
- Zulassung zum 11 4

Osmium 10 122
Österreichischer Rahmenvertrag 31 48 ff
OTC-Derivat
- Bewertung 27 31
- Bewertung des Kontrahenten 27 32 f, 33

OTC-Derivate 27 30

OTC-Derivatgeschäfte 6 1
OTC-Geschäft 6 134
Over-the-counter 1 10

Palladium 10 122
Pari Passu 8 38
Passivische Deckungsgrenze 25 47
Passivposten 34 11
- Bruttomethode 34 11
- Hingabebetrag 34 11
- Nettomethode 34 11
- Rücknahmebetrag 34 11

Payer Tax Representations 7 38
Pensionsgeber 34 1
Pensionsgeschäft 34 1 f
- Echtes Pensionsgeschäft 34 2
- Hingabe- Rücknahmepreis 34 8
- Pensionsgeber 34 3
- Pensionsgüter 34 3
- Pensionsnehmer 34 3
- Repurchase Agreements (Repos) 34 2
- Rücknahmebetrag 34 3
- Unechtes Pensionsgeschäft 34 2
- Wertpapierpensionsgeschäft 34 1
- § 340b HGB 34 2

Pensionsnehmer 34 1
Pfandbriefbank mit beschränkter Geschäftstätigkeit 25 36, 37
Physical Settlement 8 56
Place of Performance 7 30
Platin 10 122
Portfolioliquidität 27 44 ff
- Analysepflicht 27 45 f

Potential Event of Default 7 31
Potential Failure to Pay 8 21
Potenzielle Nichtanerkennung 8 22
Potenzielle Nichtzahlung 8 21
Potenzielle Vorfälligkeit 8 56, 73
Primärmarkt 5 13
Primärverbindlichkeit 8 42
Prinzip des einheitlichen Vertrags 6 21
Privatanleger 11 1
Privatplatzierung 5 14
Produktinformationsblatt 11 22
Produktübergreifendes Netting 6 89
Prospekt 11 3 ff, 8, 9, 16
- elektronisch 11 7 ff
- Landessprache 11 11
- Sprache, übliche, in allgemeinen Finanzkreisen 11 11

Prospektpflicht 11 37, 38, 39
Prospektrichtlinie 11 10
Protection Buyer 8 15 f
Protection Seller 8 15
Protokoll 11 15

758

Prüfungsfrist
- elektronisch   11 8
Publikum   11 34
Put   25 25
Put-Option   34 18

Qualified Affiliate Guarantees   8 41
Qualified Guarantees   8 41
Qualifizierte Garantien   8 41, 43
Qualifizierter Ansatz
- absoluter Value-at-Risk Ansatz   27 24
- relativer Value-at-Risk Ansatz   27 24
Quanto-Zertifikat   27 78

Rahmenvereinbarung über Einzelabschlüsse   8 107 f
Rahmenvertrag   6 1, 134, 136, 139 ff, 144, 148, 152 f, 163, 25 33, 38
- Luxemburger Recht   30 3 ff
Rahmenvertrag für Finanztermingeschäfte   6 134, 25 34
- Anhang für Emissionsrechte   10 16 f, 108 ff
- Anhang für GASPOOL- und NCG-Geschäfte   10 19
- Anhang für NBP-Geschäfte   10 18
- Anhang für Rohwarengeschäfte   10 13 ff
- Anhang für Stromgeschäfte   10 19
- Anhang für TTF-Geschäfte   10 19
- Anhang für ZBT-Geschäfte   10 18
Rating
- Hebelwirkung   26 49
Ratings   11 21
Receiver Forward Swaps
- Long Receiver Swaptions   26 12
RechKredV   33 6
Reference Entity   7 87
Reference Marketmakers   7 69
Referenzprodukte   27 55 f, 60 ff, 73 ff
Referenzschuldner   8 15, 18, 25 ff
Referenzverbindlichkeit   8 18, 33
- EURIOBOR, Euro LIBOR, EONIA   1 24
Regelungsstil des DRV   6 9
Register   11 27
Rehypothecation   7 83
Rentabilität   26 36
Repo 105-Transaktionen   13 8
Repo-Geschäft   13 4
Repogeschäfte   35 70
Repo-Transaktionen   13 19
Restructuring   8 56, 31 94
Restrukturierung   8 18, 56, 75
Reverse Convertible Bonds   35 46 ff
Richtigkeitsfiktion   10 75
Richtlinie 2007/16/EG   27 3
Richtlinie 2010/43/EG   27 3

Richtlinienkonforme Sondervermögen
- OGAW-Fonds   27 1
Risiken
- finanzwirtschaftliche   35 18
Risiko   7 3
Risikodiversifikation   27 59
Risikodiversifizierung
- Refinanzierungskosten   9 14
Risikomanagement   26 63
- Kontrollverfahren   26 75
Risikomanagementtechniken   27 35
- Einsatz zu Absicherungszwecken   27 29, 36
Risikosteuerung   28 5, 39 ff, 110
- Bonität   28 42, 95
- Controlling   28 50
- Know-how   28 48
- Kreis der derivativen Instrumente   28 46, 91
- Referenzportfolio   28 44
- Risikolimits   28 43
- Trennung von Handel und Kontrolle   28 49
- Zinsausgleichsrücklage   28 45
Risikotransfer   31 86 f
Risikoübernahme   9 11
Rohwaren   10 3 ff
Rückkauf   13 5
Rückkaufvereinbarung
- Luxemburger Recht   30 14 ff, 51 ff, 79 ff
Rückkaufvereinbarungen   13 35
Rücklieferung   12 18
Rücknahmebetrag   34 15
Rückstellung für schwebende Rücknahmeverpflichtungen   34 20
Rundschreiben   11 34 ff

Sachdarlehen   12 6, 34 55
Sachwalter   25 36, 37
Schadensersatz und Vorteilsausgleich   13 17
Schedule   7 8
- Nominierung, Fahrplan(an)meldung   10 26 f
Schonfrist   8 21
Schuldschein
- Abtretung   11 43 ff, 51
- Allgemeine Geschäftsbedingungen   11 49
- Anlage-Verordnung   11 55
- AnlVO   11 55
- BaFin   11 53, 55
- Bankerlaubnis   11 53
- Bilanzierung   11 57
- Darlehenskündigungsrecht   11 48 ff
- Dokumentation   11 45 f
- Einlagengeschäft   11 53 ff
- Einlagensicherung   11 56
- Erwerbbarkeit für das gebundene Vermögen   11 55 ff
- gebundenes Vermögen   11 52, 55
- gesetzliches Kündigungsrecht   11 48
- Kaufleute   11 51 ff
- Prospektpflicht   11 54

Stichwortverzeichnis

- Rundeschreiben   11 55
- Schuldverschreibungsgesetz   11 50
- strukturiertes Produkt, einfaches   11 55
- strukturiertes Produkt, komplexes   11 55
- Treuhänder   11 52
- VAG   11 55
- Versicherungsaufsichtsgesetz   11 55
- Versicherungsunternehmen   11 52
- Wertpapier   11 43

Schuldscheindarlehen   11 42 ff, 52, 54, 55
- Schriftform   11 42 ff

Schuldverschreibungsgesetz   11 2, 16, 17, 31

Schwebendes Geschäft
- Rückstellung für drohende Verluste   33 14

Schweizer Rahmenvertrag   32 75 ff
- Auflösung   32 93 ff
- Einheitsvertrag   32 82 ff
- Verrechnung   32 102 ff

Schweizer Rahmenvertrag für Over-the-Counter-(OTC)Derivate   10 11

SCoTA, Standard Coal Trading Agreement   10 163 f

Second Method   7 72

Sedkundärmarktspread   5 35 f

Segment
- Sondervermögen   6 149 f

Sekundärmarkt   5 13, 15

Selbstregulierung   11 20

settlement disruption   7 48

Shipper Code (Scheduling)   10 27

Sicherheit   26 28

Sicherheiten   7 80, 8 97, 12 22, 13 14, 25 60, 62
- Luxemburger Recht   30 7 ff

Sicherheiten, Emissionsrechte als   10 80 ff

Sicherheitenanhang zum EMA   6 88

Single agreement-Klausel   31 11, 17

Societe Generale   1 54

Sondervermögen   6 134, 138 ff, 153, 25 49
- Segment   6 148 ff
- Teilfonds   6 136

Sparerpauschbetrag   35 2

Specified Entity   7 25, 51 f

Specified Indebtedness   7 25, 52

Specified Public Sources   8 52

Specified Transaction   7 25, 31, 51

Spekulanten   1 13

Spekulationsverbot   25 2, 28 5, 19, 21, 89

Spekulationszweck   25 29

Spezialbankprinzip   25 5, 12

Spezial-Sondervermögen   27 15

Spieleeinwand   6 15
- Luxemburger Recht   30 26 ff

Staatsgläubiger   8 38

Standard Coal Trading Agreement (ScoTA)   10 7, 38, 163

Standardisierung   6 2
Standardmethode   31 100
Standard-Währungsswaps   25 21
Standard-Zinsswaps   25 21
Stellung der Deckungsderivategläubiger   25 50
Steuern   13 15
Stillhalterpositionen   25 27
Stimmrechtsbindung   13 24
Stimmrechtsbindung bzw. -beeinflussung   13 28
Stresstests   27 35
Strukturierte Produkte   25 42, 27 7
- Betriebsvermögen   35 43
- echte   35 42
- Einheits- oder Zerlegungsansatz   35 44
- gebundenes Vermögen   26 26
- Grenzen   26 41
- Privatvermögen   35 44
- Rundschreiben 3/99   26 21
- unechte   35 42
- Wandelanleihen   35 53 ff

Strukturierte Produkte mit derivativer Komponente
- Gleichstellung mit Derivaten   27 2

Strukturierte Wertpapierpensionsgeschäfte   34 61 f

Strukturierungsvarianten   9 4

Submissionsabsprachen   29 3

Substitution   13 16

Succession Event   8 27

Swap   1 7

Swap Rate   1 24

Swaption
- Bermudan   3 25 f
- Credit Default Swaption   3 41

Synthetische Kreditderivate
- Asset Backed Securities   26 47
- Credit Linked Note   26 48

Synthetische Leerverkäufe   27 34

Synthetische Verbriefung
- Risikopositionen   9 6

Szenario-Matrix-Methode   31 136

Tax Event   7 58

Teileinkünfteverfahren   35 6

Teilfonds   6 136, 145, 147, 149

Teilrechtswahl   6 92

Teilweiser Barausgleich   8 99 ff

Termination Event   7 32, 48, 55

Terminbörsen   1 9

Termingeschäft   13 5

Termingeschäfte   25 19, 35 9
- Abgrenzung   35 10
- Laufzeitende   33 15
- Vertragsabschluss   33 14

Terminkontrakte auf Waren   27 16

Threshold Amount   7 51 f

TIBOR
– Kartellrecht 29 2
Title Transfer 7 81
Total Rate of Return Swap 1 40
Total Return Swap
– Beispiel 2 4
Transparenzgebot 11 16
Treuhänder 11 33
Treuhandlösung ieS
– Sondervermögen 6 137
Treuhandlösung ieSAufrechnung 6 143
Treuhandverhältnis 13 28

Überdeckung 13 14
Übertragbares Darlehen 8 94
Übertragungsbetrag 34 12
Übertragung von Darlehenspapieren 12 22
Umbrella-Fonds
– Luxemburger Recht 30 19 ff
Umlaufvermögen 11 41
Umtauschanleihen
– Finanzinnovation 35 50
Unechtes Wertpapierpensionsgeschäft 13 26
Uneingeschränkte Vollrechtsübertragung 6 65
Ungedeckter Leerverkauf 13 40
Unpaid Amounts 7 70
Unterdeckung 13 14
Unterfälle der Zinsswaps 25 22
Unternehmensteuerreformgesetz 35 2
Unwirksamkeit 28 64, 109, 117 ff
– Gesetzliches Verbot 28 65
– Kollusion 28 66, 116
– Missbrauch der Vertretungsmacht 28 67 ff, 116
Upfront 5 7
Uran 10 122
Urkunde
– auf den Namen ausgestellt 11 24
Ursprungsrisikomethode 31 100

Value at Risk 27 20, 34
Veranlagung
– Kapitalerträge 35 4
Veranlagungsoption
– große 35 4
– kleine 35 4
Verbindlichkeit 8 35 f
Verbindlichkeit/Verbindlichkeitsmerkmale 8 18
Verbindlichkeitskategorie 8 37
Verbindlichkeitsmerkmal 8 38 ff
Verbot des Missbrauchs einer marktbeherrschenden Stellung (Art. 102 AEUV) 29 21
Verbot wettbewerbsbeschränkender Vereinbarungen (Art. 101 AEUV) 29 19 f
Verbriefungsorganismen
– Luxemburger Recht 30 79 ff

Verbriefungsorganismen mit Teilvermögen
– Luxemburger Recht 30 19 ff
Verbriefungsspezialgesellschaft 31 88
Verbundene Unternehmen 8 41
Vergaberecht 28 56
– Allgemeine Verfahrenspflichten 28 59
– Derivatgeschäft 28 57
– Schuldenmanagement 28 58
Verkäufer des Schutzes 8 15
Verkaufsprospekt 5 1
Verkehrswert 27 31
Verlustausgleichsbeschränkung
– Ausnahmen 35 23
– Rückausnahme 35 24
Verlustausgleichsbeschränkung
– Bewertungseinheiten 35 25
Verlustverrechnung
– Anteile Handelsbuch 35 23
Verlustverrechnungsbeschränkung 35 120 ff
– Verhältnis zu anderen Vorschriften 35 25
Vermögensanlagengesetz 11 4, 39 ff
Veröffentlichung 11 8
Verschobenes Enddatum 8 20 ff
Versicherungen 32 56 ff
Versicherungsaufsichtsgesetz 11 33
Versicherungsunternehmen 11 1, 33, 31 67 ff
Verstoß gegen Haushaltsrecht 28 60 ff, 112
– Aufsichtsrechtliche Maßnahmen 28 119 f
– Binnenrecht 28 61
– Regressanspruch 28 75
– Wirksamkeit 28 125
Vertragsrecht
– Luxemburger Recht 30 3 ff
Vertriebsprovision 5 7
Verzinsliche Finanztitel 1 16
Verzugszinsen 7 35
Viertes Finanzmarktförderungsgesetz 6 135, 25 10
Vinkulierte Namensaktien 12 13
Vollrechtsübertragung 7 81
Vorfälligkeit 8 56, 104
Vorkäufe 26 8
Vorsichtsprinzip 25 5
Vorzeitige Beendigung eines Einzelabschlusses 13 16
Vorzeitige Erfüllung durch Ausgleichszahlung, DRV-Anhang 6 5
Vorzeitige Fälligkeit 26 30

Wahlrecht des Insolvenzverwalters 6 21
– Devisenswap 1 27
– Forward 1 26
– Währungsoption 1 29
– Währungsswap 1 28
Währungsderivate
– Beispiele 2 3 ff

Stichwortverzeichnis

Währungs-Forward
- Beispiel 2 3
Währungs-Option 1 29
- Beispiel 2 6
Währungsrisiko 1 25
Währungsswap 1 28, 25 23
Wandelanleihen 27 80
Warenderivat 27 13
- Konzessionspflicht 31 157
Wertausgleich 12 14
Wertminderung, vorübergehende 11 41
Wertpapier 11 42
Wertpapierdarlehen 13 35, 35 71 ff
Wertpapierdarlehensgeschäft 12 4
Wertpapierdarlehensverträge, Repo-Verträge
- Anwendbarkeit der Finanzsicherheitenrichtlinie 17 19
- Insolvenzrechtliche Behandlung 17 15
Wertpapierhandelsgesetz 11 14, 22
Wertpapierkauf 13 5
Wertpapierleihe 34 4 ff, 54 ff
- Ausfallrisiko des Entleihers 34 6
- Entgelt 34 8
- Entleiher 34 5
- Sachdarlehen 34 4, 35 71 ff
- Unterschied zu echten Pensionsgeschäft 34 6
- Unterschied zu unechten Pensionsgeschäften 34 7
- Verleiher 34 5
- § 607 BGB 34 4
Wertpapier-Pensionsgeschäft 13 4
- echtes 35 64 ff
- unechtes 35 67 ff
- Zurechnung der Erträge strl. 35 65 f
Wertpapierpensionsgeschäfte 34 9 ff
Wertpapier-Prospektgesetz 11 4, 10, 23
Wertpapiertechnik 26 62
Wertpapier-Verkaufsprospektgesetz 11 38 ff
Wetterderivate 10 142 ff
Wirksamer Risikotransfer 9 8
Wirksamkeit 28 6, 60 ff, 113
Wirtschaftliches Eigentum 34 56
Wirtschaftlichkeit 28 35

Wirtschaftlichkeit und Sparsamkeit 28 3, 18, 88
WpDVerOV 11 15
Zahlungsnetting 6 30
Zahlungs- und Lieferungsverpflichtungen 7 30
Zeichnungsfrist 5 14
Zentrale Kontrahenten 25 46
Zerlegung
- Bewertung 26 68
Zerlegungsansatz 35 43
Zertifikat auf einen Aktienkorb 27 77
Zertifikate 5 1, 11 2 f, 10, 14, 18, 23, 35 32
- Aktienandienung 35 40
- Besteuerung im Privatvermögen 35 40
- Privatvermögen 35 37
- Schuldverschreibungen 35 33
- Übergangsregelungen 35 38 f
Zertifikateratings 5 44
Zinsänderungsrisiken 25 3
Zinsänderungsrisiko 28 8 f, 25
- Beispiel 1 19
- Bund Future 1 23
- Marktwertrisiko 1 18
- Wiederanlagerisiko 1 18
Zinsderivate 3 20 f
- Beispiele 2 1 ff
Zinsen, Gewinnanteile, Kapitalrückzahlungen sowie sonstige Ausschüttungen 13 15
Zins-Forward
- Beispiel 2 2
Zins- oder Währungstermingeschäfte 25 24
Zins-Option
- Beispiel 2 5
Zinsstruktur 1 17, 28 8 f
Zinsswap 1 24
- Beispiel 2 1
- Unterfälle des Zinsswap 1 24
Zinsterminkontrakte 1 21, 25 21
Zuständigkeit 28 52 f, 97 f
Zustimmung des Vertragspartners 25 58
Zweistufenverfahren 13 34